避暑山庄与外八庙珍稀史料辑校

张双智　张羽新　编著

上册

学苑出版社

图书在版编目（CIP）数据

避暑山庄与外八庙珍稀史料辑校 / 张双智，张羽新 编著. — 北京：学苑出版社，2016.1
　ISBN 978-7-5077-4944-1

　Ⅰ.①避… Ⅱ.①张… ②张… Ⅲ.①承德避暑山庄 – 史料②外八庙 – 史料 Ⅳ.① K928.73

中国版本图书馆 CIP 数据核字 (2015) 第 316503 号

出 版 人：孟　白
责任编辑：洪文雄
装帧设计：徐道会
出版发行：学苑出版社
社　　址：北京市丰台区南方庄 2 号院 1 号楼
邮政编码：100079
网　　址：www.book001.com
电子信箱：xueyuanpress@163.com
联系电话：010-67601101（销售部）　67603091（总编室）
经　　销：新华书店
印 刷 厂：北京京华虎彩印刷有限公司
开本尺寸：710×1000　1/16
印　　张：93.75
字　　数：1260 千字
版　　次：2016 年 6 月第 1 版
印　　次：2016 年 6 月第 1 次印刷
定　　价：880.00 元（上下册）

目　录

上

卷首献词

一、方志与行记（八种）

热河志略（清）和瑛 …………………………（3）
　　附：濡水考（北魏）郦道元 …………………（74）
　　　　热河源记（清）阮葵生 ………………（79）
乘轺录（宋）路振 ……………………………（80）
上契丹事（宋）王曾 …………………………（116）
熙宁使契丹图抄（宋）沈括 …………………（138）
出口程记（清）李调元 ………………………（180）
塞程别记（清）余寀 …………………………（186）

二、木兰秋狝与宫廷生活（十四种）

秋狝（民国）赵尔巽等 ………………………（197）
塞北小抄（清）高士奇 ………………………（200）
随銮纪恩（清）汪灏 …………………………（207）
扈从赐游记（清）张玉书 ……………………（231）
陪猎笔记（清）查慎行 ………………………（236）
敬业堂诗选（清）查慎行 ……………………（265）
扈从木兰行程日记（清）胡季堂 ……………（336）
天咫偶闻（节录）（清）震钧 ………………（345）

1

养吉斋丛谈（摘抄）（清）吴振棫 …………………………（358）
枢垣纪略（节录）（清）梁章钜 …………………………（369）
山庄杂记（朝鲜）朴趾源 …………………………………（404）
钦定宫中现行则例 …………………………………………（422）
清宫典礼（《国朝宫史》节录）……………………………（444）
　　附：宫中禁门 ……………………………………………（467）
清宫官制（《国朝宫史》节录）……………………………（474）
　　附：内官恩卹、恩赏、处分则例 ……………………（503）

三、理藩院与内外蒙古（四种）

《理藩院则例》选（有关蒙古部分）………………………（537）
国朝绥服蒙古记（清）魏源 ………………………………（644）
内蒙古要略（清）祁韵士 …………………………………（657）
外蒙古喀尔喀部要略（清）祁韵士 ………………………（693）

下

四、准噶尔与回部（维吾尔族地区），以及哈萨克等部（十一种）

康熙征准噶尔记（清）魏源 ………………………………（769）
雍正两征厄鲁特记（清）魏源 ……………………………（792）
　　附：青海厄鲁特蒙古、贺兰山厄鲁特蒙古 …………（801）
乾隆荡平准部记（清）魏源 ………………………………（806）
厄鲁特要略（清）祁韵士 …………………………………（817）
乾隆勘定回疆记（清）魏源 ………………………………（914）
乾隆绥服西属国记（清）魏源 ……………………………（922）
　　附：乾隆新疆后事记 ……………………………………（928）
道光重定回疆记（清）魏源 ………………………………（932）
　　附：道光回疆善后记 ……………………………………（940）

回部要略（清）祁韵士 …………………………………（945）

五、西藏与藏传佛教（十种）
　　国朝抚绥西藏记（清）魏源 ………………………………（991）
　　西藏要略（清）祁韵士 ……………………………………（1034）
　　西藏考略（清）黄沛翘 ……………………………………（1061）
　　历朝《大清会典》有关理藩院主管藏政条款 …………（1089）
　　《理藩院则例》有关藏政规定 ……………………………（1103）
　　喇嘛说（清）乾隆 …………………………………………（1120）
　　历朝《大清会典》有关喇嘛事务管理制度 ……………（1124）
　　《钦定大清会典事例》有关喇嘛事务规章 ……………（1149）
　　光绪《钦定理藩部则例》喇嘛事例 ……………………（1181）
　　《热河日记》藏传佛教史料辑要（朝鲜）朴趾源 ………（1234）

六、平定大小金川、康熙与乾隆定台湾以及白莲教农民起义史料
　　（三种）
　　乾隆平定大小金川（清）魏源 ……………………………（1265）
　　康熙与乾隆定台湾（清）魏源 ……………………………（1275）
　　嘉庆川湖陕靖寇记（清）魏源 ……………………………（1290）

七、涉外史料（两种）
　　滦阳录（朝鲜）柳得恭 ……………………………………（1355）
　　英使马戛尔尼来聘案（清宫档案） ………………………（1391）

附录：
　　一、因缘际遇话山庄 ………………………………………（1456）
　　二、张羽新论著简目 ………………………………………（1468）

卷首献词

当这部厚厚的史料集即将杀青，不由得如释重负地喘了口气。数年的灯下之苦，终于有了一个看得见的结果。这自然有些话要与读者说。

首先，当然要说明一下，为什么要用数年辛苦，编纂这样一部史料集。不少好友在闲谈中，不止一次地直接或婉转地提出这个问题。出于礼貌不便明言的潜台词是：在商品大潮汹涌的当今社会，干这种在故纸堆中讨生活的事值得吗？有的更是推心置腹地开导：以你的资历，即使仅利用业余时间出去打工，一个月能挣几千，几年下来，是个令很多人眼红的数字了，并且表示愿为之牵线搭桥。挚友的真诚，确实使我很感动。

但最终还是钻进故纸堆，遏制心中阵阵涟漪，下决心把这件事做完，对自己与避暑山庄几十年的因缘也算是有个交待，了却多年来的心愿。同时，国家正拨巨款对避暑山庄和外八庙进行大规模保护维修，理应效绵薄之力。

话还是从头说起：我刚刚从河北文化学院毕业走上社会，即踏进避暑山庄的大门，那是1961年的秋天，我还是个差几个月才满20岁的未谙世事的小青年。当然，古老的宫墙不可能遮挡社会的风雨，世态炎凉也不会怜悯一个怯生生以好奇心看世界的大小孩子。我领略了人生百味，在当时还很闭塞的承德、还很荒凉的这座皇家园林中，我贡献了17个寒暑的青春年华。许许多多的好心人，在我惶惑困顿中热心帮助指引，令我至今铭记于心；世间风浪也曾使我摔得伤痕累累，逐渐减少了稚气。在"文革"后期，我曾不识时务、不知深浅地为避暑山庄和外八庙的保护、整修、开放，上书中央领导部门，并公开发表文章为之摇旗呐喊，曾赢得了较广泛的社会同情，也引起了有关领导部门的重视；同时，也因此以"宣扬封、资、修"、"吹捧康熙、乾隆等帝王将相"的罪名遭到公开批判，几乎遭到灭顶之灾。现在许多年轻人会觉得这是天方夜谭，甚至可笑，但在当时确是个严重问题。未语泪先流。在这里顺便写来，不是记恨哪一个人，而是说那段不可避免的历史。许多会上公开批判我的人，暗中都给了我很大鼓励，并帮助我解决了许多生活困难。没有这些好心人的帮助，我是很难度过那场劫难的，这许许多多酸甜苦辣、荣辱浮沉，使避暑山庄融入了我的生命，即使离开它已经30多年，仍想为它做些什么，使之变得更好。这就是我要花几年的功夫编这样一部史料集的内心驱动力吧。

再一点，就是最近几年，听说承德要建设文化大市，还要建立避暑山庄学。我当然非常高兴，这不正是我多年为之努力的么。当然，要做到这一点，需要艰苦的、长期的努力，殊非易事，至少，有几点不可或缺：良好的社会环境、机遇、人才、史料。前两者，无能为力，最后一条，当效绵薄。我虽然到了"可怜白发生"的人生阶段，难以亲身投入火热的实际工作中，但愿以所知、所学为避暑山庄的年轻一代攀登科学文化的高峰搬砖添瓦。因为承德的未来、避暑山庄的未来，决定于年轻一代。"长江后浪推前浪，世上新人胜旧人。"这是历史的必然。编这样一部史料集，算是送给年轻一代的小小礼物吧。

第二个问题，就应该谈一下这部书的编辑宗旨和史料取舍了。

在开始准备编纂这部史料时，我首先考虑的第一个问题，就是把避暑山庄和外八庙作为一个整体。我们从它们的建造历史，建筑设计思想和建筑内容、功能要求等许多方面，都能深刻体会到这一点。所以，有关的内容要覆盖避暑山庄和外八庙。

其次，内容着重于历史方面。避暑山庄作为现存规模最大的清代皇家园林，外八庙作为现存规模最大的清代皇家喇嘛庙建筑群，能赢得"人类文化遗产"、"旅游胜地"等一系列堂皇耀眼的桂冠，博得海内外游人青睐，无疑是那杰出的园林胜景和建筑艺术。但是广大游人只是亲身体验和感受这些，而不是深入研究它。研究只是少数学者的事情。山庄和外八庙的园林和建筑艺术，是造园家和建筑家匠心独运和天才创造杰作。所谓研究，主要是根据园林和建筑的客观存在，体验、分析，升华为理论总结，文献只能作参考。有关园林和古建的文献只有那么几种，例如《园冶》、《营造法式》和清代的《工部则例》等，少得可怜，而且都是关于工程技术的，与本书的编辑宗旨不相适应。另外，从研究的角度看问题，园林和建筑艺术都是特定历史的产物，深入研究这些，首先要研究当时特定的历史环境和社会条件。出于这种种考虑，这部史料集重点放在历史方面，有关园艺和古建技术类的，暂时割爱，有条件时再做考虑。

再次，明确选辑史料的标准，为珍稀和最基本的。康熙四十二年（1703）肇建避暑山庄直到1911年清朝灭亡。许多重要的历史事件都和它有关联。换句话说，避暑山庄和外八庙的盛衰折射着清朝的盛衰。清王朝的命运，记录在避暑山庄和外八庙的历史上。先贤李格非《题〈洛阳名园记〉后》说："洛阳之盛衰者，天下治乱之候也。园圃之兴衰，洛阳盛衰之候也。且天下之治乱，候于洛阳之盛衰。而知洛阳之盛衰，候于园圃之兴废而得"。对于避暑山庄和外八庙与清朝的关系，当做如是观。有人说，"一座避暑山庄半部清史"，这有一定道理，但不够全面，不够准确。如果说"避暑山庄和外八庙是园林和寺庙建筑记录的一部清史"，虽不中，不远矣。

这是我研究避暑山庄和外八庙数十年以来，形成的一个基本观点。从这个角度看问题，有关避暑山庄和外八庙的档案、史籍及各种文献，以汉牛充栋、浩如烟海来形容，绝非夸张，如果有人要辑录几亿字，也是可以做到的。但，这样做很不现实，受收集整理文献和编辑出版条件的限制，短时期内不可能做到。即使具备条件那样来做，对研究工作也未必有益。因为太多，容易芜杂，难于利用。所以，着手编纂时，确立了选辑史料的两条基本原则和主要标准，这就是珍稀的、基本的（即基础的、必读的史料）。

什么是"珍稀的"，从学术研究的角度来说，没有一个统一的标准。都是根据具体情况而定。我首先考虑的，是对研究避暑山庄和外八庙有重要研究参考价值，但承德没有，很难见到、也很难找到的档案、古籍等。故此，前些年已出版的《热河行宫档案汇编》里的资料则一律不录，以免重复。对于古籍，我们掌握的原则是：稿本优于抄本，誊录本优于传抄本，初刻本优于再版本；孤本、秘本、善本优于普通刊本。例如，根据上述原则，我们首选了和瑛撰写的《热河志略》。现在，我们在全国公共图书馆和大学图书馆能够见到的承德地方志，只有《热河志》、《承德府志》两种，承德现存也只有这两种。和瑛这部《热河志略》，从来没有公开印行过，只有抄稿本存世，一般人当然难以见到。其史料价值和研究价值，可想而知。因此，我们根据抄稿本进行初步整理研究，点校重排，以便于研究利用。

什么是"最基本"的，就是研究避暑山庄和外八庙最主要的、不可或缺、非看不可的史料。如与避暑山庄、外八庙历史研究关系最紧密的、也是最重要的，是木兰秋狝、蒙古、新疆、西藏等问题。有关这些问题，史学界公认的权威史书是《圣武记》和《皇朝藩部要略》。这两部典籍的共同特点是史料丰富、翔实，论述简明扼要，为研究避暑山庄和外八庙所必备，所以我们选辑了其中有关内容。另外，除了西藏和新疆之外清代有关边疆民族的许多重大决策，都是在避暑山庄形成的，这在避暑山庄现存的许多碑刻和乾隆的许多诗文（本书均未选录）中，都有涉及，例如，平定大小金川、定台湾、川楚白莲教起义等，这些当然都是需要研究的重要内容，所以，我们适当地选辑了部分有关史料。避暑山庄做为清朝与外国交往的重要舞台，对外展现国家形象的"窗口"，在当时就有着重要的国际影响，朝鲜、英国，以及安南（今越南）、南掌（今老挝）、缅甸等国使节都曾到过避暑山庄。对此，限于篇幅，我们只选辑了在历史上影响比较大的，朝鲜、英国使团撰述的有关两种史料。

还有需要说明的是，我们所选史料，以避暑山庄盛期（即历史上的康乾盛世）的为主，因为这是避暑山庄和外八庙研究的重点。至于其衰落期（即清代嘉庆、道光及其以后）的，暂付阙如，既为突出重点，也考虑到篇幅所限。如求完备，只能待条件成熟时再弥补。

第三个问题，应该"书归正传"，就是向读者扼要介绍一下本书的主要内容。虽然算不上导读，但只要能为研读此书，起到一点导引作用，也就不算浪费笔墨纸张了。

本书共分7个部分。这不意味着避暑山庄和外八庙历史研究仅有7个重点，仅仅是根据文献史料的主要内容分成7组，以便读者查阅利用。

第一部分，是方志和行记，共8种。

避暑山庄和外八庙所在的承德（清代亦称为"热河"）志书，在图书馆能够见到的，仅有两种，即乾隆时敕修的《热河志》，以及道光以后官修的《承德府志》。本书辑录的这部《热河志略》，则是抄稿本，从未印行，也未见介绍。经研究发现，本书对于热河行宫及口外各行宫、外八庙、围场等的管理制度记述特别详细，可弥补《热河志》、《承德府志》所缺，极具史料价值和研究价值。其作者和瑛是嘉庆时期热河都统，守护行宫、寺庙等是其职责，所记当为其职守，用现代话来说属"工作手册"性质，从研究的角度来说，是难得的第一手史料，故两易寒暑将其整理、点校，做为本书的首篇。

和瑛，原名和宁，避宣宗道光帝讳改。字太庵，额勒德特氏，蒙古镶黄旗人。乾隆、嘉庆、道光三朝元老，历任封疆大吏，著述颇丰。他在乾隆三十六年（1771）中进士之后，历任要职，如四川按察使，安徽、四川、陕西布政使等。五十八年（1793），予副都统衔，充西藏办事大臣，在职8年。嘉庆五年（1800）召为理藩院侍郎，历任工部、户部，出为山东巡抚。因事谴戍乌鲁木齐，寻予蓝翎侍卫，充叶尔羌帮办大臣，调喀什噶尔参赞大臣。十四年（1809）授陕甘总督。十六年（1811）迁盛京侍部侍郎，寻授将军。因事革职留任，调热河都统，又召为礼部尚书，调兵部。后因失察罪，降盛京副都统，再迁热河都统。二十一年（1816）授工部尚书，后调任兵部、礼部，二十三年（1818）授军机大臣，跻身国家权力核心。道光元年（1821）卒。和宁政事之余，勤于笔耕。《热河志略》题"嘉庆二十年岁次乙亥正月上元和瑛谨识"。说明是出书成于和瑛任热河都统期间，守护行宫、寺庙、围场等是其主要职责，故所述详细具体而信实。成稿的第二年，即嘉庆二十一年（1816）调离热河，晋京任职。或者动笔初衷只是为职守参考，衙署内部职责不便公开刊行，因而，当时未刊布。另，题记里"瑛"字比其他字大而墨重，当是誊抄时改动，其时间当在道光称帝之后，避皇帝讳。

  山川风土是方志类著作不可或缺的内容，《热河志略》当然也不例外，有关这方面的内容不少。为使之充实，并与之印证，我们附录了《水经注》的有关内容和清人阮葵生写的《热河源记》。众所周知，《水经注》是北魏学者郦道元（446或472—527）撰写的历史地理名著，在历史上第一次明确记述了热河（书中称为"武烈水"）和著名风景"石梃"（即"磬锤峰"），研究承德和避暑山庄的历史，不可不读。清代有关承德山川风土的著作不少，我们只选了阮葵生的一种，短小好读，聊备一格。

  地处塞外的承德，清代以前是北方少数民族生活地区，汉文文献极少。为弥补其不足，我们选辑宋人行记3种。当时宋辽对峙，这一带属于契丹族掌控的辽朝，使辽宋臣络绎往返其间，其行记中记述古北口外山川地理颇详。其中，《乘轺录》等3种在历史上很有名，故予辑录。另外，之所以选录这3种，还有一点"私情"需要说明，就是为了记念贾敬颜先生。贾先生生前，是中央民族学院（现中央民族大学）教授，著名学者、蒙古学大家。在那社会斗争汹涌的年代，一个偶然的机会得以结识。由于都对社会的风浪迷茫不解，先生不以后学见弃，相逢多谈古人为乐，寻求一片精神乐土。先生家庭负担很重，生活困难，但乐观豁达，说话幽默，这大概就是所谓"气味相投"吧，久而久之，成了忘年交，几乎无话不谈。当时虽然斯文扫地，学问贱如粪土，但先生仍然于古书中孜孜求索，于宋人使辽行记，倾注多年精力。知我在承德工作多年，常以行记与今地对应问题垂询，我不揣浅薄，将所知所闻，尽情相告，得先生点头微笑，会感到极大的欣慰（我在承德工作期间，每年有三四次进京出差机会，都能见面。1978年，我到中国人民大学读研究生，大约两三个星期都要聊一次）。先生还不顾年高，手执铁笔刻蜡版（现代的年轻一代没有见过，也不可能体会到那种耗神费力的手工活），将其考证的十余种古北口外行记油印，并分装成册。每成一种，都要签名送我。由于先生升天突然，得信很晚，未能为先生送行，至今为憾。先生驾鹤西去后，中华书局选其疏证口外行记15种，点校成书，嘉惠士林。现选先生送我的3种，与中华本对校（以中华本为定稿本）作为研究承德和避暑山庄历史的参考。翻阅先生赠书，手泽犹存，天人相隔，感慨良多。心香一瓣，先生天堂有知。

此外，清人行记两种，与其他许多古代口外行记相比较，记承德府州县都显得简要详细，且与宋人行记相首尾，有一定的史料价值，且刻本稀见，故一并录供参考。

第二部分，是关于木兰秋狝与宫廷生活的14种。

清朝建立避暑山庄的主要目的，是木兰秋狝即木兰围场打猎。每年5月间由北京来驻跸于此，围场打猎之后，再回避暑山庄，接见宴赏蒙古王公和各少数民族首领。八九月间才返回北京。在这里大约生活将近半年的时间。所以，这些当然是避暑山庄研究的重要内容。这方面的史料是极为丰富的,限于篇幅,本书仅选 14 种。

关于木兰秋狝制度及其具体活动,清代各种官书、皇帝以及很多文人的诗文集,都有不少记述。乾隆敕修的《热河志》记载最为详尽,后来官修的《承德府志》,对乾隆之后的有关情况,也有记述,但较简略。为避免重复,本书主要选辑了几种避暑山庄建成之后不久,陪同康熙木兰狝狩官员的随笔。这主要是考虑到山庄建成初期的史料比较少见,再就是这些私人笔记,不是像官书一样公式化地叙述,而是更多地记述人的言行与活动,生活气息浓,细节生动,如时人拍摄的生活纪录片,可补官书之不足,使我们可以从细微处感受、观察和研究历史,因而研究工作更加具有活力。

皇宫生活神秘,向来是人们感兴趣的话题。清朝皇帝每年要在避暑山庄生活几个月。宫闱深深,神秘莫测,别说普通百姓难以管窥,贵为王公大臣非经特召也难进宫门一步,即使特准觐见,也只是在前朝公务活动区,不得进入后宫生活区。而宫闱秘事,则都发生在后宫,这也正是许多人的好奇心所在。但这些,官书不载,私人不能记,所以史料稀缺。研究工作又不能像影视和小说、戏剧那样,可以想像发挥。唯一的办法是挖掘史料。我们选录了当时作为皇宫秘籍的宫中则例数种,借以揭示那神秘世界的一角。

第三部分,是理藩院与内外蒙古史料 4 种。

清朝皇帝到热河木兰秋狝的一个重要政治目的是"抚绥蒙古"。而清朝管理蒙古、西藏、新疆等边疆民族事务的中央机构是理藩院。这些当然是避暑山庄研究的重点。有关的史料是非常多的,为突出重点,便于应用,我们仅选辑 4 种。

清朝入关前即设立蒙古衙门,崇德三年(1638)改为理藩院,属礼部。顺治十八年(1661)改与六部平等。置尚书一人、左右侍郎各一人,均以满蒙显贵充任,又有额外侍郎一人,于蒙古之贝子、贝勒中特简。光绪三十二年(1906)改名理藩部。辛亥革命后废。理藩院内设旗籍、王会、典属、柔远、徕远、理刑六司,分掌各部疆界、封爵、设官、户口、耕牧、赋税、兵刑、交通、会盟、朝贡、贸易、宗教等事项。蒙古王公贵族到承德朝觐、陪同皇帝木兰秋狝等事务，都由理藩院负责管理。所以，我们选辑了《理藩院则例》有关蒙古的内容。

康熙、乾隆等多次说明，蒙古地方地处高寒，蒙古王公怕热，以进京朝觐为畏途，特别是未出过痘的人（当时叫"生身"），进京遇天热，容易引发天花，致有生命危险。热河地方凉爽，和蒙古草原的自然环境差不多，在这里建立行宫，接见蒙古王公，能得其欢心，而且通过接见、宴乐等活动给予他们大量赏赐，又拉近感情，用乾隆的话来说是"恩益深而情益联"。同时，每年由蒙古各部王公分批轮流率本部骑兵陪同皇帝到围场打猎，既投其所好，又可借此宣扬皇家八旗军威，起到政治上的震慑效应。这些，正是清朝惯用的"恩威并济"策略。

清朝之所以这样苦心经营蒙古，是因为他们认为，这是政权兴衰存亡的一个重要关键。早在入关之前，满洲贵族建立的后金（清），就与蒙古各部建立了政治联盟，以弥补力量的薄弱（当时其人口不足20万），借助蒙古铁骑，夺取了全国政权。之后，蒙古王公贵族成了清中央政权的支柱，从一定意义上来说，具有"满蒙联合"政权的性质，所以必须巩固这种政治联盟。但是，清朝皇帝的内心深处，对蒙古王公贵族有很强的戒备心理。汉代，生活在蒙古草原的匈奴不断内扰，搞得刘氏王朝寝食难安，不得不以"和亲"等方式求得安宁；后来，成吉思汗、忽必烈统师蒙古铁骑，横扫六合，夺取天下，建立大元王朝；明代，草原骑兵多次威临北京，四海震惊，有的朱氏皇帝都变成了俘虏。这一幕一幕的历史画面，在清朝皇帝内心深处，总有挥之不去的阴影；康熙登极不久，内蒙古察哈尔部王公布尔尼率部叛乱，京师震惊。作为蒙古之一支的厄鲁特蒙古准噶尔部首领噶尔丹及其继承者，从清朝入主中原始，就长期割据新疆，与中央政权分庭抗礼，并不断内犯，有时兵锋直逼京师七百里，对爱新觉罗政权提出最严重的政治挑战，迫使康熙皇帝不得不脱却黄袍换戎装，亲率八旗劲旅，与之沙场一决雌雄。这些政治狂风恶浪，始终是清朝皇帝心头隐痛。历史的经验教训，现实政治的输赢成败，迫使康熙皇帝在一定时期内，将蒙古问题列为加强国家统一、巩固中央政权的头等大事，并为此采取了一系列重大政策措施，建立避暑山庄、举行木兰秋狝就是其中一项带有战略性的重大举措。

因此，深层次地解读避暑山庄，必须深入研究蒙古问题。这是我们选辑有关史料的初衷。清代有关蒙古的史料数以百计，我们遵循择优从善的原则，选取两种，即魏源《圣武记》和祁韵士《皇朝藩部要略》。

魏源（1794—1857），字默深，著名的清代史学家、思想家、文学家，著述丰富。《圣武记》十四卷，是其代表作之一，道光二十二年（1842）刊行，后多次重订，主要内容是纪述清朝立国至道光年间统一全国的军事、政治历史，并记述有关军事制度。

祁韵士（1751—1815），字谐庭，一字鹤皋，清代著名学者、西北史地学家。乾隆四十三年（1778）进士，长期担任翰林院编修、国史馆纂修官等职，曾奉命编纂《蒙古回部王公表传》，以职务之便，大量阅读清宫内阁大库档案和理藩院档案，以及蒙古、新疆等地官署和部落报送的民族文字档案。他通晓满、蒙文字，因而掌握了大量原始资料。在完成奉敕纂修书稿的同时，又撰写了大量有关西北边疆民族著述，例如，《西陲要略》，《西域释地》，《西陲总统事略》等多种，《皇朝藩部要略》是其中代表作，是学术界公认的清代西北边疆民族问题的权威著作。这部著作经清代著名学者张穆等人增删重订，多次印行，版本较多。上世纪九十年代黑龙江教育出版社又排印了《稿本》。我们根据多种版本核校，择善而从。

这两种著作，有共同的特点：史料翔实，系统而全面，立论稳妥，叙述简略而严谨。写作与避暑山庄同时代，属当时人记当时事，比较信实，且其中不少史实与避暑山庄直接关联；两者各具特色，可以相辅相成，相得益彰。《圣武记》重在清中央政府的政治、军事决策及实施策略等，而《皇朝藩部要略》则主要记述各部民族历史，编年排列史实。故两者参核，可得历史概略。

本书的第四部分是有关新疆各种史料，共11种。

避暑山庄和外八庙，作为一个园林建筑艺术整体，从象征意义上来说，是清代统一多民族国家的模拟沙盘。园内湖区象征江南水乡，平原区大片草地和参天万木，是东北莽莽森林和蒙古草原的艺术化，西北群山，令人产生西北高原的联想。园外辉煌壮丽的外八庙，一派西藏和新疆等边疆景像。园林和建筑设计家，采用"移天缩地入君怀"的艺术手法，将统一多民族国家塑造成一个艺术整体。再从其建造历史来说，避暑山庄和外八庙是利用山水和建筑模写的清代统一多民族国家历史进程的记录。

特别是外八庙，在一定意义上可以说是乾隆统一新疆的纪功碑。明末清初，蒙古分为漠南（内蒙古）、漠北（喀尔喀，即外蒙古）和漠西三部分。漠西蒙古也称为厄鲁特（或称卫拉特）蒙古，占据新疆天山北麓，分绰罗斯（也称准噶尔）、都尔伯特、和硕特、土尔扈特四部。明朝末年，因内部纠纷，土尔扈特部远牧伏尔加河流域，和硕特部游牧青海（之后，以辉特部代替土尔扈特为四部之一）。清初，准噶尔部势力强大，威临各部，并强占天山南麓，雄霸一方，成为清朝统一全国的最大障碍。清朝与之时战时和，力图将其纳入中央政府管辖之下，但百年左右未能实现。直到乾隆二十年（1754），厄鲁特蒙古内部矛盾加剧，作为四部之一的辉特部首领阿睦尔撒纳降服清中央政府，乾隆于十一月，冒严寒到避暑山庄接见了他，详细了解了厄鲁特蒙古内部情况，制定了统一新疆战略。第二年五月，清朝派大军突击厄鲁特蒙古政治、军事中心伊犁，擒获准噶尔部最后一位汗王。为此，乾隆决定在承德建造一座喇嘛庙，以纪武功，又亲题"普宁寺"为额，期望从此普天之下安宁太平，并亲撰《平定准噶尔勒铭伊犁之碑》，分别树碑于伊犁和此庙。但是，风云突变，随清军平定伊犁的阿睦尔撒纳欲自立为王，再举叛旗。同时，受准噶尔拘禁的维吾尔族首领（当时称为大小和卓木）被清军放归南疆后，也搜集旧部，图霸一方。清军不得不举兵再定新疆。直到乾隆二十四年（1759），彻底平定天山南北。乾隆再次挥笔书写《平准噶尔后勒铭伊犁之碑》，分别立碑于普宁寺和伊犁，作为历史的纪念。

在这个历史过程中，原准噶尔部的一个游牧部落——达什达瓦部，不愿从乱，归顺清朝，并长途跋涉到了承德，原有的六千人，损失了大半。乾隆命将其安置在承德休养生息。因其信仰藏传佛教，乾隆于二十九年（1764）下令在避暑山庄之东，仿被战争毁掉的伊犁宗教中心——固尔扎大喇嘛庙，建造一座喇嘛庙，作为达什达瓦部拜佛圣地。（所以，这座寺也叫伊犁庙），乾隆御题"安远庙"。乾隆三十一年（1766），又在安远庙附近建造了一座大喇嘛庙，御题"普乐寺"，乾隆亲撰碑文，说明建庙缘起，是为了供到承德朝觐的新疆哈萨克、布鲁特（今柯尔克孜）各部首领观瞻（这些民族其实信奉的是伊斯兰教。清朝建此庙只是供其观赏辉煌壮丽的建筑，借以显示国势强大和皇家威严，而不是供其礼拜）。乾隆三十六年（1771），远牧伏尔加何流域百余年的土尔扈特部，不堪忍受沙俄压迫欺凌，行程万余里，忍受巨大牺牲，于是年夏返归祖国。乾隆下令于伊犁妥予以安置、救济，其首领不远万里到承德朝觐，乾隆亲撰《土尔扈特全部归顺记》、《优恤土尔扈特部众记》，用满、汉、蒙、藏四种文字刻成巨碑，立于刚刚落成的普陀宗乘之庙。

从这个简略的叙述可以知道，外八庙建造历史与清朝统一新疆的关系。要深入研究避暑山庄和外八庙，必须深刻了解清代新疆，因此，我们选辑了有关史料11种。

本书第五部分，是有关西藏与藏传佛教史料，计10种。

环绕避暑山庄的外八庙，都是藏式喇嘛庙，人所共知，不用多说。如果深入探讨，皇帝的行宫周围为什么建这么一大群喇嘛庙，而不是其他寺庙？要回答这个问题，就不是三言二语能说清楚，需要研究当时的历史。

大体而言，这体现了清朝皇帝的治国理念。我们看，避暑山庄正门——丽正门的门额，是乾隆皇帝御题，用满、汉、蒙、维、藏五种文字刻石而成。中国民族众多，少数民族文字有许多种，为什么仅选用这几种？丽正门北侧乾隆题刻的一首诗，有助于我们理解这个问题："巖城埤堄固金汤，夏午来临岁以常。两字新题标丽正，车书恒此会遐方"。诗的前两句只是壮景叙事：行宫城墙环卫，如金汤之固，夏天五月来此避暑，岁以为常。关键是后两句，体现了他的治国思想。"车书"是"车同轨、书同文"的略语，寓意国家统一；"遐方"，原词意为远方，这里是指边远地区（代指边疆地区少数民族首领人物）。皇帝每年驻跸山庄，边疆地区少数民族首领和王公贵族都要从这座大门进入行宫行朝觐之礼，这在政治上，昭示着国家的大一统。乾隆正是用这五种文字题写丽正门门额，作为昭示国家大一统的形象化手法。这体现了当时特定历史条件下，乾隆皇帝关于国家大一统政治思想。古人认为，中国的东西南北四周都是海，所以常用"四海"代称天下或全国。清初，世界出现了资本主义，古老的中国成了西方殖民者侵略的大目标。北方蒙古地区和西部新疆地区，不断遭到沙俄的侵略，清朝多次被迫武装捍卫领土主权。在这种历史条件下，四海之内即国家的历史观念受到冲击，并不断被人修正，逐渐形成了近代边疆和国家观念。清朝皇帝认为北部蒙古地区和西部新疆维吾尔族地区稳定，国家就安定、统一。而作为西南国门的西藏，作为藏传佛教的发源地和中心，对于信奉藏传佛教的蒙古（包括新疆北部厄鲁特蒙古）的人心向背有着重大影响，掌握了西藏也就从思想上、政治上掌握了蒙古，这对于边疆地区的安危是至关重要的。建造外八庙的初衷和主要政治目的，即在于此。康熙和乾隆多次的确说明了这一点："兴黄教，即所以安众蒙古，所系非小，故不可不保护之"，"俾满所欲，无二心焉"。所以，深层次解读避暑山庄和外八庙，必须研究西藏和藏传佛教，故此选辑有关史料 10 种。主要内容是西藏的历史社会概略和清朝治藏政策，以及清朝关于藏传佛教政策、管理制度等。有关藏传佛教的宗教内容资料，略而未选，因为那是宗教研究的内容，与本书的编选宗旨不相吻合。将来如有需要和可能，再做考虑。

本书的第六部分，是有关大小金川、台湾和白莲教起义史料 3 种。

清代重大的历史事件多得难以枚举，之所以选择这 3 种，是因为它们与避暑山庄关系极为密切，有关的研究工作必须研读。

大小金川之役是清史上的一个著名事件。乾隆十二年（1747），川边藏族地区大金川土司莎罗奔用兵攻打邻近土司，并杀伤官兵，清政府遂出兵进攻大金川。十四年（1749）莎罗奔兵败投降。二十年后，莎罗奔侄孙索诺木联合小金川反清，清朝再度用兵，统帅温福战死。乾隆再任命亲贵大臣阿桂为定西将军，展开大规模武装进击。四十一年（1776）索诺木势穷投降，军事行动结束。这场战役持续 20 余年，耗帑银 7 千余万两，清军伤亡惨重。乾隆多次在避暑山庄和木兰行围中，召集臣僚商议大小金川战役。现在，避暑山庄门东壁刻写的一首御制诗，还记载这段历史，反映了乾隆急切盼望阿桂前线战报的焦急心情。我们选辑了《圣武记》里有关这次战役全过程的文献，使研究者对这个重大历史事件能有较全面的了解。

另外，需要说明的是，为什么要选录一组有关台湾的史料？这是不少人要提出的疑问。简单来回答，因为这是避暑山庄历史上的一个重要事件。乾隆晚年，镇压台湾林爽文起事，决策、选将派兵、战后立碑，都是在避暑山庄。乾隆五十五年（1790）台湾一批土著民族首次到避暑山庄为皇帝庆祝 80 寿辰，这些都是避暑山庄史上，也是清代历史上的大事。

乾隆五十一年（1786），台湾天地会首领林爽文等起事，清朝遣兵攻之。翌年，林爽文势力发展很快，攻府城，不克，再攻鹿仔港，政局剧烈动荡。六月，乾隆敕命大将军福康安驰赴台湾督办军务。乾隆五十三年（1788），林爽文兵败被俘，解京处死。之后，乾隆亲撰《平定台湾告成热河文庙碑文》，特别说明，不依例告成北京太学，而告成热河文庙的苦衷："因思热河文庙虽承德府学耶，而余每至山庄必先展拜庙貌。秋仲丁祭常遣大学士行礼，则亦天子之庠序矣。且余去岁筹台湾之事日于斯，天佑予衷，命福康安、海兰察率百巴图鲁以行，及简精兵近万，亦发于斯……筹于斯，发于斯，臻于斯。文庙咫尺，我先师所以鉴而呵护者，亦在于斯。记所谓受成、告成，正合于斯地也。则平定台湾告成热河文庙所为礼以义起，非创实因"。

《平定台湾告成热河文庙碑》，原竖立于承德文庙，在历史上毁圮。清朝惯例，每次重大战事结束，都由皇帝御撰碑文，刻石立碑于太学（即北京孔庙），所以乾隆反反复复说明，违例将告成碑立于热河而不是依例立于太学，是"筹于斯（即热河），发于斯，臻于斯"，是企图借此释除人们心中的疑问。其实这是他在借此掩饰内心愧疚。他深知，清朝入关伊始，在夺取全国的进程中，即筹划统一台湾。至康熙时，乘台湾郑氏统治集团内乱，挥师渡海扫平割据，设治置官，完成统一大业。而林爽文起事则是乾隆晚期吏治腐败、国势日衰引发的，虽取得战事胜利，但这是不能与祖宗统一台湾大业同日而语的。如依例于北京太学立碑，他内心觉得有愧。所以才采用变通办法，立碑于热河文庙。

乾隆五十五年（1790），台湾狮子社等土著民族首领12名，带领随从9人，携带土特产，乘风破浪，长途跋涉，到承德为乾隆庆祝80寿辰。乾隆极为高兴，数次接见，盛宴款待，厚加赏赐。这是台湾地方史上，也是清代历史上的一件大事。当然也是避暑山庄历史上的一件大事。为了研究者便于全面地，历史地了解这段历史，所以我们选辑了一组清朝经营台湾的史料。

还需要特别说明一下，为什么要选辑一组有关川楚陕白莲教起义的史料，它和避暑山庄的历史，有什么关系？简单来说，川楚陕白莲教大起义，是清朝盛衰转折的一个标志性历史事件，同时，也是研究避暑山庄盛衰的一个关键问题。乾隆晚年和嘉庆初年，父子两皇帝在避暑山庄撰写的大量诗文，很多都和这个历史事件有关。现在，避暑山庄松云峡还完好地保留着一通乾隆诗碑，记述他归政以后，还多次驻跸山庄，经常经由松云峡到普陀宗乘之庙拈香，祈求神灵保佑，尽快扑灭这震撼爱新觉罗统治根基的大火。诗文中毫无掩饰地吐露他焦灼急迫的心情。

乾隆末年，吏治腐败，农民极度困苦，社会矛盾加剧。乾隆刚刚举行完归政大典，嘉庆元年（1796），在白莲教组织、带领下，四川、湖北等地大批农民揭竿而起。这次大起义先后有数十万农民参加，坚持斗争达九年之久，遍及四川、湖北、陕西、甘肃、河南五省地区，极大地动摇了清王朝的统治基础，使之从此迅速走向衰败。研究避暑山庄的盛衰，这也是一个切入点，故此选辑一组史料，可以从中了解这个重大历史事件的大体情况。

本书第七部分，是涉外史料两种。

避暑山庄也是清朝对外的窗口，外国经常通过它来了解清朝，了解中国。当时缅甸、安南（今越南）、南掌（今老挝）、琉球、巴勒布（尼泊尔）、朝鲜、英国等都派使团到承德，为皇帝祝寿，并进行有关的外交活动。不少为清官服务的欧洲传教士，也曾到过避暑山庄，并写下了有关记闻，使避暑山庄在十八世纪就在欧洲广为传闻。这方面的史料很多，限于篇幅，我们只选辑了两种。第一种是朝鲜著名学者柳得恭用汉文撰写的《滦阳录》，记录乾隆四十五年（1780）朝鲜使团到避暑山庄为乾隆庆祝七十寿辰情况，是朝鲜历史上的名著；第二种是乾隆五十八年（1793），英国第一个使华团，奉英王之命，漂洋渡海来中国，到避暑山庄朝觐乾隆，这一重大历史事件的清宫档案，比一般的历史纪闻或研究著作，更具权威。

想与读者说的话，主要就是这些。

最后，想与青年研究人员说几句：希望把这部史料集做为学术垫脚石，尽快在避暑山庄研究上不断攀登新高峰。"长江后浪推前浪，世上新人胜旧人"。这是必然的规律。衷心祝愿，热切期待着。

〔附记：这部史料集，是多年前拟定的一个研究课题的初步成果。选题和整体构思，耗费了我几年的精力。近几年，由于年老体弱多病，史料的选编、点校等大量工作，主要由张双智负责完成。作为共同的科研成果，张双智付出的劳动是主要的，是主要编著者。当然，其中存在的问题和不足，则应由我负责。〕

张羽新
2013 年元旦于北京

一、方志与行记

（八种）

热河志略

序

尝读易象曰地中有水师。师，众也；贞，正也；地上有水比，比辅也，下顺从也；泽上有地临，临者大也；泽上于地萃，萃者聚也。我朝列圣创垂鸿业几二百年，陪都则有班达神皋，口北则有木兰灵囿。简师徒行秋狝，师之以众，正以律出也。合藩卫颁庆赏，比之用三驱，亲诸侯也。习劳苦、娴技能，临之教无穷保无疆也。齐步武，严法令，萃之。除戎器戒不虞也。一举而备易道四焉。迈岐阳之猎轶吉之巡猗欤，伟哉，职斯土者，近依畿辅，分治塞垣，其所以抚众安民，明刑弼教，圣恩倚畀，厥任亦綦重矣。瑛不敏，检志书所载，廷议所陈，撮其大纲，约为二卷。庶便稽览，勿致愆忘，于兹编是赖焉。

嘉庆二十年岁次乙亥正月上元太菴和瑛谨识

目录

星野	4	守卫	30	营汛	50
疆域考证附	4	设官	31	驿站	54
山川	9	兴学	35	围场	55
行宫	20	统制事宜附	37	藩卫	69
寺庙	27	驻防	49		

星　野

　　承德府全境居赤道北四十度至四十二度强，在地图东面中线偏东四十三度至四十七度强，京师偏东一度至四度强。盖地居天中，地体浑圆，与天度相应。中国当赤道之北。北极常现，南极常隐。南行二百里，则北极低一度，北行二百里则北极高一度，东西亦然。

　　按：古分野之法，限于中土，则大地难周，统全局以规大势，当以周天三百六十度，配大地七万二千里，每二百里分应一度，尽地面一周。而二十八宿之分野，始尽恒星。虽岁差五十秒，然二十八宿始初之体，原有定位，角亢氐房心尾箕为苍龙，居东；斗牛女虚危室壁为元武，居北；奎娄胃昴毕参觜为白虎，居西；井鬼柳星张翼轸为朱雀，居南，是也。宿有东西南北，地亦有东西南北。以二十八宿东西南北之本位，分配大地东西南北之定位，按诸古志十二州分星之说，惟燕为尾箕之野，方位适相符合。盖以中土地偏东北隅，京师又居中土之东北，于八卦属艮，于十干属癸甲之交，于十二支属寅，于十二次属析木，于星属尾箕。尾箕二宿之本位亦正在东北隅也。以尾箕燕分为准而后左右推之，尽地面之一周，皆与各宿本位相合，是为亘古不易之星，分而十二次因之。至恒星东移岁差五十秒，亦随大地为转移，某年属某宿，某度若干分秒耳。

疆　域

　　承德府属全境，当古北口、潘家口、喜峰口外，东西相距一千二百里，南北境广袤不一。以平泉州、赤峰县统计八百十里。自府治东至奉天、锦州府锦县边门界七百五十里，西至口北道属独石口厅四百五十里，南至顺天府遵化州界一百五十里，北至围场界二百八十里，东南至永平府界五百八十里，西南至顺天府密云县北之古北口一百九十里，东北至锦州府广宁县边门界一千十五里，西（？）至口北道属多伦诺尔厅界五百六十里。统州一，曰"平泉"八沟厅；县五，曰"滦平"喀喇河屯、曰"丰宁"四旗、曰"赤峰"乌兰哈达、曰"建昌"塔子沟、曰"朝阳"三座塔。规其形势，府境居中，滦平、丰宁拱其右，平泉、赤峰、朝阳、建昌环其左。水源山脉来自西北，由围场入境，东趋南下分道萦络。其详见山川门。

承德府本境

承德府东南、东北俱界平泉州，西南界滦平县，西北界丰宁县，南界遵化州及永平府迁安县边外地，北界丰宁县。热河上承固都尔呼河、茅沟河、赛音河，三水合而南流入滦河。

滦平县

旧喀喇河屯厅境，在承德府西南隅，东界府，北界丰宁县，南界古北口，西界独石口。承德府属惟府境与滦平不涉蒙古旗地。

旧四旗厅境在承德府西北隅，东界府，南界滦平县，西界独石口，北界围场察哈尔镶白旗。旧志土城子今为县治，当全境南，于东西为中。正蓝旗治黄姑屯即波罗河屯，居东镶黄旗治，大阁儿居西正白旗治，郭家屯居北四旗，壤界错出。

平泉州

旧八沟厅境，西界承德府，东界建昌县，东北界朝阳县，北境为喀喇沁右翼地。喀喇沁扎萨克公旗地在右翼中州治，瀿（原文如此，疑有误。或为"热"字之误。待考——编者）河之源环焉。南境接永平府迁安县边外，又南与喜峰口接。

赤峰县

旧乌兰哈达厅境。东界建昌县，南界平泉州，西界围场，北界乌珠穆秦、克什克腾诸境旗地。全县境为翁牛特右翼地，其北境之翁牛特左翼旗、巴林旗务均隶县辖。赤峰县因红山得名。自县治至翁牛特右翼驻处一百二十里，北至左翼驻处一百八十里，至巴林旗北境五百里。

建昌县

旧塔子沟厅境。在承德府东南隅，东界朝阳县，南界临榆迁安县界，西界平泉州，北界乌珠穆秦旗地。南境为喀喇沁左翼旗地，北境为敖汉旗地，中界平泉州地，南北若相望然。县治当喀喇沁左翼中偏北境。

朝阳县

旧三座塔境。在承德府东北隅。东接九关台门界、锦州府义州诸境，西界平泉州，南界建昌县，北界科尔沁县属东北境，为土默特左翼地，西北境为土默特右翼地，又北境为奈曼旗地，又东北境兼辖喀尔喀、库伦两旗地。

考　证 建置沿革

热河全境自慕容燕都龙城，始有建置可言。越晋以前，上溯周秦，虽邻界北边，总未入内地疆域，为州郡所不及。若《太平寰宇记》开元十道，略舜筑柳城，既荒远不可考，《辽史·地理志》以中京大定府为营州，不知舜分青州为营州，所得者辽东之地，不得逾辽水以西也。盖今承德府境于禹贡为冀州边外，而虞及殷周则幽州之边外也。秦汉而还，在渔阳、右北平、辽西三郡边外，为诸部分据。北魏虽设安、营二州，亦与奚、契丹杂居。辽、金与元各建郡县，而宅中未久，故址旋荒。明弃大宁，视为外域。我国家抚临函夏，中外一家，设厅分治以来，久成都邑，近复改设府、州、县规制，不殊内地矣。

承德府

府本境在周秦为东胡地，汉为匈奴左地，武帝时为塞地，后入乌桓，后汉为乌桓地，后属鲜卑。中部，魏为鲜卑轲比能地，后与素利弥加厥机诸部杂居。晋初，为鲜卑段氏地，北境为宇文氏地，后并入慕容氏为前燕地。苻坚时为秦地，属幽州。慕容垂复国后为后燕地，属幽州。冯跋时为北燕地。北魏为安州广阳郡燕乐县地，北境为库莫奚地，后并入库莫奚_{隋唐去库莫二字但名奚}。辽为中京道泽州滦河县及北安州地，金为北京路兴州兴化县、宜兴县地、大定府神山县地。元为上路兴州兴安县、宜兴县地，大宁路惠州地。明初为兴州卫，后废入诺音卫。国朝初内属，雍正元年设热河厅，十一年改设承德州，乾隆七年罢州仍设热河厅，四十三年改设今府。此承德府之建置沿革也。

滦平县

北魏以前，与府境同县。西境为御夷镇地，后并入库莫奚。北齐、周、隋、唐因之。金为兴化县、宜兴县。元为兴安、宜兴两县地。明初为兴安卫。后废入诺音卫。

国朝初内附，乾隆七年设喀喇河屯厅，四十三年改设今县。此滦平县之建置沿革也。

丰宁县

北魏以前，与滦平县同。北魏为燕乐县、方城县地。西南境为御夷镇地，后并入库莫奚。周、隋、唐因之。辽为利民县，金为宜兴县地。元兼得开平县。明初为开平卫地。后俱废入诺音卫。

国朝初内属。乾隆元年设四旗，四十三年改设今县。此丰宁县之建置沿革也。

平泉州

周初为山戎地，自秦至北魏以前与府境同。北魏为营州建德郡阳武县、冀阳郡平刚县。隋为辽西郡地西境。辽为中京大定府大定、神山等十二州县地。金为北京大定府大定、金源等五县地。元为大宁路大定县、金源县惠州地。明初为大宁卫、新城卫、富峪卫、会州卫，后俱废入诺音卫。

国朝初内属。雍正七年设八沟厅，乾隆四十三年改设今州。此平泉州之建置沿革也。

赤峰县

周初为山戎地。自秦至北齐、（北）周与平泉州同。隋、唐时为契丹地。辽为中京道、上京道等属十二州县。金为大定府三韩等七州县。元为大宁路。明初为大宁卫地。后废入诺音卫。

国朝初内属。雍正七年为八沟厅北境，乾隆三十九年析置乌兰哈达厅，四十三年改设今县。此赤峰之建置沿革也。

建昌县

周初为山戎地，自秦至隋与赤峰县同。唐为营州柳城郡柳城县地，与契丹杂居。辽为中京道属十二州县地。金为北京路利州等七州县地。元为大宁路属六州县地。明初为营州卫地，废入泰宁卫。

国朝初内属。乾隆三年设塔子沟厅，四十三年改设今县。此建昌县之建置沿革也。

朝阳县

周初为山戎地，自秦至隋以前与建昌县同。隋为建德郡，置总管府。唐为柳城郡，与契丹杂处。辽为中京道属地。金为北京路属地。元为大宁路属地。明初为营州卫地，后废入大宁卫。

国朝初内属。乾隆三年设塔子沟厅，为其东境。三十九年，析置三座塔厅，四十三年改设今县。此朝阳县之建置沿革也。

山　川

承德府全境，北界兴安大岭，为阴山之正脉，左右层峦叠巘，皆其分支，形势之雄甲于紫塞。若龙山为慕容氏国在三座塔东，又名凤凰山七金、马盂诸山为辽金名胜七金山在平泉州境，马盂山在大宁县西。

避暑山庄岩峦献秀，锤峰东峙，则郦道元《水经注》之石挺也。广仁西控，则王曾《行程录》之墨斗岭也。

磬锤峰

承德府治东北十六里，下锐上丰，停停倚天。山庄三十六景中有锤峰落照。峰侧，石幢一，镌床涠帢◎四字床古字见许慎说文，◎为武曌所造日字见郭忠恕佩觽。余字无考。

罗汉峰

一名弥勒峰，府治东南九里，冈峦曼衍，望之似人体形，趺坐坦腹。其西地势宽广，土人名"红石硿沟"。

僧冠峰

府治南稍东二十六里，旧名"僧冠帽"。峰形如毘卢覆顶，土人以云气聚散占晴雨之验辄应。

广仁岭

府治西十一里，岭之西南即滦平县境。发轫开治，道路平坦，凡山庄西路诸山皆与广仁岭绵亘相接。

狮子岭

行宫北五里，府治西北九里。岭势奇伟如狻猊俯听帖依莲座，故名。岭下狮子园。岭之东，地势闳敞，名狮子沟。凡普陀宗乘庙诸巨刹多建于此。

大黑山

府治北一百八十余里，当张三营西北。高二千余丈，周百余里。复嶂悬崖，烟岚蒸郁，遥望黝然。伊逊河自北来，流绕其足。此山即古阴山分支也。阴山自河套之西北，蜿蜒东走，经承德府全境之北。其正干为兴安岭，是山在承德府北境，形势雄峻，附属兴安。自是而北直接围场诸山。盖阴山远脉经行旁络之处，凡府属迤北诸山视此。

双塔山

喀喇河屯滦平县治北八里，大小二峰，矗立百余丈，如窣堵波，高下相亚。其一峰，中开三孔，表里通明焉。

三道梁 小黄土梁 鞍子岭

俱在滦平县治西南，又大水峪口外白河之旁亦有鞍子岭，为滦平县极西南境。

常山峪

滦平县治西南七十里，岭势回环，如列屏嶂，行宫建于山麓，正据其胜。

青石梁

滦平县治西南九十里，与黄土冈形势相连，自两间房至常山峪，群峰绵亘，青石最拔峭，高出诸山之上。

察罕陀罗海山

平泉州属喀喇沁右翼西一百余里，形势高大。北接围场诸山，与默沁察罕陀罗海山，东则锡伯河出焉。其北则围场内之穆垒喀喇沁河出焉。其西则固都尔河发源于此，即热河之西源。

默沁达巴罕

察罕陀罗海之南，其西则茅沟河发源于此，即热河之中源。

霍尔霍克达巴罕

平泉州属喀喇沁右翼南一百二十余里，有二洞，皆僧所居。其东则霍尔霍克河出焉，其西则赛音河发源于此，即热河之东源。

月华山

建昌县治东南一百八十里，有石窦东西相通，高一丈五尺、广倍之。土人名"窟窿山"，山有林泉寺。

凤凰山

朝阳县属土默特右翼东南二十里，即古龙山也，慕容皝以柳城之北龙山之西福地也，使筑龙城。是龙山在三座塔东矣。

卓昌吉尔山

朝阳县属土默特右翼西南二百余里，山南，有穆垒河流贯其中，夹山麓有泉注之，下流为小凌河。

明安喀喇山

朝阳县属土默特右翼西南二百里，山色深黝，千峰竞秀，洞旁三泉交流，为小凌河之源。

喀喇陀罗海山

汉名黑顶山，在朝阳县属土默特，在左翼西北一百里，鹞鹰河发源于此。

热　河

热河有三源：一、出围场东南界察罕陀罗海之西、固都古尔卡伦之南，在热河行宫东北二百余里，为西源。合平顶山南诸小水南流，经丰宁县属察哈尔正蓝旗境，屈曲南流，经固都尔呼达巴罕名固都尔河，又西南流至中关之东；一出平泉州八沟属喀喇沁右翼西境默沁达巴罕西之玳瑁沟，在喀喇沁右翼西一百余里当平泉州西境，为中源。初名默沁河，西南流经承德府东北之茅沟汛境，为茅沟河，至中关之东与固都尔河合而南流；一出喀喇沁右翼西南境霍克达巴罕西之三道沟，在喀喇沁右翼西南一百二十余里，亦当平泉州治西北境，为东源，名赛音河，西南流入承德府东北境，有温泉注之，又西与固都尔河会三源合而西南经黄土坎及钓鱼台之东，又西南流环避暑山庄之东，行宫内入有温泉流出注之，始名热河，南流折而东，复折而南，至下营子入滦河，即《水经注》武列水也。

新河一名旱河

行宫之南境，长六百九十余丈，广七丈，乾隆三十六年所开，以泄西南诸山夏秋涨水，由南山下东归热河。是年，由南山下宽开河道，西自承德府衙门前东至旗营，长六百九十余丈，阔皆七丈，深随地形高下，自三尺八寸至一丈二尺有差。

滦　河

御制滦河濡水源考证乾隆己丑

濡水见史传者凡五：《说文》出安东入漆涑者，涿郡之濡也；《广舆记》：出易州穷独山，一名圣女水者，易州之濡也，并音儒；《左传》出高阳者，河间之濡也。音而三，水皆由天津入海。此独石口外之濡，读如难，音与滦近，其水自由永平府之乐亭县入海，与畿内三濡迥不相涉。又《水经注》苍梧之濡水出永丰县濡山，字亦音儒，名亦适相同耳。而惟滦河之濡水，源远流长，雄于其四。郦道元《水经注》所云"出御夷镇者也"。昨岁命方观承考濡源委，亦既绘其梗概，条分缕析而为之说矣。然以汉文训蒙古语未如《同文韵统》得字音之正，而鄂博之类穿凿更甚蒙古语谓堆砌石以表祭处为鄂博，方观承乃书作峨靰靰，且引郑氏及《诗·大雅》之言，证为靰祭行路神之义，凿而谬矣。曾为鄂博说，以正其误他。如们绰克之为们催，达巴罕之为大琪。类此者不可枚举，难以一一为之辨订也。因命向导大臣努三挈方观承所遣同知黄立隆者，重循其源，以至其委。于是，二千余里之滦河曲折分合尽得其实。因详注其地名及诸水之汇流，而郦道元、欧阳修等并《元史·河渠志》所载相舛误者，都为四条考证如左。夫江淮河济，中国之四渎也，其理大物博较之滦河濡水不啻倍蓰。而《禹贡》以数语尽之，兹注濡水数千言，独有未尽焉。古今相去不可及者如此。盖得其简，则足以提要，而欲其详，反不免致繁。抑以塞外中土语言不同，人迹罕至，斯固难易所由殊，然则就《同文韵统》会中外而传濡水之实，讵不在此时乎哉。

  滦河源出独石口外东北一百余里巴延屯图古尔山山为兴安正干，自张家口向东至独石口外为大山，折而西北，过上都城入于围场之海喇堪，与兴安大岭相连属。出泉处较兴安山梁尤为特出。山阳、山阴树木茂密，与他山异，信为名山。山阳为民人居址，山阴皆察哈尔蒙古游牧地。四泉涌出，名都尔本诺尔，涓流曲折，伏而复现。西北经讷克里和洛，有小水自东注之，又北经哈丹和硕之西，噶尔都思台之水自东注之，又曲折西北流全茂竿和硕。自都尔本诺尔至此，计七十余里。二道河自东来汇之。其水一出摩霍尔达巴罕，一出伊克达巴罕，一出楚库尔苏达巴罕。各相距十余里，汇为一河。河流始畅，又西北流，复有二小水：一自布尔噶苏台，一自克尔哈达，先后来注之。八十里，经察汗格尔，俗名西凉亭。乌兰河屯至上都店入多伦诺尔界。又北流十余里，经淖海和硕折而东北二百五十余里，经博洛河屯至库尔图巴尔噶逊河屯，喀喇乌苏自东注之。又三十余里，至上都河屯。上都即元开平府，滦水经其城南故名上都河。察汗诺尔自北注之，又六十余里，经都什巴延珠尔克山，至察汗鄂博东克。伊绷河自东北来汇之。河出兴安山梁之阳，南流伊克霍尔昆巴罕，霍尔、昆伊、札尔，三水自东注之，西与海留台河合而为一，入于上都河。河水倍畅，折而东南流十八里。至磴口，额尔德尼布拉克自西注之。其水经多伦诺尔之北。又十二里，至大河口，图尔根伊札尔河自东北来汇之其水亦出兴安山梁之阳，逶迤西南流，锡喇札拜自北入之，又西南流，摩霍尔伊札尔自东南入之，汇注于此。又南流七里，沙岱布拉克自西注之。又折而西南流二里，霍洛图布拉克自东注之。又九里，海拉苏台河自西注之。又一里，搜集布拉克自东注之。又南流一里，浑齐布拉克亦自东注之。又十里，察汗郭勒自西注之。又十一里，什巴尔台河自东北注之。其水出伊克空鄂洛鄂博，西为木兰围场西界。又折而西，复折而南，八里克筹布拉克自西注之。又十七里，经雁北滩入四旗厅界布尔噶苏台哈丹和硕河自西注之。又十七里，经半壁山，又南经大庙湾，折而东，复折而西南，五十八里，头道河自西注之。又二里，罗密塔子亦自西注之。转而东南流三十二里至木厂，又折而东流二十四里，经韭菜梁，又九十五里经小辽东，至瓜地摩霍尔阿尔善所出之汤泉，自南注之。又二十七里，经西屯库尔奇勒河俗名小滦河自北来汇之。其水出兴安山梁之阳，三支分引过托霍隆和洛合为一，西南流会玛尼图卡伦、哈朗圭达巴罕、珠尔噶台、海拉苏台诸水，折而东南，会霍来郭勒哈尔浑诸水，又噶拜卓索、阿鲁布拉克昂阿诸水，复先后会之，合为一河，注于此。自此遂名滦河。又二十七里，至郭家屯折而南流四十六里，至大对山，又折而东复折而南屈曲行八十余里，至兴隆庄入河喇河屯界。南流五十九里经五道河折而西南流四十九里至张博湾，兴州河自西北来汇之。其源出沙尔呼山，西经土城子东南流，曲注于此折而东流七十余里，经喀喇河屯绕行宫东流伊逊河自北来汇之。其水发源围场内，南流经博洛河屯，与伊玛图河合西南流屈折注此。东南流三十四里至石门。入热河厅界又四十七里，经凤凰岭，固都尔呼河自东北来汇之。其源出固都尔呼达巴罕，西南流与茅沟河合，又与赛音郭勒河合，三源既汇，沿避暑山庄东北，其水会茅沟后，即与汤泉合。至是，行宫内亦有温泉流出汇之，遂名热河。水至此益大，折而南流四十三里，白河自西注之。此与发源玛尼图达巴罕，经密云县会潮河之白河异又三十三里，老牛河自东北注之。又三十三里，至滴水崖南，二河自东注之。又十里，柳河自西注之。又六里，车河自西注之。又三十余里，至门子哨入迁安县界黄花川自西注之。又三十二里，清河自东注之。又九里，豹河自东北注之。折而西流二十里，经滦河滩又南流折而东复折而西，经杨枝峪又东南流二十一里，入潘家口，折而东又折而西十里，经走马哨，又二十四里至澈河桥，澈河自西注之。又曲折东南流七十余里，至白布店，恒河自西北注之。又折而东流十余里，至煤峪口，长河自东北注之。又七十三里，过平崖子，清河自东北注之。此与黄花川南之清河异折而南流二十余里，至峡口，蛤螺河自东注之。又二十九里，过迁安县，西经黄台山，又二十三里折而东，三里河自东注之其河与二道泉合。又南流二十余里，经孤竹城入卢龙县界，又三十五里至合河口，清龙河自东北来汇之。其源出特布克，入桃林口，复有一水自冷口来会之，经永平府城西，过虎头石入于滦。河流至此，势益宽大。又十一里绕雪峰寺。又二十一里，过武山西横河自西注之。又三里至偏凉汀入滦州界又东南流五十六里过定流河入乐亭县界，又三十六里，至老河口滦河故道今涸，又西南流二十里，至小河崖，清河自西北注之。此与黄花川南及平崖子之清河俱异又七里，至石家坨，滦自此分支名高密河，常涸，大雨时仍分流达海，折而西南流五十余里，至新桥口入于海。自河源至此约二千余里。

郦道元《水经注》云："濡水出御夷镇东南"。按御夷镇为北魏六镇之一，其建镇之所虽不可考，而《魏太祖纪》云：筑长城于长川之西。自赤城西至五原延袤二千里。又，魏世祖破蠕蠕列置降人

15

于漠南，东至濡源，西概五原阴山，分六镇，是御夷居六镇之东。自独石口外至开平皆其故地。以今所考，上都河源方向核之，道元所言非尽无稽，惟云二源双川夹山西北流，则未能实辨。都尔本诺尔为濡水正源，而以夹山来会之，三道河误为濡源双引。其云"出山合成一川"，则即今之茂罕和硕耳。至云"又西北经御夷故城东"，其遗迹无可据，惟以镇北百四十里计之，当在今乌兰河屯之地。其余诸山水虽与今图不能悉合，然所云又北经箕安山，东屈而东北流，似即今之多伦鄂博图。其云"经沙野西又经沙野北"，则似指伊克们绰克至喀喇乌苏一带沙碛言之。其云"三泉雁次合为一水注吕泉水"，则似今之克伊绷河合伊克霍尔昆等三源也。云"逆流水"，则似今之伊札尔也。云"木林山水"，则似今之海留台水也。云"又东盘泉水自西北东南流注濡河"，则似今额尔德尼布拉克也。又所云"东南水流回曲谓之曲河镇"，以今图屈折形势观之，盖即今大河口。自此以下，道元即阑入白檀、要阳，按其地距，所云"会武列水"之热河境尚七百余里。汉时郡县安得至此。其舛，尚何待深辨乎。至云"濡水又东南经卢龙塞"，则为今之潘家口无疑。其云"塞道自无终东出渡濡水向林兰经东至清陉"，无终为今玉田林兰陉，盖今喜峰口。清陉，即今冷口。即此以证不特塞垣疆界了然，即田畴引曹操回军卢龙塞之处，亦可得其大概矣。其自潘家口以内至入海处，郦注所记州邑山水，虽名称今昔不同，而以志乘订之，皆约略可数，而未至大舛。盖道元于诸水源委，询考綦详，故所言时有相合者，惟未尝亲履其地，且以汉言志蒙古山水，名目往往传讹傅会，更不免谬以千里。则泥古而不知核实之过也。

  欧阳修云"滦水出炭山东北"，胡三省《通鉴注》因之。其后，陈组绶《职方图考》、顾祖禹《方舆纪要》，皆从其说。今考独石口外无所谓炭山者，惟巴延屯图古尔山，据努三云"土人名其山为黑老山"。按昔人有谓濡水出黑龙山者，龙老音转承讹黑龙山言，似不为妄。今巴延屯图古尔山其阳石色黝黑，所谓炭山或即指此。而明

《一统志》乃以万全县南之炭山当之，其地距独石三百余里，则更风马牛不相及矣。

《元史·河渠志》滦水出金莲川中，今独石口外濡源相近处无所谓金莲川者，按《金史·地理志》云"桓州曷里浒东川，更名曰"金莲川"，又《元史·地理志》云"世祖命刘秉忠相宅于桓州东滦水北之龙冈"。中统元年，为开平府，五年加号上都，即今之上都河屯，正在滦水之北，桓州尚在其西。考元周伯琦《扈从北行记》云"至失八尔图地多泥淖，驿路至此相合，地多异花，有名金莲花者，似荷而黄。至察罕脑儿犹汉言白海也，历数驿始至桓州"。又王恽《中堂事记》云"滦野盖金人驻夏金莲"云云，考其地皆与上都河屯相近。失八尔图当为什巴尔台，蒙古语，泥泞处"也。在上都西少北。察罕脑儿当为察汗诺尔，蒙古语"白湖"也，在上都南少西。金莲川当在什巴尔台、察汗诺尔之间。元陈孚《金莲川》诗云"茫茫金莲川，日映山色赭。昔人建离宫，今存但古瓦"。盖金时于此建景明宫，为避暑之所。许安仁疏有"金莲千里之外"语，以距师道里计之，亦相合。又今什巴尔台少西北，有和洛和山盖即《金史》所谓曷里浒者。川在其东，去独石口几五百里，其非濡源明甚。周伯琦《赋得滦河送苏伯修》诗云："清滦悠悠北斗北，千折萦环护邦国。直疑银汉天上来，金莲满川净如拭。"盖滦河先经金莲后至上都，伯琦咏滦河而兼及金莲，殆指河流所经言之。修《元史》者直以为滦出金莲川中误矣。

〔编者按：《御制滦河濡水源考证》原稿错讹较多，据《清高宗御制诗文全集》校补〕

伊逊河

一作伊松河又作衣素河、宜孙河、仪粟河，《方舆纪要》作以逊川，译语对音互异，今照本音以伊逊为正。俗称羊肠河。源出围场内伊逊色钦，色钦即源之谓也。会诸小水，屈曲南流，出伊逊喀卜齐尔栅，经石片子，入承德府境，南流经张三营之西，又南流，至颇赖村，折而西南流，入丰宁县即四旗厅属正蓝旗境，又西南绕波罗河屯之西，经正白旗境，会伊玛图河，合而西南流，又折而东南，入滦平县即喀喇河屯境，复屈曲南流至喀喇河屯之北入滦河，即古索头水也。

潮　河

源出丰宁县镶黄旗大阁儿北七十里之城根营西南山下，在县治土城子西北一百三十里，屈曲南流至大阁儿之东，折而东南流，复折而西南，仍折西南，龙潭沟水自西来会之，又南流至冈子上。共行县境一百八十里，入滦平县之西北境，经呼什哈汛之东，又南至椵树岭，折西，东南流至巴克什营之西，复折而西南流，共行县境二百八十里，至古北口关西之潮河川，入边，至密云县境会白河即古溦水也。

白　河

自独石口外玛尼图发源达巴罕，山名南流入独石口，经赤城堡东流，仍出边至判官渡，入滦平县西境，东流四十里，至汤河口，汤河自北来会之，折而东流七十里至石塘口关入边，至密云县境，又南会潮河，即古沽水也。

老　河

亦名上河。蒙古名老哈穆楞，源出平泉州即八沟，属喀喇沁右翼南一百九十里之永安山，在州治西北境，会诸小水东北流，自大宁故城之西南，经大大宁故城之东北，又北流入赤峰县乌兰哈达境，经翁牛特左翼西境入建昌县塔子沟属敖罕西北境，会西之水泉子，在县治西南境东流至县南，一出喀喇沁左翼西北之三官营，在县治北境，东南流至县治南，二源合而东流，至三台小营，三源始会，东北流入朝阳县三座塔境，六十里至土默特右翼境之水头城子，又一百三十里，经朝阳县南稍折而东南流，又一百八十里，至九关台门出朝阳县境，入锦州府义州界，亦名灵河，即大凌河，古所谓白狼水是也。

小凌河

蒙古名明安河，源出县属土默特右翼西南二百二十里之明安喀喇山，在县治东南境有三源汇为一河：初名穆垒河，东北流为明安河，经土默特右翼旗之南境，至松岭子门西五里，入锦州府锦县境为锦水，亦名小灵河，古传写之讹，即古所谓参柳水也。

鹞鹰河

英金河又东北流入朝阳县三座塔属奈曼北境，至喀尔喀左翼西北界，出朝阳界，共行五百余里，与潢河会，下流为辽河，即古托纥臣水，亦名土护真水也。

潢　河

亦名湟水，蒙古名锡喇穆楞，自克什克腾今赤峰县即乌兰哈达外界，东流入赤峰县北巴林旗界，入翁牛特左翼北境，在县治北二百余里，又东南经朝阳县属喀尔喀左翼界，与老河会为大辽水之西源，其下流至奉天府开原边外，会东来之赫尔苏河，入边为辽河，即今之巨流河也。

大凌河

蒙古名傲穆楞，有三源：一出建昌县塔子沟属喀喇沁左翼南之土心塔，在县治东南二百二十里，北流经威逊图山，东北流经锡喇达哈图山，北经喀喇沁贝子旗，又北至三台小营；一出喀喇沁左翼，发源于喀喇陀罗海山，汉名黑顶山。在朝阳县属土默特左翼西北一百里下游入养息牧苏鲁克，蒙古牧厂地，由彰武台入边，至柳河沟，南流入海。

行　宫

避暑山庄，于康熙四十二年圣祖仁皇帝肇建，阴阳向背，爽垲高明，地居最胜。其间灵境天开，气象宏敞，俯武列之水，抱磬锤之峰，垒石缭垣，上加雉堞，如紫禁之制。周十六里三分，南为三门，中曰"丽正门"，东曰"德汇门"，西曰"碧峰门"。其东及东北、西北门各一。东门外长堤蜿蜒，北起狮子沟，南尽沙堤觜，延袤十二里，甃石七层，广约大许。宫中左湖右山，山势自北而西，曰"梨树峪"、曰"松林峪"、曰"榛子峪"、曰"西峪"，回抱如环，湿翠晴岚，朝夕异状，不可殚名。湖水自东北演迤而南，流至万树园之阳，净练澄空，沙堤曲径，如意洲在焉。其北为千林岛，凌空落影，望不可即。瀑源来自西峪，乘于涌翠崖之巅，玉喷珠跳，晴雷夏雪，汇注湖中。湖岸曲榭飞翚，长桥虹驾，引而东南至德汇门之左，为出水闸，以时蓄泄焉。

澹泊敬诚　避暑山庄正殿，凡七楹，每圣节胪欢，远人肆觐，则御兹殿。圣祖仁皇帝御题额。高宗纯皇帝御制诗："处处瞻奎藻，殷殷仰圣情。标言淡以泊，继曰敬兮诚。明志由斯要，持心在合并。居存守良蘁，烦扰去私营《易正义·序》不烦不扰淡泊不失无欲函三契，有为得一贞。尧茨垂永焕，虞典溯惟精。"

清舒山馆　水心榭东北，山川明瑟，林樾静深，以此殿为最内曰"承庆堂"。

戒得堂　清舒山馆之东，堂五楹，南向。

春好轩　万树园东南滨湖轩五楹。

静寄山房　环澄湖，踞平阜，邃宇穆然深静。门南向，榜曰"月色江声"，中曰"静寄山房"。

烟雨楼　如意洲北，旧名"青莲岛"，建楼五楹。

绿云楼　越涌翠岩，地当西峪，为瀑源所自出，内有"水月精舍"。

创得斋　西峪最深处，为屋三楹。

观瀑亭　山庄以瀑流增胜，半山构亭。

食蔗居　听瀑而寻其源，缘山取径，缭绕数折，乃至，取其渐入佳境云。

敞晴斋　山庄西北隅，缘冈冠岭，构堂其上，内有"青绮书屋"、"绘韵楼"。

秀起堂　西峪中峰特起，据峰为堂，备览诸胜。

静含太古山房　鹫云寺之侧，万嶂环之，旷如奥如，得静者机焉。

有真意轩　自西峪至秀起堂，架屋数楹，轩右曰"空翠书楼"，右曰"小有佳处"。

碧静堂　倚山为堂，绝巘浮青在烟岚缥渺间。

含青斋　架岩为屋，与敞晴斋隔溪相望。

玉琴精舍　中有"小沧浪室"、"涌玉亭"。

文园狮子林　于清舒山馆前度地为园。

文津阁　山庄千尺雪之后，卜高明爽垲以藏《四库全书》。

宜照斋　于西北门内，倚石城构斋五楹。

山近轩　在山庄西北万山深处。

狮子园　园以傍狮子岭得名，世宗宪皇帝在藩邸扈从赐居此园。

山庄三十六景

烟波致爽　澹泊敬诚殿后第三重，为殿七楹，圣祖仁皇帝御题额曰"烟波致爽"。为三十六景之冠。殿宏敞高明，旁挹云岚，后带湖渚，真旷然上清天宁也。

芝径云堤　由万壑松风之前北行，长堤蜿蜒，宜渡方洲，洲大小凡三，若芝英，若云朵，复若如意者也。

无暑清凉　芝径云堤东北，洲曰"如意"。建殿三重，第一重面南，南为门曰"无暑清凉"。洲四面皆水，真清凉胜地也。

  延薰山馆 如意州正殿七楹，左右配殿各五楹，在无暑清凉第二重，南向，榜曰"延薰山馆"。

  水芳岩秀 延薰山馆后十五楹，在如意洲最深处，镜波绕岸，瑶石依栏。

  万壑松风 前殿据冈背湖，渐近湖为坡陀。殿五楹，北向，长松数百掩映周回。

  松鹤清樾 山庄内西偏为榛子峪，殿门五楹，南向。

  云山胜地 烟波致爽之后，高楼特起，八窗洞达，俯瞰群峰，夕霭朝岚，顷刻变化，不可名状。

  四面云山 山庄西北隅最高处，一峰拔地，构亭其山，是亭切汉凌霄，群山拱揖，各开生面，万景天全。

  北枕双峰 山庄内直北，山岭有亭焉。斗（陡）拔竦起，与西北金山、东北黑山颉颃鼎峙，如天门双阙，对拱簷楹。

  西岭晨霞 自云帆月舫右行，杰阁岿然，临波面岫，一鉴澄渟，千林荟蔚，紫霞晨映在云岑木杪之间。

  锤峰落照 山庄东五里许为磬锤峰，《水经注》所谓石梃也。梃在层峦之上，孤石云举，临崖危峻，可高百余仞，西岭建亭，每红轮西下，是峰迥出孤高扬晖天末。

  南山积雪 亭在山庄正北，高踞山岭，南望诸峰环揖拱向，杪秋雪下，皎然寒玉光中。

  梨花伴月 山庄西北曰"梨树峪"，静深缭曲。时当春月，万树梨花，素艳幽香，清辉不隔，真壶天胜界也。

  曲水荷香 亭南向，在北山麓，奇石参差，涧水随石折为小沼，中植芙蕖，亭亭万柄，红葩翠盖，自然香远。

  风泉清听 松鹤清樾之西，置三楹曰"风泉清听"。有泉出两山间，注谿穿窦，风来涧谷，则听益清远。

  濠濮间想 澄湖之北构亭凡四，面如意州。亭居其中，前临芳洲，后翳密木，水树名瑟鱼鸟相依。

天宇咸畅　湖之东岸，有阜巍然，构殿宇其上，中天积翠，绛节高居，下则山趾巨石，林立纵横。

暖溜暄波　热河以水得名，近东北门之隅，有闸焉。水自宫墙折入。盖汤泉余润也。

泉源石壁　北山之麓，危崖直下数仞，旁无路蹊，古树根盘迸出石罅，壁间悬流百丈飞注，所谓泉源者也。

青枫绿屿　越泉源石壁而北，跨山巅面南三楹，联曰"疏幕几重当书卷，遥山三面送青来。"

莺啭乔水　亭当万树园之阳，翠干凌云，浓阴密布。仓庚于飞，睍睆下上，载好其音。盖万物各得其天，不独山光悦鸟性也。

香远益清　万树园东南金山之阴，构殿数楹，曲沼涟漪，凉轩明净，雨过风来，生香远挹，对之觉心境双清也。

金莲映日　金莲花本出五台，移植山庄。兹延薰山馆之右，有殿五楹，西向。是花环莳，叶椏枝交，为湖山胜概云。

远近泉声　沿长堤而北，石路半里许，渐闻水声，鸣湍响涧，汇音桥畔，水际风来，泠然善也。

云帆月舫　仿舟形作室上为楼。在如意洲延薰山馆之西，窗櫺洞达，绮縠疏通，前挹湖波，后衔沙渚，波平风软，宛然水际虚舟也。

芳渚临流　由万壑松风西行，稍折而北，傍湖一曲，有亭南向。游鳞来往于苔阴，远禽出没于烟际，洵乎飞潜动植交呈化机矣。

云容水态　梨树峪之东，悬崖列嶂，灵泽龙王庙在焉。其南有殿五楹，东向，有时片云触石，与遥波相际，当写照澄潭流者（光？）莫状。盖云无定容，水非　态也。

澄泉绕石　入梨树峪，一径青苍，延沿山趾，泉自石窦出，峰回路转，随石曲折，数里许有亭北向。

澄波叠翠　亭三楹，在如意洲之阴，北向，湖光一碧，远极天际，亭畔古松一树，根四出盘石上，大可合抱。

石矶观鱼　由远近泉声而下，略约斜通，清溪一曲，有石矶焉。潜鳞游泳如在镜中，石平如砥，可以坐钓。

镜水云岑　殿五楹，在天宇咸畅阁下，西向，北固诸胜如在目前，江心拳石，更觉别开（生）面也。

双湖夹镜　湖水自东北入南，汇山泉为小湖，山口石堰横亘，隄岸天成，南北卧长桥，水从西而东，泛衍为大湖。

长虹饮练　长桥之南，宝坊额曰"长虹饮练"，与双湖夹镜对峙，太白彩虹之名合之，兹桥兼擅其胜矣。

甫田丛樾　湖北岸最东亭，曰"甫田丛樾"。地与万树园近，平原茂水，飞走充盈，广场地迥，灵囿天成，不数年，华林胜概也。

水流云在　湖北岸最西亭名。三十六景以兹为殿，曰"流"、曰"在"，水有本而云无心，即一亭之取义，动静交呈，渊深妙旨，悠然与造化同符矣。

山庄后三十六景

乾隆十九年甲戌，高宗纯皇帝再题三十六景，以丽正门为冠。

丽正门　门制崇宏高明广大，左右朝房，内则重门五楹。

勤政殿　丽正门之左，南向，殿二重。前五楹题额曰"正大光明"

松鹤斋　澹泊敬诚殿之东，构大殿七楹。

如意洲　作亭于湖隈，东向。前临如意洲。

青雀舫　湖中御舟名。

绮望楼　碧峰门之左，倚城为楼，九楹，北向。

驯鹿坡　塞上产鹿蕃衍，而山庄所蓄特驯。

水心榭　石梁跨水，南北坊各一，中为榭三楹。

颐志堂　清舒山馆之西数楹，南向。

畅远堂　清舒山馆之左，因周垣旧基亘为长廊。

静好堂　径清舒山馆后。

冷香亭　静寄山房之侧，临水东向。山庄荷花秋深未落，与晚菊寒梅同韵，故名。

采菱渡　湖之南，有小洲，可登舟北渡，亭如一笠侧。

观莲所　延薰山馆西南亭，傍水，南向。

清晖亭　如意洲东，临水一亭。

般若相　清晖亭西精舍一区，南向，中奉佛像。

沧浪屿　屿不满十号，而峭壁直下，有千仞之势，中为小池，石发冒池如绿云浮空。

一片云　由延薰山馆再折而东面三殿八楹。

苹香沜　万树园之东南水滨，殿三楹，南向。

万树园　北倚山，南临湖，其中平原数十亩，有石碣。

试马埭　万树园西南，于兹考牧。

嘉树轩　园东老树垂阴数十亩，皆百年前物。

乐成阁　嘉树轩之上，重阁五楹，可以观稼。

宿云簷　宫城东北隅山尽处平台。

澄观斋　宫城东北，殿五楹，西南曰"惠迪吉"。

翠云岩　澄观斋之后敞亭一。

罨画轩　自青枫绿屿折而东西，曲室窈深，疏櫺洞启。

凌太虚　北山之巅，亭一，东为含粹斋。

千尺雪　塞山千尺雪以瀑泉得名，玉琴轩之东。

宁静斋　千尺雪之后，依山构斋。

玉琴轩　与宁静斋并峙。

临芳墅　水流云在亭之隔岸，西折而南，殿五楹。

如鱼矶　临芳墅前，殿五楹，面南。

涌翠岩　瀑自岩而下，岩间殿三楹。

素尚斋　梨花伴月，最上一重殿。

永恬居　素尚斋之前，殿五楹，面南。

后三十六景至此揽其全矣。

跸路行宫

喀喇河屯　地本古兴州，治在避暑山庄西南三十五里，当山庄未建，康熙十六年，圣祖仁皇帝肇举巡典，驻跸于此。中界滦河，依山带水，此（比？）之京口浮玉，故有小金山之号，热河以南此为胜地。

王家营行宫　在常山峪东北四十里。康熙四十三年建。其阳面山，地势平旷，涧壑交流。

常山峪行宫　在两间房东北三十三里，康熙五十九年建。中有八景：曰"绿樾径"、曰"虚白轩"、曰"青云梯"、曰"枫香阪"、曰"蔚藻堂"、曰"如是室"、曰"翠风埭"、曰"凌霞亭"。

巴克什营行宫　出古北口十里许，以巴克什营为止顿。殿五楹，南向，康熙四十九年建。南望边墙，高出山上，雉堞参差，与烟云出没，惟闻潮河声奔流入塞。

两间房行宫　塞外多山，出古北口四十余里，康熙四十一年建。昔以两间房得名，今则成聚成都，鸡犬相闻矣。

钓鱼台行宫　在避暑山庄东北十三里，乾隆七年建为止顿。土人旧呼双黄寺，当热河上流，三源既会，产嘉鱼。

黄土坎行宫　在钓鱼台东北十七里，康熙五十六年建为止顿。宫之北，则赛音河会入固都尔河也。

中关行宫　在黄土坎东北七十里，康熙五十一年建。榜曰"松间明月"。过此十余里，有玲珑峰，若方壶圆峤。

什巴尔台行宫　在中关行宫北三十七里，康熙五十九年建为止顿。山半有亭，旷望高深，俯视塞田万顷。

波罗河屯〔行宫〕　在什巴尔台北十八里，康熙四十二年建。后依崇巘，前俯平林，又非荆关笔墨所能道也。

张三营行宫　在波罗河屯北六十二里，康熙四十二年建。北即石片子也，地近崖口，山势雄奇。

济尔哈朗图行宫　在波罗河屯西北五十八里，入围场有二道：东道自张三营入崖口，西道自济尔哈朗图及阿穆呼朗图入。伊玛图，蒙古语"阿穆呼朗图"，康宁也。济尔哈朗图，"安乐所"也。

阿穆呼朗图行宫　在济尔哈朗图之北，四十三里，乾隆二十七年建，地在伊玛图口之外，于围场最近。

寺　庙（一）

寺庙之在山庄内者，灵山宝地圣迹留贻，所以推恩荐福垂示胜因也。

永佑寺

山庄内万树园，乾隆十六年建，南向，内供奉圣祖仁皇帝御容、世宗宪皇帝御容。

水月庵

山庄内，西北隅东向，当西岭深处，山之半曰"山心精舍"。由西岭山巅一笠，登陟愈高，为放鹤亭。

碧峰寺

山庄内碧峰门之左东向。

栴檀林

山庄内水月菴之后，南向，殿三楹，乔林弥望岩蓓洞卉，风过皆馨。

汇万总春之庙

热河水饶沃，嘉植茂生。夏卉秋英，烂然盈目。御园内建庙以妥（安？）花神。

灵泽龙王庙

山庄内湖北岸，东向。

广元宫

山庄内，庙制仿自岱宗，盛于京辇，东方德主生物，列在祀典，所以致精禋昭灵贶为民祈福之至意也。

寺　庙（二）

溥仁寺

山庄东三里许。康熙五十二年，圣祖仁皇帝六旬万寿，蒙古诸藩恭建。御制碑文：

康熙五十二年，朕六旬诞辰。众蒙古部落咸至阙廷，奉行朝贺，不谋同辞，具疏陈恳，愿建刹宇，为朕祝釐。朕思治天下之道，非奉一己之福，合天下之福为福，非私一己之安，遍天下之安为安。柔远能迩，自古难之。我朝祖功宗德，远服要荒。深仁厚泽，沦及肌髓。蒙古部落，三皇不治，五帝不服，今已中外无别矣。论风俗人情，刚直好勇。自百年以来，敬奉释教，并无二法。谨守国典，罔敢陨越。不识不知，太和有象，朕每嘉焉。鉴其悃诚，重违所请，念热河之地，为中外之交，朕驻跸清暑，岁以为常，而诸藩来瞻礼亦便，因指山庄之东，无关乎耕种之荒地，特许营度为佛寺。陶甓于冶，取材于山。工用无输辀之劳，金钱无侈逾之费。经始讫功告成不日。历观往史，遹溯前朝，版籍有区，幅员未广。兹热河之奥壤，乃紫塞之神皋，名号不掌于职方，形胜无闻于地志。朕以凉德，抚育万方，边墙之外，悉为畿甸。诸藩于此建寺介福，率先恐后，无小无大，罔不来同。观我观民，思维此理，特题额曰"溥仁"，将欲汪秽之泽，均沾率土，升恒之庆，广洽普天，遍覆含宏，民胞物与，咸跻寿考，各遂生成，藉诸藩祝朕之忠诚，为万方祈纯嘏之锡。爰纪斯文，勒诸贞石。康熙五十三年三月十八日。

溥善寺

山庄东，溥仁寺后百步许，康熙五十二年建，南向。

普宁寺

山庄东北五里狮子沟，乾隆二十年，平定准噶尔，上幸避暑山庄，四卫拉特部落来觐，勅建普宁寺，以昭武功。仿西藏三摩耶庙制，南向。

普佑寺

山庄东北六里许，乾隆二十五年建，南向。

安远庙

山庄东北山麓，距普宁寺东南二里许，乾隆二十九年建。以降人达什达瓦迁居山下，仿伊犁固尔札庙式，西南向，内有回廊六十四楹，所谓都纲也。

普乐寺

山庄东北二里许，西陲平定后，乾隆三十一年建，东向，诸藩瞻礼。

普陀宗乘庙

山庄正北里许，乾隆三十五年建，仿西藏布达拉都纲法式创建兹宇。

殊像寺

普陀宗乘庙西，乾隆四十年建。仿五台山麓殊像〔寺〕。

广安寺

普陀宗乘庙之西，乾隆三十七年建，内楼六十二楹，南向。

罗汉堂

山庄北里许，乾隆三十九年建，内有五百罗汉。

须弥福寿庙

乾隆庚子，后藏班禅额尔德尼入觐，见〔建〕札什伦布居之。唐古特语，札什谓"福寿"，伦布谓"须弥山"也。

热河城隍庙

山庄西南三里，乾隆三十七年建。

守 卫

热河总管所辖内府三旗汉军官兵，掌守卫口外行宫。康熙四十二年初设总管，先后签移奉天、黑龙江、吉林、乌拉茅沟等处人户，安置热河，分卫行宫。雍正二年，准总管尚书赫奕奏，改设兵六百一十一名。旧制守备二员，千总十四员。雍正十年，改守备缺亦为千总，共千总十六员，副千总二十六员。乾隆三十五年，增置苑副三员，嗣因各处添建行宫、寺庙，先后添设千总九员、副千总十五员、把总四员、兵二百九十八名。今现额总管二员、苑副三员、千总二十五员、副千总四十一员、把总四员、兵九百九名，俱隶热河总管。

热河总管二员。苑副三员。

热河行宫守卫千总十一名，副千总二十二员。

喀喇河屯行宫守卫千总一员，副千总一员。

王家营行宫守卫千总一员。

长山峪行宫守卫千总一员、副千总一员。

两间房行宫守卫千总一员、副千总一员。

古北口行宫守卫千总一员、副千总一员。

钓鱼台行宫守卫副千总一员。

黄土坎行宫守卫副千总一员。

中关行宫守卫千总一员、副千总一员。

什巴里台行宫守卫副千总一员。

博罗河屯行宫守卫千总一员、副千总一员。

济尔哈郎图行宫守卫千总一员、副千总一员。

阿穆呼朗图行宫守卫千总一员、副千总一员。

张三营行宫守卫千总一员、副千总一员。

热河溥仁寺、普乐寺、安远庙、普陀宗乘庙、殊像寺、普宁寺、广安寺、罗汉堂八处守卫千总五员、副千总六员、把总四员，共守卫兵九百九名。

设　官

总目

都统　乾隆三年裁总管、副总管，改设副都统。

嘉庆十五年裁副都统，改设都统，总埋旗民地方事务_{协领以下官兵载驻防条。}

嘉庆十五年四月十七日奉上谕："口外沿边地方，自康熙年间，已有内地民人在彼耕种居住，百余年来，流寓渐多，生齿益众。雍正元年添设官员，现在吉林、盛京、直隶、山西，口外毗连一带，共设有一府、一州、五县、十二厅。此内各厅有隶吉林将军统辖者，有隶奉天府尹统辖者，有隶山西巡抚统辖者。至承德府所属各州县及宣化府口外三厅皆属直隶总督统辖，地方辽阔，于吏治察核，刑名审转，诸多不便。朕意当于热河地方设一大员，将承德府等处附近各属，专令统辖。如何改隶统属，并建置各事宜，著大学士会同各该部妥议具奏。钦此。"

军机大臣会同各部院议定条款分载各门。

热河总管　康熙四十二年设，专管汉军官兵等，守卫口外行宫所属官兵事宜另载行官门。

分巡热河等处兵备道一员

乾隆五年设，四十三年改设承德府及六州县，俱归道员统辖，兼辖武弁，驻热河。

承德府知府一员

雍正元年初设热河同知，掌旗民事务。十一年改设承德州，以同知专理旗务。遇有旗民交涉之事，彼此会同办理。乾隆七年，裁承德州，即以同知移驻州署，仍统理旗民。四十三年，改为承德府知府，辖州一，曰"平泉"；县五，曰"滦平"、曰"丰宁"、曰"建昌"、曰"朝阳"、曰"赤峰"，府如直隶州制。

府经历一员

乾隆七年设热河巡检，专管厅监狱及热河之左哨、右哨、中关等汛巡辑事宜。四十三年，改为承德府经历。

教授一员

乾隆四十二年，设热河道学。教授四十三年，改为承德府学教授。

司狱一员

张三营巡检一员

乾隆七年设，管理唐三营、茅沟、石片子等汛巡缉事宜。

平泉州知州一员

雍正十年，设八沟理事同知与理藩院分管喀喇沁蒙古民人缉捕盗贼等事。八沟东街之钢义帽乌勒呼玛梁南岭等处地方隶之。十三年，东河通判移驻土城子，其所辖八沟西街之雅图沟龙须门等汛并归厅治，凡旗民命盗钱谷专归八沟同知管辖。四十三年，改为平泉州，仍以同知管州事，州判一员，驻大宁城。

吏目一员

雍正十年设巡检，乾隆四十三年兼州吏目事。

滦平县知县一员

乾隆七年设喀喇河屯理事通判，管理旗民事务。四十三年，改为滦平县，仍以通判管知县事。

典史一员

乾隆七年设，巡检管喀喇河屯、马圈子、司马台、潮河川等汛巡缉事务。四十三年，兼县典史管监狱。

鞍匠屯巡检一员

乾隆元年以西河司巡检移驻〔鞍〕匠屯。卯正、喇嘛洞、大店子、虎什哈等汛巡缉事宜属承德州。七年，裁州改属喀喇河屯。今属滦平县。

丰宁县知县一员

雍正十三年以东河通判移驻于四旗厅土城子地方，管理镶黄、正白、镶白、正蓝四旗蒙古命盗事件。乾隆四十三年，改为丰宁县，以通判管知县事。

典史一员

乾隆元年设巡检管厢白旗土城子地方事务及四旗厅监狱。四十三年，改为典史。

黄姑屯巡检一员

乾隆远年设，巡缉正蓝旗地方。

郭家屯巡检一员

乾隆元年设，巡缉正白旗地方。

大阁巡检一员

乾隆元年设，巡缉厢黄旗地方。

赤峰县知县一员

乾隆三十九年析八沟厅北境为乌兰哈达，设理事通判。四十三年，改为赤峰县，仍以通判管知县事。

典史一员

乾隆二十年设，属八沟同知。三十九年，改隶乌兰哈达厅。四十三年改典史管监狱。

大庙县丞一员

建昌县知县一员

乾隆四年，设理事通判管理喀喇沁贝勒、扎萨克塔布囊两旗蒙古民人事件。十三年令兼土默特两旗事务。十七年，复以奈曼一旗隶之。四十三年，改塔子沟为建昌县，仍以通判管知县事。

四家子县丞一员

蟒（牡？）牛营子巡检一员

典史一员

朝阳县知县一员

乾隆三十九年析塔子沟东境置三座塔厅，设理事通判一员。四十三年，改三座塔为朝阳县，仍以通判管知县事。

典史一员

乾隆十六年设，隶塔子沟厅。三十九年改隶三座塔厅。四十三年，改朝阳县典史管监狱。

鄂尔土阪巡检一员

试用佐杂无定数。

八沟理事司员一员

乾隆十七年，由理藩院派司员管理八沟税务兼管蒙古民人事件，一年差满更换。四十三年，改为理事官仍管税务，二年更换，隶都统辖。

管喀喇沁王、扎萨克公地方乌兰哈达理事司员一员

乾隆十三年，设理藩院司员管理税务兼理蒙古民人事件。嘉庆十五年，改为理事官仍管税务。二年更换，隶都统辖。

管巴林扎萨克王、扎萨克贝子地方三座塔理事司员一员

乾隆十三年，设理藩院司员管理税务兼理蒙古民人事件。嘉庆十五年，改为理事官仍管税务，二年更换，隶都统辖。

管奈曼扎萨克固山贝子地方土默特扎萨克贝勒、扎萨克固山贝子地方、喀尔喀扎萨克贝勒、西呼图库伦喇嘛地方，塔子沟理事司员一员

乾隆十八年，初设笔帖式协理税务。嘉庆十五年，改设理事官管理蒙古民人事件，仍管税务。二年更换，隶都统辖。

管敖汉扎萨克王、镇国公地方、喀喇沁扎萨克塔布囊地方（疑缺）

兴　学

乾隆四十一年八月，内阁奉上谕："朕每岁木兰秋狝，先期驻跸热河。数十年来，见该处户口日增，民生富庶，且农耕蕃植，市肆殷阗，俨然成一都会。惟弦诵之风未盛，由于口外之人多朴鲁，无所师承，且未另立学额，更无以示鼓舞。因思各厅所属编氓及侨居年久者，其子弟应不乏秀良，诚能教育而振兴之，未尝不足以示造就，宜创立义学，延师训课，以励文风，并当建立学宫，酌定学额，俾得藉以上进。其如何兴建筹办，着该督周元理悉心勘议具奏。至学校章程并着会同学政罗源流酌议奏闻，副朕嘉惠塞民广学毓材至意。钦此。"

乾隆四十三年正月，内阁奉上谕："热河地方，现已兴建学宫，议定庠额，并命设立考棚。将来人文日盛，俨一大都会，而名称仍

热河之旧，殊与体制未协。因思热河曾称为承德州，嗣后应改为承德府，即以热河同知改设其廨署，无庸另造。其余六厅，如八沟较大似应改为知州，喀喇河屯等厅酌量改县，均隶新设之承德府管辖，并隶热河道考核。著传谕周元理，将应行酌改各事宜，悉心筹画妥议具奏，候朕另降谕旨。将此谕令知之。钦此。"

乾隆四十四年五月，内阁奉上谕："热河现在庠生已有五十余人，均应与顺天乡试，虽丁酉科曾经中式一人，但边外士子朴鲁者多，恐尚未能与通省贝字号卷校艺获售，著加恩照宣化府之例，另编承字号，每科乡试取中举人一名，俾士子知上进有阶，愈加鼓舞。俟将来文风渐盛，人数多至百余名，该督臣、学臣再行奏闻增额，以示嘉惠上塞士林，多方乐育至意。钦此。"

乾隆四十一年十月，礼部议准热河建立学宫各事宜。

文庙地基奉旨指定热河城隍庙之东，所有大成殿、明伦堂等处，仿照内地规制建造。

每厅各设义学一处，延请品学兼优之士，分司训课。其束修、膳金并生童膏火等项银两，按年报部动支。

七厅总设教授一员，额定廪生十六名。科岁考挨次拔补，照例三年挨贡一次，十二年拔贡一次。

乾隆四十三年三月，吏部等部议准，原定入学额额数尚少，应再行加增。承德府原额四名，加增二名。其六州县原额二名，各加增二名。俱隶承德府学，俟将来六州县入学人数渐多，另于各处建学以昭圣世人文之化。

现定岁科两试取文武生员额数

承德府取文生员立六名、武生二名。

平泉、滦平、丰宁、建昌、赤峰、朝阳六州县各取文生员四名、武生一名。

八旗驻防按五六名取文生员一名、武生一名。

围场驻防按五六名取文生员一名、武生一名。
热河园亭按五六名取文生员一名、武生一名。
热河庄头按五六名取文生员一名、武生一名。
承德府学额设廪增二十四名。
承德府秀峰书院山长脩膳银一百八十两。
肄业生童三十名，每月膏火银一两五钱。

统　制_{事宜附}

热河都统坐名勅书一道（嘉庆十五年十一月）银印一颗、令箭十二支。

皇帝勅谕热河都统毓秀：兹命尔统领八旗满蒙古官兵，驻劄热河，专管辖热河喀喇河屯等处，兼管热河道承德府及所属州县八沟等处理事、司员，并辖河屯协副将绿营员弁，管理喜峰口边路夷汉台站，总管围场。尔宜持躬公正，纪律严明，董率属弁，训饬兵丁，练习行围，以精技艺，整理器械，以壮军容。一应俸饷等项，委员赴部支领，尤宜加意严饬官兵，不许滋事扰民。其蒙古、旗人刑名事件，由尔核办。其旗民交涉命盗等案，悉心定议，会总督后衔分别奏咨办理。该处文武各员大计军政均实举劾，亦会总督后衔，其新设司员办理，妥协者保奏，不称职者听尔参处，俱与所属等计议施行。其专系民人词讼及钱谷等项，仍循旧制，由地方官经理，不必干预。尔受兹重任。须殚心奋勇，布德宣威，弭盗缉逋，乂安黎庶。如或贪黩乖张，纵兵扰民，贻误重地，责有攸归。尔其慎之。故谕。

嘉庆十五年六月，经军机大臣会同吏、户、兵等部暨理藩院议奏章程内开：口外蒙古各扎萨克旗分，皆系于国初分封时恩赏游牧，俾资属下蒙古生计。自康熙年间以来，近边各扎萨克利于得受租银，渐次将游牧地亩租赁出口民人耕种，历年久远，地亩开垦日多，聚处民人成乡成邑，不能不设官经理。现在平泉、建昌、朝阳、赤峰四州县，其民人向系租认喀喇沁、土默特、喀尔喀左翼、奈曼、敖汉、翁牛特、巴林各部落蒙古地亩耕种，除交纳蒙古租银外，并无交官正赋，原因各部落内开垦余地收获粮石于蒙古口食有裨，而该扎萨克等办公拮据，亦复沾藉租银，是以加恩体恤，为之建置职官，经理其事。惟该处蒙古、民人交涉事件，向系八沟、三座塔、乌兰哈达三税员与平泉、建昌、朝阳、赤峰等州县会办，由税员呈报理藩院，由该州县申详府道司，总督并无汇总核办之衙门，该税员既职分较轻，不足以资弹压，而直隶总督复相距窎远，又于该税员向无统属，办理未免隔膜，臣等细心酌议：热河原设有副都统一员，应请裁汰，改设都统一员，除管辖驻防官兵外，所有附近一带蒙古事件俱改归都统专办。等因，具奏。

奉旨"依议。钦此"。谨按初议章程及八月续议条款并钦奉谕旨列纂于左：

一、平泉等四州县人民，计十万八千六百余户，四十三万八千四百余口。在扎萨克等希图地租日遂增垦，未有底止。该蒙古等究以畜牧为本务，垦地愈多，牧场愈窄，于穷苦蒙古无益。近年屡奉谕旨，禁止民人私出边口，并禁止扎萨克私行招民垦种，但恐该扎萨克等罔知远虑，而台吉、章京等狃于近利，不识大体，其私给民人开垦之事，仍难保其必无，皆须实力查禁。如业经开垦熟地，其民人或认少垦多，欺隐地亩，或抗租不交，或钻求争佃，该台吉、章京等或先经租给民人及开垦成熟复翻悔退租，或受人夺佃，或无故撵逐，情节多端，亦须随时查办，务归平允。

一、民人租种蒙古地亩，向无存官册档。旧垦原数既无稽考，将来私垦岂能禁绝。应责成新设理事司员及平泉等四州县等各将民人租种蒙古地亩实在户名、亩数，报明注册，并照造一分，详送热河都统衙门。如此次匿不报出，一经查出，照私垦例治罪。

一、行文盟长扎萨克等，嗣后各部落内除先经开垦之地亩外，断不准再招民人私开。其从前租民人已垦之地，实计顷亩若干，由该扎萨克并租地民人姓名造册送交都统衙门存案。

一、民人如有退租顶租等事，俱令报明该理事官、州县官注册，以凭查核。又，该扎萨克地方如有空闲牧厂而无牲畜，情愿开垦者，亦当随时呈报都统衙门，由都统察勘，奏明办理。若未经呈报私行招垦者，一经发觉，即严行参办。

一、八沟、三座塔、乌兰哈达三处，向由理藩院派司员各一员收税，塔子沟向派理藩院笔帖式一员收税。原系八沟分口，其蒙古事件仍归八沟管理。今既改为理事官，应于塔子沟添设司员，将笔帖式撤回。此四处司员，应照察哈尔游牧理事司员之例，俱改为蒙古理事官，为都统之属。如有应报理藩院之事，俱令呈报热河都统核实，报院。其各处税务仍令理事官照例徵收起解，呈报理藩院。其应支俸银、俸米仍照税员之例支给。

新疆等处向有六部司员、理藩院司员奏派前往，在该将军、都统衙门随同办事。今热河都统统辖旗人、蒙古，一切刑名案件，俱由都统核办，自应添派六部司官一员、理藩院司官一员前往，照例三年更换，等因。具奏奉旨："热河非新疆可比，应用汉字案件较多，所有随同办事司员除理藩院司员照议拣派外，其应派六部司员著由刑部拣选熟悉刑名汉司员二员，候朕简派一员前往，三年期满，如果该员等办理妥协，著该都统保奏引见，候朕升用。倘不称职，即随时参奏。钦此。"

一、都统衙门办事司员，应照新疆司员之例支给双俸，即在该处支给，如有愿留京支领者，照例办理盐菜口粮，每月酌给公费银五两以资办公。

一、热河道以下各员，请照乌鲁木齐都统兼辖文职之例，令该都统兼辖。遇有热河围场等处旗民交涉事件及平泉州四州县蒙古民人交涉事件，经该府、州、县验详，照例招解都统衙门，即由都统审明定拟，会总督后衔，分别奏咨办理。如专系民人案件，仍循旧制，由该州县议详府道两司归直隶总督办理，不必再由都统核办，以专责成。

一、河屯协副将以下绿营各员弁，及该道、府、州、县所设捕盗各汛，应归并都统兼辖庶于协捕事宜可期得力。

一、嘉庆十五年八月二十七日，奉旨："军机大臣会同各部院衙门议奏新设热河都统章程内，其旗民交涉案件，既由该都统审拟，将来秋审时自应另缮黄册进呈。至该处之文武员弁大计，军政俱著该都统切实举劾，会总督后衔具题。钦此"

一、都统衙门笔帖式二缺，现有朝兴、庆保二员，仍令其办理印房事务。缺出时，即将从前考取之人指补。将来考取无人，照例题请考试补用。其新设笔帖式，如果通晓例案，办事勤慎，遇部院司员缺出，准该都统保奏，给与主事职衔办理司员事务，五年期满，送部引见，如奉旨照例用者，令其分部行走，三年期满，甄别奏留，以本衙门主事补用。平等之员，咨部铨选，归于不论双单月陞选二缺之后选用，其不愿来京者，即以该处防御补授。

一、都统衙门向有印房笔帖式二员，系办理印房事务。其办理刑名案件，应添设笔帖式二员，即令该都统于驻防领催内考取通晓清文及蒙古翻译者二人充补，专办刑名事件，照吉林、黑龙江之例，送部引见补放，准其与在京各处笔帖式一体较俸升转。

一、通晓刑名书吏，应令该都统与新设之贴写书吏一体选充报部，照吏员之例办理，仍不准复充。

一、平泉州等州县，系属蒙古地方，向例遇有盗劫案件，免其题参疏仿照命案缉凶之例扣限查参，其余人命窃案暨各项逃人，向照内地州县之例议处。今该州县等改为都统所辖，其前项处分，均请仍照旧例办理。

一、蒙古地方失事武职捕盗之员，向有专条，应令该都统遇有盗劫之案，将捕盗之员，按照定例，扣限六个月，查参送部议处。至失察逃人之案，向按所犯案情，分别勒限，照内地承缉之例办理。

嗣后，如有失察逃人之武职，应仍照旧核办。

一、扎萨克蒙古官员应遵照乾隆六年理藩院拟议，归化城、土默特蒙古交涉命盗各案逃犯，勒限承缉不力处分章程，量加增减核议。

一、平泉、建昌、朝阳、赤峰，遇有蒙古交涉命盗各案之蒙古逃犯，均于申报到日起，由该营扎萨克出派蒙古妥员，勒限承缉。初参六个月，限满未获，将承缉之员，记过一次。二参一年，限满停升注册。三参一年，限满未获，罚一九牲畜。四参一年，限满未获革职留任。三年无过，准其开复。未获之犯，由该都统通饬各该处一体严拿务获。如初参限内全行拿获者，承缉之员给与纪录三次，另人拿获者，加一级，注册。二参限内，全行拿获者，承缉之员给与纪录二次，另人拿获者，给与纪录三次。三参限内全行拿获者，承缉之员给与纪录一次，另人拿获者给与纪录二次。四参限内拿获者，承缉之员功过相抵。另人拿获者，给与纪录一次。

一、扎萨克协理台吉等均有督缉之责，如四参限满未获者，罚该扎萨克俸六个月，协理台吉等各罚一九牲畜，均交该旗存公备赏，于年终汇总报理藩院查核。所得加级纪录报院注册，遇有降罚处分照例议抵。

一、都统岁支俸银一百八十两，俸米八十五石五斗，岁支养廉银一千二百两。

一、印房笔帖式并刑司笔帖式仍支领催原饷银米。所需书吏工食，每名每月酌给银二两四钱。

一、心红纸张一切廉俸并书吏工食等项银两，随同热河官兵俸饷一体赴部关领，以归画一。

一、每年皇上临幸热河及进哨亲行秋狝大典，所有古北口外至热河、由热河至哨门道路桥梁，向系直隶总督饬属经理，未便更改旧章；嗣后古北口外至哨门一带桥道，请仍由直隶总督饬令该管道府等照常承办，不得以现设都统兼辖，互相推诿。

41

以上各条，十五年八月奉旨："该都统一切道照新例办理。余俱照所议行。钦此。"

都统衙门事宜

印房_{派员兼管}

协领二员

佐领四员

防御四员

骁骑校二员

笔帖式二员

本摺房_{印房章京兼管}

写满汉奏摺贴写兵十五名

左司_{专管八旗官兵事务。派员兼管}

协领一员

佐领三员

防御二员

骑都尉一员

骁骑校一员

八旗官员

满州八旗协领四员_{内有兼翼长二员戴花翎，各兼佐领}

蒙古八旗协领一员_{兼佐领}

满洲八旗佐领十二员

蒙古八旗佐领三员

防御二十员

骁骑校二十员

前锋校十员

世袭骑都尉二员

八旗兵丁

前锋二百九十名_{内有射布靶中五支}

特赏蓝翎长十九名　额设蓝翎长十名

空金顶二十名

领催一百名

马甲一千七百名　养育兵一百名

共兵二千二百名

库贮

青䌷绵甲六百副_{乾隆三十七年绥远城领到}

梅针箭五千支_{乾隆三十七年由工部领到}

白布账房三百架

户房承办

都统每年养廉银一千二百两按月支领，二季俸银一百八十两。二季俸米八十五石五斗。

协领五员，二季俸银一百三十两、二季俸米三十一石、二季俸米折银四十五两五钱、拴马十二匹，每马一匹每月银二两，八个月共马乾银一百九十二两。

佐领十五员，二季俸银一百零五两、二季俸米二十五石、二季俸米折银三十六两七钱五分。

拴马八匹，每马一匹每月银二两，八个月马乾银一百二十八两。

防御二十员，二季俸银八十两，二季俸米十九石，二季俸米折银二十八两。

拴马五匹，每马一匹每月银二两，八个月马乾银八十两。

骑都尉兼一云骑尉一员，二季俸银一百三十五两，二季俸米六十四石一斗二升五合。

未及岁骑都尉一员，二季半俸银五十五两，二季半俸米二十六石一斗二升五合。

笔帖式二员，二季俸银二十一两一钱一分四厘，二季俸米五石零二升八合四勺，二季俸米折银七两三钱九分。

拴马四匹，每马一匹每月银二两，八个月马乾银六十四两。

骁骑校二十员，每月饷银五两遇闰无增，四季饷米十四石二斗五升，四季饷米折银二十一两。拴马四匹、每马一匹每月银二两，八个月马乾银六十四两。

前锋校十名，每月饷银五两，四季饷米十七石三斗，四季饷米折银十六两八钱。

前锋领催三百九十名，每月饷银四两、四季饷米十一石一斗、四季饷米折银十六两八钱。

马甲一千七百名，每月饷银三两，四季饷米十一石一斗，四季饷米折银十六两八钱。

养育兵一百名，每名月支饷银一两四钱，四季饷米五石七斗，四季饷米折银八两四钱。

乌枪兵丁拴马五百匹，每马一匹每月银二两，八个月马乾银八千两。留差马四十匹，马乾银三百二十两。嘉庆十年经前任副都统庆奏明，多留四十匹，于差费生息银内动拨喂养。

办事司官二员，每员二季俸银一百六十两，二季俸米三十八石，十二个月公费银六十两。

理刑笔帖式二员，每员二季俸银二十一两一钱一分四厘，二季俸米五石零二升八合四勺，二季俸米折银七两三钱九分，拴马四匹，每马一匹每月银二两，八个月马乾银六十四两。每年养廉银五十两。

都统衙门每年心红纸张银五百两。执事人役五十六名，每名月支银五钱。

承差十四名，每名月支银五钱。一年共工食银三百三十六两。

书吏四十名，每次名月支银二两四钱。一年共工食银一千一百五十二两。

以上每年由户部请领官兵俸饷米折马乾工食等项银十四万三千余两。

由户部请领备用银二千五百两，专为新升官员挑补兵丁并已故官兵之妻孀妇支用。此项银两自乾隆二十九年遵奉部文请领。

由直隶藩库请领。兵丁红白赏银并孤寡养赡银六千两，此项银两自雍正十三年请领。

乾隆三十五年由藩库支银备借银五千七百两，专为官兵出差，并红白事件借项动用。

乾隆四十四年每年由内务府领给公用银三千二百两。

乾隆六十年，经前任副都统那奏请，奉赏给银五万两，交热河道生息，按一分行息，一年应得利银六千两，拨给围场处银一千五百两，本处实存银四千五百两，以备官兵出差帮贴，并官员马乾兵丁饭食支用。

嘉庆十一年经前任副都统庆奏准，在于本处积存公用并生息银两二项，凑拨八千两交热河道生息，一年得利银九百六十两，遇闰加增，以为接驾行围帮帖之用。

嘉宽二站每年应需夫马工料等项银四千一百九十余两，此项银两，每年二季，由该管驿站官委员赴直隶藩库支领，解交热河道库存贮，按季支领。每站额马六十匹，一年四分倒毙，每马价银六两五钱内，除马皮每张五钱银外，应领马价银二百八十八两。廪粮银八十两，此项银两由藩库承领该站存贮。

蒙古十六站，每站额马五十匹，一年三分倒毙，每马价银六两五钱内除马皮价银五钱外，应需马价银一千五百十三两。每年由八沟税员移交道库，按季支领。

蒙古十六站，每站廪羊六十只，共羊九百六十只，每只价银七钱。此项羊只，每年支用多寡不一，遇应领之时，由该站员备文委员赴八沟税员处支领，分放各站备用。

右司 专管钱粮银库　派员兼管

协领一员

佐领一员

防御二员

骁骑校三员

火器营　派员兼管

协领一员

佐领二员

库贮

火药七千六百五十斤

烘药七十七斤十三两

火绳六千七十丈五尺

肆两八钱重铅子三百个

三两重铅子六百个

二两六钱重铅子六百个

三钱重铅子一万个

又存本年拾回四两八钱重铅子一百十一个

三两重铅子四百二十个

二两六钱重重铅子四百二十个

三钱重铅子七千个

马档房　派员兼管

协领一员

佐领一员

骁骑校二员

专管支放马乾银两

额鲁特营　派员兼管

协领一员

佐领二员

管辖额鲁特官兵

总管一员　支四品俸

副管一员　支五品俸

参领一员　支五品俸

佐领二员　支六品俸

云骑尉一员　支六品俸
骁骑校二员　食饷银四两
六品衔养鹰头目一名　支饷银四两
兵八十五名
三两养鹰兵十四名、领催十名
二两马甲二十名、一两五钱养育兵四十名
一两孀妇孤女十六名
存海青五架、鸦鹘十九架、兔鹘二架。
喇嘛科　派员兼管
协领一员
佐领二员
溥仁寺
达喇嘛一名　格思贵一名
二两饷银喇嘛十九名
一两五钱饷银喇嘛三十名
副千总一名　兵五名
此庙香灯等银二百六十余两　由总管衙门支领
溥善寺
苏拉达喇嘛一名　德木齐一名
二两银喇嘛十五名　八钱五分喇嘛三十二名
此庙一年香灯银五十两
普宁寺
普佑寺
达喇嘛一名　副达喇嘛四名　苏拉达喇嘛三名
得木齐四名　格思贵一名
二两银喇嘛八十七名　一两五钱喇嘛一百三十七名
千总一名　副千总二名　兵二十八名
此二庙一年香灯等银九百八十三两零五分八厘

安远庙

副达喇嘛二名　苏拉达喇嘛一名

得木齐一名　格思贵一名

一两银喇嘛十三名　一两五钱银喇嘛二十七名

千总一名　副千总一名　兵十二名

此庙一年香灯等银一百两

普乐寺　无喇嘛居住

每月初十、二十五等日溥仁、溥善二寺喇嘛六十二名念经

千总一名　副千总二名　兵十七名

此庙一年香灯等银一百八十两

殊像寺

达喇嘛一名　副达喇嘛一名　得木齐二名　格思贵二名　教习五名

二两银喇嘛二十名　一两五钱银喇嘛三十名

千总一名　副千总二名　兵十三名

此庙一年香灯等银二百两

广安寺　又名戒台　无喇嘛居住

每月初八日布达拉堪布五十名喇嘛念经

副千总一名　兵十三名

此庙一年香灯等银一百两

罗汉堂　无喇嘛居住

每月初一、十五日布达拉殊像寺二寺喇嘛念经

副千二名　兵十三名

此庙一年香灯等银银一百两

以上八庙香灯银两系八沟税员送交

布达拉　即普陀宗乘庙

坐床堪布喇嘛一名　达喇嘛一名

副达喇嘛三名　苏拉达喇嘛一名

得木齐四名　格思贵一名

二两银喇嘛一百名　一两五钱银喇嘛二百名

千总一名　副千总三名　兵四十三名

此庙一年香灯等银九百九十九两六钱系由热河道生息项下送交 遇闰加增

扎什伦布 即须弥福寿之庙

总理堪布喇嘛一名　副达喇嘛一名

苏拉达喇嘛一名　得木齐二名

格思贵二名　二两喇嘛六十名

一两五钱喇嘛一百四十名

千总一名　副千总二名　兵五十名

此庙一年香灯等银六百两系塔子沟税员送交

广缘寺

苏拉达喇嘛一名　二两银喇嘛十名

以上自堪布至食八钱五分银喇嘛月支银米，俱由京城扎萨克掌印处关领，食一两五钱喇嘛六百名，饷银系由户部请领，在都统衙门贮库按月支放，其饷米由总管仓按季支放。

以上共大小喇嘛一千零九名。

驻　防

热河北界兴安，东接辽左。汉魏以来，诸部纷争，罕有宁宇，控驭之道无闻焉。我朝幅员无外，盛德遐敷，塞垣之区，不殊腹里。雍正二年，初设总管一员、副总管二员、佐领十六员、骁骑校十六员、笔帖式二员、兵八百名，分驻热河、喀喇河屯、桦榆沟三处。乾隆三年，裁总管、副总管，改设副都统一员，增置协领六员。三十八年裁蒙古右翼四旗协领一员防御二十员，又增佐领四员、骁骑校四员、兵一千二百名。嘉庆十五年，裁副都统，改设都统一员，辖协领五员、佐领二十员内五佐领、协领兼管防御二十员、骁骑校二十员、笔帖式二员、兵二千名。又于乾隆五十一、五十七等年，奉旨赏添兵二百名，共兵二千二百名。俱隶热河都统，桦榆沟官兵均移驻热河。

满州镶黄、正白二旗协领一员。

正黄、正红二旗协领一员。

镶白、正蓝二旗协领一员。

镶红、镶蓝二旗协领一员。驻防喀喇河屯。

蒙古八旗协领一员。

满洲镶黄旗佐领二员、防御二员、骁骑校二员。驻防热河。

正黄旗佐领二员、防御二员、骁骑校二员。驻防热河。

正白旗佐领二员、防御二员、骁骑校二员驻防热河。

正红旗佐领二员、防御二员、骁骑校二员驻防热河。

镶白旗佐领二员、防御二员、骁骑校二员驻防热河。

正蓝旗佐领二员、防御二员、骁骑校二员驻防热河。

镶红旗佐领二员、防御二员、骁骑校二员驻防喀喇河屯。

镶蓝旗佐领二员、防御二员、骁骑校二员驻防喀喇河屯。

蒙古镶黄、正白二旗佐领一员、防御一员、骁骑校一员驻防热河。

镶白、正蓝二旗佐领一员、防御一员、骁骑校一员驻防热河。

正黄、正红二旗佐领一员、防御一员、骁骑校一员驻防热河。

镶红、镶蓝二旗佐领一员、防御一员、骁骑校一员驻防热河。

笔帖式二员。

共驻防二千二百名，驻防热河一千七百六十名，驻防喀喇河屯四百四十名。

营　汛

康熙四十五年，初设河屯营守备，驻劄喀喇河屯。四十八年，移驻热河。雍正元年，添设河屯营参将；九年，改设守备，为中军守备；十年，设八沟营守备、唐三营守备各一员，增置弁兵。乾隆二年，准直隶总督瞻柱奏改河屯营参将为副将，添设左右二营，改中军守备为中军都司兼管左营事，设左右土城子守备一员，改八沟营守备为八沟营都司，仍与原设之唐三营守备同归河屯协管辖，自副将以下并听热河驻防大臣调遣。其巡哨之制，千总、把总、外委，每月与邻汛会哨一次，都司守备每季会哨一次，副将每年春冬巡查一次，其副将以下官兵俱隶古北口提督管辖。嘉庆十五年，改设热河都统，原议章程，河屯协副将以下绿营各员弁及该处州县所设捕盗各汛亦应归并新设都统兼辖。钦奉谕旨："该处文武各员大计军政，俱著该都统切实举劾，会总督后衔具题。钦此"。

河屯协副将一员驻劄热河，统辖左、右、唐三（营）三营，分防十六汛，七拨墩台二十处。

左营驻劄热河　中军兼左营都司一员、署中军千总一员、左哨把总一员、右哨把总一员、额外外委一员、马步守兵三百二十名、营马九十三匹。

左营分防各汛。

喀喇河屯　千总一员、额外外委一员、马步守兵三十四名、营马十五匹。

七间房　经制外委一员、兵六名、马五匹。

马圈子　把总一员、兵十六名、马十五匹。

三道梁　外委一员、兵八名、马六匹。

红石峦墩台　兵五名。

中关　把总一员、兵十五名、马九匹。

碾子沟　头沟　韩麻营　每处兵五名。

下板城　把总一员、兵十三名、马四匹。

新杖子　外委一员、兵六名、马三匹。

六沟　把总一员、兵二十二名、马十一匹。

杨树沟墩台　兵五名。

二沟　外委一员、兵九名、马十匹。

茅沟　把总一员、兵二八名、马五匹。

右营驻劄热河　守备一员、把总一员、额外外委八员、马步守兵二百九十名、营马八十九匹。

右营分防各汛。

土城子　千总一员、外委一员、兵五十三名、马十四匹。

森吉图　千总一员、外委一员、兵十九名、马六匹。

郭家屯　把总一员、兵十七名、马四匹。

上黄旗　把总一员、兵十六名、马四匹。

大阁儿　把总一员、兵十六名、马四匹。

邓家栅子　外委一员、兵十名、马九匹。

虎什哈　把总一员、兵十五名、马五匹。

小白旗墩台　兵五名。

唐三营驻劄　守备一员、中军千总一员、额外外委三员、马步守兵七十四名、营马四十匹。

分防各汛

黄姑屯　千总一名、兵二十七名、马十一匹。

荒地　外委一员、兵六名、马三匹。

汤头沟墩台　兵五名。

白虎沟　把总一员、兵十五名、马十五匹。

喇嘛洞　把总一员、兵十九名、马十一匹。

红旗拨　外委一员、兵五名、马三匹。

大店子　把总一员、兵十九名、马九匹。

三岔口　鞍匠屯　每处兵五名。

以上均隶古北口提督，热河都统兼辖。

八沟营　嘉庆十六年，直隶总督奏设八沟营，官兵分八沟、建昌、赤峰、朝阳四营

八沟营　参将一员、守备一员、千总二员、把总四员、外委三员、马步守兵二百六十六名、马一百零七匹。

建昌营　都司一员、千总四员、把总一员、外委一员、兵三百七十八名、马七十二匹。

赤峰营　都司一员、千总四员、把总一员、外委一员、兵三百七十八名、马七十一匹。

朝阳营　守备一员、千总四员、把总一员、外委一员、兵三百二十八名、马六十二匹。

以上均隶古北口提督，热都统兼辖。

捕盗营

乾隆元年，准直隶总督李卫奏请，恭设喀喇沁捕盗千总一员，听八沟同知差遣，侦捕仍隶河屯协；塔子沟千总一员、外委把总一员。十五年，于八沟所属之黄土梁添设额外外委一员。十八年，复于八沟所属之卧佛寺添设把总一员，并以八沟、塔子沟额设千总并兵改隶督标。二十一年，设乌兰哈达千总一员。二十九年，设热河捕盗把总一员。三十七年，添设额外外委一员。三十九年，设三座塔捕盗把总一员、鄂尔土板外委把总一员，并隶督标管辖，专听热河道府差遣侦捕。今现额设千总三员，把总三员、外委三员、额外外委三员、马兵一百三十七名。

承德府属　捕盗把总一员、额外外委一员。

平泉州属　喀喇沁捕盗千总一员、卧佛寺把总一员、黄土梁外委一员。

建昌县属　塔子沟千总一员、外委一员。

赤峰县属　乌兰哈达千总一员。

朝阳县属　三座塔把总一员、鄂尔土板外委一员。

驿　站

康熙三十一年，定各蒙古地方皆安设驿站，每站相距百里，惟科尔沁左翼前旗、左翼后旗等由山海关外路行走，郭尔罗斯前后二旗、杜尔伯特由黑龙江路行走，不必另立台站外，余均择水草形势之地，安设台站。

自古北口外至乌珠穆沁等旗为一路，计九百余里。除近边三百里旧有站外，添设六站，每驿设马五十匹、驿丁三百名，设蒙古员外郎一员、笔帖式一员掌管。

自喜峰口外至扎赉特等旗为一路，计一千六百余里，除近边二百里旧有站外，添设十四站，每驿设马五十匹，增设驿车。设蒙古员外郎一员、笔帖式一员掌管。

乾隆十四年，以蒙古驿站穿行围场不无惊扰，奉旨于围场外界墨尔根岭东沟安设。今定制，蒙古驿站由古北口十站：美诺沟、锡尔哈、阿梅沟、卓索、陈都布、来色呼都布、西拉木伦、噶察克、海拉察克、阿鲁噶木尔。由喜峰口十六站：五十家、克斯呼、拖和图、百尔克、轰郭图、沙喇诺尔、库车尔、赛音哈克、西纳郭尔、奎素布拉克、博罗额尔儿、诺穆齐、沙哈图、阿尔坦克勒苏特、钟对、海岱罕。

由古北口者经滦平县、丰宁县。由喜峰口者经平泉州、建昌县。

喜峰口站官一员，笔帖式一员。额马六十匹。

宽城站　外委一员、壮丁五十名、额马六十匹。

蒙古六十站　每站章京一员、骁骑校一员、兵四十八名、廪羊六十只。

承德府属　热河站　马二十匹，滦平站　马十二匹，丰宁站　马八匹，平泉站　马八匹，赤峰站　马八匹，建昌站　马八匹，朝阳站　马八匹。

右七站，凡应付夫马奏销钱粮并热河道府州县掌管。

围　　场

谨按木兰千里，泉甘壤沃，界以崖岭，亘以卡伦。我圣祖仁皇帝因藩部敬献牧场，肇开灵囿，岁行秋狝。高宗纯皇帝式遵前典，每以八月行围上塞，中外一家，不忘肄武，典至重也。

康熙六十一年九月谕议政大臣等曰："从前曾有以朕每年出口行围劳苦军士条奏者，不知国家承平虽久，岂可遂忘武备。前噶尔丹攻破喀尔喀，并侵扰我内地札萨克，至乌兰布通，朕亲统大兵征讨，噶尔丹败走后又侵犯克鲁伦，朕统兵三路并进，至昭莫多剿灭之。今策旺阿喇布坦无端侵犯哈密地方，朕征发阿尔泰及巴尔库勒两路兵进剿，策旺阿喇布坦闻之心胆俱碎，乃遣策零郭多布等潜往西藏劫掠毁坏寺庙。土伯特地方已被残蠹，朕又遣大兵直抵西藏，击败策零敦多布等，复取西藏，救土伯特于水火之中。我兵立功绝域，此皆因朕平时不忘武备，勤于训练之所致也。若听信从前条奏之言，懈于劳苦，不加训练，又何能达至万里之外而败灭立功乎。尔等诸臣咸宜知之。钦此。"

乾隆六年上举行秋狝之典，将以七月启行。先是二月，御史丛洞奏祈暂缓行围。奉上谕："古者春蒐夏苗秋狝冬狩，皆因田猎以讲武事。我朝武备超越前代，当皇祖时屡次出师，所向无敌，皆因平日训肄娴熟，是以有勇知方，人思敌忾。若平时将狩猎之事废而不讲，则满洲兵弁习于宴安，骑射渐至生疏矣。皇祖每年出口行围，于军伍最为有益，而纪纲整饬，政事悉举，原与在京无异。至巡行口外，按历蒙古诸藩，加之恩意，因以寓怀远之意，所关甚巨。皇考因两次出兵，现有征发，是以暂停围猎。若在撤兵之后，亦举行矣。况今日承平日久，弓马渐不如前，人情狃于安逸亦不可不加振励。朕之降旨行围，所以遵循祖制，整饬戎兵，怀柔属国，非驰骋畋游之谓。至启行时，朕尚欲另降谕旨，加恩赏赉，令其从容行走，亦不至苦累兵弁，时加警省，若使逸乐是娱，则在禁中纵所欲为罔恤国事，何所不可，岂必行围远出耶。朕广言路，丛洞胸有所见即亦陈奏，意亦可嘉。但识见未广，将此晓谕知之。钦此。"

三月奉上谕直隶总督孙嘉淦曰："国家武备不可废弛，朕于本年秋月出口行围，原以训练兵丁。仿古狝狩之礼。昔我皇祖每岁举行，所经由道路及一切事宜，俱有章程。朕今岁踵行，悉遵旧制。但恐历年已久，地方官或借端派累，随从之人或恣意需索，及强买物件不按时价者，著总督孙嘉淦不时查参，毋得容隐。钦此。"

疆　界

国语谓哨鹿曰"木兰"，围场为哨鹿所，故以得名。地在蒙古各部落中，周一千三百余里，南北二百余里，东西三百余里。东北为翁牛特界，东及东北为喀喇沁界，北为克什克腾界，西北为察哈尔正蓝、镶白二旗界，南为承德府界。围场外，北为巴林，东为土默特，西为西四旗察哈尔，南则入围场之路也。围场四面立界，曰"柳条边"。自波罗河屯入围场有二道：东道由崖口入，即石片子也；西道由济尔哈朗图入。每年行围俱出入崖口。

乾隆二十四年建行宫于济尔哈朗图。行围时车驾由崖口入，则回銮由济尔哈朗图出。若由济尔哈朗图入，则回銮由崖口出。

营　卡

木兰四面树栅，界别内外。按八旗，以一营房统五卡伦。方位，则镶黄北之东，正黄北之西，正白东之南，正蓝南之东，镶蓝南之西，正红西之北，镶红西之南，镶白在正蓝、镶蓝之间，各有地界，分司稽察。

营房，八旗各一。镶黄旗在奇卜楚高，正白旗在纳林锡尔哈，镶白旗在什巴尔台，正蓝旗在石片子，正黄旗在锡喇札巴，正红旗在扣肯陀罗海,镶红旗在苏木沟,镶蓝旗在海拉苏台。

卡伦,八旗各五。厢黄旗曰"赛堪达巴罕色钦,"曰"阿鲁色呼"、曰"阿鲁呼鲁苏台"、曰"英格"、曰"拜牲图";正白旗曰"巴伦昆得伊"、曰"乌拉台"、曰"锡喇诺海"、曰"纳林锡尔哈"、曰"格尔齐老";厢白旗曰"噶海图"、曰"卓索"、曰"什巴尔台"、曰"麻尼图"、曰"博多克";正蓝旗曰"木垒喀喇沁"、曰"古都古尔"、曰"察罕札巴"、曰"汗特穆尔"、曰"纳喇苏图札巴";正黄旗曰"库尔图陀罗海"、曰"纳喇苏图和硕"、曰"沙勒当"、曰"锡喇札巴"、曰"锡拉陀巴色钦";正红旗曰"察罕布尔噶苏台"、曰"阿尔萨朗鄂博"、曰"玛尼图布拉克"、曰"齐呼拉台"、曰"布哈浑尔";镶红旗曰"海拉苏台"、曰"姜家营"、曰"西燕子窝"、曰"郭拜"、曰"和罗博尔奇";镶蓝旗曰"珠尔噶岱"、曰"苏克苏尔台"、曰"卜克"、曰"东燕子窝"、曰"卓索沟"。八旗官兵分守焉。

围　名

色呼围　在镶黄旗阿鲁色呼卡伦之西,色呼河源出焉。

呼鲁苏台围　在镶黄旗阿鲁呼鲁苏台卡伦之西南。

色尔图围　在呼鲁苏台围场之西南。

岳乐围　在巴尔图围场西南。

珠尔围　在岳乐围场之西,其南有鄂尔楚克哈达,北则珠尔河源出焉。

巴颜木墩围　在珠尔围场之西,其北有五虎尔齐达巴罕,南有旺展达巴罕,东则巴颜木墩河源出焉。伊逊河源在其西,所谓伊逊色钦者也。会诸小水南流一百七十余里,由伊逊哈巴奇出围场界。

默尔根乌里雅苏台围　在镶黄旗拜牲图卡伦之西,默尔根乌里雅苏台河源出焉。

巴颜郭围　在默尔根乌里雅苏台围场之西,其西南巴颜郭勒河源出焉。

以上围场东北界

巴颜布尔噶苏台围　在正白旗巴伦昆德伊卡伦之西，北与默尔根乌里雅苏台围场接，其西有毕老哈尔巴齐达巴罕，其南敦达乌拉台河源出焉。

温都尔华围　在巴颜布尔噶苏台围场之东，南为准乌拉河源。

鄂尔根郭勒围　在巴颜布噶苏台围场之西，其西南则巴隆乌拉台河源出焉，所谓乌拉台三河源也。敦达乌拉台、准台乌拉台二河源西流，经鄂尔根郭勒围场，与巴隆乌拉台河合为乌拉台，东流六十里至正白旗乌拉台卡伦出围场界。

达颜德尔济围　在鄂尔根围场之西，其西北有达颜达巴罕。达颜河源出焉。

毕图舍哩围　在达颜德尔济之西南，其南有纳玛达巴罕。

德尔吉图围　在毕图舍哩之西。

多们围　在毕图舍哩之南，其东北即巴隆乌拉河。

布扈图围　在正白旗乌拉台卡伦之西。

威逊格尔围　在布扈图之西。

阿济格鸠围　在德尔吉之南，阿济格鸠河源出焉。东北则伊逊乌兰哈达，更名伊绵峪，事在乾隆二十三年。

以上围场东界

锡喇诺海围　在正白旗锡喇诺海卡伦之西，有锡喇诺海达巴罕。

噶海图围　在锡喇诺海西北，其西噶海图河源出焉。

巴颜喀喇围　在噶海图西南，其北有拜布哈达巴罕，拜布哈河源出焉。

察罕扎巴围　在巴颜喀喇东南。

固尔班锡纳围　在察罕扎巴东南。

永安莽喀围　在巴颜喀喇西南。国语沙谓之"永安"，冈谓之"莽喀"。是地为入崖口第一围场。

颇赖围　在永安莽喀西北，其南则乌兰哈达，西即固尔班固尔班围场。

巴颜锡讷围　在颇赖西南。

默尔根精奇尼围　在颇赖北，其北则精奇尼河源出焉。

固尔班固尔班围　在默尔根精奇尼之西，其东北则沙第哈达，与多们围场接焉。

克依呼围 在锡喇诺海之南,其北则克依呼河源也。

喀喇楚古尔围 在正白旗格尔齐老卡伦西南,其东纳林西尔河源出焉。

爱里色钦围 在喀喇楚古尔苏之西,其南则布敦哈达,布敦河源出焉。西流经汗特穆尔。围场布敦河之布木垒喀喇沁河源出焉。

库库哈达围 在正蓝旗木垒喀喇沁卡伦西北,其东南则库克哈达,南则珠尔达巴罕。

汗特穆尔围 在正蓝旗古都古尔卡伦之北,其西则汗特穆达巴罕,南则云特穆尔达巴罕,其东有崆郭达巴罕。

以上围场东界

塔里雅图围 在正蓝旗汗特穆尔卡伦之北,北接永安莽喀围场,南则伊逊哈巴齐栅。自此西折而南则石片子营房,所谓崖口者也。

卜克围 在镶蓝旗卜克卡伦之北,其北有卜克达巴罕。

布都尔围 适当中路,在镶白旗博多克卡伦之北,其南有博里哈达,东则色里呼河源出焉。其北则永安湃围场。有碑一。

永安湃围 在布都尔之北,其东有察尔巴呼达巴罕,达尔巴呼河河源出焉。南则伊玛图河。河有二源,一为永安湃河,一为齐老图河。河至是,河流西南,由麻尼图卡伦出围场界。

僧机图围 在永安湃之东,其北有察罕达巴罕,僧机图河源出焉。僧机图河源在其东其南,稍西有古松,同根异干,高百尺,千年前物,远望亭亭对立,菁葱争茂,寔则一本分枝,名夷齐松。

英吉图围 在永安湃围场之西。

以上围场南界

们都河噜围 在伊逊色钦之南。

图们索和图围 在们都河噜围之东南。

哈达围札布围 在图们索和图之东,与德尔吉围场接。

锡喇德卜色克围 在安巴究达巴罕之南。

59

巴雅斯呼察罕围　在巴颜图库水东，北与锡喇德布色克围场接。
库尔图察罕围　在图们索和图之西。
额呼苏锡纳围　在围们索和图之南。
鄂尔吉库哈达围　在英吉图之北，其南有鄂尔吉库哈达。
鄂伦索和图围　在鄂尔吉库哈达之东。
以上围场中界

哈朗圭围　在镶红旗和罗博尔奇卡伦东。
珠尔噶岱围　在镶红旗苏木沟营房之东，珠尔噶岱河源出焉。
孟奎色钦围　在拾朗圭图之东，其北有孟奎达巴罕，孟奎河源出焉。哈拉锦务呼拉达巴罕在其东南。
巴颜陀罗海围　在镶蓝旗燕子窝卡伦之北，西南则哈玛拉达巴罕，巴颜佗罗海河源出焉。东南与卜克围场接。康熙四十八年获大鹿异常。
以上围场西南界

蒐济围　在正红旗麻尼图布拉克卡伦东。
浩赍郭勒围　在蒐济之东南。
得勒格楞圭鄂博围　在浩赍郭勒之东北。
明安阿巴图围　在得勒格楞圭鄂博东南，其西明安阿巴图河源出焉。
喀喇玛拉哈围　在明安阿巴图之东。
齐老图色钦围　在得勒格楞圭之东北，其西北有齐老图达巴罕，齐老图河源出焉。
巴颜图库木围　在喀喇玛拉哈之东北，与额尔吉哈达相接。
哈里雅尔围　在巴颜库木之西北。
永安湃色钦围　在哈里雅图之北，其北有永安湃达巴罕，永安湃河源出焉。更东有安巴究达巴罕，安巴究河源出焉。东与锡喇德卜色克界。
以上围场西界

沙勒当围　在正黄旗沙勒卡伦之东南，图尔根衣札尔河在其北。

巴颜莽喀围 在正黄旗纳喇苏图和硕卡伦之东，南其西布哈淖尔，南为塔本陀罗海。

崆郭罗鄂博围 在正黄旗呼拉台卡伦之东。

阿鲁布拉克围 在塔木陀罗海之东，其南则额墨勒达巴罕，东北则雅岱与永安湃色钦相接。

鄂勒哲依图察罕围 在雅岱东北，其北鄂勒哲依图，察罕河源出焉。

以上围场西北界

札喀乌里雅苏台围 在厢黄旗赛堪达巴罕色钦卡伦之南，东与色呼围场接。

都呼岱围 在围场正北，更北为达尔罕赛堪摩敦，摩敦河源出焉，东流百余里，至英格卡伦出围场界。稍西为都呼岱河源，东南有诺郭台河源，摩敦河之上流也。勒福窝集在其西，林木深茂，其积水海子曰"西拉诺尔"，在勒福窝集西祭天，广袤不知纪极，其中峰曰"巴隆桑阿苏极罕"，蒙古奉为鄂傅者也。乾隆十四年，上行围至都呼岱，次日登兴安大岭。御制长歌以纪之。

图尔根伊札尔围 在正黄旗锡勒扎巴色钦卡伦之西南，其北则图根伊扎尔河源出焉。西流百余里至扣肯陀罗海营房，出围场界，东则穆呼勒伊扎尔河源出焉。西流入图尔根伊札尔河，更东南则托克隆和贲河源出焉，西南流过塔本陀罗海，南流一百五十余里至厢红旗海拉苏台卡伦，出围场界。

以上围场北界

道　里

围场途径相距每数十里，近者数里，休群力也。由伊逊哈巴奇入东北，至塔里雅图，三十一里。**塔里雅图**北至永安莽五里。**永安喀**东北至巴颜喀喇二十五里。**巴颜喀喇**至威逊格尔三十四里。**威逊格尔**东北至温都尔华五里。**温都尔华**西至鄂尔根郭勒十六里。**鄂尔根郭勒**东北至巴颜布尔噶苏台十七里。**巴颜布尔噶苏台**西北至巴延郭三十四里。**巴延郭**北至岳乐六里。**岳乐**西至珠尔十四里。**珠尔**西至巴延木墩十一里。**巴延木墩**东南至德尔吉三十四里。德尔吉东至达颜德尔杏八里。达颜德尔吉南至毕图舍哩五里。毕图舍哩西至阿济格赴中二里。阿济格赴东南至多们十里。多们西至颜垹苏锡纳二十四里。额垹苏锡纳西至鄂伦索和图十里。鄂伦索和图东北至库尔图察罕十一里。库尔图察罕西北至锡喇德布色克十五里。锡喇德卜色克北至鄂勒哲图察罕三十五里。鄂勒哲依图察罕西南至永安湃色钦二十五里。永安湃色钦南至巴颜图库木二十里。巴颜图库木东南至鄂尔吉库哈达十里。鄂尔吉库哈达（疑缺）拉噶北至齐老图色钦二十五里。齐老图色钦西北至明安阿巴图十八里。明安阿巴图西至得勒格楞圭鄂博十八里。得勒格楞圭鄂博至孟奎色钦二十五里。孟奎色钦东南至巴延陀罗海二十八里。巴颜陀罗海南至卜克三十六里。卜克东至十克栅二十五里。由巴颜郭东至默尔根乌里雅苏台十三里。默尔根乌里雅苏台北至呼鲁苏台十四里。呼鲁苏台西南至巴尔图十三里。巴尔图北至色呼八里余。色呼西至乌里雅苏台二十四里。乌里雅苏台西稍南至都呼岱八里。由阿济格赴北至哈达图扎卜十七里。哈达图扎卜西至图们索和图六里。图们索和图西至们多阿鲁二里。由永安莽喀北至颇赉二十七里。颇赉北至默尔根精奇尼十三里。默尔根精奇尼西南至固尔班固尔班十二里。固尔班固尔班西至僧机图二十八里。僧机图西行过察尔巴呼岭即永安湃。由巴颜陀罗海西至珠尔噶岱四十二里。珠尔噶岱北至哈朗圭二十里。哈朗圭东北至浩赉郭勒二里。浩赉郭勒北至蒐济三十七里。蒐济北至崆郭勒鄂博十五里。崆郭罗鄂博东至阿鲁布拉克三十里。阿鲁布拉克北至巴颜莽喀十三里。巴颜莽喀东至沙勒当三十五里。沙勒当东至图尔根伊扎尔五十里。自图尔根伊扎尔北行，逾锡喇扎巴达巴罕循围场北界红栅东行，至海拉罕达巴罕度岭东南行，可达乌里雅苏台围场。由汗特穆尔卡伦入东至汗特穆尔围十八里。汗特穆尔东至库库哈达二十五里。库库哈达东至爱里色钦十五里。爱里色钦北喀喇楚古尔苏十三里。喀喇楚古尔苏北至克勒十七里。克勒西至固尔班锡纳十二里。固尔班锡纳西北察罕扎巴三里。察罕扎巴东至锡喇诺海二十六里。锡喇诺海北至噶海图七里。噶海图北至布扈图十七里。自布扈图西行，可达威逊格尔围场。由麻尼图卡伦入至布都尔二十二里。自布都尔北行,可达永安湃围场。

规　制

旧志载,凡围场官制总管一员,康熙四十五年设,秩四品,乾隆十八年,改为三品。左右翼长各一员,乾隆十八年设,秩四品。章京八员,康熙四十五年设,秩六品,乾隆十八年改五品。骁骑校八员,乾隆十八年设,秩六品。总管属理藩院管辖,翼长、章京、骁骑校由总管遴选本处官员,送院请旨补授。

今按现行规制:围场共官二十员。三品总管一员,岁支俸银一百三十两,米折银九十一两,补支养廉银二百两。四品翼长二员,每员岁支俸银一百零五两,米折七十三两五钱,补支养廉一百两。五品防御八员,每员岁支俸银八十两,米折银五十六两。六品骁骑校八员,岁支饷银六十两,米折银四十二两。七品恩骑尉一员,岁支俸银四十五两,米折三十一两五钱,世袭。每年由户部共应领俸廉米折等项,共银二千九百五十八两五钱。

旧志载:凡围场驻防官兵、八旗满洲蒙古共兵八百名。康熙四十五年设一百一名,雍正十二年增设九十名,乾隆十八年增六百九名。由八旗都统于八旗满洲蒙古兵丁内挑取。每兵一名给地一顷二十亩。又以都呼岱口、后兴安等处地冷霜早难以耕种,将镶黄、正黄、正红三旗兵丁,每名改给乳牛三头,每三十头各给犍牛一、羊三十只。

凡围场禁令:卡伦以内,蒙古民人毋得澜入。其盗牲畜者,分别治罪。该管官处分。如系蒙古交扎萨克严行约束。

今按现行规制:于原设兵二百八十名增至八百名,嗣经前任副都统保奏请添设五十名。又嘉庆十八年,经前任署都统毓奏请添设一百五十名,共兵一千名。

笔帖式、副骁骑校、领催三十五名,月支饷银三两。马甲八百一十五名,月支饷银二两。又马甲一百五十名。月支饷银一两五钱。每年

63

由户部共应领饷银二万三千五百二十两。

以上，围场每年共应领官兵俸饷等项，共银二万六千四百七十八两五钱，随同热河都统所属官兵应领俸饷一并带领存贮本库，按春秋二季支放。

旧设左翼四旗蒙古兵二百八十名，均有老圈地亩，后添兵五百七十名，均各有官房二间，给养赡地一顷二十亩。嘉庆十八年，新添兵一百五十名，均各拨给养赡地一顷，官房二间。

乾隆五十年七月，经前任副都统恒奏请，围场八旗满洲蒙古兵八百名，照热河驻防之例，红事赏银四两，白事赏银八两。其新驻防兵五百二十名内，无倚孤寡人等。亦照热河之例，每月每户赏给养赡银一两五钱。十八年，新添食一两五钱饷银兵一百五十名，遇有红白事件，经户部覆准，照养育兵例，赏给前项银两，每年由都统衙门委员赴直隶藩库领银一千两贮库，以备支放。如有不敷，遵照部文，由热河道库借领入于次年领银案内，一并支领归还原款。

乾隆六十年七月，经前任副都统那奏请，赏借银五万两，交热河道发所属各当商按一分生息，每年应得息银六千两内，拨给围场处银一千五百两作为五十六处卡伦值班兵丁饭食。并查围兵丁盘费之需。

嘉庆七年经前任围场副都统台奏请，因新添卡伦二处，并关领大饷心红宪书及左右两翼心红纸张、解送人犯官员会审盘费，共应用银七百余两。经户部覆准，在于热河副都统库积存生息银两，拨给银六千两照前生息，每年应得息银七百二十两。二共息银二千二百二十两。每年十一月由道库支领。其一切按款动存册籍，由该总管造报转送军机处、户部核销。

嘉庆十七年三月，经前任署都统毓奏请，赏借围场兵丁一年钱粮，分为十年二十季扣还，解交热河道库。此项银两自是年扣起，每季应扣还银一千四十一两，至十九年共扣过五季。

嘉庆十八年，前任署都统毓奏请新添兵一百五十名，并陈设兵五十名，共兵二百名，各补盖房二间，借用道库银两，分为十年二十季扣还。解交热河道库，于二十年春季扣起，每季应扣银三百两。又奏请添设卡伦二十二处，每处草房三间，共房六十六间，每间需银十五两，共需银九百九十两。经部覆准，由热河道库动用开销。

围场八百兵内旧驻兵二百八十名，俱系自备马匹当差。其新设兵五百二十名，二人合拴马一匹，此项马匹并无倒毙。

造齐格骒马二百六十匹，每年皇上驻跸热河，交上驷院马十匹，以备造作齐格。进哨时又添马五匹随行。

围场总管恭遇皇上行围应进狍羔九只，俟车驾出哨时预备交热河总管。

围场官员缉获贼犯定例：足二十名之数，总管应得纪录一次；足十五名之数，翼长应得纪录一次；足十五名之数，章京、骁骑校应得纪录一次；足三十名之数，都统应得纪录一次。

围场周围旧设卡伦五十八外，新添卡伦二十二处，共卡伦八十处。哨内共七十围，外栅门五处。

仪　注

凡木兰行围，先期降旨，应行各事宜各衙门照例预备。向导大臣率向导官兵于大驾所经之地，饬所司储备。宗人府内阁部院司寺奏请钦点扈从王公大臣官员。两翼八旗奏请钦派前锋护军统领。理藩院行文札萨克王公等先时戒备，随围执事。驾行前一日，遣官以秋狝处告奉先殿，届期皇上御行衣，乘马出宫，翊卫诸臣前引后扈，百官采服跪送驾如巡幸仪。自乾隆六年以后，间岁一举。十六（年）以后，每岁举行。至热河驻跸避暑山庄，中秋后启跸行围。行在兵部，领行围禁令，管围大臣带领随围官兵至围场祗候，先以百余骑小猎于平甸，撒围国语曰"阿达密"。入围场后，御行营护军统领率官兵先往度地广狭，立御营，扈从官兵等以次安帐。行营前后严巡，檄止夜行。前哨进，后队以次随发；由远而近，绕围场。两翼前各数骑拥纛飞驰曰"跑乌图哩",将会于看城呼玛喇哈,则围合矣。

皇上出看城,躬佩櫜鞬具弓矢莅围所。各兽群集,上引弓射后,令御前大臣、侍卫随射者曰'讷呼布密'。如有逸出围者,许官兵追射之。命中者,记诸册。围中有熊、虎诸猛兽,则管围大臣遣侍卫驰报看城。上策骑亲至其处,虎枪官兵掩杀,或御神枪及弓矢立毙之。围中狍鹿过多,则开一面放之。未初罢之,驾还行宫,陈牲数获,颁赐扈从王公、大臣官员。围竣,出哨,随围蒙古各归部落。回跸自热河旋京师,告秋狝礼成。

安　营

乾隆二十年,定驻跸大营内方外圆度地纵二十丈,横十七丈四尺,建黄幔城,外加网城,结绳为之,黄色贯之以网,高六尺阔八尺,凡百六十有六。距幔城东、西、南各十八丈,北十五丈,设连帐百七十有五,为内城。启旌门三门建纛,东镶黄、西正黄、南正白,各一周建内城。旗四十有一,黄缎红绿斜幅销金雪龙。宿卫帐九,距网城十有二丈为外城。设连帐二百五十有四。启旌门四门各建纛,东镶白、西镶红、南正蓝,浃日递建。之北正红,周建外城,旗六十,东北镶黄、西北正黄、东南正白、西南正红,各十有五宿卫帐。四外城,东旁设内阁六部、都察院、提督等衙门。宫帐或东面地狭,则设外城,南距外城六十丈,周设警跸帐四十,各建护军旗一,东北镶白、西北镶红、东南正蓝、西南镶蓝,各十重门,拱卫星庐环布。黄幔城正中御幄在乌幄高二丈、径三丈四尺、上为穹盖以攒竹竿百六十分撺之。墙高五尺六寸,门前后各高四尺六寸,阔二尺三寸,幄正中设御座,左右悬佩刀、櫜鞬乌枪各一,庭左右各设圆幄一,四方启门,后达帐殿。停跸顿营外设黄幔城门,南向,如大营内城之制。凡看城之制与顿营同。

守　卫

凡驾幸木兰,向导大臣俱由御前乾清门随往,率向导官兵等掌除道清轨、度地建营之事。前锋护军统领率领营总三员，随扈御用辎重。参领二员，护军十五人，司辎重。参领三员，护军二十四人，领三旗纛。参领一员，护军八人，建幔城。参领二员，护军八十人，司蒙古卡伦。参领二员，护军二十人，卡伦参领四员，护军一百人，守宿卫帐。参领十九员，护军百九十人，司警跸帐房。参领八员。护军百四人，护军参领二员，护军二十人，司市。参领二员，护军八人，司刈草。参领一员，护军十五人，（司）顿营幔城。参领二员，护军三十人，三旗虎枪营总领各一员，虎枪长七人、副长九人，虎枪兵百六十人，学习虎枪四十人。

蒙古王公、扎萨克，四十九旗王、贝勒、贝子、公、台吉、塔布囊分三班，御前行走，乾清门行走之王公、台吉、额驸分二班，闲散行走之额驸分三班，喀尔喀四部及青海之王公、台吉分四班，皆随围木兰。其未分班之厄鲁特王公等听其诣木兰请安。喀尔喀四部未出痘王公等以莫尔根十人随围，由定边左副将军酌派。各蒙古于喀喇河屯恭迎圣驾，随至热河。其都尔伯特部、土尔扈特部各王公等每年分班于热河朝觐天颜后，亦令随围木兰。与旧扎萨克等蒙古布围兵丁，喀喇沁、翁牛特共一千人，敖汉五十人，巴林、克什克腾共一百人，科尔沁一百人，合一千二百五十人，凡围皆用之。又，喀喇沁随围枪手十二人，打鹿枪手四十人，哈玛喇三十人，喀喇沁、翁牛特、土默特向导一百人，长枪手一百一十人，察哈尔厄鲁特共派巴尔呼八十人、总管二员皆以供围场之役。

筵　宴

行围木兰，蒙古卓索图、昭乌达二盟长；喀喇沁、土默特二部盟所曰'卓索图盟'；翁牛特、敖罕奈曼、巴林、克什克腾、阿噜科尔沁、喀尔喀、扎噜特八部盟所曰'昭乌达盟'。例进御宴。凡公宴、家宴数次，高宗纯皇帝命合为一次，以示体恤。设蒙古（包）六座、白骆驼十八、鞍马十八、骒马百六十二、牛十八、羊一百六十二、酒八十一坛、食品二十七席布库国语相扑也二十人、什榜蒙古乐名九十人、骑生驹二十人、生驹无定数，呈技马二百五十匹。先期行在理藩院奏闻蒙古诸部王公职名，请派一人进爵，届期武备院恭设所进蒙古包帐房于行营门外，列驼马、牛、羊于道左。驾至，理藩院官引蒙古王公、台吉等跪迎。驾升帐殿宝座，理藩院官引帐殿内应坐之蒙古王公等列左右坐，余分坐两旁蒙古包。上进茶，诸王公等兴行一叩礼，次赐诸王公茶，复叩饮毕，坐。上进膳，所司恭捧御爵，进爵者接爵。恭进御座前，退复位，跪一叩，众皆跪叩。进爵者兴，复诣御座前，接爵，退。所司承旨赐进爵者酒，跪饮毕，复叩首，兴，复原坐处。次赐蒙古王公、台吉等食。侍卫等分（疑缺）

诈　马

人所云诈马，实咱马之误。蒙古语谓掌食之人为咱玛，盖呈马戏之后，则治筵以赐食耳。所云'只孙'，乃马之毛色，即今蒙古语所谓积苏者也。是以属鲁兹扎萨克于进宴时，择名马数百，列二十里外，结束鬣尾去羁鞍，驰用幼童，皆取其轻捷致远，以枪声为节，递施传响，则众骑齐骋，聂贼山谷，腾跃争先，不逾晷刻而达，抡其先至者三十六人优赉有差，所以柔远人、讲武事也。

什　榜

什榜，蒙古乐名，用以侑食。今俗所谓"十番"，或因此。杨万里诗有'全番长笛横腰鼓，一曲春风出塞声'之句。盖乐曲名番，本塞外语，而传讹耳。其器则笳、管、筝琵、弦阮、火不思之类，将进酒取于筵前鞠躬奏之，鼓喉而歌，稣罗赴节，有太古之遗焉。

相　扑

相扑之戏，蒙古所最重，筵宴时必陈之。国朝亦以是练习健士，谓之"布库"。蒙古语谓之"布克"。脱帽短袍两两相角，以搏猝仆地决胜负者，劳以卮酒。厄鲁特则袒裼而扑，虽蹶不释，必控首屈肩至地，乃为胜，彼嘉其壮，赐之羊臑，则拱臂探掬顾盼呿吞声若饮歠，其旧俗如此，因以示惠云。

教 驵

教驵攻驹《周礼》虽载，然后世仅如攻驹而不能教驵。蒙古则熟习其法，谓之骑额勒敏达骍。马三岁以上谓之"达骍"，额勒敏则未施鞍勒者也。每岁扎萨克于所部驱生马多群至宴所，散以原野，诸王公弟雄杰者执长竿驰系之，加以羁鞿，始则怒骋骇趡，或狶突人立嘶啮雷殷，驭者腾趠而上，控掣自如，须臾调良，率得名马。凡宴赉随围蒙古王公等在围场随时宴赉，无定制。惟上行围罼（毕？）出哨后第一程，东道于张三营，西道于阿穆呼朗图，赐蒙古王公以下，及兵丁等食，以次颁赏。其赏赉之典，乾隆十二年议定：蒙古亲王、郡王赏王用蟒缎一疋、大缎二疋、彭缎二疋，贝勒、贝子、公赏官用蟒缎一疋、大缎一疋、官用缎二疋，额驸赏官用蟒缎一疋、官用缎二疋，扎萨克台吉、塔布囊等赏官用蟒缎一疋、官用缎一疋，兵丁等各赏白金、布疋。颁赏既遍，遣归诸部落。

藩 卫

蒙古全部编名典属，皆国家藩卫也。在平泉州即八沟境者，为喀喇沁右翼。在赤峰县即乌兰哈达境者，为翁牛特左右翼，其北兼及巴林。在建昌县即塔子沟境者，为喀喇沁左翼及敖汉。在朝阳县即三座塔境者，为土默特左右翼、奈曼，其东北兼及喀尔喀诸藩部。依迤塞垣，宣勤奉职，百余年来，濡沐皇化，板屋农出，略同内地。其丰宁县境之察哈尔四旗不建渠长，籍同编户，则附见兵防门，不更列云。

喀喇沁

在平泉州八沟建昌县塔子沟境内，明初以元后乌梁海置外卫，自全宁历喜峰近宣府朵颜卫地大宁卫北。永乐初，以大宁地赐三卫部长，遂内徙。此逐为朵颜卫所据，后并于察哈尔，以其地于塔布囊，是喀喇沁。

国朝天聪二年，塔布囊苏布地偕色楞等举部归诚，编为左右翼二旗。康熙四十四年，又增设扎萨克一旗，凡三旗。右翼旗八沟西北境，东至王默特右翼及敖汉界，西至热河及围场界，南至平泉州及左翼旗界，北至翁牛特右翼界。增设之扎萨克一旗，即在右翼之中左翼旗，在建昌县塔子沟南境。东至锦州府边门界，西至平泉州界，南至永平府边墙界，北至右翼旗界。其封爵则有多罗郡王、多罗贝勒、镇国公、辅国公、头等塔布囊、公品级诸名号。

多罗郡王古鲁思奇布，苏地布之子，崇德元年始封为贝子。赐号多罗杜楞，世袭掌扎萨克事。顺治七年，晋封为多罗贝勒。康熙七年，晋封其子班达尔沙为多罗郡王，班达尔沙、扎什、噶尔藏、色楞、伊达木布扎、拉特纳锡第。

多罗贝勒（整理者按：此处及以后各书，封爵后附人名，语意不明，似应为世袭者。）色楞，顺治五年，始封为镇国公，世袭掌左翼扎萨克事。子奇塔特、孙五特巴喇袭。康熙五十五年，晋封伍特巴喇之弟善穆巴喇什为固山贝子，至雍正九年晋封善穆巴喇什之子僧衮扎布为多罗贝勒。又，乾隆七年僧衮扎布之子扎拉丰阿封为辅国公。二十年晋封郡王，以罪削。二十四年复封固山贝子，四十四年晋封贝勒。

镇国公呼图灵阿，僧公扎布之子。乾隆七年，封为固山贝子。十四年，降镇国公。四十四年，呼图灵阿之子济克济特扎布袭镇国公；敏珠尔拉布坦，乾隆八年封右翼旗之敏珠尔拉布坦为辅国公。二十四年，晋封固山贝子。二十五年，子丹怎达尔扎降袭镇国公。

辅国公罗布藏车布登，雍正九年，封右翼旗之罗布藏车布登为辅国公。雍正九年，以扎萨克旗之头等塔布囊达穆巴阵亡，追封辅国公，世袭。

公品级格勒尔，康熙四十四年以格勒尔部所繁盛增至三十八佐领，别置一旗，封为头等塔布囊，掌本旗扎萨克事。五十九年，格勒尔所养伊第之子喀宁阿袭。乾隆十九年，赏给喀宁之子齐克公品级。又，雍正十年，封额尔德尼为辅国公，后无袭。

翁牛特

在赤峰县乌兰哈达境，明初为乌梁海地，后自称翁牛特。我朝天聪七年，其济农索音偕贝勒东等举部归诚，编为左右二翼旗。右翼东至敖汉及左翼旗界，西至围场界，南至喀喇沁右翼界，北至左翼旗及克什克腾界；左翼东至阿鲁科尔沁及奈曼界，西至右翼旗及克什克腾界，南至敖汉界，北至巴林界，其封爵则有多罗郡王、多罗贝勒、固山贝子、镇国公诸号。

多罗郡王索音，崇德元年，始封为多罗杜楞郡王，世袭掌右扎萨克事。雍正五年，索音之四世孙仓津以罪削爵，以其叔鄂齐尔袭，博多和、毕礼衮达赖、仓津、鄂齐尔、罗布藏、齐旺、布达札布、旺舒克东，崇德元年始封达尔汉岱青贝子，掌左翼扎萨克事。康熙元年，晋封贝子叟色为贝勒，额林沁、额尔德布鄂齐尔、朋素克、诺尔布扎本素。

固山贝子额尔德尼，雍正十一年封为右翼固山贝子，巴尔丹、土门巴彦。

镇国公噶尔玛，国初率属来归，且立军功，封为镇国公，入右翼旗，世袭：查汉岱、奇塔特、齐旺多尔济、索诺木贡格喇布坦。

土默特

在朝阳县三座塔境。明初，以元后乌梁海置外卫，自义州历广宁至辽河，曰'泰宁卫'。即以其部长掌卫事。其地本在营州卫北，永乐初，后卫于内地，此为泰宁所据。嘉靖以后，小王子之裔居此者，号曰'土蛮'，是为土默特。

国朝天聪三年，台吉俄木卜偕塔布囊善穆巴等举部归诚，后编为左右翼二旗。右翼旗东至锦州府边门及左翼旗界，西至喀喇沁右翼界，南至喀喇沁左翼界，北至敖汉及奈曼界；左翼旗东至养贝牧牧厂界，西至右翼旗界，南至义州边门界，北至喀尔喀左翼界。其封爵则有多罗贝勒、固山贝子诸号，其喀尔喀多罗贝勒附马。

多罗贝勒善巴，崇德元年始封为镇国公，赐号多罗达尔罕，世袭掌左翼扎萨克事。康熙元年，晋封其子卓里克图为多罗贝勒，兆图、额尔德木图、玛尼、阿拉布坦、索诺木巴尔珠尔。

固山贝子克穆，顺治五年，封为镇国公，世袭掌左翼扎萨克事。康熙元年，晋封为固山贝子，衮齐斯扎布、拉斯察布、班第、哈穆噶巴雅斯呼郎图、吹扎布、色布腾洞鲁布。

喀尔喀多罗贝勒_{附土默特}巴尔布永图，康熙四年，喀尔喀台吉巴尔布永图因喀尔喀内乱，率属来归，附入土默特，封为多罗贝勒，世袭：索诺木、罗布达穆巴、班达林沁、衮布多尔济。

敖　汉

在建昌县_{塔子沟}北境，明代为喀尔喀所据，后分与弟，号曰"敖汉"，素属于察哈尔。

国朝天聪元年，其贝勒塞臣卓里克图举部归诚，编为一旗。其地东至奈曼界，西至喀喇沁右翼界，南至土默特界，北至翁牛特界。其封爵则有多罗郡王、固山贝子、辅国公诸号。

多罗郡王班第，崇德元年，始封塞臣卓里克图之子班弟为多罗郡王，世袭，掌本旗扎萨克事。又有索诺木杜稜因察哈尔之乱率属来归且立军功，顺治五年始封其子密其克为多罗郡王。墨尔根巴图鲁、扎木素、垂木丕尔、垂济拉什、巴特玛拉什、巴尔丹、密齐克、布达、萨木丕尔、阿敏达赖、额森孟克、达什达尔扎、瓦尔达、鄂尔追图、拉什喇布坦、齐默特落瓦。

固山贝子罗布藏，雍正七年封固山额驸为辅国公，十年以军功晋封固山贝子。乾隆八年，晋封多罗贝勒。十八年，罗布藏之子垂济扎尔降袭贝子；罗布藏什拉布，乾隆二十四年封为辅国公，三十七年晋封镇国公，四十年晋封贝子；桑济札尔，乾隆十八年封辅国公。

奈　曼

在朝阳县三座塔北境，明时为喀尔喀所据，后分与其弟，号曰"奈曼"，素属于察哈尔。

国朝天聪元年，其台吉衮楚克举部归诚，编为一旗，其地东至喀尔喀左翼界，西至敖汉界，南至土默特界，北至翁牛特界，其封爵则有多罗郡王。

多罗郡王衮楚克，崇德元年始封为多罗郡王，世袭，掌本旗扎萨克事，阿罕、扎克山、鄂齐尔、班第、垂忠、阿杂拉、拉旺喇布坦。

巴　林

在赤峰县乌兰哈达北境，明初为乌梁海地，后为巴林部据，与喀尔喀为兄弟行，素属于察哈尔。

国朝天聪二年，其贝勒塞特里偕满珠习礼举部归诚，编为左右翼二旗。其地东至阿鲁科尔沁界，西至克什克腾界，北至乌珠穆秦界，南至翁牛特界。其封爵有多罗郡王、固山贝子、辅国公诸号。

多罗郡王塞布腾，顺治五年，始封塞特里之子塞布腾为辅国公。七年，以额驸晋多罗郡王，世袭。雍正元年，其四世孙里木布以罪削爵。八年，以里本布之叔辅国公桑达里袭封郡王。乾隆十九年，桑达里之子林沁恩加亲王品级。二十一年，林沁之子巴图仍袭郡王。

（世袭？）鄂齐尔、那木达克、乌尔衮、里木布、桑达里、林沁、巴图。

固山贝子满珠习礼，顺治五年始封为固山贝子，世袭：乌尔占、那木达克、巴特玛、诺们额尔合图、达巴、三丕尔多尔济。

塞楞封贝子年代无考，鄂恩崇、额尔德尼、扎什那木塔尔，车林敦多克，多尔济喇布坦。

喀尔喀左翼

在朝阳县三座塔东北境，明时为喀尔喀贝勒古木布伊勒登所居，素属西路扎萨克图汗，后与扎萨克图汗有隙，国朝康熙三年举部归诚，编为一旗，称喀尔喀左翼。其地东至科尔沁界，西至奈曼界，南至土默特界，北至扎鲁特界，其封爵则有多罗贝勒。

多罗贝勒古木布伊勒登，康熙二年封多罗贝勒，世袭：罗布藏、噶尔藏、阿玉尔。

附录

濡 水 考

（北魏）郦道元

濡水从塞外来，东南过辽西令支县北。濡水出御夷镇东南，其水二源双引，夹山西北流，出山合成一川，又西北迳御夷故城东镇北百四十里，北流，左道则连泉水注之，出故城东，西北流，迳故城南，又西北迳渌水池南，其水渊而不流，其水又西屈而北流，又东迳故城北，连结两池沼，谓之连泉浦。又东北注难河，难河右则汗水入焉，水出东坞南，西北流迳沙野南，北人名之曰"沙镇"，东北二百三十里，西北入难河，濡难声相近，狄俗语讹耳。濡水又北迳沙野西，又北迳箕安山东，屈而东北流，迳沙野北，东北流迳林山北，水北有池，潭而不流。濡水又东北流，迳孤山南，东北流，吕泉水注之，水出吕泉坞西，东南流，屈而东迳坞南，东北流，三泉水注之，其源三泉雁次，合为一水。镇东北四百里，东南注吕泉水，吕泉水又东迳孤山北，又东北逆流水注之，水出东南导泉，西流右屈而东北注，木林山水会之，水出山南，东注逆水，乱流东北，注濡河，濡河又东，盘泉入焉。水自西北东南流，注濡河，濡河又东南，水流回曲，谓之曲河，镇东北三百里，又东出峡，入安州界，东南流，迳渔阳白檀县故城。《地理志》曰：濡水出县北蛮中，汉景帝诏李广曰将军，其帅师东辕，弭节白檀者也。又东南流，右与要水合，水出塞外，三川并导，谓之大要水也，东南流，迳要阳县故城东，本都尉治，王莽更之曰要水矣。要水又东南流，迳白檀县而东南流入于濡，濡水又东而南，索头水注之，水北流南迳广阳侨郡，西魏分右北平置，今安州治。又南流注于濡水，濡水又东南流，武列水入焉。其水山〔三〕川〔宋本作三川〕派合，西源右为豁〔溪〕水，亦曰西藏水，东南流，出豁，与蟠泉水合，泉发州东十五里，东流九十里，东注西藏水，西藏水又西南流，东藏水注之，水出东豁，一曰东藏水，西南流出谷，与中藏水合，水导中豁，南流出谷，南注东藏水，故目其川曰三藏川，水曰三藏水。东藏水又南，右入西藏水，乱流，右会龙泉水，水出东山下，渊深不测，其水西南流，注于三藏水。三藏水又西南流，与龙刍〔蒭〕水合，而〔西〕出于龙刍〔蒭〕之豁，东流入藏水，又东南流迳列豁〔溪〕，谓之武列水。东南历石〔梴〕（谢云襧作梃）下，左层峦之上，有孤石云举，临崖危峻，可高百余仞，牧守所迳，命选练之士，弯弧矢，无能屈其崇标者，其水东合流入濡，濡水又东南，五渡水注之，水北出安乐县丁原山，南流迳其县故城西，本三会城也。其水南入五渡塘，于其川也，流纡曲溯，涉者频济，故川塘取名矣。又南流注于濡，

75

濡水又与高石水合，水东出安乐县东山，西流历"川"〔宋本无川字〕三会城，南西入五渡川，下注濡水。濡水又东南迳卢龙塞，塞道自无终县东出，渡濡水，向林兰陉东至清陉，卢龙之崄，峻坂萦折，故有九峥之名矣。燕景昭元玺二年，遣将军步浑治卢龙〔"塞"〕其道，〔宋本作治卢龙塞，其道其字亦衍，其即塞字之误也〕。焚山刊石，令通方轨，刻石岭上以记事功，其铭尚存，而庚泉〔杲〕之〔宋本作庚杲之〕注杨都赋言，卢龙山在平罡城北，殊为孟浪，远失事〔实〕。余按卢龙东越青〔克家云：青当作清〕陉至，凡〔几〕城二百许里，自凡城东北出趣平罡故城，可百八十里，向黄龙则五百里，故陈寿《魏志》田畴引军出卢龙塞，堑山堙谷，五百余里，迳白檀，历平罡，登白狼望柳城平罡，在卢龙东北远矣。而仲初言在南，非也。濡水又东南，迳卢龙故城东，汉建安十二年，魏武征蹋顿所筑也。濡水又南，黄洛水注之，水北出卢龙山，南流入于濡，濡水又东南，水又〔洛水〕合焉。〔水又旧本作水名，宋本作洛水合焉〕水出卢龙塞，西南流注濡水，又合屈而注，得去润水，又会敖水，二水并自卢龙西注濡水。又东南流，迳令支县故城东，王莽之"令"氏〔民远〕亭也，秦始皇二十二年，分燕置辽西郡，令支县〔隶〕焉。〔宋本作令支隶焉〕《魏氏土地记》曰：肥如城西十里有濡水，南流注迳孤竹城西，右合玄水也，谓之小濡水，非也。水出肥如东北玄溪，西南流，迳其县东，东屈南转西回，迳肥如县故城南。俗又谓肥如水，非也，故城肥子国。应劭曰：晋灭肥，肥子奔燕，燕封于此，故曰肥如也。汉高帝六年，封蔡寅为侯国，西南流，右合卢水，水出县东北沮溪，南流谓之大沮水，又南，左合阳乐水，水出东北阳乐县。《地理风俗记》曰：阳乐，故燕也，辽西郡治，秦始皇二十二年置。《魏氏土地记》曰：海阳城西南有阳乐城，其水又西南入于沮水，谓之阳口，沮水又西南，小沮水注之，"水"发冷溪，世谓之冷池，又南得温泉水口，注之，出东北温溪，自溪西南流，入于小沮水，小沮水又南流，与大沮水合而为卢水也。桑钦说卢子之书，言晋既灭肥，迁其族于卢水，卢水有二渠，号小沮大沮，合而入于玄。（脱一水字）卢水又南与温水合，水出肥如城北，西流注于玄水，《地理志》曰：卢水又南入玄水，玄水又西南迳孤竹城北，西入濡水，故《地理志》曰：玄水东入濡，盖自东而注也。《地理志》曰：令支有孤竹故城，孤竹国也，《史记》曰：孤竹君之二子伯夷叔齐，让国于此而饿死于首阳，汉灵帝时，辽西太守廉翻梦人谓己曰：余孤竹君之子，伯夷之弟，辽海漂吾棺椁，闻君仁善，愿见藏覆。明日视之，水上有浮棺矣，〔吏〕〔宋本作吏〕嗤笑者，皆无疾而死，于是改葬之。《晋书·地理志》曰：辽西人见辽水有浮棺，欲破之，语曰：我孤竹君也，汝破我何为？因为立祠焉。祠在山上，城在山侧，肥如县南十二里，水之会也。

又东南过海阳县西，南入于海。

濡水自孤竹城东南，迳主乡北，瓠沟水注之，出城东南，东流注濡水，濡水又迳牧城南，分为二水，北水枝出，世谓之小濡水也。东迳乐安亭北，东南入海，濡水东南流，迳乐安亭南，东与新河故渎合，自雍奴县承鲍丘水，东出谓之盐关口。魏太祖征蹋顿，与洵口俱导也，世谓新河矣。陈寿《魏志》以通河海也。〔《魏志》曹公将征辽西单于，凿渠自呼沱入派水，名平虏渠，又从泃河口凿入潞河，名泉州渠，以通海。〕新河又东北绝庚〔庚〕水，又东北出，迳右北平，绝泃渠之水，又东北迳昌城县故城北，至〔故〕〔至宋本作故，俱疑衍〕王莽之淑武也。新河又东为二水，枝渎东南入海，新河自板〔枝〕〔宋本作枝〕渠东出，合封大水，谓之交流合水，出新平县，西南流，迳新平县故城西，《地理志》辽西之属县也。又东南流，龙鲜水注之，水出县西北，世谓之马头山，二源俱导，南合一川，东流，注〔封〕大水。《地理志》曰：龙鲜水东入封大水者也。乱流南会新河，南流于海，《地理志》曰：封大水于海阳县南入海，新河又东出海阳县，与缓灵水会，水出新平县东北，世谓之大笼山，东南流，迳令支城西，西南流，与新河合，南流于〔注〕海。《地理志》曰：

缓灵水与封大水,皆南入海,新河又东与素河会,谓之白水口,出令支县之蓝山,南合新河,又东南入海,新河又东至九过口,枝分南注海,新河又东迳海阳县故城南,汉高祖六年,封摇母余为侯国,《魏土地记》曰:令支城南六十里有海阳城者也。新河又东与清水会,水出海阳县东,南流迳海阳城东,又南合新河,又南流一十许里,西入九过,注海,新河东绝清水,又东,木究水出焉,南入海。新河又东,左迤为孔阳孤淀"名",〔宋本无名字〕〔袁校有〕右绝新河,南海注〔王校倒勾为"注海"当作注海〕新河又东会于濡,濡水又东南,至絫县碣石山,文颖曰:碣石在辽西絫县,王莽之选武也,絫县并属临渝,王莽更临渝为凭德。《地理志》曰:大碣石山在右北平骊成县西南,王莽改曰碣石也。汉武帝亦尝登之以望巨海,而勒其石于此,今枕海有石如埇〔甬〕〔宋本作甬〕道,数十里,当山顶有大石,如柱形,往往而见立于巨海之中,潮水大至及潮波退,不动不没,不知深浅,世名之天桥柱也,状若人造,要亦非人力所就,韦昭亦指此以为碣石也。《三齐略记》曰:始皇于海中作石桥,海神为之竖柱,始皇求为〔为当作与〕相见,神曰:我形丑,莫图我形,当与帝相见,乃入海四十里,见海神,左右莫动手,工人潜以脚画其状,神怒曰:帝负约,速去。始皇转马还,前脚犹立,后脚随崩,仅得登岸,画者溺死于海,众山之石皆倾注,今犹岌岌东趣,疑即是也。濡水于此,南入海而不迳海阳县西也,盖经误证耳。又按《管子》齐桓公二十年,征孤竹,来至卑耳之谿〔溪〕十里,闟然止,瞠然视,授弓将射,引而未发,〔《管子》作未至卑耳之谿十里,闟然止,瞠然视,援弓将射〕。谓左右曰:见前乎?左右对曰不见,公曰:寡人见长尺而人物具焉,冠右祛衣走马前,岂有人若此乎?管仲对曰:臣闻岂山之神有偷儿,长尺人物具,〔《管子》作登山之神有俞儿者,长尺而人物具焉〕,霸王之君兴,则岂山之神见,且走马前,走导也,祛衣示前有水,右祛衣示从右方涉也。至卑耳之谿〔溪〕,有赞水者,从左方涉,其深及冠,右方涉,其深至膝,已涉陆〔大〕〔古本作大〕济，桓公拜曰：仲父之圣〔至〕此，〔宋本作仲父之圣至此〕寡人之私〔抵〕罪也久矣。〔《管子》作寡人之抵罪也久矣。〕今自孤竹南出，则巨海矣，而沧海之中，山望多矣，然卑耳之川若赞溪者，亦不知所在也，昔在汉世，海水波襄，吞食地广，当同碣石苞沦洪波也。

（王国维：《水经注校》卷十四）

热河源记

（清）阮葵生

  自热河东流入上都，凡三河，一名固都尔呼，一名茅沟，一名赛音郭勒。固都尔呼河即系热河，水源由固都尔呼河直进围场交界，至固都尔呼达巴汉。译言岭也详看固都尔呼河源，自察罕陀罗海山西北梁倒札沟流出。茅沟河之水，自赛音达巴汉之玳瑁沟流出，于中关东北入固都尔呼河。赛音郭勒河自霍尔霍克达巴汉之三道沟流出，至中关郭郭斯台东入固都尔呼河，是为热河。此三河水势大小略同。自察罕陀罗海山至热河山庄二百二十余里。

（《小方壶斋舆地丛抄》第四帙）

乘 辂 录

（宋）路 振

晁公武《郡斋读书志》（卷七）伪史类："《乘辂录》，一卷，路振子发撰。振，大中祥符初使契丹，撰此书以献。"陈振孙《直斋书录解题》（卷七）传记类，所载书名分卷，与晁志并同。《宋史》本传（卷四百四十一）称振大中祥符初使契丹，撰《乘辂录》以献。似本之晁氏言。而《艺文志》卷二史部传记类著录路政《乘辂录》一卷。"政"乃"振"之讹。今所传《乘辂录》计二种：一、《续谈助》本（《十万卷楼丛书》三编、《指海》第九集、《粤雅堂丛书》三编第二十三集、《丛书集成》初编，皆收之）；二、《皇朝事实类苑》卷七十七所收本。罗继祖曾合两者为一，且略事校雠（入所著《愿学斋丛刊》中），今重为辑录，并分别疏理其事、其物、其人、其地。

十二月四日，过白沟河，即巨马河也。

巨马，又作拒马、距马（《辽史·地理志》四作巨马，与路书同。以下或简曰《辽志》）。白沟本巨马支津。自宋以来，始总名巨马河为白沟河。宋雍熙三年曹彬北伐，兵败，涉拒马河，营于易水之南，即此也，乃宋、辽分界，故别名界河。

五日，自白沟河北行，至新城县四十里。

王曾《上契丹事》（以下简称王曾书或王曾言）："自雄州白沟驿度河，四十里至新城县。"

新城属涿州。

《辽志》四：涿州统县四，新城其一也。

地平、无丘陵。

欧阳《马啮雪诗》(《居士集》卷六):"白沟南望如掌平,十里五里长短亭。"过白沟,亦地平无丘陵也。

六日,自新城县北行,至涿州六十里。

沈括《熙宁使虏图抄》(以下简称《沈括书》或但著沈括之名):"涿州南距新城六十里。"《辽志》四:新城县在涿州南六十里。

《资治通鉴》卷二百七十三《后唐纪》二庄宗同光二年(924年)三月庚戌下胡注引《匈奴须知》亦言新城县北至涿州六十里。

地平。十五里过横沟河。

《辽志》四:涿州下有横沟河。

三十五里过桑河。

《辽志》四:涿州下有楼桑河。"桑"上当脱"楼"字。

涿州城南有亭,曰"修睦"。是夕,宿于永宁馆。

王珪有《正月一日与馆伴耶律防夜宴永寿诗》(《华阳集》卷二)。"永寿",似"永宁"之讹。

城北有亭,曰"望云"。七日,自涿州北行,至良乡县六十里。

王曾书:"涿州六十里至良乡县。"沈括书,里程同。

道微险,有丘陵。出涿州北门,过涿河。河源出太行山,与巨马河合流。

涿河实不由太行出。涿河与挟河合,方入巨马,非涿河自与巨马汇流也。

五里过胡梁河。

胡梁河,今曰"胡良河",古之洹水。源出房山县大安山,入涿州北长沟汛,东南经胡良村,又东,合巨马河。《金史·地理志》上,涿州范阳县下有湖梁河。

十里过枱浥河。

浥河,即挟河,又作侠河,一名韩村河,世谓之挟活河或挟活水。源出房山县。上流有二：一自禅窝水出，经娄子水、瓦井等村；一自青龙潭．经龙门口村，至南章村，汇为韩村河。东南入涿州，乃为挟河。

四十里过琉璃河，又云刘李河。

范成大诗亦作琉璃河。而《金史·地理志》上，涿州范阳县下有刘李河。辽乾统五年（1105年）沙门了洙撰《白继琳幢记》：良乡县尚太乡刘李村，有驿亭。按：村名当源于河名。

西见太行山，隐隐然。太行东至蓟门，北至虎口，

虎口，即古北口，"虎"下脱"北"字。

接奚界，

本书下文：下古北口山，即入奚界。王曾言：古北口本范阳防扼奚、契丹之所。

凡八百里。山之秀拔者有六屏山，属涿州。

《辽志》四，涿州有六聘山。"六屏"，"六聘"之讹耳。在房山县西南三十里，近谓之绿屏山。王隐《晋书》：霍原以贤良累征，下州郡以礼发遣，皆不行。六聘之名，盖昉自原也（参见《畿辅通志》卷五十七《舆地类》十二《山川志》一）。辽应历十五年（965年）王正撰《重修范阳白带山云居寺碑记》云：太行之山，兹寺为中，若以东、西五台为眉目，孤亭、六聘为手足，弘业、盘山为股肱。案：白带，六聘之别名耳。大安五年（1089年）王鼎撰《六聘山天开寺忏悔上人坟塔记》云：天开寺，六聘之下院也。天庆五年（1115年）沙门了洙撰有《六聘上方逐月朔望常供记》一碑。桌：上方，地势最高处。

山多兰若，国业寺石经院，唐旧寺也。

国业寺石经院，即今房山县西峪之云居寺。北齐南岳慧恩大师虑藏教有毁灭时，发愿刻石藏，阒封岩壑中，以度人劫。而弟子静琬承受师嘱，自隋大业始而迄于唐贞观，《大涅槃经》成焉。玄宗八妹金仙公主重修之，自唐、五代历辽、金、元数有增续，遂著名于

世。首著其事者,《范阳图经》及《临冥报记》诸书也。以此,而六聘山又称"石经山",云居寺又曰"石经寺"。

五天梵文,咸刻石于东峰之上。

原注:"太行山已下事,顺州刺史梁炳言。"辽清宁四年(1058年)赵遵仁撰《涿州白带山云居寺东峰续镌成四大部经记》:"涿郡之有七寺,境最胜者,云居占焉。寺自隋朝所建,号自唐代所赐。山在郡之西北五十里,寺在山之阳掌。寺之东望,有峰最高,故曰'东峰'。峰顶上有石室七焉。经贮是室。"《高丽史》有穆宗十一年(辽统和二十六年)来使之给事中梁炳(见罗继祖《辽汉臣世系表》,收入《愿学斋丛刊》,与所辑《乘轺录》合订为一册)。

八日,自良乡县北行,至幽州六十里。

《辽志》:良乡县在燕京南六十里。振此书与王曾及宋人使金之许亢宗、赵彦卫各家记录里距,无不曰六十里。

地平,无丘陵。十里过百和河。三十里过鹿孤河。

鹿孤河,即卢沟河。路振记述同于沈括,名桑干河此河一段流程为卢沟,过此,仍曰"桑干"也。辽乾统三年(1103年)王企中撰《崇圣院故花严法师刺血办义经碑》云:□沪沟河,水桥洛泽。其艰于涉济,可以想见矣。

五十里过石子桥。

《辽志》四:燕京下称有石子河。"桥"疑"河"字之误。

六十里过桑根河。河绕幽州城。桑干河讹而曰"根"也。

桑干只过燕京城南。《王曾书》:燕京城南即桑干河,可证。非包其四面。以上但见于《续谈助》卷之三。

至幽州城南亭。是日大风。里民言:朝廷使来,率多大风。时燕京留守、兵马大元帅、秦王隆庆。

"大元"原讹"太原",据罗校改。据《辽史·圣宗纪》五,隆庆出为南京留守,在统和十六年(998年)十二月丙戌,至其拜元帅及爵秦王,则又开泰以前事。新出土辽重熙十五年(1047年)杨佶撰《秦晋大长公主墓志铭》，女二人：长适秦晋国王、追谥孝贞皇太弟隆庆，册为秦国妃；次适故齐国王隆裕，册为齐国妃。又咸雍五年（1069年）《秦晋国王妃墓志》：故资忠弘孝神谋霸略兴国功臣、兵马大元帅、燕京留守、尚书令兼政事令、秦晋国王、赠孝贞皇太弟讳隆庆，即妃先出适之所天也。所记职官、爵封均与振书同。

遣副留守秘书大监张肃迎国信。

《续资治通鉴长编》卷六十一有景德二年（统和二十三年，1005年）十一月癸酉贺承天节之副使卫尉卿张肃（事前引罗氏《辽汉臣世系表》）。国信，国信使也，又称南朝国信使。宋有国信所，专掌"契丹使介交聘"之事。又《长编》卷五十九此年二月癸卯，孙仅为契丹国母生晨使。仅入契丹境，其刺史皆迎谒。

置宴于亭中，供帐甚备。

供帐，即供设帷帐。

大阉具馔、盏斝皆颇璃。

颇璃，即玻璃。

黄金扣器。

以金饰口为扣器。《后汉书·和熹邓皇后纪》："其蜀、汉扣器九带佩刀。"章怀注："扣，音口，以金银缘器也。"

隆庆者，隆绪之弟，契丹国母萧氏之爱子也。

隆庆，景宗次子，圣宗弟，小字菩萨奴。国母萧氏，谓景宗睿智皇后而初称承天皇后者。

故王以全燕之地而开府焉。其调度之物，悉侈于隆绪。尝岁籍民女，躬自拣择，其尤者为王妃，次者为妾媵。炭山北有凉殿，

上引《长编》五十九孙仅使契丹，"国主每岁避暑于含凉淀，闻使至即来幽州"。《辽志》五，西京道奉圣州所辖归化州下有"炭山，又谓之陉头，有凉殿，承天皇后纳凉于此，山东北三十里有新凉殿，景宗纳凉于此，唯松棚数陉而已"。归化州，今河北宣化市。《太祖纪》上、《食货志》下并言置羊城于炭山之北，通市易。此羊

城，即《金史·地理志》上西京路抚州柔远县下之北羊城。约为今沽源县（平定堡）西南小河子一带。本书区别炭山与刑头为两地，云炭山"西北至刑头五百里"，与《辽志》大异。路氏之所谓刑头，必为庆州（今巴林右旗白塔子镇）避暑处。"刑头"，实"陉头"之误文，又作"硎头"。唐人于契丹、奚之地，设官置州，而每每冠以"松漠"之名，亦以多"松棚"之故。曾公亮《武经总要前集》卷十六下北蕃地理言：炭山近更名双山。并记其地理：自幽州西北路清河馆，即居庸关，雕窠馆，赤城口始有居人，望云县，受赐川，凡十日程，至炭山（《三朝北盟会编》卷百九十七引张汇《金虏节要》，称之为"儒州望云凉甸"。儒州，今河北延庆县。望云，今赤城县西北三十里之云州堡。同书同卷引苗耀《神麓记》只曰"凉径"而已。雕窠馆，今雕鹗镇［参本著《王曾上契丹事疏证稿》］。赤城口，今赤城县）。宋白《续通鉴》、欧阳《五代史》明著汉城在滦河上源、龙门山南，山北有炭山。而王恽引《地志》称为滦野。《元史·董文蔚传》（卷百四十八）："卒于上都之炭山。"可证。盖即辽、金帝王游幸地之旺国崖、金莲川，而元建上都之桓州凉陉也。《金志》上桓州下有"曷里浒东川，更名金莲川"。有"景明宫，避暑宫也，在凉陉"。抚州下"有旺国崖"。柔远县下"有双山"。《金史·许安仁传》（卷九十六）："明昌四年（1193年）春，上将幸景明宫，安仁与同列谏曰：'金莲千里之外，邻沙漠，隔关岭'。又《梁襄传》："世宗将幸金莲川，有司具办，襄上疏极谏曰：'全莲川在重山之北，地积阴冷。'"凡此，足以知凉陉所指之地甚大，甚广。考炭山为滦河所出之黑龙山并其连脉。黑龙山以东之东猴岭山（标高二千二百九十三公尺），与以西之大马群山（标高二千二百三十公尺）亦无不在陉头包括之中也。

夏常随其母往居之。妓妾皆从，穹庐帟幕，道路相属。虏相韩德让尤忌之。

　　韩博让即耶律隆运。

故与德让不相叶也。萧后幼时，常许嫁韩氏，即韩德让也；行有日矣，而耶律氏求妇于萧氏，萧氏夺韩氏妇以纳之，生隆绪，即今虏主也。耶律死，隆绪尚幼，袭虏位，萧后少寡，韩氏世典军政，权在其手，恐不利于孺子，乃私谓德让曰："吾常许嫁子，愿谐旧好，则幼主当国，亦汝子也。"自是德让出入帏幕无间然矣。既而酖杀德让之妻李氏，每出弋猎，必与德让同穹庐而处。

辽重熙六年（1038年）李万撰《韩椟墓志铭》称：德让与圣宗联名。盖兄弟行也，焉得以子侄而上蒸母氏？宋人所以喜道此无稽之谈者，盖诋丑之也。

未几而生楚王，为韩氏子也。萧氏与德让尤所钟爱，乃赐姓耶律氏。

楚王，谓隆祐也。隆祐，景宗第三子，韩亨初封郑王，统和十六年（998年）徙王吴，十九年（1001年）更王楚（见《皇子表》、《圣宗纪》五、《契丹国志》本传）。彼虽年少，乾亨初已有封号，韩氏子说，不待辨解而可知其诬罔。赐姓耶律氏，乃谓韩德让也。

是夕，宿于永和馆，馆在城南。

即《辽志》四及王曾书之永平馆。

九日，虏遣使置宴于副留守之第。第在城南门内，以驸马都尉兰陵郡王萧宁侑宴。

《圣宗纪》六开泰元年（即宋大中祥符五年，1012年，前于振上是书时四年）三月乙酉，称北宰相、驸马、兰陵郡王萧宁（统和二十八年八月丁卯纪事，尚称萧排押为北府宰相，罗继祖曰：宁，实即排押也）。前引王正撰《云居寺碑》有"前燕侍中兰陵公及公主"之称，亦谓宁并其妻卫国公主长寿女也（景宗第二女）。

文木器盛虏食，

文木器，谓错画盛食物之木器。上引《长编》孙仅使契丹，"具蕃汉食味，汉食贮以金器，蕃食贮以木器"。

先荐骆糜，用杓而啖焉。

"骆"即"酪"之异书。骆糜，乳粥也。

熊肪、羊、豚、雉、兔之内为濡肉，

《礼记·曲礼》上卷："濡肉齿决。"疏："濡，湿也。"
牛、鹿、雁、鹜、熊、貉之肉为腊肉，割之令方正，杂置大盘中。
二胡雏衣鲜洁衣，持帨巾，执刀匕，遍割诸肉，以啖汉使。

帨巾，佩巾也，即今之手帕。以上但见于《皇朝事实类苑》本。
幽州幅员二十五里，

《续谈助》本作"幽州城周二十五里"。《辽志》四：燕京城方三十六里。"三"，疑"二"之误。许亢宗《行程录》：燕山府周围二十七里。二十五、二十七计数，乃相仿佛。

东南曰"水窗门"，

罗继祖校（以下简称罗校，或罗说，罗曰）："南"属衍文。《辽志》四：燕京八门，东二门之一为迎春门（迎春门之名，尚见《金史·郭药师传》及《三朝北盟会编》卷十一宣和四年十月二十四日已酉之下）。"水窗"，疑"迎春"之误。（《辽志》一：上京东门之一亦曰迎春，或涉此而舛也）。

南曰"开阳门"，

《辽志》四：燕京南二门之一为开阳门。《元一统志》（辑本）卷一中书省大都路古迹门大觉寺项下称：大定十年（1170年）蔡珪撰《寺记》，大略曰："河桥折而西，有精舍焉，旧在开阳门郊关之外，荒寒寂寞。有井在侧，往来者便于汲，因名义井院。天穗三年（1151年）作新大邑，燕城之南，广斥三里，寺遂入开阳东坊。大定中赐额曰大觉。"（参看《宸垣识略》卷六大觉寺项下）。

西曰"清音门"，

罗说："清音"当是"清晋"之讹。《辽志》：燕京西二门之一为清晋门。

北曰"北安门"。

《辽志》四：燕京北二门，曰通天、拱辰。北安或是通天之俗称（详下文）。《续谈助》本脱"北安门"三字，遂误与"内城三门不开"句相连接。
内城幅员五里，东曰"宣和门"，

　　《辽志》四：燕京大内，在西南隅，东曰"宣和"。王曾亦谓：子城东门曰"宣和"。上引《北盟会编》：萧后登宣和门，亲施箭镞，以拒宋师。

南曰"丹凤门"。

　　《辽志》四：燕京外城南二门之一曰"丹凤"，此可正其误失。

西曰"显西门"，

　　《辽志》四：既谓皇城西门曰"显西"，又误以显西为外城西二门之一。修史者粗疏不检，一至于斯！

北曰"衙北门"。

　　罗校："衙"字误。案：衙北门，当即《辽史》四误以为外敦北二门之一拱辰门也。《辽史·太宗纪》：会同三年（939 丰）四月庚子，"至燕，备法驾，入自拱辰门，御元和殿。"考元和殿在元和门后，而元和门为皇城内门，是拱辰门应即此衙北门也（又：上京皇城北门，亦曰"拱辰"，疑亦涉此南京北门拱辰而误）。

内城三门不开，止从宣和门出入。

　　谓平日不启三门。

城中凡二十六坊。坊有门楼，大署其额，有罽宾、肃慎、

　　《元一统志》旧城西南、西北二隅四十二坊，有罽宾之名。"蓟"为"罽"之讹。辽乾统四年（1104年）沙门了洙撰《范阳丰山章庆禅院实录碑》：又东北走驿略，抵良乡，如京师，入南肃慎里东之高氏所营讲宇，则下院也。

卢龙等坊，

　　保宁十年（978年）《李内贞墓志》：薨于卢龙坊私第。

并唐时旧坊名也。

　　开泰九年（1020年）沙门慧鉴撰《赞上人塔记》尚有辽西坊之名。近世北京出土唐、辽碑志更见永平、花肃、北罗、隗台诸坊

之名。

居民棋布，巷端直，列肆者百室。俗皆汉服，中有胡服者，盖杂契丹、渤海妇女耳。

　　苏颂《和晨发柳河馆憩长源邮舍》（《苏魏公集》卷十三前使辽诗之一）自注："虏中多掠燕、蓟之人，杂居番界，皆削顶垂发，以从其俗，惟巾衫稍异，以别番、汉耳。"

府曰"幽都府"。

　　《辽志》四：南京，府曰"幽都"。

光禄少卿郎利用为少尹，

　　少尹居府尹之下，多用留守臣兼任。秦王隆庆既为燕京留守，则少尹即摄府尹之政矣。

有判官、掾曹之属。

　　判官，谓南京留守判官及幽都府判官。前者，五京诸使职务之一。而掾曹，又居判官下者。

民有小罪，皆得关决；

　　《辽史·刑法志》下：道宗清宁二年（1056年），命诸郡长吏如诸部例，与僚属同决罪囚，无致枉死狱中。下诏曰："先时诸路死刑，皆待决于朝，故狱讼留滞；自今凡强盗得实者，听即决之。"四年（1058年），复诏左夷离毕曰："比诏外路死刑，听所在官司即决。然恐未能悉其情，或有枉者。自今虽已款伏，仍令附近官司覆问。无冤，然后决之；有冤者，即具以闻。"

至杀人非理者，则决之于隆庆，喜释而怒诛，无绳准矣。城中汉兵凡八营：

　　八营，即下述之南北衙兵、两羽林兵、控鹤兵、神武兵、雄捷兵、骁武兵，计八种，但非尽汉兵也。

有南北两衙兵、

　　余靖《契丹官仪》（《武溪集》十八。以下凡称余靖曰者，均谓此《官仪》也）：燕中，元帅府外，则有北王府、南王府，分掌契丹兵。两王府兵，即两衙兵。

两羽林兵、控鹤、神武兵、雄捷兵、骁武兵，皆黥面，给粮如汉制。

宋咸平六年（即辽统和二十一年，1003年），李信使辽回，言其国中所管幽州汉兵，谓之神武、控鹤、羽林、骁武等。约万八千余骑（见《续资治通鉴长编》卷五十五、《宋会要稿》蕃夷卷一、《契丹国志》卷十三《景宗萧后传》）。余靖亦言：汉人亦有控鹤等六军。

渤海兵别有营，即辽东之卒也。

余靖曰：燕中又有统军，掌契丹、渤海之兵。案：辽东之卒云者，以渤海本居辽东故也。

屯幽州者数千人，并隶元帅府。

余靖曰："胡人之掌兵者，燕中有元帅府，杂掌番、汉兵，大弟总判之。"案：大弟即太弟，谓隆庆也。靖又曰："大抵胡人以元帅府守山前，故有府官。"再曰："胡人于燕京置元帅府。"《辽史·百官志》二：天下兵马大元帅府，太子、亲王总军政。同书《太宗靖安皇后传》："帝为大元帅，纳为妃，生穆宗。"又《突吕不传》："天赞三年（924年），皇子尧骨为大元帅，突吕不为副。"按：尧骨，太宗名。尧骨、隆庆为大元帅者，以其乃皇储也。

隆庆骄侈，不亲戎事，兵柄咸在兰陵郡王驸马都尉萧宁之手。国家且议封禅，有谍者至涿州，言皇帝将亲征，往幽、蓟以复故地，然后东封泰岳。虏大骇，遽以宁为统军，列栅于幽州城南，以虞我师之至。既而闻车驾临岱，遂止。

案：宋真宗封禅泰山，十月辛卯（初四日）往，十一月丁丑（初十日）还，往返四十七日，浪费八百五十万缗，归汴京而改元，称大中祥符者，盖以是焉。

虏旧有韩统军者，德让从弟也。

旧说韩统军，即韩瑜也，时代不合。德让曾封齐王，以兄为弟，亦误传焉。

取萧后姊，封齐妃。

《续通鉴长编》卷五十五真宗咸平六年（1003年）七月，契丹供奉官李信来归。官戎主母后萧氏，有姊二人，长适齐王，王死，自称齐妃。领兵三万，屯西鄙驴驹儿河，尝阅马，见蕃奴达览阿钵姿貌甚美，因召侍帐中。萧氏闻之，縶达览阿钵，抶以沙囊四百而离之。踰年，齐妃请于萧氏，愿以为夫，萧氏许之，使西捍达靼，尽降之（又见《宋会要稿》蕃夷第一卷、曾公亮《武经总要前集》卷十六下北蕃地理、《契丹国志·景宗萧皇后传》）。齐妃抚定西边捍御达靼之事，即《辽史·圣宗纪》四统和十二年（994年）八月庚辰日及十五年（997年）五月、九月戊子及《萧挞凛传》、《萧韩家奴传》所记征讨阻卜之事，乃称皇大妃。皇太妃，即胡辇也（王国维《鞑靼考》于此有所发明，见《观堂集林》卷十五）。

韩勇悍，多变诈。虏之寇我澶渊也，韩为先锋，指麾于城外，我师以巨弩射之，中脑而毙。虏丧之如失手足。

澶渊之役中床子弩死者，乃萧挞凛。而宋人称统军顺国王挞览者，亦即上文李信所言齐妃再嫁之达览阿钵。挞凛，萧后父思温之再从侄。振以萧为韩，且指为德让从弟而振振有辞，其实，张冠李戴矣。

自是虏无将帅，遂以宁统之，年五十，勇略不及韩，虏咸忧焉。虏政苛刻，幽、蓟苦之。围桑税亩，数倍于中国，水旱虫蝗之灾，无蠲减焉。以是服田之家，十夫并耨，而老者之食，不得精凿；

《左传·桓公二年》："粢食不凿。"注：凿，精米也。

力蚕之妇，十手并织，而老者之衣，不得缯絮。征敛调发，急于剽掠。

《续通鉴长编》卷二十七雍熙三年（986年）五月癸酉，潘美遣使部送应州、朔州将吏、耆老等赴阙。上召见慰抚之，老人皆云："久陷边陲，有粟不得食，有子不得存养，不意余年，重睹日月。"并赐以衣服冠带。

加以耶律、萧、韩三姓恣横，岁求良家子以为妻妾。幽、蓟之女有姿质者，父母不令施粉白，弊衣而藏之；比嫁，不与亲族相往来。太宗皇帝平晋阳，

  谓平北汉主刘继元。

知燕民之徯后也，

  "徯"同"奚"，为何也。《孟子·梁惠王》下"奚为后我"、"徯我后。"（《书·仲虺之诰》："奚独后予"、"奚于后"）。

亲御六军，傅于城下。燕民惊喜，谋欲劫守将出城而降。太宗皇帝以燕城大而不坚，易克难守，炎暑方炽，士卒暴露且久，遂班师焉。城中父老闻车驾之还也，抚其子叹息曰："尔不得为汉民，命也。"

  原注："自'虏政苛刻'已下事，并幽州客司刘斌言。斌大父名迎，年七十五，尝为幽州军政校，备见其事，每与子孙言之。其萧后、隆庆事，亦迎所说。"

近有边民旧为虏所掠者，逃归至燕，民为敛资给导，以入汉界，

  "民"上当重"燕"字。

因谓曰："汝归矣，他年南朝官家来收幽州，

  南朝官家，犹言南朝皇帝。

慎无杀吾汉儿也。"其燕、蓟民心向化如此。

  幽、蓟之民自称"汉儿"，见此书。自"居民棋布"至此，具见《类苑》本。

十日，自幽州北行，至孙侯馆五十里。地平，无丘陵。

  末二句，《类苑》本夺"平"、"丘"二字，作一句读。

出北安门，道西有华严寺，

  辽乾统八年（1108年）僧善坚撰《僧奉航塔记》："寿昌二年（1096年）秋九月，京北花岩寺请为提点。"蔡松年《明秀集》卷二《西江月词序》："己酉（即金太宗天会七年，1129年）四月暇日，冒暑游太平寺，古松阴间闻破茶声，意颇欣惬，晚归，对月小酌，赋《西江月》记之。"魏道明注："太平万寿寺，在中都北城，本华

严寺,天眷中,青州辩老施得之,易教为禅,敕赐今名。"即太宗皇帝驻跸之地也。民言僧堂东壁有御札十五字,虏不令人见,覆以漆板。虏主每至,必开观之。

自"道西华严寺"至此,具见《类苑》本。

十里过高梁河。

《水经注》引《魏氏土地记》,已见高梁之水。三国魏刘靖有《修高梁河碑文》。宋太宗伐辽,与辽将耶律休哥战于高梁河,是也。金人亦谓之皂河。上有高梁桥,蒙古兵入居庸、至皂河。欲度高梁桥,为金将胡沙虎所败。但高良河之名,仍见诸《元史·泰定帝纪》。乃玉泉诸水所潴,为御河上流,此时则东南以入桑干也(详《读史方舆纪要》卷十一直隶二顺天府大兴县下及昌平州下、《嘉庆重修清一统志》卷七顺天府二、《畿辅通志》卷五十八舆地十三《山川》二)。

三十里过孤沟河。

疑即清河也。发源昌平一亩泉,经燕丹村,东南合榆河,下流为沙河,经顺义,会白河。

三十五里过长城。

此北齐之长城,沈括、张舜民称古长城。《辽志》四:顺州南有齐长城。城东北有华林、天柱二庄,辽建凉殿,春赏花,夏纳凉(华林庄无考。天柱庄,即今北京市顺义县天柱公社所在地)。

十一日,自孙侯馆北行,至顺州三十里,地平。

孙侯馆,今日孙河村,又名孙河屯或孙河店。"三十里"疑误,王曾言五十里,沈括则言六十里。

二里,过温渝河。

即西潞水。沈可培曰:"西潞水亦曰富河,即古温余水也;一名温余河,亦曰榆河。"《读史方舆纪要》云:温余河源出军都山,至旧县西而伏,又南复出,谓之榆河。其发处为月儿湾,或名温榆河。今上流已涸,下流为沙河。入顺义境,至通州城东北,会白河入海。

是富河即《水经》所谓沽河,皆西潞水也。
顺州古城周约七里。
  辽顺州治怀柔县,今北京市顺义县。
十二日,自顺州东北行,至檀州八十里。
  王曾、沈括皆言七十里。
路险,有丘陵。二十五里过白絮河,河源出太行山。
  二十五里,谓自顺州距白絮河之距离。白絮河即东潞水。沈可培曰:"东潞水曰白河,即古沽河,亦曰潞河。"《方舆纪要》云:白河源出宣府龙门东滴水崖,一名鲍邱水。《水经》云:鲍邱水从塞外来。郦注:鲍邱出御夷北塞中是也。东经密云之石塘岭,入通州城东北,与富河合,东南经武清而入直沽,合卫河入海,即《元史》所谓通州运粮河也(注引《蓟门考》滴水崖之水悬崖而下者,即白河上源。又东有白河堡、镇河墩,皆白河所经也。白河者,以西岸皆白沙弥望,故名)(同书同条)。按:白河之名,唐诗文已见,而白絮之名,乃形容河岸之白沙如絮。振言潭出太行山,乃谓太行北脉。
七十里,道东有寨栅门,崖壁斗绝,此天所以限戎虏也。
  七十里,谓自檀州至此寨栅门。苏颂《和仲巽山行诗》(《魏公集》卷十三前使辽诗。以下凡不另行标目者,皆出于此集)言:"天险限南北","客亭依斗绝。"仲巽,张姓;山,奚、霫界之山也。
虏置榷场于虎北口而收地征。
  虎北口,即古北口。《辽史·圣宗纪》二统和四年(986年)十一月壬申:"以古北、松亭、榆关征税不法,致阻商旅,遣使鞫之。"此及振所记,并可补《食货志》之阙略。
十五日,自虎北馆东北行,至新馆六十里。
  王曾言八十里,沈括言七十里。新馆约为今滦平县西南之平房一带。

下虎北口山,即入奚界。

　　王曾书:自过古北口即蕃境,番,谓奚也。宋绶《契丹风俗》:由古北口北至中京北,皆奚境。

五里,有关,虏率十余人守之。

　　下文:"虎北口东三十余里,又有奚关。奚兵多由此关而南,入山,路险隘,只通单骑。"关,正谓奚关也。

涧水西南流,至虎北口南,名朝里河。

　　沈括书:"古北之险虽可守,而南有潮里平碛百余□,可以方车连骑,然金钩之南至于古北,皆行峡中,而潮里之水出其间。"又曰:"自古北馆北行数里,度峻山之麓,乃循潮里东北行山间,数涉潮里。"潮里,即朝里,王曾书作潮鲤,他书曰潮河,或潮河川。按:潮河自古北口流入密云县界,西南流,至县东南,合白河。其故道旧自密云县流经怀柔县,东至顺义县北,与白河合,复自白河分流,经通州东、三河县西南,宝坻县东,合泃河入海(见《清一统志》卷七顺天府二)。又下文言:"自白沟至契丹国凡二十驿。"则檀州、虎北馆间,必遗金沟一馆,否则,不足数矣。

五十里过大山,名摘星岭,高五里,又谓之辞乡岭。

　　欧氏《唐书》及《五代史·契丹传》,并言刘仁恭蹛摘星岭,攻契丹。苏颂《过摘星岭诗》有"岭近云霄可摘星"句。又《摘星岭诗》(并见《魏公集》卷十三后使辽诗之一)自注(熙宁十年十二月)二十八日过摘星岭,行人相庆云:'过此则路渐平坦,更无登涉之劳矣'。"诗云:昨日才离摸斗东,今朝又过摘星峰。"自注:"摸斗、摘星,二岭名。"摸斗岭,即下文之墨斗岭。盖前诗为去路,后诗则回程,摘星居胡汉分界地,奚、霫中第一山也。王曾书:"德胜岭,盘道数层,俗名曰思乡岭。"思乡","辞乡"之讹。彭汝砺《望云岭诗》自注:"自古北五十里至岭上。"是望云岭亦摘星岭之别名也。苏辙《古北口道中呈王副使诗》:"明朝对饮思乡岭,夷汉封疆自此分"(《栾城集》卷十六奉使契丹二十八首之一)。此言岭之得名也。刘敞《思乡岭诗》："绝壑参差半倚天，据鞍环顾一凄然。"（《公是集》卷二十八）此言岭之高峻也。所谓摘星，所谓望云，均以是焉。俗说，今大十八盘岭（彭汝砺有《愁思岭诗》。愁思、疑思乡之别名）。其路程，当经巴克什营、火斗山、拉海沟、三道沟、马圈子，过大十八盘岭。近年，拉海沟至大十八盘道侧发现辽大康八年残碑，证实大十八盘为驿道所经。十万卷楼本《续谈助》"又"作"人"，当误。

十六日，自新馆行，至卧如馆四十里。

　　卧如馆，卧如来馆之省。俗说，今喇嘛洞（或作喇马洞）南沟窑岭小梁。

七里过编厢岭。

　　七里，新馆距辖厢之程耳。陈襄自中京南还，九日过编厢岭，宿新馆（《神宗皇帝即位使辽语录》）。王珪《新馆诗》："辖箱岭恶莫摧轮"（《华阳集》卷十五）。编箱，编厢之异书。王曾书误偏枪岭。俗说，今偏岭。

十七日，自卧如馆东北行，至柳河馆六十里。

　　王曾书："河在馆旁。"柳河馆，为今红旗村。王及沈括并言七十里。

五里过石子岭，道险。

　　五里，卧如距石子之程耳。自窑岭小梁出沟有岔道二：其一过兴州河，四里左右过今东院二道梁子，复入韭菜沟，与驿道合。二道梁子为山路，极难行。《乘轺录》如非误置铁浆、富谷二馆间之石子岭亦即泽州所属之石子岭于此处，则彼所谓"道险"之石子岭，乃指此二道梁子而言也。二道梁子碎石密布，故有"石子岭"之名。

三十里过銮河。

　　即滦河，古濡水。

四十里至墨斗岭。

　　"墨"原误"缠"，据王书及彭汝砺诗等改。《武经总要》：北安州有墨斗岭，有滦河。唐于奚境置墨斗军。他书又作"摸斗"。法人闵宣化以墨斗岭为今伊逊岭（见冯承钧《东蒙古辽代旧城探考记》重订本附录《乘轺录笺证》），是也。

又行十余里至平州路。

言自此而东南至平州之岔路。平州，今卢龙县。

六十里过柳河。

以上三十里、四十里、六十里，均谓自卧如馆至各该地之距离，唯十余里，乃墨斗岭至平州岔路之距离。闵说：柳河今伊逊河（上引书），亦是矣。

十八日，过柳河馆，东北行，至部落馆八十里。

部落馆，即打造部落馆，或曰"打造馆"。约在今韩麻营。王、沈皆谓七十里。

十里过小山，

自红旗村东三里至房山沟门。沿伊逊河上溯，东北行半砬子东沟，经长岭梁，北折，至今隆化县冷水头。路振所过小山，得为今长岭梁。

六十里过契丹岭。

此契丹岭乃相应王曾书之度云岭。如所拟不误，则唯今荞麦梁乃可当之。荞麦梁山狭路窄，山石陡峭，因有"度云"之名。

十九日，自部落馆东北行，至牛山馆五十里。

"东北行"，王曾书作"东南行"似误。牛山馆当在今头沟大地。

山势平漫。二十日，自牛山馆东北行，至鹿儿馆六十里。

即鹿儿峡馆，或曰"鹿峡馆"，约为今东山嘴。王曾云八十里。

地势微险。二十一日，自鹿儿馆东北行，至铁浆馆八十里。

王云九十里。约为今洼子店。又一说在今罗杖子。

山势平远。二十二日，自铁浆馆东北行，至富谷馆八十里。

"谷"下有注："音'欲'。"闵误沙陀子天主堂一侧之遗址为富谷馆，此馆实为今平房（老哈河东）西北之高家沟（老哈河西）。王云七十里，沈云六十里。苏颂有《和富谷馆书事诗》（前使辽诗）。

山势平远。二十三日，自富谷馆东北行，至通天馆八十里。

  沈称长兴馆，云七十里。通天馆，今八里罕甸子（黑城）。一说在今一肯中河北。苏颂有《和土河馆遇小雪诗》（前使辽诗），或系通天馆别名。

山远路平。二十四日，

  以上唯见《续谈助》本。

自通天馆东北行，至契丹国三十里。

  《续谈助》本夺"至"字。契丹国，谓中京大定府，以是时契丹国主在中京也。刘敞《临都馆诗》自注："中京，契丹前王庭也。"盖上京为契丹右地，故称中京为前王庭，与振之称中京为契丹国者，同义，中京遗址，今日城里（又名"大明城"或"大名城"，"大明"、"大名"乃"大宁"之讹耳）。王曾书等言二十里。

山远路平。奚、汉民杂居益众。里民言：汉使岁至，虏必尽驱山中奚民就道而居，欲其人烟相接也。又曰：虏所止之处，官属皆从。城中无馆舍，但于城外就车帐而居焉。

  沈括书：单于庭有屋，单于之朝寝、萧后之朝寝凡三，其余皆毡庐，不过数十，悉东向。

契丹国外城高丈余步，

  《续谈助》本无"步"字，是也。

东西有廊，幅员三十里，南门曰"朱夏门"，

  《续谈助》本少"南"下"门"字，亦是也。

凡三门，门有楼阁。自朱夏门入，街道阔百余步，东西有廊舍约三百间，居民列廛肆庑下。街东西各三坊，坊门相对，虏以卒守坊门，持梃击民，不令出观。

  王曾书：中京南门曰"朱夏"。门内夹道、步廊，多坊门。又有

市楼四，曰：天方、天衢、通阛、望阙。
徐视坊门，坊中阒地，民之观者无多。

"阒"原误"闽"，今改正。

又于坊聚车橐驼，盖欲夸汉使以浩穰。三里至第二重城门，

"至"字，从《续谈助》本补。《类苑》本无"门"字。（《十万卷楼丛书》本《续谈助》作"第二重门城"）

城南门曰"阳德门"，凡三间，有楼阁，城高三丈，有睥睨，

睥睨，即埤倪，或僻倪，城上短墙也。开箭眼以望城下，故名。

幅员约七里。自阳德门入，一里而至内门，内阊阖门凡三门，

《续谈助》本作："自阳德一里至内城门，曰'阊阖门'。"罗本作："一里而至内城，阊阖门凡三门。"下"内"字。疑作"曰"。

街道东西并无居民，但有短墙，以障空地耳。阊阖门楼有五凤，状如京师，大约制度卑陋。东西掖门去阊阖门各三百余步，东西角楼相去约二里。

王曾书：民但重屋，无筑堵之制。又曰：其北正门曰"阳德"、"阊阖"。

是夕宿于大同驿。

"于"字从《续谈助》本补。

驿在阳德门外。驿东西各三厅，盖仿京师上元驿也。

王曾书：次至大同馆。《辽史·地理志》三：中京大同驿以待宋使，朝天馆待新罗使，来宾馆待夏使。

虏遣龙虎大将军耶律照里为馆伴使，起居郎邢祐副之。

龙虎大将军，即龙虎卫上将军。耶律照里，无考。邢祐"邢"下原衍"耶"字，从下文删。其人，疑与邢祐为同族。

二十六日，持国信自东掖门入，至第三门，名曰"武功门"，见虏主于武功殿。

《辽史·属国表》：统和二十六年（1008年）五月，高丽进文化、武功两殿龙须草地席。

设山棚，张乐，引汉使升。虏主年三十余，

圣宗，十二岁即位，则大中祥符元年（1008年）。年三十八。
衣汉服，黄纱袍，玉带鞓，互靴。

即底靴。犹言著靴也。《辽史·仪卫志》二卷：会同中，太后、北面臣僚国服；皇帝、南面臣僚汉服。乾亨以后，大礼，虽北面三品以上，亦用汉服。又曰：公服。皇帝翼善冠，朔，视朝用之。柘黄袍，九环带，白练裙襦，六合鞋。常服：皇帝柘黄袍衫，折上头巾，九环带，六合靴。振言：圣宗黄纱袍，玉带鞓，底靴，正谓柘黄袍，九环带及六合靴也。
方床累茵而坐。左右侍立凡数人，皆胡竖。黄金饰栲案，四面悬金纺绛丝，结网而为案帐。汉官凡八人，分东西偏而坐，坐皆绣墩。东偏汉服官三人，首大丞相晋王韩德让，年约六十。

耶律隆运卒于统和二十九年（1011年）三月，寿七十一，则此时六十八岁。宋抟称：国相韩德让专权既久，老而多疾。
次曰前都统相公耶律氏，

原注："不得名。"罗曰：其人，耶律奴瓜也。

次曰参政仆射姓邢氏。

原注："不得名。"罗曰：其人，邢抱质也。参政，即参知政事。
胡服官一人，驸马相公姓萧氏。

原注："不得名。"罗曰：其人，萧继先也。

西偏汉服官二人：一曰秦王隆庆，

详前文。

次曰楚王。

原注："不得名。"按：楚王隆祐也，亦详前文。

胡服二人，一曰惕隐相公耶律英，

罗曰：其人，老君奴也。

次曰常温相公。

原注："不得名。"

惕隐、常温皆虏官。

《辽史·国语解》惕隐，典族属官，即宗正职也。又，常衮，官名，掌遥辇部族户籍等事；奚六部常衮，掌奚之族属。又敞稳，诸帐下官。亦作"常衮"，盖字音相近也。

呼汉使坐西南隅，将进虏主酒，坐者皆拜，惟汉丞相不起。

宋抟言：契丹大事颇慕华仪，然性无检束，每宴集有不拜、不拱手者。

俄而隆庆先进酒，酌以玉瓘、玉盏，双置玉台，广五寸，长尺余，有四足，瓘、盏皆有屈指。

辽帝后尤重视玉饮器。陆游《南唐书·契丹传》（卷十八）：南唐使臣公乘镕等出使，虏主"手斟一玉钟酒，先自啜，乃以劝镕"。《杨文公谈苑》北虏风俗条，言"戎主觞客，悉以玉杯，其精妙殆未尝见"。周辉《清波杂志》卷二，言蔡京使辽，"见有玉盘盏，皆石晋时物"。今传世尚有清官旧藏契丹字九字款识之小玉卮一件（见黄濬《古玉图录初集》卷四页二十一、二十二）。屈指，犹今言"把手"也。

虏主座前，先置银盘，盘有三足如几状，中有金罍。进酒者升，以瓘、盏授二胡竖执之，以置罍侧，进酒者以虚台退，拜于阶下，讫，二胡竖复执瓘盏以退，倾余酒于罍中，拜者复自阶下执玉台以上，取瓘、盏而下，拜讫，复位。次则楚王进酒如前仪。次则耶律英进酒如前仪。其汉服官进酒，赞拜以汉人；胡服官，则以胡人。坐者皆饮，凡三爵而退。

《续谈助》本作"饮凡三爵而已"。《辽史·礼志》四，宋使见皇帝仪、贺生辰正旦宋使朝辞皇帝仪皆言：御床入，大臣进酒，皇帝饮酒，契丹舍人、汉人閤使者赞拜，应坐并侍立臣僚皆拜，称"万岁"。赞各祗候。卒饮，赞拜，应坐臣僚皆拜，称"万岁"。赞各就坐行酒，亲王、使相、使副共乐曲。案：振所言甚详，可补《志》之不足。

二十七日，自西掖门入，

  "门"字，从《续谈助》本朴。宋抟言：中京城中有武功殿，国主居之；文化殿，国母居之。又有东掖、西掖门。

至第三门，名曰"文化门"，见国母于文化殿。设山棚，张乐，引汉使升。蕃、汉官坐者如故。国母约五十余，

  宋抟又言：国母愿固盟好而年齿渐衰。案：承天皇太后次年十二月辛卯（十一日）死。

冠翠花，玉充耳，

  充耳，本谓冠冕两旁悬挂之玉，此则言妇女之耳坠。

衣黄锦小袭袍，

  "袭"与"炯"通，俗言罩袍。

束以白锦带。方床累茵而坐，以锦裙环覆其足。侍立者十余人，皆胡婢，黄金为耳挡，五色彩缠发，盘以为髻，纯练彩衣，

  练，熟绢。

束以绣带，有童子一人，年十余岁，胡帽锦衣，嬉戏国母前，其状类韩丞相，盖国母所生韩氏子也。

  上文已辩其诬。

隆庆已下，递相瑾、盏进酒，如进虏主仪。二胡竖执之至国母前，以授二胡婢，婢以进，伶官致辞于前，大约叙两朝通欢之意。

  "大"，原误"文"，从罗校改。

虏主坐西偏，其旧用器皿皆降杀，以余官进酒，但用小玉卮，盖尊其国母故也。二十八日，复宴武功殿，即虏主生辰也。

  《续谈助》本作"即虏主生之日也"。崇宁五年（1106年）伯宇氏节略振书，谓是岁振受诏充契丹国主生辰使。

设山棚，张乐，列汉服官于西庑，胡服于东庑，引汉使升，坐西南庑隅。国母当阳，

  谓当阳而坐。

冠翠凤大冠，冠有绥缨，垂覆于领，凤皆浮。

浮，谓浮动、飞浮。

衣黄锦青凤袍，貂裘覆足。

太后衣冠，《辽史·仪卫志》所不备，亦可以是补充之。

俄而殿上施红罽毯，虏主先起，具玉台，酌瑾盏以进其国母。拜讫，复位。次以余官进虏主酒，降杀如前仪。次则诸王及蕃官皆进酒。中置其虏食，

此句疑有脱误。

如幽州宴仪。

即前文所谓"大阁具馔"云云者。

酒十数行，国母三劝汉使酒，酌以大玉斝，卒食，盘中余肉，悉以遗汉使。正月一日，复宴文化殿如前仪。胡服官一人，先以光小玉杯酌酒以献国母，名曰"上寿"。

此即《辽史·礼志》六皇后生辰仪，正旦朝贺仪、冬至朝贺仪等项下之进寿酒，即："自通全衔祝寿臣等谨进千万岁寿酒"一段文字。光，言器物表面滑润。

其次，则诸王递进酒如前仪。国母亦三劝汉使酒，仍遣赞酒者劳徕之。四日，又宴于文化殿，阶下列百戏，有舞女八佾。

此《辽史·礼志》四所称之"教坊"也。八佾，天子专用之舞乐。《论语》有《八佾篇》。

六日，又宴于武功殿，

《续谈助》本作"五日"。

国母不坐，百戏、舞女如前仪。隆庆先进虏主酒，众官皆拜，韩丞相避席，虏主遣一童子是前日所见状貌类韩丞相者，就请之，丞相乃坐。七日，又宴射于南园，园在朱夏门外。

王曾书：中京城南园囿，宴射之所。

虏遣大内惕隐、知政事令耶律英侑宴，赠汉中的者马五疋、彩二十段、弓一、矢十。

"汉"下，疑夺"使"字。"中"，原误"巾"，从罗校改。

英又赠马二疋。园中有台，树皆新植。射毕，就坐。英举大觞以属汉使曰："两朝通欢千万年。今日也，愿饮此酒记英姓名耳。"八日，辞国母于文化殿，汉使升，酒三行而出。

升，即《辽史·礼志》四贺生辰正旦宋使朝辞太后仪之"南阶上殿，就位立"。酒三行，谓"行汤，行茶毕"也。

九日，辞虏主于武功殿。遗汉使及从人鞍马、衣物、彩段、弓矢有差。

此乃同卷书贺生辰正旦宋使朝辞皇帝仪之宣徽使赞辞："各赐卿对衣、金带、疋段、弓箭、鞍马等，想宜知悉"也。

虏名其国曰"中京"，府曰"大定府"，

《辽史·地理志》三：统和二十四年（1006年），五帐院进故奚王牙帐地。二十五年城之，实以汉户，号曰"中京"，府曰"大定"。

无属县，

《辽志》中京统县九，尽开泰以后所置。

有留守、府尹之官。

《辽史·百官志》四中京有留守司、都总管府、都虞侯司、警巡院、处置司、国子监等。

官府、寺丞皆草创未就，盖与朝廷通使以来，方议建立都邑。内城中止有文化、武功二殿，后有宫室，但穹庐毳幕，常欲迁幽、蓟八军

即谓山前幽、蓟八州之军也。

及沿灵河之民，以实中京。

《辽史·地理志》三：建州在灵河之南。又曰：兴中府有小灵河。即今大、小凌河。

民不堪命，虏知其不可，遽止。中京南至幽州九百里，

依振记各驿馆之间距离统计，不足此数。《续谈助》本作"九百二十五里"。

至雄州白沟河界一千一百四十五里，

  实计，亦不足此数。

东至灵河五百里

  殆兼今大、小陵河言之。

沿灵河有灵、锦、显、霸四州，

  "沿"字，从《续谈助》本补。"灵州"非"利州"即"建州"之误。前者，今辽宁喀左县之东大土城；后者，同省朝阳县西八十里黄花滩喀喇城。锦州，今同省锦州市。显州，今同省北镇县西南五里之北镇庙。霸州，后升兴中府，今同省朝阳市。

地生桑、麻、贝、锦，

  贝，吉贝，谓棉布也。《续谈助》本无"贝锦"二字。《辽志》二：中京道兴中府宜州治弘政县，世宗以定州俘户置。民工织纴，多技巧。案：宜州，今辽宁省义县。

州民无田租，但供蚕织，名曰"太后丝蚕户"。

  是四州之民，初亦承天太后之头下军州人户也。

又东至黄龙府一千五百里。

  "又"字，从《续谈助》本补。黄龙府，今吉林之农安县。

虏谓黄龙府为东府，有府尹、留守之属，

  黄龙有知府、同知、兵马都部署、判官、侍卫马军步军都指挥使、副等。《续谈助》本"东府"作"东京"，误。

又东至高丽、女真四千里。

  原注："自灵河已下事，皆接伴副使李询言。询尝使高丽，经女真，涉灵河，凡五十程。""四千里"，原作"四十里"，从涵海本《续谈助》改。四千里，泛言之耳。注中女真"真"字本作"贞"，意改。

东北至辽海二千里，辽海，即东海，

  《续谈助》作"即辽东也"，殆是矣。

乐浪、玄菟之地皆隶焉。

此亦泛言之耳。乐浪，在今朝鲜之平壤南。玄菟，初在今朝鲜之咸兴，后乃北移至辽宁省新宾县西南苏子河南岸。

辽海民勇劲乐战，岁简阅以为渤海都。

原注："辽海已下事．馆伴使刘经言。"唐末以来，藩镇亲军多以"都"为号。又为军队编制单位。

北至上国一千里，即林胡旧地，本名林荒，虏更其名曰"临潢府"。

临潢府遗址即今内蒙古昭乌达盟巴林左旗林东南波罗城。林荒更名之说音讹无稽。

国之南，有潢水故也。

潢水，今西拉木伦河，或曰"西辽河"。

皮室相公为留守。

皮室相公，即皮室详稳。皮室，余靖书作比室。《金史·杲传》作脾室，"金刚"也，取其坚利，辽以皮室为爪牙、为精兵，充任御帐亲军。

西至炭山七百里。炭山，即黑山也。地寒凉，虽盛夏必重裘。宿草之下，掘深尺余，有层冰，莹洁如玉，至秋分，则消释。山北有凉殿，虏每夏往居之。西北至刑头五百里，地苦寒，井泉经夏常冻。虏小暑则往凉殿，大热则往刑头，官属、部落咸辇妻子以从。

原注："自临潢已下事，亦刘经官。"《续谈助》"七百里"作"七里"，显误。两"则往"，均作"即往"。本书后文称刘经官知制诰。田村氏注解此书，谓其人即《圣宗纪》六开泰二年（1013 年）正月癸巳朔，加工部尚书之户部侍郎刘泾；同纪七太平三年（1023年）六月戊申，称参知政事、南院宣徽使刘泾；《百官志》三南面官总述下称礼部尚书刘泾；同志四南面分司官项下开泰五年（1016年）分路按察刑狱刘泾。案：此刘泾又作刘京，《圣宗纪》四统和九年（991 年）闰二月壬申及同纪六开泰六年（1017 年）七月辛亥，均记刘京决狱事，一称给事中，一称礼部尚书；而同纪八太平五年（1025 年）十二月，言以参知政事刘京为顺义军节度使。但

《诗话总龟》卷十七引《杨文公谈苑》云："有刘经为虏政事舍人，来奉使。路中有野韭可食，味绝佳，作诗曰：'野韭长犹嫩。沙泉浅更清'云云。"则终以作"经"为是。又案：罗氏《辽汉臣世系表》疑宋景德二年（辽统和二十三年，即1005年）十一月癸酉与张肃等一道来贺承天节之副使崇禄卿刘经与《辽史》之刘京、刘经为一人。近友人向南函告：辽有刘京、刘经、刘泾、刘景，而统和六年（988年）以前之刘京、刘景为一人。"京"是正字，即刘六符之祖，六年以后之刘京、刘泾、刘经又为一人。"经"是正字，亦即振书所称之馆伴使刘经也。再案：炭山考见前文。振且言："炭山即黑山也。"《旧唐书·薛仁贵传》："俄又与辛文陵破契丹于黑山。擒契丹王阿卜固及诸首领赴东都。"（《新唐书》同传所记同。而《契丹传》称阿卜固为松漠都督，《旧唐书》同传失载。）《辽史·萧塔列葛传》："八世祖只鲁，遥辇氏时，尝为虞人。唐安禄山来攻，只鲁战于黑山之阳，败之。"此两处之黑山，亦必振书之炭山《宋会要稿·蕃夷》一太平兴国九年（984年）贺令图上言，隆绪及其母萧氏夏居炭山，即上陉处，有屋室宫殿。此当与本书前文"炭山北有凉殿"，为一地一义。

东北百余里有鸭池，鹜之所聚也。虏春种稗以饲鹜，肥则往捕之。

  原注："接伴副使邢祐言之。"

  或以长泊当此鸭池（《续通鉴长编》卷八十一晁回言长泊多野鹅鸭）。长泊，俗说为今之孔春庙泡子。

西南至山后八军八百余里，

  《辽史·地理志》五：奉圣州总山后八军。《兵卫志》叙：神册元年（916年），尽有代北、河曲、阴山之众，遂取山北八军（《太祖纪》上：自代北至河曲，逾阴山，尽有其地。"尽有其地"，即尽有山后八军之地）。山北八军，即山后八军，谓新（后改奉圣）、妫、武、儒、云、应、朔、蔚八州之军。余靖言：山后又有云、应、蔚、朔、奉圣等五节度营兵。《圣宗纪》二统和四年（986年）八月丁酉，以北大王蒲奴宁为山后五州都管（参《百官志》四南面边防官下）。五州，即靖所称之五州。山后五州都管司，亦设于奉圣州。南大王、北大王统之，

　　余靖称：北王府、南王府，分掌契丹兵，在云州、归化州之北。皆耶律氏也。控弦之士各万人。二王陆梁难制，虏每有征发，多不从命，虏亦姑息。

　　原注："此二王事，得之于檀州知州马寿。"

　　余靖谓：二王皆坐在枢密下，带平章事之上。旧例皆赐御服（中略）。辽人从行之兵，取宗室中最亲信者，为行宫都部署以主之。其兵，皆取于南北王府、十宫院人充之（中略）。北王府兵刺左臂，南王府兵刺右臂。

上国西四百余里有大池，幅员三百里，盐生著岸如冰凌，朝聚暮合。年深者坚如巨石，虏凿之为枕，其碎者类颗盐，民得采鬻之。

　　《总要》：大盐泊，周三百里，东至上京一千五百里，契丹中更名广济湖，虏中呼为縻到斯裹。当如田村氏说，"縻到斯裹"系"到縻斯裹"之倒置，当今东乌珠穆沁旗之达布苏盐池，似可用蒙古语之 dabsu nour 解释之。振书"百余里"，或有脱文。

上国之地北有秣筦国，

　　此北魏之勿吉，隋、唐之靺鞨，而辽、金、元、明之乌底改、兀的改、兀者、乌舍也。

有铁骊国

　　此铁勒之东迁者，又作铁离、铁利、铁黎或作铁甸、挞领等。详本著胡峤书《疏证》。

二国产貂鼠，尤为温润，岁输皮数千枚。

　　原注："盐池、貂鼠事，皆邢祐言之。"

虏之兵有四：一曰汉兵，二曰奚兵，三曰契丹，四曰渤海兵，

　　余靖曰：奚王王府掌奚兵，在中京之南。又曰：又有统军，掌契丹、渤海之兵；马军步军一，掌汉兵，以乙室王府。李攸《宋朝

事实》卷二十《经略幽燕》：其地方兵旅，大约计之，未必满三十万。且自诸京统军司及寨幕契丹兵，不过十五万；奚家、渤海兵，不过六万；汉儿诸指挥，不过一万五千；刺字父子军五指挥，不过数千；乡兵义军不过三万；刺手背拣不中老弱兵，不过七千。《辽史·百官志》二：辽阳路下有契丹、奚、汉、渤海四军都指挥使司。然不仅限于辽阳一路也。余从略。

驸马都尉兰陵郡王萧宁统之。契丹诸族曰"横帐兵"，

横帐，谓德祖宗室，号三父房，乃帝室中之近支，贵族中之最受尊敬者。其子弟从军，即号横帐兵（德祖、太祖父，而太祖从叔父岩木之二子胡兀只、末撒，其后即三父房之孟父；释鲁子滑哥，其后即三父房之仲父；而太祖弟刺葛之子赛保，即三父房之季父。又：辽俗东向而尚左，唯皇族三父帐北向，故曰"横帐"。凡三父房之后，帝皆与之序齿，论父兄行等）。

惕隐相公统之，即房相耶律英也。奚兵，常温相公统之。岁籍其兵，辨其耗登，以授于虏，给衣粮者唯汉兵，余皆散处帐族，营种如居民。每欲南牧，皆集于幽州。有四路：

《续谈助》本作："虏之兵欲南牧，皆集于幽州，兵入幽州有四路。"

一曰榆关路，二曰松亭路，三曰虎北口路，四曰石门关路。榆关在蓟州北百余里，松亭关在幽州东二百六十里，

《续谈助》本作"一百六十里"。

虎北口在幽州北三百里，

"口在幽州北"五字原阙，用《续谈助》本补。

石门关在幽州西一百八十里。其险绝悉类虎北口，皆古控扼奚、虏要害之地也。

《三朝北盟会编》卷二十二引张汇《金虏节要》曰：燕山之地，易州西北乃紫金关，昌平县之西乃居庸关，顺州之北乃古北口，景州东北乃松亭关，平州之东乃榆关，榆关之东，乃金人之来路。凡

此数关，乃天造地设，以分番、汉之限，诚一夫御之，可以当百。(《通鉴》卷二百六十九《后梁记》四均王贞明三年二月甲申日下胡注引《节要》，"紫金关"作"金坡关"，"顺州之北"作"顺州之地"，"景州"下有"之"字，两"榆关"均作"渝关"，"来路"下有"也"字，无"凡此"二字，而"乃"字作"皆"字。又引《金虏行程》：自营州东至渝关，并无保障，沃野千里，北限大山，重冈复岭，中有五关，惟渝关、居庸可以通饷馈，松亭、金坡、古北口止通人马，不可行车。其山之南，则五谷百果、良材美木，无所不有；出关未数里，则地皆瘠卤，岂天设此以限华夷乎？)《总要》列举幽州入蕃之路凡十，大林口、符家口、松亭关、古北口、居庸关、紫荆岭口在焉（《宋朝事实》所记略同）。《辽史·兵卫志》上兵制门，辽兵南伐，及行，列举并攻取之关口凡七，居庸关、古北口、松亭关、榆关四者在焉。榆关遗址，在今河北抚宁县榆关村，又称临渝关。大林口、符家口在榆关附近，故举二口，可省榆关焉。松亭关，高士奇主即今喜峰口之说，可从也。前引《圣宗纪》二统和四年（986年）十一月壬申，鞫问古北、松亭、榆关征税不法，致阻商旅之狱。同纪三及《食货志》下，统和七年（988年）三月丙申，诏开奇峰路通易州市。奇峰路即松亭路。石门关路，即居庸北口，而前引《事实》之八答岭，即今八达岭是也。故举居庸，可兼包石门。

虎北口东三十余里，又有奚关，奚兵多由此关而南入，

前文："下虎北口山，即入奚界。五里，有关，虏率十余人守之。"

入山路险隘，止通单骑。

原注："渝关事，涿州刺史李质言。松亭关、石门关等路，幽州客司牛荣言之。"《续谈助》本"渝关事"作"渝关路"，"松亭"下无"关"字，"石门关等路"作"石门奚关路"，"牛荣"作"牛营"，"官"下无"之"字。

房有翰林学士一人，曰刘晟。

田村氏已考定此翰林学士刘晟，即《辽史·圣宗纪》六开泰二年（1013年）十二月甲子监修国史主宰臣刘晟；四年（1015年）五月辛巳为都统，伐高丽之北府宰相刘晟；同纪七，七年（1018年）十一月壬戌称霸州节度使刘晟；九年（1020年）五月癸酉称太子太傅、仍赐保节功臣刘晟。案：刘晟即刘慎行，景之子而六符之父。事迹略见《景传》及《六符传》、《武白传》，《圣宗纪》六统和二十九年（1011年）三月己亥、五月乙未、《圣宗纪》七开泰七年（1018年）十一月壬戌、太平四年（1024年）六月戊辰，《圣宗纪》八太平五年（1025年）三月庚辰各条。又案：僧智朴《盘山志》载《独乐寺观音阁碑》有翰林学士承旨刘成，亦其人焉。

知制诰五人，其一曰刘经。

即前文之馆伴使刘经。

岁开贡举，以登汉民之俊秀者，牓帖授官，一效中国之制。

《契丹国志》卷二十三试士科制："太祖龙兴，朔漠之区，倥偬干戈，未有科目。数世后，承平日久，始有开辟。制限以三岁，有乡、府、省三试之设：乡中曰'乡荐'，府中曰'府解'，省中曰'及第'。时有秀才未愿起者，州县必根刷遣之。程文分两科：曰'诗赋'，曰'经义'，魁各分焉。三岁一试进士，贡院以二寸纸书及第者姓名给之。号'喜帖'。明日，举案而出，乐作，及门，击鼓十二面，以法雷震。殿试，临期取旨。又将第一人特赠一官，授奉直大夫、翰林应奉文字；第二人，第三人，止授从事郎；余并授从事官。圣宗时，止以'词赋'、'法律'取士，'词赋'为正科，'法律'为杂科。若夫任子之令，不论文武，并妻荫，亦有员数。"

其在廷之官，则有俸禄；

原注："李询为工部郎中，月得俸钱万，米、麦各七石。"

典州县，则有利润庄。

此投下制度之施于汉地州县者，亦犹元初州县将吏之赋敛百姓，各私其入也。

藩、汉官子孙有秀茂者，必令学中国书篆，习读经史。自与朝廷通好已来，岁选人材尤异、聪敏知文史者，以备南使。

  谓出使南朝。

故中朝声教，皆略知梗概。至若营井邑以易部落，造馆舍以变穹庐，服冠带以却毡毳，享厨爨以屏毛血，皆慕中国之义也。夫惟义者可以渐化，则豺虎之性，庶几乎变矣。去年车驾东巡，虏受谍者之诉，遂征兵幽、蓟，以备王师之至，

  即上文"国家且议封禅，有谍者至涿州言"云云。

朝廷推示大信，

  "示"，原作"誓"。据罗校改。

边郡彻警，虏闻之大慙，自以为误于小民，失信于大国。于是械送谍者，以归于我。洎臣等持国信以至境上，虏乃下令曰："昨者，征兵燕、蓟以备南，敢有言于汉使者，诛及其族。"

  原注："虏下令事，殿侍鲁进闻之于契丹语。"

自是迎待国信，弥勤至矣。自白沟至契丹国，凡二十驿，

  二十驿计为：白沟河—新城县—涿州（永宁馆）—良乡县—幽州（永和馆）—孙侯馆—顺州—檀州—（金沟馆）—虎北馆—新馆—卧如馆—柳河馆—部落馆—牛山馆—鹿儿馆—铁浆馆—富谷馆—通天馆—契丹国（大同驿）。

近岁已来，中路又添顿馆。供帐鲜洁，器用完备，烛台、炭炉悉铸以铜铁。

  沈括《熙宁使虏图抄》：自塞至其庭三十有六日。日有舍，中舍有亭，亭有羹秣。又言：中道有顿。案：顿，谓顿馆。方以智《通雅》云：刘世让谓突厥以马邑为之中顿。注：食也。（《旧唐书》卷六十九《刘世让传》：突厥南寇，徒以马邑为其中路耳。此即方氏所本。）《隋书》卷七十六《虞绰传》，帝舍临海顿，见大鸟。《旧唐书·太宗纪》下，贞观二十年（646年）八月庚午，次泾阳顿，铁勒、

回纥等十一姓各遣使朝贡。两"顿"字，亦谓顿馆。《宋朝事实》卷二十开宝五年（972年）十一月十日伐契丹诏中，有"应经过顿舍，凡百费用，悉以官物充"之句。顿舍，亦顿馆也。

奚民守馆者，皆给土田，以营养焉。

《续谈助》本"以"作"俾"。王曾《上契丹事》：自过古北口即蕃境，居人草庵板屋，亦务耕种，但无桑柘，所种皆从垅上，盖虑吹沙所壅。案：蕃，正谓奚民也。

国信所至，则蕃官具刍秣，

《续谈助》本无"秣"字。

汉官排顿置，大阁执杯案，舍利劝酒食；

《辽史·国语解》：契丹豪民要裹头巾者，纳物给官，名曰"舍利"。盖言契丹贵族之成丁男子，又名"舍利郎君"。

与汉使言，率以子孙为契。

契，谓契重。

观其畏威怀德，必能久守欢约矣。

附录：

晁氏《续谈助》本后记

按录：是岁振受诏充契丹国主生辰使，故其录如此。契丹今改其国号大辽，见宋使无常处，不皆在中京也。自虎北口以南，皆汉、唐故地，因续钞之，以备他日辽人归我幽、蓟舆地之考。崇宁五年（1106年）岁次丙戌八月三日壬戌，陈留县故墙法云寺伯宇记。

罗氏校本后记

路氏《乘轺录》一卷，《宋史·艺文志》著录，今无传本，仅见江氏《皇朝事实类苑》、晁氏《续谈助》所称引，兹合两书辑录，首尾粗具。案：宋人使辽，还者必有纪录上诸朝，若王沂公、富郑公、薛映诸《行程录》，张舜民《使辽录》，附见《契丹国志》；宋绶、李维《上契丹事》，附见《续资治通鉴长编》。第皆寥寥短章，完具者，只一陈襄《使辽语录》而已。路氏此录，山川道里而外，兼详事实，证之史颇有异同，或足补其未备。约举之，得数事。如云景宗睿智皇后于韩德让有辟阳之幸，生二子，史所不载，而《长编》诸书，皆有此说；然谓后先许嫁德让，则属创闻，一也；云德让从弟绕军，娶后姊，澶渊之役中弩死。考死澶渊者，为萧挞凛（挞凛官南京统军使），宋、辽两史无异辞，非德让从弟。《长编》载来归供奉官李信之言，谓后有姊二人，长适齐王，次适赵王，亦非适韩氏。德让从弟，不见史传，世有《客省使韩瑜墓志》，瑜为邺王匡美之子，于德让为从弟，统和间出征，中创死，而官非统军，匡美曾官南京统军，而未尝死绥，且皆不言娶皇后之姊，疑莫能明，二也；云去年封禅，虏信谍者言，征兵幽、蓟，以虞王师之至。朝廷推示大信，边郡撒警。虏闻之大惭，械送谍者，以归于我。则两史皆不之载，赖此知之，三也；云幽州内外城门。东曰"水窗"、"宜和"，南曰"开阳"、"丹凤"，西曰"清音"、"显西"，北曰"北安"、"衙北"，史则水窗、宜和作安东、迎春，清音作清晋，北安、衙北作通天、拱辰。"清音"当是"清晋"之讹。余或后来改称。而所载中京门名"朱夏"、"阳德"，则史所失载，四也；云见国母，伶官致辞于前，叙两朝通欢之意，亦不见《礼志》，五也；云虏尝欲迁幽、蓟八军及沿灵河之民，以实中京，民不堪命，遽止；而史云：统和二十五年（1007年），城中京，实以汉民，相抵牾，六也；所见契丹达官，多不得其名，今以史证之，所谓前都统相公耶律氏者，耶律奴瓜也（本传：统和二十一年，以南府宰相伐宋，擒王继忠）；参政仆射姓邢氏者，邢抱质也（纪：统和二十九年，以南府宰相为南院枢密使）；驸马相公姓萧氏者，萧继先也（本传：拜驸马都尉、北府宰相）；惕隐相公耶律英者，老君奴也（纪：统和二十三年，以行军都监为惕隐）；驸马都尉兰陵郡王萧宁者，萧排押也（本传：拜驸马都尉，萧挞凛卒，专任南面事）。惟常温相公，于史无征。余如饮食之制，酬献宴射之仪，亦资异闻，厉氏《辽史拾遗》、杨氏《补遗》皆未及见，顷将更为《续朴》，求前人未见之书，此其一矣。原本有误字显然者正之，而注其原误于下；不可知者，仍之。校录既竟，爰考其略如此。丁丑（1937年）嘉平六日，上虞罗继祖。

（贾敬颜疏证）

上 契 丹 事

（宋）王　曾

大中祥符六年，知制诰王曾充使，

《续资治通鉴长编》卷七十九，大中祥符五年（1012年）冬十月己酉："以主客郎中知制诰王曾为契丹国主生辰使，宫苑使、荣州刺史高继勋副之；屯田郎中兼侍御史、知杂事李士龙为正旦使，内殿崇班閤门祗候李余懿副之。旧制：出使必假官，继勋本秩既崇，不复假官，自是为例。契丹使邢祥诧其国中亲贤赐铁券，曾折之曰：'铁券者，衰世以宠权臣，用安反侧，岂所以待亲贤耶？'祥愧不复语。"案：祥，统和二十年进士及第，二十九年五月及太平七年十一月两知贡举。开泰二年正月任给事中。《辽史》著录其人如此（见《圣宗纪》五、六、八各卷）。又，祥肆谈辨，自烩鹭，矜新赐铁券。为曾所面折，又见司马光《涑水纪闻·逸文》。

还，上契丹事。

《宋史·艺文志》史部传记类有王□《奉使录》一卷，所阙者，曾名耳；地理类有王曾《契丹志》一卷，实一书也。原书已佚，今所见者上引《通鉴长编》卷七九外，复有《宋会要辑稿》（卷五二七五，蕃夷二之六）、《文献通考》（卷三四六，四夷三三，契丹中卷）、《武经总要》（卷一六下，北蕃地理门）、《辽史》（卷三九、卷四十）、《地理志）三、四两卷、李攸《宋朝事实》卷二十撷取之片断。《方舆胜览》引此书，称《王沂公使辽录》；《元史》卷六一四《河渠志》引此书，称王曾《北行录》；无名氏《北平考》卷二，顾炎武《昌平山水记》卷下引此书，俱称宋王曾《上契丹事》，实以《辽志》为本。今依之标目而稍事考校，其亦有裨于治史者乎？
曾上七事，
今所见者，但七事中之一事。
契丹改统和三十一年为开泰元年，以幽州为析津府
《辽史》卷十五《圣宗纪六》，统和二十九年十一月甲午朔，改元开泰。改幽都府为析津府。统和止二十九年，"三十一年"者，笔误也。
国主弟隆裕卒。
隆裕即隆祐，卒于是年八月，见上引《圣宗纪六》。
隆裕初封吴王，
《辽史》卷一四《圣宗纪五》，统和十六年十二月丙戌朔：进封皇弟郑王隆祐为吴国王。宋抟言：吴王隆裕慕道，见道士则喜。
后封楚国王。
同书同卷同十九年十月壬寅：徙封吴国王隆祐为楚国王，留守京师。
初奉使者止达幽州，
《宋会要辑稿·蕃夷卷一》三四页，景德二年二月二十五日，孙仅等使契丹回，言戎主岁避暑于含凉淀，闻使至，即来幽州。景德二年距此，止八年。
后至中京，
"至"，《会要》引误作"置"，《通考》引更误作"署"。中京遗址，今内蒙古昭乌达盟宁城县大明城，又作大名城。
又至上京，
《通考》仍误"至"作"置"。《会要》误"上京"作"中京"。上京遗址，该自治区该盟巴林左旗林东镇波罗城。
或西凉淀、
即含凉淀。亦即本书下文"大夏波西即凉淀避暑之地"，详后章。

北安州、

《热河志》卷九七《古迹志一》：安州故城在丰宁县波罗河屯，亦曰黄姑屯。案：黄姑屯，今建隆化县，属河北省。安州，北魏建，辽称北安州。遗址在县城之北，长六四六米，宽五七〇米。出土镌有"大魏太和"年款之残石佛及"兴州"铭文之片瓦（辽北安州金改兴州）。余于1983年9月亲履其地，得窥其旧基址。

炭山

《辽志》卷五：西京道归化州（今河北宣化市）下称："炭山，又谓之陉头，有凉殿，承天皇后纳凉于此。山东北三十里有新凉殿（两'殿'字均当为'淀'字之误），景宗纳凉于此，唯松棚数陉而已。"《武经总要》（北蕃地理门）：炭山，本匈奴避暑之处。地多丰草，掘丈余，即有坚冰。贾耽所说：妫州（今河北怀来县怀来镇）西北八百里（四库本《总要》误'八十里'）至陉山，即奚、契丹避暑之处。《唐史》载契丹之地西至冷陉'是也。今胡中目为炭山，进更名双山。自幽州西北路清和馆，即居庸关、雕窠馆、赤城口，始有居人，望云县、受赐川，凡十日程，至炭山。《资治通鉴》卷二六六《后梁纪一》太祖开平元年五月丁丑朔日下，胡三省注引宋白《续通鉴》："……阿保机居汉城，在檀州西北五百五十里，城北有龙门山，山北有炭山。炭山西是契丹、室韦二界相连之地。其地滦河上源，西有盐泊之利，则后魏滑盐县也。"《五代史》卷七二《四夷附录》之一契丹上卷："汉城在炭山东南滦河上，有盐铁之利，乃后魏滑盐县也。"《辽史》卷六十《食货志下》："太祖置羊城于炭山北。"案：羊城，《金史》卷二四《地理志上》西京路抚州柔远县注文下之北羊城（曰："北羊城，国言曰火俺榷场。"）约在今河北沽源县西南小河子一带。清和馆即居庸关，《总要》自作解说矣。《通鉴》卷二六八胡注："妫州怀戎县北一百三十里有广边军，有雕窠村。"雕窠馆当在其地，即今河北赤城县之雕鹗镇。怀戎乃妫洲倚郭县。赤城口，乃是赤城县。望云县，则赤城县西北之云州。龙门山，在望云东北。炭山既又名双山，而双山《金史》属之柔远县（今河北张北县），乃桓州下竟言："曷里浒东川，更名金莲川，世宗曰：'莲者连也，取其金枝玉叶相连之义。'景明宫，避暑宫也。有□□殿、扬武殿，皆大定二十年命名。"是《总要》之说，必有小误。金之金莲川，即元之上都开平府所在之地。《元史》卷一四八《董文蔚传》："卒于上都之炭山"，可证矣（上都遗址在今内蒙古锡林郭勒盟正兰旗昭乃门苏木）。双山，又称双山子。《金史》卷八《世宗纪下》，大定二十七年四月丙申，上如金莲川。八月丙戌，次双山子。九月巳亥朔，还都。日人箭内亘谓：炭山为滦河所出之黑龙山（并其以东以北之群山），所拟颇是。

长泊

　　俗说，即今奈曼旗西北之孔春庙泡子（又译工程泡子），详《宋绶契丹风俗疏证稿》。

自雄州白沟驿度河，

　　《长编》引"度"作"渡"。河，即北白沟河。白沟河有南北二流。《通鉴》卷二八四《后晋纪五》齐王开运二年三月庚申："契丹大至，晋军与战，逐北十余里，契丹逾白沟而去。"胡注："此南白沟也。《水经注》所谓淇水北出为白沟者也。北白沟在涿州新城县南六十里。宋人《北使行程记》曰：雄州之北，界河之南有白沟驿。又范成大《北使录》曰：自安肃军出北门，十五里至白沟河，又百五里至涿州。此言北白沟也。"界河，北白沟之别称，以宋、辽分界于此得名，亦即拒马河。

四十里至新城县。

　　新城故城，在今县治之北。

古督亢亭之地。

　　《唐书》卷三九《地理志三》，河北道涿州新城县下注：大和六年，以故督亢地置。《帝京景物略》卷八：督亢陂有故亭址，高丈，周七十步，土人称之曰督亢亭，时掘得瓦砾、金钱也。《畿辅通志》

卷五八《舆地志》卷一三山川门二，谓陂地广衍，跨新城、固安二县境。

又七十里至涿州。

《长墙》脱"七"字。涿州，今河北涿县。《通鉴》卷二七二《后唐纪二》庄宗同光二年三月庚戌下，胡注引《匈奴须知》："新城县北至涿州六十里。"计里有长短耳。

北度涿水、

《辽志四》涿州及范阳县下俱云有涿水。《太平寰宇记》卷七十涿州下称：涿水源出范阳县西土山下，东北流经县北五里，又东流注圣水（即今琉璃河，见下刘李河注文）。

范水、

《辽志》卷西：范阳县下有范水。《读史方舆纪要》卷一一直隶二：范水在涿州南，自涞水县流入，合于拒马河，范阳之名本此。

刘李河，

《畿辅通志》卷五六《舆地志》卷一三山川门二：琉璃河在良乡县南四十里。金人谓之刘李河，（《谦公法师灵塔铭》数见李河之名。叶昌炽谓李河即刘李河，亦即琉璃河（见《文物》1970年第1期，徐自强《房山云居寺谦公法师灵塔铭》）。宋敏求谓之六里河，源出房山县西南黑龙潭孔水洞，俗名芦村河，入良乡县，始名琉璃河。自良乡县西南境东入涿州界，又东经安次县故城南，又东南注拒马河。范成大诗："琉璃河上看鸳鸯"，即古圣水也。案：徐梦莘《三朝北盟会编》卷一一宣和四年十月二十八日纪事引《封氏编年》及《元史·仁宗纪三》均作琉璃河。

六十里至良乡县。

王恽《为起盖良乡县南留里河桥梁事状》（《秋涧先生大全集》卷八七《乌台日事》）："良乡南十三里，有旧来经由留里河桥官道，南至涿州六十里。"留里河，即刘李河或琉璃河。

度芦孤河，

《长编》、《通考》、《辽志》所引均作"卢沟河"。路振《乘轺录》曰鹿孤河。范成大《卢沟诗》自注："此河，宋敏求谓之芦菰，即桑干河也，今呼卢沟。"《辽志》卷四南京析津府有桑干河。《元史·河渠志》：卢沟河，其源出于代地，名小黄河，以流浊故也。自奉圣州界流入宛平县境，至都城四十里东麻谷，分为两派。又云：浑河，本卢沟水，从大兴县流至东安州或武清县，入漷州界。

六十里至幽州，

《通考》"六"误"九"。六十里至幽州者，距良乡里至也。《通鉴》卷二七十《后梁纪五》均王贞明三年七月庚戌下，胡注引范成大《北使录》：自良乡六十五里至幽州城外，此又驿路也。较之王书，多计五里。

伪号燕京。

《会要》"伪"讹"为"，《辽志》删。

子城就罗郭西南为之，

《辽志》卷四：燕京城大内在西南隅。

正南曰"启夏门"，内有元和殿、

《辽史》，太宗行入閤礼，飨将士，圣宗宴将校，赉将士，受百官贺，册立皇后，并在元和殿行礼，见《太宗》、《圣宗》、《兴宗》各纪，《地理志四》、《礼五》、《仪卫四》各卷。然《地理志》明言元和门，乃宣教门所改，是元和殿初亦当称宣教殿也（又见《圣宗纪五》统和二十四年八月丙戌日下）。

洪政殿，

《辽志》引无"殿"字。

东门曰"宣和"。

《辽志》卷四：皇城东曰"宣和门"。案：路振称幽州内城三门不开，止从宣和门出入。曾等一行，自南来入东门，故不及见西与北之二门。

城中坊门皆有楼。

121

《辽志》引"坊门"作"坊用"。路振书：城中凡二十六坊，坊有门楼。

有悯忠寺，本唐太宗为征辽阵亡将士所造，

《会要》"将士"作"将校"。《虏廷事实》（此据明抄《说郛》本）：燕京城东壁有大寺一区，名曰悯忠。唐太宗征高丽回，念忠臣义士没于王事者，建此寺为之荐福。案：即今北京市菜市口西南烂熳胡同西之法源寺（唐时幽州城遗址在今北京外城之西及广安门外地）。

又有开泰寺，魏王耶律汉宁造，

《会要》"造"下有"建"字。耶律汉宁即耶律斜轸。不详年月，残碑捐资人名衔中有开泰寺僧某之名（见陈述《辽文汇》卷九）。辑本《元一统志》大都城下称：大开泰寺，在昊天寺西北。寺之故基，辽统军邺王宅也，始于枢密使魏王所置，赐名圣寿，作十方大道场。圣宗开泰六年，改名开泰。殿宇楼观，冠于全燕。案：韩匡美为燕京统军使，封邺王（见罗继祖《辽汉臣世系表》页二）。匡美，即瑜之父。耶律斜轸为北院枢密使，在统和初（见本传），而十七年九月癸卯日薨（见《圣宗纪五》）。《方舆胜览》大都路佛寺门，亦见开泰寺之名。

皆邀朝士游观。

《长编》"朝士"作"朝使"，是也。《辽史·兴宗纪二》重熙十一年十二月巳酉："以宣献皇后忌日，上与皇太后素服，饭僧于延寿、悯忠、三学三寺。"《北盟会编》卷一一宣和四年十月二十四日己酉纪事，郭药师入燕山，夺迎春门以入，大军继至，阵于悯忠寺。又言：骑兵且下马，且战且行，至悯忠寺前。《青宫译语》、《宋俘记》、《吟呻语》等书，谓宋之帝后、宫人北迁，曾居愍忠祠。愍忠祠即悯忠寺。南宋肃王枢（徽宗第五子）与沈元用同使金，馆于燕山悯忠寺。《金史》卷二三《五行志》大定十二年八月丁丑：策试进士于悯忠寺。又《选举志一》（卷五十）：就悯忠寺试徒单镒等。

更云悯忠寺旧有双塔。《完颜纲传》卷九八，至宁元年，胡沙虎囚纲于悯忠寺。赵秉文《滏水集》卷六有《陪李舜咨登悯忠寺阁诗》。又《辽史》卷六六《游幸表》："开泰八年十二月，幸开泰寺宴饮。"《兴宗纪三》（卷三十）重熙二十三年十月癸丑："以开秦寺铸银佛像。曲赦在京囚。"两寺实名胜佳地，固不止于邀南朝使人之游览也。

城南门内，

《辽志》无"城"字。《会要》、《国志》、《辽志》"内"皆作"外"。

有于越王廨，为宴集之所。

此于越王，谓耶律休哥也（"于越"，突厥语之 uge，元人译"斡怯"、"斡可"，元太宗名窝阔台，即此一称呼之所有格形式）。

门外永平馆，

《辽志》卷四：燕京皇城内右掖千秋门东为永平馆。《御寨行程》（见赵彦卫《云麓漫钞》卷八）：良乡县六十里至燕京永平馆。《三朝北盟会编》卷二二二引《张邵行实》："岁在癸丑二月初六日，金人忽召公诣尚书省，说谕还，遗使馆伴俾就馆，且使与洪公皓、朱公弁会于燕山，同途而归，时绍兴十三年也。四月十四日会于同途，而洪公先至焉，五月，朱公自云中至。六月庚戌，三人俱发轫于永平馆。"

旧名碣石馆，请和后易之。

1956 年出土《张建章墓志铭》："既馆驿碣石。"（张曾出使渤海国，并撰有《渤海记》一书）请和，谓宋真宗景德元年（辽圣宗统和二十二年）澶渊之盟。此前，唐以来名碣石，今改永平者，盖求符合于双方和好之义。

南即桑干河。

《会要》"南"误"也"，《通考》删。桑干即卢孤，详前文（桑干，就河之全程言之，卢孤，但言其中流一段耳）。

出北门，

　　《辽志》于"出"下增"燕京"二字。

过古长城、

　　此北齐之长城。

延芳淀，

　　《畿辅通志》卷五六《舆地志》一三山川二：今南海子倒有延芳村，其遣址也。《辽志四》：漷阴县有延芳淀，方数百里，辽主每季春弋猎于此。高士奇《扈从西巡日录》："康熙二十二年三月丁未，驻跸南海子南红门内。海子，元时为飞放泊。至大元年，筑呼鹰合于漷州泽中（原注：或作按鹰台，今日晾鹰台），初改鹰坊为仁虞院。刘祁《归潜志》：金章宗春水放海青，时赵黄山（即赵沨）在翰苑扈从，既得鹅，索诗，黄山立进之。其诗云：'驾鹅得暖下陂塘，择骑星驰入建章，黄繖轻阴随凤辇，绿衣小队出鹰坊。搏风玉爪凌霄汉，瞥日凤毛堕雪霜。共喜圆陵得新荐，侍臣齐捧万年觞。'（案：此诗见原书卷八页八下，《知不足斋丛书》本）。观此，则鹰坊不始于元也。王恽《大都路漷州隆禧观碑铭》云：'原隰平衍，浑流芳淀，映带左右。建元以来，春水习猎，岁尝驻跸。民庶观羽旄之光临，乐游豫之有赖。'（见《秋涧先生大全集》卷五七。铭词尚有'延芳春水纷霓旌'之句）。明永乐年增广其地，缭以周垣百六十里，育养禽兽。又设二十四园，以供花果。内有三水，故以海名。祭酒吴伟业有《海户曲》。蚂蚁坟在其东南，清明日，蚁数万聚此。时建新旧二宫，东西对峙，相去二十里。又有德寿寺、元灵宫，释道居之。仍设海户一千八百人守视，人给地二十亩，自食其力。春蒐冬狩，巡幸以时，讲武事也。（颜案：《帝京景物略》卷三、《天府广记》卷三七、沈氏《顺天府志》卷一、《宸垣识略》卷一一，叙述互有详略，均可参考。）

四十里至孙侯馆，后改为望京馆，稍移故处。

　　齐长城在燕京北，而延芳淀在燕京南，实属风马牛。《武经总要》引此作"出（燕京）北门，过古长城至望京四十里"。《辽志》引此作"出燕京北门，至望京馆"。皆可证延芳淀乃错简（或衍文）之误置者。《宸垣识略》卷一二：望京馆在城东北五十里孙侯村，辽建，为南使经宿饮饯之所。宋王曾《上契丹事》曰，云云，即此。考按：今其地名孙河屯，或孙侯村之转音也。（尚可参孙承泽著《天府广记》卷三七及《春明梦余录》卷六四。）望楮谷山、《会要》"楮"误"柏"。案："楮"亦"黍"之音讹。乾统七年王鉴撰《三河县重修文宣王庙记》："左附流渠，背连黍谷。"《辽志》卷四：黍谷山，邹衍吹律之地。"庞元英《文昌杂录》卷三："余奉使北辽，过顺州，有黍谷坊，馆伴副使王仲渊指以谓副使文供备云：'观此可知其寒也。'刘向《别传》曰：'燕地谷美而寒，不生五谷，邹子吹律，召温气至，五谷生。至今名黍谷。'北辽士于多燕人，故亦颇知学问也。"《昌平山水记》："在密云县西南十五里，亦名燕谷山，亦谓之寒谷，《吴越春秋》：'北过寒谷'是也。山有风洞。洞口风气凛烈。盛夏人不敢入。后人遂名之邹子祭风台，昔有庙，今毁。"

五龙池，

当是今密云县东北石盆峪之龙潭也。苏辙诗："白龙昼饮潭，修尾挂石壁。"正谓此也。（《畿辅通志》：怀柔县南三里，别有黄龙潭。沈应文《顺天府志》及《天府广记》：顺义县南二十里有龙山，亦曰龙泉山，均非此处.）

过温余河、

本《水经》之湿余河，以字形相近而讹（《方舆胜览》引作湿余河，不误）。《辽志》卷四称温渝河。《元史》又作温榆水，或榆河（《胜览》同）。白延庆县南口城东入县境，南流经龙虎台南而伏，又南至旧州村复出，曰"月儿湾"，下流为北沙河；又东南与南沙河会为三岔口，下流名沙河，入大兴县界。元致和元年，燕帖木儿御辽东之师，次于三河，闻上都兵入居庸，乃还。军次榆河（或榆水），既而战于水北，败之。追奔至红桥，据之，以拒上都之兵

（参《山水记》下卷及《通志》卷五八《舆地志》一三山川二）。
大夏坡，

　　《会要》误"坡"为"城"，《总要》引作"大厦披"，今地无考。

西北即凉淀避暑之地。

　　《长编》"西北"上重"坡"字。《会要》此句作"西北即西京，为避暑之地"，乃作两句读。《胜览》所引无此句，是也。亦一错简（或衍文）耳，当删。

五十里至顺州。

　　刘敞有《顺州闻角诗》及《顺州马上望古北诸山诗》（见《公是集》卷二七）。顺州，今北京市顺义县。

东北过白屿河，

　　路振书及陈襄《神宗皇帝即位使辽语录》作白絮河，而《辽志》卷四曰"白遂河"，今但称白河而已（明嘉靖三十四年，遏潮河，不使入顺义县境，于是牛栏山以北潮河故道，遂为白河所经，即潮河由密云而与白河合，密云以北二分水流，以南合为一泓矣。故今之白河，亦曰"密云河"）。

北望银冶山，

　　《通志》（卷五七舆地一二山川一岭）：银冶山在密云县南十五里，一名银冶岭，旧出银矿。

又有黄罗螺盘、

　　《胜览》：顺州下有银冶山、螺山、牛栏山、湿余河、白屿河、长城，唯无黄罗螺盘。是黄罗螺盘者，实即螺山也，亦即《辽志》卷四檀州下之螺山，而《金志上》系属于顺州之下。《章宗纪一》（卷九）大定二十九年冬十月己亥，次罗山。庚子，次玉田县。今曰"红螺山"（顾氏《山水记》、《畿辅通志》、沈氏《顺天府志》、孙氏《天府广记》以及汪启淑《水曹清暇录》卷四）。

牛栏山。

《长编》"栏"作"阑"。《金史》卷一二一《王晦传》：贞祐初，通州围急，晦攻牛栏山，以解通州之围。《元史》卷一五一《石抹孛迭儿传》：甲戌（金宣宗贞祐二年）"帝次牛栏山，欲尽戮汉军"。《通志》：牛栏山在顺义县北二十里，明改名顺义山，亦名金牛山。山之东麓，潮、白二河汇合处。俗讹牛郎山。

七十里至檀州。

　　《会要》"七十"误"数十"。《胜览》亦曰"七十里至檀州"。檀州，今北京市密云县。

自此渐入山，

　　《长编》"此"误"北"。

五十里至金沟馆。将至馆，

　　《通考》无此三字。

川原平广，

　　《辽志》"广"作"旷"。按：二字通假。

谓之金沟淀，

　　民国间修《密云县志》之《舆地志》：金勾庄，亦谓之金勾屯，在密云县东北四十五里，有大泽一区。案：此大泽，当即金沟淀也。高士奇《金沟屯诗》："金沟仍昔名，旧馆已汗漫。"名存地亡久矣。

国主尝于此过冬。自此入山。

　　《通考》夺"山"字。

诘曲登陟，

　　《通考》"诘"作"屈"。《总要》明刊本作"诘"，四库本作"屈"。诘曲即屈曲。

无复里堠，

　　《通考》"堠"作"候"。二字亦通假。

但以马行记日景，而约其里数。

　　《会要》无"景"字。景，影之古体。

过朝鲤河，

《总要》、《胜览》俱误"鲤"为"鲜"。朝鲤河即潮里河,又作朝里河。

亦名七度河。

《通考》"度"作"渡"。《辽史》卷一《太祖纪上》六年十月癸巳,"次七渡河,诸弟各遣人谢罪"。《圣宗纪五》统和二十一年十月丁巳,"驻跸七渡河"。《金史》卷八七《仆散忠义传》:移剌窝斡走趋奚地,遣将追蹑,至七渡河,又败之。《明太祖实录》洪武二十一年十一月,千户寨、灰岭、庆州、神树、西马山、七度河皆设烟墩,使屯守知备。凡此,并谓其上游也。盖七度河乃古之黄颁水,而今曰黄花镇川。此川源出口外二道关,入口,东流经黄花镇,东入昌平,经怀柔县西南流,合九渡水、红螺山水,入顺义县境,名怀河。东南流,经县北牛栏山东麓,以入白河(此白河,实谓潮河故道)。王曾并潮河(朝鲤河)与黄花镇川而言之,故曰"朝鲤河亦名七度河"也。《胜览》既言黄花镇川河在昌平,又言朝鲤河至古北口九十里,一似两不相于者。

九十里至古北口。两旁峻崖,

《辽志》"旁"作"傍",《总要》明刊本作"旁",四库本作"傍"。李攸《宋朝事实》(卷二十"经略出燕古北口要言"句下注语)引此相同,下并有"皆"字,均是也(《总要》古北口下叙事作"两旁陡峻")。

中有路,仅容车轨,

《事实》"轨"作"辙"。

口北有铺,彀弓连绳,本范阳防扼奚、契丹之所。

《会要》误"范"为"洛";《事实》作"探扼",无"奚"之名;《通考》脱"丹"字。

最为隘束。

《事实》"隘"讹"益"。许亢宗《宣和乙巳奉使行程录》:古北口止通人马,不可行车。《总要》:古北口据幽州要害,可设兵,屯置保砦，唐范阳节度之地。
然幽州东趋营、平州，

　　《总要》无下"州"字，是也。
路基平坦，自顷犯边、多由斯出。

　　《总要》谓：此乃松亭关路。
又度德胜岭，

　　《总要》作"德胜口"，其下并有"北"字，均是矣。《辽史》卷一四《圣宗纪五》统和十六年九月丁巳朔："驻跸得胜口。"《耶律斜轸传》乾亨元年秋，"宋下河东，乘胜袭燕，北院大王耶律奚底与萧讨古逆战，败绩，退屯清河北。斜轸取奚底等青帜军于得胜口，以诱敌，敌果争赴"。按"得胜"即"德胜"。
盘道数层，俗名思乡岭。

　　《会要》"岭"下衍"盘"字。思乡岭又作辞乡岭，亦谓之望云岭及摘星岭。清人考证，以今大十八盘梁，当此思乡岭。近年在拉海沟（在巴克什营子、火斗山以北）至大十八盘（海拉沟以北为三道沟、马圈子而后至大十八盘梁）道侧发现一辽代石刻，文云："大康八年九月十日□十差到通行官行首直属□□今□新来二十人四□口□十八□□□□万古永记。"此无疑殆属之接伴使者之题识。
八十里至新馆。

　　苏颂有《早行新馆道中》及《过新馆罕见居人》二诗。新馆或在今河北滦平县（旧鞍匠屯）西南平房（又作平坊）一带。
过雕窠岭、

　　《总要》"雕"作'鹏"。前文炭山下引《总要》语，居庸关、赤城口间有鹏窠馆，显见非此。而鹏窠岭实居高平（今山西高平县）西北，由江猪岭路以入，见《资治通鉴》卷二九一《后周纪二》太祖显德元年三月壬辰、丁酉两日下，胡三省注文。此盖他书之羼入者。
偏枪岭。

《总要》引无偏枪岭之名。《元史·河渠志》引有偏枪而无雕窠，殆是矣。它书称编箱岭或编厢岭，今之偏岭。

四十里至卧如馆。盖山中有卧佛像故也。

四十里，谓新馆至卧如距离。《总要》、《长编》"如"下有"来"字。高士奇《塞北小钞》、《热河志》卷六五《山川志一》均言，喇嘛洞洞中有石雕佛像，或即卧如馆也。据实地勘查，喇嘛洞有二，其一高十八米，宽六点五米，深十五米，内壁尚存凿落卧佛后之残迹，其距离洞底不过三米，而长十八米；其二，较此略小耳。沈括说：卧如馆"馆宅川间，中有大水，曰'霤水'，乃故霤之区也。绝霤有佛寺，堕崖石以为偃佛，此其所以名馆也"。今两洞外有辽、金时代瓦片及瓦当，必此佛寺之遗址。馆与寺间中隔之霤水，即今之兴州河。故知卧如馆实居喇嘛洞南沟窑岭小梁上。

过乌滦河，东有滦州，因河为名。

《元史·别的因传》称滦河为黑水。滦州，古卢龙之地。沈括《梦溪笔谈》卷三四《杂志一》言：大抵北方水多黑色，故有卢龙郡。北人谓水为卢龙（末句"水"上当脱"黑"字。周辉《北辕录》："芦沟河即卢龙也。燕人呼水为'龙'，呼黑为'卢'，亦谓之黑水河，色黑而浊，其急如箭。"可证也）。滦河，古之濡水（沈涛《瑟榭丛谈上》：《水经注》濡水有二，其一即今滦河，当时谓之难河。郦善长谓"濡"、"难"声相近，狄俗语讹。盖"濡"误"难"，"难"又讹为"滦"耳）。按：使人过河处，当在今滦河沿附近。

又过墨斗岭，

《总要》："北安州（今隆化县）有墨斗岭，有滦河。唐于奚人之境置墨斗军，取名于此。"《宋史》卷四八七《高丽传》：天禧五年，纥升与契丹交兵。高丽信州永宁人康戬从父允战木叶山下，连中二矢，神色不变。后陷契丹，遁居墨斗岭。又至黄龙府。间道得归高丽，时允犹在。案：纥升疑系奚人。王珪、刘敞并有《摸斗岭诗》。王诗云："戴斗疆陲笼曙华，更凭重阜切天涯"（见辑本《华阳集》卷四）。刘诗云："盘峰回栈几千层，径欲凌云揽玉绳"（辑本《公是集》卷二八）。"墨斗"、"墨卧"并为"摸斗"之误。摸斗，极言其高峻，似可摸及星斗。两家诗意，亦可旁证。彭汝砺亦有《过墨斗岭闻鸟声似子规而其形非是诗》（见《鄱阳集》卷一一）。旧说，谓即今之广仁岭（《热河志》卷六五《山志一》、《清一统志》承德府之二《山川志》），殊误。墨斗岭，实是今之伊逊岭。

亦名度云岭。

　　《辽志》无"亦名"二字，是也，当删。《总要》同谓墨卧岭亦名庆云岭。"庆"乃"度"之讹。《长编》"度"作"渡"。据沈括书，摸斗岭三十五里至柳河馆，循山行十里，再北二十余里至中顿，过顿乃逾度云岭也。度云岭，得为今之荞麦梁。

长二十里许。

　　此当谓墨斗岭，而非谓度云岭也。荞麦梁只是山狭路窄，峰陡石峭而已。清文祥《巴林纪程》：安匠屯（即鞍匠屯，今滦平县）五十里至金沟屯（此别一金沟屯），早尖。屯西有小岭一道，名小梁子。小梁子尖后五里，登伊素岭，曲折盘旋，约十余里。下岭，又二十里渡大河，亦名伊素。是日宿于红旗营。曲折盘旋十余里之伊素岭。应即长二十里许之墨斗岭。"伊素"，"伊逊"之别译。

又过芹菜岭，

　　或以今之芹菜沟后梁当此芹菜岭，然里到方向皆不符。

七十里至柳河馆。河在馆旁。

　　刘敞有《十二月二十七日宿柳河寄欧阳永叔诗》。又《山暖诗》自注：柳河馆有柳河（《公是集》卷二八）。叶向高《朵颜三卫考》（《四夷考》卷二）：朱勇度柳河，经大小兴州，过神树，至全宁。《总要》：北安州有柳河。又称：安州西北至柳河五十里。柳河得为今伊逊河（古称索头水），伊逊河发源于今河北围场县境，南流至滦河镇而汇于滦河。参照文祥书，则红旗营（今红旗村）即柳河馆矣

131

（或更认定在红旗村东三里之房山沟门）。

西北有铁冶，多渤海人所居，

《辽志一》上京道饶州长乐县下称："太祖伐渤海，迁其民，建县居之。户四千，内一千户纳铁。"渤海人冶铁输贡，尚见本志及它书，兹从略。

就河漉沙石，炼得铁。

《胜览》合此二句作"漉沙得铁"。"就河漉沙石"，言以沼泽矿为原料；"炼得铁"，言生吹铁。其法：将木炭、矿石于炉内撒均匀，还原为铁粒（直径约数毫米），浓缩成多少较纯净之铁块（熟铁块），杂质又作炉渣（尚含铁百分之二十至二十五）。再将熟铁块用锤锻炼，使之紧密，并具有一定形态。以此法取铁，半数以上之铁变作炉渣，产量极低。下文言"锻铁为兵器"，即此生吹法也。

渤海俗，每岁时聚会作乐，先命善歌舞者数辈前行，士女相随，更相唱和，回旋宛转，号曰"踏锤"。

《会宴》作"沓锤"，《通考》作"踏追"，皆误。王恽《西苑怀古和刘怀州景融韵》有句云："行殿基存焦作土，踏锥舞歌草留茵。"原注："踏锥，舞名，见景元所录《金人遗事》。"锥、锤同字。

所居屋，

《会要》"屋"下有"室"字。

皆就山墙开门。过松亭岭，甚险峻。

《通考》"险峻"误为"崄崄"。高士奇《松亭行纪下》引此书倒作"峻险"，并谓喜峰口即松亭山。曰"今喜峰口东北有山城"，曰"徐大傅城"，为明中山王徐达所筑。岁久弥坚. 远望如碧玉，悬崖斗绝，人迹希邈。案：松亭非此驿路所经，或为它文所羼入，仍当删除。

七十里至打造部落馆。

它书简称打造馆，约在今头沟以西某地，或指为今之韩麻营，殊嫌偏向东北。调查者并谓：今其附近尚有铁匠营村。又谓：今房山沟门西北半砬子东沟，确有铁矿，与承德大庙铁矿系同一矿脉。调查者曾在东沟后梁顶发现大量炼烧之块状烧结物。1980年，当地群众于距地表约零点五米深处，发现一古代铁炉，立筒形式，直径二米有余，炉壁厚约二十—三十厘米，炉口及内壁坚硬光滑。炉内最上层有炼铁渣，二、三、四层皆为木炭，四层以下仍为铁炼渣。经鉴定：矿石属钒钛磁铁矿，含铁品位在百分之四十以上。块状烧结物即是铁炼渣。

有蕃户百余，编荆篱，

《长编》"编"下有"为"字，而《通考》及《胜览》"为"在"荆"字下，当据补。

锻铁为兵器。

打造部落馆或曰"打造馆"之名，取义于渤海人之造车而非锻铁，此文字错落所致，详下文。

东南行，五十里至牛山馆。

牛山馆以牛山得名，详沈括书《疏证》。牛山馆在牛山东北，得为六沟西北、三沟以南，今苍子东南北沟一带。而牛山，则兼有六沟以西之帽盛石、红山咀、后石砬子诸山也。或指牛山馆在今之头沟大地，而牛山则今头沟之老牛山，亦颇偏向东北矣。

八十里至鹿儿峡馆。

《胜览》引"鹿"误"兔"，且无"馆"字。王珪《戏呈唐卿诗》（《华阳集》卷三）："行到鹿儿山更恶，八千归路可胜劳。"刘敞《朱桥诗》自注："鹿儿馆"前句称：朱桥柳映潭，忽见似江南。今六沟以东景象，恰便似江南山水一样，并无二致。又同人《神山诗》自注："在鹿儿峡北。"（俱见《公是集》卷二）。《热河志》卷六六《山志》卷一：拜察山，汉名神山。辽泽州有神山。《元一统志》：神山在惠州西南十三里，东西长十里，南北广八里。元惠州，即泽州。"《总要》曰北安州之牛山鹿儿峡。则鹿儿属牛山之一峡，可知矣。案：拜察山即今大黑山。而大黑山西南约二十里为甲山梁，甲山梁西南又数里乃甲山，余谓甲山梁当是鹿儿峡馆之所在处。
过蝦蟆岭，

《胜览》引作"蝦蟆岭"。闵宣化说：蝦蟆岭为今祥云岭。
九十里至铁浆馆。

铁浆馆，今平泉县洼子店东南之沙坨子，尚见其遗址（闵宣化误此遗址为富谷馆）。
过石子岭，

《辽志三》中京道泽州有石子岭。《元一统志》：石子岭在惠州北八十里。元惠州即辽泽州。此石于岭，沈括书称"痹岭"而不名，约在今瓦房店一带。
自此渐出山，

《长编》、《通考》并讹"此"为"北"。《长编》且讹"出"为"入"。刘敞《出山诗》自注：自檀州东北入山，到铁浆馆出山，凡八程。诗云："险极鬼神为，逼仄单车度。"盖概括八程山路，重峦叠嶂，处处险厄，直至铁浆馆，过石子岭，方出山焉。
七十里至富谷馆。

王珪《富谷馆诗》（《华阳集》卷一）："万雀噪山馆。"曾肇亦有"富谷山头一骑归"之句。范镇《行富峪道中诗》："路回山徒转，沙漫水平流。"苏颂《富谷馆书事诗》："沙底暗冰频踠马，岭头危径罕逢人。"《元一统志》大宁路古迹门：富谷有站，是辽富谷馆旧舍。此馆约在今平房（老哈河东）西北之高家沟一带。各家诗中所见之"山"、之"岭"，乃谓马云山也。
居民多造车者，云渤海人。

此二句当在打造部落馆下，而错入于此。沈括书："车工所聚曰打造馆"，可证也。
东望马云山，

《会要》"云"仍作"望"，显误。

山多鸟兽材木，国主多于此打围。

《长编》、《国志》、《通考》"材"并作"林"，是也。马云山即马盂山。《辽史》卷一九《兴宗纪二》重熙十年九月癸亥："上猎马盂山，草木蒙密，恐猎者误射伤人，命耶律迪姑各书姓名于矢以志之。"欧阳修《重赠刘原父诗》："马盂山西着落霞。"（《居士集》卷六）《辽志三》中京大定府下有马盂山。《元一统志》：马盂山在大宁县西六十里，中有一峰，形类马盂，故云。元大宁县，即辽中京而金北京。《热河志》（卷六六）《山志二》：马盂山，又名永安山，在喀喇沁右翼旗南百九十里，老哈河发源此山。近出土《耶律琮墓志》（墓在马鞍山东南三十里鸽子洞附近）、《秦晋大长公主墓志》（墓在平泉县和乌紊）并言葬马盂山。马盂山或永安山，即今马鞍山。又《元史》卷一四七《史天祥传》：乙亥（案：即金宣宗贞祐三年，而元太祖十年）进攻北京傍近诸寨，磨云山王都统首诣军门降。颇疑磨云山，即马盂山或马云山之讹。但《元一统志》马盂山、磨云山两著录。谓磨云山在大宁县西南三十里，相传常有云气覆其巅，故名。

八十里至通天馆。

沈括书称长兴馆。遗址在今八里罕甸子（黑城）。

二十里至中京大定府。

遗址在今宁城县大明城，或作大名城。

城坦庳小，

《长编》卷六六大中祥符元年三月丁卯，宋抟等使契丹还，言契丹所居曰"中京"，在幽州东北，城垒庳小，鲜居人，夹道以墙垣。

方圆才四里许。

它书言：中京十余里，或曰外城幅员三十里。此疑有脱漏，否则必谓幅员约七里之第二重城。

门但重屋，无筑闉之制。

《长编》作"堵"。"堵"、"闉"通用。

南门曰"朱夏",

　　路振书：契丹国（即中京）外城南门曰"朱夏"，凡三门，门有楼阁。

门内夹道步廊，

　　《会要》夺"夹"字，且讹"道"为"通"。

多坊门。又有市楼四：

　　此从《长编》本，余本"四"作"门"。

曰"天方"、

　　《会要》"方"作"市"，《通考》无"天方"之名。

"天衢"、

　　《长编》"天"作"大"。

"通阓"、"望阙"。次至大同馆。

　　路振书：大同驿在阳德门外，驿东西各三厅，盖仿汴京上元驿也。《辽志》：大同驿以待宋使。

其北正门曰"阳德"、

　　《长编》无"正"字。路振书：第二重城南门曰"阳德门"。

"闾阖"。

　　路振书：内门曰闾阖门。又：闾阖门楼有五凤。

城内

　　《会要》"城"下有"西"字。

西南隅岗上有寺。

　　《通考》"上"作"山"。寺，谓镇国寺也。苏颂有《和游中京镇国寺诗》。诗云："塔庙奚山麓，乘轺偶共登。青松如拱揖，林宇欲骞腾。"犹可想见其建筑之庄严与宏伟。而镇国寺塔，至今屹立，乃我国家重点保护文物之一。

城南有园囿，宴射之所。

　　路振书：七日又宴射于南园，园在朱夏门外。园中有台。

自过古北口即蕃境，居人草庵板屋，

《通考》"屋"作"壁",误。苏辙诗:"奚人自作草屋住。"沈括《图抄》:"其民皆屋居,无瓦者墁以土,或苫以桦木之皮。"
亦务耕种,

　　《会要》脱"务"字。刘敞《古北口诗叙》:"自古北口,即奚疆也。皆山居谷汲,耕牧其中,而无城郭。"路振书:"奚民守馆者,皆给土田,以营养焉。"
俱无桑柘,

　　《通考》"无"误"有"。
所种皆从垄上,盖虞吹沙所壅。山中长松郁然,深谷中多烧炭为业。
时见畜牧,牛马橐驼,尤多青羊黄豕。

　　《通考》"羊"讹"盐"。
亦有挈车帐逐水草,射猎。食止糜粥秒糈。

　　各本"糜"皆误"麋",今改正。

(贾敬颜疏证)

熙宁使契丹图抄

(宋)沈 括

熙宁使契丹图抄。

　　此《图抄》自《永乐大典》卷一万八百七十七虏字下(中华书局影印本十一函,百七册)录出,原称宋沈存中《西溪集·熙宁使虏图抄》。案:括集名《长兴》,《西溪集》乃括之侄遘所著,遘弟辽别著《云巢集》,括苍刊本合为《沈氏三先生文集》而以《西溪》居首,《大典》撰人不详查阅,且以括名在遘、辽上,遭误以《西溪》为括所著耳。今传世三沈集,乃从事郎处州司理参军高布重校监雕者,高本即源于括苍,然《长兴集》前阙一至十二卷,中阙三十一卷,后阙三十三至四十一卷,三集共阙二十二卷,盖佚落于明人覆刻之日也。《长兴集》既阙,《大典》所收《图抄》遂无可以检核矣。又案:《宋史·沈括传》辽萧禧来理河东黄嵬地,留馆不肯辞,曰:"必得请而后反。"帝遣括往聘。……括乃还,在道图其山川险易迂直,风俗之纯厖,人情之向背,为《使契丹图抄》上之。云云。《使契丹图抄》,即此《使虏图抄》也。今据《括传》,改虏为契丹。

臣某臣评准三月癸丑诏书,

　　《续资治通鉴长编》卷二百六十二注云:"沈括充回谢,在三月二十一日癸丑。"某,括自谓,评即李评。

充大辽国信使、副使。

　　上引《长编》卷二百六十一熙宁八年三月癸丑,右正言、知制诰沈括假翰林院侍读学士,为回谢辽国使,西上閤门使荣州刺史李评假四方馆使副之。萧禧久留不肯还，故遣括诣敌廷面议（《宋史·神宗纪》二熙宁八年三月癸丑，《契丹国志·道宗纪》咸雍十一年春三月及《宋会要稿·蕃夷》一卷页六十二下及六十四上，均记括报聘事）。熙宁八年，岁次乙卯。

是时，契丹以永安山为庭，

  《长编》卷二百六十五引括著《乙卯入国别录》有云：至如近日北朝文字称，今年在永安山受礼。又括著《梦溪笔谈》（卷二十一异事门第一则）称，熙宁中，余使契丹，至其极北黑水境永安山下卓帐。永安山，考见下。

自塞至其庭，三十有六日。

  原作"三十有三日"，以下文"闰四月己酉出塞，五月癸未至单于庭，凡三十有六日"按之。则日上三字乃六字之讹，今改正。

日有舍，中舍有亭，亭有饔飧。

  中舍有亭，即下文之中道有顿。路振《乘轺录》：近岁以来，中路又添顿馆。国信所至，则蕃官具荐秣，汉宫排顿置，大阇执杯案，舍利劝酒食。考振使辽在大中祥符元年，此前，两驿馆之间似无途中休息处。饔，熟食。飧，粘粟。

以闰四月己酉出塞，五月癸未至单于庭。凡三十有六日。以六月乙未还。己未复至于塞下。凡二十有五日。

  《长编》卷二百六十五引括著《入国别录》（即《乙卯入国别录》）云：闰四月十九日离新城县，五月二十三日至永安山，二十五日入见。又《长编》同卷六月壬子日下注："括以五月二十五日至北庭，六月五日起离，住十一日。"案：闰四月己酉即十八日，五月癸未即二十三日，六月乙未即初五日，己未即二十九日。

山川之夷崄远近卑高横从之殊，道途之涉降纡屈南北之变，风俗车服名秩政刑兵民货食都邑音译觇察变故之详，集上之外，

  "货食"疑为"食货"之倒。《长编》卷二百六十一、二百六十二及二百六十五，均言括自有《乙卯入国奏请》并《别录》，载使

事颇详。

别为《图抄》二卷。

《秘书省续四库书目》史类地理门，有沈括《使虏图抄》一卷。盖括书有图有记，总为二卷，此但著录其文字而不及其图画，故云一卷，与《大典》本合（本集当亦若是）。

转相补发，

谓与《奏请》及《别录》相互补充发明也。

以备行人以五物反命，以周知天下之故。谨条如右，臣某昧死上。

《周礼·秋官·小行人》："若国札丧，则令赙补之；若国凶荒，则令赒委之；若国师役，则令槁禬禯之；若国有福事，则令庆贺之；若国有祸灾，则令哀吊之。凡此五物者，治其事故……以反命于王，以周知天下之故。"

张舜民《画墁集》卷六《投进使辽录长城赋札子》："臣近伏蒙圣慈差奉使大辽，……昨于元祐九年，差充回谢大辽吊祭宣仁圣烈皇后礼信使。出疆往来，经涉彼土。尝取其耳目所得，排日记录，因著为《甲戌使辽录》（案：《宋史·艺文志》有张舜民《使边录》一卷。边必辽之舛。曾慥《类说》卷十二收《使辽录》六则，明抄本《说郛》卷三重录曾书，并此《甲戌使辽录》之仅存篇章。甲戌即元祐九年。《契丹国志》引张氏《使辽图抄》，亦此书也）。其始，以备私居宾友燕言之助，今偶尘圣选，辞不免行，因检括旧牍，此书尚在。其间所载山川、井邑、道路、风俗，至于主客之语言，龙庭之礼数，亦以备清闲之览观。"《宋史·范坦传》："赐进士第，权起居舍人。使于辽，复命，具语录以献。徽宗览而善之，付鸿胪，令后奉使者视为式。"《秘书省续四库书目》史部仪注类，有阙名氏《接送伴虏使须知》三卷。凡此，皆行人反命之用意。

大安山，契丹之北部，东南距京师驿道三千二百十有五里。

《辽史》驻跸、巡狩永安山频见，《圣宗纪七》且言永安乃缅山之赐名，《游幸表》又称永安山有凉径。《武经总要》（卷十六）北蕃地理：曼头山南距潢水，本契丹之地，虏主避暑之处，今更名大安山。考此曼头山，即《辽史·地理志一》上京道庆州下之馒头山（《辽志》似本之《契丹国志》）。大安山大字实永字之讹。史别有大安山，在南京析津府，为刘仁恭藏钱处，与此异。然史谓永安山别名庆云山，以圣宗、兴宗、道宗三陵寝所在也（三陵位于今巴林右旗白塔子废城西北瓦尔漫汗山，久被盗掘。白塔子废城，即庆州遗址）。《兴宗纪》言，太平十一年亦即景福元年六月乙未，"奉大行皇帝梓宫殡于永安山太平殿。"沈氏《梦溪笔谈》卷二十四《杂志》言黑水（即今查干木伦河）之西有连山，谓之夜来山，极高峻，契丹坟墓在大山之东南麓。夜来山，史又作拽剌山（《穆宗纪上》应历八年七月及《游幸表》神册五年五月，合同十三年秋，应历七年十二月各纪事），或曰耶里山（《游幸表》兴宗重熙六年七月）。是夜来山即永安山也。永安，取其为山陵之所在；庆云，仅当其一峰而已；馒头，取其形状所似；本名则称夜来山，亦书拽剌山与耶里山焉。《金史·地理志上》北京路庆州下称："北山有辽圣宗、兴宗、道宗庆陵。"辑本王寂《拙轩集》卷三有诗，其诗序称："庆州北山之麓，辽山陵在焉，俗谓之三殿，二十年前常为盗发，所得不赀，是所谓厚葬以致寇者，叹而成诗。"北山者，以在庆州之北也。刘敞《顺州闻角》诗："北山三千里，归来已近边。"敞使北时，契丹王庭适在永安山（《宋史·艺文志》史部传记类，有刘敞《使北语录》一卷）。刘诗之北山，亦即《金志》及王记之庆州北山，皆言永安山也。

自庆州，上京皆有便道。

　　至庆州、上京之便道，详下文。
由驿道之西，自铁浆馆径度，马驰不三日至幽州。

　　此捷径，乃由路口村（在铁浆馆西南十里）西南出幽州者。自幽州由歧路出松亭关以至中京，才五百里耳。详下文。《武经总要》："中京南至幽州九百里。"原注："一路由松亭关，一路古北口。"九百里程者，古北口路也。古北口距幽州已四百里。

永安地宜畜牧，畜宜马、牛、羊，草宜荔挺、枲耳。

挺，原作梃，今改正。荔挺，马薤也。枲耳，古称卷耳，又名苍耳。

谷宜粱荞而人不善艺。

粱，原作梁，今改正。

四月始稼，七月毕敛；地寒多雨，盛夏重裘，七月陨霜，三月释冻。其人剪发，妥其两髦，

《续通鉴长编》卷二十九载雍熙三年宋琪上疏语：又有渤海首领大舍利高模翰兵，步骑万余人，并髡发左衽，窃为契丹之饰。（《金史·高桢传》：辽阳渤海人。五世祖牟翰仕辽，官至太师。牟翰即模翰。）髡发者，剃其顶心而疏其胪后发与双鬓耳。可由庆陵壁画、小库伦旗一号辽墓壁画（《文物》1973年8期）及传世胡瓌《卓歇图》、五代人所绘《契丹人骑马出猎图》等画卷而知之。沈言剪发者，剪其自顶以下；妥其两髦者，两鬓下堕也。（北史·匈奴宇文莫槐传）："人皆剪发而留其顶上，以为首饰，长过数寸，则截短之。"此其渊源也（参顾炎武《菰中随笔》，但辽人剪发而金人辫发，亭林未加区别耳）。苏颂《和晨发柳河馆憩长源邮舍》诗自注："敌中多掠燕、蓟之人，杂居番界，皆削顶垂发，以从其俗，惟巾衫稍异，以别番、汉耳。"（《苏魏公文集》卷十三）案：削顶垂发，即此剪发妥髦。

行则乘马，食牛羊之肉酪而衣其皮。

欧阳修《奉使道中五言长韵》："儿童能走马，妇女亦腰弓。"（《居士集》卷十二）《辽史·营卫志中》行营门叙："大漠之间多寒多风，畜牧畋渔以食，皮毛以衣，转徙随时，车马为家。"苏颂《契丹帐》诗，言"酪浆膻肉"，言"貂锦羊裘"。

间啖麨粥。

王曾《上契丹事》："食止糜粥炒糒。"

单于庭依犊儿山之麓，

　　道宗两驻犊山（一在太康元年，一在三年）。犊山，辽言曰拖古烈（据《道宗纪》，巡幸此处计十次）。拖古烈，牛犊也。(《元朝秘史》百九十四节及洪武本《华夷译语》：牛犊曰"土忽勒"[tuqul]即此。)《营卫志中》言："夏捺钵多在吐儿山。山距黑山东北三百里，近馒头山。"而黑山位于庆州北十三里，见《地理志》。《地理志》又言上京辖境有兔儿山。《圣宗纪》亦记开泰六年六月戊辰朔，葬德妃萧氏兔儿山西。吐儿山、兔儿山，并为此犊儿山或曰犊山者之讹文，而拖古烈，则其契丹之语言焉。

广荐之中，毡庐数十，无垣墙沟表，至暮，则使人坐草，褒庐击柝。

　　苏辙《奉使契丹二十八首·虏帐》诗："虏帐冬住沙陀中，索羊织苇称行官。从官星散依冢阜，毡庐窟室欺霜风。……礼成即日卷庐帐，钩鱼射鹅沧海东。秋山既罢复来此，往返岁岁如旋蓬。"(《栾城集》卷十六）子由诗，写冬捺钵白马淀景象，而括五月至犊儿山，则夏捺钵也，故曰"广荐"、曰"坐草"。又《营卫志中》冬捺钵下言："皇帝牙帐以枪为硬寨，用毛绳连系。每枪下黑毡伞一，以庇卫士风雪。枪外小毡帐一层，每帐五人，各执兵仗为禁围。"可与此互相印证。褒原作襃，意改。

大率其俗简易，乐深山茂草，与马牛杂居，居无常处。

　　《笔谈》卷一故事门第一中国衣冠用胡服条："胡人乐茂草，常寝处其间。予使此时皆见之，虽王庭亦在深荐中。"《营卫志中》行营门叙："秋冬违寒，春夏避暑，随水草，就畋渔，岁以为常。"《金史》卷九十六《梁襄传》。襄上疏直言极谏世家之幸金莲川，道及辽国之君春山秋水、冬夏捺钵之制，亦曰："契丹之人以逐水草牧畜为业，穹庐为居，迁徙无常。"

自澄州大山之西

　　澄州，今乌丹城。详下文。澄州大山，则今帕凌哈达坂之山也，乃兴安岭西支之余脉。

为室韦，今谓之皮室。

  辽以皮室充御帐亲军，又视皮室军为爪牙，为精兵（见《兵志》及《语解》）。余靖言：契丹谓金刚为"比室"，取其坚利之名也。（《武溪集》卷十八《契丹官仪》原注："比音牌，亦音枇比之比。"）比室即皮室，《金史》作脾室。《杲传》："天辅元年，杲以兵一万，攻泰州，下金山县，女固脾室四部及渤海人皆来降。"女固脾室即黄皮室，或曰"黄头皮室"，亦即黄室韦，或曰"黄头室韦"。女固谓黄，《辽史·语解》：女古，金也。女固即女古，又曰袅罗个。《契丹国志·初兴本末》："袅罗个没里，复名女古没里，所谓潢河是也。"潢河，又书作黄河，详下文。金色黄，故云然。没里，河也。

其俗类契丹。

  《北史·室韦传》："室或为失。盖契丹之类，在南者为契丹，在北者号为失韦。"《旧唐书·室韦传》："室韦，契丹之别类也。"

恩州以东为渤海，

  此约言也。辽灭渤海，迁其人于上京、中京之地，若中京道招延州，即以招延渤海而得名。（《三朝北盟会编》卷十三宣和五年正月二十五日下引《燕云奉使录》：兀室又出燕京地图，云招延州是渤海住坐。《武经总要》称招贤州，在安得府东南、严州东北，见南宋淳祐年刘石之《地理图》。）《圣宗纪七》开泰八年五月乙亥：迁宁州渤海户于辽、土二河之间。此辽河，谓西辽河，即潢河也。见于记载者，饶、广、春、黔、显、镇、防、维、东、尚、宁、归、铁利诸州，易俗、迁辽、显理、长宁、永安、长乐、临河（丰永）、安民、肃慎、海滨诸县，无不有渤海移民。其恩州并附郭之恩化县，《地理志》明言以渤海人户建置。恩州故址，即今宁城县乃林镇西南二十里小城子。详下文。

中京以南为东奚。其王衙西京数十里。

  此句必有舛讹。余靖《契丹官仪》："又有奚王府，掌奚兵，在中京之南。"苏辙《奚君》诗自注："宅在中京南。"诗云："故垒开都邑，遗民杂汉编。"都邑，谓中京。《五代史·四夷附录三》："自去诸徙妫州，自别为西奚，而东奚在琵琶川者，亦为契丹所并，不复能自见云。"唐末，奚居阴凉川，后乃徙居琵琶川。阴凉川即本书后文之阴凉河，今舍利嘎河。琵琶川，约在今辽宁建昌县境内。

其西南山间奚西奚，

　　此句亦必有舛讹。《唐书·奚传》："是后契丹方强，奚不敢亢，而举部役属。虏政苛。奚怨之，其首去诸引别部内附，保妫州北山，遂为东、西奚。"妫州，今怀来县怀来镇。

有故雷之区。

　　《贾师训墓志》（寿昌三年）："有诏迁奚中，其部所居汉民四百户，公对曰：'自松亭已北，距黄河，其间泽、利、潭、榆、松山、北安数州，千里之地，皆雷壤也。汉民杂居者半。'"案：雷即白雷，本铁勒十五种之一种。《唐书·白雷传》谓其部有三：曰居延、曰无若没、曰潢水。又曰："白雷居鲜卑故地，避薛延陀，保奥支水、冷陉山，南契丹，北乌罗浑，东靺鞨，西拔野古。"南契丹云云者，即潢水之部也。冷陉山，今滦河所出之黑龙山并其连脉。

其西治牛山谷。

　　牛山谷必以牛山得名焉。牛山，详下文。牛山谷，今河北承德市东北之地。案：《武经总要》称北安州境内有牛山。牛山谷乃在此牛山。此安州，今河北隆化县博洛河屯（土城子村）。

奚、渤海之俗类燕，而渤海为夷语。

　　《契丹国志》卷二十二《四京本末》："奚本与契丹等，后为契丹所并，所在分奚、契丹、汉人、渤海杂处之。"苏颂《奚山道中》诗有句云："马前终日听夷言。"

其民皆屋居，无瓦者墁上，或苦以桦木之皮。

　　上或为土字之误，否则连下句读。

　　王曾《上契丹事》："自过古北口即蕃境，居人草庵板屋。"苏辙《出山》诗:"奚人自作草屋住,契丹骈车依水泉。"奚人业伐山,陆种斲车。契丹之车,皆资于奚。

《旧唐书·奚传》:"兼用车为营。"《唐书·奚传》:"环车为营。"车商隐《为荥阳公贺幽州破奚寇表》言幽州节度使张仲武奏破奚北部落及诸山奚,俘获物中,有奚车五百乘(见《文苑英华》卷五百六十八《表》十六卷)。《五代史·四夷附录二》记契丹与杜重威战于阳城、卫村,耶律德光坐奚车中,晋军奋死击之。契丹大败,德光丧车。骑一白橐驼而走。又,德光入晋都,毡袭左衽,胡马奚车,罗列阶陛。(《辽史·大宗纪下》会同八年三月癸亥,与符彦卿战,上乘奚车退十余里,晋追兵急,获一彦驼,乘之乃归。《通鉴》卷二百八十四《后晋纪五》齐王开运二年三月癸亥,白团卫村之战,"契丹主坐大奚车中"。战败,"契丹主乘奚车走十余里,追兵急,获一橐驼,乘之而走"。又,辛亥,杜重威获奚车一辆,内有谐里相公妻及奴婢。是契丹军人出征,妻奴随行,与匈奴"累重"之制及蒙古"奥鲁"之制皆同也。)《五代史·晋家人传》言安太妃卒,"乃毁奚车而焚之"。《三朝北盟会编》卷二十引杨汝翼《顺昌战胜破赋录》绍兴十年六月十一日纪事:初七日,四太子至,亦与诸酋首连接下寨,人马蔽野,骆驼、牛车,纷杂其间,毡车、奚车亦以百数。刘敞《铁浆馆》诗:"敌马寒随草,奚车夕戴星。"自注:"奚人以车帐为生,昼夜移徙。"(《通鉴》卷二百七十一《后梁纪六》均王龙德二年正月甲午,"契丹主车帐在定州城下"句下,胡注:"契丹主乘奚车,卓毡帐覆之,寝处其中,谓之车帐。")朱有燉《元宫词》:"笑语懒行随凤辂,内官催上骆驼车。"骆驼车,奚车也。延及蒙古,犹行奚车之制。

车工所聚,曰打造馆。

  王曾言造车者为渤海人,与沈书异。

其辒车之制如中国,后广前杀而无般,材俭易败,不能任重而利于行山。长毂广轮,轮之牙其厚不能四寸,而辐之材不能五寸。

《通鉴》卷二百八十四《后晋纪》齐王开运二年三月癸亥下胡注引沈书，辎车前有其字，又重轮字，今一并补入。

　　曹利用与契丹盟，国母亲与饮食，设横板于軛，上布食器（见《宋会要辑稿·蕃夷》第一册页三十一之下，又见《皇朝事实类苑》卷三引《三朝训鉴》及《长兴集》卷五《张中允墓志铭》）。虽戎主母后所乘车，犹如是简陋也。

其乘车，驾之以驼，上施幰

　　幰，原作荒，从胡注所引改正。

惟富者加毡幰文绣之饰。

　　惟，原作帷，从胡注所引改正。苏颂《奚山路中》诗有句云："青毡通幰贵人车。"自注："贵族之家车屋通以青毡覆之。"幰，车幔也，用以御热。青毡车，以太祖后述律氏青牛妪故事为旧典；青牛妪，即后于潢、土二河交会处遇女子乘青牛车避路之事。青牛车，青毡之牛车也。苏辙《赵君偶以微恙乘驼车而行戏赠二绝句》诗云："邻国知公未可风，双驼借与双轮红。"又有"高屋宽箱"之句。皆言此奚车也。小库伦辽墓壁画，宋人《胡茄十八拍图》，日本鸟居氏著录辽墓刻石，并有奚车图象。读者可与沈书相参验。

中京始有果蓏而所植不蕃。契丹之粟果瓠，皆资于燕。粟车转，果瓠以马，送之虏庭。

　　《栾城集·后集·历代论燕蓟》一文曰"契丹据有全燕，控桑麻枣粟之饶，兼玉帛子女之富"云云。

山之南乃燕、蓟八州，

　　燕、蓟八州，山前八州也。

衣冠语言皆其故俗，惟男子靴足幅巾而垂其带；女子连裳，异于中国。

　　周辉《北辕录》：入境，男子衣皆小窄，妇女衣皆极宽大，有位者便服立止用皂纻丝，或番罗，系版绦，与皂隶无区别。绦反插，垂头于腰，谓之有礼。无贵贱，皆着尖头靴。所顶巾，谓之"蹋鸱"。
北白沟馆南距雄州三十八里。

楼钥《北行日录》言望都车行四十五里至安肃军,又二十五里过白沟河。宋安肃军,金安肃州,治安肃县,今河北徐水县。白沟本属雄州(见重熙十一年八月二十九日辽回答宋之誓书)。许亢宗《宣和乙巳奉使行程录》言离雄州三十里至白沟。《辽史·地理志叙》言辽幅员南至白沟。卢洵《白沟》诗:"白沙清浅不容舟,辽宋封疆限此沟。"(洵字仁甫,高平人。)范成大《白沟》诗自注:"在安肃北十五里,阔才丈余,古亦名拒马河,本朝与辽人分界处。"
面拒马河,负北塘,广三、四里,陂泽绎属,

负原作员,意改。拒马河即涞水。自涞水县流入,南经定兴县,西至县南为白沟河(白沟实拒马河支津,下流在涿县界。但宋以来,乃总称拒马为白沟)。塘,谓塘泺。宋以拒马为塞,积有年矣,陂泽络绎,以限戎马之足(晋刘琨已守此河而拒石勒)。
略如三关。

谓瓦桥、益津、高阳三关也。
近岁狄人稍为缭堤畜水,以仿塞南。

《挥麈录·后录》卷一引王嗣昌语曰:"太祖尝令于瓦桥一带南北分界之所,专植榆柳,中通一径,仅能容一骑。后至真宗朝,以为使人每岁往来之路。岁月浸久,日益繁茂,合抱之木,交络翳塞。"宋使臣多歌咏此数处景色,如王珪《新城寄瓦桥郭太博》诗:"十里清烟望界桥。"《涿州》诗:"涿州亭下柳依依。"(见辑本《华阳集》卷三及卷二)陈襄《登雄州南门偶书呈知府张城皇》诗:"池面绿阴通易水,楼头有雾见狼山。渔舟掩映江南浦,使驿差驰古北关。"自注:"雄州,人谓塞北江南。"塞北江南,实不局限雄州一地区也。
新城,涿之属邑,

《辽史·地理志四》言涿州统县四。新城其一也。案:故城在今

县治之北。
南距白沟六十里。
　　许亢宗亦云六十里。
中道有顿，
　　路振《乘轺录》："近岁以来，中路又添顿馆。"前文已加引证矣。又周辉《清波杂志》卷十："辉出疆，过白沟，日行六、七十里，若百余里，穷目力方到。或问今日之程远，答曰：'此中宿食顿，地理远近初不定。'盖亦取夫馆舍之便。"案：顿，次也，宿食所也，食一次也。《宋书》卷九十六《鲜卑吐谷浑传》："于是拥马西行，日移一顿，顿八十里。"
皆北行，道西循废沟，北属涿州，隋炀帝伐高丽，治军涿郡，穿渠水运以饷军。疑此故渠也。
　　永济渠在今河北霸县东。《宋史·河渠志》言塘泺缘边诸水，"东起乾宁军，西至信安军永济渠，西合鹅巢淀、陈人淀、燕丹淀、大光淀、孟宗淀为一水。衡广一百二十里，纵三十里或五十里"。《金史·地理志中》沧州南皮县，景州东光、将陵、吴桥三县，恩州历亭、武城、清河三县，并注云有"永济渠"。盖永济渠南来经今天津以入潞水，潞水经今武清西北以入桑乾河，东北达于涿郡。涿郡，今北京市西南郊区。沈氏所见新城、涿州间之废沟，其非永济渠，明矣。近黄盛璋作《永济渠考》，以沈括所见废沟，或为五代赵德钧所开通幽州之粮道。
涿州南距新城六十里，
　　路振书亦云六十里。《辽志》同，谓新城县在涿州南六十里。
州据涿水。
　　《辽志》涿州及范阳县下，均言有涿水。
州北二里余，渡涿；
　　路振书云出涿州北门，过涿河。
又二里，复渡涿。

《寰宇记》："涿水东北流，经县北五里。"此沈括复渡之涿水也，乃河之正身。

涿之广渡三百步，其溢为城下之涿，广才百步而已。

　　此涿州所绕之涿水，亦即涿州北二里余涿水溢出之旁支。案：涿水，今北拒马河，上承涞水，下汇胡梁河以入琉璃河。

又北数里，渡洺水。

　　洺，原误作洛，今改。路振书云，出涿州五里，过胡渠河。十里，过洺河。案：洺河即挟河，又作侠河，上流名韩村河，为琉璃河支流。

通三十里至中顿。过顿又三十里，至良乡，

　　《五代史·四夷附录一》言赵德钧于盐沟置良乡县。《三朝北盟会编》卷八载赵良嗣《与李处温使为辽内应书》云：与奭相迎于良乡之驿舍。

皆东行少北。良乡，幽州之属邑，

　　范成大《良乡》诗自注："良乡，燕之属邑。"《辽志》南京析津府统县十一，良乡其一也。

西南距涿州六十里。

　　王曾、路振、许亢宗三纪及赵彦卫所言御寨行程，里到与括书一致。

自邑东北三十里至中顿，济桑乾水，

　　桑，原误栗，今改正。

水广数百步，燕人谓之卢驹河。

　　卢驹河，今卢沟河，又书作鹿孤、卢孤、芦菰、芦沟。周辉《北辕录》："芦沟河，即卢龙也。燕人呼水为龙，呼黑为卢，亦谓之黑水。河色黑而浊，其急如箭。"括别著《笔谈》卷三十四《杂志一》黑山黑水条言："大抵北方水多黑色。故有卢龙郡。北人谓水为龙，黑为卢，卢龙，即黑水也。"与辉说同。卢沟河实桑干河。《辽志》云燕京有桑干河。刘敞《寄永叔》诗："桑干北风度。"（辑本《公是集》卷十三）苏辙有《渡桑干》诗。欧阳修《奉使契丹道中答刘原父桑干河见寄之作》云；"出君桑干诗。"《方舆胜览》大都路下题咏门引诸家诗，其张邵《自燕归》诗曰："夜涉卢沟河首路，潺湲初喜似江南。"古名湿水，又名清泉河，俗名浑河，今名永定河。详《清一统志》顺天府二山川门永定河项下。

绝水而东，小北三十里至幽州。幽州西南距良乡六十里。馆曰"永平"。

　　永平馆旧名碣石馆，见王曾书。在燕京皇城内右掖千秋门东，见《辽志四》。而路振书作永和馆。

州西距山数十里。

　　山，谓西山也，为太行支脉。参下文"属于西山"句。

自顺州以南，

　　州字原夺，意增。

皆平陆广饶，桑谷沃茂，而幽为大府，襟带八州，

　　《宋朝事实》卷二十《经略幽燕》："幽州四面平川。"苏颂《初过白沟望燕山》诗："青山如壁地如盘，千里耕桑一望宽。"即形容此平陆广饶，桑谷沃茂之局势。前文："山之南乃燕、蓟八州。"八州：幽、蓟、瀛、莫、檀、涿、平、顺，所谓山首八州是也。

提控中会，将家所保也。

　　近年出土《王泽墓志》（泽之子纲所撰述）称燕京析津府"兵戎冠天下之雄，与赋当域中之半"。《金史·梁襄传》："燕都地处雄要，北倚山峻，南压区夏，若坐堂隍，付视庭宇，本地所生，人马勇劲，亡辽虽小，止以得燕，故能控制南北，坐致宋币。燕盖京都之选首也，……居庸、古北、松亭、榆林等关，东西千里，山峻相连，近在都畿，易于据守……"《契丹国志》卷二十二《四京志》：幽州膏腴，蔬、蓏、果、实、稻、粱之类，靡不毕出，而桑、拓、麻、麦、羊、豕、雉、兔，不问可知。……远望数十里间，宛然如带，回环缭绕，形势雄杰，真用武之国也。

自州东北行三十里至望京馆。望京馆西南距幽州三十里。

  王曾书：孙侯馆后改望京馆。《天府广记》卷三十七、《宸垣识略》卷十二并言望京馆在北京城东北五十里孙侯村。

自馆东行少北十里余，出古长城。

  十原作千。古长城，北齐所建。顾炎武《昌平山水记》卷下：顺义县西南三十里有苇沟村，村东临温榆河渡，渡南有长城遗迹。《辽史》：顺州南有齐长城。齐长城，天保中所筑，沈括曰云云。（案：顾引沈括《田抄》，似本之《读史方舆纪要》。）张舜民《长城赋并引》（《画墁集》卷五）："甲戌之岁（案：即景祐九年），予奉诏出使，驰驱王路，行次怀柔之北，得古长城焉。因感而赋之……

又二十里至中顿。

  此中顿约当今孙侯村东北之天竺村。

过顿，逾孙侯河。

  孙侯河，今称孙河，在顺义县西南。沙河、清河合流后，自大兴县金盏村入县境，始名孙河，东南经寨里村，入通州。详《畿辅通志》卷五十八《舆地志十三》山川门之二。

又二十里至顺州。

  顺州治怀柔县，今北京顺义县。

古长城，望之出东北山间，至顺州。乃折而南，至顺州负城西走，

  下顺州句，疑有讹误。

出望京之北，

  刘敞《潞河》诗自注："在长城南。"潞河，温榆河南段。

西南至广信之北二十里。

  广信军即遂城县。

属于西山。

  谓太行山也。

顺州西距望京馆六十里少南，馆曰"怀柔"，城依古长城。

  馆与县同名称。

其地平斥，土厚宜稼。

《乘轺录》：自孙馆北行至顺州三十里，地平。清人汪灏著《随銮纪恩》亦言：顺义县田禾绣错，平削如掌。太行山从河内来，横走数千里，遥拱京师，至是直行。《通鉴》卷二百六十八《后梁纪三》均王乾化三年正月丁巳下胡注引此书，其地作其北。

城北倚涧水为险，

此涧水，即朝里河，入顺义境，乃曰"怀河"。

水之衷数百步。

衷，原讹菜，今改正。

地广多粟，可以积卒，以扼北山之冲。北当洞道而幽州压其后，背势面奇，此谋将之地也。

民国《顺义县志》卷十四《艺文志》艺文类载元梁宜《顺州公廨碑记》：顺州在燕地幽州之域，汉为土垠县。览视州域环关府，地位高亢，形若磨盘然。下则为平田，又数里复隆起，如陟崇岸，谚称为"坎"。上则复平田，四去皆然，"顺"以是得名也。

自州东北数里出古长城，十里济白水。

金初，宗望破郭药师兵四万五千于白河，见《金史》二人传记。《元史·河渠志一》白河有专条。《辽史·地理志四》顺州有白遂河。王曾《行录》作白屿河，路振及陈襄二家书作白絮河。案：白河，古之沽水。白河与潮河汇合处，旧在牛栏山东麓龙王庙，状如燕尾。自明中叶，议者谓顺义县牛栏山而下，白河、潮河二水交会，水势深广，漕舟易达；牛栏山而上，水源既分，支流自弱。密云城西有白河故道，宜于杨家庄地方筑新口，疏通旧道，使白河自城西经流，直至潮河交会，则水势至大，牛栏山至密云，亦可通舟运矣。参《清一统志》顺天府之二山川门及承德府之二山川门、《畿辅通志》卷五十八《舆地志十三》山水门二、高士奇《塞北小钞》、顾氏《昌平山水记》卷下等等。

又十余里至中顿。

153

此中顿，当在今马坊以北、甲山以南某地。
过顿，东行三十余里至檀州，皆车骑之道，平无险阻。

檀州西南距顺州七十里，刘敞《檀州》诗自注：自古北口山至此都尽；但路振书乃谓自顺州东北行八十里，路险，有丘陵。
古密云之区，

顾氏《山水记》卷下："密云县，汉白檀县也。后魏皇始二年，置密云郡，治提携城，领密云、要阳、白檀三县。北齐废密云郡及要阳、白檀二县，入密云县。隋开皇十八年，以密云、燕乐二县置檀州。唐天宝元年，改密云郡；乾元元年，复为檀州。辽为檀州武威军，领密云、行唐二县。"
馆曰"密云"。

馆与县同名。陈襄《语录》："到檀州，宿密云馆。"
城据北山之东，

此北山必当今之惠安山。见民国新修《密云县志》卷首地图。
南北距皆数里。惟衢道北皆北之险，

此句当有舛误。
而顺州策其后。管钥所寄，鹫将之地也。

明万历六年刑部尚书刘应节《新建重城记》："夫密云西拱金陵，与居庸、紫荆相为犄角，北临古北，东控渔阳，西南则为潞河。万艘并下，国计攸关，此要害之地也。"（《密云县志》卷七之一）
自州东北行隘中二十里余至中顿。

此中顿，约在今前八宝庄西南某地（已为密云水库所漫没）。
又二十里余至金沟馆。

今名金勾庄，一名金勾屯。民国新修《密云县志》卷二之三《舆地志》言在县东北四十五里。高士奇《塞北小钞》："金沟屯，古名金沟馆，契丹主常于此过冬。犬户居此。"（案：此本王曾书为说。）士奇并有《金沟屯》诗："金沟仍昔名，旧馆已汗漫。"（金沟屯今亦浸没水库中）

金沟馆西南距檀州五十里。

里到与王曾书同，彭汝砺《宿金钩》诗："绝城三千里，穷村五七家。"同人又有《和国使子欲元韵五首》，其三有句："逢人若问今何许，已过金钩第一山。"（并见《鄱阳集》卷八）

自馆少东北行，乍原乍隰，三十余里至中顿。

高士奇《塞北小钞》：康熙二十二年六月十五日丙戌经金沟屯、石匣营。营西有石如匣。自此东北行，乍原乍隰，十里为腰亭铺，又十里为新开岭。辽时，道出石匣西。此中顿必在今新开岭附近某地。

过顿，屈折北行峡中，济栾水，通三十余里，钩折投山隙以度，所谓古北口也。

顾氏《山水记》卷下：栾水，即今之潮河也。古北口，自唐始名。《唐书》檀州燕乐县有东军、北口二守捉。北口，长城口也。《金史》：古北口，国言留斡岭。唐庄宗之取幽州也，遣刘光浚克古北口。辽太祖之取山南也，先下古北口。金之灭辽，希尹大破辽兵于古北口。其取燕京也，蒲苋败宋兵于古北口。案：《辽志》燕京有古北口。苏辙、刘敞、彭汝砺、王珪、苏颂并有古北口诗多首，王诗有句曰："天险分明限一津。"一津，指潮河言。

古北之险虽可守而南有潮里，平碛百余，

百余下或阙里字，潮里又作朝里或潮鲤，即潮河，或曰"潮河川"。

可以方车连骑，然金钩之南至于古北，皆行峡中，而潮里之水出其间。

汪灏《随銮纪恩》：自超渡庄东北行，平原深隰中，乍升乍降，新溜漫流，随地饮马。自腰亭以往，山势益深，潮河川穿塞而来，左之右之，流不一派。

逾古北而南距中顿，皆奇地。可以匿奸藉势，而南有密云其会冲，此古北之所以为固也。

高氏《小钞》："古北口两崖壁立，中通一车，下有深涧，巨石磊砢，凡四十五里，为险绝之道，亦曰"虎北口"。《行程录》（案：指王曾书）云：'古北口两旁峻崖，中有路，仅容车轨，口北有铺，彀弓连绳，本范阳防阨奚、契丹之所，最为隘束。'"案：古北口关筑于两山合抱处，重门深邃，潮河急湍，横锁关前。出关后，层崖夹峙，一线中穿，河声汹汹，雷轰电激。十余里，山势全合，跨山过岭，如下峻坂。

古北馆南距金沟七十里小东。

里程与路振书合。

自馆北行数里，度峻山之麓，乃循潮里东北行山间，数涉潮里，通三十五里至中顿。

峻山之麓，或谓今马山（标高千零九十六米）之东坡。循行与数涉之潮里，应为潮河之一东北分浣。而中顿必在今之三岔口。（清人文祥《巴林纪程》："出古北口关，即在山沟乱石内行，三十里至三岔口早尖。"）。

过顿，入大山间，委回东北，又二十里登思乡岭。逾岭而降，少东折至新馆。自古北至新馆，山川之气险丽雄峭。路由峡间，诡屈降陟，而潮里之水贯泻清洌，虏境之胜，殆钟于此。

刘敞有《过思乡岭南茂林清溪啼鸟游鱼颇有佳趣》诗云："山下回溪溪上峰，清辉相映几千重。游鱼出没穿青荇，断蟭婉转奔白龙。尽日浮云横暗谷，有时喧鸟语高松。"可谓是沈书风景胜概之工笔细写。自高士奇倡今大十八盘岭即思乡岭之说，诸家著作（如《热河志》、《承德府志》等）无异辞。此驿路当自今巴克什营、火斗山、拉海沟、三道沟、马圈子，过大十八盘岭。近年，在拉海沟至十八盘岭道侧发现辽大康八年九月"通引官"题名石刻一方，当系行旅者所奠立。案：自三岔口以往，青山夹岸，树木参差，鸟雀和鸣，路亦平坦，到十八盘岭而大山当前。十八盘高不过数十里，而纡回曲折，凡十八次，故名。车马行由其上，忽左旋，隐木石中，倏右盘，如出头上。渐高渐远，望之若可梯天，人皆以为险，此天然之南北界限焉。十八盘之胜，在险不在高，凡车载人行者，不难于上而难于下。岭外松杉云表，翠峰如屏。春来夹山桃李梨花，遍开无数；秋深丹枫流火，黄叶满川。山麓又潋底清泉，澄碧可爱，流水淙淙，叮咚悦耳。但汪氏《纪恩》一书，乃疑古北口至两间房之山路为思乡岭，所拟不类。

新馆西南距古北七十里。

过思乡少东折即至。苏颂有《早行新馆道中》诗及《过新馆罕见居人》诗，前诗有句："日上东扶千嶂影，风来空谷万号声。"后诗有句："封城虽长编户少，隔山才见两三家。"适见其在丛山叠岭之间，今以平房（又作平坊）当此新馆。

自馆北行，少西北屈行，复东北二十余里至中顿。

此中顿当在今西瓜园西大地。

其东逾小岭，有歧路，小近而隘，不能容车。

此路从王家沟门进沟，至大北沟复登一小梁，至窑岭小梁。较驿路近三、四里。

过顿，东北十余里，乃复钩折而南，数里至卧如馆。

俗说：卧如馆在喇马洞，又名喇嘛洞，即今兴州东南之营坊村。盖自西瓜园东北行十七八里，中经王家沟小梁至喇嘛洞南沟，入沟三里余为窑岭小梁，西凸于川间，有古建筑遗址。遣址正北为东西流向之兴州河，过河即喇嘛洞。洞有二，其一高十八米，宽六点五米，深十五米，内壁残存凿去卧佛之痕迹，从痕迹观察，卧佛像距洞底二米，长十八米，其二形制略小。西洞之外，砖瓦遍布，当为佛寺遗址。

卧如馆西南距新馆四十里。

里距与王、路两家所记均合。

馆宅川间，中有大水，曰"雷水"，乃故雷之区也。

雷水，必谓今兴州河，金蔡珪有《雷川道中》诗（见《中州集》卷一）苏颂《和仲巽山行》诗："林泉虽胜赏，无奈霤奚间。"又《和仲巽奚山部落》诗："千里封疆蓟霤间。"
绝霤有佛寺，隳崖石以为偃佛，此其所以名馆也。

　　自高士奇倡喇嘛洞为卧如馆以来，后人多从之，其实"馆"与"佛"非一处，一在兴州河南，一在河北，若无沈书，焉可分别？
自馆西行八九里，逾霤水，

　　西，原作而，意改。逾兴州河处，当在今之兴州城。（余案《纪程》："鞍匠屯二十里至小兴州，又五里至大兴州，谓为元故城。城北里许，山麓有元丞相帖木儿纪功碑，俗传李陵碑，非是。"）
入山间，东北逾小岭，

　　自今窑岭小梁出沟，东行八九里，过兴州河，进韭菜沟，经下营子，过小梁，出小窑沟，沿滦河上溯至沿滦河大石地。大石地为其中顿。所过小梁为《图抄》之小岭。又，文祥《纪程》："安匠屯（即鞍匠屯）五十里至金沟屯，早尖。屯西有小岭一道，名小梁子。"小梁或小梁子既为此小岭，而路振书此处多一道路险陡之石子岭；如非错简，则必文祥书之小梁子，而沈氏曰小岭者。
二十余里至中顿。

　　此中顿即上言之滦河沿（西营）大石地。
过顿，济滦水。

　　滦水，今滦河。济河处约为今之滦河沿。
东出，度摸斗岭。

　　王曾书作墨斗岭。路振书作缠斗岭，缠亦墨之舛讹。《武经总要》：北安州有墨斗岭，有滦河。唐于奚人之境置墨斗军，取名于墨斗岭也。旧说以为今之广仁岭，则非矣。阎宣化谓为今之伊逊岭（标高千零八米）或曰"鸽唐沟脑"，则是矣。盖自大石地过滦河，经东营、上店子、登伊逊岭至红旗村之路。仅此一山梁也。
三十五里至柳河馆。

　　柳河馆，约为今红旗村之地。

柳河馆西距卧如馆七十里。

里程与王书同。

自馆循山行十里，下俯大川曰"柳河"。

闵说：柳河，为今之伊逊河，而古称索头水。文祥书："小梁子尖后五里登伊素岭，曲折盘旋，约十余里，下岭，又二十里，渡大河，亦名伊素。是日，宿于红旗营马号公舍。"案：伊素即伊逊异译。红旗营，今称红旗村。《武经总要》言北安州有柳河。又称西北至柳河五十里。刘敞《山暖》诗自注："柳河馆有柳河。"盖自伊逊岭出沟即伊逊河。此河发源于围场县境，南流至滦河镇而汇于滦河。

乃北二十余里至中顿。

苏颂前使辽诗有《和晨发柳河馆憩长源邮舍》，后使辽诗有《发柳河》。（原注：[熙宁十年]十二月二十七日早发柳河，蹉程山路，险滑可惧，因见旧游，宛然如昨。）案：此中顿当即长源邮舍。今起红旗村以东三里房山沟门至冷水头，有二路，其一，自房山沟门沿伊逊河上溯，东北行半砬子东沟，过长岭梁，北折，经哈巴沁，至今隆化县冷水头。而冷水头为此中顿。该路亦即路振经行之路。

过顿，逾度云岭，

《总要》袭王曾书以度云岭为墨斗岭别名，非也。见本著王曾书《疏证》。且讹度为庆。苏颂《和仲巽过度云岭》诗："磴道青冥外，跻攀剧箭飞。朔风增凛冽，寒日减清晖。"前二句言其高，而后二句言其寒，此"度云"之所以得名也。或以今之荞麦梁当之。此山梁路窄陡峭，极高极险。

三十五里至打造馆。

馆原误作岭，今改正。打造馆即打造部落馆，约在今韩麻营一带。

有径路行于巑岏荟翳之间，

巑岏，谓山峰峻峭。荟翳，似当作翳荟，谓草木遮障。

校之驿道，近差十里余。

该近路，必自今冷水头东沟经关地至韩麻营之路。
打造馆西距柳河七十里小北，

　　王书亦云七十里。苏颂《和过打造部落》诗有句："奚夷居落瞰重林，背倚苍崖面曲浔。"又云："曲塍开垦随高下，樵路攀援极险深。"打造馆奚民背山面水，丛莽中营建室家，垦伐田园，亦云艰苦矣。自今红旗村房山沟东北行，经半砬子东沟过长岭梁，折北至冷水头。此等处确有铁矿、铁冶遗迹出现。打造馆在今隆化县韩麻营村后至海代沟门一带。铁冶遗址坐北朝南，后背鸡冠山，前为石洞子川水。远望山峦叠翠，天高地阔，所谓"居落瞰重林"，所谓"背倚苍崖面曲浔"。所谓"曲塍高下"与"樵路攀援"，历历如绘。今其附近有铁匠营村，岂打造馆之遗人乎？
自馆西南行十里余至中顿。

　　王曾书称"东南行"，路振书称"东北行"。实地调查，五十里未过之路但有"东南行"者，路、沈皆误。中顿在今于家店东沟，西北距韩麻营十五里。
顿之西南有大山，上有建石，望之如人，曰"会仙石"。山下大川流水，川间有石，屹然对山，乃筑馆其上，傍有茂木，下湍水，

　　湍水上必夺一字，或为临字。
对峙大山。大山之西有断崖，上耸数百尺，

　　耸，高起，直立。
挺擢如屏，而鸣泉漱其下。使人过此，必置酒其上，遂以为常。

　　《武经总要》言北安州境内有会仙石。陈襄《语录》：往返皆过会仙石，接伴使副前后会饮，酒七琖。苏颂《和题会仙石》诗："双石层棱倚翠巅，相传尝此会群仙。"《华阳集》卷四有《会仙石》诗，云："奉使群材笑拍肩，玉浆春酒已酡然。"《鄱阳集》卷九《雪后会仙庑人置酒》诗云："座见会仙石，径观群玉峰。寒声无近水，迷径旋移松。"苏辙《会仙馆二绝句》云："北嶂南屏恰四周，西山微缺放溪流。胡人置酒留连客，颇识峰峦是胜游。岭上西行双

石人，临溪照水久逡巡。低头似愧南来使，居处虽高已失身。"调查者曰：中顿即今于家店东沟，附近西南山上有二石并蒂屹立，似二人状，今当地群众称为"双石人"。双石人西侧断崖突兀，对岸川间有高八米、周环三十余米之巨石零丁而立。与《图抄》所述情景全然无异。在川间巨石后之东梁口，有零星辽瓦及定瓷残片，当为会仙馆遗址所在。

过顿二十五里，南行至牛山馆。

牛山馆约为今头沟大地。二十五里当是三十五里之误。（打造至会仙十里余，会仙至牛山馆复三十余里，合计乃五十里。）

牛山馆东北距打造馆五十里。

王、路二书里距与此相符。

馆之西南数，

数下有阙文，或是里字。

有大山曰牛山。

《总要》言北安州有牛山。苏颂《和宿牛山馆》诗："夷音通夏楚，汉地楼平营。"言地与营、平二州相接而互通言语也。又七绝："孤村四望百重山"，"且看岩石自烂斑"。言馆在群岭回环中也。《牛山道中》诗自注："耕种甚广，牛羊遍谷，问之，皆汉人佃奚土，甚苦输役之重。"诗曰："农人耕凿遍奚疆，部落连山复枕冈。种粟一收饶地力，开门东向杂边方。田畴高下如棋布，牛马纵横似谷量。赋役百端闲日少，可怜生事甚茫茫。"《发牛山》诗自注："朝发牛山，道路回远，终日南行。至暮，又北趋宿馆。"诗曰："山坂萦纡道阻长，数程行处尚相望。晨装方指南高外，（原注：馆南一峰最高，从人谓之南高山。）宿馆还趋北斗旁……"盖自牛山馆（今头沟大地）西南行终日，抵暮复北折，道路回环，济车河，度松子岭，而后达于鹿儿峡馆。以"牛山"命名之大山，说者以为即今头沟之老牛山。《明实录》洪武三十五年（即建文四年）十一月甲申纪事，遣兵设烟墩候望与屯种，诸屯种处有牛岭。牛岭即牛山。

自馆逾牛山之麓，西南屈折三十里至中顿。

此中顿距老牛河四里，在今北仗子三沟梁。

过顿，复西南数里济车河。

《元史·史天样传》言天祥于丁丑（1217年）夏，"又灭重儿盗众于兴州之车河"。元太常博士李泰撰《宜兴州金谷峪灵峰禅寺碑》称杖锡游方至"宜兴州车河川金谷峪"（见《承德府志》卷五十一《艺文志一》，言此碑在府治二沟讯解家营子，今曰"解营"，在岔沟以北）。车河，今前白河，又名乾白河。《热河志》卷六十九《水志一》言车河源出遵化州边外山中，东流至柳河之南，入滦河。又言滦河东南流，经下板城，至柳河口，柳河自南来会。又车河自西来会之。云云。济河处，当在今承德县（下板城），河之北岸。

又二十余里度松子岭。

陈襄《语录》："二十六日登松子岭，宿鹿峡馆。"庞元英《文昌杂录》："余奉使北辽，至松子岭。"苏颂《和使回过松子岭》诗："石径萦纡甚七盘，披榛策马上烟峦。回头却见临潢境，千里犹如指掌看。"既言其折旋耸拔，又言其居高临下也。得为今之甲山（标高千二百五十五点二米）。

岭东有夷路，回屈数里，

数下疑脱"十"字。

车之所由也。

此路自中顿经北小泉，六沟转东北行至鹿峡馆。

逾岭三所，

所字当为折之误。

至鹿峡馆。

鹿峡馆，闵书定在今六沟以东，面实地调查者谓是今东山嘴荞木沟门。并谓《图抄》自打造馆始至铁浆馆，皆误"北"为"东"，形成九十度转向，彼之所谓西南乃是东南，其所谓东南，又恰为东北。考其道路，自今东山嘴（鹿儿峡馆）经平泉去大名城（中京）

最近车道，全程约二百六十余里，方向为东北行。盖宋人行程此中间凡四程，为二百四十至二百七十里，与实际里程基本一致，当系同一道路。若《图抄》所云，自打造馆至牛山馆、鹿儿峡馆西南行二程，计一百一十里，再东南至铁浆馆行一程九十里，其所至之所谓"鹿峡馆"距中京将近四百里，与实际里程相距甚殊，须六程方可至中京。《图抄》所云，确属方向错误，当依《乘轺录》改"东南行"为"东北行"。鹿峡馆，鹿儿峡馆简称，又名鹿儿馆，以在鹿儿峡得名。《总要》言北安州有鹿儿峡。王珪《戏呈唐卿》诗（《华阳集》卷三）："行到鹿儿山更恶，八千归路可胜劳。"此言其艰险。又："晓磴云浓藏去驿，阴崖冰折断前桥。"此言其高峻。刘敞《朱桥》诗自注："鹿儿馆前句"诗云："朱桥柳映潭，忽见似江南。"（《公是集》卷二十）案：今东山嘴景色，恰便似江南，一如公是诗之描写。苏颂《和宿鹿儿馆》诗云"朔人射猎取麋麐"，云"鸣角秋山少闲日"，则山之得名，正以多獐鹿而便于呼引射取也。又同人《同事阁使见问奚国山水何如江乡以诗答之》诗云"奚疆山水比东吴"，云"万壑千岩南地有"，云"因嗟好景当边国"，则似江南之奚国山水，实即此鹿儿峡风光而为刘、王、苏所赞美者。又《神山》诗自注："在鹿儿峡北。"诗云："林立众峰俱到天，传闻此地有神仙。"是鹿儿峡与神山紧相连接之证。案：《热河志》卷六十六《山志一》："拜察山，汉名神山，辽泽州有神山。"《元一统志》："神山在惠州西南十三里，东西长十里，南北广八里。"《金志》言北京路大定府有神山县，即辽泽州神山县。章宗承安二年尝置惠州，云云。《元志》亦云大宁路有惠州。元并于惠州立有神山站。今平泉县西南有会州城，会州城西南十三里确有山，曰大黑山（标高千一百零三点五米），是大黑山即神山也。会州城即金、元惠州而辽泽州。而大黑山西南约二十里为甲山梁，甲山梁西南又数里即甲山（标高千二百五十五点二米）。余谓：甲山梁，必鹿儿峡，或曰鹿峡者也。与调查者互异其说。明初，常遇春追元兵，出遵化，度鹿儿岭，至会州，即此。又称路儿岭。《元史·顺帝纪》至正二十四年四月甲辰，皇太子"东走古北口趋兴、松。乙巳，秃坚帖木儿兵至清河列营。……辛亥，秃坚帖木儿军还。皇太子至路儿岭，诏追及之，还宫"。

鹿峡馆东北距牛山馆六十里。

路书亦云东北行六十里，王书但曰八十里而不明方向。

自馆东南行数里，度痺岭，

此痺岭，得为今祥云岭。

又四十里至中顿。

此中顿，约在今东庄。

过顿，又东南数里逾小山。

此小山，得为今凤凰岭。

复三十里至路口村，有歧路，西南出幽州。

此路口村，必今平泉县西坝之岔路口。由平泉此岔路口西南经南岭，通往宽城、喜峰口，经遵化以达北京，旧有此歧路古道。《呻吟语》记徽、钦二帝北徙，靖康二年九月十三日出燕山东门，过石门，至景州（即遵化县），上卢龙岭（即燕山东脉），渡滦撒河（即滦河之一支流撒河）、泽河（即瀑河，以泽州在瀑河西侧，故又以泽河为名），过大漠（平泉以北之沙碛），十月十八日抵中京。计程九百五十里。所行，即谓此歧路焉。李攸《宋朝事实》叙宋、辽交兵，攻伐往来进犯之路，一自松亭关口、白淀口，亦谓此歧路焉。《武经总要》于松亭关下称：自幽州东趋营、平，路甚平坦，自古匈奴犯边，多由此路。幽州东北四百八十里，北趋泽州路，至东京四百五十里。此计程五百三十里，仍谓该歧路焉。

自幽州由歧路出松亭关，走中京五百里。循路稍有聚落，乃狄人常由之道，今驿回屈几千里，

驿下或脱路字，或脱道字。

不欲使人出夷路，又以示疆域之险远。

> 周辉《清波杂志》卷十：至和三年（当作二年），刘原父敞使契丹，檀州守将李翰劳其行役。刘云：跋涉不辞，但山路迂曲，自过长兴，却西北行，六程到柳河，方稍南行，意甚不快。又云：闻有直路，自松亭关往中京，才十余程，自柳河才二百余里。翰笑曰：尽如所示，乃初踏逐，修馆舍已定，至今迂曲。考敞所作《铁浆馆》诗："稍出卢龙塞，回看万壑青。旷原关碛口，别道入松亭。"自注："此馆以南属奚，山溪深险；以北属契丹，稍平衍，渐近碛矣。别一道自松亭关入幽州，甚径易，故虏常秘不欲汉使知。"又《十二月二十七日宿柳河闻永叔是日宿松山作七言寄之》诗注："自柳河直路趋松山，不过三百里，然虏讳不肯言，汉使常自东道，更自隰长兴，折行西北，屈曲千余里，乃与直路合，自此稍西南，出古北口。"检沈书，自北回南，长兴到柳河，适合六程，与《杂志》合。《杂志》复载："范中济（子奇）出使，虏道使者由纡路，以示广远。"所言"示广远"，即沈书"示疆域之险远"，亦即表示疆域之广阔与远长耳。

过路口村东北行，十里至铁浆馆。

> 铁浆馆，约在今洼子店。而调查者谓在今平泉街东北罗杖子，地势开阔，与刘敞诗"旷原关碛口"，及诗注谓此馆"稍平衍，渐近碛"，形势相符。

铁浆馆西北距鹿峡九十里。

> 九十里原作三十里，据王书改正。路书云，两者相距八十里。

自馆东北行，二十余里逾瘴岭，

> 此瘴岭，必即王书之石子岭，得为今乌呼玛梁，又称乌勒呼玛梁。

乃尔数里至中顿。

> "里至"二字，据文义补。此中顿在今梁家营子附近。

过顿，东行山间之川二十五里，

> 山间之川，谓瀑河北源，老哈河南源中间之平川地。此地川原

平旷，水流平稳，白沙漫漫。宋范镇《行富谷道中》诗："路回山徒转，沙漫水平流。"正谓此也。调畫者云"东行"又为"北行"之误，下句"小北"又为"小西"之误。

折而小北，五里至富谷馆。

富谷馆，约为今平房（老哈河东）西北之高家沟（老哈河西）附近甸子公社黑城大队古城址，于西汉为右北平郡治之平刚县，辽建劝农县，元为富谷站（或富峪站），明初为富峪卫、富峪城，李文信《西汉右北平郡治平刚考》（《辽宁省考古博物馆学会成立大会会刊》100页），论证甚详尽。

富谷馆西南距铁浆馆六十里。

王云七十里，路云八十里。苏颂有《和富谷馆书事》诗。

自馆东北行四十里至中顿。

此中顿，约在今甸子公社一带。

过顿，稍东出，又三十里至长兴馆，皆行山间。

长兴馆即通天馆，遗址在八里罕甸子（此八里罕甸子乃今之黑城古城，非今之八里罕甸子）。

长兴馆西距富谷馆七十里。

它书并云八十里。

依北山之迤，循虎河。

《元一统志》言：虎河发源武平县西南六十里葫芦山，流经县之霸州铺，合于遥剌河。案：武平县，今内蒙古敖汉旗（新惠村）东六十里白塔子。遥剌河，今教来河。虎河，必今白塔子河无疑。《志》又言：涂河即今土河，又名老河。据此，循虎河必循老河之讹。

逶迤正东至中京。

中京，府曰"大定"，遗址在老河北岸大明城（大明，乃大宁之讹，元、明以改大定为大宁）。

中京西距长兴馆二十里少南，

路书三十里，王书及宋绶《行程录》并云二十里。
城周十余里，有厘间宫室，
　　《热河志》卷九十七《古迹志一》，大宁故城城周二十里，南北四门，东西二门。路书：幅员三十里。"十余"上疑有脱漏。厘，廛之异体。
其民皆燕、奚、渤海之人。
　　路书：契丹国（即中京）奚、汉民杂居者众。
由其东南曰"中和门"，
　　不详。
循城以北，至城之隅。
　　隅，原讹喁，今订正。
乃稍东北行。其东一路岐出，
　　岐为歧之或体。下同。
逾陇走靴淀。
　　靴淀，或作鞋甸，但名称不著录于《辽史》，可怪也。王珪有《靴淀除夕之会呈王原叔给事燕唐卿谏议》诗（见《华阳集》卷三）。毕仲游《送范德孺使辽》诗有句云："黄沙行尽到靴淀，新年下马单于庭。"（《永乐大典》卷五千二百四十四引《毕西台先生集》）《公是集》卷五十一《王开府行状》："至和元年充三司使，充回谢北朝国信使，见敌主于混同江，使还，除宣徽北院使。言者以公是行，遇正旦使宋选于靴淀，选与敌使争，不直，公实与会，即改端明殿学士，知永兴军。"案：开府名谨，字拱寿。至和元年即重熙二十四年。《兴宗纪三》记此年正月癸亥，如混同江。二月癸巳，如长春河。长春河乃挞鲁河改名，其旁有鱼儿泺。或靴淀即鱼儿泺别称。以其形似耳。挞鲁河，今洮儿河。鱼儿泺，今洮安县东北之黄花稍泊。
又三十里余至中顿。
　　此中顿约当今喇嘛营子一带。

又十里余，路曲，走西北，逾十里济三肤河，

路曲之处约当今和硕金营子一带。然后西北走十里过坤兑河，则坤兑河为三肤河无疑也。

至临都馆，皆平川。

临都馆约当今坤兑河北之西桥。

经小坂，自路曲东出七、八里，望之可见，曰"恩州"。

恩州遗址为今西桥以东之土城子（在乃林镇西南二十里）。恩州属大定府，治恩化县，金天眷二年废州及县，降为恩化镇，改隶大定县，并以其故城为传舍。熊自得《析津志》天下站名：大宁八十里正北方恩州。而《武经总要》称恩州南至中京六十里。

临都馆南距中京七十里小西。

薛映等人《行程录》言中京正北八十里至临都馆。八十里之说与《析津志》同，而异于此书及《总要》。古少、小通用，小西，即少西。下文小平，即少平。

自馆稍西北行，路小平，二十里至中顿毡庐。

此中顿约当今下店一带。自此始而民皆游牧，故设毡庐顿馆。

过顿，乃登马疲岭。

马疲岭必今之楼子店山（在楼子店西南）。

岭不甚峻。

甚，原误堪，今改正。楼子店山标高八百三十二米。

度岭，行坂间二十里至崇信馆。

"至"字意补，原阙。薛映、陈襄两家所记，先官窑（或"锅窑"）、松山两馆而后崇信馆（或"崇信毡帐"），此先崇信而后松山，且无官窑馆而有麀驼毡帐，今两存之。沈书之崇信馆，核其道里，则必今之楼子店地方。

崇信馆南距临都馆四十里小东。

薛《录》乃云临都馆又四十里至官窑馆。则彼之官窑，即此之崇信也。

自馆稍西北行,逾原坂数叠,北三十里至中顿。

此中顿约当今唐房营子一带。

过顿,又历行坂间十余里,乃平陆。

此平陆必为今三眼井(或崔家窝铺)一带之平川地。

又十余里,过阴凉河,

欧氏《五代史·四夷附录三·奚传》:"当唐之末,居阴凉川。"《辽志一》上京道临潢府下有阴凉河。《天祚纪五》天庆七年九月:"上自燕至阴凉河,置怨军八营。"《金志》上置阴凉河于北京路大定、松山两县下。《元一统志》谓阴凉河在松州南四十里,发源兴州界女岭,经由州境,与高州涂河合。至元二十四年《重修上都路松州南阴凉河川狮子崖龙泉寺常住山村地土周围四至碑》尚存于世。(龙泉寺位于昭乌达盟喀喇沁旗公爷府镇西北约六里山中. 见《文物参考资料》1957年12期李逸友撰文。)锡伯河先与骆马河合而后再合于老哈河,今锡伯河即古阴凉河。

至松山馆。

辽有松山州,金降为松山县,旧名小乌朱穆沁废城址,在今赤峰市之城子乡(参《热河志》卷十六《沿革志六》及卷九十七《古迹志一》)。松山馆当因松山州得名。刘敞有《宿柳河永叔是日宿松山》诗。金赵秉文有《松山道中》诗,载《滏水文集》卷六。

河自西来,广度百步;河之流才二十许步,至馆东,迎小石山,

盖彼时行程,当在今赤峰西南之黄土梁子渡锡伯河,过河至松山馆,则馆在赤峰市以西之龙王庙一带无疑矣。而馆东迎河所见之小石山,舍今赤峰市所以命名之赤峰山(即乌兰哈达,标高七百四十二米)莫属。

乃折而北,与骆马河会。

骆马河,名见《金志》上北京路大定府松山、三韩二县下,骆作落。旧说,即今伯尔克河(或作白尔格河),误,实系今英金河(兼有其上游之舍路戞河)。

松山馆东南距崇信馆六十里。

　　薛映《行录》官窑馆七十里至松山馆。

自馆稍西北行十许里，乃东折，济骆马河。

　　东折济河处，当今衣家营子以东可涉之地。

河广数丈，东南与阴凉河会。

　　今英金河与锡伯河相汇处在赤峰市西北。

逾河，东北二十里至中顿。

　　此中顿约当今昭苏河西豆芽子沟（或其西南之吐十土）一带。

顿西有歧路，西北走饶州、

　　饶州，《辽志》属临潢府，言为唐饶乐府地，太祖完葺故垒而成。饶乐，取水名，即潢河，今西拉木伦河（详下）。薛映《行录》明确饶州在潢水石桥旁。《武经总要》亦言饶州在潢水北，饶州故城已在西拉木伦河北岸台地上发现，属于小城子公社西樱桃沟大队。古城址南距西拉木伦仅二百五十四米，北靠群山，东距巴林桥约三十五公里，由古城西行三十公里，即达克什克腾旗（景峰）境内之西拉木伦石桥。城址西南方约三百米，有残石经幢一座，题"大安七年闰八月十日殿前（中缺）饶州安民县主簿兼知县尉太（下缺）"。饶州下辖三县，安民其一也。三县皆当与州同一治所（参《考古》1980年第6期《辽饶州故城调查记》一文）。

庆云岭。

　　庆云岭，即庆云山。《辽志》庆州下称：庆云山，本黑岭也。黑岭，本书曰"黑山"（详下文）。庆云山，以圣宗庆陵所在而得名（见《兴宗纪一》景福元年十一月丙申纪事），又曰"永安山"。

逾济罔子河。

　　"逾"下当脱一"顿"字。

河之广度五步，诘曲蛇行，西南与骆马会。

　　《辽志》临潢府下有辋子河。《天祚纪二》记天庆七年九月丁酉猎辋子山（《游幸表》同，《表》于应历三年六月，复暑障鹰于辋山之地。辋山疑即辋子山之略）。如山字非河字之误，则山必在河之一侧。今昭苏河自西北来，东南流，于赤峰东北入英金河。是昭苏河即罔子河（或辋子河）。

又三十余里至麂驼帐。皆平川。

麂原讹鹿，今改。下麂字亦改。麂与麅同。刘敞有《麂子岭帐馆寄隐直》诗，（《公是集》卷二十四），又有《宿麂子岭穹庐中》诗，自注："此岭无水，往来驿人常担水自随也。"（同书卷二十八）麂子岭帐或麂子岭穹庐，自是麂驼帐。《游幸表》记重熙七年九月，射鹿于麂子岭。

帐以毡为之，前设青布拂庐。

原注："其地毡帐类此。"案：拂庐本谓吐蕃赞普及贵族所居之大毡帐，可容数百人。平民所居者称小拂庐。见《旧唐书·吐蕃传》及马鉴《续事始》拂庐帐条。杜甫《送杨六判官西藩》诗："草肥蕃马健，雪重拂庐干。"（《草堂诗笺》卷十）拂庐，藏语 phrug 之音译，今译"氆氇"。

麂驼毡帐西南距阴凉河七十里。

麂驼帐位置略与今四道沟梁相当。由豆芽子沟（或吐十土）到四道沟梁，乃平地，而西南距锡伯河，又适为七十里。

自馆东北逾山，数里得平川。

所逾之山，得为今四道沟渠以北一段山路（标高九百五十九米），而该平川则当今阳草沟门以南之地。

又二十余里至中顿。

此中顿约当今之桥头（或其稍西之南湾子），在羊肠子河南岸。

顿傍苍耳河，河广三丈，东流。

苍耳河，名见《辽志》临潢府下。为今羊肠子河（又作杨子河或杨张河），东流，乃入老哈河也。

过顿，陡坂衍十余叠，三十余里至新店。

自桥头三十余里到张家店（在大营子以东）。张家店当此新店。

又行坂间，三十里至广宁馆。

　　广宁馆，约当今沟台地方（或山咀子）。
广宁馆南距麃驼帐九十里少西。

　　薛映《行录》言崇信馆九十里至广宁馆。此以麃驼帐为崇信馆（详前文）。
自馆东北行，五里至澄州。

　　至字亦以意补，原阙。
路由西门之外。

　　如文句无误，则言驿路循澄州西门外行。
州有土垣，崇六、七尺，广度一里，其中半空，有民家一、二百，屋多泥墁，间有瓦覆者，旧曰"丰州"。

　　曰原作日。陈襄《语录》："至广宁馆，过小城之西，居民仅二百家。萧好古云：'此丰州也。'"《辽志》言丰州为头下军州之一，列于上京道下。
州将率其部落和扣河西内附，

　　此句有讹误。和疑为私之误。
诏置丰州以处之。自尔改今名。

　　尔，原作介，今改正。丰州改澄州，唯见此书。丰州入金为全州，其所治名安丰县。《金志》安丰县下注："承安元年十月，改丰州铺为安丰县，隶临潢府。二年，置全州盘安军节度使治。"元初仍旧制，大德元年升全宁府，七年，又升为路，遗址即今翁牛特旗所在地乌丹城，今城内关帝庙内尚有泰定二年六月二日立《全宁路新建儒学记碑》。碑称大德元年城全宁，全宁析卢川封畛而郡。卢川，据《金志》承安二年改黑河铺为县，先隶全州，后属临潢。则全州曾废而并于卢川，大德元年复为郡也。盖自今沟台东北五里，适当西山村以东之地，由此复东北行十二、三里，乃乌丹城。西山村即沈记之澄州路口无疑也。
又十五里至中顿。

此中顿约当今北大庙之西北。
过顿，行原坂间三十里至会星馆。
此原坂间，应是今头道帐房左近之山（标高千零二十六米）至疙疸凹甫以北之山（标高八百四十六米）中间地。会星馆乃今乃林沟（或其附近之色乌苏）。
会星馆南距广宁馆五十里。
陈襄《语录》云两者相距六十里，并言中间经沙陁。薛映《行录》言广宁馆五十里至姚家寨馆。是姚家寨馆即会星馆。刘敞有《姚家寨道中逢李谏议》诗（李名审言）。
自馆北行山间，登降曲折，二十里至大山之颠为中顿。
登降曲折二十里之大山，应即今五布拉湾西北之山（标高八百六十三米），而中顿设于山上。
行原薮间，三十里至咸熙帐。
此三十里原薮，必自今五布拉湾西北之山起经东山、康家泡子而至东、西塔拉一段之高地。"塔拉"，蒙右语，高原也。西塔拉，则系咸熙帐之所在。
咸熙毡帐东距会星馆七十里小南。
薛映书言姚家寨五十里至咸宁馆。宁与熙同义。陈襄书曰咸熙毡馆，襄又有《使还咸熙馆道中》诗。
自馆西行，稍西北过大碛，
此大碛尚可于今西塔拉经孤山子以西之处见之。
二十余里至黄河。
黄河，即潢河。《旧唐书·契丹传》、《金史·太祖纪》及《地理志》安丰县下即作黄河。
迎河行数里，乃乘桥，济河至中顿。
此中顿必在今巴林废桥（详下）之北，过桥即是。
河广数百步，今其流广度数丈而已。俯中顿有潬。
潬，古滩字。潬，沙堵也。

173

浑南沙涸，浑北流广四丈。岸皆密石，峻立如壁，长数十步，虽回屈数折而广狭如一，疑若人力为之。河出硖中，有声如雷，桁沟以桥。

桁，通航，浮桥也。

狄人言此大河之别派。

大河，谓黄河。

以臣度之，大不然，大河距此已数千里；千里之水，不应如是之微，凡雨暴至，辄涨溢，不终日而复涸，此其源不远，势可见也。以臣考之，乃古所谓潢水也，虏人不知，谬为大河耳。

两《唐书·契丹传》作潢水，而《新唐书·地理志七》引贾耽《道理记》及《太平寰宇记》等作湟水。距饶州故城西南方三百米处，现代公路桥西侧南岸河滩内，有乱石堆积，乱石北侧有桥桩木两根，露于水面而深埋地下。修建公路桥时，曾出土原木两根，其一根横断面为梯形，残长一米余，其上凿有卯眼，长方形，长二十六、宽十三、深四十厘米，疑即古潢河河桥遗迹。（《巴林纪程》：色拉木伦［即西拉木伦］水面甚宽，独近桥处，仅二丈余。水与桥平，桥下之水深至十余丈。据土人云：夏间盛涨，上下游水均泛溢出岸，惟桥下宽深如故，传为神异。岸北有碑亭，碑兼满、蒙文镌志。桥建自顺治十四年，系多慧公主所修，康熙年圣驾北巡，始命载入志书。云云。此记今巴林桥景况。古桥两壁峻峭，激湍奔流，声若雷轰，不弱于今日之形势［参鸟居龙藏《东蒙古纪行》一书及上引《考古》一文］。）

过中顿，循河东南行，又二十余里乃北行，稍稍西北十许里，复正北，又三十里至保和馆，皆行碛。

下文言黑水东出保和帐之北。碛下当脱一"中"或"间"字。

其曲折如此者，趋河桥与避大山之阻也。

依是说，趋河桥与避大山之阻而经行数十里者，比勘今地图，则保和馆当在今巴林右旗所在地大坂镇东南之少冷地方。所避之大山，或即今之白音罕山（标高千二百五十米）。盖过中顿以后，循潢河北岸东南行二十余里，乃曲折北行。薛《录》咸宁（即咸熙）馆三十里度潢水石桥，而沈《记》则咸熙至黄河桥亦近三十里。
保和馆西南距咸熙馆九十里。

薛《录》：保和馆度黑水河。黑水河，即下文之黑水。
自馆北行数里，有路北出走上京。

北出走上京之路，即薛映、宋绶等人所行之路。上京遗址即今巴林左旗所在地林东镇南之波罗城。
稍西又数里，济黑水，水广百余步。

《辽志》临潢府庆州下有黑河。《梦溪笔谈》："有水出庆州下，所谓黑水也。"黑水或黑河，今查干木伦河，旧曰"喀喇木伦河"（参《清一统志》卷五百三十六巴林部下）。
绝水有百余家，墁瓦屋相半，

墁上当脱泥字。
筑垣周之，曰"黑河州"。

《辽志》有黑河州重建而为庆州之说，据《图抄》乃知其误（《武经总要》亦有此误）。黑河州。约当今大坂东南高根肖隆地方。
过州西北行十余里，复东北行，出大山之东，

此十余里所到之处，即今之大坂镇。而东北行所出之大山，则今马生他拉东北之山（标高八百九十五米）。
又三十余里至中顿。

此中顿约当今那大坂那里爱里。
顿西数里，大山之颠有废垒，曰"燕王城"。

燕王城废垒或在今王拐山（标高千零四十八米）之顶。颠，山之顶也。《辽志》言太祖伯父于越王述鲁西伐党项、吐浑而建越王城，然误在祖州东南二十里，可据以校正其失。燕王城应是越王城之讹。
逾顿，西北三十里余至牛山帐，皆平川。

牛山帐约当今额勒登他巴嘎西北之地。沈《记》所行之路，为两山中间平川地，与今地势正相合。
牛山毡帐南距保和馆九十里。
《游幸表》开泰四年四月、重熙元年九月皆有猎于牛山之文。牛山毡帐当因牛山得名。此又一牛山也。
自帐西行，稍稍西北，
　　下稍字疑衍。
甫三十里，乃复北至中顿。
　　此中顿约当今白音沙都以南之地。
过顿，北二十余里，
　　北字上下有阙文。
稍西北，又十里余逾山，
　　所逾之山，或为今标高千二百四十四米之无名山。
复东北行十里余，回走东，甫一里至锅窑帐。
　　薛映及陈襄所记锅窑馆或官窑馆，在中京路临都馆以北而松山馆以南，与此大异（详前）。孰是孰非，末易剖别辨明。此锅窑帐应在今头道湾子以东之诺尔提茨库乌拉（标高千零九米）山间。
锅窑毡帐南距牛山帐八十里少东。
　　依前所述，实不足八十里。
自帐稍西北行平川间二十余里，涉沙碛，乃行碛间十余里至中顿。
　　此中顿约当今阿尔把鄂博以北之地。
过顿，西北二十里，
　　以意补顿字，原阙。
复逾沙碛十余叠，乃转趋东北，道西一里许庆州。
　　庆州，辽属上京道，而金属北京路。其名历元、明而不废；其城，清代曰"插汉城"（见《清一统志》卷三十四及卷五百三十六，皆言庆州故城在巴林右旗西北一百三十里喀喇木伦河旁，周五里余，黑山在其东北三十里许），又谓之庆州浩特（见鸟居龙藏《辽文化探索》百六十五页），今属巴林右旗之白塔子镇。
塔庙廛庐，略似燕中。
　　今耸然犹立之白塔子（镇以此得名），未悉即括所见之塔否？燕，燕京。
过庆州东北十里，经黑水镇，
　　黑水镇约当今白塔子庙东北之霍硕漫汉爱里。
济黑河，至大河帐。
　　大河帐在今查干木伦河以东戴家营子附近。
帐之东南有大山，曰"黑山"，黑水之所出也。
　　《辽志》庆州下有黑山，又言庆云山本黑岭。黑山、黑岭所指为一山，即今汗山（标高千九百三十来），为查干木伦之所出。张舜民《使辽录》："北狄黑山如中国之岱宗，云人死魂魄皆归此山，非祭不敢进山。"
水走西南百余里，复东出保和帐之北大山之间。
　　如保和帐在今大坂东南少冷地方，则其北之大山必今独石以东以西之两山。
大河毡帐东南距锅窑帐七十里。
　　河原作和，意改。
自帐复度黑水，乃东北出两山之间。
　　两山，其一即今标高千零八十四来之无名山，另一为标高千零七十米之无名山。
平川四十里至中顿。
　　此中顿在今刘玉林营子以北十里之地。
又东北五、六里，乃折西北逾窦都岭。
　　窦都岭，为今乌兰卡与埃兰卡之间标高千九百四十九米之无名山。
岭间行十余里，复北行原阜间，又十余里牛心山帐。
　　牛心山帐上或有至字。牛心山帐应是今久路信乌苏河南鄂博处

（在格尔波尔其鄂博东南）。

牛心山毡帐西南距里河帐八十里。

　　里河不可解。里疑黑之误。黑河帐又必前文大河帐之异名，或大河帐乃黑河帐之讹书。刘敞有《黑河馆连日大风》诗（《公是集》卷九）。黑河馆即黑河帐。

自帐东北逾山，

　　所逾之山为今尔根卡所在之山（标高千五百二十八米）。

乃东行二十余里，又北十里至中顿。

　　此中顿当在今标高千三百三十一米之无名山之东坡上。

过顿，北行稍东，三十里至新添帐。

　　新添帐当在今彦吉嘎庙西北。新添帐，言旧无此馆舍。

帐之东南有土山，痹迤盘折，木植甚茂，所谓永安山也。

　　永安山，实彦吉嘎庙东南之小山（标高千零四十一米），说详前文。

新添毡帐西南距牛心山帐六十里。自帐东北行，三十里至中顿。

　　此中领约当今标高千二百米之无名山东南某地。

过顿，北十里余度陇，

　　所度之陇为今标高千四百三十七米之山西侧。

复西北数里至顿程帐。

　　顿程帐，言其本为中顿途程所设之临时行帐，非固定处所也。此顿程帐必立于今标高千二百十三米之无名山东坡上。顿程帐东南距新添帐六十里。帐西北又二十里至单于庭。

　　辽主衙庭此时在犊儿山。

有屋，单于之朝寝、萧后之朝寝凡三，

　　萧后，原倒作后萧。今乙正。下寝字原阙，依文义补。有屋，言帝、后之朝寝在室屋中。

其余皆毡庐，不过数十，悉东向。

　　《四夷附录》："契丹好鬼，而贵日，每月朔日，东向而拜日。

其大会聚，视国事，皆以东向为尊。四楼（《通鉴》卷二百七十《后梁纪五》均王贞明三年八月庚子纪事胡三省注引欧史《四夷附录》四楼作西楼，是也）门屋皆东向。"《语解》："祭东，国俗，凡祭皆东向，故曰'祭东'。"薛映《行程录》云上京子城承天门内有昭德、宣政二殿，皆东向。其毡庐亦皆东向。前引苏颂《牛山道中》诗有句："开门东向杂夷方。"

庭以松干表其前，

　　松干，松之茎。表，望表，立木以为表，表其位也。

一人持牌立松干之间，曰閤门；

　　閤原作阁，今改正。閤门，谓閤门使。

其东向六、七帐，曰"中书"、

　　中书，谓中书省。

枢密院、客省。

　　客省及其官，见《百官志三》。

又东毡庐一，旁驻毡车六，前植纛，曰"太庙"，

　　《圣宗纪一》统和元年六月辛卯，有事于太庙。亦辽有太庙之证。

皆草莽之中。

　　言虽閤门、中书省、枢密院、客省、太庙并处草莽之中。

东数里有潦涧。涧东原隰十余里，其西与北，皆山也。其北山，庭之所依者，曰"犊儿"。

　　犊儿山，适当今之奥兰哈达山。山南之地，乃契丹主母子衙庭依傍处。此处以东确有小溪环绕，名保尔斯亭河，不期古今地理，切合如此。奥兰哈达，其义为"红峰"。《辽志》庆州下有赤山。岂赤山与犊儿为一山耶？一言其颜色，一言其形状。又彦古戞庙西南有乌兰哈塔山，亦译"红峰"也，或者此乃《辽志》之赤山。犊儿山，前有说。

过犊儿北十余里，曰"市场"，小民之为市者，以车从之于山间。

（贾敬颜疏证）

出口程记

（清）李调元

乾隆四十六年辛丑四月初三日酉刻，接制军檄委熟审热河所属之承德府七州县本年秋谳。窃惟热河旗民交处，地方辽阔，周环二千五百余里，向未设有州县，惟置理事同知、通判，管辖。乾隆四十三年，奉旨改六厅为六州县，改热河同知为承德府知府以统之。其六厅，一曰"喀喇河屯"，今改滦平县；一曰"八沟"，今改平泉州；一曰"塔子沟"，今改建昌县；一曰"三座塔"，今改朝阳县；一曰"乌兰哈达"，今改赤峰县；一曰"四旗厅"，即土城子，今改丰宁县。向例，各道秋谳俱解省审勘，热河所属以途远，解囚为难，每年由臬司详请邻近口北道，亲诣各州县审录。已委永观察保以避嫌，委霸昌祥观察鼐，又以护送兵差改，委通永道代之。秋审大典覆勘者，所以慎重民命，恐有冤抑。而六州县山川风俗，向所未经，非因公不易至其地。用是夙夜匪懈，不遑安息，秋谳之余，所有道里风土，随日记载，亦观俗之一端也。

初四日，自通州发，五十里渡白河，至顺义县食。县古范阳地，二十里至牛拦山，宿元圣宫。宫向称华整，先大夫为北路厅同知，署密云县，时余来往省亲所宿之地，今不戒于火，庙栋摧残，而花木如故也。

初五日，二十里至螺山，三十里至密云县食。密云古檀州地，即汉魏之乌桓，明为重镇，设提督军门驻之。城东八蜡庙，有戚继光燕山纪功碑，形如八卦，侍郎王道昆撰文。东潮河、西白河二水来会。潮河源出口外兴州，白河由土城之西发源。是日，县令李崧

（湖南举人），偕前令吕奎曜（四川人，候选于此）为言密云城为予先大夫监筑，崇墉仡如，而遗民半非矣。为之潸然。二十里至穆家谷，向在铨部，与同司文选员外铁冶亭、主事景李门宿此作诗，余有"数家临水住，一鸟下溪行"之句。二十里至九松山，山多松，故名。山下有庙，颇整洁可憩。壁上有崔大司寇应阶诗。二十里至石匣宿。石匣以城北有石如匣故名，古金沟馆也。

初六日，二十里至南涧河，山溪逼狭，乱石峭倚，似栈道中行。十里至南天门，北望边墙缭绕峰巅，南对诸山皆如培塿。十里至古北口食。万山巉巉，中通一线，形胜甲天下。提督军门驻此，重镇也。四十里，至两间房，偶憩观音庵，题诗于壁。三十里，至青石梁。凡口外呼岭皆曰"梁"。沿岩诘曲大石垂颡。历十余盘，始臻绝顶，山下即马圈子。十里，至长山谷宿。两山多树，是日闻有虎食驴事，为之戒心。

初七日，二十里，至三道梁。二十里，至王家营食。自古北口外，皆新设滦平县所管之地。十二里，至鬼子谷。十八里，至滦平县宿。县旧名喀喇河屯，译汉言滦水平处也。县令瑚嵩额，旗人，由易州通判调任。滦水发源于千里外之弓家鸟，经多伦诺尔流入滦州，以归于海。诸峰至此稍平坦矣。形胜清秀，宛然县治，沿河杨柳依依向人。是日，始见燕子，桃花初开。

初八日，十里，过双塔山，石笋对峙，高三丈余，卓立山顶，天生二浮图也。十里，至三岔口。十里，至广仁岭。十里，至承德府，即热河也。皇上每年巡幸木兰所驻跸之地。遥望山庄园林祥云葱郁。是日，食府署，太守名当保，予故人也。剧谈久之，送至河干别去。过热河，望磬椎山，上丰下锐，石形如之，故名。东行二十里，至平台子寺，后有夹墙山，壁立天半，如屏风，中二层，可通人行，故名。内有鸽子洞，深广丈余，闻野鸽常数千百巢于此。五里，度红石喇梁，坡陀宛转直入云中，回望古北口，众山都如土簋，岭上有关帝庙，庙中古松一株，虬蟠阴森，甚可爱。为坐其下，久之，廊间有碑文甚俚云。此去永平府迁安县之喜峰口，不过百余里，便可进口。下岭五里，望见天桥山，形如横琴，亘长数十丈，中空露天，宛然虹梁也。三十里，至黄土梁宿。是日，桃李杂花开遍山谷，闻读书声出芦帘泥壁间，琅琅可听。按：四十三年于新设州县，添学额各四名，府学六名，甫经立学，而口外编氓已臻臻向化，不负圣天子作育至意。如此。益见我朝文教之远也。

初九日，三十里，西柳沟食，是日寒甚。三十里，东柳沟。三十五里至凤凰山。二十五里，平泉州，宿平泉书院，州旧名八沟，两山退分，翠嶂东横。上通锦州，下通喜峰口。街长十六里，瓦屋鳞次，商贾辐辏，人烟稠密，口外最繁华处也。

初十日，平泉州接署中包封，批回。始发自过热河，皆由东行，至此始转而之北。三十里，大庙食。二十里，杨树梁如见蒙古营，名三十家子，门墙各以小旗标之，旗上有蒙古字，为吗弥杆以奉佛法，甚谨。故家家有之。"家子"云者，如部落之称。四十里，至北宫宿。平泉在州治之南十余步，其泉终年不增不减，故曰"平泉"。旁有碑刻"平泉"二字，是日申刻大雨。

十一日，晴。三十里至双庙食。居民三五家，店壁有通州粮船图题一绝句。三十里，至宋家庄，村庙有演剧者。三十里，至建昌县，宿于书院，规模甚宏敞，县旧名塔子沟，县后双峰峭拱，中岭凹伏，烟云缭绕，仿佛书图，街市修整，颇称华富。

十二日，大风。复向北行，四十五里，至王胡子店食。四十五里，至公营子，南有小山，形如覆釜，上有小塔，土人称为小塔子山。二十五里，过会济，山上有小白塔，是日始见喇嘛寺。五里至土里根宿。出白菜，不让安肃，此处麦皆无冬种者，而独白菜初秀，地寒故也。

十三日，早行十五里，渡大凌河，河发源于塔子沟诸溪，至此始大，由义州入于海。十五里，至木头城食。商民繁庶，一大镇也，西有金宝山，上有泰安娘娘庙，山东流寓人所建也，东山有塔，甚高。三十里，平房。三十里，长阁儿，悬崖凿路，下俯大凌河，上临绝壁，壁间有碑，皆蒙古字。三十里，至蓝堂。三十里，至朝阳县宿，县旧名三座塔，以塔有三，故名，今只存二座，其一于乾隆七年倾塌，土人建关帝庙补之，基阜尚存。县南有凤凰山，嶔崎秀峭，山下有朝阳洞，县得名以此。洞中有石卧佛，罗汉峰顶有二塔，塔下有延寿寺，寺前即大凌河，为一邑风水之冠。是日，通判管县事成公安、理藩院差官员外郎七十五来会。又佑顺寺管事大喇嘛四楞脚来献奶茶，并送哈达，华言手巾也，以此见长官为最敬云。是日，宿关帝庙即古灵感寺。

十四日雨，仍驻朝阳。按：口外州县金石文，唐宋以前多不可考，惟关帝庙内有新出土碑一座，高五尺，系元辽时所建，碑石间多剥落，而文字端楷可诵。所载寺名今皆基址不可考，而尚可想像。僧照钵求诗，为题禅堂山水画二首。

十五日，大雨。仍驻朝阳。

十六日，晴。自朝阳县向西行，三十里，大庙子食。四十里，过青沟梁，山溪迂回，登顿颇高，沟边有花数株，叶似水杨柳而稍圆。花单瓣，白色，土人呼为山丁香。二十里，憩牛膝河屯。五十里，至林家地宿。有杨、陈二学童来谒，颇娴礼文。以上又属建昌县所辖。盖各州县所管蒙古四十九旗，以旗分不以地分，故往往犬牙相错如此。

十七日，八里过热水塘，相传水可疗疾，蒙古人常相率于此沐浴。是日始见蒙古包，以熟牛皮为之，象罩之圆，用毡蒙顶上，有穴以通烟爨，前开小门出入。行则用大车，以牛马驮之，并载帐房，各带轿舆，以载家小。是日野宿，侯休者十余家。十二里，至孟哥店食，自店转向西行六十里，至五十家子午食。所见蒙古多骑骆驼。五十里，至汉沟宿。

十八日，五十里过老河，源出诸山泉水，东流入海。桥坏无船，人与马乱流而渡。十里至建昌营食。四十里过沙尔噶河，译汉音言河之浑也。发源自围场内大山，折曲而下，由辽阳入海，奔湍甚急以车轮横锁为桥上，加黍稭，实土如浮桥，然河边即步步屯。五十里至赤峰县。旧名乌兰哈达，译汉音言山觜之红也。其峰在县西南，紫翠峭削如霓如云，返照壁间，棱角愈见。是日，通判管知县事那公穆塔来会。公廨洁丽修整，廛市宽广，人民繁庶。

十九日，微雨。自赤峰向西行，山愈远，地愈平，沃野数百里，晡雨大作。六十里，至大碾子食。沿石碑沟河行，河发源于毛金坝，东流归老河入海。二十里至木匠营，稍憩，行榆林中，雨益大，始闻雷。二十里，至公爷府宿，以地有蒙古公府，故名。抵旅舍，已漏下一刻矣。

二十日，晴。由石碑沟泝河而行，平川，青草，两岸榆林，羊牛遍野，过蒙古喀喇亲王府。楼阁崔巍，潭潭府居与内地无异，环以蒙古民百余家，其中红墙绀宇，喇嘛寺也，五十里至瓦房食，雨复作，寒甚。闻王子方布围逐虎。自此三十里之两家儿。四十五里，至马厂，有茅屋一间，旁筑室三楹，为蒙古王出猎棲息之所，亦不堪托足。少憩，大雪寒风射人。四十五里，至毛金坝宿。是日，所过溪流清浅，四山多树，野花匝地，啼鸟时闻，但闻喀喇亲王围场禁人樵采，亦无内地佃民耕垦，是以一百二十里并无居人，而沿溪柳尚未叶，桃初含蕊，风气亦异。薄暮，始抵毛金坝山岭，借宿山神庙。树栅为篱，狐嗥狖啸，一灯睒睒，寒星在户，始觉有行役之苦。

二十一日，大雪。登毛金大梁，在天之半，悬崖大壑，叠翠重峦，大风吹衣，白云绕足，坂作之字，栈出重霄，羊肠、熊耳不足为险矣。其道平治，因月前阿米都布鲁罕初过，华言活佛也。有花满山，如锦如火，花四瓣，倩紫色，木本，高二三尺，无叶，干似栀子，不香，而土人呼为大紫香。又有小白花，木本，叶似榆，高亦二三尺，一茎十二朵，或十三朵，每朵五出，黄须似稻花，俗呼为蚂蚱腿，然皆不知究何名也。乃知奇花异木，不列嵇含草木状者多矣。下岭向西南行，有溪出岭下，奔轮激石，活活有声，亦向南流，而沿沟榆柳又皆著叶，相隔一岭而天时不同如此。此后始有居民村落。午后雪变为雨，时止时作。六十里，至七家儿食。三十里，至黄铺营，过杨树沟。三十里，至章家营宿。

二十二日，晴。四十里，至十八汰。十里，萨喀牛骆，过行宫，即皇上出哨驻跸之所。十里，至黄姑屯食。有巡司得署报，阅会试题名录，知舍弟骥元下第，会元为钱棨，吾乡中式者四人，三人系解元，亦奇事也。十里过驿马兔河，发源于哨下，由辽东入海。三十里，至两间房。四十里，至滦河沿午食。此水下流即滦平县也。四十里，至丰宁县，旧名土城子，又名四旗厅，通判管县事托公讳伦来会。是日，共行一百八十里。

二十三日，自丰宁县署食罢，顺舍利塔河南行。河在两山之间，曲折作之字，故凡过二十余渡。午，雷雨大作，兼雹，须臾复晴。五十里，至波罗脑普惠寺食。寺即华新，金碧辉炫，为口外招提之第一。饭罢，过波罗脑梁，从山半曲折而上，颇为险峻。二十里，至兴州，古宜兴县城址尚存。土人云，有帖木丞相纪功碑在城北，字多不可识。又有天启年碑，晚未得访。三十里，至鞍匠屯宿，有巡司。

二十四日，二十里，至十八盘，径路辽绕如蛇之蟠于山麓。三十里，至三岔口食。二十里，至巴克什营，合热河大道。十里，至古北口，接承德府当太守信，并寄热河土产花榆根小几桌各四，茶盘各八，盒各二。进口拜提督常公青。十里，至南天门大悲庵，有圣祖仁皇帝御题"洛迦仙境"四字。寺壁石刻，翰林院编修励廷仪、汪灏、蒋廷锡，康熙四十三年九月二十一日，扈从经南天门大悲庵恭瞻御诗，敬赋七律诗各一首。三十里大雨复晴。过潮河至石匣宿。口内柳絮飞花，麦穗垂垂矣。

二十五日，自石匣至密云六十里，食。七十里，至顺义县，午食。五十里，回通永道署。

塞程别纪

(清)余寀

京师东直门七十八里至牛栏山，山北二川，西曰"白河"，源出石塘口外；东曰"朝河"，源出古北口外。至此合流由通州达大津直沽入海。又五十里至密云县。县有新旧二城。朝河绕城西，八里至石岭，双崖列峙，朝河夹流，水势山色渐有可观。又五十二里至石匣城。山环四面，水绕城东南一二里。城小而坚，城守副参。以下南去十余里，山上泉如瀑布，过大石下，积为深潭，内有龙，闻极灵异。守备邵登云至潭上叩头求见，忽二鱼冲波而出，忽不见，彼则以为龙矣。岂真龙哉。又闻戚南塘有题字在，怅，不及一往观也。又八里至腰亭，望见口上诸山，始有森森戟立如墙如壁者。至此路虽渐隘，而山旷，中间涧水分流，颇曲折有致。又十五里至新开岭，道出两山间。下临绝涧，盘旋曲折十余里，隘峻难行。岭上旧有关城，俗名三天门。岭北河水深没马腹，几不能渡，别从岭南下，东去，又一山道亦通古北口，颇平坦。至朝河下流，有桥可渡。十五里至古北口，城在四山之上，涧水中流，长城绵亘，虽人力实天险也。镇守总兵官，开府城西南一二里，山城下新建瓦营房数百间，鱼鳞鸟翼颇壮边观。北门外有宋杨令公祠，欲往谒之，念令公虽忠而受制监军，师败身死。初不知君命尚有所不受之道，故遂止。城西北数里至关口，朝河从水口入，西有皇华亭，东接冀辽大道。又十五里至三岔口。又七里至钓鱼台。山石临河，坐其上俯视，潭水中隐隐然有鱼可钓。所携衣针可以作钩，但无从呼稚子为我敲之耳。已而闻皇上曾钓于此，故以得名。又二十八里至十八盘，岭高不过数里，而纡回曲折，车马由其上，忽左旋，隐木石中，倏右旋，如出头上，渐高渐远，望之若可梯天。人以为险。以余观之，此天之所以限南北也。险则险矣，犹嫌其险而不更高更远耳。虽然在德不在险，天下而果一家也。车辙马迹之所必由，坦坦然驾八骏而骤康庄，奚以此纡回曲折为哉。又十里至偏岭，高亦不过数里。岭上下积骡马骨，臭不可闻。因十八盘及此重险，凡车载过之者，不难于上而难于下，其上也势必缓进，故虽艰涩而无害。及其下也，将车者苦于从下而上之难，力既竭矣，则反怅怅然，急于从上而下之易。注千丈之坡，加之以重载，压后车马势动欲止不可得，至于覆败马毙车下，而且或及人者矣。此盖难易势殊而彼不知也。余伤之，言之执事者，凡车从上而下，每一车止驾一马，余骡马系之车后，十车为偶，合十车兵夫共挽定一车。次第循叙而后下之。又山道多礩，车砾其上，如下一级，必戛然有声，辐因而脱轴，因而折矣。宜令每车各束楚而编营，遇礩投隙中，古所谓安车蒲轮者。可祖其意。初创议，有或指余而言曰："尔河官也。此船头上拷把水口下卷埽法，何足为军中道邪"。余曰："噫，伧父兵犹水也，余诚河员。河固未易易言也。诚能以治河之法，通之治兵，虽挟辀振辔，如霆如雷，而横行穷荒极北之乡，可矣，汝知之乎？何止为是"，因与共岭上下反覆道此义。而岭外有松杉云表翠峰如屏，夹山道桃李梨花开无数。山麓有彻底清泉，都不及细玩之，甚以为恨。喜前路渐平坦，坐马上俯首，信马蹄兀兀然。思而得之，如在梦边。觉来失笑。又八里至鞍匠屯，两山渐开，川原旷阔，现在耕牧旗下庄头数家，垦凿树畜，仿佛内地。又二十里至小兴州，耕牧丁壮二十余家。又五里至大兴州，皆元故州城，基址犹存，今置大粮庄头三家，耕牧为业，丁壮百余口，又山东流民三四家，其山产榛栗等。城北里许，山麓有元丞相帖木儿记功碑，俗传李陵碑，非是。有二川，其一潮河，其一滦河。潮河之西，黑山下龙潭沟闻有苏武庙。滦河之东，有山如塔，滦水由喜峰口入内地，经太平路南出峡口山至迁安县，折而东绕清风台山后,由永平府城西,滦州城东南至乐亭县西南刘家墩入海口。大兴州七里至两间房,耕牧数家,林木畅茂,溪流有声,下马运乱石填溪水旁,坐其上,脱足洗之。见隔岸山麓树丛中,若鹅鹳之类数百,惊人而起,举而复集,戛戛然,鸣声如闻色目人语。正浮足水面翘首谛观而审听之,前伧父者又忽来效余,其人觉魁梧,然中干无用,递尔呼足心大痛不可忍,急起而口中哝哝若咎余累及之者,则又堪绝倒也。时盖四月终而塞外犹寒,水流动者更甚,宜无怪其然。但余又不知何以独能堪之。况余素有足疾,畏冷,此独不觉,乃不可解。去后,觅所佩小刀,因在彼乱石上坐久失去。彼伧则又来谓余曰:"可以为慢游,善忘之戒",思其言未尝非是。然余游观之兴,正在发轫初,偶失小物,实未之介意也。又十八里,至波罗脑,金经注波罗密者,登彼岸也。此不名蜜而名脑,意其犹在此岸也。至此,两山又渐相逼,山高水深,隔溪一峰,耸而立。古松柏肃肃参天,岩石磊落而深秀,望之俨若灵鹫峰然。山之麓又一壁逆抱溪上,如别一天,意其中必有异。然可望而不可即,则此岸之义是矣。从此岸南去百余步,岩石亦耸秀,其最高巅大石上一松如盖,岩虽峻,可攀而登。同行一文吏,登之曰:"谁敢居吾上。"一强有力者,出其上,则亦曰:"谁复敢居吾上。"余最后登,但进退不容己,无意中至松树下,坐而平视,则我已与彼一峰列峙矣。松树旁有石奇怪,呼两人使上,示之,则诵后赤壁一句云。盖二客不能从焉。又十里至骚壶营,篱落数十家。又十里至铁匠营,篱落十余家。自大兴州至此,夹道皆崇山峻岭,悬崖峭壁。其道或宽或窄,而旁多细柳、夭桃、苍松古树,不亚江南春色。但涧中犹有积雪,望之如玉石,就之则森森然冷逼人矣。初夏尚被重裘,盖所谓同天而不同时者,此也。又十五里至小官营,篱落二三十家。又十五里至土城,平原大川,周四山,宽数十里,篱落五六处,耕牧为业,附近内八旗蒙古其中多有山左明末年被掳人。一老妇衣百片,破羊皮,披发跣足,走帐前乞食。初视之如脱来丰都城内鬼,熟察其音则知为扬州人。年八旬余矣,何自至此,不忍问。与之食,便去。又十五里,至大官营,篱落数十家。又十五里,至二道营。又十五里,至头道营。各篱落数十家。又五里,至百花洲,山多野芍药可采而食,有野韭与不识名野菜凡几种,俱可食。药蕊红绽而未开。余无所见。奈何其名拟之姑苏台畔,当西施、郑旦清歌妙舞,游息幽芳名胜地,固非妄则僭。既而归途,在独石外见种种彩色奇异花,然后忆知其地宜亦然。昔人当有至其地,适逢其时,乍得见之,故遂称为百花洲云。或者,当元盛时,往来上都,挟美人有如西子者至此亦未可知。但不可想见其效颦时果何似耳。又二十五里,至青岭,本名北和气岭,不甚高,多大树,望岭北诸山如大屏风,一峰列壁尤耸翠。山脉分十数行,蜿蜒而下,各各回抱,山窝间,草木深黑而摇动,飞走潜伏殆非人境。既度岭,选溪畔树下石,坐观石罍下初生鱼儿出没翻水花中,转欣然忘机。已而夕阳照石壁上,如夜方旦。偶然得句,忽山谷中有声似豸虎,亟起去之。忆前所得句,如去空山觅人迹,杳不知起落之所在矣。幻化之极,慨余心胸中,不能不夺于境,以此验之,欠十年工在,不可不知也。又三十里,至郭家屯,自青岭以北,夹道两山间多石壁,将出两山口,望见前山旷然壁立,张数十里外多赤色,俨然赤城,真大观也。其中最宽广平原万顷,曰"郭家屯"者,前代当必有人于此曾屯田,而其时土著郭为大姓,故因以立名也。南去古北口,北去北岔,东去喜峰口,西去独石,路各数百里。此为要中形胜都会之区,不宜轻视之置之膜外。今虽有数十家住此耕牧,不能尽地之利,且势轻无益,宜发更番谪戍与凡有罪愿赎者万人于此屯田,兼以畜牧。滦河从西北来,宽一二十丈,深没马腹,产鱼最美,即滦鲫也。拟从其下流,凡经过山口石峡间,可闸者闸之,畜水使倍深广,冰泮时可通舟楫达内地。夏五六月间,亦可用为灌溉。曾见歙中山上田,引山泉灌之。嫌其冷,粪以石灰。灰性热,在冷泉中亦能发生故也。

此法即不能通之塞外，但就现在土著所宜种黍麦之类俾万人垦之，自食有余矣。若使兼利畜泄通货财济有无，则此万人者所力运可食数万人。汉时玉（门）关外有都护官，宜于此立都护府，如汉赵充国、班超、唐郭李、宋韩范、元耶律楚才等辈人物，经营十数年间，当必雄视朔方，威震万余里外，无疑矣。附近东西喜峰、独石等口外，亦各分为副贰统辖。于此东自辽阳，极西至洮肃，亦宜如此等要中所在，各立都府。各府各不下数万人，各隘分副贰亦如之。如此，则不费内庭斗粮、匹马，而形胜百倍，奚啻长城哉。吾故尝曰："长城不在城而在人。险在塞外，初不在塞上也。"因至此灼见其形势，有宜如此者，偶然述之。但其中不能无弊，将俟异日与识天下大势，知大计，作远图者，细论之。十里，至罗北营，篱落十数家。又五里，至三道营，篱落五六家。自古北口至此，凡有篱落所在，草屋周外皆编木为栅，或用荆榛等为之，高出于屋，藤蔓其上，枝叶离离然，长条倒挂，摇风日烟雨中。四山衬之，如陈章侯最得意水墨画。因是想知古人落笔处，即自成一家，必有所见，非率意自为之也。又二十里，至崆峒山，一峰直立，上有孔洞，然达前后，俗本呼之曰"窟窿"，好事者文之以美名曰"崆峒"，广成子得仙，黄帝就而问道，岂其即此。何好事者之多，以空文遗误人有如是邪。余只作窟窿观，相其面又相其背，从其后小径环而出，然后知其虽孤立而不古不秀，不及大小孤远甚，又拟其空中或别有异然，奈何不令人得登，灼见其果有异与否，而后称述之也。今既不然，姑置之。其前山亦耸立有如剑如戟如墙如壁者，人皆以为奇。余又下马坐树下，一再审察之。但觉昂昂然有逼扼人势，北鄙气象骇俗。耳目，耳我不取也。又十五里，至小伯颜沟。自此以北，多沙石，少土性，地遂寒薄，惟见毡毳，无复村舍篱落矣。又十里，至半边山。山高壁立，有云似画家叠书皱者，就而观之，初无他长。又十里，至大伯颜沟。伯颜者，犹言丰饶也。其山草木颇茂盛，多野兽，便于色目人打生放牧而已，余无足取。又三十里，至转水河，山多松树，无人烟。三十里，至红门山口，本名"哈马儿昂阿"，多松树无人烟，山渐低小，滦河之源亦至此。闻自此至喜峰口，诸山松皆合抱，本朝木商利而采之，由滦河筏运入喜峰，所弃松梢，长尚十数丈，积久横山上，供野火后烬黑成长炭，无所用之，弃不惜哉。余松虽多，乏栋梁之材矣。又四十里，至夹河沟，本名塔本它罗海。自此以北，山涧渐远，惟觅有水草处即可驻。又三十里，至蚂蚁图，地颇平坦，山远少树，是夜自总戎刘公营遣仆夫驱所乘马，随大群牧放。夜将半，骤入群，有若豸虎者。马骡共三百余，皆惊逸不知所向。侵晨总戎营放步骑四出追之，薄暮始复，由是以知出塞之难，非难于行军，而难于行运，非难于行运，而难于牧马。凡骡马非放之得青，则所资不给，放青必以夜，有去营一二十里至三十里者，守牧不过十数人，无论豸虎惊奔，而蒙古色目人往往来盗，故蒙皋比入惊群因其逸而驱之去，虽善奔者亦无如之何矣。遂言于总戎公，是后放牧所在，前一日宜先使人熟知其地，加之以骑士挟弓矢火器，夜数番休，附近有驻牧蒙古者，宜亦使人问知其部落酋长使之闻之，而恩威之间，使不得为盗，并可使为我御则善矣。又三十里，至甲达河，本名牙带它罗海，有水草可驻。又四十五里，至诺尔，有河二道，山远无树。又四十五里，至克本泥又拉，俗名后店子，宽广平坦，并无薪木，用马粪代薪。自此始，又四十五里，至上都，本名图尔根伊查里，元旧都，其内宫殿烬基犹存，旁有龙光寺石碑，土人呼为一百单八庙，城南河水通石匣，今内八旗蒙古并新降喀尔喀部落杂处放牧。五里，至双塔，塔两立小山上，去十余丈，各高数丈，如尖底瓮，而无级，有窦，中空，东一塔砖壁上有题某年月日翰林某过此者，动余诗兴。立西一塔前小石台上，题壁。甫已某明府至，题其右偏，某总戎公至，云为我书一绝句于左，余谢不敏。强之不得已，旁立石台，下仰笔书于左，既而于山下马上观之，余则俨然出其上而居中，何可当哉。欲毁之，又思之曰："露天地土块壁上淡墨字几何日乎"。因勿毁，且使此塔亦暂得有如某者至此，把寸管为一埽之。又十五里，至赵耐漫苏门泥乂喇，小小土山，无足观。又十五里，至漫绰可。又三十五里，至额仑山脉，沙起，非土非石，细柳丛生，长丈余，可用为矢，所谓董泽之蒲，即此类也。细流出蒲柳间，日中热而大渴，饮马而后自饮，虽中冷泉不能过之。有泉如此，且渴甚，饮何后于马哉。古有云，途长藉马力，况绝域乎。杜工部云，"真堪托死生"，所托死生者，敢先之乎。噫，吾今而后，知吾乃不若马。漆园曾有云，"呼我为马则为马"。今日者，我便能为马矣，谁呼之哉。三十里，至十八里台。又三十里，至枯仑诺尔。凡言诺尔者，华言海也。海周数十里，色如米汁，饮无毒，其北里许，又有小海。周十余里，水甚清。二十里，至三岔口。本名西喇诺尔，其水甚清，其地路分古北、独石、张家口，故曰三岔。运上官多看守所，积余米及计师旋日，应给兵夫口粮于此者。至此，始见有酒可沽。凡盐米、果蔬及干鱼肉等，俱有之，价俱十倍，贾者从口内捆载而来，逐厚利，虽嫌其太贵，然使无此一等人，从何处得望见之哉。宜不嫌其贵矣，如囊涩何。又二十五里，至六台，本名和尔博诺尔海，周二十余里，色如米汁，掘地取水，沙白者水清，有黄者、黑者、赤者，皆因沙得色。然澄之许久，未易清，殆亦与之俱化者矣。是役也，粮运由古北，大兵出独石。自独石五十里外为始，专设官置递曰"台"。台各相去五、六、七、八十里不等，就水草之便也。先是，总宪于公驻此督粮运，后遂进次十八台。其地自此以北，皆积沙如山。大兵粮运出没其间，车辙马迹，动辄入沙尺许。初觉甚艰，公议留官命治道，凡积沙最厚所在，伐细柳颠倒束而铺之，遂便驰鞔。至銮舆凯旋之日，加之以新柳，仍覆以沙，柳枝叶略露两端，斩斩然，葱郁平软如漏地绿沙裀意，从古来警跸除道，所未曾有。各运文武官于此留屯余粮者，多于三岔，皆编柳为门户，比邻夹道，俨然城市昼树旗旛。夜则各发枪炮，如元夜爆竹声。各击柝鸣锣，往往惊人寐。贾者辐辏，相与贸易之所曰"小市"，此段景象，不意此在何处得见之也。今虽往来上下驻此最久，觅伴择山坡下，地平水甘而略远嚣泛之所，亦立门户，且构柳为亭，无事坐其上，不离皮絮，初不觉五六月间是何气候，反愀然自语曰"秋风将至，能无望之而先凋者乎"。余尚堪之。如不堪何，但破悭囊，买一尊，引以自酌而已。又三十里，至昂吉儿兔，四周积沙如山者，千堆万叠，此独宽旷饶水草。銮舆往返皆驻跸于此。水草间高洼不等，过者宜略绕从柳林铺垫所在行，余误入之马遂陷，余亦几堕其中，幸而得出，不遗余力矣。因驻此，呼从征哈尔倩及绿旗兵丁亟伐柳加所曾铺者。又一层，高出尺余，长六十余丈，虑师旋日，或遇雨积水，车骑由之者多，不使其高，则并不知可由之道在何所，且不止蹈余前辙。而余既尝之矣，忍遗之后来者乎。三日而工毕，阅其东南十余里外，诺尔周五六十里，多鱼鸟，不及网罗之。其水味咸，产盐如陕中华马池，能自长落，有似乎潮信者。故凡言诺尔即华言"海"。海则海矣，余则生居东海之滨，如吾所见特小之耳。其东曰"者布通答目尊王西"，曰"哈喇苏奴某贝勒"。此二部落台吉内一人闻原籍山左人者，未详。六十里，至哈什马哥。四十里，至噶尔兔。又四十八里，至滚诺尔。诺尔为海已言之矣，滚者犹言"深"。凡诺尔虽极大，不过中原一沼一湖而已。此诺尔则奇，奇不在人，人不过数亩，在深，何以知其深也，凡物堕其中，不觉有少影响，凡过此者，虽甚渴不敢于此饮其马。更奇者，中有物，夜呼震地，笔帖式某者为余言，初未之信，既而至其所，吾亦不敢饮吾马。由是知先声可以夺人，原不在果有无也。又四十五里，至果豁苏台，即十台。师旋以后，露贮余米于此，并五台所贮。约共万余石，装之以布袋，覆之以油单，贯绳束板以压之，俨然峰起，以示远人，以筹后用，必有意在，非所敢知也。其地势则渐平坦，由沙迹而且入瀚海矣。又四十五里，至胡鲁苏台。又六十里至苏阿勒兔。又四十七里，至哈必尔哈。又五十七里，至阿尔伙。又五十五里，至豁尔豁。又五十五里，至僧色。又四十九里，至枯倭兔。又五十里，至喀尔伦，明成祖勒铭处。今十八台，又曰"额伦"，四十八家蒙古部落界止此。

（《小方壶斋舆地丛抄》第二帙）

二、木兰秋狝与宫廷生活

（十四种）

秋　狝

（民国）赵尔巽等

秋狝：清自太祖奋跡东陲，率臣下讲武校猎习兵，太宗踵行之。世祖统一区夏，数幸南苑，令禁旅行围，始立大狩扈从例。

康熙初元，定车驾行围驻所置护军统领、营总各一人，率将校先往度地势，武备院设行营，建帐殿。缭以黄髹木城，立旌门，覆以黄幕。其外为网城，宿卫屯置，不越其所。十年，罢木城，改黄幔。康熙二十年，幸塞外，猎南山。寻出山海关，次乌拉，皆御弓矢校猎。越二年六月，幸古北口外行围，木兰蒐猎始此。

木兰在承德府北四百里，属翁牛特。先是藩王进献为蒐猎所，周千三百余里，林木葱郁，水草葆茂，群兽聚以孳畜焉。至是举行秋狝典，间有各令再出者。三十三年，设虎枪营，分隶上三旗，置总统、总领。大狩行田，遇有猛兽，列枪以从。并命各省驻防兵岁番猎以为常。六十一年，复幸塞外行围，赏蒙古王公等衣物，定虑恆制。

雍正八年，令八旗人习步围，旗各行围二三次。

乾隆初元，置综理行营王公大臣一人，凡启行、校猎、驻跸、守卫诸事皆属之。六年，御史丛洞奏请暂停行围。谕曰："古者蒐苗狝狩，因田猎讲武事。皇祖行围，既禋戎伍，复举政纲。至按历蒙藩，曲加恩意，尤为怀远宏略。且时方用兵，数有征发，行围偶辍，旋即兴举。况今承平日久，人习宴安，弓马渐不如旧，岂可不加振厉？是秋木兰行围，所过州县，宽免额赋十之三，永为例。"围场凡六十余所，每岁大狝，或十八九围，或二十围，踰年一易。设围所在，必豫戒期，首某所，迄某所，讫某所收围，并编定其处。届日官兵赴场布列，只竢御跸临围。自放围处作重围，令虎枪营士卒及诸部射生手专射自围内逸出诸兽。

高宗每行猎，自旧藩四十九旗暨喀尔喀、青海诸部分班从围，绥辑备至。洎平西域，远藩如左右哈萨克，东西布鲁特，安集延，布哈尔，朝谒踵集，唯恐后时。土尔扈特亦皆挈部众越数万里来庭。帝尝御布固图昌阿抚慰之，旋旋赐名曰："伊緰"，国语会极、归极也。

二十年，更定网城植连帐百七十五，设旌门三，分树军纛曰"金龙"。去网城连帐外十许丈为外城，植连帐二百五十四，设旌门四，分树军纛曰"飞虎"。去外连帐六十丈，周围警跸，立帐房四十，各建旗帜.八旗护军专司之。其规制详密如此。

凡秋狝，先期各驻防长官选材官赴京肄习。年例，蒙藩选千二百五十人为虞卒，谓之"围墙"，以供合围役。

届期，帝戎服乘骑出宫，扈引如巡幸仪。既驻行营，禁兵士践禾稼、扰吏民，诃止夜行，违者论如律。统围大臣莅场所，按旗整队，中建黄纛为中军，两翼斜行建红、白二纛为表，两翼末国语曰"乌图哩"，各建蓝纛为表，皆受中军节度。管围大臣以王公大臣领之，蒙古王、公、台吉为副。两乌图哩则各以巴图鲁侍卫三人率领驰行，蝉联环匝，自远而近。盖围制有二，驰入山林，围而不合曰"行围"，国语曰"阿达密"。合围者，则于五鼓前，管围大臣率从猎各士旅往视山川大小远近，纡道出场外，或三五十里，或七八十里，齐至看城，是为合围，国语曰"乌图哩阿察密"。看城者，即黄幔城也。围既合，乌图哩处虞卒脱帽以鞭擎之，高声传呼"玛尔噶"，蒙语谓帽也。声传递至中军，凡三次，中军知围合，迺拥纛徐行。

日出前，帝自行营乘骑先至看城少憩，竢蓝纛至，驾出，御囊鞬，入中军周览围内形势。凡疾徐进止，口敕指麾。兽突围，发矢殪之。御前大臣、侍卫皆射其逸围外者,从官追射。或遇猛兽,虎枪官兵从之。或值场内兽过多,则开一面使逸,仍禁围外诸人逐射。获兽已,比其类以献。驾还行宫,谓之散围。颁所获于扈从者,大狝礼成,宴赉有差。

哨鹿者,凡鹿始鸣,恆在白露后,效其声呼之,可引至。厥制与常日不同。侍卫等分队为三,约出营十余里,竢旨停第三队。又四五里,停第二队。又二三里,将至哨鹿所,则停第一队。时扈从诸臣止十余骑而已。帝命枪获鹿,群引领竢旨,而三队以次至御前。高宗蒐猎木兰时,亲御名骏,命侍卫等导入深山中。望见鹿群,命一侍卫举假鹿头作呦呦声,引牝鹿至,亟发矢殪之,取其血以饮。不唯益壮,亦以习劳也。嘉庆时秋狝傚此。

(《清史稿》卷九〇)

塞 北 小 钞

（清）高士奇

康熙二十二年六月十二日，癸未，寅时。臣士奇扈跸出东直门，天日晴畅，午次花黎坎。上面谕士奇曰："且向村落暂歇"。顷之尚食，上撤御前盘餐，谕中使，向村中觅士奇赐之。驻跸牛栏山，召入帐殿，赐食。臣偶侵暑气，上命以冰水饮益元散二碗，方觉清凉。又遣御医马之骏就帐房诊视，夜深复遣中使来看。按：牛栏山在顺义县北二十里，相传山有中峰洞，洞内金牛时常出现，然山不甚高，望之仅蜿蜒一邱耳。

甲申，小暑。过螺山，志云：红螺山高二百余仞，潭中有二螺，夜常放光，故名。午次螺山北，尚食。上曰："尔夜来服药好未？"臣士奇对曰："昨蒙圣恩赐以医药，今已稍愈。"上曰："尔南人为何亦饮冰水"？臣士奇曰："天气炎热，非冰莫解。"上曰："朕闻南人殊不畏暑。"臣士奇曰："南人从来畏暑，故有吴牛见月而喘之语"。上大笑。晚渡潮河。驻跸密云县北。

乙酉，过九庄岭。驻跸石盘峪南峪内，有龙潭百步许，形如石盆，水深无底，相传有龙时见。上驾临潭上，潭影澄澈，轻倏出水。上顾臣士奇曰："潭中果有龙乎"？臣士奇对曰："龙变化不测，时见时隐，或潜深涧，于理似亦有之。但潭中未必尽有龙也。"潭侧佛寺龙爪槐一株，荫可数丈，人坐其下，眉宇皆碧，既下山行十余里，张幄白河侧。晚膳，赐食如常。白河亦曰"鲍邱水"，俗曰"大榆河"。自石塘岭流入密云县，又南经怀柔、顺义县，流入通州境。明万历中，议者谓顺义县牛栏山而下白河、潮河二水交会，水势深广，漕舟易达。牛栏山而上,水源既分支流自弱,密云城西有白河故道,宜于杨家庄地方筑新口疏通旧道,使白河自城西经流,直至潮河交会,则水势至大。栏牛山至密云亦可以舟运矣。晚,大雷雨。

丙戌,经金沟屯石匣营。营西有石如匣,自此东北行,乍原乍隰,十里为腰亭铺,又十里为新开岭,又十里为老王店。金沟屯古名金沟馆,契丹主常于此过冬。犬户居此。驻跸古北口内。是日,臣忽患痢,薄暮侍上渔于要水。上在舟中,顾臣士奇曰:"闻尔有病,何以复来?"臣士奇对曰:"此间风土人所难至,臣得扈从登览,诚为深幸。"上顾显亲王、温郡王曰:"彼方抱病,勉强随侍,似难支持耳。"顷之,尚食。上谕臣士奇曰:"观尔气色殊未佳,当节饮食。可回帐房调理。"命先回发热,竟夜下痢十余次。

丁亥,强起晓行,望雾灵山云雾蒙幂,山之左右峰峦攒列,深松茂柏,内地之民多取材焉。元有雾灵山伐木官。辰时,出古北口,卤簿尽设。古北口两崖壁立,中通一车,下有深涧,巨石磊砢,凡四十五里为险绝之道。亦曰"虎北口"。行程录云,古北口两旁峻崖中有路,仅容车轨,口北有铺毂弓连绳,本范阳防阸契丹之所最为隘束。今圣德所被,远迩来归,口隘之间,墩堠尽辍。皇上亲奉太皇太后避暑宸游,开诚布公,内外一体。蒙古诸部落拜迎道左,甚恭谨。抚绥之道,实前代所希觏也。口内萧寺,刻宋苏文定公辙《古北口道中》诗云:"乱山环合疑无路,小径萦回长傍溪。仿佛梦中寻蜀道,兴州东谷凤州西。"《宋史》元祐间,辙尝代轼为翰林学士,寻权吏部尚书,使契丹,馆客者侍读学士王师儒能诵洵轼之文,及辙《茯苓赋》。按:此则奉使时所题也。亭午,尚食。槐条湾。臣士奇在上前鼻衄不止。上谕臣士奇曰:"尔在京患痢初愈,勉力随行,尔之勤慎,朕悉知之。今见尔病日增,且此去房屋渐少,无静养之所。朕甚念之,当送尔回京调理。"臣士奇奏曰:"臣数年以来,扈从皇上巡历喜峰口、奉天府、乌喇及清凉山,未尝以病偷安,况塞外山川人所罕至,思奉属车,登临观览,实为厚幸。若中道先回,于臣子扈从之谊未安，且偶然患痢，不日自可痊愈也。"上沈吟久之，复谕臣士奇曰："前面有皇庄，可暂住调治。愈则随行，不愈仍当回京。听尔自便，无过于劳顿。"赐御馔如常，亦不能下箸，盖因里急身热，殊惯惯也。驻跸长汉沟，地面甚隘，连营三十余里。复命侍卫同御医马之骏来帐房诊视。之骏云："中受时气，发热作呕，恐有变症。"薄暮，包衣昂邦费扬俄传旨：著臣士奇须就皇庄人家暂歇一二日，好则随行，未愈则宜归家。悉由尔便。

戊子过十八盘岭，一径逶迤，盘旋下上，两崖乱山，多生杂树。时方盛夏，枝叶蒙茸，向午鸣蝉断续相接，过岭，地略平衍。至偏岭南，午膳。上见臣士奇侍侧曰："此间有皇庄可往憩焉。"驻跸鞍匠屯，去偏岭十五里。

己丑，以侍从诸人车辆未到，仍驻跸鞍匠屯。上之体念群情，无所不至矣。痢转增剧，夜不能寐。

庚寅，车驾发鞍匠屯，遣太医院吏目唐际虞来守视，且谕以即晚奏闻，虞诊脉，谓臣士奇四肢烦热，饮食减少，恐成禁口之症，须加调摄，不宜更冒炎暑。驻跸三都河，去偏岭六十五里。

辛卯上命侍卫传旨，著臣士奇回京静摄。复命包衣昂邦遣拨什库一名、披甲五名、圉人一名，送回京都。沿途饮食宿歇，皆著皇庄人等用心供给。又谕，臣士奇若不能乘马，须觅轿徐行。唐际虞亦著同回，以便途次用药。圣慈周渥，感激涕零，自愧犬马之报无从也。

壬辰，乘晚凉过十八盘岭，午后入古北口。天忽雨，晚至石匣营。皇庄尚远，即城阴支帐房宿，有民人王姓者，年七十七，自云本浙之金华人，具糜粥以进。密云、顺义诸处，虽接壤京都，地连边鄙，居人土牖绳枢，寺宇亦甚荒狭，皆难栖止也。

癸巳，雨行田间，禾黍芃芃，顾而乐之。自念少无宦情，宜就畎亩岩耕之愿，当早为计。午至密云县城西皇庄孙家，急雨翻盆，觅车不可得，仍骑马渡潮河。河水骤涨，三十里过螺山，二十里至牛栏山，皇庄商家宿。病热不能食，支床而卧，雨声终夜矣。

甲午，雨未霁，行五十里就村店炊粥饮之。申刻，入东直门抵寓，则上已有圣谕至宫中，著乾清宫总管内臣顾问行及御药房提调内臣刘梦龙、太医院御医戴元植来，就视病势若何，详细奏闻。二十七日，戊戌。中使赍圣谕回宫。又遣总管内臣顾问行、杨澈到臣寓问好否。

闰六月初一日，辛丑。中使至京再蒙垂问，复于御药房提调内臣刘梦龙奏帖之后御笔批"用心调理，不可轻视"八字。是日转补侍读之命下，一介小臣，叨此厚眷，同于覆载，千载一时也。自庚寅后，驻跸之地，臣士奇不获侍从，询之扈从诸臣，得其大略，并录于左：

辛卯，驻跸蓝旗鹰窠。

壬辰，驻跸波罗城。

癸巳，

甲午，发波罗城，驻跸乌罗格思泰。

乙未，

丙申，发乌尔格思泰，驻跸伊孙喀卜沁口。

丁酉，驻跸拜布哈口。

戊戌驻跸乌喇代。

己亥。

庚子。

辛丑闰六月朔。

壬寅。

癸卯。

甲辰。

乙巳。

丙午，发乌喇代，驻跸布敦口。

丁未，驻跸客林各尔之乌里雅苏泰。

戊申，驻跸西尔哈。

己酉，驻跸营西尔哈。

庚戌，驻跸色尔伯口。

辛亥，驻跸那林各尔。

壬子，驻跸格德勒库。

癸丑，驻跸噶哈图。

甲寅，驻跸乌喇代。

乙卯，立秋。

丙辰。

丁巳。

戊午。

己未。

庚申，发乌喇代，驻跸乌里雅苏泰。

辛酉，驻跸营口。

壬戌，驻跸昆推。

癸亥。

甲子发昆推，驻跸拜察。

乙丑。

丙寅。

丁卯。

戊辰。

己巳。

庚午，七月朔。发拜察，驻跸和托克图布喇克。

辛未。

壬申，发和托克图布喇克，驻跸壶尔希勒之齐老图。

癸酉，驻跸索龙山谷口。

甲戌，驻跸噶拜谷之蒙魁口。

乙亥。

丙子，发蒙魁，驻跸哈马尔壶尔希勒河边。

丁丑，驻跸噶拜谷口。

戊寅。

己卯，发噶拜谷口，驻跸上都。

庚辰。

辛巳。

壬午，发上都，驻跸萨打浒。

癸未，驻跸夏克图。

甲申，驻跸西喇他喇。

乙酉，驻跸喀喇巴克什。

丙戌，驻跸鞍匠屯。

丁亥。

戊子。

己丑，发鞍匠屯。驻跸古北口第一泉。

庚寅，入古北口，驻跸潮河营。

辛卯，驻跸陈谷庄。

壬辰，驻跸王家庄。

癸巳，驻跸三家店。

甲午，上奉太皇太后回宫，臣士奇因转补侍读启奏谢恩，蒙上垂问病已好否。仍谕服药调理。

二十八日，丁酉。上召臣士奇至养心殿，赐观塞外所产盘羊、夜光木。盘羊鹿身细尾，两角盘背卜，有蠡文。按羊之属，有羚、有羱。说文，羚大羊而细，角有圆绕蠡文，夜则悬角木上，以防患。尔雅注，羚似羊而大，角圆锐，好在山崖间。陶宏景《注本草》云，其角多节蠡，蠡环绕者为羚羊。陆佃《埤雅》羱羊似吴羊而大，角状若骡而群行，暑天尘露在其角，生草。戴行代都赋所谓，羱羊养草以盘旋是也。李时珍云，山羊有二种，一种大角盘桓，肉至百斤。据诸说考之，盘羊，殆即羱羊也。夜光木生绝塞山间，积岁而朽，月黑有光，遇雨益甚。移置殿上，通体皆明，白如萤火，迫之可以烛物，以素瓷贮水投之，水光澄澈，雨露日远，则光渐减矣。考之群书，真诰良常山有萤火，芝大如豆，形紫华，夜视有光。《述异记》东方朔谓帝曰："臣游东流至钟火之山，有明茎草，夜如金灯亦名洞冥草"。《拾遗记》祖梁国献蔓金苔，色如黄金，置漆盘中，照耀满室，名曰"夜明苔"，若夜光木，未有载者。惟《黄山志》载有放光木，殆其类欤。

（《小方壶斋舆地丛抄》第一帙）

随銮纪恩

(清) 汪 灏

康熙四十二年夏五月,皇上避暑于塞外,兼行秋狝之典。皇太子、直郡王暨诸皇子、皇孙,皆从。公侯而下期门羽林之士翼翠华而趋者,悉按旧规,各供乃职。庶吉士臣汪灏偕臣查昇等特奉旨随行。

五月二十五日,黎明,值微雨后凉风袭襟,月钩挂树。乘舆发畅春园。十二里,清河桥。十二里,何家堰。五里,沙河城,又名翠华城,明成祖创建,中间为洪水所啮,世宗朝更筑行宫于城,费至数百万,今台榭倾圮,久为狐兔荆棘之丛。十里,郑家庄。渡河,入昌平州界。又十里,抵汤山驻跸焉。山有二,大小别其名,在昌平东三十里。皇太子引入观温泉,在大门内,砌以池,泡沫从地底上腾,珠光历落,探以手,热气侵人。查慎行进温泉诗注云:"名胜志,温泉出昌平州西北二十五里之汤峪,不知今乃在东南。"御笔批示云"此汤非旧有"。康熙二、三年,辅臣时收拾,与病人甚有益。昌平西北之汤峪泉仍在,非志讹也。

五月二十六日,晨起,阴云四布,天欲雨。上恐扈从者泥泞,命仍驻跸。午刻开霁。

五月二十七日,驾发小汤山,从东北行,三里西流,九里聂山营,二里莲庄,俱顺义县境。古狐奴县西地田禾绣错,平削如掌,太行山从河内来,横走数千里,遥拱京师,至是直行,山麓雨势迷濛,云气暧靆,半压翠峰,火轮避舍,凉飔媚人,最宜驰骋。五里,白狼河。八里,范家庄怀柔县西境二十里,桥子村。登小冈,望见县

207

城。五里渡河至怀柔县。依山为固，即唐时檀州也。时微雨沾衣，城湫隘不足驻，遂冒雨行。四十里，过红螺山，为密云县城，即后汉之傂奚，后魏为招携，《开元要略》云"密云有障塞，军五千"。行宫在北门外，中夜大雨如注，水涨冲行幕。驻跸不行。

五月二十九日，晴。以道阻泥淖，仍驻跸。

五月三十日，驾发密云，东北八里，冶山浮图，直插云表。二十里，穆家圩。五里，张家庄。三里，沈庄。十里超渡庄。十里，陈家庄。十里，石匣城。自超渡东北行，平原深隰中乍升乍降，新溜漫流。随地饮马。石匣旧为驿，《长安客话》，洪武中建土城，嘉靖中增筑石城，胜朝常宿重兵，以防不虞。今则雉堞半摧，樵牧嬉游，无非太平景象矣。十里，大驾泊止腰亭铺。侍臣见口内山色啧啧共羡。上谕："尔等爱此处山，若到口外尤为奇特，明当见之。"又谕云："口外原系荒凉地面，自朕行开垦之令，到处耕桑，无殊内地矣。"

六月初一日，驾发腰亭铺。十里，新开岭。十里，老王店，即《金史》五行志所称天王谷也。自腰亭以往，山势益深，潮河川穿塞而来，左之右之，流不一派。《方舆纪略》云："潮河从塞外兴州发源，入古北口，西南经密云、怀柔，至牛阑山，与白河合"。仰睇峰头一线，明灭斗折，蛇行跨山堑埵者，长城出。城为明徐武宁王达筑，后戚少保继光重修之。前过顺义，考《梦溪笔谈》云："州东北三十里，有望京馆，东行少北，十里余，为古长城，乃高齐天保年间筑，驰驱长途，未及于荒烟中一问废堞。惟兹地言言崇墉，高悬天末，云由老王店十里潮河关有城。又十里，驻于柳林总兵官卫署。柳林，距古北口不数里。潮河锁抱，乔木阴浓。虽未出口，已觉暑气顿消。

六月初二日，驻跸柳林。巳刻，大雨。午后晴。

六月初三日，驻跸柳林。

六月初四日，驾发柳林，幸两间房。三里，古北口关。关筑于两山合抱处，重门深邃。潮河急湍，横锁关前。出口后，层崖夹峙，一线中穿，河声汹汹，雷轰电激。十余里，山势全合，跨山过岭，如下峻坂。宋苏颍滨辙诗"乱山环合疑无路，小径迂回长傍溪"是也。王沂公曾《上封事》云"出古北口度得胜岭，又名思乡岭"，岂即此邪。二十里，抵两间房行宫，此为塞外避暑第一处。一湾碧树，四壁青山。岭飞翠以催秋，壑倾泉而逃夏，台殿浑朴，不事丹青，特存茅茨土阶之风。固已温风不烁，清气自生矣。东宫行幄在宫西，入直之地在宫东南隅。

六月初五日，雨。驻跸。

六月初六日，晴。仍驻跸。

六月初九日，驾发两间房，赴鞍子岭，宫漏四下，马首残星，随风欲落。回首万帐灯火，荧荧类长蛇陈势。凉飙侵袂，挟纩犹寒。仿佛大江以南十月气候。山势较前更峭巉，数十武即作一合抱形。柳柳州宗元《山水记》云：舟行若穷忽又无际足以相况，人行崖间，马随山转，一转一变，无不奇妙。忽峭壁削成，作宋人斧劈皴，忽碎峰磊落，作元人披麻皴，飞泉喷薄，有直挂树梢者，有斜射豁石者，膏渟黛蓄清鉴须眉，浅深见底。大率潮河自沙漠穿入塞垣，一路行峡中，蜿蜒无定。古人云："三折成巴字"。非此无以肖之。二十里度新开岭，又名青石梁。峻岭嶙岣，丹梯百级，置身烟霄，俯视无极，下岭至马圈，地复平敞，而处势过高。盖天倾西北，地缺东南，渐北渐高，惟高故寒。视彼岭峤，炎方从不降雪，云南腊月御单绞衣，迥然别一天地。古北口以外，皆为蒙古牧马地。皇上威德四布，远近悉成皇庄，禾苗漫野，雨笠烟犁，无非图画云。去马圈三里许，又度一岭，名黄泥坂，诡石怪木，奇卉美箭，阴森杂沓，一望浩浩，直至小笒儿。口外茅舍，落落至是。衡宇相望，鸡犬相闻，数日经行，朴械亦供樵苏。至是，乔松合抱，老干槎枒。先是，潮河川寥阔瀴湾，将抵青石梁，忽迷不可寻，至是巨浸复来，乃知滥觞处远甚也。又十余里，至鞍子岭，日尚未午，行宫在望，是避暑第二处矣。值庐在其左翼，上传示，夜光木木系老树之根，沙水浸渍，日久俨如水晶，终夜放光能烛细字。

六月十一日，赴皇太子幄。得见西蕃山金虎，躯如鼠而虎头，毛香如沈香，性灵而悍，夜伺驾鹅鸿雁宿时，钻入翅中，啮其项，怒飞而堕，则随之下而食之。或潜身松枝，俟麋过，跃而踞其两角之介，食其脑，麋触之不得，征厄鲁特日始得其种云。

六月十三日，见塞外蝴蝶大径尺。皇太子云："罗浮山茧子向年人自岭外贡，至当春养出，绕殿而飞，其大亦不过此"。晓雨达旦。

六月十五日，夜月如画，高卧军幕，光透枕衾，半生尘梦几为涤尽。

六月十六日，驾发鞍子岭，幸化鱼沟。十三里，三道梁。十里，靳家沟。十里，黄甲营。三十里，至化鱼沟，亦曰桦榆沟驻跸，为第三处避暑之行宫。是日，计程六十里。天未曙即发。前三十里山势嶔崎岭，巅石峰若衣冠簪笏人，高低拱立。雨过岚生，转瞬匿去。岭外诸峰，又若束髻老人，行于墙外，而云气变化已称奇绝。后三十里，如屏如镜，山骨全露。如屏者长而横列，约半里许，干净可书大字。恨不勒游纪于其间。如镜者，从蒙茸丛莽中恍然利剑割出，可以鉴人。又有巨岩遮路。澄潭碧水，半浸其根，苔藓浮动，清莹秀彻，若盘中水石然。长河滔滔皆东向，随马蹄前奔。识者曰："支流之出滦河者也。"途次有庙二，大者祀关壮缪，次者祀田神。值庐在行宫宫门内。

六月十七日，傍晚传旨，明早翰林随往钓鱼台。

六月十八日，急雨骤晴。上幸钓鱼台。翰林六臣皆从，漏四下，即兴步于月中。天明由化鱼沟南行，稻粱盈野，群山呈秀。绕山麓约七八里，陡闻水声与树声、风声相杂，中使引诸臣穿林出溪流湛然，直至行殿，殿在岩巅，回环星日，临瞰风雨，滦水油油从林外来，有朝宗之势。一二奇石悬空临水，真天然钓矶也。上谕云："此即滦水，南通永平，产鱼甚佳。命凭栏瞻瞩，毛发生凉，撤御馔赐膳毕，复命内侍引至东宫行帐，人赐一竿，清流深苇，游鱼衔尾，争饵吞钩，应手辄获。时天朗气清，方徘徊水滨听娇莺睍睆。忽传上谕："当速归，雨将至矣。"未及半途，果沛然雨降，衣襟尽湿。塞外行宫，初历两间房，山势四匝，迫据回合。鞍子岭地面盘旋，心目已豁。至是林泉棋布，紫青绕白，外与天际四望如一，益觉旷观。出入流览，胸次觉飘飘有仙气，非沐恩扈从，安睹塞外风光若是哉。

六月二十日，薄暮。上幸东宫行幄，召对。上坐殿左绣墩，西向，太子南向。侍臣北向，跪。上谕："作诗之道，练字不如练句，练句不如练格，练格不如练意。意之所出，诗自随之。"又谕："读书须见讲实用，毋徒寻章摘句。朕向读赵充国屯田封事心然其言，前年征厄鲁特到宁夏时，以封事中语验之，句句与风俗吻合，益信古人言非泛设。"又谕："文章必先人品，文公、朱子地步既高命意又远发为诗歌，自然超人头地。徒擅吟咏，安能与之争衡。"又谕："禹贡西铭诸书，皆透发精理。"又云："朕凡读书，必百遍之外，是以随口熟诵，不讹只字，非徒恃天资也。"久之，出殿，烛已数易。

六月二十一日，大雨彻夜。

六月二十二日，辰刻雨止。适查昇因坠马手痛未愈，十指不能屈伸，比复发肿。上传谕令刲一羊乘热以两手入羊胃。移时痛止，指挥如意。真神验也。是夕，雨复达晓。连日暴雨，河水泛滥。

六月二十三日，起营晓餐后，上率太子临河干看水势，遣人修葺桥梁。是夜复雨。

六月二十四日，上传明日早幸喀喇河屯。蒙古以黑色为喀喇，以城为河屯，盖言黑城云尔。

六月二十五日，驾发化鱼沟，幸喀喇河屯。土人言，途有三溯滦河而西不过二十里，而近缘雨积泥泞不可往，必从旧径返黄甲庄。又三十里，乃抵其地。凌晨，雨大作。烟雾迷离中从马首看山色，倏焉全峰遮尽，一鬟露尖，倏焉横冈抹平，一拳西出，芙蓉透影，又依稀美人，隔珠帘中，而山瀑之汇入滦河者，珠跳雩舞，澎湃腾踔，水气上涌，白烟埋空，林木以远近为浓淡，顷刻万状，惜不令米襄阳同来塞下，收入画筒也。日午达黄甲庄，天乃霁。复从北行，穿一线山径中，约数里，驰而前，土阜黝黪，屹如城垒，是为喀喇河屯。皇上第四处避暑行宫也。地势较化鱼沟更宽，河北兼饶村落，有勅赐穹览寺。内臣顾问达新建以祝圣龄。金碧精彩，射人心目。为塞外伟观。行宫宏敞，宫西层楼面对巨壑，滦河自西北而南，伊苏河自东北而来，合流直过楼下。值庐在行宫朵殿之东。

六月二十七日，辰刻。上幸穹览寺。

六月二十八日，闻裕亲王疾笃，亲回往视。辰刻，上轻装减从，率皇太子回都，奉旨，翰林官留此地校书。巳刻，移书籍至东宫行殿后。自二十九日以后，皆值庐供事。

七月初四日，有内侍自都来，知上于初一日辰刻抵京，先哭临裕邸，情礼备至。然后入宫，兼闻裕亲王初五日发引。

七月初六日，驾即发京师。附记塞外萤火，光如红灯，大如弹丸，有虫名云虎，赤鳞金色，吐气直成彩云。山中野杏，树根坚韧，断而就其形加以雕镂，可为香几、笔架，揩摩之色红紫。又见新获雕鸟，状如鹰而大倍之，翅若车轮，爪同锋刃，双眸喷火，长喙反钩，飚风有凌云志，鸷鸟之雄也。以食饱不能高骞，遂得而羁绊焉。

七月初八日，辰刻。中使自口内来，知驾昨宿密云县，今夕宿柳林。

七月初九日，驾至自柳林，迎驾后，仍移值庐于朵殿之旁。

七月十一日，颁示御制三角形推算法论。

七月十二日，上复以三角形颁示。谕云："三角形之法，始自中国流播西洋，今中国失传而西洋仍留此学。朕年十四，因历法一案多伤人命，遂于万几暇时，参详会悟，得其秘妙。"

七月十五日，大雨，少顷开霁。闻旨于来早移驻热河之上，天意特为清尘焉耳。皇太子赐鼻烟一玻璃瓶。此烟草生海外章奇岛中，西洋人以香药调制之，用瓶悬之带间，以小指挑分许，嗅入两鼻观，则香气贯脑，最能去疾。

七月十六日，驾发喀喇河屯，幸热河上营。自前月二十五日抵此已经二十余日矣。晓雾弥空，渡滦而北，积雨余涨，波涛汹涌，先期造桥约长数十丈。塞外河流，此为最巨。过河正东行，俛入绿缛幽阴苍蔚，步武错迕，不知所出，行十余里，雾忽薄，两巨石岫立高山之巅，丰上锐下，其一石连透三罅，上如目，中如星，下如圭窦。一石稍瘦削，若老人，旁立石上，又冠以小石峰，飘飘欲动，横穿罅中，不异玲珑浮图。时驾已前往，留中使指示曰："此双塔峰也。"大道绕双塔峰三面行，从马上东向，则见其面，转北见其肩折，而南回首，独见其背。方共叹其奇而雾倏复罩之，岂海上神山不可得而近玩邪。又数里，一石横卧山首，无名可考，因以象山名之。十里登热河岭，遥见山峰重沓如带如城，引领来朝，云排星拱，又十余里，千峰如削，一石如琵琶倒插山尖，一方石如盆盛之，土人呼为棒槌山，为易其名曰"琵琶峰"。其地行宫为塞外避暑之第五处也。沿途黍稷芃芃，三穗五穗者甚多。上偶于所过取黍以示孤茎特起，珠玑数串，真目所未见也。

七月十七日，午膳后，上幸热河钓鱼台垂钓。热河距上营数里，源有二，一从正北来，有汤泉甚热，蒙古呼为黑茅沟。一从东北来，汤泉稍热，蒙古呼为赛音沟，亦名头沟。皆喀尔沁之界。缘是部长先于两沟坐汤疗疾，别之以名，黑茅者下等，赛音者上等也。两沟合流，是为热河。热河之下流汇入滦河，旁皆有皇庄。其种获小黍、高粱、黍子、糜子、稗子、豆、荞麦，凡七种。午刻，上回行宫。

七月十九日，上幸赛音沟汤泉，距行宫东约八九十里。臣灏等仍留校书，从朵殿移书籍于皇太子行殿之西。嗣后仍每日入值。

七月二十日，中使从行在来，知驾已抵汤泉坐汤。

七月二十三日，闻驾发汤泉，去行宫北门迎候。上从二十里外黄土坎登舟，泛热河顺流而下，扈从十余小舟尾焉。午刻，入行宫。臣灏等仍入朵殿值庐。上问"曾浴过汤泉否"。各回奏讫。又谕云："朕所历汤泉，如遵化马兰峪、独石口、昌平及塞外，近者哈贝，远者索约儿，凡二十二处。所至，俱令西洋人以银碗盛水重汤煎之，俟水干，验其底，或硫或硝或盐或碱各处不同，大抵坐汤可舒筋骨兼疗人病，南人多未之知也。"午膳赐鲜鱼谕云："此名丛鱼，惟沙河始有之。食其唇美甚。"

七月二十四日，五更大雨。

七月二十五日，晓，雨霁。辰刻，驾再幸热河之南垂钓，得鱼约七百余尾。

七月二十七日，白露节。驾发上营，幸蓝旗营，计程六十里。五鼓，西进十余里。登热河岭，见双塔露尖于峰外，遂北行，双崖峙处，茂树丛石，空若洞谷，人马行深树绿阴中，泉声潺然，流沫成轮，十余里山坳中，有七层瓦塔，高不三丈，名曰"单塔儿"，遥遥与双塔相对，间之居人，西北去兴州百有四十里耳。又二十里，抵一峻岭，岭路初开，才容两骑，羊肠曲折，不减滁州之磨盘山。下岭出沟，十余里乡村，妇孺鸡犬桑麻疑是桃源，叹异之余，已望见行宫，是为塞外避暑之第六处也。都中八旗官兵更番扈从哨鹿者来会，厄鲁特降将丹济纳亦来朝随大纛后。

七月二十八日，蓝旗营行宫前滦河环绕，上临幸垂钓，随幸红旗营，去行宫约十里许。午刻，回宫传谕云："明日当往波罗河屯。自此以北，风气渐凉，前至唐山〔营〕当分营，尔等或留或随各听便宜。"回奏，随銮出塞，已历数处行宫，若得纵观哨鹿之地，尤所心乐，皆请扈从。

七月二十九日，驾发蓝旗营，幸波罗河屯。起营北行，峻峭阻出，幽郁帘廊悠长，峰顶石壁横通处类长城。日初升，光芒先射壁上，其色烂然。二十里，哈巴屯，落落十余家。十五里，冷水头，地宽敞，村居数十户，以上初幸其地。饮水而甘，故名。是日辰刻，寒如隆冬，人皆御裘。已后，稍暖，略如江南十月。饭后北发，山舒水绣，万马齐驰，遍地秋草生花，锦绣夺目，马蹄俱从茵褥上行者。二十里度一岭，甚长，有树环焉，有泉悬焉。人迹罕稀，无从诘其名。二十里，抵波罗河屯，一名皇姑庄。乃今上之姑、太宗文皇帝公主下嫁巴陵，往来居停地也。四面山如列堵。中尖地平如削，蓊勃香气，冲涛旋濑围圆约数里，人家村舍栉比，鳞次烟火周密，而依山临水，一望轮奂者，行宫也。其地与蒙古四子部落接壤，部落之长至此迎驾。皆毡裘茸帽矣。出塞以来，此为避暑之第七处。

八月初一日，午后颁赐塞外天然盐。盐出蒙古阿巴海部落，地名俄充里，不劳煎煮，生泡子中，上下皆水，中若层冰，厚五六寸许，凿取成砖，较之煎出味淡而更鲜。上禁不许入塞，以给塞外之人。又谕云："此地别有产于高山者，白若水晶，人力不能至，则用强弓劲矢射之。"又谕云："塞外精铁其色如银，朕用鸟枪皆以此制造。往闻明季禁关口不许出盐铁等货，谓可坐困蒙古，岂知彼中物产原无所不有邪。"上初欲来日幸唐山营，偶见阴云四布，命留一日，五更大雨。

八月初二日，晚霁。

八月初三日，驾发波罗河屯，幸唐山营。黎明向东北行，见蒙古土城层层，知波罗河屯取名之义。山势益觉苍莽，依稀六丁搥凿新开，而交络之流、触击之音、翠羽之木、龙鳞之石，沿山不绝。窃闻康熙十年后，口外始行开垦。皇上多方遣人数之树艺，又命给之牛种，致开辟未耕之壤皆成内地。十里阿南营。十五里，过一岭不甚峻而峭厉，伊苏必拉水从兴安山下来，滔滔自北而南，直绕山足。又十里，为汤头沟，沟最宽远，一望无涯。中间村曰"河乐屯"。又沿河大村曰"申家屯"。过桥山，更突兀一峰，冲河横出，如巨人竦立水滨，甚为雄特。皇上垂钓河干。又十余里，方入行宫，是为塞外避暑之第八处。谕云："行宫瓦屋至此而尽，桑麻种植至此而止。前路畋猎之场，杳无村落，人皆野栖营处耳。"

八月初六日，驾发唐山营，幸汗铁木耳打把汉，计程四十里。打把汉者"岭"也。自此北行，为蒙古界。晨起传旨，翰林院官帐房，许在帐殿南门外，去网城二十步下于御目所及之近地。"盖行幸定制，网城内为幔城，幔城内为行殿，咫尺天威，扈从诸臣未有敢驻帐者。今特加恩，异数为无涯矣。初离唐山营，山势层层飞拔，若不著地，各呈灵异，以悦宸观，田畴将尽处，瓦屋茅房无复稠密。轻霜初下，草色微变，淡黄浓绿错杂成文。一路射干、桔梗诸花虽谢而马兰、杜若灿如云霞。苇花飘雪，浅深迥别，忽没马蹄忽侵马首，皆有佳致。前此禾黍丰盛。虎贲瞽御宣上严谕："毋敢践踏"。不过单骑按辔，一线直行，至是平原无际，万马开张，恍如入海，沿山麓缭绕，又如层城璀璨离奇，仇家画图也。中途赐馔而行，见道旁一峰三髻，撑天奇态，种种山木红黄，亦如仙女争斗艳妆，德勒苏草盈路丛生，其草上红下绿，经霜弥劲，蒙古人俟其干枯，色纯变白乃采以献。数里渡桥，驻跸钓鱼。臣灏等先行。又数里，双壁陡起，天然门户。过一岭，设幔城。上谕："明日若从喀布其前行，须渡水数四，若取道岭上，虽有涧水乱流可渡也。"晚谕云："明当哨鹿，尔等不娴鞍马，恐马性无定，或为奔鹿所惊，命内务府拣选良马与骑。"又谕："塞外有蝎子草，触之毒如蜂螫，须谨防之。"命侍卫觅此草以示。又有一种白椵木，叶大如团扇，初生时可蒸冷淘，霜后则鲜赤如枫，其皮可治绳为鱼网之网，乌喇网大鱼常用之。亦可为鸟枪火绳。又有楷包红鲜可爱，干之往往用以为杯。

八月初七日，由行宫七八里渡汗铁木耳岭，岭势迂回，槭叶枫林掩映山径，旧云，江北无枫，不意塞外无异江南。又有多罗木叶，亦红鲜岭边，草色红黄相间，恍如古锦铺地，分插琪草玉树于上，株株成行，而随步变色，非善手莫能绘也。羽林禁止军士不许越次前行。特命殷、傅两侍卫导臣灏等先驱逾岭下，河流前绕，微雨溟濛，山色金碧，忽变为朱砂、翡翠，更觉妩媚。日色雨声两两交并，无异黄梅时节。命随皇太子钓于河滨，各得柳根赤鱼有差。时太子及诸王较射,射毕雨作。少顷,至行宫前,上赐细鳞鱼,谕云:"南人食鱼以鲥为最,不知乌喇之细鳞、柘条两种,其味更胜。此处河中已有细鳞鱼,是以特赐。其鱼长尺余,鳞细如粟,金光灿目,而鳞背上黑斑如豆,排列成行,鱼腹一线中分,脊翅后多一软翅,嘴有重唇,是鱼中罕见者。是日,喀尔喀摩尔根郡王男女多人来朝,献白驼、名马、貂皮、猞猁狲之类。所驻地名木鹿喀喇沁色勒,昨驻汗帖木耳岭南,今驻岭北,相距仅十里。是夕大雨。

八月初八日,晚晴。由南折而北发,山枫红者渐多,平冈如案,骑行冈下,遥看冈外诸山,银屏玉几,宝鼎秘瓷恍若平置案上。雨霁微阴,日穿云际,众峰层叠,晴阴互换。十余里,枫林中叶飞如雨点人衣袂,度木桥羽林独许词臣先过,曰"奉特旨也"。山回壑转,峭壁雕镂,波流其下,潴而为潭,用幔城环之。皇上垂钓,复命侍皇太子钓于下流,钓处巨石百寻,奔然若印,幽湍清冽,浅深见底。日光下彻,游鱼弄影石印之下,犹深碧莫测。各得鱼有差。皇太子于钓之少暇,入前山射取巨鹿二头,炙而献鲜于上,并及臣等,午膳后,前发山更奇特,不可名言。遂于值庐供事。其地,蒙古名曰"木鹿喀尔沁"。上谕:"明日哨鹿,尔等仍跟豹尾移营至宽平处赐观围猎。"

八月初九日,天阴,漏五下。驾发木鹿喀尔沁,依山东行,山色绚烂,与昨不甚相远,而霜叶鲜明,双崖雪秀,空旷处可屯百万营垒。行十余里,豹尾屯于谷口,露坐平冈候驾,风雨忽来,山林变色,遥见辎重之车,与连营士卒,骑而帜者,骑而执大旗者,骑而弓矢悬刀者,骑而臂鹰者、鹞者、海东青者,骑而载兵行且下牵者,骑而负者,骑而缋者、执器者、枪竿者、背仪器者,两骑共荷担者,骑而橐者、囊者、骑而引骆驼牵田犬者、驱者、走者,络绎缠绵,井井有别。我国家军令严整,虽一行猎间,无一人敢乱伍,少间,羽林驱橐驼负一鹿来,大如巨牛,角长盈丈。有旨令观,大约数百年物,重六七百斤。皇上所亲射而获者。申刻,驾自山中回,所获豕獐雉兔不可胜纪。从臣于三里外皆骑马立道旁迓驾。一路各营散布，中使曰："凡此行猎安营皆遵上所指挥，其与军营微异者，以便于从禽耳。"是日，移营不过六十里。其名为摆波喀昂阿，昂阿译云"口子"。

八月初十日，晴。霜花如雪，水始冰。驾发摆波喀口子，西行为钓鱼所，羽林齐留驻歇马草间，候豹尾北发，然后随行。山势变幻，近处皆平原，而峦嶂峭拔多出平原之外。虽经霜，秋花撩人，紫翠之色益复娇艳。大路平衍为科尔沁、巴林、乌珠穆秦、翁牛特诸部入贡之孔道。平原尽处，乱峰杂沓，一径如线，飞泉皆伏流其下，有如沆瀣，过岭微雪。雪止，急雨骤至。已而，放晴。约三十里，驻焉。上已到前山帐殿。其地名巴陇桑思太，山上有大泊如湖，人登其岭，则雷雨立至。识者谓蛟龙潜伏其间，连夜月明如昼。傍晚，中使传谕："天气渐冷，尔等南人禀气柔弱，须多著冬衣，勿致受寒。"

八月十一日，晴。未五鼓，上先向附近山中行猎。行宫，仍驻巴陇桑思太，随豹尾候驾十里外。驾返，射得巨鹿十只。上谕："嗣后，翰林官不必随班迎驾，各在值庐校书。若赐观大围，自有特旨召也。"日中，忽雨。西刻，上临幔城，以所获鹿獐狍麅五十余头，分赐迎驾诸臣。皇太子侍上侧，臣灏等侍立，网城外见公侯伯各以班立，闻呼以次入，各拜，一巨鹿而出。上赐词臣六人全狍一。又命来日随往额勒苏台观围。仍恐仓卒有猛兽奔触或致马惊，羽林猛士二员著持长矛防护词臣。

八月十二日，晴。漏五下，驾发巴陇桑思太赴山中行围。随豹尾东南行，丰草横冈，路界两冈之间。草中威灵，仙山茱萸，细辛射干，触目皆是。野豆蔓生，马食之多肥壮。行二十里，遥见幔城设山巅，臣颢等停马野次，遍川金莲花，时已开谢，苞皆结子矣。遵旨，过小桥度平川，跨幔城上背，上遣中使导至山巅，二持矛者翼之。四山奇秀，翠林叠出，天然围场，以供圣天子之巡幸。遥见奇峰直矗天表，中使曰："此乌喇喀大也。直郡王率诸王驻马出坳，以马乳果饵来赐。午刻天雨雪，旋止。见远山人行如蚁，渐出林间，若黑线然，又见近山人马飞空下坂，点点如麻姑撒米，而连觉移动者为兵为骑。红白飘扬，星光不定者，为旗为帜，往来若飞时出时没者，为麋鹿麐麝麅麞鹿麂，须臾风荡云卷，围势已成。鹿纷驰四奔，突围欲出，则所至扬鞭呵止之，俄而黄纛从中来，皇上自山顶纵辔直穿场中，天威所临，矢无虚发，有应矢即殪者，有带箭仍奔者，所获不计其数。询是日行围军士，系喀尔沁部落成一千二百人、敖汉百人，争先效力。都中随驾羽林，游观骑射而已。缘塞外诸部世受国恩，各抒忠悃，每岁如家人趋事其主，而皇上遥临塞外亦如游内府苑囿，推心置腹，只左右亲随十余人在行围中，毫无疑贰，自有天地以来所未有也。申刻，撤围命中使召臣灏等至帐殿北，以所炙鲜鹿于山后赐饭。然后下山度桥共随驾归，傍晚赐如前。

八月十三日，辰刻，随驾发额勒苏台，东南行，山径嶔崎，古松奇矫，若群龙之浴于海。约行二十里，抵乌兰哈大。乌兰译言，"红"，哈大译云"山崖也"。峭壁逼天，孤悬万仞，顶一小峰中空若月。附近诸山献巧呈奇为高峰之护卫，水虢流峰前。上钓于河，命于皇太子行幄前侍钓。少顷，中使自行在来，赐乌喇奈一盘，连蒂带枝累累无数。乌喇奈者，一名"欧李"，生于乌哈喇大之丛莽间，味甘而微酸，色如渥丹，大者如梅杏，性热不可多食，以蜜渍之，亦能久贮。时四山黄叶鲜明，浅深如染，山骨逾爽，若合黄大痴蓝田叔笔意而变化之。依山古松较前益胜。老木大者干霄，小者寻丈，一树一奇，无有肯雷同者。原中荻花一望数十里，无异嘉稻。其地为参即图火罗昂阿。火罗者"沟"也。遍地已多白草，有河自白旗营流下，蒙古中诸水此为最大。商人伐巨松成段散置河干，遇积雨水涨，则顺流出山云。

八月十四日，秋分节。驻跸。午刻，急雨。是日，掌院揆叙出使高丽回至行在复命。得读崇德四年太宗文皇帝平高丽纪功碑。

八月十五日，晴。驾发参即图火罗。臣灏等西行约六七里即驻。山背短树经霜久，叶尽黄明，惟山松数枝立异其间不改翠色。草亦黄增绿减，草中枝柯盈尺者，独丹赤错杂成文。雉兔飞跃，从者沿途弋获。久之，乃先入直庐。其地为觉火罗昂阿。路形肖十字，往南往北此为分途。驾入幔城，中使引至网城观上所射野豕，大如牛形如羵豚而耳稍小，上下牙如钢钩，驱突时猛如虎兕。上赐大小月饼五，皆以金彩饰为宫殿蟾兔之形，及梨、桃、苹果、西瓜，都中御园所种。并谕"常年中秋例有宴，今以亲王变故停止。特赐尔等果品、月饼"，又颁示黄花数枝，其茎及叶皆如虞美人而五瓣环合若金盏。上谕："天下花卉未有经霜不萎者，惟塞外各花能拒霜。霜愈重，则色愈鲜，胥此类也。"此地北行百余里为兴安岭，三日前已雪深一尺，然人产其间，多不畏寒，不得五谷之食，得乳酥杯许即度一日。女人曾无堕胎之患，男女从不沾疾，若一有疾，即无复起理。皆地脉使之然也。

八月十六日，晴。驾发觉火罗昂阿。率太子分途行猎。臣灏等北发。是日，晴光和暖，风不侵面，沿途益平旷空阔，草间野蔷薇染霜更赤，散生白草间如落花点纨绮。丛生一片则如莲衣满沼，如杜鹃连山。行二十里，漫山树叶一色数变，胜于春花。又十里，平野既尽，忽入深林，跨曲径，黄叶飘金，飞流屈曲，潺湲聒耳，悠然心远，不复知为万骑群中。已而，奇树丹赭峭壁天接，依山石峰五，离立山前，其匡庐五老邪，其琼州五指邪。石峰之背，奇树高插，拥以旄旌。由五峰而东，怪峰特立，如巨灵者二，若拱若揖，不欲让奇于五峰也。少顷，候驾入。是日，得鹿尤多。其地为撒勒巴尔吉。傍晚，上赐群臣鹿，兼得见猎获香麋十步之外，芬芳扑鼻。沿途地鼠甚多，其种有二、一形如鳖，前爪如人掌，所穴处土即坟起；一如鼠而短尾。又有落叶松桫木，口内松皆后凋，惟口外迎秋落叶，风高土寒故耳。

八月十七日，幔城驻撒勒巴尔吉。上五鼓入山行围，得鹿五六十头。是日，热如新夏。谕云："塞外多寒，今年炎热，不异六月，向来所未见也。"

八月十八日，东至达因昂阿。先立御营，命虎贲导臣颢等于异赤阿巴之地观围。是日，部落之效力者共一千五百人。围场较前更大，猎骑由西北而南，上驾由东击北，一路山之低秀，千层连络，有肩摩而高者势如挂榜、如张幕，高低如纱帽。山树黄紫，盛处不减从前，稀疏处十余里无一枝可以息阴。毡帐连山，牛羊满野。碎锦残雪，则风景又易一观矣。东北行二十余里，方达围帐，野坐草间，黄白蝶纷然撩人，秋草杂出，率多灵药野蒜可啖也。围场跨远山之北，深林大岭而来，少顷遥闻呵声震谷，鹿豕豺狼之类四山跳跃而下。上命于围外放犬以防鹿之突出者。是日所获尤多。倏忽风卷云散，遂撤围焉。命臣灏等先归，上仍督羽林取晚鹿。漏二下乃回。

八月十九日，晴，热甚。驾发达因昂阿。率太子五鼓入山。臣灏等从东南行，两崖山木黄红不减，而草渐逐凋枯。或行劲草杂花中，纵辔逐一片黄云或行芦花荻坞中，挥鞭泛千重白浪，皆有奇致。约三十余里，至前生即吐沟，远见石峰之巅石桥横跨，恍忽天台石梁。山崖连转，地多卑湿，草铺水上，马蹄踏处与波上下，艰于步者数里，驰骋山坂者又数里，乃到石梁峰下，遂设行幄俟驾。其地上旧赐名玲珑山云。夜雨。

八月二十日，晓晴驾发玲珑山，率皇太子校猎。臣灏等随羽林西行，平畴空阔，树木稀少，约十里为生吉儿岭。黄叶数十万株，交枝接干，无复鳞隙。翘首望之，如海日初出，一派金光，目为之夺。数万骑缘崖而上，恍如仙子行金云中，人马俱作黄色，虽邓尉之梅花、富阳之枫叶，不能与之伯仲。十余里，乃抵平地。溪涧中石生五色，有深碧若石绿者，采之欲以为砚。东有古庙，庙有石塔，其字迹皆灭没，相传为元时造，而旁无居民无可穷诘。其地名阿摆那音疏妈尔罕，俗云"半截塔"也。是日，热甚于前。日中急雨过，驾至。皇太子是日连射七兔，即以赐词臣云。

八月二十一日，晴阴。驾发半截塔，西北行三里余，黄叶半林，双流汇合，渡水者四五次，盖塞外河流悉皆附山脚行，到处不绝。十余里，沿河小树丛生成林，与黄河新种杨枝无异。三十三里，至土城。上先张幔于河干钓鱼，午后回幔，传谕："明日住一日，后日分营前往兴安岭。尔等仍随行校书。彼中天气较寒，可多带皮衣。"

八月二十二日，晴。五鼓，皇太子分营行围北往。上仍驻跸土城。早膳后，入附近山中行围。午后，雨大作，风寒欲雪。漏初下，驾回。

八月二十三日，再驻跸。大风作冻，始御重裘。

八月二十四日，晴。冻稍解。仍驻跸。驾仍往附近山中行围。午后，归，先犒蒙古来助行猎者四百余人还喀尔沁。

八月二十五日，晴。五鼓，驾发土城，入山行围。臣灏等从豹尾东行十五里，至依马图噶海交界之口驻营。连日大风，黄叶尽脱，边草皆枯。午刻，上射得巨鹿遣驼载回。傍晚，驾归从西入。上遣中使谕云："来日往兴安岭，尔等随羽林行，可到岭一眺望。其岭东连长白，西接五台。岭外为东四旗驻牧地，外为蒙古克什克屯部落，又北二百里即为沙漠，沙漠外即瀚海矣。"

八月二十六日，晴。暖甚。是日，分营东行，先赴唐山营。五鼓，驾发依马图噶海交界行围，向兴安。臣灏等随豹尾东行。十里许，渡水折而北行两山夹峡中，数历深林，清流激湍迎马而来。草中鹤鹑、鸡雉成群冲骑飞出，麇麂出没丛莽间。射生好手，随路可得。山崖峭壁，古松蟠石、经霜弥翠。松生石罅，矗干如杉。石壁突出如熊罴，猿猱下奔而饮于溪涧。深林叶脱处，时有红黄数株，鲜明新艳。草花落尽，仍有紫花数朵及黄色虞美人，清香沁鼻。约六十里，遥见松间白道如悬绠，即兴安打把罕矣。兴安者"沙"也，所谓沙岭即其地。穿松而登，约十里直至层巅，立马一望，天开地坼，千峰万峰，俱在足下。一线东走，浩浩荡荡者，其长白之眉邪；

远望西联如垤如岛者，其清凉之脊邪；苍茫莫辨，北睇而不可穷诘者，其沙漠邪，瀚海邪。西北一高处积雪常留曰"白垒也"。沿岭麓皆落叶松，松叶短而劲，经霜皆萎，以阴山皆天气高寒无不调之木耳。有未落者，翠黛参天，为千松枝，横生如盘。一树十数层，近地一层枝最长，至巅渐小有如浮图，约数十株不知其凌冬又复何状。数里抵幔城于西南山崖间候驾。沿途见蒙古人牛车数十辆，询之，知从白海载盐而至。是地去白海不过二百里矣。中使云："此岭最高，皇上尝以仪器测量之，高于京师八里。"

八月二十七日，幔城仍驻兴安岭上。五鼓，上命中使，谕云："岭为北地最高处，所望远甚。尔等可选一高阜携盒而往观焉。"上入山行围，遂遵旨携具烹茗眺玩竟日。是日，风雨大作。驾回，皇太子从北来谒，计分营已经七日。上传谕："明日下岭由归路行。"

八月二十八日，晴。五鼓驾发兴安岭。率皇太子逾岭行围。臣灏等从豹尾逾岭北行，西风大作，寒甚于冬。十里过一涧乃沿巅脊而东，白草连云，空旷无山，天与地接，草生积水，人马时时行草泽中，不复知为峻岭之巅。落叶松万株成林，望之仅如一线，游骑蚁行，寸人豆马，不足拟之。天风凛冽，吹马欲倒。盈耳皆海涛声。穷日东行，道里不知几许。日将晡，乃折而南，渐见山尖林木在，深林中下马步行穿，径崎岖久之，乃抵岭足，沿岭树多无名果，如樱桃，蒙古所谓"葛布里赖竿"是也。下岭后山沟深邃，寒风不到，渐觉阳和。幔城在伊逊必拉色勒。必拉译云"河"，色勒译云"源头"。盖伊逊之发源处也。河上一带石壁簪松冠柏，虽智者无所设施。少刻皇上、皇太子同回，侍班道左，特命休息。是日，所得巨鹿负载而来者，不绝于途。上射得石熊一只，召入网城观览。全身乌黑狰狞可畏，长喙锯牙，前掌如人手，后掌如人足，重七八百斤，御矢三中其额与其肘与项，独然不仆，乃以火枪继之，擒焉。谕云："熊之种类不一，有人熊、马熊、猪熊、树熊、石熊之别，此熊顶生白毛，乃石熊也。"

八月二十九日，晴。幔城驻伊逊河源。上率太子入山行围。亭午见驼载巨鹿先至，仍有鹿大而驼不能负，分之群马载归。灯下迎驾回。

八月三十日，晓晴微寒。驾发伊逊河源，率东宫北行围猎。臣灏等南行，山皆墙立而石骨离奇，立者、跪者、背者、面者，皆插怪松，与名园广囿中堆叠假石相肖。清流照彻，锵金戛石，草枯处独多红果，天渐暄和，约行四十里，石壁嶙峋，直撑霄汉。马行壁下，仰睇不测其巅，壁峭如磨崖方新，欲待雷篆，断处层出，势力相敌。云隙松悬，恍有千塔相连之势。徘徊久之，不解何处。俄焉折出，壁之背则五指高撑，即是月十六所驻撒勒巴尔吉地也。自二十七日由兴安下岭，已为回銮之途，至此乃抵旧路。又东行二十里，至代因打巴罕驻幔城焉。代因亦曰"达因"。驾归，传谕："来日大合围，仍勅词臣往观。陈壮履能骑射，许其入围射鹿。"并谕云："秋狝诸场，朕趣促将毕，连日皆归程矣。"

九月初一日，严霜下降，破晓甚寒，诘旦，驾发达因岭口入山行围。臣灏等从羽林东南行数里，沿途见蒙古毡帐连山，牛羊遍野。询之，知皆远道来朝者。羽林至笔忒舍勒之地，上命中使导登山巅，群山万壑，蝉联相属。以西洋眼镜测之，不知几千百里。围场辽阔，比前两次更大，行骑仅见一面，幸立马高峻，草蛇灰线之势，时复一露，始虽寂静无喧。骑不轻动，麋麇麋鹿不知从何处来。或三四成群，度涧若飞冲突欲出，闻鞭复避，而苍狼猛悍，亦驰突于围中。皇上率诸皇子，弓弦响处，悉擒获。壮履随中使入围场中，射得巨鹿一头。撤围后，上命中使牵御坐紫骝马以示归值庐，约十余里，天已暗黑，千营灯火，万灶炊烟，上连星光，而马驼之负鹿兽归者塞途。上颁示围中所得飞狐，其毛深褐色，锐头缺口如兔而耳差小，尾之长与身等，肉翅如鳖裙，四足生翅中，前二足四爪，后二足五爪，腾起不过寻丈，兽中之能飞者也。是夕，地名伊苏三汊口。伊苏即"便逊"，在撒勒巴尔吉之南，相距不过数里。

九月初二日，驾发伊苏三汊口率皇太子东北山中行围。臣灏等从豹尾行，途间草木多枯，与内地穷冬无异，惟德勒苏草老而愈白。天气热甚。行三十余里，度舒库里打把罕，高陡里余，人马若缘梯而上。在在长松杂木，重叠成行，亦足娱目。度岭里许，有小石山如帐房形，名曰"格尔齐老"。盖格尔者，蒙古云"帐齐老"者，石山也。有旨，命驻于此。

九月初三日，驾发格尔齐老。臣灏等从豹尾东行数里，度一岭，不知其名，登不甚峻，而下临无地。又北行二十里，沿途雉鹿多从草丛中飞跃而出，行骑争逐得之，洵为秋田移营乐事。是日，上驻跸乌里雅斯泰。傍晚，迎銮。皇太子猎得一虎，蹄长逾一丈，白额狰狞，黄毛黑斑，牙长寸余，爪如利钩，负嵎时众莫敢撄，皇太子以火枪中其额，侍卫从而杀之。上命与观，谕云："虎性猛鸷，在内地则伤人，塞外则伤兽，故围场遇虎必不轻纵。朕杀者一百九虎，皇太子亦杀过数十。自十四阿哥以上，无不杀虎者。"又谕："关东地方尤多虎，驻防将弁旧用步围，每岁多致伤人。朕年十八时，亲往行狩，始命随围人等俱骑马。自此围中遇虎鲜有伤人者。"东宫召臣等手拔虎须并取虎颈骨以赐。命宰人剥皮以献。上曰："此兽中之雄也。既寝其皮，可复食其肉乎。"命瘗其全躯于冈。

九月初四日，晓阴。幔城驻乌里雅斯泰。皇上、皇太子入山行围。上每日验相风竿，窥测天文，辄知晴雨。是日，方束装欲行，忽有旨从行在来，云"天欲雨，且住一日"。已而，果然。上先得巨鹿回。皇太子得鹿亦冒雨返。是夕，三更大雨，大明乃止。

九月初六日，晓晴。驾发乌里雅斯泰，入近山行围。皇太子召臣灏等六人随行，东行十余里。以玉鞭指树林曰："此前日杀虎地也。"马行如飞，雉起草中，一发中之。入山射猎，臣灏等立马途间，未片晷，皇太子射得巨鹿二，其一矢折其前足，无异巨斧所伤，则以用镞巨故也。赐茶，途间少息。复往对山射向大鹿，方注目聚观，复一鹿跃出，皇太子一矢横穿其腹，而鹿独狂奔十余里乃殪。

皇太子率臣灏等登岭，赐坐，候驱鹿至，乃发，连得六雉。先分以赐，复下岭行猎，得巨鹿甚多，又十余里，乃抵幔城。较孔道省二十里，其地即乌喇带昂阿，去巴陵桑思太不远。三更微雨。

九月初七日，阴晓。皇上、皇太子发乌喇带，分途入山行围。臣灏等随豹尾东北行，行二十四里上预指一地驻焉，地名为噶吟兔，译云"猪"也，山石似之。少顷，风雪降。午后，命中使传谕："此间河二道，从山砬中分，其砬即巴陵桑思太。西流者，乃伊苏水，南入滦河；东流者，流入辽东界，入海。"又谕云："前人不知塞外事，辄言塞外马经秋乃肥，至冬春渐瘦，不知塞外之马四季俱肥，冬春枯草亦可饱，不必喂料。又泉地多涧，马食草而呧泥，不至消瘦。朕每有事出塞，不拘冬春，知之最确。"又谕："此地往岁早已飞雪，今岁较迟，然雪降则易晴矣。"又谕："羽林得雪易于杀虎。雪后兼无烧荒之恐。"将晚，风雪大盛，二更至晓狂风暴作，帐房飘荡，浑如身在惊涛中，竟夜不寐。

九月初八日，塞风彻骨。驾发噶吟兔，与东宫分途入山行围。臣灏等从东行十余里，四山雪积，满目琼瑶，山巅有石类罗汉打坐，人马俱从玉山上行。又十里，名"西纳那海打把汉"。岭不甚峻，云留树木，雪色掩映如昆冈玉屏，远近万峰圭璋罗列。下岭空阔处恍如银海。又二十余里，有石峰横列，棱棱骨露，中一峰，端正耸立，而二峰旁列如左辅然。其地为"克勒乌里牙思泰"，译言"杨林子"也。幔城依山驻焉。午间，驾同皇太子归幔城。是夕，星月交辉，万峰残雪。行营人定，牧马无声，不知身在边塞地也。

九月初九日，驾发克勒乌里牙思泰，赐鹿肉及重阳糕。谕云："今后不复行围，则鲜鹿肉少矣。"重阳糕以面为之，若饼饵三叠，每叠实以棘栗、核桃。是日，行四十里，越山岭，凡二，渡水数次。中一处怪石突怒，负土而出，争为奇状。辄多奇松，佐之摇飐葳蕤，遮留过客。将至汗帖木耳打巴汉五里大路旁，见人马行围，鹿之轶围而出者，每四五成群。赐臣灏等观围，仍命先归。傍晚，迎驾，皇太子召示重九新诗，并观新菊，有傲霜黄、猩猩红、大小金盘各种。恰于是日，自京师贡至，以玉瓶贮之。塞外奇果最多，是日初见木灵芝。芝寄生杨林间，枝分两翠叶，而果生于两叶之中。别有一种生落叶松上，白如玉软如脂，大径尺，坚久不坏，亦异宝也。

九月初十日，晴。赏赉从围将士千人归喀喇沁、敖汉。皇上、皇太子南发行营，过汗帖木耳打巴汉，上岭只里余，而下岭不啻倍蓰。一转瞬间，风景暄和如春初，渐觉日色炙人。此岭虽不及兴安而凉燠顿异，亦可谓阴阳割昏晓矣。驰马六十里，上于中途垂钓后，行抵唐山营行宫。

九月十一日，辰刻。上泛御舟，同皇太子从伊苏河顺流南下，往波罗河屯，于中途观打鱼。臣灏等随豹尾陆行，先入值庐候驾，是日，行六十余里，天气和暖，复见旧日山峦。

九月十二日，晓，驾发波罗河屯，赐乳饼六大匣，有名"尼集个"者、有名"阿里密"者，皆外藩所进。驾行七十里，于途间射金钱豹一只。臣灏等先至蓝旗营值庐。驾至，命于行宫前观豹，白毛黑斑形与虎肖，头微长而尾亦稍大，牙利如刃爪锐若钩，前右足有血瘢，乃皇上以一矢殪之者。

九月十三日，阴雨。上谕："朕御舟由蓝旗营至喀喇河屯，尔等不必沿河干行，但随豹尾前往，自与朕舟不远矣。"圣心眷顾，臣灏等便于观鱼赐钓及观射虎，故有此谕。驾未发，雨甚。因驻跸一日。午间，大雪飘空。上赐塞外土产、文玩。臣灏得瘿瓢一、山杏根镇纸一、赤茎芝一芝，出兴安岭北落叶松卜，瘿瓢则千年古树所生。谕云："此皆口内所无，此间出产甚多，因不欲炫匠艺出塞，尔等带回京重加琢磨可也。"晚，雪止。

九月十四日，晴雪后寒。上命羽林辎重陆路度岭，计程六十里，至喀喇河屯。驾发蓝旗营，亲率皇太子、十皇子、十四皇子共一舟，随从五舟，顺流而南。上谕："本欲命尔等登舟，以舟小不能载多人耳。臣灏等随豹尾从山外行渡河，去御舟不远，见皇上命内侍用网罟取鱼，再渡水约行二十里，羽林来报，对河山上有虎。命停御舟登岸。皇上、皇太子各持巨枪，立河干，勇士持枪者二十有八人环立伺之。又传火器、弓箭以待。见臣灏等泥泞不便步履，命不必下马，虎咆哮于对河山谷约二三里，杀虎者悉伺上指挥布置，用御制顺风耳传旨于对岸，对岸勇士亦用顺风耳于隔河跪而请旨。顺风耳者，以铜制，管长丈余，或如西洋千里镜，空其中，口大而末小，人从小口中向远宣旨，则声音洪大，数里之外听者明析如对面。勇士遵旨，五人登山，移时报虎就殪矣。上再登舟顺流至行营。臣灏等于舟旁拜赐马乳茶毕，各悬赐鲤一尾于鞍，驰行二十里间，又渡水四次，酉刻方至。上命观所杀虎，黄毛黑斑，狰狞更甚。谕云："虎每食一人，其耳必有缺。"臣灏等视之，耳有数缺，盖食数人矣。虎重三百七十斤。上谕："此虎系中等关东之虎，大有五百余斤。"是日，积雪俱冻，万木皆成璆琳。盖口内雪傍树梢，俄顷皆化。口外天寒冻结不解。罗浮梅千树，邓尉香廿里，今塞外梅花，一望茫茫万里矣。

九月十五日，雪融道滑。驻跸喀喇河屯。上颁示空青石二，其一圆而白，外若指上纹，而其中贮水随势转荡。谕云："是蒙古所献，不知其为空青。朕一览而识之，一紫红色若宝石，中有水沫流走不定，俱异宝也。上分赐群臣鹿肉条，赐臣灏等人各十束。谕云："随驾大臣，每人例止七束，尔等系内廷翰林，故特加赐。"

九月十六日，驾发喀喇河屯，踏残雪行，三十里至黄甲庄。中途闻山中有虎，上命勇士往杀之。谕云："异赤满洲能一人独杀一虎，遣五人者正欲慎惜其力，使万全耳。"又三十里，度鞍子岭。是日，上颁示山果名乌沙尔器，其果如樱桃，可食，微酸，核如小瓜子形。谕云："此果之木大者可为弓，小者可为箭，木虽偶裂亦坚固不可断，塞外名材也。"

九月十七日，驾发鞍子岭，十余里度黄土坡。山势崎岖颇艰泥泞。沿途乌沙尔器及酸奶子树，红烂数里不绝。又三里，过青石梁，登不过高，而陡下殊甚。山泉左右折，潺潺盈耳。忆六月度梁而北方值炎热，今则雪泥马蹄风裂轻裘矣。过青石梁约十里过三间房，人烟接壤，亦有僧舍三间房者，缘其初名之耳。其地为司马台所辖，司马台镇守武弁营去此尚三十里，自三间房又数里抵两间房行宫。是日，天气更暖，草木青翠。上遣问云："此处风景较外何如？"回奏云："皇畿咫尺教化，渐近阳和，非青石梁以外寒冷也。"上命牵御坐汗血马赐观，马色紫黑，顶高七尺，长八尺余，眼如夹镜。闻侍卫云："此马产于西边，滴汗红色如血，是以得名。降将如丹济拉皆亲见之。先年征额鲁特时，得此种马四十，后以水草不同，难于豢养。此马又近年所贡者也。"

九月十八日，阴晦欲雪。驾发两间房。残雪掩映，山果盈野，黑者为老鸦眼甚多，其余粉红外苞朱丹内结有若红梅者，黄苞赤心有若腊梅者，沿途媚客，皆不知其名。三十里，遥见峰顶烟墩，知近古北口。前来时，直出关口，度桥绕潮河川平行，今则从新关路而入，俯视人马，俨在深阱。古北口城踞山上，长城横亘，重重关锁，人居栉比。穿城出，由南天门行，亦非复来时总兵府旧路也。皇上从南天门登舟，臣灏等从陆，中途渐雪。又三十里，乃至腰亭行宫。甫入口，柳叶全青，松枝积翠。人烟接壤，几疑腊后春回，不知其为秋杪也。自是以后，行宫中无值庐，皆集帐房。

九月十九日，晴。驾发腰亭，御舟顺潮河川而南。臣灏等随豹尾行。三十五里，超渡庄，又罗家石桥。五里沈庄，过张大人坟。三里，石岭儿，望见峰头古塔。沿途林木葱翠，无异初夏。天气和煦，篱落难豚村庄接续。忆前来时，正赤轮如火也。又三十里，抵密云县城。傍晚，驾至城外行宫。传谕："朕来日宿汤山，后日至畅春园。尔等久劳，可从沙河至京休沐二日，然后至畅春园入直。"

九月二十日，五鼓，驾发密云，从西南至汤山。臣灏等从东南行，二十里黄姑庄。又三里，经怀柔所辖之罗山。二十七里，牛栏山，三十里，三甲店，顺义县界。三十里，渡县河宿。共行一百里。

自五月以来,每夕宿帐房,是夜重投逆旅。

九月二十一日,三更发县河踏月至东直门。是日抵寓。

九月二十二日,戒旦。畅春园启奏谢恩。是役也,随銮往返计一百一十有六日。经历口内行宫三,口外行宫八。而移驻川原广漠之区者不与焉。

(《小方壶斋舆地丛抄》第一帙)

扈从赐游记

(清)张玉书

康熙四十七年四月初四日,上御畅春园内澹宁居。大学士伊某等以摺本请旨毕。上传大学士、尚书、侍郎、学士等,同进畅春园看花,从澹宁居右至渊鉴斋前沿河隄上列坐。赐饭毕,诸臣纵观岩壑花光水色互相映带,园外诸山历历环拱如屏幛。上御船绕渊鉴斋而下,诸臣从岸上随行过桥,向西北,一路目不给赏。是时,丁香盛开,共数千树,远近烂漫。上登岸,遇名胜处辄亲赐指示,诸臣得见所未见,游毕回至渊鉴斋前谢恩出。是日,上随谕诸臣,玉泉山迩日景物正佳,初六日再来游。迨癸酉,上御玉泉山静明园,诸臣俱集,从园西门入,园在山麓环山为界,林木蓊郁,结构精雅,池台亭馆,初无人工雕饰,而因高就下,曲折奇胜,入者几不辨东西,攀跻而上,山腰诸洞直至山顶,眺望西山诸胜。上传谕诸臣俱乘船回,各家人役皆携襆被先至西直门伺候,诸臣出至园门外谢恩,皆称臣等经历山水胜概,从未得如此。耳目开涤,心神怡旷,直天地作成,以贻皇上,蒙恩赐游,实千古未有之幸。上遂登舟留大船二,一赐亲王坐,一令诸臣并载,并差员前往启闸,沿途稻田村舍,鸟鱼翔泳,宛然江乡风景,而郊原丰穰气象又为过之云。

五月十八日,驾幸化育沟行宫。扈从内大臣各给房五间,皆倚山为壁,草木蓊翳,具有幽致,臣初与扈从,亦分给焉。二十三日,有旨命同内大臣、纛章京、一等侍卫,及翰林官,游观后苑。从东掖门北行,缘路皆莱畦蔬圃,内地诸蔬悉具,而野花杂卉,错出其间。其北面,则滦河之水引入小河,碧波澄澈,可以见底,鱼名柳根，赤者极多，水至清而鱼咸孳生，游泳于内，赤一异也。苑内叠石处，绝无经营缔构之迹，其曲折蜿蜒坡陀高下，皆因任自然，辄饶幽胜。山境葱郁，在万峰环抱中，而地势又极疏旷，遥瞩之，则邃如也。平览之，则廓如也。内境实罕有此胜。渡河而北为澄鉴亭。又行，则为霞标，又左则为四面云山。复过一河，则为宛在亭，皆有御题扁额。是日，上御宛在亭东，西座为皇子，亭旁左三间，诸满臣列坐，于内，右三间，则臣与诸翰林坐焉。赐食四盒，凡十数器，皆异常膳。又从御前撤赐口外百合一碗，极甘美，乳调雉羹，亦平生所未食。又特赐臣面食一器，令携回寓舍，皆珍品也，其音乐则升平雅奏，与外廷迥别。诸臣宴赏尽欢，午余方罢。臣与诸翰林同至值庐谢恩，随又赐金莲花一瓶，特移种于口外者，鲜妍可爱，与五台所产无异。他省诸山未之见也。

  二十四日，驾自化育沟移跸哈喇和屯，蒙古所谓乌城也。有御制碑文，在勅建穹览寺内，二十七日，有旨，命从满大臣等游观后苑从西旁门入，经一大轩，额曰"松壑清越"。登山至一佛寺，为慈云大士阁，有藏经在焉，佛像及供器，皆与外制者不同。出阁，经一轩曰"泉萝幽映"，度浮桥北行，桥下为滦水，从西来，分为支河，引入苑内，河中鱼至多。又行至行殿前，面山临流，山石嶙峋、耸削，上建二亭，即所谓小金山者，时同翰林诸臣于殿旁选石而坐，赐有蒲席坐垫。少顷，赐食五器，各饱饫毕，度桥登山，内侍遵行。上遥望，谕曰"可随意遍观，勿拘形迹"。因历览前后二亭。前一亭规制与金山之留云亭仿佛，联云"丹地平陵霁，夕月悬高阁；灵池不凿雨，时云起澄潭"，可以想见胜概。后一小亭，绝类金山吞海亭，且相望，一大石在河中流，与善财石无别，此小金山所由名也。徘徊久之，江天风景宛然在目，因对诸臣言，"不意身在塞外，复游故山，真人生之希遇也。"诸臣相愿感叹。既下，循长隄而行，观金莲花数亩，色正黄，弥望奇英焕烂，自压诸花之上。其他野卉，不知名者，不可胜纪。回至行殿前，内侍遵从左行，所历多佳胜，度浮桥而南至一别殿，额曰"寄云涵碧，"四面皆垂帘，旷览无际。所列异花最盛，转至水次登舟，绝滦水而渡伊苏河水，水中有大洲，上有轩额曰"烟月清真"，联曰"山林依石濑，溪谷润清波"。去轩数十步，有亭曰"积翠"，联曰"垂钓有深意，望山多远情。"南有小亭曰"碧玉鬖"。自此登舟，复渡至滦水，乃登岸，同诸臣至值庐，谢恩。

六月初二日，驾至热河行宫。十一日，有旨，同满大臣等游观后苑。由正门入，向东北行，至山崖，有殿三楹额曰"万壑松风"，联曰"云卷千峰色，泉和万籁吟。"历石磴数十层纡折而下，右有八角亭可垂钓。过桥，循长隄行，时上在亭中，顾谓臣等曰："此隄形势有类灵芝。"盖长隄绵蜿蜒，至中道别出一支，分为三沱，各踞胜境，实与芝相类也。其东，则"云山罨画"，西则皇子读书之所。直行里许至驻跸之地，正门额曰"澄波叠翠"，门外居中设御榻，眺览旷远，千岩万壑，俱在指顾间。入门少西，为"延薰山馆"，联曰"云移溪树侵书幌，风送岩泉润墨池"。馆后有佛堂，额曰"水芳岩秀"，联云"自有山川开北极，天然风景胜西湖"。旁有楼，额曰"云帆月舫，联云"疑乘画櫂来天上，欲挂轻帆入镜中"。转至御座正殿前，群花列植极多，异种绣球五本，分五色，目中所未见也。对面有台曰"一片云"，于是台上设音乐，满诸臣坐于东廊，臣偕翰林诸臣坐西廊，小榭内设木榻，既宴，赐食数器，又特赐御膳野鸡羹一器。及午宴罢，群起谢恩出。遂登舟泛湖，湖之极空旷处，与西湖彷佛，其清幽澄洁之胜，则西湖不及也。岸有乔木数株，近侍云"此皆奉上命所留"。随树筑隄，苍翠交映，而古干更具屈蟠之势。舟中遥望，胜概不可殚述。有远岸萦流，极其浩淼者，有岩迴川抱，极其明秀者。万树攒绿，丹楼如霞。谓之画境可，谓之诗境亦可。湖东岸一闸，温泉从此入，登岸则有荷池，池上有凉殿，殿右有亭为曲水流觞之地，额曰"苹香沜"，联云"双涧常流月千峰，自合云远近泉声"。皆随地势曲折疏导而得之。循湖水数折复至初乘舟处登岸，度桥，由旧道而出。此苑中东此一路胜概也。至二十八日，复奉命再游，则寻西北之胜。从东掖门北行，仍经万壑松风，由长隄至澄波叠翠时，从正门行，直过云帆月舫，循廊下行至一片云处，仍坐西廊。赐食，观乐，复特赐御案羹汤，食毕而起，传谕："荷花盛开，可同观之"。登舟过藏舟坞，对坐隔一隄湖光空明无际，所谓双湖夹镜者，于此地见之。湖西莲甚盛，内有一种，色至鲜妍者，从敖汉部落得其种，花与叶俱浮水面，倒影湖中，最为奇丽，其他，或远或近，丛生散布，清芬环匝，真巨观也。登岸，地势平衍，有田畴，有林木，过小桥，数折沿山趾而行，山巅苍藤古藓，不知几百年物。比至关口，关以外为狮子峪，关踞岭上，是为西岭关。关下一轩，曰"濠濮间想"有二联，一曰"窗间树色连山净，户外岚光带水明"；一曰"野静山气敛，林疏风露长"。坐憩数刻，真觉别有天地，非人间也，其山后榛子峪、松树峪，不及往而返。南行则为龙王庙，又南，则迆逦石径，杂以丛卉，春月梨花甚繁，称一时之胜。山行约十数里，坡陀委折，时断时续，异境天成，回至长桥石矶，而西北一路仿佛得一胜概矣。复乘舟指西掖门登岸，偕于岸旁谢恩。所谓十六景者，一曰"澄波叠翠"，则御座正门也；一曰"芝径云隄"，则长隄也；一曰"长虹饮练"，则长桥也；一曰"暖溜暄波"，则温泉所从入也；一曰"双湖夹镜"，则两湖隔隄处也；一曰"万壑松风"，则入门山崖之殿也；一曰"曲水荷香"，则流觞处也；一曰"西岭晨霞"，则关口西岭也；一曰"锤峰落照"，则远望苑东一峰也；一曰"芳渚临流"，即石磴旁之小亭也；一曰"南山积雪"，则苑内一带山也；一曰"金莲映日"，则西岸所见金莲数亩是也；一曰"梨花伴月"；则春月梨花极盛处也，一曰"莺啭乔木"，则隄畔乔木数株是也；一曰"石矶观鱼"，则石矶随处可垂钓者也；一曰"甫田丛樾"，则田畴林木极茂处也。宇内山林无比奇胜，宇内园亭无比宏旷。先后布置皆由圣心指点而成，未成之时，人不知其绝胜，既成之后，则皆以为不可易矣。大抵顺其自然，行所无事，因地之势，度土之宜，而以人事区画其间。经理天下无异道也。

(《小方壶斋舆地丛抄》第一帙)

陪猎笔记

(清)查慎行

〔内廷供奉翰林院庶吉士臣查慎行号他山（原题书名之下一编者）〕

癸未五月，皇上将幸山庄避暑。初四日，于畅春园奉旨：查昇、陈壮履、励廷仪、汪灏、查慎行、蒋廷锡六人，俱着随驾。臣钱名世自请行，奉旨亦允所请。二十一日辰刻，每人赐纱葛衣二袭。谢恩讫。随入城治装。二十四日午刻，传旨召随驾诸臣齐赴畅春园。是晚与弟德尹，别出西直门，申刻抵值庐。陈潜斋、励南湖、汪紫沧、蒋扬孙、家声山侄后先至。杨玉符前辈病初起，以送驾来。钱亮功至，曛黑矣。是夕，仍宿自怡园。

二十五日早起，结束候驾。时骤雨初过，云月朦胧。皇上御辇行，词臣奉旨随豹尾班后。数里天微明，遇潜斋、南湖于途，声山侄堕马重伤，移时乃苏，扶掖就道。十二里清河桥，十二里何家堰。上驻跸进早膳。赐御馔四器。五里沙河城，一名巩华城。明嘉靖朝所筑，中有宫殿。相传初筑时，福州林庭㭿为大司空，估计当用七百万，及毕工，核减五百万。今为狐兔之穴，雉堞渐圮矣。又十里，郑家庄。渡河为昌平州界。按《昌平山水记》，顺义有温余河，即昌平之榆河下流，为沙河。又十里至汤山，山有温泉，去山一里平地，甃石为池。《昌平山水记》云：汤山在州东南三十里，有温泉。《水经注》湿水又东，温泉水注之。疑即此。《名胜志》温泉出昌平州西北二十五里之汤峪，不知乃在州东南也。《金史》顺州有温阳、密云二县。顺州即今顺义县，温阳为县起于金而废于元。当时或以温余河，或以温泉立名，所未详。行宫在山东泉上，余帐房与声山侄相对。上遣御医来看。晚膳赐饼一盘。傍晚东宫召观睿笔赐扇一柄。同紫沧谢恩出。

二十六日晨起，云气叆叇，法当有雨。驾驻汤山东宫，召赐早饭。声山侄以臂痛不预。午刻开霁，赐粉饼一盘。午后东宫复有果饵之赐。是日，召海、满两讲官，御试赋得"绿树阴浓夏日长"七律一首。命臣等同作。傍晚内侍传示，圣制七言律诗第五句中用末垂二字，臣等未详出处。捧读毕，仍缴进。

二十七日黎明。驾发汤山，十二里聂山营，十五里范家庄，进早膳。二十里桥子村，入顺义县界。五里怀柔县。《昌平山水记》洪武十四年，分密云地，立怀柔县。弘治中，截其东偏而筑之，故县治在西门也。城中湫隘不堪驻辇。午刻，大雨，道滑。二十里，红螺山。《辽史》檀州有螺山是也。二十里，牛栏山。宋王曾《上契丹事》曰"顺州至檀州渐入山，牛栏当其要路"是也。又三十里度潮河，即密云县。县在元为檀州。洪武初，改密云县。城周九里二百三十八步。万历四年，于成东复筑一城，周六里二百步，曰"新城"。两端连之，共六门。

行宫在东门外，有桐乡监生夏荀慈于途中献诗赋。奉旨：着翰林官出题考试。随与陈、励两前辈拟诗题二（赋得"荷净纳凉时，山雨欲来风满楼"）令作五七言律各一首。傍晚进呈，不甚称旨。复传问，尚有何技能。荀慈回奏，善画花卉。时天色已暝，明日着再画扇纸以进。声山堕马伤手不能骑，从怀柔坐骡车最后至。是日两赐御馔及饼饵。夜大雨，达旦。

二十八日，雨不止。驻跸一日。潜斋治具招同人午饭。旧密云令周钺秉节亦在座。午刻发下御书大学经传全本，令臣等同观。展阅之余，伏读跋尾，有手写以便熟读，庶几守心在腔子里之语。皇上圣不自圣，犹孜孜学问，永垂修齐治平之大法。真子孙黎民万世之福也。午后发下御制将之山庄五言绝句四首。捧读毕，仍缴进。最后颁御札一行，示臣等以末垂两字之义。御札云，《文选》诗朱明送末垂注云：朱明夏也，末垂六月也。臣等资性驽钝，读书不能记忆。蒙圣明开诲，前迷顿解。是日，两拜御馔粉饼之赐。素餐之愧，能无凛然。晚晴。

二十九日，前途泥泞，再驻跸一日。辰刻，赐御馔四盘，同人齐赴宫门进连日所作诗，奉旨留览，以天暑，命各归寓所。余以东宫赐袖珍诗韵往谢恩。与紫沧检阅《文选》，始知"南陆迎修暑，朱明送末垂"。乃潘岳怀县诗中句也。午前，回寓，内侍传示御制五律一首，捧读毕，仍缴进。移时，上复手改数字以示臣等。东宫传示《密云行宫雨霁志喜》七言律一首，余以谢赐扇诗，从内侍转呈。是日，周秉节进呈诗册，发余辈同阅。傍晚发下进呈诗摺。御笔批臣慎行《汤山》诗后云："此汤非旧有，康熙二三年间，辅臣时始知之与病人甚有益。昌平州西北二十五里汤峪之泉自在，非志误也。"

三十日，黎明。驾发密云东北八里冶山，山上有塔，有石洞，又有（金）洞。昔人淘金址尚存。二十里，沈庄。十里，超渡庄。按《方舆纪要》，县东北四十五里，有金沟馆。宋沈括谓之"金沟淀"。《昌平山水记》，金沟村在石匣十五里，疑即此。自超渡东北行，乍麓乍隰。二十里，石匣。平地有石如匣，深不可斸，故名。乱山围合，屹成巨镇。明洪武中，初创土城。相传嘉靖朝始甃石。按《昌平山水记》云：石匣城先置石匣驿，在今城南里许。宣德间为河水所啮，徙焉。弘治十七年，筑今城。又十里，腰亭铺。驻跸行宫。是日两赐馔，又赐口外柳根赤鱼。传旨：扈从诸臣俱戴草笠以障日。未刻，皇太子召入，作草笠诗一首。极蒙睿赏，兼赐坐。从容垂询臣"乡试座师何人"？回奏云："正主考德清徐倬，副主考吉水彭殿元。"东宫盛称徐座师学问。谕云："今春随上南巡献诗者甚多，推徐倬为第一，名下果不虚也。"余叩谢。赐果饼出。黄昏与亮功纳凉谈至一更，始就幕宿。

六月初一日，早发腰亭，始入山，十里新开岭。十里，老王店。

《金史·五行志》潮河、白河溢漂，古北口铁裹门关，至老王谷，即此也。五里，南天门高当岭路，豰其下以通步骑。道侧山巅，列墉参差蜿蜒弥望不断者，边墙也。墙之上，有空心敌台，皆砌石为之。凡冲处则四五十步一台，缓处或二百步一台。犹存戚南塘旧制。俯瞰川势汹涌，即潮河矣。源发古北口外，西南流经密云，合白河入海，塞垣诸水斯为巨川。沈括以为滦水者讹。又五里，柳林。距古北口之南。《三国志》曹公历白檀，破乌桓于柳城，即此也。明时设有镇将屯剳于此，国朝仍之。上驻跸总兵衙门。周庐四匝，面山临流。早晚两赐御馔。又赐鱥鱼一盘。薄暮发下宋高宗所书陶弘景水仙赋手卷，臣等校阅中间讹四字、缺四字，校毕缴进。

初二日，驻跸柳林。早至宫门坐班。知王瑁湖先生升补少宗伯。东宫赐香扇二柄。上赐鱥鱼、山雉二种。午前归帐房，己刻大雨。午后晴。晚餐复赐鲤鱼一盘。内侍传旨云："汝等南人好食鱼，故屡次分赐。"是日，赐谕德臣壮履御书扇一柄。盖前此诸臣俱蒙恩赐，壮履未及也。

初三日，驻跸柳林。早赐御馔四器。午刻，雨。发下赵子昂真迹二卷，命臣等校正。《秋兴赋》卷中缺四字，讹六字。《桃花源记》卷中讹二字。校毕缴进。澹远家急足南归，作札与桓侯，附去东宫赐扇二柄，嘱为收藏。晚餐赐雉雏、饼饵二盘。御制古戍诗七绝三首。第一首，叙明季筑城运饷边徼之苦，二三章乃及生民乐事，民生其际，敢忘帝力哉。

初四日，黎明。驾发柳林。二里，古北口。有城在山上，周四里三百十步。《唐书》檀州有北口守捉，《金史》谓之"留斡"。元周伯琦《扈从集》云：两都相望不满千里，往来者有四道，曰驿路，曰东路二，曰西路。东路二者，一由黑谷，一由古北口。盖元时以四月幸上都避暑，八月还大都。车驾多出西路，间亦由古北口。按史中统三年闰月庚寅，顺州至开平置六驿，古北口路是也。四年四月，宣德至开置驿，西路是也。五月戊子，升开平府为上都，丙申立马步驿，驿路是也。明永乐八年，塞古北口小关口及大关外门，仅通一人一骑。今新开辇道，沿山麓而行，弥望皆深松茂柏，黍苗夹岸，鸡犬相闻。东行十余里为司马台，旧有城，今圮。又三十里，地名两间房。《金史》小兴州地也。时行殿初成，上驻跸焉。余辈入值在行宫东南隅，轩敞凉爽，可以忘暑。午饭后，声山亦来，奉旨令臣等将古人咏物诗分类编辑，自明日始。是日，两赐御馔。

初五日，雨中入值，商略凡例八条。紫沧向随东宫行幄，今日奉旨同来编纂。行笈无书，内府发下《唐人万首绝句》一部、《唐诗类苑》一部、《诗隽类函》一部。是日，两赐御馔。东宫复赐饼饵。傍晚，回帐房。大雨达旦。是日，发下御制咏笔四绝句尖齐圆健。又命各拟对联以进。

初六日，晓晴。辰刻入值，选诗分类。先编花卉，余分得荷花。是日两赐御馔。东宫幸值房。晚同紫沧赴东宫。召，赐楹帖一联。又赐食时果汤饼。饮木瓜酒，盖伏日，宫中年例也。黄昏谢恩出。大雨初霁，溪声月色，凉意满衿。五更微雨。

初七日，雨中早入值。分编石榴一类。辰刻，开霁。赐食鲜鹿茸、哈密瓜。东宫晚幸值房。傍晚出，内侍传示夜光木，乃山中老树根为沙水所淘，岁久有光如水精，置暗室中，能烛细字。真物理之不可解者。

初八日，早入值。分编芍药类。午膳赐鹿茸及鲜鹿肉。下值视每日较早。明日将前发也。

初九日，黎明随驾发两间房。林木蓊郁，峦翠湿衣。二十里小青山。按：明初古北口外有驿，自口北出五十六里曰"青松"，当即此。上岭约五里，有水发源岭上，凡十二渡，乃下岭，地名马圈。早饭，赐御馔二器。二十余里，抵鞍子岭。日未午，上驻行宫。余与紫沧奉东宫令，作七、八、九、十、十一字楹帖各二联。行李书籍车未到。申刻入值，分编竹类诗。未终卷而出。澹远家人来自京师，接绍津初六日手札。

初十日，晨起作字，寄德尹、绍津。声山手痛不能书，为代写家信。辰刻，方入值，编就竹类一卷。午后，发下宋高宗所书《文君濯锦赋》，卷中缺一字，讹五字。东坡《乳泉赋》卷中落一字。较毕缴进。收到内府《东坡集》一部四套。《宋诗钞》一部三套、《元诗选》四套、《中州集》四套、《列朝诗选》四套。晚出。是日两赐御馔。

十一日，早入。分辑蔷薇、荼蘼。阅《中州集》一过。午馔赐鹿茸。午后发下蔡君谟所书《文木赋》，卷中讹四字。较毕缴进。晚餐，复赐果饼。

十二日，早入（值）。分辑菱芰、芭蕉二类。与亮功、扬孙分阅《列朝诗选》。午馔御赐柳根鱼羹、狍鹿肉及宁古塔稗米饭。午后赐武夷芽茶，色香味俱绝。曩在闽中，亲至山中，未得尝此味也。三更大雨。

十三日，早晴，入值。奉旨。从报上附禀帖，寄泽州师。早膳，上赐乳酥蒸鹿肉一盘。东宫赐饼二盘。午前发下赵松雪所书《蓬莱阁赋》、《天台山赋》，前有小李将军《海天晓日图》、《海赋》手卷三轴。《海赋》中讹三十九字，多写三字，少写二百二十六字。阅毕，细开摺子缴进。午饭，赐鲜猴头蘑菇。味厚如榆肉，品在山东鸡腿之上，产附近山中。午后，发下赵子昂所书《石林记》册子一、董其昌行书《玉赋》、《鹡鸰颂》、《滕王阁序》、《登楼颂》、《竹楼记》、《北山移文》册子六。较毕缴进。励南湖奉旨回京，向武英殿检取书籍，兼省尊公少司寇之病。雨窗辍选诗之工，补连日未作诗题。晚出，大雨达旦。

十四日，雨中入值。未刻，天色放晴。早膳赐鲜鹿肉、雉雏羹。午膳赐乳酥饼一盘。午后潜斋、紫沧、亮功、扬孙及余五人，各录出口以来诗进呈御览。傍晚回帐房。内侍传问行笈中带有词谱否？遍讯不可得，覆旨讫。亮功生日醵分一两，付潜斋治具。

十五日，澹远家信至。闻绍津再索得女。晨起，云气四合。辰刻入值。奉东宫教作塞外蝴蝶绝句一首。泽州家人归附札，与绍津。午膳。赐乳酥饼。明日，驾将幸桦榆沟。因收拾书籍，早出。傍夜，赴东宫召，检阅朱子诗集回帐房。是夕，为亮功补祝，与扬孙偕集潜斋行帐中。声山同张梅公夜乘月色，先往桦榆沟。

十六日，五更驾发鞍子岭。行十三里，至三道梁，天始明。夹路峰峦奇峭，树色茏葱。六里靳家沟。十里黄甲营。上进甲膳。赐御馔四盘。又三十里抵桦榆沟，驻跸。余辈即入值，在行宫二门内东南隅。东宫赐枸杞浆。御前发下《朱子集》。又翻阅《万首唐人绝句》。晚，雨夜归帐房。

十七日，黎明入值。午前选阅《列朝诗》第二套。午后，发下御制楹帖十四联五言六对，七言八对并命臣等各拟对句呈览。是日，天气复热。早晚凡两赐御馔。傍夜，内侍传旨，翰林六人，明早俱随驾往钓台打鱼。谢恩出。

十八日，五更披衣起。山月犹在林梢，清风徐来，与紫沧露坐达旦。辰刻，驾发行宫。余与潜斋、紫沧、亮功、扬孙俱随。东行八里许，至钓台。台西北向，踞山，下临滦河。上御楼，召臣等五人至楼下。赐御馔红莲米饭食品四盘。声山以手痛缓辔，后至。续赐饼饵四种。谢恩同出。复命内侍引至东宫行帐，各人赐一竿，令钓鱼。澄绿千尺，游鱼上下争饵吞钩，应手而出。顷刻得数百尾。上屡命内侍来问臣等所获鱼数，各举实数以对。上随谕所钓鱼即赐汝等。天将雨，着先回营。余辈上马疾驰，中途果雷雨交作。抵帐房，雨止。日未午，驾回行宫。余辈仍入值。东宫复有黄甘、密桃、苹果、玉李之赐。申刻发下董其昌《前赤壁赋》手卷。校阅毕，缴进。景州守周钺新脩董子（仲舒）祠，来请御书匾额。奉召令臣等公拟"阐道醇儒"四字以进。

十九日，早入值。以钓鱼诗摺进呈御览。午后，发下赵子昂所书辋川绝句二十首手卷，阅毕缴进。上命内侍传示御医张奏帖，知澹远侄妇病势稍减。翻阅《列朝诗》一套。是日两赐御馔。从宫报接到泽州师回札。

二十日，扬孙遣仆入都，附札与德尹甫去。而澹远舆丁自都门来，接德尹十五日信。早饭后，入值。赐御馔四盘。午刻，上御行宫正殿。召臣等五人入问，有习春秋者否？陈壮履习《尚书》、臣慎行等四人习《毛诗》，俱回奏毕。时东宫亦侍上侧，奉旨与臣等共征钓鱼故实数十条。上又令臣等于汉官中有学问渊深博闻强记者，各举所知以对。回奏云：臣等到衙门未久，未曾深知，不敢妄举。奏毕，仍回值房。上随令内侍传谕臣慎行云："汝儿子在束鹿县做官甚清地方附近，朕早已知道。"臣跪奏云："臣父子俱荷主知，图报无地。臣子克建年纪尚小，臣每每教他做官要勤慎清廉，上不负朝廷，下不负家学，臣去年在束鹿县见他将以前陋规革去，亦不过职分所当然。今荷蒙皇上褒奖，臣当即寄家信，令其益自勉励，仰负皇上爱民至意。"奏毕，叩头谢恩。东宫随召余及紫沧、亮功赴行宫。时满如、九海、天植两同年，周秉节州牧已先在。东宫举杜诗拈题分韵，余赋得远色有诸岭，限二萧韵，作七律一首。东宫赋得高山四面同，限一东韵，余不悉记。甫呈稿，奉旨召回值房，传示御制题秋山行旅图七绝一首，末二句云："行旅莫愁尘土重，而今万里是晴天"。臣等俯伏赞叹，不能仰和。傍晚，上复幸太子行宫。召紫沧入对。余辈黄昏始回帐房。满如、九海、天植同至余寓。携去随驾前后进呈诗折四本。

二十一日，黎明。上再幸钓台，余辈仍入值。巳刻，驾还行殿，午后发下御制咏怀七绝一首，臣等伏读讫，仍缴进。移时，上复改定序中少有作偶尔五字，令臣等传观。傍晚，赐御馔。出，大雨达旦。东宫赐笔二十矢。

二十二日，张梅公使人入都，附札与德尹。雨止。辰刻入值。赐御馔三盘。发下苏东坡所书《养生主》手卷，中间讹三字，缺六字。校毕，缴进。拟上《渊鉴斋列朝咏物分类诗选》凡例八条，编辑六人，除励南湖已经回京外，潜斋分兰类，紫沧牡丹，亮功菊花，扬孙海棠，余荷花，各缮样本，先呈御览。声山堕马后手痛未愈，比复发肿。上传谕令刲一羊，乘热取羊胃，以两手置其中，移时痛止，十指稍能屈伸。真神验奇方也。发下赵子昂所书《天论》，中间讹七字，缺十字。校毕，缴进。晚出，夜雨达旦。海天植过寓以诗稿见还。

二十三日，早晴。辰刻入值。作禀贴寄泽州师。呈过御览。附坐台驰去。午刻复雨。进呈分类诗凡例及选诗五类。俱称旨。今日发下命照此例编辑。早晚两赐御馔。是日张梅公令母舅邓太翁治具，招余辈公集晚餐。后上出宫看水势即回。发下赵子昂书《桃花赋》、《登楼赋》，合为一卷，中间讹六字，缺五字。又《琴赋》一卷，中间脱讹约五十余字，校毕俱缴进。晚晴，回帐房。夜复雨。

二十四日，辰刻入值。奉上谕："尔等即传旨与陈廷敬，同王鸿绪将部院、督抚、提镇、内外文武，以及闲散年老官员等类，比照从前之例，分别门类，每类各拟对联四十副，查考书籍从容拟撰，俟回宫日进呈，钦此。"即草一稿，先呈御览，从报上寄去。东宫以雨后听滦河涛声七律一首见示，阅毕仍将原稿缴进。午刻东宫亲幸值房，索观咏物诗选稿本。随命中使分赐桃李饼饵四盘、佛手柑一盘。未刻，奉上传明早幸喀喇火屯。蒙古云"喀喇"，译云"黑色"。其地本名乌城，或以为喀儿河屯者讹。誊清芭蕉诗类计五页，收拾书籍。申刻回帐房，是日两赐御馔。

二十五日，黎明微雨。随驾发桦榆沟。从此东行二十里，即喀喇火屯。因积霖之后，浮桥被冲，复取道回黄甲营。辰刻，大雨。早膳赐御馔四盘。饭后，晴。度一岭，险峻。下岭又二十余里，抵喀喇火屯。奉东宫令，同紫沧至穹览寺，各拟对联毕。午刻，入值。房在行宫朵殿之后。复赐御馔。傍晚出，一路泥淖甚深。帐房、驮子二更始到。

二十六日，立秋节。平明雷雨。泽州师家人自京师来云：到处苦雨，桥梁断绝，行六日始到此。从澹远家信中知李氏女产后身健，稍慰远怀。早饭后,雨止。入值,赐御馔三器。午前赐佛手柑一盘、秋海棠一盆、山花一瓶为值房清供。同诸臣谢恩毕。随命内侍传谕云:"连日山中多雨,倘他处亦然,农家或有被水之虑,朕心甚为恤念。说与汝等知之。"晚餐赐御馔二种。直郡王以笺命作皇上御书跋语,别书随驾近思以进。东宫命同紫沧序历代赋家姓名前后次第,手录一卷。傍晚出。是日,声山侄手复肿,不能入值。

二十七日,辰刻入值。发下御制滦河听溜声七律一首、立秋喜霁五律一首。伏读毕,随缴进。早膳赐御馔四器。午刻,癸下赵松雪泥金行书《道德经》全部手卷,中间错写二行,又脱讹七十五字,校对毕缴进。晚餐赐御馔一盘。皇长子赐入值诸臣对联人各一副。晚回帐房,复遣内侍传示《御制穹览寺》七言绝句一首。读毕即缴进。潜斋以柿子酒见饷,甚清洌。

二十八日,裕亲王讣至。圣驾将回都,东宫及诸大臣固留不许。辰刻轻装减从,发喀喇火屯。奉旨:翰林官留此候驾。巳刻,移书籍至东宫行殿中,誊清芍药诗一类,计八页。晚饭潜斋帐中。饭后再同诸君至穹览寺观御书对联匾额。黄昏云气四合。

二十九日,早晴。辰刻入值。翻阅《列朝诗选》。午后,澹远家轿夫自京师来,知圣驾昨驻两间房。接德尹、绍津二十六日两信。又接汪武曹同年札,知因丧子请假。傍晚扬孙家人至,再接德尹二十四日札。

三十日,辰刻入值。录石榴诗一种,计六页。是日秋暑酷于三伏。十三皇子赐哈蜜瓜二。

七月初一日,早晴。潜斋家人回京,附札与德尹,内附答武曹书。辰刻入值。录荼蘼诗一种,计八页。晚饭后大雨。潜斋、亮功、扬孙俱坐余帐房间,谈至夕乃散。

初二日,夜雨彻晓,卯刻放晴。高韦斋名其位过帐房,作指头画。辰刻入值。十三皇子赐食烧鹿尾。膳房自此为例,每日送猪、鹿肉二次。翻阅《元诗选》二套。

初三日，早饭后入值。内赐烧羊肉一盘。录菱芡诗类。晚餐赐鲜鱼肉二盘。天气新凉。连日残暑顿敛。亮功因腹疾先出。

初四日，辰刻入值。已刻有内侍自都下来，知皇上于初一早进京。裕亲王出殡在初五日。是日手录竹类诗十一页。

初五日，辰刻入值。录竹诗九页。午后报至，知皇上定于初六日出京。山中产野杏根坚韧，有花纹可为笔架及小香几者，今日命奴辈取斫数枚。傍晚内侍自都中来，分赐蜜浸鲜荔枝及时果三品。

初六日，黎明，有内侍入都，余辈跪请圣安。辰刻入值。录竹诗终卷，共计二十七页。再录金沙花一类，计二页。午后分阄，余又得蔬菜九种。

初七日，辰刻入值。翻阅书籍。晚出饮潜斋帐房。雷雨骤至，须臾虹见。夕阳倒射，紫翠浮空，黄昏，有内侍自都中来，知皇上于初六日早驾发，今日驻密云。

初八日，辰刻入值。翻阅杜诗、朱子诗、《唐诗类苑》三种。傍晚出。

初九日，作札附潜斋家人寄都中。辰刻入值。阅《元诗选》二套。午后圣驾复涖行宫。臣等仍移值朵殿后。

初十日，黎明入值。奉旨作扬州高旻寺碑记一篇。早膳赐御馔四器。午膳赐番瓜一器。午后发下御制裕亲王挽诗五律二首，并命臣等同作。

十一日，扬孙家人入都，附去德尹、绍津两信。早饭入值。赐御馔四器。又赐密渍鲜荔枝一盘，分尝。谢恩讫。午刻传旨：阅汉人中有熟精算法者令各举所知。臣等到回奏云：不敢妄举。少顷发下御制三角形推算法论一篇。阅毕仍缴上。午间赐馔三器。午后，发下黄庭坚行书五言古近体二首、董其昌行书《小园赋》三卷，校对毕即缴进。

十二日，辰刻入值。昨日御制三角形推算论末后复补一段，赐臣等共阅。旬日来所选分类诗抄录成册，今日俱进呈。余所葺芍药、石榴、荼蘼、蔷薇、金沙、菱芡、芭蕉、竹共八种。早膳赐御馔四器。发下米芾行书《净名斋记》手卷原文，无可检对。后有朱子跋语，阅毕缴上。午后赐饼食四种。澹远人来，得绍津初八日札及沛恩侄南来信。又接德尹初九日札。是日皇长子赐单条一幅及得树楼匾额。

十三日，辰刻入值。赐御馔四器。昨所进分选诗类今日发下，奉褒奖之旨。翻阅宋人诗及《中州集》一过。发下赵子昂画山水赋行书卷子，校正六字，即缴进。宫报至，发下泽州座师答余辈手札。午饭赐御馔二种、麦食二种、饭后东宫至值房观进呈分类诗草本。

十四日，未入值以前，上遣内使至帐房，问赵子昂《画山水赋》卷中霭字讹写雾字，驳正何所据。臣慎行回奏云：下文尚有两雾字，故从刻本驳正。辰刻入值房，发下黄庭坚书唐人七言律三首行书卷子、米芾行书《参星赋》卷子、董其昌小行书《乐寿园歌》卷子，共三件，校对毕即缴进。赐食薏米粥及乳酥豆腐。传旨云："此山野之味汝等共尝之。"午刻，复发下米芾行书初唐人上巳七言绝句卷子内"沙头水色足风光"句，卷中脱去水字，为校正，缴上。又东坡大行书五言古诗二首，不知何人作，内"仙□三四人"句脱一字，刻本无可查。奉旨令拟补一字，缴进。

十五日，皇太子召余及紫沧、亮功三人入行殿赐早饭。谢恩出。辰刻，至直房。再赐御馔一席。翻阅《唐诗类苑》、《诗隽类函》二种。午膳赐番瓜一盘。申刻，大雨微雹，移时开霁。

十六日，黎明随驾发喀喇火屯，自前月二十五日至此，一住二十余日矣。卯刻过滦河，大雾，行十里始见日色。道旁双石突起，山顶离立如斧劈，高低相倚。其上各戴一石笋，约二十余丈。时圣驾已过，留内侍指谕臣等曰："此双塔峰也"。路绕其下，凡三面。初行南麓，则两石离立，大峰在左，小峰在右。稍转而北，合为一峰，中有三穴，下穴如石门，狭而长，中穴如星，最上一穴如满月，皆腹背洞穿，晨旭光透穴中，闪烁夺目。已而循峰北转，大峰反在小峰之右。造化钟灵毓此奇观，真目所未见。又五里，黄甲营一路，田畴垦辟，黍稷芃芃。道旁仰见片石如屏，绵亘山谷，约二里许，俗名不雅，拟更为卧象山。又十里，度热河岭，牵马徒步下坡。又十余里至上营子，日未午。每岁上避暑驻跸热河，距此十许里。今行宫改筑于此，仍呼其地为热河。臣等随时入值。上于所筑过路旁采取两岐黍穗九枝，传示臣等，洵盛世嘉瑞也。是日，凡两赐御馔。自发桦榆沟，今日复食鱼羹。

十七日，辰刻入值。作双塔峰歌一首。早膳赐御馔四器。发下赵子昂行书《范致能游石林记》手卷，阅毕缴进。直郡王以长笺索扬孙画各种花卉，令余辈各题诗其后。傍夜出。

十八日，辰刻入值。早膳赐鲜鹿肉甚肥甘，又野蔬四种。塞外村庄黍苗茂美，垂穗双岐者比比而是，连日共得数十茎，上发值庐收贮。今日扬孙绘成一图，余辈各题一诗进呈御览。午饭赐御馔四器。又赐鲜鲫鱼。

十九日。自此东行八九十里，为蒙古科尔沁之界，其地有汤泉。黎明上幸焉。余辈留编诗选。早饭扬孙帐房。辰刻，移书籍赴东宫行殿旁，阅《列朝诗选》第三套毕。午饭后，微雨。各回帐房。是日，膳房两送熟食。从报上附禀帖与泽州师。

二十日，辰刻入值。采阅《列朝诗》第一第二套。午饭潜斋帐房。是日两食官厨之馔。有内侍自行在来，知皇上今午已坐汤泉。夜凉甚，初盖绵被。

二十一日，早饭后入值。誊清六月十六后所作诗未经进者，俟驾回呈览。午饭御厨常餐外，十皇子又赐蒸羊一体。

二十二日，辰刻入值。《列朝诗集》阅毕。澹远家人自都下来，接德尹、绍津两信及司农手翰。又闻声山内人病势危笃。午饭后作京中各信，即付来人持去。是夕御膳房两送碗菜。

二十三日。丁闇公回都，附德尹、恒侯、绍津三札。辰刻入值。驾发汤泉。自头沟登舟，午刻抵行宫。余辈接驾于北门外。午膳赐鲜鱼、鲜鹿肉。午后，与同僚进诗折。内侍传旨：问臣等俱浴过汤泉否。各回奏讫。复传旨云：朕坐汤凡二十二处，所至俱令西洋人以银碗盛水重汤煎之，俟水乾，验碗底，或硫或硝或盐或碱，各俱不同。大抵坐汤可舒盘骨兼疗人病，南人多未知也。傍晚出。

二十四日，辰刻入值。上乘舟打鱼。午前回行宫。赐鲜鱼一盘。是日手录蔬菜诗类十页。傍晚出。五更大雨达旦。

二十五日，早晴入值。赐御馔五器。辰刻，驾出宫，再幸近处钓鱼。申刻，回宫。是日，手录诗选十二页。晚餐赐鹌鹑、野鸡二盘。酉刻，京报至。接泽州师念四日回札。上又发下中堂进呈王子碑文奏帖一通。傍晚出。都中人来，闻声山内人念二日辰时讣音。又接德尹札，知归心勇决，已从掌院求长假矣。

二十六日。澹远家急足回京，附札与德尹并慰恒侯。辰刻入值庐。声山继至。上谕传令其先回京。盖上已从御医奏折中知其内人之变也。声山跪奏，情愿随驾，俟九月归治丧。是日两赐御馔。复发下三穗谷一茎、双穗者六茎。

二十七日，五更随驾发上营子。三十里单塔，进早膳。赐御馔四器。又二十里，度一岭，岭路初开，才容两骑。又十里，至蓝旗营驻跸。都中八旗官兵派出随驾行围者今日毕会于此。午前入值。晚餐御赐鹌鹑、野鸡。皇长子复有饼饵之惠。傍晚出。皇太子赐甘蔗、苹果、槟子，余及亮功人各一盘。过潜斋帐房，即以果饼下酒。

二十八日，早饭后入值。上出宫钓鱼。又幸红旗营，去行宫约十里。午刻回宫。传谕云："明日当往波罗火屯，自此以北风气渐冷，前全唐山（营）当分营，汝等或留或随驾，各听便宜。"余等皆回奏，愿随跸前往看打围。回奏讫，随命内侍颁示楹帖二联。又赐双穗嘉谷人各数本。前日所进诗折，今日亦发下，再呈东宫睿览。是日两赐御馔。

二十九日。随驾发蓝旗营。五更天气甚寒，如南中初冬。从臣始御裘。二十里喀巴屯庄。佃数十户，又十五里，冷水头。上御早膳。赐御馔四盘。时道旁已有铚艾者。上谕云："往时口外天气，六月间已作寒，频年以来，节候渐和。今七月将尽，尚未有霜，故田家西成倍好。"早饭后行十余里，度一岭，甚长，旁无土著之民，地名莫考。又二十里，抵波罗火屯，旧名皇姑庄。四面高山如列墉，中央地平如掌，周遭约二十里。行宫背山临流，势极轩敞。其地与蒙古四子部落接壤，部落之长至此迎驾。皆毡裘茸帽矣。余帐房在行宫东门外。午后入值。晚赐御馔二盘。傍夜将出，奉旨："翰林官暂留宫中。"因燃烛坐，待漏初起，内侍捧下山东赈荒上谕一道及部院衙门覆奏本，截留漕米五十万石。又每旗下派其出佐领三人各领本旗库银三千两前往山东被水州县赈济。复传谕云："汝等汉人遇有大事，大约以空文塞责，少有出力办事者。"窃闻在京汉官捐赈者不过四人，故上谕云尔。陈潜斋自陈愿亲往东省协济饥民，当夕奉旨褒奖。下值、漏下二鼓，至帐房见平湖使者，知高江村先生自出都后至济宁腹疾忽作，到家沉绵，于六月三十日病故。前此数日已有微闻，今夕乃得真消息。

八月初一日。张梅公备早饭邀余及潜斋、亮功、扬孙至帐房，饭后入值。作公札寄泽州师。续分蔬果草木类共二十三种，今日手录毕，共七十五页。午后赐乳酥饼，人各六十枚。蒙古阿巴海部落，地名充俄里，有泡子，水产天然盐。盐生水中，如层冰然。厚五六寸许，凿取成砖，不烦煎熬而可食，其味较内地盐稍淡而鲜。今日亦蒙上赐。上又谕云："此地别有产于高山者，白若水精，人力不能上，则用弓矢射取之。又产精铁，其色如银。御用鸟枪，皆以此铁制造。往闻明季禁关中不得出盐铁等货，谓可坐困蒙古，岂知彼中物产，固无所不有耶。"是日，两赐御馔。晚接励南湖手札，知少司寇公于前月念六日病故。两日间，连闻南书房前辈之讣，能无慨叹，作公札，从报上寄泽州师。又答励札即付来使去。

初二日，夜雨晓晴。早膳赐食蒙古蒸羊，余素不嗜羊，食之甚甘美。午膳赐御馔二盘。澹远家急足自京来，知恒侯病已愈。接德尹、绍津念八日二札，附到信菴次儿家信及霜岩、静思、孔与各札外，静兄寄大甥信一封、孔与寄希韶信一封。俟回京时，分致。

初三日，黎明随驾发波罗火屯。八里，阿奈营子。五里，过一岭，下临伊苏必拉，源出蒙古兴安山下，南流合滦河。又八里，汤头沟。上进早膳。赐御馔四器。又遣中使赐饼饵。早饭后北行二十余里。上驻跸钓鱼，距行宫八里许。余辈皆下马休树阴下。声山后至。日停午，随驾者奉旨先行，未刻抵唐山营。申刻入值。驾回。赐御馔二盘。晚出。

初四日，五更大雨达旦。入值稍迟。赐馔中使已至帐房矣。巳刻，与声山冲泥赴值庐。发下董宗伯行书《滕王阁序》、《竹楼记册》页二，小楷《秋兴赋》卷子，校对毕即缴上。晚膳赐御馔二盘。山樱、枸杞、和粉面食一盘。

初五日，辰刻入值。潜斋家人回京，作字寄德尹、绍津。早膳赐御馔四碗。巳刻，传谕云："朕所至之处，务令民安生理，故警跸不事，左右近侍小有过差亦未尝任情发怒轻加鞭扑，使其自生愧耻之心，汝等随驾两月以来，曾见朕动声色否。"余辈回奏云："皇上不怒而威，深得仁者静而获寿之理。恩施所被，无论中国百姓及近侍之人，即蒙古部落无不抚之如子。数日来，臣等见其远来迎驾，欢欣鼓舞，实出于至诚。非太和元气洋溢宇宙间，何以有此。"上又谕云："朕行宫余暇，惟以翰墨自娱，亦汝等所目击者。"又命取臣等所用之笔进呈御览。复谕云："御前笔工所制用毫太重，小楷或多涩滞，若汝等所用，毫料又似太少，且尖颖受墨过饱，恐不耐久。"余辈回奏云："诚如圣谕。但臣等素不善书，曾未讲求及此。"晚出。

初六日，驾发唐山营，往汗铁木耳打巴汉约四十里。打巴汉蒙古语译云"山岭"也。自此北行入蒙古界。黎明传旨："翰林官帐房许在帐殿南门外，去网城二十余步。"盖行殿之制，网城内为幔城，幔城内为帐殿，数百步内，扈从诸臣无敢下帐者，今特命臣等，真异数也。中途赐御馔。饭后，上驻跸钓鱼。余辈先行数里渡桥。又数里，石壁两傍陡起如门，天然险隘。又十里，过岭至幔城外候驾入宫。各事纂辑。晚餐再赐御馔四盘。上谕云："明日若从喀布其前行，须渡水几道。今将取路由岭上行，虽有涧水，驱马可渡。过岭后，其风景又大不同矣。"再传谕云："明日当哨鹿，汝等不娴鞍马，命张鼎甗拣选好马，无眼尖之病者，恐汝辈随围或为奔鹿所惊也。"又谕云："塞外有蝎子草，触之毒如蜂蛋，随命侍卫觅此草以示臣等，使知趋避。塞外又有一种椴段音树叶，与乌柏相似，而大如团扇，初生时可裹饼饵作蒸食，经霜则鲜赤如丹枫，剥其皮柔韧如麻。乌喇地方用以治绳作鱼网之网入水不烂。又可为鸟枪火绳，皆圣谕所及也。

初七日，早膳赐御馔二器。辰刻，发驾行七八里度汗铁木儿岭。山径萦纡，旌旗舆马与枫林槲树错采掩映，羽林禁止军士不得越次前行。上特命殷传两侍卫导余辈先行下岭。奉旨赴东宫行帐，随太子诸王钓鱼。余辈六人共得鱼二百余尾。又观东宫及诸王较射。射毕，微雨，东宫赐饼果四种。午刻，始赴帐房。昨驻岭之南，今日驻岭北，相距不过十余里耳。晚餐赐食细鳞鱼。随传谕云："汝等南人皆以鲋鱼为最美，此鱼产乌喇地方，附近溪中亦往往有之。又有柘绿鱼，味亦鲜腴，似胜鲋鱼也。"是日，喀尔喀部落王子男女数十人来朝献白驼、善马、貂皮、猞猁孙等物，官厨赐宴遣归。黄昏大雨。复赐食山樱、山梨膏二种。

初八日，澹远家人来接，德尹初三日札即作回字附归。早饭后，随驾行十余里。奉旨再赴东宫行帐钓鱼。余得三十余尾。东宫射得鹿二头。赐余辈午膳。复行七八里，驻木鲁，喀尔沁蒙古地名也。

初九日，五鼓，驾先发入山哨鹿。命翰林官随阿虎喇后。余辈已刻始移帐行十余里，下马随西中堂于山麓候驾。午后雨，未刻放晴。上射得大鹿一只，约重六七百斤。用两骆驼负以归。有旨令臣辈共观。申刻，驾自山中回。余辈前行二里迎驾。皆按辔立道旁。候驾过，随行。上入幔城，命内侍传谕："今日所得鹿无多，着尽行分赐内大臣，及大学士、满海（汉）翰林官。"余辈随西中堂后谢恩讫,各回帐房。是日驻跸之地名摆波喀昂阿。昂阿者,译云"口子"。夜接泽州座主手札。

初十日,五鼓,上幸围场。先赐御馔四器。晨起,霜花如雪,水始冰。早饭后,余辈始行先至钓鱼,头随豹尾,仍寻旧路回夜来下营处,然后遵大路北向,乃科尔沁、巴林、乌珠穆秦、翁牛特四种部落朝贡孔道。中途微雪。雪止后微雨。已而放晴。约三十余里,驻帐,其地名巴陵桑斯泰。申刻,驾至行殿。赐御馔四器。又赐细鳞鱼一盘。是晚,为声山内人校正行略。黄昏,内侍传谕:"天气渐寒,汝等南人禀气柔弱,可多着冬衣勿受寒也。"

十一日,驻巴陵桑新(斯)泰一日。早膳赐御馔四器。上率羽林于附近山中射猎。午后余辈前行五六里迎驾。申刻,驾回帐殿传旨云:"此后翰林诸臣,不必随班远迎。除奉旨观围外,在帐房选阅诗集可也。"晚餐赐食鲜狍肉,味似鹿而松嫩过之。明朝将遣仆回京收拾物件,作札与德尹、绍津。傍晚,上御行殿南门外,将今日所获鹿五十余头,面赐随驾诸臣。余辈六人,共赐全鹿二只。谢恩讫,回帐房。

十二日,黎明,遣李兼回京,付路费银二两。驾先行围。赐御馔四器。早饭后,余辈随豹尾后行十余里至额勒苏台,奉旨:赐翰林六人观围。特命内侍导至一山,下临广场,命羽林枪手二人为前护,恐鹿兔奔突,余辈马或惊逸也。午刻,皇长子赐茶饼。各下马露坐。遥见东面山麓,寸人豆马,搴旗徐行而南,络绎不断。移时,又见数百骑雁行鳞次从西北高山环绕盘旋而下,与东南步伍相接,用蓝旗两扇为门,须臾四山旌旗照耀,马蹄簇雍,绵绵奕奕,若常山蛇势合为圆阵,排比而进,围渐紧,地渐平,麋鹿獐麂数十百头,跳跃出没于丰草中,左驰右突,所至防其窜逸,挥鞭敲凳,呼声震岩谷。俄而黄纛从中来,皇上自山顶飞骑而下,直穿围场,神机骇发,叠双命中,或随矢即殪,或带箭犹驰。所获不可计数。申刻,撤围。驾回帐殿,人马四散,如云卷霞收。时微雪初霁,夕阳穿林,木叶吟风，新寒袭体。传旨，召臣等至帐殿北，赐御馔一席。谕云："今日围场共一千三百人，乃蒙古喀尔沁部落前来效力者，朕左右亲随不过数人耳。"酉刻，各回帐房，复赐全鹿一只。是夕，作公札寄候泽洲师。呈上御览，附去。

十三日。早膳赐鹿尾、鹿肝、鹿乳诸珍味。辰刻，随驾发额勒苏台。望西南行，一路山径欹崟，老松奇古，十二里抵乌兰哈带。乌兰，蒙古语译云"红"也，哈带译言"山崖"也。一峰壁立千仞，即昨晚在围场所望见者。旁一小峰离立，中穿一穴，有涧水屈曲经其下。奉旨，命臣等随东宫行幄钓鱼，余得三十尾。午刻，上遣中使赐乌喇奈一盘，又名欧李，丛生朴樕间，红如珊瑚，比樱桃而大，味甘微醉，蜜渍可以致远。又行八九里，抵生吉兔火罗昂阿。生吉兔译言"窟窿"，火罗译言"沟"，昂阿译言"口子"。其地名窟窿山沟口也。有水，不详其名，自白旗营流下，蒙古中诸川此为最大。商人伐巨松成段，散置河干，遇积雨水涨，则顺流而出，以道里揆之，当达于滦河。余辈再奉旨，往水滨垂钓。而波流迅激，不可得鱼，遂回帐房。移时，上与东宫并辔而来。臣等在行宫前拱立迎驾。上笑顾东宫曰："伊等自出口后，颜面俱较胜从前矣。"晚餐赐鱼、羊二盘。黄昏又赐苹果、蒲桃、鲜枣三种。

十四日，秋分节。驻跸生吉兔沟口。早膳赐御馔四器及鲜鹿胃、鹿尾。午后微雨。晚晴。赐御馔四盘。直郡王赐石榴、苹果、银桃、梨、枣、西瓜，共七种。召至宫门赐观上所射野猪。是日，揆掌院奉使高丽回至行宫复命。黄昏过余帐房，随与同馆三君往候。

十五日，五鼓，驾发生吉兔沟口。赐御馔四器。余辈辰刻方移帐，行六七里住角火罗。午后，驾回行宫。傍晚同紫沧再过掌院帐房。是夕，赐苹果、西瓜、梨、枣及月饼大小五枚。皆以金彩饰为宫殿蟾兔之形。上谕云："年时随驾者，中秋例赐宴，今因两王之丧，朕心悽恻。故停止宴席，特赐汝等果饼。"又以草花一种传示，其花似单叶虞美人而色正黄。谕云："自此北行百里为兴安岭，三日前大雪，深一尺，塞外霜雪虽早，山花皆冲寒而开，不似南中花木经霜即萎也。"黄昏，东宫复赐果饼二盘。月色甚佳。同人醵分属潜斋治具赏月，三更始就枕。

十六日，驾早发。余辈辰刻起行。二十余里，抵撒勒巴尔吉。午后，驾至行殿。是日亦两赐御馔。傍晚召赴宫门。又赐全鹿一只。掌院遣骑相招，以倦不赴。

十七日，住一日。早饭后，至掌院帐中，观高丽陪臣赠答之作及抄录崇德四年纪功碑。声山继至，闲话移时乃别。午后，上行围还宫，以落叶松一枝示余辈，且谕云："今年天气暄和，向来所未见也。"是日两赐御馔。

十八日。每年皇上行围必至白垒，其地高峻，东至辽海，西接五台，延绵数千里，在撒勒巴尔吉之北，相距不过二百里。探路者回云：此地数日前大雪盈尺，遂移围于伊赤阿铺。仍召余辈观围。北行二十里，始至其地。蒙古部落前来效力者共一千五百人，围场较前更大。围之外，有旨放犬以防麋鹿之突出者。申刻撒围。蒙（赐）鲜鹿、鲜鱼之馔。饭后奉旨先回达因营盘。二更，上回行宫。余辈至网城外迎驾。赐大鹿一头，约重三百斤。

十九日。上率东宫黎明先入山行围。余辈辰刻始发达因。二十里，经生吉兔沟口，即前夕驻跸之地。从此东行，复二十余里，抵生吉兔山下。山巅巨石横亘，中通一洞如梁，数年前上赐名玲珑山，蒙古谓之生吉兔。午后，驾回行宫。是日早赐御馔二盘。晚赐苹果、桃、梨。撰掌院以出使诗见示。夜雨。

二十日，早晴。驾黎明前发，发下泽州师奏启及答余辈手札。辰刻，随豹尾行二十里，度一岭，黄叶几万株，日光射之，人行其中照耀夺目。凡十余里，岭路乃尽。岭下沮洳，芦荻丛生，飞花作雪，大似江南十月风景。遇掌院于途并辔行。又十余里，有古塔一座，涌出平地，旁无居民、佛宇，相传此塔创自元朝，然无碑碣可考。再东四里，为驻顿地，地名撒勒巴尔吉，有山如仙掌，五指罗列，甚奇。午后，复雨。是日，两赐御馔。东宫猎回，赐手射兔五只。夜晴。

二十一日，驾先发。赐御馔五器。余辈辰刻随豹尾西北行。三十余里，抵土城。上先于河干钓鱼。午后回行宫。复赐食鲜鱼。是夕，传旨："明日住一日，后日分营前往兴安岭。汝等仍随行，彼中天气较寒，可多带皮袄。"

二十二日，上幸山中打围。东宫分营向东北行，余辈住土城以待。早膳赐御馔四器。辰刻，至掌院帐房，较（校）正蒙古地名。借天马皮褂一件，獭皮裙一条。傍晚，雨作。已而大风，雨止。黄昏，驾回行宫。掌院以次和中秋诗见示。

二十三日，复住土城一日。大风寒甚，始御重裘。早膳赐御馔四器。分选禽鸟诗，余分得鹤类。午饭赐野猪肉、鲜雉、饼饵，共三盘。作公札，呈过御览，从报上寄候泽州师。

二十四日，上幸附近山中行围。早膳赐御馔四器及鹿胃羹。辰刻，偕诸君过候西中堂、常阁学、揆掌院及满海（汉）两同年。午后，驾回行宫。赐鲜鹿肉一盘。是日，得鹿甚夥。犒赏随猎人员，遣归喀尔沁部落。

二十五日，黎明，上入山行围。早膳赐馔四器。辰刻，余辈随羽林东行，十余里，至衣马图噶海交界之口下营。连日大风，山头木叶尽脱，百草俱枯，如深冬景象。同声山过揆掌院帐房，午饭以高丽人参及笔墨见惠。午后，上射得大鹿。先遣骆驼载归。余辈至网城外同看。傍晚驾回行宫。遣中使谕云："来日赴雍安岭，尔等仍随豹尾行，可到岭上眺望，其山东连长白，西界清凉，岭下为东四旗旧营，旧营之外为蒙古克什黑屯部落，又北二百里即沙漠旱海矣。"

二十六日，黎明，传旨，分营驾幸雍安打巴汗。宫眷先回唐山营。早膳后，余辈随豹尾东行，十里，折而北向，导者诇引入林莽中，披榛渡水，凡十余里始达大路。其中鹌鹑、雉兔冲突马首，飞鸣跳跃，不可枚举。射生好手，往往弋获，疾驰争先。途中遇蒙古人驱牛车数十乘，询之，皆贩泡子天然盐，前赴唐山营一带贸易者。北行六十里，遥见松间白道如悬絙，即雍安打巴汗。雍安者，译云"沙"，打巴汗者"岭"也。岭上皆白沙，故名。曲折约十里，始至绝顶，立马一望，天开地坼，东北万山俯伏其下，如洲汀岛屿出没云涛。直北一峰稍高者为白垒，或云即阴山也。岭后乔松参天，不计其数。叶短而劲，被霜悉黄萎，与凡木无异，名落叶松。盖此山地势高寒，故无不凋之木，间有数株苍翠者，似是松之别种。严冬冰雪候，未知荣悴若何耳。从岭直下六七里驻营，时日已下舂，驾尚留山中，余辈至西南山麓祗候，昏黑乃归营盘。漏初下，驾回行宫。遣内侍传谕云："汝等曾向岭上遍览形胜否？"臣等回奏云："臣等生逢盛世，扈跸来游，直千秋荣遇，万里奇观，生平仅遘也。"是夕，澹远急足自都下来，接德尹、绍津两札，知前所遣力已于望后抵京，书籍已经检过，德尹已请假，于二十左右出都。

二十七日，黎明，驾入山行围。赐馔四器。命臣等于附近山冈登眺。午后大风雨。上回行宫。赐御馔二盘。傍晚东宫猎回，合营于此。黄昏，传谕：明早下岭取归路行。

二十八日，早晴。驾率东宫先发。辰刻，西风大作，寒甚。马首北向，弥望皆童山，坡坨起伏，洼处悉成轻冰，行者，举鞭策马疾驰以出泥淖。如此四十余里，路转而南，林峦秀润。又十余里，悬絙直下，马不能进。舍骑而徒，自颠至麓，约八九里，仰视来路如坐井窥天，始知半程皆从岭上行。兴安一山高大若此。喘汗稍定，复上马行八九里，抵伊苏必拉色勤下营。必拉译云"河"，色勤译云"源头"，盖伊苏河发源此山下也。申刻，驾回行宫。帐外臣等依次站班。奉旨赐坐。是日，围中所得鹿大小共六十余头。上又亲射熊。召臣等共观。谕云："熊之种类不一，有人熊、马熊、猪熊、树熊、石熊之别，此石熊也。"即以熊掌四分，赐臣等。又赐全鹿一只及山樱、山梨浆。东宫又赐熊肉、熊胆。黄昏同紫沧、亮功召赴行殿。

二鼓始出。

二十九日，住伊苏河源一日。上率东宫行围，获鹿数十头。黄昏驾回行宫。是日京报至，发下泽州师奏帖及答余辈手札。

三十日，五鼓。上率东宫先发。余辈辰刻随豹尾东南行，约四十里，有石壁陡起数百仞，嶙峋突兀，俯瞰道傍，若奋怒欲落者。约一里许，分为两峰，老松生其坳，苍翠欲滴。又里许，为撒勒巴尔吉，即今月二十日驻营之地。盖自发兴安岭路已向南，至此与旧路复合。又数里，为宫眷驻帐之所。复东北行，三十里至代亦作达因打巴汗下营。黄昏驾回。赐野鸡羹一盘。

九月初一日，驾黎明入山行围，召臣等往观。东南行五六里，至必忒舍勒。译云"树林茂密"之处。内侍导至帐殿东岭上。午后围合。召谕德臣陈壮履入围中，射得巨鹿一头，约四百斤。奉旨：即以此鹿分赐臣等六人。又命内侍牵上所乘紫骝马，令臣等共观。复赐御馔。谢恩毕，疾驱循旧路回营盘，地名伊苏三叉口，在撒勒巴尔吉之南，相距不过数里。是日所获鹿共五十头。分赐大臣，复赐观上亲射飞狐，毛深褐色，锐头，缺口如兔，而耳差小，尾之长与身等，肉翅如鳖裙，四足生翅中，前二足四爪，后两足五爪，能飞不过寻丈，向闻飞狐之名，今始得见也。以鹿肉分饷掌院。

初二日，早餐赐面食四种。上复与宫眷分营。平明，率东宫往东北山中行围。臣等站班值庐之外。上笑谓东宫曰："伊等俱胖了。"午刻，天气暄和，行二十余里，上舒库里打巴汉少憩于树阴，掌院亦至坐谈。至申刻，始下岭。又二里，有石突起，如假山，名格尔齐老，下营于其左。黄昏驾回行宫。

初三日，驾早发格尔齐老。巳刻，余辈随羽林东北行，约十里，过一岭，不知其名，度岭露坐。过午始前发，未刻抵乌里雅思太下营。写连日所作诗折进御览。是晚，东宫射得一虎，长丈余，白额黑斑，召臣灏、臣名世、臣慎行至行幄前，随命侍卫剥取取虎皮而瘗其全体于山下，且谕云："此亦兽中之雄也，既取其皮，忍食其肉乎?"杀物之中,亦寓仁心,仰见东宫用意之厚。若此虎威骨状如乙字,在两胁肉中,不附筋骨而生,虎之刚猛,固在爪牙,而作力逞强,尤恃此骨,故名虎威焉。特命剔出,赐臣慎行。又赐美酒一杯。谢恩回帐房,漏下二鼓矣。

初四日,驻跸一日。午后雨,赐野鸡、鹿肉,写射虎诗折进呈青宫。同声山过掌院帐房小饮。

初五日,三更大雨达旦。黎明,赐野鸡、鹿肉、面饼随遣内使传谕云:"口外雪多雨少,每遇冷雨,骡马不加遮盖往往受伤,恐随营买卖人等,未必尽知,故昨夜四更特行遍谕。"臣等奏云:"皇上爱养百姓兼及物类,虽在安寝时无刻不以仁民爱物为念,真天地父母之心也。"又传谕云:"近闻山东米价每石不过一两五钱,水灾可以无虞。但地方有实不成灾而亦称被灾者,人心之不足知乃尔。"午后发下前所进新安岭诗折,以臣慎行诗置第一。随呈青宫睿览,亦蒙褒奖。再赐御馔二器,及粉面食五种。是日复驻跸。傍晚作公札寄上泽州师,内及杀虎事。上传谕云:"虎性猛鸷,在内地则伤人,在塞外则伤兽。故每遇虎,曾不轻纵。关东地尤多虎,驻防将弁旧用步围,每年多致伤人。朕年十八时,亲往行狩,始命随围人俱骑马,自此遇虎鲜有伤人者。历年以来,朕亲杀者共一百九虎。皇太子亦杀二十余。今日之虎,尚属中等,往时所杀,更有大于此者。"臣等回奏云:"皇上声灵震竦,剪除凶暴,以大勇而寓深仁,从来史册所载,帝王射虎以为仅事,未有如是之多者。臣等见所未见闻所未闻,有生大幸也。"

初六日,早餐赐御馔四器。上先入山行围。辰刻,东宫召余辈六人随行,约十余里,指示初三日杀虎之地,有雉自草间飞起,一发中之。已而向近山射猎。余辈立马以待。须臾射得角鹿二,以紫驼负之而来。复往对面山冈树林丛密处,先令随行将士入林搜逐,东宫单骑引弓持满立于林外,凡鹿之奔突而出者,随手射之,无不命中。移时登山椒少憩,赐坐,赐茶,赐野鸡人各一尾,捎之马后。

再下岭行猎，得兽甚多。复赐余辈大鹿一头。从岭下望东南，行十余里，连渡二溪，至乌兰哈带口下营，较大路近二十余里，同声山过掌院帐房晚饭。黄昏，上回行宫。是日，宫眷复合营于此。晚餐赐御馔二器，及山果膏。三更微雨。

初七日，早晴。传膳后，上始发驾，复与宫眷分营。赐食鲜鹿肉、鲜鱼二盘。辰刻，余辈随豹尾望东北行二十五里下营，地名噶哈兔。蒙古语译云"猪"也。山石似之，故名。午刻，驾回行宫。余辈班迎驾。复顾谓近侍曰："伊等多黑胖了。"晚膳赐御馔四器。申刻同（彤）云四合，雪作。黄昏，大风雪更紧。起更后掌院传旨，召余辈集行帐。发下谕祭裕亲王文三篇，公同校阅。第一篇系京江师所拟，第二篇则泽州师所拟，第三篇华亭公所拟。校毕，漏下三鼓。各回帐房。雪止风更大，终夜震撼，不成寐。

初八日，早晴。寒气彻骨。驾率东宫先发。余辈随后望东南行三十余里，度一岭，其名不详。又三十里，抵克勤乌里牙雅斯太下营。蒙古语译云"杨树林子"也。掌院复邀余至帐房与海满两同年，再将谕祭文校定进呈御览。晚饭后回下帐处。酉刻驾还行宫。是日，赐御馔两次。

初九日，早膳赐花糕一盘、御馔二器。辰刻，发行四十里度一岭，约八九里，上合围，命臣等往观。撤围后，赐食鲜鹿、野猪肉。上谕云："自此循归路不行围矣。"饭后，臣等先回营盘。是日驻帐汗帖木儿岭下。东宫赐鲜果六大盘。

初十日，早赐御馔四器。饭后度汗帖木儿岭，即来时大路矣。自岭以北，中秋后草木尽枯，寒威凛冽，至此则沙草半黄、柳条犹绿，一岭之隔，若判阴阳。午后抵唐山营。余辈仍入值庐。赐御馔。晚出，又赐梨膏一器。

十一日，早赐御馔二器。辰刻，驾从水路行。三十里，泊舟钓鱼。余辈骑马先行。午后抵波罗火屯，入值庐，录观猎十绝句进青宫睿览。申刻驾回行宫。赐乳蒸羊肉一盘。少顷赐蒸瓜一盘。少顷，又赐酥蒸稗子饭。谢恩毕，傍夜出。

十二日，早晴。赐臣等六人乳酥，人各一大匣，酥凡三种，三公主进者名"额即个老"，四公主进者名"阿里察"，毕里图妈妈进者名"圆奶饼"，余得"额即个（老）"一匣，随于宫门外谢恩。早膳后驾发波罗火屯。未至蓝旗营数里间，上于山中亲射金钱豹一只，时余辈已先入直庐，召至行宫南门外共观，白质黑章，似虎而小，颈长尾大，右髃血瘢，即御矢亲殪处。晚膳赐御馔四器。黄昏，回帐房。

十三日，辰刻入值。赐粉面食五种、馔二盘。须臾大雪。驻跸不行。上以癭瓢赤茎芝及杏根佛手架分赐臣等，各得三枚。赤茎出新安岭北落叶松下，癭瓢则千年古树所生，皆塞外物产也。午前写射豹诗折进呈御览。发下再呈东宫睿览。晚餐又赐御馔四器。傍晚下值帐房。前后雪深尺余皆成泥淖。中间仅容一榻之地。和衣假寐。三更开霁，寒月照人，凛烈如严冬。

十四日，早膳赐御馔四器。辰刻上乘小船网鱼，顺流而下。命臣等骑随豹尾后，沿滦河行三十里间，凡五渡。午刻，上泊舟南岸，闻山中有虎，遣侍卫往探。用顺风耳西洋人所制，以铜为之，管长丈余，如千里镜之式，空其中，口大而末小，向空中传语，去山头五六里，声相闻也。与隔河山头人语，响应如对面。忽闻探者云，虎将从谷中出。上率东宫登岸立河干，羽林排枪三十杆，又备弓箭火器以俟。命臣等骑而观。移时山头传语，虎已为侍卫所殪矣。上始乘舟。赐臣等奶茶，又赐鲜鲤人各一尾。仍沿河随行二十里间，又连渡四水。酉刻，方抵喀喇火屯，随入值庐。赐御馔四器。黄昏发下泽州师谢恩折子及答余辈手札。随赐观所杀虎于行宫正殿前。上谕云："塞外惟辽东虎最大，今日所杀，校（较）辽东不过二等耳。"起更后，下值帐房，仍在七月中下营处。转瞬六十日矣。

十五日，雪融道滑。驻跸一日。颁赐干鹿条，臣等六人人各十束。传谕云："随驾大臣每人例止七束，汝等系词臣，故特加赐。"

辰刻入值庐。赐粉面饼五种、鲜鹿肉、鲜鲫鱼二盘。写诗折进御览。晚膳赐御馔二盘。是日，上出空青，赐臣等共观。其一黄白色，形圆，中空，贮水照日，则见其一紫色，中有水一滴如泡形，随手转换，石面上向则泡自上而下，石下向则泡反上走，循环不停，产蒙古中，而彼不知也。黄昏出，至帐房。

十六日，黎明，赐御馔四器、梨膏一碗。辰刻，随驾发，行至黄甲营，大学士马齐等自都中来迎驾。申刻，抵鞍子岭，随入值庐。复赐御馔四器。发下昨进诗折，转呈青宫睿览。山路泥泞，二更，行李始至。是日，谕德臣陈壮履初奉旨到京后，同入南书房供值。

十七日，黎明入值。赐鹿肉、鲜鱼二盘。卯刻，随驾发，二十里度青石梁。自发兴安岭以来，已御重裘。前度汗帖木岭，天气渐暖，然草木亦已黄萎。至此山头，木叶青红映日，近塞气候，又与汗帖木岭东北迥别也。午刻抵两间房行宫。臣等即入值。上命牵所乘汗血马示臣，且谕云："此马产西边，曩时灭噶尔旦，曾获二十余匹。今此马乃蕃部所贡者。食彼中水草，汗皆成血。厄鲁特降臣丹济拉能言之。今入中国无复汗血矣。马色紫黑玉顶，高七尺长八尺余，眼如夹镜，渥洼龙种，人间未睹。山中有果，名乌沙尔器，红如珊瑚，味微醉而带苦，核扁如瓜子，其木大者可为弓，余小可为箭，亦塞外材木也。"午饭，赐御馔五器、粉饼四盘，又分赐鹿尾、鹿舌及胸脊胁肉，人各七件。即于值庐北向谢恩。傍晚出。

十八日，晨起浓云䨥霴。辰刻，赐御馔四器。驾发两间房，将至古北口，微雪，从新开岭入，较平路十里而近。入关城，天色开霁，槐柳青葱，耳目一换。张梅功设午馔，时闻驾由水路行，余辈各饮数杯，微酣，策马疾驰，抵腰亭，驾适至，即于行宫前站班。遇安溪相国于途，一揖而别。晚餐，复赐御馔四器。自此以后，行宫无值庐，故不入值。黄昏，安溪公传旨，召余辈齐集宫门，立谈移时，各回帐房。十九日，早膳赐面食二盘旋。辰刻，上御舟顺潮河南下。余辈仍随豹尾行。午后，抵密云县。傍晚，上回行宫。赐粉面食五种。黄昏入北门。自六月以来，所至俱宿帐房，今夕重设旅馆。明日，驾仍从汤山回畅春园。黄昏，内侍传旨云："翰林官着从三家店一路回京，休息两三日再入值。又颁赐阿尔扇酒各一大坛、乳酥各一匣。臣等望宫门谢恩讫，分送揆掌院鹿条四束、借马二疋（匹）。是夕发下北直抚臣所进御书楼法帖四套、山西抚臣所进御书帖一套。

二十日，五更，驾先发。余辈天明始出城。二十里，红螺山，安溪相国行馆告别。三十里，牛栏山早饭。十八里，三家店。又三十里，渡孙河下店。计程共一百里。从前随驾时所未经也。

二十一日，五更乘月行，三十里抵东直门。门钥未启，就旗亭沽酒以御晓寒。黎明同紫沧入城，拜静海少司冠灵几，由西华门出宣武门，再弔声山内人。下行李于吉水大司农家。午饭后赴熊赐履、张玉书、陈廷敬三中堂及吴许两座师处投帖候安。傍晚回寓。司农公设酌洗尘。夜微雨。许霜岩、吴右将见过黄昏，开黄封酒，与扶九、攸厚、绍津续饮。后二日，乃赴西苑值庐。

跋

圣祖仁皇帝特达之知。康熙癸未，召入翰林备顾问。是夏，即命随蒐滦阳。明年，以纂佩文韵府留京师。乙酉、丙戌二岁，皆随驾至口外。朝夕在属车豹尾中。其纪恩应制诸作，则见于《随辇》、《攷牧》、《甘雨》三集，而此乃杂记道里山川及承对诏旨之事。总三集，与笔记以观，几合。大载笔载言而一之。然此书虽不在实录、起居注之列，亦足以资掌故，而佐职方氏之采择，较诸三集不綦重乎。自来传本绝少，予求之有年，犹子昂驹，顷从海盐陶氏爱吾庐借得先生手稿，予乃获目寓。亟令传录其副而藏之。先生早负盛名，中岁颇艰于遇五十余，始通籍，供职翰林，历俸未满，即请假归葬亲。既还朝，又数载，竟赋遂初矣。计其名挂朝籍首尾仅十年耳。其淡于进取为何如。昔欧阳公有言"顾瞻玉堂若在天上，是在人间而忆玉堂也"。先生则每从玉堂而想人间。故其诗曰:"笠簷蓑袂平生梦,臣本烟波一钓徒"。虽圣主亦当赏其高致。鸣呼,是岂同时侍从诸公之所能企及。宜其书之可传,而使人思慕愈久而不忘也。昂驹请题于卷后,爰述其梗既如此。乾隆五十有七年岁在壬子夏五月同邑后学吴骞识。(原在正文前,现恢复原貌,改为跋)

编者按:癸未,即康熙四十二年(1703年)。原抄本"癸未"前有"十一年"三字,字体与正文不一致,很潦草,置于书眉,不知何意。可能为抄稿人随意试笔,故不录。

敬业堂诗选

(清)查慎行

随辇集　起癸未五月杪,尽十二月。

元时避暑滦京,百官皆有公署,今惟词臣数人耳。癸未五月,大驾将幸山庄,先十日传旨南书房翰林六人,俱著随行。六人者:谕德臣升,编修臣廷仪、臣名世,庶吉士臣灏、臣慎行、臣廷锡也。臣壮履自请随班,亦预焉。始而行宫检书,既而围场观猎,往返计百二十日,每有所作,辄呈御览;附以入冬后诗,共为一卷。

将随驾往口外避暑蒙恩赐纱葛衣二袭恭纪

垂柳阴中书卷帏,微躯宜称袭恩辉。行穿碧水丹山路,先赐含风叠雪衣。(杜甫《端午赐衣诗》:"细葛含风软,香罗叠雪轻。")凉远冰丝分茧馆,香随葛越出星机。序更不用愁刀尺,预算秋深扈跸归。

五月二十五日随驾发
畅春苑晚至汤山马上口占四首

一

雨余沙碛净无泥,瓜蔓秧针绿满畦。共识君王爱民意,村村驻辇看扶犁。

二

闲按舆图考地名,承平畿甸古长城。(《昌平山水记》:"长城,齐天保二年所筑。"）词臣频日承宣唤，特许班随豹尾行。

三

军装小队走弓刀，年少会亲鞍马劳。老去承恩远自媿，重蒙天上赐征袍。

四

炎景当空日正长，潺潺汤峪水如汤，泉源万斛皆天泽，化作人间六月凉。

是日赴东宫召观洒睿笔口授书法
兼蒙赐扇恭纪十六韵

天纵储君圣，英资旷古奇。毓成龙凤德，学本帝王师。几砚无他玩，宫庭备幼仪。就将犹勉勉，敦敏倍孜孜。鹤禁时多暇，銮舆出每随。几曾疏笔墨，直是好文辞。羲画传家法，尧章焕丕基。书多呈御览，恩许侍临池。诀发千秋秘，工兼八法宜。银鉤光绚烂，金薤象纷披。腕力由神运，心源绝仰窥。难穷惟贤叹，过望是荣施。宝篆承华重，仁风被物慈。述书徒续赋，应教愧成诗。朝爽襟先挹，秋凉袖早知。骊珠长在握，宸翰并昭垂。（一月前蒙皇上颁赐御书扇。）

赋得绿树阴浓夏日长
二十六日，御试讲官题，臣亦拟作。

高倚层霄俯映池，绿阴阴处日迟迟。晴穿密叶蝉初翳，暑薄交柯鸟未知。曲径烟分苍藓润，重楼人静画帘垂。炎曦只隔深林外，似恋清幽不肯移。

二十七日随驾发汤山

凉殿东来御路平，金舆八袭正徐行。云从万叠峰头出，风逐千羣马尾生。甘泽只应歌盛世，醴泉何用草新铭。抽毫选牍惭臣职，纳钵亲随第二程。

怀柔道中遇雨是日驻跸密云

七渡河边过彩斿，坡坨高下入檀州。午阴侧帽消朱夏，细雨垂鞭似早秋。地险一军资障塞，（《开元要略》云："密云，燕之边陲，管障塞军五千。"）时清三辅奉宸游。厗（音提。）奚父老争扶杖，隔岁重攀翠辇留。（《方舆纪要》："《后汉书》曰：'傂奚，魏皇始二年置，密云，县治提携城。'"臣按：《续通典》："檀州密云县汉厗奚县，旧治傂奚，舆厗夷音本相同。"《魏书》遂譌为提携，当以《汉书》为证。）

赐观御书大学经传恭纪二十韵

昭代文明启，吾皇政化隆，熟精洙泗理，大阐圣贤功。胞与周民物，几康谧始终。一轻神默契，十传语全融。《尧典》推明德，《汤盘》视袯躬。孝慈为世则，好恶与人同。异说归渊鉴，羣儒仰折衷。欲令声振铎，端赖笔抒虹。心法由诚正，书源本贯通。学难穷秘笈，勤不辍行宫，涤砚龙窥沼，挥毫凤舞空。淋漓云气外，披拂柳阴中。星斗天垂象，山泉帝发蒙。教传先胄子，（前一日书信，先赐东宫展阅。）宠示逮臣工。偏党消皇极，维持长士风。颁应遍黉序，泽自被西东。睿藻光何焕，王言义必充。（卷终有御制跋语。）道弘该创守，力厚辟鸿蒙。羲画传同远，箕畴演并崇。煌煌治平业，万古照苍穹。

登密云城楼

第一封畿此要冲，两城宛转合长墉。风生温谷油油黍，（黍谷在怀柔、密云二县界。）涨走潮河矫矫龙。井底炊烟沉石匣，天西积雪射居庸。（志称居庸为"冷关"，积雪盛夏不消。）八荒户闼今同视，笑说秦关百二重。

石匣营

已废金沟馆，犹存石匣营。蒙蒙空翠里，细雨湿霓旌。

恩许扈跸诸臣戴草笠

台笠都人制，黄冠野服姿。直疑云覆顶，不怕雨催诗。凉燠俄能换，阴晴两自宜。从臣齐戴德，美荫荷皇慈。

过南天门初见边墙明徐武宁所创戚少保重修者也

胜国留遗筑，危梯极望收。万峰乘障起，一水入关流。形势当全盛，边墙免岁修。太平输镇将，袭带取封侯。

柳林喜雨呈同僚

高柳垂阴渐近关，（在在古北口南三里。）炎蒸疑在有无间。解衣脱帽君恩重，下马分题客况闲。枕底雷生南涧雨，城头云起别州山。朝来拟草甘霖颂，才短羞随供奉班。

六月初四日扈驾出古北口

太行蜿蜒二千里，七十二坳连首尾。东趋辽碣西冷陉，留干一门屹中垒。（古北口一名留干岭，见《金史》。）巨灵擘石如擘云，云根俯插黄花军。烟氛突过扫无迹，风雨欲来天半闻。出关弥望神州壤，六飞清暑频来往。高塘已断山不断，无数芙蓉列仙掌。川迥冈转辇路长，凉亭旧驿今村庄。（元时避暑沿路多凉亭，赐东、西凉亭军士粮钞，见《文宗本记》。帝猎北凉亭，见《赵世延传》。明洪武二十七年，置古北口十四驿，犹存东凉亭驿之名。）禽鱼共识天颜喜，草木中含御气香，小臣多年客燕代，梦想何曾踰紫塞。自诩遭逢老更奇，停鞭饮马长城外。

塞外山

已破云遮百万层，又从云外见崚嶒。翻缘山好添惆怅，未得峰峰策杖登。

两间房值庐作

随班番值又晨兴,金钥衔鱼转数层。延阁日长无箇事,坐消清簟一壶冰。

初六日奉旨编辑历代咏物诗恭纪四首

一

宣文小阁秘图书,("延阁图书取次陈",元周伯琦咏宣文阁诗句。)云雾窗中点勘初。圣主不曾遗小物,莫轻尔雅注虫鱼。

二

俪白骈青句已陈,篇章何处发清新。尽携中秘随行笈,三箧何烦默记人。

三

日日珍羞出大官,雉羹鱼糁水精盘。丹铅未是酬知地,聊与风人解伐檀。

四

会披图籍考山川,圣训真同象纬悬。文选楼高重拜命,敢同轻薄议前贤。

初伏日睿赐时果木瓜酒恭纪

帐殿炉烟合,周庐霁景长。人间正初伏,塞外已新凉。珍果当筵赐,芳醑洗盏尝。恩波承少海,一勺讵能量。

行过青石梁

天豁新开岭,鸾旗晓向东。古藤攀石度,绝壁过云通,鸟啄槐花雨,蝉嘶槲叶风。林峦行不尽,长在画图中。

驻跸鞍子岭连雨骤凉

复磴中涵金碧姿,小青山外跸初移,爱迎岚翠晨趋直,贪傍灯明夜咏诗。泉脉曲通行帐外,雨声浑似滴篷时。水晶宫殿清凉国,传语人间总未知。

赋夜光木

积水生神木,俄登几案旁。四时无改火,五夜必腾光。近映藜辉淡,遥分桂魄凉。顿教虚室白,临卷胜萤囊。

御赐武彝芽茶恭纪

幔亭峰下御园旁,（武彝山下有御茶园,元时贡茶地名。）贡入春山采焙乡。会向溪边寻粟粒,（苏轼句:"武夷溪边粟粒芽。"）却从行在赐头纲,云蒸雨润成仙品,器洁泉清发异香。珍重封题报京洛,可知消渴赖琼浆。

连日恩赐鲜鱼恭纪

银鬣金鳞照坐隅,烹鲜连日赐行厨。感踰学士蓬池鳝,（唐时学士赐食蓬池鲜鳝。）味压诗人丙穴腴。（元虞集诗:"鱼藏丙穴腴。"素食馀惭留匕箸,加餐远信慰江湖。笠簦蓑袂平生梦,臣本烟波一多徒。（陆龟蒙持:"笠簦蓑袂有残声。"）

送励南湖前辈奉旨归省尊甫少司寇公病

橐笔经时共值庐,何堪绝塞唱骊驹。乍看请急情辞苦,特许还家恩遇殊。客梦不离丹嶂远,乡心已与白云俱。最怜一掬酬恩泪,并为思亲洒路隅。

塞外蝴蝶　应东宫令

罗浮仙种几时来,金粉天生不染埃。忽见一双同照影,始知隔水有花开。

十六日五更随驾发鞍子岭行至三道梁天始明

金壶虬箭响登登，霁月流天景渐澄。谷䍐一重环翠幕，云移双仗识红灯。风轮暗激飞梁转，松顶迟看旭日升。满箧纤絺长什袭，此来何处有烦蒸。

十八日驾幸钓台召臣等随行赐膳
钓鱼恭纪七言绝句八首

一

插天碧嶂起芙蓉，路转潺潺又几重。百顷风潭雷雨过，万鱼衔尾候真龙。

二

高台俯瞰桦榆沟，指示滦河最上流。记得银丝鳙鲜鲫，欣从塞外识源头。（巳刻上御楼，召臣等五人至台下，指台下流水谕曰："此滦河上流也。"）

三

鱼藻池边辇路平，直随仙仗到蓬瀛。官厨初饫红莲饭，御馔仍分碧涧羹。（午刻赐御馔红莲米饭、柳根鱼羹。）

四

芳饵循环下钓筒，丝缗长日侍青宫。烟蓑雨笠寻常句，惭愧犹蒙记忆中。（午后奉旨：翰林诸臣赴皇太子行幄钓鱼。臣前谢赐鱼诗有"臣本烟波一钓徒"之句，东宫举以示近侍，并记以志愧。）

五

山庄一带并河壖，人众如鱼尽力田，要与周诗占吉梦，早开场圃待丰年。

六

一条罗带水拖蓝，只少鱼舟着两三。满眼丹青输画手，莺声柳色似江南。

七

文鳞跃处起涟漪，水族沾恩感圣时。不是纲罛施不得，为留余泽及鲲鲕。

八

佳名原自柳根来，（鱼名柳根赤，盖柳根之色赤，此鱼好啖柳根，故名。）钓得仍将柳贯鳃。分赐词臣三百尾，插竿骑马雨中回。

赋得远色有诸岭限二萧 应东宫令

谁写丹青向碧霄，参差入望势循遥。烟光澹处疑无树，日气生时似涌潮。飞鸟不能踰嶂外，横云只许抹山腰。分明有路行难到，知隔天台第几桥。

二十日行殿召对出至值庐内侍复传谕臣慎行云汝子在束鹿县居官甚清朕已稔知感恩述事恭纪二首

一

已注金闺籍，仍叨顾问荣。睿容瞻肃穆，天语听分明。转益臣心惧，难窥圣学精。行宫清秘地，不异侍延英。

二

稚子惭民社，能忘舐犊私。未成期月治，惊荷九重知。清白原家法，生成仰圣慈。家书连夜发，矢报勉捐糜。

恭和御制立秋喜霁

圣主如天惠泽周，与民同乐每先忧。归云夜散簪头雨，沃土人耕化外州。野鹳报晴初戛戛，良田入望已油油，诗成共识皇情豫，白藏新占岁有秋。

恩赐佛手柑恭纪

筠笼珍重贡炎方，罗帕玲珑照玉堂。缥带经时犹蒂绿，芳苞映日已全黄，长随锦荔迎凉到，远胜新橙透甲香。别与传柑增掌故，立秋时节赐山庄。

磁瓶草花

涧草巗花摘小丛，秘磁奭水爱青红，不教开落尘沙畔，只似栽培雨露中。映壁数枝开晓日，入帘双蝶带西风。谁将蟋蟀篱边景，移向滦河避暑宫。

秋海棠

小红低映绿窗纱，昨岁开时正别家，白发满头还自笑，塞山六月看秋花。

奉和御制穹览寺七言绝句
敬次上韵二首

一

清磬和泉隔岸闻，苍松翠蘗散氤氲。不知四面山重数，遥指炉烟是碧云。

二

宸翰留题昔未闻，麝煤龙饼气氤氲。祝釐老监今头白，特起香台贮彩云。

陈潜斋前辈分饷柿子酒

小槛遥看走马军，微风先为送奇芬。行廚洗盏汤初老，隔幔呼灯日渐曛。尚想青黄垂野径，忽惊红绿眩微醺。（东坡诗："醉眼眩红绿。"）从今细雨残更后，每到醒时定忆君。

七月初五日赐食蜜渍荔枝二首

一

岭外未曾尝小绿,闽南犹记擘轻红。(石屏诗:"新来尝小绿。"少陵诗:"轻红擘荔枝。")而今拜赐来天上,他日尝新叹转蓬。

二

蜡封蜜渍味全融,秋暑初迴却扇风。领取一襟冰雪意,白银盘映荔枝红。

蒙古贡马

蒲梢不拒诸蕃贡,印烙新加毛骨殊。敛却霜蹄行驾鼓,烂如云锦看成图。驹騋厩应房星上,苜蓿园开瀚海隅。不比无《羊歌》考牧,圣朝马政在攻驹。

七夕喀喇火屯雨后作

雕雾鹰风涨沕寥,一天秋意顿萧萧。彩虹截断辽西雨,飞入银河当鹊桥。

赋野杏根

古根埋不烂,搜剔岂能辞,斑剥旧苔藓,槎牙新菌芝。乾坤无弃物,研席得奇姿。自有天然质,何烦斧凿为?

裕亲王挽诗二首　奉旨作

一

礼绝三公上,亲为万乘兄,分忘敦棣萼,卹赐备哀荣。傍邸愁云结,回銮泪雨倾。(时上驻跸塞外,闻王讣,即日回都哭临。)桐阴留画像,存殁感皇情。(上尝命画工写御容与王并坐桐阴下,盖取同老之义,平居友爱如此。)

二

尚觉春秋富，俄惊泉路长。友于归圣主，文献失贤王。海阔星沉象，天空雁断行。举朝哀挽切、感动为宸章。

双塔峰歌

滦河之水鸣淙淙，晨光欲透草木翁，千巖浮动万壑充，十里雾湿三花鬖。阳乌展翅烟搋虹，倒射石壁纷青红。中有两峰迥不同，向人腾跃比祝融。厥初生时谁所砻，分而为二疑霻霿。自从亘斧开鸿濛，势欲复合难弥缝。小者为霍大者宫，前高后亚儿随翁。其颠石笋各卓空，如窣堵波劓圆窍，其旁老松垂薿葱，雨露已费千年功。初从南麓瞻崇隆，恍然御气乘罡风。青天一碧悬双篷，仙舟出没波涛洪。形随径转日在东，并作高柱孤龙嵷。首末稍敛中微丰，异哉三窍何玲珑。下空一门拆崆峒，中央一线星光通。最上一穴磨青铜，团团皎月非朦胧。洞贯腹背岂羿弓，谁与人力争天工。须臾位置移忽忽，左右互易惊愚曚。渐行渐远渐不穷，回头依旧藏霾雾。我思佛力大且雄，舍利所在塔庙崇。十方照耀开盲聋，僧伽兴废会有终。岂如兹山媲华嵩，巍峩俯哺荆榛丛。绵亘古塞接蠛蠓，劫火不坏况兵戎。地虽僻左秀独衷，昔名未彰今始蒙。吾皇盛德迈帝鸿，尽摄六合归牢笼。年年《雅诗》赋车攻，山庄近在封域中。已获顾盼邀愈瞳，何须秩祀偕三公。小臣作歌达圣聪，特与此石庆遭逢。

塞田双穗嘉谷恭纪

属车到处端徂奇，嘉谷俗呼小米子欣看燕尾垂。異亩比禾皆九穗，连畦如麦总双歧。

泽流膏雨珠兼玉，谱入《豳风》画亦诗。从此康年岂胜纪，太平犬子是农师。

蒋酉君为汪紫沧画菜索题

君昔养亲惟小园，白菘紫芥供晨昏。君今已食大官饩，梦寐何曾忘此味。秋来见菜应思乡，蒋家三径吾求羊，玉堂云雾看落笔，中有故畦风露香。

二十七日发热河

耿耿疏星晓，泠泠白露秋。（是日白露节。）老松轻烧断，顽石隘溪流。草苫沿篱屋，入骑渡水牛，塞田霜气晚，七月已全收。（曩时塞外六月已寒，黍稷少熟。今年七月杪尚未作霜，故庄田倍收。）

八月初六日发唐山营初入蒙古界

兴桓左界接辽阳，千里中开雉兔场。边户生涯资射猎，天家瓯脱变耕桑。风驰属国东西尉，化被诸蕃部落王，丰草长林皆禁籞，遥看直北是龙荒。

度汗铁木儿岭

一林槲叶一林枫，半染青黄半染红。只道平沙随地阔，忽开绝境与天通。冰霜气候阳和里，金碧山川指顾中，缓辔不知林壑险，殊荣孰与六人同。（岭路险仄，特命侍卫道臣等前行。）

初十日发摆波喀口

寒色马骎骎，重裘怯不胜。严霜如薄雪，细水作轻冰。蕃部三千帐，围场百万层。遥看射生处，旭日正东升。

十一日驻跸巴林桑斯台上于附近山中行围
赐臣等全鹿一只恭纪

雉尾鸡翘晓望分，旌旗高卷万山云。威加草木秋行令，礼重貙腰昼掩群，从兽总归司马法，回镳如策凯旋勷。只惭未效三驱力，拜赐长先七校军。

额勒苏台闻雁有怀德尹时闻弟乞假将出都

一声哀响落秋旻，列幕灯明夜向分。倦枕何人还不寐，望乡有客最先闻。路畏辽海霜前月，天偏阴方雪后云。附尔封书须早达，人间兄弟有离群。

十二日驾幸额勒苏台大猎召臣等观围恭纪七言长歌一首

圣朝雄略弥宇宙，四海为家同在宥，行宫直过大青山，缵武年年寓巡守。川原蕃膴少瓯脱，边障清宁罢烽堠。尽收种落当郊樊，大展冈峦作灵囿。凉秋八月商飚发，霜气凝严冰未滴。朝来下诏大合围，草浅林疏宜往狩。三千虎旅移前帐，十万龙骧出华厩。奇毛箇箇五花文，表貉扬膻遍巖岫。层层叶幄绚红紫，面面山屏围锦绣。前行十里雪初晴，千步场如筑新就。遥看数骑林西麓，画里依微人比豆。雁行齿序列后先，鱼贯班联随长幼。绵绵翼翼远不断，整整斜斜近相凑，须臾旋绕山之东，观者同时尽迴首，举鞭初可一二数，错落星文排列宿。长松冠岭岭插空，人马从空俄下走。呼声几处震虚谷，惊起雕翎落飞狖。此时已有鹿斯奔，阑入围场孤引脰，东跳西顾迷所向，首鼠张皇等鼩鼬。鱼丽鹳翼顷刻成，变幻圆方讵能究。阵图本是丘井法，旌立和门严介胄。合围渐紧壤渐平，匝布丛攒势相缪。不知鹿群何处来，俟俟儦儦纷邂逅。麏麚麖麇麋麛麃，麐麚麏麚麋。希间侦伺前复却，防内怔惶骇而骤。渴舌长如饮涧垂，野心思突重围透。天威奋武临咫尺，顿辔齐镳不容窦。神机独握举大绥，众志成城鹿为薮。虹流电掣忽飞鞚，月满弓开胥入彀。逸足公然带箭驰，先声所至随弦仆。一人获隽万人欢，群祝君王千万寿，大弨旋韔不尽发，余勇犹浮衮龙袖。网开一面颂皇慈，节应驺虞叶仁兽，云收雾卷围乍撒，万骑如风散晴昼。小试真同扫塞氛，盈庖岂独充飣餾。观兵耀德典弥崇，行赏班余功孰懋。窃闻上古有大蒐，秋狝相传本由旧。青丘自欲吞云梦，吉日先须卜庚戊。漆沮甫草偶于畋，悉率从王惟左右。今之健儿千三百，来自诸蕃踰尉候。（大围共一千三百人，皆出蒙古喀尔沁奥诸部落。）期门将士但旁观，山立何曾技轻奏。此皆至尊善抚驭，同轨归诚车辐辏。国家恩泽浩如天，蕃部宁非天所覆。自然忭舞群用命，王用三驱此其又。车攻宁数小雅材，羽猎应嗤西汉陋。矢诗橐笔本臣职，况著征衣随短后。虽惭无力效殳鋋，盛事千秋幸亲觏。

中秋节恩赐月饼时果恭纪

列幕周庐白似银，中天夜气肃鉤陈。皇衷尚感团圞节，（时因裕亲王未卜葬，停止筵宴。）礼赐偏优侍从臣，宫饼堆盘随月彩，御园分果得时珍。回思瓜豆田园味，老去惊看节物新。

是夜角火罗对月呈掌院揆公时奉使朝鲜初还

年年别里逢佳节，今夕班荆又一奇。玉兔银蟾新赐饼，（是夕御赐大小月饼，皆饰金彩宫殿，为蟾兔之形。）锦囊珠笈旧题诗。乌桓露警三更梦，碧海槎回八月期。记取勒苏山下路，霜花压帐话高丽。

十六夜撒勒巴尔吉对月

十分月到今宵满，一半秋从昨日过，（前一日秋分。）路转溪山鸣鼓角，天垂障塞绕星河。不愁织女机丝湿，自笑姮娥白发多。残醉易醒宫漏永，青绫无寐欲如何？

十九日度生吉兔岭

翠屏丹嶂四成围，见说前冈雉兔肥。山下忽逢沮洳水，芦花如雪马头飞。

二十五日晓发舒库里口

瞳瞳初日上天东，一片秋光照耀同。好是万株红叶满，已经霜后未经风。

二十六日扈跸至兴安岭有旨命臣等登绝顶远眺恭纪七律四首

一

崇冈斗起杳难攀，翠罕华旌岁往还。六合一家宁恃险，九边三面总无关。龙沙展势提封外，鸟道盘空霄汉间。诏许重登峰顶望，始知高出万层山。

二

忽开眼界向层巅，指掌图成立马前。东走陪京山委浪，北踰瀚海地黏天。牛羊白散千屯雪，草木青回万灶烟。四十九藩齐望幸，呼嵩声彻半空传。

三

甲帐辰旗紫逻长，极天晴色辨微茫。黄榆不断庭方路，白日能消冰雪光。猎骑嘶风争北向，野鹰随雁亦南翔。西山苍霭遥相接，直似登临在帝乡。

四

舆图远辟古兴安，凤舞龙迴气郁蟠。半岭出云铺大漠，乔松落叶倚高寒。（岭以北松皆落叶。）丹青不数东南秀，俯仰方知覆载宽。万里乾坤千里目，欣从奇险得奇观。

大风下兴安岭

崇冈无树朔风寒，直下真从井底看。知是向南归路近，乱飞黄叶打征鞍。

二十八日驻跸伊逊河源上新射石熊以熊掌颁赐臣等恭纪长歌

千峰万峰争落木，秋声萧萧气肃肃。连朝纘武大掩群，殪尽山中雪斑鹿。西风卷地余怒号，虎豹股栗豺狼逃。老熊何物敢自匿，出林独叫求其曹。天威赫业扬云罦，捣穴直穷熊所馆。公然人立向人啼，正值琱弓彀初满。皮毛与石埶比坚，不闻射石石亦穿。须臾三发三命中，摇尾大似求哀怜。忽看趫捷如猿鸟，腾上千年松树杪。神机别以火器攻，霹雳斜飞贯胦脑。半空抝折青珊瑚，松耶熊耶堕地俱。皇心因材有生杀，倔强那得逃天诛。雉飞兔走清林莽，重马驮来遍行赏。鸷性宁非恃爪牙，焚身至竟因蹯掌。驼蹏鹿尾猩猩唇，旧传此味配八珍。大庖只合供御馔，荣施何幸加词臣，臣闻南山之下渭水滨，从禽搏兽空铺陈。赋家漫诧三十六，终日射侯原非真。岂如吾皇勇且仁，除凶服猛胥躬亲。已靖六合无纤尘，山林兼使异兽驯，他年珥管纪上瑞。郊薮行见游麒麟。

赐观紫骝御马恭纪十韵

御马紫骝名，牵来左右惊。无疆全地道，至健配天行。出应房星瑞，时逢朔漠清，风雪开万里，日月夹双睛。阔步无谿坚，深观识性情。驯良由驾驭，神骏本生成。往往从蒐狝，悠悠逐旆旌。势随龙象蹴，气躐虎狼平。按辔千林肃，回銮六幕晴。衔恩何以报，恋主每长鸣。

九月初三日东宫行围召观杀虎恭纪

连冈若环断若玦，猛虎一声苍石裂。千狐百貉走且僵，独踞巉屼为窟穴。储君英武如吾君，六钧亲挽古未闻。年年侍辇出狩猎，手搏奚止什伯群。余威所临气先压，弓未离囊箭犹插。星流一点绿沈枪，刺虎真同捉鹅鸭。黑文白额光斑斓，毛血映彻朱旗殷。丰杠重马挟以至，冲飚霍霍来阴山，羽林奏刀技神速，理解肌分同破竹。怜渠故是兽中雄，特命留皮瘗其肉。大哉利溥仁人言，麟趾原从圣泽论，一片文茵常在御，半丘白骨更衔恩。臣工侍观咸动色，杀物之中昭震德。不知看射向山南，何似随围来塞北。

初六日随东宫射猎蒙赐全鹿野雉恭纪十首

一

珊戈豹鞬导中央，特许词臣列两旁。昨日山中亲射虎，近前指与旧围场。

二

林深谷邃转坡坨，黄叶声中掣电过。一箭拦回飞走路，随身数骑尚嫌多。

三

苍鹿年深雪作斑，洞胸饮羽突希间。别教羽卫追风逐，天马如龙又过山。

四

射雉仍开八札弓，离披彩羽堕晴空。欲知官笴长多少，五寸雕翎带血红。

五

英委雄略似吾皇，连日分围猎涧冈。赤豹黄羆皆进御，充庖一味不私尝。

六

一色明驼倒载来，猎尘收处夕阳开。翠屏万仞红云外，别领旌旗小队回。

七

重轮长傍紫薇垣，侍辇归仍侍寝门。每听鸡鸣亲视膳，豫游原不废晨昏。

八

德备才全左右宜，家传真得帝王师。万钧腕力强于弩，朝射貔貔夜赋诗。

九

割鲜分肉快何如，马后捎来拜赐余。今日塞垣亲扈跸，去年京洛正骑驴。

十

平生未习穿杨技，老去空存见猎心。惭愧书生叨异数，酬恩无地感恩深。

重九雪后汗铁木岭观猎二首

一

银麈缟鹿挺巑岏，重展围场势更宽。十万羽林齐挟矢，只教六骑作旁观。

二

苇鲈蕫蟹爱新霜，每到登高必望乡。睢料乌桓山外路，万峯踏雪过重阳。（前二日大雪。）

十二日上亲射金钱豹恭纪十八韵

朔漠回銮候，君王罢猎时。忽闻山下豹，正逐草间麋，讵纵颜行抗，还将余勇施。三驱争効命，七校复扬旗。金镞霜花淬，飞龙电影追。应弦疑树鹄，拔箭已连骳。直作摧穷寇，真如殪伏雌。右髃充上杀，全质少微疵。貍首斑斑血，猫睛闪闪眵。鬃雄粗缩蝟，爪利善藏锥。自匿荆榛窟，初含雾雨姿。气曾吞虎兕，力肯让熊罴。缓死俄无路，偷生讵有期。但令供狝狩，犹得壮威仪。枪桿风摇尾，鞍桥锦冒皮。呈文留炳蔚，取用及捐糜。师武当关险，兵韬示象奇。小臣惭献颂，何异管中窥。

十四日驾发蓝旗营乘舟网鱼命臣等沿河骑随赐鲜鲤人各一尾恭纪

雪光皛皛山稜稜，千山映雪朝日升，滦河之水暖不冰。刳舟剡楫凌空去，三丈黄龙帝亲御，川后前驱风伯助。峡形渐束波愈清，潜鳞帖帖何敢惊，人声不闻闻水声。须臾船重皇情乐，衔尾骈头来绎络，八绽一张鱼载跃。鲦鳡鳜鲤旨且多，义不尽取收网罗，满渠新涨余天波。词臣拜恩已无算，复赐红鳞长尺半，马上携归万人看。

是日中途命侍卫射虎复召臣等同观恭纪

后杀豹，先杀熊，阴方凛凛生寒风。先杀熊，后杀虎，积雪皠皠映强弩，君王威德弥寰宇，坐致遐方歌乐土。辟田筑室艺稷黍，猛兽宁容此偪处。尔牙如锯我镞铦，焚林荡谷期尽歼。溪东距溪西，相望十余里。忽闻响应彻山巅，天语遥传顺风耳。（西洋人所制。）六飞所幸成坦途，冥顽何物乃负嵎。期门壮士能手搏，奉令何异天行诛。天生圣人能格物，橦杌穷奇情状悉。耳端一缺戕一人，厥罪昭然何待诘。自从杀此虎，边牧蕃鸡豚。自从杀此虎，庄户长子孙。黄熊赤豹同噬吞，腥风扫尽无一存。小臣稚眼嗟未见，谈虎寻常色为变，此来快觌三害除，直似陪游向畿甸。

十七日度小青山

去日蕉衫暑雨收，归时急雪洒重裘。重经司马台南路，红树连山正晚秋。

入古北口

金支影转翠微间，万马骄嘶并入关。雉堞连云军角壮，虎矛凭险戍旗闲。西风渐老河边柳，积雪回看塞外山。正是秋清好时节，六龙行狩扈南远。

过牛栏山下二首

一

青山缺处吐孤城，行到牛栏路更平。一片黄榆绿槐影，白狼河畔作秋声。

二

白酒黄花兴未违，一鞭新自塞垣归。短裘冲过重阳雪，又向京华换裌衣。

十月初十早入值蒙恩赐带数珠恭纪

星联珠贯入承明，（是日同值共七人。）章服惊叨四品荣。一串牟尼呈五色，同时裘饰粲三英。循环岂易充臣数，祝圣惟当转佛名。长恐维鹈讥不称，也如老马锡繁缨。

房师汪档山先生请假奉太夫人南还留秋帆图卷子命题敬赋四绝句

一

秋兴赋罢赋闲居，首路争看侍板舆。此乐季鸾浑未识，区区归计为鲈鱼。

二

一声天上听胪传，小住蓬山已四年。来与乡人重换眼，五湖别自有神仙。

三

宦海茫茫讵有涯，急流几箇赴归期。霜前吾谷秋如锦，算是扁舟到岸时。

四

一条清况冷冰衔，十幅西风稳布帆。公去我留缘底事，拟因苦笋脱朝衫。（用黄山谷语。）

题刘禹峰水边行乐图小照二首

一

风酣绿浪红蕖，雨洗苍苔碧梧。万口诗传京洛，牢生梦落江湖。

二

菱租旧输甏社，鱼计新收白田。隔浦三间书屋，过桥一只画船。

雪后下值口占

徐蹋禁中雪，远看城上山。宫鸦巧相背，晨出暮飞还。

题许有介先生册子

事出先贤传，名从独行敦。眼看耆旧尽，心慕典刑尊。逸品传书画，余风付子孙。淋漓浮墨汁，中有不亡存。

贺张志尹前辈生子

邓艺冯经孰擅场，乃翁才藻世无双。祝儿他日无多语，七岁能文似曲江。

赋得深屋喜炉温 应八皇子教

几重帘幕几重茵，深掩纱窗净少尘。鸽炭馣红寒渐减，鹊炉灰白暖初匀。三冬不纳冰霜气、一室能回天地春。应念五更骑马出，铜街已有趁朝人。

题元人风雨归舟图 应四皇子教

遥山澹抹近山遮，一棹飘然水一涯。似有风声随雨到，忽疑雨势受风斜。白苹洲畔年年客，黄叶村边处处家。身在画中浑不觉，却教人指画图夸。

十二月初九大雪独值南书房有怀陕西随驾诸君

云海平铺钿砌宽，六花如絮点裘乾。金猊坐摊玲珑石。玉蝶争飞宛转栏。云护蓬莱长觉晓，树当温室不知寒。此时最忆随銮客，少室中条并辔看。(前一日闻驾已泝中州。)

送杨远卿之任武昌

去年访君过维扬,今年送君向武昌,江湖不到尘土眼,远梦夜落凫鱼乡。洲边芳草城边柳,骑鹤仙人重出守。洞庭春水际潇湘,大别青山横沔口。烟花三月画船开,王程不用颦鼓催。到官好寻陶庾迹,历郡正赖龚黄才。才多政简无不可,列戟凝香但安坐。闲攜宾从上南楼,倘有新诗应忆我。

除夕前一日蒙恩赐
羊鹿雉兔鲜鱼鹿尾上尊诸品恭纪二首

一

山海奇珍鼎味充,上尊罗列岁时同。斑龙肥羜光相耀,彩羽文鳞泽并丰。颁赐例随台辅后,(自大学士张王书、陈廷敬以下,被赐者凡十三人,臣与焉。)谢恩多在直庐中。一年滥窃官厨馔,素食能无愧国风。

二

丰杠锦帕压重重,节假归沾湛露浓。雕俎味新调翠釜,玉泉香暖拆黄封。乡风未敢分僚友。(苏轼馈岁诗:"亦欲举乡风。")家祭先应荐祖宗,却为思亲成感涕,君羹归遗(去声。)已无从。

《值庐集》序   起甲申正月,尽乙酉五月。

值庐之名,出汉书严助传注,所以处贤良文学之臣。余不才,初蒙特召,出入禁林,已踰年矣。今乃取以名集者,断自受职之岁始。用彰恩遇,且以志愧云。

元旦太和殿早朝

火城宛转度星桥,香殿氛氲接庆霄,黄繖采斿龙影动,玉笙金管凤音调。五云淑气开萁叶，一日春风曳柳条。（前一日立春）。鹭缀鸳分真忝窃，正衙初预德阳朝。

上元节西苑赐宴观灯恭纪

琼岛东瞻壁月圆，箾韶吹彻九重天。壶倾潋滟金尊溢，盘贮芳馨玉馔鲜。绛蜡班随中使导，黄柑例许侍臣传。太平时节观灯宴，既醉惟当祝万年。

是夕复侍宴东宫蒙赐玉杯恭纪

曾从繁露记书名，鹤禁传看分外荣。照座欲分灯影灿，入怀长并月胎盈。举同彝鼎恩加重，刻作云雷制倍精。珍重捧归须什袭，浊醪难向此中盛。

春分禁中雨

小雨流莺外，濛濛紫界墙。不知春过半，但觉日添长。白发趋中禁，芳时感异乡，多烦玉阶草，为我报年光。

次韵答吴西斋四首

一

青韶同调半衰迟，久缺题襟唱和待。自诩狂呼袁彦道，难忘好客郑当时。长檠列幕惭分照，小蹇冲泥倘借骑。巷北巷南曾咫尺，（余借寓与西斋仅隔巷。）却从离索想追随。

二

二老居邻共往还，（谓杨玉符、孙松平两前辈。）旧游历历笑谈间。墙头过酒传乡语，花底移牀梦故山。万事无如长耐冷，一官何计便投闲。举朝才笔输吴质，借职犹堪押右班。

三

不须作赋拟文通，好步词场继国风，后辈揣摩工日下，故人传写到吴中。（时蒋酉君乞假将归。）碧香开瓮春浮白，翠袖分灯夜剔红。怪得近来贫转甚，俸钱多半给新丰。

四

江湖一别悔难追，谁遣闲鸥拂凤池。玩世何妨资客难，低头聊喜得吾师。同时领袖推东省，（时考选台垣，吴名在第一。）異代文章替左司。（吴官户曹，时有《左司笔记》一书。）若向此中论臭味，莫言苌楚竟无知。

送同年蒋酉君假归常熟迎养太夫人二首

一

泥金才报隔年春，画绣还迎白发亲。同傍科名传盛事，世家书画超文人。桃花涨后移舟稳，鱼藻池西赐宅新。（行前一日，奉旨赐宅于西华门内。）好片尚湖烟雨色，诏恩犹许住三旬。

二

齿序肩随别有情，多君事我竟如兄。值庐并候花砖影，奏帖常联纸尾名。小立官槐曾系马，重来禁树已藏莺。卜邻预拟同王翰，（家声山赐宅与酉君比邻。）不为登仙羡此行。

畅春园早桃四首

一

记曾元夕醉香醪，冰雪千林吐白毫。今日重来云锦换，十分春色属山桃。

二

万树垂杨未放青，余寒犹勒水边亭。天然掩映成图画，横展西山作翠屏。

三

浴日扶桑跃海东，满天晴色晓曈昽。仙山楼阁无重数，只在红霞一朵中。

四

烟轻雾薄景迟迟，金碧围中四望宜。忽忆江村寒食路，竹梢低拂两三枝。

二月二十五日驾幸西苑值庐恭纪

翰墨林依紫苑东，亲承步辇出芳丛。万间广厦移天上，（时值庐新经改筑，上顾臣等云："此屋比从前更觉开敞了。"）三接深恩沛禁中。身作红云长傍日，心随碧草又迎风。值庐便是披香殿，月赐虚惭赤管功。

三月二日上御经筵恭纪

云日晓尧表，畴咨启舜编。谁能窥圣学，犹不废经筵。芳宴调羹撤，花瓷瀹茗圆。（是日停止筵宴，诸臣皆赐茶而退。）讲官仍入值，紫袖有炉烟。（讲官工部尚书臣鸿绪、掌詹臣元龙讲罢仍入南书房。）

西苑上巳呈同值诸君

上巳接清明，韶光满苑城。晓烟和柳重，夜雨篇花晴。节物春长好，年芳老自惊。两三修禊伴，闲话水边行。

三月四日赐食榆钱糁恭纪

天上星榆历历看，春风吹绽小团圞。柔条摘处青成串，新火烹来翠满盘。槐叶冷淘难比色，藜羹旧糁记同餐。他时夸向田翁说，此味曾经赐大官。

送陈陟斋都谏请假归里即次留别原韵

袍笏同朝萃一家，归心偏爱故园花。清时衮职无遗阙，祖帐都门有叹嗟。隔岸黄尘车历鹿，渡江新月橹伊鸦。到时亲友如相问，为道题诗字半斜。

寓园紫藤花同紫沧赋

不计千枝与万枝，玲珑巧透竹笆篱。围屏倚翠成宫锦，步障留阴护紫丝。蔓引龙蛇皆上走，花披璎珞总交垂。家园手种应如臂，忍负东风烂熳吹。

偕同年何屺瞻过古藤书屋时藤花方盛开赋呈杨玉符孙松坪两前辈

高出檐牙又几层，浓阴特此昔年增。重揩雾里麻茶眼，来对阶前老大藤。一片黏须犹待拂，千梢压架恐难胜。只应火急催新句，莫谓先生病未能。（时两先生皆抱微痾，故云。）

题学士侄柳边归院图二首

一

一条虹影亘长隄，玉蝀桥边响月题。缓辔不愁归路远，移家新傍禁垣西。

二

入值常先下值迟，风条雨叶袅鞭丝。自从赐出飞龙厩，（宋时翰林学士例赐飞龙厩马。）不向东家借马骑。

送刘雨峰出守真定

我初游学来帝京，渔洋夫子官司成。君时实助四门教，相临以分称师生。众中期许良独厚，洒脱不用常格程。过从往往得一醉，叩发谈议交纵横。感君磊落有真意，怜我迟莫方成名。五言投赠竟长幅，气韵遒逸声鏗铿。迴环首尾二十载，我鬓渐白君颜频。郎潜索米岂不久，一麾出守今专城。风前五马五骐骥，叱驭快作西南征。橐驼载书车载酒，绿杨夹路闻鹍鹒。常山古郡接畿辅，沙泉浏浏欣相迎。红叶绕郭云锦烂，白鹭下浴溏沱清。行人六月汗如濯，过此尽爱徐徐行。谁欤妙手为补绘，铃阁何必非蓬瀛。我今一官苦羁靮，欲住相就心摇旌。中山酿熟幸邮致，毋令肺渴枯肠鸣。

送掌詹陈乾斋前辈予假省亲四首

一

夜闻优诏下承明，特许朝来拜表行。亲老讵应虚子职，天高原自近人情。道存养志归非晚，风动旁观感亦生。欲识掉头潇洒意，浮云直似从官轻。

二

宾僚地望冠班行，值上频依讲幄旁。星汉文章唐许国，胪云名第宋安阳。两宫召对无虚夕，三殿摛毫有报章。谁似先生饶至性，最承恩日乞还乡。

三

曾踰旱海纪开边，出入声华孰比肩。馆阁清才传子弟，蓬壶归路著神仙。望云地较瞻云近，捧日心随爱日悬。更喜一门多盛事，春帆相望五湖船。（一月前，令兄陟斋乞假先行。）

四

枌榆乡社旧居邻，华发趋朝接后尘。新树忍攀东岸柳，残莺犹恋上林春。半纶投老知何日，八座还家羡有亲。总道名园成独乐，十年书局尚随身。（时奉旨携带历朝赋汇三百余卷，还家校刊。）

池上双鹤

长鸣相和两仙禽，多在阳坡少在阴。偶向清池闲照影，被人猜有羡鱼心。

恩赐哆啰雨衣恭纪

短褐频趋道路尘，青毡犹是向来贫。为怜襏襫随朝士，特赐哆啰出阘宾。燥湿推恩惭厚庇，短长称意荷终身。从今听雨听风候，儇值堪诿楯桰人。

五月朔赐高丽米粽恭纪

清暑初交殿角风，又传节物近天中，灵符旧系千丝缕，玉粒新颁五采筒。青蒻香分菖叶绿，银盘光射石榴红。云帆不却三韩贡，拜赐还教纪祖功。（上谕云："此米本出高丽，自太宗朝岁贡百石，为端午上供。）

送许不器赴任陈留

风俗陈留好，犹传一县名。人耕莘野遍，水入汴渠清。百里才非小，三年政必成。旧游高李尽，相送倍含情。（乙亥秋余曾游梁、宋间，故云。）

送张裕斋郎中出守杭州

海宇久升平，朝家重民事。吾州繁剧郡，牧守讵轻寄。相国门多贤，先生乃其季。起家科第中，敭历非初试。铨除例引见，人地有易置。天子稔公才，临轩亲简畀。羣情翕然服，公望兹果遂。贱子本州民，田庐依广庇。抒怀述所见，幸勿蒭荛弃。余杭一都会，旧习沿浮侈。宾筵縻酒醴，徵逐共游戏。东南际江海，隐现鱼盐市。黠者半为商，群群骛声利。枲丝虽土贡，耕纺业间坠。往时枻比场，十室减一二。士风最柔弱，氓俗鲜仓积。（去声。）好讼其性然，因缘饱胥吏。舞文骫吾法，频笑巧窥伺。所以古相传，陋邦号难治。我公朱辀出，辐曜光烛地。才大实恢恢，心虚恆惴惴。平生开济量，夙昔澹泊志。道路方欣瞻，风声已先驶。星罗九属邑，催科兼抚字。公行示以廉，表帅励下位。百族丰确殊，噢咻同体视。公行示以俭，变化需渐渍。必若鳌蠹豪，先须扶善类。弊当去太甚，利或兴以次。洵知鸾凤仁，远胜鹰隼鸷。公余惬雅尚，山水领幽致。开阖挹清虚，褰帷纳空翠，澄泓千万顷，高下三百寺。日为湖上游，原不废填委。

吟赓白苏什，手续欧梅记。宁待报最期，竚看玺书赐。

苑中闻莺

昼与人声静，墙兼昼影移。四围千碧树，百啭两黄鹂。椹熟蚕应老，芒踈麦正垂。未聋双耳在，为尔立多时。

五月二十六日喜雨

前夕斋坛撒醮回，西郊今日忽闻雷。一轩傍水看云起，万木无风待雨来。圣与天通终应祷，人言旱久未成灾。愿敷甘泽沾濡意，肤寸崇朝遍九垓。

雨后畅春园池上作

林亭片雨过，万绿浓于染。叶杪滴残声，波纹荡余点。暑景犹未徂，凉风遽相感。平生微尚在，老去孤踪忝。复此坐幽清，自然尘虑淡。

题陈允升塞外牧羊图后四首

一

谁护储胥峙糗粻，开边端合用陈汤。即看士马欢腾后，宴犒犹余万角羊。

二

鞭策曾趋万骑先，铙钲亲扈六飞旋。当初应笑栘中监，雪北蒙毡十九年。

三

横草功名一例看，牧羊何似牧民难。郎潜此日怜头白，辛苦边州两政官。

四

春草如秧际绿芜，驱群何日首归途。一蓑烟雨村南北，添写巾箱考牧图。

大雨下值至自怡园

急雨催归骑，虚檐警夕听。势沉三径竹，沤散一池萍。穴蚁绿林木，跳蛙入户庭。最宜新浴罢，坐看鹤梳翎。

题蕉士上人扇头墨竹

老僧指上微凉起，携入先生怀袖中。好是绿筠亭上坐，墨光含雨笔摇风。

移寓城南道院纳凉

不信人间有郁蒸，好风来处晚凉增。满城钟磬初生月，隔水帘栊渐吐灯。书少只宜高阁庋，墙低聊当曲栏凭。白鬚道士休相避，我已身如退院僧。

玉𬭚桥观荷花和张研斋前辈

水风凉透鹭鸶肩，一镜争窥万柄莲。不是玉楼金殿影，直疑身在过湖船。

雨中独直南书房

窅窅九重关，沈沈万寿山。雨来声更静，天上坐能闲。寓意同休沐，浮踪信往还。御沟新涨急，归及听潺潺。

大雨出前门口占

猛势如潮欲撼城，九衢暴涨一门争。去年六月滦河北，雷转空山是此声。

送陈子文出守石阡八首

一

橐笔多番到直庐，墨淋漓洒玉蟾蜍。一麾自拥君恩出，砻石先应刻御书。（君为部郎时，屡召赴南书房作行楷书，前后再赐宸翰。）

二

瘦岭荒江路七千，一家迢递向蛮天。不知贩布巴寶外，可有公畦太守田？（用南史伏晅传事。）

三

鸟道中开斗大城，嫚歌处处合芦笙。风流郡伯褰帷入，赤脚花鬘次第迎。

四

清香昼静双枝戟，碧树春垂小桁帘。预算铃斋无俗事，一泓冰镜照吟髯。

五

碑版光传照裔文，临池妙手继鹅群。翻防讼牒纷难却，判尾争先乞使君。

六

四十年来好弟兄，梦中曾共蹑蓬瀛。（子文初赴选，梦与余兄弟同入朝，已而果验。）白头歧路天南北，忍便忽忽赋渭城。

七

短衣犹记走边头，烽火遥连古智州。今日故人乘传去，太平时节话前游。（庚申、辛酉余在贵阳幕府，故及之。）

八

宦蹟知从历政深，单装宁肯负初心。归舟不载葵花石，要使清名过郁林。（《石阡府志》："城南龙洞有两石。如盘形，类葵花。洞中产纹石。俗名醮果，任人赏玩，不得携归。"）

恭和御制山左丰年歌原韵

《周官》荒政皆仁玫，散利恆先重民命。平时蓄众道维慈，临事承天心以敬。五行畴范推皇建，九扈农祥视晨正。尧汤水旱其数然，补救由人乃前定。吾君御宇轸岅频，流膏沛润沾幽沦。厚培亭毒煦春律，峻极穹盖函秋旻。偶逢小告占俗俭，特涣大号赒甿频。开仓立发千万亿，遣吏遍荷咨诹询。飞鸿在野集在泽，六府九纪咸平均。东人谁能忘帝力，艰食俄闻奏鲜食。禾苗长亩二麦登，鼓腹依然安作息。向来睿虑每宵衣，至是天颜同霁色。明朝尺一传山庄，帝庸作歌庶事康。太平有象省惟岁，饥溺已拯犹如伤。豳风十月献朋酒，群祝万寿期无疆。可知先忧后乐意，覆载莫媲恩难量。小臣矢诗纪上瑞，更愿岳牧勤官方。

伏读御制山庄书怀赐大学士诗恭次扇头原韵

雨阳时若验阴晴，无逸心周稼穑甿。夏垅已闻牧翠浪，秋场旋见捣红粳。仁风被赐先元老，喜色腾欢遍列卿。共识宸章难仰答，太和元气在咸英。

叠纳凉韵戏答俞扶九侍御　时同寓道院

晨烟夕霭气蒸蒸，秋水门前几尺增。止酒免偿隣负债，施油催点佛龛灯，嫩莎院落晴联步，独树轩窗雨对凭。（寓庭有白杨。）除却入朝须起早，两鳏何事不如僧。

古诗四章上座主孝感相国寿

一

火维灵奥区，灏气恣磅礴。洞庭汇溟涬，石廩耸寥廓。五百应昌期，元精鼓橐籥。大儒乃笃生，作镇配川岳。恭惟我夫子，异采辉井络。曳履上星辰，訏谟重帷幄。迥翔密勿地，独力斡枢略。立极奠六鳌，清刚砺镰锷。道原幸有赖，不数平津阁。

二

正学日沦替，百家纷语言。我公实闻知，洙泗穷渊源。妙窥千圣秘，月窟兼天根。理障快扫除，焕如朝吐暾。发挥为事业，突兀揸乾坤。峨峨千丈松，迥立无攀援。经邦实致治，吾道中行存。

三

胜国史未成，简编就残脱。门户互排挤，文献恐渐没。圣朝树立远，损益鉴前辙。大笔待钜公，是非辨毫发。六馆既弘启，四部亦灿设。贯穿三百年，搜抉十万帙。迢遥溯开创，细琐逮季末。非公习掌固，何由发囊括。独成一代书，凛凛阳秋笔。

四

赞化非一途，调元历三纪。朝端立枢极，爨下收杞梓。五度入南官，至尊深倚毗。请看百僚上，尽属门墙士。一归出悬诚，进退鲜愠喜。重来资启沃，未许久田里。公之视浮荣，奚啻若敝屣。角巾就邸第，寝食善名理。上日揽揆辰，川流同岳峙。采芝犹有待，传菊烦中使。平格天所丰，称觞今以始。

王学庵给谏移寓保安街有诗见寄资答二首

一

笑检空囊付画义，不妨家具少于车。箧中谏纸传新草，（唐制，拾遗官月给纸二百张，名谏纸。）墙角吟蛩报晚花。置酒可能邀北郭，卖书端合问东家。十年瘴岭烟江路，容易星回博望查。（学庵两任黔、粤县令。）

二

辘轳绠转石栏边，僦屋曾栖蒲褐禅。（余壬午、癸未间曾僦居此街。）古井再经愁雨塌，旧交重聚得天怜。明灯照壁何愁蠍，绿树当门定有蝉。稍待泥干走相觅，看君新灶起茶烟。

得朱悔人石泉书却寄

蛛丝缴绕鹊联翩，信使来从古石泉。蛋足怜渠行万里，尺书报我阅三年。天垂马阁真奇险，官到龙州类左边。相劝白头须作达，好诗题遍好山川。

奉祝昆山徐太夫人七十寿

早相中朝黼黻臣，晚携麟凤拜恩纶。五千岁里三秋节，二十年来八座人。星汉高源占宝婺，门墙余阴在儒绅。黄花酒暖金桃熟，遥指西池是海滨。

史蕉饮前辈招集一亩园分赋

踏屐冲泥取次行，重来忽漫听秋声。空园树比昔年老，积雨天逢今日晴。世上官情闲最好，诗中淡味炼难成。韩家潭外如钩月，爱领新凉到凤城。

月夜城南水阁偶集分韵
得白字即题陈濂村峨眉诗草后

高阁倚秋清，天空露华白。水风吹月上，去我若咫尺。此时一尊酒，远致三峨客。稍稍召朋俦，罗罗饤肴核。盍簪非意料，邂逅心莫逆。君生公相家，名上金闺籍，七年行蜀道，尚尔好颜色。怀袖有峨眉，云烟落几席。兹山洵僻左，迥与中原隔。陡险出五丁，蚕丛始开辟。君才虽小试，实佐筹边画。谈笑无滞机，登临挟仙翮。径危蛇倒退，石恶剑中劈。日月光摄身，雷霆伺投隙。雪山带西竺，万里赴络绎。岂非所历高，参井手可摘。不然域外观，讵肯供汝役。人生百年内，知著几两屐。奈何尘鞅羁，跬步恒局脊。哦诗抚清景，不醉良可惜。努力营一欢，流连尽今夕。

题史耕岩前辈收纶转棹图四首

一

衔尾船装压浪书，鲈乡风物此何如。羡君别具经纶手，钓线随身自卷舒。

二

赏花曾记把鱼竿，南史家传学士冠。四十年中三掌诰，凤池何似五湖宽？

三

拍残铜斗酒初醒，射鸭堂连避暑亭。想得卸帆秋正好，水花风叶满鸥汀。

四

千里波光一曲移，西风吹老碧莼丝。画图爱写湖山意，未是先生乞赐时。

熊质均年伯五十寿

半百韶华九九辰，（重阳前一日。）红萸黄菊一番新。堂前接武尚书履，膝下承颜进士巾。（次君与余同年。）风月无边邀客赏，虀盐有味爱官贫。（时官国子学正。）盈觞酒美须勤置，共识清醇似主人。

陈濂村新辟书屋名曰"萍庐"，中秋后二日招同人宴集，分韵得明字

名园十年别，（乙亥夏，与濂村共醉高阳相国园亭。）蜀道万里行。自尔好会稀，转头岁峥嵘。闻君昨报最，还装及秋晴。相公顾之喜，东阁客已盈。吾老不晓事，颓然厕羣英。开筵亦见招，谓是门下生。坐我三间庐，酹以一角觥。为言聚散地，远近岂有程。点池忽西东，浮海或合并。所以颜此室，而取萍为名。吾意殊不尔，劝君还细倾。君才本谪仙，偶然去瑶京。玉堂手种树，再到阴已成。况复芝兰阶，

连校合田荆。（谓潜斋学士。）胡为不自广，猥作诗人鸣。如余乃萍耳，一叶漂大瀛。举头望秋空，云月递微明。后期难预必，得句且再赓。

送靖安叔归碛石三首

一

昼鼓朱旗晓日开，广场千步净无埃。紫光阁下通名姓，曾与天潢较射来。（紫光阁在玉蝀桥西南，武殿试日皇上率东官诸王先升御幄，步射毕，诸进士乃排班。）

二

文武家声荷主知，右班特许缀蛾眉。一门盛事传希有，亲见穿杨入彀时。（叔赴殿试日，余与声山侄俱奉特旨赐坐西班观射，时以为荣。）

三

最喜高堂有老亲，还家初换采衣新。两山霜叶红于锦，马上争看第一人。（余家以武科登第者，自叔始。）

总宪蒋裕庵先生挽词二首

一

副相声华重，恢热德宇宏。青云多故吏，黄阁是门生。（相国桐城公出先生礼闱分校门下。）气压松阡肃，霜留柏府清。宪台传故事，存没备哀荣。

二

帝里移家久，堂开绿野宜。庭惟栽玉树，坊亦号灵芝。卿月流丹旐，商飚卷素帷。薤歌声咽处，惨动是南司。

大宗伯长洲韩公挽词四首

一

昭代文章伯，精灵造化锺。同朝瞻进退，上殿画仪容。独具回天力，辇归秉礼宗。逍遥歌曳杖，泰岱忽摧峰。

二

五云胪唱按。八代起衰时。制艺东朝读，（皇太子手选先生制艺文一册，曾出示慎等。）才名四裔知。直惟凭帝鉴，清并畏人知。物望关存殁，非公更属谁？

三

昔去丝纶地，还朝又十年。高风仍馆阁，雅尚自林泉。一病归难料，（先生以病乞归，奉旨留京调理。）初心老倍坚。尚余毫发恨，怅望五湖船。

四

折柬曾蒙召，扶牀得几回。泥涂迟下值，函丈失追陪。（七月二十日公病间手札见招，是日慎行下值稍晚，不及趋赴，遂成永诀。）遗墨真堪宝，藏缄忍再开，寝门才隔月，今为哭公来。

题吴震一中翰诗稿后

张（介山。）吕（仙洲。）论交付刹那，吴均风义老研磨。芸香俸校三年浅，药树吟成五夜多。（白乐天《禁中夜值》诗："药树阴中惟两人。"）妙手不妨偷格律，长才倘肯乞余波。一楼准约山边住，（《山边一楼》，震一旧以名集。）拍手犹能作和歌。

东宫召赴西园赐观皇上御笔匾额
大小二十有九，恭纪七律八章

一

元气淋漓万象融，欣瞻宸翰辟鸿濛。瑶源珠海来仙岛，凤翥鸾翔下震宫。光射临池知浴日，笔随运肘想生风。一时喜色关飞动，嵩祝齐传抃舞中。

二

炉烟直上护氤氲，松栋虹梁灿欲分。殿阁香风浮墨气，河山秀色映天文。画传羲易筹图秘，念切周诗稼穑勤。（御书知稼轩、无逸斋。）共纪本朝家法古，书屏铭座付储君。

三

真觉谦尊道益光，（谦尊堂，亦御书匾。）不名宫殿但名堂。擘窠宁羡书飞白，响榻难模纸硬黄。赐出形棋随大小，琢成体制合圜方。吾皇慈爱青宫孝，钦仰时亲黼座旁。

四

到处黄金榜御书，太平堂构庆端居。晨曦烛地光相并，列宿周天数有余。大业时时游艺圃，嘉名一一取经畲。日知旧额重钩勒，开卷犹思出阁初。（日知堂，皇太子初出阁时上所赐额也。今移入苑中。）

五

翠篆东连紫界墙，林泉交映蔼秋方。龙楼问寝宵常早，鹤禁娱晖景正长。藻井非烟呈五采，璇题如镜启重光。凌云百级丹梯上，头白应嗤老仲将。

六

万丈光芒出槛前，煌煌禁匾称高悬。尧阶茅土原同俭，文囿风光共一天。玉案浮花开漆砚，银钩写月向澄川。凡鱼欲作鲲鹏化，御墨吞来骨尽仙。

七

笔阵纵横气总降，帝书亘古擅无双。九苞翙羽连翩起，万斛龙文独力扛。迸散繁星悬两曜，尽收千派纳长江。人间欲见曾多得，转幸身依青琐窗。

八

茫茫学海望无涯，上殿恭承异数加。目炫管中窥日月，梦回衣上带云霞。欧苏小记荣天藻，羲献真传属帝家。愧作玉皇香案吏，难濡柔翰绘光华。

恩赐新刻御制诗集恭纪二首

一

宵旰孜孜四十年，元音和畅在诗篇。天章久与丝纶播，御集新成琬琰镌。逸韵铿金还戛玉，祥风户诵复家絃。关雎麟趾胥王化，诗敦原推雅颂先。

二

武功文德并宣扬，间采风谣到省方。耕凿万方民击壤，箫韶九奏帝垂裳。典谟媲美尊虞夏，花月成篇陋汉唐。拜捧瑶编还惕息，难凭讽咏答恩光。

恩赐御园十种蒲桃恭纪

十种者：一伏地公领孙，二伏地黑蒲桃，三伏地玛瑶蒲桃，四哈密公领孙，五琐琐蒲桃，六哈密绿蒲桃，七哈密红蒲桃，八哈密黑蒲桃，九哈密白蒲桃，十马乳蒲桃。

上林名果味芳鲜，采摘均从雨露边。色借紫青相照曜，颗分大小各匀圆。流来马乳香先喋，酿出龙池品尽仙。便与樱桃同饱食，纪恩难罄益州笺。（成都有十样笺。）

十二月十九早，奉东宫令，南苑冬夜寒甚，偶见砚池结冰。以砚池冰为题，汪灏、钱名世、查慎行、蒋廷锡四人，可各赋七律一首，又自制七律以示改正："雪明书幌易生寒，水静圆池墨未干。乍结琉璃漆砚里，自成珠玉彩毫端。微涓倍有清莹色，一滴还深碧锦湍。冻释烟云浮几上，须知下有黑蛟蟠。"臣慎行恭和云：

研朱滴露一泓宽，喜见冰花结作团。粉色映笺云母白，墨光铺几水精寒。入怀珠玉生衾底，呵气蛟龙上笔端。计日东风先解冻，词源如海富波澜。

十二月二十日奉旨特授编修感恩恭纪四首

一

纶书璀璨下金銮，同值三人并授官。（同日被旨者：汪灏、蒋廷锡及臣慎行，共三人。）湛露九重频渥泽，条冰一署不知寒。登瀛路许迴翔入，（翰林旧制：庶吉士俱于二门外下马，授职后乃骑马入登瀛门。）藏阁书容次第看。总是鳌峰清切地，浑忘弱羽篦鹓鸾。

二

玉堂故事久相传，常吉多充弟子员，支俸例教同七品，随班特荷免三年。（庶吉士例须教习三年，再经御试，然后授职。先是臣等以供奉内廷，特免教习，皆异数也。）身依香案初称吏，诏赐头衔不待铨。自沐荣光心窃愧，愧居四十六人先。（癸未科进士，除一甲三人外，与馆选者四十九人、余名在第二。）

三

螭头龙尾上陂坨，拾级重经拜命过。步接彤扉仍注籍，名联黄纸俨登科。较量前辈荣真冒，比并同年幸最多。章服不殊恩遇异，一行归骑拥鸣珂。

四

共道迁莺傍上林，姓名从此列朝簪。身微弥觉栽培厚，地近尤蒙教养深。应腊兰芽初茁玉，先春柳线已拖金。倾心一寸同葵藿，长托尧阶仰照临。

除夕前二日恩赐御书大福字恭纪

景福欣逢介福辰，自天题处自天申。万年凤藻辉宸极，一颗骊珠赐侍臣。捧出深宫荣并受，悬同御扁墨长新。箕畴更衍无疆祝，敷锡从知遍庶民。

恭和御制除日晚宴原韵

景运循环纪始终，年年嘉庆与民同。钧天律转冰霜候，大地春回雨露功。诏许勋庸承曲宴，时无水旱廑宸衷。小臣与凛丰侯戒，既醉恩深圣训中。（恭读御制有"平生恶酒难堪饮"之句。）

王学庵生子走笔贺之六首 以下乙酉稿

一

六十生儿似较迟，却缘难得转称奇。芝田蕙亩从人说，琼树天生只一枝。

二

拾得（陈后山诗："黄家生子名拾得。"）添丁未足论，乌衣余庆自清门。直同膝上看文度，抱子心情当抱孙。

三

谏草焚来尽（去声。）有书，芸香何用辟蟫鱼。先教识透之无字，徐读巾箱万卷余。

四

双眼摩挲喜可知，绿槐阴发去年枝。待君添种三株树，要看凌云合抱时。

五

汤饼筵前客坐深，掌中擎出是璆琳。隔帘不用催丝竹，儿笑儿啼尽好音。

六

天上麒麟见未曾，他时摩顶记徐陵，老夫自诩言多验，身是人间现在僧。

奉题少詹彭先生扪腹图

大彭远祖商老钱，世家柱下为神仙。旁人见公腹便便，矢口但称边孝先。我公稽古如力田，白昼那肯成高眠。承明出入三十年，朝回日日手一编。撑肠卷轴富五千，大笔无过许与燕。两宫顾问召屡前，官非不达学愈专。绿衣有语然不然，先生笑指池上莲。谁其画者调丹铅，此意或向知音传。

应皇太子令咏白杜鹃花

鹤林花本神仙种，名字虽同色不同。一自根株归阆苑，独留冰雪向春风。披香欲夺氍毹豔，（"披香殿上红氍毹"，苏轼咏杭州南漪堂杜鹃花句。）勅赐休誇踯躅红。（白居易诗："一名山踯躅，一名杜鹃花。"王建诗："勅赐一窠红踯躅，谢恩未了奏花开。"）从此三更枝上月，定无啼血染芳丛。

见可亭侄新柳诗偶作一首

偶篇长条作短行，此声不是笛中声。时清关塞无攀折，路近章台有送迎。濯濯应怜前度态，依依长带故园情。春来纵得东风力，莫倚纤腰便飑轻。

祈谷坛西北积水十余顷，四时不竭，每旦有群凫游泳其间，因名之曰"野凫潭"，口占一绝

潭潭积潦浸城隈，不长菰蒲长水苔，我梦江湖归未得，野凫何事却飞来。

和周蔼庵都谏闲居杂咏兼简学庵西斋四首

一

三间道院例支钱，薄俸分缗月二千。日日日长闲锁却，一灯归照夜楼禅。

二

芹泥融栋燕巢新，小社回头已过春。我本无家一房客，可怜飞

鸟更依人。

三

又作三年住帝乡，萧斋有味是苍凉。墙头山色门前水，不忍移居过别坊。

四

官曹西省连东省，门巷青杨接白杨。道是闲居闲不得，得闲翻为和诗忙。

下值偶过学庵斋明日学庵以诗索和次原韵

绿树阴中着两朦，夕阳移影过东隅。唱酬互入新诗卷，（时学庵与元朗编刊《披垣唱和诗》。）还往犹余旧酒徒。（谓西厓。）有子祝君苗在手，（"十苗方在手，想像秋禾熟。"戴石屏生子诗也。）未归约我杖同扶。眼前事事关迟莫，不梦横溪郎泖湖。（横溪余所居地名。）

南海子

千顷平如指掌收，草虫趯趯鹿呦呦。驺虞囿小樵无禁，钩盾田宽麦有秋。万柳槎枒沿径转，一渠曲折入墙流。心同鱼鸟便飞放，爱作城南十里游。（元时名飞放泊。）

南红门接驾归途喜雨　时皇上南巡回京

万乘回銮候，三农望雨辰。自天能润物，到地喜清尘。处处沟渠急，行行榆柳新。冲泥归更好，马意亦跧跧。

五月初九日上御渊鉴斋，召大学士臣玉书、臣廷敬、工部尚书臣鸿绪、学士臣升元、臣升、臣壮履、臣原祁、编修臣瑄、臣廷仪、臣廷玉、臣名世、臣慎行、臣廷锡等人，至云步石赐坐赐馔，毕，人赐荷花一瓶，随命由蕊

珠院延赏楼泛舟回值庐，感恩纪事，恭赋七言律诗四首

一

身依禁闼已三年，天上方知更有天，杨柳桥通星汉畔，芙蓉槛绕御牀前。游同灵沼鱼真乐，听到伽陵鸟亦仙。云步石边联步入，临流商下列芳筵。

二

咫尺夔龙接武随，从容宣劝坐移时。（坐间屡遣内侍传温旨，令臣等勿拘常礼。）烟霄画入丹青动，殿阁凉生草木知。有数遭逢关气数，无私造化荷恩私。苑门隔日先传唤，应是今朝下值迟。

三

诏恩半日许迴翔，昆阆迟迟昼倍长。贝阙珠宫环四际，十洲三岛俨中央。翠屏开处云流影，彩鹢飞来水拂香。共识天颜多霁色，雨余风物借辉光。

四

玉井移根迥不同，秘瓷人赐一枝红。茎从新折流晨露，蕊为含开带好风。擎出荣随丞相后，携归香满禁垣东。此生直愿依蒲藻，长在烟波浩淼中。

题费晓城同年牧牛图

嫩草如秧水似油，雉疏闲放白苹洲。画师最得华阳趣，不取黄金写络头。

送陈秋田宰荔浦

一官万里赴昭州，人替君愁自不愁。匣砚囊琴非俗物，丹梯碧落是清游。九疑路转收帆驿，八桂风高卷幔楼。真羡杨蓬挈家去，王程如砥接诗邮。（唐杨蓬曾到岭外，见阳朔、荔浦山水，谈不容口，俄而求选彼邑，挈家南去。）

考牧集　　起乙酉五月杪，尽丙戌四月。

　　余自癸未扈跸清暑，甲申以纂辑《韵府》留京师。乙酉五月，复奉旨随驾。是秋撒围后，万乘巡边，别由雍安岭渡库勒齐河，自此抵张家口。乃元时上都孔道，今属上驷院庆丰司。数百里间冈势坦迤，驼马牛羊约三百余万。上按程阅视，指谕臣等云：昔太宗皇帝谓此地宜畜牧，今果蕃息若此。遂颁赐侍从大小臣工人各马一匹、羊二头，臣亦与焉。又四百里，始入居庸关。臣惟《小雅》之美周宣曰："谁谓尔无羊，三百维群。谁谓尔无牛，九十其犉。"我国家考牧之盛，不啻千伯倍之。诗书史册所载，得未曾有，特取此义，贝纪盛事云。

扈从山庄避暑出都口占

　　又是山庄扈跸时，赐衣重著马重骑。边人望幸经初伏，闰岁君王避暑迟。

雨后过怀柔城外

　　火云突兀压城头，地近黄花古戍楼。好是绿陂新过雨，路平如掌接檀州。

重出古北口

　　烟火千家散旧屯，馈浆野老候关门。自言世得耕耘力，黄犊年来又有孙。

晓过青石梁新开路

　　高入云端俯作梁，中间凿石得康庄。松声落涧风泉合，药气浮山露草香。马为重经成熟路，人贪早度取微凉。词臣例饱天厨馔，已有中官候道旁。

鞍子岭值庐庭西新设松棚

十丈移巖壑，三间荫苑墙。有时松子落，随意乳毛香。不碍流晨露，尤宜障夕阳。天教人夏健，何减北窗凉。

发黄甲营喜晴

青浮翠积气氤氲，晓色俄从霁色分。马首已迎初上日，雕翎犹带未归云。峰皆似染供屏幛，树不论年绝斧斤。会记上番随跸候，滦河新涨隔山闻。（癸未六月过此，连值大雨。）

咏金丝桃应皇太子令

装束浑疑出道家，川原何用觅红霞。偶分高士篱边色，仍是仙人洞里花。金扮露凉朝蝶梦，檀心香飐午蜂衙。寻来莫怪渔舟误，此似桃源路更赊。

驻跸桦榆沟特给官房止宿感恩恭纪

千帐连云并出关，受廛何幸预清班。炎埃气隔无三伏，覆载恩深抵万间。新瓦鳞鳞宜听雨，短墙面面好看山。风餐露宿原臣分，每被殊荣辄汗颜。

发桦榆沟从新开石梁至哈喇火屯

凿开峭壁转龙腰，高栈中萦线一条。石吻仰喷泉作雾，云根倒拔树干霄。向来纡径千盘转，此去前村十里遥。真觉太平民乐业，山南山北尽渔樵。

塞外草花暑月特盛同年蒋酉君用横幅写七十余种呈院长揆公以绝句属和四首

一

频年随辇到边庭，自补山经及水经。更借玉堂挥翰手，兼收花草入丹青。

二

折枝一派取阿那，木本无多草本多。六月塞山犹似锦，不知春色更如何。

三

莫嗔嵇郑难为状，莫笑徐黄欠写生。到此始知天地大，野芳无数总无名。

四

风翻雨洗枝枝别，俪白骈红色色新。谁似先生工体物，好诗能发画精神。

恩赐御书扇恭纪

圣藻光腾宝篆中，五明开处涧濛濛。招携满苑松杉气，披拂微凉殿阁风。鹊羽午摇炎炽散，麝煤香进汗珠融。捧归当暑先珍袭，箧笥缄恩讬始终。（《古今注》："舜广开视听，求贤人以自辅。作五明扇，汉公卿皆用之。"《拾遗记》："周时外国献丹鹊，拾其脱羽以为扇，名为鹊扇。"）

乌城立秋和同年佟渊若韵

万壑含朝雨，千巖歙夏云。炎凉虽迥判，昼夜渐平分。爽自披襟得，声先隔树闻。候虫吟较晚，高唱独输君。

立秋后一日召游行宫后苑赐宴恭纪十二首

一

银河西绕翠微冈，紫界东连宛转墙。一片楼台先入望，蓬瀛遥在水中央。

二

天然图画引跻攀，尽出宸衷指点间。巖壑不须多架构，下因流水上因山。

三

神川过雨气溟濛，沙土无痕井脈通。欲识泉源深几许，辘轳声转白云中。

四

坡陀几曲接矶头，渐入仙源径渐幽。忽漫孤云生两角，小栏低槛尽如楼。

五

煌煌禁匾丽中天，楹帖分题两两悬。万丈光芒争耀眼，不知旁有好山川。

六

松鹤阴从积翠生，泉萝烟月一时清。（以上皆御匾名。）每经御墨留题处，记得旃檀别殿名。

七

带峰傍石布芳筵，夹岸铿锵奏管絃。山水清音消不得，况从天上听钧天。

八

一道清流合两河，醽渠中有半开荷。分明太液池边种，重沐天家万里波。

九

插架排签满禁林，御床左右列森森。行宫仍是图书府，清暑时时惜寸阴。

十

水精帘幕绿莎茵,行过星桥别有津。除却浇花无泛扫,就中何处著纤尘。

十一

叠砌平阶茁露芽,近看如锦远如霞。塞垣小草生何幸,开作长春苑里花。

十二

华貂环座尽公侯,特许词臣与宴游。满引金樽歌既醉,谢恩齐上木兰舟。

敬题御书东坡诗扇为法鸿胪作

七轮松扇早凉天,旧句新题御墨鲜。不独侍臣沾渥泽,荣光兼被作诗仙。

赋得云抱两三峰应皇太子令

万峰齐露顶,云气欲何之。偶遇参差石,还萦缥缈姿。三山遥望处,二华未开时。仿佛应难画,形容况入诗。

佛手柑　奉旨题画扇上

名并黄柑种不同,巧从佛号示玲珑。菩提证果双林下,优钵拈花一指中。色映金绳长带露,香开宝掌自生风。闻思大士应微笑,披拂先教鼻观通。

恩赐御书敬业堂匾额恭纪十六韵

清暑时多暇,行宫日正长。君王亲翰墨,侍从沐恩光。是壁皆盈尺,如椽总倍常。因心成变化,运肘示端方。山海峰涛壮,龙鸾爪翅张。尧文开盛世,羲画掩前王。帝赉优无比,臣衷惧莫当。身虽依广厦，家本住穷乡。忆在儿童日，亲随子弟行。长贫惟立壁，短晷或然糠。风雨留先筑，柴荆指旧庄。业传惭肯构，敬止念维桑。幸获支门户，终难荷栋梁。数椽天一角，万岁字中央。邻叟来扶杖，姻亲贺满堂。承家期世守，祝国永无疆。

七月二十四日五更发波罗火屯始有寒色

卧听鸡鸣已过三，起来揽带上征骖。五更塞色风初北，七月边声雁已南。汩汩乳泉萦暗谷，濛濛雾雨染浓岚。前行渐与围场近，飞骑如云隔宿探。

乌喇带秋分日作
前夕大雷雨昨日微雪故诗中纪之

朔野秋光少，俄惊草木衰。大都残暑退，便是早寒来。天霁今朝雪，山收昨夜雷。匆匆裘换葛，节序暗相催。

度达阴岭看红叶

蛇蹑猿攀路仅通，溪声忽传一山红。行来不道秋才半，已在寒林薄雪中。

中秋夜萨勒巴里对月

一片中秋月，重经古塞看。宫壶倾法醖，（是夕御赐酒果。）客梦警新寒。似雪侵髯白，疑霜拂帐干。故园诸弟在，怅望隔团圞。

八月十七日伊苏河源雪中闻雷食顷开霁

云黑初防挟雨来，俄看黍谷散寒灰。千峰露作漫天雾，万帐风兼动地雷。红树一番残叶尽，碧空依旧夕阳开。眼前变幻真奇绝，天果难将管见推。

随驾行兴安岭上

横亘东西路几千,直从辽海控居延。尽消伏莽山无树,不断灵源地涌泉。群牧牛羊量论谷,诸藩庐帐列如廛。圣朝不画长城界,一道平冈是九边。

连日扈从由雍安岭乌兰哈尔哈
至上都必拉观围恭纪八首

一

连天积素耀威弧,鹊血牛螉力尽输。(梁简文诗:"控弦因鹊血,挽强用牛螉。")看取羣情齐踊跃,一人获隽万人呼。

二

初分左右俨星奔,旋列方圆阵法存。千仞冈头黄纛下,蓝旗两扇合旌门。

三

西僧迎辇列香旛,击盋吹螺动法门。番界从来知佛大,而今更识帝王尊。(多论那拉之西,有喇麻寺。西僧一百五人。蒙古每一部落供养一僧,俱来迎谒,赐钱缎有差。)

四

嵯峨高势拂云开,天语亲聆指示来。踏逼峰峰沙似雪,始知身到白龙堆。(二十五日随驾至上都海拉斯台。上谕云:"此地山形首皆西南向,尾皆东北向,即古白龙堆也。")

五

朴㺄如飞掠草中,御前突过疾于风。万钧神艺无轻发,命中仍开射虎弓。

六

兽自成羣鸟自稀,纲开四面总天机。白云一片平如席,趁取鹈鹕帖地飞。

七

尾同麋鹿首成羵,千百黄羊合一群。拦入围中何所拟,满滩鹅鸭闹如云。

八

豹尾雞翘满后尘,近前传旨召儒臣。分颁五色离披羽,荣被雕鞍是八人。(二十六日于固勒班库特力随围,特赐翰林官山雉,人各一尾。)

雪中戴青毡大帽上顾见大笑口占纪之

大于暖耳覆双肩,冰雪骑驴二十年。今日重蒙天一笑,白头还恋旧青毡。

随驾阅视群牧恭纪八首

一

右接云中左界辽,放来群牧十分膘。自从圣祖开基还,水草新来分外饶。

二

齐色分花望不穷,一群拔萃一群空。天生骥騄初无种,只在君王顾盼中。

三

大漠尘消罢戍屯,曾收汗血入关门。于今青海无传箭,孳息均蒙豢养恩。

四

肉鞍高出草头低,千百封牛褐色齐。(《汉书注》:"驼背上肉鞍隆高若封土,俗呼封牛。")知有泉源在山外,但从沙上觅驼蹄。

五

乌犉黄犉种各殊,骈蹄迭角杂牧驹。太平畜产闲无用,好入丰年考牧图。

六

四时边草阅荣枯,埋谷填谿作雪铺。一色万群三百万,不曾轻费大官匏。(《诗》疏：羊以三百为群。合三十万计之则千群也。今合三百万计之，则万群矣。)

七

边户羣歌乐岁穰，素封何必业耕桑。家家赐种滋蕃息，银饼浑如秬鬯香。(《唐摭言》："宣宗赐韦澳孙宏银饼，咱皆乳酪膏之所为，即今乳酥饼也。")

八

蒺藜苑小传唐监，苜蓿园荒笑汉家。自是累朝无马政，天留沃壤在龙沙。

恩赐上驷院马一匹恭纪七言排律十六韵

万里平沙属庆丰，更申冏命牧駉騋。如荼如火千峰上，为锦为云一望中。有駜幸随观坰野，上襄敢冀赐行宫。房星烛地光先见，电影流天泽下通。玉勒金羁新改控，珊鞍黄帕旧曾蒙。丹青妙合将军画，声价高踰都护骢。缓辔追陪双仗近，着鞭先后八人同。(南书房侍值八人，同日拜赐。)细看六印犹钤髀，(《唐六典》："在牧之马有飞字印、龙形印、三花印、风字印、赐字印、出字印，其形容端正，拟送尚乘者，以飞字印其髀髆。")乍拂三花待翦鬃。不分牵来游果下，且教行处避芳丛。疾徐本具驯良性，安稳宁资调习功。筋力将衰蒙圣鉴，嘶鸣欲效讬微衷。院中例借知应免，众里齐驱学渐工。躞蹀身轻辞社燕，飞扬队逐入关鸿。食贫惭愧薪刍俭，种贵夸张皁枥空。照夜俄看归路白，经春旋试软尘红。翔麟苑与飞龙厩，蕃锡恩深念匪躬。

上御帐殿南门命侍卫
试调生马召臣等同观恭纪

步阔蹄高齿尚童，(尚书大传："童马不驰。")忽惊一顾出重瞳。赏加牝牡骊黄外，恩在驱驰驾驭中。杏叶裁鞍初被锦，桃花作汗欲喷红。龙涓骐校皆天厩，冀野从看万马空。

雪后赐酥酒恭纪

马足琼瑶十里冲,到来稠香赐黄封。土酥点雪脂凝白,官酿消冰乳滴浓。寒歙衾裯禁永夜,温同狐貂御严冬。银罂翠杓均天泽,醉饱春回草木容。

行经独石口外

独石西南路最纡,时平关隘失崎岖。滦河源在千山外,流过元朝避暑都。

下西巴里台

直下初从万似颠,忽于井底见炊烟。公风夜转潺湲水,知是山腰一眼泉。

即　事

童子提壶斟马酒,老翁曲项奏胡琴。近前争博君王笑,真见诸番爱戴心。

张家口

北风猎猎上旌旄,古堠连山峭偪天。镇将时平多扈跸,六龙五载一巡边。

宣府早发

星罗城堡屹相望,地是雄边旧教场。渐近关南秋尚暖,雁飞先过鹞儿梁。

重阳下堡道中

垂杨全绿菊微黄,九月关城未降霜。踏尽乌桓千嶂雪,却来平地作重阳。

入居庸关

截断云头作翠屏，官沟南泻水泠泠。黄花催熟旗亭酒，笑脱重裘度冷陉。（居庸关名冷陉，太行八陉之一也。）

弹琴峡

沙纹练练溜涓涓，似有鸣琴出响泉。松蹬晓含三尺雪，石牀秋语七条烟。声希不信人间有，悟彻原非指上传。莫听鼙鼙思将帅，清音今属好山川。

恩赐羔皮袍料恭纪

授衣时节恰归期，娄敞重叨圣主慈。饱食始知肥羜美，（臣素不食羊，近奉旨赐尝，洵美味也。）敌寒尤觉乳羔宜。制成刀尺怜柔毳，（谢庄赐裘表："靡毫柔毳。"）省对冰霜凛素丝。行与都人还不俭，三英五緎在风诗。

山庄杂咏　有序

山庄者，我皇上避暑行宫之统名也。臣以草茅新进，再尘扈从，自夏徂秋，往返各阅百余日。其间山川风土之美，草木禽鱼之状，一一俱蒙恩指示。凡耳之所闻，目之所觌，口不胜述，则纪以小诗，合成三十首，用备遗忘。不揣芜词，并呈御览。

一

朝凉夕爽绝氛霾，画里山庄处处佳。圣德如尧惟尚俭，采椽不斫土为阶。（古北口外行宫凡八所，皆无丹腹之饰。）

二

章奏多从驿骑驰，行宫勤政日孜孜。三更桦烛明如昼，又是宵衣乙览时。(唐太宗每以甲夜视事,乙夜观书。)

三

溪蔌山毂味有余,慈帏时达问安书。往来中使频相望,何异官庭侍起居。(每得新蔬,辄遣中使驰送皇太后官。)

四

阡陌横从莳艺区,豳风七月绘成图。瓜瓤豆荚田家味,带露朝朝进御厨。

五

烟光浓澹写晴空,多少旌旗掩映中。大抵无峰无好树,一峰不与一峰同。

六

几暇濡毫有万行,临池无体不飞翔。蛟龙喷作岩头雨,千涧流来墨渖香。

七

画鹿宫门树射棚,冬胶秋干试初呈。静中人籁皆天籁,朱鹭单传中的声。

八

岭复冈重不记名,石矼随处泻琤琤。濛濛薄雾沾衣润,云缕多从水面生。

九

小雨初过月未升,浮浮空翠暖如蒸。不知湿气消何处,万灶炊烟万帐灯。

十

林幽谷邃暗霏微,过午人人换夹衣。预卜明朝天色好,相风微动柘黄旗。

十一

松盖年深雨露滋,茯苓琥珀化应迟。太平是物争呈瑞,枯柿先看出紫芝。(赤芝产落叶松根。)

十二

滦水清流比漆沮，霁潭泼泼漾菰蒲。细鳞柘绿皆堪鲙，不数红鳃巨口鲈。（细鳞鱼重唇，身有黑斑。柘绿鱼色微绿，皆滦河所产。）

十三

泡子河淤舄卤开，霜华弥望白皑皑。边民听食天然利，只禁盐车入口来。（泡子河生天然盐，不待煎熬而成。蒙古用小车载以贸易。）

十四

煜煜苍龙尾角蟠，小星如沸闹林端。乍惊三尺飞光度，萤火大于金弹丸。（塞外流萤极大，光可烛三尺许。）

十五

泥金细缕簇龙鳞，首尾中分翡翠纹。颇讶赋形同蠍虎，试看嘘气却成云。（山中晰蜴长四寸许，头以下色如翡翠，有纹如鱼鳞，尾作金色，吐气为云，土人呼为云虎。）

十六

多年沙土养奇材，照夜浑疑吐蚌胎。可是水中真蕴火，但生凉焰不燃灰。（山杏根入水千年，光如水精，夜置暗室中，毫发毕见。）

十七

锐头长尾口如兔，肉翅旁连四足俱。猜是千年老蝙蝠，问名方始识飞狐。（飞狐锐头缺口，耳小尾长，毛深褐色。翅如龟裙，四足生翅。中前二爪，后五爪，能飞，不踰寻丈。）

十八

丛间朴㯫叶先枯，欧李骈睛似火珠。长路微甘供解渴，马鞭争挂紫珊瑚。（欧李一名乌喇奈，了如樱桃而大，味微甘而醉。）

十九

青枫乌桕自乔柯，映日多成锦绣窝。片片丹砂开障扇，就中椵叶得霜多。（椵树叶大如团扇，初生时可裹粉饼蒸食，秋月经霜，鲜红可爱。）

二十

山梨微涩杞浆酸，崖蜜煎从翠釜颁。珍重蓬莱金醴味，不傅方法向人间。（山梨、枸杞汁经炼成膏，味皆鲜美。上尝以赐近臣。）

二十一

榛实初生如栗蓬，秋来采掇出低丛。鸡头剥玉差相并，餂飣曾无一颗空。（俗云十榛九空，塞外所产不尔也。）

二十二

难凭本草考豨苓，异卉奇葩眼未经。满地根株移不得，金莲垂实菌收钉。（地产金莲花及猴头蘑菇。）

二十三

官马如云尽上膘，便经霜雪也肥饶。地黄牧宿人人识，何似连山尽药苗。

二十四

千盘百折上兴安，寒燠平分咫尺间。忽见万松齐落叶，人言山后是阴山。（落叶松生兴安岭北，秋冬凋落，与凡木同。）

二十五

道是山乡又水乡，四时多半领秋光。西风欲起驼争喝，早雪将飞麝退香。

二十六

云端千仞跨晴空，真有飞梁亘彩虹。番语漫传生吉兔，佳名新赐玉玲珑。（达阴岭东北四十余里山巅，巨石百余丈中通一门，望若飞桥，蒙古谓之生吉兔。皇上改名玲珑山。）

二十七

晨随羽卫爱山行，夜宿周庐傍幔城。自入秋来常起早，挈壶攒点最分明。（词臣帐房在行宫南门外五十余步，钦天监司漏处也。）

二十八

画屏环绕值庐傍，草色常先柳色黄。八月初头风力紧，夜来传旨禁烧荒。（塞外草枯，禁野火，谓之烧荒。犯者法綦重。）

二十九

蝗不成灾岁有秋，直从畿甸到边头。更教州县除蝻子，预计来年睿虑周。(秋来蝗不为灾,皇上为明年虑,命畿辅所在遍掘蝻子。)

三十

溪流经雨杂清浑,茗椀频沾雨露恩。日给大官泉一斛,只应饮水亦思源。 (自发哈喇火屯,恐河流浑浊,致伤脾气,赐臣等官厨水日一石。)

丙戌上元夜召入西苑观千叶莲花灯恭纪四首

一

太华晴光绚晚霞,良宵移入玉皇家。月华满苑清如水,涌出峰头十丈花。

二

天香飘下蕊珠官,映水俄惊太液红。不夜城中光四照,南薰先应五絃风。

三

不羡金莲画诏回,恍疑风引近蓬莱。分明千佛光中现,并作红云一朵开。

四

彩棚高傍御楼悬,千萼多从一蒂联。不是大罗天上见,人间谁识火中莲。

润木弟授庶吉士二首

一

初闻唱第向丹墀,再见班行雁序随。桂发五枝曾有识,(余家厅事前有老桂,癸酉八月开花,忽作深红色,异于常时,甲戌、乙亥、丙子、丁丑皆然。自是余兄弟及儿子相继登第。)杨穿三叶可无诗?(白乐天与弟行简,敏中先后及第,故其诗云:"杨穿三叶尽惊人。")家门我已推为长,仕路君犹算未迟。何事相看两相泣,双亲见背已多时。

二

早缘贫贱多离别,老去依依胜得朋。小阁重添听雨榻,短檠分点入朝灯。浮踪到海翻相聚，归路如天岂易登。寄语阿频存晚计，且来共饮一条冰。（时德尹在扬州书局。）

哭樊桐侄二首 　丙戌五月初一

一

二十年前哭乃翁，遗孤抱出尚孩童。可堪留取昏花眼，看汝成人又送终。

二

单丁门户剩婴孩，收拾残书与寄回。永诀有言吾不食，三千里外为谁来。

甘雨集　起丙戌五月，尽九月。

入夏以来，畿辅稍旱。自五月二十一日驾发西苑，大雨五昼夜，田畴沾足。万口欢呼，咸谓圣天子轸念民生，甘霖应期，不祷而自至。视《灵雨》、《甫田》诸什不既多乎哉？臣以珥笔随豹车之后，沐膏泽而咏丰年，固其职也。

五月二十四日驻跸密云连夕大雨

辇路凉生暑乍融，到来连夜雨兼风。四山雷转车声外，万帐灯浮水气中。入梦似闻泥滑滑，占晴行见黍芃芃。频年眊笔惭无补，枕上吟成愿岁丰。

谢赐普洱茶

洗尽炎州草木烟，制成贡茗味芳鲜。筠笼蜡纸封初启，凤饼龙团样并圆。赐出俨分瓯面月，瀹时先试道旁泉。侍臣岂有相如渴，长是身依瀣露边。

喀喇火屯口占

水无蚊蚋地无螟。寺有旛幢石有龛。山是膏腴溪是乳，草如桑叶马如蚕。

蒋酉君同年为余写芙蓉折苇扇头小景戏题二绝

一

偶拈秃笔写霜容，点缀谁知不取浓。会得江湖清气味，蒹葭只合倚芙蓉。

二

塞垣归思入秋多，欲涉江湖奈晓何？一苇可杭吾亦去，诗翁莫叹叶沉波。

七月朔乌城立秋

行宫六月全无暑，早觉凉生大火中。客里心情原草草，老来光景又匆匆。千山朔气初迎雁，一雨秋声尽入虫。笑指伊苏河畔柳，三年与尔共西风。

七月十五日四更发热河度岭至喀喇火屯天未明

塞天暑亦凉，矧此秋候变。披衣起我早，熟路马重践。群峰竞高低，孤月递隐现。参差树交影，断续云流片。长风从西来，过耳剧嚆箭。行行得平地，星火遥可辨。岚雾渰然蒸，横前铺白练。道旁有双塔，隔手不复见。磵绝赖桥通，泉鸣知径转。忽听一声钟，微茫识行殿。（口外无佛、老之宫，惟乌城行宫旁新创穹览寺、琳霄观。）

七月十六日乌城直庐惊闻房师虞山公讣音哀情痛切讬于短章四首

一

公去京华日，余方扈从时。（癸未秋先生奉太夫人乞假南还，余时方随驾口外。）三年归失约，一别见无期。昨寄书犹达，（前月接家弟德尹扬州信，云端阳前与先生同渡江。）初传病伤疑。何当闻讣后，惊发早秋悲。

二

涑水携书局，蓬山入选楼。（去春奉旨于扬州校刊《全唐诗》。）奉亲恩最渥，给俸礼仍优。（在籍官恩准开俸，从来无此例也。）风格诗篇著，仪容画像留。（先生出都时，留秋帆画卷命题。后复奉手书，命慎行校阅历年诗集。）到头天莫问，公自有千秋。

三

壮岁宦情淡，怀归至性真。科各无愧色，（庚辰殿试，公第一人及第。）巖壑早收身。稚子将周晬，高堂正六旬。悬知方易箦，俯仰剧伤神。

四

历忆追随地，多惭属望情。早曾同座主，（癸酉乡试，慎行与先生同出清溪徐公、庐陵彭公之门。）老及作门生。寝哭知何日，心丧痛失声。湾河兼泪雨，滴滴向南倾。

题酉君为家少詹侄画四时花卉卷二首

一

乍惊五色江郎笔，幻出黄筌四季花。知是余波多绮丽，未妨游戏亦名家。

二

吹开吹谢自年年，人世风灾绝可怜。一片丹青非色界，四禅天是养花天。（佛书有初禅、二禅、三禅、四禅天，至四禅天始无风灾。）

座主总宪吴公请假旋里恭赋四律寄送

一

乞归偏在春深时，台望非公更属谁？岳峙渊渟瞻气象，苍松白石表襟期。久持纲纪羣僚肃，独抱冰霜圣主知。真喜太平多盛事，大臣进退总逶迤。

二

法曜文星并一垣，高从河汉溯渊源。回澜力比钧衡重，下士心忘副相尊。秘阁有书皆博览，巖廊何事不深论。即看拜疏辞朝后，尚引肩舆到苑门。（公前赴西苑辞归，上特命肩舆至小东门，慰问赐茶，真异数也。）

三

诏恩暂许憩林间，不比寻常赋遂初。别路人皆期健饭，引年公未及悬车。一门老去仍同爨，八座归来只旧庐。何物眼前当七发，蓴乡亭外有鲈鱼。

四

一时祖帐尽名流，才子同朝挽不留。三殿文章行接武，五湖风月侍归舟。蒹葭隔岸鸡催曙，橘柚开圆雁报秋。我是欧阳门下士，柴车何日获从游。

题少詹侄写经图时在塞外值庐

我观人世间，知巧竞一途。乃至事所生，虚名亦求沽。不见古孝子，用心常近愚。愚则本乎朴，朴为诚所孚。苟有裨于亲，宁论事有无。唪经祈冥幅，此语传浮图。庶几抱微诚，上答父母劬。通乎立教意，可以辅吾儒。宫詹吾宗贤，至性具发肤。少禀二人训，学优过庭趋。出为鸾凤鸣，归作膝下雏。中承赠君讣，痛绝天难呼。北堂垂白母，为尔增欷吁。黾勉进水浆，伤哉反哺乌。母氏继下世，两丧一时俱。平生风木悲，血泪交模糊。君时年盛壮，顿觉形神臞，霜寒宵寝砖，味苦昼茹荼。旁人竞相劝，劝保七尺躯。似闻西方经，报恩古有诸。亲恩等山岳，子报真锱铢。遂发写经愿，寸心怀区区。帏前一瓣香，几上墨一盂。竭我两眼力，弃我十指瘏。眼昏指如椎，口诵足双跌。诵已还恸哭，哭罢复细书。如此逾两年，白抽头鬓须。当其迫沈痛，信笔非临模。果然妙莲华，一一纸上敷。一卷万余字，七卷七万余。人天合掌敬，灿若琳琅珠。俞子亦好手，为君写成图。今来十五霜，故山拱楸梧。偶然展卷看，清泪犹承矑。我生乃鲜民，踪跡叹早孤。先人尚浅土，齿髪日夜枯。作诗志吾媿，汗出成沾濡。

八月十三日驾幸翁牛特，

恭纪时八公主下嫁于都伦郡王

一统车书域，三朝雨露天。各藩星烘极，法驾日临边。遐裔元家贵，崇姻圣代联。肃雕舆卫盛，锡赉礼文全。事与和亲异，恩加属国专。不烦汤沐邑，特给水衡钱。甸服居相近，华风被独先。丹青开殿宇，锦绣裹山川，封爵原仍旧，王庭遂不迁。副车常侍辇，驸马每从田。负弩銮镳下，呼嵩豹仗前。从看外孙国，望幸自年年。

木克带西行十八里山下有汤泉

北行渐入苦寒乡，喜见汤泉涌道旁。自觉温能回黍谷，或云下必有砂牀。波痕消尽冰霜气，石髓流为草木香。便作解衣盘礴地，暂时休澣也清凉。

中秋夜柳林口玩月与玉符先生及

亮功、紫沧、酉君三同年小饮偶成十六韵

露白霜清候，千巖万树头。银河斜绕塞，金镜迥悬秋。轮自东隅上，光从西极流。天长雄鼓角，野静散貔貅。星火移躔避，关山倒景收。赏应同北阙，兴不减南楼。萧爽披襟得，高空与目谋。几

年叨扈从，一夕抵旬休。已免携衾值，还为秉烛游。王程千里共，恩赐两宫稠。佳果充样桉，鲜禽入膳羞。班荆传酒令，隔幔数更筹。饼似团圞样，诗须酩酊酬。老狂尤烂熳，小坐独迟留。明日追成梦，吾生笑若浮。起来林影下，岚翠湿衣裘。

八月十九日皇太子睿赐
初白庵匾额恭纪十六韵

地近瞻储圣，天高鉴积诚。三光开睿笔，四海识庵名。凤昔栖禅志，今来恋阙情。青云垂欲上，白发正初生。有作皆邀赏，非才窃自惊。蓬茅沾雨润，葵藿向阳倾。感激桑榆晚，驱驰岁月更。去家无累遣，下值有僧迎。往往夸侪辈，时时话宠荣。一瓢蟠木瘿，（松瘿瓢。）三秀紫芝茎。匧许香楠贮，（赐带数珠。）盂教净水盛。（颇黎水盂。）白卮传汉玉，绿砚琢洮琼。是物皆堪供，（以上六种皆两宫前后赐物。）何年筑始成。虽蒙颁匾额，未敢计柴荆。虮蝨微生贱，龙蛇尺幅盈。万钧余腕力，恩重倍难擎。

塞外大风二十四韵索同值诸公和

天上箕星动，山中月晕生。土囊俄出口，沙碛欲填平。猛拔群峰立，喧招万籁迎。奔冲来若骛，飒沓去如倾。牛马浑难辨，蛟龙怒欲争。蓄威雷隐辚，助气鼓砰鍧。剑戟齐攻垒，波涛迥撼城。饿鸥当昼叫，饥虎傍人行。鼠黠藏深穴，虫僵踘断茎。草埋蛇鼻浅，寒噤蝟毛撑。昨仅还防雪，今朝竟得晴。驱云成片段，转石落峥嵘。鸦起斜行乱，雕盘远势成。向南惟雁路，直上是鹓程。噎本难终日，狂犹逞二更。将收偏作力，忽散寂无声。谷以虚能受，心缘静不惊。勿愁开橐籥，只是听竽笙。衮衮除尘块，悠悠指旆旌。回头千树秃，称体一裘轻。酒近移牀暖，炉添宿火明。却看天宇旷，翻觉塞垣清。落帽知何处，飘蓬且自征。兰台多赋手，小律倘同赓。

行经玲珑山下

凿开浑沌得岭珑，片石居然绝塞雄。地肺想从巖窦入，天台信有石梁通。风云嘘吸千寻表，日月迥环一窍中。莫怪经过屡回望，佳名却与故山同。（余乡馀杭县亦有玲珑山。）

八月二十三日上入山行围
射获白鹿一头恭纪十韵

白鹿非凡种，仙山岁月长。出当时有道，瑞叶寿无疆。洞口眠时月，原头望处霜。明明开射的，皎皎入围场。碧弩千钧镞，瑶星一道芒。最宜豣并献，肯与豹深藏。至洁斑同雪，如膏色胜苍。皮能留素质，草不疗金创。雕俎充疱味，银毫耀眼光。谬惭陪羽猎，作颂比麟祥。

酉君分饷梨藕赋谢十六韵

行厨滋味重，肥腻餍牛羊，正尔宜佳果，俄看致满筐。远分慈母惠，特并故人尝。藕抱玲珑质，梨含沉瀣浆。嫩疑新出水，红似乍经霜。洗剔亲教净，摩娑爱倍常。大瓢剌雪汁，小片截琼肪。松脆鸣牙颊，芳鲜润肺肠。真堪解消渴，况乃佐清凉。我本柴桑士，居连荇藻塘。踏泥风叶底，摘颗露篱旁。卖菜多求益，堆盘辄贱偿。几曾虚野馈，长是及邻庄。物理因希贵，人情感旧长。凿池从亿白，入谷每思张。二者今兼得，何须问故乡。

道旁冢　其一在土城南冈上，石狮二，白碑一统。
其一在土城东十里，石几一，石亭二，上刊"孝敬之墓"四字，姓名皆无可考。

衰草茫茫近土城，白碑相望两荒茔。当时马革尸同裹，今日牛眠地总平。野火漫容荆棘长，塞田并乏子孙耕。有知合笑曹瞒拙，欲刻征西占墓名。

重过玲珑岭看霜林作十二韵

荦确重来路，秋容最好时。往年经雪早，今岁得霜迟。二月花相似，千林景特奇。问名难辨种，设色故多姿。浓淡丹黄叶，交加烂熳枝。簇来成绮绣，疎处度旌旗。换眼层层别，迴鞭步步随。已怜侵暮色，还与发华滋。粧点江南画，铺张塞外诗。衰颜熏欲醉，白发巧相欺。好事何人赏，登高此地宜。丁宁朔风候，旦晚莫狂吹。

闻同年顾书宣前辈湖广讣音
怆怀今昔成五十韵

绝塞来凶问，初疑后果真。恨难埋厚地，狂欲问苍旻。忆昔充乡贡，时同忝国宾，红笺通姓氏，丽正约比邻。名稍居姜后，（癸酉同举京兆，书宣名在十八，西溟十九，余二十。）心常与顾亲。雁行联弱羽，鱼队狎凡鳞。雨雪连牀数，篇章击节频。嗜痂良有癖，遭砭各无嗔。搜剔疵瑕出，销镕矿铁纯。偷来输格律，读罢爽精神。自尔投胶漆，何曾计屈伸。礼闱看再举，胪唱听移旬。独脱囊中颖，先呈席上珍。列科登一甲，同榜得三人。金马声华盛，芝兰臭味均。（甲戌殿试，书宣第一甲第二，丁丑西溟一甲第三。庚辰余房师汪公一甲第一，皆癸酉同榜也。）自忘频下第，翻羡早抽身。（君于甲戌冬乞假回籍。）病喜鸥情适，闲教鹤性驯。落帆扬子浚，踏月广陵春。出处都如梦，参商那记巡。分携从甲戌，会合又庚辰。却话青云旧，俱添白发新。木樨参佛法，黄叶证前因。（"黄叶打醒游子梦，木樨参透老僧禅"，余与书宣同宿天宁僧舍句也。）景已当摇落，衰拚向隐沦。未成栖倦翼，宁免作劳薪。元老开黄阁，微名达紫宸。（壬午冬，余因京江相国之荐，召值南书房。）寸长嗟莫效，六论笑空陈。释褐推先辈，含毫讬后尘。我仍留辇下，君亦起漳滨。（癸未冬，书宣方还朝。）花底随朝谒，灯前惠讨论。词源宽万顷，笔阵敌千钧。妙斲斤能运，奇方手不龟。舆图归指掌，道路识迷津。（乙酉冬书宣奉旨入值南薰殿，纂辑

《方舆路程》。）乙览皆称善，公才久合抡。使车方简命，省试且陶甄。场屋收罗邺，门墙进郄诜。为炉分玉石，握管称金银。觑氉徒喧谤，从容视笑颦。不惭膺特眷，弥觉重词臣。（纪进士榜发后事）。遂启扶风帐，重持大雅轮。楚材传自古，儒术近尤振。辞阙还瞻恋，之官亦苦辛。行期何苒苒，别语太谆谆。（君于初春奉督学湖广之命，四月中仍出都，临行时颇以善病为虑。）北辙俄经夏，（时余扈从避暑口外。）南辕似隔晨。鲤书犹待寄，鹏赋忽遄臻，江汉文星坠，潇湘士气泯。虽云蒙宠异，实未展经纶。泽国秋多惨，骚人例岂循。归旌千里远，宦况一生贫。憔悴孤踪在，凄凉往跡湮。老年殊少泪，痛极为沾巾。

院长惠裘一袭赋谢十韵

推解情何厚，炎凉序忽迁。初过摇扇景，已迫授衣天。苍腋茸交密，银貂色最鲜。制成微霰候，拜赐朔风前。轻暖浑逾帛，奇温又胜绵。秃襟便跨马，短后称垂鞭。裼袭随时尚，冰霜是凤缘。晓披迴醉缅，夜脱耸吟肩。袖里携新卷，箱中感旧毡。敝裘从唱和，回首十三年。（癸酉冬余作敝裘诗，先生与西溟、实君、元龙皆有和章。）

谢院长赠马十二韵

廿载曾徒步，三年会上雍。借驴长自笑，骑马忽相从。华厩蒙分赐，贫家虑乏供。品应超脱兔，种本出飞龙。（宋时学士例赐飞龙厩马。）突过风前影，难寻月下踪。蹴冰蹄似铁，批竹耳成锋。一色全凝雪，三花待刷鬃。密看毛细腻，垂爱尾蓬松。王济虽多癖，孙阳讵易逢。驱驰怜盛壮，剪拂愧衰慵。捷径休争取，归途幸见容。最宜随下泽，安稳代扶筇。

半截塔次院长韵

龙沙茫茫荒怪集，佛界剏天绝梯级。谁兴此塔此山中，高涌莲华嵌空立。大千起灭微尘过，小刼须臾转轮急。顽礓乱砾泐作堆，风雨犹疑鬼神入。当时委蜕两夫妇,华表归来改城邑。(相传元时有某万户与其妻弃官学佛,殁后合葬于此。)冰天下压巅顶平,雪谷深埋半腰及。我来访古兴桓地,欲写山川入行笈。每逢陈迹辄徘徊,口业未停余宿习。草间定有碑铭在,野火烧残沮洳湿。国书难考奇渥温,笔授惜少鸠摩什。公诗纪实良足徵,归去皇舆付编辑。

院长惠家制金银花露一瓶赋谢二十韵

佳名传本草,旧识鹭鸶藤。黄白移时变,金银任俗称。但闻兼叶晒,宁解带花蒸。方法谁边得,园林手种曾。栽培无叶物,筐筥亦时登。篱密开从遍,枝繁采勿胜。制乘香未散,候视气先腾。倒挽河车水,徐收井鞏绳。夜窗珠滴沥,晨旭露鲜澄。淡比初融雪,清于乍释冰。恍疑仙掌露,直向玉盘凝。出火经三日,浮瓶贮半升。谅非供热客,间或饷良朋。边地尤难致,尘襟岂易膺。流匙宜少许,泻盏感多承。点酒奇芬溢,和茶别味增。唇沾良已足,肺润更相应。沆瀣咨仙侣,醍醐问老僧。蔷薇红莫拟,玫瑰紫休矜。白战聊成咏,渐无故事征。

重阳日度木伦喀喇沁

乱山高下入围场,掠面西风似弩强。马足声干千涧叶,雁羣寒警一裘霜。登临岂必皆吾土,今古闲消几夕阳。记取题糕重九节,燎毛燔肉共分麋。(是日撤围,赐麋一头。)

雪后随驾度汗铁木儿岭

校猎秋初罢,回銮雪乍零。云峰晴晶晶,风磴晓泠泠。换景供吟笔,收图入画屏。万株枯树顶,独爱一松青。

重过唐山营

去日村村翠剡堆,归时磟碡广场开。天教朔野西成早,又待君王射兔来。

发波罗火屯至蓝旗营

剑分一岭隔西东，（自骆驼岭东北为校猎之区，其西南则山庄也。）半月风光迥不同。沙碛人归黄落后，山家烟起翠微中。年丰障塞秋先获，水落浮桥路尽通。谁信古来瓯脱地，筑场樊圃入豳风。

自星兔崖归至乌城道中重见霜林，
酉君有诗再次前韵

过眼当摇落，繁华又一时。地非千里远，候较两旬迟。晒日晨犹丽，烘霞暖更奇。黄留将雪景，红发未霜姿。秀拔多乔木，输菌乏丑枝。似烧原上火，爱映酒边旗。犹忆冲炎去，曾经缓辔随。绿阴晴借爽，润色雨添滋。忽换登高屐，来题看叶诗。含情如见待，有信不吾欺。荣悴天难主，妍媸分各宜。本非松与柏，那免受风吹。

九月十四日乌城旅舍
连接诸弟诺儿两孙八信口占一津

灯花如穗吐烟煤，果有家书出塞来。三处岂应同日发，八函却喜一时开。劝餐兄弟怜年长，到眼儿孙抵梦回。为报老怀殊不恶，地炉毡帐拨寒灰。

重阻后十日入古北口

踏遍云中雪外山，敞裘重脱柳重攀。寒花过节如迎客，朔雁先期已度关。官马散随黄犊卧，戍兵秋较老农闲。劳生属有驱驰分，默数三年六往还。

石匣城南村民有驾牛垦田者，上驻跸亲履田间扶犁行百余步，一时观者万人，咸谓圣主重农劝穑至意，真千古所未有，臣身叨侍从目

觐盛事恭纪二十韵

云卷三秋稻，霜清百顷陂。君王除警跸，郊甸正镃基。近接鸾舆过，羣瞻玉趾移。羽林分仗立，耕叟执鞭随。龙见天垂象，牛驯帝解縻。沾犁皆雨露，被陇即京坻。久悉艰难意，重蒙疾苦咨。事传千载盛，恩岂一夫私。自昔丰穰庆，尝闻史册垂。绀辕曾屡驾，黛耟亦频施。千亩周官籍，三推月令仪。大都修典礼，已谓致恬熙。几见勤民主，行当省敛时。西畴躬自蹈，田器手亲持。积厚培尤力，居高履愈卑。九州胥乐土，万乘是农师。击壤歌相劝，吹豳绘总宜。人欢声动地，风远播为诗。作所陈无逸，鳌成付有司。小臣惭颂述，振古孰如兹。

俞扶九寓斋赏菊分韵得时字

关榆塞柳别经时，一夕从君那得辞。冲雪人过重九节，傲霜花剩半开枝。寒香泛夜差宜酒，病眼经秋渐怯诗。记取灯前论聚散，明年相忆在东篱。（时余将请假南归。）

题张研斋前辈桃花流水图小照　时在西苑值庐

北风夜狂转冬律，坠叶阶墀寒瑟瑟。生绡忽展横幅图，暖气春回映帘日。垂杨夹岸水没篙，碧色染透胭脂毫。晴霞烧空半天赤，点出万株深浅桃。玉堂学士神仙客，每到花时怀旧陌。鹭鸶翘足鸥刷翎，下有鳜鱼长一尺。船头举纲船尾炊，何如斫鲙留蓬池。披图空看书中景，对镜微添颔卜髭。我昨南帆经古皖，棹入枞江春过半。至今清梦绕龙眠，三十六峰红不断。可怜此地不相逢，却在云窗雾阁中。青蒻绿簑何日办，且教闲处付渔翁。

（录自《敬业堂诗集》卷三十——三十三）

扈从木兰行程日记

(清) 胡季堂

乾隆四十一年八月十六日乙卯，圣驾自热河启銮进哨，卯初三刻，尚食后，上乘马出惠迪吉门。随驾大学士九卿各行衣在门外右首站班，换班回京大臣俱蟒袍补服在一里外送驾。其外藩厄鲁特、同部安插在热河之东者，与兵民人等俱跪道旁，臣季堂恭纪诗一首：

风光会记十年前（注），山水依然景物妍。

夹道番民迎圣驾，太平中外乐蹁跹。

注：季堂于乾隆癸未随围一次

十七里至双黄寺头分尖营，又十七里至黄土坎二分尖营，俱有小起坐。又十七里至中关行宫，共五十一里，巳正三刻驾入行宫，由正门。御前大臣侍卫及随从大臣官员各回住处帐房少憩。于未正初刻仍上行宫门伺候，门外东偏，内阁、六部、九卿、理藩院、提督衙门，按次各安帐房二架，为大臣官员趋事之所。未正初刻，上晚膳后阅题本摺奏事件，召见军机大臣及应见官员。此后，每日行程及早起行围回营后办事俱无异。惟紧要事件，或都中或外省限日行四五百里以上单报递到者，则随到随办，不拘定晚膳后。盖圣主励精求治，体天不息之心，不以行程少辍也。

丙辰卯初三刻，上乘肩舆出行宫西门。二十里至麻花营头分尖营，黄布城内搭蒙古包一架，两旁各有帐房。十七里，至十八里台二分尖营，有小起坐。又十八里，至波罗河屯。共五十五里。午初初刻，驾入行宫，由正门。随从大臣、侍卫、官员站班及趋事上门如前仪。丁巳卯初三刻，驾出行宫东门。二十一里，至四间房头分尖营。又二十一里，至沈家屯二分尖营。又二十里，至张三营。共六十二里。午初二刻驾入行宫，由正门。戊午卯三刻，上秉肩舆出行宫北门。十五里，至杨树沟头分尖营。上乘骑入哨，各蒙古派出打围兵，俱在哨门外石片子地方接驾，哨门用木栅为栏。入哨后，溯依逊河西行。蒙古语依逊"九"也，言哨内九河汇山于此随山转折，凡五渡桥，俱在茂林丰草间。两山壁立，高出重霄，石骨嶙峋，河流清澈，苍松耸翠，木叶流丹，左顾右盼，俯瞰仰视，无非佳境，使人有应接不暇之势。纪诗二首：

　　高峰耸翠石嶙峋，叶草长依幽涧滨。
　　人向茂林深处渡，小桥流水绝纤尘。

　　峰回路转水重重，高岭丰碑御笔封。（注）
　　丹叶长林秋色老，石颠时见后凋松。

　　注：有御制诗碑在岭上

上进哨，至五道河二分尖营少憩。仍乘骑出营，越小山嘴，至平川，即撒兵上围。国语云"阿达密，"谓小试行围也。围兵及管围大臣，由两山旁行走。上建黄纛居中，御前大臣及侍卫等分翼护行，扈从各官俱随在后。纪诗一首：

　　几度山弯出广川，千军云拥破寒烟。
　　试围雁翅排弓矢，尽是貔貅马上仙。

杨树沟至五道河计二十三里。五道河至阿圭图大营蒙古语阿圭图"洞"也。此山有洞故名计十八里。共五十六里。午初三刻，上行围至阿圭图大营，入南门。大营安设山旁高爽处，面南营内正中设御幄，后接穿廊，再后接西洋房子三间，有脊有檐有窗，有里外间。周围黄布幔方城，西为阿哥所。俱蒙古包。东为膳房帐房数架。外白布帐房围城两重，连帐百七十有五，为内城。连帐二百五十有四，为外城。中隔约二丈许，内城旌门三，东镶黄纛、西正黄纛、南正白纛，各二杆。外城旌门四，东镶白纛、西镶红纛、南正蓝纛、镶蓝纛。浃日递建之北正红纛各二杆，缘北只外城一门也。距外城六十丈之外周，设警跸帐四十。各旗官兵俱依旗值守，又有护军统领总其事。东门围城夹重内，北设蒙古包一座，为军机大臣办事之所。后设帐房两架，为军机司员办事处。后俱做此。随从大臣官员各带蒙古包帐房安设大营周围。自布城外，星罗棋布，至四五里不等，各立长竿，上挂布旗，名为幌子。颜色不一，宽长殊制，各有花字以别之。臣季堂官秋卿，因制方蓝布旗，内用白布篆一云字。既以作记，兼职所司。哨内草甚清香。盖尘埃不到，雨露沾濡得本来清气故也。纪诗二首：

　　毡帏毳帐各随宜，棋布星罗任所施。
　　长短小旗标幌子，白云不忘职当司。

　　一尘不染草芊芊，香气迎人卷宿烟。
　　雨露沾濡生意足，清芬原自得天全。

是日获狍鹿十数只。己未卯正初刻，上早膳后，乘肩舆出东门卡伦。门外河一道，搭桥三座。渡桥东行，折而北，上至看城少憩。换马上永安莽喀围国语"永安"沙子也，莽喀"山冈"也。此处系沙子冈故名。于午正初刻，回海拉苏台大营。蒙古语海拉苏"榆树"也；台"多"也，其地多榆树故名。进南门前营。至此计程十六里，看城在大营西南五里许，是日获狍鹿三十余只，狼二只，狐一只，活貉一只。鹿之大者有如马。

庚申卯正初刻，上早膳后乘肩舆出东门。十三里，至拜布哈哈达拜布哈人名曾在此杀虎；"哈达"乃山峰，系国语。中伙少憩。换马上巴颜喀拉围蒙古语巴彦"多也"喀拉"黑"也，因黑山头甚多，故名。大营在葫芦苏台蒙古语葫芦苏"苇子"也，台"多"也。其地多苇子，故名。围场在大营之东。看城在东门外之北约半里许。上由东山梁一路行围至此收围。各官站立营门外即可瞻望。纪诗三首：

　　残星未散漏声微，骏马嘶风早上围。
　　安不忘危家法在，克绳祖武继前徽。

　　腰弓控马尽名王，逐队前驱护圣皇。

闻道玉音傅射鹿，大家抽矢各争强。（注1）

山鸡飞去人争扑，野鹿奔时马各追。（注2）

纵目悦心观未足，六龙回处报先知。

注1：围内随从各蒙古王公大臣。必奉旨命射始敢发矢。

注2：围内狍鹿逸出围外，人人皆得扑射。雉狍任取。鹿则应报明缴尾。

午正初刻，上从看城收围入营，由东门。是日细雨颇密，自辰至未末乃止。上入营时并未御雨具，衣帽俱觉沾湿，仰视圣颜甚喜，盖以多日不雨，一旦获此雨泽，围中虽无所需，而哨外地方菜蔬藉可滋益也。是日计程二十三里。获狍鹿二十余只。

辛酉卯正初刻，上早膳后乘肩舆出东门。先向东北行，折而北十七里，至乌拉岱哈达蒙古语乌拉岱"红"也，哈达"山峰"也，因山峰红故名。越小山坡下尖营，未入。

又十余里至看城，进憩。已初刻，京城本报到。上即在看城阅各衙门题奏事件。是日刑部奏事四件，俱如议行。上辨事毕，乘马上威逊格尔围蒙古语威逊"桦皮"也，格尔"房子"也。此地昔有桦皮房子，故名。大营在那尔苏台山梁西根蒙古语那尔苏"松树"也，"台"多也，因松多故名。围场在大营西南山上，看城在大营南约五里。午正初刻，上撤围乘马入大营南门。是早有霜。嗣后每日皆见。是日计程三十六里，获大鹿二十余只，杀虎一只，虎枪手一人为虎抓伤肩甲，赏给银两、荷包。申刻，赏扈从王公大臣鹿肉。臣季堂分得鹿腿一只。

壬戌为世宗宪皇帝忌辰。驻跸。癸亥卯正初刻，上早膳后乘肩舆出西门，至都木达乌拉岱大营蒙古语都木达"中"也，乌拉岱"红"也。红山峰共有五此为中峰，故名。计十六里。围场在大营西山上。看城在大营西北半里许。上由看城换马上巴雅尔鄂滚沟围原名"鄂尔滚沟"。蒙古语鄂尔滚"宽也"。此沟甚宽，故名；巴雅尔"吉祥"也，因在此沟接到金川捷报故，加吉祥二字。午初，收围入西门。是日，蒙古各王公台吉恭请圣驾赴宴。其地在看城之西，设黄屋，蒙古包围黄布城。上入大营少憩。于未初二刻，出西门前往。未正三刻，回营，仍入西门。各官俱在门外站班迎送。进宴时，闻有四事：一、为诈马，以马跑赛，快者为胜；一、为什榜，舞竹马等乐也；一、为相扑撂跤也；一、为教駞，骗骆驼也。因恐误站班，未敢往看。是日获狍鹿三十余只，狐一只。

甲子卯正初刻，上早膳后乘肩舆出西门，折而北行，至巴彦布尔噶苏台大营蒙古语巴彦"多"也，布尔噶苏"柳树"也，"台"多也，此处多柳树，故名。计程十七里。大营在西山旁，看城在大营东北山坪上，相距一里。围场在大营东南北三面山中。上至看城。是日京城报到。上在看垅阅看题奏事件。刑部奏事三件，俱如议行。上由看城换马上巴彦布尔噶苏台围各围，兵由东南北自山而下，围至看城前。午初二刻，上撤围回营，进东门。是日狍鹿颇多，计获鹿一百五十三只，狍子二十八只，獾二只，活狍子一只。从围中逸出奔至大学士臣于敏中帐房前，经于家人捉获以献，上纪之以诗，有"直闯帐棚入，生搏仆狡争。献禽署阁部，翎褶是循名。"之句。先是，春仲金川平定上赐于双眼翎黄褶故及之。

乙丑卯正初刻，上早膳后乘肩舆出东门，北行五里许，上毕娄哈尔巴齐达巴汉。毕娄哈尔巴齐，蒙古语"草帽子"也，达巴汉，国语"山梁"也。山梁形似草帽子，故名。自巴彦布尔噶苏台至山顶计十里。山顶黄布尖营在焉。上未入，由岭盘旋而下，向西北行，出山口折而西，平川广阔，即巴彦沟大营蒙古语巴彦"多"也，此处多山沟，故名。大营在南山根巴彦沟口平衍处。看城在大营南门外稍西。站班早到，可以远望射鹿。驾到时，先至看城少憩。换马上巴彦沟围。午初二刻，撤围回营，进南门。是日计程共三十三里，获鹿六十只，狍子二十六只，盘羊三只，野羊一只，野猪一只，狐一只。盘羊与鹿毛色颇相类，惟尾小，两角盘曲耳。野羊形如山羊，毛则栗黑色。

丙寅卯初初刻，上乘肩舆出西门，行约里许，渡桥向正西行。

应上围者，俱随往。其六部九卿大臣官员俱折西南，约行七里，至达彦达巴汉大营。国语达彦"打仗"也，达巴汉山梁也。此梁曾经打仗故名。上西行至看城，用早膳后，由看城上约罗围国语约罗"狗头鵰"也，因山形相似故名。看城在西北，大营在东南，相距六里。命皇子皇孙于五鼓时，前往巴彦木敦得尔吉围哨鹿国语巴彦"多"也，木敦"山梁"也，得尔吉"东"也，山梁多处之东各得鹿一只。午正初刻，上撤围回营，乘马进东门。是日获鹿二百二十五只，狍十二只，盘羊二只，野羊二只，鹿之大者有如牛。赐随从各官鹿肉。臣季堂分得鹿肉一方。

丁卯卯初初刻，上早膳后乘肩舆出南门。南行越达彦巴汉，其处东西横亘一岭，相傅为古长城。《御制古长城说》鉴论精详，镌碑立山西北岭上，纪诗一首：

长城遗址绝山陉，此地曾闻百战经。
考论精严钦圣鉴，卿云长护御碑亭。

寻路而上山梁，树上挂黄绫一幅，又一树挂白绢一幅，谓之哈裕，盖以赐山神也。下岭至尖营。京城本报到。上在尖营阅题奏本摺。刑部奏事四件，俱如议行。上辨事毕，换马上得尔吉围。文职大臣官员均自尖营先赴查克丹鄂佛罗大营国语查克丹"松树"也，鄂佛罗"山鼻"也，因山鼻上有松树故名。大营在两山之中，围场在看城西北山上，看城在西山坪上，距大营二里许。午正初刻，上撤围乘马回营。进西门。前营至此共二十七里。是日获鹿十八只，狍三十四只，獐一只，野羊二只，獾一只，貉二只，鶡鸡八只，活獐一只，活鶡鸡九只。鶡鸡形如雉差大，红眼眶白眉毛，长数寸，出头上寸许，白嘴红腿爪，毛色灰黑，微似褐，尾多白，能飞而不能远，取之以网。蒙古人谓之"和鸡"，实鶡鸡也。

戊辰卯初初刻，上乘肩舆出南门，南行八里，至看城用早膳。赐蒙古各王公、贝勒、贝子、台吉早饭。命御前大臣、侍卫、军机大臣陪食。上由看城上毕图舍哩围蒙古语毕图"黑暗"也，舍哩"密林"也，林密黑暗故名。文职大臣官员，先至伊绵阿罗口大营国语伊绵"群聚"也，呵罗"山沟"也，因此处野兽时常群聚故名。围场在看城前东山上。看城在大营北五里。午初初刻，上乘马回营，进东门。是日计程十三里。获鹿八只，活鹿两只，狍二十七只，活鷴鸡二只。行在本部奏事一件，奉旨依议行。

九月朔巳巳卯正初刻，上早膳后，乘肩舆出南门南十五里稍折西南，至看城稍憩。换马上阿吉格鸠围国语阿吉格"小"也，鸠"狍子"也。此处有小狍子，故名。文职大臣官员俱先至按班鸠大营国语按班"大"也，鸠"狍子"也，此处有大狍子，故名。大营在两山之中。围场在大营西北山上，看城在西山旁，距大营三里许。午初初刻，上撤围回营，进东门。是日计程共十七里，获鹿二十九只，狍六十四只，活狍一只，貉二只，獾一只，野猪二只。其大者约二百余斤，毛色如马之沙红者，嘴出两牙，向上，长三寸，尖利如锋，围中遇之，射杀颇不易。

庚午卯正初刻，上早膳后，乘肩舆出南门，南行折而东南，至看城少憩。是日，京发本报应至。上坐索未到。经行在兵部参奏，将台站递送迟延官弁交直隶总督查参议处。

上由看城上墨尔根津钦尼围国语墨尔根"善打牲"者，津钦尼"正经"处，系正经善打牲处。文职大臣官员仍先至乌兰哈达大营蒙古语乌兰"红也"哈达"山头"也，山头色红故名。大营在两山之中，地甚宽敞。看城在大营东北山根下，距大营四里。围场在东山上。前营至此计程二十里，一路山水最为奇秀。午初二刻，上乘马回营进东门。密雨正注，并未张盖，亦未御雨具，缘行围讲武习劳即雨亦不避也。纪诗一首：

　　四山云合雨霏霏，翠盖无张不众违。
　　圣主习劳勤据马，崇文又见武功巍。(注)

　　注：时奉旨于热河创建文庙。

已刻京城本报赶到，先交奏事处，候上回营晚膳后批阅。刑部奏事三件，俱如议行。是日，获鹿三十只，狍二十八只，野猪一只，狐二只。是夜雨雪交作，嗣西北风起雨止。各帐房间有被风吹倒者。

辛未卯初三刻，上乘肩舆出南门，南行稍折东南十里，至看城用早膳。赐蒙古诸王公、贝子、台吉、御前大臣、侍卫等早饭毕。上由看城上坡赖围坡赖人名，昔尝居此，故名。文职大臣官员俱先至依逊河大营。依逊见前前营至此计十五里。看城在大营北五里东山下，平坡上，围场即在东山。午初三刻，上撤围乘马回营，进西门。自看城东南行至大山根，左依峻岭，右临激湍，崖下陷泥，马驼不能托足。约二里许，越小山嘴数处，高下崎岖，车驼拥挤，极为险隘。若久晴不雨，河水缩小，崖下河边尚可单骑接踵而行，可免车驼拥挤之患。是日西北风甚大，早间落雨数点。上换戴黑羊皮帽、皮围领，著小毛羊皮袍，翻穿灰色骨种羊皮马褂，随从各官俱已皮袍矣。骨种羊，为回部所产，其色灰青，毛脚紧抱。如珠贵重，不可多得。申刻，微飘雪花，旋即止息。获鹿九十三只，狍十八只，野猪二只，獐一只。赏赐随从各官鹿肉。臣季堂分得一方。晚间新月初见，雨后风息，青天皎洁，西岭松梢一鉤如玉。所谓松间明月，殊觉沁人心目也。纪诗一首：

行到三秋对晚晖，山光凝紫暮烟飞。

才过残月又新月，几度排班看打围。

壬申卯初初刻，上早膳后，乘肩舆出南门。南行，傍山顺依逊河东转，过山嘴折而东南行。川渐宽平，至雨川交会处，尤为广阔。其东川往北即海拉苏台。其北山即永安莽喀围场。由此向东直行过川东山下，看城在焉。上至看城，文职大臣官员斜金东南行，至东山边塔哩雅图大营蒙古语塔哩雅"耕种田地"，图即"有"也。此地有田可耕，故名。看城在大营东北二里，围场在看城东山上。此一带统名塔哩雅图，其围即名塔哩雅图围。此地与阿圭图一川相去不过数里，乃此次入哨出哨总会处。午正初刻，上撤围，乘马回营，进西门。

先一日，命皇子皇孙于下围后，即与随来师傅俱先回京。是日，师傅礼部侍郎臣阿等另列一班在前，上进营时，俱跪辞回京。是日，计程十八里。获鹿十五只，狍二十只，活狍二只。

癸酉卯初初刻，上早膳后，乘肩舆出南门，转山嘴折东南，即阿圭图旧路。各蒙古兵仍分两翼护从出哨。至三道河尖营少憩。出哨门，即换御轿车。至张三营行宫，进北门。行程计六十里，尖营二分。惟哨内头分尖营，移在三道河，与进哨时在五道河不同也。是日，本报到刑部奏事二件，俱如议行。上办事后，未正初刻于二宫门外宴赏诸蒙古王公台吉及随来官员、上围兵丁，俱席地而坐头宫门内，打台设凉棚演剧。王公台吉各一桌，官员或二三人一桌。兵丁则人各羊肉一块。戏文乃十八学士登瀛洲，弋腔。宴散，各赏赐绸缎、布匹、银两有差。此盖劳来之意。诸蒙古王公、台吉、官员、兵丁，无不踊跃欢欣。窃思蒙古诸部落分据塞外，自古为中国患，今则一呼而至，趋事帐前，奔走恐后。仰见我皇上德被遐荒，无远弗届。兼之圣武神威，有以悦服其心。所谓莫之致而至也，方之汉唐以来偶得一二国效顺，即谓之中外一家者奚翅霄壤。臣季堂恭逢其盛，实不胜其欣庆。纪诗三首：

　　四十八部列黑熊，猎罢归途宴赏丰。
　　饱啖御厨兼挟纩。帐前稽首颂神功。

　　入坐番王带爪牙，两旁排列静无譁。
　　殷勤拜跪皆臣仆，中外方称是一家。

　　衔恩宴罢出营门，跪道斋庄送至尊。
　　回首扬扬催去骑，诚心悦服各归藩。

男　鏻　校刊

《扈从木兰行程日记》　　孙　仁益正字

（据北京图书馆藏本。书名下原题"刑部左侍郎"臣胡季堂）

天咫偶闻（节录）

（清）震 钧

八旗春秋试，例于试前兵部请钦派王大臣校试。马步射向在东安门内南箭亭。盖明之南内，今为正黄旗侍卫校场。其期：春闱二月下弦以后，秋闱七月下弦以后。于时衣冠竞会，旌麾并举，骏马骄风，雕弓替月，饿鸱互叫，灵鼍时振。翼翼济济，犹想见辟雍校士之盛典焉。

国家创业，以弧矢威天下，故八旗以骑射为本务，而士夫家居亦以射为娱。家有射圃，良朋三五，约期为会。其射之法不一：曰射鹄子，高悬棕皮，送以响箭。鹄之层亦不一名，最小者名羊眼。昔果益亭将军专工射鹄，有"果羊眼"之称。然工者仍不事此，或一箭诸圈皆开而不落，如花篮式，此为至难；曰射月子，满语名艾杭，即画布为正也；曰射绸，悬方寸之绸于空而射之，此则较难。又有于暮夜悬香火于空而射之，则更难。然皆巧也，非力也。闻之开国之初，其射也，弓用八力，箭长三尺，镞长五寸，名透甲锥，所中必洞，或连贯二人而有余力，是以南京太和门箭遂没羽焉，此国初所以能威天下也。

定制，赌有禁，惟以射赌者无禁，故有大书于门曰"步靶候教"者赌箭场也，然往者寥寥。

自开国至乾、嘉，田狩盖为重典，非以从禽，实以习武也。圣祖于热河建避暑山庄，以备木兰巡狩行围之制，一用兵法，围时以能多杀者为上，皆以习战斗也。又杀虎之制，以二侍卫杀一虎，得者受上赏。故嘉庆癸酉之变，京营兵皆能战，遂以殄除巨寇，灭此朝食。道光以后，不复田狩，于是讲武之典遂废。后生小子既不知征役之劳，又不习击刺之法，下至束伍安营，全忘旧制，更安望其杀敌致果乎？迨同治中，穆宗奋欲有为，亲政后曾畋于南苑。诸环列至有预购雉兔，至临时插矢献之，而蒙花翎之赐，可为叹息也。

热河行围，前人多有诗纪之。以瓯北为最佳，然尚未备。成倬云侍郎书《多岁堂诗集》有《避暑山庄纪事》绝句八十五首，最详。今录之云：

（一）

端阳节至麦风温，郊祀初回万马屯。避暑年年循例往，（年例于北郊后启銮。）千官送驾大东门。

（二）

鸾旗翠葆出圆明，近野居民夹道迎。不用羽林传警跸，儿童相戒各低声。

（三）

委蛇辇路绝尘氛，旗影徐飞树影分。正是久晴新雨后，清河桥下水沄沄。

（四）

相国行舆步骤迟，每随双纛望前麾。（御纛前，皆御前大臣及乾清门侍卫。扈从诸臣在御纛之后、八桿旗之前。扈从者例皆骑马，时惟王、董两相国乘轿。）书生也忝从行列，驽马常先八桿旗。

（五）

趱拨如飞健步军，每经村市避行人。（乘舆所至，凡遇村市凑集处，则粘竿拜唐阿及绿营健步在前，步行警跸，谓之走噶山。噶山者，村也。亦谓之走拨，凡走一拨即乘马从宽转驰向前以待，谓之趱拨。）道旁樵牧多如织，不近銮舆总不嗔。

（六）

白褶前驱后赭黄，（虎枪营皆衣白褂，乾清门侍卫皆衣黄褂。）行宫将近趱行忙。（营门下马看林立，射虎将军蜡桿枪。）

(七)

沙孤堆上望行旌，万骑如云按队行。豹尾遥分成小驻，蔺沟河畔有尖营。（沙孤堆在蔺沟河之南，积沙成阜。）

(八)

草软沙轻辇路平，石槽南畔认行营。下门列帐还相劳，屈指滦阳第一程。（驾入行宫，百官齐集，谓之上门。晚膳后散归帐，谓之下门。）

(九)

风山口内路迂回，土壁中间一径开。转过坡陀三四里，青山如面向人来。（至此始见山。）

(十)

已近怀柔风候殊，山城如斗势盘纡。銮舆过后街衢静，闲坐农民说免租。（诏经过地方特予免租。）

(十一)

岁岁居民望翠旆，密云一带沐恩膏。迎銮父老能追忆，六十年来世八遭。（逆旅老人记忆甚悉，亦绛县之俦也。）

(十二)

屈蟠妙笔写荆关，铁干虬枝翠霭环。谁识百年培养力，九松山作万松山。（山初有九松，故名。今则不下万株矣。）

(十三)

万马连镳静不闻，千山盘折翠旗分。南天门上传朝膳，遥见金舆入五云。（南天门在万山之巅，乘舆小驻，从行仰视，黄屋翠盖皆在天半。）

(十四)

小邑当衢百货陈，连宵灯火聚行人。传言石匣藏灵怪，欲访奇闻说未真。（传闻有石匣在巡检署，坚不可开，故名。问之土人，或云不知，或云有，仓卒一宿，不能往穷其怪也。）

(十五)

白鹤涧沟风日晴，山头涧底白云平。下山欲望来时路，人在长空木杪行。

（十六）

边风飒爽阵云屯，古北雄关锁断垣。十万貔貅齐勒马，元戎擐甲立军门。（时古北口提督陈兵迎驾。）

（十七）

一色鹅黄孔翠斑，北来嘉客觐天颜。（蒙古于本朝为客，见御制诗注。）问安才毕齐乘骑，便入乾清侍从班。（蒙古诸王公多有在御前行走者。）

（十八）

关城回望五云中，路入平川马首东。千里滦阳分别派，双桥如虹驾晴空。

（十九）

竟日看山眼渐明，一山未尽一山横。欲穷绝塞峰岚秀，清晓来过巴什营。（巴什营直南一山，峰岚秀绝。）

（二十）

关门内外隔温凉，（出口后气候稍寒。）七站中间此站长。路转峰回迷向背，御营近在两间房。

（二十一）

茅屋石墙处处皆，山家留客小安排。晚餐莫漫愁沽酒，御道中罗买卖街（御营前，多支布帐，货食物酒果，谓之买卖街。）

（二十二）

小户编篱逐径成，村庄儿女善经营。晚凉动我归农兴，羡煞山田带月耕。

（二十三）

雨后泥深马不前，解鞍小憩古城川。行人说虎日将夕，榛莽边风也飒然（地多虎。）

（二十四）

驼装深夜走前营，（部院百官，下门后无事，辄先一日启行，谓之走前营。)铃铎相闻歌笑膺。宽转莫愁官道失,路旁悬得火球灯。(垫夫于路之两旁,隔数步悬一红灯,夜行甚便。)

(二十五)

石岭盘空一径开,争途隔夜苦喧豗。(青石梁,路仄陡险,车行甚艰。)蓦看车骑分头避,向导先锋跃马来。

(二十六)

鹿角杈枒当道横,銮舆过后放人行。山头地底遥相应,尽是鸣鞭叱驭声。

(二十七)

老岭才过又陡坡,(过青石梁数里,即黄土冈,路亦陡险。)两峰相望郁嵯峨。中间平坦无些子,衔尾驼装络绎多。

(二十八)

常山别殿午阴浓,谡谡寒涛静院松。谁识九重无限意,雨忧行旅旱忧农。

(二十九)

侍从清班愧不才,橐鞭日日上门来。黎明忽失前宵路,此处宫庭向北开。(常山峪行宫,背南山而建,北向。)

(三十)

雨气空濛夜气凉,严装凤驾晓行忙。侵晨忽散千山雾,策马先过三道梁。

(三十一)

远山隐隐见周墙,望近谁知路尚长。盼到河屯营里住,计程明日是山庄。

(三十二)

断岭回坡路折盘,晓行人在画图间。滦平迤北无乔嶽,一带倪家平远山。

(三十三)

双塔山头处士祠,跻攀无路到今疑。曾闻有诏搜奇蹟,野韭盈阶木主龛。(一土台在山半，高十余丈，中分为二，四围立如削，上有瓦屋三楹，历无登之者。闻往岁乘舆经过，诏遣人梯而上，室中设香鑪木案，尘积数寸，一木主题曰：王先生之位。屋前地半弓，种野韭数畦，甚丛茂，不知为何人之祠。问之土人，亦不能知所自始也。)

（三十四）

边城宁虞生计微，八旗蕃富似京畿。(热河设八旗驻防，副都统领之。)健儿站道誇身手，一色鞭刀短后衣。

（三十五）

齿髪虽衰精力存，黄衣诸老沐天恩。道旁稽首还相告，罂铄应须逊至尊。

（三十六）

辇路和风塞草熏，提鑪香篆气氲氲。广仁岭过山庄近，望见山头五色云。

（三十七）

十里长街驰道通，遥闻仙乐入离宫。内臣传旨千官散，丽正门前日正中。

（三十八）

草创规模质不雕，(山庄为圣祖所建，榱、楹皆本色，无丹雘之施。)茨茅阶土仰神尧。文孙继武无增饰，奕叶钦承俭德昭。

（三十九）

禁闠当门手泽垂，("避暑山庄"额，仁庙御笔。)百年堂构系深思。两旁素壁无多地，尽刻今皇感旧诗。(二宫门壁閒石刻最多，皆御笔也。)

（四十）

日午当天火繖张，薰风前殿送微凉。戟郎侍值轮番入，内药仍颁祛暑汤。(门侧置朱漆桶，贮暑汤冰水。)

（四十一）

游豫何尝慰睿思，每忧水旱问疮痍。从臣召对无虚日，纤细都劳圣主知。

（四十二）

楠殿薰风婆律芬，（山庄正殿栋宇皆楠木。）小臣曾此切瞻云。（臣书壬子扈跸，蒙恩召见于此。）今番更荷如天宠，独听君王论典坟。（臣书今岁召见，蒙询及诗赋制义，并问能为古文否？因论古文法度。圣学渊深，茫乎莫测也。）

（四十三）

传餐已下引诸曹，虎卫挐门执锦绦。（驾未出以前，门尽阖，侍卫执环绦以俟驾至，门阖谓之挐门。）阊阖未开人语肃，正中黄帕御床高。

（四十四）

校射宫中集俊髦，（驾时出看诸臣习射。）旧家风俗习弓刀。书生合作千夫长，三发亲蒙睿语褒。（臣书中三矢，得赐金焉。）

（四十五）

亲王挟矢御墀头，龙种英雄压辈流。孔翠鹅黄新赐得，天闲骑出紫骅骝。（郑亲王连发五矢皆中，诏赐三眼花翎黄褂、内厩马。）

（四十六）

天藻颁来雪日光，词臣奉诏愧枯肠。乌丝茧纸刚誊得，中使传宣进和章。（皇上万几于暇，圣制诗章，日有程课，率命扈跸词臣和韵。隔数日辄一汇写呈进，以单纪数。前诗甫缴，次单即下。奎文炳焕，富有日新，实旷古所仅见。臣书以翰林讲官随行，亦得一体恭和。）

（四十七）

射生人集曲城隈，白鹿黄羊擔载来。内侍迎门先导入，御前都尉打鲜回。

（四十八）

山雨吹晴不作泥，侵晨有诏幸须弥。（寺名札什伦布，盖梵语也。译言"须弥福寿"，见御制诗。）流杯亭外排仙仗，水长沙平辇路移。

（四十九）

梵宇浮图高出霞，下瞰城市如尘沙。撞钟吹螺迎大驾，辇前无数金莲花。

(五十)

毡裘君长沐殊恩,泥首宫门圣语温。六十年来勤教养,诸蕃一体等儿孙。

(五十一)

巴林盟长已华颠,拜跪依然礼数虔。圣主非常赐颜色,念他侍从几多年。(巴林王为诸蕃盟长,年近古稀,瞻观时犹跪拜如礼,无衰迟之态。仰徵圣人久道化成,故一时寿寓同登,蔚为世瑞如此。)

(五十二)

无数明驼卧近郊,殊方贡使面颒颡。沙隄十里平如掌,一例排支蒙古包。

(五十三)

朱轮黄盖傍天门,中使传宣哲木尊。(哲木尊,西藏喇嘛名号,秩亚呼图克图。)召对出门还默坐,西来大意本无言。

(五十四)

九龄稚子悟前因,又见章嘉万劫身。逢著旧交都色喜,可知渠是再来人。(前章嘉呼图克图住世时,道法神异,最蒙优眷。示寂后,复转轮阐教,今九岁矣。来行在,见前身所素识者,仍慰劳如平生欢。)

(五十五)

捧诏名卿见佛回,法轮自转不须推。丹书未递行程缓,堪布先期进马来。(喇嘛来觐,进梵书通帛,顶礼志虔,名丹书,堪布亦喇嘛之有品秩者。)

(五十六)

振古奇功一日收,捷书驿递看星流。宰臣入贺天颜喜,旷典颁来如意舟。(如意舟乃御园中别所,于水中叠石为洲,全作舟形,故名。)

(五十七)

会龙山色晓空濛,万壑朝宗一派通。锡以嘉名应为此,荒唐野语付齐东。(会龙山下水,为众水所归,故有是名。传言下为群龙所聚,殊属荒诞。)

（五十八）

蠢蠢孤疣插断崖，山灵也是费安排。依然顽石和沙砾，笑杀谈诗萨质斋。（磬椎峰，俗名棒椎山。孤峰拔起，上丰下俭，别无环拱，状极奇伟。同官萨质斋曾有诗云云。）

（五十九）

山势高低一径开，石城内外隔尘埃。游人莫傍墙根语，圣驾方从西峪来。

（六十）

罗汉山头羊骨灰，回官作法召风雷。传闻札鞑生牛腹，能致蛟龙送雨来。（遇旱时，回人辄于山头，燔生羊，诵回咒，祈雨，颇有验，盖其国俗也。札鞑，似石卵，生马腹中，亦回人祷雨所用。）

（六十一）

箫鼓喧天达禁宸，土风祈雨走比邻。柳圈帕首胡旋舞，寡妇童男笑杀人。（俗间祈雨，多折柳戴首。）

（六十二）

惟有山田望泽殷，经旬不雨便如焚。忽闻好语传邻叟，僧帽峰头望白云。（僧官帽，山名也。土人每瞻峰巅云起为雨候。）

（六十三）

宫墙下视小西沟，退食宗藩羽卫稠。忽地下舆骑马过，始知天子在楼头。

（六十四）

吹面西风酒力微，好山无限澹秋晖。碧天云点长空静，望见宫庭白鹤飞。

（六十五）

荒山如赭碎秋营，游牧儿童驱犊还。望见仙园规矩草，始知雨露胜人间。（塞外土肥草长，高不见人，然俱离披，蒙密可憎。独御园内所生，修仅数寸，一望如翠罽平铺，略无半茎参差错出者，可异也。俗呼规矩草。）

(六十六)

中元法食集羣僧，迎水隄前梵唱兴。十里长渠通禁苑，御沟墙外看河灯。（中元节施食、作佛事、放河灯，一如都下。）

(六十七)

花炮声中璧月圆，中秋烟火二更天。居民都向山头望，紫电金蛇满碧天。

(六十八)

离宫秋晓瑞光寒，寿域宏开万国欢。禁尉鸣鞭仙仗肃，二层门外拜鵷鸾。

(六十九)

鷸冠奇服遍城闉，尽是梯航祝嘏人。万树园中开御宴，湛恩亦许到陪臣。（八月十三日为圣寿节，每年祝嘏后，例于万树园中赐宴诸王公大臣，有外藩使臣，亦恩许入宴。）

(七十)

广场回望静无尘，走索跳丸百戏陈。侲子倡优排两列，御前先唤撧交人。（开宴时，百戏具陈，辄宣善扑高等人员，令于御前相扑，以角胜负。）

(七十一)

名是吴歈及越吟，踏歌连袂走相寻。熙朝乐舞声容备，不废兜离僸佅音。（大乐奏时，亦有回部乐舞，用乡语联臂顿歌。其乐器形制绝奇古，非所习见。我朝声教远讫，乐备万方，凤仪兽舞之盛，虞廷不得擅美于前矣。）

(七十二)

甫田秋宴仰同仁，（"甫田丛樾"亦御园别所。）金帛頳肩异数频。拜赐向来皆九列，君王特旨入词臣。

(七十三)

铃索无声昼漏稀，时平微物亦忘机。一双白燕衣如雪，来傍宫墙故故飞。

（七十四）

边城五月似春阳，尽日山行挹众芳。饶有风姿草芍药，略闻芬馥野丁香。（草芍药，草本小花，鲜红灼灼，剧可爱，绝不类芍药也。野丁香，亦口外野花，形差近似，香远逊。）

（七十五）

石洞飞泉一道斜，坡陀背转少人家。平冈十里无行道，开遍空山桔梗花。（桔梗花，山间弥望俱是，初不产水泽也。）

（七十六）

僦居多在两山头，退值还为蜡屐游。芳草铺茵榛子峪，石林飞雨水泉沟。（峪中平冈迤逦，芳草芊眠，饶有画意。退值后，同人相与携尊藉草，竟日忘返。水泉沟，有瀑泉倾泻乱石间，繁响琤琮，如琴筑竞奏。）

（七十七）

禁院风清绝点尘，冷官无事称闲身。朝朝太仆朝房里，挥尘清谈似晋人。

（七十八）

炎威尤畏日西斜，边地无冰酷暑加。夜半酒苏肺疾作，床前留得枕头瓜。（地产瓜，形皆椭圆，颇不类，故有枕头名。）

（七十九）

诗情画意总相关，退值离宫镇日间。数点斜阳红树晚，碧峰门外看秋山。

（八十）

满地清晖兴未阑，孤吟无奈夜灯残。中秋节到归期近，御制诗交第四单。（年例圣驾以八月望后回銮。）

（八十一）

山村茅屋自高低，荒草连天曲径迷。黄叶满街秋巷静，隔墙声唤卖酸梨。（土产酸梨俱佳。）

（八十二）

胜跡都从远处搜，一官羁绊苦相留。秋凉一枕游仙梦，梦入朝阳洞里游。（朝阳洞，为此地名蹟。遇驻跸时，游人甚伙。余以去舍辽远，竟未得一游。）

　　此诗盖仿元人《滦京杂詠》而去其琐亵也。
　　扈从行围，例服行装。《会典》所云，行袍、行裳，色随所用。行裳，冬以皮为表，佩帉、素布视常服，带微阔而短。按：行袍，即缺襟袍。行裳，俗呼战裙。佩帉，满人名荷包手巾，汉人名忠孝带。梁苣林《南省公余录》称，闻之松湘圃相国谓：国初以代马络带，此恐讹。闻之前辈，此所以马上缚贼之用。凡随扈，仓卒有突仪卫者，无绳索则以此缚之，盖备不虞之用云。
　　旃檀寺，本名宏仁，以旃檀佛像所在，俗呼为旃檀云。其像元代供大内，明代供鹫峰寺，国朝乾隆间移此。此像与石鼓皆起于周代，至今三千年，岿然无恙。庚子之乱，寺毁，像不知所在。
　　天庆观，在旃檀寺南，俗称刘銮塑。神像皆出元刘供奉銮手。今已颓败零落，蔓草塞门，过者瞻望太息。
　　西十库，始明代。康熙中，检查封禁。近倒尽，几如土阜，而库藏犹有存者，惜竟无人过问。
　　大光明殿，本明万寿宫，成祖潜邸也。嘉靖后改此殿，今为设醮祈雨雪之所。道士例取于江西龙虎山，籙坛陈设法器、旛幢、帷幔、冠帔、绅笏，皆康熙内府旧制。星羽辉煌，锦绮焜耀，睹之者如入八景宫中，观法驾导引也。例月给内仓米三十石，仍有香灯银两，今皆停给，道士遂稀有存者。每临事，取足于各观而已。
　　雪池冰窖，在北海陟山门内，为诸冰窖之冠，御用取给于此。都城内外，如地安门外火神庙后，德胜门外西，阜成门外北，宣武门外西，崇文门外东，朝阳门外南，皆有冰窖。以岁十二月藏冰，来岁入伏颁冰，各部院官学皆有之。掌以工部司员一人，以数寸之纸，印为小票，名冰票，为领冰之券。然年久弊生，虽有此票，而给冰绝少，殆不能供一人之需。故亦不复领票，而冰多售于市矣。

乐部，在西安门内。初沿明制，用教坊司，有奉銮。其属左右韶舞、司乐共四人，协同官十人，俳长无定员。雍正时改和声署，礼部、内务府、太常，鸿胪皆领之。乾隆七年，始命王大臣总领乐部事。王一人，侍郎一人，皆兼官也。其神乐署仍隶太常。和声署则隶内务府，俗呼为南府，其优伶皆内监也，亦即古教坊司。又有蒙古乐舞、回人乐舞、缅甸乐舞等，惟大燕则用之，以示徕远。

（编者按：文中说录《避暑山庄纪事》绝句八十五首，但细审仅八十二首，究竟误在何处？待考。）

养吉斋丛录（摘抄）

（清）吴振棫

大驾巡幸，留京王大臣日诣文华门办事。恭靖合符，轮流值宿。卯刻四人同入，非值班者，申初散出。值宿班者，在内守合符，俟次晨交替，合符而后出。

按康熙三十四年，上出古北口，巡历塞外。命大学士阿兰泰留京理章奏。留京二字，始见于此。

祖宗时，大驾巡幸至行宫行营。本日进班之御前侍卫、乾清门侍卫大臣、侍卫章京等，皆昼夜随扈。至王公等之护卫，大臣、侍卫、章京官员等之仆从，不准入黄城外布帐门内，以驻跸重地，应环卫严肃也。后来大臣等于晚膳后，先赶前营。且有赁宿民居，不宿行帐者。嘉庆间，曾奉严饬。惟军机大臣每日报到，即召见咨询。又查道大臣，如遇道路窄狭，须夜往拦截车驮，许于启銮前先往。此外王公及各衙门堂官，皆在卡伦内宿，次日在宫门外恭候。自御前大臣至御前侍卫、乾清门侍卫等，皆佩櫜鞬，于站班后随从行走，不许先赶前营。

凡随围大臣，有派管锡伯甲者，派管买卖街者，派管杭爱车者。

前锋营，掌卡路之事。以铃系索为界，不得私越。

行营之制，内方外圆。中建黄幔城，外加网城，索绚为之。设连帐百七十有五为内城。启旌门三，每门植纛二。东镶黄，西正黄，南正白。外设连帐二百五十有四，为外城。启旌门四，每门植纛二。东镶白，西镶红，南以正蓝、镶蓝分日植之，北正红。外周设宿卫警跸。各帐皆以八旗护军官校环卫焉。

大驾将至，管行宫之大臣，先至行宫辟除。一人鸣钲，诸色人闻钲声皆出。又驾未至行宫时，喇嘛于殿阶下席地梵诵，以祓逐不祥也。

八旗扈从官员马褂，各按旗色，旧制也。日久渐弛，嘉庆六年，命随围之都统，毋庸按照旗色。副都统未赏黄马褂者，俱按旗色服之。

康熙四十年以前，秋狝出古北口，皆驻喀喇河屯行宫。至四十一年，始驻跸热河避暑山庄。其时率以五月东幸，亦有在四月者。乾隆间，北郊礼成后启銮。嘉庆间，于七月启銮。初圣祖幸避暑山庄，由十八盘岭入，后乃改由常山峪。

国语谓围场曰辉罕。称木兰者，国语哨鹿之谓。围场为哨鹿所，故云尔。久则视若地名，且有称上兰者。地本喀尔沁、敖罕、翁牛特诸部所属。康熙间，王公等以地献为围场，周一千三百余里。四面立界曰柳条边。（插柳成列如墙，以区内外。凡口外所谓边门皆如是，亦曰鹿柴门。）凡幸山庄，先一日遣官以秋狝告奉先殿。由山庄启跸，自波罗河屯入围场，有二道，东伊逊崖口，西玛图口，入口就平川行。小围名曰甸猎，国语谓之阿达密，次日方于山中布大围，国语谓之阿巴喇密。围期率以二十日为度，东口首围为永安莽喀，（国语沙曰"永安"，冈曰"莽喀"。）西口首围为永安湃。（汉语沙地也。）围场地名，率仍蒙古，惟此则用国语，均圣祖命名，以汉字书永安，谐吉语也。围场按八旗以一营房统五卡伦，分地稽察。布围用蒙古一千二百五十人，以黄蠹为中权，两翼左正白、右正红。两翼前，各以一蓝旗为前哨。前哨进，后哨以次随发，由远而近，围遂合。方布围时，两翼前各数骑拥纛飞驰，谓之跑乌图里。将至看城，喧呼玛喇哈，则围合矣。于时大驾出看城，佩弓矢涖围。引矢射，大臣侍卫乃射。中者记诸册。如围中有熊虎猛兽，则驰报，命虎枪官兵掩杀。或御神枪及弓矢，亲殪之。凡遇看城传膳之日，（尖营及看围城，俗谓之等城。盖以等候为名。）亲视调和汤饭并盘煮羊，赐御前大臣、侍御及扈从行围之旧藩新部王公、台吉等早餐。未初罢围，还行营，陈牲数获，颁赐扈从王公大臣官员。其蒙古王公等在围场时，宴赉无定制。迨围毕，出哨至张三营行宫，复赐食颁赏，（王公以下缎疋，兵丁白银布疋）遣归部落，皆定制也。

谨案：圣祖每年冬至后至明安沟行围。即俗所称米峪口也。围毕，回热河暂驻，然后还官。此当在藩部献地以前事。又按台吉与塔布囊爵同。土默特左翼八旗及喀喇沁三旗，曰"塔布囊"，其余部藩曰"台吉"。

高宗自乾隆辛酉至辛亥，秋狝四十次。仁宗自嘉庆壬戌至庚辰，秋狝□□次。

威逊格尔亦围场地名。圣祖行围时，尝奉太皇太后避暑于此。所居为桦皮室。蒙古语谓桦皮为威逊，室为格尔也。乾隆间行围，亦奉皇太后观猎。乙酉以后，则虽避暑热河，不复出塞，以春秋高也。

围场八旗，分四正四隅，相距二三十里不等，近者距六七里。盖有山者始为围场，山大则禽兽多，山小则禽兽少，故远近不能一致。凡进哨行围，每日收围，后路中诸蒙古献禽者，分赏黄马褂、孔雀翎。

哨鹿者，秋分前后，昧爽时，戴鹿首伏林壑中，以哨致鹿。哨以木为之，引吻达气，低昂应声，鹿即随至。

围猎未竟，或秋霜盛潦，泥淖艰阻，因命中辍者，谓之减围。若未猎而止谓之停围。

行围木兰，蒙古卓索图、昭乌达二盟长，（蒙古王公台吉有东三盟、西三盟。盟有盟长、副盟长。哲哩木、昭乌达、卓索图，东三盟也。锡林郭勒、乌兰察布、伊克昭，西三盟也。）例进御宴。高宗有塞宴四事诗：一诈马，汉语谓之跑等。扎萨克于进宴时，择名马数百，列二十里外。结束鬃尾，去鞿鞯，幼童乘之，以枪声为节，递施传响，则众骑齐骋，不踰晷刻而达。抡其先至者三十六骑，优赉有差。（北漠，三月马始生驹。取牝马令驹叩乳,少饲之,即执驹别系于长绠,其名曰"遮勒"。妇人洒马湩为浆,其名曰"七格"。至四月初成。于穹卢中插柳祈福以尝新。于是为诈马之宴,盖蒙古旧俗最所重也。)一什榜,蒙古乐名。其器用筂、管、筝、琶、絃阮、火不思之类。将进酒于筵前,鞠踞奏之,鼓喉而歌,和囉应节。一相扑,蒙古所最重,谓之布克,国语谓之布库,即撩跤也。脱帽短褲,两两相角,以搏捽仆地决胜负。厄鲁特则袒裼而扑,虽蹶不释,必控首屈肩至地乃为胜。一教馴,蒙古谓之骑额尔敏达騂。马三岁以上曰"达騂",额尔敏,则未施鞍勒者也。扎萨克于所部驱生马至宴所,散逸原野。王公子弟雄傑者,执长竿驰絷之,加以羁鞲。始则怒骋骇跃,人立而嘶啮,驭者腾跃而上,控掣自如,须臾调良,率得名马。又宴前例进九白驼,为蒙古最尊重之礼。朝廷厚往薄来,故每贡必却也。

进哨行围,大驾亲御弓矢.殪猛兽,兽或负创而逃,则命一二侍卫逐之。踰越岩谷,或舍马徒步,必得以归献。又围中射鹿,先割其尾以献获,车载之,输于幔城,以待颁赐。司兽数尾,即知获鹿之人与其数云。

凡行围,围合处设幔城,曰"看城"。围凡三匝,外围用新满洲,皆衣白罽。将合围,命骑举铜器呼之,谓之顺风耳。

旧时出哨后所用毡帐,题曰"四宜居"。以寒暑风雨皆可避也。

扈从大臣,满洲皆属櫜鞬,汉文员则否。

围场行围,蒙古王公台吉获兽,二品以上官,在御前跪献。三品以下,交杭爱处。(杭爱清语也,管牲兽者。)嘉庆间,以御前行走之蒙古王公等随扈奋勉,命其子孙及胞弟侄,不拘品极,准在御前跪献。

行围有赏黄马褂者,随围则服之。常时不得服用。

扈从之王公大臣侍卫等官,例于山庄宫门校射。王公大臣中三矢,赍马一缎一;四矢加缎一;五矢加缎二。侍卫等官中三矢,赍银十两;四矢十五两;五矢二十两。又随围之满汉司员,启跸前有宫门较射之制。满员中五箭赏花翎。汉员中三箭赏花翎。俗谓箭翎。中箭合格者，侍卫即以一翎系于冠。叩首谢恩而退。

按：乾隆间，汪文端之子承霈，张文和之子若淳，皆以中二箭赐翎。

国初，都城外多旷地，每年左右翼前锋统领，有率领章京护军演习步围之事。承平日久，田畴屋宇，其比如栉，更无所谓围场，而沿习具文，岁有奏报。嘉庆六年命停止。

旧时淀池有水围，后罢。而水亦涸。总督高斌浚之，乾隆间复举行。又甲戌奉皇太后观水猎于昆明湖。又高宗戊辰，幸赵北口行水围。庚午、癸酉、辛巳如之。

乾嘉间，春日谒陵，回跸至南苑，辄行春蒐之典。故俗有春围秋围之名。又皇子等每岁奉命至南苑行围，以习武事。若冬日或往围猎，谓之打狼围。所以除狼暴也。

南苑，即南海子，在都城南。元故址也。圣祖有南苑行围阅马诸诗。又按王士禛《居易录》：国制每岁五月临幸南海子，观八旗走马，上御晾鹰台，自六十里外万骑争驰，齐至台下，以先至者为最，赏内府綵缎至数十疋，以下赏各有差。其最者，量留天厩，齐马力也。据此，则国初南海子五月走马之制可见。又汪琬世祖挽诗注：每岁驾幸南海子必累月云云。康熙间，亦时时驻跸于此，其后有畅春园，继又拓圆明园，而南苑遂不恒至矣。

晾鹰台在苑之迤南。六飞春蒐，有晾鹰台杀虎之典。台上张幄次，台下虎枪处人员列侍。台前置虎笼，大索绕笼数匝，而引其端于十余步外。大驾既莅幄次，虎枪处人取索之端，骑马绕笼疾行以解之。索尽，而笼之门以启。虎因槛已惯，往往伏不动，台上随驾之侍卫，承命以火枪俯击之，或又嗾猘犬吠笼侧，虎乃奋迅而出。虎枪人咸屏息以待，虎至则三数人争刺之，突围出则逐而杀之。头枪、二枪、管虎枪处及领侍卫大臣察明上闻，颁赏白金、荷囊有差。

乾隆庚申，奉皇太后幸南苑。道光间，亦尝奉皇太后幸南苑。

南苑举行大阅之典，世祖二次，圣祖十二次，世宗二次，高宗四次，仁宗二次。宣宗□次。凡南苑大阅，三年一次奏请，顺治间从鳌拜议也。又岁九月，有仰山洼合操之制，由值年旗具奏。届期，满、蒙、汉二十四旗官兵皆至，以阅兵大臣八人莅其事。（阅兵大臣乃阁部大臣及都统之兼衔。）虽都统亦受指挥，其大臣有内廷差使者，则是日不至。

圣驾恭谒东陵，驻跸处为燕郊，为白涧，为隆福寺，为桃花寺。如幸南苑，则回跸时由燕郊至旧衙门行宫，团河行宫，新衙门行宫。恭谒西陵驻跸处为黄新庄，为半壁店，为秋兰，为梁格庄。如幸南苑，则回跸时由黄新庄至新衙门行宫，团河行宫、旧衙门行宫，经中顶回圆明园。

（以上卷十六）

热河为前朝多延卫地。（旧作朵颜，从钦定明史改正。）康熙戊子，肇建山庄，为避暑所，兼以行猎训武，绥来远藩。避暑山庄榜额四字为圣祖御书。行宫凡十二处，堆拨一百十四处。原设看管兵九百八十二，道光间，三次裁减，今存兵六百四十九名。（见咸丰九年热河总管奏折。）西北为金山，东北为黑山，南为三门，中丽正门、东德汇门、西碧峰门。东及东北各一门。其时聚才万家，设一巡检。后改厅升府，辖一州五县。建学立庙，为一大都会矣。乾、嘉两朝，凡秋狝率于山庄驻跸数十日。万骑云屯，百货骈集，阛阓殷赈，拟于京师。自庚辰秋仁宗山庄升遐，道光以后，不复秋狝。旧迹湮废，非曩时景象矣。

康熙间，御制山庄三十六景诗，以四字标题。高宗皆恭和而合刻之，并刻其图附焉。绘图者为内务府司库沈喻，镌图者为序班朱圭、梅裕凤。烟波致爽（中为寝宫）芝径云隄 无暑清凉 廷薰山馆 水芳岩秀 万壑松风（高宗在潜时扈跸山庄蒙赐居于此。乾隆间题纪恩堂额，示不忘也。） 松鹤清越（在榛子岭） 四面云山 北枕双峰 西岭晨霞 锤峰落照 南山积雪 梨花伴月（在山庄西北梨树岭）

曲水荷香　风泉清听　濠濮间想　天宇咸畅（山顶平台）　暖溜暄波　泉源石壁　青枫绿屿　莺啭乔木　香远益清　金莲映日（植金莲花）　远近泉声（旁有听瀑亭子，圣祖御题。）　云帆月舫（临水船屋）　芳渚临流　云容水态　澄泉绕石　澄波叠翠（如意洲后）　石矶观鱼　镜水云岭（亦有金山之称）　双湖夹镜　长虹饮练　甫田丛樾　水流云在　云山胜地（在烟波致爽之后）；乾隆间复增三十六景以三字标题：丽正门　勤政殿（殿额高宗御书。殿为卷阿胜境。）　松鹤斋　如意湖　青雀舫　绮望楼　驯鹿坡　水心榭　颐志堂　静好堂　冷香亭　采菱渡　观莲所　清晖斋　般若相　沧浪屿　一片云　苹香沜　万树园　试马埭　嘉树轩　乐成阁　宿云檐　澄观斋（康熙间驻跸山庄时，集儒臣于此辑《数理精蕴》一书。圣祖御书"惠迪吉"三字。）　翠云巖　罨画窗　凌太虚　千尺雪　宁静斋（在千尺雪之东）　玉琴轩　临芳墅　知鱼矶　湧翠巖　素尚斋　永恬居（此与素尚斋，皆在梨花伴月。）

澹泊诚敬之内，一层殿名依清旷。召见臣工，往往在此。

武列水自塞外来，注众涧，汇于山庄。康熙间，由东北门引入，辟为湖，名如意湖。亦名塞湖。清秋泛月，致有奇赏。湖中一峰突笪，上构傑阁，命名金山。康熙间御制记云，如登妙高峰上。

清舒山馆，前堂额承庆，圣祖御书以赐理密亲王者。内有水月精舍、绿云楼、邀山室、蕴奇斋。

康熙间，奉慈驭莅山庄，居松鹤清越。乾隆间，东朝避不敢御，因于寝殿东别巩一区为宴、居所，曰"松鹤斋"。

甫田丛樾，在塞湖北岸。康熙间，御书额，在万树园亭中。其地旷如奥如，飞走充盈。圣祖于此习步围，故取甫田之义。

万树园，倚山面湖，内有永佑寺，乾隆六年建。殿三楹，上有楼。正中奉圣祖御容。二十七年奉世宗御容于楼之东楹。嘉庆间，奉高宗御容于后楼之西楹。寺侧为写心精舍。乾、嘉两朝，凡外藩属国入觐山庄，皆在此园张大幄次锡宴。

364

案：蒙古已出痘者曰"熟身"，未出痘着曰"生身"。生身不敢入京师。朝廷加以体恤，每于秋狝时，令于山庄朝觐。

狮子园，在山庄西北，以对南山狮子峰得名。世宗潜邸扈跸时所居。有御书楹联云：日往月来明至道，花香鸟语露真机。乐山书院额，为圣祖御笔。高宗随扈时，读书于此。乾隆间，以园赐果亲王宏瞻。王薨，园就颓废。高宗念为少时问膳执经之地，复加修葺。凡侍慈舆幸山庄，则于仲秋十日游狮子园，奉杖进觞。每岁循为令典。

山庄烟雨楼，为青莲岛旧址。乾隆庚子南巡，登嘉兴烟雨楼，画其风景而仿为之。有御制四詠，曰"烟"、曰"雨"、曰"假山"、曰"真树"。又仿米芾写烟雨楼图三卷。一藏山庄，一藏嘉兴，一藏懋勤殿。

山庄千尺雪，盖东溪之水也。其东有宁静斋。西溪之上有玉琴轩。轩之北有假山。过石洞为方池，池北即文津阁。假山之东冈曰"月台"。西冈曰"趣亭"。

文园，在清舒山馆之前。亦乾隆间仿吴中狮子林为之也。先是长春园作狮子林既成，题景十六。兹园之景同长春，而名亦仍其旧。又以御笔所仿倪瓒狮子林图，藏园中之清閟阁。又有御题文园四詠，为松、石、鹿、鹤。

戒得堂，在清舒山馆之左。乾隆庚子建。圣祖旧有戒之在得小玺，堂成，高宗复为文以阐戒得之旨。

继德堂，乾隆壬子建。以备授玺后嗣皇寝兴之所。嘉庆丙辰幸山庄，仁宗即赐居于此，堂后有畅远楼。

山庄多梵宇，不置缁流，皆以苑吏司香火。其他亭馆之名有可征者，略具于左：春好轩　静余轩　澹轩　山近轩　含粹斋（在谷中）　宜照斋　创得斋（在梨树峪峰顶）　敞晴斋　秋澂斋　含青斋　蕴奇斋　巢翠亭　倚翠亭　湧玉亭　对画亭　冷香亭　古俱亭　晴碧亭　绿云楼　枕碧楼　绘韵楼　空翠书楼　云润楼　澄斋楼

淨练溪楼　丛碧楼　松壑闲楼　振藻楼　属霄楼　延山楼　问月楼　碧静堂　妙高堂　秀起堂　养粹堂　松霞室　静赏室　妙巖室（在普宁寺旁）　就松室　香林室　清娱室　嘉荫室　护云庄　却炎榭　食蔗居　超然宇　沧洲趣　招凉榭　簇奇廊　小许庵　水月精舍　清绮书屋　挹秀书屋　玉岑精舍　经畬书屋　山心精舍　古松书屋　来薰书屋　颐和书屋　静含太古山房

谨案：大内宫殿规制，具详《会典》诸书。惟其间有涉他事而诸书未及者，略加疏记。至于离宫别馆，万户千门，讵能殚述。且有一名而数处同之者，亦有一室之中题榜多至六七者。今就列朝圣制所及，诠录一二，漏误綦多，管中窥天，固无以见天之大也。又若六飞所至，增饰崇丽，以为行宫，近自田盘、淀津，以及山东、山西、河南、江南、浙江，所在多有，尤不可胜纪。且志乘中当已详载之，故不复录。

附录　张文贞玉书《赐遊热河后苑记》：六月二日，驾至热河行宫。十一日有旨，命同满大臣等游观后苑。由正门入，向东北行，至山崖。有殿三楹，额曰"万壑松风"。联云：云卷千峰色；泉和万籁吟。历石蹬数十层，纡折而下，右有八角亭，可垂钓。过桥，循长堤行，时上在亭中，顾谓臣等曰：此堤形势，有类灵芝。盖长堤绵亘蜿蜒，至中道别出一支，分为三沱，各踞胜境，实与芝相类也。其东则云山罨画。西则皇子读书之所。直行里许，至驻跸之地。正门额曰"澄波叠翠"，门外居中设御榻。眺览旷远，千巖万壑，俱在指顾间。入门少西为延薰山馆，联云：云移溪树侵书幌；风送巖泉润墨池。馆后有佛堂，额曰"水芳巖秀"。联云：自有山川开北极；天然风景胜西湖。

傍有楼，额曰"云帆月舫"。联云：疑乘画棹来天上；欲挂轻帆入镜中。转至御座，正殿前群花列植，极多异种。绣毬五本，分五色，目中所未见也。对面有台曰"一片云"。于是台上设音乐，满诸臣坐于东廊。臣偕翰林诸臣坐西廊。小榭内设木榻。既宴，赐食数器。又特赐御膳野鸡羹一器。及午宴罢，群起谢恩出，遂登舟泛湖。湖之极空旷处，与西湖仿佛，其清幽澄洁之胜，则西湖不及也。岸有乔木数株，近侍云此皆奉上命所留。随树筑堤，苍翠交映。而古干更具屈蟠之势。舟中遥望，胜概不可殚述。有远岸萦流，极其浩淼者。有巖迥川抱，极其明秀者。万树攒绿，丹楼如霞，谓之画境可，谓之诗境亦可。而诗与画逊真境远矣。湖东岸一闸，温泉水从此入。登岸则有荷池数亩。池上有凉殿，殿右有亭，为曲水流觞之地。额曰"苹香沜"。联曰双涧常流月，千峯自合云。远近泉声，皆随地势曲折疏导而得之。循湖水数折，复至初乘舟处登岸，渡桥由旧道而出。此苑中东北一路胜概也。至二十八日，复奉命再游，则寻西北之胜。从东掖门北行，仍经万壑松风，由长堤至澄波叠翠。时从正门行，直过云帆月舫，循廊下行至一片云处。仍坐西廊房赐食观乐，复特赐御案羹汤，食毕而起。传谕荷花盛开，可同观之。登舟过藏舟坞，对望隔一堤，湖光空明无际，所谓双湖夹镜者，于此地见之。湖西莲甚盛，内有一种，包至鲜丽者，从敖汉部落得其种。花与叶俱浮水面，倒影湖中，最称奇丽。其他或远或近，或数丛，或散布，清芬环匝，真奇观也。登岸，地势平衍，有田畴，有林木，过小桥数折，沿山趾而行。山巅苍藤古藓，不知几百年物。比至关口，关以外为狮子峪。关踞岭上，是为西岭。关下一轩，额曰"濠濮间想"，有二联，一曰：窗间树色连山净，户外风光带水明；一曰：野静山气敛；林疏风露长。坐憩数刻，真觉别有天地非人间也。其山后榛子峪、松树峪，不及往而返。南行则为龙王庙，又南则迤逦石径，杂以丛卉，春月梨花甚繁，称一时之胜。山行约十数里，坡陀委折，时断时续，异境天成。回至长桥石矶，西北一路之胜，皆仿佛得其梗概矣。复乘舟指西掖门登岸，偕于岸旁谢恩。所谓十六景者，一曰"澄波叠翠"，则御座正门也；一曰"芝迳云堤"，则长堤也；一曰"长虹饮练"，则长桥也；一曰"暖溜暄波"，则温泉所从入也；一曰"双湖夹镜"，则两湖隔堤处也；一曰"万壑松风",则入门山崖之殿也;一曰"曲水荷香",则流觞处也;一曰"西岭晨霞",则关口西岭也;一曰"锤锋落照",则远望苑东一峰也;一曰"芳渚临流",即石磴旁之小亭也;一曰"南山积雪",则苑南一带山也;一曰"金莲映日",则西岸所见金莲数亩是也;一曰"梨花伴月",则春月梨花极盛处也;一曰"莺啭乔木",则堤畔所有乔木数株是也;一曰"石矶观鱼",则石矶随处可垂钓者也;一曰"甫田丛樾",则田畴林木极茂处也。宇内山林,无此奇丽,宇内亭园,无比宏旷。先后布置,皆由圣心指点而成。未成之时,人不知其绝胜,既成之后,则皆以为不可易矣。大抵顺其自然,行所无事,固地之势,度土之宜,而以人事区画于其间。经理天下,无异道也。

(据原书卷十八)

枢垣记略（节录）

（清）梁章钜

训　谕

乾隆十一年四月十一日谕：军机处系机要重地，凡事俱应慎密，不容宣泄。今乃有在京、直隶、江南、浙江等处提塘，串通军机处写字之人，将不发抄之事件抄寄该省督抚者。朕看此情节，在提塘等微末之人，不过以此博督抚之欢心；在督抚亦乐其不时私递，得闻京师信息。此皆浅陋之见，且非始于今日。朕已将督抚等从宽免其查究，但那苏图、尹继善、陈大受、魏定国、常安等，俱为封疆大臣，似此行私报密等事，甚不光明。若有见闻，即当据实查办，何得身蹈其事，不能自检，尚得谓之正己率属乎？著密行传谕申饬之。

十二年二月初六日谕：军机处系机密之地，所交密议章奏，本无宣泄。其应交该部密议者，嗣后俱交军机处存记档案，交发部议。其奏事处所奉密议事件，著亦交军机处记档转发。

五月二十二日谕：朕令军机大臣等寄信传谕之旨，有因地方应办事务，经朕指示及传谕询问者，亦有令该督抚等商酌办理者，既未明发谕旨，理宜慎密。嗣后诸臣回奏折内，如不交部议者，仍听其引入原旨；若系应交部议之案，概不必将寄信之处叙入，另行具折声明，至具题本章，尤为不可。俟伊等奏折之便，传谕知之。

十三年十一月　日谕：经略大学士起身以后，军机处所办事件，多不能惬意。即如今日议覆山东请运奉天米石一折，阿兰泰近日曾以"该处收成止有七分，未便大弛海禁，致妨本地民食"具奏，而军机大臣竟无一人记忆者，经朕指示，始查检入议。其余脱漏之处，一一须朕训谕，虽经改正，而朕心则已过劳，较之经略大学士在京时，诸事周详妥协，不致烦费朕心者，实已大相径庭矣。此等处讷亲向日尚能办理得宜。由是观之，向日朕加恩任用，自不为过。惟因贻误军国重务，大负朕恩，不得不重治其罪，亦出之大公至正。但从前当大学士鄂尔泰在之时，朕培养陶成一讷亲，讷亲在之时，朕培养陶成一经略大学士傅恒。皆几经教导，几经历练，而后及此，人材难得，固非一朝一夕所能造就。今经略大学士前往军营，朕实向大学士一人是问，并未豫留此心于大臣中培养陶成，以为接办之人。是以办理诸务，数日之间，已不能不时萦朕念。军旅固关紧要，第金川不过一隅，视机务孰为重大？且朕躬岂宜过劳？经略大学士到彼，荡平勒乌图、刮耳崖，即应遵照前旨，飞报大捷。其莎罗奔、狼卡擒获献俘固善，纵或免脱潜逃，只须留兵搜捕，一切应办事宜，或交傅尔丹，或交岳锺琪，若策楞到彼，或交策楞、班第等。经略大学士酌量分布妥协，于奏捷后四五日内，即当驰赴阙廷。赞襄左右，不必待奏到奉有谕旨，方行旋师矣。此旨必应遵。

十四年十一月十三日谕：朕许大学士张廷玉原官致仕，且允配享太庙之请。乃张廷玉具折谢恩，词称泥首阙廷，并不亲至，第令伊子张若澄代奏，因命军机大臣传写谕旨，令其明白回奏。而今日黎明，张廷玉即来内廷，此必军机处泄漏消息之故。不然，今日既可来，何以昨日下来？此不待问而可知者矣。昨朕命写谕旨时，大学士傅恆及汪由敦二人承旨，而汪由敦免冠叩首，奏称"张廷玉蒙圣恩曲加体恤，终始矜全，若明发谕旨，则张廷玉罪将无可道"。此已见师生舍身相为之私情。及观今日张廷玉之早来，则其情显然。军机重地，顾师生而不顾公义，身为大臣，岂应出此？

十五年五月十四日谕：向来军机处交出公文，签发马上飞递者，定限日行三百里，遇有最紧要事件，始以日行六百里字样加签。公文缓急既有不同，则递送迟延，处分亦当分别差等。乃吏部议处此等案件，不按三百里、六百里，但查核时刻逾违，俱照扣关公文例议以降一级调用，比例殊未允协，现干例议积案甚多。著量加区别，除沉匿军情机密事件仍照驿站旧例议处外，其军机交出寻常紧要事件限日行六百里者，倘有逾限，准照扣关例议处；若系军机处常行事件限马上飞递日行三百里者，逾限之处，照公文迟延例，著为令。再军机处发递公文，原系酌量事件以定程期，嗣后非遇紧急最要事件，亦不得以日行六百里签发。

二十三年十二月　日谕：裘曰修与盐商牛兆泰系属姻亲，寄书可也。而使盐道之婿持书寄盐商，虽无嘱托之言，明有嘱托之意。军机行走之人，尤当以慎密防闲为要，此何为者耶？裘曰修不必在军机处行走。

二十六年三月初七日旨：吏部议眭朝栋照溺职例革职一本，所以留中不发者，朕意以为若总裁大员中查无应行回避之人，则该御史所奏，不过博一时虚誉，其罪尚属可原。今据知贡举熊学鹏查奏，应行回避士子有总裁刘统勋之胞弟、胞姪二人，于敏中之堂姪一人。刘统勋等既系军机大臣，而眭朝栋现系军机处行走之员，此次刘统勋、于敏中二人不令随驾，外间已揣其预典试事，而军机处之人固不待言矣。况朕向刘统勋等曾面谕及之，眭朝栋岂有不知之理？则其所奏，显属迎合上官，此风断不可长。前明师生堂属党援门户之弊，往往假公济私，害及朝政，最为言路恶习。我皇考十三年以来，大加整顿，风纪肃清。朕临御二十有六年，于台垣章疏，苟有一二可采者，未尝不见之施行，若其意有所属，瞻顾徇私者，亦断难逃洞鉴。眭朝栋何人，而敢以此等伎俩巧为尝试乎？此在诸科道尚属不可，况该御史之在军机行走者乎？今岁恩科会试，已属格外旷典，臣子得与文衡，已可云宠荣逾分，而更欲为宗戚倖中，是于不知足之中又加甚焉。号称读书者宜如是乎？于政体、官方、士习，均有关系，眭朝栋革职不足蔽其辜，著挐交刑部治罪。

二十八年九月初十谕：御史戈涛奏称"所奏事件，未经领到原折，而刑部业已纷传，必系刑部司员之在军机者，预为透漏"一折，当交军机大臣查奏。今据军机大臣查明"戈涛条陈二折，俱系发交刑部办理事件，即于本日传钞，随本报发回。朱批原折向应存贮军机处，年底彙缴，例不给还"等语。此事原属照例办理，尚无透漏之处，戈涛以未接到朱批原折，故为此奏。但军机司员，向于本部堂官及相好戚友中预通消息，亦不能保其必无，从前即曾有因此获罪者。该司员等益当痛加儆戒，不得因此次查无情弊，遂罔知顾忌。设将来果有徇私洩漏等事，一经查出，必严加惩治，决不稍为宽贷也。

三十年闰二月二十六日谕：向来军机大臣寄信谕旨，该督等覆奏时，止称接准廷寄，并不书写承旨衔名，于体制殊未允协。嗣后各省督抚等，接准军机大臣遵旨寄信传谕有应具折覆奏者，俱著将寄信内所开承旨人名一一开写，不得但称廷寄及军机处字样。可于奏事之便，传谕各督抚，一体通传应行奏事之各该衙门遵照。

三十一年四月十一日谕：前据常钧条奏，外省奏折交兵部钤用印信，以昭慎重，经部议覆准行，但印信存贮部署，往返钤用、日费马力，殊属烦琐。且交发奏折，即系原赍差弁只领，向来亦未闻有滋弊之事。嗣后该部预将印花存贮军机处备用。所有临时钤印之处，不必行。

四十一年九月十八日谕：户节堂官在内廷行走者多，该部事务殷繁，不可无人坐办。袁守侗虽在军机处行走，著每日到署专办户部事务，遇朕至圆明园之日，不必随往。其丰升额、福康安、梁国治、和珅并著每日输流一人到署办事。

四十九年　月　日谕：各省督抚年终彙奏事件，向由军机处将有无迟延遗漏查明具奏，原以专责成而重考核。但该督抚等奏报发抄后，各部院不过照常汇题，存案备查，而军机处名为彙总，实不过循例奏明，仍属具文，于核实办公之道，均属未协。即如各省拏获命盗各案已未结数目，及盗窃案已未缉获，记功记过各款，该督抚等均于年终彙奏一次。此等案件，如果事隔数十年，实在无从督缉，竟应查明酌与开除，以清尘（陈）案，其余未结、未获各款，自应分别定以处分，庶承缉之员，自顾考成，俱知上紧办理，依限完结，而督抚等亦不能以一奏了事。嗣后各督抚年终彙奏各项，均著各部院衙门详悉查核，彙进军机处覆加考核，于三月同彙齐办理具奏。如各该部有疏忽遗漏，军机处又不能详加核正，经朕看出，惟军机大臣是问。

五十六年十月二十四日谕：国初以来，设立议政王大臣，彼时因有议政处，是以特派王大臣承允办理。自雍正年间设立军机处之后，皆系军机大臣每日召对，承旨遵办。而满洲大学士、尚书向例俱兼虚衔，并无应办之事，殊属有名无实。朕向来办事只崇实政，所有议政空衔，著不必兼充，嗣后该部亦毋庸奏请。

五十九年二月二十六日谕：昨据福康安等查审"吉林办理参务，亏缺库项，勒派民户"一案，分别定拟具奏。福康安与恆秀谊属姑表弟兄，有心徇庇，从宽定拟，希图含混了事。经朕看出，详细指斥，即令军机大臣缮写饬谕，而军机大臣亦复意存瞻顾，迁延观望，并未即日拟旨进呈。现距归政之期尚有二年，朕一日临御，即一日倍加兢业，岂容大臣颟顸从事？阿桂、和珅、王杰、福长安、董诰俱著交部议处。

嘉庆四年正月初八日谕：各部院衙门文武大臣，各直省督抚藩臬，凡有奏事之责者，及军营带兵大臣等嗣后陈奏事件，俱应直达朕前，不许另有副封关会军机处，各部院文武大臣，亦不得将所奏之事，预先告知军机大臣。即如各部院衙门奏章呈递后，朕可即行召见，面为商酌，各交该衙门办理，不关军机大臣指示也。何得豫行宣露，致启通同扶饰之弊？即将此通谕知之。

十九日谕：从前和珅意图专擅，用印文传知各省抄送折稿，因此带有投递军机处另封事件，业经降旨饬禁，并随折批谕。今和珅业经伏法，所有随带文书，当永远停止。倘经此番饬禁之后，尚有仍蹈前辙者，必当重治其罪，决下姑贷。

七年二月二十四日谕：御史王宁焯奏"请重军机大臣责成，以肃纶言"一折，自雍正年间初设军机处，于大学士，各部院尚书、侍郎中选派数人在内行走，本为筹办军务。而各直省寄信事件，以及在京各衙门遇有应降谕旨，势不能纷纷令群工承缮，是以俱由军机处拟写交发，令事有统汇，以昭画一。是军机大臣承旨书谕，并非将臣工翊赞之职，尽责之此数人也。内外满、汉大臣，俱经朕特加擢用，谁不宜尽心匡弼？必责之军机大臣，则其权过重，若承奉谕旨之事，军机大臣得以力阻不行，则外人又将以揽权指摘矣。况我朝列圣相承。乾纲独揽，皇考高宗纯皇帝临御六十年，于一切纶音宣布，无非断自宸衷，从不令臣下阻挠国是，即朕亲政以来，办理庶务，悉遵皇考遗训，虽虚怀延纳，博采群言，而至用人行政，令出惟行，大权从无旁落。朕初阅该御史所奏，以为必有指陈时务胪举切要者，及详阅折内，乃专指上年停止前往盛京一节。谒陵展敬，属登极后应行大典，朕彼时明降谕旨，于六年秋孟启行，事关体制，岂臣下所可阻止？嗣因御史沈琨、张鹏展等以军务未竣，恳请展期，交王大臣等会同妥议，以为应如所请，是以降旨暂行停止。即上年春间，曾有旨巡幸木兰，后因夏间雨水过多，亦停止秋狝。此皆朕临期酌度，岂军机大臣能于春间即逆料夏雨情形，预为阻止耶？至该御史称"銮辂所经，地方官早为备办，永平一带糜费已多，不能开销"等语。谒陵谕旨，系五年十一月初二日颁发，至六年正月二十日降旨停止，为时无几，且距七月启銮之期又远，地方官有何预办不能开销之处乎？至该御史所奏"前谕已发，复行改拟，不敬于先，遂致不信于后"等语。试思前史所称为诏令不信者，如恩旨已降，或应行蠲贷而实未均沾，或业已豁除而仍行科敛，我国家曾有此等事乎？至于明发谕旨，有经朕再四思维尚有未尽周妥之处，或臣工陈奏未便因而复行停止者,此正欲事臻尽善,故不厌反覆精详。若必回护前旨,固执己见,势将文过饰非,蹈言莫予违之习,岂古帝王从善如转圜之道乎?又所称"军机大臣昧于大体,不当仅于语句笔画小误,始行自请议处",所论亦属非是。誊写谕旨虽系章京之责,但军机大臣于进呈事件,理当致谨校核,既有错误,自应请议,况朕亦时加宽免,何尝仅于细务加之责备耶?王宁烇所奏谬妄,原折著掷还。

六月二十四日谕:内阁本丝纶重地。大学士均应常川到阁,阅看本章。其中有在军机处行走者,每年春夏在圆明园之日居多,散值后,势难再令赴阁视事。至在城之日,偶值枢务稍简,朕仍令其赴衙门办事,即应阁、部兼到。若不在内廷行走之大学士,则票拟纶音,是其专责,岂可稍涉闲旷?是以保宁到京后,虽兼领侍卫内大臣,朕不令其在园居住,以便赴阁办公,无旷职守。嗣后在军机处行走之大学士,值朕进城谕令到衙门办事时,著先赴内阁,再赴所管之部院衙门。其不在内廷行走之大学士,俱著常川到阁阅本,以重纶扉而符体制。

九年七月十八日谕:吴熊光自简用湖广总督以来,朕即闻其接待属员过于严峻,批禀事件,往往措词过当。因其在军机章京年久,拟写谕旨,于训饬之语习以为常,率意书写。文禀批答,自有一定体制,即使属员偶有过失,亦应明白开导,何全动遭呵斥,竟与拟写谕旨相似?亦非体制。若云该督曾在军机行走,则军机章京中如勒保,方维甸等,亦俱行走有年,简放外任,并未闻伊等于属员批禀有似吴熊光措词过当之处。嗣后该督务须平心办事,不可似前躁妄,用副委任。

又谕:昨日召见尚书德瑛,询以留京王大臣遇有陈奏事件何人缮办,据称俱烦在京军机章京办理,殊属非是。从前军机大臣中有派令留京者,是以该章京随同办事。近年来留京王大臣并无军机,然俱有该管衙门,其属员中岂无能办章奏之人,何必交军机章京代为办理。将应办公事转似烦情耶？且与留京王大臣浃洽日久，恐不免有探听漏泄情事，朕在藩邸时，即确有闻见。嗣后留京王大臣著于宗人府及所管之部，各派明白妥干司员二三人承办诸务，以符体制。

十年五月十九日谕：御史何元烺奏"请酌改军机处名目"一折，据称"军机处承办一切事务，与兵部之专司戎政者不同，现在军务久经告蒇，似应更改名目，以纪偃武之隆"等语。军机处名目，自雍正年间创设以来，沿用已久，一切承旨书谕及办理各件，皆关系机要，此与前代所称平章军国重事相仿，并非专指运筹决胜而言。目今三省邪匪久已肃清。大功告蒇，薄海内外，共庆升平，又何必改易"军机"二字，始为偃武？即如兵部专司戎政。自周官分职以来，相沿至今。兵可百年不用，不可一日不备。现在内外旗营，均有定制，新疆西北两路，皆号军营，若如该御史所请，势必讳兵不言，岂国家承平日久，并古大司马之职亦可不设乎？何元烺率请改易旧章，而不顾其言之纰缪，所奏断不可行。原折著掷还。

六月二十九日谕：昨日英和于巳刻忽呈递奏片密封，朕亲手拆看，据称"本日刘权之、戴衢亨均奉派进城验看月官，恳请晚膳后与庆桂、董诰一同召见，有面奏事件"等语。旋经召令伊三人进见，据英和奏称"刘权之平日声名本属平常。此次因军机处行走章京内，有中书、笔帖式等官，届应行保奏之期，先经庆桂等会商，将内阁典籍齐嘉绍、中书蔡炯、刑部笔帖式武尔通阿三员奏陞主事。刘权之以内阁中书袁煦亦应列入，并称袁煦系伊房师纪昀之婿，纪均在日曾经托过。经庆桂等阻止，刘权之遂不肯列衔具奏"等语。军机章京等趋值当差，届应行保奏之时，军机大臣等自当查照成案，核明章京等行走年月。及平日常差之勤慎与否，和衷商榷，秉公保奏。今刘权之以中书袁煦为伊师纪昀之婿，声言欲一并列入，实属赡徇，本不成话。昨询之庆桂、董诰，均称刘权之实有此语，今日面询刘权之，亦据自认属实，是明系瞻徇私情，罔顾公议矣。其错谬固不待言。彼时英和既以刘权之之言为非，即应向庆桂、董诰、戴衢亨三会同商议据实参奏，如庆桂等或有瞻顾刘权之之处，即当一并参劾。乃乘刘权之、戴衢亨进城之际，辄行奏请见面，虽称请与庆桂、董诰一同召见，其实庆桂、董诰二人并未知有此密奏，则与独请自对何异？伊面奏："此事现已停止，恳求不必询问刘权之，寻事退出军机。"此言实属狂妄胆大。从前和珅虽恶阿桂，尚不敢公然出此言，今英和后生新进，学习办事之人，竟敢出此悖理之言，若不及早惩治，恐将来又出大案矣。此事著派保宁、朱珪、禄康、恭阿拉、明亮、邹炳泰、英善、王懿修会同查办，将刘权之严加议处，英和议处。并将此次军机处现拟保奏齐嘉绍等，是否与例案相符，一并查明具奏。刘权之著先革去太子少保，英和亦著革去太子少保，拔去花翎，退出南书房，伊二人俱不必在军机处行走，听候议处。中书袁煦亦著退出军机处。

十一年　月　日谕：军机处司员，自雍正年间定制以来，均系以本衙门额缺承办军机处事务，其陞迁保举，悉由本衙门堂官註考，相沿已久。若以计典独归之军机处，更定官制，事多格碍。惟军机司员内，其办事勤慎又能兼部务者，自当列之上考，其只在军机处行走而于部务未能谙习者，本衙门堂官不得意存迁就，滥行保荐。军机大臣尤不得授意各部院堂官扶同荐举，以昭公慎。

十四年十二月初六日谕：户部议奏折内将军机处抬写，殊属不合。军机处体制与部院衙门无异，向来奏折内从无抬写之例，此时军机大臣奉公守法，和衷办事，何用妆辈谄谀尊奉。鄂云布何不晓事若此？著饬行。

十八年七月初十日谕：御史傅棠奏"考试军机章京，请钦派大臣在举场公所，将试卷弥封，以昭慎重"一折。军机章京入值枢廷，先取人品端庄，参以文理清顺，字画工楷，方为无愧厥职。若如该御史所奏，糊名考试，则但能观其文字，其人之才品，何由识别？惟在军机大臣秉公甄别，期于得人，自足以昭慎重。如充补后，该章京有舞弊营私劣迹，军机大臣均难辞考选不慎之咎，至于各衙门保送人数，亦应定以限制，员缺至多者不得过八员，如逾额，即著军机大臣参奏。此次内阁保至三十二员，未免太滥，著驳回，令该衙门大加删减，不得过七八员。出具切实考语，另行保送，由军机处考试拣选，带领引见。嗣后军机章京如有因滥保获咎者，其本衙门原保之堂官亦著一并议处。

二十四年十月初四日谕：昨据吴璥等奏，将马营坝漫工勘定坝基及引沁入黄分绘二图呈览，当即发下，本日向军机处查取，交那彦宝阅看。据军机大臣覆奏，系章京程同文携回寓所，当降旨令将程同文革职。旋据自行查明，程同文并未携去，系值宿章京何增元、强逢泰因闻程同文有欲绘南北岸河图之言，误行回禀。原图奏到时，戴均元曾嘱章京张允垂令将大坝口门及引河头等处丈尺照录一纸，以备查考。张允垂误行会意，辄携回寓所，照样摹绘，此事与程同文无涉。著即将张允垂革职，以示惩儆。嗣后满、汉章京办理公事，总当在官言官，毋得携回私寓，致干严惩。戴均元虽曾告知章京照录口门丈尺，并未令其将图携回，著改为交部议处。托津、卢荫溥、文孚失于查察，著改为交部察议。值宿章京何增元等，未经详查，率以程同文携回寓所之言回堂复奏，亦有不合。何增元、强逢泰俱著交部察议。

咸丰元年三月十六日谕：昨因赛尚阿出差，特旨将内阁侍读穆荫开缺，以五品京堂候补，在军机大臣上学习行走。穆荫系军机章京，行走多年，尚称熟习，故令随同学习，借资造就。兹据给事中苏廷魁奏称"超擢太骤，易启倖进之门"，已不成话，并称："俟赛尚阿回京后，仍令该员回章京当差。"黜陟自下，巧为尝试，尤属乱道。该给事中人甚端方，此奏似不出其手，但所言尚无大谬，姑置不问。夫军机大臣本为要任，满、汉兼用，断不应稍有区别，朕用人行政。一秉大公，从无分于满、汉。穆荫人亦中材，朕本欲添派满洲军机大臣，惟内断于心，亲加选擢，黜陟大柄，朕自持之，非诸臣所可轻议也。用是明白宣示，使知朕意。

十一年十月十五日谕：御史徐启文奏"枢机重地，责无旁贷，请责成议政王、军机大臣实力匡勷，毋避小嫌。中外臣工均应拾遗补阙，随时陈奏"等语。朕奉母后皇太后、圣母皇太后懿旨，载垣等干预政柄，皆由匡赞诸臣遇事唯诺，实阶之厉，恭亲王以朕叔膺议政王重任，桂良等亦皆以先朝旧臣，简授要职，自无不力矫唯阿之习。惟以责任过重，如该御史所奏，恐以敬畏太甚，或近趋承，不为无见。值此四方多难，惟赖亲贵重臣弼予郅治。该王大臣等仰蒙两宫皇太后特旨简任，务各协力同心，勉图康济，毋避任事之小嫌，共矢公忠之大节。至中外臣工于时事阙失，均宜直言无隐，即议政王、军机大臣等赞理庶务，如未能尽协机宜，亦准其据实指陈，毋稍瞻顾，以期力挽颓风，共臻上理。

同治元年二月二十三日谕：御史佛尔国春奏"军机章京与外官交结，私通信息，请严定罪名，以除积习"一折。军机处地属枢机，理宜慎密。该章京等每日缮写谕旨，登记档册等件，均关紧要，宜如何小心谨祕，以重职守。查乾隆年间，因御史戈涛奏军机司员有豫为透漏情事，查明后恭奉谕旨，严加训诫。嗣有军机章京徐步云于查办扬州提引一事，豫先通信，复奉旨"徐步云与卢见曾认为师生，此等紧要事件，敢于私通信息，致卢见曾豫行寄顿，甚属可恶。著发往伊犁效力赎罪"等因。圣训昭垂，允宜法守。第恐日久玩生，该章京等仍蹈陋习，多与外官交结，遇事先期通信，俾得早为弥缝，甚至贿赂交通，毫无忌惮，实堪痛恨。上年冬间即经议政王、军机大臣申明堂谕，以为儆戒，现当整饬官方之际。枢密重地，尤宜严肃。用是特行申谕，嗣后该章京等务各廉隅自饬。勤慎趋公，毋得复蹈从前积弊。倘有不知自爱，于逐日办理各事件有与外人交通透漏情事，一经发觉，或被人参奏得实，必从重惩办。近侍官员，漏泄机密等事，专条具在。例意綦严，该御史所请再行严定罪名之处，应毋庸议。仍著议政王、军机大臣随时严密稽查，以挽颓风而除积习，务俾各该章京等懔然于宽典之不可倖邀也。

除授一　军机大臣

雍正十年二月　日，命大学士鄂尔泰、张廷玉办理军机事务。

十一年　月　日，命銮仪使讷亲在军机处行走。

又命理藩院侍郎班第在军机处行走。

十三年十月十六日旨：徐本著在军机处行走。

　　谨按：徐本时为刑部尚书、协办大学士。

乾隆二年十一月二十八日谕：昨庄亲王等奏辞总理事务，情词恳切，朕勉从所请。但目前西北两路军务尚未全竣，且朕日理万机，亦间有特旨交出之事，仍须就近承办。皇考当日原派有办理军机大臣，今仍著大学士鄂尔泰、张廷玉。公讷亲，尚书海望，侍郎纳延泰、班第办理。

六年正月十九日旨：班第著仍在军机处行走。

　　谨按：班第于乾隆三年以理藩院侍郎出为湖广总督，于五年丁母忧回京。

十年六月初九日旨：户部侍郎傅恆著在军机处行走。

十月二十日旨：刑部尚书汪由敦著在军机处行走。

十一月十八日旨：高斌、蒋溥俱著在军机处行走。海望精力亦不如前，且所办事务繁多，不必兼军机处。

又命参赞大臣马兰泰来京，在办理军机处行走。

十三年四月　日旨：户部事务繁多，尚书蒋溥著专办部务，不必兼军机处行走。

九月二十八旨：舒赫德著暂在军机处行走。

　　谨按：舒赫德时为户师侍郎，镶红旗汉军都统，是年冬即出参赞四川军务。

三十日旨：大学士来保著在军机处行走。

十月　日，命吏部尚书协办大学士陈大受在军机处行走。

十一月十九日旨：协办大学士尚书尹继善著在军机处行走。

十五年正月十八日旨：工部侍郎刘纶著在军机处行走。

四月初八日旨：刑部侍郎兆惠著在军机处行走。

十一月十七日旨：侍郎兆惠现有出差办理事件，舒赫德著仍在军机处行走。

十七年九月二十四日旨：都统衔班第仍著在军机处行走。

十一月初七日旨：刑部尚书刘统勋著在军机处行走。

十九年五月　日旨：雅尔哈善著仍署户郎侍郎，在军机处行走。

二十一年四月十七日旨：大学士傅恒派往军营，军机大臣较少，著尚书阿里衮暂在军机处行走。

　　谨按：阿里衮于二十年五月授户部尚书，踰年五月以领队大臣出赴西路军营。

二十六日旨：侍郎雅尔哈善、刘纶俱著回部办事，不必兼军机处行走。侍郎裘曰修著在军机处行走。

八月初七日旨：工部侍郎梦麟著在军机处学习行走。

二十三年正月二十五日旨：吏部侍郎三泰、户部侍郎刘纶俱著在军机处行走。

十二月　日旨：裘曰修不必在军机处行走。

二十五年二月二十七日旨：富德著在军机处行走。

　　谨按：富德时由金川军营凯旋，旋补理藩院尚书。

八月二十八日旨：户郎侍郎于敏中著在军机处行走。

二十八年正月十四日旨：阿桂著在军机处行走。

三十三年二月　日，命兵部尚书福隆安在军机处行走。

三十五年闰五月初九日谕：现在军机处行走之满洲大臣人少，因思温福前在军机章京上行走有年，尚为熟练晓事，著传谕温福奉到谕旨，即驰驿速行来京。

　　谨按：温福时为福建巡抚。

十五日旨：温福著来京补授吏部侍郎，在军机处行走。

　　谨按：温福是年即授理藩院尚书署工部尚书，踰年以副将军统兵剿金川。

八月十三日旨：署兵部尚书丰盛额著在军机处学习行走。

三十六年四月初五日旨：户部侍郎桂林著在军机处学习行走。

九月十三日，命侍郎庆桂在军机处行走。

　　谨按：庆桂时为理藩院侍郎。

三十七年五月　日，命侍郎福康安在军机处学习行走。

三十八年四月二十三日旨：署礼部侍郎索琳著在军机处学习行走。

　　谨按：是月二十二日，先经奉旨，索琳著销去副都统衔，加恩投为内阁学士，革职留任，八年无过，准其开复。所有礼郎侍郎员缺，仍著索琳暂行署理。续经本处片奏，查索琳奉旨令其在军机处行走，向来内阁学士俱系在司员上行走。索琳现奉旨仍署礼部侍郎，是以臣等于谕旨内止写署礼部侍郎，合并声明。

九月二十日旨：刑部侍郎袁守侗著在军机大臣上学习行走。

十一月十七日旨：梁国治著来京在军机处行走。

十八日谕：梁国治昨已有旨令其来京在军机处行走。其员缺已令巴延三调补，仍署理山西巡抚，并将敦福调补湖南布政使，就近护理抚篆矣。军机汉大臣现在只有于敏中一人，而应办之事甚多。著传谕梁国治于奉到此旨后，速即起程，驰驿来京，务于岁内赶到。将此由五百里传谕知之。

三十九年七月二十四日旨：左都御史阿思哈著在军机处行走。

四十年三月　日，命户部侍郎和珅在军机大臣上行走。

四十一年四月初十日旨：协办大学士尚书公阿桂著仍在军机处行走。

谨按：是年金川全境荡平，阿桂奏凯回京，封头等诚谋英勇公，授吏部尚书协办大学士。

四十四年十二月初四日旨：户部侍郎董诰著在军机处行走。

四十五年正月二十七日旨：福长安著在军机处学习行走。

谨按：福长安时为总管内务府大臣，逾月授户部侍郎。

四十八年五月十九日旨：署工部尚书福康安著在军机处行走。

四十九年五月初三日旨：工部尚书庆桂著在军机处行走。

谨按：庆桂时由福州将军内擢工部尚书。

五十一年十二月十三日旨：尚书王杰著在军机处行走。

五十四年六月十六日旨：兵部尚书孙士毅著在军机处行走。

谨按：孙士毅时由两广总督撤任来京，旋授兵部尚书。是年冬复出为四川总督。

五十八年四月　日，命侍郎松筠在军机处行走。

谨按：松筠时为户部侍郎。

六十年九月十四日旨：台布著在军机处学习行走。

谨按：台布时为内阁学士，即于是年擢工部侍郎。

嘉庆元年十月初七日谕：董诰在军机处行走有年，著加恩补授大学士。王杰因患腿疾久未入值，现在军机处汉大臣只有董诰一人，著左都御史沈初在军机处学习行走。

二年闰八月二十四日谕：大学士王杰因腿疾不能入值，著不必在军机处行走，即回京供职。汉军机大臣只有沈初一人，外廷汉大臣内年老者多，即有尚能办事之人，于机务究未谙悉。吴熊光、戴衢亨在军机章京上行走有年，自为熟习。念其职分较小，著加恩各赏三品卿衔，照松筠、台布之例，随同军机大臣学习行走。兵部右侍郎傅森亦著一体学习行走，庶可渐资造就。

三年二月二十一日旨：内阁学士那彦成系翰林出身，人尚明白，且系原任大学士阿桂之孙，著在军机处学习行走。傅森著仍回户部办事。

四年正月初八日旨：成亲王永瑆、原任大学士署刑部尚书董诰、兵部尚书庆桂俱著在军机处行走。户部侍郎那彦成，戴衢亨仍留军机处行走。沈初年老，不必在军机处行走。

十月二十二日谕：本朝自设立军机处以来，向无诸王在军机处行走者。正月初间，因军机处事务较繁，是以暂令成亲王永瑆入值办事，但究与国家定制未符。成亲王永瑆著不必在军机处行走。现在军机大臣人少，傅森著仍在军机处行走。

谨按：傅森时为兵部尚书。

六年二月二十七日旨：刑部尚书成德著在军机处学习行走。

七年六月十五日旨：军机大臣现在人少，吏郎尚书刘权之、刑部尚书德瑛俱著在军机处学习行走。

九年六月十一日谕。军机处承旨书谕，间于大学士及尚书、侍郎等官慎选行走，诚以丝纶出纳，必有总汇之区，不能分隶各部。亦断无更番轮值之理。但六曹事务殷繁，军机大臣中偶值此一部无人，适有垂询交办等事，该大臣非其专管，未能熟悉，必俟该部值日召对，转觉迟缓。自应职备六官，方足以资经理，而在内行走之各衙门司员，亦得本堂官核其勤惰。军机大臣德瑛，自行走以来，人甚慎密，清文最为通晓，办事亦极认真，本日已降旨调补吏部尚书。该部职掌铨衡，事务繁重，军机大臣庆桂系兼管吏部，较之德瑛，倍觉老练。若仍留德瑛在军机处行走，部中即少一专办之人，而军机处转多一吏部堂官。德瑛著不必在军机处行走，即赴本衙门办事。现在军机大臣，户、礼二部无人，礼部尚书那彦成著仍在军机处行走，户部侍郎英和年力富强，人有出息，著在军机处学习行走。

十年六月二十九日旨：刘权之、英和俱不必在军机处行走。

闰六月初一日旨：托津著调补吏部左侍郎，并著在军机处学习行走。

十三年闰五月初一日旨：英和著在军机大臣上学习行走，俟戴衢亨、托津到京后，仍回南书房行走。

十六年四月初二日谕：方维甸自回籍以后，承欢侍奉伊母，自己日就康健。现在大学士戴衢亨因在台怀偶患时症，不意为医药所误，遽于昨日溘逝，朕心悼惜。此时军机汉大臣人少，枢务至重，朕于中外诸大臣遍加遴选，惟方维甸性情公直，在军机章京上年久，熟谙事务，人地相宜。今特简为军机大臣，将来补放尚书，用资倚畀。

二十六日谕：前因军机大臣乏人，朕念方维甸熟习机务，是以降旨召伊来京。兹据奏伊母近日精神恍惚，难以力疾远行，情词恳切，朕闻之甚为怜悯。现在天气渐热，方维甸母子不能暂离，若令其母长途跋涉，朕心殊为不忍。方雄甸著不必来京。

七月初二日旨：卢荫溥著以光禄寺少卿加四品衔在军机大臣上学习行走。

十七年九月二十五日旨，松筠前于户部侍郎任内蒙皇考高宗纯皇帝简任，在军机大臣上行走，旋驻劄西藏多年。嘉庆四年后经朕授为伊犁将军，复历任陕甘、两江、两广总督。居官清正，心地忠诚，内擢吏部尚书、协办大学士。松筠著仍在军机大臣上行走。

又旨：大学士庆桂前蒙皇考高宗纯皇帝简用，在军机大臣上行走。朕亲政以来，复令入值内廷，十有余年，夙夜在公，奉职勤慎。今年近八旬，步履迟钝，每日趋值枢廷，朝入暮归，高年精力殊非所宜。庆桂著不必在军机大臣上行走，轮班赴内阁阅本。

十八年十月二十一日旨：托津现在出差，勒保患病亦尚未痊愈，军机处满洲大臣乏人，桂芳著暂在军机大臣上学习行走，承写清字谕旨。俟勒保病痊，托津差竣，伊二人内有一人入值，桂芳即无庸在军机处行走。

二十一年十月二十四日旨：协办大学士礼部尚书章煦著在军机大臣上行走。

二十三年二月初四日旨：协办大学士尚书戴均元、尚书和宁著在军机大臣上学习行走。

二十四年正月二十四旨：兵部尚书和宁年近八旬，耳虽重听，而精神素健，办事亦有识见。著调补刑部尚书，即令常川到署，专心任事，无庸在军机大臣上行走。文孚著在军机大臣上学习行走。

二十五年九月初七日旨：大学士曹振镛、尚书英和、黄钺均著在军机大臣上行走。

道光元年十月初十日旨：松筠著在军机大臣上行走。

谨按：松筠时为左都御史。

除授二　军机大臣

道光三年正月二十五日旨：长龄著在军机大臣上行走。

谨按：长龄于二年六月由陕甘总督授大学士，奉命回京。踰年冬复出为云贵总督。

四年十一月二十六日旨：玉麟著在军机大臣上行走。

谨按：玉麟时为兵部尚书，九年夏出为伊犁将军。

五年五月十一日谕：户部尚书黄钺年逾七旬，夙夜趋值，未免劳勤。著无庸在军机处行走，俾得专心办理部务。王鼎著在军机大臣上行走。

谨按：王鼎时以一品衔署户部左侍郎。

十一月十七日旨：蒋攸铦著在军机大臣上行走。

谨按：蒋攸铦时以大学士任直隶总督，是年十月奉命来京，七年夏复出为两江总督。

七年五月十二日旨：穆彰阿著在军机大臣上学习行走。

谨按：穆彰阿时为工部尚书。

十四年正月二十一日旨：大学士潘世恩著在军机大臣上行走。

十五年七月十七日旨：大学士文孚在军机大臣上行走有年，谨慎小心，前岁因年近七旬，奏请解职，朕察其精神尚健，未经允准。昨日召见时，面称近年两耳重听，间复健忘，据实陈恳，情词剀切，朕不忍再违所请。文孚著以大学士管理吏部事务，无庸在军机大臣上行走，以节劳勩而示体恤。

又旨：刑部侍郎赵盛奎、工部侍郎赛尚阿俱著在军机大臣上学习行走。

　　谨按：赛尚阿于咸丰元年春以大学士授钦差大臣，出赴湖南剿匪。

十七年六月十六日旨：都察院左都御史奎照、户部侍郎文庆俱著在军机大臣上学习行走。

十八年正月初一日旨：左都御史奎照、户部侍郎文庆著即在军机大臣上行走。

十九年正月二十五日谕：奎照自擢任军机大臣以来，朕看气体不充。军机大臣事务甚繁，奎照不甚相宜，著回本衙门办事，毋庸在军机大臣上行走。

十二月二十一日旨：隆文著在军机大臣上行走。

　　谨按：隆文时为刑部尚书。

二十年三月初六日旨：大理寺少卿何汝霖著在军机大臣上学习行走。

二十一年九月初八日旨：户部尚书祁寯藻著在军机大臣上行走。

二十七年五月初九日旨：文庆、陈孚恩俱著在军机大臣上行走。

　　谨按：陈孚恩时署兵部左侍郎。

二十八年二月初九日旨：文庆著补授总管内务府大臣，并带印钥，毋庸在军机大臣上行走。

二十九年九月十四日旨：季芝昌著在军机大臣上行走。

　　谨按：季芝昌时署吏部右侍郎，咸丰元年夏以左都御史出为闽浙总督。

二十四日旨：何汝霖著以一品衔署理礼部左侍郎吴锺骏出差之

缺，仍在军机大臣上行走。

十月二十日谕：本日据大学士潘世恩沥情奏请开缺，朕思军机大臣夙夜在公，勤劳较甚，实非高年所宜。潘世恩年逾八旬，公勤素著，若仍令其入值，不足以示体恤。著俟来岁春融赴阁办事，毋庸开缺，以示朕逾格笃眷耆臣至意。

咸丰元年三月初九日旨：穆荫著以五品京堂候补在军机大臣上学习行走。

四月初三日旨：户部左侍郎舒兴阿著在军机大臣上行走。

谨按：舒兴阿于是年冬出为陕甘总督。

五月二十六日旨：工部右侍郎彭蕴章著在军机大臣上行走。

二年三月十七日谕：本日礼部尚书何汝霖销假，面陈腿疾尚未全愈，恳请开缺。朕察其精神未遽衰颓，惟起跪稍形竭蹶，因思军机大臣事务较繁，若仍命入直，转非所以示体恤。何汝霖著加恩毋庸在军机大臣上行走，仍在礼部衙门办事。不必开缺，以示朕笃眷耆臣至意。

五月十三日旨：吏部左侍郎邵灿、户部右侍郎麟魁俱著在军机大臣上行走。

谨按：邵灿于三年冬出为漕运总督。

三年十月初七日旨：恭亲王奕訢著在军机大臣上行走。

又旨：瑞麟、穆荫均著在军机大臣上行走。

谨按：瑞麟时为户部右侍郎。

又旨：麟魁著补授总管内务府大臣，毋庸在军机处行走。

十二月二十六日旨：工部左侍郎杜翰著在军机大臣上行走。

五年七月二十一日旨：文庆著在军机大臣上行走。

谨按：文庆时为户部尚书，旋协办大学士，是年冬补大学士。

六年十一月十八日旨：户部尚书柏葰著在军机大臣上行走。

八年五月二十四日旨：吏部左侍郎匡源，内阁学士署刑部左侍郎文祥均著在军机大臣上学习行走。

九年十月初五日旨：匡源、文祥均著在军机大臣上行走。

初七日旨：杜翰著署吏部右侍郎，仍在军机大臣上行走。

十年六月初十日谕：大学士彭蕴章精力渐不如前，著毋庸在军机大臣上行走，以示体恤。

十月二十八日旨：焦祐瀛著补授太常寺少卿，在军机大臣上学习行走。

十一年十月初一日旨：恭亲王奕訢著授为议政王，在军机处行走。

又旨：户部左侍郎文祥著仍在军机大臣上行走。

又旨：大学士桂良、户部尚书沈兆霖、户部右侍郎宝鋆均著在军机大臣上行走。鸿胪寺少卿曹毓瑛著在军机大臣上学习行走。

  谨按：沈兆霖于是月奉命赴陕西查办事件，踰年署陕甘总督。

同治元年闰八月十三日旨：都察院左都御史李棠阶著在军机大臣上行走。

十四日谕：李棠阶奏"沥陈下悃，恳请收回成命"一折，都察院左都御史李棠阶，经特简在军机大臣上行走。当此时事多艰，李棠阶受特达之知不次超擢，自应竭尽悃忱，以资倚畀，其毋庸固辞。

十月初十日旨：曹毓瑛著在军机大臣上行走。

四年四月十四日旨：恭亲王著仍在军机大臣上行走。

十一月十一日旨：李鸿藻著在军机大臣上学习行走，仍兼弘德殿行走。

十二日谕：内阁学士李鸿藻，昨经降旨，著在军机大臣上学习行走，仍兼弘德殿行走。兹据李鸿藻奏称"军机处为政令所出，方今时势关系甚重，恐难胜任，请收回成命，俾得专心在弘德殿行走"等语，览奏具见悃忱。现值军事未蒇，庶政殷繁，是以特简李鸿藻进参枢务。李鸿藻惟当勉图报称,以副委任,毋许固辞。

五年三月二十九日旨:李鸿藻著在军机大臣上行走。

又旨:都察院左副都御史胡家玉著在军机大臣上学习行走。

七月初九日慈安皇太后、慈禧皇太后懿旨:户部右侍郎李鸿藻之母姚氏,秉性淑慎,教子成名,今以疾终,深可轸恻。朝廷优礼大臣,推恩贤母,著赐祭一坛,赏银二千两经理丧事,由广储司给发,以示眷怀。李鸿藻事母至孝,哀痛必切,朝廷以孝治天下,原应听其照例终制,以遂孝思。第该侍郎膺文宗显皇帝特简,授皇帝读,尽心启沃,迄今六年,夙夜罔懈。皇帝春秋鼎盛,缉熙典学,功修正笃,李鸿藻淳淳纳诲,皇帝乐从,诚不可或离左右。且军务未平,兼资翊赞。溯查雍正、乾隆年间,大臣如孙嘉淦、朱轼、嵇曾筠、蒋炳、于敏中等,皆奉特旨在任守制,或开缺办事入值内廷,近今如曾国藩、胡林翼、阎敬铭,亦皆夺情起用。李鸿藻著开户部右侍郎缺,守孝百日后,即赴弘德殿授读,仍在军机处行走,凡遇朝会,不必与列。此系遵照列朝成宪,权宜办理,日前召见醇郡王、倭仁、徐桐、翁同龢,再三垂询,均已深喻此意。朝廷不得已之苦衷,中外臣工应能共谅。李鸿藻当思辅导皇帝、弼成圣德,移孝作忠,莫大于是。其勉抑私情,以副先皇帝简任之恩,朝廷倚畀之重,勿以守礼固辞。

十六日慈安皇太后、慈禧皇太后懿旨:前因户部右侍郎李鸿藻之母病终,推恩赐祭赏银,以示荣宠。并令李鸿藻于守孝百日后,仍赴弘德殿授读,在军机处行走,原系酌遵成宪,从权办理。兹据吏部奏称,转据李鸿藻呈称,该侍郎母氏"苦节多年,拊育教诲之恩丝毫未报,一旦惨遭大故,偷生视息,负疚已深。枢要之地,纲纪攸关,辅导圣学,尤宜志行完粹之人。若自蹈愆尤,则进讲献纳之际,何以置辞?恳请终制"各等语,情词恳切,具见悃忱。惟念李鸿藻膺文宗显皇帝特简,授皇帝读,于今六年。当此缉熙典学,正就将日进之时,该侍郎尽心辅导,弼成圣德,则所以慰天下臣民之望者,莫大于是。前因军务未平,各督抚等夺情起用者指不胜屈,况机务殷繁,尤资赞画,前降谕旨甚明。李鸿藻惟当恪遵前旨,仍于百日守孝后,照常趋值,用副先皇帝简擢之恩。第思该侍郎哀痛未忘,不得不稍示区别,前有旨令遇朝会不必与列,尚不足以示体恤。李鸿藻著遵照雍正年间世宗宪皇帝谕旨,二十七月内不穿朝服,不与朝会筵宴,遇有祭祀典礼咸集之处,均毋庸与列。该侍郎当深感朝廷曲体之情,勉抑哀思,移孝作忠,毋得再行陈请。

二十二日慈安皇太后、慈禧皇太后懿旨:昨据大学士倭仁等奏"恳恩准予大臣终制,以维礼教",本日复据吏部奏"李鸿藻沥陈下忱,恳请仍准终制,据呈代陈"各一折。前因皇帝典学,功修正笃,李鸿藻不可或离左右,曾经召见醇郡王,倭仁、徐桐、翁同龢,询问再三。彼时醇郡王即请降旨慰留,倭仁等亦无异议。次日复令军机大臣与倭仁等商议,亦以圣学为重,不持异同。兹览倭仁等折内所称"李鸿藻事亲尽礼,现在奉旨夺情,欲固辞则迹近辜恩,欲抑情则内多负疚,请仍准其终制"等语。倭仁等既以夺情为非礼,何妨于前次召见时,据实陈奏,乃尔时并无异议,迨两次降旨慰留后,始有此奏,殊不可解。本日复召见倭仁、徐桐、翁同龢,面加询同,据称"圣学关系甚重,臣等亦愿李鸿藻照常入值。惟亲见该侍郎哀痛迫切,势处万难,是以代为陈请,并无他意。圣功紧要,请仍令李鸿藻遵奉前旨"等语。是倭仁等亦知此次夺情之举,系属不得已从权办理,想中外大小臣工亦必能共谅此意。李鸿藻当思圣学日新,四方多故,尽忠即所以尽孝。前降谕旨,业已详尽,其恪遵前旨,毋得拘泥常情,再行吁恳。

十月初二日慈安皇太后、慈禧皇太后懿旨:前因侍郎李鸿藻丁忧,后两次恳请终制,当经降旨慰留,并准其二十七个月内不穿朝服,不与朝会筵宴,以示体恤。嗣后派恭亲王等赴该侍郎寓次传旨,令于百日后照常入值,毋得再行固辞。旋据李鸿藻奏称"百日将满,愁急万分,心疾恐致增剧,请曲予矜全"等语。情词恳切,深用恻然。昨据御史张观钧奏称"贤臣不宜久离，请旨敦促"，并历陈该侍郎宜出任事各条，颇为详尽。李鸿藻受恩至重，与国家有休戚相关之谊，当此圣学日新，军务方亟，该侍郎岂能恝然于怀？著即于百日后，仍遵前旨，照常入值弘德殿、军机处，以副委任。俟将来扶柩回籍时，仍当宽予假期，俾得从容料理，则忠孝两全，可无遗憾。该侍郎务当仰体朝廷曲成之意，毋得再行吁请。

十六日慈安皇太后、慈禧皇太后懿旨：本日据李鸿藻奏"现居百日已满，自揣病躯实难入值，恳恩矜全"一折。侍郎李鸿藻自丁母忧。屡经降旨慰留，令其照常入值弘德殿、军机处，以副委任。兹复据奏称"数月以来，哀迫忧煎，精神恍惚，时发心跳气壅之症，非安心调养，恐成怔忡，药饵难以奏效"等语。览其所奏，只以病躯难以入值，尚非拘执终制陈说，李鸿藻著加恩赏假调理。方今皇帝春秋正富，典学方殷，军务未竣，四方多事，该侍郎受国厚恩，具有天良，自当于病痊时，照常入值，竭力图报，谅不始终固执也。

又旨：都察院左都御史汪元方著在军机臣上行走。

六年十月十五日旨：署礼部右侍郎沈桂芬著在军机大臣上学习行走。

七年三月二十三日旨：沈桂芬著在军机大臣上行走。

十月十五日旨：李鸿藻著在弘德殿、军机大臣上行走，并署理礼部左侍郎。

除授三　军机章京

雍正十一年五月初三日旨：编修张若霭，庶吉士鄂容安、鄂伦著在办理军机处行走。

乾隆九年二月二十九日本处奏：军机处档案，关系紧要，且有查例议覆等事，俱须谙练之员指授料理。原任江南庐凤道毕谊，前于给事中任内在总理事务处行走二年。该员为人谨饬，文理简明，后因外转庐凤道失察家人犯赃，部议降四级调用，现在候补通判。可否仰恳圣恩，赏以主事衔食俸，今在军机处行走，专办档案，俾臣等得收臂指之益。谨奏。奉旨：依议。

十四年三月十二日谕：据大学士公傅恆奏称"胡宝瑔办事甚属谙练，顺天府尹衙门事务尚简，请仍留军机处办事"等语。胡宝瑔著仍兼军机处行走。

又谕：胡宝瑔现在军机处行走，顺天府尹事务难以兼理，著兵部侍郎蒋炳兼管。

二十三年三月二十五日谕：蒋炳著宽宥来京，在军机司员上效力行走，遇有员外郎缺出补用。

谨按：蒋炳于河南巡抚任内缘事遣戍释回。

二十八年四月十六日本处奏：军机处行走户部郎中冯光熊，于本年正月内丁忧，现在已满百日。该员在军机处行走数年，办事尚属留心，今守制闲居。臣等公同商酌，与其另选新人，不如仍留熟手。可否令该员在军机处及本部额外郎中上行走，俟服阕时，照例再行补缺。至该员系例应丁忧人员，今在额外行走，除公费饭银照例给与外，毋庸支给半俸。谨奏。奉旨：知道了。

五月十九日本处奏：顺天府丞申甫升授光禄寺卿，查光禄寺衙门事务稍简，据申甫感激天恩，情愿仍在军机处行走。臣等看得申甫办事日久，尚为熟练，谨请旨准其仍在军机处行走。奉旨：知道了。

二十九年五月十二日旨：博昆仍著在军机处行走。

十二月初二日本处奏：原任吏部文选司郎中章宝传，前因议奏方略馆誊录补缺一案。部议降二级调任。现候补正六品主事。查该员在军机处行走十余年，尚为熟谙，现在年力方壮，正可及时驱策。恳将章宝传以候补主事仍在军机处行走，以观后效。谨奏。奉旨：知道了。

三十三年　月　日旨：程焘以京堂用，仍在军机处司员上行走。

谨按：程焘时以江西布政使奉旨来京。

三十四年六月十九日旨：原任广西按察使袁守侗著留京以三品京堂用。仍在军机处司员上行走。

八月初二日旨：程焘著补授太仆寺少卿，仍在军机处司员上行走。

三十五年三月初四日本处奏：查汪承霈原在军机司员上行走，后因钦派坐粮厅前往通州办事。今差竣签掣知府，呈请亲老改补近地，尚未得缺。今据该员呈称，未得缺之前，情愿仍在军机处行走。该员系已离军机处候补知府之员，可否准其仍前行走，理合请旨。奉旨：准其行走。

谨按：汪承霈已签升邵武府知府，由军机大臣转奏，奉旨加恩以户部郎中用。

五月初六日本处奏：查从前胡宝瑔、傅显升授副都御史后，仍在军机处司员上行走。今刘秉恬陞授副都御史，应仍令其在军机司员上行走，理合奏明。奉旨：著仍在军机处行走。

二十六年三月初二日旨：索琳著署理内阁学士，在军机章京上行走。

十七日旨：博清额著降补内阁学士，在军机司员上行走。

谨按：博清额系由刑部侍郎降补。

四月初九日旨：福德著留京，仍以内阁学士在军机司员上行走。

谨按：福德系由盛京侍郎降补。

三十七年八月二十九日旨：汪承霈从宽免罪，给还郎中，革职留任，仍在军机章京上行走。

三十八年闰三月初三日旨：候补员外郎冯应榴著以工部用，仍在军机司员上行走。

九月十一日谕：永保已加恩准袭伊父温福轻车都尉世职，其本任内阁侍读不必开缺，仍著在军机司员上行走。

十月　日旨：博清额办事不及阿桂，其攻勤亦不及海兰察，不必在军营领队。即著回京，仍在军机章京上行走。

三十九年五月初八日谕：阿思哈著在军机章京上行走。

> 谨按：阿恩哈由云贵总督出戍伊犁，是年回京，奉旨复充章京。踰月授总宪，复在大臣上行走。

七月二十四日旨：刘秉恬著降补主事，逐出军机处。

同日旨：王庆长著革去中书，逐出军机处。

四十年二月十六日旨：惠龄著加恩以主事用，仍在军机章京上行走。

二十日谕：郎中孙士毅著留京，以四五品京堂用，遇缺即补，仍在军机处司员上行走。

四十一年五月初五日谕：鸿胪寺卿王昶仍在军机司员上行走。

二十六日谕：福德著授为额外内阁学士，仍在军机司员行走。

四十五年四月十三日谕：孙永清已授为都察院副都御史，仍著兼军机章京上行走。

七月　日旨：冯应榴补授通政司参议，仍兼军机处、吏部行走。

四十六年十月二十四日旨：翰林院修撰戴衢亨著在军机章京上行走。

四十九年五月初八日谕：恒宁著来京，以吏部郎中用，仍在军机章京上行走。

五十四年十月十五日本处奏：前在军机处行走中书签升广东广州府同知沈琨，未经领凭赴任，旋即丁忧回籍。今服阕来京，因不谙外仕，情愿注销同知，仍候补中书。查该员前在军机处行走六年，尚为勤慎，今情愿注销同知仍补中书，系属以大改小。可否准将该员接算前俸，仍以中书补用，伏候钦定。谨奏。奉旨：知道了。

嘉庆四年二月十一日旨：长龄、鄂灵、多容安、德克津布、明舒、德克精阿、齐嘉绍、姚文田、傅淦、赵佩湘、胡枚、吴光悦、颜允璨、蔡炯、茅豫，俱著充补军机章京，富绵、伊兴阿、瑞麟、伊诚额、金齐香阿、吉祥、武尔通阿、锡龄、兴科、昌宜泰、觉罗景禄、任烜、何元烺、糜奇瑜、熊方受、卢荫溥、张志绪、黄跃之、汪玉林、杨懋恬，俱著记名，俟有缺出挨次补用。

  谨按：此次汪玉林一名未经行走。

  五年二月二十四日旨：何金、姚祖同、盛惇大、叶继雯、袁煦、贵徵、万云、吴应咸、龚丽正、蒋继煇、康绍镛、汪彦博、张之屏，俱著记名以军机章京补用，遇有缺出挨次充补。

  谨按：是年正月三十日本处奏：上年正月退出军机之内阁中书何金、姚祖同，经臣等奏请，俟下次保送军机章京，将该二员一并带领引见。奉旨：原在军机处行走之内阁中书何金、姚祖同，俟下次保送军机章京时，带领引见。又按：此次贵徵、蒋继悍二名俱未经行走。

  七月二十六日谕：裘行简已补授太仆寺少卿，著仍在军机章京上行走。

  六年十一月二十一日旨：明安泰、祥临、穆馨阿、联奎、保英、吉郎阿、重伦、花连布、荣昌、德廉、瑞麟、伊博格图，俱著记名。

  谨按：此次保英、荣昌、德廉、瑞麟四名俱未经行走。

  七年正月二十七日谕：郎中钱楷向在军机处行走，今学政任满回京，仍著在军机章京上行走。

  九年四月十六日谕：本日御门，已将玉凝补授大理寺少卿，职分较大，无庸在军机章京上行走。

  十年十月二十九日旨：童槐、梁承幅、王厚庆、王凤翰、李芳梅、戴聪、余霈元、陈锺麟、牛坤、程同文、聂镜敏。赵盛奎，杨振麟、朱渌、秦绳曾、陆蕖、吴书城、张光勳、张允垂、吴颐，俱著记名以军机章京用，俟有缺出挨次充补。

  谨按：此次李芳梅、戴聪、牛坤、朱渌、张光勳五名俱未经行走。

  十二年七月十一日旨：礼部主事觉罗克星额、内阁中书松长、兵部笔帖式珠满、内阁中书诚端、户部笔帖式觉罗成贵、内阁学习中书玉彰、内阁学习中书续龄、礼部笔帖式苏诚额，俱著记名以军机章京挨次补用。

谨按：此次松长、续龄、苏诚额三名未经行走。

十四年四月二十日旨：札清阿、企善、昌炽、诚安、成麟、那丹珠、祥惠、札勒杭阿、容海、敏慧，著记名以军机章京用。

谨按：此次祥惠、敏慧二各俱未经行走。

十六年正月二十五日奏：查原在军机章京上行走之宗人府主事叶继雯，前充会典馆总纂兼提调事，现在起服到京。该员学问素优，当差勤慎，实属向来得力之员。现在赶办会典，并画一诸务，亟须熟手。臣等公同商酌，拟先令在馆帮办总纂兼提调事务，仍令在军机处额外行走。惟向例部员到京，均须由本衙门奏留方能题缺，宗人府主事从无奏留之例。该员既无原衙门可归，而宗人府主事二缺非京察调部不能出缺，上届京察时，适该员丁忧回籍，未预保题，今需次无期。可否仰恳圣恩，将该员掣归臣等所管缺分较多之户、刑二部，作为额外主事，遇有缺出，奏请补用。则该员有衙门可归，补缺不至无期，当差办书自必倍加奋勉，臣等亦得收指臂之益。谨奏。奉旨：依议。

十七年四月二十一日旨：岳龄安、廷勳、安诚、桂明、瑞庆、桂芬、阿成、福兆、达兴、布延柏勒格、福升阿、呢克通阿，俱著记名以军机章京用。

谨按：此次呢克通阿一名未经行走。

十八年七月十五日旨：韩文显、孙兰枝、徐镛、吴孝铭、苏兆登、何增元、闻人熙、赵光禄、沈学廉、李昌平、程矞采、徐受荃、路德、吴荣光，俱著记名以军机章京补用，俟有缺出挨次充补。

谨按：本处奏，中书韩文显、孙兰枝二员上届保进军机引见，未经记名，十七年十二月内因覆校实录详慎出力，经大学士庆桂等保奏，请列于考取新班各员之前，一体带领引见。理合附奏。

二十一年九月二十八日旨：梁章钜、钱廷熊、陈彬、许乃普、李彦章、乔用迁、邹锡淳、佘文铨、胡方朔、王启文、陈孝宽、蒋泰阶，俱著记名以军机章京补用。

　　谨按：此次邹锡淳一名未经行走。

十月　日命强逢泰在军章京上行走。

二十三年六月初五日奉旨：阿达顺、车旺多尔济、乌尔恭额、德舒、福宁阿，苏勒芳阿、伊宁阿、三龙泰、鄂顺安、福克萨音、博勒格，俱著记名以军机章京用。

二十五年二月十二日奏：查军机章京理藩院员外郎昌炽，昨蒙简放西宁道，出有章京一缺，一时接办之员，实乏熟手。查有原任湖北荆宜施道丁忧回旗现在理藩院员外郎上行走之多容安，前充军机章京，缮写清字谕旨，颇为熟悉，人亦谨慎。合无仰恳圣恩，仍今多容安充补军机章京，俾资熟手。谨奏。奉旨：知道了。

道光元年八月二十五日旨：马光澜、俞诵芬、傅绳勋、蔡勳、周涛、赵荣、汪元爵、徐瑾、朱逵吉、张祥河、龙汝言、徐思荃、叶敏昌，俱著记名以军机章京补用。

除授四　军机章京

道光三年十一月初八日旨：平庆、文明、岳龄、英桂、玉琨、那逊阿古拉、松林、札克丹、奎英，俱著记名以军机章京用。

　　谨按：此次札克丹、奎英二名俱未经行走。

同日旨：军机章京刑部候补主事三龙泰、内阁中书德舒、理藩院笔帖式福兆，俱著回原衙门行走。

五年四月十六日旨：达兴阿、英麟、春和、文俊，哈哈布、惠麟、文丕、熙成、苏英阿、桂德、玺麟，俱著记名以军机章京用。

　　谨按：此次哈哈布、苏英阿、玺麟三名俱未经行走。

九月二十六日旨：方铭彝、郑乔林、许球、何汝霖、王藻、李涵、汤鹏、江绍憘、董基诚、刘遵和、郑瑞麒、俱著记名以军机章京补用。

谨按：此次李涵、董基诚、刘遵和三名俱未经行走。

六年三月二十二日本处奏：军机章京吏部郎中赵盛奎，前于道光二年正月，因郎中俸满，截取保送繁缺知府，奉旨记名。又户郎郎中赵光禄，前于道光二年京察一等，奉旨记名以道府用。均经臣等奏明，暂留军机章京上行走，奉旨允准在案。嗣后二员先后丁忧回籍，赵盛奎于上年正月服阕赴部，赵光禄于本年正月服阕赴部，俱奏准仍在军机章京上行走。查该二员于本月二十日、二十一日先后补授郎中实缺。现在军机处接手办事有人，所有核二员记名外用之处，相应奏明，交吏部照例办理。并遇有外任缺出，由臣等开列名单进呈，恭候简用。谨奏。奉旨：依议。

八年三月十六日旨：阿龄阿、苏龄阿、音德贺、法丰阿、英干，玉春、文斌、德云、庆安，俱著记名以军机章京用。

谨按：此次苏龄阿、法丰阿二名俱未经行走。

九年八月初一月谕：赵盛奎现已简放光禄寺卿，著暂留军机章京上行走，俟纂辑《平定回疆方略》书成，再回本衙门办事。

十一年三月十八日旨：瑞春、麟翔、崇纶、福连、爱升图、崇光，俱著记名以军机章京用。

五月二十四日旨：万贡珍、干佐业，程庭桂、彭蕴章、陈孚恩、刘晟昌、朱应元、王寅、江鸿升、马丽文、王积顺，俱著记名以军机章京补用。

十二年五月初一日旨：清泰、豫庆、恩符、松海、雪锦、乌尔通阿、诚廉，俱著记名以军机章京用。

谨按：此次松海、乌尔通阿二名俱未经行走。

十三年六月二十日旨：文裕，崇纶、海庆、龄椿、崇样、崇泰、联第，俱著记名以军机章京用。

谨按：此次崇纶、联第二名俱未经行走。

十四年五月初四日旨：林扬祖、胡增瑞、陈本钦、吴清皋、何桂馨、胡长庚、潘铎、吴光业、方大淳、沈第、王桂、颜以燠、汪本铨，俱著记名以军机章京补用。

谨按：此次胡长庚、方大淳、沈第三名俱未经行走。

十五年十一月二十七日旨：春长、麟书、穆荫、绍德、四庆、济安、苏勒芳阿、福善，俱著记名以军机章京用。

十九年五月初四日旨：乔晋芳、宗稷辰、聂沄、梁瀚、程恭寿、庄心省、王允灌、朱宪曾、黄宗汉、孔庆镠、王本梧、朱丽宣、袁甲三、吴士桢，俱著记名以军机章京补用。

谨按：此次王允灌、黄宗汉二名俱未经行走。

十一月二十一日旨：丰盛额、清盛、托克托布、富和、多隆武、海庆、赛音博勒格图、西朗阿、誌亨，俱著记名以军机章京用。

谨按：此次富和、多隆武、海庆、誌亨四名俱未经行走。

二十二年三月十二日谕：陈孚恩现已简放通政使司副使，著暂留军机章京上行走，俟军务告竣后，再回本衙门办事。

四月十六日谕：陈孚恩著仍暂留军机章京上行走。

二十三年五月初八日旨：锺启峋、吴福年、林映棠、王发桂、贡璜、邵懿辰、蒋锡绶、刘子城、文岳英、吴嘉淦、曹毓瑛、汪棨、段晴川、毕至、张之万、王家琼、胡嘉楷、陈鸿翙、丁守存，俱著记名以军机章京补用。

谨按：此次贡璜、张之万、王家琼三名俱未经行走。

二十四年二月初五日旨：德椿、英秀、瑞亨、衡光、赛沙布、嵩寿、桂昌、瑞琇、文彬、宝福，俱著记名以军机章京用。

谨按：此次瑞琇未经行走。

二十九年闰四月二十九日旨：文吉、达春布、庆安、色普哲讷、文琇、常陞、长年、庆霖、春煦，俱著记名以军机章京用。

五月十九日旨：胡家玉、焦祐瀛、陈敬简、恽世临、钱宝青、吴台朗、李瑞章、蒋超伯、凌玉坦、钱以同、李汝梅、徐荣，俱著记名以军机章京补用。

三十年十一月初十日谕：所有各衙门前经记名尚未传补之满、汉军机章京，著带领引见。

十一月十四日本处奏：前经记名尚未传补之满、汉军机章京，现经各衙门将各该员开具出身履历，由臣等按照名次前后开列清单，并缮写绿头牌，于本日带领引见，伏候钦定。再查记名之工部笔帖式色普哲讷，现有慕陵住班差使，刑部候补主事李汝楳，现在告假出京，均不克引见。应俟各该员差竣及假满回京时，补行带领。合并陈明。谨奏。奉旨：长年、庆霖、春煦、焦祐瀛、陈敬简、钱宝青、吴台朗、蒋超伯、钱以同，仍著记名以军机章京补用，文琇、常陞、王式言、恽世临、李瑞章、徐榮，俱著毋庸记名。

谨按：此次春煦、陈敬简二名俱未经行走。又按：凌玉垣未经带领引见。

十二月初十日旨：此次补行引见之工部笔帖式色普哲讷，仍著记名以军机章京补用。

谨按：色普哲讷未经行走。

咸丰元年五月二十八日旨：此次补行引见之刑部候补主事李汝楳，仍著记名以军机章京补用。

十月初八日旨：林寿图、程祖诰、吴兆麟、贺寿慈、李鸿藻、邓廷枏、张金鉴、李德莪、康锡龄，俱著记名以军机章京补用。

谨按：此次李鸿藻未经行走。

二年七月二十二日旨：苏布、玉衡、文衡、英祥、锺秀、祥保、崇缮、松龄、英华、塔克什布，俱著记名以军机章京用。

三年四月十九日旨：段承宝、梁经先、郭祥瑞、裴季芳、白恩佑、章倬標、曾协均、王锡振、郑锡瀛、冼斌、夏献云、谢谦亨、汤椿、朱梦元、张槭，俱著记名以军机章京补用。

谨按：此次汤椿、张槭二名俱未经行走。

九月二十四日谕：梁瀚著补授宗人府府丞，暂留军机章京上行走。

四年二月初九日谕：宗人府府丞梁瀚奏"祖母年老患病，恳请赏假开缺，回籍省亲"一折。梁瀚著加恩毋庸开缺，赏假三个月，回籍省视。

七月十三日旨：兴昌、裕彰、增寿、额勒和布、庭殷、瑞廉、庆多、常陞、松昌，俱著记名以烟机章京用。

  谨按：此次额勒和布、庭殷、常陞、松昌四名俱未经行走。

五年三月十四日谕：钱宝青现已补授大理寺少卿，著仍在军机章京上行走。

六年十二月十六日谕：钱宝青现已补授宗人府府丞，著仍在军机章京上行走。

八年二月二十三日旨：英敏、庆裕、奎炘、孚谦、桂芬、崐玉、额图珲、英贵、文海、奎麟、讷仁、续昌、额哲克，均著记名以军机章京用。

  谨按：此次英敏、孚谦、桂芬、奎麟、讷仁五名俱未经行走。

四月二十八日旨：方鼎锐，朱学勤、朱智、张德容、靳邦庆、李鹤龄、许庚身、蒋继洙、蔡兆槐、杜来锡、张丙炎、王恩炳、钱应溥，俱著记名以军机章京补用。

  谨按：此次李鹤龄、张丙炎二名俱未经行走。

十年十月二十三日旨：范运鹏、龚聘英、沈淮、江人镜、李廷箫、周瑞清、何爘之、龚嘉儁、区公辅、陈元楷、王汝讷、冯柏年，均著记名以军机章京用。

十一年二月二十四日本处奏：查军机章京户郎员外郎吴兆麟，系记名仓差，将次传补委用。该章京在方略馆校对档案折片，又应行赴热河接班，可否将该章京暂停仓差传补委用之处，伏候训示。谨奏。奉旨：依议。

同治元年七月十六日旨：吴国杰，徐用仪、史崧秀、邵文煦、徐景轼、方熊祥、叶衍兰、萧庭滋、金曰修，梁思问、温忠善、黄云鹄、胡延夔、何铭寿、陆奭棠、张善倬,俱著记名以军机章京补用。

谨按:此次温忠善、黄云鹄、何铭寿三名俱未经行走。

闰八月初二日旨:裕长、容斌、本贵、三德、法克精阿、春山、文训、尚德、玉春、志文、长禄、兴陞,均著记名以军机章京用。

谨按:此次法克精阿、文训、长禄、兴陞四名俱未经行走。

二年二月二十二日谕:王拯现已补授大理寺少卿,著仍在军机章京上行走。

三年三月十一日谕:王拯现已补授通政使司通政使,著仍在军机章京上行走。

十七日谕:胡家玉现已补授通政使司副使,著仍在军机章京上行走。

四年四月初一日谕:大理寺卿胡家玉差竣回京,著仍在军机章京上行走。

五年四月二十二日谕:郑锡瀛现已补授大理寺少卿,著仍在军机章京上行走。

七年四月二十六日旨:丰绅泰、增林、桂斌、文绥、文龄、额勒精额、如松、文英、荣堃、曾鉌、穆特亨额、德克吉讷、那丹珠、钰坤、承恩、鄂昌、堃岫、玉恆、佛尔恭额、丰伸泰、富华,均著记名以军机章京用。

十月二十四日旨:李耀奎、李方豫、沈成烈、李士彬、丁鹤年、沈源深、魏邦翰、陈毓秀、冯光勋、李固恒、李芳柳、余联沅、萧韶、方恭铭、庄子桢、黄兆枏、祝维城、曾长治、柳长庚、孙纪云,俱著记名以军机章京补用。

九年二月十五日谕:朱学勤现已补授宗人府府丞,著仍在军机章京上行走。

五月十八日谕:朱智现已补授通政使司副使,著仍在军机章京上行走。

(《枢垣记略》卷一至卷五)

山 庄 杂 记

(朝鲜) 朴趾源

夜出古北口记

自燕京至热河也，道昌平则西北出居庸关，道密云则东北出古北口。自古北口循长城，东至山海关七百里，西至居庸关二百八十里。中居庸、山海而为长城险要之地，莫如古北口。蒙古之出入，常为其咽喉，则设重关以制其陀塞焉。罗壁《识遗》曰：燕北百里外有居庸关，关东二百里外有虎北口。虎北口即古北口也，自唐始名古北口。中原人语长城外皆称口外，口外皆唐时奚王牙帐。按《金史》：国言称留斡岭，乃古北口也。盖环长城称口者以百计，缘山为城，而其绝壑深涧，呿呀窥陷，水所冲穿，则不能城而设亭鄣。皇明洪武时，立守御千户，所关五重。余循雾灵山舟渡广硎河，夜出古北口。时夜已三更，出重关，立马长城下，测其高可十余丈，出笔砚，噀酒磨墨，抚城而题之曰："乾隆四十五年庚子八月七日夜三更，朝鲜朴趾源过此。"乃大笑曰："乃吾书生尔，头白一得出长城外耶？"昔蒙将军自言"吾起临洮，属之辽东，城堑万余里，此其中不能无绝地脉"，今视其堑山填谷，信矣哉！噫！此古百战之地也。后唐庄宗之取刘守光也，别将刘光濬克古北口。契丹太宗之取山南也，先下古北口。女真灭辽，希尹大破辽兵，即此地也。其取燕京也，蒲苋败宋兵，即此地也。元文宗之立也，唐其势屯兵于此，撒敦追上都兵于此。秃坚帖木儿之入也，元太子出奔此关，趋兴松。

明嘉靖时，俺答犯京师，其出入皆由此关。其城下乃飞腾战伐之场，而今四海不用兵矣，犹见其四山围合，万壑阴森。时月上弦矣，垂岭欲坠，其光淬削，如刀发硎。少焉，月益下岭，犹露双尖。忽变火赤，如两炬出山，北斗半插关中而虫声四起，长风肃然，林谷俱鸣。其兽嶂鬼巘，如列戟总干而立。河泻两山间，斗狠如铁骊金鼓也。天外有鹤鸣五六声，清戛如笛声长嘹。或曰，此天鹅也。

我东之士，生老病死不离疆域。近世先辈，唯金稼斋、吾友洪湛轩，踏中原一隅之地。战国时七国，燕其一也；《禹贡》九州，冀乃一也。以天下视之，可谓一隅之地，而自元、皇明至今清，为一统天子之都，如古之长安、洛阳。苏子由，中国之士也，犹自幸其至京师，仰观天子宫阙之壮，与仓廪府库、城池苑囿之富且大，而后知天下之钜丽。况如我东之士，一得钜丽之观，其所自幸当如何哉！今余此行，尤有自幸者，出长城至漠北，先辈之所未尝有也。然而深夜追程，瞀行梦过，其山川之形胜、关防之雄奇，未得以周览。时微月斜照，关内两崖百丈壁立，路出其中。余自幼时胆薄性怯，或昼入空室、夜遇昏灯，未尝不发动脉跳。今年四十四，其畏性如幼时也。今中夜独立于万里长城之下，月落河鸣，风凄磷飞，所遇诸境，无非可惊可愕、可奇可诡，而忽无畏心，奇兴勃勃。公山草兵、北平虎石不动于中，是尤所自幸者也。所可恨者，笔纤墨焦，不能大书如椽，且未及题诗，为长城故事也。及东还之日，里中争以壶酒相劳，且问热河行程，为出此记，聚首一读，竟拍案叫奇。

一夜九渡河记

河出两山间，触石斗狠，其惊涛骇浪、愤澜怒波、哀湍怨濑，奔冲卷倒，嘶哮号喊，常有摧破长城之势。战车万乘、战骑万队、战炮万架、战鼓万坐,未足喻其崩塌溃压之声。沙上钜石屹然离立,河堤柳树窅冥鸿蒙,如水祇(祇)河神,争出骄人,而左右蚊螭试其拿攫也。或曰:"此古战场,故河鸣然也。"此非为其然也,河声在听之如何尔。余家山中,门前有大溪。每夏月急雨一过,溪水暴涨,常闻车骑炮鼓之声,遂为耳祟焉。余尝闭户而卧,比类而听之,深松发籁,此听雅也;裂山崩崖,此听奋也;群蛙争吹,此听骄也;万筑迭响,此听怒也;飞霆急雷,此听惊也;茶沸文武,此听趣也;琴谐宫羽,此听哀也;纸窗风鸣,此听疑也。皆听不得其正,特胸中所意设而耳为之声焉尔。今吾夜中一河九渡。河出塞外,穿长城,会榆河、潮河、黄花镇川诸水,经密云城下,为白河。余昨舟渡白河,乃此下流。余末入辽时,方盛夏,行烈阳中,而忽有大河当前,赤涛山立,不见涯涘,盖千里外暴雨也。渡水之际,人皆仰首视天,余意诸人者仰首默祷于天,久乃知渡水者视水洄驶汹荡,身若逆溯,目若沿流,辄致眩转堕溺,其仰首者,非祷天也,乃避水不见尔,亦奚暇默祈其须臾之命也哉?其危如此而不闻河声,皆曰辽野平广,故水不怒鸣,此非知河也。辽河未尝不鸣,特未夜渡尔。昼能视水,故目专于危,方惴惴焉,反忧其有目,复安有所听乎?今吾夜中渡河,目不视危则危专于听,而耳方惴惴焉不胜其忧。吾乃今知夫道矣。冥心者,耳目不为之累。信耳目者,视听弥审,而弥为之病焉。今吾控失足为马所践,则载之后车,遂纵鞚浮河,挛膝聚足于鞍上。一坠则河也,以河为地,以河为衣,以河为身,以河为性情,于是心判一坠,吾耳中遂无河声,凡九渡无虞,如坐卧起居于几席之上。昔禹渡河,黄龙负舟,至危也,然而死生之辨先明于心,则龙与螾蜒不足大小于前也。声与色,外物也。外物常为累于耳目,令人失其视听之正如此,而况人生涉世,其险且危有甚于河,而视与听辄为之病乎?吾且归吾之山中,复听前溪而验之,且以警巧于济身而自信其聪明者。

乘龟仙人行雨记

十四日，入避暑山庄，望见皇帝殿中黄幄深坐，庭班甚稀。庭中独有一老人，鬐系仙桃巾，衣黄衫，黑方领，缘袪皆黑。腰系红罗飘带，履赤舄。胡髯半白而过胸。杖端系金葫芦及锦轴，右手持芭蕉扇，立大龟上，周行庭除。龟仰首喷水如垂虹，龟色青黑，大如盘托。初喷细雨，殿檐瓦沟淋漓，细沫飞跳，霏霭笼罩。或向花盆而喷，或向假山而洒。少焉，雨势益壮，檐溜暴霆霖铃殿角，斜阳如垂水晶帘，殿上黄瓦浏浏欲流，苑东树叶益明丽。水满一庭，霈然周洽，然后退入右帐中。黄门数十人，各持竹帚，扫除庭水。龟腹虽贮水百斛，不能如此滂沱也，且不令沾人衣服，其行雨之功可谓神矣。若夫四海之望云霓，而霈泽止于一庭，则亦已矣。

万年春灯记

皇帝移御苑东别殿。千官出避暑山庄，皆骑。循宫墙行五里余，入苑门，左右浮图高六七丈，佛宇及牌楼弥亘数里。殿前黄幄连天，幄前皆白幕沉沉，悬彩灯千百。前立红阙三所，高皆八九丈。乐作，陈杂戏。日既曛，悬黄色大柜于红阙，柜底忽落一灯，其大如鼓，灯联一绳。绳端火忽自燃，缘绳而走，上及柜底，柜底又垂一圆灯，绳火烧其灯落地，自柜中又垂铁笼帘子。帘面皆篆寿福字，着火青莹。良久，寿福字火自灭落地，又自柜中垂下联珠灯百余行，一行所联为四五十灯，灯中次第自燃，一时通明。又有千余美貌男子，无髭须，衣锦袍，戴绣帻，各持丁字杖，两头皆悬小红灯，进退回旋，作军阵状。忽变而为三座鳌山，忽变而为楼阁，忽变而为方阵。既黄昏，灯光益明，忽变而为"万年春"三字，又变而为"天下太平"四字，忽变而为两龙，鳞角爪尾婉蜒转空。顷刻之间，变幻离合而不错铢黍，字画宛然，只闻数千靴响而已。此斯须之戏耳，其纪律之严有如是者。以此法临军阵，天下孰敢撄之哉？然而在德不在法，况以戏示天下哉！

梅花炮记

日既黄昏，万炮出苑中，声震天地，梅花四散，如扇炭而火矢迸流也。窥镜嫣然，迎风鼓斜，鲁钱欲古，兔嘴未数；继以瓶史月表，女士殿最，跗绶分明，蕊靥廉纤，皆火而飞也。纤而鸟犬虫鱼之族，飞走蠕跃，咸具情状。鸟或展翅而伸，或以咮刷羽，或以爪刮目，或趁蜂蝶，或衔花果；兽皆腾骧拿攫，呀口张尾，千态万状。皆爥爥火，飞至半空，冉冉而销。炮声益大，火光益明，而百仙万佛迸出飞升，或乘槎，或乘莲舟，或骑鲸驾鹤，或擎葫芦，或负宝剑，或飞锡杖，或跣足踏芦，或手抚虎顶，无不泛空徐流，目不暇视，闪闪羞明。正使云："梅花炮。分列左右者，其桶。"或大或小，长或三四丈，短者三四尺。制类我国三穴统。火焰之横亘半空，如我国神机箭。火未及灭，皇帝起而顾班禅少话，乘辇还内，时方昏黑而无一灯前导。大约八十一戏，以梅花炮终之，名曰"九九大庆会'。

蜡嘴鸟记

蜡嘴鸟小于鸠，大于鹌鹑，灰色而翠羽，大嘴如蜡，所以名也。又名梧桐鸟，能晓人语，凡有指使，莫不应声听承。有驯而货于市者，以骰牌三十二个贮器中，以掌麾平，令观者取牌一个，识其为某牌，然后以其牌与驯鸟者。则驯鸟者遍以示众，然后还置器中，再抚麾使乱之，呼鸟取其牌，则鸟即就器中以嘴含其牌飞上叉木，取视之，果所识某牌也。竖五色旗，令鸟拔某色旗，则亦应声拔以与人。纸造重檐黄屋车，驾象，令鸟驱车。鸟俯首入象腹下，以嘴含象两股间以推之。凡转磨驰射、舞虎舞狮，悉随人指挥，无一错误者。又以纸为小殿阁九重闱阖，令鸟入殿中取某物来，鸟即飞入，随号含来，列置桌上。虽不能言语如鹦鹉，其巧慧似胜之。役使良久，鸟不胜热，张口吐舌，汗浃毛羽。每一使弄，辄食麻子一粒，驯鸟者每自口中出而与之。

万国进贡记

乾隆四十五年庚子，皇帝寿七十，巡自南方，直北还热河。秋八月十三日，乃皇帝千秋节，特召我使前赴行在参庭贺。余从使者北出长城，昼夜兼行，道见四方贡献车可万两（辆）。又人担驼负轿驾而去，势如风雨。其杠而担者，物之尤精软云。每车引马骡六七头，轿或联杠驾四骡，上插小黄旗，皆书"进贡"字。进贡物皆外裹猩猩毡、诸色氍毹，竹箪藤席皆称玉器。一车道蹶，方改装，所裹藤席磨弊，稍露柜面。柜黄漆，可如一间小亭，正中书"紫琉璃普……一座"，"普"下"一"上可有二三字，而席角小掩，不可见也。何物琉璃器，其大如许，视此可推诸车所载。日既黄昏，益见车乘争道催赶，篝灯相照，铃铎动地，鞭声震野。虎豹装槛柙者十余乘，柙皆有窗，才容一虎，虎皆铁緪锁项，眼光黄碧转地。狼体甚卑，而丰毫厖尾。熊、羆、狐、鹿之类，不可殚记。鹿有红羁，如马牵者，此驯鹿也。鄂罗斯犬，高几如马，通身骨纤毛浅，跷桀峙立，胫瘦如鹤，尾回如蛇，腰腹细修，从耳至喙可尺余，皆口也，能逐杀虎豹。有大鸡，形类橐驼，高三四尺，足如驼蹄，鼓翅日行三百里云，名驼鸡。昼日所阅，皆应此类，而上下行忙，无心而过。适日暮，下隶闻豹猞者，遂与副使、书状登虎车，始知日阅万车，不独玉器宝玩，亦多四海万国奇禽怪兽也。听戏时，有二极小马载珊瑚树，自殿中的历而出。马高才二尺，色黄白，然鬃鬣窣地，嘶哮腾骧，具骏马之体。珊瑚树枝干扶疏，大于马。朝日，自行在门外，独步归馆。道见一妇人，乘太平车而行，面施粉白，衣锦绣。车傍一人，跣足拂鞭，驱车甚疾。发短覆肩，而端皆卷曲如羊毛，以金环箍额。面赤而肥，眼圆如猫。随车行观者杂沓，缁尘涨空。初，驱车者形殊不类，故未及察车上妇人。更熟视之，非妇人，乃人形而兽类也。手毛如猿，所持物若折扇。瞥视则貌似绝艳，然视之审，如老妪而妖厉，长才数尺余。车褰幨帷，左右顾眄，目如蜻蜓。大抵南方产，能解人意云。或曰，此山都也。

余与蒙古人博明问："此何兽？"博明言"昔从将军丰公升额出玉门关，距敦煌四千里，宿山谷间。朝起失帐里木匣皮箱，当时同游幕侣取次见失，军中有言'此野婆盗之也。'发卒围之，野婆皆乘木，捷如飞猱，势穷哀号，不肯就执，皆自经树梢而死。尽得所失箱筐，封锁如旧，开视之，器物亦卒无所遗毁，而箱内悉藏朱粉，多首饰衾，装得佳镜，亦有针线刀尺。盖兽而效妇人都冶自喜者也。"俞黄圃问余漠北异观，余言驼鸡。黄圃贺曰："此乃极西奇畜生中国者，闻名而示睹形。公外国人，乃能见之也。"为言山都，皆无见之者。余自热河还时，至清河，市中有一矮人，长才二尺余，腹大如鼓彭涨，类所画布袋和尚。口眼皆尾低，无腕无胫，即有手足。含烟昂藏而行，张手回旋而舞，视人辄大笑。独不薙发，为髻于脑后，系仙桃巾。布袍袖阔，坦然露腹，状貌臃肿，难以言语尽其形容之诡奇也，造物者可谓太嗜诙谐。余举此言于黄圃，黄圃诸人皆曰："此名天生异物，人而鳖弄者也。即今市肆间多见之云。"平生诡异之观，无逾在热河时，然多不识其名。文字之所不能形者，皆阙不录。可恨也哉！平溪雨屋燕巖识。

戏本名目记

九如歌颂　光被四表　福禄天长　仙子效灵　海屋添筹　瑞呈

花舞　万喜千祥　山灵应瑞　罗汉渡海　劝农官　檐葡舒香　献野瑞　莲池献瑞　寿山拱瑞　八佾舞虞庭　金殿舞仙桃　皇建有极　五方呈仁寿　函谷骑牛　士林歌乐社　八旬焚义券　以跻公堂　四海安澜　三皇献岁　晋万年觞　鹤舞呈瑞　复朝再中　华封三祝　重译来朝　盛世崇儒　嘉客逍遥　圣寿绵长　五岳嘉样　吉星添耀　缑山控鹤　命仙童　寿星既醉　乐陶陶　麟凤呈样　活泼泼地　蓬壶近海　福禄并臻　保合大和　九旬移翠巘　黎庶谌歌　童子祥谣　图书圣则　如环转　广寒法曲　协和万邦　受兹介福　神风四扇　休征叠舞　会蟾宫　司花呈瑞果　七曜会　五云笼　龙阁遥瞻应月令　宝鉴大光明　武士三千　渔家欢饮　虹桥现大海　池涌金莲　法轮悠久　丰年天降　百岁上寿　绛雪占年　西池献瑞　玉女献盆　瑶池杳世界　黄云扶日　欣上寿　朝帝京　待明年　图王会　文象成文　太平有象　灶神既醉　万寿无疆

八月十三日，乃皇帝万寿节，前三日后三日皆设戏。千官五更赴阙候驾，卯正入班听戏，未正罢出。戏本皆朝臣献颂诗赋若词，而演而为戏也。另立戏台于行宫东，楼阁皆重檐，高可建五丈旗，广可容数万人。设撤之际，不相冒碍。台左右木假山，高与阁齐，而琼树瑶林蒙络其上，剪彩为花，缀珠为果。每设一本，呈戏之人无虑数百，皆服锦绣之衣，逐本易衣，而皆汉官袍帽。其设戏之时，暂施锦步障于戏台。阁上寂无人声，只有靴响。少焉掇帐，则已阁中山峙海涵、松矫日鬵，所谓九如歌颂者即是也。歌声皆羽调，倍清，而乐律皆高亮，如出天上，无清浊相济之音，皆笙、箫、篪、笛、钟、磬、琴、瑟之声，而独无鼓响，间以叠钲。顷刻之间，山移海转，无一物参差，无一事颠倒，自黄帝、尧、舜，莫不像其衣冠，随题演之。王阳明曰"韶是舜一本戏，武是武王一本戏，则桀、纣、幽、厉亦当有一本戏。"今之所演，乃夷狄一本戏耶？既无季札之知，则未可遽论其德政。而大抵乐律高孤亢极，上不下交矣；歌清而激，下无所隐矣。中原先王之乐，吾其已矣夫。

象　　记

　　将为怪特谲诡、恢奇巨伟之观，先之宣武门内观于象房可也。余于皇城见象十六，而皆铁锁系足，未见其行动。今见两象于热河行宫西，一身蠕动，行如风雨。余尝晓行东海上，见波上马立者无数，皆穹然如屋。弗知是鱼是兽，欲俟日出畅见之，日方浴海，而波上马立者已匿海中矣。今见象于十步之外，而犹作东海想。其为物也，牛身驴尾，驼膝虎蹄。浅毛灰色，仁形悲声。耳若垂云，眼如初月。两牙之大二围，其长丈余。鼻长于牙，屈伸如蠖，卷曲如蚑。其端如蚕尾，挟物如镊，卷而纳之口。或有认鼻为喙者，复为象鼻所在，盖不意其鼻之至斯也。或有谓象五脚者，或谓象目如鼠，盖情穷于鼻牙之间，就其通体之最少者，有此比拟之不伦。盖象眼甚细，如奸人献媚，其眼先笑，然其仁性在眼。康熙时，南海子有二恶虎，久而不能驯。帝怒，命躯虎纳之象房。象大恐，一挥其鼻而两虎立毙。象非有意杀虎也，恶生臭而挥鼻误触也。噫！世间事物之微，仅若毫末，莫非称天。天何尝一一命之哉？以形体谓之天，以性情谓之干，以主宰谓之帝，以妙用谓之神。号名多方，称谓太裒，而乃以理气为炉鞲，播赋为造物，是视天为巧工，而椎凿斧斤不少间歇也。故《易》曰："天造草昧。"草昧者。其色皂而其形也霾，譬如将晓未晓之时，人物莫辨。吾未知天于皂霾之中，所造者果何物耶？面家磨麦，细大精粗，杂然撒地。夫磨之功转而已，初何尝有意于精粗哉？然而说者曰"角者不与之齿。有若为造物缺然"者，此妄也。敢问："齿与之者，谁也？"人将曰："天与之。"复问曰："天之所以与齿者，将以何为？"人将曰："天使之齿物也。"复问曰："使之啮物何也？"人将曰："此夫理也。禽兽之无手也，必令嘴喙俯而至地，以求食也。故鹤胫既高。则不得不颈长。然犹虑其或不至地，则又长其嘴矣。苟令鸡脚效鹤，则饿死庭间。"余大笑曰:"子之所言理者,乃牛马鸡犬耳。天与之齿者,必令俯而啮物也。今夫象也。树无用之牙,将欲俯地,牙已先距。所谓啮物者,不其自妨乎?"或曰:"赖有鼻耳。"余曰:"与其牙长而赖鼻,无宁去牙而短鼻。"于是乎说者不能坚守初说,稍屈所学。是情量所及,惟在乎马牛鸡犬,而不及于龙凤龟麟也。象遇虎则鼻击而毙之,其鼻也天下无敌也;遇鼠则置鼻无地,仰天而立。将谓鼠严于虎,则非向所谓理也。夫象犹目见,而其理之不可知者如此。则又况天下之物,万倍于象者乎?故圣人作《易》,取象而著之者,所以穷万物之变也欤?

附一 幻戏记

朝日过"光被四表"牌楼,楼下万人簇围,市笑动地。蓦然见斗死横道者,蔽扇促步而过。从者后,俄而追呼:"有怪事可观!"余遥问:"谓何?"从者曰:"有人偷桃天上,为守者所击,塌然落地。"余叱为怪骇,不顾而去。明日又行其地,盖天下奇伎淫巧杂剧,皆趁千秋节待诏热河,日就牌楼演较百戏。始知昨日从者所见,乃幻术之一也。盖自上世有此,能役使小鬼,眩人之目,故谓之幻也。夏之时,刘累扰龙,以豢孔甲。周穆王时,有偃师者。墨翟,君子也,能飞木鸢。后世如左慈、费长房之徒,皆挟此术以游戏人间。而燕、齐迂怪之士。谈神仙以诳惑世主者,皆幻术,当时未之能觉。意者其术出自西域,故鸠罗摩什、佛图澄、达摩尤其善幻者欤?或曰:"售此术以资生,自在于王法之外,而不见诛绝,何也?"余曰:"所以见中土之大也,能恢恢焉并育,故不为治道之病。若天子矻矻然与此等较三尺,穷追深究,则乃反隐约于幽僻罕睹之地,时出而炫耀之,其为天下患大矣。故日令人以戏观之,虽妇人、孺子知其为幻术,而无足以惊心骇目,此王者所以御世之术也哉。遂纪其所观诸幻共二十则,将以示吾东之未见此戏者。

幻者盥手帨净，整容四顾，鼓掌翻覆，遍示众人。乃以左手拇指合其食指，摩如丸药，如擦蚤虱。忽萌微物，仅如粟子。连摩渐大，渐如绿豆，渐如樱桃，渐如槟榔，渐如鸡卵，则以两掌疾相摩转，益团益大，微黄淡白，如鹅卵大。才过鹅卵，其大不渐，倏如西瓜。幻者双跪，其胸渐仰，摩团益疾，如抱腰鼓，臂苦乃止。按置桌上，其体正圆，其色正黄；其大如盎，可盛五斗；重不可举，坚不可破；非石非铁，非木非革，非土团成。不可名状；无臭无香，混沌帝江。幻者徐起，鼓掌四顾，复按其物，柔团温摩，物软手媚，轻轻如泡，渐缩渐消，指顾之间，还入掌里。复以两指摩摩一弹，即无有物。

幻者使人锉纸数卷，大桶没水，纳纸桶中。手搅其纸，如浣濯衣，纸解融混，如土入水。遍招众人，临观桶中，纸水泥浓，可谓寒心。于时幻者鼓掌一笑，卷其双袖，据桶捞纸，两手汲引，如茧抽丝。纸乃相纫，如初锉时，无有续痕，谁为粘之？其广如带，数十百丈，盘委地上，风动翻貤。更观桶中，澄清无滓，如新汲水。

幻者负柱而立，使人反接其手，缚其两拇，柱在臂间。两拇青黑，痛不可忍。众人环看，无不酸悲。于焉幻者离柱而立，手在胸前，其缚如故，未尝解脱，指血会肿，色益黑紫，不忍奇痛。众乃解绳，血气渐通，绳迹犹红。我人驿夫注目谛视，心中自怒，义形于色，鼓囊出钱，大呼幻者，先给与钱，要再细观。幻者称冤："我不妆愚，汝不我信，任汝缚我。"驿夫发愤投弃其绳，自解鞭缑，含口柔之，乃执幻者，背负其柱，反接缚之，比初益急。幻者哀号，痛楚入骨，泪落如豆。驿夫大笑，观者益众。未见脱时，已自离柱，缚竟不解，以示神通。如是三次，无可奈何。

幻者以水晶圆珠二枚置桌上，珠比鸡子差小。乃持一枚，张口纳之，喉窄珠大，未可吞下，吐出其珠，还置桌上。复于笸里出两鸡子。瞑目延颈，乃吞一卵，如鸡饮蚓。如蛇吞蟾。卵滞项中，如附瘿瘤。复吞一卵，果梗其喉，嚏噫哇呜，项赤筋立。幻者悔恨，如不欲生，乃以竹箸搠刺其咽，箸折落地，无可奈何。张口示人，喉露小白，扣胸捶项，闷塞烦冤。小技浮誇，鸣呼死矣。幻者默听，若痒耳朵，倾耳乍爬，如有所疑，以禁指尖密其耳孔，引出白物，果是鸡子。于是幻者右手持卵，遍示众人，纳于左目，拔出右耳；纳于右目，拔出左耳；纳于鼻窍，拔出脑后，项边一卵终犹滞在。

幻者以白土一块，画地为一大圈，众人环坐圈外。幻者于时脱帽解衣，以沙砺剑。发出光色，插于地上。复以竹筋搠刺项上，欲破鸡卵，据地一呕，卵竟不出。乃拔其剑，左挥右旋，右挥左旋，仰空一掷。承剑以掌，又一高掷，张口向天，剑头直落，插入口中。于时众人变色齐起，错愕无言。幻者仰面，垂其两手，挺挺久立，不瞬双目，直视青天。须臾吞剑，如倒瓶饮，颈腹相应，如蟾怀念，剑环挂齿，不没惟靶。幻者四据，以柄筑地，齿环相格，阁阁有声。又复起立，拳击柄头，一手扪腹，一手握柄，乱搅腹中，剑行皮间，如笔画纸。众人寒心，不忍正视，小儿怖啼，背走颠仆。于时幻者鼓掌四顾，毅然正立，乃徐拔剑，双手捧持，遍向众人，直前为寿。创尖血滴，暖气蒸蒸。

幻者剪纸如蝶翅，为数十片，擦在掌中，诱众中一小儿阖目张口，幻者以掌掩口，儿顿足啼哭。幻者笑而放手，儿且啼且哇，绿蛙跳出，连吐数十蛙，皆跳跃地上。

幻者净拭桌面，振拂红毡铺桌上，四顾鼓掌。遍示众人。幻者缓步至桌前，一手托定毡心，一手拈起毡角，赤色一鸟，叫一声爵，向南飞去。又一撩揭东方，青鸟向东飞去。纳手毡底，潜捞一雀，色白味丹，两足爬空，握幻者须，幻者揽须，则又啄幻者左目。幻者舍鸟摩目，鸟向西飞去。幻者愤叹，又潜手执一黑雀，将以与人，失手放之，雀坠地，宛转桌下，童子争执雀，雀决起，向北飞去。幻者发愤，撤去毡子，无数鸲鹆一时飞起，鼓翅盘旋，集于屋檐。

幻者持小锡瓶，右手酌水一碗，注于瓶中，潋滟瓶口。幻者置碗桌上，持竹箸冲瓶底，水漏瓶底，点滴良久，淋漓如檐溜。幻者仰吹瓶底，漏水则止。幻者向空侧睨，口中念咒，水涌瓶门数尺，放泻满地。幻者喝声，掬执水腰，水中截缩入瓶中。幻者复持其碗，还斟瓶水，多少如初，而地上水迹如倾数瓮。

幻者出二金环置桌上，遍招众人视此金环。规可二围，无始无终，团团天成。幻者于是开张两手，各执一环，回旋乍舞，向空飞环，以环受环。雨环相连，持此连环，遍示众人，无罅无隙，孰见连时。幻者于是开张两手。各执一环。一离一合，一连一断，断之连之，离之合之。

幻者铺锈氍毹于桌上，微褐氍毹一角，拈出拳大紫石，以刀尖微刺之，承杯石底，烧酒细泻，满杯则止。众人争出钱沽饮，要饮史蒯公，则石流史蒯公；要饮佛手露，则石流佛手露；要饮状元红，则石流状元红。（史蒯公、佛手露、状元红，皆酒名。）不专一能，惟求辄应，一缕洌香，落胃晕颊。连泻数十杯，忽失石所在，幻者不惊不惶，遥指白云曰："石归天上。"

幻者纳手毡底，摸出苹果三枚，（苹果即我国所称沙果，中国所称沙果即我国林檎。我国古无苹果，东平尉郑公载仑奉使时，得接枝东还，国中始盛，而名则讹傅云。）连枝带叶者一枚，指向我人请买。我人掉头不肯曰："闻汝往日常以马矢戏人。"幻者笑而不辨（辩），于时众人争沽啖之，我人始乃请沽。幻者始靳，久乃拈出一枚与之，我人一嗑即吐，马矢满口，一市皆笑。

幻者以针一握纳口吞之，不痒不痛，言笑平常。啖饭啜茶，徐起扣腹。乃以红丝摩纳耳孔。静立良久，嚏咳数度。捉鼻出涕，以帨拭鼻，纳指鼻窍，若拔鼻毛。须臾，红丝小见鼻窍，幻者以爪镊抽其一端，丝出尺余，忽有一针卧度鼻窍，贯丝袅袅，仙丝益长，百十千针皆贯一丝，或有饭颗黏刺针端。

幻者出白色碗子。覆示众人，置诸地上，即无有物。幻者四顾，鼓掌示众，持一碟子覆诸碗口，四向唱词，良久开示，有银五片，形如白苹。幻者四顾，鼓掌示众，复以碟子覆碗如初，向空侧睨，喝声若骂，良久开视，银化为钱，厥数亦五。

幻者以银杏一盘置地上，以一大盆覆之，向空念咒，良久开视，不见银杏，尽是山查。复覆其盆，向空念咒，良久开视，不见山查，尽是豆蔻。复覆其盆，向空念咒，良久开视，不见豆蔻，尽是丹柰。复覆其盆，向空念咒，良久开视，不见丹柰，尽是念珠。栴檀刻成，尽像布袋，一一含笑，个个胖腴，一串百八，无始无终，虽有巧历，从何数起。于时幻者四顾鼓掌，遍招众人，夸示妙术。复覆其盆，翻置地上，盆下盘上，侧目喝声，若有所怒。良久开视，无一念珠，清水溦滟，一双金鲋，活泼盆中，呷水吐泥，一跃一泳。

幻者置画瓷盘经尺有咫者五枚于桌上，复以细竹数十枚置桌下。竹大小长短比箭，皆削其端令锐之。乃持一竹，置盘其端，摇竹旋之，不倾不欹，若旋少缓，则更以手击之令疾。盘急于回旋，不念危堕，盘若小欹，则更以竹激而腾之。盘离竿头尺余，安下正中，回回旋旋，幻者乃插之右脚靴中，而盘自回回。又以一竿旋盘如初。插左靴中，又以一竿旋盘插右领，又以一竿旋盘插左领。复以一竿，置盘其端，摇之激之，旋旋回回，以手击之，铮铮有声。于时幻者以竹插竹，次次续之，盘重竿长，竿腰自弯，全忘落碎，回旋之不止。竿至十余续，则高出屋上，于时幻者徐拔前所插竿盘，次第与旁人，还置桌上。于时幻者口含一竿，如横烟竹，以其高竿立之所含竹端，垂其两手，挺挺久立。于时众人莫不骨酸，非为爱盘，实所目击危哉危哉。一瞥风动，竿果中折，于时众人一齐惊欢。幻者亦动，疾走承盘，更一高掷，盘飞百尺。于时幻者顾昒四众，意思安闲，轻轻受盘，不矜不夸，旁若无人。

幻者置稻谷四五斗于前，两手争掬。如嗜芻豢，须臾尽唊，地面如舐。于时幻者据地吐糠，涎团成块，糠尽烟继，笼幂唇齿。以手拭髯，索水嗽口，烟竟不止。如胸摸唇，不耐烦燥，连饮数碗，烟势弥炽。张口一喀，赤火塞口，以箸挟出，半炭半烧。

幻者以金葫芦置桌上，又出绿铜花觚，插孔雀羽。须臾，失金葫芦所在。幻者指众中一人曰："这位老爷藏弆。"其人怒形于色曰："那得无礼！"幻者笑曰："真定老爷欺负，葫芦在老爷怀中。"其人大怒，口中且骂。一振其衣，忽自怀中铿然堕地。一市齐笑，其人默然久之。立人背后。

幻者净拭桌面，陈列图书，小炉爇香。白琉璃盘盛桃三枚，桃皆碗儿大。桌前置棋局及白黑子筒，设茵铺席，端方雅鱼。暂施帷幕于桌，须臾撤之。有珠冠荷衣者。有霞袂云履者，有衣叶跣足者，或对坐摆局，或拄杖傍立，或支颐坐睡，皆美须髯，形貌古奇。盘中三桃忽连枝带叶，枝头开花。珠冠者摘桃一枚，相与啖之，出其核种之地中，又食他桃未半，地中桃子已长数尺，开花结子。对局者奄然班白，俄而皎雪。

幻者置大琉璃镜于桌上，设架立之。于时幻者遍招众人，开视此镜，重楼复殿，窈窕丹青。有大官人手执蝇拂，循栏徐行。佳人美女，四四三三，或擎宝刀，或奉金壶，或吹凤笙，或踢绣球，明珰云鬟，妙丽无双。室中百物，种种宝玩，真定世间极富贵者。于是众人莫不羡悦，耽嗜争观，忘此为镜，直欲钻入。于是幻者麾众喝退，即掩镜扉，不令久视。幻者闲步四向唱词，又开其镜，招众来视，殿阁寂寞，楼榭荒凉，日月几何，宝女何去。有一睡人侧卧床上，傍无一物。以手撑耳，顶门出气，袅袅如烟，本纤末圆，形如垂乳。锺馗嫁妹，鸺鹠娶妇，柳鬼前导，蝙蝠执帜，乘此顶气，腾空游雾。睡者乍伸，欲寤还寝，俄然两腿化为双轮，而其辐轴犹然未成。于是观者莫不寒心，掩镜背走。世界梦幻，本自如此，犹于镜里，炎凉顿殊。一切世间种种万事，朝荣暮枯，昨富今贫，俄壮倏老，梦中说梦，方死方生，何有何亡，孰真孰假？寄语世间善心善男、菩萨兄弟，幻界梦身，泡金电帛，结大因缘，随气暂住，愿准是镜，莫为热进，莫为寒退，齐施钱陌，济此贫乏。

幻者置一大盆于桌上，以帨拭净，覆以红毡，若将有所为术也。周旋之际，怀中一盘铿然坠地，赤枣迸散。来人齐笑，幻者亦笑，收藏器什，因为罢戏。非不能也，日暮将罢，故为破绽以示众人，本此假者。

是日，鸿胪寺少卿赵光连联椅观幻。余谓赵卿曰："目不能辨是非、察真伪。则虽谓之无目可也。然常为幻者所眩，则是目未尝非妄而视之，明反为之祟也。"赵卿曰"虽有善幻，难眩瞽者目，果常乎哉？"余曰："敝邦有徐花潭先生，出遇泣于道者，曰：'尔奚泣？'对曰：'我三岁而盲，今四十年矣。前日，行则寄视于足，执则寄视于手，听声音而辨谁某则寄视于耳，嗅臭香而察何物则寄视于鼻。人有两目，而吾手足鼻耳无非目也，亦奚特手足鼻耳！日之早晏，昼以倦视；物之形色，夜以梦视。无所障碍，未曾疑乱。今行道中，两目忽清，翳膜自开。天地寥廓，山川纷郁，万物碍目，群疑塞胸，手足鼻耳颠倒错谬，皆失故常，渺然忘家，无以自还。是以泣尔。'先生曰：'尔问尔相，相应自知。'曰：'我眼既明，用相何地？'先生曰：'还闭尔眼，立地汝家。'由是论之，目之不可恃其明也如此。今日观幻，非幻者能眩之，实观者自眩尔。"赵卿曰："然。世言飞燕太瘦、玉环太肥，凡言太者，已甚之辞也。既论其肥瘦，而轻加以已甚之辞，则已非绝世之佳人。彼二帝之目独眩于肥瘦之间，世之无光明眼、真定见久矣。太伯之文身采药，幻以孝者也；豫让之漆身吞炭，幻以义者也；纪信之黄屋左纛，幻以忠者也。沛公其幻也帜，张良其幻也石，田单以牛，初平以羊、赵高以鹿，黄霸以雀，孟尝君以鸡，蚩尤之幻铜头铁额，诸葛之幻木牛流马。王莽之金滕请命，幻之未成也；曹操之铜雀分香，幻之破绽也；禄山之赤心、卢杞之蓝面，皆幻之拙者也。自古妇人尤能善幻，如褒姒之于烽也，骊姬之于蜂也。然圣人神道设教，亦有然者。愚虽未敢致疑于阶草之指佞、庭凤之仪韶，而亦未能尽信于负舟之黄龙、流屋之赤乌。自古神圣愚凡，莫不有一番不可知之事。或有嗜痈痂者，或有好驴鸣者。

虽谓之幻，可也；虽谓之性，亦可也。幻之为术也，虽千变万化，无足畏者。天下有可畏之幻，大奸之似忠也，乡愿之类德也。"余曰："胡广之三公，幻以中庸；冯道之五代，幻以明哲。而笑中之有刀，酷于口里之吞剑耶？"相与大笑而起。

附二　避暑录

《避暑录》者，余游避暑山庄所录也。热河有三十六景，康熙逐景置殿阁，一曰烟波致爽，一曰芝里云堤，一曰无署清凉，一曰延薰山馆，一曰水芳岩秀，一曰万壑松风，一曰松鹤清越，一曰云山胜地，一曰四面云山，一曰北枕双峰，一曰西岭晨霞，一曰锤峰落照。一曰南山积雪，一曰梨花伴月，一曰曲水荷香，一曰风泉清听，一曰濠濮间想，一曰天宇咸畅，一曰暖溜喧波，一曰泉源石壁。一曰青枫绿屿，一曰莺啭乔木，一曰香远益清，一曰金莲映日，一曰远近泉声。一曰云帆月舫，一曰芳渚临流，一曰云容水态，一曰澄泉绕石。一曰澄波叠翠，一曰石矶观鱼，一曰镜水云岑，一曰双湖夹镜，一曰长虹饮练。一曰甫田丛樾，一曰水流云在。统名所居曰"避暑山庄"。康熙自为记曰："金山发脉，暖溜分泉；云壑淳泓，石潭青霭。境广草肥，无伤田庐之害；风清夏爽，宜人调养之功。朕数巡江干，深知南方之秀丽；两幸秦陇，益明西土之殚陈。北过龙沙，东游长白，山川人物亦不能尽述，皆吾之所不取。惟兹热河，道近神京，地辟荒野，度高平远近之差。开自然峰岚之势。依松为斋，引水在亭，皆非人力之所能，借芳甸而为助。无刻椽丹楹之费，喜林泉抱素之怀。文禽戏绿水而不避，麋鹿映夕阳而成群。鸢飞鱼跃，从天性之高下；远色紫氛，开韶景之低仰。此居避暑山庄之概也。"康熙五十年六月下旬所书，则康熙晚节多在热河也。时方仲秋，而塞北暑气犹蒸。常着白苎单衫，而向午挥汗。每游览之暇，移椅斋外大槐树下以清暑，三官所得，辄为录之，名之曰《避暑录》（余略）

（节录《热河日记》。《幻戏记》与《避暑录》原为与《山庄杂记》平行的独立篇章，因内容密切关连，故附录于后。）

钦定宫中现行则例

按：《宫史》云：皇上以内廷现行典礼事例，命敬事房条录恭呈钦定，编为则例刊行。釐为十八门，上卷曰"名号"、曰"玉牒"、曰"礼仪"、曰"宴仪"、曰"册宝"、曰"典故"、曰"服色"、曰"宫规"、曰"宫分"；下卷曰"铺宫"、曰"遇喜"、曰"安设"、曰"进春"、曰"谢恩"、曰"钱粮"、曰"岁修"、曰"处分"、曰"太监"。乾隆七年校刊《宫史续编》云：嘉庆十年重修，釐为四卷，首例圣谕、上谕。卷末裁汰岁修、处分二门。余如原书。此本为光绪初续修，首列训谕，盖沿嘉庆本之旧。岁修、处分二门，则仍乾隆本之旧。又别增车舆、门禁及太监服色三门。依《宫史》所云，乾隆初始经编定，此本所引康熙十六年五月谕旨，有凡事俱照钦定宫中现行则例，敬谨奉行之语，盖误（《宫史》载此谕旨作"俱照定例敬谨奉行"）敬事房者，康熙十六年设立，置总管副总管专司宫内一切事务，奉行谕旨及承行内务府各衙门一切文移，乃首领太监办事之所在。顺治时名为乾清宫执事，乃十三衙门之一，犹明之司礼监也。此则例不由外廷修纂，故无进书表文及修纂职名。旧传外臣不得閟阅此书。光绪初，荣文忠公禄奏事引据书中谕旨，致被孝钦显皇后诘责。由是出为西安将军云。许宝蘅识。

目录

卷一
训谕

卷二
名号
玉牒
礼仪
宴仪
册宝
典故
服色

卷三
宫规

宫分
车舆
铺宫
遇喜
安设
进春
谢恩

卷四
钱粮
岁修
太监
太监服色
门禁
处分

（一）

训谕

康熙十八年十二月初三日

上谕：宫内各处灯火最为紧要，凡有火之处，必著人看守。不许一时少人，总管等不时巡察。

康熙四十年三月初七日

上谕：朕闻宫内太监三五成群，结盟聚党，此由总管不能压服首领，首领不能压服散众，全无法度。以致如此妄行。甚至有偷窃为匪者。尔等即速举出，不可隐瞒。如日后发觉，尔等尚能保全首领乎？太监等或在外生事妄行，尔等全不稽察。尔等曾参过何人？此皆畏惧属下太监之故。

康熙四十四年二月初三日

上谕：近来太监不守规矩，与各宫内女子认亲戚，叔伯姊妹，往来结识，断乎不可。太监等在内庭当差，女子等在内宫答应，各有内外，嗣后务当断绝交结。如仍不能断绝，总管与本宫首领即行置之重典。自降旨后，若经察出，奏不奏亦任尔等，朕自有处置。

康熙五十四年二月二十七日

上谕：朕巡幸时，由内庭发运行李什物往行营内，太监等尚亲自交出。今住行宫往外出行李时，太监等竟不照管，辄交与牵驼人众，任凭伊等进内运出。殊不知牵驼人内，即有雇觅当差者。所雇之人，又复转雇顶替，至为混杂。倘有失误，伊等如何承受。嗣后出行李时，著刘进忠、张起林、王以诚三人轮流察看。传谕武备院侍卫等，行宫与大内无异，乃将雇来之人任意带领出入，万一滋生事端，定将伊等正法。并传与关保、海章及武备院侍卫，速察此次牵驼人并各处当差人内，雇觅顶替者共若干人，详悉察明回奏。关保等如不详察，经朕察出，必将伊等重处。

雍正元年六月二十二日

上谕：近来新进太监，俱不知规矩。朕曾见伊等扫地时挟持苕帚，竟从宝座前昂然直走，全无敬畏之意。尔等传与乾清宫等处首领太监等，嗣后凡有宝座之处行走经过，必存一番恭敬之心，急趋数步，方合礼节。若仍不改，尔等即严切教训。如屡诲不悛，即将伊治罪。至朕向尔等首领太监问话，遇下雨有泥水之处，只须躬身答应，不必跪奏。

八月十三日

上谕：太监等见外间诸王大臣官员进内，必须起身站立行走之际，必然让路，存一番恭敬方是。若科头、脱帽、斜倚、踞坐，不但于礼不合，即观瞻亦甚不雅。现今虽无此等之人，恐日久懈怠，渐至无礼。尔总管不时严传与众太监，日后倘有此等无礼之人，经王大臣等参奏，定不轻恕。将尔总管奏事首领一并治罪。

十一月二十八日

上谕：自今以后，凡王大臣及外国使臣进内，尔太监等俱要整肃规矩，不话斜倚、跛立，互相私语。总管等用心经管，时时严传教导规矩，不可因日久懈怠，务要一心归向主上。若朕不与尔等管教人之权，尔等或不免有后言。朕既责成尔等，或参或处，朕一一允行。尔等更无可推诿。且尔太监等不思向上，转向外人，倘尔等有事，外人岂能与尔作主？此等行事，实乃至愚。所有不守规矩内监，朕已交与王大臣查拏。一经拏获，必并尔总管治以重罪，悔之何及。

雍正三年十二月二十五日

上谕：刑部从前内外恶乱，钻营之人紊乱法纪，朕知之甚悉。是以登极以来，不时教训宫内太监并外廷大臣等，凡事无得欺隐。有钻营者，断不宽恕。若被拏获，务必从重惩戒正法。屡次谕旨甚明，乃有扫院太监傅国相向奏事太监刘裕探听，外边有一废官欲图开复，曾否保奏一事。刘裕止告诉总管太监，总管太监并不奏闻，其属可恶。著将总管太监并奏事太监刘裕问明情由，凡有关涉此案人犯，俱行锁拏查问治罪。

雍正四年八月初一日

上谕：总管刘进忠、王以诚、苏培盛、徐起鹏，及随侍等处首领太监；历来做直隶州县官甚难，皆由书办衙役作弊，更兼本处土豪及旗下人庄园头目，借称王公、侯伯、大臣门下势力，在彼搅扰欺压官员，州县官被其恐吓，不能治理政事，易于废驰，深为可恶。

朕今已传谕直隶州县等官，各限一年，将此等书办衙役及土豪皆严行拏问。至于旗下人庄园头目等亦皆许其行文八旗该管官究治。尔太监等在内庭当差，岂知本乡事务及尔伯叔兄弟子姪之贤不肖。嗣后各当切实劝化本家人等，居乡不可仗内监势力作非礼不法之事，如有事犯潜逃来京者，本处州县行文到内务府衙门，指名是某太监家属，内务府大臣同总管商议，即行按例发落，不必奏知。朕无非欲尔等畏法，不致扰乱地方，尔等其敬体朕意。

又谕，吏部、户部：直隶州县太监之父兄弟姪，在地方不无生事，本人亦本（未？）必尽知。可令该州县，大事照例详报总督具题，小事径报内务府，内务府传该太监晓谕，令其自行约束，如仍不悛改，内务府即酌量惩治。

雍正十三年四月初七日

上谕，谕宫内总管及圆明园总管：从前常闻尔等太监被人窃去衣帽银钱等物，往往私自隐瞒，不肯举报，只图眼前省事。不思日后外人闻知，尔等固为有愧，即于稽查防范之道，亦未为严密。为此，传谕尔总管等，遍行晓谕各处太监，嗣后，凡有被窃之人，不论衣帽银钱多少，即些须物件，必须告知首领，就近搜察，如不得情，呈报总管严访。如再不获，尔等据情即行申奏，以便严查务获。不但尔等私事，即在官之物，亦要如此据实呈报。如有被窃及损伤者，不可将自己银钱置买赔补，惧罪不申。此种情弊，已经通传禁止。若再不遵训谕，虽眼前瞒过，日后必然败露。或有人首告，或别经发觉，将尔总管与被窃之人一并治罪。

十月十一日

上谕，谕内务府总管太监等：尊卑有一定之体，统上下有不易之礼仪。自宜循分遵行，岂容稍有僭越。太监等乃乡野愚民，至微极贱，得入宫闱叨赐品秩，已属非分隆恩。况朕八旗满汉旧人甚多，岂尽得如太监等日覩天颜，出入内庭乎。尔等当自揣分量，敬谨小心，常怀畏惧，庶几永受皇恩，得免罪戾。凡诸王大臣皆国家屏藩辅翊之人，尔等寻常接见，应恭谨尽礼，岂得与奉旨宣谕时一样举止乎。至内庭阿哥等，我朝旧制，无论王公大臣俱行跪见请安之礼，惟有亲伯叔行乃免跪见，至尊重也，何况尔等微末太监。谚云"一岁主百岁奴"。上下之分秩然，岂得以阿哥等年尚冲幼，遂尔怠钌耶。如苏培盛乃一愚昧无知人耳，得蒙皇考加恩授为宫殿监督领侍，赏赐四品官职，非分已极。乃伊不知惶愧感恩，竟敢肆行狂妄。向日于朕弟兄前或半跪请安或执手问询，甚至与庄亲王并坐接谈，毫无礼节。庄亲王总管内务府事务，凡内庭大小太监，均属统辖。而苏培盛即目无内务府，独不思庄亲王乃圣祖仁皇帝之子、大行皇帝之弟乎？昔者，塞思黑之子弘晟呼魏珠为伯父，皇考曾严切教训。此风不可长也。前朕与和亲王等在九洲清宴瞻礼时，值苏培盛等在彼饮馔。伊等不但不行回避，且复延坐共食，而阿哥等亦有贪其口腹与之同餐者。朕躬后至，稍坐而出。嗣是，朕即不复在九洲清晏用饭。夫阿哥等固一时失于检点，而苏培盛狂妄骄恣，公然与皇子等并坐而食，似此种种悖乱不可枚举，此皆朕躬所亲见者也。再，张尔泰从前亦甚骄纵，及获罪革退之后，见朕弟兄犹敢竟行执手问询，不法如前。此二人之行止，如皇考察知，自必早行惩治，决不姑容也。至如张起麟，乃效力最久之人，年已老迈，见朕弟兄犹必长跪请安，不敢怠忽。或我辈赐坐，伊必叩头席地而坐。此宫中太监所共见者。至今思之，殊可悯念。陈福、李英暨王常贵、张玉柱向曾屡奉皇考训旨传谕朕躬及和亲王等，设有严饬教训旨意，必皆正颜历色告诫周详，毫无瞻顾之私，甚合大礼。及至寻常进见，则复敬谨小心，周旋尽礼。设彼时伊等传宣谕旨而稍有曲意迎合，不顾体统之处，朕必鄙薄而问其罪，岂复肯加恩任用乎？盖传旨有传旨之体统，而自见有自见之体统，此四人者较之苏培盛、张尔泰何啻天渊。今朕绍登大宝，恐太监之风渐炽，故降旨训谕。想苏培盛等此时必心怀忧惧，与其忧惧于今日，何不敬谨于当时。朕今即将苏培盛问以不敬之律，未为不可，即揆之于理，亦未为过当。然朕君临天下，惟以大公至正为心，因念苏培盛之偶尔失仪，尚属糊涂可赦之罪，未至汉唐宋明宦寺之放纵也。然星星之火，尚能燎原；涓涓不杜，终成江河。从前皇考因太监等敬谨畏法，小心供役，是以特沛殊恩，赏赐官职，实为荣幸，伊等在皇考前固知戒谨恐惧，而愚昧无知之辈，于外面遂渐加骄纵，不似皇祖时之守法矣。伊等既不能仰副皇考加恩之至意，朕独不能执法以惩其罪乎。倘苏培盛等仍复怙恶不悛，朕不但重治其罪，且必将众太监之官职尽行削革。伊等纵不自惜，独不为众太监稍留余地耶。嗣后两太监等各宜凛遵制度，属守名分。如遇奉宣谕旨之时，朝廷自有仪制，设有严饬之旨，自宜庄厉传宣，不可稍顾情面，而寻常以公事接见王公大臣时，礼貌必恭，言语必谨，不可稍涉骄纵，以失尊卑大体，即在街市行走，不可出言詈人父母，若太监有詈人父母者，许被骂之人即行重责。至接奏内庭阿哥等事件，必当庄重敬谨不可曲意顺从。而奉朕旨传宣，又当仰体朕意，告诫谆谆，不可稍有瞻徇，尤不可略通信息。设总管太监自行见阿哥等，必当拜跪请安。阿哥等赐坐，必当席地而坐。即内宫之宫眷虽答应之微，尔总管不可不跪拜也。阿哥之家眷，虽官女子之微，尔总管不可不拜也。此朕防微杜渐之举，后世子孙世世遵行。若总管太监等仍敢蹈袭前辙，妄自狂纵，不遵定制，经朕察出，将首犯之人，立行正法，众太监官职并行革退。著将此旨亦晓谕阿哥等知之。内务府总管衙门，仍登记档案。若太监略有放纵，许内务府总管先拏后奏。

乾隆六年十二月初七日

上谕：应出宫女子既已出宫，即系外人，不许进宫请安。其本宫首领太监与伊等传信，变属不可。从前小太监化玉龙、宁进、王进喜等倚仗在本主前有小殷勤，不服首领管教，甚属无知。既放为宫中首领，应管一处之太监。放为总管，应管阖宫之首领太监，岂有太监不服首领管教、首领不服总管管教之理。似此不服管教之太监，即当惩处。再，尔等严谕首领太监，凡宫内之事不许向外传说，外边之事亦不可向宫内传说。至于诸太妃所有一切，俱系圣祖皇帝所赐，诸母妃所有，亦是世宗皇帝所赐，即今皇后所有，是朕所赐，各守分例，撙节用度，不可将宫中所有，移给本家。其家中之物，亦不许向内传送，致涉小气。嗣后，本家除来往请安问好之外，一概不许妄行。从前，朕曾经严传谕旨，尔等不过一时小心，数日之后渐就懈怠。此系朕所深知。今尔等不时稽察，如各宫首领太监有不谨之人，向里外传说是非，或经查出，或被首告，必重处数人，以警其余。若经朕躬访察得实，即系尔等总管之罪。从前圣祖皇帝教训尔等谕旨至世宗皇帝时皆敬谨遵行。世宗皇帝教训尔等谕旨，至朕时仍当敬谨遵行。今朕教训谕旨，尔等永远遵行。即将来尔等不当总管时，后来总管仍当永远遵行。尔等将此旨严行晓谕，务令通知。

　　乾隆十年十一月十九日

　　上谕四执事：太监赵起龙与庆复之子福成交好，今年正月间，曾送过福成白蜡油单等物，又向福成借马。此等尚系小事，昨日又向福成家中撞骗，妄行传说，来年正月圣驾不往五台，该管首领竟不稽察。平日太监中有多事者，又不加甄加紧，总管等亦不管束稽察，均属不合。又如，乾清门内左门内右门月华门及传奏事处首领太监，只可当差接奏事件，不应与外廷官员交言。总管等实力体察，并严行传谕太监等不许与王公大臣往来交好。近日，王公大臣有事必定入奏。凡有情弊，经朕察知，尔等焉能免罪。况迩年太监等既有恩加钱粮，岁底又赏皮衣等物，不致窘乏，何必与王公大臣交往。此次止将赵起龙治罪，尔总管首领俱概行宽宥，嗣后再有似此者，惟尔总管首领是问。

　　乾隆十六年闰五月二十一日

　　上谕：朕驻跸圆明园，一应事务虽系圆明园总管专责，尔宫内随来总管，亦应一体管理。如各门有承应人等出入，当协同稽察，庶出入不敢冒昧。夜间坐更巡察，亦当时加训诫，俾当差不敢贻误。

朕见近来太监等习气颇觉不堪，皆是尔等姑息所致。如所属太监平素偶有过犯，尔等即严行管教，自然知所警惧，不敢妄为。皆因尔等惟恐有妨于己，有事不肯奏闻，曲为庇护。致此辈心有所恃，渐次胆大，及至干犯不法，不能隐讳，经朕闻知，必重治尔等之罪，彼时悔已无及。朕此次训谕后，尔等务将所属太监严加管束，俾各知所畏惧，不敢为非生事。再，自今以后凡朕所驻跸之地，俱著尔等稽察管理。将此旨通传各该处遵行。

乾隆二十六年七月初一日总管马国用、张玉、王成奉

上谕：八阿哥福晋母家差送食物，竟未到福晋前，太监王寿等私相分食。食物小事，傥别样物件，亦竟私用，如何使得。此风断不可长。著将王寿重责四十板，罚一年月银。其余太监，尔等查出重处，以儆将来。再，五阿哥福晋父鄂弼家、八阿哥福晋父尹继善家，福晋或差人去看望母兄，原属人情，不免著阿哥等拣诚实太监一名前往，仍到总管处告知登记，将来万一稍有差失，即治此一人之罪。再，从前张保、曹进孝曾将朕银两偷窃，经开齐里首告。彼时已有不堪之人，此时难保必无，尔等可询问阿哥等，现在谙达首领太监中有无偷窃阿哥银两之事。如有，著即指出，治以重罪。再，阿哥等俱已长成，亦应各自谨慎料理方是。总管马国用等随将谕旨敬谨传与阿哥等跪听讫。据四阿哥、五阿哥、六阿哥、八阿哥回称，现今我等银两使用俱有帐目，每月有月折，俱亲自查核，谙达太监中并未有偷窃之事。蒙皇父教道（导），以后如有此等事，即指名参奏等语。回奏奉旨"知道了"。

九月初八日总管王常贵等奉

上谕：九月初四日三更后，寿安宫内遮阳席片失火，外面护军巡更看见，急唤开门，始将首领太监等惊醒。讵伊等竟不开门，自行扑救。幸是席片烧毁易于扑灭，倘火势稍大不能救时始行开门，岂不迟误。伊等不但失火有罪，其不开门之罪更大。在伊等或以宫禁严密不敢擅行为辞，殊不思寿安宫系朕新葺为皇太后七旬万寿庆

祝之所，此内并无关防，亦无多贮物件，既有失火之事，即应开门放外边人等进内救灭方是。此时进内救火人等，断无敢行偷盗愍不畏死之理。嗣后，凡宫内园庭倘遇此等意外之事，该总管等即行开门，放外边人等进内扑救，如不即行开门，必将该总管等从重治罪。将此旨传谕内务府总管一并记载。

乾隆二十八年二月初十日总管王常贵奉

上谕：初九日志向清门侍卫车必色、富尔哈呼什衣德等带领虎枪处人等至静宜园内，杀虎三只。据车必色奏称，尚有人脑骨一具，谅非外人，或系该园太监，或系园户，彼时因见人被虎伤，蒙混呈报，只称病故，或报逃走，以图了事。至鹿圈内少鹿九只，岂有虎三只于三五日内即能食鹿如许之多？尔等详查，自上年腊月以前，静宜园太监内病故几名，逃走几名，至园户人等著交内务府大臣和尔经额亦一体严查。再，此事与总管杨茂、李三屯无干。该总管向隔数日始至该处查看地方，该园总领、副总领及园内首领隐瞒不肯呈报有虎者，恐奏后无虎致涉谎报。再，车必色奏，杀虎之处尚有猪毛。因朕不在彼驻跸，太监等养猪亦或有之，致被虎攫食，该处当差之人，再无不知之理。若即时具奏，朕派人前往，亦断不至此。皆系伊等报迟所致。著将静宜园首领交总管治罪，其总领、副总领交内务府大臣和尔经额治罪，具奏。

五月十七日总管王常贵奉

上谕：今日内务府大臣奏，圆明园太监张福禄控告海狱开襟首领李忠、天心水面首领张老格一案。仅系偷窃杉槁尖、破烂版片，非若偷窃陈设、伤损官物应从重治罪者可比。凡太监值房内孰无此物。首领李忠、张老格不必革去首领，著交圆明园总管治罪。似此微细之事，太监张福禄自应于该管总管处控诉，若总管不办，再至朕前叩告，朕必将总管一并治罪。乃张福禄并未于总管处控诉，竟至朕前叩告，甚属藐法无知，此风断不可长。张福禄不必发掌仪司即交宫内总管重责六十版，发打扫处永远抬水。再，太监等吃酒赌钱、口角等事，自应总管等办理。似此小事，遽至朕前叩告，实属胆大。如再有犯者，加倍治罪。

六月二十九日，据总管太监潘凤等奏称：前于五月内据首领张义功呈报，圈禁太监赵进禄在果房后值房内用笤帚、木板放火，经首领傅进忠、太监蔡如意看见扑灭，即回明总管贾进禄、陈进忠、王忠将赵进禄责处，发掌仪司圈禁。今赵进禄复于六月间偷窃太监蒋元傑布衫遮锁跳墙逃走，旋经首领董柱、太监张玉等拏获，请将赵进禄交内务府大臣从重治罪。并请将本管首领张义功加倍罚月银八个月。总管贾进禄从前于赵进禄放火时仅议责八十板圈禁，并不奏办。应将潘凤、贾进禄、桂元、陈进忠、王忠各罚另银六个月，等因。奉上谕："潘凤、贾进禄等糊涂不晓事体，赵进禄有此放火不法之事，即应早为奏闻严办，乃匿不具奏。今复犯窃脱逃，始行具奏，甚属不堪。首领张义功当时若不据实呈报，岂止仅罚月银，尤当重治其罪。但伊既经呈报，即属无罪。太监赵进禄于大内禁地放火，旋复偷窃衣服，屡次逃走，实属不法，若不从重惩治，无以示儆。赵进禄著交内务府大臣重加杖责，即行正法。并晓谕众太监，令其各知儆惧。傅进忠、蔡如意二人，一见放火，立即扑灭，应行奖励，著内务府大臣量加赏赐。首领张义功既经呈报总管，尚无不合，毋庸议罚月银。至总管贾进禄等既知放火情事，即应奏明严究，乃仅将赵进禄责处发司圈禁，殊属草率了事。且太监等安得擅行锁人，贾进禄著革去顶带，仍留总管，罚月银一年。陈进忠、王忠著罚月银半年。潘凤、桂元俱系总管，著内务府大臣查明，伊等在圆明园住班时，贾进禄等议将放火之赵进禄责八十板圈禁各情节，潘凤等是否知情，如实系不知，尚可宽恕，倘曾经告知伊等，仍然随同附和，均应议处。但潘凤、桂元较贾进禄等尚属有间。潘凤著罚月银半年，桂元著罚月银三个月。若实系不知，即可免罚。将此传谕知之。钦此。"

臣等遵即传唤总管太监等询问，潘凤、贾进禄、陈进忠、王忠、桂元，并事内之首领太监等，于内务府当堂跪听谕旨之下，不胜恐惧。总管太监潘凤、桂元叩头禀称，太监赵进禄放火情节，贾进禄原知会过我等，我等即应商酌奏闻办理，乃一时糊涂，随同草率了结，殊属愚昧不晓事体，等语。查，潘凤、桂元既系知情，应遵照谕旨，将潘凤罚月银半年、桂元罚月银三个月，其首领太监傅进忠、太监蔡如意一见放火即行扑灭。臣等遵旨酌议每人各赏一个月月银，以示奖励。再，太监赵进禄放火不法各情罪，傅齐太监等，明切宣谕，俱各叩头咸知畏惧。奴才四格即于初二日辰刻，将太监赵进禄押赴德胜门外，重加杖责正法讫。谨此奏闻。奉旨"知道了。"

十二月十二日总管潘凤等将八阿哥下太监王玉年岁缮写禄头牌，带领至御前，口奏，八阿哥放本家太监王玉为首领，请旨按无官职首瓴每月赏给三两钱粮米石。奉上谕："尔总管等殊属多事。阿哥将本家太监放为首领，何必又奏添给钱粮。阿哥每月现食月银五百两，欲添给若干，应听阿哥酌给，不必又添赏官钱粮。以后阿哥下太监首领以此为例。"

乾隆二十九年十月十三日总管王常贵奉

上谕，传谕总管等：永安寺遗失陈设一案，已经外边大臣等审明，系本处太监王玉柱同本处苏拉定柱老儿偷窃，可见太监刘文掌钥匙数年并无遗失，尚属妥实，因将伊派出孝差，所管钥匙交与太监王玉柱掌管，致有偷窃情弊。其总管贾进禄系管瀛台等处总管，理应斟酌将妥协太监留在本处当差，将平日猾懒太监派拨外差方是。贾进禄于此等事件自应用心办理，伊所司何事？瀛台等处不必贾进禄管理，著总管王忠管理，并将贾进禄交总管治罪。至太监王玉柱，原系瀛台当差太监，曾有偷窃太监什物之事，因首领未经呈报总管，以致今日偷窃官物，应将彼时首领查明，一并交总管治罪。再，近来各处太监等饮酒赌钱者甚多，大抵因久赌无钱，必致偷窃，本处首领一经知觉，即当呈报总管，总管或不具奏，亦应从重责处，调拨若处当差，使太监等知此等小事即行呈报处治，自不致偷窃官物，并使太监等共知某太监因行窃赌钱即调拨若处当差，庶各处太监咸知警戒，亦得豫为防范。迩来，各处首领太监每多畏事，遇有赌钱偷窃太监什物，并不呈报总管，如见总管时，概以无事为辞。总管亦不顾闻有事，因循日久，以致偷窃官物如永安寺之事，因不能掩饰，始行具奏。此昔素日未经管束所致。数年前，总管等尚查拏赌钱太监，近来赌钱太监甚多，总管等竟不查拏。将此严行传谕各处首领太监等知之。错派刘文外差之永安寺该管首领，本应从重治罪，但既经大臣等已将伊等治罪，内里毋庸另议。

乾隆三十年九月十三日总管内务府大臣等奉

上谕：太监张凤，因盗毁金册，拏获正法，并将失查之总管太监等分别议处。张凤身为首领，乃敢有肆行无忌。若此，补放首领时该总管等果能慎重拣选，何至似此妄为？况首领有何紧要事件，但取其老诚谨慎而已。乃总管等于补放首领时，并不加意慎选，只就其平日合意巧使伶俐者保举。太监首领无足轻重，不过就其带来正陪中补放，及至补放首领后，岂能尽无过愆？然从前犯法各案，皆经别处发觉，从未见总管等参奏一人，此皆伊等一味掩饰，冀图无事。此等习气，最为不堪，以致酿成张凤盗毁金册之事。譬如中外大臣保举属员，遇有作奸犯科者，皆随时参劾，如瞻徇回护，经他人揭参，并将原保大臣按例降调，处分甚严，岂止仅以罚俸了事。尔总管等处分不过量罚月银，及年终查办时尚可邀恩宽免，间有不免者，伊等即以为处分过重。此皆太监等由来之恶习，不可不严加整顿。嗣后，除特旨补放首领外，其该总管等保举首领，务择其行走勤慎、为人诚实。已过三十年者，方准保举。仍一面报明总管内务府大臣查核，不得任意滥举。如有违例妄保者，内务府大臣即行查参严加治罪。

乾隆三十一年二月初五日总管王常贵奉

上谕：朕于初三日，至兆祥所，看视五阿哥病症。于无意中问及，现在患病何能坐起剃头。据五阿哥奏称，福园门外有一民人剃头甚好，著人唤进来剃的。朕想，阿哥剃头，自有按摩处太监，何用外边民人。今五阿哥既用民人剃头，阿哥中用民人剃头者谅不止一人。著总管查明具奏。再，福园门系园庭禁地，不应令外人出入。今既将剃头民人领至阿哥住所，若优伶等辈亦可唤入乎？该管总管及五阿哥谙达等交宫内总管治罪。

乾隆三十五年八月十九日驻跸瑶亭行宫。胡世傑奉

上谕，著传谕王常贵：八月十三日，系万寿圣节。十四日，畅春园总管李文贵即奏总管邓荣贵病故。今岁系六旬大庆，太监总管病故何关紧要。李文贵岂不知尊卑大体，况伊在养心殿当差多年，何事不谙，今乃糊涂若此？即王公大臣如有此事，亦不敢具奏。著问李文贵，伊于雍正年间亦敢如此冒昧乎？彼时若果如此，已发往黑龙江矣。著王常贵问明，从重治罪。再，总管王忠曾于八月初四日擅奏总管潘凤病故，亦属非是。即潘凤病故，亦当俟过万寿月，或俟启銮后发报具奏，亦不为迟。著将王忠一并议罪。再，总管等近来渐无忌惮，嗣后凡遇此等事件，毋得于万寿月妄行具奏。至邓荣贵病故，著赏银二十两。

乾隆三十八年九月二十日胡世傑奉

上谕，著传谕总管等：今日下雨时，见太监戴用红帽套者甚多。嗣后，只准总管首领奏事太监、诗本太监、养心殿内首领小太监等戴用，其余俱不准戴红帽套。如再见有各处太监戴用者，即将总管等治罪。

乾隆四十三年十一月初八日召见皇子及军机大臣至养心殿西暖阁面奉

上谕：昨惇妃将伊宫内使唤女子责处致毙，事属骇见。尔等想应闻知。前此，妃嫔内，间有气性不好，痛殴婢女致令情急轻生者。虽为主位之人，不宜过于暴虐，而死者究系窘迫自戕。然一轻奏闻，无不量其情节惩治，从未有妃嫔将使女毒殴立毙之事。今惇妃此案，若不从重办理，于情法未为平允，且不足使备位宫闱之人咸知警畏。

况满汉大臣官员将家奴不依法决罚，殴责立毙者，皆按其情事议处，分别降罚，定例森然，朕岂肯稍存歧视。惇妃即著降封为嫔，以示惩儆，并令妃嫔等嗣后当引以为戒，毋蹈覆辙，自干重戾。朕办理此事，准情酌理，惟协于公，尚恐外间无识之徒，或有窃议为过重者，不知朕心已觉从宽，事关人命，其得罪本属不轻，第念其曾育公主，故量从末减耳，若依案情而论，即将伊位号摈斥，亦岂得为过当乎？朕临御四十三年以来，从不肯有溺爱徇情之事，尔诸皇子及众大臣皆所深知，即如惇嫔平日受朕恩眷较优，今既有过犯，即不能复为曲宥，且不特此也，如大臣等办理事务，今日有善即从而眷遇，明日有过即予以训饬。如其有心干犯，私过亦即严惩。祸福悉视其人之自取，丝毫不设成见。切不可存某事必须某人办理之心。大学士鄂尔泰、张廷玉，大学士公傅恒，协办大学士公兆惠，皆在左右襄赞机务，伊等既逝，未尝无承办政事之大臣。又如，尚书张照、汪由敦，大学士梁诗正、刘纶，皆在内廷经理笔墨，伊等病殁，亦未尝无按办文墨之词臣。此外，皆可类推。若为人君不能见及于此，何以抚御天下，董正群臣乎。此即为君难之一端也。诸皇子各有福晋、格格，家庭之事，当法朕于宫闱不稍溺爱徇情，其下亦有官员、太监即可以小喻大？当法朕于臣工不稍专恃偏护，家国一理，事可相通。诸皇子可不知遵守乎。至若纵性滥刑，虐殴奴婢，不但福晋、格格等不宜有，诸皇子亦当切戒。且如朕为天下主，掌生杀之权，从未有任一时之气，将阉竖辈立毙杖下。诸皇子岂不知之。从前小太监胡世傑、如意等在朕前常有惹气之事，不过予以薄惩，杖责二十，极多亦无过四十者。诸皇子当遵朕此谕，咸知效法。倘或管教不严，及自行任情毒殴致死奴婢者，朕一有所闻，必不轻恕。所有惇嫔此案，本宫之首领太监郭进忠、刘良获罪甚重，著革去顶带，并罚钱粮二年。其总管太监亦难辞咎，除桂元在奏事处，萧云鹏兼司茶膳房，每日在御前伺候，不能复至各宫稽察，伊二人著免其议罪。其王忠、王成、王承义、郑玉柱、赵德胜专司内庭，今惇嫔殴毙使女，伊等不能豫为劝阻，所司何事？著各罚钱粮一年。但其事究因惇嫔波累，著将伊等应罚钱粮于各名下扣罚一半，其一半亦著惇嫔代为缴完。所有殴毙之女子，并著罚惇嫔出银一百两，给其父母殓埋。此虽系宫闱小事，朕一秉大公至正，与综理庶务无异，亦可恍然咸喻朕意矣。将此旨交总管内务府大臣传谕内府诸人知之，并著缮录一能交尚书房、敬事房存记，令诸皇子共知警省，永远遵奉。

乾隆四十八年十一月初八日军机大臣阿桂奉

上谕，传谕总管等：嗣后宫内等处，倘遇有火烛之事，总管等即行开门放外边王公大臣进内扑救，并著总管量其相近之门开放，不可著外边人等绕远。如开较远之门，未免迟滞。以后谨记。

乾隆四十九年正月十五日奉

上谕：皇孙绵德，前因与革职礼部郎中秦雄褒往来馈遗书画，革去承袭定郡王，嗣复加恩封为公爵。绵德为皇长子定安亲王嫡长子，系朕长孙，设如书生拘迂之见，若明洪武时懿文太子既殁，刘三吾建议谓皇孙世嫡，礼宜承统，洪武泥于法古，遂立建文为皇太孙，其后酿成永乐靖难之变，祸乱相寻，臣民荼毒，皆刘三吾一言丧邦之所致也。朕惟深鉴于历代建储之失，是以再三宣谕，并令纂辑《储贰金鉴》一书，为万世法戒，若如洪武之泥古立储封建以祖宗神器之重轻为付讬，岂我大清宗社万年之福乎？今念绵德之子奕纯新岁可以得子，朕庆抱元孙五世一堂，实为古稀盛事，自应特沛恩施，以衍奕禩云礽之庆。绵德著加晋封固山贝子。嗣后宜益加谨饬，常存敬畏，以期永承恩泽，副朕谆切训勉之至意。此旨著入于《储贰金鉴》。

乾隆五十年十月十一日奉

上谕：内庭坐更，最关紧要。至御前，更尤宜慎重，倍加认真，轮流坐守。向来坐御前更者，所有更头、更二，俱系首领太监及食三两钱粮执事太监之差。雍正年间，沿有总管太监亦坐更者。乃近日御前更，经朕偶一问及，俱系不知姓名微末之人，并未见有首领太监及奏事太监答应者。再，向来巡幸地方，黄车上均有首领太监扶车。惟年至六十以上者，念其年老不派，乃近日从未见有首领太监当此差者，自系因从前扶车太监每逢赏赐皆是一月钱粮，食四两钱粮首领太监即得四两赏银，食三两钱粮太监即得三两赏钱。若辈希图多得钱两，尚有愿在黄车当差者。自一律改赏二两之后，伊等无所希冀，不复当此差使，只令掌仪司及各等处微末太监充当塞责，此皆由该总管等不能秉公拣派实力查管，又复卑鄙见小，实属不堪。因小失大，流弊伊于何底。该总管太监等，俱著传旨严行申饬，并交内务府大臣议罪。嗣后，总管太监等务须小心勤慎，循分当差，如仍前废弛怠玩，再有似此蔽混之事，必将伊等从重治罪。将此旨交敬事房存记。传与各太监敬谨遵行。

乾隆五十五年十月二十九日总管王承义等奉

上谕，著传谕宫内及外围圆明园、清漪园各等处首领太监知之：画舫斋、得性轩被窃遗失陈设等件，经大臣等审讯，据首领太监供称：有十余日不曾进殿担扫，二十四日进殿始行知觉被窃，等语。首领并未查看，其情可恶。将首领张进颜、王太平即行发遣，太监等严行审讯。嗣后，各处首领所司各地方，务要勉力勤劳，不时查看，令太监等小心看守当差，日久不可废弛。著总管等不时稽查，似此猾懒不堪之首领太监，尔等查出指名参处，照张进颜、王太平等一例治罪。将此旨著敬事房记载档案。

乾隆五十六年正月二十二日军机大臣等奉

上谕，传谕总管萧得禄：伊参奏圆明园总管一事，所参甚是。但理宜具折，不应口奏。至总管赵进忠夜间虽在长春园上夜，平日失于稽查，亦有应得之咎。萧得禄与赵进忠曾在淳化轩一处当差，是以未将伊指参，此系萧得禄徇私之处。萧得禄、赵进忠俱著各罚一个月月银。刘进忠、吴天成各宽免三个月。仍各罚三个月月银。再，乾清宫总管原有管辖圆明园之责，嗣后圆明园首领太监若有过犯，总管等径行管责，不必告知圆明园总管。

嘉庆二年五月二十日奉

太上皇帝敕旨：皇帝自受政以来，夙夜仰体朕意，承欢孝养。皇后亦克尽孝敬。朕心深为欣悦。不意皇后不幸薨逝，朕甚悼焉。今已逾百日，不但皇帝中宫不可久旷，即晨昏定省子妇之职缺如，朕心亦颇不愉。但皇后薨逝甫经百日，虽不便即举行继立皇后典礼，自应为皇帝先行册封皇贵妃。今贵妃钮祜禄氏系朕从前选择赐皇帝侧福晋者，观其人品端谨庄重，且能率下，即将贵妃钮祜禄氏册封为皇帝之皇贵妃，表率宫庭。上以孝养朕躬，佐皇帝以绥福履襄成内治，俟二十七个月后，再举行册立皇后典礼外，所有册封皇贵妃典礼者，该部衙门查例办理。

嘉庆四年正月初九日总管萧得禄、张进喜、阎进喜、常永贵、张进忠奉

上谕：朕在养心殿召见满汉大臣，仍照向例，俱由乾清门行走。惟内廷军机大臣等，准由内右门行走。有年逾七旬满汉文武大臣等，亦准由内右门行走。懋勤殿行走之官员赵秉冲及匠役人等，出入走内右门。本处太监带领太医院值班御医出入走乾清门。本处太监带领茶膳房章京、柏唐阿、厨役值年内管领出入走内右门，不许进月华门。遵义门值班侍卫一名，柏唐阿二名，随膳行走。本处首领太监带领传行关防造办处官员进内接活计，出入走内右门。内庭工程营造司官员匠役人等如有差务放匠报门总管奏知放匠。再，军机处满汉章京，只许在南书房办事，不许向别处行走。出入随军机大臣走乾清门，如朕在某处召见军机大臣，军机章京不准跟随。再，军机大臣出入取送事件，使令南书房太监。

正月初十日总管张进喜、常永贵奉

上谕：本月十九日在西厂子搭四方毡房一座，前搭布棚周围设黄布城办事，不必设床，止铺白毡，用灯草褥二块。设座布棚前东西配搭蒙古包各一座，著军机王大臣办事，如引见官员，出入由中

正殿门行走。二十三日住咸福宫,不必设床,仍铺白毡灯草褥,俟二月初三日,初满月大祭礼毕,再行设床。四方毡房内,亦照常安设床褥。引见时,布棚下更换大床。

正月十六日奉

上谕:总管首领太监内,从前曾经赏过貂褂、海龙褂者,概不许穿用,任其典买卖收存。

三月初八日奉

上谕:向来阿哥等俱戴用红绒结顶帽,朝帽系戴用红宝石顶。惟夏季遇有戴雨缨时,与常人无所区别。嗣后,如戴用雨缨帽时,即著戴用宝石顶。

四月十一日总管萧得禄等奉

上谕:从前宫中太监缺额者,皆因外边王公大臣使令太监过多,原无定额。今朕钦定诸王、贝勒、贝子、公等使令太监,各有额数,不许多增。如有逾额者,令其送进宫内,交总管等分拨当差。嗣后,停止挑取旗下太监。再,朕披阅现行则例,各处太监额数内竟有与则例不符者,或以前有增减之处,尔总管等详细查明,并将各处首领太监额数查核,量其差务酌加增减。先将养牲处鸽子房二处裁汰,再将圆明园、清漪园、静明园太监酌定额数。其所用太监数目,较比以前钦定额数分晰汇奏,以便将来修理现行则例。

四月二十二日养心殿总管梁进忠奉

上谕:内务府大臣缊布奏,查抄入宫西直门外白石桥地一顷零九亩,著赏给宫内圆明园、清漪园、静明园太监等取租,以为永远料理众太监等恩济庄庙宇香火并太监等茔地需用之费。其应得执照者,缊布办给。

四月二十三日奉

上谕:昨赏太监等地一顷零九亩,所取租银不敷一年香火等项之用。此外尚有地一顷八十亩,与此地毗连,著加赏众太监及南府景山太监等取租。嗣后,南府景山总管首领太监亡故者,亦于恩济庄太监茔地内埋葬，不必入于外学教习学生茔地。

十一月初三日礼部尚书德明遵旨

查明将太庙太监首领王德顺赏给七品顶戴，副首领张禄、韩成赏给八品顶戴，所有钱粮照例支给，毋庸再加增。于本月十二日经总管萧得禄等具奏，奉旨俟补修则例时，将此七品官职首领一名、八品官职副首领二名，载入则例。

十一月初六日总管萧得禄等奉

上谕，谕宫内及南府景山总管等，近因审讯监督广霈一案，供出曾送过吴天成食物。据吴天成供称，五月八月节送过监督广霈食物三次，广霈给过银四百两，内有搬运陈设园户等饭食开销，尚存银二百八十两以备西爽村安摆陈设应用。余剩银两，总管首领太监均分。据王吉祥供称，送过监督广霈纱袍一件、沉香朝珠一盘，广霈给过王吉祥银五十两、杨木檩三十根、碎甋二方。据刘进喜供称，送过监督广霈火羊皮二十五张、荷包扇子等物，广霈给过刘进喜银一百两。似此纵意徇私，大干法纪。将此供单著奏事太监交军机大臣照单审讯广霈。再，圆明园、清漪园、静明园等处太监，素来恶习与监督交好情弊，朕早已知之。嗣后，务要严行禁止内外交结，将吴天成降为七品总管，王吉祥、刘进喜革去顶戴，降为无职首领。仍交与军机大臣随广霈之案，从重治罪。再，将吴开成现收银二百八十两、刘进喜银一百两、王吉祥银五十两，著即追交敬事房。王吉祥杨木檩三十根、碎甋二方，著追交盛住以备工程应用。此后再有此等事件，必严加治罪，决不轻恕。

十一月二十二日总管内务府大臣等奉

上谕：祭神房太监白进孝，于本月十八日初次逃走，宫殿监督领侍萧得禄未经具奏，甚属不合。总管太监常永贵理应会同总管等参奏之事，乃竟一人参奏，实属狂妄。萧得禄、常永贵俱著交内务府大臣议罪。

嘉庆五年七月初四日奉

上谕：朕临御以来，凡于内庭太监等频加赏赉，屡有恩施，乃竟不知感戴，渐至骄纵。甚至本日补放五品总管时，萧得禄胆敢于朕前妄行渎奏，滥保常永贵可胜五品总管之职，实属谬妄已极，若不严行惩治，无足以示儆诫。萧得禄著革去督领侍，降为食二两钱粮太监，著往裕陵当差。常永贵平日在敬事房于差务尚为熟习，是以屡次加恩，近来渐多狂妄，今竟敢于朕前欲辞总管往万年吉地当差，是其骄纵已甚。常永贵著革去六品总管，降为八品首领仍食四两钱粮，在万寿山当差，交管理三山大臣不时稽查。伊若再不知悛改，即行参奏严办。所有督侍之缺，著张进喜补授。其五品总管之缺，著阎进喜、马朝栋补授。其六品总管之缺，著裕陵首领太监张国泰补授。并著内务府大臣派委司员将萧得禄解任，即带领张国泰来京当差。

嘉庆八年闰二月二十日奉

上谕：大内门禁关防实为紧要，是以朕谆谆降旨教导，原恐不法之人滋生事端。今再严传等处他他内雇觅苏拉厨役，如有酗酒不法无籍之徒，即行逐出，不可容留在内佣工。嗣后，如有雇觅人等，俱要知来历有保人方许留用。再，向例随侍等处当差之太监，俱系进宫年久之人。近来有新进太监，尔等即补随侍等处当差，至茶膳房系办理御用口味之地，尤关紧要，新进太监尤不可补给当差。嗣后，如有新进太监补给外围各门当差，俟过三年后，看其老实勤慎，再拨给随侍等处茶膳房各宫内庭下当差，以后为例。再，传与圆明园总管等，嗣后，紧守园庭门禁关防，如有新进太监，亦拨给外围远处当差，俟过三年后，看其勤慎老实，再拨给九洲清宴内围等处当差。敬谨遵行。著为例。

嘉庆十年正月二十五日奉

上谕：本日朕恭阅皇考高宗纯皇帝实录，乾隆四十一年二月内钦奉谕旨，养心殿太监等遇有零星活计，辄传唤造办处各项匠役整理，漫无稽核，殊属非是。圆明园等处亦然。宫殿重地，遇有应行修整之事，应告知总管内务府大臣派员放匠，不当任听太监等专擅径行。昔皇祖时，曾有谕旨饬禁，载在《宫史》，今相沿日久，太监等漫无顾忌，著交总管内务府大臣严行禁止。嗣后，如有必须放匠修整活计之事，俱令呈明该总管大臣，派员查点。仍将某处放进次数，于年底汇折具奏。钦此。仰见皇考只循成宪训诫详明，允宜实力奉行，日久弗懈。朕前曾叠次降旨申严（下缺）

（《掌故丛编》原注： 原书《宫中现行则例》止于此。其他各卷内容可参考本书《清宫典礼》、《清宫官制》）

（故宫博物院编：《掌故丛编》，一九二八年印行）

清宫典礼

（一）

官规谨按钦定宫中现行则例开载编录

一、位号　本朝定制，皇帝尊圣祖母为太皇太后，尊圣母为皇太后，居慈宁、寿康、宁寿等宫。奉太妃、太嫔等位随居。皇后居中宫，主内治。皇贵妃一位、贵妃二位、妃四位、嫔六位，分居东西十二宫，佐内治。自贵妃以下封号，俱由内阁恭拟进呈，钦定册封。贵人、常在、答应俱无定位，随居十二宫，勤修内职。

一、宫女子额数　皇太后宫十二名，皇后宫十名，皇贵妃位下八名，贵妃位下八名，妃位下六名，嫔位下六名，贵人位下四名，常在位下三名，答应位下二名。

一、内庭位次各有差等，须各依本分位次，谦恭和顺，接上以敬，待下以礼，非奉宫首领、太监、女子不可擅行使令。

一、皇帝驾临内宫，本宫居住之内庭等位咸迎于本宫门外，立。俟驾至随行进宫，驾回，仍送于本宫门外。若皇后驾临，各宫迎送之仪亦如之。

一、内庭等位遇娠，每日食用照常额加半。有生母者许进内照看。本宫首领太监照常上夜外，宫殿监奏派总管太监一员率敬事房太监及御药房首领太监等上夜。

一、凡皇子诞生未赐名者，皆称皇子，不按位次称呼。蒙赐名，始称皇几子。其赐名之例，由宗人府奏请。奉旨后，内务府知会宫殿监，宫殿监奏交内阁拟嘉名，具折呈览，恭候钦定后，宫殿监知会内务府转行宗人府登记，俟恭修玉牒载入。

一、凡皇太后、皇后、皇贵妃、贵妃、妃、嫔之父，姓名、官位，宫殿监敬谨登记，遇恭修玉牒，由宗人府奏请咨行内务府，转行宫殿监。宫殿监查明缮折奏闻后，交内务府转行宗人府载入玉牒。

恭逢皇子、公主诞生，其年、月、日、时，系内庭某位某氏所生，宫殿监敬谨登记，遇恭修玉牒载入。皇孙、皇孙女并同。

一、内庭等位父母年老，奉特旨许入宫会亲者，或一年，或数月，许本生父母入宫，家下妇女不许随入。其余外戚一概不许入宫。

一、各宫首领遇年节奉主命往外家，或以事故慰问前往者，不许传宣内外一切事情。宫殿监时加稽察，倘不加稽察、别行发觉者，将宫殿监与犯者一并从重治罪。

一、凡已出宫女子，不许复进宫出入，妄传内外一切事情，亦不许差人至宫门与本主请安。

一、凡各宫女子，不许与太监等认为亲戚。非奉本主使令，不许擅相交语并嘻笑喧哗。各宫小太监许于本宫内掖门出入。每夜起更时，各宫首领进本宫查看灯火毕，随出，锁掖门，报知故事房。

一、凡宫殿监等处太监行路或遇各宫女子，皆让女子走过再行，不许搀杂争路。

恭进实录、圣训

每遇恭进实录、圣训，由内阁奏请行内务府，知会宫殿监。是日，宫殿监传派举案首领太监等具蟒袍补褂，齐集乾清门。俟侍卫等恭举实录、圣训黄案至，宫殿监率首领太监等接举。宫殿监领侍二人前引，由丹陛进乾清宫暖阁，交本房官员敬谨安奉，毕，宫殿监设香案，俟皇帝前朝礼毕还宫时恭请诣香案前行礼。

御宝开封并请用

每岁正月，钦天监豫择吉日开宝。掌仪司知会宫殿监先期奏闻。届日，宫殿监率交泰殿首领太监等设供案殿中，（香烛果酒之品各具。）行三跪九叩首礼，应吉时开封，陈宝于案，奏请皇帝拈香行礼。礼毕，捧宝贮匣内如仪。岁暮封宝，钦天监豫择日期。前一日，内阁具奏。届日，内阁学士一员，率典籍诣乾清门。门左设黄案。宫殿监率交泰殿首领太监恭启宝匣，捧宝出陈案上。学士率典籍等洗拭如仪毕，交泰殿首领仍捧入恭贮于匣。其封宝之仪与开宝同。

恭遇皇帝巡幸启銮之日，内阁学士一员率典籍至乾清门请宝。宫殿监率交泰殿首领太监捧宝出，交学士祗领，驰送驻跸行宫，交总管太监收入。至回銮日，学士等仍由驻跸行宫领出，捧至乾清门，交宫殿监。宫殿监率交泰殿首领太监捧安原处。

凡一应诰勅用宝，内阁先期列件具奏。届期，内阁学士一员率典籍会同总管内务府大臣诣乾清门。门左豫设黄案，宫殿监率交泰殿首领太监捧宝出于黄案上，验同押用。登记数目讫，学士退。宫殿监等捧宝入，恭贮原处。

进时宪书

每岁十月朔，钦天监恭进时宪书。先期，掌仪司知会宫殿监，率各该处首领太监等具蟒袍补褂，齐集乾清门，俟礼部钦天监官员恭请时宪书至，宫殿监领侍一人恭捧御览时宪书，宫殿监副侍二人前引，由乾清门中门进至御前，候皇帝御览毕，交懋勤殿首领太监收贮。是日，皇太后宫总管太监亦由掌仪司知会，率本宫首领太监等具蟒袍补褂，齐集本宫门，俟礼部钦天监官员恭请时宪书至，总管太监一人恭捧圣览时宪书，本宫首领太监二人前引，由本宫中门进，安皇太后宫。是时，宫殿监副侍一人恭捧皇后时宪书，本宫首领二人前引，亦由乾清中门进，安交泰殿。其皇贵妃、贵妃、妃等位时宪书，本宫首领太监一人捧进，本宫太监二人前引，同时随行。

进春仪

每岁立春，顺天府例进春。先期，推岁干支及立春日、时为春图，饰土牛、芒神，作春山，各为一案，恭进皇帝、皇太后、皇后。先一日，具春座昇送礼部。至期，兼管府尹、府尹、府丞具红本，与礼部堂官俱朝服集午门外。顺天府属官员率护春吏昇春座至，府学生员七十五人接昇，由中门进，兼管府尹、府尹奉，恭造皇帝春座，由昭德门进，止后左门外。宫殿监由掌仪司知会，豫率各首领太监等蟒袍补褂暨銮仪卫太监祇候。钦天监博士一员报时刻，銮仪卫太监出奉春座至乾清门，兼管府尹跪进红本并春图，总管一人按进，启门首领太监等接昇春案，由乾清中门进陈于乾清宫西暖阁。皇帝御览毕，仍请出交内务府官员，昇至太和殿东暖阁奉贮，将旧岁所进舆出。其恭进皇后宫春座，随皇帝春座至乾清门，本宫首领太监等接奉，随由中门进，宫殿监副侍二人前引，陈于交泰殿。皇后览毕，仍请出，交内务府官员昇至保和殿东暖阁奉贮，将旧岁所进舆出。时顺天府府丞同礼部官员奉恭进皇太后宫春座，由熙和门出，诣永康左门外，本宫总管太监亦先由宫殿监知会，率本宫首领太监等暨銮仪卫太监祇候。府丞跪进红本并春图，首领太监等接春座，总管太监二人前引至宝座前，陈于左。皇太后懿览毕，仍请至前殿暖阁奉贮，将旧岁所进舆出。

安设天灯

每年十二月二十四日，乾清宫丹陛上左右安设万寿灯二座，丹陛下左右安设天灯二座。届日，总管内务府大臣率员役由乾清门舆灯竿进，宫殿监率首领太监关防树灯竿讫，即悬挂天灯。自此日为始，每晚上灯，至二月初三日出灯之日为止。其万寿灯自树竿之后，左右各悬万寿宝联十六幅。（联句略）至除夕，于皇帝陛保和殿筵宴时，总管内务府大臣仍率员役由乾清门进，换联安灯，并安设两廊暨甬道石栏上灯。是夕暨元旦，正月十一、十四、十五、十六等日，俱上灯，至正月十八日出灯。其上灯之夕，宫殿监传各该处首领太监等伺候。届时宫殿监副侍一员，从乾清门引掌仪司音乐首领太监等至丹陛上两边排立，营造司首领向上行一跪一叩礼，赞"上灯"，敬事房首领太监一名同乾清门太监一名在乾清门簷下起标灯，丹陛清乐作，奏"火树星桥之章"。（辞略）营造司太监上万寿灯，各该处首领太监等上两廊及石栏灯。上毕，乐止，各退。

张挂春联、门神

每岁十二月二十六日张挂春联、门神。先期，工部奏闻。至日，外朝三大殿等处，工部、内务府官员督同匠役人等张挂。其内廷等处，由门神库太监先期报知宫殿监，宫殿监传齐营造司首领太监舆进。先自乾清门、乾清宫以及各门各宫等处验明左右，敬谨张挂。次年二月初三日仍传营造司太监等收下，交门神库太监领回收贮。

张挂宫训图

每岁十二月张挂门神、春联之日，宫殿监传知十二宫首领，将各宫钦定宫训图敬谨张挂。次年二月收门神之日，仍行收贮。

景仁宫燕姞梦兰图　御制赞曰：乙始启商，兰亦征穆。吉人在宫，天使诒縠。国香扬扬，掌梦其卜。嗜彼小星，三心五噣。椒聊远条，爰昌七族。郑多君子，宣尼所录。

承乾宫徐妃直谏图　御制赞曰：元成有言，顾为良臣。流风不振，乃自宫嫔。徐妃上书，东征抗陈。惜哉唐宗，纳而弗断。外事征讨，内营宫馆。顿忘初年，如圜斯转。

锺粹宫许后奉案图　御制赞曰：后母天下，首崇俭德。坤顺承乾，柔嘉维则。繄惟许后，贵而能抑。不忘寒微，车服是饬。日朝长乐，用修妇职。懿彼芳型，永为后式。

廷禧宫曹后重农图　御制赞曰：稼穑惟宝，王政所崇。襏襫耒耜，必亲必躬。维宋曹后，播种于宫。仿佛亲蚕，献茧效功。克勤内治，聿著芳踪。嗤彼雕镂，何事伤农。

永和宫樊姬谏猎图　御制赞曰：先民有训，聿戒禽荒。卓彼樊姬，感悟楚庄。有肉弗御，乃止王欲。一语选贤，霸功以卜。不谓妇人，克相其君。邈矣邑姜，十乱称臣。

景阳宫马后练衣图　御制赞曰：十岁持户，侯家整肃。见仪天下，六宫钦服。练裙澣衣，以率戚族。俭德之共，绥将福禄。车水马云，明训在牍。岂伊辉汉，作则椒屋。

永寿宫班姬辞辇图　御制赞曰：王者求贤，爰载后车。左右前后，正士与俱。景仰休风，三代之隆。何逮汉季，嬖媵辇从。一言称善，如圜斯转。永鉴班姬，远彼婉娈。

翊坤宫昭容评诗图　御制赞曰：玉秤降天，乃生女子。衡才汝耶，孩笑而唯。昆明赋诗，彩楼落纸。辞华哲匠，月旦自彼。千载骚坛，一时牛耳。展如之人，文亦可喜。

储秀宫西陵教蚕图　御制赞曰：在昔轩辕，正妃嫘祖。孕虞毓唐，发汤启武。得姓十二，如千子乳。创制蚕织，嫘陵为辅。衣被天下，功垂万古。后世文胜，乃崇黻黼。

启祥宫姜后脱簪图　御制赞曰：黄裳六五，以顺为正。子有几谏，妻宁无净。卓哉姜后，宫闱之镜。金镮进退，瓜瓞衍庆。肜史攸司，慎仪宜令。鸡鸣朝盈，脱珥待命。

长春宫太姒诲子图　御制赞曰：昏姻匹配，王化之始。维周勃兴，嗣徽太姒。富而能俭，贵而不恃。载在风诗，葛覃卷耳。更勤教诲，有谷诒子。昭哉嗣服，武周济美。

咸福宫婕妤当熊图　御制赞曰：圈熊攀槛，羽林惊进。得人则止，谁欤知命。婉娈季女，忠贞维性。直前当之，熊为戢横。六宫咸怍，一人倍敬。埋祸无闷，中语传竞。

进春帖子

每岁立春之前，南书房翰林等恭进春帖子词。岁内立春者，在二十日以前进，新岁立春者，在二十日以后进，交懋勤殿首领太监恭呈御览后，陈设乾清宫西暖阁温室内案上。将旧岁春帖子词换出收贮懋勤殿，仍颁赐诸翰林福字笺暨笔墨、笺纸等物。

悬挂春联彩胜

每岁立春日，宫殿监传知各宫殿首领太监等悬挂春屏彩胜。次年二月初三日彻下收贮本处。若遇新岁立春，则于十二月二十四日悬挂春屏彩胜，其彻收之日与前同。

悬挂椒屏岁轴

每岁十二月，造办处制椒屏四，懋勤殿翰林各拟吉语标题，恭颂于左方，并豫拟岁轴十联，交画院恭绘。俱由懋勤殿首领太监进呈御览后，交养心殿等处悬贴。

选看秀女

凡三年一次引选八旗秀女，由户部奏请日期。届日，于神武门外豫备，宫殿监率各该处首领太监关防，以次引看毕，引出。其秀女爷各给饭食并车价银两，俱由户部支领。

凡一年一次引进内务府所属秀女，届期，由总管内务府奏请日期，奉旨后，知会宫殿监。宫殿监奏请引看之例同。其赏给饭食并车价银两，俱由广储司支领。

宫殿事宜

一、乾清宫等处三年一次修葺，（苫补渗漏，构根墙垣，修饰地面。）由宫殿监豫行奏准，交总管内务府派员择吉修理。届日，内务府员役由内左右门分进，宫殿监率各处首领太监等关防。

一、春季换戴凉帽之日，各宫门俱换竹帘。秋季换戴暖帽之日，各宫门俱换毡帘。工部、内务府司其事。届期，宫殿监传知各宫关防。

一、每年三月,宫内等处淘沟。总管内务府选择吉日、吉时,知会宫殿监。宫殿监先期奏闻。届日,营造司员役由内左右门分进,宫殿监率各处首领太监等关防。

一、每年四月修鱼池,换新水。九月培葡萄,藏盖周密,至次年四月出之,引蔓架上。俱由奉宸苑知会宫殿监豫行奏闻。届日,奉宸苑官员督役由顺贞门进,宫殿监率首领太监等关防。

一、宫殿庭院设有贮水大铜铁缸座,平时俱满贮清水,每岁小雪节安设缸盖,盖中设铁屉,贮火融冰。至开年惊蛰节撤去其缸盖铁屉。营造司首领太监等掌之。用火融冰,熟火处首领太监等掌之。统司于宫殿监。凡用火日期先后,俱宫殿监酌量气候寒暖传知,熟火处遵行。

一、乾清宫等处安设激桶六十五架,慈宁宫等处安设激桶十架,宁寿宫等处安设激桶十架。每月二十五日,宫殿监率首领太监等查看,或有风干漏水之处,即行修理。其遮盖激桶布单,每遇岁暮染新。经五年后有损坏者,由宫殿监行文广储司换给。

一、每年冬季,各宫殿宝座炕上铺设红毡、白毡有应更换之处,由武备院先期奏请知会宫殿监。宫殿监查看酌量应否更换若干,具牌奏闻,得旨后,知会武备院,定期率员役舆毡由内右门进至各处,按丈尺铺设。宫殿监率各处首领太监关防。

一、每年冬季,各宫殿糊窗,由内管领理事关防处选择吉日、吉时,豫行奏请知会宫殿监。宫殿监查看酌量或更换新纸,或仍旧修补之处,具牌奏闻,得旨后,知会武备院。届日,内管领员役进内右门,至各处糊饰。宫殿监率各处首领太监关防。

一、各宫坐更处,每岁小雪节,宫殿监传营造司首领太监等安设毡棚,至开年惊蛰节撤去。

一、每年十二月,各宫殿扫尘,内管领理事关防处选择吉日、吉时奏闻,知会宫殿监。宫殿监具牌奏闻。届日,内管领员役进内右门，由月华门至乾清宫、坤宁宫等处扫尘，宫殿监率首领太监等关防。其十二宫等处由宫殿监传知扫尘。

（二）

冠服

皇太后

薰貂朝冠、青绒朝冠，并缀红缨。正中顶一座，三层，贯三等东珠各一，皆承以金凤。饰二等东珠各三，三等珍珠各一，小珍珠各十六。上衔三等大东珠一。红缨上周缀金凤七，饰二等东珠各九，小珍珠各二十一，貓睛石各一。后金翟一，饰小珍珠十六，貓睛石一。翟尾垂珠，五行二就，共四等珍珠三百有二，每行二等珍珠一。中间金桃花一，衔青金石，两面饰二等东珠六，三等珍珠六，末缀珊瑚。冠后护领垂明黄绦二，末缀宝石。青缎为带。

金约　周围金云十三，衔二等东珠各一，间以青金石，红片金为里。后系金衔松石结，珠下垂、五行三就，共四等珍珠三百二十四，每行二等珍珠一。中间青金石方胜二，两面衔二等东珠各八，三等珍珠各八，末缀珊瑚。

珥　左右各三，以金为龙形，末锐下曲，各衔头等东珠二。

领约　周围金云十一，衔二等东珠各一，间以珊瑚及三等东珠、二等珍珠各四。垂明黄绦二，中贯珊瑚、背云各一。末缀松石各二。

朝珠　中左右共三盘，中以三等东珠，左右以珊瑚、佛头、记念、背云、大小坠珠宝杂饰惟其宜。绦俱明黄色。

彩帨　以绿色绸为之，绣"五谷丰登"。佩箴管、縏袠之属。绦俱明黄色。

绵缎有褶朝褂　石青色，片金缘，上绣立龙四，下通襞积为行龙及"万福万寿",四层相间。领后垂明黄绦。

绵缎朝褂、纱朝褂　并用石青色,片金缘,前绣行龙四,后正龙一、行龙二。下幅"八宝平水"。领后垂明黄绦。

黄貂皮缘缎朝袍、海龙皮缘缎朝袍、绵缎朝袍、纱朝袍并用明黄色,披领及袖俱石青色,片金缘,以黄貂、海龙缘者加于外。前后绣正龙各一,两肩行龙各二,下幅行龙五。间以五色云,周围"八宝平水"。披领行龙二,袖端正龙一. 袖相接处行龙各二。领后垂明黄绦。

海龙皮缘灰鼠皮里缎朝裙、绵缎朝裙、纱朝裙　并用红色织金寿字,下镶石青行龙粧缎,纱亦如之。片金缘,以海龙皮缘者加于外。皆正幅。有襞积。

薰韶吉服冠、青绒吉服冠　并缀红缨,顶衔三等东珠一。

吉服褂　用石青色,绣八团金龙。下幅五色"八宝平水"。袖端行龙各二。春秋以缎绸,夏以纱,冬以裘,随时所宜。

吉服袍　用明黄色,领袖俱石青色,绣金龙九。间以五色云、福寿文。下幅"八宝平水"。领前后正龙各一,左右及交襟处行龙各一。袖如朝袍,左右开裾,以袭吉服褂。缎绸纱裘,随时所宜。

皇后

薰貂朝冠、青绒朝冠　并缀红缨,正中顶一座,三层,贯三等东珠各一,皆承以金凤。饰二等东珠各三,四等珍珠各一,小珍珠各十六。上衔三等大东珠一。红缨上周缀金凤七,饰二等东珠各九,小珍珠各二十一,貓睛石各一。后金翟一,饰小珍珠十六,貓睛石一。翟尾垂珠,五行二就,共四等珍珠三百有二,每行二等珍珠一。中间金桃花一,衔青金石,两面饰二等东珠六,三等珍珠六,末缀珊瑚。冠后护领垂明黄绦二,末缀宝石。青缎为带。

金约　周围金云十三,衔二等东珠各一,间以青金石,红片金为里。后系金衔松石结,珠下垂,五行三就,共四等珍珠三百二十四,每行二等珍珠一。中间青金石方胜二,两面衔二等东珠各八,三等珍珠各八。末缀珊瑚。

珥　左右各三,以金为龙形,末锐下曲,各衔头等东珠二。

领约　周围金云十一,衔二等东珠各一,间以珊瑚及三等东珠、二等珍珠各四。垂明黄绦二,中贯珊瑚、背云各一,末缀松石各二。

朝珠　中左右共三盘,中以三等东珠,左右以珊瑚、佛头、记念、背云、大小坠珠宝杂饰惟其宜。绦俱明黄色。

彩帨　以绿色绸为之,绣"五谷丰登"。佩箴管、縏袠之属。绦皆明黄色。

绵缎有襵朝裙　石青色,片金缘,上绣立龙四,下通襞积为行龙及"万福万寿",四层相间。领后垂明黄绦。

绵缎朝裙、纱朝裙　并用石青色,片金缘,前绣行龙四,后正龙一、行龙二,下幅"八宝平水"。领后垂明黄绦。

黄貂皮缘缎朝袍、海龙皮缘缎朝袍、绵缎朝袍、纱朝袍　并用明黄色,披领及袖俱石青色,片金缘,以黄貂、海龙缘者加于外。前后绣正龙各一,两肩行龙各二,下幅行龙五。间以五色云,周围"八宝平水"。披领行龙二,袖端正龙一。袖相接处行龙各二。领后垂明黄绦。

海龙皮缘灰鼠皮里缎朝裙、绵缎朝裙、纱朝裙　并用红色织金寿字,下镶石青行龙粧缎,纱亦如之。片金缘,以海龙皮缘者加于外。皆正幅。有襞积。

薰貂吉服冠、青绒吉服冠　并缀红缨,顶衔三等东珠一。

吉服裙　用石青色,绣八团金龙。下幅五色"八宝平水"。袖端行龙各二。春秋以缎绸,夏以纱,冬以裘,随时所宜。

吉服袍　用明黄色,领袖俱石青色,绣金龙九。间以五色云、福寿文。下幅"八宝平水"。领前后正龙各一,左右及交襟处行龙各一。袖如朝袍,左右开裾,以袭吉服裙。缎绸纱裘,随时所宜。

皇贵妃

薰貂朝冠、青绒朝冠　并缀红缨，正中顶一座，三层，贯三等东珠各一，皆承以金凤。饰二等东珠各三，四等珍珠各一，小珍珠各十六。上衔三等大珍珠一。红缨上周缀金凤七，共饰二等东珠十九，三等东珠四十四，小珍珠各二十一。后金翟一，饰小珍珠十六，貓睛石一。翟尾垂珠，三行二就，共四等珍珠二百五十五。中间金桃花一，衔青金石，两面饰二等东珠四，二等珍珠四，末缀珊瑚。冠后护领垂明黄绦二，末缀宝石。青缎为带。

金约　周围金云十二，衔二等东珠各一，间以珊瑚，红片金为里。后系金衔松石结，珠下垂，三行三就，共四等珍珠二百四十九。中间青金石方胜二，两面衔二等东珠各六，二等珍珠各六。末缀珊瑚。

珥　左右各三，以金为龙形，末锐下曲，各衔二等东珠二。

领约　周围金云七，衔二等东珠各一，间以珊瑚，垂明黄绦二，中贯珊瑚、背云各一，末缀珊瑚各二。

朝珠　中左右共三盘，中以三等珍珠，左右以青金石、佛头、记念、背云、大小坠珠宝杂饰惟其宜。绦俱明黄色。

彩帨　以绿色绸为之，绣"五谷丰登"。佩箴管，縏袠之属。绦俱明黄色。

绵缎有褶朝褂　石青色，片金缘，上绣立龙四，下通襞积为行龙及"万福万寿"，四层相间。领后垂明黄绦。

绵缎朝褂、纱朝褂　并用石青色，片金缘，前绣行龙四，后正龙一、行龙二。下幅"八宝平水"。领后垂明黄绦。

黄貂皮缘缎朝袍、海龙皮缘缎朝袍、绵缎朝袍、纱朝袍　并用明黄色，披领及袖俱石青色，片金缘，以黄貂、海龙缘者加于外。前后绣正龙各一，两肩行龙各二，下幅行龙五，间以五色云，周围"八宝平水"。披领行龙二，袖端正龙一。袖相接处行龙各二。领后垂明黄绦。

海龙皮缘灰鼠皮里缎朝裙、绵缎朝裙、纱朝裙　并用红色织金寿字，下镶石青行龙粧缎，纱亦如之。片金缘，以海龙皮缘者加于外。皆正幅。有襞积。

薰貂吉服冠、青绒吉服冠　并缀红樱，顶衔三等东珠一。

吉服褂　用石青色，绣八团金龙。下幅五色"八宝平水"。袖端行龙各二。春秋以缎绸，夏以纱，冬以裘，随时所宜。

吉服袍　用明黄色，领袖俱石青色。绣金龙九，间以五色云、福寿文。下幅"八宝平水"。领前后正龙各一，左右及交襟处行龙各一。袖如朝袍，左右开裾，以袭吉服褂。缎绸纱裘，随时所宜。

贵妃

薰貂朝冠、青绒朝冠　并缀红缨，正中项一座，三层，贯三等东珠各一，皆承以金凤。饰二等东珠各三、四等珍珠各一，小珍珠各十六。上衔三等大珍珠一。红缨上周缀金凤七，共饰二等东珠十九，三等东珠四十四，小珍珠各二十一。后金翟一，饰小珍珠十六，猫睛石一。翟尾垂珠，三行二就，共四等珍珠二百五十五。中间金桃花一，衔青金石，两面饰二等东珠四，二等珍珠四，末缀珊瑚。冠后护领垂金黄绦二，末缀宝石。青缎为带。

金约　周围金云十二，衔二等东珠各一，间以珊瑚，红片金为里。后系金衔松石结，珠下垂，三行三就，共四等珍珠二百四十九。中间青金石方胜二，两面衔二等东珠各六，二等珍珠各六。末缀珊瑚。

珥　左右各三，以金为龙形，末锐下曲，各衔二等东珠二。

领约　周围金云七，衔二等东珠各一，间以珊瑚。垂金黄绦二，中贯珊瑚、背云各一，末缀珊瑚。

朝珠　中左右共三盘，中以三等珍珠，左右以青金石、佛头、记念、背云、大小坠珠宝杂饰惟其宜。绦俱金黄色。

彩帨　以绿色绸为之，绣"五谷丰登"。佩箴管、縏袠之属。绦俱金黄色。

绵缎有襵朝裙　石青色，片金缘，上绣立龙四，下通襞积为行龙及"万福万寿"，四层相间。领后垂金黄绦。

绵缎朝裙、纱朝裙　并用石青色，片金缘，前绣行龙四，后正龙一、行龙二。下幅"八宝平水"。领后垂金黄绦。

黄貂皮缘缎朝袍、海龙皮缘缎朝袍、绵缎朝袍、纱朝袍　并用金黄色，披领及袖俱石青色，片金缘，以黄貂、海龙缘者加于外。前后绣正龙各一，两肩行龙各二，下幅行龙五，间以五色云，周围"八宝平水"。披领行龙二，袖端正龙一。袖相接处行龙各二。领后垂金黄绦。

海龙皮缘灰鼠皮里缎朝裙、绵缎朝裙、纱朝裙　并用红色织金寿字，下镶石青行龙粧缎，纱亦如之。片金缘，以海龙皮缘者加于外。皆正幅。有襞积。

薰貂吉服冠、青绒吉服冠　并缀红缨，顶衔三等东珠一。

吉服裙　用石青色，绣八团金龙，下幅五色"八宝平水"。袖端行龙各二。春秋以缎绸，夏以纱，冬以裘，随时所宜。

吉服袍　用金黄色，领袖俱石青色。绣金龙九，间以五色云、福寿文，下幅"八宝平水"。领前后正龙各一，左右及交襟处行龙各一。袖如朝袍，左右开裾，以袭吉服裙。缎绸纱裘，随时所宜。

妃

薰貂朝冠、青绒朝冠　并缀红樱，正中顶一座，二层，贯五等东珠各一，皆承以金凤。饰三等东珠各三，四等珍珠各一，小珍珠各十六．上衔猫睛石一。红缨上周缀金凤五，饰三等东珠各七，小珍珠各二十一。后金翟一，饰小珍珠十六，猫睛石一。翟尾垂珠，三行二就，共四等珍珠一百八十八。中间金桃花一，衔青金石，两面饰三等东珠四，二等珍珠四，末缀珊瑚。冠后护领垂金黄绦二，末缀宝石。青缎为带。

金约　周围金云十一，衔三等东珠各一，间以青金石，红片金为里。后系金衔松石结，珠下垂，三行三就，共四等珍珠一百九十七。中间青金石方胜二，两面衔三等东珠各六，二等珍珠各六。末缀珊瑚。

珥　左右各三，以金为龙形，末锐下曲，各衔三等东珠二。

领约　周围金云七，衔三等东珠各一，间以珊瑚。垂金黄绦二，中贯珊瑚、背云各一，末缀珊瑚各三。

朝珠　中左右共三盘，中以珊瑚，左右以琥珀、佛头、记念、背云、大小坠珠宝杂饰惟其宜。绦俱金黄色。

彩帨　以绿色绸为之，绣"云芝瑞草"。佩箴管、縏袠之属。绦皆金黄色。

绵缎有褶朝袿　石青色，片金缘，上绣立龙四，下通襞积为行龙及"万福万寿"，四层相间。领后垂金黄绦。

绵缎朝袿、纱朝袿　并用石青色，片金缘，前绣行龙四，后正龙一、行龙二。下幅"八宝平水"。领后垂金黄绦。

黄貂皮缘缎朝袍、海龙皮缘缎朝袍、绵缎朝袍、纱朝袍　并用金黄色，披领及袖俱石青色，片金缘，以黄貂、海能缘者加于外。前后绣正龙各一，两肩行龙各二，下幅行龙五。间以五色云，周围"八宝平水"。披领行龙二，袖端正龙一。袖相接处行龙各二。领后垂金黄绦。

海龙皮缘灰鼠皮里缎朝裙、绵缎朝裙、纱朝裙　并用红色织金寿字，下镶石青行龙粧缎，纱亦如之。片金缘以海龙皮缘者加于外。皆正幅。有襞积。

薰貂吉服冠、青绒吉服冠　并缀红红缨，顶衔碧琂玒。

吉服袿　用石青色，绣八团金龙，下幅五色"八宝平水"。袖端行龙各二。春秋以缎绸，夏以纱，冬以裘，随时所宜。

吉服袍　用金黄色，领袖俱石青色，绣金龙九，间以五色云、福寿文。下幅"八宝平水"。领前后正龙各一，左右及交襟处行龙各一。袖如朝袍，左右开裾，以袭吉服褂。缎绸纱裘，随时所宜。

嫔

薰貂朝冠、青绒朝冠　并缀红缨，正中顶一座，二层，贯无光东珠各一，皆承以金翟。饰无光东珠各三，四等珍珠各一，小珍珠各十六。上衔碟子一。红缨上缀金翟五，饰无光东珠各五，小珍珠各十九。后金翟一，饰小珍珠十六。翟尾垂珠，三行二就，共四等珍珠一百七十二。中间金桃花一，衔青金石，两面饰无光东珠三，二等珍珠三，末缀珊瑚。冠后护领垂金黄绦二，末缀宝石。青缎为带。

金约　周围金云八，衔无光东珠八，间以青金石，红片金为里。后系金衔松石结，珠下垂，三行三就，共珍珠一百七十七。中间青金石方胜二，两面衔无光东珠各四，次等珍珠各四，末缀珊瑚。

珥　左右各三，以金为龙形，末锐下曲，各衔四等东珠三。

领约　周围金云七，衔无光东珠各一，间以珊瑚。垂金黄绦二，中贯珊瑚、背云各一，末缀珊瑚各二。

朝珠　中左右共三盘，中以珊瑚，左右以琥珀、佛头、记念、背云、大小坠珠宝杂饰惟其宜。绦俱金黄色。

绵缎有褶朝褂　石青色，片金缘，上绣立龙四，下通襞积为行龙及"万福万寿"，四层相间。领后垂金黄绦。

绵缎朝褂、纱朝褂　并用石青色，片金缘，前绣行龙四，后正龙一、行龙二。卜幅"八宝平水"。领后垂金黄绦。

黄貂皮缘缎朝袍、海龙皮缘缎朝袍、绵缎朝袍、纱朝袍　并用香色，披领及袖俱石青色，片金缘，以黄貂、海龙缘者加于外。前后绣正龙各一，两肩行龙各二，下幅行龙五，间以五色云，周围"八宝平水"。披领行龙二，袖端正龙一。袖相接处行龙各二。领后垂金黄绦。

海龙皮缘灰鼠皮里缎朝裙、绵缎朝裙、纱朝裙　并用红色织金寿字，下镶石青行龙粧缎，纱亦如之。片金缘以海龙皮缘者加于外。皆正幅。有襞积。

薰韶吉服冠、青绒吉服冠　并缀红缨，顶衔碧琠珧玒。

吉服褂　用石青色，上绣金龙四团，下绣夔龙四团。春秋以缎绸，夏以纱，冬以裘，随时所宜。

吉服袍　用香色，领袖俱石青色，绣金龙九，间以五色云、福寿文。下幅"八宝平水"。领前后正龙各一，左右及交襟处行龙各一。袖如朝袍，左右开裾，以袭吉服褂。缎绸纱裘，随时所宜。

贵人

吉服褂　用石青色，绣八团夔龙，春秋以缎绸，夏以纱，冬以裘，随时所宜。

吉服袍　用香色，领袖俱石青色，绣金龙九，间以五色云、福寿文，下幅"八宝平水"。领前后正龙各一，左右及交襟处行龙各一。袖如朝袍，左右开裾，以袭吉服褂。缎绸纱裘，随时所宜。

皇子福晋

薰貂朝冠、青绒朝冠　并缀红缨，正中金龙顶一座，二层，饰五等东珠十，上衔红宝石。红缨上周缀金孔雀五，饰五等东珠各七，小珍珠共三十九。后金翟一，翟尾垂小珍珠，三行二就。（不计粒数，共重一两六钱。）中间金桃花一，衔青金石，末缀珊瑚。冠后护领垂金黄绦二，末亦如之。青缎为带。

金约　周围金云九，衔五等东珠各一，间以青金石，红片金为里。后系金衔青金石结，珠下垂，三行三就。（用小珍珠不计粒数、共重一两六钱。）中间青金石方胜二，末缀珊瑚。

珥　左右各三，用金，衔五等东珠各二。

领约　周围金云七，衔五等东珠各一，间以珊瑚，垂金黄绦二，中贯珊瑚、背云各一，末缀珊瑚各二。

朝珠　中左右共三盘，中以珊瑚，左右以琥珀、佛头、妃念、背云、大小坠珠宝杂饰惟其宜。绦俱金黄色。

彩帨　以月白绸为之，不绣花文，结佩惟宜。绦俱金黄色。

绵缎有褶朝褂　石青色，片金缘，上绣立龙四，下通襞积为行龙及"万福万寿"，四层相同。领后垂金黄绦。

绵缎朝褂、纱朝褂　并用石青色，片金缘，前绣行龙四，后正龙一、行龙二，下幅"八宝平水"。领后垂金黄绦。

黄貂皮缘缎朝袍、海龙皮缘缎朝袍、绵缎朝袍、纱朝袍　并用香色，披领及袖俱石青色，片金缘，以黄貂、海龙缘者加于外，前后绣正龙各一，两肩行龙各二，下幅行龙五，间以五色云，周围"八宝平水"。披领行龙二，袖端正龙一。袖相接处行龙各二。领后垂金黄绦。

海龙皮缘灰鼠皮里缎朝裙、绵缎朝裙、纱朝裙　并用红色织金寿宇，下镶石青行龙粧缎，纱亦如之。片金缘以海龙皮缘者加于外。皆正幅。有襞积。

薰貂吉服冠、青绒吉服冠　并缀红缨，顶衔碧琈玒。

吉服褂　用石青色，绣四团龙。春秋以缎绸，夏以纱，冬以裘，随时所宜。

吉服袍　用香色，领袖俱石青色，绣金龙九，间以五色云、福寿文，下幅"八宝平水"。领前后正龙各一，左右及交襟处行龙各一。袖如朝袍，左右开裾，以袭吉服褂。缎绸纱裘，随时所宜。

皇子侧室福晋

薰貂朝冠、青绒朝冠　并缀红缨，正中金龙顶一座，二层，饰五等东珠九，上衔红宝石。红缨上周缀金孔雀五，饰五等东珠各五，小珍珠共三十九。后金翟一，翟尾垂小珍珠，三行二就。（不计粒数，共重一两六钱。）中间金桃花一，衔青金石，末缀珊瑚。冠后护领垂金黄绦，末亦如之。青缎为带。

金约　周围金云八，衔五等东珠各一，间以青金石，红片金为里。后系金衔青金石结，珠下垂，三行三就。（用小珍珠不计粒数，约重一两六钱。）中间青金石方胜二，末缀珊瑚。

珥　左右各三，用金，衔五等东珠各二。

领约　周围金云七，衔五等东珠各一，间以珊瑚，垂金黄绦二，中贯珊瑚、背云各一，末缀珊瑚各二。

朝珠　中左右共三盘，中以珊瑚，左右以琥珀、佛头、记念、背云、大小坠珠宝杂饰惟其宜。绦俱金黄色。

绵缎有襀朝褂　石青色，片金缘，上绣立龙四，下通襞积为行龙及"万福万寿"，四层相间。领后垂金黄绦。

绵缎朝褂、纱朝褂　并用石青色，片金缘，前绣行龙四，后正龙一，行龙二，下幅"八宝苹水"。领后垂金黄绦。

黄貂皮缘缎朝袍、海龙皮缘缎朝袍、绵缎朝袍、纱朝袍　并用香色，披领及袖俱石青色，片金缘，以黄貂、海龙缘者加于外，前后绣正龙各一，两肩行龙各二，下幅行龙五，间以五色云，周围"八宝平水"。披领行龙二，袖端正龙一。袖相接处行龙各二。领后垂金黄绦。

海龙皮缘灰鼠皮里缎朝裙、绵缎朝裙、纱朝裙　并用红色织金寿字，下镶石青行龙粧缎，纱亦如之。片金缘以海龙皮缘者加于外。皆正幅。有襞积。

薰貂吉服冠、青绒吉服冠　并缀红缨，项衔碧珬弘。

吉服褂　用石青色，绣四团龙，春秋以缎绸，夏以纱，冬以裘，随时所宜。

吉服袍　用香色，领袖俱石青色，绣金龙九，间以五色云、福寿文，下幅"八宝平水"。领前后正龙各一，左右及交襟处行龙各一。袖如朝袍，左右开裾，以袭吉服褂。缎绸纱裘，随时所宜。

（三）

仪卫

皇太后仪驾

凤轿一　通髹以黄，绘金云龙凤。顶二层，饰金凤十二。中安钑花赤金顶，衔珊珊、青金、绿松等石。明黄绫重幨，绘金龙凤。舁以十六人。

凤舆一　通髹以黄，绘金云龙凤。顶二层，饰金凤十二。中安钑花赤金顶，衔珊瑚、青金、绿松等石。明黄绫重幨，绘金龙凤。轮亦黄髹。

仪轿二　通髹以黄。赤金顶。明黄云缎为衣。舁均以八人。

仪舆二　通髹以黄。赤金顶。明黄云缎为衣。轮均黄髹。

朱氂拂尘二、金提鑪二、金香盒二、金洗一、金水盂一、金瓶二　自提鑪以下，并赤金质，钑龙凤、山水、珠火，饰珊瑚、青金、绿松等石，陈于八角盘，承以方几，并木质，朱髹，绘金龙凤。

金交椅一　木质，金髹，背饰钑金龙凤。

金方几一　木质，金髹，绘龙凤。

明黄缎绣九凤三幨曲盖一、金节二　以黄纱绣五色龙凤，长八尺，悬于竿，缀朱旄五。

青缎绣九凤氅二、黄缎绣九凤氅二、红缎绣九凤氅二、白缎绣九凤氅二、黑缎绣九凤氅二、黄缎绣宝相花氅四、红缎方氅四　自青缎九凤氅以下，并三幨直柄。

黄缎绣龙凤扇四、红缎绣龙凤扇四、黄罗绣雉羽扇四、红罗绣雉羽扇四、青云缎绘金龙凤旗二、黄云缎绘金龙凤旗二、红云缎绘金龙凤旗二、白云缎绘金龙凤旗二、黑云缎绘金龙凤旗二、卧瓜四、立瓜四、吾仗四。

皇后仪驾

凤轿一　通髹以黄，绘金云凤。顶二层，饰金凤十二。中安钑花赤金顶，衔珊瑚、青金、绿松等石。明黄绫重幨，绘金凤。舁以十六人。

凤舆一　通髹以黄，绘金云凤。顶二层，饰金凤十二。中安钑花赤金项，衔珊瑚、青金、绿松等石。明黄绫重幨，绘金凤。轮亦黄髹。

仪轿二　通髹以黄。赤金顶。明黄云缎为衣。舁均以八人。

仪舆二　通髹以黄。赤金顶。明黄云缎为衣。轮均黄髹。

朱氂拂尘二、金提罏二、金香盒二、金洗一、金水盂一、金瓶二　自提罏以下，并赤金质，钑云凤、花草，饰珊瑚、青金、绿松等石，陈于八角盘，承以方几，并木质，朱髹，绘金凤。

金交椅一　木质，金髹，背饰钑金云凤。

金方几一　木质，金髹，绘云凤。

明黄缎绣九凤三幨曲盖一、金节二　以黄纱绣五色凤，长八尺，悬于竿，缀朱氂五。

青缎绣九凤繖二、黄缎绣九凤繖二、红缎绣九凤繖二、白缎绣九凤繖二、黑缎绣九凤繖二、黄缎绣宝相花繖四、红缎方繖四　自青缎九凤繖以下，并三幨直柄。

黄缎绣凤扇四、红缎绣凤扇四、黄罗绣雉羽扇四、红罗绣雉羽扇四、青云缎绘金凤旗二、黄云缎绘金凤旗二、红云缎绘金凤旗二、白云缎绘金凤旗二、黑云缎绘金凤旗二、卧瓜四、立瓜四、吾仗四。

凡仪驾旗繖，顶俱以金。擎执舆尉，俱用旗尉。内廷陈设，则用内监，服红䌷绣小团花逊衣，系绿䌷带，戴青毡帽，红绒缨，铜顶，插明黄翎。

皇贵妃仪仗

翟轿一　通髹以黄，绘金云翟鸟。顶二层，饰金翟十。中安素金顶。明黄绫重幨，绘金翟。舁以八人。

仪舆一　通髹以黄。顶二层，饰金翟十。中安素金顶。明黄云缎为衣，重幨。轮亦黄髹。

仪轿一　通髹以黄。金顶。明黄云缎为衣。舁以八人。

朱氂拂尘二、金提镫一、金香盒一、金洗一、金水盂一、金瓶二　自提镫以下，并金质，钑云翟、花草，陈于八角盘，承以方几，并木质，朱髹。

金交椅一　木质，金髹。背饰钑金云翟。

金方几一　木质，金髹。

明黄缎绣七凤三幨曲盖一、金节二　以红纱绣五色凤，长八尺，悬于竿，缀朱氂五。

明黄缎绣宝相花氅二、红缎绣宝相花氅二、黑缎绣宝相花氅二、红缎绣瑞草氅二、黑缎绣瑞草氅二　自明黄缎宝相花氅以下，并三幨直柄。

红罗绣雉羽扇二、黑罗绣雉羽扇二、金黄云缎素扇二、红云缎素扇二、黑云缎素扇二、金黄缎绘金凤旗二、红缎绘金凰旗二、黑缎绘金凤旗二、红云缎素旗二、黑云缎素旗二、卧瓜二、立瓜二、吾仗二。

贵妃仪仗

翟轿一　通髹以金黄，绘金云翟鸟。顶二层，饰金翟十。中安素金顶。金黄绫重幨，绘金翟。舁以八人。

翟舆一　通髹以金黄。顶二层，饰金翟十。中安素金顶。金黄云缎为衣，重幨。轮亦金黄髹。

仪轿一　通髹以金黄。金顶。金黄云缎为衣。舁以八人。

朱氂拂尘二、金提镫一、金香盒一、金洗一、金水盂一、金瓶

二　自提鑪以下，并金质，钑云翟、花草，陈于八角盘，承以方几，并木质，朱髹。

金交椅一、金方几一　并木质，金髹。

金黄缎绣七凤三幨曲盖一、金节二　以红纱绣五色凤，长八尺，悬于竿，缀朱氂五。

金黄缎绣宝相花繖二、红缎绣宝相花繖二、黑缎绣宝相花繖二、红缎绣瑞草繖二、黑缎绣瑞草繖二　自金黄缎宝相花繖以下，并三幨直柄。

红罗绣雉羽扇二、黑罗绣雉羽扇二、红云缎素扇二、黑云缎素扇二、红缎绘金凤旗二、黑缎绘金凤旗二、红云缎素旗二、黑云缎素旗二、卧瓜二、立瓜二、吾仗二。

凡仪仗旗繖，顶俱涂金。擎执舆尉，俱用旗尉。内建陈设，则用内监，服红紬绣小团花逊衣，系绿紬带，戴青毡帽，红绒缨，铜顶，插金黄翎。

妃采仗

翟轿一　通髹以金黄，绘金云翟鸟。顶二层，饰金翟十。中安铜质塗金顶。金黄绫重幨，绘金翟。舁以八人。

翟舆一　通髹以金黄。顶二层，饰金翟十。中安铜质塗金顶。金黄云缎为衣，重幨。轮亦金黄髹。

仪轿一　通髹以金黄。铜质塗金顶。金黄云缎为衣。舁以四人。

朱氂拂尘二、银提鑪一、银香盒一、银洗一、银水盂一、银瓶二　自提鑪以下，并银质。钑花饰金，陈于八角盘，承以方几，并木质，朱髹。

金交椅一、金方几一　并木质，金髹。

金黄缎绣七凤三幨曲盖一、金节二　以红纱绣五色凤，长八尺，悬于竿，缀朱氂五。

金黄缎素繖二、红缎绣宝相花繖二、黑缎绣宝相花繖二、自金黄缎素繖以下，并三簷直柄。

红云缎素扇二、黑云缎素扇二、红缎绘金凤旗二、黑缎绘金凤旗二、卧瓜二、立瓜二、吾杖二。

嫔采仗
翟轿一　通髹以金黄，绘金云翟鸟。顶二层，饰金翟十。中安铜质塗金项。金黄绫重簷，绘金翟。舁以八人。
翟舆一　通髹以金黄。顶二层，饰金翟十。中安铜质塗金顶。金黄云缎为衣，重簷。轮亦髹金黄。
仪轿一　通髹以金黄。铜质塗金顶。金黄云缎为衣。舁以四人。
银提鑪一、银香盒一、银洗一、银水盂一、银瓶二　自提鑪以下，并银质。钑花。陈于八角盘，承以方几，并木质，朱髹。
金交椅一、金方几一　并木质，金髹。
红缎绣七凤三簷曲盖一、金节二　以红纱绣五色凤，长八尺，悬于竿，缀朱氂五。
金黄缎绣宝相花繖二、红缎绣宝相花繖二　并三簷直柄。
红云缎素扇二、红缎绘金凤旗二、卧瓜二、立瓜二、吾仗二。
凡采仗旗繖，顶俱涂金。擎执舆尉，俱用旗尉。内廷陈设，则用内监，服红紬绣小团花逊衣，系绿紬带，戴青毡帽，红绒缨，铜顶，插金黄翎。

（《国朝宫史》卷八、九、十。原《典礼》四一六）

附：宫中门禁

臣等谨案：大内之有门禁，关防巡徼，立法有常，不特周庐千列，执戟百重，供翊卫而已也。我朝官禁肃清，郎卫与兵卫并重，弗袭古制而自与古合。比年以来，皇上申严稽核，惩诫宴安，规制加详。所有昼坐门阃，夜守扃钥，以及进班防范各事宜，恭见于训谕各条。臣等谨参考皇朝通考、会典，增辑门禁一则，用以著章程之由旧，辨次合之整齐，不可以久而或弛云尔。

一、合符

合符之制：涂金为之，镌阳文"圣旨"字，外匣并钥，均藏大内。于景运、隆宗、东华、西华、神武门豫颁阴文合符一扇存贮。如遇夜有奉旨饬遣及紧急军务，应即时启门者，俟大内持出阳文合符，值班护军统领、参领取阴文合符比验，乃启门。如由苍震门、启祥门等处，值班护军统领、参领比验启放如之。又，步军统领衙门及正阳、西直二门，颁给阴文合符同，遇应启门时，该城门领立时比验启放。其余各门，遇阳文合符至，该城门领驰报步军统领，亲赍阴文合符，比验启门，均于次日具奏。值皇上车驾行幸，阳文合符交留京办事王、大臣轮班交替看守，俟皇上迴跸还宫，即恭缴交入大内。皇上迴跸驻圆明园，径送御园宫门缴进。

一、宿卫

宿卫之制：三旗侍卫，分六班，更番轮值。班分两翼，镶黄旗为左翼，正黄旗为右翼，正白旗半为左翼，半为右翼。各设侍卫班领二员。署班领二员，侍卫三十员，值乾清门，为内班。散秩大臣一员，侍卫亲军十名，值中和殿；侍卫什长三名，侍卫亲军三十名，值太和殿，为外班。以领侍卫内大臣一员总统之。内大臣、散秩大臣二员随班入值。

八旗前锋营，八旗护军营，一体分班守卫。景运门：值班大臣一员，司钥长一员，主事一员，护军校二员，传筹护军校一员，门笔帖式一员，阅门籍护军六名，护军十八名，传筹护军九名。隆宗门：印务参领一员，护军参领一员，护军校二员，传筹护军校一员，门笔帖式一员，阅门籍护军一名，护军十八名，传筹护军九名。后左门、后右门：护军参领各一员，护军校各二员，门笔帖式各一员，阅门籍护军各一名，护军各十三名。中左门：护军参领一员，护军校一员，阅门籍护军二名，护军九名。中右门：前锋参领一员，前锋校一员，阅门籍护军二名，前锋九名。左翼门、右翼门：护军参领各一员，护军校各一员，阅门籍护军各一名，护军各九名。体仁阁、弘义阁、昭德门、贞度门、协和门、熙和门：护军校各一员，护军各九名。午门：护军参领一员。左门：阅门籍护军二名。左右门：护军校各二员，护军各十三名。东华门、西华门、神武门：护军参领各一员，护军校各二员，阅门籍护军各二名，护军各十八名。苍震门、启祥门：护军参领各一员，护军校各二员，阅门籍护军（苍震门二名，启祥门一名。）护军各十三名。中正殿：正门、后门、东北隅、东南隅：护军校各一员，护军各九名。吉祥门、西北隅：护军参领各一员，护军校各一员，护单各九名。文华门：护军校一员，护军九名。茶膳房：护军参领一员，护军校一员，护军十名。箭亭：护军校一员，护军九名。银库门、内银库：护军参领各一员，护军校各一员，护军各九名。内东小库、西小库：护军校各一员，护军各四名。寿康宫长庚门、西南门：护军参领各一员，护军校各一员，护军各九名。西隅：护军校一员，护军九名。宁寿宫宁寿门、皇极门、敛禧门、锡庆门、履顺门、蹈和门、保泰门、茶膳房、东北隅、西北隅：护军参领各一员，护军校各一员，护军各九名。紫禁城四门内磴道、栅栏：护军校各一员，护军各九名。北上门：护军校一员，护军九名。火班：护军校一员，护军七名。以上各委镶黄、正黄、正白三旗官军，按日分班。凡丑未日为镶黄旗首班，寅申日为镶黄旗二班，己亥日为正黄旗首班，子午日为正黄旗二班，卯酉日为正白旗首班，辰戌日为正白旗二班。各轮番直宿。又，防范火班遇应用齐集处，由值班之护军统领及司钥长等，于左翼门等处护军每门调二人，共四十六人，协同内府值班官兵候遣，（阙门以外五门及紫禁城外周围，俱用下五旗护军，每旗各二日轮班值宿。）总隶于景运门值班统领稽察。

469

一、传筹

传筹之制：紫禁城内，五筹递传。每夕，自景运门发筹，西行，过乾清门，出隆宗门。循而北，过启祥门。迤而西，过凝华门。迤而北，过中正殿后门。迤北至西北隅。迤而东，过顺贞门、吉祥门至东北隅。迤而南，过苍震门，至东南隅。迤而西，仍至景运门。凡十二汛为一周。（紫禁城仆每夕八筹递传，自阙左门起讫。）

一、门钥

门钥之制：恭遇皇上乘舆出入，各门均启中门。每夕，景运门值宿司钥长率官军至后左门、后右门、中左门、中右门、左翼门、右翼门、太和门、昭德门、贞度门以次验视扃鐍。午门，以隆宗门护军参领；东华门，以苍震门护军参领；西华门，以启祥门护军参领；神武门，以吉祥门护军参领，分视扃鐍毕，各遣护军校纳钥于司钥长，受验诸门钥，彚贮于簏，复加扃钥。诘朝，各门校领钥以次启门，日以为常。

一、禁令

紫禁城门禁令：凡王公、官员、执事人等，各有限制，不得擅行。其准于应行之门出入者，由值班官军询明放进。如有无故混入及滥携入、滥纵入者，分别议处。午门右门，惟王公得行。左门，准各衙门官吏行。其内大臣、侍卫、内务府等官，及内廷有执事官与内府各执役人等，准由禁门行者，均将姓名及所隶旗分、佐领、内管领造册咨送登籍，于经由之门各置一通。工匠服役人等，则由该管衙门各给火烙印腰牌，书姓名、工作差役，持为出入符验。以护军之识字者，专检门籍，稽其出入。籍内无名及不带腰牌者，不准放行。又，每门设红杖二，以护军二人更番轮执，坐门下，亲王以下经行，皆不起立。有不报名擅入者，挞之。

乾隆四十七年十一月十三日，奉谕旨：紫禁城内，每日有进班之王公及领侍卫内大臣、大臣、部院大臣、都统、护军统领等五人，自应每夜巡察各所属侍卫、章京、护军。嗣后著自二更起至五更止，进班之领侍卫内大臣不时巡察该管侍卫亲军，护军统领不时巡察该管章京、护军校、护军。至外围之各堆拨，著进六班之王、大臣等轮流不时巡察。倘有旷班以及任意睡卧不坐更者，一经查出，即会同领侍卫内大臣参奏治罪，以示惩儆。朕仍不时派进班之御前侍卫、乾清门侍卫暗中巡察。如查出旷班及贪眠之人，务将该管之大臣一并治罪。

嘉庆十年三月初二日，奉谕旨：本日据前锋统领、护军统领等奏称，遵旨遍查各门堆拨器械，有糟旧损坏应行修补者，照例咨行武备院修理。其稍觉糟旧者，亦著陆续一律抽换外，嗣径器械内如有损坏，令其一年两次咨行该院修补。至五年，仍令照例修造整齐更换，等语。俱著照所请行。兵器原可百年不用，不可一日不备。紫禁城内外各门堆拨，俱有官给枪刀器械排设，值班官兵俱各令佩带腰刀，原以防仓卒意外之虞，并非徒壮观瞻而已。但承平日久，官兵怠玩成习，渐至旧章废弃。其各门堆拨值班官兵，见王、大臣经过，始行匆忙觅取腰刀佩带，或竟有仓卒不及佩带者，即各门值班侍卫等亦然。此朕素所深知。昨神武门章京、护军等擒拿逆犯萨弥文之时，乃系夺取该犯所执枪刀扎砍，显系彼时伊等并未佩带腰刀。本应将伊等治罪，但念擒拿逆犯时尚属各知奋勉，姑未深究，仍将被该犯砍扎受伤之章京、护军校、护军等分别陞赏，此朕格外恩施，伊等不可不知也。嗣后各门堆拨所设器械，著不时查点，务使锐利适用。值班侍卫章京、护军校、护军等，务令俱各常川佩带腰刀，违者该管大臣等严参惩治。并将此通谕诸王大臣等，每遇经过紫禁城内外各门堆拨时，若值班官兵内有不佩带腰刀者，即行查问，告知该管章京大臣等严行办理。倘该管章京大臣等瞻徇不办，即将该管章京大臣一并参奏。著将此旨敬谨钞录，于各门堆拨值班房内各贴一通，示谕值班官兵永远遵行。慎毋视为具文，因循塞责，寻复废弛。如有不遵，定即从重治罪，决不轻贷。将此通行晓谕，俾各实意奉行。

九月二十八日，奉谕旨：昨日军机大臣会同刑部审拟护军校关灵在景运门外装伤妄拏一案。关灵身充护军校，在禁城内该班，辄自行放爆动刀，妄拏诬陷，间拟大辟，实属罪由自取，与所拏之人无涉。第禁城之内，门禁自应肃清。各官员进内当差，岂容任意携带厮役多人出入往来，毫无限制。即如此案，大理寺寺丞桑英以六品微员是日进内随班陪奏，其跟班家人竟得走至景运门外，在于台阶坐歇，实属不成体制。试思禁地森严，即宗室、王公、蒙古王公等秩分较崇，其护卫本属不少，至该班入内，则当大加减省。此外，文武一二品大臣及四五品以上各堂官因事进内，均应酌量傔从人数，不得过多。至侍卫司官章京等，除本馆、本衙门原在禁城之内，以及该班值宿等事，自不能不准其酌带仆从。至于引见奏事之时，并亦任听家丁等径至景运隆宗门外杂沓扮扰，大属非是。著交满、汉大学士、尚书详悉会议，将禁城之内王公、大臣官员等应带人数多寡，以及所带仆从应分别等级行至何处为止，严定章程，不准逾越，并绘图贴说，一并奏闻，以肃定制。

大学士尚书等会议，王公、大臣官员进内，随带护卫仆从人数：亲王、郡王准带十人，贝勒、贝子、公、一品文武大员准带八人，二品文武大员及三品京堂官准带六人，四五品京堂官准带四人，文职五、六、七品、武职三、四、五、六品官员准带二人，文职八品、武职七品以下官员准带一人。除护卫官员照旧随带进内行走外，其余仆从人等，自王以下文职三品、武职二品以上大员并内廷行走各官，所带之人，准其至景运门、隆宗门外，在台阶下二十步外停立，此外跟人，概令于左翼、右翼二门台阶为止。责成管门章京率领护军稽查。其经由神武门者，山入俱令循东西夹道行。其东华门内之西夹道，向北行走趋过左翼门，可径至景运门外，应禁止仆从人等出入。造办处及内务府衙门，人役众多，应令总管内务府大臣日派司员稽查，毋得往来隆宗门外停留坐立。其左翼、右翼、协和、熙和、阙左、阙右等门，俱责成该管官校分地稽查，毋得稍逾禁限。奏入，奉旨："依议。其蒙古王、贝勒、贝子、公、台吉及回部、番部之王、公、伯克、土司等所带仆从，亦均著各按品级，分别人数、地界行走，不准逾越。且本年呈进汤羊之蒙古台吉、官员等，向于东华门三座门内杂沓拥挤，亦非体制。著交原议大臣定立界限具奏，以归书一。钦此。"寻议：嗣后蒙古呈进汤羊等项之台吉到京，由理藩院派笔帖式、领催带进东华门，指令于三座门外石桥以南排列，听候交纳。其三所夹道旧设有蒙古朝房，年班入觐之王公、台古等随带役人均于夹道内停立，应令照新例定额遵行。奉旨："依议。"

（《国朝宫史续编》卷四十八）

清宫官制

官 制

周礼:"阍者守中门之禁,寺人掌女官之戒。设官分职,咸备其数。至醯醢笾幂之属,皆以奄主之。"注经者谓,奄上士,奄之贤者。但言奄则府史之类。然则成周之制于内臣未尝不斑之以爵也,第限以上士,不使踰越,而又所供惟饮食、洒扫、门户之事,人数有常,隶于冢宰,斯百世之恒经,千秋之良法也。汉、唐迄明,近寺代众,甚者数至十万,委任日专。当其治时,已乖体制。若夫末流颓远,偾辙相寻,讵足挂述。我朝内治修明,宫政严肃。世祖章皇帝鉴古垂训,设立铁牌,裁定内官员额仅及千馀,皆有职守,圣圣相承,无不防微杜渐,训诫周详。凡诸内臣,厘然秩然,各供奔走使令之役,无敢丝毫踰越。我皇上鉴于成宪,钦定规条,受(授)爵以四品为限,议过以三等为差,其所掌有常事,其所司有常地,皆统属于内务府。立法既极严明,而又于常给之外加赏钱粮,及夫岁时锡赉,俾之衣食赡给,于以奖其勤劳,儆其懈惰,隐寓劝惩之道。乃至老病退闲,効力年久,亦得仰蒙豢养,以终其身。恩明法立,蔑以加矣。臣等编纂宫史,首列规制,以举大纲。次胪职事,以明官守。并详恩赏,以示体恤之惠。载处分,以惩临驭之严。将垂之亿万载,守以罔替,以与《周礼·春官》一编并为圣人治内之经,昭示不朽。谨述官制二卷。

（一）

条例

康熙十六年五月二十七日，设立敬事房，置总管、副总管。上谕：设立敬事房，属内务府管辖，置总管，副总管，专司宫内一切事务，奉行谕旨及承行内务府各衙门一切文移。凡事俱照定例敬谨奉行。

康熙六十一年十一月初五日，定五品总管一员，五品太监三员，六品太监二员。

雍正元年九月初九日，定总管为四品，副总管为六品，首领为七品、八品等官职。上谕：内务府系三品衙门，其所属敬事房总管应授四品官职，副总管应授六品官职，随侍等处首领应授七品官职，宫殿等处首领应授八品官职。

雍正二年正月二十四日，定恩加太监钱粮。上谕："宫中服役年久及勤慎效力之太监等，分别加赐，每月或增至银三两及二两五钱，以奖勤劳。"（谨按旧例，各处太监每月俱银二两，米一斛半，至是恩加银两，米亦随增，凡增银至二两者米三斛，增银至二两五钱者米二斛半。）

雍正二年二月初三日，定恩加钱银太监额数。上谕："各处太监按本处额数内定以恩加钱粮之额。其得恩加钱粮之人，或以事故更调离本处者，不许随带，仍将本处太监内择年久出力者顶补。"

雍正四年六月二十六日，定总管首领等职衔。上谕："敬事房正四品总管为宫殿监督领侍衔，从四品总管为宫殿监正侍衔，六品副总管为宫殿监副侍衔，七品首领为执守侍衔，八品首领为侍监衔。"

雍正八年六月二十五日，定太监品级不必分正从。上谕："太监等官职不分正从，如五品加一级即为四品，降一级即为六品。永为定例。"

乾隆七年十月初五日，定宫中现行则例。上谕："自今年钦定宫中现行则例为始，宫内一切事务，宫殿监督领侍等须恪遵定例而行，仍于每年年底将紧要事件汇奏。有不遵者以违制论。"

钦定则例七条
一、宫内等处太监官职，以四品为定，永不加至三品以上。其各项额定官职、额定恩加钱粮许出缺时奏补。其特恩赏给官职、钱粮不在额数者，缺出不准奏补。

一、宫内等处首领太监缺出，宫殿监拣选奏补。其宫殿监督领侍等缺出，只应将缺奏闻，候旨裁夺，不得拣选奏补。

一、各处太监恩加钱粮，俱按钦定现行则例内额数，不许增添。其定额之内有缺少者，每年年底将当差勤谨者拣选秦补。

一、太监等恩加钱粮，原为奖励勤劳而设。如有病至两月仍不当差者，将所加钱粮暂停，其本处亦不必出缺，俟病痊复役仍行添给，永远为例。其食二两钱粮之太监仍照旧例行。（旧例，宫内等处年老久病首领太监等病一年者革退差使，给一半钱粮，病二年者革退为民，钱粮尽行停止。其中如有当差年久出过力者，据实奏明，恩赏月银一两，制钱五百文。）

一、每年年底于崇文门取银二千五百两，赏给各处总管首领太监等，宫殿监届期按例请旨。宫殿监二百两，四执事、四执事库一百五十两，自鸣钟处四十两，懋勤殿六十两，尚乘轿一百两，乾清宫六十两，弘德殿四十两，养心殿一百两，鸟枪处十两，弓箭处十两，按摩处十两，御药房十两，御膳房二百两，御茶房二百两，乾清门三十两，内左门三十两，内右门三十两，月华门三十两，遵义门二十两，做锺处三十两，造办处八十两，南花园三十两，圆明圆一千两。

一、每年年底于广储司取制钱一千五百串，恩赏众太监等，宫殿监临时酌定数目多寡，请旨。

一、今年所定太监等各项额已属从优，以后非有别故，不得擅行奏请增添。

宫殿监处分则例十一条

一、接奉上谕具奏事件，如不敬谨详明以致舛错者，罚月银一年。

一、拣选各处首领，如不秉公选择得人，并不将年久出力者保举，因而徇私者，罚月银一年。

一、宫殿监俱系各处首领内补放之人，如有怀挟平日私憾、假公济私者，罚月银一年。

一、宫殿监管辖各处首领太监等，如有不秉公按例办理、任性酷法者，罚月银一年。

一、钦奉上谕禁约事件，须实力永远奉行。如因日久废弛者，查出罚月银六个月。

一、办理宫内一切事务，如不奋勉向前、凡事推诿者，罚月银六个月。

一、管辖各处首领太监，如不时加查察，或犯罪而尚不知者，罚月银六个月。

一、奉行宫内一切礼仪，如不敬谨将事，以致怠忽失仪者，罚月银三个月。

一、各处首领太监等有应议罚议责之案，如不按例处分，或比拟舛错者，罚月银三个月。

一、稽查宫中一切用度，如柴炭、冰、蜡之类，有不按例节慎，以致糜费钱粮者，罚月银三个月。

一、宫殿监非因公事使令各处首领太监者，罚月银三个月。

以上头等处分四条，次等处分三条，三等处分四条。宫殿监督领侍等秉公互相稽查，有犯者即引例参奏处分，仍各记档。若犯头等处分三次，次等处分五次，三等处分十次，仍不知守法改悔者，宫殿监具牌请旨，交内务府治罪。其有一人犯罪而众宫殿监等隐讳不行参奏，倘经上查出，或被告发审实者，将众领侍等俱交内务府从重治罪。其告发之人如系首领，加一级；系太监，赏银十两。

各处首领太监处分则例十六条
一、禁地不许角口斗殴，犯者系首领，罚月银六个月；系太监，重责六十板。

一、禁地不许白日饮酒酗醉，犯者系首领，罚月银六个月；系太监，重责六十板。

一、禁地不许相聚赌博，犯者系首领，罚月银六个月；系太监，重责六十板。

以上三条，如系太监犯罪，该管首领失于觉察者，应照本罪减等，罚月银两个月。

一、各处太监等有不谨慎火烛、失误看守者，系首领，罚月银四个月；系太监，重责四十板。

一、各处太监等有不谨慎坐更、贪睡失误者，系首领，罚月银四个月；系太监，重责四十板。

一、各处太监等有不恪守法度、喧哗无礼者，系首领，罚月银四个月；系太监，重责四十板。

一、收贮本处一切陈设官物，有不谨慎典守，以致失误伤损者，系首领，罚月银四个月；系太监，重责四十板。

一、收贮本处一切钱粮官物，有不谨慎典守，以致遗失缺少者，系首领，罚月银四个月；系太监，重责四十板。

以上五条，如系太监犯罪，该管首领失于觉察者，应照本罪减等，罚月银一个月。

一、各处太监等有将内外事情妄行传宣者，系首领，罚月银四个月；系太监，重责四十板。

一、各处首领有不服总管管辖者，罚月银四个月；各处太监有不服本管首领管辖者，重责四十板。

一、钦奉谕旨传宣事件，如不应干预之人探听传播者，系首领，罚月银四个月；系太监，重责四十板。

一、失误关防者，系首领，罚月银三个月；系太监，重责三十板。

一、首领太监等各看守本管地方，如有擅至不应至之处者，系首领，罚月银两个月；系太监，重责二十板。

一、告假逾限、迟误复班者，系首领，罚月银两个月；系太监，重责二十板。

一、承值一应祭祀供献器物，如不敬谨将事者，系首领，罚月银两个月；系太监，重责二十板。

一、各处太监等俱属宫殿监管辖，若宫殿监因公事传集各处首领太监等有无故不至、以致失误公事者，系首领，罚月银两个月；系太监，重责二十板。

以上头等处分三条，次等处分八条，三等处分五条，宫殿监督领侍等不时秉公查察。有首领犯者，即引例参奏处分；太监犯者，即按例责处。仍各记档。有犯头等处分三次，二等处分五次，三等处分十次，仍不知守法改悔者，宫殿监具牌请旨，交内务府治罪。

又，宫殿监凡例四条

一、太监等有在外犯法，由部院奏明提人者，宫殿监查明人犯，奏明即行送出，以凭该部院按律治罪。

一、太监等有在内犯法，情罪较重，宫殿监不敢擅专者，奏明交内务府治罪。

一、太监等有在内犯法，情罪较重，宫殿监不能剖断者，奏明交内务府审理。

一、宫殿监有奉上谕议罚议责事件，及宫殿监查出参奏请旨议行责处事件，皆各按处分则例引用。其有则例内所不能核者，许引例比拟奏闻请旨。

（二）

额数职掌

敬事房

总管三员　内宫殿监督领侍一员，宫殿监正侍二员，俱四品。每月银八两，米八斛，公费银一两三钱。

副总管六员　俱六品宫殿监。每月银五两，米五斛，公费银一两一钱。

委署总管　无定额。以七品执守侍委署，仍食本职银、米、公费。

首领二名　俱七品执守侍。每月银四两，米四斛，公费银一两。

笔帖式四名　俱八品侍监。每月银三两，米三斛，公费银七钱三分三厘。

太监二十六名　内三名每月银三两，米三斛。五名每月银二两五钱，米二斛半。十八名每月银二两，米一斛半。公费银俱六钱六分六厘。

专司遵奉上谕办理宫内一切事务及应行礼仪，承行内务府各衙门交移，收取外库钱粮，甄别调补宫内太监，查视各门启闭，巡察火烛、关防等事。首领、笔帖式以下，专司掌案办事，承行内务府来文，巡防火烛、坐更等事。

乾清宫

首领四名　内七品执守侍二名，每月银四两，米四斛，公费银一两。八品侍监二名，每月银、米同，公费银七钱三分三厘。

太监二十四名　内三名每月银三两，米三斛。五名每月银二两五钱，米二斛半。十六名每月银二两，米一斛半。公费银俱六钱六分六厘。

专司尊藏列祖实录、圣训，江山社稷金殿香烛，收贮赏用器物、本处陈设，洒扫及御前坐更等事。

乾清门
首领二名　俱八品侍监，每月银四两，米四斛，公费银七钱三分三厘。
太监十二名　每月银二两，米一斛半，公费银六钱六分六厘。
专司陈设御门听政宝座、黼扆，晨昏启闭，稽察大小臣工出入，呈报值宿侍卫名单及洒扫、坐更等事。

昭仁殿兼龙光门
首领二名　俱八品侍监。每月银四两，米四斛，公费银七钱三分二厘。
太监十名　每月银二两，米一斛半，公费银六钱六分六厘。
专司陈设、洒扫、坐更等事。

弘德殿兼凤彩门
首领二名　俱八品侍监。每月银四两，米四斛，公费银七钱三分三厘。
太监十名　每月银二两，米一斛半，公费银六钱六分六厘。
专司陈设、洒扫、坐更等事。

端凝殿兼自鸣钟
首领一名　七品执守侍。每月银四两，米四斛，公费银一两。
太监十名　内三名每月银三两，米三斛。五名每月银二两五钱，米二斛半。二名每月银二两，米一斛半。公费银俱六钱六分六厘。
专司近御随侍赏用银两，验自鸣钟时刻及陈设、洒扫、御前坐更等事。

懋勤殿兼本房

首领二名　俱七品执守侍，每月银四两，米四斛，公费银一两。

太监十名　内三名每月银三两，米三斛。五名每月银二两五钱，米二斛半，二名每月银二两，米一斛半。公费银俱六钱六分六厘。

专司伺候宸翰及收掌文房书籍、笔墨物件，登载内起居注，御前坐更等事。

四执事

首领一名　七品执守侍。每月银四两，米四斛，公费银一两。

太监三十五名　内十五名每月银三两，米三斛。十五名每月银二两五钱，米二斛半。五名每月银二两，米二斛。公费银俱六钱六分六厘。

专司伺候御用冠袍带履，随侍执伞、执炉，承应上用甲胄，收贮备赏衣服，御前坐更等事。

四执事库

首领一名　七品执守侍。每月银四两，米四斛，公费银一两。

太监十八名　内五名每月银三两，米三斛，五名每月银二两五钱，米二斛半。八名每月银二两，米一斛半。公费银俱六钱六分六厘。

专司收掌上用冠袍带履，铺陈寝宫帏幔，坐更等事。

奏事处

不设首领，属四执事首领管辖。

太监十八名　内奏事太监四名，每月银四两，米四斛。随侍太监二名、记档太监四名，每月银三两，米三斛。使令太监八名，每月银二两，米一斛半，以上公费银俱六钱六分六厘。其有恩赏官职者，各按品级给钱米公费。

专司传宣谕旨，引带召对人员，承接题奏事件，随侍御前坐更等事。

日精门

首领二名　俱八品侍监。每月银四两，米四斛，公费银七钱三分三厘。

太监八名　每月银二两，米一斛半，公费银六钱六分六厘。

专司启闭关防，洒扫、坐更等事。

月华门

首领二名　俱八品侍监。每月银四两，米四斛，公费银七钱三分三厘。

太监八名　每月银二两，米一斛半，公费银六钱六分六厘。

专司启闭关防，洒扫、坐更等事。

南书房

不设首领，属月华门首领管辖。

太监四名　每月银二两，米一斛半，公费银六钱六分六厘。

专司应候内廷翰林出入，坐更等事。

上书房

不设首领，属日精门首领管辖。

太监四名　每月银二两，米一斛半，公费银六钱六分六厘。

专司供献先师孔子香烛，陈设、洒扫、坐更等事。

尚乘轿

首领二名　俱八品侍监。每月银四两，米四斛，公费银七钱三分三厘。

太监三十二名　内十名每月银三两，米三斛。十名每月银二两五钱，米二斛半。十二名每月银二两，米一斛半。公费银俱六钱六分六厘。

专司承应请轿、随侍御前坐更等事。

御药房

首领二名　俱八品侍监。每月银三两，米三斛，公费银七钱三分三厘。

太监二十名　内三名每月银三两，米三斛。五名每月银二两五钱，米二斛半，十二名每月银二两，米一斛半。公费银俱六钱六分六厘。

专司带领御医各宫请脉，煎制药饵，坐更等事。

交泰殿

首领二名　俱八品侍监。每月银四两，米四斛，公费银七钱三分一二厘。

太监六名　每月银二两，米一斛半，公费银六钱六分六厘。

专司尊藏御宝，收贮勋勳臣黄册，验自鸣钟时刻，陈设、洒扫、坐更等事。

坤宁宫兼坤宁门

首领二名　俱八品侍监。每月银四两，米四斛，公费银七钱三分三厘。

太监十二名　每月银二两，米一斛半，公费银六钱六分六厘。

专司供奉神前香烛，陈设、洒扫、关防、坐更等事。

东煖殿兼永祥门

首领一名　七品执守侍。每月银四两，米四斛，公费银一两。

副首领一名　八品侍监。每月银四两，米四斛，公费银七钱三分三厘。

太监十四名　每月银二两，米一斛半，公费银六钱六分六厘。
专司陈设、洒扫、坐更等事。

西煖殿兼增瑞门
首领一名　七品执守侍。每月银四两，米四斛，公费银一两。
副首领一名　八品侍监。每月银四两，米四斛，公费银七钱三分三厘。

太监十四名　每月银二两，米一斛半，公费银六钱六分六厘。
专司陈设、洒扫、坐更等事。

景和门　隆福门　基化门　端则门
以上四门，首领各二名　俱八品侍监，每月银四两，米四斛，公费银七钱三分三厘。

太监各八名　每月银二两，米一斛半，公费银六钱六分六厘。
专司本处启闭关防、洒扫、坐更等事。

内左门
首领二名　俱八品侍监。每月银四两，米四斛，公费银七钱三分三厘。

太监十二名　每月银二两，米一斛半，公费银六钱六分六厘。
专司启闭关防、洒扫、坐更等事。

内右门
首领二名　俱八品侍监。每月银四两，米四斛，公费银七钱三分三厘。

太监十二名　每月银二两，米一斛半，公费银六钱六分六厘。

专司启闭关防，稽查茶膳房人等出入，众太监等出入，每晚起更时候，宫内等处报"无事"毕，具单呈送敬事房，并洒扫、坐更等事。

景仁宫　永寿宫　承乾宫　翊坤宫　锺粹宫　储秀宫　延禧宫　启祥宫　永和宫　长春宫　景阳宫　咸福宫

以上十二宫首领各二名　俱八品侍监，每月银四两，米四斛，公费银七钱三分三厘。

太监各十二名　每月银二两，米一斛半，公费银六钱六分六厘。

专司本官陈设、洒扫、承应传取、坐更等事。

近光左门

不设首领，属景仁宫首领管辖。

太监五名　每月银二两，米一斛半，公费银六钱六分六厘。

专司启闭关防，洒扫、坐更等事。

近光右门

不设首领，属永寿宫首领管辖。

太监五名　每月银二两，米一斛半，公费银六钱六分六厘。

专司启闭关防、洒扫、坐更等事。

养心殿　重华宫　建福宫

以上三处，首领共四名　内七品执守侍二名，每月银四两，米四斛，公费银一两。八品侍监二名，每月银、米同，公费银七钱三分三厘。

太监四十五名　内十名每月银三两，米三斛。十名每月银二两五钱，米二斛半。二十五名每月银二两，米一斛半。公费银俱六钱六分六厘。

专司陈设器具及收贮赏用物件，洒扫、坐更等事。

养心殿内兼吉祥门

总管一员　五品宫殿监副侍。每月银六两，米六斛，公费银一两二钱。

首领五名　内七品执守侍二名，每月银四两，米四斛，公费银一两。八品侍监三名，每月银、米同，公费银七钱三分三厘。

太监五十名　内十名每月银四两，米四斛。十名每月银三两，米三斛。十名每月银二两五钱，米二斛半。二十名每月银二两，米二斛。公费银俱六钱六分六厘。

专司近御随侍，收掌内库钱粮及古玩、书画，陈设、洒扫、御前坐更等事。

御书房

首领一名　八品侍监。每月银四两，米四斛，公费银七钱三分三厘。

太监十二名　每月银二两，米一斛半，公费银六钱六分六厘。

专司收贮书籍、古今字画，洒扫、坐更等事。

古董房

首领一名　八品侍监。每月银四两，米四斛，公费银七钱三分三厘。

太监十二名　每月银二两，米一斛半，公费银六钱六分六厘。

专司收贮古玩器皿，坐更等事。

御茶房

首领七名　内七品执守侍三名，每月银五两，米五斛，公费银一两。八品侍监四名，每月银四两，米四斛，公费银七钱三分三厘。

太监四十五名　内十名每月银三两，米三斛。二十名每月银二两五钱，米二斛半。十五名每月银二两，米一斛半。公费银俱六钱六分六厘。

专司上用茗饮果品及各处供献，节令宴席，随侍、坐更等事。

御膳房

总管三员　俱七品执守侍。每月银五两，米五斛，公费银一两。

首领十名　俱八品侍监。每月银四两，米四斛，公费银七钱三分三厘。

太监一百名　内二十名每月银三两，米三斛。二十名每月银二两五钱，米二斛半，六十名每月银二两，米一斛半。公费银俱六钱六分六厘。

专司上用膳馐，各宫馔品，各处供献，节令宴席，随侍、坐更等事。

鸟枪处

首领一名　七品执守侍。每月银四两，米四斛，公费银一两。

太监四名　每月银二两，米一斛半，公费银六钱六分六厘。

专司随侍上用鸟枪、御前坐更等事。

弓箭处

不设首领，属鸟枪处首领管辖。

太监四名　每月银二两，米二斛，公费银六钱六分六厘。

专司随侍上用弓箭、御前坐更等事。

按摩处

不设首领，属鸟枪处首领管辖。

太监六名　每月银二两，米一斛半，公费银六钱六分六厘。

专司随侍请髪、御前坐更等事。

南果房

首领一名　八品侍监。每月银四两，米四斛，公费银七钱三分三厘。

太监八名　每月银二两，米一斛半，公费银六钱六分六厘。

专司收贮干鲜果品、坐更等事。

鹰房

首领二名　俱八品侍监。每月银三两，米三斛，公费银七钱三分三厘。

太监八名　每月银二两，米二斛，公费银六钱六分六厘。

专司畜养鹰鹞、坐更等事。

狗房

首领二名　俱八品侍监。每月银四两，米四斛，公费银七钱三分三厘。

太监十名　每月银二两，米一斛半，公费银六钱六分六厘。

专司畜养猎犬、随侍承应、御前坐更等事。

养牲处

首领一名　八品侍监。每月银三两，米三斛，公费银七钱三分三厘。

太监三名　每月银二两，米一斛半，公费银六钱六分六厘。

专司畜养禽兽、坐更等事。

鸽子房

不设首领，属苍震门首领管辖。

太监三名　每月银二两，米一斛半，公费银六钱六分六厘。

专司畜鸽、坐更等事。

苍震门

首领二名　俱八品侍监。每月银四两，米四斛，公费银七钱三分三厘。

太监八名　每月银二两，米一斛半，公费银六钱六分六厘。

专司启闭关防、祭神房人等出入，洒扫、坐更等事。

遵义门

首领二名　俱八品侍监。每月银四两，米四斛，公费银六钱六分六厘。

太监八名　每月银二两，米一斛半，公费银六钱六分六厘。

专司启闭关防，洒扫，坐更等事。

斋官

首领一名　八品侍监。每月银四两，米四斛，公费银七钱三分三厘。

太监八名　每月银二两，米一斛半，公费银六钱六分六厘。

专司陈设、洒扫、坐更等事。

御花园

首领二名　俱八品侍监。每月银四两，米四斛，公费银七钱三分三厘。

副首领二名　俱八品侍监。每月银三两，米三斛，公费银七钱三分三厘。

太监二十四名　每月银二两，米一斛半，公费银六钱六分六厘。

专司园内斗坛、四神祠香烛，培浇花树，饲养仙鹤、池鱼，洒扫、坐更等事。

天穹殿

首领二名　俱八品侍监。每月银三两，米三斛，公费银七钱三分三厘。

太监八名　每月银二两，米一斛半，公费银六钱六分六厘。

专司香烛、洒扫、坐更等事。

祭神房

首领二名　俱八品侍监。每月银四两，米四斛，公费银七钱三分三厘。

副首领一名　无品级，每月银二两，米二斛，公费银七钱三分三厘。

太监二十六名　每月银二两，米一斛半，公费银六钱六分六厘。

专司祭神省牲、坐更等事。

中正殿

首领一名　无品级，每月银三两，米三斛，公费银七钱三分三厘。

太监八名　每月银二两，米一斛半，公费银六钱六分六厘。

专司香烛、洒扫等事。

英华殿

首领一名　无品级，每月银二两，米三斛。

太监四名　每月银二两，米一斛半。

专司香烛、洒扫等事。

钦安殿兼城隍庙

首领三名　俱八品侍监。每月银四两，米四斛，公费银七钱三分三厘。

太监十二名　每月银二两，米一斛半，公费银六钱六分六厘，俱充道士，专司唪诵经忏、焚修香火等事。

寿皇殿

首领一名　八品侍监。每月银四两，米四斛，公费银七钱三分三厘。

太监四名　每月银二两，米一斛半，公费银六钱六分六厘。

专司供奉御容前香烛、洒扫、坐更等事。

兆祥所

首领一名　无品级。每月银三两，米三斛，公费银七钱三分三厘。

太监十名　每月银二两，米一斛半，公费银六钱六分六厘。

专司洒扫等事。

打扫处

首领一名　八品侍监。每月银四两，米四斛，公费银七钱三分三厘。

太监七十五名　每月银二两，米一斛半，公费银六钱六分六厘。

专司各处洒扫、运水、添缸、一应杂差、坐更等事。

熟火处

首领二名　俱八品侍监。每月银四两，米四斛，公费银七钱三分三厘。

太监二十五名　每月银二两，米一斛半，公费银六钱六分六厘。

专司各处安设熟火、一应杂差、坐更等事。

柴炭处

首领二名　俱八品侍监。每月银四两，米四斛，公费银七钱三分一二厘。

太监二十五名　每月银二两，米一斛半，公费银六钱六分六厘。

专司各处运送木柴、煤炭、一应杂差、坐更等事。

烧炕处
首领二名　俱八品侍监。每月银四两，米四斛，公费银七钱三分三厘。
太监二十五名　每月银二两，米一斛半，公费银六钱六分六厘。
专司宫内烧炕、一应杂差、坐更等事。

造办处
首领二名　俱八品侍监。每月银四两，米四斛，公费银七钱三分三厘。
太监二十五名　每月银二两，米一斛半，公费银六钱六分六厘。
专司带领造办处外匠造办一切物件。

北小花园
首领一名　无品级。每月银二两五钱，米二斛半，公费银七钱三分三厘。
太监六名　每月银二两，米一斛半，公费银六钱六分六厘。
专司培灌花树、洒扫等事。

读清字书房
不设首领，属敬事房首领管辖。
太监六名　每月银二两，米一斛半，公费银六钱六分六厘。
专司习学清文。

读汉字书房
不设首领，属瀛台首领管辖。
太监十名　每月银二两，米一斛半，公费银六钱六分六厘。

专司习学汉文。

皇太后宫

副总管二员　俱六品执守侍，每月银五两，米五斛，公费银一两一钱。

首领五名　俱八品侍监。每月银四两，米四斛，公费银七钱三分三厘。

太监四十六名　每月银二两，米一斛半，公费银六钱六分六厘。

茶房首领一名，膳房首领一名，药房首领一名　俱八品侍监。茶膳房首领每月银四两，米四斛。药房首领每月银三两，米三斛。公费银俱七钱三分三厘。

太监三十六名　内茶房十名，膳房二十名，药房六名。每月俱银二两，米一斛半，公费银六钱六分六厘。

太妃位下

首领二名　俱八品侍监。每月银四两，米四斛，公费银七钱三分三厘。

太监十名　每月银二两，米一斛半，公费银六钱六分六厘。

太嫔位下

首领一名　八品侍监。每月银四两，米四斛，公费银七钱三分三厘。

太监八名　每月银二两，米一斛半，公费银六钱六分六厘。

膳房首领三名（总司承应太妃、太嫔等位。）内七品执守侍一名，每月银五两，米五斛，公费银一两。八品侍监二名，每月银四两，米四斛，公费银七钱三分三厘。

太监三十二名　内膳房二十四名，药房八名，不设首领，属御药房首领管辖。每月俱银二两，米一斛半，公费银六钱六分六厘。

慈宁宫

首领十名　无品级。内充僧者二名，每月俱银三两，米三斛，公费银七钱三分三厘。充喇嘛者二名，每月银、米同，无公费。

太监五十二名　内充僧者六名，每月俱银二两，米一斛半，公费银六钱六分六厘。充喇嘛者二十名，每月银、米同，无公费。

寿安宫

副首领二名　无品级。每月银三两，米三斛，公费银七钱三分三厘。

太监六名　每月银二两，米一斛半，公费银六钱六分六厘。

宁寿宫

首领四名　无品级。每月银二两，米三斛，公费银七钱三分三厘。

太监十六名　每月银二两，米一斛半，公费银六钱六分六厘。

皇子每位下

首领一名　八品侍监。每月银四两，米四斛，公费银七钱三分三厘。

太监二十名　每月银二两，米一斛半，公费银六钱六分六厘。

公主每位下

首领一名　无品级，每月银三两，米三斛，公费银七钱三分三厘。

太监四名　每月银二两，米一斛半，公费银六钱六分六厘。

景山

总管一员　七品执守侍。每月银五两，米五斛，公费银一两。

首领二名　俱八品侍监。每月银三两，米三斛，公费银七钱三分三厘。

委署首领　无品级，无定额。每月银三两，米三斛，公费银七钱三分二厘。

太监　无定额。每月银二两，米一斛半，公费银六钱六分六厘。其恩加月银者亦无定额。其恩赐品级者，即按品级给银、米、公费。

南府
总管一员　七品执守侍。每月银五两，米五斛，公费银一两。
首领四名　俱八品侍监。每月银四两，米四斛，公费银七钱三分三厘。

委署首领　无定额，无品级。每月银三两，米三斛，公费银七钱三分三厘。

太监　无定额。每月银二两，米一斛半，公费银六钱六分六厘。其恩加月银者亦无定额。其恩赐品级者，即按品级给银、米、公费。

瀛台
首领一名　八品侍监。每月银四两，米四斛，公费银七钱三分三厘。

副首领一名　无品级。每月银三两，米三斛，公费银七钱三分三厘。

太监二十二名　每月银二两，米一斛半，公费银六钱六分六厘。

永安寺
首领一名　八品侍监。每月银四两，米四斛，公费银七钱三分三厘。

副首领一名　无品级。每月银三两，米三斛。公费银七钱三分三厘。

太蓝十名　每月银二两，米一斛半，公费银六钱六分六厘。

春雨淋塘
首领一名　八品侍监。每月银四两，米四斛，公费银七钱三分三厘。
副首领一名　无品级。每月银三两，米三斛，公费银七钱三分三厘。
太监八名　每月银二两，米一斛半，公费银六钱六分六厘。

阐福寺
不设首领，属永安寺首领管辖。
太监二名　每月银二两，米一斛半，公费银六钱六分六厘。

雍和宫
首领一名　七品执守侍。每月银四两，米四斛，公费银一两。
副首领一名　八品侍监。每月银三两，米三斛，公费银七钱三分三厘。
太监六名　每月银二两，米二斛，公费银六钱六分六厘。
专司陈设、洒扫等事。

圆明园兼长春园　静寄山庄
总管二员　内六品宫殿监一员，七品执守侍二员，每月俱银五两，米五斛，公费银一两。
首领十名　俱七品执守侍。每月银四两，米四斛，公费银一两。
副首领十八名　俱八品侍监。每月银四两，米四斛，公费银七钱三分三厘。
委署首领四十二名　无品级。每月银三两，米三斛，公费银七钱三分二厘。

太监四百六名　内各处当差太监三百三十六名，每月银二两，米一斛半。技勇太监七十名，每月银三两，米四斛。公费银六钱六分六厘。

清漪园　静明园　静宜园
总管二员　俱七品执守侍。每月银五两，米五斛，公费银一两。
清漪园
首领三名　俱八品侍监。每月银四两，米四斛，公引导银一两。
副首领五名　无品级。每月银三两，米三斛，公费银七钱三分三厘。
太监一百四名　每月银二两，米一斛半，公费银六钱六分六厘。
静明园
首领一名　八品侍监。每月银四两，米四斛，公费银七钱三分三厘。
副首领二名　无品级。每月银三两，米三斛，公费银七钱三分三厘。
太监五十四名　每月银二两，米一斛半，公费银六钱六分六厘。
静宜园
首领一名　八品侍监。每月银四两，米四斛，公费银七钱三分三厘。
副首领二名　无品级。每月银三两，米三斛，公费银七钱三分三厘。
太监四十四名　每月银二两，米一斛半，公费银六钱六分六厘。

畅春园
总管二员　俱七品执守侍。每月银五两，米五斛，公费银一两。
首领十名　无品级，每月银三两，米三斛。
副首领五名　无品级。每月银二两，米一斛半。

太监四十名　每月银二两，米一斛半。

汤山
首领一名　无品级，每月银三两，米三斛，公费银七钱三分三厘。
太监四名　每月银二两，米一斛半，公费银六钱六分六厘。

避暑山庄
总管一名　七品执守侍。每月银四两，米四斛，公费银一两。
首领二名　无品级。每月银三两，米三斛，公费银七钱三分三厘。
太监二十名　每月银二两，米一斛半，公费银六钱六分六厘。

内务府所属

掌仪司
首领五名　俱八品侍监。每月银三两，米三斛。
副首领八名　无品级，每月银二两五钱，米二斛半。
太监一百名　每月银二两，每年米十六斛。恩赏每月公费银四十分，每分银六钱六分六厘。
司乐太监六十名　每月银二两，米一斛半，恩赏每月公费银四十分，每分级六钱六分六厘。
圆清太监六名　每月银二两，每年米十六斛。
斤斗太监十四名　每月银二两，公费银六钱六分六厘。

銮仪卫
副首领四名　无品级。每月银二两五钱。米二斛半。
太监三十名　每月银二两，每年米十六斛。

营造司
首领二名　俱八品侍监。每月银三两，米三斛。
副首领三名　无品坂。每月银二两五钱，米二斛半。
太监四十名　每月银二两，每年米十六斛。恩赏每月公费银十五分，每分银六钱六分六厘。

太和殿　中和殿　保和殿
首领四名　无品坂，每月银三两，米二斛。
太监十名　每月银一两，每年米十六斛。

文华殿
太监二名　每月银二一两，每年米十六斛。

武英殿
太监二名　每月银二两，每年米十六斛。

奉先殿
首领二名　无品级。每月银三两，米三斛。
副首领五名　无品级。每月银二两五钱，米二斛半。
太监二十名　每月银二两，米一斛半。

景山
首领二名　无品级。每月银三两，米三斛。
太监八名　每月银二两，每年米十六斛。

尚衣监
太监二名　每月银二两，每年米十六斛。

武备院
太监二名　每月银二两，每年米十六斛。

酒醋房
首领一名　无品级。每月银二两，米三斛。
太监三名　每月银二两，每年米十六斛。

奉宸苑
首领二名　无品级，每月银二两，米三斛。
太监十名　每月银二一两，每年米十六斛。

礼部所属

万善殿
首领四名　无品级。正副各二，俱充僧。每月银三两，米二斛。
太监十五名　俱充僧。每月银二两，米二斛。

番经厂
首领二名　无品级，充喇嘛。每月银二两五钱，米一斛半。
太监十名　俱充喇嘛。每月银一两五钱，米一斛半。

汉经厂
首领二名　无品级，俱充僧。每月银一两五钱，米一斛半。
太监六名　俱充僧。每月银一两五钱，米一斛半。

道经厂
首领二名　无品级，俱充道士。每月银一两五钱，米一斛半。
太监十名　俱充道士。每月银一两五钱，米一斛半。

工部所属

门神库
首领一名　无品级。每月银一两五钱，米三斗。
太监八名　每月银一两，米三斗。

帘子库
首领一名　无品级。每月银一两五钱，米三斗。
太监八名　每月银一两，米三斗。

太常寺所属

太庙
首领一名　无品级。每月银三两，米三斛。
太监二十名　每月银二两，每年米十六斛。

社稷坛
首领一名　无品级。每月银三两，米三斛。
太监四名　每月银二两，每年米十六斛。

传心殿
首领一名　无品级，每月银三两，米三斛。
太监四名　每月银二两，每年米十六斛。
陵寝内务府所属（凡首领太监等缺出，由内务府奏明，知会宫殿监拟名奏派，其银米等俱于陵俸内支给。）

陵寝
首领二名　无品级。每月银四两，米四斛。
太监十名　每月银二两，米一斛半。

妃园寝

不设首领，属本陵首领管辖。

太监六名　每月银二两，米一斛半。

（《国朝宫史》卷二十、二十一）

附：内官恩卹、恩赏、处分则例

恩卹则例

乾隆四十一年七月二十四日，奉谕旨：前派丰升额等八人，分班轮替，将养心殿等处存贮陈设物件逐细查点，并派英廉总理其事。今据丰升额等奏：自奉到谕旨后，亲赴各处轮替清查，按册点验，俱属相符，并无遗失缺少情弊等语，是各处经管之首领、太监尚属小心，应量加奖劝，以示鼓励。著交内务府大臣查明，如有应罚钱粮在一年以下者，加恩全行豁免；其过一年以上者，著加恩豁免一半。

嘉庆四年四月二十二日，养心殿总管梁进忠率谕旨：总管内务府大臣温布奏：查抄入官西直门外白石桥地一顷零九亩，著赏给宫内、圆明园、清漪园、静明园太监等取租，以为永远料理众太监等恩济庄庙宇香火，并太监等茔地需用之费，其应得执照，著温布办给。

二十二日奉谕旨：昨赏太监等地一顷零九亩，所取租银，不敷一年香火等项之用，此外尚有地一顷八十亩，与此地毗连，著加赏众太监及南府、景山太监等取租。嗣后南府、景山总管首领太监亡故者，亦于恩济庄太监茔地内埋葬，不必入于外学教习生茔地。

总管

凡食四两钱粮无品级结管，病至一个月，退钱粮一两；至六个月，再退一两五钱。至一年，钱粮全止。食五两钱粮六品职总管，病至一个月，退钱粮一两；至六个月，再退二两，革去六品职。至一年，钱粮全止。食七两钱粮五品职总管，病至一个月，退钱粮二两；至六个月，再退二两五钱，革去五品职。至一年，钱粮全止。食八两钱粮四品职总管，病至一个月，退钱粮三两；至六个月，再退二两五钱，革去四品职。至一年，钱粮全止。

以上凡食恩加钱粮总管病退者，病愈仍行添给，因病革职并钱粮全止后，准其在家养病一年。如病痊后，仍准进内当差，其应否仍当总管差事，由宫殿监督领侍等指名奏闻，请旨遵行。如一年以外病未报痊，不能当差，照例奏退为民。

首领

凡食二两五钱钱粮无品级首领，病至一个月，退钱粮五钱；至六个月，再退一两；至一年，钱粮全止。食三两钱粮无品级首领，病至一个月，退钱粮五钱；至六个月，再退一两二钱五分；至一年，钱粮全止。食三两钱粮八品职首领，病至一个月，退钱粮五钱；至六个月，再退一两二钱五分；至一年，钱粮全止。食四两钱粮七品八品职首领，病至一个月，退钱粮一两；至六个月，再退一两五钱；至一年，钱粮全止。食五两钱粮五品职首领，病至一个月，退钱粮二两；至六个月，再退一两五钱；至一年，钱粮全止。

以上无品级及有职首领，因病革退并钱粮全止后，准其在家养病半年。如病痊后，仍准迤内当太监差事。如遇首领缺出，由宫殿监督领侍等指名奏补，如半年以外病未报痊，不能当差，照例奏退为民。

太监

凡食二两钱粮太监，病至六个月，退钱粮一两；至一年，钱粮全止。食二两五钱钱粮太监，病至一个月，退钱粮五钱；至六个月，再退一两。至一年，钱粮全止。食三两钱粮太监，病至一个月，退钱粮一两；至六个月，再退一两。至一年，钱粮全止。食四两钱粮太监，病至一个，退钱粮二两；至六个月，再退一两。至一年，钱粮全止。均照例奏退为民。

以上总管、首领、太监三项，凡食恩加钱粮者，因病扣止，如病痊仍出当差，经旬无误，其所退钱粮即予增给。再，首领太监内如有当差年久曾经出力者，虽因病奏退为民，钱粮全止，仍由宫殿监督领侍等奏闻请旨，赏给月银一两，制钱五百。

凡各处太监恩加钱粮，俱按钦定现行则例内额数，不准增添。其定额内如有缺出，每年终将当差勤慎者拣选奏补。

恩赏则例

嘉庆九年二月二十六日，奉谕旨，养心殿五品总管入监，著照乾清宫五品总管太监之例，每月食银七两，米七斛。药房八品首领太监，著照各等处八品首领太监之例，每月食银四两，米四斛。圆明园六品总管太监，著每月食银六两，米六斛。此系朕因各该处差使较多，特加恩赏，即著总管内务府大臣等载入宫中则例，永远遵行。

凡年终，于崇文门项下取银二千五百两，恩赏宫殿监、总管、首领、太监，共银二百十两。四执事、四执事库首领、太监，共银一百三十两。自鸣钟首领、太监，共银四十两。懋勤殿首领、太监，共银六十两。尚乘轿首领、太监，共银一百两。乾清宫首领、太监，共银六十两。弘德殿首领、太监，共银四十两。养心殿首领、太监，共银一百二十两。鸟枪处首领、太监，共银十两，弓箭匠处太监，共银十五两。按摩处太监，共银十两。御茶房首领、太监，共银一百五十两。御膳房总管、首领、太监，共银一百五十两。御药房首领、太监，共银四十两。乾清门首领、太监，共银三十两。内左门首领、太监，共银三十两。内右门首领、太监，共银三十两。月华门首领、太监，共银二十两。遵义门首领、太监，共银二十两。斋宫首领、太监，共银十两。毓庆宫首领、太监，共银三十两。御花园首领、太监，共银二十两。做钟处首领、太监，共银三十两。造办处首领、太监，共银四十两。南花园首领、太监，共银二十两。宁寿宫首领、太监，共银五十两。瀛台首领、太监，共银二十两。永安寺首领、太监，共银十两。画舫斋首领、太监，共银十两。伺候射箭首领、太监，共银十五两。圆明园总管、首领、太监，共银一千两。

以上各项，宫殿监临时按例请旨。

凡年终，于广储司项下取制钱一千五百贯，恩赏众太监等，宫殿监临时酌定请旨。

处分则例

乾隆二十八年二月初十日，总管王常贵奉谕旨：初九日，乾清门侍卫车必色、富尔哈、呼什、依德等，带领虎枪处人等至静宜园内，杀虎三只。据车必色奏称，尚有人脑骨一具，谅非外人，或系该园太监，或系园户。彼时因见人被虎伤，朦混呈报，只称病故，或报逃走，以图了事。至鹿圈内少鹿九只，岂有虎三只于三五日内即能食鹿如许之多，尔等详查自上年腊月以前，静宜园太监内病故几名，逃走几名，至园户人等，著交总管内务府大臣和尔经额，亦一体严查。再，此事与总管杨茂、李三屯无干，该总管向隔数日姑至该处查看地方，该园总管、副总领及园内首领隐瞒不肯呈报有虎者，恐奏后无虎，致涉谎报。再，车必色奏，杀虎之处尚有猪毛，因朕不在彼驻跸，太监等养猪亦或有之，致被虎攫食。该处当差之人，再无不知之理。若即时具奏，朕派人前往，亦断不至此，皆系伊等报迟所致。着将静宜园首领交总管治罪，其总领、副总领交总管内务府大臣和尔经奏额治罪具奏。

五月十七日，总管王常贵奉谕旨：今日总管内务府大臣奏圆明园太监张福禄控告海狱开襟首领李忠、天心水面首领张老格一案，仅系偷窃杉槁尖、破烂版片，非若偷窃陈设、伤损官物，应从重治罪者可比。凡太监值房内孰无此物？首领李忠、张老格不必革去首领，著交圆明园总管治罪，似此微细之事，太监张福禄自应于该总管处控诉。若总管不办，再至朕前叩告，朕必将总管一并治罪，迺张福禄并未于总管处控诉，竟至朕前叩告，甚属藐法无知，此风断不可长，张福禄不必发掌仪司，即交宫内总管重责六十板，发打扫处永远抬水。再，太监等吃酒赌钱口角等事，自应总管等办理，似此小事，遽至朕前叩告，实属大胆。如再有犯者，加倍治罪。

六月二十九日，总管太监潘凤等奏：前于五月内，据首领张义功呈报：圈禁太监赵进禄在果房后值房内放火，经首领傅进忠、太监蔡如意看见扑灭，当即告知总管贾进禄、陈进忠、王忠，将赵进禄责处，发掌仪司圈禁。令赵进禄复于六月间偷窃太监蒋元杰衣件逃走，旋经拏获，请交总管内务府大臣从重治罪，并请将本管首领张义功倍罚月银八个月；总管贾进禄等从前于赵进禄放火时仅议责八十板圈禁，并不奏办，应将贾进禄、陈进忠、王忠、桂元等名下并各罚月银六个月。得旨：潘凤、贾进禄等糊涂不晓事体，赵进禄有此放火不法之事，即应早为奏闻严办，乃匿不具奏，今复犯窃脱逃，始行具奏，甚属不堪，首领张义功，当时若不据实呈报，岂止仅罚月银，尤当重治其罪。但伊既经呈报，即属无罪。太监赵进禄于大内禁地放火，复偷窃衣服，屡次逃走，实属不法，若不从重惩治，无以示儆，赵进禄著交总管内务府大臣重加杖责，即行正法。并晓谕众太监，令其各知儆惧。傅进忠、蔡如意二人，一见放火，立即扑灭，应行奖励，著总管内务府大臣量加赏赐。首领张义功，既经呈报总管，尚无不合，毋庸议罚月银。至总管贾进禄等，既知放火情事，即应奏明严究，乃仅将赵进禄责处，发司圈禁，殊属草率了事。且太监等安得擅行锁人？贾进禄著革去顶戴，仍留总管，罚月银一年。陈进忠、王忠著罚月银半年。潘凤，桂元俱系总管，著总管内务府大臣查明伊等在圆明园住班时，贾进禄等议将放火之赵进禄责八十板圈禁各情节，潘凤等是否知情，如实系不知，尚可宽恕；倘曾经告知，伊等仍然随同附和，均应议处。但潘凤、桂元较贾进禄等尚属有间，潘凤著罚月银半年，桂元著罚月银三个月；若实系不知，即可免罚。将此传谕知之。

三十年闰二月十五日，奉谕旨：总管内务府大臣奏：审明遗失念珠一案，并请将总管李裕、张国祥、吴进忠交宫殿监督领侍等治罪一折，已降旨依议，但以冯国泰等商谋窃取，计图倾陷，谓李裕等失于查察，殊于情事未协，转不足以服伊等之心，朕之所以惩治伊等者，因舍卫城所管各铺面什物不全，必系赵连璧平时偷窃，经王永贵接受交代时查点不全，赵连璧自问窃取心亏，方肯甘于认赔。若果止因残损，勒令赔补，则宫殿陈设甚多，即使年久损旧，其物现在，谁肯以私钱偿官物？李裕等身为总管，近在一园，岂有园内什物被人私窃，漫无稽查？及王永贵收监勒赔，尚不能查出真情究治，而听其捏称残损赔完，冀掩饰其偷窃之迹，伊等所管何事，是伊等之罪无可宽，全在于此。著传谕总管内务府大臣等照此议罪，并将此明白谕令李裕等知之。

三十六年三月二十二日，总管内务府大臣等奏：查太监刘进福在敬事房帮差，代首领李进忠收管衣物，胆敢将太监开其里衣服偷窃，及事败，仍复种种狡诈，计赃已在一百二十两以上，照例拟绞监候。首领太监李进忠，革去首领，鞭八十，分拨外围当差。其首领杨双全，笔帖式牛国祥，佟安，均罚钱粮一年。总管王常贵、王忠、九十一、张玉、桂元、萧云鹏，任听值房私贮衣物，均照应奏不奏例，加罚钱粮二年。太监张进朝，亦有看守不严之咎，鞭八十。首领高进、曹进孝，未能稽查搜检，均各罚钱粮一年。得旨：此案太监刘进福情罪甚属可恶，若照拟绞监候，秋后处决，须至明年予勾，不足蔽辜，著即行处决，至首领太监李进忠，仅予革职，分拨围外当差，亦不足示惩，著改拨香山，每月赏给一两钱粮米石，充当苦差。余依议。

四十一年四月初九日，军机大臣等奏：遵旨审讯行营当差太监张进成跳墙索取物件一案，据张进成供称，闻地方官租有房屋堆贮豫备杂项物件，即带领民夫数人前往，强取白蜡、银碌、高粱、麸子等物，正在抬出，即被番役拏获等语。查太监随围当差，一切盘费、饭食、马匹、车辆均系官为给发，今张进成敢于行营地方带领民夫向地方官强取什物，实为不法，已奉旨发往黑龙江，给索伦为奴，所有该管首领太监张保祥，不能管束，该革去顶戴，仍罚钱粮三年。其总管太监等有管教稽察之责，一任张进成滋事，应将总管太监郭永清、倪兴旺、桂元、萧云鹏俱罚钱粮三年，以示儆戒。得旨：依议。

四十五年九月十九日，奉谕旨：总管内务府大臣等奏：讯据太监苏常供称，向在圆明园司房当差，因患目病痰湿等症，告退为民等语。苏常已降旨枷号重责，发往伊犁给厄鲁特为奴矣。看来苏常病发，必非实情，不过积有微赀，不愿当差，捏称患病。彼时总管太监李裕看顾情面，遂听其告退。今李裕业经身故，姑免深究；若使尚在，必须重治其罪。著传谕各处总管太监等，嗣后遇有太监告退者，必须详晰验明病废属实，方准告退。如有指称事故，希图退闲，该总管太监等不行据实查出，徇情准退，代为奏请者，一经发觉，将该总管一并严行治罪。

五十三年八月二十六日，总管内务府大臣等奏：遵旨查总管吕进忠、萧得禄、首领赵进忠，皆系供奉内庭总管首领，而膳房总管王进宝，饭食尤其专责，乃于主位，公主饭食，至晚全未预备，实属漫不经心，非寻常错误可比。除将总管萧得禄、首领陈进忠各重责二十板，总管王进宝重责四十板外，应请将总管萧得禄、首领陈进忠各罚月银一年。膳房总管王进宝再加倍罚月银二年。至总管吕进忠、首领赵进忠，虽有别项差使，咎亦难辞，应请各罚月银半年。总管蔚云鹏虽系年老，精神不到，请量减罚月银三个月，以示惩儆。

得旨："知道了。"

嘉庆四年十一月二十二日，总管内务府大臣等奏：奉谕旨，祭神房太监白进孝，于本月十八日初次逃走，宫殿监督领侍萧得禄未经具奏，甚属不合。总管太监常永贵，理应会同总管等参奏之事，乃竟一人参奏，实属狂妄。萧得禄、常永贵俱著交总管内务府大臣议罪。查萧得禄系宫殿监督领侍，于逃走太监例应奏闻严拏，乃未经具奏，实属迟误，应请罚月银六个月。总管太监常永贵，因萧得禄未经具奏，即一人参奏，究属狂妄越分，应请罚月银一年。得旨：常永贵著加恩宽免一半，仍罚月银六个月。

宫殿监处分则例

凡宫殿监接奉上谕具奏事件，有不敬谨详明以致舛错者，罚月银一年。

凡宫殿监遇有各处首领缺出，有不将人去得，或年久出过力者保送，从中徇情者，罚月银一年。

凡宫殿监俱系各处首领太监内补放之人，其有怀挟平日私忿、假公报复者，罚月银一年。

凡宫殿监管辖各处首领太监等，有不按例秉公办理、任性用法者，罚月银一年。（以上头等罪四条。）

凡宫殿监钦奉上谕禁约之事，日久废弛者，罚月银六个月。

凡宫殿监办理宫内一切事务，有不勉力向前、诸事推诿者，罚月银六个月。

凡宫殿监有不及时觉察，致各处首领太监有过误应干议处、该总管尚不知者，罚月银六个月。（以上二等罪三条。）

凡宫殿监于宫中一切礼仪怠忽舛失者，罚月银三个月。

凡宫殿监议罚责各处首领太监等，有不按例处分，或引例比拟差错者，罚月银三个月

凡宫殿监于宫中一切按例用度，（如柴炭、冰、蜡之类。）有不节

慎察核，以致糜费钱粮者，罚月银三个月。

凡宫殿监非因公事使令各处首领太监者，罚月银三个月。（以上三等罪四条。）

以上各条，宫殿监领侍等互相秉公稽察，有犯者引例参奏治罪，仍各记档，若犯头等罪三次，二等罪五次，三等罪十次，仍不改悔，具牌请旨，交总管内务府大臣治罪，其有一人犯罪而众宫殿监领侍等隐饰不行参奏，经上访出，或被各处首领太监等告发审实，将众宫殿监等交总管内务府大臣从重治罪，告实之首领，加一级；告实之太监。赏银十两。

各处首领太监等处分则例

凡宫殿监等处太监等有在禁地口角斗殴者，如系首领，罚月银六个月；太监，重责六十板。（其首领等非本身犯罪，系该管太监犯罪者，只属失察，照本例减等，罚月银两月。）

凡宫殿监等处太监等有在禁地白日饮酒酗醉者，如系首领，罚月银六个月，太监，重责六十板。（其首领等非本身犯罪，系该管太监犯罪者，只属失察，照本例减等，罚月银两月。）

凡宫殿监等处太监等有在禁地赌博者，如系首领，罚月银六个月；太监，重责六十板。（其首领等非本身犯罪，系该管太监犯罪者，只属失察，照本例减等，罚月银两月。以上头等罪三条。）

凡宫殿监等处太监等钦奉谕旨传宣事件，有不应干与之人探听传播者，如系首领，罚月银四个月；太监，重责四十板。

凡宫殿监等处太监等有不谨慎火烛、失误看守者，如系首领，罚月银四个月；太监，重责四十板。（其首领等非本身犯罪，系该管太监犯罪者，只属失察，照本例减等，罚月银一月。）

凡宫殿监等处太监等有不勤慎以致睡误坐更者，如系首领，罚月银四个月；太监，重责四十板。（其首领等非本身犯罪，系该管太监犯罪者，只属失察，照本例减等，罚月银一月。）

凡宫殿监等处太监等有不守法度、喧哗无礼者，如系首领，罚月银四个月；太监，重责四十板。（其首领等非本身犯罪，系该管太监犯罪者，只属失察，照本例减等，罚月银一月。）

凡各宫殿等处太监等收贮一切陈设器皿官物，有不谨慎安置，以致失误伤损者，如系首领，罚月银四个月；太监，重责四十板。（其首领等非本身犯罪，系该管太监犯罪者，只属失察，照本例减等，罚月银一月。）

凡各宫殿等处太监等收贮一切钱粮用度官物，有不谨慎察核，以致遗失缺少者，如系首领，罚月银四个月；太监，重责四十板。（其首领等非本身犯罪，系该管太监犯罪者，只属失察，照本例减等，罚月银一月。）

凡宫殿监等处太监等有将内外事情妄行传宣者，如系首领，罚月银四个月；太监，重责十板。

凡宫殿监等处太监等如系首领，有不服总管管辖者，罚月银四个月；太监有不服本管首领管束者，重责四十板。（以上二等罪八条。）

凡宫殿监等处太监等承值一应祭祀供献器物，有不敬谨将事、倨侮不恭者，如系首领，罚月银两个月；太监，重责二十扳。

凡宫殿监等处太监等有失误关防者，如系首领，罚月银三个月；太监，重责三十板。

凡宫殿监等处太监等有不看守本管地方，擅至不应至之处，如系首领，罚月银两个月；太监，重责二十板。

凡宫殿监等处太监等，有告假因而迟误进内者，如系首领，罚月银两个月；太监，重责二十板。

凡宫殿监等处太监等俱属宫殿监管辖，若宫殿监因官差传集，各处首领太监等有抗违不至，以致失误差事者，如系首领，罚月银两个月；太监，重责二十板。（以上三等罪五条。）

以上各条，由宫殿监领侍等不时秉公稽察，有犯者，如系首领，具牌引例参奏治罪；太监，按例责处。仍各记档。其各处首领太监，若犯头等罪三次，二等罪五次，三等罪十次，仍不知守法悛改，具牌请旨，交总管内务府大臣治罪。

凡各处太监等如初次逃走被获者,枷号一个月,责三十板,交总管太监拨在外围当差,减食一两钱粮;十年后,仍给二两钱粮。如自行投回,在一个月之内者责三十板,交进减食一两钱粮;一年后仍给二两钱粮。两个月之内者,责三十扳,交进减食一两钱粮;二年后仍给二两钱粮。三个月之内者,责三十板,交进减食一两钱粮;三年后仍给二两钱粮。三个月之外者,责四十板,交进减食一两钱粮;四年后仍给二两钱粮。二次逃走,俱自行投回者,枷号一个月,责三十板,交总管太监拨在外围当差,减食一两钱粮,十年后,仍给二两钱粮。初次逃走被获,二次逃走自行投回者,枷号两个月,责四十板,交总管太监拨在外围当差,减食一两钱粮;十年后仍给二两钱粮。初次逃走自行投回,二次逃走被获者,发往吴甸铡草三年,责四十板;满日,交总管太监拨在外围当差,减食一两钱粮;十年后仍给二两钱粮。初次、二次逃走,俱系被获者,发往黑龙江给兵丁为奴。三次逃走俱系自行投回者,发往吴甸铡草三年,责四十板;满日,交总管太监拨在外围当差,减食一两钱粮;十年后仍给两钱粮。三次逃走,内有一次被获者,发往黑龙江给兵丁为奴,责六十板,枷号一个月;发遣后遇赦释回,复行逃走,无论投回被获,概行责六十板,枷号一个月,仍发往黑龙江给兵丁为奴。

宫殿监议罪则例

凡宫殿监等处太监等有在外犯法,由外部奏明要人者,宫殿监察明犯人,具牌奏明,即行送出,交外部按例治罪。

凡宫殿监等处太监等有在内犯法,情罪较重,宫殿监不敢擅专者,具牌奏明,即行送出,交总管内务府大臣治罪。

凡宫殿监等处太监等有在内犯法,情罪较重,宫殿监不能剖断者,具牌奏明,即行送出,交总管内务府大臣审理。

凡宫殿等处太监等有奉上谕议罚议责者,有经宫殿监查参议罪者,皆按宫殿监及首领太监等处分则例定拟。其有本例所不能该,可引例比照办理，仍将所引比照之例声明。

额数职掌

乾隆三十四年十一月初五日，奉谕旨：向来万善殿有年幼太监十余人在内读书，派汉教习一员专司其课。该处复系僧徒典守，与学舍杂居，既属非礼，且太监职在供给使令，就使读书，不过教之略识字体，何必选派科目人员与之讲授，令其通晓文义乎？在前明阉竖擅政，司礼秉笔，惟所欲为，因使若辈通文，便其自利之计，甚至选词臣课读，交结营私，此等秕政，朕每深非而痛斥之。我朝宫府肃清，太监等从不令干与政事，即不识字何碍？或伊等间有登记档案之处，但能粗辨字画足矣。现今读清书之太监等在长房一带，派内务府笔帖式课之，此等读汉书之人，原可附近该处另选内务府笔帖式之曾读汉字书者授之句读，又何必为之专设一汉员教令读书乎？所有万善殿派用汉教习之例，著永远停止。其如何酌拨房屋，选派人员各事宜，交总管内务府大臣定议具奏。

四十一年十二月初三日，奉谕旨：向例内监先由礼部报名记档，再交内务府大臣验看后，分派各处充役，近来报名者甚少，或因部中胥役需索，致伊等观望不前，亦未可定，此例盖沿明季旧习。本朝内廷诸务，既有总管内务府大臣管辖，其收录内监一节，自应总归总管内务府大臣画一办理，以专责成。嗣后内监报名，不必仍由礼部。

嘉庆四年四月十一日，总管萧得禄等奉谕旨：从前宫中太监缺额者，皆因外边王公、大臣使令太监过多，原无定额，今朕钦定诸王、贝勒、贝子、公等使令太监各有额数，不许多增。如有逾额者，令其送进宫内，交总管等分拨当差，嗣后停止挑取旗下太监。再，朕披阅现行则例，各处太监额内竟有与则例不符者，或以前有增减之处，尔总管等详细查明，并将各处首领太监额数查核，量其差务，酌加增减，先将养牲处、鸽子房二处裁汰。再将圆明园、清漪图、静明园太监酌定额数。其所用太监数目较比以前钦定额数，分晰汇奏，以便将来修理现行则例。

十一月初三日，总管萧得禄等奏：礼部尚书德明遵旨查办，请将太庙太监首领王德顺赏给七品顶带，副首领张禄、韩成赏给八品顶带，所有钱粮照例支拾，毋庸加增，谨据所称转奏。得旨：俟补修则例时，将此七品官职首领一名，八品官职副首领二名，载入则例。

十四年十一月十九日，奉谕旨：前曾降旨，钦定亲郡王、贝勒、贝子、公等应用太监额数，以杜冒滥。是以年来未照乾隆年间之例，令王、贝勒等将伊家太监送进当差，原以特示体恤。惟现在宫中所用太监较朕核减之额尚缺三百余名，实不敷使用。著于亲郡王、贝勒、贝子、公等所用太监足额之家，各选进三四名，以备当差。

额数职掌条例

敬事房

四品总管一，宫殿监督领侍。五品总管二，官殿监正侍。六品副总管六，俱宫殿监。专司遵奉谕旨办理宫内一切事务及应行礼仪，承行总管内务府各衙门文移，收核外库钱粮，甄别调补宫内各项太监，查视各门启闭，巡察火烛、关防等事。总管月银八两，米八斛，公费制钱一贯三百。（旧额：四品总管二，嗣裁为一；增五品总管二。）副总管月银七两，米七斛，公费制钱与总管同，凡委署总管无定额，于七品执守侍内委署，仍食本职银、米、公费。七品首领二员，俱执守侍。八品笔帖式二员，俱侍监。太监二十六名、专司掌案办事，承行内务府文移，巡防火烛、坐更等事。首领月银四两，米四斛，公费制钱一贯。笔帖式月银三两，米三斛，公费制钱七百。（旧额四，今裁为二。）太监内食月银三两、米三斛者三，银二两五钱、米二斛半者七，银二两、米一斛半者十六；公费均制钱六百。

乾清宫

七品首领一，执守侍。八品副首领一，侍监。太监二十五名。专司供奉列祖实録、圣训，江山社稷殿香烛，收贮赏用器物、本处陈设，洒扫及御前坐更等事。首领月银四两，米四斛，公费制钱一贯。副首领银米同，公费制钱七百。太监内食月银三两、米三斛者三，银二两五钱、米二斛半者六，银二两、米一斛半者十六；公费均制钱六百。（旧额二十四，嗣增一。）

臣等恭查：乾清宫首领旧额四，以执守侍充者二，侍监充者二。今裁二，设正、副首领各一。正以执守侍为之，副以侍监为之。

乾清门

八品首领二，俱侍监。太监十二。专司御门听政宝座、黼扆，晨昏启闭，稽察大小臣工出入，登记尚书房翰林入值、侍卫值宿名单及洒扫、坐更等事。首领月银四两，米四斛，公费制钱七百。太监月银二两，米一斛半，公费制钱六百。

昭仁殿兼龙光门

八品首领二，俱侍监。太监十。专司陈设、洒扫、坐更等事。首领月银四两，米四斛，公费制钱七百。太监月银二两，米一斛半，公费制钱六百。

弘德殿兼凤彩门

八品首领二，俱侍监。太监十。专司陈设、洒扫、坐更等事。首领月银四两，米四斛，公费制钱七百，太监月银二两，米一斛半，公费制钱六百。

端凝殿兼自鸣钟

七品首领一，执守侍。太监十。专司近御随侍赏用银两，验自鸣钟时刻及陈设、洒扫、御前坐更等事。首领月银四两，米四斛，公费制钱一贯。太监内食月银三两、米三斛者三，银二两五钱、米一斛半者四，（旧额五，嗣裁为四。）银二两、米一斛半者三；（旧额二，嗣增为三。）公费均制钱六百。

懋勤殿兼本房

七品首领一，执守侍。八品首领一，侍监。太监十。专司承值御笔并收掌文房书籍、登载内起居住及御前坐更等事。正首领月银四两，米四斛，公费制钱一贯。（旧额二，嗣裁为一，增副首领一。）副首领银米同，公费制钱七百。太监内食月银三两、米三斛者三，银二两五钱、米二斛半者四，（旧额五，嗣裁为四。）银二两、米一斛半者三；（旧额二，嗣增为三。）公费均制钱六百。

四执事

七品首领一，执守侍。八品首领一，侍监。太监三十五。专司上用冠袍带履，随侍执伞执炉，承应上用武备，收贮备赏衣服及御前坐更等事，正首领月银四两，米四斛，公费制钱一贯，副首领银米同，公费制钱七百。太监内食月银三两、米三斛者十五，银二两五钱、米二斛半者十四，（旧额十五，嗣裁为十四。）银二两、米二斛者六；（旧额五，嗣增为六。）公费均制钱六百。

臣等恭查：四执事首领，旧额一，今增设副首领一，以侍监为之。

四执事库

八品首领一，侍监。太监二十。专司收掌上用冠袍带履，铺设寝宫帏幔及坐更等事。首领月银四两，米四斛，公费制钱七百。太监内食月银三两、米三斛者五，银二两五钱，米二斛半者五，银二两、米一斛半者十，公费均制钱六百。

臣等恭查：四执事库太监，旧额十八，今增二，共额二十。

奏事处

八品首领一，侍监。太监十七。专司传宣谕旨，引带召对人员，承接题奏事件，随侍及御前坐更等事。首领月银四两，米四斛，公费制钱七百。太监内，司奏事食月银四两、米四斛者三。司随侍食月银三两，米三斛者二，银二两、米一斛半者二，司记档食月银三两、米三斛者二，银二两、米一斛半者二。供使令食月银三两、米三斛者二，银二两五钱、米二斛半者一，银二两、米一斛者三；公费均制钱六百。其有恩赐官职者，各按品级给银、米、公费。

臣等恭查：奏事处旧不设首领，属四执事兼辖。嗣增首领一，以侍监为之。旧额太监十八，嗣于奏事项下裁一，共额十七。

日精门

八品首领二，侍监。太监八。专司启闭关防，洒扫、坐更等事。首领月银四两，米四斛，公费制钱七百。太监均月银二两，米一斛半，公费制钱六百。

月华门

八品首领二，侍监。太监八。专司启闭关防，洒扫、坐更等事。首领月银四两，米四斛，公费制钱七百。太监均月银二两，米一斛半，公费制钱六百。

南书房

不设首领，属月华门首领兼辖。太监四，专司应候内廷翰林出入及坐更等事，均月银二两、米一斛半，公费制钱六百。

上书房

不设首领，属日精门首领兼辖。太监四。专司至圣先师前香烛，陈设、洒扫及坐更等事，均月银二两，米一斛半，公费制钱六百。

尚乘轿

八品首领二，侍监。太监三十二。专司承应请轿，随侍及御前坐更等事。首领月银四两，米四斛，公费制钱七百。太监内食月银三两，米三斛者十，银二两五钱、米二斛半者十六，（旧客十，嗣增为十六。）银二两，米一斛半者六；（旧额十二，嗣裁为六。）公费均制钱六百。

御药房

八品首领二，俱侍监。太监二十。专司带领御医各官请脉，煎药、坐更等事。首领月银四两，米四斛，公费制钱七百。太监内食月银三两、米三斛者三，银二两五钱、米二斛半者五，银二两、米一斛半者十二，公费均制钱六百。

交泰殿

八品首领二，俱侍监。太监六。专司尊藏御宝，收贮勋臣黄册，验自鸣钟时刻，陈设、洒扫、坐更等事。首领月银四两，米四斛，公费制钱七百。太监月银二两，米一斛半，公费制钱六百。

坤宁宫兼坤宁门

七品首领一，执守侍。八品副首领一，侍监。太监十二。专司供奉神前香烛，陈设、洒扫、关防、坐更等事。首领月银四两，米四斛，公费制钱一贯，副首领银、米同，公费制钱七百。太监月银二两，米一斛半，公费制钱六百。

臣等恭查：坤宁宫兼坤宁门，旧额首领二，俱侍监。嗣改为七品首一，以执守侍为之；八品副首领一，以侍监为之。

东暖殿兼永祥门　西暖殿兼增瑞门

八品首领各一，均侍监。太监各十四。专司陈设、洒扫、坐更等事。首领均月银四两，米四斛，公费制钱七百。太监均月银二两，米一斛半，公费制钱六百。

臣等恭查：东西暖殿，旧额正副首领各一，今裁一，设八品首领一，以侍监为之。

景和门　隆福门

以上二处，八品首领各二，俱侍监。太监各八。专司启闭关防、洒扫、坐更等事。首领月银四两，米四斛，公费制钱七百。太监月银二两，米一斛半，公费制钱六百。

基化门　端则门

以上二处，八品首领各一，俱侍监。太监各八。专司启闭关防、洒扫、坐更等事。首领月银四两，米四斛，公费制钱六百。太监月银二两，米一斛半，公费制钱六百。

内左门　内右门

八品首领各二，均侍监。太监各十二。内左门专司启闭关防、洒扫、坐更等事。内右门除启闭关防、洒扫、坐更外，兼查茶膳房人等、众太监等出入，每晚起更时，宫内等处报无事毕，具单送敬事房。首领月银四两，米四斛，公费制钱七百。太监月银二两，米一斛半，公费制钱六百。

景仁宫　永寿宫　承乾宫　翊坤宫　锺粹宫　储秀宫　延禧宫　启祥宫　永和宫　长春宫　景阳宫　咸福宫

以上十二宫，八品首领各二，均侍监。太监十二。专司本宫陈设、洒扫、承应传取、坐更等事。首领月银四两，米四斛，公费制钱七百。太监月银二两，米一斛半，公费制钱六百。

臣等恭查：景阳宫首领太监兼司御书房收贮书画等事，设额名数，仍与各宫同。

近光左门

不设首领，属景仁宫首领兼辖。太监五，专司启闭关防、洒扫、坐更等事。太监月银二两，米一斛半，公费制钱六百。

近光右门

不设首领，属永寿宫首领兼辖，所司及太监额与左门同。

养心殿　重华宫　建福宫

共七品首领一，执守侍。八品副首领二，侍监。太监四十五。专司收贮赏用物件及陈设、洒扫、御前坐更等事。首领月银四两，米四斛，公费制钱一贯，副首领银米同，公费制钱七百。太监内食月银三两、米三斛者十，银二两五钱、米二斛半者十一，（旧额十，嗣增为十一。）银二两、米一斛半者二十四，（旧额为二十五，嗣裁为二十四。）公费均制钱六百。

臣等恭查：以上三处，旧设七品首领二，八品副首领二。今裁七品执守侍首领一，余如旧额。

养心殿内兼吉祥门

五品副总管一，监副侍。七品首领二，执守侍。八品副首领三，侍监。太监五十。专司近御随侍，收掌内库钱粮并古玩、书画、陈设、洒扫及御前坐更等事。总管月银七两，米七斛，公费制钱一贯二百。首领月银四两，米四斛，公费制钱一贯。副首领银、米同，公费制钱七百。太监内食月银四两、米四斛者十，月银三两、米三斛者十，月银二两五钱、米二斛半者十一，（旧额十，嗣增为十一。）

月银二两、米二斛者十九,;（旧额二十，嗣裁为十九。）公费均制钱六百。

御书房

臣等恭查：前编载御御房额设八品首领一，侍监。太监十二。专司收贮书籍等事。嗣省，以景阳宫首领太监等兼司其事，见本宫项下。

古董房

八品首领一，侍监。太监十二。专司收贮古玩器皿，坐更等事。首领月银四两，米四斛，公费制钱七百。太监月银二两，米一斛半，公费制钱六百。

御茶房

七品首领二，执守侍。八品副首领三，侍监。太监五十。专司上用茗饮果品及各处供献、节令宴席、随侍、坐更等事。首领月银五两，米五斛，公费制钱一贯。副首领月银四两，米四斛，公费制钱七百。太监内食月银三两、米三斛者十，银二两五钱、米二斛半者二十，银二两，米一斛半者二十，公费均制钱六百。

臣等恭查：御茶房旧设七品首领三，执守侍为之。八品首领四，侍监为之，今裁七品者一，八品者一，共正副首领五。太监四十五，今增五，共太监五十。

御膳房

七品总管二，执守侍。八品首领六，侍监，太监一百，专司上用膳馐，各宫馔品及各处供献，节令宴席，随侍、坐更等事。总管月银五两，米五斛，公费制钱一贯。首领月银四两，米四斛，公费制钱七百。太监内食月银三两，米三斛者二十，银二两五钱、米二斛半者二十，银二两、米一斛半者六十；公费均制钱六百。

臣等恭查：御膳房旧设七品总管三，今裁一。八品首领十，今裁四。共七品总管二，八品首领六。太监仍旧。外增设抬水差使者十。

鸟枪处

八品首领一，侍监。太监四。专司随侍上用鸟枪及御前坐更等事。首领月银四两，米四斛，公费制钱七百。太监食月银三两、米三斛者一，银二两五钱、米二斛半者一，银二两、米一斛半者二；（旧设太监食银米皆同，嗣分别加增。）公费均制钱六百。

臣等恭查：岛枪处旧设七品首领一，嗣改为八品，以侍监为之。

弓箭处

不设首领，属鸟枪处首领兼辖。太监五。专司随侍上用弓箭及御前坐更等事。太监内食月银二两五钱、米二斛半者二，银二两、米二斛者三；（旧设太监四，食银米皆同，嗣分别加增。）公费均制钱六百。

臣等恭查：弓箭处旧设太监四，嗣增一，共太监五。

按摩处

不设首领。同属鸟枪处首领兼辖。太监六。专司随侍请髪及御前坐更等事。太监内食月银二两五钱、米二斛半者二，银二两，米一斛半者四；（旧（设）银米皆同，嗣分别加增。）公费均制钱六百。

南果房

八品首领一。侍监。太监八。专司收贮干鲜果品、坐更等事。首领月银四两，米四斛，公费制钱七百。太监月银二两，米一斛半，公费制钱六百。

养牲处　鸽子房

臣等恭查：以上二处，旧设首领太监。于嘉庆四年奉有谕旨裁汰，恭载本卷。再查前编载鹰房狗房首领太监，今遵现行则例删。

额数职掌条例

毓庆宫

八品首领二，均侍监。太监十二。专司陈设、洒扫及坐更等事。首领月银四两，米四斛，公费制钱七百。太监内食月银三两、米三斛者一，银二两五钱、米二斛半者二，银二两、米一斛半者九；公费均制钱六百。

臣等谨案：乾隆六十年乙卯，诏宣册立之命。皇上于十一月冬至后由东所移居毓庆宫，嘉庆元年丙辰正月元日，受宝礼成，遂以青宫临御，表正宸垣。于是设立首领太监各项人员，以符体制。伏查宫中则例，列于斋宫之次，兹谨移载。

苍震门

八品首辐一，侍监。太监八。专司启闭关防、洒扫、坐更等事，并稽查祭神房人等出入。首领月银四两、米四斛、公费制钱七百。太监月银二两，米一斛半，公费制钱六百。

遵义门

八品首领一，副首领一，俱侍监。太监六。专司启闭关防，洒扫、坐更等事。首领、太监月食银、米、公费皆与苍震门同，副首领月银三两，米三斛，公费制钱七百。

臣等恭查：苍震门、遵义门，旧额首领各二，嗣各裁为一。遵义门增副首领一，太监八，嗣裁为六。

斋宫

八品首领一，侍监。太监八。专司陈设，洒扫、坐更等事。首领月银四两，米四斛，公费制钱七百。太监月银二两，米一斛半，公费制钱六百。

御花园

七品首领一，执守侍。八品副首领一，侍监。太监二十四。专司园内斗坛、四神祠等处香烛，培浇花树，饲养池鱼、仙鹤及陈设、洒扫、坐更等事。首领月银四两，米四斛，公费制钱一贯，副首领月银三两，米三斛，公费制钱七百。太监均月银二两，米一斛半，公费制钱六百。

臣等恭查：御花园旧额首领二，副首领二，俱以侍监为之。嗣改设七品首领一，以执守侍为之。八品副首领一，以侍监为之。

天穹殿

不设首领，属景阳宫首领兼辖，太监八。专司香烛、洒扫、坐更等事。太监均月银二两，米一斛半，公费制钱六百。

臣等恭查：天穹殿旧额八品首领二，嗣裁。

祭神房

八品首领一，侍监。副首领一，无品级。太监二十六。专司祭神省牲、坐更等事。首领月银四两，米四斛，公费制钱七百。（旧额二，嗣裁为一。）副首领月银三两，米三斛，公费与首领同。太监均月银二两，米一斛半，公费制钱六百。

中正殿

首领一，无品级。太监八。专司香烛、洒扫等事。首领月银三两，米三斛，公费制钱七百。太监均月银二两，米一斛半，公费制钱六百。

英华殿

首领一，无品级。太监四。专司香烛、洒扫等事。首领月银三两，米三斛。太监均月银二两，米一斛半。首领、太监俱不设公费。

钦安殿兼城隍庙

八品首领一，侍监。太监十四，俱充道士。专司唪诵经忏、焚修香火等事。首领月银四两，米四斛，公费制钱七百。太监均月银二两，米一斛半，公费制钱六百。

臣等恭查：钦安殿兼城隍庙，旧额首领三，太监十二。嗣裁首领二为一，增太监二为十四。

寿皇殿兼记思殿

八品首领一，侍监。副首领一，无品级。太监十。专司御容前香烛、洒扫、坐更等事。首领月银四两，米四斛，公费制钱七百。副首领月银三两，米三斛，公费与首领同。（旧额首领一，嗣增副首领一。）太监均月银二两，米一斛半，公费制钱六百。（旧额四，嗣增为十。）

雍和宫

首领一，无品级。太监四。专司陈设、洒扫等事。首领月银三两，米三斛，公费制钱七百。（旧额副首领一，嗣裁。）太监均月银二两，米一斛半，公费制钱六百。（旧额六，嗣裁为四。）

臣等谨案：宫中则例恭列雍和宫于寿皇殿之次，今遵移载。

兆祥所兼遇喜处

首领一，无品级。太监六。专司洒扫等事。首领月银三两，米三斛，公费制钱七百。太监均月银二两，米一斛半，公费制钱六百。（旧额十，嗣裁为六。）

打扫处

八品首领二，俱侍监。太监六十。专司各虚打扫、运水、添缸、一应杂差、坐更等事。首领月银四两，米四斛，公费制钱七百。（旧额首领一，嗣增为二。）太监均月银二两，米一斛半，公费制钱六百。（旧额七十五，嗣裁为六十。）

熟火处

八品首领二，俱侍监。太监五十。专司各处安设熟火、抬运柴炭、一应杂差、坐更等事。首领均月银四两，米四斛，公费制钱七百。太监均月银二两，米一斛半，公费制钱六百。

柴炭处　烧炕处

臣等恭查：以上二处，旧设首领各二，太监各二十五。今裁，其职事即由打扫处兼司。

造办处

八品首领一，侍监。太监四。专司带领造办处外匠造办一切物件，首领月银三两，米三斛，公费制钱七百。（旧额首领二，嗣裁为一。）太监均月钱二两，米一斛半，公费制钱六百。（旧额二十五，嗣裁为四，移十五入做钟处，另设。）

做钟处

八品首领一，侍监。太监十五。所司与造办处同，首领月银四两，米四斛，公费制钱七百。太监内食月银二两五钱、米二斛半者二，银二两、米一斛半者十三；公费均制钱六百。

北小花园

首领一，无品级。太监六。专司培灌花树、洒扫等事。首领月银二两五钱，米二斛半，公费制钱七百。太监均月银二两，米一斛半，公费均制钱六百。

读清字、汉字、蒙古字书房
均不设首领，属敬事房首领兼辖。清字房太监六。汉字房太监十。蒙古字房太监四。月银均二两，米一斛半，公费制钱六百。

皇太后宫
六品副总管二，俱执事侍。八品首领一，侍监。太监四十六。茶房首领一，侍监；太监十。膳房首领二，俱侍监，太监二十。药房首领一，侍监；太监六。副总管均月银五两，米五斛，公费制钱一贯一百。首领均月银四两，米四斛，公费制钱七百。太监均月银二两，米一斛半，公费均制钱六百。
臣等恭查：皇太后宫旧额首领五，嗣裁为一。茶房、膳房、药房首领三，嗣增为四。

太妃位下
八品首领一，侍监。太壁十。首领月银四两，米四斛，公费制钱七百。（旧额二，嗣裁为一。）太监月银二两，米一斛半，公费制钱六百。

太嫔位下
首领额同，太监八。首领、太监银、米同。

贵人　常在位下
不设首领。太监各四。月银二两，米一斛半，公费制钱六百。

太妃以次位下膳房
统投七品首领一，执守侍。八品首领二，俱侍监。太监二十四。

七品首领月银五两，米五斛，公费制钱一贯。八品首领月银四两，米四斛，公费制钱七百。太监月银二两，米一斛半，公费制钱六百。

太妃以次位下药房

不设首领，属御药房首领兼辖。太监八。月银二两，米一斛半，公费制钱六百。

慈宁宫佛堂

首领五，副首领二，俱无品级。首领内充喇嘛者三。太监三十二，内充喇嘛者十五；这喇嘛经者四，首领均月银三两，米三斛，公费制钱七百。副首领月银二两五钱，米二斛半，公费同。（旧额十，嗣裁为七。）太监月银二两，米一斛半，公费制钱六百。（旧额五十二，嗣裁为三十二。）

寿康宫

八品首领一，侍监。太监六。首领月银四两，米四斛，公费制钱七百。（旧额副首领二，无品级。嗣设八品首领一。）太监均月银二两，米一斛半，公费制钱六百。

宁寿宫

七品首领二，执守侍。八品副首领二，侍监。太监五十。首领月银四两，米四斛，公费制钱一贯。副首领银、米同，公费制钱七百。（旧额首领四，均无品级。嗣设七品首领二，八品副首领二，银米亦按品增给。）太监内食月银三两、米三斛者四，银二两五钱、米二斛半者六，银二两、米一斛半者四十；公费均制钱六百。（旧额十六，嗣增为五十。）

皇子下

八品首领一，侍监。太监二十五。首领月银四两，米四斛，公费制钱七百。太监月银二两，米一斛半，公费制钱六百。（旧额二十，嗣增为二十五。）

公主下
首领一，无品级。太监四。首领月银三两，米三斛，公费制钱七百。太监月银二两，米一斛半，公费制钱六百。

皇孙下
首领一，无品级。太监十五。首领月银三两，米三斛，公费制钱七百。太监月银二两，米一斛半，公费制钱六百。

皇曾孙下
首领一，无品级。太监二。首领月银三两，米三斛，公费制钱七百。太监月银二两，米一斛半，公费制钱六百。

瀛台兼武成殿
八品首领一，侍监。副首领二，无品级。太监二十二。专司陈设、洒扫、坐更等事。首领月银四两，米四斛，公费制钱七百。副首领月银三两，米三斛，公费同。（旧额副首领一，嗣增一。）太监月银二两，米一斛半，公费制钱六百。

画舫斋兼蚕坛
八品首领一，侍监。副首领二，无品级。太监十四。专司陈设、洒扫、坐更等事。首领、副首领、太监，银、米、公费均一瀛台同（旧未设额，嗣增。）

永安寺兼承光殿
八品首领一，侍监。副首领二，无品级。太监十。专司陈设、洒扫、坐更等事。首领月银四两，米四斛，公费制钱七百。副首领月银三两，米三斛，公费同。（旧额副首领一，嗣增一。）太监月银二两，米一斛半，公费制钱六百。

臣等恭查：则例列瀛台于景山之前。今遵移载。

景山

七品总管一，执守侍。八品首领二，侍监。总管月银五两，米五斛，公费制钱一贯。首领月银四两，米四斛，公费制钱七百。委署首领太监无定额。首领无品级者月银三两，米三斛，公费制钱七百。太监月银二两，米一斛半，公费制钱六百。其恩加月银不为定额。有恩赏品级者，即按品级给银、米、公费。

南府

七品总管一，执守侍。八品首领四，侍监。总管月银五两，米五斛，公费制钱一贯。首领月银四两，米四斛，公费制钱七百。委署首领及太监无定额。无品级者月银三两，米三斛，公费制钱七百。太监月银二两，米一斛半，公费制钱六百。其恩加月银，不为定额。有恩赏品级者，即按品级给银、米、公费。

圆明园

六品总管一，执事侍。七品副总管四，执守侍。七品首领十，俱执守侍。八品副首领二十二，俱侍监。无品级首领五十一。太监五百三十二。总管月银六两，米六斛，公费制钱一贯一百。副总管月银五两，米五斛，公费制钱一贯。首领月银四两，米四斛，公费与副总管同。副首领银、米均与首领同。公费制钱七百。无品级首领均月银三两，米三斛，公费与首领同。太监内技勇七十，均月银三两、米四斛，船上月银三两、米三斛者六，月银二两五钱、米二斛半者八，各处当差月银二两五钱、米二斛半者五十，月银二两、米一斛半者三百九十八；公费均制钱六百。（旧额四百六名，嗣定为五百三十二。）

臣等恭查：圆明园旧额七品总管二，嗣定为四。八品首领十八，嗣定为二十二。无品级首领四十二，嗣定为五十一。此内有恩赏八品首领二。

清漪园　静明园　静宜园　盘山　畅春园　泉宗庙　圣化寺
均系圆明园总管首领太监等承应差务。

避暑山庄
系宫内总管首领太监等承应差务。

内务府所属掌仪司
八品首领二，侍监。副首领四，无品级。常行当差太监六十。首领月银三两，米三斛。（旧额五，嗣裁为二。）副首领月银二两五钱，米二斛半。（旧额八，嗣裁为四。）太监月银二两，年米十六斛。（旧额一百，嗣裁为六十。）其公费均由恩赏，每月制钱四十分，每分制钱六百。

司乐副首领二，无品级。太监八十。专肄中和乐器。首领月银二两五钱，米二斛半。（旧未设额，嗣增。）太监月银二两，米一斛半，（旧额六十，嗣增为八十。）其公费均由恩赏，每月制钱四十分，每分制钱六百。

臣等恭查：掌仪司旧额设有圆清太监六，觔斗太监十四，均裁。

銮仪卫
首领一，无品级。太监八。首领月银二两五钱，米二斛半。（旧额副首领四，今改设设首领一。）太监月银二两，年米十六斛。（旧额三十，嗣裁为八。）均无公费。

营造司

八品首领一，侍监。副首领二，无品级。太监三十。首领月银三两，米三斛，（旧额二，嗣裁为一。）副首领月银二两五钱，米二斛半。（旧额三，嗣裁为二。）太监月银二两，年米十六斛，（旧额四十，裁为三十。）其公费均由恩赏，每月制钱十五分，每分制钱六百。

奉先殿

八品首领一，侍监。副首领一，无品级。太监十四。首领月银三两，米三斛。（旧额二，嗣裁为一。）副首领月银二两五钱，米二斛半。（旧额五，嗣裁为一。）太监月银二两，米一斛半。（旧额二十，嗣裁为十四。）

臣等恭查：旧额有太和殿、中和殿、保和殿、文华殿、武英殿、奉宸苑、尚衣监、武备院、酒醋局首领太监各缺，现行则例均裁。

南花园

首领一，无品级。太监七。首领月银三两，米三斛。太监月银二两，年米十六斛。

永安寺

首领一，无品级。太监七，俱充喇嘛。又太监六，习喇嘛经。首领月银二两，米三斛，公费制钱七白。太监月银二两，米一斛半，公费制钱六百。

大西天

首领一，无品级。太监九，俱充喇嘛。首领月银三两，米三斛，公费制钱七百。太监月银二两，米一斛半，公费制钱六百。

帘子库兼门神库

首领二，无品级。太监十。首领月银四两五钱，米九斗。太监季银三两，米与首领同。（前编分载旧额首领各一，太监各八，嗣改首领二，太监十兼之。）

臣等谨案：前编开载礼部所属万善殿、番经厂、汉经厂、工部所属传心殿，首领、太监各缺，今遵现行则例均裁。

太常寺所属太庙

七品首领一，执守侍。八品副首领二，侍监。太监二十。首领季银九两，米九斛，副首领季银六两，米四斛。（旧额首领一，无品级。嗣改设七品者一，八品者二。）太监银、米同。

陵寝内务府所属　陵寝地方

首领一，无品级。太监三。首领月银四两。米四斛。（旧额二，嗣裁为一。）太监月银二两。米一斛半。（旧额十，嗣裁为三。）

妃园寝

不设首领太监，属管陵首领兼辖。（旧额太监六，今裁。）

臣等恭查：以上首领太监等有出缺者，由内务府奏准行文宫殿监，拟写名单请旨办理。

（《清宫史续编》卷之七十二、七十三、七十四）

三、理藩院与内外蒙古

（四种）

《理藩院则例》选（有关蒙古部分）

通例上

阖院堂司官员额缺

管理院务大臣一员。

尚书一员。左侍郎一员。右侍郎一员。额外蒙古侍郎一员（由蒙古贝勒、贝子、公内开放）。

宗室郎中一缺（咨吏部铨选）。

满洲郎中三缺（咨吏部铨选二缺后，由院保题一缺，无额咨额题）。

蒙古郎中八缺（额题三缺，额咨吏部铨选五缺）。

宗室员外郎一缺（咨吏部铨选）。满洲员外郎十一缺（咨吏部铨选二缺后，由院保题一缺，无额咨额题）。

蒙古员外郎二十四缺（咨吏部铨选二缺后，由院保题一缺，无额咨额题）。

满洲主事四缺（额题三缺，额咨吏部铨选一缺，遇咨缺出，本院留四缺后，咨吏部铨选一缺）。

蒙古主事十一缺（额题七缺，额咨吏部铨选四缺，遇咨缺出，本院留补二缺后，咨吏部铨选一缺）。

汉军主事一缺（咨吏部铨选）。

满洲题署主事二缺（由院保题）。

蒙古题署主事六缺（由院保题）。

司库一缺（咨吏部铨选）。

满洲、蒙古司务各一缺（咨吏部铨选）。

汉军笔帖式六缺（咨吏部铨选二缺后，由院保题一缺，无额咨额题）。

额设考取蒙古学习笔帖式二十四缺（由院咨取各馆蒙古议叙人员内考取，按名补用）。

库使二缺（咨吏部铨选）。

回子学生二缺（年满或咨或留，均以笔帖式补用）。

修改

满洲笔帖式额缺

满洲笔帖式三十四缺（原设三十八缺，于光绪十五年经吏部裁去四缺，其余额设三十四缺。咨吏部铨选二缺，由院保题三缺，无额咨额题。第一缺用荫生一人，第二缺用库使一人，第三缺、第四缺咨吏部铨选，第五缺用奏留学习一人。如有实录馆议叙、分院行走试俸期满后，与各班人员挨次补用者，准其补用荫生之后，补用一人，不积咨留之缺。其回子学生五年期满之委署笔帖式，奏留本院补用者，应俟第五缺出时，与捐纳学习之员统较日期先后补用。均由本院带领引见）。

修改

蒙古笔帖式额缺

蒙古笔帖式五十五缺（咨吏部铨选二缺后，由院保题一缺，无额咨额题。遇留缺出，专用本院拔补人员。不论旗分，按照考取名次挨名叙补，由本院带领引见。遇选缺出，除议叙分院作为荫生班及贴写议叙班，曾经奏留人员到班补缺时，准其留补选缺，由本院带领引见，其余俱归吏部铨选）。

修改

蒙古贴写笔帖式额缺

额设八旗蒙古贴写笔帖式每旗各二缺，共十六缺（由院咨取八旗蒙古举人、贡生、生员、监生、官学生、唐古忒学生及现食三四两饷银者考取，按旗按名补用。其额外取中候补贴写笔帖式人员内，如有呈请学习者，准其在院学习行走,仍按原考中名次补用)。

修改

考取蒙古贴写笔帖式

蒙古贴写笔帖式额设十六员,每旗各二员。由院咨取本旗蒙古举人、贡生、生员、监生、官学生、唐古忒学生、亲军、护军、前锋、领催、马甲,造册送院,扃门考试。择其蒙古文义通顺、字书端楷者取中,挨名补用,令其仍食原饷。遇有本旗缺出,按班选用,由吏部带领引见补放,授为八品。其未经补缺之额外候补贴写笔帖式,如有呈请学习当差者,准其在院学习行走,仍按原中名次挨名补用。如某旗额外人员将次用竣,即行由院咨取某旗应考之人送院考取。

续纂

考试拔取蒙古笔帖式分别补缺班次

一、在院行走未经补缺之蒙古笔帖式,不论原系何项班次人员,一律传齐糊名扃试。毋庸拘定额数,尽以蒙文精通者,拔定名次,咨部注册。毋庸核计进署日期,挨名奏补。

二、本院蒙古笔帖式各缺,除唐古忒学分内笔帖式,仍由吏部照例办理外,其各旗缺分,自考定名次咨部之日起。遇有缺出,通计咨部铨选二缺后,出至第三缺,不论旗分,将拔取人员挨补一次,以三缺为一轮,周而复始。该员所补并非本旗之缺,应由吏部照各衙门笔帖式奏留,不论旗分,借补例办理。

三、拔取各员均自有应选本班,如遇留缺到班,即由吏部将应选本班注销。如留缺尚未到班,遇应选本班到班,仍由吏部照例选补,将拔取名次注销,并知照本院存案。

四、留补缺出本届拔取各员,或均察有事故,或全数用竣,即将此缺作为第一缺,咨部照例办理。

续纂

奏派管理三学大臣

咸安宫蒙古官学、唐古忒学、托忒学三学事务,归本院堂官兼管。遇有缺出,将管理院务大臣、尚书、左右侍郎衔名开列清单。奏请简派管理。

续纂

奏派管理雍和宫事务大臣

雍和宫事务归本院堂官兼管。遇有缺出,由院将管理院务大臣、尚书、左右侍郎衔名开列清单,奏请简派管理。

修改

司员笔帖式外差

神木理事司员一员(管理鄂尔多斯六旗蒙古民人交涉事件。三年更换)。

宁夏理事司员一员(管理鄂尔多斯贝勒一旗、阿拉善王一旗蒙古民人交涉事件。三年更换)。

热河都统衙门理事司员一员(三年更换)。

八沟理事司员一员(管理喀喇沁王一旗、喀喇沁贝子一旗蒙古民人交涉事件,兼管税务。二年更换)。

塔子沟理事司员一员(管理喀喇沁扎萨克塔布囊一旗、敖汉王一旗蒙古民人交涉事件,兼管税务。二年更换)。

乌兰哈达理事司员一员(管理巴林王一旗、巴林贝子一旗,翁牛特王一旗、翁牛特贝勒一旗、克什克腾扎萨克台吉一旗、阿鲁科尔沁贝勒一旗蒙古民人交涉事件,兼管税务。二年更换)。

三座塔理事司员一员(管理喀尔喀贝勒一旗、奈曼王一旗、土默特贝勒一旗、土默特贝子一旗、西埒图库伦喇嘛一旗蒙古民人交涉事件,兼管税务。二年更换)。

张家口管站司员一员、笔帖式一员(管理二十四站,三年更换)。

张家口随军台关防笔帖式一员(每日廪给银五钱,三年更换)。

杀虎口管站司员一员、笔帖式一员(管理十二站,三年更换)。

喜峰口管站司员一员、笔帖式一员(管理十八站,三年更换)。

古北口管站司员一员、笔帖式一员(管理十六站,三年更换)。

独石口管站司员一员、笔帖式一员(管理七站,三年更换)。

赛尔乌苏管站司员一员、笔贴式一员(管理二十一站,司员每日廪给银一两,由院咨户部支领。笔帖式每日廪给银五钱,由口北道〔库〕支领。司员三年更换,笔帖式二年更换)。

恰克图管理买卖事务司员一员(每日廪给银一两,由院咨户部支领。三年更换)。

库伦管理买卖事务司员一员(每日廪给银一两,由院咨户部支领。三年更换)。

库伦管理印房事务司员一员、笔帖式二员(司员每日廪给银一两,由口北道库支领。笔帖式每日廪给银一两,由该处印房支领。均三年更换)。

西藏随印司员一员、笔帖式一员(三年更换。笔帖式现已停止派往)。

西宁随印司员一员、笔帖式三员(三年更换)。

科布多兵差司员一员(三年更换。现已停止派往)。

乌里雅苏台兵差司员一员(三年更换)。

四川总督衙门蒙古笔帖式一员(六年更换)。

陕甘总督衙门蒙古笔帖式一员(六年更换)。

护送四川驻班堪布、伊犁驻班堪布、笔帖式各一员(事毕旋京不驻)。

护送换班俄罗斯笔帖式一员(事毕旋京不驻。现已停止派往)。

修改

司员笔帖式内差

雍和宫承办奏摺司员二员、笔帖式二员（二年更唤）。

咸安宫稽察蒙古学务司员二员、监教笔帖式一员。

国史馆蒙古提调官一员。

南苑查马满洲、蒙古司员各一员（一年更换）。

银库满洲、蒙古司员各一员、笔帖式三员（二年更换）。

银库监放司员一员（一年更换。由王会、柔远二司轮派）。

监放火食米石司员一员（一年更换，由王会、柔远二司轮派）。

饭银处满洲、蒙古司员各一员（一年更换）。督催所满洲、蒙古司员各一员，满洲、蒙古笔帖式各八员（二年更换）。

俄罗斯馆监督一员。

俄罗斯学提调官一员。喇嘛印务处满洲、蒙古司员各一员（二年更换）。

送稿笔帖式三员。

以上各差均系堂官佥派。

拣派八沟等四处理事司员

拣派八沟、塔子沟、乌兰哈达、三座塔理事司员，预将阖院司员拣送十余员带领引见，请旨记名。遇有缺出，将记名人员带领引见，请旨简放。其记名人员将次用完时。再行拣选十余员带领引见记名。

修改

拣派神木等十二处司员

拣派神木、宁夏二处理事司员，张家口、杀虎口、喜峰口、古北口、独石口、赛尔乌苏六处管站司员，恰克图、库伦二处管理买卖事务司员，库伦管理印房事务司员，西藏随印司员等差，预将阖院司员拣选十余员带领引见，请旨记名。遇有缺出，将记名人员带领引见，请旨简放。其记名人员将次用完时，再行拣选十余员带领引见，请旨记名。

修改

拣派热河都统衙门理事司员

热河都统衙门理事司员三年更换，遇有缺出，先期由该员呈请该管都统备文报院，由院于司员内拣选，拟定正陪，出具考语，保送吏部，由吏部带领引见补放。

修改

拣派乌里雅苏台兵差司员

乌里雅苏台兵差司员三年更换。遇有缺出，先期由该员呈请该管将军备文报院，由院于蒙古司员内拣选，拟定正陪，出具考语，保送吏部带领引见，请旨补放。

修改

拣派西宁随印司员

西宁随印司员三年期满。遇有缺出，先期由该员呈明该管大臣备文报院，由院于司员内择其人品端方、明白公事者拣派一员，前往更替。

修改

拣派四川总督衙门笔帖式

四川总督衙门蒙古笔帖式六年期满。遇有缺出，先期由该员呈报该督备文咨报吏部，由吏部移咨到院，由院于现任一等蒙古笔帖式内拣选，拟定正陪，咨部查核，由院带领引见，请旨补放。如一等无人，准其保送二等人员。

修改

拣派陕甘总督衙门笔帖式

陕甘总督衙门笔帖式六年期满。遇有缺出，先期由该督备文咨报吏部，移咨到院，由院将现任一等蒙古笔帖式全行开列。如一等无人或仅止二三人，准将二等之员全行开列，咨送吏部听候钦派大臣拣选正陪，由吏部带领引见补放。

修改

佥派护送驻班堪布笔帖式

护送四川驻班堪布、伊犁驻班堪布之笔帖式、遇有京城堪布派往换班者、由满档房转付六司，各处保送一二员，呈堂酌量佥派。每处派笔帖式一员，责令沿途照料护送，俟抵该处事毕即行回京，勿庸驻扎。

增纂

库伦印房司员笔帖式准在差所戴用升衔翎支

库伦印房司员，〔由〕郎中员外郎派往者，准其戴用花翎；由主事派往者，准其戴用蓝翎；由笔帖式派往者，准其戴用六品顶戴蓝翎。均于差满回京时，即将升衔翎支撤去。

续纂

简派照料迎接哲布尊丹巴胡图克图之大臣、司员、笔帖式

凡遇哲布尊丹巴胡图克图之呼弼勒罕转世后，经库伦办事大臣奏请迎接时，由院咨取散秩大臣、八旗护军、统领、副都统、六部侍郎等衔名缮单请旨，简派一员，由院佥派司员二员、笔帖式二员，一并驰驿前往西宁，照料迎接。

续纂

奉派赴藏迎接哲布尊丹巴胡图

克图之呼弼勒罕钦差大臣、部委官员赏给制装银两

奉派赴藏迎接哲布尊丹巴胡图克图之呼弼勒罕钦派大臣，赏给制装银一百两，司员二员各赏银六十两，笔帖式二员各赏银三十两，此项银两由院咨行户部照数放给，其所需勘合知照兵部办给。

修改

笔帖式差缺分别入竹筒签掣、呈堂佥派

银库兼行及张家口等六处驿站、军台随关防笔帖式差十缺，由六司各处预行保送笔帖式一二员，缮写名单入筒。遇有差缺，由满档房呈堂签掣。其西宁、库伦随印笔帖式各差缺，由满档房转付六司各处，各保送笔帖式一、二员，呈堂佥派。

续纂

司员笔帖式差所丁忧

一. 出差神木、宁夏司员俱系专任。如遇在差所丁忧，於闻讣日报院，神木交该同知代署，宁夏交甘凉道代署。该司员交代后，回旗治丧。百日孝满报院，再行前往接印理事。

二. 出差西藏、西宁、库伦、恰克图等处司员俱系边差。如遇在差所丁忧，於闻讣日备文报院，由各该管大臣派员代署。该司员交代后，在差次穿孝百日，孝满报院，接印理事。笔帖式同。

三. 出差喜峰口、独石口、古北口、杀虎口、张家口、赛尔乌苏管站司员俱系驿差。如遇在差所丁忧，于闻讣日报院，交随关防笔帖式代署。该司员交代后，回旗治丧。百日孝满报院，再行前往接印理事。笔帖式同。

修改

出差乌里雅苏台、科布多司员（科布多司员停止派住）、军台笔帖式俱系兵差。如遇在差所丁忧，于闻讣日备文报院，照军营例毋庸出署。该司员、笔帖式俟扣足年分，差满回京，补行穿孝。

续纂

喇嘛印务处笔帖式定额

喇嘛印务处额设笔帖式二员、贴写笔帖式二员，学习笔帖式四员，均用唐古忒学生。其额设笔帖式缺出，由贴写笔帖式内拟补。贴写笔帖式缺出，由学习笔帖式内拟补。学习笔帖式缺出，向该学咨取学生拟补。补授额设实缺后，扣满五年，由该掌印胡图克图查照向例报明理藩院，保奏作为额外主事。到院后，例系题选通补，如果才具出众，遇有题缺，由本院量才拣选题补。其额设贴写笔帖式四员，未经保奏额外主事以前，由本院饭银处津贴银两内，查照津贴笔帖式等成案，每月酌予帮贴。

修改

巡察归化城、察哈尔官员

归化城、察哈尔二处，届五年巡察一次，向由都察院咨取人员带领引见。其派往之给事中、御史、郎中，给马十匹、驼二只每日给盘费银三钱九分。员外郎给马九匹、驼二只，每日给盘费银三钱四分。由院会派笔帖式二员随往，每员各给马五匹、驼一只，每日各给盘费银二钱。各员应领马每匹折银八两，驼每只折银十五两，咨行户部办给。并先行核给半年盘费银两，俟差竣回京，按日扣算。光绪十年山西巡抚奏请裁停。

内外馆监督

稽察内馆监督一员、外馆监督一员。一年更换。由院行文六部、都察院，除曾任馆监督之员无庸开送外，将未经派过之给事中、御史内，保送外馆监督各一员，六部郎中、员外郎内，保送内馆监督每部各一员。出具考语，咨送到院，带领引见。请旨于六部郎中、员外郎内，钦派内馆监督一员，于给事中、御史内，钦派外馆监督一员。

续纂

内外馆监督未满一年出缺，由原衙门派员署理

稽查内外馆监督到任未满一年，遇有升任、病故缺出，由都察院、该部另行派员署理。

内馆捕盗章京

每年由院咨行步军统领衙门出派捕盗章京一员，酌量带领番役。自十一月起至次年二月止，令在内馆左近，不时访查。遇有欺骗蒙古者，即行缉捕。送交刑部严行治罪。

察哈尔游牧理事官

察哈尔八旗额设游牧理事官九员。每旗一缺，公中一块。遇八旗缺出，咨取出缺旗分之主事、小京官实缺笔帖式，遇公中缺出，咨取八旗之主事，小京官实缺笔贴式，到院考取满洲、蒙古翻译通顺者二员，拟定正陪，咨送吏部带领引见。由主事考取者，授为游牧员外郎，五年期满，调补京缺。由小京官笔帖式考取者，授为游牧主事，三年期满，授为游牧员外郎，五年期满，调补京缺。

察哈尔本游牧处理事官

察哈尔本游牧处理事官八员。每旗一缺。遇有缺出，由察哈尔都统于出缺旗分之骁骑校、护军校、闲散世职官、笔帖式内拣选送院，由院带领引见。由骁骑校、护军校、闲散世职官补放者，授为

游牧员外郎。倘能办事奋勉，以佐领、参领升用。由笔帖式补放者，授为游牧主事。三年期满，授为游牧员外郎。

续纂

察哈尔六品荫生，准其入选游牧理事官

察哈尔游牧理事官缺出，准将在旗六品荫生，比照该处笔帖式入选游牧理事官之例，一体入选。

续加修改

考试国子监蒙古助教

国子监额设八旗蒙古助教八员。左翼四员，右翼四员。遇有何翼缺出，由院咨取该翼四旗之蒙古旗分实缺笔帖式、修书处笔帖式、蒙古教习、弓箭教习、蒙古文翻译、进士、举人到院会同国子监蒙古司业，考取满洲蒙古翻译精通者二员，拟定正陪，咨送吏部带领引见，补放。

修改

考取国子监八旗官学蒙古教习及奖叙章程

国子监八旗官学额设蒙古翻译教习八员。每旗一缺。遇有何旗缺出，国子监咨文到日，由院咨取出缺旗分食三四两钱粮兵丁内，翻译精通者数人到院，由院考取一人补用外，如试卷内仍有文理较长者记名，遇缺按名补用。倘到学训课不力由学咨回者，由院再于记名教习内，无论旗分咨学充补。如记名无人或一时本旗报考无人，准由本院无论实缺、候补笔帖式内拣派一员，代理馆务。至蒙古教习初次三年期满，即照咸安宫蒙古教习例，由国子监带领引见，作为理藩院候补笔帖式，俟议叙班到班时即行坐补。其举人出身者以中书用，如留学二次、三年期满，以本院笔帖式入于各项即用班内，较日期先后补用。如留学三次、三年期满，给予加一级。其代理馆务之实缺笔帖式,初次三年期满,其留学二次三年期满,三次三年期满,均准其加保班次,或保举得缺后,以应升之官阶升用,并加衔顶戴、加级纪录等项请奖。如系候补笔帖式,准其入于各项即用班内,较日期先后补用。蒙古官学生在学屡列优等,三年会考,由八旗官学内择优酌保数名送院,由院面试,如果蒙古翻译精通、字书端楷者即作为本院候补笔帖式,专归唐古忒笔帖式班内分别坐补。如蒙古教习及代理馆务之笔帖式未及三年期满,该学学生中如有蒙文精通,考中生员举人,实在著有成效者,准该管学大臣会同国子监及本院随时声明,优予请奖。

挑取国子监八旗官学弓箭教习

国子监八旗官学,额设弓箭教习八员。每旗一缺。遇有何旗缺出,国子监咨文到日,由院咨取出缺旗分食三四两钱粮兵丁内,满洲蒙古话好、弓箭娴熟者数人到院,由院挑取一人补用外,如所送人内,仍有弓箭娴熟者记名,遇缺按名补用。

续纂

咸安宫蒙古官学教习学生额数

咸安宫蒙古官学,除例由院委之稽查官二员、兼教官一员外,额设教习二缺。缺出,由学咨取蒙古八旗举人、监生、生员、亲军、护军、前锋、领催、马甲内考取一缺,由委教习坐补一缺,均三年期满。由学带领引见,作为理藩院候补笔帖式。其举人出身者,以内阁中书用。额设学生二十四名,每旗三名。缺出咨取国子监蒙古官学生拣补,令其学习蒙古文义。其该学所设之委教习、额外教习、学长、副学长、档子等缺,均在学生数内。

修改

唐古忒学司业、助教、学生

唐古忒学额设承办学务六品司业一缺,由本学助教升授,教授学生。助教一缺，由本学教习及内阁唐古忒中书补放，专司颁发西藏谕旨及一应翻译公文。额设正额学生二十四名，每旗三名；额外学生十六名，每旗二名。缺出，咨取咸安宫国子监蒙古官学生拣补，令其学习唐古忒文义。司业一员，由助教升授。助教一员，由本学教习及内阁唐古忒中书补放。教习二员，由副教习内拣补。副教习二员，由在学行走之学生内拣派。额设学生二十四名，由咸安宫官学生、国子监官学生挑取。挑取后，咨行该旗，照咸安宫官学生例支食膏火。额外学生十六名，由咸安宫官学生、国子监官学生内挑取后，由本学咨行该旗，遇有马甲缺出，即行坐补。

修改

托忒学兼教、学生额数

托忒学除唐古忒学司业、助教兼管外，额设兼教官二员，由已考取等第学生奏留，兼学行走。额设学生八名，每旗一名。缺出，由学咨取该旗举人、贡生、监生、生员、咸安宫官学生、国子监官学生、亲军、护军、前锋、领催、马甲内拣补，令其学习托忒文义。五年期满。由学咨行吏部，奏请钦派考试，额取头等二名、二等二名。考列头等者，以内阁学习中书用，考列二等者，以理藩院学习笔帖式用，三等留学。如下次考取仍列三等，开缺驳旗，另行拣补。

修改

赴藏学艺唐古忒学生

唐古忒学生赏给八品笔帖式衔，驰驿赴藏学习唐古忒文义。统计往返之期定限，五年期满。由达赖喇嘛考试分别等第后，再行奏请更换。若所学平常，停止保题，令其再学一二年，务令学习精熟，方准更换。其考列一等者，以中书用，二等者，以笔帖式用。均令学习行走。遇有唐古忒额设中书笔帖式缺出，坐补留学作为教习者，以助教题补。道光十九年十二月二十七日奉旨暂停拣派，钦此。

俄罗斯馆助教

俄罗斯学生到京时，令其在俄罗斯馆居住。咨取国子监满洲助教一员，汉助教一员，在馆教习清汉文字。

考试八旗俄罗斯学生等第

八旗学习俄罗斯文义学生，考试等第作为五年一次。考列头等者，作为八品官，考列二等者，作为九品官，考列三等者，交该学勤加教诲。由八品官复行考列头等者，作为七品官，由七品官考列头等者，作为主事，分部学习行走，遇缺即补。

领催出差

一、库伦办事大臣处设立领催三名，管理商民事务，司员衙门设立领催一名，恰克图司员衙门设立领催一名。均由院出派，二年更换。二、驻京俄罗斯之达喇嘛学生等，每届十年换班。派领催一名，随同笔帖式送到恰克图，往返照料。其俄罗斯不服水土，送回本处。帕克巴拉胡图克图贡使回程，青海王公年班，围班事毕，驰驿及各处致祭差务，均毋庸出派领催前往。

通晓廓尔喀文字兵丁

通晓廓尔喀文字营兵二名，由驻藏办事大臣选派，来京在院当差。坐补京城绿营马粮二缺，按月关领钱粮。每名按月仍给工食银二两二钱，由户部支领，并每名赏给安家银三十两，由户部支领。定为三年更换。三年内，如果当差奋勉，奏交四川总督，于应升之处尽先升用，以示鼓励。

续纂

银库支领银两专派司员监平

凡遇本院银库由户部支领银两领到时，由院专派司员一员监平，会同本库司员平兑。除拨给饭银处馀平外，实存银若干两，联衔具稿呈堂，不得含混具报。

续纂

西藏堪布回藏秤包专派司员监秤

凡西藏堪布年班事毕回藏，所带包数例有一定斤秤，秤包日由院专派司员一员监秤，会同本司司员验看，是否与例定包数斤秤相符，联衔具稿呈堂，不准例外多带。

通例下

司属职掌

一、旗籍清吏司承办内扎萨克六盟、归化城土默特左右翼、黑龙江打牲索伦、呼伦贝尔、鄂伦春等处王公官员升降、袭替、田产、比丁、过继、承嗣、家谱、封赠、赐恤、致祭、议叙议处、赈济、捐输、核奖，查核各旗公仓米石，查验军器、煤窑开闭，销算大凌河马匹，张家口等六处驿站应领羊马价钱，八沟等四处税课银两，张家口、赛尔乌苏驿站官员兵丁俸饷，更换八沟、塔子沟、乌兰哈达、三座塔、神木、宁夏理事官及张家口等六处管理驿站司员、笔帖式，销算归化城记档银两、蒙古路引、勘合、口票、兵票，办给巡察归化城等处差员盘费（光绪十年经山西巡抚奏请裁停巡牧）考取国子监蒙古教习，颁给驿站官员时宪书等事。（额设满洲郎中一缺，蒙古郎中二缺，宗室员外郎一缺，满洲外郎一缺，蒙古员外郎二缺，满洲主事一缺，满洲笔帖式五缺，蒙古笔帖式十缺）。

二、王会清吏司承办内扎萨克六盟王、公、台吉、公主、格格、额驸等年班请安进贡，王公等俸银、俸缎、俸米、侍卫、马钱，及口粮盘费逐月奏销，年节行礼入宴仪注赏项，格格指婚，五旗王府宴，每年更换内外馆监督，颁给内扎萨克六盟时宪书，行在请安宴，行围赏项，启銮后蒙古王公等差人来京进贡，缮实大绿头牌具奏等事。（额设满洲郎中一缺，蒙古郎中二缺，满洲员外郎二缺，蒙古员外郎三缺，蒙古主事二缺，满洲笔帖式三缺，蒙古笔帖式八缺）。

三、柔远清吏司承办喀尔喀四部落、土尔扈特、杜尔伯特、青海、察哈尔等处汗王台吉及胡图克图喇嘛等年班请安进贡，汗王台吉等俸银、俸缎、俸米、侍卫、马钱，及口粮盘费逐月奏销，年节入宴行礼赏项，五旗王府筵宴，行在请安筵宴，行围赏项，内外各寺庙喇嘛钱粮，草豆，烤炭银两，颁给外扎萨克各部落时宪书等事。（额设宗室郎中一缺，满洲员外郎二缺，蒙古员外郎五缺，蒙古主事一缺，满洲笔帖式二缺，蒙古笔帖式九缺）。

修改

典属清吏司承办喀尔喀四部落、土尔扈特、杜尔伯特、西藏、青海等处台吉官员升降、袭替、过继承嗣、家谱、比丁、田产、封赠、赐恤、致祭、议叙议处、赈济、捐输、核奖，支领四部心红纸张，俄罗斯来往事件，驻京俄罗斯学生支领衣服银两，乌里雅苏台等处商民信票，库伦、恰克图、西藏、西宁、科布多（查科市多司员三年更换、停止派住）、乌里雅苏台等处驻扎司员、笔帖式等任满更换，办给巡察察哈尔八旗差员盘费（光绪十年经山西巡抚奏请裁停巡牧），考取察哈尔八旗游牧理事官、国子监蒙古助教，达赖喇嘛、班禅额尔德尼进丹书克，在京喇嘛、考列等第、升迁、调补，札付度牒、路引，奏请寺庙名号，各寺庙工程，咨取学艺班第台吉充当喇嘛番子，袭替僧正僧纲等事。（额设满洲郎中一缺，蒙古郎中一缺，满洲员外郎二缺，蒙古员外郎六缺，满洲主事一缺，蒙古主事一缺，满洲笔帖式四缺，蒙古笔帖式六缺）。

修改

理刑清吏司承办内扎萨克六盟、外扎萨克各部落、盛京、吉林、黑龙江、察哈尔、归化城等处蒙古命盗案件，兼核缉逃限期，咨行各处缉拿内外寺庙喇嘛并太仆寺牧丁逃逸等事。（额设蒙古郎中二缺，满洲员外郎二缺，蒙古员外郎四缺，蒙古主事一缺，满洲笔帖式二缺，蒙古笔帖式五缺）。

修改

徕远清吏司承办驻京回子王公台吉、回疆各城回子王公台吉伯克等升降、袭替、回子家谱，夏冬二季，回子支派册籍，哈密、吐鲁番、库车回子王公台吉等俸银、俸缎、俸米、盘费、口粮、捐输、核奖，回疆各城赋役供税，哈密、吐鲁番、库车王公台吉等来京年班请安进贡，年节入宴行礼赏项，行在请安筵宴，行围赏项，霍罕伯克、四川土司、土舍头人及各城伯克来京朝觐进贡，哈萨克赴热河朝觐进贡，布鲁特进贡，颁给回疆各城时宪书等事。（额设蒙古郎中一缺，满洲员外郎二缺，蒙古员外郎三缺，蒙古主事二缺，满洲笔帖式三缺，蒙古笔帖式五缺）。

司务厅承办恭逢坛庙祭祀，堂司各官斋戒迎送，收受内外扎萨克、新疆各直将军、督抚等处文册，翻写来文，略节呈堂，并咨行都察院、礼科承充吏役按季支领饭食月粮银两，更换银库楼军，并挑补通事、鞭子手、俄罗斯馆馆夫等事。（额设满洲司务一缺，蒙古司务一缺，满洲笔帖式二缺，蒙古笔帖式二缺）。

修改

满档房承办阖院奏折，堂司各官升迁差缺，考取八旗蒙古贴写笔帖式、蒙古学习笔帖式，挑取领催，拔补外郎，并派领催出差，既阖院官员公费等事。（额设满洲堂主事一缺，蒙古堂主事三缺，满洲笔帖式四缺，蒙古笔帖式十缺）。

蒙古房承办蒙古字题本事件。（额设蒙古员外郎一缺，蒙古主事一缺）。

修改

汉档房承办各司等处清字题本并各处汉字来文，翻清咨文译汉，承管档案库等事。(额设满洲堂主事一缺，汉军堂主事一缺，满洲笔帖式七缺，汉军笔帖式六缺)。

银库承办支放来京蒙古人等盘费银两，及喂食马匹、草豆、柴薪折价银两，每月奏销及年终造具，四注黄册，缮本进呈等事。(额设司库一缺，库使二缺，笔帖式二缺，额委满洲、蒙古司员各一员，笔帖式三员)。

饭银处掌管本院额定出入饭银事件。(额委满洲、蒙古司员各一员)。

督催所稽查阖院文移注销等事。(额委满洲、蒙古司员各一员、笔帖式十六员)。

修改

当月处由六司司员挨司轮派一员值宿，监守堂司印信，接收在京各衙门来文，推送转牌。遇内阁传抄事件，承抄官抄出、摘录事由登记号簿，发交办司核办，及通院一切事件与在官人役，均责成经理。由当月司每日派委笔帖式一员，轮流取送堂印钥匙。

续纂

恭遇皇上谒陵拣派司员笔帖式前往备差

恭遇皇上祗谒西陵、东陵，无论本院堂官是否奉派随扈，由院拣派司员一员、笔帖式二员前往，预备永福寺、隆福寺喇嘛接驾、领赏、代奏、谢恩等事，此项司员、笔帖式由王会、柔远二司分年轮派。

题本进呈

题本，汉档房司员会同当月司员敬谨钤印，当月司员赍送内阁，由内阁进呈。

奏折

凡各该处咨请院示之件，除有例可循者照常核议咨覆外，倘系必应奏请定夺之事，无论应准应驳，即据咨议准议驳奏闻。

收受文移

一、凡各直省将军、都统、督抚暨各蒙古部落投院文册，俱由司务厅收拆，挂号录取，事由呈堂佥到后钤印发司。其在京各衙门投院文移，由当月处司员收拆，挂号发司，各司照件验收，登记号簿，按限办理。

二、各司收受堂到文移，有部落旗分虽隶本司而事款属别司者，或有一二款属别司经管应行移付办理者，限三日内付出，违者以迟延论。

呈判堂稿

一、各司收到应办文移，按例议稿签押钤印。以五日为一期。各司将应呈堂稿件先期一日送备档房，由满档房汇齐交送稿，笔帖式按期呈堂，周而复始，凡各司咨稿，必俟各堂官签书之后，方许照稿行文。其有事关紧急签书堂行簿及题奏稿件应行面议者，该司员持稿呈堂商办。

二、各司承办奉旨速议事件，限五日内覆奏，逾限议处。

三、各司奉到上谕及抄到奏折事件，除钦遵依限办理外，移会内阁典籍厅稽查钦奉上谕事件处稽察房查照。

修改

监用堂印

钤用文移稿案堂印，收派监印官十员，每日一员轮流进署，会同当月司员，监察每日各处用过文移稿案颗数，于各处造送印单内填注，监印官会同当月官核明，于单内佥押，逐日呈堂查验。

修改

验行文移

凡题准奏准事件，该司奉旨后，行知各该处遵照办理。其咨议事件，俟堂官判齐后缮就，文书司员校对、签押，造具印单，开写所行件数、事由及应行处所签押。印单呈堂点验，监印官会同当月官校覆，印单、文稿相符，钤盖堂印发司，该司将文书覆对记簿，粘封发行。

注销号件

一、各司承办事件，每月赴礼科、云南道注销。先期该司造册，按件开列事由及起限日期，分注已完、未完。已完者并注明何日完结、历限几日，统于册尾汇注：限内几日完结者共若干件，限内未完者共若干件。该司司官核明签押，移送督催所。督催所提集原号簿覆加勘实，于册尾填写"业经勘对明确，并无遗漏迟延"字样，列衔签押，钤盖关防。责付各司经承，赍赴科、道注销。如有遗漏迟延，督催所官不呈堂查办，经科、道察出者，将承办司员及督催所官一并议处。

二、各司每年办过支领银两稿案，于八月间造册，经承亲身持赴河南道核对。其江南道应校对之银两米石稿件，每月将领过稿案即持赴该道核对。

三、各司奉到特交本转交事件，每月底造具已完、未完册，由一司汇齐具稿呈堂，移会稽查钦奉上谕事件处稽察房注销。挨司汇送，周而复始。

续纂

承抄事件

本院承抄事件清文居多，遇内阁传抄，由院于六司笔帖式内各派出二员承抄，交当月处记簿，呈堂书到，拟司办理。

续纂

预用空白

每遇封印前一日，各司各按本司事务繁简预备空白纸张，呈明铃用堂印，以备封印期内紧要公事行文，按件注册，共用若干件，统于次年开印日呈明，其未用者，当堂销毁。

续纂

管带喇嘛仪仗乐器

凡恭遇皇上亲诣弘仁等寺拈香，如该寺庙预备陈设仪仗导引乐器，由本院堂官一人，带同司员四员，笔帖式四员前往管带。

续纂

日月蚀救护

凡遇日月蚀，届日，本院堂司各官咸素服，分赴在京各喇嘛寺各照料，唪经救护。其司员分赴之庙事毕，取具各该庙所唪经名、喇嘛名数，报院存案，均不赴礼部、太常寺，随班救护。

续纂

秋审上班

每逢秋审，有蒙古斩绞监候人犯，由刑部分送招册，并知照上班日期。届日，本院堂官赴天安门外朝房，会同大学士，九卿、詹事、科、道等官会审。

续纂

看守银库

本院银库，由本地面之正蓝旗满洲都统衙门拣派章京一员、兵五名，在库值班，白昼照料，夜间巡更，五日一换，每届换班之期，由该旗开列花名造具印册，报院备查。

续纂

银库支领银两定限

本院银库额存备放蒙古王公廪给盘费草豆银两，每放至仅存二万余两，奏请，由户部支领银五万五千两贮库，其自十月初一日至次年三月三十日，应放之年班及驻京蒙古王公喂养馆马银两，于该王公等到京后，先由库存正项内动支，俟扣至次年三月底奏销支领，到院后归款。

修改

保举管站司员、笔帖式

察哈尔兼管阿尔泰军台事务都统所属张家口、赛尔乌苏管站司员、笔帖式，热河都统所属喜峰口管站司员、笔帖式，绥远城将军所属杀虎口管站司员、笔帖式，直隶提督所属古北口、独石口管站司员、笔帖式，三年任满。果能整饬驿务，始终奋勉，准该都统、将军等出具一等切实考语送院，转咨吏部，照例带领引见。

宽免出差病故官员、兵丁盘费银两

凡由院出差官员、兵丁在差所病故者，预领过盘费银两，其数在百两以外者，具奏请旨。未及百两者，均于宽免。

续纂

会同馆大吏小吏额缺

会同馆额设大吏四名，小吏八名，专在内馆承应来京蒙古人等事宜。每年自十月初一日起至次年二月三十日在馆当差，其余月分，逢初一、十五日到院点卯。其大吏缺出，由本院于小吏内拣选正陪，咨送吏部验放。小吏缺出，由院行文吏部，转咨各旗拣选应补之人，保送吏部验放。均知照过院，由院传令当差。

续纂

吏役定额

一、本院额设领催八十名，专承应进内赴园该班听事，缮写满档房清文，奏底各司等处满洲、蒙古文移及随扈出差，并照料年班蒙古王公、喇嘛、回子伯克、土司等事。缺出，由院咨取蒙古八旗领催马甲，到院拣补。

二、本院额设员外郎四缺，缺出，由在院当差之领催八十名内，择年分较深，差使勤慎者拔补。行知兵部给与空衔金顶，仍食本身钱粮。如该领催现食马甲钱粮，行知该旗，遇有领催缺出，即行坐补，五年期满。如果始终奋勉，咨明该旗，遇有该旗管营骁骑校、护军校缺出，列名拣补。

三、本院额设蒙古通事二名，分承内外札萨克王公等年班朝觐、请安、进贡、引见谢恩及照料关领银两收管递呈原告传人问话，并呈送本院堂官禀启等事。缺出，由院咨取蒙古八旗领催、马甲到院，择人安静、通晓蒙古语者拣补。

四、本院额设鞭子手二名，由院分别咨取满洲左右翼八旗应补之人拣补。

五、本院银库额设楼军六名，专承应银库差使，由院咨行工部拣补咨送，一年更换。

六、本院额设皂役五十三名，缺出，招募挑补。

七，本院俄罗斯馆除拣派领催轮班到馆照料外，额设馆夫二名，专承应看守馆门，不准闲人滥入等事。缺出，招募挑补。

修改

书吏定额

本院额没书吏二十六名，司务厅二名，旗籍司二名，王会司二名，柔远司一名，典属司一名，徕远司二名，理刑司一名，俱系繁缺。满档房四名，繁缺二、简缺二。汉档房五名，繁缺一、简缺四。蒙古房一名，银库一名俱系繁缺。督催所二名，伙房二名俱系简缺。贴写书吏六名，旗籍司二名、王会司一名、典属司二名，饭银处一名。以上各司处如有年满等项额设书吏缺出，本司处有贴写书吏者，即以贴写充补，如无贴写书吏者，亦准以各司处贴写充补，均取具切结，咨报吏部照例办理。递遗贴写各缺，即行招募身家清白者，取结充补。

旗　分

增纂

内扎萨克六盟四十九旗

一、哲哩木盟十旗。

科尔沁右翼中扎萨克和硕图什业图亲王一旗，科尔沁右翼前扎萨克多罗扎萨克图郡王一旗，科尔沁左翼前扎萨克多罗斌图郡王一旗，科尔沁左翼后扎萨克多罗郡王一旗，扎来特扎萨克多罗贝勒一旗，科尔沁左翼中扎萨克固山贝子一旗，杜尔伯特扎萨克固山贝子一旗，科尔沁右翼后扎萨克镇国公一旗，郭尔罗斯前扎萨克镇国公一旗，郭尔罗斯后扎萨克辅国公一旗。

一、卓索四盟五旗。

喀喇沁右翼扎萨克多罗都楞郡王一旗，土默特左翼扎萨克多罗达尔汗贝勒一旗，土默特右翼扎萨克固山贝子一旗，喀喇沁中扎萨克辅国公一旗（该公于道光九年晋封贝子，今于道光十七年加封贝勒衔），喀喇沁左翼扎萨克头等塔布囊一旗。

一、昭乌达盟十一旗。

巴林右翼扎萨克多罗郡王一旗，奈曼扎萨克多罗达尔汗郡王一旗，敖汉扎萨克多罗郡王一旗，翁牛特右翼扎萨克多罗都楞郡王一旗，翁牛特左翼扎萨克多罗达尔汗岱清贝勒一旗，阿鲁科尔沁扎萨克多罗贝勒一旗，喀尔喀左翼扎萨克多罗贝勒一旗，扎噜特左翼扎萨克多罗贝勒一旗，扎噜特右翼扎萨克多罗达尔汗贝勒一旗，巴林左翼扎萨克固山贝子一旗，克什克腾扎萨克头等台吉一旗。

一、锡林郭勒盟十旗。

乌珠穆沁右翼扎萨克和硕车臣亲王一旗，苏尼特右翼扎萨克多罗都楞郡王一旗，苏尼特左翼扎萨克多罗郡王一旗，阿巴噶左翼扎萨克多罗郡王一旗，浩齐持左翼扎萨克多罗额尔德呢郡王一旗，浩齐特右翼扎萨克多罗郡王一旗，乌珠穆沁左翼扎萨克多罗额尔德呢贝勒一旗，阿巴哈那尔右翼扎萨克多罗贝勒一旗，阿巴哈那尔左翼扎萨克固山贝子一旗，阿巴噶右翼扎萨克头等台吉一旗。

一、乌兰察布盟六旗。

四子部落扎萨克多罗达尔汗卓哩克图郡王一旗，喀尔喀右翼扎萨克多罗达尔汗贝勒一旗，乌喇特前翼扎萨克镇国公一旗，乌喇特后翼扎萨克镇国公一旗，乌喇特中扎萨克辅国公一旗，茂明安扎萨克头等台古一旗。

一、伊克昭盟七旗。

鄂尔多斯左翼中扎萨克多罗郡王一旗，鄂尔多斯右翼中扎萨克多罗贝勒一旗，鄂尔多斯左翼前扎萨克固山贝子一旗，鄂尔多斯左翼后扎萨克固山贝子一旗，鄂尔多斯右翼前扎萨克固山贝子一旗，鄂尔多斯右翼后扎萨克固山贝子一旗，鄂尔多斯右翼前末扎萨克头等台吉一旗。

一、绥远城将军所属土默特两翼。

增纂

外扎萨克四部落等处一百五十旗

一喀尔喀汗山盟图什业图汗部落二十旗。

后路斡齐来巴图图什业图汗一旗，后路中扎萨克固山贝子一旗，后路中次扎萨克头等台吉一旗，后路中左扎萨克公衔头等台吉一旗，后路中左翼末扎萨克头等台吉一旗，后路中右扎萨克多罗郡王一旗，后路中右末扎萨克辅国公一旗，后路左翼中扎萨克多罗郡王一旗，后路左翼中左扎萨克头等台吉一旗，后路左翼前扎萨克辅国公一旗，后路左翼左中末扎萨克辅国公一旗，后路左翼右末扎萨克头等台吉一旗，后路左翼末扎萨克头等台吉一旗，后路右翼左扎萨克和硕亲王一旗，后路左翼左后扎萨克头等台吉一旗，后路右翼左末扎萨克头等台吉一旗，后路右翼右扎萨克辅国公一旗，后路左翼右末扎萨克辅国公一旗，后路右翼右末次扎萨克头等台吉一旗。后路右翼后扎萨克镇国公一旗。

一、喀尔喀克鲁伦巴尔城盟车臣汗部落二十三旗。

东路车臣汗一旗，东路中左扎萨克固山贝子旗，东路中左前扎萨克头等台吉一旗，东路中右扎萨克多罗郡王一旗，东路中右后扎萨克等头台吉一旗，东路中前扎萨克头等台吉一旗，东路中后扎萨克辅国公旗，东路中末扎萨克固山贝子一旗，东路中末次扎萨克头等台吉一旗，东路中末右扎萨克头等台吉一旗，东路左翼中扎萨克和硕亲王一旗，东路左翼左扎萨克头等台吉一旗，东路左翼右扎萨克头等台古吉一旗，东路左翼前扎萨克镇国公一旗，东路左翼后扎萨克头等台吉一旗，东路左翼后末公衔扎萨克头等台吉一旗，东路右翼中扎萨克多罗贝勒一旗，东路右翼中左扎萨克头等台吉一旗，东路右翼中右扎萨克辅国公一旗，东路右翼中前扎萨克头等台吉一旗，东路右翼左扎萨克头等台吉一旗，东路右翼前扎萨克头等台吉一旗，东路右翼后扎萨克头等台吉一旗。

一、喀尔喀扎克河源毕都哩雅诺尔盟、扎萨克图汗部落十九旗。

西路额尔德呢弼什嚼勒图扎萨克图汗一旗，西路中左翼左郡王衔扎萨克多罗贝勒一旗，西路中左翼右扎萨克辅国公一旗，西路中左翼末扎萨克头等台吉一旗，西路中右翼左扎萨克头等台吉一旗，西路中右翼末扎萨克辅国公一旗，西路中右翼末次扎萨克头等台吉一旗，西路左翼中扎萨克镇国公一旗，西路左翼左扎萨克头等台吉一旗，西路左翼右扎萨克镇国公一旗，西路左翼前扎萨克辅国公一旗，西路左翼右扎萨克辅国公一旗，西路左翼后末扎萨克头等台吉一旗，西路右翼前扎萨克头等台吉一旗，西路右翼后末扎萨克头等台吉一旗，西路右翼后末扎萨克头等台吉一旗，西路右翼右扎萨克辅国公一旗，西路右翼右末扎萨克辅国公一旗，附在扎萨克图汗部落辉特扎萨克头等台吉一旗。

一、喀尔喀齐齐尔哩克盟三音诺彦部落二十四旗。

中路三音诺彦扎萨克和硕亲王一旗，中路中左扎萨克多罗贝勒一旗，中路中左末扎萨克和硕亲王一旗，中路中右扎萨克多罗郡王一旗，中路中右翼末扎萨克头等台吉一旗，中路中前扎萨克多罗贝勒一旗，中路中后扎萨克辅国公一旗，中路中后末扎萨克头等台吉一旗，中路中末扎萨克镇国公一旗，中路左翼中公衔扎萨克头等台吉一旗，中路左翼左扎萨克辅国公一旗，中路左翼左末扎萨克头等台吉一旗，中路左翼右扎萨克头等台吉一旗，中路右翼中左扎萨克辅国公一旗，中路右翼中右扎萨克头等台吉一旗，中路右翼中末扎萨克头等台吉一旗，中路右翼左末扎萨克头等台吉一旗，中路右翼末扎萨克辅国公一旗，中路右翼前扎萨克辅国公一旗，中路右翼右后扎萨克多罗耶王一旗，中路右翼后扎萨克头等台吉一旗，中路右末扎萨克头等台吉一旗，附在三音诺彦部落额噜特前扎萨克固山贝子一旗，附在三音诺彦部落额噜特扎萨克固山贝子一旗。

一、驻扎西宁办事大臣所属二十九旗。

青海霍硕特西前扎萨克多罗郡王一旗，青海霍硕特前首扎萨克多罗郡王一旗，青海霍硕特前左翼首扎萨克多罗郡王一旗，青海霍硕特西后扎萨克多罗贝勒一旗，青海绰罗斯南右翼首扎萨克多罗贝勒一旗，青海霍硕特北左翼扎萨克固山贝子一旗，青海霍硕特北右翼扎萨克固山贝子一旗，青海绰罗斯北中扎萨克固山贝子一旗，青海霍硕特南左翼后扎萨克辅国公一旗，青海霍硕特北前扎萨克辅国公一旗，青海霍硕特南右翼后扎萨克辅国公一旗，青海辉特南扎萨克辅国公一旗，青海霍硕特东上扎萨克头等台吉一旗，青海霍硕特北左末扎萨克头等台吉一旗，青海霍硕特南左翼次扎萨克头和叶吉一旗，青海霍硕将南左翼中扎萨克头等台吉一旗，青海霍硕特南左翼末扎萨克头等台吉一旗，青海霍硕特西左翼后扎萨克头等台吉一旗，青海霍硕特南右翼末扎萨克头等台吉一旗，青海霍硕特南右翼中扎萨克头等台吉一旗，青海霍硕特西右翼中扎萨克头等台吉一旗（此旗系公中扎萨克），青海霍硕特西右翼后扎萨克头等台台一旗，青海霍硕特西右翼前扎萨克头等台吉一旗，青海喀尔喀南右翼扎萨克头等台吉一旗（此旗系公中扎萨克），青海土尔扈特南后扎萨克头等台吉一旗，青海土尔扈特南前扎萨克头等台吉一旗，青海土尔扈特南中扎萨克头等台吉一旗，青海土尔扈特西扎萨克头等台吉一旗，青海察罕诺们汗一旗。

一、科布多参赞大臣所属十九旗。

三音济雅图部落左翼杜尔伯特特固斯库噜克达来汗一旗，左翼杜尔伯特中后左扎萨克头等台吉一旗，左翼杜尔伯持中扎萨克多罗郡王一旗，左翼杜尔伯持中上扎萨克固山贝子一旗，左翼杜尔伯特中左扎萨克多罗贝勒一旗，左翼牡尔伯特中前左扎萨克头等台吉一旗，左翼杜尔伯特中前右扎萨克固山贝子一旗，左翼杜尔伯特中后右扎萨克头等台吉一旗，右翼杜尔伯特中右扎萨克镇国公一旗，左翼杜尔伯特中前扎萨克辅国公一旗，左翼杜尔伯特中后扎萨克辅国公一旗，左翼杜尔伯特中下扎萨克头等台吉一旗，右翼杜尔伯特前扎萨克和硕亲王一旗，右翼杜尔伯特前右扎萨克多罗贝勒一旗，左翼辉特下后扎萨克头等台吉一旗，右翼辉特下前扎萨克头等台吉一旗，青塞特奇勒图部落新土尔扈特右多罗郡王一旗，新土尔扈特左固山贝子一旗，霍硕特扎萨克头等台吉一旗。

一、伊犁将军所属十三旗。

乌讷恩素珠克图部落南路旧土尔扈特卓哩克图汗一旗，南路旧土尔扈特中扎萨克固山贝子一旗，南路旧土尔扈特右扎萨克辅国公一旗，南路旧土尔扈特左扎萨克头等台吉一旗，北路旧土尔扈特扎萨克和硕亲王一旗，北路土尔扈特左扎萨克辅国公一旗，北路旧土尔扈特右扎萨克头等台吉一旗，东路旧土尔扈特右扎萨克多罗郡王一旗，东路旧土尔特左扎萨克固山贝子一旗，西路旧土尔扈特扎萨克多罗贝勒一旗，巴图塞特奇勒图部落中路霍硕特中扎萨克固山贝子一旗，中路霍硕特左扎萨克头等台吉一旗，中路霍硕特右扎萨克头等台吉一旗。

一、陕甘总督所属额济纳旧土尔扈特扎萨克多罗贝勒一旗。

一、驻扎宁夏理事司员所属阿拉善霍硕特扎萨克和硕亲王一旗。

一、黑龙江将军所属伊柯明安额噜特扎萨克头等台吉一旗。

品　秩

增纂

蒙古王公等顶戴服色〔坐褥〕

一、内外扎萨克汗王贝勒贝子公，俱戴用宝石顶戴。其服色、坐褥等项，均照内地王公品级服用。

附载：内地王公冠服条例

一、亲王冬朝冠，薰貂为之，十一月朔至上元用青狐，顶金龙二层，饰东珠十，上街红宝石。夏朝冠，前缀舍林，饰东珠五，后缀金花，饰东珠四，顶如冬朝冠。端罩，青狐为之，月白缎里，若赐金黄色者亦得用之。左右垂带各二，下广而锐，色与里同。补服，色用石青，绣五爪金龙四团，前后正龙，两肩行龙。朝服之制，冬用貂皮，夏用片金缘饰绣五爪龙蟒袍，用绣通九蟒，颜色随所用，若赐金黄色者亦得用之。朝珠不得用东珠，馀随所用。朝带，金街玉方版四，每具饰东珠四，中饰猫睛石一，左右佩绦如带色。吉服冠，顶用红宝石。坐褥，冬用纯貂皮，夏用五爪龙红缎衬红白毡。雨冠、雨衣、雨裳之制，均用红色毡及羽纱、油绸，惟其时。

一、郡王朝冠，顶金龙二层，饰东珠八，上衔红宝石。夏朝冠，前缎舍林，饰东珠四，后缀金花，饰东珠三。补服，绣五爪行龙四团，两肩前后各一。朝带，金衔玉方版四，每具饰东珠二、猫睛石一。坐褥，冬用猞猁狲缘貂皮，夏用四爪蟒文蓝缎。馀如亲王。

一、贝勒朝冠，顶金龙二层，饰东珠七，上衔红宝石。夏朝冠，前缀舍林，饰东珠三，后缀金花，饰东珠二。补服，前后绣四爪正蟒各一团。朝服、蟒袍，均不得用金黄色，馀随所用。朝服之制如郡王，通绣蟒文皆四爪，蟒袍如之。朝带，金衔玉方版四，每具饰东珠二，佩绦皆用石青色。坐褥，冬用猞猁狲皮，夏用蓝妆花缎。馀如郡王。

一、贝子朝冠，顶金龙二层，饰东珠六，上衔红宝石。夏朝冠，前缀舍林，饰东珠二，后缀金花，饰东珠一。补服，前后绣四爪行蟒各一团。朝带，金衔玉方版四，每具饰东珠一。吉服冠，顶用红宝石。坐褥，冬用白豹皮，夏用蓝缎与妆缎。馀皆如贝勒。

一、镇国公朝冠，顶金龙二层，饰东珠五，上衔红宝石。夏朝冠，前缀舍林，饰东珠一，后缀金花，饰绿松石一。端罩，紫貂为之，月白缎里。补服，前后绣四爪正蟒，方补。朝带，金衔玉方版四，每具饰猫睛石一。吉服冠，入八分公顶用红宝石，未入八分公用珊瑚。坐褥，冬用红豹皮，夏用红闪缎衬红毡。馀皆如贝子。

一、辅国公朝冠，顶金龙二层，饰东珠四，上衔红宝石。坐褥，冬用红豹皮，去首尾，夏用青闪缎。馀皆如镇国公。

修改

台吉塔布囊等顶戴服色坐褥

一、内外扎萨克各旗，头二三四等台吉塔布囊应用顶戴、服色、坐褥，照依内地一二三四品官服用。其管旗章京、副章京、参领、佐领、骁骑校应用顶戴、服色、坐褥，照依内地都统、副都统、参领、佐领、骁骑校各降一等服用。

附载：内地武职冠服条例

一、武一品朝冠，顶镂花金座，中饰东珠一，上衔红宝石。补服，前后绣麒麟。朝带，镂金玉方版四，每具饰红宝石一。吉服冠，顶用珊瑚。坐褥，冬用狼皮，夏用红褐。

一、武二品朝冠，顶镂花金座，中饰小红宝石一，上衔珊瑚。补服，前后绣狮。朝带，镂金圆版面，每具饰红宝石一。吉服冠，顶镂花珊瑚。坐褥，冬用獾皮，夏用红褐缘皂褐。

一、武三品朝冠，顶镂花金座，中饰小红宝石一，上衔蓝宝石。补服，前后绣豹。朝带，缕花金圆版四。吉服冠，顶用蓝宝石。坐褥，冬用貂皮，夏用皂褐缘红褐。

一、武四品朝冠，顶镂金花座，中饰小蓝宝石一，上衔青金石。补服，前后绣虎。朝带，银衔镂花金圆版四。吉服冠，顶用青金石。坐褥，冬用山羊皮，夏用皂褐。

一、武五品朝冠，顶镂花金座，中饰小蓝宝石一，上衔水晶。补服，前后绣熊。朝带，银衔素金圆版四。吉服冠，顶用水晶。坐褥，冬用青羊皮，夏用蓝布衬白毡。

一、武六品朝冠，顶镂花金座，中饰小蓝宝石一，上衔砗磲。补服，前后绣彪。朝带，银衔玳瑁圆版四。吉服冠，顶用砗磲。坐褥，冬用黑羊皮，夏用黑色布。

一、武七品朝冠，顶镂花金座，中饰小水晶一，上衔素金。补服，前后绣彪。朝带，素银圆版四。吉服冠，顶用素金。坐褥，冬用鹿皮，夏用灰色布。

一、武八品朝冠，镂花金顶，无饰。补服，前后绣犀牛。朝带，银衔明羊角圆版四。吉服冠，镂花金顶。坐褥，冬用狍皮，夏用土布。

一、武九品朝冠，镂花银顶。补服，前后绣海马。朝带，银衔乌角圆版四。吉服冠，镂花银顶。坐褥，冬用獭皮，夏用土布。

修改

协理台吉顶戴

一、内外扎萨克各旗，三四等台吉塔布囊补授协理旗务之职，准其加衔戴用二品顶戴。其由头二等台吉塔布囊协理旗务者，毋庸给予加衔。

修改

蒙古属下人等，世袭达尔汗名号顶戴服色坐褥。

一、内外扎萨克各旗属下人等，有因以其主归降及随军向导有功，敕给达尔汗名号世袭者，其顶戴、服色、坐褥，各视其当日原得三四五品，比照管旗章京、副章京、参领、佐领服用，不得僭越。其达尔汗台吉应用顶戴、服色、坐褥，不在此例。

修改

索伦总管顶戴服色坐褥

一、索伦总管定为三品，副总管定为四品，其顶戴，服色，坐褥均各按品级服用。

修改

内扎萨克蒙古王公等坐次

一、蒙古亲王坐次在内地亲王之下，郡王在内地郡王之下，贝勒在内地贝勒之下，贝子在内地贝子之下，公在内地公之下。以次为序。

一、年节来朝，或进贡，或会集，其坐次：先头二等台吉，次蒙古子爵、男爵，次三等台吉，次蒙古管旗章京，次四等台吉、管旗副章京，次蒙古参领、蒙古佐领。其蒙古头二等台吉、子爵、男爵，在内大臣之下叙坐。

增纂

外扎萨克蒙古王公等坐次

一、凡遇筵宴喀尔喀汗亲王、郡王、贝勒、贝子、公、扎萨克头等台吉等，按照爵秩，列坐于右翼内扎萨克亲王、郡王、贝勒、贝子、公、扎萨克头等台吉之次。

一、青海土尔扈特、杜尔伯特等部落汗、王、贝勒、贝子、公、扎萨克、台吉来京，按照爵秩，列坐于喀尔喀王公之次。

修改

王公仪卫

一、蒙古亲王仪卫，销金红伞二，纛二，旗枪十。郡王仪卫，销金红伞一，纛一，旗枪八。贝勒仪卫，红伞一，纛一，旗枪六。贝子仪卫，红伞一，旗枪六。镇国公、辅国公仪卫，与贝子同。凡行围出师，均应随带。

修改

王贝勒等设长史以下等官

一、蒙古王贝勒，除照内地王贝勒等设长史、司仪长、护卫外，亲王设四品典仪一人，五品典仪一人。郡王设五品典仪一人，六品典仪一人。贝勒设五品典仪一人。贝子设六品典仪一人。公等设七品典仪一人。顶戴坐褥均按品服用。其补授之例，与内地同，毋庸带领引见。

附载：内地王公设长史等官条例

一、亲王设长史一人，正三品；一等护卫六人，从三品；二等护卫六人，从四品；三等护卫八人，从五品。

一、郡王设长史一人，正三品；一等护卫六人，从三品；二等护卫四人，从四品；三等护卫五人，从五品。

一、贝勒设司仪长一人，正四品；二等护卫六人，从四品；三等护卫四人，从五品。

一、贝子设三等护卫六人，从五品。

一、镇国公、辅国公各设三等护卫四人，从五品。

朝　觐

修改

年班来京定限

一、年班来京之内外扎萨克汗、王、贝勒、贝子、公、台吉、塔布囊、额驸等，定于每年十二月十五日以后、二十五日以前到齐。

增纂

年班王公台吉等晚安站班

一、年班来京朝觐之内外扎萨克汗、王、贝勒、贝子、公、台吉、塔布囊等，到京报院代奏恭请圣安后，恭遇皇上临幸各处，经由何门，奏蒙古侍卫，带领该王公台吉等，在门外祗跪瞻觐。其已瞻觐者，恭遇皇上临幸各处，均在门外站班迎送。

增纂

元旦典礼

一、正月初一日元旦令节，是日五鼓，内外扎萨克汗、王、贝勒、贝子、公、额驸、台吉、塔布囊等，咸朝服至午门外，分东西排班，候驾出入午门时，均祗跪迎送。皇帝升太和殿受驾时，引汗、王、贝勒、贝子、公入于内地王公之次，扎萨克台吉以下，按照品级入于内地文武大臣之次。听鸣赞官唱赞，行三跪九叩首礼，礼毕咸退。带领汗王以下至弘仁寺更蟒袍补服，恭候皇帝驾临，排班迎送如前仪。

增纂
大婚典礼蒙古王公等分别来京庆贺

一、凡内外扎萨克汗、王、贝勒、贝子、公、台吉、塔布囊等，恭遇皇上大婚典礼，在御前、乾清门行走之蒙古王公等，应令来京朝贺；其外边行走之蒙古王公及闲散台吉、额驸等，可否来京，届时由院请旨。

增纂
茧池口送驾

一、元旦后皇帝驾幸圆明园，所有年班朝觐外边行走之内外扎萨克汗、王、贝勒、贝子、公、额驸、台吉、塔布囊等，咸蟒袍补服，理藩院堂官带领在茧池口跪送。

修改
内扎萨克王公等班次

一、内扎萨克王、贝勒、贝子、公、扎萨克台吉、塔布囊等年班朝觐，定为三班，轮班来京，其不值班之扎萨克，令该旗协理旗务台吉一人来京。其围班亦定为三班，系先值年班，次值围班。

修改
喀尔喀汗王等班次

一、喀尔喀四部落汗、王、贝勒、贝子、公、扎萨克台吉等年班，定为六班，由院按班具题，指名咨调，令其来京朝觐。其围班系由四部落盟长保送十员，出具考语，造册报院。

增纂

察哈尔额鲁特班次

一、附隶察哈尔之额鲁特绰罗斯、土尔扈特、霍硕特公台吉等年班，定为四班，由该都统按班造具名册，咨送来京朝觐。其围班与年班同。

增纂

察哈尔侍卫班次

一、察哈尔乾清门行走侍卫等，定为五班，由该都统按班造具名册，咨送来京当差，其围班与年班同。

修改

青海班次

一、青海王、贝勒、贝子、公、扎萨克台吉等年班，定为四班，由院按班具题，指名咨调，令其来京朝觐。其围班亦定为四班，由院具奏咨调。西宁办事大臣按班造具详细衔名人数清册，报院。

增纂

土尔扈特、杜尔伯特、霍硕特班次

一、伊犁所属之土尔扈特、霍硕特，科布多所属之土尔扈特、杜尔伯特、霍硕特汗、工、贝勒、贝子、公、扎萨克台吉、协理台吉、闲散台吉等年班，各定为四班，围班亦各定为四班。该二处年班、围班均系间年一班，轮替前来。年班由院按班具题后，指名咨调，其围班系由院具奏咨调。该管将军大臣按班造具详细衔名人数清册，报院。

增纂

乌梁海班次

一、科布多所属之阿勒台乌梁海总管，乌里雅苏台所属之唐努乌梁海总管等，各定为四班，间年轮赴木兰随围，由院具奏咨调。该管将军大臣按班造具详细衔名人数清册，报院。

增纂

御前行走内扎萨克王公等每年来京

一、御前行走内扎萨克王公等不必轮班，每年年终均行来京，所有廪饩等项，俱照年班来京之例给与。遇有事故不能来京者，先行报院转奏。其御前行走之外扎萨克王公等路途遥远，仍照旧例轮班来京。

增纂

乾清门行走内扎萨克不管旗之王公台吉等班次

一、内扎萨克不管旗之王、贝勒、贝子、公、台吉等，在乾清门行走者，定为二班，轮班来京当差。

增纂

御前乾清门行走喀尔喀汗王台吉等班次

一、喀尔喀汗、王、贝勒、贝子、公、台吉等，在御前，乾清门行走者，定为二班，轮班来京当差。

增纂

闲散额驸班次

一、内扎萨克闲散额驸等，定为三班轮班来京。其围班亦定为三班。系先值围班，次值年班。

增纂

闲散额驸归入年班

一、喀尔喀之闲散额驸人数无多，毋庸另设一班，入于喀尔喀王公等年班内，轮班来京。

修改

科尔沁扎萨克固山贝子旗公主子孙班次

一、科尔沁扎萨克固山贝子旗下，公主子孙台吉、姻亲台吉共二千人，定为二十班，每班一百人。一年一班，轮流来京。

增纂

图什业图王旗公主子孙班次

一、科尔沁图什业图王旗下，公主子孙台吉共五百二十二人，定为十一班内，原定六班，每班四十七人；后定五班，每班四十八人。一年一班，轮流来京。

增纂

喀喇沁王旗公主子孙班次

一、喀喇沁王旗下，公主子孙塔布囊向无班次，每年一人来京。

增纂

巴林王旗公主子孙班次

一、巴林王旗下，公主子孙台吉共一百七十余人，定为六班，每班二十九人。一年一班，轮流来京。

增纂

敖汗王旗公主子孙班次

一、敖汗王旗下，公主子孙台吉共六百十余人，定为十班，每班六十人。一年一班，轮流来京。

修改

内外扎萨克年班准差台吉代替

一、年班应行来京朝觐之内扎萨克王、贝勒、贝子、公、台吉、塔布囊等，如有事故，届期准令该旗协理台吉一人代替来京，如适值该旗协理台吉亦有公事及患病等情，并准其遣本旗内职分较大之台吉代替来京。仍将代替情由用印文报院查核。倘该王公等无故遣人代替，或代替之员复无故托辞不来者，一经查出，均由院据实参处，并将该管之扎萨克等，随案拟议处分。

一、年班应行来京朝觐之外扎萨克汗、王、贝勒、贝子、公、台吉等，如有事故，届期准令协理旗务台吉一人代替来京；其闲散王公等，如有事故，准令台吉一人代替来京。仍将代替缘由用印文报院查核。倘该王公等无故遣人代替，或代替之员复无故托辞不来者，一经查出，均由院据实参处，并将该管扎萨克等，随案拟议处分。

修改

未及岁者免其来京该班

一、内外扎萨克汗、王、贝勒、贝子、公、台吉、塔布囊等，年未及十八岁者，免其来京该班，迨年至十八岁，一体按班来京。

增纂

未出痘者免其来京该班

一、内外扎萨克汗、王、贝勒、贝子、公、台吉、塔布囊等，未出痘者，免其来京该班，准入于木兰围班前赴热河，俟出痘后一体按班来京。

增纂

喀尔喀等处汗王台吉等逾岁者免其来京

一、喀尔喀、阿拉善、青海、土尔扈特、霍硕特、杜尔伯特等处,汗、王、贝勒、贝子、公、台吉内,凡年逾六十五岁者,每届年班之期毋庸来京,均赴热河行在朝觐,准其随围,不在围班人员数内。

修改

班外蒙古王公来京呈请告存准其代奏

一、御前、乾清门行走及外边行走之蒙古汗、王、贝勒、贝子、公、台吉、塔布囊,因他事来京适值年班,呈清告存当差,于年节后再回游牧处所者,由院代为具奏请旨。如蒙俞允,其未入年班者,即准其作为本年年班,其曾入年班者,准其改入本年年班,俟值伊本班时免其来京。

修改

喀尔喀年班至京逾期者不准补领赏项

一、喀尔喀年班来京之汗、王、贝勒、贝子、公、台吉,如在途患病不能按期到京者,即差台吉先行来京报院,代为请安,所有应得赏项,照台吉分例颁给。如该王公本身痊愈到京,其自到京以后应得赏项,仍照本身分例颁给,其先行差来之台吉,不得重复支领。

修改

御前、乾清门及外边行走蒙古王公等贻误班期

一、凡御前、乾清门及外边行走之内外扎萨克汗王公台吉等,如遇班期,因故不能来京,预将缘由呈报该盟长、扎萨克,查验属

实，出具印文报院。如不先行呈报，经院查行，始行托故呈报者，由院据实参奏，其失察之该盟长一并随案拟议处分。

续纂

内外扎萨克及闲散王公等不克赴京该班报文迟延贻误班期

一、凡内外扎萨克及闲散汗王、贝勒、贝子、公、台吉、塔布囊及额驸等，每遇年班，届期因有事故不克赴京该班，应由该扎萨克豫报盟长，由盟长备文报院。倘有具报迟延致误班期者，应将报文迟延之盟长，扎萨克及贻误班期之员，各罚扎萨克俸三个月，无俸之员折罚五牲畜。系属公罪俱准抵销。

修改

各旗差人听事

一、内外扎萨克旗分，每旗各遣一人于年终来京听事。

一、青海等旗，每年应遣来京听事之人，即令就近赴驻札西宁办事大臣处听事。

增纂

御前、乾清门行走蒙古王公等告假

一、驻京之御前、乾清门行走蒙古王公等，若在京告假数日者，由御前大臣代奏；如告假回游牧者，均报理蒲院。由院核计其游牧程途往返日期，并至游牧后办事所须日期，共应给假若干月日，及伊本身原请假若干月日之处，一并声明，具奏请旨。

续纂

外扎萨克公主子孙不入班次

一、凡外扎萨克喀尔喀等旗之公主子孙，距京较远，毋庸另立班次。

贡　输

修改

喀尔喀九白贡制

一、喀尔喀图什业图汗，车臣汗、哲布尊丹巴胡图克图，每年均准贡九白，用白驼一只，白马八匹。此外蒙古王公等不得擅进九白。

增纂

内扎萨克三十七旗台吉贡进汤羊

一、哲里木盟科尔沁扎萨克郡王二旗，郭尔罗斯扎萨克公二旗。

一、昭乌达盟巴林扎萨克郡王一旗，巴林扎萨克贝子一旗，奈曼扎萨克郡王一旗，翁牛特扎萨克郡王一旗，翁牛特扎萨克贝勒一旗，阿噜科尔沁扎萨克贝勒一旗，喀尔喀扎萨克贝勒一旗，扎噜特扎萨克贝勒二旗，克什克腾扎萨克台吉一旗。

一、卓索图盟喀喇沁扎萨克郡王一旗，喀喇沁扎萨克贝子一旗，喀喇沁扎萨克塔布囊一旗，土默特扎萨克贝勒一旗。

一、锡林郭勒盟乌珠穆沁扎萨克亲王一旗，乌珠穆沁扎萨克贝勒一旗，苏尼特扎萨克郡王二旗，浩齐特扎萨克郡王二旗，阿巴噶扎萨克郡王一旗，阿巴噶扎萨克台吉一旗，阿巴哈纳尔扎萨克贝勒一旗，阿巴哈纳尔扎萨克贝子一旗。

一、乌兰察布盟四子部落扎萨克郡王一旗，喀尔喀扎萨克贝勒一旗，乌喇特扎萨克公三旗，茂明安扎萨克台吉一旗。

伊克昭盟鄂尔多斯扎萨克贝子三旗。

以上三十七旗台吉贡进汤羊。

增纂

酌收贡进汤羊等物定额

一、各旗台吉等每年贡进汤羊、乳油、熏猪等物。汤羊于乌珠穆沁旗分，每十人内收二只；其余旗分，每十人内收一只，共收汤羊五百只，奶油并收五十肚，熏猪共收二十口。

增纂

台吉进汤羊折赏布匹

一、各旗台吉等贡进汤羊，每收羊一只赏给布四匹。每年由内库预领毛青布二千匹，存贮院库，俟台吉等所进汤羊由茶膳房选收后，将所收羊只数目移咨到院，由院核对数目相符，于支放盘费时照例赏给布匹。年终将赏过布匹数目汇奏核销，并移咨内务府与收过羊只数目核对。

增纂

科尔沁王等进羊定额

一、科尔沁王以下、台吉以上及王福晋夫人等，每年贡进汤羊，其数不得过二三只。

增纂

进贡之台吉、塔布囊造册报院查核

一、年例进贡汤羊等物之台吉塔布囊等，由该扎萨克查明，造具衔名清册，于六月内呈送到院，由院拣派司员，将台吉等衔名档册核对明晰，咨覆该扎萨克等。其名册相符者，令其于冬季抵京；其不相符者，即行咨驳。至台吉等无论有无跟役，每台吉塔布囊各给与二名跟役廪饩（其廪饩数目详载"廪饩"条内）。

增纂

进汤羊等物台吉分别赏给廪饩

一、凡品级较小、不应请安之台吉塔布囊等，每年于十月起至十二月封印日止，轮班进汤羊、熏猪、乳油、乳酒等物。如已收者，给廪饩十日；未收者，给廪饩五日（其廪饩数目详载"廪饩"条内）。

增纂

进贡之台吉等轮班来京

一、内扎萨克六盟冬季进贡之台吉，分编班次，令其轮流来京。凡有千台古之旗，令二百人前来；五百台吉之旗，令百人前来；百台吉之旗，令二十人前来。均应先行报院，届期给与印文，以杜冒替。有故不能来者，毋得差派。

修改

册档无名未授职衔之人不准进贡

一、凡台吉塔布囊等进贡，该扎萨克将职名、年岁、附丁若干、贡物数目逐一开明，给与印文遣来。倘将册档无名、未授职衔台吉等有意瞻徇，私给印文遣来者，将该扎萨克王、贝勒贝子、公、台吉、塔布囊等，各罚俸一年，协理台吉等各罚五九牲畜。

修改

进贡台吉本身不来分别惩处

一、台吉进贡，俱令本身来京，如有本身不来，差人假冒顶替者，革去台吉，仍罚五九牲畜。其假冒顶替之人，一经查出，递交该扎萨克鞭一百、罚五九牲畜，并将领过缎布廪饩路费追出交院。其为首及同来之台吉，均罚三九牲畜。倘有知情扶同隐捏者，革去台吉职衔，各视其原定年分，报院开复。

增纂

乌珠穆沁亲王进活羊定额

一、乌珠穆沁亲王，每年八月进活羊三十六只。进羊官一员、赏给银四两，披甲十名、每名赏给银二两，共赏给银二十四两。十月进活羊十六只、羊片十四片，亦照前赏给银二十四两。十二月进汤羊五十五只，无赏银。进羊官一员，跟役一名，披甲十名，给予拴马一匹，驾车马十匹，五日草豆银两，跟役等各给五日廪饩，无路费（其草豆折价银数与廪饩数目载"廪饩"条内）。

增纂

克什克腾扎萨克进活羊定额

一、克什克腾扎萨克，每年八月进活羊二十只。进羊官一员、赏给银三两，披甲十名、每名赏给银一两五钱，共赏给银十八两。十二月进汤羊二十只，无赏银。进羊官一员，跟役一名，披甲十名，给予拴马一匹，驾车马十匹，五日草豆银两，跟役等各给五日廪饩，无路费（其草豆折价银数与廪饩数目详载"廪饩"条内）。

增纂

贡进马匹计数酌收

一、内外扎萨克汗、王、贝勒、贝子、公暨胡图克图喇嘛等所进马匹，由上驷院验视，每九匹内酌收四匹，每四五匹内酌收二三匹，每二三匹内视其程途远近酌收。均按马匹等第，咨行广储司照例折赏。

增纂

验收马匹折赏

一、凡王公台吉暨胡图克图喇嘛贡进马匹，无论京城及行在地方，由院代奏后，将所进马匹交上驷院试看。俟上驷院将收过马匹数目移咨到院，由院咨行内务府，照上驷院所定等第折给赏项，由院放给。

增纂

验收鹰、狗、雕翎等物折赏

一、凡王公台吉等呈进鹰狗雕翎等物，由院具奏后，交养鹰处、养狗处试看择收。由该处咨行内务府折给赏项，由院放给。

增纂

索伦等贡貂皮数目等第

一、索伦等捕貂皮时，该管官员管束督催。采捕事竣，即交各佐领下所得貂皮分记皮色，会齐数目。进貂时，按前所记数目、皮色，选择一等者五百张，二等者一千张，其余均作为三等。按本年丁数令其交足，仍钤盖一二三等图记，以杜抵换。贡到之日，由院咨行户部，会同内各府验收。

增纂

听事人赏给缎匹

一、内扎萨克四十九旗，每年按旗各差一人来京进羊酒听事，每人赏给彭缎一匹，布八匹；跟役赏给布三匹。喀尔喀四部落不进羊酒，其听事人之赏项与内扎萨克同。

宴赍上

修改

宴赍九白来使

一、每年恭进九白之哲布尊丹巴胡图克图、图什业图汗、车臣汗等，咨行工部赏给三十两重银茶桶各一件，银执盂各一件。咨行户部赏给二等蟒缎各一匹，二等妆缎各一匹，二等闪缎各三匹，大缎各三匹，帽缎各二匹，洋缎各二匹，彭缎各二匹，小洋缎各三匹，小彭缎各三匹，素丝缎各三匹，绫各三匹，纺丝各三匹，绸各一匹，梭布各七十匹。赏正使三等蟒缎各一匹，帽缎各一匹，小彭缎各一匹，梭布各二十四匹。副使洋缎各一匹，小彭缎各一匹，梭布各十二匹。跟役梭布各六匹，由礼部赐宴一次。

附载礼部宴例

喀尔喀进贡九白来使，在部恩赐筵宴一次。前期，奏交领侍卫内大臣处，奏派内大臣一员陪宴；行护军统领衙门，派护军统领一员护宴。札光录寺备馔，贡使三人各席一，陪宴大臣席一。用奶茶一桶，奶酒一瓶，札西翼备羊一。行工部，取煮肉铁锅、铁杓、肉叉、砖灶、红布盖袱及垫席，量数取用。行理藩院，于筵宴口带领来使赴部入宴。行侍卫处，转知会派出之内大臣，朝服赴部陪宴。是日，设香案于露台上，精善司官视布席，堂正中近后楣位主席，西向，其右为正使席，次副使席，各专席均南向，以东为上。贡使至部，步入仪门，主席率诣香案前，行三跪九叩首礼毕，升堂就席。主席举爵，贡使就席一叩，饮酒三巡，供馔。宴毕，谢恩如仪。贡使辞，各退。

修改

中正殿赐宴

十二月二十三日中正殿西场子赐饭。于十二月中旬蒙古王公到齐时，由院具奏。奉旨后，咨行领侍卫内大臣、内务府、茶膳房、武备院、敬事房、善扑营照例预备。由院于年班朝觐并驻京之王公内拟定十四人或十六人，缮写绿头牌，奏请钦派十二人或十四人入大蒙古包坐，并将应行入坐领赏汗王贝勒贝子公、台吉塔布囊、额驸、胡图克图喇嘛等衔名，开列清单，先期奏闻。

仪注

是日,张大蒙古包于西场子,中安设宝座,稍后安设应坐矮床之胡图克图之矮床,两旁安设钦派入坐王等坐褥。其余汗王贝勒贝子公、台吉塔布囊、额驸等列坐于大蒙古包外,东西相向,胡图克图喇嘛等列坐于院内东西支搭之蒙古包内。由院带领应入坐之汗王以下、胡图克图等在中正殿齐集,咸常服按品排坐。皇帝驾临,入坐之王公等分班跪迎毕,各按品秩入坐,跪行一叩首礼坐。进膳桌,尚茶正进茶,皇帝用茶,众皆于原坐处跪行一叩首礼,茶毕。侍卫致众茶,众行一叩首礼,饮毕,复行一叩首礼。恩赐馔毕,众行一跪三叩首礼退出。皇帝驾临黄幕,升宝座,汗王以下、胡图克图各按品级两旁列坐看戏。引内外扎萨克蒙古善扑人各十人,进与善扑营善扑人以次相扑,其热河额鲁特及杜尔伯特善扑人各六名,均令在西场子门外预备,候旨入扑。其余技艺人承应毕,皇帝还宫,王公喇嘛等跪送。由内按照品秩每人赏给玻璃磁器、茶叶、哈蜜瓜等物各一分,理藩院堂官会同御前大臣监放。领赏后,引至乾清门外,行三跪九叩首礼谢恩。如在南海德昌门内勤政殿筵宴,于殿内安设宝座,中门不支搭大蒙古包,所有大蒙古包内应设胡图克图入坐之矮床,并钦派两旁入坐王等坐褥,均照大蒙古包例安设于殿内。其余汗王贝勒贝子公、台吉塔布囊、额驸、胡图克图等,列坐于殿外东西相向之蒙古包内。宴毕,皇帝还宫,王公喇嘛等跪送后,理藩院堂官将该王公等带领至乾清门外,将该胡图克图喇嘛等带领至隆宗门外,会同御前大臣监放赏项。其余一切仪注均与西场子同。

增纂

颁赏荷包

年班朝觐并驻京之御前乾清门行走、外边行走蒙古王公、额驸、台吉、胡图克图喇嘛等,由院按照品秩缮写衔名清单,于十二月下旬,奏请赏给荷包各一分。

增纂

颁赏果品

年班朝觐来京御前乾清门行走、外边行走内外扎萨克汗王贝勒贝子公、台吉塔布囊暨驻京、外来胡图克图喇嘛等，年终由内果房颁给果品，由院派员祗领，按名分给。

增纂

颁赏狍鹿食品

年终内务府来文，咨取应领狍鹿食品衔名，由院将驻京暨年班朝觐内外扎萨克汗王、贝勒、贝子、公，台吉塔布囊、额驸、官员暨公主格格并驻京、外来胡图克图喇嘛等衔名，咨行内务府，按照等第，给与照票祗领。

增纂

看跳布扎克

每年中正殿跳布扎克，凡外边行走内外扎萨克汗王贝勒贝子公、台吉塔布囊、额驸及达赖喇嘛、班禅额尔德尼之来使等，均令入坐，其回子伯克例不入坐。由院先期奏闻，届期按照品秩设坐褥于中正殿西侧。皇帝驾临，引应入坐之汗王以下，跪迎于门外。皇帝升座，引汗王以下各就坐，均行一叩首礼坐。布扎克跳毕，尚茶正进茶，众就坐处跪，皇帝用茶时，众俱行一叩首礼。侍卫致众茶，各跪受行一叩首礼，饮毕，复行一叩首礼。皇帝还宫，众均在本坐处跪送。

增纂

岁除筵宴

岁除日，宴内外扎萨克汗王、贝勒、贝子、公、台吉塔布囊、额驸等及外国来使于保和殿。由院将应行进爵之汗王贝勒等衔名，咨行掌仪司，由内务府随仪注具奏，恭候钦派。其亲赐酒之汗王贝勒贝子，由院拟定人数，缮写绿头牌，与掌仪司仪注同日具奏，恭候钦派。其仪注，系掌仪司主稿，会同礼部、理藩院具奏。届期，由院带领应行人宴人等，咸朝服至殿前，会同侍卫处按品排坐。

仪注

是日，乐部和声署设中和韶乐于殿檐下左右，陈丹陛大乐于中和殿北檐下左右，笳吹队舞、杂技百戏，俟于殿外东隅。武备院张黄幕于殿南正中，内务府管领设反坫于幕内，尊、爵、金卮、壶酌具。尚缮总领于宝座前设御筵。殿内左右，布蒙古王公暨内大臣、入殿文武大臣席。宝座之左右陛，布后扈大臣席。前左右，布前引大臣席。后左右，布领侍卫内大臣暨记注官席。丹陛上左右，布台吉侍卫席，按翼按品为序，东西向，北上。理藩院堂官，席殿东下西面。带庆隆舞大臣、内务府大臣，席黄幕左右东西面。

皇帝御殿，中和韶乐作，奏"元平之章"。众皆于坐处跪。皇帝升宝座，乐止，众皆行一叩首礼坐。尚茶正进茶，丹陛清乐作，奏"海宇升平日之章"。皇帝用茶，众皆于坐处跪，行一叩首礼，茶毕，仍就坐。侍卫致众茶，众行一叩首礼，饮毕，复行一叩，一首礼坐，乐止。

展席幂，掌仪司官就反坫恭捧壶、爵、金卮，由中路进，至殿中门阈外之左，西面立。丹陛清乐作，奏"五殿云开之章"，众皆起立。掌仪司官实酒于爵，由殿中门入，进爵大臣预由本位出，至殿门外除端罩，进至殿内跪，众皆跪。掌仪司官西面跪授进爵大臣爵，起退。进爵大臣奉爵，由中陛升，由西边进御座侧，跪进爵，皇帝受爵。进爵大臣起，由右陛下，复至原跪处跪。皇帝用酒，进爵大臣行一叩首礼，众皆行一叩首礼。进爵大臣起，仍由右陛升，跪接爵，由中陛下，至原跪处跪。掌仪司官进，跪接爵，退。众先起，掌仪司官以金卮酌酒进，立赐进爵大臣，进爵大臣跪接，行一叩首礼。饮毕，掌仪司官立拉卮退，进爵大臣复行一叩首礼，退出，复端罩，归班入坐，众皆随坐，乐止。皇帝用馔，中和清乐作，奏"万象清宁之章"。恩赐食品，尚膳正等进肉馔，皇帝用肉馔，恩赐肉馔毕，进反坫，乐止。进蒙古乐歌，是时，同进赏酒。引亲赐酒之王公等祇跪行一叩首礼，皇帝亲赐酒，饮华，复行一叩首礼。其余王公等，由领侍卫内大臣立监视侍卫授酒一次。皇帝亲赐酒之王公等退归原位，行一叩首礼，众皆行一叩首礼，饮华，复行一叩首礼，蒙古乐止。

次进庆隆舞于丹陛上，司章歌作，小司舞、大司舞、司舞人，以次进舞。次喜起舞大臣二十二员。朝服入殿正中，跪行三叩首礼，退东边立。司章于西边歌曲，喜起舞大臣按对以次进舞，每对舞毕，退正中跪行三叩首礼。舞毕，掌仪司官引朝鲜掷倒技人进，次进各样技艺人等，承应毕，皆退。

皇帝前御筵散，众皆于原坐处行一跪三叩首礼。中和韶乐作，奏"显平之章"，皇帝还宫，乐止。

增纂

岁除赏赉

一、凡内外扎萨克汗王贝勒贝子公、台吉塔布囊、参领、佐领等官，暨固伦公主、和硕公主、郡主、县主、郡君、县君、乡君，固伦额驸、和硕额驸、郡主额驸、县主额驸、郡君额驸、县君额驸、乡君额驸、公主子孙台吉等庆贺来京，遇元旦令节，均由礼部奏赏除夕筵宴，从官酒肉各有差。由院将应行衔名，咨行礼部。其蒙古羊，札两翼办理，桌张汉羊等物，札光禄寺办理。届期，由院派员率领通事，传集领赏人员，赴礼部、光禄寺祇领。

二、固伦公主、固伦额驸、科尔沁卓哩克图、图什业图达尔汗亲王等，各给大蒙古羊二，猪一，雉三十，鱼三十，席四，茶二桶。

三、和硕公主、和硕额驸各给大蒙古羊二，猪一，雉二十，鱼二十，席三，茶二桶。

四，郡主、郡主额驸各给大蒙古羊二，猪一，雉十五，鱼二十，席三，茶一桶。

五，县主、郡君、县君、乡君、县主额驸、郡君额驸、县君额驸、乡君额驸、公主子孙台吉等，各给蒙古羊一，猪一，雉五，鱼五，席二，茶一桶。

六、亲王各给大蒙古羊二，汉羊一，猪一，鱼二十五，席四，茶二桶。

七、郡王各给大蒙古羊二，猪一，鱼二十，席三，茶一桶。

八、贝勒各给蒙古羊一，猪一，鱼十，席二，茶一桶。

九、贝子各给蒙古羊一，猪一，鱼五，席一，茶一桶。

十、公各给蒙古羊一，猪一，鱼五，席一，茶一桶。

十一、台吉塔布囊等各给汉羊一，鱼五。

十二、归化城参领、佐领等，二人共给汉羊一。

十三、各旗进羊酒来京官员，二人共给汉羊一。

十四、进贡来京官员，各给猪肉五斤。

十五、喀尔喀额鲁特来京之首领官员，各给汉羊一。其余官员，二人共给汉羊一。

十六、达赖喇嘛来使，各给汉羊一。

增纂

科布多所属汗王台吉等内赏

科布多所属杜尔伯特、土尔扈特、霍硕特、札哈沁汗王贝勒贝子公、台吉，暨汗王福晋、贝勒贝子公夫人、台吉妻室，每年由科布多参赞大臣咨报印册，各差人贡进哈达、荷包、马匹、鸟枪等物，由院代奏，先期照册开单，送交军机处拟奏，回赏荷包、金银锞、缎匹各一分，由内交出，在军机处按名放给。

增纂

土尔扈特、杜尔伯特等初次来京赏给衣服等物

伊犁、科布多所属土尔扈特、杜尔伯特、霍硕特等处汗王贝勒贝子公、扎萨克台吉、协理台吉、闲散台吉来京朝觐，由该管将军大臣造具清册报院。由院于文册到日，查其初次来京者，照册开写清单，报明军机处。由军机处具奏，按照品级赏给蟒袍、补褂、顶帽、朝带、朝珠、荷包、靴袜、坐褥等物各一分。赏项由内务府备办，于请安日赏给，祗领毕，由院带领在乾清门外谢恩，行三跪九叩首礼（其曾赴热河朝觐并二次来京者，均无赏项）。

增纂

额鲁特官员内赏

热河每年派额鲁特总管等官六员，带领额鲁特善扑人来京预备差使。由院豫将该六员衔名，送交军机处具奏，各赏缎一匹，于请安日赏给。

增纂

来使等外赏

一、正使各赏三等蟒缎一匹，帽缎一匹，小彭缎一匹，梭布二十四匹。副使各赏洋缎一匹，小彭缎一匹，梭布十二匹。跟役每名梭布六匹。

二、汗亲王郡王之差人，各赏彭缎一匹，洋缎一匹，三梭布十二匹。跟役一名，赏三梭布四匹。

三、贝勒贝子公之差人，各赏彭缎一匹，三梭布八匹。跟役一名，赏三梭布三匹。

四、台吉塔布囊之差人，各赏彭缎一匹，梭布四匹。

宴赉下

增纂

紫光阁筵宴

元旦后，宴年班朝觐暨驻京内外扎萨克汗王贝勒贝子公、台吉塔布囊、额驸、外国来使于紫光阁。由院于年前十二月中旬奏请日期，奉旨后，咨行侍卫处、武备院、值年处、茶膳房。筵宴前三日，由院将应进爵之汗王贝勒等衔名缮写绿头牌，奏请钦派一人，并将应亲赐酒之汗王贝勒贝子缮写绿头牌，奏请钦派。届期，带引应行入坐人等，咸蟒袍补服赴宴所，恭候驾临，道旁祗跪，宴毕，仍在道旁跪送。御前大臣在阁西黄幕下监放荷包、磁器、火镰等物；总管内务府大臣在阁东黄幕下监放绸缎、皮张等物，均本身祗跪。领讫，引至乾清门外行三跪九叩首礼谢恩。其不应入坐之公主子孙、姻亲台古、协理台吉等赏项，亦于是日赏给。以上赏项，由院缮写绿头牌交内，并造册咨送内务府办理。奉旨筵宴于山高水长，除例用桌张外、其仪注与紫光阁同。

仪注

皇帝宝座两旁设矮床，令应坐矮床之胡图克图入坐矮床，其余胡图克图喇嘛等在两旁豹尾枪末斜坐，汗王贝勒贝子公、台吉塔布囊、额驸等，均按品级在左右两旁入坐，年班来觐之回子伯克及外国来使，列坐于露台上，均蟒袍补服。其朝鲜等处来使，俱在班末入坐。

皇帝驾临，应行入坐人等俱在道旁按翼跪迎。皇帝入武成殿少憩，引应入坐人等以次就坐。皇帝升座。尚茶正进茶，众皆跪，皇帝用茶时，均行一叩首礼，茶毕，致众茶，均跪受，行一叩首礼，饮毕，复行一叩首礼，茶毕，进皇帝御用膳桌，掌仪司官就反坫恭捧壶，爵，金卮，由中路进，至阁中门阈外之左，西面立，众皆起立。掌仪司官实酒于爵，由阁中门入，进爵大臣阁内跪，众皆跪。掌仪司官跪授进爵大臣爵，起退，进爵大臣跪接爵，由中阶酒升，由西边进至御座侧，跪进爵，皇帝受爵，进爵大臣起，由西下至原跪处跪皇帝用，进爵大臣行一叩首礼，众皆行一叩首礼。进爵大臣起，仍由西陛升，跪接爵，由中下，复至原跪处跪。掌仪司进，跪接爵退，掌仪司官贮酒于卮，立赐进爵大臣，进爵大臣跪按卮，行一叩首礼，饮毕，复行一叩首礼出，复补服入班坐，尊卮撤时进。

恩赐汗王以下馔，领馔人等均行一叩首礼。进奏蒙古乐人奏乐，乐毕，进善扑人按对相扑。食毕，复行一叩首礼，馔桌暂行停撤。致众茶，众行一叩首礼，饮毕，复行一叩首礼，进反坫，亲赐酒之汗王贝勒等，至宝座前跪行一叩首礼，皇帝亲赐酒，饮毕，复行一叩首礼，其余王公等，御前大臣立监视侍卫授酒一次。亲赐酒之王贝勒等退归原坐，复行一叩首礼，众均行一叩首礼。膳桌撤出，众均行三叩首礼谢恩。皇帝还宫，均仍在道旁跪送。

增纂

王府筵宴

一、五旗王府筵宴，由礼部奏闻，于元旦后择吉，将日期、桌张、羊酒数目开列仪注，行知宗人府、并知照理藩院。届期，带领应行入宴蒙古王公等诣府受宴。各王府设席：备蒙古亲王、郡王、贝勒、贝子、公、额驸各席一，台吉塔布囊等二人共席，随王等护卫等官十员共席。每二席，蒙古羊一，每三席，酒一瓶，又用大蒙古羊三。于元旦后择吉，正红、镶白、镶红、正蓝、镶蓝五旗王公各筵宴一次。每旗主席，以亲王或郡王一人就府中设席，其余本旗诸王贝勒贝子公咸赴陪宴。主人席西向，宾席东向，均专席，北上。从官席门外檐下及露台上，东向，稍后咸共席。宾至，主人迎入，行礼序坐，视宾秩尊卑，各以其班接待入坐。王府乐作，杂剧并陈，宴毕各退。

二、蒙古亲王见内地亲王，内地亲王出殿降阶迎，内地亲王居左，蒙古亲王居右，俱由中门入。内地亲王东向西立，蒙古亲王西向东立，蒙古亲王行二跪六叩首礼，内地亲王答礼半。内地亲王坐于东，蒙古亲王坐于西，其随从官员于殿外行二跪六叩首礼，随伊主后坐。宴毕，随从官员先行一跪一叩首礼，蒙古亲王离位，行一跪一叩首礼，内地亲王答礼。蒙古亲王起行，内地亲王送至阶下，本府官送出府门外。

三、蒙古郡王见内地亲王，内地亲王出殿迎、不降阶，内地亲王由中门先入，蒙古郡王随后入。内地亲王东向西立，蒙古郡王西向东立，蒙古郡王行二跪六叩首礼，内地亲王跪受半礼，答半礼毕。内地亲王坐于东，蒙古郡王坐于西，其随从官员于殿外行二跪六叩首礼，随伊主后坐。宴毕，随从官员先行一跪一叩首礼，蒙古郡王离位行一跪一叩首礼，内地亲王答跪，拱手不叩。蒙古郡王起行，内地亲王送出殿、不降阶，本府官送出府门外。

四、蒙古贝勒见内地亲王，内地亲王离坐迎、不出殿，蒙古贝勒由西旁门入，行二跪六叩首礼，内地亲王躬身拱手。礼毕，内地亲王坐于中，蒙古贝勒坐于西旁，其随从官员于殿外行二跪六叩首礼，随伊主后坐。宴毕随从官员先行一跪一叩首礼，蒙古贝勒离坐，行一跪一叩首礼，内地亲王躬身拱手。蒙古贝勒起行，内地亲王不送，本府官送出府门外。

五、蒙古贝子见内地亲王，部院官引进殿，蒙古贝子行二跪六叩首礼，内地亲王躬身拱手坐受。礼毕，蒙古贝子在西侧坐，其随从官员于殿外行二跪六叩首礼，随伊主后坐。宴毕，蒙古贝子离坐，行一跪一叩首礼，内地亲王躬身拱手坐受，随从官员在殿外行一跪一叩首礼。蒙古贝子起行，内地亲王不送，本府官送出府门外。其蒙古公见内地亲王，与蒙古贝子见内地亲王礼同。

六、蒙古亲王见内地郡王，内地郡王迎至府门，内地郡王居东，蒙古亲王居西，俱由中门入。内地郡王东向西立，蒙古亲王西向东立，对行二跪六叩首礼毕，内地郡王坐于东，蒙古亲王坐于西，随从官员行二跪六叩首礼，随伊主后坐。宴毕，随从官员先行一跪一叩首礼，蒙古亲王、内地郡王各就坐行一叩首礼。蒙古亲王起行，内地郡王送至府门内，本府官送至府门外。

七、蒙古郡王见内地郡王礼，与蒙古亲王见内地亲王礼同。蒙古贝勒见内地郡王礼，与蒙古郡王见内地亲王礼同。蒙古贝子见内地郡王，与蒙古贝勒见内地亲王礼同。蒙古公见内地郡王，与蒙古贝子见内地亲王礼同。

八、蒙古亲王见内地贝勒，内地贝勒出府门外迎，内地贝勒居东，蒙古亲王居西，俱由中门入，蒙古亲王先行，内地贝勒稍后。蒙古亲王西向东立，内地贝勒东向西立，对行一跪三叩首礼毕，蒙古亲王坐于西，内地贝勒坐于东，其随众官员行一跪三叩首礼毕，随伊主后坐。宴毕，随从官员先行一跪一叩首礼，蒙古亲王、内地贝勒各就坐行一叩首礼。起行时，让蒙古亲王先行，内地贝勒稍后送出府门外。

九、蒙古郡王见内地贝勒，内地贝勒迎至府门，内地贝勒居东，蒙古郡王居西，俱由中门入。蒙古郡王西向东立，内地贝勒东向西立，对行一跪三叩首礼毕，蒙古郡王坐于西，内地贝勒坐于东，其随从官员行一跪三叩首礼，随伊主后坐。宴毕，随从官员先行一跪一叩首礼，蒙古郡王、内地贝勒各就坐行一叩首礼。蒙古郡王起行，内地贝勒送至府门，本府官送出府门外。

十、蒙古贝勒见内地贝勒礼，与蒙古郡王见内地郡王礼同，惟初见时，内地贝勒与蒙古贝勒各行一跪三叩首礼，随从官员亦行一跪三叩首礼。蒙古贝子见内地贝勒礼，与蒙古贝勒见内地郡王礼同，惟初见时，蒙古贝子行一跪三叩首礼，内地贝勒跪而拱手，随从官员亦行一跪三叩首礼。蒙古公见内地贝勒礼，与蒙古贝子见内地郡王礼同，惟初见时，蒙古公及随行官员俱行一跪三叩首礼。

十一、蒙古亲王郡王贝勒见内地贝子公，内地贝子公出府门外迎，蒙古亲王等居西先入，内地贝子公居东后入。蒙古亲王等西向东立，内地贝子公东向西立，对行一跪一叩首礼毕，蒙古亲王等坐于西，内地贝子公坐于东，其随从官员行一跪一叩首礼，内地贝子公坐而拱手，随从官员各随伊主后坐。宴毕，随从官员先行一跪一叩首礼，内地贝子公仍坐拱手，蒙古亲王等、内地贝子公各就坐行一叩首礼。蒙古亲王等起行，内地贝子公送出府门外，候乘马方回。

十二、蒙古贝子见内地贝子，内地见子出堂迎，内地贝子居东，蒙古贝子居西，俱由中门入。内地贝子东向西立，蒙古贝子西向东立，蒙古贝子行一跪一叩首礼，内地贝子答礼毕，内地贝子坐于东，蒙古贝子坐于西，其随从官员行一跪一叩首礼，随伊主后坐。宴毕，随从官员先行一跪一叩首礼，蒙古贝子离位，先行一跪一叩首礼，内地贝子答礼。蒙古贝子起行，内地贝子送出堂，本府官送出府门外。

十三、蒙古公见内地贝子礼，与蒙古贝子见内地贝勒礼同，惟初见时，蒙古公及随从官员俱行一跪一叩首礼。蒙古贝子见内地公，内地公出府门迎，蒙古贝子居西，内地公居东，俱由中门入。内地公东向西立，蒙古贝子西向东立，对行一跪一叩首礼毕，蒙古贝子坐于西，内地公坐于东，随从官员行一跪一叩首礼，随伊主后坐。宴毕，随从官员先行一跪一叩首礼，蒙古贝子与内地公各就坐，对行一跪一叩首礼。蒙古贝子起行，内地公送至府门，本府官送至府门外。蒙古公见内地公礼，与蒙古贝子见内地贝子礼同。

增纂

看放烟火

正月十四、十五二日，皇帝驾幸山高水长，看放烟火，由院先期将应行入坐衔名并蒙古善扑人入扑具奏。届期，带领年班朝觐暨驻京外边行走之内外扎萨克汗王贝勒贝子公、额驸、台吉等，暨回子伯克、胡图克图喇嘛等，各携坐褥，由西南门入至药栏内，会同侍卫处，按内外王公大臣品级，以次列坐。内扎萨克列于南，外扎萨克、回子伯克列于北，公主子孙、姻亲台吉、协理台吉在药栏外南边树林内按班排坐，胡图克图喇嘛等俱在南边蒙古包内坐。

皇帝驾临，人均在本位跪迎。皇帝升宝座，众均行一叩首礼坐。尚茶正进茶，众皆跪，皇帝用茶时，众行一叩首礼，侍卫致众茶，众行一叩首礼跪受，饮毕，复行一叩首礼坐。进内外扎萨克善扑人各十名，与善扑营善扑人相扑。杜尔伯特善扑人六名，与热河额鲁特善扑人六名，以次相扑。胜者，即时赏缎一匹，就原扑处叩首谢恩。相扑毕，进各样技艺。恩赐食品，看放烟火毕，皇帝还宫，众行一叩首礼咸退。其额鲁特善扑人相扑时准其一体穿用褡裢，所用蒙古善扑人应用褡裢，均由武备院领取，用毕回缴。

增纂

正大光明殿筵宴

正月十五日，正大光明殿筵宴，其仪注与保和殿同，惟驻京及外来胡图克图等例予入坐，其坐次与紫光阁同。奏派进爵之汗王衔名，由院拟定交内务府，随仪注具奏，其入宴暨亲赐酒汗王以下各衔，由院先期具奏请旨。

修改

山高水长跪安

年班朝觐之乾清门行走及外边行走内外扎萨克蒙古汗王、贝勒、贝子、公、台吉、塔布囊、额驸等，于正月十九日山高水长入坐以前，由理藩院堂官带领跪安，行陛辞礼，礼毕。仍令入坐，其坐次典礼与十四、十五二日同。

增纂

午门大赏

年班朝觐来京之内外扎萨克汗王、贝勒、贝子、公、台吉塔布囊等，应赏衣、帽、撒袋、腰刀、鞍辔、缎匹、茶、布等物，按照品秩折给银两。科尔沁卓哩克图亲王、图什业图亲王、达尔汗亲王各赏银五百两，其余汗、亲王各赏银四百两。科尔沁扎萨克图郡王赏银三百五十两，其余郡王各赏银三百两。贝勒各赏银二百两，贝子各赏银一百五十两，公各赏银一百两，扎萨克台吉塔布囊各赏银七十两，头二等协理台吉塔布囊俱各赏锻六十两，三、四等协理台吉塔布囊俱各赏银五十两。由院于正月中旬具奏，奉旨后咨行户部，于正月二十日，由户部会同理藩院，在午门外按名放给。

增纂

年老蒙古王公台吉官员等准赴千叟宴

恭遇千叟宴，由院咨行距京较近之内扎萨克六盟及绥远城将军、热河都统、察哈尔都统，除闲散蒙古等毋庸前来外，其王贝勒贝子公、台吉、官员等，六十岁以上愿来者，准其赴京，以备入宴。其喀尔喀四部落及青海六十岁以上之汗王贝勒贝子公、台吉等，如有愿来者，一体入宴。

修改

蒙古王公等暨公主格格等恭逢恩诏赏给缎匹、年老兵丁赏给布匹

恭逢恩诏，蒙古亲王、郡王、贝勒、贝子、公、固伦公主、和硕公主、郡主、县主、郡君、乡君、王妃以下、公妻以上应得恩赏缎匹，及蒙古兵丁曾经效力行间因受伤年老闲住者应得恩赏布匹，俱查照户部来文，由院照户部咨开，应得数目按品分晰，札饬各盟

长转札各扎萨克，查明人数、造册报院，咨行户部支领。

仪　制

修改
午门迎送

内外扎萨克汗王贝勒贝子公、台吉塔布囊、额驸来京朝觐，恭遇皇帝亲诣坛庙行礼，毋庸陪祀，令于午门外按翼排班，候驾出入时，与不陪祀之内地王公一体衹跪迎送。

增纂
王公来京一体斋戒常朝

来京朝觐内外扎萨克汗王以下，凡遇祭祀，均应斋戒。遇常朝日期，按班齐集。违者，罚俸六个月。

增纂
请安服色

内外扎萨克汗王、贝勒、贝子、公、台吉等，凡值年班、围班、请安日，由院晓谕，俱正穿石青面马褂。如有违例穿服者，指名参奏。

增纂
紫禁城内应带从人数目

蒙古王等在紫禁城内当差，亲王、郡王各准带二人，贝勒贝子公等各准带一人。到京时，将从人花名报院，转行知照景运门护军统领，该王等到门时，照数放行出入。如有违例多带者，该护军即行禁止，如不服约束，禀明该管大臣，将违例之王公等参奏。

增纂

由驿递送诏旨

颁行内外扎萨克及科布多、伊犁、乌鲁木齐、喀什噶尔、叶尔羌、阿克苏等处诏旨，均由驿递送，毋庸差员赍往。

增纂

颁发各处时宪书数目

一、内扎萨克应领蒙古字时宪书，每一佐领各给一本。其外扎萨克应领蒙古字时宪书：汗十六本，亲王十五本，郡王十二本，贝勒十本，贝子七本，镇国公六本，辅国公五本，扎萨克台吉三本。统计内扎萨克六盟各旗，每年应领蒙古字时宪书共一千五百零六本；外扎萨克喀尔喀等处，每年应领蒙古字时宪书共一千本以上。应领时宪书，均由钦天监咨送到院，遇各该处差人听事之便，领回该游牧地方。

二、伊犁所属土尔扈特、霍硕特汗王、贝勒、贝子、公、扎萨克台吉等，应领蒙古字时宪书共一百零四本；额鲁特昂吉官员等，应领蒙古字时宪书共三十五本；西宁所属青海王公扎萨克台吉等，应领蒙古字时宪书共二百本。均由钦天监咨送到院，分为四包，每包用白毡各一块、油布单各一块。其包裹所用皮张缝线以及匠役人等，均咨行二部办理。封固后咨送兵部，由驿递发交该将军大臣，分别颁给。

三、驻札库伦办事大臣，每年应领蒙古字时宪书十一本，汉字时宪书五本，发交进野猪差人领回。

四、张家口、喜峰口、杀虎口、独石口、古北口、赛尔乌苏等台站，每年应领蒙古字时宪书共八十七本，由各该处差员请领。

五、驻京胡图克图、扎萨克喇嘛，每年应领清字七政通书二本，蒙古字时宪书十本。

修改

年节行礼

内外扎萨克汗王贝勒以下，凡遇年节，咸朝服会集于各扎萨克处，望关行三跪九叩首礼。

增纂

原受诰敕敬谨尊藏

内外扎萨克王、贝勒、贝子、公等所领诰敕，若年久字迹模糊者，由院奏请更换颁给，并将原诰敕仍交该王等敬谨尊藏，毋庸查销。

增纂

颁给受封福晋、格格册诰

受封之内外扎萨克汗王福晋、贝勒贝子公夫人、台吉塔布囊妻室暨格格等，应得册诰，由院咨交该盟长转行颁给，毋庸遣员赍送。各该盟长将奉到册诰数目、日期、并转行颁给收受日期各缘由，分晰声明，报院查核。

增纂

诰敕失毁准其复领

内外扎萨克汗王以下袭封诰敕，实因水火盗贼失毁者，准其复领，宽免议处。

修改

迎接钦差大臣等仪注

奉旨恤赏、恩赐并别项事件遣往之大臣侍卫至境，本境官弁问明大臣所至情由，先往告知王贝勒，急遣其属下官员在五里以外跪接，王贝勒等在营外跪接。抵家之后，跪领恤赏。若系衣物，则佩服向上，行三跪九叩首礼；若系财帛食物，跪领安置中位，亦行三跪九叩首礼。王贝勒与前往之大臣等彼此行一跪一叩首礼，王贝勒等坐于右，前往之大臣等坐于左。还时，亦送至迎接之处。蒙古王贝勒贝子公等遣人来进方物，若蒙皇上赏赐，其遣来之人抵家时，王贝勒亲出恭迎，向上行三跪九叩首礼接受。

其六部一切事件，奉旨差各部大臣携文前住者，该旗官弁请示大臣职名以及奉差情由，即告知各王贝勒，王贝勒等闻信，即令属下官员在五里以外迎接，该官下马在右边排立，俟文书既过，乘马驱前。奉差之大臣列于左，迎接之官列于右。前引文书至家，王贝勒亲迎鞠躬，两手接受，安置案上。开读讫，奉差之大臣等坐于左，王贝勒等坐于右。

修改

禁止妄行跪拜奉差大臣

蒙古公以上谒见钦差大臣时，若事系因公，均按仪注行礼，勿得滥行跪拜。

增纂

禁止僭称额驸

内外扎萨克王公、台吉塔布囊内，除本身实系额驸者准称额驸，若非额驸，即照该王贝勒贝子公、台吉塔布囊本身职衔书写，毋得滥称额驸。

修改

王等封号不准擅减

已、未管旗汗王贝勒贝子公等之封号，应全行称写。如有任意就中举出数字称写者，管旗之王公等，罚扎萨克俸半年，未管旗者，折罚一九牲畜存公。

增纂

台公额驸给与随丁

内外扎萨克汗亲王给随丁六十名，郡王给随丁五十名，贝勒给随丁四十名，贝子给随丁三十五名，公给随丁三十名，固伦额驸给随丁四十名，和硕额驸、郡主额驸各给随丁三十名，县主额驸、郡君额驸各给随丁二十名，以供役使。

增纂

台吉塔布囊给与随丁

头等台吉塔布囊给随丁十五名，二等台吉塔布囊给随丁十二名，三等台吉塔布囊给随丁八名，四等台吉塔布囊给随丁四名。

增纂

管旗章京等给与随丁

各旗管旗章京给随丁四名，副章京给随丁二名，于本旗内选给。参领、佐领各给随丁一名，于本佐领内选给。

修改

管旗章京等分别给与随丁

管旗章京、副章京、参领、佐领，若由台吉塔布囊补授者，原有附丁随侍不得更以马甲为从役；若由属下人补放者，照常撤甲给与作为随丁。

增纂

额驸身故不裁随丁

蒙古额驸名下随丁，如遇额驸身故，毋庸裁汰。

增纂

守墓人户

蒙古亲王守墓人十户。郡王八户，固伦公主与郡王同。贝勒、贝子各六户，和硕公主、郡主与贝勒同。镇国公、辅国公各四户。县主、郡君与公同。县君与其夫同。其官员护卫及曾经出征效力之人，不准派令守墓。

续纂

新疆奏事禁止副封关会

新疆西北两路将军、都统、大臣及驻藏大臣等，遇有陈奏事件，除审案供招应行报院查核外，其奏事折底概不准用副封关会，如不祗遵，将关会之员由院参奏，交部议处。

廪饩上

增纂

汗王以下各员廪饩定期

一、御前行走内扎萨克王、贝勒、贝子、公、台古、塔布囊等来京，按其在京日期支给廪饩。

一、年班之内外扎萨克汗、王、贝勒、贝子、公、台吉、塔布囊来京，按其在京日期支给廪饩。

一、乾清门班之内外扎萨克汗、王、贝勒、贝子、公、台吉、塔布囊等来京，支给四十日廪饩。

一、年班之察哈尔公台吉等暨乾清门行走侍卫等来京，俱支给三十日廪饩。

一、代班之协理台吉塔布囊等来京，按其在京日期支给廪饩。

一、内扎萨克王公等请安谢恩来京，支给三日廪饩。

一、外扎萨克汗王公等请安来京，支给七日廪饩；谢恩来京，支给三日廪饩。

一，内扎萨克王公等差人请安谢恩进贡及领时宪书，解送人犯等事来京，俱支给五日廪饩。

一、喀尔喀、阿拉善汗王公台吉等差人请安进马，并呈比丁册，听事、领俸来京，俱支给七日廪饩。

一、青海旧土尔扈特伊克明安王公台吉等差人，并西宁胡图克图喇嘛本身及差人请安来京，俱支给六十日廪饩。

一、科布多所属杜尔伯特、土尔扈特汗王公等差人请安进马来京，俱支给二十一日廪饩。

一、年班之公主子孙台吉塔布囊并姻亲台吉等来京，支给四十日廪饩。

一、值班之闲散额驸来京，支给四十日廪饩。

一、内扎萨克四十九旗差人进羊酒听事来京，按其在京日期，支给廪饩。

一、喀尔喀图什业图汗、车臣汗、哲布尊丹巴胡图克图差人庆贺万寿圣节并进九白及年终请安，俱支给四十日廪饩。其商卓特巴堪布诺们汗、洞阔尔胡图克图带来达喇嘛等，亦准一体支给。

一、喀尔喀四部落年班之胡图克图、呼弼勒罕喇嘛等来京，支给二十八日廪饩。班外本身并差人请安进马来京，各支给七日廪饩。

一、内扎萨克等处年班之胡图克图、呼弼勒罕喇嘛等来京，支给二十六日廪饩。班外本身并差人请安进马来京，各支给五日廪饩。

一、达赖喇嘛、班样额尔德尼之来使，支给九十日廪饩。

一、内扎萨克台吉年终进汤羊、乳油、熏猪等物来京，收者支给十日廪饩，不收者支给五日廪饩。

一、察哈尔公台吉等差人请安并领俸来京，各支给五日廪饩。

一、热河额鲁特官员带善扑人来京，支给三十日廪饩。

一、热河额鲁特善扑人六名来京当差，按其在京日期各支给廪饩，差竣停止。

一、喀尔喀四部落台吉官员等解送人犯来京，支给七日廪饩。

修改

一、蒙古王公子弟台吉等聘娶格格来京者，本身支给聘娶前七日后九日廪饩；其因筵宴来京者，支给前七日廪饩。蒙古福晋等亦照此例。其夫妇同来者，只支给一分廪饩。

增纂

格格等廪饩定期

一、近支郡主来京，支给六十日廪饩，县主、郡君各支给五十日廪饩，县君支给四十日廪饩，乡君、无品级格格各支给三十日廪饩。

一、次近支郡主来京，支给五十日廪饩，县主、郡君各支给四十日廪饩，县君支给三十日廪饩，乡君、无品级格格各支给二十日廪饩。

一、远支郡主来京，支给四十日廪饩，县主、郡主各支给三十日廪饩，县君、乡君、无品级格格各支给十五日廪饩。

一、格格与额驸一同来京者，只支给一分廪饩。

增纂

汗王以下各员廪饩定额

一、科尔沁卓哩克图亲王、图什业图亲王、达尔汗亲王本身，每日各给银四两二钱、米一升五合，应随带护卫二十三名，每日各给银一钱、米一升，伴当七名、跟役十名，每日各给根五分、米五合。每日共合银七两三钱五分，米三斗三升。栓马十五匹，入馆马四十五匹。其来京路费：进喜峰口给银十八两五钱，进张家口给银十八两，进古北口给银十七两。回程路费：出喜峰口给银二十五两五钱九分，出张家口给银二十五两零九分，出古北口给银二十四两零九分。护卫人等四十名，每日共给路费银三钱，米每名照住京原额，均按路程定限算给。

一、汗、亲王本身，每日给银三两二钱、米一升五合，应随带护卫二十三名，每日各给银一钱，米一升，伴当七名，跟役十名，每日各给银五分，米五合。每日共合银六两三钱五分，米三斗三升。拴马十五匹，入馆马四十匹。内扎萨克亲王回程路费，给银十二两八钱，护卫人等四十名，每日共给路费银三钱，米每名照住京原额，均按路程定限算给。外扎萨克汗亲王回程路费，不计程途远近及本身随带人等，共给银十七两三钱，米四石九斗五升。

一、郡王本身，每日给银二两七钱，米一升五合，应随带护卫十八名，每日各给银一钱，米一升，伴当七名，跟役十名，每日各给银五分、米五合。每日共合银五两三钱五分，米二斗八升。拴马十匹，入馆马三十五匹。内扎萨克郡王回程路费，给银七两八钱八分，护卫人等三十五名，每日共给路费银二钱，米每名照住京原额，均按路程定限算给。外扎萨克郡王回程路费，不计程途远近及本身随带人等，共给银十两八钱八分，米四石二斗。

一、科尔沁贝勒一员本身，每日给银四两二钱五分，米一升五合，应随带护卫十一名，每日各给银一钱，米一升，伴当九名、跟役十名，每日各给银五分、米五合，每日共合银六两三钱，米二斗二升。拴马十五匹，入馆马四十五匹。其来京路费：进喜峰口给银十八两五钱，进张家口给银十八两，进古北口给银十七两。回程路费：出喜峰口给银二十五两五钱九分，出张家口给银二十五两零九分，出古北口给银二十四两零九分。护卫人等三十名，每日共给路费银一钱八分，米每名照住京原额，均按路程定限算给。

一、贝勒本身，每日给银一两三钱五分，米一升五合，应随带护卫十一名，每日各给银一钱，米一升，伴当九名，跟役十名，每日各给银五分，米五合。每日共合银三两四钱，米二斗二升。拴马八匹，入馆马三十匹。内扎萨克贝勒回程路费，给银五两，护卫人等三十名，每日共给路费银一钱八分，米每名照住京原额，均按路程定限算给。外扎萨克贝勒回程路费，不计程途远近及本身随带人等，共给银七两七钱，米三石三斗。

一、贝子本身，每日给银一两二钱五分，米一升五合，应随带护卫八名，每日各给银一钱，米一升，伴当七名、跟役十名，每日各给银五分、米五合。每日共合银二两九钱，米一斗八升。拴马六匹，入馆马二十五匹。内扎萨克贝子回程路费，给银三两七钱，护卫人等二十五名，每日共给路费银一钱五分，米每名照住京原额，均按路程定限算给。外扎萨克贝子回程路费，不计程途远近及本身随带人等，共给银五两九钱五分，米二石七斗。

一、镇国公、辅国公本身，每日给银一两一钱一分，米一升五合，应随带护卫六名，每日各给银一钱、米一升，伴当六名、跟役八名，每日各给银五分、米五合。每日共合银二两四钱一分，米一斗四升五合。拴马四匹，入馆马二十匹。内扎萨克公回程路费，给银三两零七分，护卫人等二十名，每日共给路费银一钱二分，米每名照住京原额，均按路程定限算给。外扎萨克公回程路费，不计程途远近及本身随带人等，共给银四两八钱七分，米二石一斗七升五合。

一、扎萨克台吉塔布囊本身，每日给银一两一钱一分，米一升五合，应随带跟役十名，每日各给银五分，米五合。每日共合银一两六钱一分，米六升五合。拴马三匹，入馆马十匹。内扎萨克之扎萨克台吉塔布囊回程路费，给银七钱五分，跟役十名，每日共给路费银五分，米每名照住京原额，均按路程定限算给。外扎萨克之扎萨克台吉回程路费，不计程途远近及本身随带人等，共给银一两五钱，米九斗七升五合。

一、公主子孙台吉塔布囊本身，每日给银一两二钱三分五厘，米一升五合，应随带伴当三名、跟役三名，每日各给银五分、米五合。每日共合银一两五钱三分五厘，米四升五合。拴马三匹，入馆马十匹。内扎萨克公主子孙台吉塔布囊回程路费，给银二两五钱七分，伴当人等六名，每日共给银三分，米每名照住京原额，均按路程定限算给。外扎萨克公主子孙台吉回程路费，不计程途远近及本身随带人等，共给银二两五钱七分，米六斗七升五合。

一、姻亲台吉塔布囊本身，每日给银八钱六分，米一升五合，应随带跟役六名，每日各给银五分，米五合。每日共合银一两一钱六分，米四升五合。拴马三匹，入馆马十匹。回程路费，给银七钱五分，米照住京原额，均按路程定限算给，跟役无路费。

一、喀尔喀头二三四等台吉并协理台吉本身，每日给银八钱二分，米一升五合，应随带跟役二名，每日各给银五分，米五合。每日共合银九钱二分，米二升五合。拴马一匹，入馆马六匹。回程路费，不计程途远近及本身随带人等，共给银七钱五分，米三斗七升五合。

一、内扎萨克非姻亲台吉塔布囊并协理台吉塔布囊本身，每日给银七钱二分，米二升，应随带跟役四名，每日各给银五分，米一升。每日共合银九钱二分，米六升。拴马一匹，入馆马六匹。回程路费，给银七钱五分，米照住京原额，均按路程定限算给，跟役无路费。

一、外扎萨克属下台吉本身，每日给银四钱、米二升，应随带跟役二名，每日各给银五分、米一升五合。每日共合银五钱，米五升。拴马一匹，入馆马四匹。回程路费，不计程途远近及本身随带人等，共给银七钱五分，米七斗五升。

一、管旗章京、子爵本身，每日给银一钱八分，米二升，应随带跟役四名，每日各给银五分、米一升。每日共合银三钱八分，米六升。拴马一匹，入馆马四匹。内扎萨克管旗章京、子爵回程路费，每日给银一分，米照住京原额，均按路程定限算给，跟役无路费。

外扎萨克管旗章京回程路费，不计程途远近及本身随带人等，共给银二钱五分，米九斗。

一、管旗副章京、男爵本身，每日给银一钱二分，米二升，应随带跟役四名，每日各给银五分、米一升。每日共合银三钱二分，米六升。拴马一匹，入馆马四匹。内扎萨克管旗副章京、男爵回程路费，每日给银一分，米照住京原额，均按路程定限算给，跟役无路费。外扎萨克管旗副章京回程路费，不计程途远近及本身随带人等，共给银一钱五分，米九斗。

一、长史、参领、佐领、骑都尉、云骑尉、护卫、骁骑校本身，每日给银一钱、米二升，应随带跟役一名，每日给银五分、米一升。每日共合银一钱五分，米三升。拴马一匹，入馆马二匹。内扎萨克长史等回程路费，每日给银一分，米照住京原额，均按路程定限算给，跟役无路费。外扎萨克长史等回程路费，不计程途远近及本身随带人等，共给银一钱五分，米四斗五升。

一、内外扎萨克领催、披甲、闲散跟役人等，因公差遣来京，每日给银七分、米一升、拴马一匹。内扎萨克领催等回程路费，每日给银一分，米照住京原额，均按路程定限算给。外扎萨克领催等回程无路费。

一、年终进汤羊等物来京之台吉塔布囊本身，每日给银七钱二分、米三升，应随带跟役二名，每日各给银五分、米一升。每日共合银八钱二分，米五升，拴马一匹。若收贡物，回程路费，给银七钱五分，米照住京原额，均按路程定限算给；不收贡物者，无路费。

廪饩下

修改
公主、格格等廪饩定颜

一、固伦公主应随带护卫二十三名，侍女十三名，跟役十四名。

每日共给银六两三钱五分，米系由内务府办给。拴马十五匹，入馆马四十五匹。来京路费、牛羊柴炭折价银四十两零七钱九分。回程路费银四十两零一钱九分。护卫人等五十名，每日共给路费银三钱。均按路程定限算给。

一、和硕公主应随带护卫十四名，侍女十六名，跟役十名。每日共给银五两二钱五分，米二斗一升五合。拴马十三匹，入馆马四十匹。来京路费，进喜峰口给银十八两五钱，进张家口给银十八两，进古北口给银十七两。回程路费，出喜峰口给银二十五两五钱九分，出古北口给银二十四两零九分。护卫人等四十名，每日共给路费银三钱，米每名照住京原额，均按路程定限算给。

一、郡主应随带侍女二十名，跟役十五名。每日共给银四两三钱七分五厘，米一斗八升七合。拴马十匹，入馆马三十五匹。回程路费，给银十五两一钱，侍女人等三十五名，每日共给路费银二钱，米每名照住京原额，均按路程定限算给。

一、县主应随带侍女十八名，跟役十二名。每日共给银三两五钱，米一斗五升九合。拴马八匹，入馆马三十匹。回程路费，给银八两零五分，侍女人等三十名，每日共给路费银一钱八分，米每名照住京原额，均按路程定限算给。

一、郡君应随带侍女十五名，跟役十名。每日共给银二两八钱五分，米一斗三升四合，拴马六匹，入馆马二十五匹。回程路费，给银六两五钱五分，侍女人等二十五名，每日共给路费银一钱五分，米每名照住京原额，均按路程定限算给。

一、县君应随带侍女十二名，跟役八名。每日共给银二两零八分，米一斗零九合。拴马四匹，入馆马二十匹。回程路费，给银三两八钱，侍女人等二十名，每日共给路费银一钱二分，米每名照住京原额，均按路程定限算给。

一、乡君应随带侍女一名，跟役九名。每日共给银一两零二分五厘，米五升九合。拴马三匹，入馆马八匹。回程路费，给银二两四钱九分，侍女人等十名，每日共给路费银五分，米每名照住京原额，均按路程定限算给。

一、无品级格格应随带侍女一名，跟役七名。每日共给银九钱二分五厘，米四升五合。拴马三匹，入馆马六匹。回程路费，给银二两，侍女人等八名，每日共给路费银四分，米每名照住京原额，均按路程定限算给。

修改

额驸等廪饩定额

一、固伦额驸、和硕额驸本身，每日给银二两四钱五分，米一升二合，应随带护卫六名，每日各给银一钱，米五合，伴当九名、跟役十名，每日各给银五分，米五合。每日共合银四两，米一斗三升七合。拴马六匹，入馆马二十五匹。回程路费，出喜峰口给银二十五两五钱九分，出张家口给银二十五两零九分，出古北口给银二十四两零九分。护卫人等二十五名，每日共给路费银一钱五分，米每名照住京原额，均按路程定限算给。

一、郡主额驸本身，每日给银二两，米一升二合，应随带伴当十三名、跟役十二名，每日各给银五分、米五合。每日共合银三两二钱五分，米一斗三升七合。拴马四匹，入馆马二十五匹。回程路费，给银十五两一钱，伴当人等二十五名，每日共给路费银一钱三分，米每名照住京原额，均按路程定限算给。

一、县主额驸本身，每日给银一两三钱一分，米九合，应随带伴当十名，跟役十名，每日各给银五分、米五合。每日共合银二两三钱一分，米一斗零九合。拴马四匹，入馆马二十匹。回程路费，给银八两零五分，伴当人等二十名，每日共给路费银一钱，米每名照住京原额，均按路程定限算给。

一、郡君额驸本身，每日给银一两零六分五厘，米九合，应随带伴当八名、跟役七名，每日各给银五分，米五合。每日共合银一两八钱一分五厘，米八升四合，拴马四匹，入馆马二十四。回程路费，给银六两五钱五分，伴当人等十五名，每日共给路费银八分，米每名照住京原额，均按路程定限算给。

一、县君额驸本身，每日给银八钱三分五厘，米九合，应随带伴当三名，跟役七名，每日各给银五分、米五合。每日共合银一两三钱三分五厘，米五升九合。拴马三匹，入馆马十匹。回程路费，给银三两八钱，伴当人等十名，每日共给路费银五分，米每名照住京原额，均按路程定限算给。

一、乡君额驸本身，每日给银七钱一分，米九合，应随带跟役六名，每日各给银五分、米五合。每日共合银一两零一分，米三升九合。拴马一匹，入馆马六匹。回程路费，给银二两四钱九分，跟役六名，每日共给路费银三分。米每名照住京原额，均按路程定限算给。

修改

额驸并额驸之子孙留京当差酌与廪饩

一、固伦额驸、和硕额驸并该额驸等之子孙，如留京居住、赏有差使、无职任养廉者，按其品秩分别减半支给廪饩，俟有职任养廉，即行停止。

修改

驻京额驸之护卫官员留守府第者酌与廪饩

一、驻京额驸遇有随驾扈从差使及告假回游牧者，停其本身并跟役等所支减半廪饩，其留守府第之护卫官员等，支给三分之一廪饩。

增纂

未经成礼额驸给与廪饩

一、指婚后未经成礼额驸，各按额驸，分别给与四分之一廪饩。

增纂

喇嘛等廪饩定额

一、胡图克图、呼弼勒罕,扎萨克达喇嘛本身,每日给银二钱、米二升。应带徒弟格隆四名,每日各给银一钱、米二升;班第三名、跟役二名,每日各给银五分,米一升。每日共合银八钱五分,米一斗五升。拴马三匹。

一、副扎萨克达喇嘛本身,每日给银一钱八分,米二升。应带徒弟格隆三名,每日各给银一钱、米二升;班第三名、跟役二名,每日各给银五分、米一升。每日共合银七钱三分,米一斗五升。拴马三匹。

一、扎萨克喇嘛本身,每日给银一钱二分,米二升。应带徒弟格隆三名,每日各给银一钱、米二升;班第二名,跟役二名,各给银五分、米一升。每日共合银六钱二分,米一斗二升。拴马二匹。

一、达喇嘛、副达喇嘛本身,每日给银一钱二分,米二升。应带徒弟格隆二名,每日各给银一钱、米二升;班第二名、跟役一名,每日各给银五分、米一升。每日共合银四钱七分,米九升。拴马一匹。

一、噶布楚、兰占巴本身,每日给银一钱二分,米二升。应带徒弟格隆一名,每日给银一钱、米二升;班第二名、跟役一名,每日各给银五分、米一升。每日共合银三钱七分,米七升。拴马一匹。

一、德木齐、格斯贵、格隆本身,每日给银一钱,米二升。应带徒弟二名、跟役二名,每日各给银五分、米一升。每日共合银三钱,米六升。拴马一匹。

一、格素尔、班第本身,每日给银七分、米一升,拴马一匹。

一、斋桑喇嘛本身,每日给银五钱、米二升,拴马一匹。

增纂

贡九白等差来使廪饩定额

一、恭贺万圣节、岁贡九白、年节请安之喀尔喀哲布丹巴胡图克图、图什业图汗、车臣汗三处差人及汗等母妻差人，俱作为正使；其哲布尊丹巴胡图克图之商卓特巴堪布诺们汗、洞阔尔胡图克图及汗等子媳差人，俱作为副使。哲布尊丹巴胡图克图之正使并商卓特巴之副使本身及跟役，不得过十五人；图什业图汗、车臣汗正副使本身及跟役，不得过十人；堪布诺们汗、洞阔尔胡图克图之副使本身及跟役，不得过十人。正使本身，每日给银五钱、米二升，拴马二匹。副使本身，每日给银三钱、米二升，拴马一匹。跟役每名每日给银各五分、米一升。哲布尊丹巴胡图克图之正使，入馆马四十匹，商卓特巴堪布诺们汗、洞阔尔胡图克图之副使，入馆马各十匹，图什业图汗之正副使，入馆马共二十八匹，车臣汗之正副使，入馆马与图什业图汗正副使同。回程路费，正使给银三两，副使给银一两五钱，米照住京原额，各支给四十日。

增纂

哲布尊丹巴胡图克图本身来京供给定额

一、哲布尊丹巴胡图克图本身来京，每日给蒙古羊一只，鹅二只，鸡三只，牛乳七镟。每十日给牛一只，二两重黄茶一百五十包，乳油五斤，棉花八两，盐十八斤，二两重黄蜡烛五十枝，白蜡烛十枝，灯油十斤，酱五斤八两，醋一斤，苹果柿各一百枚，槟子、梨各一百五十枚，粟子、乾枣各十斤，葡萄十五斤，核桃三百个。回日路费，给牛一只半，天池茶一百包，乳油五斤，二两重黄蜡烛五十枝，盐二十四斤。跟来喇嘛台吉、斋桑、护卫等，照例各按品级给与银两。其食物，由院咨行礼部光禄寺供备，牛只及蒙古羊，由院咨行礼部札两翼税务衙门供备，鹅鸡二项，折给银两。

增纂

西藏来使供给定额

一、西藏来使堪布本身并随来之兰占巴等,每日各支给米二升,跟役每名每日各给米一升,由户部支领。其应领食物桌张,正使每十日一次,给蒙古羊十只,黄茶二十包,面二十斤,乳油五斤,牛乳十五斤,盐十两,黄蜡烛十枝。兰占巴、噶布楚等,每日各给羊肉二斤,隔一日,各给羊肉一盘,黄茶一包,面一斤,乳油、灯油各二两。跟役等每日各给羊肉一斤八两。均各给盐一两。隔四日第五日筵宴一次,正使席一,余每五人给席一,每十五人茶一桶,每七席用蒙古羊一只,正使桌内小猪一口、鹅一只。副使每日给羊一只,二日给黄茶一包,面二斤,乳油四两,灯油八两。兰占巴、噶布楚、跟役等应给食物及第五日设席,均与正使同。正使每日给木柴二十斤,兰占巴、噶布楚每名每日各给木柴十斤,跟役每名每日各给木柴四斤。以上食物木柴例给九十日,如事竣在九十日内,即照事竣日裁除。遇年节除夕,在京来使等,各给汉羊一只。其食物及汉羊,由院咨行礼部札光录寺供备;蒙古羊,由院咨行礼部札两翼税务衙门供备;木柴,由院咨行工部供备。回程路费:每日正使给银二钱,副使给银一钱五分,跟役各给银一钱,共支给四十日。

增纂

庄浪达喇嘛等供给定额

一、庄浪达喇嘛进贡来京,本身每日支给米二升,羊肉一斤,盐五钱,木柴七斤八两。应带小喇嘛七名、番人二名,每名每日各给米一升,羊肉一斤,盐五钱,木柴三斤,毡条席片各一块。来进马匹之前,每马每日各给黑豆四升,谷草羊草各七斤,煮豆木柴各十斤,到进贡日裁止。以上米石草豆,由户部支领;羊肉等物,行礼部办给;木柴毡条席片,行工部办给。

增纂

岷州达喇嘛等供给定额

一、岷州各庙四班达喇嘛进贡来京,本身每日支给米二升,羊肉一斤,盐五钱,木柴七斤八两。每人应带小喇嘛一名,每班番人四名,每名每日各给米一升,羊肉一斤,盐五钱,木柴三斤。共拨给厨役一名,毡条席片各六块,照料章京一员,骁骑校一员,兵十名。未进马匹之前,每马每日各给黑豆四升,草一束,煮豆木柴十斤,至进贡日裁止。以上米石草豆,由户部支领;羊肉等物及厨役,行礼部办给;木柴毡条席片,行工部办给;照料官兵,由兵部派拨。

增纂

察木多帕克巴拉胡图克图等来使廪饩定额

一、察木多帕克巴拉胡图克图遣使朝贡,五年一次来京。每日正使给银五钱、副使给银三钱,各给米二升,从人各给银五分、米一升。回程路费:每日正使给银二钱,副使给银一钱五分,从人各给银一钱,共支给四十日。其嘉喇胡图克图遣使朝贡廪饩与此例同。

修改

万寿圣节来京之王公等给与廪饩

一、恭遇万寿圣节来京行礼之王公额驸台吉等,于礼成后恭请圣安,各回游牧处所,应各支给二十日廪饩。差人来者,支给六日廪饩。其公主格格等来京行礼,不计曾否已逾十年及支派远近,均各照品级支给二十日廪饩。

增纂

支领马乾定制

一、凡王公额驸台吉等拴马及入馆马,每匹每日折给草豆银六分七厘三毫四丝七忽。

一、凡公主格格等拴马入馆马,每匹每日折给草豆银五分七厘九毫四丝三忽。

一、凡公主格格、王公额驸台吉等来京及额驸住京者入馆马,折给草豆银两,自十月初一日起至三月三十日止。

增纂

杜尔伯特人等乘骑驼只官为喂养

一、科布多所属牡尔伯待、土尔扈特汗王台吉等来京朝觐及差人请安,所骑驼只,由院咨交上驷院喂养,俟起程时照数领取。

增纂

内扎萨克各旗计程支给路费

一、郭尔罗斯、扎来特、杜尔伯特应给三十日路费。

一、科尔沁应给二十五日路费。

一、阿噜科尔沁、乌珠穆沁、扎噜特、鄂尔多斯应给二十日路费。

一、土默特应给十六日路费。

一、四子部落、克什克腾、喀尔喀、浩齐特、茂明安、乌喇特、阿巴哈纳尔、巴林、苏尼特应给十五日路费。

一、奈曼、归化城、翁牛特左翼旗应给十三日路费。

一、敖汗、喀喇沁、翁牛特右翼旗应给十一日路费。

修改

关领廪米定限

一、凡蒙古王公、额驸、格格、台吉、胡图克图喇嘛及回部王公台吉等年班来京,均应支给廪米。或尽其所住之日,或九十日、六十日、四十日、三十日、二十八日、二十六日、二十一日,日期多寡不等，总以请安之日为准，限次日行文户部，限五日札仓。俟覆文到院，即饬令该蒙古人等赴仓，由本院监放米石，司员眼同支领。

续纂

例住十日以下廪米折价

一、凡班外请安谢恩之内外扎萨克台吉喇嘛及呈进汤羊之内扎萨克台吉等来京，均应支给廪米。或例住十日、七日、五日、三日不等。以上人等例住之限既紧，其应支廪米，办稿行文，札仓照复，不无多需时日，核计领到之日已逾例住之期。毋庸行文户部札仓，即按照户部白米例价，每石折给银一两六钱，由本院银库开放盘费时，一并放给。

扈从事例上

增纂

锡林郭勒等三盟喀尔喀四部落等处停止扈从

恭遇皇上由京前诣盛京，祗谒祖陵，所有哲哩木、昭乌达、卓索图三盟之御前行走蒙古王公等，均令在山海关外接驾扈从，至盛京谒陵礼成后，由盛京启銮回时，就近散归游牧处所。其锡林郭勒、乌兰察布、伊克昭三盟暨喀尔喀四部落等处，程途较远，毋庸扈从。

增纂

哲哩木等三盟扈从

恭遇皇上由热河前诣盛京，祗谒祖陵，其锡林郭勒、乌兰察布、伊克昭三盟值围班之蒙古王公扎萨克等，游牧处所距盛京程途较远，不必前赴热河。其哲哩木、昭乌达、卓索图三盟蒙古王公等，除喀喇沁土默特预备大营尖营、道路、桥梁之王公扎萨克等，应于七月间皇上启銮以前趋赴热河扈从，至九关台事毕各回游牧处所外，其值班之御前、乾清门行走王公扎萨克等，附近盛京者，于八月初间前赴盛京随班朝觐，俟筵宴后各回游牧处所。是年，停其前赴常山峪、喀喇河屯等处行宫接驾。

增纂

卓索图阖盟进宴事宜

恭遇皇上巡幸盛京，卓索图阖盟王贝勒贝子公、额驸、扎萨克台吉塔布囊等，公同进宴一次。该盟长等谨备蒙古包六架，牛一九，羊九九，乳牛三十只，乳酒九九瓶，奶饼、奶皮等物三九桌，带貂鼠踢胸银鼻钩白驼一九，边鞍辔白马并骟马共九九，生马驹五百匹，骑生马驹人二十名，善扑人二十名，奏蒙古乐人九名，先期报院，由院代奏，奉旨后，咨行该盟长敬谨预备，并知照内务府侍卫处善扑营。

增纂

蒙古部落进宴

恭遇皇上巡幸盛京吉林，跸路经临蒙古部落，卓索图、昭乌达、哲哩木三盟，每盟各进阖盟宴一次，卓索图、昭乌达两盟合并进家宴一次，哲哩木一盟之公主格格、王公额驸等合并进家宴一次。该盟长等先期报院代奏，奉旨后遵行。

增纂

土默特、喀喇沁扎萨克等进膳

恭遇皇上由热河前诣盛京，道经土默特扎萨克达尔汗贝勒旗、喀喇沁扎萨克贝子旗地方，各进膳一次。该贝勒等先期报院代奏，奉旨后遵行。

增纂

盛京围班来觐王公、额驸台吉等筵宴赏赉各典礼

一、恭遇皇上驾幸盛京,凡山海关边外前来恭请圣安蒙古王公、额驸、台吉塔布囊,由院代奏,并缮写衔名交军机处。按照品级奏请,赏给绸缎袍褂料等物。其解送马匹前来之台吉、章京、兵丁等,由院开列人数清单交军机处,拟赏缎匹银两。

二、大政殿筵宴,所有应请亲赐酒人员,由院于蒙古王公内,拟择十余员衔名,缮写绿头牌进呈,恭候钦派。

大政筵宴仪注

恭遇皇帝御大政殿筵宴,随驾王以下及盛京文武大臣官员,皆穿蟒袍补褂先集。预设中和韶乐于大政殿檐前阶下,设清乐于东旁,设丹陛乐于大清门之东西两旁,皆北向。预设御宴桌于宝座前正中,稍远张黄幔于丹墀正中,陈金器于反坫桌上。殿内两旁设入班王公大臣并蒙古王公等桌张,丹墀左右设群臣宗室等桌张,朝鲜使臣等桌张设于左旁之末。鸿胪寺、理藩院官引班入,各就本位立。至时,内务府大臣奏请,皇帝御龙袍衮服升大政殿,中和韶乐作,奏"元平之章",皇帝升座,乐止。王以下文武各宫暨朝鲜使臣等各就位次,行一叩首礼坐。内管领护军参领等进饽饽桌张,丹陛乐作,奏"海宇平升日之章"。尚茶正进茶,皇帝用茶时,众俱于坐次行一叩首礼,侍卫分赐众茶,众各于坐次行一叩首礼,饮毕,复行一叩首礼坐,乐止。展席幂,掌仪司官由反坫桌上捧壶、爵、金卮,从中路进,丹陛乐作,奏"玉殿云开之章",众先起立,掌仪司官上殿阶西向立,酌酒,进爵大臣出殿释补褂,入殿内跪,众俱于坐次跪,掌仪司官捧爵入,跪授进爵大臣,起退。进爵大臣按爵,起进御座侧,跪进爵,复至原跪处跪。皇帝用酒时,进爵大臣行一叩首礼,众皆行一叩首礼。进爵大臣起,进御座侧,跪接爵退,仍至原跪处跪。掌仪司官跪接爵退,众皆起立,掌仪司官以金卮酌酒,立赐进

爵大臣，进爵大臣跪受，行一叩首礼。饮毕，掌仪司官立接卮退，进爵大臣复行一叩首礼，兴，出殿，穿补褂，入就原坐，众皆就坐，乐止。尚膳正进馔，清乐作，奏"万象清宁之章"，皇帝用馔，尚膳正分给各筵恩赐食品，进反坫，乐止。进蒙古乐歌，是时，同进赏酒。引亲赐酒之王公等祗跪行一叩首礼，皇帝亲赐酒，饮毕，复行一叩首礼。其余王以下，领侍卫内大臣起，监视侍卫等分赐酒，众行一叩首礼，饮毕，复行一叩礼，乐止。

随进世德舞乐曲，次喜起舞大臣分对，于殿廊下依次进舞毕。次进善扑人十对，扑毕，众皆于坐处行三叩首礼，兴。内务府大臣奏筵宴礼成，中和韶乐作，奏"和平之章"，皇帝还宫，乐止，各退。

增纂

盛京庙宇喇嘛赏赉

一、锡埒图库伦扎萨克达喇嘛、扎萨克喇嘛前来接驾，由军机处拟赏，每人给官用缎各二匹。

二、实胜等寺，如遇皇上临幸拈香，由军机处拟赏，布施银二十两、八两有差。

增纂

临幸隆福、永福二寺事宜

凡遇皇上恭谒陵寝，驾临隆福寺、永福寺拈香，该庙达喇嘛在庙门外接驾，前引事毕，在庙门外递佛一尊。由军机处奏赏：达喇嘛缎一匹，德木齐格斯贵教习，每人一两重银锞各二个，呼巴拉克，每人一两重银锞各一个。奉旨后，由院代奏谢恩。次日，该庙达喇嘛在皇上经过处跪送。其跪接前引，俱系奏蒙古事侍卫带领。

增纂

五台山喇嘛事宜

一、恭遇皇上巡幸五台，至王快大营。是日，五台山扎萨克喇嘛堪布带领台麓寺达喇嘛暨各庙之达喇嘛，在卡伦门外接驾，跪递哈达，由院代奏请安。

二、各寺庙恭遇皇上临幸拈香，庙门外设仪仗器，本庙达喇嘛并各寺庙达喇嘛俱穿蟒袍，在仪仗前跪接，提炉前引。拈香时，念香赞喇嘛四名预备礼毕，本庙达喇嘛恭递无量寿佛一尊，各达喇嘛俱在接驾处所跪送。

三、驾临各寺庙，俟乘轿复后作乐，出庙时乐设不作。如该庙门外宽敞，将仪仗乐器设于庙门外；如地方狭窄，即不必设仪仗乐器。喇嘛等不准过二层殿宇。

四、由院交扈从胡图克图，令该扎萨克喇嘛将各该寺喇嘛名数报明，恭遇皇上临幸各寺庙，由军机处拟奏，赏布施银两哈达，及赏德木齐、格斯贵、呼巴拉克等银两哈达。

五、各寺庙达喇嘛等，凡有恭进食物、方物，由院代奏。

六、菩萨顶念经三日，系扎萨克喇嘛率各庙达喇嘛十二名、德木齐格斯贵五名、呼巴拉克五百五十名扈从，胡图克图喇嘛等并接驾之胡图克图等，俱应入座念经。其一切预备，均系喇嘛自行办理。

七、恩赏念经之胡图克图喇嘛等佛、哈达、蟒袍、缎匹、荷包等物及加赏如意等物有差，系由军机处交出，陈设菩萨顶庙内所搭黄幕下，御前大臣放给，次日由院代奏谢恩。

八、皇上回銮，扎萨克喇嘛率领各庙达喇嘛在永泉寺送驾。

扈从事例中

增纂
预奏内外扎萨克请安进贡赏赉等事

凡恭遇皇上启銮后，内外扎萨克汗王、贝勒、贝子、公、台吉塔布囊等，如有请安进贡暨婚娶进献筵席者，均由院报明留京办事王大臣，将所进贡物交各该处，照例赏赐，给与盘费，准其事毕起程。由院将此例，于皇上启銮前缮写绿头牌，预行奏闻请旨。

增纂
题奏木兰围班

木兰围奉旨有期后，由院分别题奏，咨调内外扎萨克围班汗王、贝勒、贝子、公、台吉塔布囊、额驸，并木兰内预备行围事务暨备宴王公台吉塔布囊，以及围甲各项兵丁，察哈尔官兵，均于八月十五日以前趋赶博罗河屯，预备接驾。其黑龙江善猎官兵，均赴热河。奉旨后，咨行六盟四部落各盟长、伊犁将军、科布多参赞大臣、定边左副将军、察哈尔都统、黑龙江将军、驻札西宁办事大臣等处。

增纂
迎送恩赐朝贡各典礼

一、御前乾清门行走、外边行走内外扎萨克汗王贝勒贝子公、台吉塔布囊、额驸暨胡图克图喇嘛等，恭遇皇上巡幸各处，其应行接驾者，均前期报院。是日，在卡伦门外由奏蒙古事侍卫带领，祗跪道旁接驾。

二、内外扎萨克汗王贝勒贝子公、台吉塔布囊、额驸等暨胡图克图喇嘛等趋赴行在，均前期报院，代奏请安。恭遇驾出，由院带领，汗王以下在行宫门外，胡图克图等在驾幸庙宇门外，祗跪瞻觐。

三、内外扎萨克汗王贝勒贝子公、台吉塔布囊、官员暨胡图克图喇嘛等，均准于行在呈进马匹、氆氇、藏香等物，由院代奏，奉旨赏收者，其应行折赏之物俱行内务府，照例折赏。

四、内外扎萨克汗王贝勒贝子公、台吉塔布囊、额驸、侍卫、官员等，凡遇扈从及木兰内射获牲畜，蒙恩赏赐翎支黄马褂，暨奉旨挑在御前乾清门行走，并赏给别项差使升衔顶戴者，即日由院代奏谢恩，详细注册，并咨行各该盟长、该管大臣等处存案。

五、凡遇恩赐内外扎萨克汗王贝勒贝子公、台吉塔布囊等暨胡图克图喇嘛等食品，由内交出，暨由侍卫处发交，即日按名分给。

六、外边行走内外扎萨克汗王贝勒贝子公、台吉塔布囊、额驸等，除木兰内，凡遇扈从驾临行宫时，均穿马褂系战裙，在宫门外排班祗候。

七、凡遇赐宴，内扎萨克六盟、喀尔喀四部落、青海等处，均自扎萨克台吉以上入坐领赏。其土尔扈特、杜尔伯特、霍硕特、扎哈沁、附在察哈尔旗下额鲁特等协理台吉、闲散台吉、乌梁海总管等，均准入坐领赏。

增纂

驻跸热河各典礼

一、恭遇皇上巡幸热河，御前、乾清门行走之内外扎萨克汗王贝勒贝子公、台吉塔布囊、额驸等，均准迎赴常山峪、喀拉河屯一带接驾。

二、应赏绸缎之内扎萨克六盟、喀尔喀四部落汗王贝勒贝子公、台吉塔布囊、额驸等，由院缮写绿头牌，分别行在请安，暨由京扈从，交军机处注明赏项数目，由军机处奏闻赏给，由院率领赏之员，在避暑山庄门外谢恩，行三跪九叩首礼。其请安在八月初十日后者，均不赏给。

三、热河之额鲁特总管等,于热河进膳一次,应备熟羊五只、蒙古饽饽五盘、奶茶五桶、他拉克五瓶、碧什拉克五盘、额济格五盘,由院代奏,交茶膳房等处。

四、内扎萨克王公等,如遇钦派管围大臣及管领善猎差使,均赴热河谢恩,不必来京。

五、木兰内管围各项差使,遇有缺出,侍卫处转行理藩院,咨取应派王公台吉等衔名,由侍卫处缮写绿头牌奏请钦派。奉旨后,仍咨理藩院转传该员,于木兰内敬谨预备。

六、青海随围之王公台吉等,由军机处按照品级拟赏银两,并其回游牧处所时赏给,驰驿之处具奏请旨。

七、伊犁所属之土尔扈特、霍硕特,及科布多所属之杜尔伯特、土尔扈特、扎哈沁、乌梁海,乌里雅苏台所属之乌梁海等处,应行随围之汗王、贝勒、贝子、公、扎萨克台吉、协理台吉、闲散台吉、官员等,由该处造具清册,呈报理藩院,于文到日,由院照册开写清单,报明军机处,由军机处按照品级拟赏奏闻。其银两由广储司支给外,赏给衣帽、靴袜、朝带、荷包、坐褥等物各一分。其王公台吉内,有已蒙赏赐翎支黄马褂者,仍照前赏给。若初次来者,加赏蟒袍、补褂、朝珠一分。均由内务府备办,送赴热河,于请安之日赏给。进木兰围时,初次来者,赏连鞍马一匹、撒袋一分,由上驷院、武备院赏给。以上赏项,该蒙古王公等祗领后,由院带领在避暑山庄门外谢恩,行三跪九叩首礼。

八、伊犁所属之土尔扈特霍硕特,科布多所属之杜尔伯特、土尔扈特、扎哈沁、乌梁海,乌里雅苏台所属之乌梁海汗王、贝勒、贝子、公、台吉,总管、管员等至热河,应用饭食,由茶膳房赏给。其住宿之蒙古包帐房,由武备院支搭。住宿处所,步军统领衙门拨派官兵照料。既抵热河后当差,所骑马匹由兵部办给。进哨时,王公台吉等领上驷院马各二匹,跟役人等领兵部马各一匹。出哨时,在张三营将原领马匹回缴各该处,并由侍卫处奏派乾清门侍卫照料。

以上俱由理藩院咨行各该处，照例预备。

九、伊犁所属之土尔扈特等，由驰驿至河者，出哨回游牧处所时，仍准驰驿前往。

十、恭遇皇上御避暑山庄门阅射，凡外边行走汗王以下，均在东侧排班侍立，列于内地王大臣之后。

十一、恭遇皇上诣庙拈香，凡外边行走汗王以下，均先赴庙门外排班接驾，如不止一庙，在第一处预备。

十二、恭遇皇上驾幸普宁寺看跳布扎克，由院预引内外扎萨克汗王贝勒贝子公、台吉塔布囊、额驸等，赴庙恭候。驾临，在庙门外排班跪迎。皇上驾升黄幕内，令汗王以下人等于庙门西侧列坐。皇上用茶时，均在原坐处行一叩首礼，侍卫致众茶，均行一叩首礼，茶毕，驾还行宫，悉在本坐处跪送。

十三、八月十五日大戏台看戏，应入坐领赏之内扎萨克六盟、喀尔喀四部落、青海、土尔扈特、杜尔伯特、霍硕特、扎哈沁、乌梁海、附在察哈尔旗下额鲁特汗王贝勒贝子公、台吉塔布囊、协理台吉、闲散台吉，总管等，由院将各项人员衔名缮写绿头牌，交军机处，拟奏坐次，候旨遵行。

增纂

万树园筵宴

恭遇奉旨筵宴内外扎萨克汗王贝勒贝子公、台吉塔布囊暨胡图克图喇嘛等于万树园，武备院支搭大蒙古包暨张黄幕。在蒙古包中设宝座，两旁稍后设应坐矮床胡图克图之矮床，其余胡图克图等设侧坐于豹尾枪末，内外扎萨克、土尔扈特、杜尔伯特汗王贝勒贝子公、台吉塔布囊等，按照品秩分别左右，预设坐褥。

皇帝驾临，引胡图克图喇嘛等，均蟒袍长褂，蒙古汗王以下，均蟒袍补褂，在大蒙古包外跪迎。皇帝升座后，引胡图克图等并蒙古汗王以下入大蒙古包，行一叩首礼坐。尚茶正进茶，皇帝用茶，众皆于坐次跪行一叩首礼，茶毕，仍就坐。侍卫致众茶，众跪受，行一叩首礼坐。展席幂，掌仪司官就反坫恭捧、爵、壶、金卮，由中路进，众皆起立，掌仪司官进至槛外之左西面立，实酒于爵，进爵大臣预由本位出，至大蒙古包门外除补服，进至大蒙古包内跪，众皆跪，掌仪司官西面跪，授进爵大臣爵，起退，进爵大臣奉爵，由中升跪，由西边进御座侧，跪进爵，皇帝受爵，进爵大臣起，由西下．复至原跪外跪。皇帝用酒，进爵大臣行一叩首礼，众皆行一叩首礼，进爵大臣起，仍由西进，跪接爵，由中下至原跪处跪，掌仪司官进，跪接爵退，众先起，掌仪司官以金卮酌酒进，立赐进爵大臣，进爵大臣跪接，行一叩首礼，饮毕，掌仪司官立接金卮退，进爵大臣复行一叩首礼退出，后补服归班入坐，众皆随坐。皇帝用馔、恩赐食品，尚膳正等进肉馔，皇帝用肉馔、恩赐肉馔毕，进反坫，进蒙古乐歌。是时，同进赏酒，引亲赐酒之王公等祗跪，皇帝亲赐酒。其余王公等，御前大臣立监视侍卫授酒一次。皇帝亲赐酒之王公等，退归原位，行一叩首礼，众皆行一叩首礼，饮毕，复行一叩首礼，蒙古乐止。次进善扑营善扑人，与蒙古善扑人相扑，扑毕，次进各样技艺人等，承应毕，皆退。

皇帝前御筵散，众皆于原坐处行一跪三叩首礼，驾还行宫，众皆于原坐处跪送。以上进酒、赏酒名单，于王贝勒内酌拟人数，由院具奏，请旨钦派。

增纂

恳请随围分别准驳

御前、乾清门行走之内外扎萨克汗王、贝勒、贝子、公、台吉塔布囊、额驸等，有因谢恩引见等故恳请随围效力者，均据情代奏请旨。其外边行走人等，谢恩引见等故事毕，即令各回游牧处所。其无事故者，均不得前赴热河。

增纂

木兰内各项差使人等数目

一、内扎萨克王、贝勒、贝子、公、台吉塔布囊、额驸等围班，分定三班，轮流咨调。

二、内扎萨克王、贝勒内，设管纛大臣一员，管理围务，王、贝勒、贝子、公、扎萨克台吉塔布囊共十员。

三、内外善猎上行走之王、贝勒、贝子、公、公吉等，向无定额，均由特旨挑取。

四、备宴之台吉塔布囊等，均由该盟长咨报，向无定数。

五、管围之亲王应带护卫官员二十三员，亲王衔郡王应带护卫官员二十三员，郡王应带护卫官员十八员，贝勒应带护卫官员十一员，贝子应带护卫官员八员，公应带护卫官员六员，扎萨克台吉塔布囊应带护卫官员六员，和硕额驸应带护卫官员十三员，台吉应带护卫官员四员。

六、喀喇沁王旗下，应派管围塔布囊官员二十四员，哈玛尔十员，围甲二百十三名，近侍虎枪手三名，伙计鸟枪手二名，虎枪手四十名，向导二十七名，打鹿鸟枪手十三名，赶杭霭车人三十六名。

七、喀喇沁扎萨克贝子旗下，应派管围塔布囊官员二十四员，哈玛尔十员，围甲二百十三名，近侍虎枪手三名，伙计鸟枪手二名，虎枪手四十名，向导二十六名，打鹿鸟枪手十三名，赶杭霭车人三十五名。

八、喀喇沁扎萨克塔布囊旗下，应派管围台吉官员二十二员，哈玛尔十员，围甲二百十四名，近侍虎枪手四名，伙计鸟枪手二名，虎枪手四十名，向导二十七名，打鹿鸟枪手十四名，赶杭霭车人三十六名。

九、土默特贝勒旗下，应派管围台吉官员九员，围甲八十名，赶杭霭车人三十五名。

十、土默特贝子旗下，应派管围台吉官员八员，围甲八十名，虎枪手十名，赶杭霭车人三十二名。

十一、翁牛特王旗下，应派管围台吉官员十一员，围甲一百名，虎枪手三十名，向导十名，赶杭霭车人二十名。

十二、翁牛特贝勒旗下，应派管围台吉官员八员，围甲一百名，向导十名，赶杭霭车人二十名。

十三、科尔沁王旗下，应派管围台吉官员十一员，围甲一百名，赶杭霭车人二十名。

十四、巴林王旗下，应派管围台吉官员十一员，围甲一百名，虎枪手二十六名，打鹿鸟枪手六名，赶杭霭车人二十三名。

十五、敖汗王旗下，应派管围台吉官员五员，围甲五十名，赶杭霭车人十名。

十六、喀喇沁扎萨克公旗下，添派管辖围甲章京官员二员。翁牛特扎萨克郡王旗下，添派管辖虎枪手台吉一员。照管围章京例颁赏。

十七、巴林扎萨克郡王旗下，添派鸟枪手六名，照喀喇沁旗下之例颁赏。

十八、驻札库伦办事大臣所属喀尔喀图什业图汗、车臣臣汗二部落，定边左副将军所属三音诺彦、扎萨克图汗二部落，每年由该将军大臣，各于所属之二部落汗王、贝勒、贝子、公内，拣派善射者一员，台吉内拣派善射者四员，二处共十员，开具名册报院，与内扎萨克善猎人一体当差。

十九、青海、土尔扈特、杜尔伯特、霍硕特、扎哈沁乌梁海等处围班人员，由该将军大臣咨报，与内扎萨克围班一体当差。

二十、附在察哈尔旗下额鲁特公台吉等，应值围班，四、五人不等，由察哈尔都统咨送。

二十一、察哈尔八旗，每旗各派官员一员、善猎兵十名，左右翼各派总管一员。

二十二、察哈尔应派乾清门行走总管侍卫二、三员内，善猎者一、二员。

二十三、月牙城预备骑生马驹之尚都达布逊诺尔蒙古人员，准其与察哈尔善猎人等一体随围行走。

二十四、庆丰司预备羊只达里岗爱牛羊群蒙古人员，准其与察哈尔善猎人等一体随围行走。

二十五、黑龙江将军应派布特哈总管一员、章京一员、善猎官兵二十名、哨鹿人二名，呼伦贝尔总管一员、章京一员、善猎官兵十名。

二十六、热河额鲁特官兵随围，由该都统拣派。

二十七、奉特旨准令随围之王公台吉，与围班之人一体入围。

续加修改

御前、乾清门行走内外扎萨克人员跟役定额

凡行在启銮驾临之际，御前、乾清门行走、内外扎萨克汗王、贝勒、贝子、公、台吉塔布囊、额驸等，预备撒袋马匹之护卫跟役，王公等每人各带二名，其不带撒袋者，各带一名。均于预备撒袋马匹事毕，即行趋避，不准道旁站立。倘有额外多带，致有喧呼奔驰践踏御路者，一经查出，除将该护卫跟役交该家主严行惩处外，仍将该失察之家主由院参处。

续纂

喀尔喀四部落演围动用驼马

乌里雅苏台属三音诺彦、扎萨克图汗二部落，每年操演行围，该将军大臣及官兵等应需骑驮马驼，由乌里稚苏台官厂牧放牲畜内动用。库伦属图什业图汗、车臣汗二部落，每年操演行围，该办事大臣及官兵等应需骑驮马驼，由乌里稚苏台分牧图什业图汗、车臣汗二部落官厂之马二百匹，驼一百只内调拨库伦，就近牧放，以资操演。此项调取备用驼马，由图什业图汗、车臣汗二部落选派章京一员、兵六名，妥为牧放，即责成该二部落盟长管辖，每年演围时，某旗骑有倒毙，即由某旗补额。每届年终，由该管官厂扎萨克报明。乌里雅苏台驻班副将军查核具报，乌里雅苏台将军汇总，转咨报院备查。至牧放驼马之蒙古章京、兵丁等应支钱粮，仍由乌里雅苏台按季支发，转行给领。

续纂

调用大凌河牧群马匹

凡遇皇上恭诣盛京谒陵，应调用哲哩木、锡林郭勒两盟大凌河牧放马匹，先由兵部拟定数目奏明，咨行到院，由院按照兵部指定应调数目，核计两盟现牧马匹多寡，分定成数，札行两盟长挑选膘壮马匹，约计应用日期，派员解送指定地方预备，差竣文原派官解回，归群牧放，仍将收回马匹日期报院备查。

续纂

随围领催应领马匹

凡恭遇皇上谒陵、巡幸各处，本院应行随围领催等应领马匹，由院开写名数旗分，咨行兵部办给红单，由该领催等持单承领，差竣，听候兵部所指地方、日期回交。

扈从事例下

增纂

行围典制

一、恭遇皇上临幸木兰，蒙古圈围人等领纛五杆，由院预咨行在护军统领，带领喀喇沁王旗下管旗章京、参领等在哨门外前一站地方领取，围毕，仍交行在护军统领。

二、自中关启銮，在卡伦外较远射，由侍卫处开列衔名，前期奏派，奉旨后，咨院传示该员等，届期预备。

三、驾临博罗河屯，凡应值围班之内外扎萨克汗王、贝勒、贝子、公、台吉塔布囊、额驸等，暨察哈尔善猎官员、兵丁，尚都达布逊诺尔、达里岗爱官员、兵丁等，均由奏蒙古事侍卫带领，在卡伦门外道旁，佩带撒袋，祗跪接驾。

四、驾临木兰内，预备差使之鸟枪手、虎枪手、围甲、兵丁暨管围官员、台吉等，由该旗王贝勒贝子公、扎萨克台吉塔布囊等带领，在卡伦门外祗跪接驾。

五、杭霭驼只，由牧驼处选牝驼一百只，交喀喇沁贝子等孳生牧放，以备栏内驼载牲畜，其驼屉由工部领取，交热河总管存贮。每年由院咨行喀喇沁贝子，于孳生驼只内选肥壮可用者七十只，先期派员送赴唐三营，交热河都统派出管理杭霭之员收领。其应用驼屉四十副，于进哨之前一日，由热河总管等处领取。围毕，将驼交喀喇沁公，驼屉交热河总管。其驼只遇有倒毙，均由喀喇沁章京自行办理。其杭霭马匹，于喀喇沁公牧养马匹内选择二十匹，连鞍备用。

六、随围之王公、台吉、官员、兵丁等，在围场内如有遗失箭枝者，报院注册。

七、月牙城进宴于启銮前，昭乌达、卓索图二盟盟长咨报理藩院，该二盟进阖盟宴各一次，喀喇沁扎萨克郡王、扎萨克贝子合进家宴一次。由院将三次进宴合并一次恭进之处，在热河具奏请旨。奉旨后，咨行该盟长扎萨克敬谨预备。

八、昭乌达、卓索图二盟暨喀喇沁扎萨克王、贝子合进筵宴，谨备：蒙古包五架，带银鼻钩貂鼠踢胸驼三九，连鞍马、骒马共二九九，牛二九，羊二九九，乳酒二九九瓶，奶子食物三九桌，善扑人二十名，奏蒙古乐人九名，生马驹一千匹，骑生马驹人二十名。

该盟长等造册报院，在木兰内，由院奏请钦定日期及在何地方预备。奉旨后，咨行各该处敬谨预备，并咨行管理卡伦大臣，将筵宴应用诸物，于前期照数放出。

九、进宴前期，由院将应行仪注进呈，并将进爵之内扎萨克王等衔名缮写绿头牌，奏请钦派一员。

十、大蒙古包内入坐人数，由院拟选由京扈从暨外来内外扎萨克汗王贝勒贝子等十余人衔名，缮写绿头牌，具奏恭候钦定。

月牙城进宴仪注

（一）昭乌达、卓索图二盟暨喀喇沁扎萨克郡王、扎萨克公等，预备蒙古包五架交武备院，于大营附近择宽阔地方立月牙城，设大蒙古包于月牙城内，其余蒙古包支搭两旁，所进驼只、马匹排列道旁，以备御览。派出入大蒙古包之汗王、贝勒、贝子等，预设坐褥于大蒙古包之两旁。驾临时，引进宴之王贝勒贝子公、额驸、台吉塔布囊，咸蟒袍补褂，在月牙城外跪迎。皇帝升座，带领派出入大蒙古包之汗王贝勒贝子等，列坐两旁，余俱坐两旁蒙古包内。皇帝升座后，引蒙古王公分两行入，行一叩首礼入坐。次进茶，皇帝用茶，众皆于原坐处跪，行一叩首礼，茶毕，侍卫致众茶毕。进皇帝御用膳桌，掌仪司官就反坫恭捧壶爵金卮，由中路进，众皆起立，掌仪司官进至槛外之左西面，实酒于爵。进爵大臣预由本位出，至大蒙古包外除补服，进至大蒙古包内跪，众皆跪，掌仪司官西面跪授进爵大臣爵，起退，进爵大臣奉爵，由中路升，由西边进至御座侧，跪进爵，皇帝受爵，进爵大臣起，由西下至原跪处跪。皇帝用酒，进爵大臣行一叩首礼，众皆行一叩首礼。进爵大臣起，仍由西进，跪接爵，由中下复至原跪处跪。掌仪司官进，跪接爵退，掌仪司官贮酒于卮，立赐进爵大臣，进爵大臣跪接酒，行一叩首礼，饮毕，复行一叩首礼，掌仪司官立接卮退。进爵大臣出，复补服归班入坐，众皆随坐。尚膳正进皇帝御用肉馔，恩赐肉馔，作蒙古乐歌。侍卫授酒一次，备宴王公进蒙古乐歌。皇帝前御膳桌撤，进茶，茶毕，皇帝驾临黄幕。进蒙古善扑人，与内地善扑人相扑，扑毕，王公等咸除补服，令骑生马驹人骑生马驹。宴毕，驾还行宫，进宴之王、贝勒、贝子、公、额驸、台吉塔布囊等，于原迎处祗跪送驾。

（二）预备骑生马驹之内扎萨克官兵二十名，及尚都达布逊诺尔官兵二十名，无论骑坠，由院奏闻，各赏一两重银锞各一个。

续加修改

逸出围墙牲兽禁止滥射

恭遇皇上上围以后，如有牲兽逸出围外，围外之人不得射取，即行赶入围内，以备皇上亲射。违者，从重照围场附近肆意打牲例治罪。其未经合围以前所获牲畜，准其交纳。

续加修改

禁止蒙古属下人等滥捕牲兽

内外扎萨克汗王、贝勒、贝子、公、额驸、台吉塔布囊等扈从进哨，严饬各该属下仆隶人等，不得擅捕牲畜。违者，其蒙古仆隶交该家主严行惩处，该汗王、贝勒、贝子、公、额驸、台吉塔布囊等，由院参处。每年由院严饬各该盟长、扎萨克等，凛遵传示。

增纂

围场条禁

一、挑选内围善猎御前大臣会同善猎长，于侍卫章京内，择其善于乘骑技艺娴熟者三十员，每日在围场内围牲，不准射杀牲兽，倘有妄射跪递者，将该员参奏，交部严加议处。其黑龙江将军咨送善猎官兵三十名，由御前大臣、善猎长选择熟悉差使者二、三员，与内围善猎一体当差。其余官兵人等，均作为外围善犺。如射杀逸兽者，系二品以上之官员，准在驾前跪递，兵丁将牲兽俱交杭霭，倘兵丁等有违例跪递牲兽者，交该管大臣等重责示惩。

二、盛京、吉林、黑龙江、察哈尔等四处，派来善猎等项差使上行走人员，由总理行营事务处奏派。住京之吉林大臣一员，管辖吉林官兵。黑龙江大臣一员，管辖黑龙江官兵。京城副都统一员，督辖盛京官兵。御前乾清门大臣、侍卫内通晓蒙古语者一员，管辖察哈尔官兵。

三、稽察围场不得惊逸牲兽，其偷牲伐木人等尤须上紧查拿。倘巡查不周、惊逸牲兽，一经查出，将该管都统、总管等一并参奏，交部议处。

四、皇上进哨后，热河都统出派官兵弹压。买卖人等随营贸易，该官兵引进时，必须躲避围场道路，不准惊逸牲兽，如有藉端勒索者，交行在刑部，审拟治罪。

五、每日皇上启驾之先，除备差人员先行乘马准出卡伦外，其科各项车辆驼只总须临时方准放行。如不严行管束，致有车驼先行者，将先行之人拿交行在刑部治罪，失察之管理卡伦大臣官员一并参奏，交部议处。

六、支搭看城，总须是日三更前往支搭，毋许前期出卡住宿，致有声音烟火惊逸牲兽，违者，官员革职，兵丁责革，不行拦阻之管理卡伦官员等，一并参奏，分别议处，兵丁重惩。

七、大营地基割草人等，必须听候向导处传行。于是日三更前往，如有先期前往者查出，官员革职，兵丁责革，该管官员及向导处章京、管理卡伦大臣官员兵丁，一并参奏，分别议处惩办。

八、牧放驼马、砍伐柴薪，准带镰斧在卡伦外三、四里之内，不得过远，其撒袋、鸟枪等器械俱不准携带。违者，照先期出卡，支搭看城、割草人之例治罪。

九、管理前锋围甲大臣等，务须督率官兵，于围底撒围时跟随蒙古围甲，整齐排列，圈回逸出牲兽。倘有排列不齐及不行圈回逸兽者，领蠹大臣参奏，大臣降一级，官员降二级，均不准其抵销，兵丁鞭四十，革退。

十、派出管围之由京扈从大臣、蒙古王公台吉塔布囊等，每日赴领纛大臣处报名，撒围时，严束围甲兵丁整齐排列。倘敢报名后任意偷安落后，俟皇上上围时始行各住应管地方塞责者，经领纛大臣等查参，大臣降一级，不准抵销；蒙古王公额驸台吉塔布囊等罚俸一年，分限二年坐扣；无俸台吉塔布囊官员等，核计罚俸数目，照例折罚牲畜。

十一、凡遇圈围，必须先期前往，由管围大臣晓喻蒙古官员，严束兵丁，不准途次打牲，晚间各查所属围甲是否到齐，赴领纛大臣处呈报。倘有途次打牲及藉端不到者，经领大臣参奏，大臣官员降三级，不准抵销；兵丁鞭四十，革退；蒙古王公额驸台吉塔布囊罚俸主年，分限六年坐扣；闲散蒙古及属下人等鞭四十。

十二、蒙古围甲共一千二百五十名，倘有偷安贻误者，该管王公等查出禀明，领纛大臣具奏，从重治罪。

十三、皇上行围毕，驻跸行幄后围场附近，毋许肆意打牲。违者，即呈报总理行营处，奏文行在刑部。官员革职治罪，兵丁革退、插箭游营发遣，蒙古人等，一体办理。

十四、凡由京扈从之人，及学习善猎、三十善猎、察哈尔善猎、学习行围人等射杀牲兽，散围时具文杭霭，汇齐具奏。蒙古王公以下至二等台吉塔布囊射杀牲兽，准在驾前跪递一次。其入围行走已逾十年之蒙古官员等，如获有活牲兽者，准该王公等带领跪递一次。围场逸出牲兽，三等台吉塔布囊以下蒙古官员射杀者，交杭霭，著该管王大臣存记，于等应升之处先行升用。东三省入围官兵亦一体办理。如有连次跪递及射杀牲兽不交杭霭者，一经查出，系官员，参奏交部，严加议处；兵丁杖八十，革退；该管大臣官员等，一并议处。

十五、管理蒙古围甲官员，长枪、鸟枪、向导官员，入围当差已逾十年无过者，获有活牲兽，准该王公带领，在驾前跪递。护卫人等倘有违例跪递牲兽者，除将本人责革外，该管之蒙古王公、台吉、塔布囊等，仍由院参奏。

十六、觅买牲兽冒为已射，在驾前跪递者，经总理行营处查出，奏交行在刑部，严讯确供，交买卖两造人等一体办理。系大臣官员革职，发往伊犁；兵丁革退，枷号两个月，杖一百发往伊犁；蒙古王公、额驸、台吉、塔布囊等革职，照例折罚牲畜；蒙古属下兵丁等革退，枷号四个月，鞭一百。

十七、东三省善猎及学习行围并差来进貂皮之官兵人等，有吁恳住京者，交领纛大臣等查其所杀牲兽数目。官员射杀五只、兵丁射杀三只者，带领引见，准其住京；所杀牲兽数目不敷者，不准住京。

十八、御前行走蒙古王公之胞弟、嫡子、嫡孙、胞侄内，遇有射杀牲畜者，不论品级，准在驾前跪递牲畜。

十九、避暑山庄后山堆拨以内，不准支搭帐房。如有违例支搭者，一经查出，重处。

增纂

张三营筵宴赏赉

一、每年秋狝大典礼成，驾临张三营行宫，赐扈从内外扎萨克汗王、贝勒、贝子、公、台吉塔布囊、官员等荷包赏各一分。前期由院按照品级开列汉字清单，并缮写全分绿头牌，交奏蒙古事侍卫，由内具奏。是日，颁出荷包，御前大臣监放祗领。皇帝升座，赐宴时，带领领赏人员谢恩，行叩首礼毕，令内外扎萨克汗王、贝勒、贝子、公、额驸、台吉塔布囊、官员暨上围兵丁等，各按品级排坐两旁，行一叩首礼。进皇旁膳桌，并列赏赐饭食暨烧脯。进善扑营善扑人相扑，扑毕，入坐人等于原坐处谢恩，行一叩首礼。驾还行宫，咸退。理藩院司员会同户部、内务府司员，将恩赏缎匹银两布匹，公同按名放给。

二、恩赏汗王以下及兵丁等缎匹银两布匹，由院分晰由京扈从各处围班、管理围务、率领兵丁暨内外善猎各项差使应领缎匹银两布匹数目，在木兰内缮折具奏请旨。其伊犁、科布多所属土尔扈特、霍硕特、杜尔伯特、扎哈沁汗王、贝勒、贝子、公、扎萨克台吉、协理台古、闲散台吉、乌梁海总管等围班人员，拟赏缎匹，暨尚都达布逊诺尔官员兵丁、达里岗爱官员兵丁，官员拟赏缎匹，兵丁拟赏银两，均另片附折请旨，奉旨后，缎匹由内务府，银两由户部领取。

增纂

缎匹银两布匹分别赏赉数目

一、管围之亲王、郡王，每人各赏上用蟒缎一匹，大缎二匹，彭缎二匹。贝勒贝子公，每人各赏官用蟒缎一匹，大缎一匹，官用缎二匹。额驸等，每人各赏官用蟒缎一匹，官用缎二匹。扎萨克台吉塔布囊，每人各赏官用蟒缎一匹，官用缎一匹。其王贝勒贝子公、额驸、扎萨克台吉塔布囊之随从、护卫官员、伴当、跟役人等，每名各赏银三两，毛青布一匹。

二、捷手善猎上行走之内外扎萨克亲王郡王，每人各赏大缎二匹，官用缎二匹。贝勒贝子公，每人各赏大缎一匹，官用缎二匹。额驸、扎萨克台吉塔布囊、闲散台吉，每人各赏大缎一匹，官用缎一匹。

三、善猎上行走汗王、贝勒、贝子、公、台吉塔布囊等，如有在御前，乾清门行走者，准领善猎之赏，毋得重给。

四、由京扈从御前，乾清门行走，暨围班前来外边行走之内外扎萨克汗王、郡王衔贝勒，每人各赏大缎一匹，官用缎一匹。贝勒、贝子、公、郡主额驸，公衔台吉等，每人各赏官用缎二匹。额驸、扎萨克台吉及官员、备宴入围之闲散台吉、附在察哈尔额鲁特台吉等，每人各赏官用缎一匹。

五、管理围甲各项兵丁之扎萨克台吉塔布囊官员，暨率领善猎人之察哈尔、索伦总管官员，并热河之额鲁特，每员各赏官用缎一匹。

六、哲哩木、昭乌达、卓索图三盟之围甲兵丁，每名各赏银七两。

七、索伦、察哈尔之善猎兵丁，内扎萨克之向导、虎枪鸟枪各兵丁，每名各赏银六两。

八、赶杭霭车之兵丁，每名各赏银三两，毛青布一匹。

九、伊犁所属之土尔扈特、霍硕特，科布多所属杜尔伯特、霍硕特、扎哈沁、乌梁海，定边左副将军所属之乌梁海等处班人等，按品级拟赏缎匹。及奉旨准令随同察哈尔善猎上行走之尚都达布逊诺尔、达里岗爱牛羊群官员，每人各赏官用缎一匹，兵丁每名各赏银六两。奏赏时，应否赏给之处，夹片请旨遵行。

增纂

停止进哨减半赏银

凡遇停止进哨，所有预备上围之各项蒙古兵丁等应领赏银，减半奏赏。

增纂

围毕跪安

围班暨各项围随内外扎萨克汗王、贝勒、贝子、公、额驸、台吉塔布囊、官员兵丁等，均在张三营卡伦门外跪安，各归游牧处所。

增纂

北路所属人员回游牧时酌量换给驼马

科布多所属之杜尔伯特、土尔扈特、扎哈沁，乌里雅苏台所属之乌梁海，霍硕特汗王、台吉、官员等，赴木兰随围均系自备资斧，围毕回游牧时，距该处较远，原来驼马若有疲乏者，其疲乏马匹移咨行在兵部，由热河绿营兵丁马匹内酌量换给，其疲乏驼只不敷驮载，行知热河道办给车辆，至多伦诺尔由该同知照数换给。

增纂

黑龙江善猎官兵文领口粮马匹

一、黑龙江善猎官兵，由该将军出派布特哈总管一员、章京一员，带领善猎官兵二名，哨鹿人二名；呼伦贝尔总管一员、章京一员，带领善猎官兵十名，于启銮前造具衔名清册咨院。届期，该善猎官员兵丁等，各亲携文册前赴热呈报，由院奏闻，赏给官员每员银各五两，兵丁每名银各三两，由行在户部支领。

二、黑龙江善猎官兵等路费，自进哨日起至出哨赐宴日止，无论官员兵丁，每日每人各给银一钱三分，由行在户部支领。

三、黑龙江善猎官兵等，每人各领官马四匹，由行在兵部办给，围毕，仍交兵部验收。

四、黑龙江善猎官兵等围毕回程，无论官员兵丁，每人各领二十五日路费，核计每日各给银一钱三分，由行在户部支领。

五、黑龙江善猎官兵内，遇有吁恳留京当差者，由领侍卫内大臣承办。其留京者，领过回程路费及马匹，均行令所入旗分办理回缴。

增纂

贻误围班

喀尔喀等处王公等，凡遇围班患病不能前往者，呈报该盟长，该盟长查验属实，出具印文报院。如不呈报盟长竟致误班者，罚本身世职俸三年，未经查出之盟长，罚扎萨克俸六个月。

增纂

随围胡图克图暨喇嘛等各典礼

一、应随围之胡图克图，如遇告假在口外避暑者，俱在古北口外巴克什营一带地方接驾。

二、热河各寺庙之堪布达喇嘛等，均赴常山峪中关接驾，在惠迪吉门万寿亭送驾。

三、恭遇驾幸各寺庙拈香，自堪布喇嘛至格斯贵，赏给绸缎有差，呼巴拉克各赏银一两。均由军机处准热河都统送到清册，奏办赏给，次日，由院代奏谢恩。其绸缎由内交出，银两由内务府办给。

四、热河各寺庙遇有修理工程，未经驾临拈香，其赏项减半颁给，由军机处奏办。

五、恭遇驾幸各寺庙拈香，随围之胡图克图喇嘛等，在庙门外站班导引。

六、随围之胡图克图喇嘛等，如有果品等物赏项，由内交出赏给。

七、派随围之胡图克图喇嘛等，及随营念经仪注，均由中正殿承办。

增纂

哲布尊丹巴胡图克图至热河朝觐典礼

一、哲布尊丹巴胡克图，由驻札库伦办事大臣奏请，至热河朝觐。奉旨俞允后，驻札库伦办事大臣奏派该处王大臣一员，于四部落贝勒贝子公、扎萨克台吉、闲散台吉内，按每部落各出派二员，共八员，沿途照料。行抵多伦诺尔地方，先行咨报军机处，理藩院具奏，如奉旨派御前乾清门侍卫前往颁赏，由院派司员一员同往。

二、哲布尊丹巴胡图克图至热河，在殊像寺一带居住，由院代奏请安，行初次瞻觐礼。哲布尊丹巴胡图克图并同来之胡图克图、随来之徒弟喇嘛等，俱穿蟒袍，由京扈从之胡图克图亦穿蟒袍，带同入内瞻觐。其所进贡物赏收者，行内务府折赏。是日，哲布尊丹巴胡图克图暨同来之胡图克图、随来之徒弟喇嘛及由京扈从之胡田克图，俱赏赐物件有差。其赏项，系由军机处具奏赏给。

三、哲布尊丹巴胡图克图恭进丹书克，由军机处奏请日期。前期由院具奏仪注，令扈从胡图克图，带领哲布尊丹巴胡图克图诣内殿演递丹书克一次，俱穿蟒袍，戴戴帽。次日，皇帝升殿，呈递丹书克毕，赏茶。由院行敬事房、侍卫处、内务府、中正殿等处，敬谨预备，其仪注、贡单俱缮写黄折片，其所进丹书克及马匹驼只等物，奉旨赏收者，俱行内务府折赏。是日，进丹收克之胡图克图喇嘛等，俱恩赐物件有差。其赏项，系由军机处具奏赏给。

四、哲布尊丹巴胡图克图恭递丹书克仪注。理藩院先期将呈递丹书克诸物恭设于依清旷，届期，引哲布尊丹巴胡图克图等十余人齐班伺候。预设呈进丹书克之迎手靠背坐褥于御座，陈诸物于案上。临时，皇帝升座，理藩院堂官引哲布尊丹巴胡图克图喇嘛等跪御座前，喇嘛等自案上捧丹书克物件授哲布尊丹巴胡图克图，胡图克图喇嘛等讽丹书克经一次，哲布尊丹巴胡图克图捧丹书克物件呈进御前，皇帝亲受后，付侍立之御前大臣，转交喇嘛，仍陈案上，逐件呈递毕，恭递哈达一个，皇帝还赏哈达，赐茶，礼毕，引出。

五、哲市尊丹巴胡图克图之喇嘛徒弟，俱准各进马匹、氆氇等物，由院代奏，收者，行内务府折赏。

六、哲布尊丹巴胡图克图回去，由院代奏请安。如遇皇帝驾临寺庙拈香时，于所出门外，由院带领该胡图克图陛辞。

七、照看哲布尊丹巴胡图克图前来之王公扎萨克台吉等，俱由院代奏请安，亦准各进马匹。

八、万树园筵宴哲布尊丹巴胡图克图时，其照看前来之王公扎萨克台吉及由京扈从并围班之内外扎萨克王公、扎萨克、扈从之胡图克图、扎萨克喇嘛、热河之堪布，俱入坐领赏。

九、照料哲布尊丹巴胡图克图前来之王公扎萨克台吉，入坐听戏拟赏，均照内扎萨克例办理。

十、哲布尊丹巴胡图克图回去时，照料前来之王公扎萨克台吉以上，俱由院代奏请安陛辞。

十一、哲布尊丹巴胡图克图进丹书克物件：迎手靠背坐褥、佛经、塔曼达、七珍八宝、八吉祥、本巴、轮、杵。

（据光绪《理藩部则例》本）

国朝绥服蒙古记

(清)魏 源

一、内六盟蒙古

蒙古，诸游牧国之大名也。十七行省及东三省地为中国，自中国而西回部，而南卫藏，而东朝鲜，而北鄂罗斯，其民亦皆土著之人，其国亦皆城郭之国。若乃不郛郭，不宫室，不播殖，穹帐寄而水草逐者，惟瀚海南北部及准部、青海诸部则然。故史传外夷皆以居国、行国为大界画，而游牧行国又以瀚海为大界画。若汉匈奴贤王有左、右，一居东方以接涉貊，一居西方以接氐、羌，而单于庭直代、云中，攘之则还于漠北。至后汉而为南单于、北单于；再变为东胡、西胡；三变为柔然，为东、西奚；四变为东突厥、西突厥；五变为内回纥、外回纥。上下数千年，离合绝续，皆以大漠为诸部之纲维。于是乎左，于是乎右，于是乎南，于是乎朔。其扩入版图列为郡县者，惟唐初荡平突厥之地，置定襄、云中等郡，领单于于瀚海二都护，一时称极盛，而控御不久。辽、金置上京、中京、西京诸道，仅域于东、西奚而未及河朔。惟元起漠北，奄有函夏，于漠南置大宁、上郡、兴和、大同等路，于漠北置和林行中书省，以至西域、青海皆分建诸王、驸马，为古今戎索之一变。明之中叶，元裔由漠北入漠南，于是边防复棘，且其根柯盘固，支条蔓衍，为今蒙古各部汗王环处大漠，故高宗言"三代以后，惟元太祖裔至今不绝"云。最其部类，大分有四：曰漠南内蒙古，曰漠北外蒙古，曰漠西厄鲁特蒙古，曰青海蒙古。四部中，漠南内蒙古接壤满洲，臣服最先；至康熙初，而漠北喀尔喀三部内款；及亲征准噶尔，而青海诸部来庭。于是三大部蒙古皆混为一家。惟漠西厄鲁特恃其荒远，抗衡狂突，至乾隆中，始夷其疆域、空其部落焉。漠南、漠北二部，大半出元太祖成吉思汗，至今世姻帝室。其西海则元之旁支，西域则元之臣仆，至今惟通朝贡，与称外戚甥舅者殊科。因而区之，以昭戎索。

内札萨克蒙古六盟：东四盟，当盛京、黑龙江及直隶边外；西二盟，当山西、陕西、甘肃边外。凡四十有八旗，二十有四部，并归化城土默特则二十有五。东抵吉林、黑龙江界，西至贺兰山，南界长城，北距瀚海，络雍、冀、幽、并、营五州北境，袤数千里。明初悉攘诸漠北，中叶复荐食漠南，边患遂与明代相终始。我朝龙兴，首臣科尔沁，继平插汉，（即察哈尔。）于是诸部先后来庭，有大征伐，率师以从，世其封爵，时其朝贡。凡二十五部，为五十有一旗，其制略与在京内八旗蒙古等。其朝觐分为三班。其会盟，则若科尔沁，若郭尔罗斯，若杜尔柏特，若札赉特，四部为一盟，其盟所曰哲里穆，其贡道由山海关。若札鲁特，若喀尔喀左翼，若奈曼，若敖汉，若翁牛特，若阿鲁科尔沁，若巴林，若克什克腾，八部为一盟，其盟所曰召乌达，其贡道由喜峰口。（奈曼，即《元史》所谓乃蛮也。元太祖既平乃蛮，以封其子，故后人因以名部，盖先得漠北，后得漠南也。）若土默特，若喀喇沁，二部为一盟，其盟所曰卓索图，其贡道亦由喜峰口。若乌珠穆沁，若浩齐特，若阿巴哈纳尔，若阿巴噶，若苏尼特，五部为一盟，其盟所曰锡林郭尔，其贡道由独石口。以上为东四盟内蒙古。若四子部落，若喀尔喀右翼，若茂明安，若乌喇特，四部为一盟，其盟所曰乌兰察布，其贡道由张家口。又鄂尔多斯一部七旗，牧河套内，自为一盟，其盟所曰伊克召，其贡道由杀虎口。以上为西二盟内蒙古。每三载盟会之期，命大臣赍敕以往，设正、副盟长各一，以简军实，阅边防，理讼狱，审丁册。惟归化城土默特向隶将军都统及各厅同知，不设札萨克，故会盟集于本城，不设盟长，听简命大臣莅视。其各部每旗事权，皆掌于札萨克一人，此外皆散秩。其亲王、郡王、贝勒、贝子、镇国辅国公、台吉等，或以功晋封，或以事袭，无定员。

初，元太祖起和林，削平西北诸国，建王、驸马等世守之，为今内、外札萨克蒙古所自出。而仲弟哈萨尔以射闻，季弟勒格图以勇闻，佐命功尤大。今之阿巴噶、阿巴哈纳二部，皆勒格图后也；两科尔沁及札赉特、牡尔柏特、郭尔罗斯、四子部落、茂明安、乌喇善、青海和硕特九部，皆哈萨尔后也。又有太祖十五世孙达延车臣汗者，建庭和林，支裔繁布于漠南、北，若奈曼、巴林、敖汉、苏尼特、乌珠穆沁、鄂尔多斯、克什克腾、喀尔喀左右翼，九部皆其后也。翁牛特，则太祖弟谔楚因之后。札鲁特及土默特右旗，则太祖十八世孙之后。惟喀喇沁及土默特左翼为太祖功臣济拉玛之后。余皆元子孙，皆以插汉部为大宗，其归本朝也，皆以林丹汗不道之故，今不悉述，述其尤著者。

太宗文皇帝天聪九年，得传国玺于元小王子裔插汉部，于是蒙古四十九贝勒及土默特两旗合上尊号，改元崇德，是为我大清受命之始。前此太祖天命中臣服诸国，除沈阳、辽阳得自明外，馀若黑龙江五部、长白山二部、东海三部、扈伦国四部，凡河东、河西之地，使犬、使鹿之邦，明人所称南关、北关者，皆金代部属，语言相同城郭之国，非蒙古行国也。其时已与科尔沁盟好，而与插汉搆衅。

插汉部者，元之嫡裔大宗也。初，顺帝北归和林，连易五主，始去国号，称鞑靼可汗，皆在洪武之世。永乐初，本雅失里可汗为阿鲁台所立。宣德中，脱脱不花可汗为瓦剌酋长脱欢所立。景泰中，也先篡之，不久，部下仍立脱脱不花子，号小王子，自是，世以小王子称。正德中，小王子尤强，并青海及乌斯藏，控弦十余万。嘉靖中，稍厌兵，徙幕辽东边外，称土蛮，而分诸部落留西北边。其时，边防皆急，河套、青海、及俺答封，西陲奠。于是东部土蛮小王子裔数入寇，边患又中于蓟辽。故明世边寇曰河套部、河西部、河东部。西则今青海蒙古，东则今内札萨克蒙古，套则今阿拉山及鄂尔多斯蒙古也。至西厄鲁特，则瓦剌王脱欢、也先之裔，明中叶后罕入寇。（或言厄鲁特即明之阿鲁台者，误也。阿鲁台世与瓦剌相仇杀，且一东一西，部落判然。厄鲁特既为瓦剌之裔，安得复为阿鲁台之裔耶？况阿鲁台人名，非部落之名也。厄鲁特之称，犹唐古特，犹鞑靼，安得以人名当之乎？）而北部喀尔喀蒙古隔于大漠，终明世不见于史云。

万历中，我大清兵起，明人思用东部插汉小王子，（即察哈尔。）欲以敌大清。而要挟岁赏，终无成效。末年，林丹汗士马强盛，横行漠南，有宋康武乙之暴。天命四年来聘，书称："统领四十万众蒙古国主巴图鲁青吉斯汗，致书水滨三万众满洲国主"，且恃其虓勃，冯陵诸部。诸部先后殴归大清，请师援救。天聪八年六月，太宗统大军尽征各部蒙古兵征察哈尔。时辽河夏涨，昼夜冒潦，出其不意，逾内兴安岭千三百里至其庭。林丹汗谋拒战，而所部解体，遂徙其人畜十余万众由归化城渡河西奔，沿途离散十之七八，林丹汗走死于青海之大草滩。我大军至归化城，收其部落数万而还。明年，其子额哲率所部奉传国玺来降，封亲王，位冠四十九旗贝勒之上，其众编旗安置义州。额哲卒，其弟袭爵，传至布尔尼。当康熙十四年吴三桂之变，征其兵不至，旋煽奈曼等部拥众同叛。诏以多罗信郡王鄂札为抚远大将军，以大学士图海副之，率不附逆各部蒙古兵进讨。四月，师次岐尔哈台，侦贼屯于达禄，我军留辎重，以轻骑进。布尔尼设伏山谷间，列阵以待。我军先败其伏兵，进击其大队，败之。布尔尼收溃卒战，复连败，以三千骑遁，为科尔沁兵射死。凡六阅月平。空其故地，置牧厂，隶内务府太仆寺，而移其部众游牧于宣化、大同边外。其八旗，分东西二翼。其旗内官地及与汉民互市讼狱，治以四旗厅及独石口、张家口、丰镇、宁远各厅；其本旗事务，辖以都统等官，而总隶于理藩院典属司。此八旗在蒙古四十九旗外,官不得世袭,事不得自专,与各札萨克君国子民者不同。其故地袤延千余里,在独石口、张家口边外。

又归化城土默特者,明顺义王俺答之后也,中为察哈尔所灭。我太宗亲征察哈尔,跸归化城,降其部众,编为二旗,以其部长为左右翼都统,并还其世所守顺义王印,而遣将军贝勒岳托、副都统吴巴海驻其城镇守之。土默特酋博硕克图之子使喀尔喀阴与明通,吴巴海邀斩其使。崇德元年,喀木尼汉部叶雷等叛投漠北,吴巴海率兵追之,数旬无所见。漠中射一雁,负矢飞而堕,往取之,见贼营遗火,遂蹑及于温多岭。叶雷注矢引满,将拒战,有狐起于前,触叶雷弓堕,遂为我擒,始收其顺义王印。乾隆中,并裁都统,其旗务则掌之将军、副都统。惟存辅国公世爵一,不理事。并设同知、通判,理旗民赋讼,与京师内八旗蒙古相等,而与插汉小殊。故新疆各省驻防,有察哈尔蒙古兵,无土默特蒙古兵。

科尔沁部在喜峰口外,东西距八百七十里,南北距二千有百里,南界盛京边墙,北界索伦。本元太祖弟哈萨尔之后,明初置兀良哈三卫之一也,后自立国曰科尔沁。明洪熙间为厄鲁特所破,东避嫩江,以同族有阿鲁科尔沁,因号嫩江科尔沁以自别。其札赉特、杜尔伯特、郭尔罗斯三部皆科尔沁一部所分,兄弟同牧,皆属插汉部。我太祖初年,科尔沁与叶赫、哈达、乌拉、辉发、锡伯、卦尔察、珠舍里、纳殷共九部之师三万来侵,攻赫济格城不下,陈兵古呼山。太祖亲御破之。逾数年复征乌拉部,败科尔沁来援之众。于是科尔沁与诸部遣使来乞好。天命九年,插汉林丹汗以兵侵陵诸部,诸部或北徙瀚海依喀尔喀,或东走依科尔沁。科尔沁怨插汉之暴,思归我朝,遂率之来觐,自是为不侵不反之臣。天命十一年,太祖崩,太宗即位,科尔沁土谢图汗〔遣〕使来吊曰:"恭闻强武英明大可汗上宾,粤巴台吉敢奉书以慰八旗大小诸贝勒。昔察希尔巴敦汗主四方,握七宝,数尽则必死;雪山白狮子,其力虽大,限到亦死;深海之内,纵有诸宝,无裨于龙王之死。故成必有坏,始必有终。

尔皇考奋起孤偾之中，并吞大小诸国为一，虎步中外，是天之所豪，宜返天上。惟生者能自强，则死者为不死。后嗣勉之矣！"是年，始封科尔沁粤巴台吉为土谢图汗。天聪二年，会大军征插汉。三年至八年，亦屡上书明崇祯帝，请与我朝和，罢兵，其书尚自称"三卫"。十年，大军荡平林丹汗全部，于是两科尔沁及札赍特、杜尔柏特、郭尔罗斯、喀喇沁、土默特、敖汉、奈曼、巴林、札鲁特、翁牛特诸部遗朝鲜国王书，合词上尊号，改元崇德。礼成，册功。诏科尔沁设札萨克五，赐亲王、郡王、镇国公爵有差。二年，从征朝鲜。三年，从征喀尔喀。四年，从征索伦。八年，从征明及黑龙江诸部。顺治元年，偕札赍特、杜尔柏特、郭尔罗斯以兵从睿亲王多尔衮入山海关，走流贼，定京师。二年，以兵从豫亲王多铎定江南。三年，复从讨苏尼特酋腾吉思，败喀尔喀两汗援兵。七年，复增科尔沁札萨克一。康熙十有三年，科尔沁额驸沙津率各部兵讨插汉酋布尔尼之叛，阵斩之，尽平其部。科尔沁从龙佐命，世为肺附，与国休戚。孝端文皇后、孝庄文皇后、孝惠章皇后皆科尔沁女，故世祖当草创初，冲龄践阼，中外帖然，繄蒙古外戚扈戴之力。自天命至乾隆初，额驸尚主者八，有大征伐，辄属橐前驱，劳在王室，非直亲懿而已。故顺治十有一年，上以诸札萨克蒙古久不见，恐壅上下之情，特赐敕存问，令有所欲请随时奏闻，"朕世世为天子，尔等亦世世为王，屏藩百世"。而土谢图亲王、达尔汉亲王、卓理克图亲王、札萨克图郡王四爵俸币居二十四部之上。

鄂尔多斯部在河套中，东西北三面皆距河，东西袤二千里，南北广八九百里，首尾或五六百里、三四百里，秦蒙恬所夺匈奴河南地，以阴山为塞，而汉、唐之朔方郡也。前代城堡边墙故迹棋布，而花、马二池盐与河东盐并行，地宜马驼。有麦垛山铁可为兵，河柳可为筍，赫连元昊屡为霸国，形胜可战可守。元太祖十六世孙巴尔苏始居之，为鄂尔多斯济农，有九子分牧而处。是为今鄂尔多斯七札萨克之祖。明末苦林丹汗之虐，纠合喀喇沁、阿巴噶诸部败察哈尔兵四万于土默特之赵城。天聪九年，大军追林丹汗子额哲于黄河西，未至，鄂尔多斯先邀与盟，攘其部众，而献千户于我朝。顺治初，出兵随英亲王剿流贼于陕西，康熙中，会剿叛贼王辅臣，皆有功。三十五年，上亲征噶尔丹，至所部界，诸札萨克渡河朝御营，献马，请设驿馈运，出兵扈跸。上嘉其俗庞土沃，牲牣猎娴，周览形势，谓札萨克等曰："明人议河套，畏尔蒙古如榻侧卧虎，亦其时无人耳。若今日大军且逾阴山、贺兰山，出尔背后，其奈我何？"诸札萨克稽首曰："今天下一家，上奈何出此惊人之语耶？"本六旗，至乾隆中滋息，复增一旗，设札萨克七，自为一盟。（鄂尔多斯，《明史》作袄尔都司。）

国朝喀尔喀相继归诚，名凡三：曰旧喀尔喀，即编入八旗之驻京蒙古也；曰外喀尔喀，即漠北外札萨克四部蒙古也；曰内喀尔喀，即喜峰口、张家口外之内札萨克左右翼蒙古也。左右翼本元太祖十五世孙达延车臣汗之裔，汗之子格哷森札赉尔居杭爱山，有子七，始号喀尔喀七旗。部族繁衍，分东西中三路，以三汗掌之，皆在瀚海之北。顺治十年，中路台吉本塔尔与其土谢图汗有隙，率千余户来归，封亲王，赐牧张家口外，列内札萨克诸部，是为喀尔喀右翼。康熙三年，西路台吉衮布伊勒登以其汗为同族所戕，部众溃散，乃越瀚海来归，赐牧喜峰口外，是为喀尔喀左翼。

此外，蒙古同名者，有两科尔沁，同名同族；（一居嫩江，号嫩科尔沁。）有两杜尔柏特，同名异族；一内札萨克，一西厄鲁特。有三土默特，其二部分左右翼，异姓同牧，（左翼元臣济拉玛裔，右翼元太祖裔。）其一部号归化城土默特，与右翼为近族。

臣源曰：本朝抚绥蒙古之典，以木兰秋狝为最盛。木兰者，围场之通称也。（仲秋之后，虞人效鹿鸣以致鹿，曰"哨鹿"，国语谓之木兰，因以名围场云。）自顺治初，世祖出张家口、独石口外行猎，次上都河，入古北口，为塞外秋狝之始。康熙中，蒙古诸部献其牧地，规为围场。自是，岁举蒐狩，车攻马同，以师兵为营卫。凡内外各札萨克，悉率左右分班扈猎，星罗景从，霆驱雨合。而天于亲御王弧，止齐步伐，三驱田擒，寓绥远于训武。其围场东西三百余里，南北二百余里，周千有余里，即元代上都、辽金中京上京之地，明代乌梁海鞑靼诸部游牧，旁薄雄奥，理大物博，天所以严圣武欤！其合围周环以栅，八旗各一营，规高处为卡伦，每营各五卡伦，守以官兵，统凡围场六十余所。每岁车驾行猎，或十余围，或二十围，无定数云。康熙三十年，围场在多伦泊。（出古北口三百余里。）泊南有汇宗寺，以绥黄教四十八部，部各一剌麻住持。御制寺碑，谓诸部在瀚海龙堆之东西北者，道里适中。及四十年，始建避暑山庄于承德府之滦河，（土名热河，在多伦泊东南四百里，出古北口百余里。）距京师更近。乾隆、嘉庆岁岁举行，惟雍正十四载中无之。（雍正中于多伦泊西南造善因寺，专供章佳胡土克图后身住持。）而今上绳武世宗，不举秋狝者二十余载。

二、外四盟蒙古

瀚海绝地中央，莽亘数千里，天以界中外。汉、唐兵力盛时，或能有漠南，从无兼有漠北者。有元一代，始以和林，终以和林。和林者，大漠之北，杭爱山之南，鄂尔坤河之西北，回纥旧建牙之所，自古北匈奴所庭也，为瀚海王气之区。故太祖十五世孙达延车臣汗者留牧其地，苗裔亦独盛他部。其子十有一，分徙漠南者，既为敖汉、奈曼、巴林、札鲁[特]、克什克腾、乌珠穆沁、浩齐特、苏尼特、鄂尔多斯儿部之祖；其季子格呼森札赉尔留故土，析众万余，分授七子为七旗，分左右翼，又为喀尔喀各部之祖。及其孙阿巴岱赴唐古特谒达赖剌麻，请《藏经》归漠北，部众智而汗之，遂世号土谢图汗，并其族车臣汗、札萨克图汗而三，东西五千里，南北三千里，东界黑龙江，西界厄鲁特，北界鄂罗斯，南尽瀚海。我太宗崇德元年，既平漠南插汉部，遣使宣捷于喀尔喀。喀尔喀来聘，且请绝明市，命赉貂服、朝珠、弓刀、金币。二年，贡异兽、名马、甲胄、貂皮、雕翎，及鄂罗斯火枪，回部弓箙、鞍鞯、阿尔玛斯斧、玄狐、白鼠裘以谢。诏定制，岁献白驼一、白马八，曰"九白"之贡。

　　顺治三年，苏尼特部腾机思，太宗之额驸也，与睿亲王不合，［五月］，率所部北投喀尔喀。于是土谢图汗、车臣汗合兵三万迎之，并掠巴林部人畜。命德豫亲王多铎为扬威大将军往征。六月，师至噶尔察克山，腾机思等屯于衮噶鲁台，闻风远遁。令外藩郡王满朱习礼、副都统明安达礼追及于欧克特山，大破之，斩其台吉毛害，迎下嫁格格还。我兵渡土腊河，复追之，擒其家口、辎重、牲畜十余万。八月，自土腊河击败土谢图汗兵二万，次日，复败硕雷汗兵三万，皆斩获无算。马疲班师。四年，札萨克图汗上书代解。书不称名，词又踞，睿亲王让之。五年，腾机思复来归，喀尔喀各汗亦奉表请罪。诏各遣子弟来朝，补九白之贡，尽归所掠巴林人畜。不奉诏。十二年，三汗始遣子弟来乞盟，诏赐盟宗人府。设札萨克八，仍分左右翼。康熙二十三年，左翼土谢图汗攻右翼札萨克图汗，而夺其妾，搆兵，又与准噶尔隙。上遣使偕达赖剌麻使往平之。

　　初，喀尔喀世雄漠北，及中叶，专佞剌麻，习梵呗，懈武事，又部族嗜酒，自相陵蔑，遂为厄鲁特觊觎。二十七年，噶尔丹大举入其庭，再战再北，三部落数十万众瓦解，先后东奔。或议令四十九旗蒙古攘取之，上不忍乘其厄，发仓给畜，滂沱沛泽。三十年，驾出塞外受其朝，大会，阅于多伦泊，即元上都地也。上以新附众数十万，宜训以法度。前期檄内外札萨克各蒙古，皆豫屯于多伦泊百里外。车驾发京师，军临多伦泊，上三旗亲军营居中，八旗前锋营二、护军营十、火器营四，共十六营，分二十八汛，（御制《汇宗寺记》曰："多伦泊者，清淑平旷，饶水草，而内外扎萨克之来朝者，道里适中，故期会于此。"）各环御营而峙。传谕内外蒙古移近御营五十里，不得入哨内，届期陈卤簿，御帐殿，于网城南受朝，赐燕。次日，上躬擐甲胄大阅，严申约束。土谢图汗等具疏请罪。宣敕谕，分三十旗为左右中三路，割内蒙古水草地，俾游牧近边。仍留其汗号，与内札萨克各旗同列。噶尔丹既并其地，遂沿克鲁伦河南牧，犯近塞。车驾再亲征，殄噶尔丹，而反喀尔喀于漠北，加封有功诸台吉，增编为五十五旗，屯田于鄂尔昆河左右，并征其兵防秋于阿尔泰山。雍正九年，以固伦额驸策凌奋击准噶尔功，又增赛音诺颜部，授札萨克，分辖各旗。共前三部为四部，共七十四旗，乾隆中增至八十二旗，建城乌里雅苏台及科布多，驻定边左副将军及参赞大臣镇抚之。（参赞大臣三人，一驻科布多，二驻乌［里］雅苏台，其一以蒙古王公台吉为之。）凡外札萨克之兵，各统以将军大臣。喀尔喀四部之兵，统于定边左副将军；杜尔柏特、新土尔扈特、和硕特之兵，统于科布多参赞大臣；旧土尔扈特、和硕特之兵，统于伊犁将军；青海各部之兵，统于西宁办事大臣。有事听将军、大臣奏调，视内札萨克之兵即统于各部汗王者不同；而乌里雅苏台、科布多，皆岁征蒙古兵换防屯牧，一如出征专阃之制，视东三省、归化城、伊犁即以驻防将军兼辖者亦不同。故定边左副将军节制四汗八十二旗，及金山、天山间乌梁海等数十部，为边外第一重镇。

其与鄂罗斯互市之道，由东库伦、西库伦二驿达于恰克图，而以楚库河为中外界。其会盟分四路：土谢图汗部二十旗为中路，居土腊河左右境，其盟所曰罕阿林；车臣汗部二十三旗为东路，居克鲁伦河左右境，其盟所曰巴尔和屯；札萨克图汗部十七旗为西路，居杭爱山以西境，其盟所曰毕都里雅；赛音诺颜汗部二十旗兼辖厄鲁特二旗为北路，居翁金河北境，其盟所曰齐尔里克。每会设盟长一人，副盟长一人。其贡道均由张家口，今不具述。独述赛音诺颜部，盖太祖十八世孙图蒙肯之裔也。初，明世喀尔喀剌麻红黄二教争，图蒙肯申黄教，西藏达赖剌麻贤之，授赛音诺颜之号，其旗仍隶土谢图汗。三传至善巴。世牧塔密尔河，在杭爱山之西，鄂尔坤河之北，即元和林地，气钟河山，隆隆天启。康熙三十年，善巴从弟策凌，幼自塔密尔河随母来京师，见奇圣祖，教养内廷。四十五年，授和硕额驸，尚纯慤公主，即所谓超勇亲王、定边左副将军、授大札萨克、以功配享太庙者也。五十四年，率所部赴推河，随北路大军御准噶尔。五十九年，随大军由阿尔泰山分路进，大斩获于布拉罕，焚其粮于乌阑呼济河，擒宰桑百余，诏授札萨克。雍正元年，封多罗郡王。二年，撤北路大军，偕同族亲王丹津多尔济，各以副将军留防阿尔泰山。

策凌连年从军，习漠北山川险易。愤喀尔喀为准夷凌藉，锐自磨厉，练猛士千，隶帐下为亲兵。又以准贼恃驰突，而喀尔喀无纪律节制，每游猎及止营，皆以阵法部勒，万众森严如对垒。由是，赛音诺颜一军雄漠北。

九年，随顺承亲王锡保讨噶尔丹。是冬，与丹津合兵败准贼六千于鄂登楚勒，殪其骁将，晋封和硕亲王，赉白金万，授喀尔喀大札萨克。十年六月，准贼三万复深入内犯，乘策凌出师未归，袭其游牧旧帐于塔密尔河。策浚在途，所乘马忽人立，嘶风而蹄，俄，飞骑报警。策凌大怒，即断发截马鬣誓天，兼程间道归救，大战于森齐泊，又大战于鄂尔昆河，斩贼大半。语具《雍正征厄鲁特记》。晋号超勇亲王，锡黄带，分土谢图汗所滋息之二十一旗隶赛音诺颜部，而于所留之十六旗增四旗为二十，仍隶土谢图汗部。复以策凌转战不得归，游牧被贼躏，诏官给马牛羊各数千，白金五万，并城塔密尔河，易庐帐为宫室，如京师赐第，以重藩卫，佩定边左副将军印，进屯科布多，授盟长，便宜行事。

初，准噶尔欺喀部兵不竞，屡闯其庭，如出入无人之境。及再为策凌所挫，孕重堕赎，始駮喙不敢窥塞。十二年冬，奉表请和。诏移科布多军于察罕瘦尔，召策凌来京师。准噶尔请以阿尔泰山为厄鲁特游牧界，杭爱山为喀尔喀游牧界，策凌议不许，必以额尔齐斯河及阿尔泰山为界，而空其中为间地，准夷亦不从。乾隆二年，准噶尔贻策凌书，称为车臣汗，议地界。策凌献其书并已所答书。

策凌有二子陷准部中,是冬,使哈柳复至,语及之,欲以动策凌,策凌厉词拒折。哈柳无以难,遂定议毋逾阿尔泰山。盖自雍正末年与准夷议界,策凌凡三至京师。贼惮其威重,卒从所议,于是喀尔喀西陲拓地千余里。初,策凌用兵,皆其帐下侍卫绰克浑向导之力,及事定,策凌赐之千金,而亲饮之酒。绰克浑曰:"请王侍姬为奴舞剑,奴请为王歌。"歌曰:"朔风高,天马号,追兵夜至天骄逃。雪山旁,黑河道,狭途杀贼如杀草。安得北斗为长弓,射陨欃枪入酒钟。"策凌大欢,并侍姬及所乘战马赐之。越七日,而绰克浑死。策凌以五十年薨。诏以王奋身血战,再挫天骄,震威绝徼,为国家长城,特敕享配太庙,创蒙古诸藩未有之典。并视怡贤亲王例,崇祀京师贤良祠,赐谥曰襄,建碑纪功烈。御制挽诗,称其"不必读书知大义,每于临阵冠三军"云。

乾隆二十年,王师征伊犁,而有喀尔喀撤驿之变,由车臣汗部郡王青滚杂布煽之。自十六驿至二十九驿,一时尽彻,羽书中断,遂回旧游牧拥众叛。是时伊犁未平,蒙古复变,中外几震动。策凌世子成衮札布嗣父为定边左副将军,首檄各部兵赴剿,并请哲卜尊丹巴剌麻宣谕各喀尔喀大义。遂复台驿,通军报。统师遄进,俘贼献京师。于是伊犁两路之师得一意西讨,无内顾忧。而其弟车布登札布在伊犁军中,以三百骑倍道驰至集赛,擒其宰桑,夺船渡伊犁河,追达瓦齐于格登山。又首发阿睦尔撒纳逆谋,告将军班第。又以数百骑弃大军先进,败准部逸贼数千于和落霍斯山,尽擒渠首。诏晋亲王,旌以其父超勇之号,锡金黄带,入觐,图形紫光阁。寻代兄镇乌里雅苏台,兼议政大臣,父子兄弟三为定边左副将军,节制漠北数千里,阀阅威名,二百年未之有也。而成衮札布子那旺多尔济尚固伦和静公主,亦从征临清、石峰堡,有战功。世长朔漠,世翰西陲,功名追卫、霍,忠贞符日碑。本朝外藩勋戚之盛,内蒙古推科尔沁部,外蒙古推赛音诺颜部。

臣源曰:禹分天下为九州,外薄四海,咸建五长,而声教朔南所暨，说者谓北距大漠，不能越乎其外。《周礼·职方氏》，蛮服、夷服、镇服、藩服，特居九服之四。而疆以戎索、近在汾晋，岂非西不尽流沙，皆以瀚海所界为海哉？至我朝而龙沙雁海之外，万潼亿毳之民，独峰驼无尾羊之部，奔凑万里，臣妾一家，内隶理藩院旗籍司及王会司，视功大小以区承袭之等差，酌途远近以定朝贡之疏数。是以间气英灵，鞭挞沙碛，与国为旗常带砺，与国为干城腹心。洵哉，九州之表有奇杰，六经之外有事功乎！其附庸于喀尔喀者，又有北属国二，亦游牧而非无裔。一曰乌梁海，即兀良哈，在乌里雅苏台之北，俄罗斯之南，旧役于厄鲁特，乾隆荡平，始归王化。其所置佐领，分属定边左副将军者二十五，札萨克图汗部者五，赛音诺颜部者十三，哲布尊丹巴呼图克图者三。一曰科布多，横亘于准、喀二部东西之间，南依阿尔泰山，北界俄罗斯，参赞大臣治之。其地则扩于康熙，其人则安插于乾隆。有新土尔扈特，有新和硕特，有杜尔伯特，有辉特，有札哈沁，有明阿特，有阿尔泰乌梁海，皆准夷旧部所徙。故一地而隶之者七种，仿佛西南之有青海焉。乾隆二十三年，定边左副将军成衮札布奏言："新附乌梁海人，如山兽河鱼，止可听其行走，难尽束以法律。大凡有命无不贪生，若顺其性则不劳防范，而亦省兵饷。"大哉言乎！尤百世御要荒者之鹄。

（《圣武记》卷三）

内蒙古要略

(清)祁韵士

一

蒙古，元裔也。元之亡，其子孙之在漠南北者百余部，率更迭为盛衰。内蒙古皆漠南诸部之近我者，科尔沁部六扎萨克及札赉特、杜尔伯特、郭尔罗斯、阿噜科尔沁、四子部落、茂明安、乌喇特，八部十六旗，与阿拉善、青海、两厄鲁特，其始祖为元太祖弟哈布图哈萨尔。阿巴噶、阿巴哈纳尔二部四旗，其始祖为元太祖弟布格博勒格图。翁牛特部二旗，其始祖为元太祖弟谔楚因。其土默特右翼一旗及归化城之闲散辅国公，皆元太祖十六世孙阿尔坦裔。其浩齐特、苏尼特、乌珠穆沁、敖汉、奈曼、鄂尔多斯、札噜特、巴林、克什克腾、喀尔喀十部二十二旗，与外喀尔喀同祖，皆元太祖十五世孙达延车臣汗裔也，皆姓博尔济吉特。惟喀喇沁及土默特左翼二部四旗，为元太祖臣济拉玛之裔，则姓乌梁罕，是为内扎萨克四十九旗。其察哈尔八旗及归化城土默特二旗，其初虽亦元裔掌之，今皆治以京员，与在京之八旗蒙古相等，不设扎萨克。初，蒙古有强部三，曰察哈尔，曰喀尔喀，曰卫拉特，后声转为厄鲁特。明洪熙间，科尔沁为厄鲁特所破，避居嫩江，以同族先有阿噜科尔沁，乃号嫩科尔沁以自别，与札赉特、杜尔伯特、郭尔罗斯皆服属于察哈尔，其始得接于我也。

自太祖高皇帝癸巳年，时叶赫部贝勒布斋与我为难，率哈达、乌拉、辉发、锡伯、卦尔察、珠舍哩、讷殷、科尔沁凡九部，合兵三万，分三路来侵，先攻札喀城，不克，退攻赫济格城，陈于城外古呼山下，太祖谕诸将曰："彼虽众皆乌合，我以逸待劳，伤其一二台吉，众自溃。"命巴图鲁额亦都，率百骑挑战。叶赫贝勒布斋、科尔沁贝勒翁果岱、莽古斯、明安突而前，我军迎击，大败之，斩布斋，明安马蹶，裸以遁，追至哈达部柴河寨南，俘获甚众。明年春，科尔沁遣使通好，使进驼马，来朝。

戊申三月，我师征乌拉部，围宜罕阿林城，科尔沁贝勒翁果岱复与合兵拒我，不敢战而还。

天命二年二月，科尔沁贝勒明安来朝。先是，壬子年，明安以女归太祖为妃，其朝也，太祖迎于百里外富尔简冈，明安献驼十、马牛百，太祖优礼之，赐户四十、甲四十。

四年七月丁未，我兵克明铁岭城，其夜喀尔喀贝勒斋赛、札鲁特贝勒巴克、台吉色本等，共引兵万余，伏林田以伺，我大贝勒击败之，追至辽河，大破斩之，擒斋赛及其二子色特希勒、克什克图与札噜特部巴克、色本兄弟、科尔沁台吉桑噶尔。先是，太祖夜寝，梦天鹅、白鹤及众鸟翱翔上下，罗之，得白鹤一，呼曰："得斋赛矣。"遂觉，以梦告妃，妃曰："斋赛为人如鸟飞飓，上从何处得之。"翌日，复告诸贝勒，皆曰："此吉兆也。"未几，果获斋赛，既班师。谕诸贝勒曰："我畜斋赛于此，而殄其兵，彼所畜人民、畜产，恐为他部攘而取之，不如纵所擒兵五百余人还其国。"

其冬，喀尔喀众贝勒遣使来告，合谋并力于明，因遣使与其部长会盟。

五年正月，察哈尔林丹汗以书来，词意骄悖，上报书切责之。

三月已卯，释札噜特部色本还其国，并赍以裘带鞍马。色本誓曰：":若不感恩图报，殃及臣身。"

六年三月乙卯，克明沈阳。越六日，喀尔喀部卓哩克图等二千余骑，乘我兵取辽阳，来略沈阳财粟，我驻守兵击之，擒三十人，斩二十四人，纵六人持书归，责其罪。

八月甲申，释斋赛还其国，其部人以牲畜一万来赎，又以二子一女为质。以质女为大贝勒代善妃。

冬十一月，喀尔喀部台吉古尔布什、莽古勒，率众六百户并驱畜产来归。太祖以女妻古尔布什，赐号青卓哩克图，满洲、蒙古牛录各一。又以族弟济伯哩女妻莽古勒，并授总兵官。

七年二月壬午，宴劳乌噜特部贝勒等。是月，喀尔喀贝勒锡尔喀纳克及台吉等，率所属三千余户，并驱畜产来归，赐赉授职有差。

八年正月，喀尔喀台吉拉布什希布等，率所属及别屯蒙古凡五百户来归，赐如前。初，札噜特部贝勒巴克被擒，其子鄂齐尔桑来质，释之归，及是来朝，太祖嘉其诚，并释其子与偕还。而其部长昂安、忠嫩等，先后以兵劫我使臣所赍及使其部贝勒色本者，因命台吉阿巴泰等往征，乘夜疾行。

四月庚寅，过罗地。渡辽河，前锋达音布率精锐五百人，先至额尔格勒地，知为昂安所属，略地而前，攻昂安所居，昂安携妻及二十余人将遁，雅希禅、博尔进击之，尽获其妻孥畜产，又执贝勒忠嫩子桑图妻子而还，桑图以书谢，遂来朝，命归其妻子。

六月，抚慰蒙古诸部长。

九年二月，遣侍臣希福与科尔沁部长会盟，其部长奥巴以书请曰："嫩江水滨科尔沁台吉等，闻谕皆钦服，何以修好，共定大业，惟帝命，无敢败约，但察哈尔及喀尔喀知我归附，必见掠，乞赐援。"允之。奥巴，翁果岱子也。

十年十一月乙卯，发兵援科尔沁，时察哈尔林丹汗纠喀尔喀掠其地，奥巴遣使来告急，上亲往援，阅兵开原北关，简精骑五千，命三贝勒、四贝勒及台吉阿巴泰、济尔哈朗等统之，先驰至农安塔地，林丹汗已围奥巴所居格勒珠尔根城数日，城守坚不克，闻我师至，仓皇遁，围遂解。初，喀尔喀众贝勒与我盟誓，征明则并力同征，议和则相约同和，后背盟与明，邀杀我斥堠献之，受重赏，又屡劫我使者财货牲畜。

十一年四月丙子，太祖率大贝勒征之。丁丑，出十方寺，渡辽河，精骑疾驰，分兵八路并进。先至其巴林部，其贝勒囊弩克弃寨走，四贝勒射之殪，取其环屯七寨。辛巳，命诸贝勒率兵征锡喇穆伦，谕曰："马力乏即还。"诸将未至其地而返，三贝勒夜行相左，至锡喇穆伦获畜产无算。癸卯，巴林贝勒古尔布什所属塔布囊拉班，及其弟牙得勒格尔率百人来降。是月，科尔沁贝勒奥巴来朝，命诸贝勒出迎，遇于开原中固城，宴之，至范河郊，奥巴与诸贝勒迭为宴，太祖出城十里许，行抱见礼，同入城，数赐宴优礼之。奥巴请婚，太祖以贝勒舒尔哈齐第三子台吉图伦女妻之，授和硕额驸，越十余日，辞归，至浑河岸，誓曰："世不敢忘德，若渝盟永罹灾害。"上嘉其诚，赐号土谢图汗。又赐其兄图美号岱达尔汗，弟布达齐号扎萨克图杜棱，和尔和岱号青卓哩克图，赏赉有差。及归，太祖复率贝勒大臣送至蒲河之南冈。谕曰"为恶而蒙天谴，国乃灭亡；为善而蒙天祐，国必昌炽，总之，主宰在天也。当察哈尔兵至时，科尔沁族众多遁，独奥巴奋力拒战，故朕仰承天意，赐今名以优异之。"

冬十月乙酉，大贝勒征札噜特部，以其劫夺我遣往科尔沁使臣，先传示其背盟之罪，责之以书，获其贝勒巴克及其二子，并拉什希布等十四人，斩其贝勒鄂尔齐图，尽俘所属人户。是月，太祖遣楞额哩等，以兵六百征巴林部，驱哨焚原，以张声势，使与札噜特不得相顾，遂入巴林，获人口二百七十，驼三十，马牛千余，羊二千余。丙寅，凯旋。

十一月癸酉，劳征札噜特军，赐巴克、鄂齐尔桑等衣服财物器用。

天聪元年正月，有喀尔喀部人逃至者，言察哈尔林丹汗兴兵攻掠其部，从者收之，拒者被杀。札噜特、巴林二部，奔依科尔沁部。

二月，太宗赐奈曼部长衮楚克书，并令与克什克腾诸贝勒观之。

四月，衮楚克同敖汉部长索诺木杜棱及弟寨臣卓哩克图，及察哈尔国部济农台吉遣使通款。奈曼者，元太祖尝灭奈曼部，其十九世孙额森伟徵诺颜因以为所部号。太宗复与书。

六月辛亥，敖汉、奈曼使人至，言其贝勒率众来降。庚申，太宗率诸贝勒统兵千五百人出，翌日，驻跸都尔弼山冈。敖汉、奈曼使人复至，上明与其部书。

七月戊辰，驾自都尔弼山冈渡辽河十里外驻跸。乙巳，衮楚克等至，太宗出营迎之，率以拜天，乃升御坐谓之曰："诸贝勒远来劳苦，可勿拜，但互相抱见可也。"衮楚克奏曰："异国归命，蒙鸿慈容纳，敢不拜。"趋前叩拜毕，命造前抱见，次与诸贝勒序齿，出所携馔以进，命衮楚克坐于右，索诺木杜棱、寨臣卓哩克图坐于左，台吉土谢图、岱青达尔汉、桑阿尔斋、鄂齐尔、都尔巴分坐于旁。赐部长三人雕鞍良马各一，台吉五人鞍马各一。诏索诺木杜棱居开原，塞臣卓哩克图还旧牧。嗣以索诺木杜棱私猎哈达叶赫山罪仍夺开原地。［案：敖汉、奈曼，地沃宜禾。康熙三十七年冬，遣官往教之耕。谕曰："朕巡所经见敖汉及奈曼诸部，田土甚嘉，百谷可种，如种谷多获，则兴安岭左右无地可耕之人，就近贸易取籴，不须入边市米矣。其向因种谷之地，不可牧马，未曾垦耕者，令酌留草木之处为牧地，自两不相妨。且敖汉、奈曼蒙古，以捕鱼为业者众，教之引水灌田，彼亦易从，凡有利益于蒙古者，与王台吉等相商而行。"]辛未，部长恭进筵宴。

冬十一月，察哈尔部贝勒昂坤杜棱携妻子率众来归。

二年夏四月丙辰，宴喀尔喀巴林部长来归者。

秋七月，喀喇沁部塔布囊苏布地，遣喇嘛偕五百三十人来朝。先是，二月，苏布地偕弟万丹伟征等乞内附，表奏察哈尔汗不道，喀喇沁被虐困，因与土默特、鄂尔多斯、阿巴噶、喀尔喀诸部兵，于土默特部之赵城地，击破察哈尔兵四万，师还，值其赴明张家口请赏兵三千人，复殪之，察哈尔根本动摇，机可乘，如皇帝剿之，喀喇沁当先诸部至。太宗命其遣使来议，及是果至，遂刑白马牛片与盟誓。喀喇沁者，元太祖大臣札尔楚泰子济拉玛之裔，始附于明，为朵颜三卫都督都指挥。

九月，上亲征察哈尔，先期传檄诸部，会绰洛郭勒，敖汉、奈曼、喀尔喀、札噜特、喀喇沁诸贝勒台吉皆先后率兵来会，大破降之。而科尔沁土谢图汗奥巴言，自于其部往攻之，已而遽归。惟台吉满珠习礼及贝勒洪果尔之子巴敦力战，亲以所俘获来告，赐满珠习礼号达尔汉巴图鲁，巴敦号达尔汉卓哩克图。

十二月丁亥朔，札噜特右翼贝勒色本来归，色本因察哈尔侵掠，奔依科尔沁，科尔沁不能给，至是与其弟玛尼偕来。

三年春正月，科尔沁土谢图汗奥巴来朝。初伐察哈尔时，奥巴弗至会地，偕弟布达齐私以兵掠察哈尔边，又私与明市。诏遣侍臣索尼以书诘责之。奥巴捧书震恐，力疾驰入请罪，议罚驼马各二十，寻宥之，赐赍如前。

六月丁卯，土默特入贡驼马等，且请率众来附。

冬十月辛未，会师至喀喇沁境，定议征明。九月甲辰，召外藩蒙古部长各率兵来会。巴林部马多瘠，谕责之曰："朕谕尔等善养马匹，勿轻骑用，以备征讨，尔等违令嗜猎，致马羸兵乏，从行何益。"命却所贡，诸扎萨克议罪，应罚驼马甲胄，诏免。

十月癸丑，太宗亲统师启行，以来朝喀喇沁台吉布尔哈图尝受赏于明，识径路为向导，奈曼、札噜特、巴林部皆从。壬戌，驻跸辽河。命总兵官、副将追察哈尔部人逃奔明者，俘百人，获驼马牛羊等。丙寅，科尔沁土谢图汗奥巴率其族图美、洪果尔、乌克善等二十三台吉以兵来会。

四年二月己未，遗书与明议和。

三月壬午，班师。是役也，自喀喇沁之青城入洪山口，克遵化，围燕京，破良乡、香河，焚通州，克永平、滦州，攻城转战，蒙古部多有功。攻燕京时，额驸恩格德尔兵小却，札噜特贝勒色本与其弟玛尼奋击败之。始攻遵化城，札噜特部阿海先登，无继陈亡，后遵化既克，分兵镇守，明兵来攻，围喀喇沁营，台吉布尔哈图拒战破之，擒明副将丁启明，又游击一，都司二，生员一。

秋九月，喀喇沁、土默特部来朝。

十月，阿噜科尔沁、四子部落内附。初，哈布图哈萨尔十三世孙曰图美尼雅哈齐，有三子，长奎蒙克塔雅哈喇，即嫩科尔沁，次巴衮诺颜，次布尔海。巴衮诺颜三子，长昆都伦岱青，号所部曰阿噜科尔沁，季诺延泰，四子，号四子部落。而布尔海裔则号为乌喇特。其初与茂明安、翁牛特、阿巴噶、阿巴哈纳尔及喀尔喀内外扎萨克统号阿噜蒙古。

五年夏四月丙午，罢征察哈尔兵。先是，调诸蒙古会师至三洼地，科尔沁部土谢图汗奥巴奏言，蒙古马不堪用，所发兵又少，宜俟马壮，大举遂止。

八月戊申，围明大凌河，诸蒙古兵皆从。

六年，翁牛特部来归。初，元太祖弟谔楚因裔曰蒙克察罕诺颜，有二子，长巴延岱洪果尔，号所部曰翁牛特，次巴泰车臣诺颜，别号喀喇齐哩克，皆曰阿噜蒙古。自归附后，止称翁牛特，以喀喇齐哩克附之，不复冠阿噜旧名。

夏四月戊辰朔，征察哈尔。先是，五年十一月，闻察哈尔林丹汗侵掠阿噜科尔沁部，乃遣贝勒萨哈璘、豪格率兵往援，上亲统师继之，林丹汗遁，遂班师。至是大军复发。辛未，驻跸都尔弼地，喀喇沁、土默特部长各率兵来会。丙子，次锡喇穆伦河岸，喀喇沁、伊苏特、札噜特、敖汉、奈曼诸部，越二日，翁牛特、巴林、科尔沁三部皆率兵从，以诸部发兵少，观望不前，严责之曰："尔附近喀尔喀诸部，为察哈尔侵掠，甚或离其妻孥，取其部曲。今朕兴师伐之，正尔诸部奋志雪仇之期，何以转惜马匹。巴林色特尔嗜酒无度，动辄托病，阿噜科尔沁，为察哈尔所逐，来归我国，朕屡令移牧近地，乃不遵朕旨，仍远游牧，致被掠，属国为人所袭，朕犹有憾，尔等躬罹其害，积怨宜深，当思借朕力复仇。亦仅以一旅从征何耶。"时诏诸部兵至昭乌达会征，科尔沁土谢图额驸奥巴如期至。谕曰："朕以察哈尔林丹汗不道，整旅徂征，先期谕诸台吉等以兵来会，今多寡不齐，迟速亦异，惟土谢图额驸率兵甚多，又尽出所蓄马给部众，疾驰来会，具见立心诚悫，忧乐相同，朕甚嘉之。"

五月甲子，驻军归化城，察哈尔林丹汗闻兵至，大惧，奔库赫得尔苏地，越二日，知林丹汗在喀喇莽鼐之左界，定议进征，既而穷追不见贼，时已近明境，遂征明，乃分兵攻明边。巴林、札噜特、喀喇沁、土默特、翁牛特、科尔沁诸部，从贝勒阿济格左翼兵，掠明大同、宣府边外。初，大军驻归化城，诸将往掠黄河左右。寻奏察哈尔蒙古前已渡河遁，不料我军即至，复渡河而归，俘获以千计。又科尔沁部奏，近明界察哈尔部人尽逃入沙河堡。

六月丁卯朔，命大臣杨善率兵六千，偕所获察哈尔通事一人，往索之。又与各官书，责其胥以逃人归我，沙河堡各官得持，知兵至大惊，凡逃入堡中蒙古男女三百二十余人，及牲畜一千四百余，绸缎布帛六千四百余，悉以归。辛未，诸将领各籍所俘获献，皆分给之。其从察哈尔、克什克腾部来归，及喀喇沁与新附呼尔哈等所俘获者，听其自取。克什克腾，元太祖十八世孙沙喇勒达部名也。寻许明和。是月庚寅，移师驻宣府边外，我军大市于张家口。科尔沁部三人潜入明边取牛羸，以违令执为首者斩明边上，从者各鞭一百，贯耳。

秋七月庚申，以六月所得沙河堡、张家口财帛五之一，赐科尔沁土谢图额驸奥巴，余量给从行诸将。

九月，奥巴卒，上为素服垂涕，复谕侍臣曰："凡人无益于国家，虽属姻戚，朕未尝痛惜。若喀喇沁塔布囊苏布地，与土谢图额驸皆最优之才，临阵每独当一面，长于谋议，如此良臣，何可再得。曩时朕赐以元狐冠狐裘及金鞓带，闻彼于弥留之际，执鞓带泣曰：'昔从征察哈尔时，我于上前欲冲阵先入，人皆欢羡，今不幸于此，如养育之恩未报，何其勇敢忠赤如此。'诚足助朕指臂也。"遣宗室篇古、额驸杨古利等致祭。寻授其子巴达礼为济农，袭土谢图号。冬命大臣武巴率兵征乌扎拉部。武巴分八旗兵为四路，并驱渥赫河，斩三百三十八人，俘五百余人，获马三百十，貂狐猞猁狖獭貉虎狼等皮千余张，裘二十余领。

七年正月乙卯，征乌扎拉部。

二月癸亥朔，茂明安部长车根偕其从父固穆巴图鲁，台吉达尔玛、岱衮、乌巴什等举部来归，行抱见礼。车根，元太祖弟哈布图哈萨尔十七世孙也。赐宴及甲胄雕鞍银器缎布诸物。

三月甲寅，征明宁远。

夏四月辛未，击败明兵于辽河。是时驻跸阳什穆河岸，敖汉部长班第遣使贡驼马牛羊。喀喇沁部长固鲁思奇布，科尔沁部台吉乌克善、绰尔济、额驸满珠习礼来朝，献貂皮驼马等，赐赉有差。

八年春正月庚申，敖汉、奈曼、喀喇沁、札噜特、巴林、乌喇特、阿噜科尔沁、翁牛特、四子部落、科尔沁诸部，并以朝正至，既赐赉之。且定外藩禁令；凡夺人妇配他人者，罚驼马五十，其纳妇者，罚七九之数与原夫；凡奸诱人妇逃者，男妇俱论死，其家产尽给原夫。如部长不察治，亦罚驼五、马五十。至盔甲无号带，马匹无印牌，及盔缨、纛缨、纛幅不如制者，俱论罪。

二月己巳，浩济特部台吉额琳臣、塔布囊巴特玛携壮丁二百三十九人，妇女幼丁六百九十七口，驼二百、马四百自喀尔喀部内附，遣使迎宴，赐甲胄雕鞍蟒服银币，其属有先来归者五十三户，仍隶之。时有哈尔呼所属之黑龙江滨头目羌图礼、玛尔罕率六姓六十七人亦来朝。浩齐特部，元太祖十八世孙库登汗裔也。库登汗昆弟三人，曰库克齐墨尔根台吉，即苏尼特部祖，曰翁衮都喇尔台吉，即乌珠穆沁部祖，与察哈尔同族，为所属，以林丹汗不道，徙牧瀚海北，依喀尔喀，故台吉等自其部来。

五月丁未，征明。

六月甲申，师次喀喇鄂博。先是，命大臣阿什达尔汉、伊拜，往科尔沁部征兵，伊拜还言："其部噶勒珠塞特尔与海赖、布颜贷、伯谷垒、塞布垒等，謷言往取北方索伦部财赋各率部众叛去。巴达礼与从祖洪果尔、从父布达齐、从兄乌克善率兵追之。"上恐噶勒珠塞特尔等袭索伦，诏盛京留守贝勒，亟令索伦部来朝头目巴尔达齐者，还备寇。索伦部，辽裔也。遣巴什克希福往科尔沁部，谕巴达礼曰："法律所载叛者必诛，尔等若擒获诸亡者，欲诛则诛之，不诛，而欲以为奴者，听。"喀喇沁、土默特、巴林、奈曼部长各率兵至。

六月辛酉，札噜特、乌喇特、翁牛特、阿噜科尔沁部长皆以兵会。甲戌，命贝勒德格类，大臣觉罗色勒，宗室芬古率两翼旗兵，武讷格率左翼蒙古兵，偕巴林、札噜特、土默特诸部长规取独石口、居庸关。乙亥，次博硕堆。希福还奏，科尔沁土谢图济农巴达礼等，已追杀噶勒珠塞特尔、海赖、布延岱、伯谷垒、塞布垒，尽收其部下户口。谕曰："朕视诸台吉犹臂指然。今噶尔珠塞特尔等，为其族兄擒诛，犹伤吾指也，甚至悯之。"以其部班第、塞本、额古三人向怀二心，今与噶喇珠塞尔等同叛，复尽收所属人口。札赉特部长蒙衮、土默特人明安达哩、科尔沁部长巴达礼、贝勒乌克善及栋果尔杜棱等，各授一分。又分十户并海赖家属牲牧与噶尔图、赖古，止留五户与三人。班第令隶洪果尔，塞本隶乌克善，额古隶栋果尔。栋果尔，洪果尔从子，父明安，即初与叶赫诸部来侵者，栋果尔后从承政尼堪由朝鲜征瓦尔喀有功，又从征明败总督洪承畴于松山。寻令噶尔图、赖古与洪果尔合为一旗。甲戌，次喀喇鄂博，命大贝勒代善，贝勒萨哈璘、硕托，大臣叶克舒、叶臣率两红旗兵，阿岱率右翼蒙古兵，偕敖汉、奈曼、乌喇特、喀喇沁、翁牛特诸部长，规取得胜堡，进征大同，有敌兵三百自城潜出，四子部落长鄂木布追击之，俘其附明蒙古务巴什、索诺木、朗素等。

秋七月丙戌，驻军宣府城东南。科尔沁部长巴达礼及洪果尔、布达齐、乌克善、满珠习礼、栋果尔等，率兵五千来会。己丑，分军四路入明边，期会于朔州。命阿济格、多尔衮、多铎，大臣阿山、伊尔登率两旗兵，偕翁牛特部，新附察哈尔部图巴济农及诸宰桑，自巴颜珠尔格地入龙门。先是月壬午，师次乌尔图布拉克，遇图巴济农率众来归，即以从征。

八月癸亥，驻军大同城南。甲子，以炮攻应州东南石家堡。巴林部满珠习礼与海桑、萧格、噶达辉、绰诺先登，敌以大刀拒击，绰诺力战败敌，遂破其堡。壬申，科尔沁部长巴达礼与洪果尔、布达齐、乌克善，敖汉部索诺木杜棱，奈曼都衮楚克，喀喇沁部古噜思奇布，察哈尔部图巴济农等，及杜尔伯特、札赉特、乌喇特、郭尔罗斯、四子部落诸部，各籍所俘获以闻。

闰八月庚寅，班师。以奈曼、翁牛特部违令罪，各罚驼马。

冬十月乙巳，遣大臣赴硕翁科尔，定蒙古牧地疆界。巴林部与镶黄旗蒙古，以克哩叶哈达、瑚济尔阿达克为界。翁牛特部与巴林，以瑚喇琥、护呼布里都为界。奈曼部与两红旗蒙古，以巴噶阿尔和硕、巴噶什噜苏特为界。敖汉部与正黄旗蒙古，以札噶苏台、囊家台为界。四子部落与镶黄旗蒙古，以杜穆达都腾克里克、沃都尔台为界。阿噜科尔沁部与两白旗蒙古，以塔喇布拉克、逊岛为界。札噜特与正蓝旗，以诺绰噶尔、多布图鄂鲁穆为界。既定界，越者坐侵犯罪，往来驻牧，务会齐移动，毋少参差。其分定地方户口，敖汉部一千八百，奈曼部一千四百，巴林部长色特尔八百，台吉满珠习礼八百，札噜特部长内齐二千，巴图鲁图巴二千四百五十，阿噜科尔沁部长达赉、车根、塞棱各二千，翁牛特部长逊杜棱济农、达尔汉栋岱青各二千，四子部落达尔汉图们二千。

十二月辛丑，宴察哈尔新附诸臣。先是，六年四月，上亲征察哈尔，过兴安岭至达勒鄂谟，林丹汗惊窜，渡黄河将奔唐古特部，其臣民素苦其暴虐，多不从，从者亦中路逃亡。七年八月，有鸟曰鸂鸠，群集辽东，辽东素无此鸟，乃西北蒙古所产，其色淡黄，形如鸽，爪如人足而有毛。国人皆曰："蒙古之鸟来，必蒙古有归附者。"是年正月，上闻察哈尔部众流散于锡尔哈锡伯图地，命大臣巴思翰、巴海等率两翼蒙古兵征，巴林、喀喇沁、翁牛特、阿巴噶诸部兵，会于都尔弼地，合征之。阿巴噶者，元太祖弟布格博勒格围十八传至塔尔尼库同，号所部曰阿巴噶，其弟曰诺密特默克图，号所部曰阿巴哈纳尔。初皆服属于察哈尔，后为林丹汗所虐，徙牧瀚海北，依喀尔喀车臣汗硕垒。六年其部台吉奇塔特楚琥尔携众五百内附。是年部长额尔德尼固图扪附车臣汗硕垒表贡方物。阿巴哈纳尔部至崇德七年，其部人和硕泰、托克托伊达等始来归。康熙五年，部长色棱墨尔根始内附。五月庚寅，林丹汗之叔茂奇塔前奔科尔沁者来朝，时林丹汗已病死于大草滩，其部头目宰桑台吉等，先后率五千余户来归。壬辰，命大臣额尔德尼囊苏、哈尔松阿同八旗前锋将各率兵百，往侦林丹汗子额尔克孔果尔额哲踪迹。丁酉，察哈尔阿苏特部男子十二人，妇人三，来归。己亥，以察哈尔来归各官，分隶八旗赡给之。辛亥，察哈尔四大宰桑德森济旺、噶尔玛巴图鲁济农、多尔济达尔汉诺颜、多尼库鲁克率众六千，奉汗妃携家口来归。自七年九月至是月，近明界宰桑等先后复携五千户至。是年，克什克腾部长索诺木，茂明安部台吉扬固海、杜棱、乌巴海达尔汉巴图鲁、瑚棱、都喇勒、巴特玛、额尔忻岱青、阿布泰，咸率属来归。索诺木，沙喇勒达孙也，索诺木弟曰巴本、曰图垒，向皆服属于察哈尔，至是内附。乌巴海达尔汉巴图鲁、都喇勒旋叛逃喀尔喀，遣兵由鄂诺河往剿，至阿古库克特勒斩叛属千余，追至喀木尼哈尽俘以还。

九年二月丁丑，编内外喀喇沁蒙古壮丁，共一万六千九百五十三名，为十一旗。喀喇沁部长苏布地子古噜思奇布，领五千二百十六人为一旗。土默特右翼部长鄂木布楚琥尔，领一千八百二十六人为一旗，左翼善巴与其族唐格尔，领二千一十名为一旗，其余在内旧喀喇沁合旧蒙古为八旗，以大臣额驸领之。凡编丁自年六十以下，十八以上，有隐匿者，事发治罪，其十家之长罚马二，其疲癃残疾者勿与，著为令。

五月丙子，林丹汗子额尔克孔果尔额哲降。初，贝勒多尔济、岳托、萨哈璘、豪格统兵至黄河西额哲所驻托里图地，其母苏泰福晋为叶赫贝勒锦台什女孙，因遣其弟南楚偕同族，往告以大兵俱至，招之降，时大雾昏黑，额哲不虞军至，无备，苏泰与额哲乃惶遽率众宰桑出迎，于是全部平。我军未至时，鄂尔多斯部济农额璘臣私要额哲盟，分取其众以行，我军追击之，索所获，额璘臣惧，献察哈尔户千余，其部亦自是内附。额璘臣居河套，元太祖二十世孙，其先属察哈尔，林丹汗恶之，夺济农号，来归后赐复之。[康熙三十五年，上亲征噶尔丹至所部界，扎萨克等率属渡河，朝御营马，上手书谕皇太子曰："朕至鄂尔多斯地方，见其人皆有礼貌，不失旧时蒙古规模，各旗俱和睦如一体，无盗贼，驼马牛羊不必防守，生计周全，牲畜蕃盛，较他蒙古殷富，圈猎娴熟，雉兔复多，所献马皆极驯，取马不用套竿，随手执之，水土食物皆甚宜。]上以诸贝勒征察哈尔，必入明山西边界，明必发宁远、锦州兵救授，于是遣贝勒多铎率师屯宁远、锦州，使明戒严不敢往。又令喀喇沁部庚格尔、万丹、塞棱等赴明北边，乞向犒贲并互市，以疑惧之。喀喇沁部至辽河，遇明卒三十人，自冷口来侦，杀二十人，擒一人归。

　　九月，多尔衮亦略明边，自平鲁卫入朔州，直抵长城。又经宁武关、代州、忻州、崞县、黑峰口、应州，复还平鲁卫，击斩明兵六千余，俘获人口、牲畜七万六千三百有奇，乃出边会于归化城，自沙河堡旋师。先是，多尔衮等平察哈尔部，获历代传国玺，玺藏于元朝大内，至顺帝北奔携入沙漠，后崩于应昌府，玺遂遗失。越二百余年，有牧羊者于山冈见一函羊三日不啮草，但以蹄跪地，牧者发之，得玺，归于元后裔归化城土默特部博硕克图汗，其部后为察哈尔林丹汗所破，玺为所得。林丹汗亦元裔也。贝勒多尔衮等闻玺在苏泰福晋所，索取之，璠玙为质，交龙为纽，光气烂然，其文乃汉篆"制诰之宝"四字。归化城土默特部与土默特部右翼为同族，元太祖十六世孙阿尔坦，号格根汗，明嘉靖间，据丰州滩筑城架屋以居，谓之拜牲，即明时讹为板升者，后通好于明，受顺义王印，因名所居曰归化城。有子九，长僧格，子噶尔图，以避察哈尔侵，自归化城徙居土默特，即右翼汗鄂木布楚琥尔父，而归化城土默特自阿尔坦四传为博硕克图汗，察哈尔林丹汗强役属之，不从，尝偕喀喇沁诸部破其军，又歼其赴明请赏兵，后卒，林丹汗袭有之。天聪六年，大兵平察哈尔，移驻归化城，博硕克图汗子俄木布，与其部头目托博克、古禄格、杭高等集众降，诏居守之。托博克亦元裔，世居归化城。古禄格姓纳喇，其先本姓土默特，因灭扈伦国之纳喇遂以为姓，世隶叶赫部，叶赫亡，乃依归化城土默特，侦林丹汗西奔唐古特，惧掠，匿山寨乃免，至是内附。巴林部宰桑布兑山津，以大军收察哈尔来朝，预宴，因奉觞称庆。上曰："承天眷佑，吉庆肇臻，宜益图治道，倘政有缺失，尔当直言极谏，何相侑以酒乎。"布兑山津惭而退。

十年四月己卯，大贝勒代善、贝勒济尔哈朗、多尔衮、多铎、岳托、豪格、额驸扬古利，八旗大臣谭泰，宗室拜音图、叶克舒、叶臣、阿山、伊尔登、达尔汉、芬古，蒙古八旗大臣，六部大臣，都元帅孔有德，总兵官耿仲明、尚可喜、石廷柱、马光远，外藩蒙古贝勒，察哈尔部额尔克孔果尔额哲、[是年正月尚公主，为固伦额驸。]图巴济农、[天聪八年来归。]科尔沁土谢图济农巴达礼，卓哩克图台吉乌克善，[追封忠亲王斋桑之长子。]秉图贝勒洪果尔，[纳穆赛长子。]扎萨克图杜棱布达齐，[奥巴之弟。]达尔汉巴图鲁满珠习礼，[乌克善之弟。]喇嘛什布，[奥巴从兄图美之子。]穆齐，[天聪三年偕喇嘛什希来朝。]伊勒都齐、栋果尔，札赉特部达尔汉和硕齐蒙衮[奥巴之叔。]昂安、伊勒都齐，来朝无考。杜尔伯特部达尔汉台吉塞棱，[奥巴从弟。]郭尔罗斯部哈坦巴图鲁固穆，[奥巴近族。]伊尔登、布木巴，[奥巴从弟。]敖汉部额驸班第、[塞臣之子。]索诺木杜棱，[塞臣之兄。]奈曼部衮楚克，[额森伟徵诺颜之子。]巴林部台吉满珠习礼、[色特尔兄子。]阿玉什，[天聪二年随色特尔来归。]土默特部鄂木布楚琥尔、[格根汗之曾孙。]墨勒根台吉索诺木[天聪三年来朝]。古英、塔布囊赓格尔，[天聪九年与善巴同领喀喇沁旗。]塔布囊善巴，[诺木图之子。]札噜特部达尔汉巴图鲁色本、[都喇勒诺颜之子。]内齐、[忠图汗之子。]瑚弼尔图、[忠图汗之弟。]喀巴海伟徵、[天聪二年阵斩察哈尔台吉噶尔图，俘七百人来献，赐号伟徵。]岱青、[胡弼尔图之子。天聪三年随父来朝。]际尔哈朗、[色本族弟。]青巴图鲁玛尼，[色本之弟。]四子部落达尔汉卓哩克图鄂木布、[诺颜泰第三子。]墨勒根台吉伊尔札穆，[诺颜泰第四子。]阿噜科尔沁部达赉楚琥尔、[昆杜棱岱青子。]台吉穆彰，[达赉之子。]翁牛特部逊杜棱、[杜棱汗长子。]额尔德尼

671

栋岱青、[杜棱汗第三子。] 班第伟徵、[杜棱汗第四子。] 达拉海宰桑，[杜棱汗第五子。] 喀喇车哩克部噶尔马台吉、[逊杜棱族弟。] 阿喇纳诺木齐，[噶尔玛之弟。] 喀喇沁部古噜思奇布、[苏布地之子。] 塞棱、[左翼部长随苏布地来归。] 塞臣、[来朝年月无考。] 万丹伟徵、[苏布地之子。] 图里瑚马齐，[苏布地之叔。天聪三年来朝。] 乌喇特部图们达尔汉鄂木布、[元太祖弟哈萨尔裔，巴喇赛之孙。] 额尔赫图巴[亦巴喇赛之孙三人。俱于天聪七年来归。]等恭请上称尊号，太宗曰："勉从众议，朕思既受尊号，当益加乾惕，忧国勤民，有所不建，惟天佑助之。"择吉于四月十一日壬午，太宗斋戒三日。乙酉黎明，亲率诸贝勒大臣祭告天地，乃受宽温仁圣皇帝尊号，建国号曰"大清"，改元为崇德元年。

崇德元年是月丁酉，叙外藩蒙古请贝勒功，封巴达礼为和硕土谢图亲王，乌克善为和硕卓哩克图亲王，固伦额驸额尔克孔果尔额哲为和硕亲王，布达齐为多罗扎萨克图郡王，满珠习礼为多罗巴图鲁郡王，衮楚克巴图鲁为多罗达尔汉郡王，逊杜棱为多罗杜棱郡王，固伦额驸班第为多罗郡王，洪果尔为冰图郡王，栋果尔为多罗达尔汉岱青，鄂木布为多罗达尔汉卓哩克图，古噜思奇布为多罗杜棱，善巴为达尔汉，赓格尔为多罗贝勒，赐雕鞍甲胄金银器皿及文绮有差。谕阿噜科尔沁台吉穆彰曰："尔父年高嗜酒，部务皆尔掌管，凡赋役务期均平，尔若不敬父母，更敬何人，凡物皆可求而有之，父母之年可再得耶。"

五月庚午，命武英郡王阿济格、饶余贝勒阿巴泰、额驸扬古利、大臣宗室拜音图、谭泰、叶克舒、叶臣、阿山、图尔格、芬古、额驸达尔汉率师征明。谕之曰："彼处之人，出城野战，破之甚易，往者蒙古鄂齐尔桑、[札噜特部贝勒。] 巴图鲁詹、[阿鲁科尔沁部人。] 额驸多尔济[乌噜特部贝勒]。曾率数人，败宣府兵五百，三人者，皆上所新信任，用称以激励之。

秋七月丙辰，上谕大学士希福、刚林、范文程曰："昔科尔沁部土谢图额驸有名马曰杭爱，朕曾以甲十副往易之，彼察哈尔汗强索之，止予一胄，从此科尔沁诸贝勒与之解体。"察哈尔汗又以一胄遗阿噜济农索马千匹，阿噜济农曰："此直欲构衅而来侵伐耳。"与之马五百，从此阿噜诸贝勒亦为解体。科尔沁卓哩克图亲王有一鹰能横捕飞鸟，察哈尔汗又遣人往索，卓哩克图亲王欲不与，土谢图额驸劝令与之，既取其鹰，一无所偿，并送鹰之人亦不令见，如此人心何从而服。今各处蒙古每次来朝，皆厚加恩礼，因此俱倾心相附，虽去犹恋恋，而蒙古各国亦从此富足安闲，由此揆之，以力服人不如令人中心悦服之为贵也。

十一月丙午，综核察哈尔、喀尔喀、科尔沁诸部户口。先是十月丁亥，命内宏文院大学士希福，蒙古衙门承政尼堪，塔布囊达雅齐偕都察院承政阿什达尔汉，往察哈尔、喀尔喀、科尔沁诸部，稽户口，编牛录，谳庶狱，颁法律，禁奸宄，并谕来会之亲王、郡王、贝勒、贝子等曰："今俟河水冻合，即当起兵，时欲朝贺者，概暂停止之。"至是还奏，以五十家编为一牛录，具载牛录姓名及甲士清册以献。己酉，喀尔喀二部，车臣汗硕垒、土谢图汗衮布，遣使来贡。先是，天聪九年五月，喀尔喀车臣、土谢图二部，以书一函付察哈尔部索诺木台吉，云："遇天聪皇帝之人付之。"又以书招察哈尔汗子额尔哲孔果尔额哲，贝勒多尔衮等征服察哈尔并得其书以献，其书称述功德，期通信使，而贻额哲书，则劝其勿事我国，归附其部。[书曰："玛哈撒嘛谛车臣汗、土谢图汗、车臣济农率大小诸贝勒，奏书于满洲国天聪皇帝，人君抚有大宝，以宣扬美名于诸国，当兴起教化，辑宁远人，我等虽不能奋兴，然谊属同宗，倘念旧业尚存，互相通好，信使不绝，则我等共享太平之福，尊为有道之主也。"遗察哈尔书曰："玛哈撒嘛谛车臣汗谕林丹汗子孔果尔额哲，在先执珲贝勒送还彼，此缔盟后因国乱不相往来，自尔汗弃世，闻举国全来附我。秋来即令哨卒侦探实耗，我等与尔汗原系同宗，满洲岂尔等之主耶。"]比师还，贝勒岳托以疾驻归化城，有土默特人密告博硕克图子俄木布，遣人往喀尔喀处，必有与同来者，岳托因遣阿尔津、武巴海、喀木齐哈、尼堪四人，候于途，喀尔喀百人及明使者四人，果与俄木布所遣人同至。时俄木布乳母之夫毛罕，密遣人告喀尔喀人云："满洲兵在此，汝等当回。喀尔喀人闻信遂还。阿尔津、武巴海等兵追及之，擒毛罕所遣之十人及明使四人，获驼五十、马四十六、貂皮五十有奇。又得乌珠穆沁部贸易人四十六名，驼三十七、马一百有八、貂皮二百二十。初，毛罕称俄木布为西土格根汗，自称乌尔隆额齐克达尔汉贝勒，又杀害来归我国之察哈尔什喇奇塔特、武班札尔固齐、奇塔特台吉。又与明沙河堡参将通谋，称明国为一路，喀尔喀为一路，土默特为一路，于是斩毛罕，并其党羽，执俄木布归，令古禄格、托博克、杭高分守归化城，辖土默特部众。以阿噜部民与喀尔喀人同谋藏匿驼马，遣土默特人往剿之。分土默特壮丁三千三百七十名为十队，每队以官二员主之，授以条约。又授鄂尔多斯条约。凯旋后赐土默特部托博克、古禄格、鄂尔多斯部额璘臣济农母之使臣绰尔济喇嘛，济农使臣卓哩克图，固噜台吉额璘臣从弟之使臣囊素喇嘛及其从人鞍马器物。后分土默特部为二旗，以古禄格为左翼都统，杭高为右翼都统领之。托博克授三等参领隶右翼，而博硕克图汗裔，分隶左右翼称台吉。顺治四年，杭高子巴桑以罪黜。托博克先从豫亲王多铎击土谢图汗、车臣汗二部，喀尔喀有功，遂代为右翼都统。其左翼有喇嘛札布者，乾隆二十年徵土默特兵千，从北路大军讨达瓦齐于伊犁，喇嘛札布献马二百助军，授一等台吉。明年，从承恩公明瑞往巴理坤，徙厄鲁特达什达瓦部众于阿尔台，以女妻和托辉特郡王青衮咱卜，青衮咱卜叛，欲遁俄罗斯，以参赞大臣纳穆札尔等追擒之，封辅国公，授扎萨克，增立土默特一旗，隶乌兰察布盟。十二月，喀尔喀部玛哈撒嘛谛车臣汗硕垒［左翼部长谟啰贝玛之子。］及乌珠穆沁部车臣济农多尔济，苏尼特部素塞巴图鲁济农，浩齐特部策凌伊尔登土谢图，阿巴噶部都思噶尔扎萨克图济农等大小贝子，遣伟徵喇嘛、弥撒齐达尔汉武巴什、达尔汉、塔布囊托博兑冰图四头目，率一百三十二人赍书来朝，贡驼马貂皮等物［书曰："成吉思汗后裔玛哈撒嘛谛车臣汗等，书奏天聪皇帝，伏惟皇帝，躬膺厚祉，起居康泰，向者察哈尔明图克图汗居必不可败之势，自取灭亡，窃思欲图太平之道，皇帝自有睿裁，但抚有大宝，必声名洋溢，为天下法，俾政令照焕，如日方升，庶几利赖，万世扬休，倘蒙睿监，以此信为然，愿往来通问不绝，共守盟约，以享太平。"］太宗以其初通朝贡，厚赉之。乌珠穆沁者，元太祖十五世孙达延车臣汗子图噜博罗特，由杭爱山徙牧瀚海南，子博第阿喇克继之，有子三，分牧而处。长库登汗，号其部曰浩齐特，次库克齐图墨尔根台吉，号其部曰苏尼特，次翁衮都喇尔，即乌珠穆沁部汗多尔济父也。喀尔喀者，达延车臣汗有子五，图鲁博罗特、巴尔苏博罗特、阿尔楚博罗特、鄂齐尔博罗特，四子皆南徙，为敖汉、奈曼、巴林、扎鲁特、克什克腾、乌珠穆沁、浩齐特、苏尼特、鄂尔多斯九部祖，季子格哷森札札赉尔珲台吉，独留杭爱山，号其部曰喀尔喀，分为左右翼，而令七子分掌之。扎萨克图汗素巴第则其右翼长子阿什海达尔汉珲台吉曾孙，土谢图汗衮布，则其左翼第三子诺诺和曾孙，车臣汗硕垒，则其左翼第五子阿敏都喇勒孙，而诺诺和第四子图蒙肯，护持黄教，唐古特达赖喇嘛贤之，授赛固诺颜号，其曾孙额驸策凌有功，雍正三年命率其近族亲王贝勒等十九扎萨克别为一部，以其曾祖赛因诺颜号冠之，为喀尔喀部中路，不复隶土谢图汗，喀尔喀有四部自此始。图蒙肯亦于崇德三年通使贡。扎萨克图汗部、车臣汗部、土谢图汗部则先于康熙三十一年定为喀尔喀部西路、东路、北路。九白之贡则定于崇德三年。九白者，白驼一，白马八也。十年二月，命伟宰桑、巴赖山津、伯布格赍敕往谕曰："尔谓朕欲图太平之道，自有睿裁，此言诚是。朕凡征伐人国，未有出无名之师，而以贪得为事者，向因明国与我夙仇，以兵征之。察哈尔贪明国财币，助之以兵，朕是以声罪致讨，蒙天眷佑，以察哈尔全部与朕。今尔又以马鬻于明人，贪其财物，非助明而何？而行事如此乖悖，朕亦不以介怀，其讲和事宜，专候尔等音耗也。"至是伟宰桑等偕其进贡使臣伟徵喇嘛、弼徹齐武巴什、托博兑冰图，乌珠穆沁部纳木浑津等六人,及从者一百五十六人至。越二日,伟徵喇嘛等朝见,陈所进贡物,跪献其主奏疏曰:"私鬻马匹我等正欲禁止,因见喀尔喀七旗及厄鲁特、四子部落皆与明国贸易,故效而行之耳。"使臣行三跪九叩礼,赐之宴。归国时,太宗遣察罕喇嘛率六十四人偕往,赐玛哈撒嘛谛汗及众台吉大臣雕鞍、鞓带、弓刀、撒袋、金银器皿、珊瑚、素珠、貂镶朝衣、蟒缎、白金、布疋等物,并赐贡使伟徵喇嘛等衣物缎布等有差。命大臣宣谕朝鲜、蒙古诸部,遣属赍书从,遇明皮岛兵阻击之中创,不得达归。辛亥,将征朝鲜,遣官赍敕调兵于外藩蒙古诸贝勒,敕曰:"凡应出兵诸贝勒等,可将各旗派定兵丁所乘驼马,俱烙印系牌,以为标识,甲胄器械亦各为记号,备二旬糇粮,约本月三十日俱会集盛京,科尔沁由卓索口入,喀尔喀、察哈尔、阿巴噶由十方寺入,入边以后,宜严饬士卒,勿探亲戚,勿入城堡,有任意妄行紊乱法度者,诸将其严行约束之。"

十二月辛未朔,外藩蒙古诸王贝勒各率兵来会。己亥,太宗命大臣谭泰.阿岱、拜音图、武赖、都赖、思格图、叶臣、固穆、宗室芬古、巴特玛等,率骑兵入朝鲜王京城搜剿,并留外藩蒙古与俱,亲统大军由城外径渡汉江,直抵南汉城西驻营。时朝鲜王李倧遁守南汉山城。

二

二年正月癸亥,克朝鲜江华岛,获李倧妃及子二人,庚午,李倧诣军前降。

二月壬申,自南汉山城班师。辛卯,车驾还盛京。命睿亲王多尔衮、安平贝勒杜度,率满洲、蒙古、汉军官兵,以所俘获在后行。庚寅,渡太子河。郑亲王济尔哈朗遣礼部参政尼堪、哈尔松阿、工部参政星讷等,于盛京南二十里塔北石桥后,除道设帷幄。武英郡王阿济格、郡王阿达礼率贝子文武群臣,及土默特、鄂尔多斯、呼尔哈等部贡使头目，元年十二月乙酉，土默特部山津、巴克什等二十九人，鄂尔多斯部头目四人同至，贡马匹蟒缎素缎等物。是月丁亥，呼尔哈部托科罗氏、克依克勤氏、耨叶勒武头目，率兵十人来朝，贡貂狐皮张等物。

六月辛丑，叙锡特库等追剿喀木尼堪部逃人叶雷功。先是，天聪十年，太宗命阿赖达尔汉率外藩蒙古诸贝勒兵，往追茂明安部下逃人，至使鹿部喀木尼堪地方，招服叶雷、舍尔特库、巴古奈、土古奈等，及其从役家口来献，俱赐冠服橐鞬等物有差。叶雷等寻往盗科尔沁部占巴拉［天聪八年秋七月，与其弟塞固尔棱率兵来朝。部下马八百，］及冰图王洪果尔部下马四十五匹而逃。是时，洪果尔及贝勒栋果尔，郭尔罗斯部汗布木巴，辅国公固穆等所属有四五家散处及出采捕约五十人，皆被杀。洪果尔部下十七人追及之，逃人还，击杀三人，又夺马十七匹去。兴京守将扈什塔以闻，命甲喇章京锡特库执信牌往宁古塔，会同守将武巴海率宁古塔兵追之。又遣正黄旗牛录章京噶尔纠，执信牌率卦勒察兵，沿乌拉境追缉。又遣蒙古衙门拨什库博罗，执信牌往科尔沁部，令土谢图亲王巴达礼、卓哩克图亲王乌克善发兵蹑追，并令防失牲畜。锡特库等率二十二人蹑逃人踪迹，自多尔博库地行至乌拉驻防边城，武巴海率四十五人来会。时科尔沁部土谢图亲王下鄂尔多木，卓哩克图亲王下托和泰，奉命率兵二百往尼喀善城驻防，闻信，即简甲士四十人往追。占巴拉之弟塞尔固楞贝勒，亦率所部兵阻击之。鄂尔多木追至博木博果尔地，行月余，遇武巴海、锡特库同行，见天鹅三，鄂尔多木射中其一，带箭而飞［穆案：科尔沁巴达礼传，叶雷作叶类，天鹅作宿雁，情事亦稍异。］逐取忽不见，乃见逃人营中遗火，遂星夜驰往，至温多地围之，令降，不从，因攻杀九十四人，生擒八十七人，获马五十六匹。问叶雷安在？答云："叶雷杀鹿为食，携妻子遁去。"锡特库、武把海即率兵前进。叶雷闻知，乃杀其妻子，遁入山中，我兵追至，与叶雷纵矢交射，忽有白狐跃起触叶雷弓而驰，因射杀叶雷。有叶雷兄弟率四十人，携妻子欲归我国，途遇叶雷，留之，亦被杀。五月癸未，奏闻锡特库等，凡七阅月始还。太宗命管旗大臣出城五里宴之。至是叙远追逃人功，擢武巴海、锡特库、噶尔纠世职，加赐衣服马匹奴仆庄田。赐鄂尔多木号卓哩克图库鲁克达尔汉，子孙世袭。其随征士卒，并赏银两衣服有差。

九月己巳，禁止蒙古部人讦告强夺，前遣都察阿什达尔汉，蒙古衙门承政塞棱、尼堪等，往科尔沁、巴林、札噜特、喀喇沁、土默特、翁牛特诸部，会集诸王贝勒等，颁布赦诏，清理刑狱。太宗以敕书谕阿什达尔汉曰："朕闻札噜特部内齐等，虐害所兼管之塞棱绰博惠等，纵部下人潜行诘告，塞棱绰博惠之有一二牲畜者，诬而取之，彼等既属同居，又相统辖，其有无财货，彼此悉知，若皆被诬讦，强夺所有，人将何以为生，且令彼兼管者，本欲其爱养之，而反虐使之乎。若果如此扰害，若辈之牲畜既尽，朕必仍取害人者之牲畜与之。前会以此诫谕内齐等，业经认过，复诿其咎于兄弟，朕固不之信也。尔等可留札噜特数日，详审从前告讦夺取牲畜之人，如实则已，否则即以所罚牲畜给还本主，并严切申禁，嗣后毋得少有侵害，尔等此行，以此为第一要务，其详慎议之。"

冬十月丙午，青海厄鲁特部顾实汗图鲁拜虎遣其头目库鲁克来贡马匹白狐皮獭喜兽羢毯等物。图鲁拜虎初来入贡，闻太宗德威远播，乃于元年遣使，以路远至是始至。是月，精格里河珲春屯内扈育布禄亦初入朝，贡貂皮，俱令礼部迎宴之。赐扈育布禄及其从人蟒缎朝衣冠带橐鞭弓矢鞍辔等物有差。图鲁拜虎，元太祖弟哈布图哈萨尔十九世孙也。兄曰拜巴噶斯，其子鄂齐尔图，与图鲁拜虎长子巴延阿布该阿玉什子和罗哩十二人居西套，为西套厄鲁特。康熙十三年，准噶尔部噶尔丹攻破其部，和啰哩等来归，赐牧阿拉善，故后称阿拉善厄鲁特。而图鲁拜虎分青海部众为二翼，令于十人巴延阿布该阿玉什等领之，为青海厄鲁特。

十二月癸亥，征瓦尔喀，诸将奏捷。先是，正月癸亥，太宗于朝鲜军营遣科尔沁、札噜特、敖汉、奈曼诸部兵，出朝鲜咸境道，往征瓦尔喀，命蒙古衙门承政尼堪、甲喇章京吉思哈，牛录章京叶克舒率每旗甲士十人导之行，道出会宁，击败朝鲜平壤巡抚兵二千人于吉木海，余兵悉降。五月十九日，至乌拉地，遣还蒙古十六旗兵。七月己巳，复命喀凯、塔克珠、来虎、舒书、翁爱、尼噶礼、克布图、辉山、恩古里、雅萨谙巴、巴尔噶、逊绥、赫德、珠玛喇、绰贝、塔哈布、海塞蒙格、哈什屯、雅布喀、栋果尔、满都祜、占楚喀、音达札等，率兵一千三百，分为四路，往征瓦尔喀。两黄旗一路，率阿库里尼满地壮丁一百名，穆棱地壮丁四十名，乌尔固依地南济兰牛录下，喀克笃哩兄弟等壮丁三十名，共一百七十名，以图必喜、分达哩、玛哈达为向导。两红旗一路，率绥芬壮丁七十名，雅兰壮丁四十名，瑚叶壮丁二十名，乌尔吉壮丁七十名，共二百名，以图球恰、塔齐什纳为向导。两蓝旗一路，率领赫库伦壮丁六十名，额勒以东，塞木克勒以西，壮丁五十名，共一百十名，以爱韬、多尔周、常济里、济布楚为向导。两白旗一路，率诺啰阿万壮丁三百名，以雅尔布、佛得密、封济达、苏布特赫为向导。至是诸将遣六人奏捷，言两黄旗舒书、塔克珠率甲士六十人入乌尔阿辰，获塞约、爱塔哈、佛珠、武克星额、塔克图男子三十名，家口八十，马七十有三。两红旗恩古里、克布图率甲士六十人入绥芬，获刚球毕尔哈木、巴尔珠男子二十八人，家口六十五。两白旗哈什屯、满都祜于所入汛地，获吉木善、伊讷肯索毕、伯得根、哈里瑚、阿尔珠、克木讷、毕尔珠男子一百二十人，家口三百三十，马八十有三，并获貂狐猞猁狲水獭等皮甚多。明年四月，师还，赐新获瓦尔哈男妇幼稚等衣服居室器用牲畜等物，并赏喀凯等从征兵丁银两有差。

三年二月丁酉，亲征喀尔喀扎萨克图汗部。先是，正月庚辰，驻守归化城土默特左翼部长古禄格，遣札干等三人，奏言臣等侦知归化城北，有喀尔喀部扎萨克图汗、[巴延达喇长子]赉瑚尔率兵及

679

家口周围驻营，似欲侵犯我城，乞速发大兵以备之。太宗御驾恭殿，谕诸王大臣曰："喀尔喀侵犯归化城，尔等其令军士早夜秣马，预备糗粮，朕将亲统大军讨之。"二月丁酉，太宗率豫亲王多铎、武英郡王阿济格、郡王阿达礼、贝勒岳托、贝子大臣及护军等，于午刻出抚近门，谒堂子启行。命礼亲王代善、郑亲王济尔哈朗、睿亲王多尔衮、安平贝勒杜度、饶余贝勒阿巴泰等留守。是日，车驾出沙岭旧边驻营。己亥，遣拜赛偕十六人往探扎萨克图汗踪迹。丁未，驻军喀勒占。科尔沁部长土谢图亲王巴达礼，扎萨克图郡王布达齐，卓哩克图亲王乌克善、巴图鲁郡王满珠习礼、喇嘛什希、穆齐、占巴拉、塞尔固楞等，札赉特部长达尔汉和硕齐蒙衮等，奈曼部长达尔汉郡王衮楚克等，敖汉部长额驸班第等，札噜特部长内齐、尚嘉布［内齐子］。桑图、桑古尔、扎木素、桑噶尔［色本子］。玛尼、茂奇塔特［玛尼子］。额腾、多尔济等，阿噜科尔沁部长达赉、穆彰［达赉子］。海色、固□等，四子部落长达尔汉卓哩克图郡王鄂本布、伊尔札木、索诺木等，茂明安部长巴特玛、瑚梭等，巴林部满珠习礼、阿玉什等，翁牛特部长栋岱青、萨扬墨尔根、达拉海、诺木齐、班第伟徵、本巴、楚琥尔、噶尔玛［即喀喇车哩克部长］，等，各率所部兵来会。献驼马，俱却之。遂行至锡喇穆抢、喀喇穆抢两河交界处驻营。戊申，大军至哈纳哈达。壬子，过兴安岭行猎，是日，驻营达勒诺尔东。癸丑，拜赛自归化城还，奏言喀尔喀扎萨克图汗惊闻大军将至，已于正月三十日，仓皇遁去，太宗疑其或逐好水草处藏匿，复遣莽奈都尔率八人往探，于是行猎至达勒诺尔西。壬戌，遣前锋将领劳萨、梅勒章京锡特库等，自多原赍书，谕明宣府各官曰："壬申之夏，朕率大军往征察哈尔，察哈尔汗闻风远遁，归化城及各寨部众咸归于朕。彼时会谓宣府执事人等曰：'尔宣大之人，无怨于朕，惟辽东边吏，欺诈特甚。'朕故征之，令尔等与朕修好互市。凡岁币之与察哈尔者，应悉与我，尔云：'察哈尔汗虽遁，其身尚在，倘复来索岁币，奈何？'故虽与而不尽如例，但与我讲和通市，因对天地盟誓，大军遂不入境而还。嗣后朕践此盟言，静俟一载，两次遣人致书，尔竟背盟，未答一语，朕是以有甲戌之役。今天下蒙古入我版图，朝鲜为我藩服，察哈尔汗畏威远窜，身死国亡，妻子臣民，我悉绥定，向时推委之词，谓察哈尔汗尚在也，今更将何辞以对乎。彼北边蒙古喀尔喀者，非与尔有盟誓之好也，乃与之岁币开市，而结盟之国，反不与岁币开市者何哉。朕今亲统大军驻布颜阿海游牧之地以待，尔如能悔过，无弃盟言，则不入尔宣大之地，止征辽东。夫逆则征伐，和则贸易，古亦有之。尔若不审天时而逆朕命，朕当令朝鲜、蒙古诸大军分路纵略，废尔农时，恐后悔无及也。朕以实告尔，尔其速图而裁答焉。"并面谕劳萨等曰："尔等若遇喀尔喀部人众多，力不能胜，即还报．能胜则取之，拒者杀之。"

三月甲子朔，自多原至博硕堆，遣牛录章京法谭等，赍敕谕留守诸王曰："喀尔喀为汉人所恐，云：'大清兵已至矣。'彼遂惊惧，未敢犯我归化城，亦未尝与汉人交市，于正月三十日仓皇而去，但恐彼去未远，已遣人往探，若果未远，朕必前往，其粮米须待此处人到输运，不然，朕亦意从此班师，行粮已足不必更运矣。"越二日丙寅，知扎萨克图汗果率兵远遁。于是命王贝勒以下梅勒章京以上，各出银赴归化城贸易。寻遣兵大学士刚林赍信符赴盛京，令速发驻防前锋兵以迎之。甲戌，驻军宜喜里，劳萨等还奏，路遇蒙古硕雷使者，往明国交易，获其马百四十，驼四十，其蒙古四十人，给以羊只为行粮遣之去，获二汉人还。太宗曰："何为轻释蒙古耶。"复令劳萨等率每旗章京一员，甲士十五人，于夜分往追之。以所获驼马赐一等公以下牛录章京以上各官；后法司议劳萨等违命纵敌之罪，得旨从宽罚惩。辛酉，宴新附乌珠穆沁部车臣济农多尔济等。二年十一月，多尔济闻太宗惠养国人，恩章周至，率台吉奇塔特、塔布囊伟徵、索诺木、博伦、达拉海、纳穆珲津等三十人，举部来附，赐宴清宁宫，至是车驾至多原。多尔济率其四子塞棱、桑阿尔、垂僧格、德音楚克及同部噶喇木札布、苏格、岱青、锡达、索诺木、都斯噶尔、和多和沁、伊勒札尔、山津、武克索木、伊勒毕斯、德勒格尔、塔布囊衮桑班第岱、阿哈土谢图等来会师，进献驼马甲胄等物。令多尔济朝见，设黄幢列仪仗，王贝勒以下群臣依次立帐外，太宗于巳刻出行幄，率多尔济等拜天毕，御黄幄，多尔济率所部贝勒及臣属朝见，具筵宴进上，时同会师之阿巴噶部噶喇木札布，苏尼特部武善、伊勒登、塞棱达尔玛等，浩齐特部博罗特推啰阿纳特、塔布囊达雅固什等，是日亦朝见，各献驼马鞍辔，均量纳之。赐大宴，命较射、角觝，赐甲胄雕鞍弓矢银币有差。寻皆遣还。三月庚辰，自登胬苏特班师，大军次克依绷之次日，赐科尔沁、奈曼、敖汉、札噜特、四子、翁牛特、巴林、茂明安等部诸王贝勒等，貂裘鞍马衣服，并赐宴遣归。以翁牛特部达尔汉栋岱青属下塞内珲津，正黄旗阿尔哈车臣，每遇会议听断勤劳平允，特赐车臣号札尔固齐，赐塞内珲津豹裘缎布。辛卯，度兴安岭。壬寅，太宗至辽河，阅视新城垣。乙巳，至盛京，自外攘门入，还宫。

六月庚申，更定蒙古衙门为理藩院，专治蒙古诸部事。是日，授土默特部章京古禄格等二十二人世职，各视其品级分别授之。寻铸给理藩院印信。丁卯，遣还喀尔喀部扎萨克图汗使臣达尔汉囊苏喇嘛等，使臣于三月庚午来朝，进献驼马彩缎等物，以车驾亲征，至是始遣。太宗谕之曰："朕以兵讨有罪，以德抚无罪，惟行正义，故上天垂佑，将蒙古诸部悉以畀朕。今蒙古主察哈尔汗之子见在，朕加意抚养，尔喀尔喀部当念尔主既在我国，即应归顺，以安其身，反兴兵构怨，来侵我归化城，甚非尔分所当为也。朕欲平定区宇，理应加兵于尔，尔亦当以加兵是惧，想尔以为奔往征讨所不到之处，便可偷安旦夕，但尔所能至，我师岂有不能至者乎。昔金、辽、元三国之主，西伐额讷特珂克，东抵朝鲜，北及黑龙江，南至于海，朕今日正与相等，尔知罪而来则已，否则必不尔宥。"又谕曰："我国行事悉循大义，虽兴师征讨，从不加戮使臣。顷所言者，尔主之咎,于尔何尤。"命赐之食,囊苏喇嘛不胜欣幸,更无一语回奏,良久曰:"仰承圣谕,当往导吾主愚蒙尔。"

八月癸丑,命睿亲王多尔衮,贝勒岳托,统左右翼军分道征明。

冬十月丁酉,贝勒岳托等奏报右翼军入墙子岭,喀喇沁部万丹、索诺木击败明兵一队,获马十三,前锋将领锡特库、劳萨等,追击溃兵,获马八十,大小炮位二十五。擒哨卒问之,知墙子岭不易拔,惟岭东西两旁高处可以越入,于是分我军为四路,令护军将领图赖率右翼,每牛录护军一名,及喀喇沁部下海旗蒙古甲喇章京一员,从岭之右侧步越高峰,恐图赖兵少,复令贝子芬古及叶臣两旗护军骑兵助之,未至,而图赖兵已先入,攻克十一台。令阿岱、恩格图两旗,郭尔罗斯部长固穆一旗,俱离岭五里,自高山入,而恩格图兵先之。谭泰、图赖两旗护军骑兵,令距阿岱等于五里外高峰无边墙处齐入,令巴特玛率本旗兵,会喀喇沁、巴林、敖汉、奈曼、乌喇特、阿鲁科尔沁诸部兵,并汉军孔有德、耿仲明属下兵,俱从边城东小门平坦处,举火炮竖云梯攻之。时明兵俱于边界平坦处拒守,巴林部阿玉什属下索尔古先登,诸军遂相继攻入。又军中获海龙城逻卒一名,讯系明守备遣来议贸易价值者,纵之使归,且令传谕海龙守备曰:"前闻尔边城云,'有逻卒十八名,为我军所杀,又杀尔关上贸易良民。'此岂我军识其人而杀之耶。且长城边内,属而明国,边外乃我大清国之地,因入我地而杀之耳。前缘尔等贸易相好,故进边时不加扰害,直入昌平,今又避尔地,从墙子岭入,岂以尔关险阻而不入耶。以此思之,相好如初,乃尔之幸,倘尔等稍怀变志,祸难免矣。"戊戌,睿亲王多尔衮等,奏报左翼军入青山关。九月二十八日自董家口东二十里,青山关西二里许,步登山冈,由墙边缺处率兵前进。青山关岭峻墙坚,问之土人云:"关内有明兵二百防守。"闻我右翼军至,已于二十五日往援,我军乘其无备,毁墙而入,莫敢撄锋。青山关、董家口、青山营三处人民,弃城逃走,执其人问之云:"青山关东二十里榆木岭口,有步兵二百。"与董家口兵亦以我右翼军至，同往救援，是以缺兵防守。又问流贼消息，云："在河南等处肆掠。"今年大水禾稼半收，我右翼军于二十四五日进边，山海关高太监已调入关内矣。己酉，太宗亲统大军征明，分三路继进。丁亥，太宗出怀远门，至演武场，阅视汉军大臣石廷柱、马光远两旗兵，令试炮较射角觝毕，赐宴。冬十月丁酉，命石廷柱、马光远运炮位火器等具先行。己亥，太宗率郑亲王济尔哈朗、豫亲王多铎等，统大军向山海关进发。辛丑，次彰武台口。甲辰，大军至浑河。科尔沁部土谢图亲王巴达札、卓哩克图亲王乌克善、扎萨克图郡王布达齐、巴图鲁郡王满珠习礼等，率十旗兵来会。喀喇沁部长古噜思奇布率四旗来会，各献驼马量纳之。丙午，驻军哈喇苏。己酉，车驾至托衮博伦行猎，命郑亲王济尔哈朗、贝子硕托，各率本旗护军及喀喇沁兵，从前屯卫、宁远中间进发，豫亲王多铎、贝子博洛，各率本旗护军及土默特兵从宁远、锦州中间进发。太宗亲统大军从义州一路进发。辛亥，次敖穆抡。十一月庚午，自中后所班师。大军至锦州南之次日，太宗以郑亲王济尔哈朗兵力寡，命豫亲王多铎率本部兵，往中后所助之。

十一月庚戌朔，多铎军将过中后所，会明总兵祖大寿往援北京，以兵来袭多铎军后，土默特部右翼鄂木布楚琥尔及甲喇章京翁克等，率众先退，前锋将领哈宁阿等不能敌，且战且退，贝子博洛迎击，始却，多铎将军不战，夜至济尔哈朗营，济尔哈朗闻之怒，次日，同多铎率兵至中后所，大寿兵惧不敢出，乃还营。庚午，自中后所班师出明边，至六洲河。庚辰，至图根河，遣外藩蒙古各归部，汉军由平路行，太宗行猎至奇尔哈纳。丙戌，车驾自抚近门还宫。

十二月己丑朔，赐朝贡诸外藩宴。时厄鲁特部尹札胡图克图下额尔格布什格隆、宰桑等十七人，土默特部武巴什、巴彦蒙库等四十七人，苏尼特部腾机思下巴克察尔塔布囊等十五人，鄂尔多斯部济农下武巴什等十二人，乌珠穆沁部多尔济济农下奇塔特塔布囊等三人，均贡驼马朝见。次日，黑龙江萨哈连额驸巴尔达齐之弟、瑚尔布尔屯费扬古，沃呼屯武第堪，乌鲁苏屯莽古珠等五十有一人，索伦部博木博果尔、透特等九人，呼什哈礼氏钠木达哩等十人，巴雅喇氏满第特喀下二人，布克图礼等五人，赖达库等四人，均以贡貂朝见，太宗御崇政殿赐宴。命七家以次宴之。赐彩缎银两衣服鞍马等物有差。

四年五月庚辰，叙张家口开市功。太宗于三年六月内，遣达雅齐塔布囊、伟宰桑、侍卫诺本图伟徵率喀喇沁部弼喇什、拉什希布等，往明宣府北张家口，与镇守官议岁币，一如与喀嘲沁贝勒之数，并开关互市。至是叙其功，授达雅齐等世职，加袭二次。

十二月癸卯，苏尼特部长腾机思率族属一百十四人，右翼部长素赛率族属六十七人，偕阿巴噶部长多尔济，由喀尔喀来归。先是，正月甲戌，其部台吉超察海率十户。丁亥，右翼台吉噶布楚、瑭古特、卓特巴、什达喇等率百二十户。夏四月，台吉莽古思率四十户，及同部之巴图赖、额思赫尔、僧格等，先后内附。至是腾机思等入朝，俱赐赉有差。以巴林部从征喀尔喀私遣马先归罪，议罚户口。奈曼部、阿噜科尔沁部遣兵不及额，各罚马五十。

五年正月，以腾机思部下阿布图，自初朝贡至今，往来勤慎可嘉，赐名达尔汗与世袭。

二月丙戌，遣多济里等往征乌扎部。

夏四月乙亥，征索伦部师还。先是，索伦部博木博果尔等于二年闰四月，及三年十月来朝，贡貂皮等物，寻叛去。四年十一月辛酉，遣索海、萨木什喀、穆成额、叶克舒、永顺、拜、伊逊、罗奇等，率兵往讨，大破，斩俘获降之。

六年正月壬辰，锡特库等，自索伦部擒博本博果尔还。五年三月，博木博果尔既败亡，是年七月丙午，命锡特库、济什哈等，率获军与敖汉、奈曼、乌拉特、阿噜科尔沁、四子部落诸部兵往征，令诸部兵先集扎噜特部较射，简壮勇二百四十人隶之行，凯旋，赐阿噜科尔沁部台吉阿玉什、札噜特部台吉桑古尔、乌喇特部台吉布达齐、四子部落将领博内、敖汉部将领色穆、奈曼部将领札丹等，蟒缎朝衣，貂与猞猁狲狐豹裘，冠带甲胄，櫜鞬弓矢，银两缎布等物有差。

三月乙未，蒙古博尔衮岱等来降。初，蒙古博尔衮岱、哈喇尔岱、巴彦岱等逃入明国，既而率男子四百二十一人、妇女幼稚共五百口，携马赢二百一十有一，毁大同、阳和边墙来降。二月二十日，至归化城，土默特章京古禄格遣纳木什哩等送至。赐博尔衮岱三人鞍马绣缎朝衣冠带櫜鞬等物，其余在归化城者，赐银一千两。又赐纳木什哩等银两有差。乙巳，分编锦州蒙古贝勒诺木齐等归降部众。郑亲王济尔哈朗，武英郡王阿济格等，奉命往代睿亲王多尔衮等围锦州，每面分立营、绕营、俱浚深壕，壕边修筑垛口，两旗中间复浚长壕，近城设逻卒哨探。时明援兵前队已至松山、杏山，锦州城中蒙古，见我军严整，呼告逻卒等曰："城中积粟可支二三年，纵围困岂可得耶。"逻卒应之曰："无论二三年，纵有四年之粮，至五年后复可所食。"蒙古等闻之，知我军围城志在必得，皆惊恐，于是城中蒙古贝勒诺木齐、武巴什、珲津、清善、山津、古英塔木囊、楚肯、博博克泰、昂阿岱、苏巴达尔汉、满济、额森、托济、布达习等，遂谋来降，有一人闻之，欲奔告祖大寿，武巴什等幽杀之，遣二人持降书缒城下，潜入我营，其书曰："我等知王贝勒等至，早有归顺之心。今贝勒诺木齐、台吉武巴什等，约誓已定，倡率众蒙古请降。至二十七日黎明时，可遣兵四面来攻。诺木齐守东门，武巴什守南门，若不信我等，有上天在，有如天之圣主在，我等愿为编氓，纳职贡。若蒙鉴纳，幸赐回书，可举信炮三声为验。"济尔哈朗览书，又细讯之，与诸王贝勒大臣等定议约于二十七日，兵必前进，遂举信炮为验，并遣启心郎额尔克图，持其降书驰奏。是日，祖大寿探知其事，遂整兵以待，会日暮，至外城门，遣副将、游击各一人率兵欲以计擒之，为武巴什等所觉，即持兵器以迎，外城蒙古等亦争执兵器，既接战，声闻关外，济尔哈朗、阿济格、多铎等，相继至城下策应，关内蒙古缒绳城下，我军陆续援绳而上，于城上吹角夹攻明兵，明兵败入城内，我军遂乘胜入关，城中蒙古男妇及诸器物尽送义州。壬寅，郑亲王济尔哈朗等，遣护卫岱衮奏言："臣等于三月二十四日薄暮，闻锦州关内蒙古兵与明兵接战，两白旗相去甚近，率兵先登，左右之兵继之，俱至外城，诺木齐等尽率其官属兵丁以降，都司、守备、把总等官八十六员，男妇幼稚共六千二百一十有一人。"时喀喇沁部古噜思奇布具筵进献，适捷音至，太宗大悦，命八旗击鼓召众于笃恭殿，宣布捷音。翌日，诺木齐、武巴什等将至，先命多尔济达尔汉诺颜、扬善等，至广城迎宴之。甲辰，亲率诸王贝勒及文武各官出怀远门，迎至演武亭，太宗率众拜天行礼毕，升御座，诺木齐、武巴什等率部众朝见。令诺木齐、武巴什等较射。又令大臣侍卫等较射，选力士角觚，赐大宴宴之。诺木齐等进献雕鞍马匹琥珀念珠金银器皿蟒衣等物，俱却之。乙巳，以诺木齐、武巴什携来蒙古人一千五百七十有三名，汉人一百三十有九名，妇女幼稚二千六百五十五口，编为九牛录，每三丁一人披甲。诺本齐部下蒙古二百有四人，分隶正黄旗。武巴什部下蒙古七百有二人，分隶镶蓝旗。阿邦、伊木图、文都尔珊、满韬部下蒙古五百五十三人，分补各旗之缺者，令诺木齐、武巴什秩视梅勒章京。阿桑喜、满韬、额布根、海塞、巴布岱、额布格尔德、珲津秩视甲喇章京。巴布岱之弟鄂尔洪、安达哈、山津多而津、伊木图、文都尔珊、阿邦等，秩视牛录章京，并达尔玛古什以下，各赐顶带朝衣鞍马弓矢甲胄彩缎布匹银两庄田牲畜等物有差。后赐诺木齐、武巴什部下拨什库钟化、额森、博波克托、席柱等庄田奴仆朝衣冠带鞍马甲胄弓矢粧缎布匹银两等物有差。

五月丁丑，郑亲王济尔哈朗等败明总督洪承畴兵于松山。又蒙古人名古什者，初与诺木齐.武巴什等同谋归附，未偕出，及是明兵败，越城来降，坠伤肱，济尔哈朗携之归。丁亥，索伦部蒙古塞尔瓦岱之子巴尔达齐，率其部下二百四人来降。乙丑，索伦部人一千四百七十一人归附，俱迎宴之。辛亥，睿郡王多尔衮、郑亲王济尔哈朗等，合军败明援兵于松山。

八月丁巳，太宗亲统大军征明锦州。乙丑，大破明兵十三万于松山。

九月，分兵围锦州、松山城，科尔沁部卓哩克图亲王乌克善，巴图鲁郡王满珠习礼围守高桥，车驾自松山还。松山之捷，科尔沁部土谢图亲王巴达礼，察哈尔部宰桑索诺木伟徵与巴特玛，四子部落都尔拜，翁牛特部兵皆从。

七年二月己未，克明塔山。札赉特部蒙衮长子色棱先登，毁其城。进攻松山，擒总督洪承畴。命议科尔沁土谢图亲王从征退缩罪。先是，上诏巴达札，随睿亲王等由塔山协击洪承畴军，期暮至，巴达礼旦乃诣营，至是议削爵夺宫属，诏免，罚马百匹。

冬十月辛亥，征明。甲戌，至黄崖口，将入长城。时辅国公芬古、管旗大臣谭泰、叶克舒等，定议两路夹攻边口，遂遣满洲、蒙古每旗获军二十名，每牛录骑兵二名，科尔沁、敖汉、奈曼、乌喇特、阿噜科尔沁、巴林、喀喇沁等部兵三百五十名，令蒙古管旗大臣玛喇希署梅勒章京事，卦喇率领从右山路而登，夺其边口，追击山城，敌兵至山下，进克其城。左翼令梅勒章京和托率获军四十名先往登城，署章京阿尔海弃梯不用，率本旗数人，于获军未至前，先至城下，次第毕登。两翼军既克长城，斩守备一员，城内兵俱溃走。

十一月，喀尔喀部硕雷下巴特玛，率男妇幼稚携马五十匹来降。

八年二月丙寅，增设礼部蒙古理事官、副理事官各一员。是日，喀尔喀部达喇吴巴三察下托克推达噜噶，率男子九人及其妇女幼稚三十四口，携驼马九十余来归。

六月癸酉，征明大军还。大军直入明境，至兖州府，歼其亲王一、郡王五、宗室等千人。凡克三府、十八州、六十七县，共八十八城，归顺者六城，败明兵三十九所，俘获无算。

八月丁卯，赐来朝外藩大宴。先是，太宗以征明克捷，于中元节祭告太庙、福陵，并颁敕宣示朝鲜。至是科尔沁部土谢图亲王巴达礼，卓哩克图亲王乌克善，巴图鲁郡王满珠习礼，额驸奇塔特，毕尔塔噶尔、巴雅斯呼朗及栋果尔、塞棱、郭尔罗斯部桑噶尔等率众来朝，上表称贺，大宴之。赐巴达礼，乌克善等银两有差。丁亥，世祖章皇帝即皇帝位，以明年为顺治元年，颁诏大赦。

元年春正月，世祖御殿受朝贺，见喀尔喀都使臣跪拜参差，问侍臣曰："此何国人，乃行礼若是。"奏曰："此北方投诚喀尔喀使臣也，岁贡驼马，未尝有缺，因尚未入版图，是以不娴礼节。"众于是咸服上严明。

四月乙丑，赐摄政睿亲王大将军敕印，统军征明。先是，七年九月摄政郑亲王济尔哈朗攻克中后所、前屯卫，山海关附近中前所，人皆弃城走。本年三月，明宁远、沙河所二城人，亦弃城走，山海关外地尽为我有，随下令整军器，储粮秣马，俟大军进讨。壬申，大军次翁后，明平西伯吴三桂遣使来乞师。时明季流贼李自成已陷燕京，崇祯帝、后俱自经。自成僭称帝。庚午，摄政睿亲王师次翁后，贼首李自成遣人招吴三桂降，三桂不从，随自永平返据山海关，遣副将杨坤、游击郭云龙来致书，[书云："三桂初蒙我先帝拔擢，以蚊负之身，荷辽东总兵重任，]王之威望，素所深慕，但春秋之义，交不越境，是以未敢通名，今我国以宁远右偏孤立之故，令三桂弃宁远而镇山海，思欲坚守东陲，而巩固京师也。不意流贼逆天犯阙，以彼狗偷乌合之众，何能成事，奈京城人心不固，奸党开门纳款，先帝不幸，九庙灰烬。今贼首僭称尊号，掳掠妇女财帛，罪恶已极，诚赤眉、绿林、黄巢、禄山之流，天人共愤，其败可立而待也。我国积德累仁，讴思未泯，各省藩镇，悉起义兵，三桂身受国恩，拒守边境，欲兴师问罪，以快人心，奈京东地小，兵力未集，故特泣血求助。窃思我国与贵朝通好二百余年，今遭此大变，贵朝应恻然念之，而乱臣贼子亦非贵朝所宜容也。夫除暴翦恶，大顺也，拯危扶颠，大义也，出民水火，大仁也，兴灭继绝，大名也，取威定霸，大功也。王以盖世英雄，值此摧枯拉朽之会，诚难再得之时也。乞念亡国孤臣忠义之言，速选精兵，直入中协、西协，三桂自率所部，合兵以抵都门，灭流贼于宫庭，示大义于中国，则我国之报称，岂有尽耶。[本应上疏于贵朝皇帝，但未悉体制，不敢轻渎圣聪，乞王转奏。"]王得书，即遣学士占巴、来衮往锦州。谕汉军赍红夷炮，向山海关进发。癸酉，睿亲王师次锡喇塔拉，报吴三桂书，曰："向欲与明修好，屡行致书，明国君臣，不计国家丧乱，军民死亡，曾无一言相答，是以我国三次进兵攻略，盖示意于明国官吏军民，欲明国之君，熟筹而通好也。若今日则不复出此，惟有底定国家，与民休息而已。予闻流寇攻陷京师，明主惨亡，不胜发指，用是率仁义之师，沉舟破釜，誓不返旆，期必灭贼，出民水火，及伯遣使致书，深为嘉悦，遂统兵前进。夫伯思报主恩，与流贼不共戴天，诚忠臣之义也，伯虽向守辽东，与我为敌，今亦勿因前故，尚复怀疑。昔管仲射桓公中钩，后桓公用之为相，以成霸业，今伯若率众来归，必封以故土，晋为藩王，一则国仇得报，一则身家可保，世世子孙，长享富贵，如河山之永矣。"已卯，大军入山海关。敕汉部长班第，巴林部长色市腾，阿噜科尔沁部长穆彰，土默特部左翼善巴，奈曼部善丹，札噜特部哲肯赫，四子部落多尔拜，及札赉特、杜尔伯特、郭尔罗斯、科尔沁诸都，皆从吴三桂迎降。贼首李自成败走。

顺治十年，喀尔喀土谢图台吉本塔尔，以与其汗有隙，偕弟本巴什希、札木素、额琳沁、衮布率户千余来归。赐牧塔噜浑河，封和硕达尔汉亲王，统其众，与内扎萨克诸部并列，是为喀尔喀右翼。其称左翼者，为贝勒衮布伊勒登，亦自喀尔喀来归，受封在本塔尔后。本塔尔者，喀尔喀左翼诺诺和次子阿布和孙也。衮布伊勒登则其部右翼阿什海达尔汉珲台吉次子图扪达喇岱青孙。扎萨图汗台吉皆达延车臣汗五世孙，去元太祖二十世也。

十三年，上以科尔沁及札赉特、杜尔伯特、郭尔罗斯、喀喇沁、土默特、敖汉、奈曼、巴林、札噜特、阿噜科尔沁、翁牛特、乌珠穆沁、浩齐特、苏尼特、阿巴噶、四子部落、乌喇特、喀尔喀右翼、鄂尔多斯诸扎萨克，归诚久，赐敕曰："尔等秉资忠直，当太祖、太宗开创之初，诚心归附，职效屏藩，太祖太宗嘉尔勋劳，崇封爵号，赏赉有加，朝勤贡献，时令陛见，饮食教诲，为数甚多，凡有怀欲吐，俱得陈奏，心意和谐，如同父子，朕荷祖宗鸿庥，统一寰宇，恐于懿行有违，成宪未洽，恒用忧惕，亲政以来，六年于兹，未得与尔等一见，虽因万几少暇，而怀尔之忱，时切朕念，每思尔等效力有年，功绩卓著，虽在寤寐，未之有斁，诚以尔等相见既疏，恐有壅蔽，不能上通，故特遣官赍敕赐币，以谕朕意，嗣后有所欲请，随时奏闻，朕无不体恤而行，朕方思致天下于太平，尔等心怀忠荩，毋忘两朝恩宠，朕世世为天子，尔等亦世世为王，享富贵于无穷，垂芳名于不朽，不亦休乎。"先是科尔沁内附，莽古斯以女归太宗文皇帝，是为孝端文皇后，孙乌克善等复以女弟来归，是为孝庄文皇后，曾孙卓尔济复以女归世祖章皇帝，是为孝惠章皇后。科尔沁以列朝外戚，荷国厚恩，列内扎萨克二十四部首，有大征伐，必以兵从，如亲征噶尔丹及剿策妄阿喇布坦、罗卜藏丹津、噶尔丹策凌、达瓦齐诸役，扎萨克等效力戎行，莫不懋著勤劳。土谢图亲王、达尔汉亲王、卓哩克图亲王、扎萨克图郡王，四爵俸币，视他部独增，非惟礼崇姻戚，抑以其功冠焉。

（《皇朝藩部要略》卷之一、二。据包尔汉整理：《清朝藩部要略稿本》，黑龙江教育出版社1997年版。下引此书同，不俱注）

外蒙古喀尔喀部要略

(清) 祁韵士

一

外蒙古喀尔喀亦元太祖裔，以在漠北，故谓之外蒙古。大部四：曰土谢图汗部为喀尔喀后路，曰车臣汗部，为东路，曰扎萨克图汗部，为西路，曰赛因诺颜部，为中路，分左右翼。距京师各三数千里。旧服属于察哈尔。

天聪九年，大军平察哈尔，车臣汗硕垒偕乌珠穆沁、苏尼特诸部长上书通好，贡驼马。

崇德元年春，以车臣汗部私与明市，谕责之曰："明，朕仇也。前者察哈尔林丹汗，贪明岁币，沮朕伐明，且欲助之，朕故移师往征，天以察哈尔为非，故以其国予朕。今尔与明市马，是助明也，尔当以察哈尔为戒。"冬，遣伟征喇嘛等来朝，请与明绝市，上嘉之，命察罕喇嘛往赉貂服朝珠弓刀金币，此喀尔喀部通好之始。自是土谢图汗衮布，扎萨克图汗素巴第，赛因诺颜部长图蒙肯相继至。初，喀尔喀无汗称，衮布祖阿巴岱，赴唐古特谒达赖喇嘛，迎经典归，众服之，称汗。至衮布始号土谢图，与硕垒、素巴第同时为三汗。喀尔喀有所谓红教者，与黄教争，图蒙肯尊黄教为之护持，达赖喇嘛贤之，授赛因诺颜号，令所部奉之视三汗。图蒙肯寻卒，次子丹津喇嘛复受诺扪汗号于达赖喇嘛，居翁吉河霍岳尔克，为喀尔喀八扎萨克之一。

二年，车臣汗硕垒献所产兽曰獭喜。

三年，扎萨克图汗素巴第谋掠归化城，上亲征之，所部遁，遣使谢罪，并贡马及独峰驼无尾羊。谕曰："朕以兵讨有罪，以德抚无罪，惟行正义，故上天垂佑，蒙古察哈尔诸都皆以畀朕，尔等皆其所属，当即相率归诚，否则亦惟谨守尔界，乃反兴兵构怨谋肆侵掠，岂以远处西北即为征讨不及之区耶。今与尔约，嗣后慎弗复入归化城界，重贻罪戾。"是年，土谢图汗衮布遣使贡驼貂皮雕翎及俄罗斯鸟枪。车臣汗贡马及甲胄貂皮雕翎俄罗斯鸟枪，回部弓箙鞍辔，阿尔玛斯斧白鼠裘，唐古特元狐皮。诏岁贡白驼一、白马八，谓之九白之贡，以为常，他物毋入献。赛因诺颜亦遣使通贡。

顺治三年，车臣汗硕垒诱苏尼特部长腾机思叛。豫亲王多铎率师追剿至扎济布喇克，硕垒遣子本巴等，土谢图汗衮布遣其属喇瑚里等合丹津喇嘛兵五万余援腾机思，大军败之，弃驼马而窜。有楚琥尔者，衮布族也，复私掠巴林部人畜。师旋，诏责硕垒曰："苏尼特，本察哈尔属部，向化来归，尔诱之使叛，朕遣兵追剿，时犹诫忽加兵于尔，讵意尔反称兵抗拒，以致上苍降谴，立见败衄，倘非朕饬令班师，大兵既压尔境，何难长驱直入耶。今尔若知自悔，欲赎前愆，其速擒腾机思来献。"并诘责衮布、丹津喇嘛，协擒腾机思，归所掠巴林人畜。扎萨克图汗素巴第闻诏，欲代解罪，偕同族俄木布额尔德尼上书乞好，上因其书不称名，辞近悖慢切责之。

五年，腾机思乞降。车臣汗硕垒遣使献驼百马千，入谢。土谢图汗衮布等并上表引罪，诏各遣子弟来朝，不从。

七年，扎萨克图汗部人俄木布额尔德尼等，诡称行猎私入归化城界掠牧产，遣官饬归所掠，会其汗素巴第卒，子诺尔布嗣，称毕锡呼勒图汗，遣使入贡。谕曰："朕本欲许尔等和好，故命察归所掠，以赎前罪。今反以朕留尔逃人为辞是何心耶。朕统一四海，尔等弹丸小国，勿恃荒远，勿听奸辞，致陨尔绪。"寻赛因诺颜部长丹津喇嘛遣子额尔德尼诺木齐上书乞好。诏偕土谢图汗衮布约誓定议。

八年，土谢图汗衮布不归巴林人畜，仅献驼十马百入谢，严谕诘责。

九年，以车臣汗部妄争岁贡赏，谕责勿贡。

十年，命侍郎毕哩克图往土谢图汗部察巴林被掠人畜，衮布等匿不尽给，会其属喇瑚里子台吉本塔尔携众来归，封扎萨克亲王，驻牧张家口外塔噜浑河，因诡言巴林人畜本塔尔携往，应就彼取，并乞遣本塔尔等还。谕曰："不遣子弟来朝，不进九白常贡，不书偿巴林人畜，冒此三罪，反请遣还来归之人是何理也？今即遵旨释此三罪，朕亦弗使本塔尔等还，尔等其自择之。"秋，衮布遣使补贡九白，至张家口，诏弗纳。

十一年，扎萨克图汗部人额尔德尼诺木齐复表至。谕曰："尔奏言喀尔喀左翼四旗，皆尔统摄，凡有敕谕罔弗遵行，今即如所请，可速饬尔部长遣子来朝，有不遵者，即行奏闻。"

十二年夏，土谢图汗衮布子察珲多尔济，车臣汗硕垒子巴布，并继其父称汗，偕扎萨克图汗诺尔布，赛因诺颜部长丹津喇嘛，各赍表遣子弟来朝。谕曰："尔等遵旨服罪，朕不咎既往，其应归巴林人畜缺数，悉从宽免，嗣后逃人来此，当即遣还。"

冬，土谢图汗等复遣使乞盟。许之，赐盟于宗人府。是年，设喀尔喀八扎萨克，仍分左右翼。命察珲多尔济、巴布、丹津喇嘛及察珲多尔济同族墨尔根诺颜，各领左翼扎萨克之一，诺尔布及同族俄木布额尔德尼、车臣济农、昆都伦陀音，各领右翼扎萨克之一。命丹津喇嘛岁贡九白，如三汗例。

十五年，遣大臣赍服物赉诸扎萨克。敕曰："朕观尔等审知天命，诚心誓好，凡一诏下，靡不敬从，自兹以往，其益励忠贞，仰膺宠眷，以慰朕怀柔至意，果克恪慎罔懈，以获天眷，以承国恩，奕世永享太平之福矣"。

十八年，赐赛因诺颜部长丹津喇嘛遵文顺义号，给之印。

康熙元年，先是扎萨克图汗诺尔布卒，子旺舒克袭，称汗。同族扎萨克俄木布额尔德尼卒，子额琳沁袭，号罗卜藏台吉。至是额琳沁以私憾袭杀旺舒克，土谢图汗察珲多尔济，赛因诺颜部长丹津喇嘛兵击之，奔就厄鲁特，其叔父衮布伊勒登避难来归，封扎萨克贝勒，驻牧喜峰口外察罕和朔图。
诏赛固诺颜所部毋越界游牧。寻丹津喇嘛卒，子塔斯希布袭。顷之，塔斯希布卒，子善巴袭，赐信顺额尔克岱青号。

九年，命旺舒克弟成衮袭扎萨克图汗号。先是，旺舒克被戕，兄绰墨尔根因自立为汗，以未请于朝，众弗附，多归土谢图汗察珲多尔济。至是诏废绰墨尔根，以成衮袭扎萨克图汗，辑其众。

十六年，厄鲁特部鄂齐尔图汗为同部台吉噶尔丹所袭，土谢图汗察珲多尔济救之，会鄂齐尔图汗被戕，因与噶尔丹构难，遣台吉色棱达什引兵三百，劫其贡使，事闻，谕罢兵誓好。

十八年，噶尔丹自称博硕克图汗，虐附近诸部。土谢图部扎萨克毕玛里吉哩谛侦知其谋侵喀尔喀，遣使告，上嘉赉之。毕玛里吉哩谛，赛因诺颜图蒙肯弟九子也，号巴图尔额尔德尼诺颜。

十九年，扎萨克图汗成衮遣使贡。喀尔喀旧俗，汗最贵，济农次之，诺颜又次之。有多尔济者，为右翼扎萨克之一，以济农号表贡。寻成衮与之隙，夺济农号，授其从昆弟萨玛第，俾代贡九白，理藩院请却其使，诏纳之。噶尔丹属额尔德尼和硕齐，私掠内扎萨克乌喇特部界，毕玛里吉哩谛以所居哈噜特山，距乌喇特六日程，虑还掠，侦额尔德尼和硕齐，窜处额济内河，以闻，诏设汛防御。

二十一年，遣大臣分赉诸扎萨克，冠服佩带弓刀器币。内大臣费扬古等往土谢图汗部，散秩大臣博洛特等往车臣汗部，副都统班达尔什等往赛因诺颜部，都统阿密达等往扎萨克图汗部，各入朝谢。扎萨克图汗部额琳沁之乱，属众溃，多依土谢图汗。成衮既袭汗，遣告察珲多尔济索逃众，匿弗予。至是厄鲁特台吉噶尔丹送额琳沁归。成衮以其旧列八扎萨克，令随己入贡，额琳沁惧前罪，弗从，反约俄罗斯来攻，成衮觉之，遣子沙喇率兵万余袭执额琳沁，寻逸，复奔厄鲁特，成衮尽收其户畜，复遣赴察珲多尔济所索逃众，会达赖喇嘛遣阿尔布奈召察珲多尔济与成衮盟，卒弗听，成衮自是与察珲多尔济交恶。车臣汗以所属巴尔呼人私掠乌珠穆沁都界，议增汛兵防御，会贡使至。谕曰："朕闻尔属众与界内蒙古互相窃夺，彼此效尤，恐乖生计，朕已饬界内人，毋许出境滋扰，尔亦当约束所部，守分安居，违者即拘治之，毋稍姑患。"寻又诏车臣汗部毋越噶尔拜瀚海游牧。大军征俄罗斯，绝弗与通市。先是，俄罗斯部人散居雅木萨、尼布楚诸地，车臣汗诺尔布属巴尔呼与接壤，时以牲畜及貂互市，其黠者阑入黑龙江沿边肆掠，人因呼之为罗刹。至是大军往征，诏车臣汗诺尔布饬所属与绝市。诺尔布，巴布子也。

二十二年，诏车臣部、赛因诺颜部毋越噶尔拜瀚海旧界游牧。先是都统毕哩克图奉命勘喀尔喀与内扎萨克游牧，以噶尔拜瀚海为界，久之，多越界互窃，议置哨，至善巴以蒙古旧俗逐水草居，疏乞免，诏识旧界毋越。

二十三年，命内大臣阿齐图格隆偕达赖喇嘛赴扎萨克图、土谢图二汗谕和，会达赖喇嘛所遣参巴陈布呼图克图至归化城病卒，召阿齐图格隆还。

二十五年，诏理藩院尚书阿喇尼赍敕与达赖喇嘛使噶尔旦西勒图会，未至，成衮卒，诏其子沙喇袭扎萨克图汗，随阿喇尼赴库抡伯勒齐尔与察珲多尔济盟，察珲多尔济不亲至，使弟哲卜尊丹巴呼图克图往受盟，令尽遣所收逃众。谕沙喇亦如之。既察珲多尔济仅归其半于沙喇，复交恶。是盟也，察珲多尔济长子噶尔旦多尔济，弟西第什哩咸与并授扎萨克。扎萨克图汗部人朋素克喇布坦嗣萨玛第，称额尔德尼济农，遣使贡，诏归导其汗睦邻修好，赐珊瑚朝珠。

二十六年，土谢图汗察珲多尔济偕车臣汗诺尔布疏请给印，且上尊号，谕却之曰："尔等恪恭敬顺，具见悃忱，但宜仰体朕一视同仁，无分中外至意，自今以后，亲睦雍和，毋相侵扰，永享安乐，庶慰朕怀，胜于受尊号也，亦不允给印。"寻察珲多尔济长子扎萨克噶尔旦多尔济，率宰桑额尔德尼额尔克等来贡，会大阅，扈驾往观，命之射。秋，土谢图汗与噶尔丹构兵。先是，库抡伯勒齐尔之盟，哲卜尊丹巴呼图克图与达赖喇嘛使噶尔旦西勒图抗礼，噶尔丹闻之，怒其不尊达赖喇嘛也，又怨察珲多尔济尝助鄂齐尔图汗攻己，且以女妻其孙罗卜藏衮布阿喇布坦贻书诘责，扬言率众来攻，察珲多尔济奏请往击，诏守前约，勿复兴兵端。有噶尔丹戚属曰阿喇布坦，沙喇女兄之夫也。噶尔丹因诱沙喇攻察珲多尔济为会于固尔班赫格尔，台古德克德赫、卓特巴从，察珲多尔济恶沙喇迎附噶尔丹，追击之，杀沙喇及德克德赫，卓特巴遁，事闻，命传谕达赖喇嘛召还噶尔丹，而先遣学士拜哩等谕察珲多尔济罢兵，比至，察珲多尔济已执杀沙喇等，复偕其婿罗卜藏衮布阿喇布坦追斩噶尔丹之弟多尔济扎卜，进屯喀喇额尔奇克、察罕额尔奇克地，与噶尔丹相拒，噶尔丹寻迁沙喇妻布尼特达喇，子巴朗、恭格，居阿尔台山阳。

二十七年春，内大臣索额图等率兵赴色楞额河，与俄罗斯议界，道出喀尔喀，诏所部安堵毋恐。寻噶尔丹引众三万，由杭爱山入掠，察珲多尔济暨子噶尔旦多尔济御之于特穆尔，不克，走翁吉。噶尔丹侦哲卜尊丹巴呼图克图居额尔德尼昭，遂分兵越图拉河，东趋克噜伦，掠车臣汗牧地，别遣将丹津鄂木布，由喀喇卓尔浑攻额尔德尼昭，哲卜尊丹巴呼图克图携察珲多尔济孥避居额古穆尔，闻车臣汗牧被掠，因南走苏尼特部界，驰告急。诏发阿巴哈纳尔部兵，沿瀚海防御之。

秋，噶尔丹自克噜伦还掠图拉，察珲多尔济悉众由尼列图至鄂罗会诺尔鏖战三日，众溃，遂自察衮库勒逾瀚海，会哲卜尊丹巴呼图克图吁请内附。噶尔丹上书，诉其弃好兴兵，妄杀无辜，请勿纳，上弗许，命入居苏尼特界内鄂琳图。于是察珲多尔济悉族来归，弟西第什里赐牧苏尼特界内阿噜额埒苏台，从弟巴朗岱青诺颜洪果尔牧苏尼特界内乌纳齐，族子礼塔尔附牧右翼亲王诺内部，族弟固噜什喜牧四子部落界外洪果尔，发归化城仓粟赈之。寻命与噶尔丹会盟议和。噶尔丹既迁沙喇妻、子。沙喇弟策旺扎布，随母扎尔穆转徙年余遂相失，至是策旺扎布偕同族色棱阿海等相继至。诏附牧乌喇特诸部。当是时车臣汗部、赛因诺部并避噶尔丹难，率属来归。初，车臣汗诺尔布卒，伊勒登阿喇布坦嗣称汗，驻牧克噜伦河北巴颜乌兰，伊勒登阿喇布坦卒，子乌默客袭，上遣侍卫阿南达往赗，会噶尔丹败察珲多尔济，侦乌默客幼弱，由图拉逾克噜伦，谍掠巴颜乌兰，所部闻之，惧欲遁。乌默客叔父纳木扎勒倡议内附，众始定。因白乌默客母，率众来归。阿南达以闻，诏附牧乌珠穆沁界外阿尔图。乌珠穆沁及浩齐特、苏尼特、阿巴噶、阿巴哈纳尔旧为车臣汗属部，后相继南徙，隶内扎萨克，独阿巴哈纳尔诸台吉，有留故土者，曰根敦额尔克、阿海乌巴什、伊克岱青、额尔克乌巴什凡千余户，仍隶车臣汗。至是随乌默客至，并所部十余万户，均于界外赐牧安置。有车布登者亦乌默客叔父，号额尔克台吉，驻牧克噜伦河之南乌纯地，随乌默客来归，以乌纯距边近，遣归牧，命乌默客袭汗号如故，乌默客幼，诏纳木札勒驻牧乌珠穆沁界外布哈和赖，距乌默客居一日程，兼领其众，代掌旗务。赛因诺颜部长善巴，尝以兵助察珲多尔济御噶尔丹于鄂罗会诺尔，不敌兵溃，携孥来归，赐牧乌喇特部界外，其再从弟丹津额尔德尼仍驻牧哈噜特山，丹津额尔德尼，毕玛里吉哩谛之孙也，其偕至之。伊勒登楚琥尔乌巴什，居乌兰布拉克，诺木齐岱青居都什，喀喇库兰居奥吉硕咙，木札勒墨尔根居茂金口，阿玉什额尔克阿海居苏巴尔罕，阿喇布坦岱青阿海居楚布鲁洪郭尔，乌巴什居喀喇和硕，皆附牧乌喇特界。有扎萨克图汗部人索诺木伊斯札布者，额尔德尼济农朋素克喇布坦从弟也，率属由和硕托辉来归，命居归化城。理藩院奏降众日多，请授纳木扎勒等为扎萨克辖之，报可。命科尔沁亲王沙津等，往示内地法度，谕曰：“朕因尔等为厄鲁特所掠，怜而纳之。今观尔等并无法制约束部曲，恐劫夺不已，离析愈多，爰命增量扎萨克，分掌旗队，禁止盗贼，各谋生业。尔等果能尊而行之，寇盗不兴，祸乱不作，庶副朕抚育归降、爱养群生之至意。”是年，为噶尔丹故，上幸塞外，驻跸红川，车臣汗部人洪俄尔岱青率众来归。先是洪俄尔岱青世为珲台吉，驻牧克噜伦河之南穆垒和硕、玛塔特诸界，以时入贡，最恭顺，噶尔丹掠所部，诱达赖宰桑授之檄，令还诱其主，洪俄尔岱青弗从，遣使乞内附，召觐行幄。谕曰：“尔喀尔喀与厄鲁特，世世通贡，朕一体优礼，从无偏私，今闻互相结怨，亟遣使谕令和睦，使臣未至,而喀尔喀败遁,悉至汛界,朕以乱尚未定,故留之未遣。朕昔遣兵讨罗刹时,尔母达赖达喇纳预备糗粮牛羊,资送大军,今尔又率属归诚,朕甚嘉之,特赐尔御用朝珠一,以示优奖。"寻命附牧扎赉特界外珲图塔什海,授扎萨克。

二十八年,土谢图汗察珲多尔济疏乞免与噶尔丹会盟。谕廷臣曰:"朕统御天下,穷者救,绝者继,离散者使之完聚,交恶者使之和协,恒欲中外生灵,群底安乐。察珲多尔济与噶尔丹交恶,朕屡遣使谕止,不肯罢兵,以致属众溃散,穷困来归,朕因其昔日职贡维谨,怜而纳之,留置边境,颁给米粟,但念兵端未息,生民何日可安,是以敕令议和,今伊既以会盟为难,朕亦不强,其谕使知朕意。"诏授察珲多尔济族弟固噜什喜济农号。谕曰:"墨尔根诺颜固噜什喜,系喀尔喀旧扎萨克,职贡有年,因所部溃乱,即率众内附,洵不愧墨尔根号,朕甚嘉悦,着进号济农,居三汗之次。"寻以固噜什喜与诺颜呼图克图争产互讦,遣官谕解,谕诸部辑所属溃散者。土谢图汗族岱青诺颜洪果尔至,命巴朗兼领其众。洪果尔,巴朗族弟,父额尔克岱青,顺治初尝偕兄巴朗、父喇嘛塔尔贡方物,蒙颁赉。会苏尼特部人腾机思叛逃,衮布、硕垒皆遣兵迎,独喇嘛塔尔与额尔岱青不可,且遣送前使至,世祖嘉悦。谕曰:"尔等自通好以来,悃忱甚挚,今复不肯举兵助逆,惠顺如此,朕岂有不报之理耶。"嗣是朝贡不绝,赐赉便蕃。侦同族伟徵诺颜阿玉什,被噶尔丹掠,岱青诺颜洪果尔固避居楚克地,巴朗亦徙牧色楞额河,近俄罗斯,至是闻巴朗内附,携属七百余户来归,同族台吉诺木齐岱青、子齐巴克额尔克,鄂齐尔子达什敦多卜等相继至,命察珲多尔济辖之。车臣汗部台吉额尔克绰克图暨包尔呼巴特玛达噜噶、索诺木达噜噶等,携属踵至,命乌默客辖之。寻授乌默客叔父车布登扎萨克。时大军征噶尔丹,车布登捐助弁兵乏马者。有阿南达者,车臣汗硕垒第十子,乌默客曾叔祖也,驻牧克噜伦河之北索和尼,至是率子贡楚克暨台吉扎布伊勒登等来归。诏阿南达所携户属，分牧锡喇什宝台及乌珠穆沁界内之都什多罗特，浩齐特界内之固都哩呼，而令阿南达留牧阿噜科尔沁界内之呼噜苏台，往来防护，会其属泰赖等纠众肆劫，命严惩之。授赛因诺颜部长善巴扎萨克，诏隶内扎萨克之喀尔喀右翼亲王诺内，往示内地法度，并遣官发杀虎口仓粟赡其众。扎萨克图汗部人根敦者，世居和托辉特，其地为喀尔喀极边，西近厄鲁特，北近俄罗斯，俗喜斗，乌梁海复错处其间，捕貂射猎，依木而居，纳赋和托辉特，有事则籍之为兵，故和托辉特虽隶扎萨克图汗，实自为一部。二十五年，尚书阿喇尼奉命赶库抢伯勒齐尔，莅喀尔喀盟，时根敦从兄子额琳沁戕其汗旺舒克西奔厄噜特，久无主，阿喇尼承制授根敦扎萨克，使领其众。二十七年，噶尔丹侵所部，徙属避色楞额河，自引兵击走噶尔丹将济喇克、伟徵哈什哈等，所部齐巴克塔尔及诺木齐札朗、阿伊尔札海等附噶尔丹逸走，根敦追执之，收其户畜，乘胜由杭爱山趋阿尔台，斩噶尔丹将察罕台吉，及乌尔衮而还。

是年秋，土谢图。

十二月，善巴等请赴宁夏互市，许之。

汗部减收，遣内大臣伯费扬古往赈。谕廷臣曰："朕闻土谢图汗属众有乏食致毙者，深为轸念，费扬古采买牲畜，尚需时日，著速发张家口仓粟，运往散给，计支一月牲畜继之，则众命可活矣。"

二十九年春，诏察土谢图汗所属贫户，遣就食张家口。故扎萨克图汗沙喇子巴朗等，由阿尔台逃归，遇故台吉卓特巴偕内附，闻同族岳苏图阿海游牧乌兰，往依之。

三月，土谢图汗族人昆都伦博硕克图衮布为噶尔丹所掠，集众来归，命同族扎萨克噶尔旦多尔济选兵偕车臣汗部兵，随尚书阿喇尼、侍郎温达，赴田拉河援之。谍衮布居额尔古纳河，遣郎中马迪往迎，渡克鲁伦河而南，时噶尔丹居阿尔坦额默尔，在克鲁伦河北，由乌尔顺、喀尔喀二河来追，衮布败走，大军迎击，噶尔丹遁。谕成衮移牧内汛。赛因诺颜部人托多额尔德尼，素勇悍，噶尔丹之自杭爱山转掠克噜伦，所部多溃走，托多额尔德尼独拒战，杀伤略相当，贼众稍衰，有两人共一骑及削木为仗者。至是侦噶尔丹居巴颜乌兰，偕同族素泰伊勒登，以兵三千赴图拉，遏噶尔丹归路。

五月，巴朗率所属来朝，乞袭汗号，上悯其父无辜被杀，欲俟会阅以雪其冤，而后命之袭，未许也。授卓巴特扎萨克，赐居归化城。同族台吉喇布坦、纳木札勒、鄂齐尔、冰图冰青等相继降，命辖之。发粟赈所属贫户。

十月，托多额尔德尼自军营入觐，优赉之。土谢图汗部人敖巴，私纵属千余劫驿骑，上悯其无知，不忍治，檄察哈尔兵制之。车臣汗部人洪俄尔岱青及达赖宰桑，为噶尔丹所掠，不获归。洪俄尔岱青兄子罕笃，代领其众，肆劫内地，命尚书阿喇尼，遣罕笃携众入科尔沁界，附亲王沙津游牧，罕笃至，仍肆劫，遣出界，其兄车布登乞留牧，谕饬属毋为盗。扎萨克图汗部扎萨克博贝来朝。先是博贝奉贡至，奏喀尔喀习尚偷惰，必败亡，彼时臣必来归。至是上忆前奏，嘉其先见，赐赉甚厚。

三十年正月，上以噶尔丹服罪立誓，上书请降，虑其狡诈，命赛音诺颜部扎萨克善巴，随侍郎瓦岱赴图拉河侦御，路由克噜伦。土谢图汗从弟锡布推哈坦巴图鲁率诸弟迎瓦岱降。初，噶尔丹由杭爱山肆掠，锡布推哈坦巴图鲁逆击之，有和托辉特二台吉，誓相戮力，既而背盟，怒而拘之，会噶尔丹诱降，又执其使，避走克鲁伦河，至是来归，上嘉之。谕曰："尔于察珲多尔济为兄弟行，职贡有年，当噶尔丹诱尔时，独知大义，虽败不降，今随大军慕化归诚，朕甚嘉悦，特封尔为扎萨克辅国公，尔其勖之，仍归巴颜乌兰游牧。"寻徙图拉河，上以其地为噶尔丹往来所必经，严敕防御。上以察珲多尔济来归后，喀尔喀全部内附，封爵官制宜更定，且降众数十万错处，应示法制俾遵守。将幸多伦诺尔，行会阅礼，诏三汗及赛因诺颜诸部长，随四十九旗扎萨克，先集以俟，尚书马齐奉命往议礼，定赏格九等，坐次七行，以察珲多尔济为之首。

夏四月，驾至。喀尔喀汗、济农、诺颜、台吉等三十五人，以次朝见。谕曰："尔等以兄弟之亲，自相侵夺，启衅召侮，致全部溃散，其时若令四十九旗扎萨克，将尔人众收取，尔部早已散亡，朕好生之心，出于天性，不忍视尔灭亡，置附界内，给与赡养，自古以来未有如朕拯救爱养如此者也。用是亲临教诲，普加赏赉，会同之时，见尔等倾心感戴，特沛恩施，俾与四十九旗同列，以示一体抚育，罔分中外，尔等其知朕意。"命改诸部济农诺颜旧号，封王公贝勒台吉等爵，各授扎萨克，编佐领。封土谢图汗部人固噜什喜为多罗郡王。噶尔旦多尔济以贡至京，扈驾会阅，封多罗郡王仍兼扎萨克，赉银币牲畜。并命发独石口仓粟，赈所属贫户。授车木楚克纳木札勒扎萨克一等台吉，封西第什哩多罗贝勒仍兼扎萨克。班珠尔多尔济，父班第达额尔德尼纳木扎勒，以来归授扎萨克，诏授一等台吉，袭父遗职。封车臣汗部济农纳木札勒为多罗郡王。谕曰："尔于车臣汗为叔父行，当噶尔丹肆掠时，尔能倡议率众来归，保全尔部人民，复吁请视四十九旗例，编立佐领，向化抒诚，朕甚嘉之。特封多罗郡王仍兼扎萨克，其勉承恩，勖哉毋斁。"寻授盟长。上追念洪俄尔岱青内附意诚，封罕笃镇国公，袭称扎萨克。封扎萨克图汗弟策旺扎布扎萨克和硕亲王。巴朗与弟恭格，已相继卒。格色克以幼不能赴会，策旺札布自与母相失，困靡依，至是长史玛尼图以小车载之入觐。谕曰："扎萨克图汗沙喇存日，抒诚奉贡，备著勤劳，其子巴朗若在，即应袭封，但今已身故，策旺扎布系沙喇弟，年虽幼，众皆称贤，著加恩封和硕亲王，代领部众。授扎萨封博贝固山贝子仍兼扎萨克。初，博贝弟班第，为厄鲁特罗卜藏额琳沁、罕笃所掠，有达赖巴图尔者，青海和硕特族也，遣归喀尔喀，留其孥百余育之，至是班第具疏自陈，上因喇嘛商南多尔济奉使青海，命携归，使完聚。谕德克德赫子旺舒克曰："旺舒克之先，累世纳贡，因两汗交恶，其父德克德赫无辜被戕，以致属众溃散，穷困无依，朕甚悯之，已命察还所属，俾复旧业，着加恩封扎萨克辅国公。"朋素克喇布坦扎萨克多罗郡王，时多尔济子索诺木伊斯札布，乞袭车臣济农，朋素克喇布坦诉世为额尔德尼济农，奉贡有年，不应居索诺木伊斯勒札布后，且出前所赐朝珠为信，乃得封。授索诺木伊斯勒札布扎萨克一等台吉。有格宁者，号伊勒登和硕齐，其弟也。避噶尔丹徙居青海，至是率百余户来归，乞与其兄同居。诏令完聚。赛因诺颜部扎萨克善巴，封多罗郡王仍兼扎萨克，同族尽隶之，余授贝勒台吉各有差。部各设扎萨克，编佐领，自是土谢图、车臣、扎萨克图三汗之名始定。惟额尔克阿海、敖巴以私劫驿骑罪不封。先是，以察珲多尔济擅杀沙喇等，诏所司追议罪，驾未至，遣内大臣索额图，谕察珲多尔济据实陈情。至是以所具疏不引罪，反诿咎沙喇及德克德赫，议削汗号，上念其率众归诚，命宥之，仍留土谢图汗号。召觐行幄，温旨慰谕。并询知有七子，各加封授。察珲多尔济奏，臣等以垂毙之躯，赖圣主鸿恩得更生，愿长此安居乐业，共享太平。翌日，召所部三十五人侍宴。策旺扎布以次应列车臣汗乌默后，特命先之，赐冠服朝珠，其余赐酒遍饮之。谕舒怀共语，勿过谨，大阅，诸扎萨克扈驾从观，以御用帐幕赐察珲多尔济，是役也，察珲多尔济感上隆恩，恨来归晚，及旋跸，伏地涕零，依恋不已。谕曰："朕欲携尔至京师，路遥天暑，恐生长边外之人，不习内地水土，俟他年朕临幸边塞时，即召尔等相见。"多伦诺尔之会，扎萨克图汗部人卓特巴弗至，有遵义扎萨克朋素克者，时以疾卒，卓特巴掠其牧，朋素克从父额尔德尼衮布诉诸朝，诏夺扎萨克职。

九月，卓特巴服罪来朝，诏封多罗贝勒，仍授扎萨克。

十月，格色克随母布尼达喇赴诉京师。谕曰："旧扎萨克图汗沙喇之子格色克，被噶尔丹所虐，逃难来归，虽未会多伦诺尔，尔念伊先世通贡有年，伊父无辜被杀，其子又仅留格色克一人，朕甚悯之，着加恩封辅国公，附策旺扎布旗。"扎萨克车布登来朝，优赉之。先是，车布登属车棱楚楚琥尔等，避噶尔丹往俄罗斯，至是携千余户来归，命仍辖之。寻车布登叔父伊勒登台吉，与扎木巴喇藏布呼图克图交恶，为所执，土谢图汗部郡王固噜什喜劝释之，不听，伊勒登台吉及子丹津旺布皆被杀，车布登诉诸朝，遣官往鞫。扎木巴喇藏布呼图克图惧罪，遁附噶尔丹，敕擒献抵罪。理藩院议土谢图汗、车臣汗既留故号，请令仍贡九白，上悯其新附，牧产未裕，诏宽其期三年。寻疏请给地耕作，以赡生计，许之。诏罕笃牧喀尔喀河，策旺扎布牧归化城北，以岳苏图阿海理旗务。命善巴选兵随侍郎瓦岱赴图拉河，侦御噶尔丹。扎萨克丹津额尔德尼以厄鲁特巴图尔额尔克济农和啰理居阿拉善，与己牧毗连，多被窃，遣使诉于朝，遣官诘责和啰理，令徙牧界内，和啰理惧遁，诏即收其人畜，畀丹津额尔德尼，复谕偕郡王善巴、辅国公托多额尔德尼备御和啰理。寻以和啰理乞降罢兵。

二

三十一年，土谢图汗部郡王西第什哩、扎萨克图汗部亲王策旺扎布来朝，宴之，优赉遣归。初，策旺扎布有姑曰额尔克布第素克，为噶尔丹所掠，寻释归，台吉罗卜藏贫不给，适诺尔布妾乌特罕默齐克自厄鲁特逃归与遇，因偕赴归化城乞赈，会喇嘛商南多尔济奉使青海，携策旺扎布母扎尔穆至，诏悉归策旺扎布令完聚。赛因诺颜部长郡王善巴再从弟策凌及其弟恭格喇布坦来归。诏赐居京师，教养内廷，命编所属佐领，附察哈尔镶黄旗驻牧，授策凌三等轻车都尉。策凌者，赛因诺颜部长图蒙肯曾孙，祖丹津，号班珠尔父纳木扎勒号约苏图伟徵阿海。至是丹津妻格埜勒哈屯自塔密尔携至京，上念其幼，为图蒙肯嫡嗣，故施恩尤渥。善巴从子阿哩雅携众来归。

阿哩雅曾祖锡纳喇克沙特，居克噜伦，领所部扎萨克，祖齐巴克塔尔，以附噶尔丹故，为和托辉特贝勒根敦所执，父布尼早死，幼为其从祖萨木济特所虐，萨木济特已嗣扎萨克，不愿隶之。诏授阿哩雅一等台吉兼扎萨克，并命其旧属阿尔萨兰卫宰桑协理旗务。先是，阿尔萨兰卫宰桑侦噶尔丹自乌兰布通败归，邀击之，擒台吉丹津哈什哈、阿玉奇等，至是以献，谕奖之。扎萨克图汗部人纳玛琳藏布来归。纳玛琳藏布祖罗卜藏台吉额琳沁，以戕扎萨克图汗旺舒克，奔厄鲁特，嗣与噶尔丹隙，避居西藏，依达赖喇嘛，至是由西宁入觐。上以其旧为扎萨克，诏封辅国公，驻牧归化城。发粟，赐诸部所属贫户，有伊拉古克三呼图克图者，奉命谕噶尔丹，至则叛随噶尔丹，掠乌珠穆沁、克什克腾诸部界，乌兰布通之败，潜遣党人入边伺衅。扎萨克图部人衮占，缚以献。诏奖之。衮占，郡王朋素克喇布坦从父也。

是年秋，上幸塞外，驻跸舒琥尔呆尔，土谢图汗察珲多尔济迎觐行幄。

冬，遣第七子齐旺多尔济来朝，均优赉之。盖自察珲多尔济悉族归附，蒙恩给内地，噶尔丹以不得逞私忿，屡请逐还故土，上恶其狡，因决策亲征。车臣汗乌默客乞由阿尔图徙牧伯依尔，许之。

三十二年，敖巴病殁。礼塔尔入觐，谢罪。诏授扎萨克一等台吉，赐币。礼塔尔旋卒，子旺舒克袭。土谢图汗部人车棱扎布，集属六百，自俄罗斯来归，闻锡布推哈坦巴图鲁驻牧巴颜乌兰，乞往附，允之。寻授一等台吉仍兼扎萨克。根敦遣达尔汉诺颜献阿尔台之捷。先是，上以众喀尔喀内附，独根敦与其族锡布推哈坦巴图鲁为噶尔丹所阻，不得归，根敦复转战数载，表贡久不至，诏遣人间道往谕内徙，至是根敦使至，奏由色楞额河南徙杭爱山，上嘉悦，厚赉其使。

三十三年，车臣汗部贝勒车布登子旺札勒袭扎萨克多罗贝勒。时所属巴尔呼人，散居兴安岭后霍勒乌勒辉，纠众肆劫。旺札勒幼，母博第苏克遣台吉川珠尔齐旺多尔济往缉之，不克，具以闻。命黑龙江将军萨布素就近招抚之。巴尔呼凡数种，有称齐巴齐努特者，其属塔布囊等，避噶尔丹携六百户，奔附扎萨克阿哩雅所，而留五百户。栖呼伦贝尔之乌棱地，无所依。谕旺札勒白其母，收之还。

四月，以锡布推哈坦巴图鲁既内徙，根敦弗至，遣官赴图拉河，约锡布推哈坦巴图鲁往召之。

九月，根敦遵谕至，诏封多罗贝勒仍兼扎萨克。

三十四年，诏遣官往车臣汗部购驼马。额尔克阿海，子锡喇布以罕笃诱夺所属瑚尔拉特等众，诉于朝。遣官往鞫。罕呼诡言车臣汗硕垒。尝以瑚尔拉特人畀其祖噶尔玛，哲卜尊丹巴呼图克图犹识之，询哲卜尊丹巴呼图克图，则云："畀额尔克阿海，不闻畀噶尔玛。"同族郡王纳木札勒等，皆右锡喇布，事乃白。锡喇布以与罕笃讼，仍隶其旗，惧虐，请改隶纳木札勒旗，罕笃怨之，益遣人诱夺其属，会噶尔丹掠巴颜乌兰，郎中音札纳奉命往谕，徙牧界内布哈和赖，罕笃不从，又以诱夺锡喇布属惧讨，执音札纳以叛，胁台吉札木巴拉等，遁附俄罗斯，邀车布登与俱，车布登不可，泣告曰："我等毫无报效，圣主念我先世职贡有年，恩授爵秩，今反谋他遁，负圣主恩，辱先人业，将安之。"罕笃卒弗听，掠阿南达属绰内色棱、呼森岱鄂齐尔等数十户遁。车布登遣子图巴，驰告郡王纳木札勒，而自与贝子朋素克率兵追至呼拉济，大败之，获其孥复遣人往招，以雪阻弗及。时郎中阿必达，员外郎伯什喜偕纳木札勒，由喀尔喀河追降贼众。乌默客檄诸札萨克兵，朋素克、阿南达由噶勒伯哩会缉。札木巴拉等谋擒罕笃，不克，携众返，告罕笃已由博尔济遁俄依河，追兵乃还。朋素克遣第三子根敦札布往求音札纳，谍罕笃由博尔济河走俄罗斯，弗纳，携五百余众栖额克阿喇勒，势甚急。

朋素克以噶尔丹方于巴颜乌兰作度冬计，罕笃必往奔，遣人赴克鲁伦、韩尔札、俄依河诸界，分路侦缉，而自设汛牧地，督沿边弁兵防守，罕笃既被追急，绰内色梭子额腾格等得携众归。于是车布登、阿南达携属由珲图塔什海往阿噜科尔沁界内乌兰库博尔游牧。

八月，噶尔丹贻书纳木扎勒陀音，诱往会，拒之，随锡布推哈坦巴图鲁走阴山北，诏亟徙归化城界，所属恋故土，勿肯徙，噶尔丹猝至，复被掠，未几俄罗斯擒献罕笃，伏诛。谕曰："当罕笃叛遁时，车布登感朕牧养恩，不惟不从之同逃，且能率众追击，深明大义，不顾私情，朕甚嘉悦，著即以罕笃镇国爵授之，仍兼扎萨克。"

十月，纳本陀音自缚请罪，诏宥之。寻徙色楞额河。固噜什喜侦噶尔丹谍复掠，移牧苏尼特之瓯尔地，诏侍卫阿南达率兵获之。车木楚克、纳木札勒、阿玉什并赴绥克洪果尔侦噶尔丹，并备驼马糇粮资弁兵。车棱扎布由巴颜乌兰移牧俄依界。是年，敦多布多尔济来朝，赐冠服银币。敦多布多尔济，噶尔旦多尔济长子，袭多罗郡王。命根敦侦噶尔丹，诏所至给马，会巴颜乌兰被掠，根敦道阻，居色楞额河，寻移牧齐斯希布。

三十五年四月，上亲征噶尔丹。诸部扎萨克奏，臣等被噶尔丹掠，全部溃，赖圣主天威正其罪，请从征效力。谕曰："朕为中外万国主，凡小国危亡，罔弗加之抚恤，况尔等朝贡有年，猝被劫掠，百姓流离失所，朕以此故，躬统大军，除暴安良，我朝用兵以来，所向无敌，此行朕必成功，为尔等雪耻，捷音指日可至，无庸尽行。"于是诸部从征者，土谢图汗部则多罗郡王车木楚克纳木札勒，辅国公锡布推哈坦巴图鲁，多罗贝勒西第什哩。车臣汗部则汗乌默客，多罗郡王朋素克。扎萨克图汗部则多罗贝勒根敦，辅国公索木伊斯札布，辅国公衮占，扎萨克乌尔占，扎萨克哈玛尔岱青，扎萨克罗卜藏台吉额琳沁。赛因诺颜部则多罗郡王善巴、衮布，辅国公旺舒克，辅国公阿玉什，扎萨克阿哩雅，台吉纳木扎勒，镇国公乌巴达。

五月，上躬率兵前行。癸亥，抵克鲁伦河，诸军并会。车木楚克纳木札勒选所部卒齐旺，朋素克遣护卫穆扎哈尔，阿玉什遣属齐旺、齐呼兰等为大军响导。上策噶尔丹必遁，敕朋素克、锡布推哈坦巴图鲁等，各引骑由巴尔岱哈山麓往诱之，侦噶尔丹遁，复扈驾遣剿至拖诺山。癸酉，抚远大将军费扬古捷音至，大破贼众于昭莫多，噶尔丹引数骑窜。索诺木伊斯扎布、哈玛尔台青、乌巴达、阿哩雅等，赴昆都伦额济内河，分路追缉，大军凯旋。察珲多尔济，偕诸扎萨克迎觐，贺捷，优赉之。诸部众沿途庆献。日亿万计。先是，善巴遣属札勒等，赴库抡伯勒齐尔侦贼踪，比还，报噶尔丹党博罗特和卓潜入界，善巴捕获之。奏噶尔丹若久居巴颜乌兰，必窥塞肆掠，请敕大军速剿，上韪其言，及大军行，谕所属选兵千，善巴增选千五百赴调，以健马给官兵，且献羊助食。昭莫多之捷，降其众五百五十九。军旋。谕曰："善巴肫诚效力，懋著勤劳，著晋封和硕亲王，仍留信顺旧号，以示优眷。"寻命察所属喇嘛之交通噶尔丹者收其书以献。朋素克格隆以谕降噶尔丹被留，还遇阿哩雅军与偕行，至特勒尔济谍厄鲁特数百窜伏河畔，烟起犬吠，亟往捕，尽俘之还。台吉阿喇布坦者，准噶尔戚属也。根敦适自额格穆尔布尔哈苏台至，奋击其众，阿喇布坦窜，谋降末决。固噜什喜遣属阿玉什，偕策旺扎布长史玛尼图，谕令速降。

八月，费扬古奉命由科图至塔密尔，移驻鄂罗会诺尔，檄善巴遣兵沿边侦御，有噶尔丹从子台吉丹济拉，不知我师再出，谋掠善巴牧，善巴谍报费扬古，击败之。费扬古遣车布登属色尔济等以兵六百，由齐思希特、克木齐克往迎根敦，车布楚克阿玉什随安郡王玛尔珲，护厄鲁特降众赴张家口外，资给驼马糇粮，并赴图拉河侦御噶尔丹。

九月，根敦至自博罗罕，请追擒噶尔丹，奖赐冠服，诸从征者，进爵扎萨克贝勒台吉有差。以朋素克功多封多罗郡王。谕曰："贝子朋素克此次从征噶尔丹，始终奋勉，劳绩懋著，朕甚嘉之，著晋封多罗郡王，仍留伊勒登济农号。"赐牧乌兰布拉克，授盟长，赉冠服器币。并授穆札哈尔云骑尉世职，赐号达尔汉。寻命徙属赴达哩刚爱，与土谢图汗部扎萨克车琳扎布同牧。谕乌默客还牧阿尔图，辞以马瘠，乞缓徙，从之。

冬十月，玛尔珲还。车木楚克纳木札勒等偕员外郎舍棱仍留驻。

十一月，丹济拉遣其党格垒沽英乞降。善巴长史伊布根齐疏闻。诏侍郎满丕往受之，仍偕善巴协力防贼。

十二月，车木楚克以私归游牧被劾，上询知，舍棱实倡议，宥弗问。昭莫多之役，罗卜藏台吉额琳沁卒于军，有子三，皆留西藏。至是召来京，长子鄂尔齐图哈坦巴图尔以疾废，停袭，子二长纳玛琳藏布，次扎木扬。是岁冬，上幸归化城，衮占、扎萨克图汗部郡王色棱阿海、阿哩雅暨阿尔萨兰卫宰桑等来朝，命较射，时车棱札布亦至。先是上征噶尔丹，车棱札布迎觐行幄，献所擒厄鲁特贼二，请从征。谕曰："尔等连岁播迁，劳顿已极，今达哩刚爱为我军牧马地，可携尔属众赴彼安居，即为督理牧务，不必随征。"车棱札布乃遣兄子多尔济札勒等代往，至是来朝，上念其与饬属执讯有功并谕奖之。寻扈驾还京，宴赉归。赐衮占牧杭爱山阴之额德尔齐老图。齐旺班珠尔移牧巴颜济噜克，奏佐领十有三，今祗存三，以雪盛损牧畜，多乏食者，赐粟赈之。齐旺班珠尔，固噜札布长子，袭封扎萨克。赐乌默客移牧克噜伦河北翁都尔多博，其地居巴颜乌兰东，以擒献噶尔丹使卓哩克图奖赉金币。复授墨济噶尔云骑尉世职，赐号达尔汉。

三十六年春二月，出师讨噶尔丹，善巴、乌尔占请从军，许之。车布登亦请从，上知其乏马，谕归牧。丁亥，上视师宁夏，诸部扈从。朋素克喇布坦来朝，请驾临牧，许之。寻授盟长。

四月，还渡黄河。诏留车木楚克纳木札勒与阿玉什，由水驿扈踦，他扎萨克皆登陸，遄归游牧。命朋素克偕员外郎常禄，赴噶尔达台河，收贝勒旺札勒旧属齐巴齐努特百余户，安置乌顺河。以叛贼伊拉古克三呼图克图窜伏黄河西岸谋劫汛马，诏辅国公旺舒克、扎萨克丹津额尔德尼等，设汛防缉。善巴疏言：素达尼父罗卜藏，号额尔德尼伊拉古克三陀音，为丹津喇嘛第三子，旧掌所部扎萨克。素达尼复随西路大军击噶尔丹党固英必齐叶齐等于汗阿林，有功，请编所属别为一旗，命辖之，诏允其请，授扎萨克一等台吉。是年，以噶尔丹窜毙，朔漠平，遣诸部并归旧牧。根敦献所降阿喇布坦人户。命土谢图汗部扎萨克多罗郡王敦多布多尔济尚和硕恪靖公主，授和硕额驸，旋晋和硕亲王，会其祖察珲多尔济卒，诏袭土谢图汗。

四十年，上幸塞外，驻踦喀喇乌苏，车臣汗乌默客来朝，寻扈驾幸索约勒济山，进宴，赐衣币。命策旺扎布仍袭札萨克图汗号，赐牧产赡之。寻尚县主，授多罗额驸，旋晋和硕额驸。

四十三年，扎萨克图汗部台吉墨德卓哩克图亦以被噶尔丹掠，族溃奔青海，至是乞还牧喀尔喀。诏授一等台吉，赐牧阿尔台、领尔齐斯、乌咙贵界。

四十四年，策旺札布迎觐喀喇河屯，赐鞍马银币。嗣是每时巡，辄入觐，赐赍便蕃。车臣汗部固山贝子丹津卒，其母苏嘛达喇奏丹潭子延楚布多尔济幼，请以阿南达第四子齐巴勒阿喇布坦袭，允之。诏降袭镇国公，寻卒，仍以延楚布多尔济袭。根敦卒，所属人穆库尔等，请以嗣子博贝袭辅国公爵。谕曰："贝勒根敦子松津僧格，曾经承袭辅国公爵，因伊身故，命根敦嗣子博贝，以扎萨克台吉管理旗务。今属人又请承锡公爵，朕念根敦从征噶尔丹懋著勤劳，著加恩即令博贝袭扎萨克辅国公。"

四十五年，诏三等轻车都尉策凌，尚和硕纯悫公主，授和硕额驸，寻赐贝子品级，诏携属归牧塔密尔，其弟恭格喇布坦亦尚郡主，授固山额驸。

四十六年，析达什敦多布属，别为一旗，命其弟车棱达什辖之，授扎萨克一等台吉。寻以协济军需功，谕曰："大军出征以来，扎萨克台吉车棱达什供应驼马羊只，奋勉效力，甚属可嘉。前者车臣汗乌默客之叔父，台吉三济札布，曾以助办军需优封公爵。车棱达什事同一例，著加恩封辅国公，仍兼扎萨克"。是年，上由喀喇河屯巡视蒙古诸部，驻跸德尔济库木都和洛。土谢图汗敦多布多尔济偕公主迎请，驾幸其第，赐章服及币。

四十八年，授纳玛琳藏布扎萨克一等台吉。谕曰："和托辉特贝勒博贝与厄鲁特接壤，防守不可不严，念伊力孤，必得族中兄弟助之，方克有济。纳玛琳藏布本和托辉特人，著授扎萨克一等台吉，与博贝同居。"寻赐牧塔斯郭勒、克木克木齐克地。

四十九年，晋封衮布子额琳沁多罗郡王。谕曰："贝勒额琳沁于喀尔喀部为尊行，人甚老成，昭莫多之捷，伊从征亦甚奋勉，伊父本系郡王，着加恩晋袭原爵，出缺时仍袭贝子。"

五十年，土谢图汗部台吉车棱巴勒、车臣汗部贝子布达札布，扎萨克图汗部辅国公衮占来朝。上追念察珲多尔济来归之诚，诏封车棱巴勒扎萨克辅国公，析其从子扎萨克台吉班珠尔多尔济五佐领隶之。谕布达札布曰："贝子布达札布于车臣汗部为尊行，年老艰履，犹抒诚入觐，朕甚念之，著加恩晋封多罗贝勒。"谕衮占曰："尔自来归以来，奋勉效力，屡著勤劳，行走甚属敬慎，今业已年高，于尔部中为尊行，肫诚尽力，至老不衰，朕甚念之，著加恩封为辅国公。"

五十一年，延楚布多尔济献马助军，会上由塞外行围，随其祖母苏嘛达喇迎觐，赐苏嘛达喇墨尔根哈屯号。谕曰："尔一妇人，能教孙大义，协助军需，朕甚嘉悦，俟军需竣时，必于尔孙额外加恩勉之。"

五十二年，乌默客族叔父吹音珠尔初授协理台吉，隶贝子喇布坦旗，至是请编属丁五百，自为一旗，诏授扎萨克一等台吉。

五十四年，以准噶尔策妄阿喇布坦扇众喀尔喀，命散秩大臣祁里德，率大军赴推河侦御，扎萨克博贝从。博贝因言准噶尔不靖，恃乌梁海障之，乞往招，若抗，即以兵取。扎萨克台吉济纳弥达、阿哩雅及根敦罗卜藏兵俱习战，请与同往，上韪其议。从之。上念辅国公敏珠尔居边远，势稍弱，诏给军符，令有警，辄驰报。仍下廷臣议驻防策。寻议令祁里德会喀尔喀众扎萨克，于敏珠尔所居额德尔齐老图附近额克阿喇勒、科布多、乌兰固木各择适中地，有水草可耕者，移兵屯驻，以壮声援，兼护敏珠尔游牧。诏如议。又议屯田鄂尔坤、图拉，裕军食。诏土谢图汗旺札勒多尔济勘奏所部可耕地，因言附近鄂尔坤、图拉之苏呼图、喀喇乌苏、明爱察罕格尔库尔奇呼、札布堪河、察罕廋尔、布拉罕口、乌兰固木及额尔德尼昭十余处，俱可耕，遂命公博尔丹选善耕人往屯种。

九月，乌梁海头目和罗尔迈率属降。先是，和罗尔迈居吹河，当以越界射猎为博贝缚献，上宥其罪，谕还巢。至是将遣子瑚洛虎纳请降。博贝至，因选其游牧赴特斯。冬，和罗尔迈遁，博贝追至呼尔罕什巴尔执之还。谕俟明年进兵。贝勒丹津多尔济选兵赴阿尔台防御。朋素克随右卫将军费扬古驻防札布堪，寻偕侍卫尼斯昆赴乌兰固木、伊图克温多尔防汛。

五十五年，诏车臣汗部选驼六千，以兵五千领之，由郭多里巴勒噶逊运军粮赴推河。

五十六年三月，命富宁安为靖逆将军，由巴里坤、公傅尔丹为振武将军，祁里德为协理将军，由阿尔台，分路剿准噶尔。上知博贝勤慎，谕偕署副都统常关保及扎萨克喇布坦等，由布噜勒趋博罗布尔噶苏自为一路，扎萨克图汗部辅国公沙克札布，扎萨克伊达本札布等从。

七月，败贼众于和特克什哩及额纳特珂克，追斩五人，擒宰桑罗卜藏锡喇布、奇尔萨噶勒等四人。傅尔丹遣额驸吴尔衮等，遣人分路寻探，已远遁，并无贼踪。诏土谢图汗部贝勒丹津多尔济，赛因诺颜部亲王善巴，率兵赴阿尔台，防御策妄阿喇布坦。镇国公车布登随大军由阿尔台，擒斩特楞古特贼众。扎萨克图汗部扎萨克鄂木布济，奉檄赴哈达青吉勒护军牧，侦特楞古特降众叛，率兵二百，立木栅于阿尔台，防贼逸。寻率兵千余，驻呼勒玛诺尔。扎萨克班珠尔多尔济随振武将军傅尔丹驻防崆格、札布堪。扎萨克图汗部多罗郡王格垴克延丕勒先随祁里德赴推河防御，至是移驻塔斯果尔玛及哲斯库布轱尔库业根，会大军由布噜勒凯还，至和通呼尔哈诺尔。格垴克延丕勒献牲畜济军。阿尔台之役，辅国公通谟克随前锋统领定寿，先往击之，赐谕嘉奖。时策妄阿喇布坦游牧博啰塔拉，以额琳哈毕尔噶为要隘，通谟克居边久，悉贼势虚实，上知其能，诏随土谢图汗部贝勒丹津多尔济赴巴里坤援剿，通谟克，故台吉墨德卓哩克图子也。策妄阿喇布坦遣大策凌敦多卜潜兵扰西藏。诏赛因诺颜部镇国公策旺诺尔布，偕侍卫阿齐图等，驻噶斯侦御之。

五十七年三月，侍卫色楞奉命援西藏。廷臣议檄策旺诺尔布及四川总督额伦特，都统瑚锡图赴噶顺固木，护青海。额伦特请命瑚锡图以兵千驻噶顺固木，已与色楞分路进藏。策旺诺尔布复请令额伦特、瑚锡图同驻噶顺固木，上以两奏互异，训饬之。寻议瑚锡图驻守，色楞、额伦特进剿，策旺诺尔布继援。

九月，色楞、额伦特击贼于喀喇乌苏、齐诺郭勒，乘胜深入，以兵寡战殁。策旺诺尔布援弗至全军还。诏优恤色楞、额伦特。他日谕廷臣曰："色楞、额伦特固属失机，但策旺诺尔布系随往接应之兵，而迟延不前，致前军失援战殁，虽伊所统克全，兵丁固属感念，于国事有何裨益。"

五十八年，命土谢图汗部扎萨克辅国公车棱巴勒随右卫将军费扬古，筹筑札克拜达哩克城。鄂木布济移驻布拉罕苏伯。寻由阿济督鲜巴里坤军需。

四月，抚远大将军固山贝子允禵奉命驻西宁，檄策旺诺尔布偕副都统宝色等，防索罗木。策旺诺尔布请檄青海兵六百守军营。寻由索罗木护自西藏来归之札穆扬善木巴等，至西宁。时里塘达赖喇嘛瑚毕勒罕罗卜藏噶勒藏嘉穆错居西宁，唐古特人以其部拉藏汗为大策凌敦多卜所戕，愿迎达赖喇嘛瑚毕勒罕归，置禅榻。允禵以闻，谕集青王台吉等定议，并召策旺诺尔布入奏。

五十九年正月，罗卜藏噶勒藏嘉穆错封第六世达赖喇嘛。诏策旺诺尔布及土谢图汗敦多布多尔济，参赞平逆将军延信军由里塘护往西藏。命敦多布多尔济驻其地。

八月，由卜克河进屯齐诺郭勒、绰玛喇，击败准噶尔贼谍。定西将军噶尔弼率云南、四川兵，由拉里抵藏驰进，大策凌敦多卜遁，西藏平，军旋。大军自阿尔台分路进剿准噶尔，土谢图汗部辅国公巴海，扎萨克图汗部贝勒诺尔布班第，扎萨克伊达木札布，赛因诺颜部额驸贝子策凌，随振武将军傅尔丹由布拉罕路袭击策妄阿喇布坦，至格尔额尔格，擒其宰桑贝坤等百余人，斩获甚众，焚其粮于乌兰呼济尔，军旋，次哈达青吉勒，遇贼援，击败之。寻赴汗库奎乌伯尔赛堪呼拉济驻防。博贝偕朋素克喇布坦随征西将军祁里德，由布噜勒进剿，至铿格尔河，侦宰桑色布腾率众据山守，大军分击之，降其属二千余，并擒乌梁海逃众四百，封多罗贝勒，籍准噶尔降众赐之，大军旋。朋素克喇布坦率兵百，鄂木布济率兵二百，至察罕呼济尔侦贼踪，由伊弥勒河、沙喇呼鲁苏擒厄鲁特逃众，还驻布拉罕苏伯。

六十年，允哲卜尊丹巴呼图克图请，赐旺札勒多尔济印。文曰：鄂齐赖巴图土谢图汗，命督理俄罗斯边境事。札勒多尔济，察珲多尔济孙也。调车臣汗兵防护乌梁海降众于巴颜车尔克。

三月，策旺诺尔布复奉命随延信驻藏。寻延信病，召还，噶尔弼代，复病，诏策旺诺尔布佩定西将军印代之。谕丹津多尔济偕副都统穆克登，以兵五百赴巴里坤，参赞靖逆将军富宁安军，鄂木布济驻拜达哩克，解送军驼。

冬，驻塔尔弼。

六十一年，车臣汗部台吉齐珰等，讼朋素克侵驼丁赏及勒买民妇状，遣散秩大臣巴咱尔勘得实。诏夺俸年半，补赏驼丁，所卖妇归其夫。命土谢图汗部扎萨克辅国公车棱巴勒，率兵由汗阿林移厄鲁特降人罗卜藏锡喇布游牧于察哈尔。鄂木布济由奈曼、茂明安督解军需。

雍正元年，诏封贝勒丹津多尔济、额驸策凌并为多罗郡王。谕策凌曰："额驸策凌自出师以来，从征效力，甚属奋勉，著封多罗郡王，以示殊眷。"谕丹津多尔济曰："自西北两路用兵，贝勒丹津多尔济扬历戎行，奋勉效力，圣祖仁皇帝深爱其材，著加恩晋多罗郡王，以示奖励。策凌弟固山额驸恭格喇布坦上念其性贞悫，材超众，留任京秩，不若遣赴军可得力，特封多罗贝勒，令随兄效力。未至，卒于途。子佛保降袭固山贝子。

三月，命撤驻藏兵。先是，策旺诺尔布赴青海莅盟，时罗卜藏丹津伪从命，既而背盟，谋胁众据西藏，与准噶尔连和。有诺旗哈什汗及台吉巴勒珠尔者，策旺诺尔布同族，居青海闻其谋，先后密遣人告策旺诺尔布。

四月，策旺诺尔布奏言，臣闻罗卜藏丹津负恩倡逆，自取灭亡。以臣愚见，青海台吉等彼此不睦，骨肉离析，各逞己见，罗卜藏丹津又甚糊涂，酗酒，失人心，伊虽传集会盟，度众人无不感戴养育深恩，未必与伊同逆，但事有关系，不可不预为防备。臣现行文驻扎西宁侍郎常寿、云贵总督高其倬等，一体侦御。疏至，上命常寿驰赴青海，宣谕罗卜藏丹津，至则罗卜藏丹津已叛。厄鲁特罗卜藏锡喇布者，乌梁海人。初，隶厄鲁特和托辉特，贝勒博贝擒降之，置汗阿林，后徙置察哈尔，授佐领偕兰翎侍卫春丕勒辖其属。至是携众叛逃，土谢图汗部扎萨克车木楚克纳木札勒偕同部扎萨克车布登，车臣汗部贝勒旺札勒偕同部辅国公车梭旺布，扎萨克色棱达什等，追擒之，射毙贼众阿玉什、额博垒等。上嘉悦，叙功，晋封车木楚克纳木札勒为多罗贝勒，以车布登父原爵贝子，晋封多罗贝勒，封旺札勒多罗郡王，寻授副盟长。

二年正月，贝勒博贝来朝，谕廷臣曰："朕询贝勒博贝，管辖乌梁海，何以资生？据奏在将军祁里德处，借饷一万八千余两，买牲分给，各得产业。今胜于昔，所借项，伊自以贝勒俸逐年扣抵。朕思博贝宜力戎行，功绩卓著，且乌梁海均朕百姓，岂有朕之百姓而借饷于朕之理，所借银两，着不必扣还。"谕祁里德知之。

二月，撤北路大军，诏留喀尔喀兵二千，驻阿尔台，以郡王丹津多尔济及额驸郡王策凌、贝勒博贝，各授副将军分统之，所部有副将军自此始。车臣汗部苏嘛达喇携延楚布多尔济来朝。上曰："延楚布多尔济协助军需，夙蒙圣祖仁皇帝嘉奖，朕犹忆当年随围乌喇尔罕时伊祖母手炊一饭以进，食之甚甘，此虽小节，亦可想见其竭力抒诚矣。著加恩晋封延楚布多尔济为扎萨克固山贝子。"罗卜藏丹津，窜准噶尔，青海平。策旺诺尔布由西宁入觐，诏奖进藏功，晋封固山贝子，赐三眼孔雀翎。通谟克随副将军阿喇纳，驻布隆吉尔，侦逆贼罗卜藏丹津党阿喇布坦、苏巴泰等，据喀喇诺尔路肆掠，偕总兵孙继宗往捕，至推默尔，贼败遁，复偕副都统阿玉什追缚其党丹津以献。诏通谟克及衮布札布俱晋封辅国公。谕曰："衮布札布曾从征昭莫多，此次大兵驻阿尔台，伊不论班期久驻军营，督办购马事宜，复随大军三击贼众，甚属奋勉，著授辅国公。鄂木布济仍驻塔尔弼。"

三

雍正三年，诏丹津多尔济、策凌军用正黄旗纛，博贝军用正白旗纛。寻丹津多尔济因督视军营驼马并捐羊助军，得旨优叙。和罗尔迈复遁，由阿哩克窜准噶尔界。博贝遣次子额琳沁由托济邀擒，而自赴克木克木齐克缉叛党诛之。上以额驸策凌所部，系出赛因诺颜，较三汗裔繁衍，而策凌自简任副将军，劳绩懋著，命率近族亲王达什敦多布、贝勒纳木札勒齐素咙、贝子策旺诺尔布、辅国公阿努哩、敦多布、额琳沁、札木禅、旺札勒，台吉格木丕勒、齐旺、锡喇札布、达尔济雅、根敦、车布登、巴朗、延达博第、泥玛特、克什、诺尔布札布，凡十九扎萨克，别为一部，以其赛因诺颜号冠之，称喀尔喀中路，不复隶土谢图汗，喀尔喀有四部自此始。

四年正月，博贝偕策凌奉命勘阿尔台形胜。初，厄鲁特与喀尔喀未构兵时，错处科布多、乌兰固木，噶尔丹既灭，喀尔喀西境直抵阿尔台，故自唐努山阴之克木克木齐克，至博木等处，皆博贝及来归之厄鲁特，贝子策棱旺布所属，乌梁海游牧其地。至是策妄阿喇布坦奏，克木克木齐克旧隶准噶尔，乞还，上弗许，虑伺间掠乌梁海，诏博贝率所部兵千，随前锋统领定寿驻唐努山阳特斯地防护之。寻谕理藩院曰："朕详思克木克木齐克、乌梁海皆博贝等所属，和罗尔迈既已就擒，交博贝抚恤，居之公所，但念此等人向在喀尔喀边外林木中射猎为生，与准噶尔所属乌梁海接壤，又与俄罗斯连界，宜令博贝等同大臣前往晓谕，令自为颈备，以防不虞，着传谕博贝知之。"是年，丹津多尔济以偕土谢图汗旺扎勒多尔济助给屯田兵粮，得旨奖赉。土谢图汗旺扎勒多尔济等，因额尔德尼昭乏，相宜谷种，遣人购之俄罗斯，并请助屯田兵粮。谕曰："首议屯田时，曾有奏言喀尔喀未必踊跃从事者，朕思此举，正为伊等计及久远，岂有反不乐从之理，今果感戴抒诚，与朕意相符，殊可嘉尚，著交理藩院议叙，各予纪录，并赉币有差。"

五年，以库抡、恰克图为土谢图汗部与俄罗斯互市地。诏非市期，毋许俄罗斯逾楚库河界。策凌偕内大臣伯四格等，赴楚库河与俄罗斯使萨瓦立石定界，策凌陈兵鸣炮谢天，四格归劾奏，议罪，应削爵，诏罚俸三年，免削。博贝率子额琳沁，追擒乌梁海逃人和罗尔迈于托济，降其众。

六年，车布登班珠尔袭车臣汗，赐之印，文曰："根敦车臣汗以幼，命其叔祖郡王垂札布代掌旗务"。

八年，诏扎萨克图汗郡王格埒克延丕勒偕同部辅国公通谟克，以兵千，赴塔尔弼、阿噜诺助前锋统领定寿，防御准噶尔。先是，靖边大将军傅尔丹，以通谟克游牧逼阿济毕济，虑为贼侵，奏遣前锋统领定寿、副都统玛尔齐喇锡等。由库卜克尔屯兵伊克斯诺尔遏贼冲，通谟克等驻塔尔弼、阿噜诰，互为声援，故有是命。命土谢图汗部扎萨克辅国公巴木丕勒多尔济，由额尔德尼昭运屯田谷，实于塔本托罗海。寻复以筑科布多城解所用铁。车臣汗部扎萨克督运鄂尔坤米,赴乌里雅苏台军营,贝勒旺扎勒以迟误军驼罪削爵。鄂木布济移驻苏伯和宁乌苏。

九年七月,命扎萨克图贝勒班第、赛因诺颜贝勒纳木札勒齐素咙等,徙居色楞额河南北岸,保护游牧。命土谢图亲王丹津多尔济,偕大学士马尔赛驻防图拉河。寻议移驻四子部落界。丹津多尔济以地旷,恐冬艰刍薪,请附牧归化城,上从其请。

九月,以准噶尔贼由华额尔齐斯至索勒毕乌拉克沁谋掠喀尔喀,靖边大将军傅尔丹击之于和通呼尔哈诺尔,不利,退守科布多。策凌侦贼由和通呼尔哈诺尔窥图墨、茂海、奎素诸界,偕翁牛特部贝子罗卜藏等分兵却之。诏土谢图贝勒车木楚克纳木札勒赴军效力,中道病足,恐失期,授子台吉成衮札布兵驰赴军,自引余骑扶病归值厄鲁特贝勒色布腾旺布属奇尔吉斯人叛,梗途,力疾击,中枪,阵殁,诏丹津多尔济随顺承亲王锡保防护察罕廋尔,为科布多军援。扎萨克多罗郡王敏珠尔多尔济,奉檄,不即至,锡保劾奏议削。谕曰:"敏珠尔多尔济之祖固噜什喜,在喀尔喀部中极为恭顺,遇噶尔丹之乱,倡众先归,厥功最著,此次敏珠尔多尔济奉调迟误,或有别故,著来京面询降旨。"

十月,额驸策凌由察罕廋尔进剿准噶尔,时贼酋大策凌敦多卜拥众三万,谋掠喀尔喀,闻锡保、博尔丹各屯重兵,不敢进,侦察罕廋尔屯重兵,潜遣将海伦曼齐等,取道阿尔台迤东,以贼众六千分掠克噜伦及鄂尔海喀喇乌苏,而自拥兵二万余众,由苏克阿勒达呼继进丹津多尔济。额驸亲王策凌率土谢图汗部扎萨克齐巴克札布、赛因诺颜部扎萨克诺尔布札布,扎萨克格木丕勒、扎萨克齐旺等,迎击之。至鄂登楚勒,授台吉巴海兵六百,令宵入贼营,擒三人还,先伏兵待,贼将贡楚克札布、喀喇巴图鲁等,果率骑三千来追,伏发击之,斩喀喇巴图鲁,余众溃,大策凌敦多卜及海伦曼济遁。谕曰："策凌、丹津多尔济督率弁兵，奋勇争先，击败准噶尔，甚属可嘉。前在军效力，并已晋亲王，可各赏银一万两，以示奖励，余并赉银币。并授巴海扎萨克一等台吉，鄂木布济随副都统阿三等，率兵二千，赴库卜克尔，防御准噶尔。土谢图汗部贝子车布登，奏败贼于苏克阿勒达呼，赐阿克敦巴图鲁号，并赐三眼孔雀翎及黄带。

是年秋，格埒克延丕勒还驻科布多，寻偕侍郎查克丹由乌逊珠勒分击贼众于齐克齐诺尔，贼人阿济掠通谟克牧，其属多溃析，格埒克延丕勒汛牧地迩，亦被掠。博尔丹橔由科布多驰归，即内徙。

十一月，遣侍卫常尼慰谕，命总督查郎阿察置，务令得所。谕额驸亲王策凌议剿贼方略，寻授喀尔喀大扎萨克。上以丹津多尔济告捷疏不列班第名，恐驻牧被扰，诏锡保传令东徙。鄂木布济弃汛私归，顺承亲王请削职治罪，诏来京面询，降旨惩。通谟克被掠。又遣官移之阿拉善颁给粮茶，寻请移驻阿拉善附近之绰确地，许之。

十二月，锡保奏遵旨遣询班第，知前因准噶尔入掠，由原驻桑锦达赉东迁额格地，侦贼败遁由额格至色楞额河，同扎萨克根敦等，驻牧南北两岸，岭峻林密，兼河流深阔，据要害可御敌，报闻。

十年三月，鄂木布济入觐。谕曰："鄂木布济弃汛私归，固有应得之罪，但念为贼阻截，不能通信，回守游牧，使贼丝毫无犯，情尚可矜，且人材亦甚出众，著加恩免其削职，即随郡王格埒克延丕勒统率所属兵丁，赴伯格尔建勋将军达尔济军营，效力赎罪。"寻移牧奇齐格纳洪果尔、阿齐喇克。俄罗斯使入贡，道被劫，车臣汗部台吉敦多卜遣人护之行，且给粮，奖赐银币。敏珠尔多尔济遵谕至，以患病自陈。谕曰："军前退缩之罪，例不容宽，但敏珠尔多尔济因病未能率兵前赴军营，以致伊旗派出兵丁，半被贼人截回，念伊祖固噜什喜功，免其削爵，别选贤能台吉驰住，代辖兵丁，俟伊病痊后，仍赴军营效力赎罪。"命颁牲粮赈格埒克延丕勒被掠人户，并赐银千两，谕随建勋将军达尔济驻防伯格尔。寻授盟长。

六月，贼酋小策凌敦多卜，复纠众三万，由奇兰至额尔德毕喇色钦，策凌偕将军塔尔岱御之于本博图山，未至，贼掠克尔森齐老喀尔喀众扎萨克惧不敌，多弃牧归，策凌等反旆击之，相拒二日，檄丹津多尔济率兵赴援，不至，贼遂趋额尔德尼昭台吉齐旺独随策凌督兵据险，奋击之。朋素克喇布坦方督所部庙工，闻之亟引兵会大军往剿。

八月，策凌追贼十余战，贼屡败，据杭爱山麓，逼鄂尔坤河而阵，策凌麾众进，扎萨克巴海奋击，众乘之斩馘万余，获牲械无算。小策凌敦多卜遁，格埒克延丕勒引兵，由拜达哩克追至哈琳城，复由布克哈喇追至乌兰布拉克，斩贼数百，夺其纛，侦走库尔图勒，夜攻之，斩四百余级，贼乃大溃。赛因诺颜部扎萨克格木丕勒克尔森齐老之役，力战被创，归察罕廋尔营，疗少愈，仍请击贼，顺承亲王壮其勇，援兵三千，由喀喇阿济尔罕追余贼越阿尔台，至毕济岭，斩获甚众。谕曰："格木丕勒去岁懋著劳绩，今复奋勇剿贼，被创愈奋，探可嘉予，著封辅国公，以示奖励。"顺承亲王告捷首表策凌功。赐超勇号。谕曰："准噶尔贼众越察罕廋尔军营，至杭爱山，肆其猖獗，额驸亲王策凌尾追千里，至鄂尔坤之额尔德尼昭，奋勇攻击，将三万贼众歼除殆尽，为国输诚，忠勇超绝，其特赐黄带，以旌异之。此次军功，非寻常劳绩可比，随征官兵，著从优议叙。其随策凌在克尔森齐老击贼者，并著加倍优叙。"封巴海为辅国公。谕曰："巴海曾由协里台吉效力阿尔台军营，去岁苏克阿勒达呼之捷，劳绩懋著，朕擢授扎萨克台吉。今复于额尔德尼昭奋勇剿贼，深可嘉尚，著加恩封辅国公。"方贼众之由奇兰袭阿尔台也，扎萨克图汗部一等台吉彻埒克，辅国公通谟克叔父也，选骑四十余，与子弥什克迎击之，贼益众，彻埒克力战死，弥什克亦被擒，寻脱归，顺承亲王以闻，诏追封辅国公，改附通谟克旗，特命世袭罔替。方贼众掠克尔森齐老，振武将军傅尔丹，由乌逊珠勒邀击，檄策旺札布协剿。赛因诺颜亲王喇嘛札布托故私归，策旺札布又纵骑劫粮，并议削爵论死。谕曰："策旺札布昔为噶尔丹所掠，流离迁徙，狼狈来归。圣祖仁皇帝悯其穷困，收集溃散，人户悉以畀之，封亲王，授额驸，荐袭汗号，恩养备至。朕念伊系一部之汗，复授副将军，伊赴军营，统兵进剿，乃甫与贼战，望风奔溃，扰动众心，复不归军营，匆处移居内地，恬不知耻，反藉保护游牧为词，且并不约束所属，任令劫粮，沿途商贾，亦被侵扰，甚玷国家养育之恩，理应于削爵后立正典型，但念伊祖父累代抒诚，不忍予以显戮，著从宽免死，永远监禁。朕观伊族弟多罗郡王格埒克延丕勒，人材出众，此次追击准噶尔，奋勇效力，足为所部表率，著加恩袭封扎萨克图汗兼副将军。至策旺札布属人，胆敢劫粮，不可不示惩儆。著御前侍卫旺札勒赴归化城，传谕格埒克延丕勒，严缉治罪。"

冬十月，特封丹津多尔济长子贝子多尔济色布腾为世子。定例，宗室亲王始封世子。外藩有世子自多尔济色布腾始，盖异数也。以准噶尔败遁，谕曰："去岁朕降旨，令尔等徙居内地，并不感悦遵行，屡次催促，始勉强迁移。今幸大军于苏克阿勒达呼及额尔德尼昭两败贼众，尔等始得安居，否则岂能保护牲畜乎，朕思尔等本属一体，岂有甘居庸懦，受人庇荫之理，嗣后各宜激烈奋发，不惟永享升平，亦且垂光史册矣。"诏移通谟克属众于阿拉善，颁粮茶给之。查郎阿奏通谟克属业尽失，请增口粮。理藩院议遣员携帑二万，往赏，并给一年口粮，诏如议速行。以厄鲁特降众居张家口者编一佐领，赐策凌辖之，复以策凌辅战，不得归牧，戚属为小策凌敦多卜所掠，牧产多失，上悯之，谕给马二千、牛千、羊五千、银五万，并察赈所属失业者。寻命筑塔密尔城，建瓦屋居之。格埒克延丕勒遵旨议防游牧，奏洪郭尔鄂隆可驻兵千，东南百余里外图伯策克可驻二千，西什巴尔台河至济尔噶朗图可驻三千，请令都统哈什哈、副都统绰尔多等，率兵分驻。

十二月，晋授策凌固伦额驸，以纯悫公主已薨，追赠固伦长公主。谕喇嘛扎布曰："喇嘛扎布怯懦无耻，理应照议论死，佀念伊祖善巴，当喀尔喀未定之先，输诚内附，屡随大军奋勉效力，朕实不忍予以显戮，著削爵免死，永远监禁，所遗扎萨克原爵，以其弟德沁扎布袭，撤还一佐领，给额驸策凌。"

十一年，定边大将军平郡王福彭，统大军驻乌里雅苏台。诏策凌佩定边左副将军印，进屯科布多。寻授盟长。额尔德尼昭之役，丹津多尔济、车布登并战不力，侦贼遁，驰疏以大败贼众告，赐智勇号及黄带。寻授盟长，晋封车布登多罗郡王。至是追论贼越察罕廋尔军营，顺承亲王防御不力罪，并及丹津多尔济、车布登饰奏冒功状。谕曰："丹津多尔济蒙圣祖仁皇帝施恩教育，袭贝勒爵，朕因其督办驼马，积有劳绩，由贝勒荐封亲王，优加恩眷。昨岁额尔德尼昭，伊妄奏冒功，今乃知其往援克尔森齐老时，行未十里，驻兵不前，及额尔德尼昭之役，贼由杭爱山阴败遁，伊不尾追，反由杭爱山阳迂道迁延，致贼兔脱，理应重治其罪，但念前此曾经效力，暂行宽免，削智勇亲王爵及世子，并撤回黄带，降封郡王，仍留所部副将军，任督办未完驼马，随定边大将军平郡王福彭协理蒙古事务。倘不奋勉自赎，仍蹈前辙，定加倍治罪，其传谕知之。"谕车布登曰："车布登初袭公爵，因追剿罗卜藏锡喇布著有劳绩，恩擢贝勒，嗣与丹津多尔济饰奏苏克阿勒达呼及额尔德尼昭击贼功，妄邀封赏，今实情毕露，知其率一千兵，遇贼百余，辄畏惧不前，虚张声势，令贼远遁，及偕副都统塔尔岱率兵追贼，诳令迷路，纵贼远飏，并无为国效力实心，着削郡王爵及赐号，撤还黄带，降授贝勒，饬赴科布多军营效力赎罪，倘仍旧退缩瞻顾，定从重治罪。"命朋素克喇布坦，解送科布多军驼。格埒克延丕勒选健驼以献。诏策旺扎布旧属令辖之。寻入觐。谕随定边大将军福彭，驻乌里雅苏台，赐元狐冠服。

冬，朋素克喇布坦请随额驸策凌由科布多进剿，谕尔初袭汗号，现驻军营，董率尔属，保护游牧，自可出力报效，况军营蒙古王公甚少，尔可无庸随往。鄂木布济偕前锋统领塔尔玛善，擒获准噶尔贼众，赐孔雀翎。车臣汗车布登班珠尔以闇弱削爵，诏垂札布袭，垂札布既袭爵，请给俸。谕曰："前此喀尔喀三汗皆不给俸，盖欲伊等守蒙古旧业，不令与众扎萨克一例，是以未经颁给，今垂札布既有此奏，著给亲王俸，每岁加赏银二千五百两。土谢图、扎萨克图二汗，著行文询问，若愿请给，一体施行。"车臣汗部辅国公格埒克巴木丕勒，以所属巴尔呼人由塔尔巴哈台遁俄罗斯，驰击之，赐双眼孔雀翎，寻助军需，得纪录。

十二年二月，上以乌里雅苏台距科布多远，谕进剿机宜，悉听策凌总理。

五月，召策凌来京议军务。班第献驼马助军，福彭予之值，辞不受。

七月，撤科布多军，驻察罕廋尔，时格埒克延丕勒解驼马赴科布多，谕留屯辖蒙古兵。

十三年三月，噶尔丹策凌乞和，表称阿尔台旧系厄鲁特牧，杭爱旧系喀尔喀牧，请由哲尔格西喇呼鲁苏至巴里坤，画界分守。诏策凌议，因言往者喀尔喀游牧，尚未至哲尔格西喇呼鲁苏，应如所请，但喀尔喀汛原设阿尔台迤东，科布多、额贝和硕、和通额博、布延图、托尔和、乌兰等处，并在哲尔格西喇呼鲁苏界外，应设汛如故，至准噶尔游牧，应以额尔齐斯及阿尔台为界。策妄阿喇布坦存日，游牧和博克萨哩、察罕和济尔迤西，数年来渐越额尔齐斯，贼性狡，请令毋越阿尔台，为永御计，上韪其议。谕噶尔丹策凌曰："夫阿尔台之属厄鲁特，乃噶尔丹从前之事，尔准噶尔并未越此游牧，乃谓为厄鲁特牧地可乎，且喀尔喀尚不令近阿尔台，原欲两界稍远，免启争端，而可令尔居之乎，尔父在时，曾将阿尔台山梁外哈道里、哈达青吉勒、布拉青吉勒三处不必置为闲地，朕未允行，今特欲安逸众生，将此三处属尔，抵自克木齐克、汗腾格里上阿尔台山梁，由索勒毕岭下哈布塔克、拜达克之中，过乌兰乌苏、罗卜诺尔直抵噶斯口为界，并自呼逊托辉至喀喇巴尔楚克，悉作闲地，尔其遵谕行。"

四月，策凌入觐，归牧，格埒克延丕勒还驻乌里雅苏台。克尔森齐老之后，顺承亲王檄扎萨克图汗部兵万，赴乌逊珠勒援剿扎萨克喇布坦，弗至，私归游牧，议罪，削职并减其属户，以赐鄂木布齐。至是格埒克延丕勒奏，喇布坦曾再从征，又鞯米捐羊，历著劳绩，罢斥后，深自愧惧，奋力军营，请恩予开复，诏授原职。

九月，皇上御极，策凌请入觐。谕曰："准噶尔乞和定界，事尚未决，防守正宜严密，不可暂离军营。俟夷使到日，再行来京。"

十月，格埒克延丕勒奏，臣游牧旧在察罕廋尔附近崆格地，避准噶尔内徙，现居鄂尔坤迤西哈鲁纳，不利畜牧，请外徙推河、伊克鄂拉、翁吉等处，不惟生计可复，且距军营近，效力便。诏策凌等议，寻议所请地，为赛因诺颜部亲王德沁札布、扎萨克台吉阿保吹木丕勒牧，错处不便，应令所属以纳垒察罕和赖西伊克鄂拉等处为界，就推河、鄂罗克诺尔、和尔博尔津、阿尔察、喀喇托辉东伊克鄂拉山阴庚济迤西游牧。从之。鄂木布济驻防伟欢勒满。车臣汗垂扎布卒，仍以车布登班珠尔之弟达玛璘袭车臣汗，而以其子德木楚克袭扎萨克多罗郡王爵，赐德木楚克貂冠服。

乾隆元年正月，撤大军还。诏策凌统喀尔喀兵千五百，驻乌里雅苏台及鄂尔坤。寻谕王大臣曰："额驸超勇亲王策凌，总统北路军营，伊母现居京师，不得朝夕定省，恐其思念不置，著送归游牧，用慰孝思，并赏整装银五千两。"

二月，遵旨议驻兵备边，格埒克延丕勒请选内地兵万，驻鄂尔坤，三千驻乌里雅苏台，伺贼踪，决进止，选西三部兵万，车臣汗部兵五千，以三千分驻伟衮特里默及台锡里，余万二千，令副将军扎萨克等，训练备调，至扎布堪、台锡里、啌格、特斯四地，请仍设内汛，令蒙古游牧，无逾察罕和罗毕留台、齐老图、色楞额。上以其言多可采，示廷臣。成衮札布议选喀尔喀兵，驻库卜克尔千、特斯千、卓克索等处五千，各筑城。有事则入保。拜达里克、察罕廋尔、推河、塔密尔所驻内地兵，悉撤还，惟鄂尔坤应暂留满洲、蒙古兵万。报闻车臣汗达玛璘议择额尔德尼昭水草地设汛防守，从之。封策凌长子成衮札布为固山贝子，授所部副将军。成衮札布前随大军擒准噶尔宰桑贝坤，又剿贼额尔德尼昭有功，授一等台吉，至是晋封。仍封丹津多尔济为和硕亲王。谕曰："郡王丹津多尔济自出师以来，督办驼马，宣力有年，叠蒙世宗宪皇帝宠眷，嗣因自蹈愆尤，降授郡王，俾令自赎，近见其竭力抒诚，事奋勉，不负激厉惩诫之意，著加恩仍封和硕亲王，并命其第三子三达克多尔济乾清门行走。"授格埒克巴木丕勒为所部副将军。命土谢图汗、车臣汗部、扎萨克图汗，各选所部兵赴鄂尔坤防秋。命格埒延丕勒驻防伟衮特里默，赐貂冠及裘。

二年四月，命额墨根往谕噶尔丹策凌定牧界。噶尔丹策凌贻策凌书，欲仍游牧阿尔台，称策凌为车臣汗，策凌献其书，诏以己意答之。策凌奏遣台吉额墨根持书往报，书曰："阿尔台乃天定边界，尔父珲台吉时，阿尔台迤西，原无厄鲁特游牧，自灭噶尔丹以来，我等建城驻兵其地，众所共知，其不令尔游牧者，原欲以此为闲地，两不相及，以息争端耳。今台吉云难以让给，试思阿尔台果系谁地，谁能让给，尔诚遵肯定议，我必不为祸始，亦不复向科布多居住。又谓我等置哨逼阿尔台，宜向内撤。夫哨兵乃圣祖仁皇帝时所设，至今并未外移，即议定地界，哨兵岂能不设，尔台吉其自思之。"定边大将军平郡王福彭奏，喀尔喀四部防秋兵，皆驻鄂尔坤，扎萨克图汗部驻牧扎克拜达哩克西南，距鄂尔坤尤迩，请即令在彼驻防，微调无难即至，诏如所请。扎萨克图汗部贝勒班第卒，子青衮咱卜袭，诏授所部副将军，并授敏珠尔所部副将军。

十一月，准噶尔使至，召额墨根随策凌驰来京主其议。晋格木丕勒镇国公。

三年正月，授额墨根一等台吉，命乾清门行走。

二月，以准噶尔未遵旨指明地界，饬策凌归牧。

三月，额墨根复赍敕谕噶尔丹策凌。诏赐车木楚克札布贝子爵。谕曰："车木楚克札布之父策旺诺尔布，当世宗宪皇帝时，内廷行走，宣力有年，嗣驻藏奋勉，由镇国公晋封贝子，前因年老予告，以车木楚克札布降袭镇国公，今观车木楚克札布效力军营，亦属奋勉，著加恩令其晋袭贝子。"格木丕勒偕扎萨克图汗部公品级敏珠尔，告所属台吉特克什等，牧产减损，生计实难，各扎萨克助之，卒莫资，请展游牧至诺克图，毋越绰克图，视可渔猎，暂为外徙。额驸策凌代奏，上因与准噶尔议界未定，谕弗允。

十二月，额墨根还，噶尔丹策凌遣使哈柳奉表随至，请循布延图河，南以博尔济昂吉勒图、乌克克岭、噶克察等处，北以逊多尔库奎、多尔多辉库奎至哈尔奇喇博木、喀喇巴尔楚克等处为界，厄鲁特边人，仍在阿尔台山后游牧，并乞令托尔和、布延图哨兵向内移，诏弗允。是年，土谢图汗部郡王丹津多尔济卒，子三，长即贝子多尔济色布腾，尚和硕和惠公主，授和硕额驸，前卒，子桑斋多尔济袭郡王，次喇木丕勒多尔济，次三达克多尔济，上念桑斋多尔济幼孤，诏随和惠公主来京教养内廷，嗣尚县主，授多罗额驸。谕成衮札布曰："贝勒成衮札布效力军营以来，甚属奋勉。其父车木楚克纳木札勒，前因力疾击贼殁于王事，朕业加恩追封郡王爵，即令成衮札布晋袭。"寻授所部副将军。

四年正月，命哈柳往见策凌，哈柳曰："额驸游牧部属，尽居喀尔喀地，何弗居彼。"策凌答曰："我主居此，予惟随主而居，喀尔喀地，特予游牧耳。"哈柳又曰："准噶尔尚有额驸子，何不令来京。"答曰："予蒙恩尚公主，公主所出，乃谓予子，他子无与也。即准噶尔送还，予亦不以为子，当奏闻诛之。"

二月，哈柳还。

十月，哈柳复至，请如原议，毋逾阿尔台。盖自与准噶尔议界，策凌凡三至京，议始定。

十二月，谕曰："额驸超勇亲王策凌入觐，朕谕以噶尔丹策凌，送所掠喇嘛罗卜藏西瓦还时，曾言车臣汗子现在准噶尔，若念之，当即送还。策凌奏，臣受国恩，至优极渥，前准噶尔掠臣二子。若等不即自尽，尚复苟且偷生，全不知耻，臣欲得此不肖子何用，且与国事无益，噶尔丹策凌性本狡诈，臣若欲得二子，彼必妄行干请，所关非小，国事为重，臣断无爱子之心。朕思父子关乎天性，策凌感激隆恩，衹图裨益国家，顾惜大义，不思复与子相见，朕心深为恻然，思有以奖之，伊长子成衮札布，人材出众，在军前亦甚奋勉，著加恩照宗室亲王例，封为世子，以昭殊眷。"上念额墨根使劳，诏授扎萨克。

五年，谕扎萨克图汗部辅国公敏珠尔，由多伦诺尔送哲卜尊丹巴呼图克图归居库抡。

五月，勘定喀尔喀部游牧，与准噶尔各守定界。谕曰："前以军务方兴，恐尔部游牧被贼侵扰，悉令内徙，噶尔丹策凌谨遵朕旨，奏称不敢越阿尔台游牧，甚属恭顺，朕亦降旨，令尔诸部游牧毋逾札布堪、齐克慎、哈萨克图、库克岭等处，尔等当遍谕所属，永远遵行，倘有违令生事者，严行治罪。况今虽许准噶尔和好，罢息干戈，而平日不可不训习武备，尔等其留意毋忽。"扎萨克图汗部郡王格埒克延丕勒定所部游牧，自鄂尔海取中，南以博罗椿济、塔尔喇布喀、岱罕诺尔、党纳尔台、图穆尔哈巴、沙喇布鲁都、奇齐格纳、阿鲁通津、鄂伦诺尔、达兰图尔为界，北以额德尔齐德尔、伯勒齐尔、准舒玛勒台、桑锦达赉、喀喇达尔、阿勒坦噶达苏为界。谕严饬属人毋越汛。

十月，策凌、格埒克延丕勒等议，乌里雅苏台及鄂尔坤，专用喀尔喀兵驻防。从之。即命策凌督调。

六年，命参赞大臣都统塔尔玛善，赴土谢图汗部阅防秋兵，于乌克图尔济尔哈朗，车布登、朋素克喇布坦旗军容严整，并奖赉之。赴车臣汗部，阅于赛勒壁口，奖赉格延克巴丕勒、札木禅，如车布登等。以格埒克旗军散弛，严饬格埒克。扎萨克齐旺班珠尔子札木禅，镇国公图巴子格延克巴丕勒，复献驼助军，得纪录，命参赞大臣副都统庆泰，赴扎萨克图汗部阅防秋兵于哈里勒迈。寻赴赛因诺颜部阅防秋兵于桑锦托罗海。以右翼右后车木楚克札布、中后达木布多尔济旗军容严整，并奖赉之。策凌请给鄂尔坤及乌里雅苏台驻防兵银米，诏从所请行。寻因策凌年老谕移军营于塔密尔。诏土谢图汗敦丹多尔济移驻库伦。先是，哲卜尊丹巴呼图克图示寂后，其弟子袭故号，代演黄教，由额尔德尼昭移居库伦。至是诏敦丹多尔济驻守其地、护视之。

四

七年，御题诗扇赐策凌。扎萨克图汗格埒克延丕勒卒，子巴勒达尔新袭郡王爵，来朝。谕曰："扎萨克图汗号尚未承袭，已召郡王巴勒达尔，偕原封扎萨克图汗策旺扎布兄孙辅国公多岳特入觐。朕思策旺札布身获重谴，兼乏子嗣，而格埒克延丕勒，自袭汗以来，效力军营，甚属奋勉，其子自应承袭，况多岳特又非应袭汗号之人，其扎萨克图汗，仍著郡王巴勒达尔承袭。"寻授盟长。车臣汗部扎萨克辅国公车棱旺布，以老罢，子台吉格埒克袭。

八年，青衮咱卜以怠玩，为额驸策凌所劾。谕曰："朕闻青衮咱卜，凡事怠惰，并不赴军营效力。去岁察阅所部防秋兵，伊系副将军，所属兵丁器械，全不整饬，又将伊本身开入军营行走之列，希图双俸，经策凌察出，除名，严行训诫。喀尔喀副将军有统辖全部之责，为众蒙古表率，岂可稍有怠玩苟且，因谕策凌付旨询问，伊俯首无词，理应治罪，但既自知其罪，始行宽免，饬令嗣后加意奋勉，效力赎罪"赐扎萨克图汗部一等台吉额琳沁公品级，命辖乌梁海降众。诸部扈驾木兰行围。诏车臣汗部扎萨克台吉贡楚克札布，以兵五百赴库抡护视哲卜尊丹巴呼图克图。贡楚克札布，固噜札布长子也。寻以哲卜尊丹巴呼图克图，擅赴额尔德尼昭，敦丹多尔济未经劝阻，谕责之。格垺克以解驼马迟误，为所部副将军扎萨克辅国公巴苏所劾，诏削职，子索诺木敦多布袭。车臣汗部台吉旺札勒札布驻防鄂尔坤，携牲械济兵，赐孔雀翎。是年，敦丹多尔济卒，弟敦多布多尔济袭。

九年，车臣汗部多罗郡王贡格三丕勒卒，贡格三丕勒车臣汗垂札布弟，雍正末，垂札布由扎萨克郡王代车布登班珠尔为车臣汗，贡格三丕勒袭所遗扎萨克郡王爵，及垂札布子德木楚克袭扎萨克郡王，诏贡格三丕勒仍为郡王，不兼扎萨克，至是理藩院议停袭。谕曰："贡格三丕勒所授王爵，本系额外加恩，又未奋勉效力，理应照议停袭，但伊素系郡王，今因身故，遽尔削除，朕心殊觉不忍，著加恩授其子丹津为多罗贝勒。"

十年，土谢图汗部扎萨克和硕亲王额璘沁多尔济，督理俄罗斯边境事。

十二年，策凌入觐，优赉遣归。授土谢图汗部扎萨克和硕亲王额璘沁多尔济所部副将军，赴塔密尔驻防。

十三年，授土谢图汗延丕勒多尔济为盟长及所部副将军，偕哲卜尊丹巴呼图克图，督理俄罗斯边境事。谕令诸部选配驼五百，运归化城，赴塔密尔军营，并留兵驻防。寻延丕勒多尔济，偕众扎萨克议军营台站，为护牧设兵粮业蒙恩赏，至岁需牲畜，愿照数公捐，无庸由牧厂运送，策凌代奏，允之。厄鲁特降人达什哈，脱归布拉罕，扎萨克一等台吉，乾清门行走，达什丕勒擒之，诏赉币，并赐戴孔雀翎。扎萨克图汗巴勒达尔所属，有多尔济者，匿厄鲁特逃人察岱岁余，巴勒达尔始缚献，策凌劾其不严缉贼罪，诏免议。青衮咱卜请以其叔父公品级一等台吉额琳沁别授扎萨克，许之。诏授车臣汗部郡王德木楚克署盟长。德木楚克，垂扎布长子。

十四年，旺札勒札布捐资造矢千，送军营，并以羊四千余给兵。谕曰："旺札勒札布前因屡助军需，授一等台吉，今复备办军器，协济口粮，感恩效力，殊可嘉尚，著加恩授扎萨克。"乌梁海降人巴党遁，有乌勒木济者，驰告旺布多尔济，追至贡赞伯勒齐尔，尽擒还。理藩院议，虽擒获，究因疏懈所致，停叙功。上以旺布多尔济闻信疾追，奋勇可嘉，赐币。旺布多尔济，额琳沁子，寻授二等台吉。

十五年春二月，额驸策凌薨，讣至，上轸悼。谕曰："定边左副将军固伦额驸喀尔喀大扎萨克和硕超勇亲王策凌，以名藩尚主，班崇懿戚。在圣祖仁皇帝时，即已宣力边陲，勋猷懋著。世宗宪皇帝眷注优隆，晋爵亲王。任专阃外，身先血战，殄靖狡寇，伟绩丕昭，益勤忠荩。朕以王为两朝勋旧，倚毗弥殷，寄重长城，倍加渥泽。前闻遘疾，遣命赐药选医，令伊次子车布登札布驰驿侍奉，复遣乾清门侍卫德山前往存问，方期渐就痊可。忽闻溘逝，深为轸恻，著加恩赐银一万两治丧，即命德山往奠茶酒，允伊遗奏，合窆固伦纯悫公主园寝，著伊长子成衮札布扶榇来京，俟到京日，朕亲临奠醊，所有应行典礼，俱照宗室亲王例，考谥建碑，具如仪式，自昔功臣勋戚，侑食庙庭，以王之功，宜配享太庙，虽蒙古亲藩，从未有与配享者，朕以王功在王室，名勒旂常，简在久孚，宜膺特典，且令众蒙古知朕崇奖贤劳，中外一体，俾共知感奋，益切劝勉，并照和硕怡贤亲王例，崇祀贤良祠，永垂秩祀，以示朕酬庸展亲，优贤笃旧至意。赐谥曰襄。"御制七言诗悼之。有"不必读书知大义，每于临阵冠三军"之句。命成衮扎布袭札萨克和硕亲王兼授盟长。策凌子八，列谱者六。长成衮札布，次车布登札布，封扎萨克郡王，次苏巴什里，次札木禅多尔济，均封公品级，次额琳沁多尔济，授一等台吉，追封公品级。

六月，谕成衮扎布曰："额驸超勇襄亲王策凌，为国家竭诚宣力。世宗宪皇帝，授以定边左副将军重任。训兵饬备，准夷慑服，喀尔喀赖以宁谧，实为勋戚重臣。不意溘逝，所遗缺甚属紧要，简任务在得人。成衮札布系伊长子，前在军营，懋著劳绩，才具实堪胜任，虽此非世袭之职，而因才器使，有所弗拘，著授为定边左副将军，务益励忠勤，勉成父志，以副特简毗任之意。"车臣汗部扎萨克辅国公巴苏，卒于塔密尔军营，上念其宣力有年，轸悼赐恤，子达尔济雅袭。

十六年三月，成衮札布奏守汛弁兵，私与界外回众互市，致争，请严鞫之。诏勿株连，嗣后严禁。以青衮咱卜坐纵属私与准噶尔互市罪，削爵。谕曰："青衮咱卜纵所属人，私出汛界，与准噶尔回众贸易，以致潜居乌梁海，甚属疏懈，且于特谕擒解之，喇嘛札木禅尚未解到，怯懦推诿，深负朕恩，著革副将军及扎萨克贝勒爵。朕观额琳沁人材出众，著袭扎萨克多罗贝勒。但念青衮咱卜，系博贝长孙，一旦全削，朕心殊为不忍，著即以额琳沁所遗公品级扎萨克台吉职，令其调补。"诏额琳沁议定乌梁海出入汛界例，并饬禁所部越境与准噶尔及回众私市。授土谢图汗部郡王成衮札布子齐巴克雅喇木丕勒副盟长。授赛因诺颜部亲王达什敦多札布次子德沁札布所部副将军，寻授副盟长。

九月，回众至伊都克汛，仍乞市，成衮扎布檄守汛侍卫饬勿再至。复遣土谢图汗部扎萨克车布登往驱之。又至扎萨克额木根牧乞市。谕遣还，授策凌次子车布登扎布所部副将军参赞。

十七年三月，赛因诺颜亲王成衮扎布，率兵三千环屯塔密尔军营。土谢图汗部扎萨克琳丕勒多尔济，亦率兵驻防塔密尔。诏授扎萨克图汗部贝勒额琳沁所部副将军参赞，与汗巴勒达尔，各以兵三千，随副都统达青阿驻防鄂尔海喀喇乌苏。车臣汗嘛呢巴达喇，率所部兵四千，驻防巴颜乌兰。赛固诺颜部亲王德沁扎布，偕土谢图汗部郡王齐巴克雅喇木丕勒，率兵千，驻防锡喇乌苏。

十二月，成衮扎布来朝，奏每年鄂尔坤及乌里雅苏台，驻喀尔喀防秋兵二千，四部各有备用兵，扎萨克图汗部千，赛固诺颜部二千，土谢图汗部四千，俱在游牧预备，距军营近，仅数日，远亦不过旬余，若尽调乌里雅苏台粮马由各部派给，将滋累，请仍居本游牧听调，从之。成衮扎布请析属，令其弟车布登扎布自为一旗，诏允其请。

十八年，达什丕勒、巴勒达尔、德沁札布各献驼马助军并得纪录。授嘛呢巴达喇为盟长。诏车臣汗部扎萨克旺舒克达尔扎长子贡楚克赴库伦驻防。杜尔伯特台吉车凌、车凌乌巴什、车凌蒙克等携众降。成衮扎布率车布登扎布、格垡克巴木丕勒车木楚克扎布等各以兵千，赴乌里雅苏台防准噶尔追兵。有宰桑祸木特者，引兵二百来追，驰由巴颜珠尔克、博托和尼沟往，扬言其部台吉噶尔藏多尔济、阿睦尔撒纳将至，车木楚克扎布侦知之，遣报成衮扎布，发兵援而自赴车凌、车凌乌巴什所，令速徙乌里雅苏台，车凌蒙克后至，复令由库密固尔河入西尔哈瀚海以避。上谕勿纵祸木特还巢，祸木特逸，严旨诘责。诏车木楚克扎布，偕沙克都尔扎布等，以兵二千赴卓克索驻防，赐双眼孔雀翎。赛因诺颜部扎萨克辅国公巴图蒙克，偕同部镇国公贡格敦丹等，率兵千赴乌里雅苏台驻防，防护杜尔伯特降众。达青阿檄诸部兵追缉擅入内汛之宰桑祸木特。成衮扎布檄额琳沁，偕车臣汗部公垮克巴木丕勒助之，额琳沁以马疲弗至，祸木特逸，成衮扎布劾其逗留，应削爵。谕曰："额琳沁原系二等台吉，朕因其人材出众，行走奋勉，授一等台吉，复赐公品级，嗣因伊兄子青衮咱卜获罪，夺贝勒爵，令额琳沁承袭，伊自宜感激隆恩，益加奋勉，乃奉将军调遣，托故不前，理应治罪，但念伊父博贝，旧有劳绩，仍赏公品级，留军效力，其贝勒爵，仍以青衮咱卜袭之，伊等若知朕恩，效力自赎，朕亦不究前愆，否则必重治其罪。"并有诏责成衮扎布及车木楚克扎布，饬偕达青阿擒贼自效。祸木特寻就擒，复释还。扎萨克图汗部二等台吉达什朋素克，随参赞大臣萨拉尔，擒私入科布多汛之乌梁海人扎木禅等，奖赉币。寻偕赛因诺颜部贝勒沙克都尔扎布等，招降扎哈沁宰桑祸木特属达什朋素克父图巴，以克尔森齐老之役，援剿不力，削辅国公爵。达什朋素克从军数有功，额驸策凌荐其才，乃授台吉职。命车臣汗达玛璘长子嘛呢巴达喇为盟长。

十九年正月，诏土谢图汗扎萨克郡王车棱拜都布，赴乌里雅苏台军营，齐巴克雅喇木丕勒、德沁扎布等，率锡喇乌苏备调兵赴乌里雅苏台附近驻防。

二月，乌梁海人博罗特瑚图克等，擅入汛界，土谢图汗部扎萨克辅国公巴木丕勒多尔济次子车登三丕勒随参赞大臣萨拉尔擒之，有诏奖谕。萨拉尔遂由崆格进屯卓克索，招抚乌梁海。青衮咱卜、额琳沁等，并率兵从，旋追擒祸木特党扎木禅等。额琳沁尤奋厉，萨拉尔以闻，诏封辅国公。

二月，谕成衮扎布曰："前因军营无事，额驸策凌年老，就近以塔密尔作为军营，今有办理乌梁海之事，军营应移驻乌里雅苏台，以塔密尔作为内地。寻与尚书舒赫德议防秋，诏来京，面授方略。

三月，以收抚乌梁海，诏桑斋多尔济署所部副将军，偕车布登率诸部兵亲随成衮扎布驻防鄂尔海喀喇乌苏。寻偕参赞大臣安崇阿、德宁等，移驻库克岭。以车棱属被贼劫，又诏达什丕勒率兵五百往护之。夏，额璘沁多尔济奉诏购驼马。丹津督解，由翁吉达什和硕，解崆格、扎布堪饲牧备用。车臣汗部扎萨克辅国公格埒克，献马助军，得纪录，同部台吉车棱多岳特，献马五百助军纪功，晋一等台吉。车木楚克扎布又购马六千，解军，马用备足。命贡楚克扎布，解马赴库克纳塔尔饲牧。命丹津督解驼马至翁吉达什和硕。

四月，罢成衮扎布定边左副将军职，命赴额尔齐斯督屯田。赛因诺颜部台吉齐旺多尔济献马，请从攻达瓦齐，许之。又念其前经献驼马助军，赐公品级。

六月，参赞大臣乌尔登，调贡格敦丹赴察罕扎拉乌鲁格依诺尔驻防，寻召入觐。

秋七月，新降杜尔伯特台吉车棱蒙克子巴朗携众由库克岭叛逃，达什丕勒率巴勒达尔兵追擒余党。车布登惧罪。以追捕弗及奏，谕曰："车布登与安崇阿、德宁同驻库克岭，专为防范逃众，乃巴朗从此脱逃，伊等率兵尾追，并不奋勇前进，即行退归，安崇阿、德宁二人著即正典型。车布登削贝勒爵，降授贝子，仍留军营效力赎罪。"晋封达什丕勒为辅国公。又谕曰："达什丕勒护视杜尔伯特游牧，甚为妥协，今一闻巴朗逃遁，即率兵追斩余党，奋勇出力，朕甚嘉之，著加恩封辅国公，以示奖励。"赐巴勒达尔冠服及币。谕仍驻巴雅特。辉特台吉阿睦尔撒纳来降。诏琳丕勒多尔济，随德沁扎布移所携降众于塔密尔，留兵防护。寻由塔密尔移置固尔班舒鲁克，设汛防护。檄贡楚克扎布守塔密尔军仓。

九月，青衮咱卜、土谢图汗部扎萨克台古三都布多尔济，各以兵千，随参赞大臣努三等赴阿勒和硕，侦乌梁海宰桑赤伦遁吹河，乃率兵由喀喇莽奈直抵所居，降其众四百四十五户，徙所属台吉班扎喇克察于特斯、伟衮安置之。萨拉尔又率额琳沁、车布登扎布、贡格敦丹车木楚克扎布等，剿抚乌梁海宰桑达克、车根等于察罕乌苏。寻复击宰桑祸木特及通玛木特，降之。既命额琳沁率兵二百，赴图苏尔勒军营听调。命车木楚克扎布随参赞大臣乌尔登，赴塔本托罗海驻防。召贡克敦丹入觐。

十月，班第奏贡格敦丹从努三驻防齐克诺尔，请缓觐期，允之。叙功得纪录并赍币。

十一月，叙功，晋封青衮咱卜郡王品级，复授所部副将军。扎萨克图汗部扎萨克台吉根敦，由塔密尔移驻哈喇阿济尔罕。授土谢图汗部扎萨克额璘沁多尔济为西路参赞大臣。

二十年正月，大军进剿准噶尔达瓦齐，分西北两路，以班第为定北将军，阿睦尔撒纳为定边左副将军副之。陕督永寿为定西将军，萨拉尔为定边右副将军副之。格埒克巴木丕勒督解驼马误迟，班第劾奏，诏削副将军及辅国公爵，从军赎罪。扎萨克台吉成衮扎布，由乌里雅苏台赴阿噜博尔济、巴颇济噜克督解驼马。奖赐佩饰。赛因诺颜部扎萨克台吉赍充扎布捐马助军，命赴科布多督牧务。车梭多岳特献马六百、牛百、羊千济军，诏封扎萨克辅国公。

二月，成衮扎布请随征，诏暂驻乌里雅苏台，俟大军行，偕护军统领塔尔玛善往督屯田。时军营所用马，由喀尔喀购未至，成衮扎布恐后期，檄由乌里雅苏台督解科布多，扎萨克图汗部辅国公多岳特私携所解马归牧，诏削爵，仍解马赎罪。

三月，将军班第率大军赴伊犁，青衮咱卜引兵先进，赐三眼孔雀翎。乌里雅苏台办事大臣哈达哈，檄根敦选兵五百，分巡海喇图、库列图、哈道里、科布多、布延图等处，与驻防乌哈尔和硕之公品级诺尔布札布，互为声援。巴雅尔什第偕赛因诺颜部扎萨克辅国公巴图蒙克将驻防乌里雅苏台兵三千，为伊犁大军声援，有急则继进。寻驰兵二百，降穆哈赍得秦七十户，赐币及佩饰。巴图蒙克旋以疾卒于军，子丹巴旌准袭。额琳沁从征行至松树塘病卒。谕曰："额琳沁所封辅国公，原非应袭之爵，但念伊虽未至军营，中途殒逝，亦属可悯，著加恩以其子旺布多尔济袭。"时旺布多尔济随永常在西路军先行。桑斋多尔济等率轻骑继进。车木楚克扎勒由巴里坤至珠勒格图，偕杜尔伯特公玛什巴图等，以兵三百前行，擒准噶尔宰桑伊勒巴尔属，复奉萨拉尔檄，偕阿拉善贝勒罗卜藏多尔济、杜尔伯特贝勒色布腾，益兵七百，招降扎哈沁宰桑敦多布。布鲁古特台吉诺海奇齐克、辉特台吉敦博勒达克、噶勒杂特宰桑哈萨克锡喇等，谋达瓦齐居格登，阻伊犁河，疾引兵，由博啰塔拉赴哈塔济勒渡，车布登扎布亦偕台吉达什，由察罕呼济尔至集赛，擒宰桑齐巴汉，以三百骑疾驰至，遂夺其舟，渡大军，合兵进击，达瓦齐遁，诸将分路追捕，独车布登扎布率同部兵追至沙喇雅雅岭而还。

四月，成衮扎布屯田兵，由额尔济斯移驻伊苏图铿格尔。七月，班师屯田兵撤还。寻乌什阿奇木伯克霍集斯擒献达瓦齐，阿睦尔撒纳偕副都统额尔登额，以兵五百，由穆色尔岭往取，械达瓦齐诣军，青衮咱卜偕赛固诺颜郡王纳木扎勒齐素咙等，收达瓦齐游牧，护其孥属，并喇嘛六千余。阿睦尔撒纳谋据伊犁，潜与其党纳噶察，贻书哈萨克汗阿布赉，诡言统领蒙古、汉兵驻伊犁，车布登扎布责纳噶察曰："尔等匿奉天子命，反若自统兵至，可乎？"纳噶察不从，车布登扎布告班第饬易书，且密陈阿睦尔撒纳擅夺宰桑鄂勒锥驼马，藉称防御，哈萨克及布鲁特，私调兵九千驻各路，诸狂悖状，班第貝以闻。盖阿睦尔撒纳谋逆，同事者多不之察，独车布登扎布发其奸，顷之，诏偕其兄齐木库尔等入觐。班第由尼楚衮军营，遣额璘沁多尔济等护之行。齐木库尔窥阿睦尔撒纳叛迹已著，密劝额璘沁多尔济擒之，弗从，行至乌隆口，以将军印授护行，称归牧治装，额璘沁多尔济信之，遣琳丕勒多尔济从二十余骑送归，至察罕郭勒，阿睦尔撒纳麾所部兵三百，还攻，琳丕勒多尔济等被围，拔矢还射，夺勇斗，贼不敢逼，夺路走归，遇其后队，邀击之，护阿睦尔撒纳所用旗璘甲胄，贼遂由额尔济斯河驰遁，额璘沁多尔济追之，不及。时桑斋多尔济携索伦、扎哈兵千，自伊犁还，即驰赴额尔齐斯，收将军印，擒贼党阿喀察定进等。檄沿途汛兵护军需并防新降厄鲁特众。三都布多尔济以督办军需，驻乌里雅苏台，闻叛，随驻扎大臣阿兰泰等驰赴扎布堪，擒阿逆孥及其党班珠尔、扎木禅等。时固尔班和卓等贼众千余户，潜通乌梁海诱同逃，大军猝与遇，分路掩击，尽诛之。先是，上预知阿逆中途必叛，密谕班第选军中威望大臣监送，班第奏额璘沁多尔济老成可任，上以其人小有才，不更事，饬谕班第，至是果偾事。谕曰："逆贼阿睦尔撒纳已叛遁，额璘沁多尔济率兵追捕，量亦无济，著与齐木库尔等，遄行入觐。"及至议削爵论斩。谕曰："额璘沁多尔济以扎萨克亲王、参赞大臣，膺监送阿睦尔撒纳之任，齐木库尔以逆谋既著，劝速擒治，乃恬不知警，反以彼双亲王，我单亲王，不敢便宜从事为辞，致逆贼兔脱。夫既为国家叛贼，尚何双亲王之足论，且逆贼公然授印，率众径行，何至逾日始遁去，领兵迫捕业已无及，试思此何等事，而有心贻误至此，其心尚可问乎，核其情罪，万无可逭，但念乃祖乃父，夙著勤劳，朕尚不忍加以显戮，令其自尽，于是停袭王爵。"诏奖琳丕勒多尔济之勇，封辅国公，赐孔雀翎，并赍白金。授三都布多尔济公品级，晋桑斋多尔济亲王爵。谕曰："桑斋多尔济以一少年，奋勇效力，甚属可喜，其祖丹津多尔济，本系亲王，著加恩晋袭原爵。以车布登扎布先发逆谋，晋封多罗贝勒。"班第之剿达瓦齐于伊犁也，道出阿尔台，以乌梁海潜附准噶尔，遣车布登沿途剿捕，至固尔班鼐塔克及乌兰布拉克、喀喇哈巴地，遇乌梁海副都统察达克属得木齐绰罕，宰桑图布慎属得木齐喀喇曼济等众尽降之。并护巴朗从贼二百余户，师旋。车布登偕副都统敦多卜率兵三百，由萨噶勒巴什岭往牧乌梁海汗，即乌梁海所居地也。宰桑郭尔卓辉鄂木布及布鲁古特宰桑根都什，特楞古特宰桑瓜齐楞，皆率众降。青衮咱卜招降乌梁海略定，编新降旗分，补授总管，以青衮咱卜习乌梁海情，命总辖之。先是，巴朗叛逃，青衮咱卜追至和通鄂博率兵还，言巴朗由西路额琳哈毕尔噶遁，故追不及，至是巴朗就擒，青衮咱卜言尽妄，谕责之。

五月，副都统齐旺、特卫图伦楚、纳木扎勒齐咙各以兵追缉叛贼，巴朗就擒。扎萨克图汗部台吉齐巴克扎布，偕宰桑乌勒木济械送京师，赐孔雀翎。寻赴乌里雅苏台听调。阿逆党克什木、巴苏泰、都噶尔扰伊犁，班第遇害，车棱拜都布、旺沁扎布、贡格敦丹击之，弗克，车棱拜都布、旺沁扎布皆阵殁。土谢图郡王齐巴克雅喇木丕勒方由乌兰呼济尔运军粮，驰援力战，被执不屈。格埒克巴丕木勒、车布登赍敕往谕噶尔众，被创，亦为所留，扎萨克图汗部辅国公多尔济车登，赛因诺颜部协理台吉多尔济，均被执，多尔济车登脱归，多尔济留养于宰桑托克托博罗持家。有达瓦藏布者，阿逆族也，邀于路，复执之去，或言已降贼，命削爵严缉治罪。时定西将军策楞，引大军复赴伊犁，贡格敦丹突围出，偕协理台吉博尔绰对，由珠勒都斯间道至军，上念喀尔喀诸扎萨克随班第留驻伊犁，猝遇叛贼，以兵寡被困，诏策楞传旨慰谕，令归休牧示恤。贡格敦丹跽言，世受国恩，无可图报，愿击贼自效，策楞代奏，许之。寻乌梁海逸贼，戕守汛侍卫贝多尔。时齐巴克扎布率兵驻防奇尔吉斯诺尔，即偕根敦往捕，至察罕乌苏，遇青衮咱卜自伊犁归，与合兵赴巴斯库斯，收抚乌梁海。时旧属准噶尔之乌梁海散居汗哈屯等处，青衮咱卜宣扬上命，于是宰桑哈尔玛什、玛济岱、纳木扎勒、保衮、莽噶拉克、纳穆克布、珠库鄂木降。叙功，车布登封多罗贝勒，齐巴克扎布公品级，授德木楚克所部副将军，偕副都统纳木扎勒，由塔密尔徒辉特、和硕特降众于固尔班舒鲁克防护之。

八月，阿逆煽包沁部众总管阿克珠勒、副总管、台拉克和济木呼哩等叛应之，由索勒毕乌拉克沁逾阿尔台，掠首汛侍卫齐彻布、台吉达玛琳等牧产。成衮札布檄贡格敦丹，以兵四百，赴哈达青吉勒与协理台吉图巴札布、察哈尔参领博硕郭勒等追击之。驻台大臣阿兰泰檄会剿，车臣汗部扎萨克巴雅尔什第偕达尔济雅驰赴布拉罕路，击斩台拉克、和济木呼哩，擒阿克珠勒，俘其众，以所获还齐彻布等，诏嘉之。晋封巴雅尔什第和硕亲王，达尔济雅固山贝子，命巴雅尔什第赴科布多、布延图驻防，达尔济雅由都固棱赴索勒毕乌拉克沁驻防。时包沁余贼有窜伏乌隆固诸界者，达尔济雅偕副都统扎尔杭阿等，以兵千余，由阿尔台乌兰峙分捕，至额尔齐斯、库克托辉尽擒之。布库努特宰桑敦多克曼济等附逆，车木楚克扎布偕台吉唐古特追击之，诛其众，复乘胜与旺布多尔济剿叛党阿巴噶斯、哈丹等游牧，诏嘉其功，赐三眼孔雀翎。谕随策楞由博啰塔拉复赴伊犁。

九月，谕青衮咱卜率乌梁海兵，随参赞大臣哈达哈剿。谕曰："前闻青衮咱卜诸事迎合阿逆，曾降旨擒治，念其情尚可恕，旋谕停止，以观后效。今询阿逆属人，供称青衮咱卜实有以班第、萨拉尔参奏之处，通信阿逆，伊既从中漏，则闻其叛遁，心必惶惧，现今所请派兵追剿之说，不过藉此姑延时日，著传谕哈达哈遵前旨擒解来京。"方大军之剿达瓦齐也，青衮咱卜与阿逆同队，交甚。定北将军班第，与参赞大臣萨拉尔，密奏阿睦尔撒纳逆状，青衮咱卜微闻之，私以相告，阿逆既叛，青衮咱卜潜遣乌梁海人诺尔布丹津赴阿逆所，至是事发，故有擒解之命。未几，上追念其招抚乌梁海功，宥弗究。会乌梁海贼郭勒卓辉博等，伪传阿逆煽哈萨克阿布赉汗入寇，仍命青衮咱卜以参赞大臣随哈达哈进剿，命旺布多尔济随定西将军策楞，由博啰塔拉进剿阿逆，赐孔雀翎。

五

二十一年春，达尔济雅偕塔尔玛善等，逾阿尔台剿阿逆，至布拉罕察罕托辉，侦知和硕特讷默库叛，分兵屯和通鄂博哈布塔之伯尔克苏伯口。讷默库就擒，还屯塔密尔。

四月，库木楚克扎布自伊犁缚献阿巴噶斯、哈丹，戚属请驻巴里坤剿逸贼。谕曰："尔等自去岁效力军营，往返劳顿，今不过弋捕逸犯，毋庸多人，可归游牧休息。"命复垥克木丕勒扎萨克辅国公爵，赐双眼孔雀翎，并遣归牧，与德木楚克会缉劫贼。诏车布登札布，以参赞大臣随哈达哈率师剿哈萨克。有固尔班和卓者，奇尔吉斯宰桑也，携千余户，潜赴乌梁海，车布登札布、车登三丕勒等邀擒之，因进兵哈萨克界。

五月，达尔济雅、纳木扎勒，齐苏咙等，由海喇兰伯勒齐尔旺剿乌梁海之倡乱者，追至库楚克及哈达什伯根，斩获甚众。车布登札布、达尔济雅等，迎会哈达哈大军于哈什拉克，谍哈萨克贼千余，由巴颜山遁，偕土谢图汗部台吉三都布多尔济追至伊什勒郭尔及乌拉罕布本巴、汗扎尔会掩击之，斩获无算。上嘉车布登札布功，晋封多罗郡王。大军抵乌梁海。青衮咱卜私携所部兵还牧构逆，且遣赴乌里雅苏台军煽众喀尔喀令散归。辉特逆贼普尔普、德济特等，由固都尔格叛逃，齐巴克札布追擒之，复随参赞大臣纳穆扎尔捕乌梁海逃众，至阿固特，贼逸，尾击，阵殁。事闻。谕曰："齐巴克札布殁于行阵，深堪嘉悯，著追封辅国公，赐银三百两治丧。视一品大臣例，赐祭葬，入祀昭忠祠。其子巴图济尔噶勒袭爵，并授扎萨克。"诏贡楚克札布由翁吉达什和硕解内扎萨克马，纳乌里雅苏台。自青衮咱卜屡干重谴，上不忍置之法，恩宥者三，至是叛迹显著，不可复道。谕廷臣曰："青衮咱卜受朕恩最深，去岁将军大臣参奏阿逆，伊敢私自漏洩，百计趋承，以致阿逆趾高气扬，肆行无忌，后于追缉之时，观望退缩，妄言必得两路出帅五万，方叵追擒，种种乖谬，指不胜屈。前此屡欲擒治，念伊祖博贝，夙著勤劳，施恩宽宥。今无故自军营擅归，又扬言额璘沁多尔济、达木巴札布等，治罪之后，众心疑惧，而喀尔喀数年以来，皆以用兵为累，以其怨望之私，托为他人之说，妄行渎奏，藐法已极，断难姑容，必当明正典刑，以示惩戒。著传谕舒明、阿兰泰，如已归游牧，可谕哈达哈等旋师往剿，如至舒明所驻地方，即降旨擒解。"青衮咱卜之叛，造伪符撤汛兵，众扎萨克多为所惑，延丕勒多尔济子旺沁多尔济等，并弃汛归牧。土谢图汗部贝勒达什丕勒亦虑所属游牧被掠，由乌里雅苏台军营私归，寻觉其诈，督兵往护台汛，独桑斋多尔济饬所属安伍，察获台吉阿雅喇所匿伪符，扎萨克图汗部台吉逊笃布，与车臣汗部扎萨克台吉成衮札布亦察其诈，安堵如故。初，逊笃布等，以檄由德沁札布所至，疑与青衮咱卜通，以闻。谕曰："伪檄流传，或系他人假冒德沁札布之名，亦未可定，著加恩免究，饬令速归旧汛，接理驿务，毋自贻误。"逊笃布督兵严守各汛，誓死拒，事闻。谕曰："喀尔喀王公等，为青衮咱卜所煽，多擅离职守，逊笃布等特一扎萨克台吉耳，独明大义，不肯附逆，誓死效力，朕甚嘉之，赐公品级以示奖励。"诏奖桑斋多尔济之能，授北路参赞大臣，命往谕乌梁海总管赤伦，协擒青衮咱卜土谢图汗部贝勒达什丕勒复讦德沁札布所属，乘闲劫马，诏速擒贼赎罪。车布登将以兵会参赞大臣塔尔玛善，赴乌兰岭追阿逆，未至，遽由纳林喀喇归牧，塔尔玛善以闻。谕曰："车布登系喀尔喀旧人，受恩最为深重，今乃擅弃职守，私行逃归，情甚可恶，着擒解来京治罪。"以赛因诺颜部扎萨克台吉喇布坦、赉充札布、额琳沁、台吉旺舒克多尔济护汛地，督牧如故，并赐孔雀翎，命给牧夫口粮示奖。自诸扎萨克弃汛后，驿路中梗，军书旁午，不得达，经过官吏辄遇害。车木楚克札布督兵续递，同部三等台吉噶瓦供给牲畜，为之护送，且多捐马助驿用，诸汛之路始通。诏晋封车木楚克札布多罗贝勒。赐噶瓦公品级。谕达什丕勒曰："昨闻达什丕勒私归游牧，朕即料其不过为浮言所惑，今果知悔悟，率兵接递驿务，前咎不足深责，仍加恩晋封郡王品级，但驿站既系新设，非加意巡察，恐有迟误，著达什丕勒会同总管达松阿等，悉心办理。"

七月，宜谕喀尔喀王公等曰："青衮咱卜系获罪斥革之人，复加恩令袭贝勒，并授副将军，去岁从征伊犁，封授郡王，稍有人心，自当图报，孰意深负朕恩，实出情理之外，此次办理乌梁海，授为参赞，予以自新之路，伊至乌梁海，并未擒获鄂木布郭勒卓辉等，即撤兵还，虽自有哈达哈率兵往剿，伊即退还，无关轻重，但既为参赞，并不奏请谕旨，亦未咨报将军，率兵擅还，律以军法，罪不容诛，且妄造浮言，煽惑众听，其心实不可问，试思办理准噶尔一事，原为喀尔喀经理长久之计，命将兴师，以期一劳永逸，然选派尔部官兵，俱经赏给钱粮米石，购办牲畜，何次不给价值，而伊乃以连年用兵为累，是诚何心，至军营赏罚，乃国家宪典所必行，达木巴札布系管理杜尔伯特游牧之人，纵令巴朗遁走，讳匿不报，额璘沁多尔济监视阿逆来京，明知叛迹已著，袖手旁观，致令兔脱，二人情罪，断无可逭，然犹不忍加以显戮，令其自裁，此而曲为宽贷，国法何在，伊乃谓成吉思汗裔，向不治罪，此语舛谬更甚，如朕宗室中有犯刑章者，朕又何尝废法耶。至于稍知奋勉，如巴雅尔什第、桑斋多尔济及车布登札布等，则优封显秩，赐赉便蕃，伊宁不闻之耶。本应除其属众，削其封爵，朕始终眷念旧勋，不忍遽令澌灭，所有贝勒爵，仍著施恩以额琳沁于辅国公旺布多尔济承袭。"先是，众喀尔喀为青衮咱卜所煽，弃汛私归，或乘间肆劫，青衮咱卜又分遣其党，诱厄鲁特贝子朋素克、公丹拜及乌梁海总管赤伦、察达克等与同叛，及闻谕无不悔悟乞罪。

七月，诏旺布多尔济就近擒献青衮咱卜，谕曰："逆贼青衮咱卜，背恩叛逆，所袭之爵，自不应复令承袭，佃念此爵，本系博贝所袭，且效力有年，不忍遽削，著加恩即令旺布多尔济晋袭，青衮咱卜所属尽辖之。"哈达哈追剿阿逆，擒达瓦藏布，多尔济车登始脱归。谕曰："去岁伊犁复叛，多尔济车登力弱被擒，贼退后他人俱已全归，伊独弗至，朕意其顺从阿逆，苟且偷生，不独深负国恩，实为众喀尔喀之辱，是以令严缉治罪。今览哈达哈奏，始知其被贼拘留，备经劳瘁，甚属可悯，着加恩复其公爵，即随哈达哈进征哈萨克。"协理台吉多尔济亦还，诏封辅国公。多尔济，贡格敦丹近族也。

八月，以车臣汗所属齐木齐格特人肆窃，命参赞大臣纳穆扎尔等往缉，置之法。谕扎萨克等曰："朕因尔等不善经理游牧，以致盗贼肆行，特命大臣前往督缉，念皆起于饥寒，复令发帑赈给贫户，以赡生业，尔等游牧，始皆宁谧，恐尔等习于玩偈，徒知盗贼已除，不复为贫者筹画生计，又或目前尚知约束，日久渐至废弛，当各统率所属，详察贫困之由，俾谋生有策，不至为非，即有顽悍不俊之徒，亦当严加约束，有犯必惩，务令上下安全，共享升平之福。"延楚布多尔济不能戢贼，乞避居阿巴噶部界。诏喀喇沁部贝子瑚图灵阿，会郡王德木楚克等严缉之。复谕廷臣曰："齐木齐格特人所居，与呼伦贝尔甚近，原系延楚布多尔济属，固伊不能约束，妄生事端，若不尽行剪除，地方何由宁谧。著传谕德木楚克等查出为首倡乱之人，即正典型。余亦无庸交该扎萨克管辖，即赏给喀尔喀曾经效力之人为奴，以示惩儆。"

九月，命成衮扎布复为定边左副将军。先是，青衮咱卜阴谋逆，成衮札布首发其状，奖赐佩饰。至是偕德沁札布檄调众扎萨克兵丁协剿，复令哲卜尊丹巴呼图克图，遍谕所部知大义，俾勿惑，上嘉之，故有是命。并谕奖德沁札布，着交理藩院议叙。令速合兵擒剿，会哲卜尊丹巴呼图克图，以青衮咱卜悔罪乞宥具奏，诏弗许。青衮咱卜窘惧，为拥兵自卫计，胁所属伊克和托辉特、巴罕和托辉特、明噶特、哈柳沁、托斯、奢集努特六鄂拓克，及乌梁海十六鄂拓克附己，大兵至，皆弃去，青衮咱卜携孥由托济走斯吉特，谋遁俄罗斯。谕旺布多尔济尔必无与逆贼同谋之事，朕可深信，昨据贝勒车布登札布属人告称逆贼令迁尔游牧，尔虽听从，并非有心附之，今大兵已抵和托辉特，尔若能擒献，朕必加重赏，否即率属速赴军营，既可永受朕恩，且不堕尔祖博贝旧勋，况青衮咱卜属人，不过胁从，若弃之来归，概免治罪，尔其熟思审虑，善自为计，毋贻后悔。丹津来朝，赐双眼孔雀翎、黄马褂，命乾清门行走。克什木等就擒。齐巴克雅喇木丕勒及格埒克木丕勒自伊犁还。谕曰："郡王齐巴克雅喇木丕勒，当逆贼倡乱时，能奋勇击贼，驰援班第，朕甚嘉之，著加恩晋封和硕亲王，遣归游牧，以示体恤。"

闰九月，授桑斋多尔济所部副将军，谕归游牧。严缉弃汛肆劫逃兵。车木楚克扎布解送驼马助军，谕军需项内，折价赏给。命副都统济福赴车臣汗部，会汗嘛呢巴达喇缉所部劫贼，适嘛呢巴达喇疾，济福以闻。谕曰："嘛呢巴达喇年幼不更事，今既染疾，无庸俟其会缉，伊同族郡王德木楚克，现由军营遣归游牧，着协同办理。"青衮咱卜之叛，独嘛呢巴达喇所属台吉达玛琳率子塔木楚克约从众，无擅离军汛者，诏谕奖之。琳丕勒多尔济自科布多军营调赴库伦，协理俄罗斯边事。

十月，成衮扎布奏多尔济车登孥，与逆贼同居，应令由军营速归牧，示所属毋惑，从之。

冬，成衮扎布集诸部兵，追剿青衮咱卜。以车布登擅归游牧，复诡病不从剿，青衮咱卜请削爵论死。诏削贝勒，宥死。复劾齐巴克扎布不赴调。诏削公品级。授巴勒达尔为所部副将军。初，青衮咱卜之叛，檄杜尔伯特兵赴军，贼扬言将尽擒喀尔喀王公治罪，巴勒达尔以游牧密迩和托辉特，惧祸私归，上鉴其无他，诏成衮扎布，谕弗疑惧，令协剿青衮咱卜，遂有是命。

十一月，成衮扎布遣参赞大臣纳穆扎尔轻骑往追，旺布多尔济亦率兵从，至杭哈将噶斯，擒青衮咱卜及其子车苏隆多尔济、齐旺扎布、巴里械送京师。贼平。解德沁扎布参赞大臣职。

十二月，嘉成衮扎布平贼功。谕曰："亲工成衮扎布奉命讨罪，实心效力，迅奏肤功，朕甚嘉之，著赏杏黄带，封伊第四子占楚布多尔济为世子，以奖忠勤。"寻命占楚布多尔济代掌扎萨克。青衮咱卜之叛也，其部贝勒车登扎布助逆，上命二贼就擒后籍所属给成衮扎布，及弟郡王车布登扎布等。成衮扎布奏，和托辉特属有伊克和托辉特、巴罕和托辉特、明噶特、哈柳沁、托斯、奢集努特六鄂拓克，并乌梁海十六鄂拓克，闻大兵至即解，尚知感戴。和托辉特辅国公旺布多尔济，系贝勒博贝嫡嗣，辅国公多尔济车登，台吉达什朋素克，系博贝从子，皆未附逆，请令辖青衮咱卜属，至车登扎布助逆时，台吉诺尔布曾经谏沮，弗听，乃率众台吉驰赴乌里雅苏台军汛，诉世受国恩，誓不从贼，因率属由博罗哈卜齐尔赴察罕托辉游牧，供应驼马，亦极奋勉，请授扎萨克，令辖车登扎布属，庶伊等不致离析，各扎萨克知感，自必严加钤束。诏奖协机宜，如议行。

二十二年正月，逆贼青衮咱卜伏诛，诸子皆连坐，特旨宥其幼子巴里。谕曰："逆贼青衮咱卜亲属，理应概予骈诛，但念伊祖原封贝勒，博贝之妻巴勒津，年逾八旬，孤苦无依，博贝曾著劳绩，不忍令其绝嗣，著加恩令巴里与之同居，免其正法，以示朕格外优恤至意。"诏授赛因诺颜亲王成衮扎布定边将军，统大军赴巴里坤，剿辉特逆贼巴雅尔。谕曰："将军重任，甚难其人，成衮扎布熟悉蒙古事宜，且深感朕恩，诚心报效，著授将军印，赐整装银五千两，伊子弟有愿随往者，听其指名具奏。此次进兵，非初进伊犁可比，现在贼势穷蹙，擒剿甚易，成衮扎布勤劳已久，毋庸久驻行间，以示体恤。"成衮札布长子一等台吉额尔克沙喇从剿，诏封辅国公。

春，遣车臣汗部公达尔济雅归牧。寻谕偕副统济福，会缉所部劫贼。弼齐罕扣等于色布搜勒，复由鄂煖郭勒擒贼塔瑚赉。命土谢图额璘沁多尔济兄根扎布多尔济，复世爵，改为扎萨克固山贝子。根扎布多尔济，敦多布多尔济长子，康熙末尚郡主，授和硕额驸。

五月，土谢图亲王桑斋多尔济获弃汛兵二十七人，寘于法。命遍谕汛兵知之。五月，授扎萨克图汗贝勒旺布多尔济副盟长。

六月，旺布多尔济随大军由巴里坤擒准噶尔叛贼呢玛于阿尔察图山，谕奖其功，赐郡王品级。

八月，土谢图公车登三丕勒驻防翁固尔诺尔，有台吉达玛琳者，其族也，附青衮咱卜叛，副将军亲王桑斋多尔济率赛因诺颜郡王车布登扎布等，奉诏往擒。未至，达玛琳遁，车登三丕勒偕协理台吉占楚卜，由翁固尔诺尔驰追，缚以献，桑斋多尔济遣兵解赴京师，并获奖赐。车臣汗郡王巴雅尔什第侦所部刦贼什第等，窜呼伦贝尔之西墨尔根哈玛尔，偕同部郡王德木楚克、公格埒克巴木丕勒等，掩擒之，置之法，叙功加一级。寻又赍币，赐德木楚克三眼孔雀翎。贝子延楚布多尔济以溺职，诏削爵。车木楚克扎布偕唐喀禄，奏言杜尔伯特贝勒巴图博罗特、公舍棱、台古阿喇善等，通阿逆，走额尔齐斯，不从其汗车凌徙牧，臣等侦得状，偕副都统瑚尔起驰赴辉巴郎山后，擒巴图博罗特，并剿乌梁海贼五十户，乃旋兵，赴塔尔巴噶台，缉哈萨克锡喇，谕嘉其能和衷，且协机宜，以御用佩饰赐之，饬叙加级。

秋，达尔济雅扈驾木兰行围，授副盟长。

九月，谕车木楚克扎布偕车布登扎布招降乌梁海宰桑博和勒、纳木扎勒等。扎萨克图汗部已革辅国公多岳特，单骑赴济伯拉克堡侦贼，为所窘，不屈归，诏授三等台吉，赐公品级。乌梁海内大臣察达克率兵四百往招，车木楚克扎布檄布延图兵百继进，尽降之。有特勒伯克扎尔纳克者，阿勒坦诺尔之乌梁海宰桑也，闻之，亦携属至。诏车木楚克扎布定贡赏例，宣示德意。

九月，车布登扎布请遣乌梁海大臣察达克，率兵四百，往招乌梁海博和勒、纳木扎勒等，复由布延图军选兵策应，上韪其议。

十月，谕曰："车布登扎布办理军务，皆合机宜，较前大有进益，明岁进兵，著授兆惠为定边将军，代成衮扎布，而以车布登扎布为之副，即来京请训。喀尔喀王公内有能协同办事之人，伊即指名具奏，毋庸派兵，但将亲随人役，酌量足用，仍加恩赏银二千两，以备整装之用。"成衮扎布世子占楚布多尔济卒，命其长子辅国公额尔克沙喇代掌扎萨克。诏赛因诺颜亲王德沁扎布购马解军同部贝子诺尔布扎布献马助军，得纪录，寻赐双眼孔雀翎。一等台吉公品级齐旺多尔济以病不能赴军，请献马五百，免给值，上嘉其成，赐贝子品级。

十一月，旺布多尔济卒于军，土谢图汗部一等台吉三济扎布亦以疾卒，成衮扎布以闻。谕曰："旺布多尔济及三济扎布久驻军营，黾勉行走，前曾降旨，令归牧休息，今已溘逝，深堪悯恻，著加恩以旺布多尔济之子车都布袭贝勒，仍赏郡王品级，赐银五百两治丧。三济扎布之一等台吉，亦令伊子三都布多尔济承袭，并赏公品级，赐银三百两治丧。"车布登扎布奏，扎萨克图汗部辅国公弥什克老成练事，请遣护杜尔伯特游牧，从之。授扎萨克图汗辅国公多尔济车登所部副将军参赞。诏扎萨克图汗部一等台吉根敦，偕参赞大臣唐喀禄护侍卫松达纳赴哈萨克。授扎萨克图汗部二等台吉达什朋素克扎萨克一等台吉，析青衮咱卜属，命辖之。初，青衮咱卜叛，驰报乌里雅苏台军，令设备，叙功，固有是命，诏扎萨克图汗部一等台吉诺尔布，驻防布延图、额德格特讯。车布登扎布奏，派土谢图汗部公品级扎萨克台吉三都布多尔济、一等台吉齐旺扎布、赛因诺颜部扎萨克台吉达什、一等台吉敦多卜、四等台吉库尔奎等，随征听调。从之。

十二月，成衮扎布来朝。谕曰："成衮扎布世笃忠贞，夙谙军旅，前曾授定边左副将军，永居边陲，嗣因巴雅尔作乱，授定边将军，统兵进剿，朕思北路军营，关系甚重，自平定伊犁以来，拓地广远，统辖匪易，今复授为定边将军，驻守乌里雅苏台，统领官兵绥柔边境，其勖之。"赛因诺颜部贝子福保自伊犁归，雍正间为准噶尔所掠，至是贼平，始得归，赐公品级。先是，福保陷贼，其兄沙京都尔扎布代袭贝予，福保贝勒，恭格喇布坦第四子。

十二月，谕曰："车木楚克扎布数年宣力戎行，勤劳懋著，近复招降乌梁海，善为抚纳，著晋封多罗郡王。"赛因诺颜扎萨克一等台吉额墨根卒，子达什袭。是年，车臣汗公垿克以病罢，子贡楚克多尔济袭。以和托辉特逆贼青衮咱卜既诛，谕扎萨克图汗部诸扎萨克曰："前因青衮咱卜负恩背叛，散布流言，众喀尔喀间有煽动，经朕训谕，尔等旋知悔悟，各奉职守，今逆贼就诛，党附人等，应分别治罪，以彰国宪，但尔等为国家臣仆百余年，误听浮言，致干罪戾。并非有心附贼，免其查究，嗣后益宜仰朕恩，湔涤前愆，约束所属，各安本业，绥静边隅，长享太平之福。"

二十三年正月，诏授郡王车布登扎布定边右副将军，随将军兆惠由巴里坤进剿厄鲁特余贼，及逆回霍集占。

二月，土谢图汗部被灾乏食。诏遣都统多尔济赍银万两赈之。土谢图汗部亲王参赞大臣桑斋多尔济赴库抡协理俄罗斯边境事。阿睦尔撒纳窜毙俄罗斯，献尸至界。诏土谢图汗部郡王齐巴克雅喇木丕勒驰赴恰克图验视。定边右副将军亲王车布登扎布奉命进兵哈萨克，索叛贼哈萨克锡喇及布库察罕，以土谢图汗部扎萨克三都布多尔济数著戎绩，奏请随往，允之。车臣汗嘛呢巴达喇、扎萨克图汗部郡王巴勒达尔来朝，并命乾清门行走，赐嘛呢巴达喇三眼孔雀翎、黄马褂及紫辔。寻偕桑斋多尔济缉获劫贼阿弼斯瑚等，赉币。

三月，赐定边左副将军亲王成衮扎布银千两，命携孥赴军。车布登扎布率兵至伊犁，时叛酋阿睦尔撒纳窜死，逸贼阿巴噶斯、哈丹、舍楞、布库察罕、哈萨克锡喇等未就擒，车布登扎布奏遣兵赴哈什腔格斯搜逸贼。谕曰："此等处所，伊犁进兵时俱已经过，何必重劳马力，现今阿巴噶斯、哈丹及舍楞等俱未歼除，殊属不知缓急，伊等当自知愧悟，益加奋勉。"车布登扎布奏请赴塔尔巴噶台侦缉舍楞。谕曰："当舍楞初遁时，伊等若即尾追，又有和硕齐堵截，必为擒获，今已逋逃两月余，岂尚在塔尔巴噶台坐待追兵耶？可速赴额尔齐斯，与成衮扎布等协力会剿。"寻谕赴博啰塔拉，缉阿巴噶斯、哈丹、布库察罕、哈萨克锡喇，毋庸复至额尔齐斯。车木楚克扎布奏，偕察达克勘乌梁海户口，其得秦有十余户、二十余户不等，分置得木齐、收楞额等员，请并户少者约四十户，编得秦一。上知其悉乌梁海情，诏如所请。

四月，车布登扎布率赛因诺颜一等台吉达什等至伊犁，捕厄鲁特余贼。以土尔扈特台吉舍棱遁俄罗斯，诏成衮扎布赴科布多会剿，时成衮扎布已领兵三百赴布延图追剿，奏至，谕奖之。

夏，三都布多尔济偕侍卫库尔图，率五十骑为大军导，至和落霍斯侦贼据高冈，夹击之，贼弃冈遁，追剿至昭达里克，贼众尽降，驰疏告捷，赐孔雀翎。凯旋。以土尔扈特台吉舍棱、劳章扎卜等叛逃，偕副都统博什引兵百驰追之，至伊兰博罗特图喇，侦审俄罗斯乃还。乌梁海总管阿拉善携户百余叛逃。赛因诺颜部郡王品级车木楚克扎布率扎萨克图部公多岳特追擒。有车根者，亦乌梁海总管也，缚献阿拉善，收其众。乌梁海人恩克叛逃，并命成衮扎布调诸部兵擒获，并赐银币。寻谕扎萨克图汗部公多尔济车登偕参赞大臣福禄，缉乌梁海劫贼布尔古特、布格等，擒之，并蒙奖赉。时乌梁海贼阿木古朗等劫马，扎萨克图部扎萨克达什朋素克获所属福禄劾之，诏削扎萨克，留军效力。寻随福保遣擒阿木古朗等置于法，诏宥前罪，仍授扎萨克。靖逆将军雅尔哈善剿库车逆回，扎萨克图汗部一等台吉朗衮扎布偕台吉额琳沁率兵八百继进，由巴抡沙扎尔至积噶托果纳击贼援，斩获甚众，谕嘉之，封辅国公。寻克库车，朗衮扎布邀击逃贼，无脱者，复随定边将军兆惠进师叶尔羌，至呼尔璊击贼，败之，诏晋封镇国公，赐双眼孔雀翎。定边左副将军亲王成衮扎布劾扎萨克图汗部一等台吉根敦缉盗马贼弗获，诏夺俸。时赛因诺颜参赞大臣亲王德沁扎布，缉获盗马贼玛塔克，加级，赉币。

六月，车布登扎布奏，收服乌鲁特得木齐托罗和卓六十余户于哈什河。谕即策应兆惠，会布库察罕为哈萨克部人察哈玛巴图尔所擒。谕曰"前谕车布登扎布不必往追舍棱，俟擒布库察罕等，即策应兆惠，今闻布库察罕见擒于哈萨克，则哈萨克锡喇亦必窜伏其地，车布登扎布速由塔尔巴噶台檄谕哈萨克阿布赉汗，将哈萨克锡喇一体擒献。"先是，哈萨克锡喇及宰桑鄂哲特等，潜遁和落霍斯，闻追急，度不得脱，悉众据高冈，侍卫玛琥等以我兵少，请待其走攻之，车布登扎布持不可，麾兵进击，擒鄂哲特，哈萨克锡喇仅以身免，斩获甚众，捷闻。诏以其父超勇号赐之。赐达什公品级，命车木楚克扎布护理盟长印，偕亲王成衮扎布剿诡降之土尔扈特台吉舍棱，侦遁俄罗斯，乃还。

七月，鄂哲特械至，供称副将军车布登扎布身先士卒，所向无前，上愈嘉叹，赐金黄带。谕曰："车布登扎布奋勇剿贼，以少克敌，不愧超勇之目，前者舍棱逃遁，伊未及尾追，谅因不能兼顾，亦事势使然，此时布库察罕料哈萨克自必缚献，惟闻哈萨克锡喇逃西哈萨克部之特柳克，参赞大臣富德兵少穷追，似属可虞。昨谕车布登扎布策应，自应前往，但亦须酌量马力，倘有不足，即撤兵，与富德暂回伊犁，再图进取，朕于他人，每降旨督催，伊天性勇往，故降此旨，著传谕知之。"是月，车布登扎布由固尔班察尔进击阿布勒噶尔，哈萨克缚献布库察罕。车布登扎布因请驰赴阿克苏，策应将军兆惠，命还驻伊犁，晋亲王品级。

八月，车布登来朝，谕曰："原封贝勒车布登，系附和逆贼青衮咱卜之人，原应按律治罪，朕因其平日为人愚昧，又年老可矜，从宽祗命削爵，仍许其子承袭辅国公，伊悔罪感恩，抒诚入觐，念前此曾经宣力，积有勤劳，著加恩赐公品级，遣归游牧。"

九月，谕曰："抚定回部，已有兆惠、纳穆扎尔等自易竣事，车布登扎布军营效力已久，撤兵后即归游牧休息。"乌梁海总管阿拉善、恩克等叛窜，车木楚克扎布偕扎萨克图汗部公品级多岳特，分剿阿拉善及恩克属就擒，谍恩克窜哈屯河，疏请暂归阿勒和硕屯驻，冬雪后贼必就擒。许之。

十二月，成衮扎布奉诏购驼马，解巴里坤。授三都布多尔济所部副将军，参赞协理俄罗斯边境事。寻署副将军，以擒获厄鲁特逃贼珠卓木等，赍币。车木楚克扎布果擒恩克，赍币。是年，土谢图汗延丕勒多尔济卒，从子车登多尔济袭。

六

二十四年正月，命土谢图汗郡王副将军桑斋多尔济督解驼马，送乌里雅苏台军营。

二月，桑斋多尔济请以茶布易俄罗斯马，诏如所请。土谢图汗部辅国公齐旺多尔济擒自喀喇木兰叛逃之厄鲁特丹巴等，谕奖之，赐双眼孔雀翎。吗哈沁盗萨拉布拉克汛马，诏赛因诺颜部郡王车布登扎布越阿尔台沿途侦缉，阿巴噶斯、哈丹及绰啰斯台吉乌勒木济、车木楚克扎布参赞其军。亲王成衮扎布奏遣长子额尔克沙喇偕参赞大臣扎隆阿分路继进。谕曰："额尔克沙喇奋勇有为，朕所深知，与其同行，不若独往，庶无掣肘，可即赴扎隆阿营代领其众，但车布登扎布已先行两月余，盗马贼人又非大队，著暂停前进。"成衮扎布亦奏言，时近秋．若令额尔克沙喇赴车布登扎布处，马力瘦，且萨拉布拉克汛迩被掠，额尔克沙喇业起兵，请自乌噜木齐赴察拉垓等处牧马缉贼，兼令台吉乌木布济率兵策应，上报可。

夏四月，诏车布登扎布由塔尔巴噶台赴特穆尔图诺尔协剿霍集占，会将军兆惠已率兵进叶尔羌，谕车布登扎布由博罗呼济尔还驻伊犁。

七月，命额尔克沙喇赴哈萨克部界侦御。扎萨克图汗部公品级多岳特随车布登扎布赴伊犁，追捕吗哈沁贼一等台吉车都布多尔济从额尔克沙喇捕吗哈沁贼。车臣汗部二等台吉衮布扎布擒吗哈沁贼珠靖特穆尔，奖赉币。车都布多尔济寻随杜尔伯特郡王车棱乌巴什等，追剿乌梁海宰桑库克辛，尽降其众，诏嘉之，命乾清门行走。先是，乌梁海人郭木萨，以擅杀惧罪，遁俄罗斯，车都布多尔济追至和宁岭缚之献，至是并赉币示奖。

八月，诏赛音诺颜亲王成衮扎布安置新抚乌梁海众。赛因诺颜部贝子品级齐旺多尔济父德沁扎布奏，本旗丁户滋众，请增编佐领，授齐旺多尔济辖，别为一旗，诏从其请，授扎萨克。

十月，以车布登扎布追剿吗哈沁不力，传旨训饬。回部底定，命成衮扎布宣谕众喀尔喀知之。

十一月，成衮扎布奏撤布延图兵，还乌里雅苏台。

十二月，成衮扎布、车布登扎布、车木楚克扎布召觐京师，赐宴，奖赉遣归。寻授车布登扎布所部副将军。先是，青衮咱卜之叛，车臣汗部镇国公成衮私归游牧，议削爵，诏赴鄂尔坤效力赎罪，至是卒。谕曰："成衮自获罪后，虽无效力之处，但念伊卒于军营，究属可悯，著伊子德木楚克降袭扎萨克一等台吉，不必仍袭公爵。"

二十五年，车臣汗部扎萨克辅国公格埒克巴木丕勒来朝，晋镇国公，赐黄马褂。车臣汗部扎萨克固山贝子旺沁扎布以轻刑毙命，削扎萨克，诏以其弟一等台吉贡素咙扎布袭，别封旺沁扎布为闲散镇国公。复授车臣汗部人纳旺伊什、桑斋璘沁扎萨克一等台吉。谕曰："纳旺伊什与桑斋璘沁削职后，留居军营效力有年，现在军营无事，伊等所获之罪，不过昏愚所致，著加恩给还原职。"乌梁海为哈萨克部人巴图克巴图尔所掠，赛因诺颜公额尔克沙喇获被掠者，诘之，告以乌梁海游牧远，以故被掠，且哈萨克汗阿布赉遣使至，欲擒献巴图克巴图尔。谕曰："额尔克沙喇久驻哈萨克界，可撤兵还，即以朕旨宣谕。曰：'劫掠乌梁海，系巴图克巴图尔一人所为，与其部长无涉，使彼知之'。"寻车布登扎布偕车木楚克扎布擒获巴图克巴图尔。扎萨克图汗子公品级齐旺巴勒斋扈驾木兰行围，赐孔雀翎。扎萨克图汗郡王巴勒达尔及子齐旺巴勒斋，赛因诺颜部贝子品级齐旺多尔济，车臣汗部二等台吉衮布扎布，扈驾木兰行围，命巴勒达尔射，赐三眼孔雀翎及黄马褂，齐旺多尔济双眼孔雀翎，赐齐旺巴勒斋、衮布扎布孔雀翎。衮布扎布，格埒克巴木丕勒长子。命赛因诺颜亲王副将军车布登扎布图形紫光阁。御制赞曰："拍马弯弓，无敌所向，不曾读书，如古名将，和落霍斯，少胜众彼，超勇亲王，额驸之子。"是年，赛因诺颜部公三都克车木伯勒以病罢，子车登扎布袭。土谢图汗部扎萨克固山贝子根扎布多尔济卒，诏其子车布登多尔济袭固山贝子，弟格斋多尔济袭扎萨克，别授公品级。赛因诺颜部扎萨克多罗贝勒纳克扎勒齐素咙卒，第三子齐默特多尔济袭。

二十六年三月，赛因诺颜亲王奏，喀尔喀汛旧设阿尔台，今准夷回部底定，向时戍区，俱成内地，请展扎哈沁、乌梁海、喀尔喀等汛，资耕牧业。诏会勘。寻奏奈曼明安至庚济、察罕布尔噶苏所设汛，宜展至乌噜木齐。乌梁海内大臣察达克等，勘巴颜珠尔克至乌拉克沁伯勒齐尔及乌噜木齐可设汛十五，俱相隔百里为率。军机大臣遵旨议，奈曼明安旧汛，应远徙，但千里长途，喀尔喀难遥制，应将附近乌噜木齐之乌尔图布拉克、赛塔喇、纳里特、济木萨四汛，令索伦、绿旗兵驻防，其苏伯昂阿至乌拉克沁伯勒齐尔十一汛，令成衮扎布督理，从之。土谢图汗部副将军郡王桑斋多尔济妄奏定边左副将军亲王成衮札布选兵弗公，训饬之。寻奉命赴恰克图购马，时车臣汗部一等台吉贡楚克扎布，督牧军驼。寻命赴恰克图，助桑斋多尔济购马事。有劫贼罗卜藏锡喇布者，冒章嘉呼图克图名，沿边肆扰，车臣汗嘛呢巴达喇擒送京师，赉币。车臣汗部贝勒丹津由乌里雅苏台解马赴巴里坤。扎萨克图汗部公品级多岳特解军需赴伊犁，济贝子额尔克沙喇军。以叶尔羌之捷，赐扎萨克图汗部凯宴。镇国公朗衮扎布留驻军营，颁赐银币。赛因诺颜公额尔克沙喇解伊犁牲畜，道毙议价，诏免其半。以赛因诺颜副将军郡王车布登扎布剿吗哈沁色布腾逸走，追不力，训饬之。会俄罗斯献色布腾，仍赉之币。命同部郡王车木楚克扎布子贡楚克扎布扈驾木兰行围，赐孔雀翎。

十二月，授车布登扎布副盟长。

二十七年，扎萨克图汗部扎萨克一等台吉诺尔布解军驼赴伊犁。

赛因诺颜部亲王品级车布登扎布奉使西藏，同部辅国公多尔济自游牧复赴伊犁军营，道卒，子沙克都尔扎布袭。赐土谢图汗部郡王齐巴克雅喇木丕勒次子齐巴克多尔济公品级。土谢图汗部扎萨克辅国公蒙固以病罢，子索诺木辰伯勒袭，同部扎萨克一等台吉齐巴克扎布亦以病罢，子额琳沁多尔济袭。寻扈驾木兰行围，赐孔雀翎。时赛因诺颜部贝勒齐默特多尔济亦在行围。谕曰："齐默特多尔济之始祖衮布，本喀尔喀旧扎萨克，首先来归，封郡王爵，嗣降袭贝勒，已历四世，著加恩令其世袭罔替。"

二十八年，扎萨克图汗子齐旺巴勒斋署盟长。土谢图汗部公车登三丕勒赴哈克图驻防。扎萨克图汗部镇国公朗衮扎布以展汛界，偕乌梁海内大臣察达克，由巴颜珠尔克至乌拉克沁伯勒齐尔及乌噜木齐路，定十五汛，俱相隔百里为率。诏如议。寻与土谢图汗部辅国公车布登多尔济，与同部公三达克多尔济长子车棱多尔济，扈驾木兰行围，赐黄马褂，命乾清门行走。车布登多尔济等，赐孔雀翎。赛因诺颜部亲王成衮扎布来朝以督理乌梁海与哈萨克互市，协夷情，谕奖之。先是，赛因诺颜部贝勒佛保陷贼，其兄沙克都尔扎布代袭贝子，至是沙京都尔扎布卒，其子敦多布多尔济与佛保入觐，诏敦多布多尔济袭贝子，而封佛保为辅国公，命乾清门行走。是年，扎萨克图汗部扎萨克·等台吉根敦卒，子车都布多尔济袭。寻命防护杜尔伯特游牧。

二十九年四月，赛因诺颜亲王成衮扎布奏乌里雅苏台旧城圮，应增修，上报可。授扎萨克图汗部郡王品级贝勒车都布盟长，赐同部署盟长齐旺巴勒斋黄马褂。

七月，以成衮扎布鞫索伦逃兵未疏奏，训饬之。土谢图汗部扎萨克达玛琳扎布扈驾木兰行围，赐孔雀翎。

十一月，成衮扎布复奏乌里雅苏台土浮，难兴版筑，旧城在齐格尔苏特、乌里雅苏台二河间，应照旧造木城，增高丈六尺，厚一丈，周围共五百丈，内外排木栅，中实土，东西南各置门，北迎河，掘沟引水环之，即以沟土筑城，报闻。是年，土谢图汗部扎萨克辅国公三达克多尔济卒，长子车棱多尔济袭。赛因诺颜部扎萨克辅国公车登扎布卒，诏其父三都克车木伯勒仍复原职。

三十年，车臣汗嘛呢巴达喇来朝，命御前行走。命扎萨克图汗将军郡王巴勒达尔御前行走，赐同部郡王车都布黄马褂。授土谢图汗车登多尔济所部副将军，授同部郡王齐巴克雅喇木丕勒盟长，兼所部副将军。土谢图汗郡王桑斋多尔济议私与俄罗斯互市罪，诏削爵。寻命复封多罗郡王。土谢图汗部公车布登多尔济辖乌里雅苏台军营学舍。车臣汗部贝勒达克丹多尔济扈驾木兰行围，赐双眼孔雀翎。是年，土谢图汗部辅国公齐旺多尔济卒，仍令其父车布登袭。扎萨克图汗部一等台吉噶尔丹达尔札卒，子拉克沁噶喇袭。诏授扎萨克，给印，编佐领一，隶喀尔喀扎萨克图汗部，以扎克毕赖色钦毕都哩雅诺尔盟长辖之。

三十一年，命土谢图汗车登多尔济乾清门行走，赐三眼孔雀翎及黄马褂。土谢图汗部扎萨克一等台吉车布登以私易所解达哩刚爱马，为同亲王桑斋多尔济所劾，诏削职，其子不得袭，以弟车登袭。扎萨克图汗部公品级喇布坦以老罢，子镇国公朗衮扎布卒，孙索诺木多尔济袭公品级扎萨克一等台吉，寻袭镇国公。同部镇国公旺舒克以病罢，子拉旺多尔济降袭辅国公。扎萨克图汗部扎萨克诺尔布送马四千赴乌噜木齐。赛因诺颜部亲王成衮布长子贝子品级额尔克沙喇卒，成衮扎布以额尔克沙喇子阿穆尔拜、车布木达什幼，其弟伊什扎木楚谙旗务，奏请袭爵，并遣入觐，许之，诏停袭贝子品级，以伊什扎木楚袭辅国公，阿穆尔拜、车布木达什各授一等台吉。二十二年成衮扎布奏同部辅国公达什督驿称职。谕奖之，赐孔雀翎。

758

至是复以哈什图五站雪盛损畜，达什酌拨各游牧余马，供使无误。诏晋封达什镇国公。是年，赛因诺颜亲王成衮扎布奏，所部来归初，亲王善巴为同族长，又世掌丹津喇嘛所遗印，请视三汗例，以善巴曾孙亲王诺尔布扎布袭赛因诺颜号，诏允其请，追袭其祖图蒙肯所遗赛因诺颜号，赐之印，俾与土谢图汗、车臣汗、扎萨克图汗均世袭罔替。寻授所部副将军。

三十二年，赐扎萨克图汗兼多罗郡王巴勒达尔杏黄辔，命其子齐旺巴勒斋乾清门行走。赐土谢图汗部扎萨克一等台吉衮楚克车璘黄马褂。赛因诺颜部辅国公伊什扎木楚扈驾木兰行围，赐黄马褂，命乾清门行走。是年，车臣汗嘛呢巴达喇卒，弟车布登扎布袭。汗来朝，命乾清门行走。车臣汗部镇国公格垺克巴木丕勒长子二等台吉衮布扎布擒逃贼图什尔格，赍币。土谢图汗部贝子达什丕勒奉命赴瀚海，督牧军驼。

三十三年，授车臣汗车布登扎布盟长。扎萨克图汗署盟长齐旺巴勒斋，辖乌里雅苏台军营学舍。赛因诺颜部亲王车布登扎布入觐，赐第京师。

三十四年，赛因诺颜部公品级三等台吉噶瓦卒，理藩院议停袭，诏仍以其子桑济袭。命土谢图汗车登多尔济御前行走，赐紫辔。土谢图汗部公品级齐巴克多尔济扈驾木兰行围，赐孔雀翎授扎萨克图汗部盟长郡王车都市所部副将军。赐车臣汗车布登扎布三眼孔雀翎及黄马褂。土谢图汗部郡王丹忠多尔济扈驾木兰行围，赐三眼孔雀翎。是年，土谢图汗部扎萨克辅国公车布登卒，孙齐素咙多尔济降袭扎萨克一等台吉。扎萨克图汗巴勒达尔卒，子公品级齐旺巴勒斋袭，兼多罗郡王，寻授盟长。同部扎萨克一等台吉达尔巴图亦以病罢，子达什琳沁袭。赛因诺颜部扎萨克辅国公三都克车木伯勒卒，孙噶尔玛袭。噶尔玛，车登扎布子。同部扎萨克镇国公贡格敦丹卒，子当苏哗袭。

三十六年，授赛因诺颜车布登扎布定边左副将军，寻授盟长。同部郡王车木楚克扎布所部副将军。车臣汗部扎萨克辅国公格埒克巴木丕勒卒，子衮布扎布袭。扎萨克图汗部公玛哈巴拉扈驾木兰行围，赐孔雀翎。赛因诺颜部亲王成衮扎布卒，赐银千两治丧。子七，长额尔克沙喇，封贝子品级辅国公，次伊什扎木楚，袭辅国公，次敏珠尔多尔济，封公品级，次占楚布多尔济，封世子，次纳玛恺多尔济，授一等台吉，次德埒克多尔济，封辅国公，次拉旺多尔济，尚固伦和静公主，授固伦额驸，赐双眼孔雀翎，寻封世子，命御前行走。至是袭扎萨克和硕亲王。仍命辅国公伊什扎木楚克代掌扎萨克。同部辅国公佛保卒，子三丕勒敦多克袭。

三十七年，赐土谢图汗车登多尔济金黄辔。是年，土谢图汗部郡王丹忠多尔济卒，无嗣，弟齐巴克扎布袭。土谢图汗部公车登三丕勒长子拉素哗多尔济扈驾木兰行围，赐孔雀翎。命赛因诺颜部郡王车木楚克扎布长子贡楚克扎布乾清门行走。

三十八年，赛因诺颜副将军车布登扎布以牟利为同部贝子品级齐旺多尔济所讦，诏罢左副将军职。先是齐旺多尔济凌其兄亲王诺尔布札布，为车布登札布所斥，故深憾之。

三十九年，土谢图汗部贝子车布登多尔济卒，子逊笃布多尔济袭。赐土谢图汗部公车梭多尔济黄马褂。土谢图汗部扎萨克敦多布多尔济扈驾本兰行围，赐孔雀翎。赛因诺颜部亲王额驸拉旺多尔济偕大学士舒赫德剿山东逆贼王伦。赛因诺颜亲王品级车布登扎布年七十，赐无量寿佛及珊瑚、朝珠、四团龙服。

四十年，命车臣汗车布登扎布御前行走。赐扎萨克图汗齐旺巴勒斋三眼孔雀翎。

四十一年，土谢图汗部郡王齐巴克扎布、扎萨克齐素呢多尔济扈驾木兰行围，赐齐巴克扎布三眼孔雀翎，齐素呢多尔济孔雀翎。

四十二年，授土谢图汗车登多尔济盟长。土谢图汗部扎萨克和硕亲王齐巴克雅喇木丕勒卒，次子齐巴克多尔济袭。仍授土谢图汗部郡王桑斋多尔济所部副将军，子永丹多尔济初授一等台吉，教养内廷。至是命乾清门行走，赐孔雀翎。是年，土谢图汗部扎萨克辅国公车登三丕勒卒，子拉素呢多尔济袭。

四十三年，授土谢图汗部亲王齐巴克多尔济所部副将军，赐三眼孔雀翎、黄马褂。土谢图汗部扎萨克多罗郡王桑斋多尔济卒，子永丹多尔济袭，命御前行走，赐三眼孔雀翎。是年，扈驾木兰行围，赐黄马褂，寻尚郡君，授多罗额驸。土谢图汗部公拉素呢多尔济督理乌里雅苏台军营学舍。赐扎萨克图汗齐旺巴勒斋子贝喇特纳公品级。是年，赛因诺颜部扎萨克多罗郡王车木楚克扎布卒，子贡楚克扎布袭。

四十四年，授土谢图汗部郡王齐巴克扎布副盟长，兼署所部副将军。同部贝子逊笃布多尔济命乾清门行走，寻偕赛因诺颜部郡王贡楚克扎布扈驾木兰行围。赐贡楚克扎布三眼孔雀翎及黄马褂。逊笃布多尔济双眼孔雀翎，寻授副盟长及参赞。是年，扎萨克图汗部扎萨克一等台吉达什朋素克卒，子衮布扎布袭，扈驾木兰行围，赐孔雀翎。授赛因诺颜亲王品级车布登扎布议政大臣，上追念其击贼和落霍斯功，命绘战图赐之。

四十五年，土谢图汗部扎萨克辅国公索诺木辰伯勒卒，子巴克巴扎布袭。车臣汗部多罗贝勒丹津卒，长子车棱多尔济袭。同部扎萨克固山贝子达尔济雅卒，子索诺木旺扎勒多尔济袭。赛音诺颜郡王车布登扎布以擅请展牧界削亲王品级。赛音诺颜部扎萨克辅国公达什卒，子喇嘛扎布袭。

四十六年，诏喀尔喀世爵视内扎萨克四十九旗例，理藩院遵旨议，首以土谢图汗请。谕曰："土谢图汗车登多尔济之始祖察珲多尔济来归时，仍留汗号，嗣是子孙承袭，将及百年，着加恩世袭罔替，诸部王公，并同此例。"谕土谢图汗部郡王齐巴克扎布曰："齐巴克扎布之始祖固噜什喜，当噶尔丹作乱时，首先来归，圣祖仁皇帝念其为喀尔喀旧扎萨克，优封郡王，伊子孙承袭，今已四世，著加恩令其世袭罔替。"谕贝子逊笃布多尔济曰："贝子逊笃多尔济之先，原系王爵，因额璘沁多尔济身获重罪，削爵停袭。朕念伊祖父旧勋，不忍令其遽尽，是以特令降袭贝子，著加恩世袭罔替。"谕和硕亲王齐巴克多尔济之祖父，宣力戎行，屡著劳绩，由扎萨克台吉荐封和硕亲王，著加恩令其世袭罔替。理藩院议拉素哴多尔济、车棱多尔济所袭辅国公，系恩封，出缺时，请降袭。谕曰："拉素哴多尔济之曾祖车棱巴勒，蒙圣祖仁皇帝格外鸿恩，特封公爵，承袭有年。朕于车棱巴勒子巴木丕勒多尔济出缺时，不忍削去，是以仍令其子车布登三丕勒及孙拉素哴多尔济相继承袭，今若照议降袭，朕心殊为不忍，著加恩世袭罔替。"谕车棱多尔济曰："辅国公车棱多尔济之父三达多尔济，朕因其为亲王丹津多尔济子，封授公爵，复因效力军营，送马无误，晋贝子品级。车棱多尔济袭爵时，已削去贝子品级，今若复令降袭，朕心殊为不忍，即云世袭罔替，于例不符，此亦惟视车棱多尔济效力如何，若于乌里雅苏台值班等事．奋勉出力，毫无贻误，仍许承袭公爵，俟出缺时，奏闻请旨。"谕扎萨克辅国公巴克巴扎布曰："巴克巴扎布所袭辅国公，系其祖旺布效力军营晋封之爵，著加恩令其世袭罔替。"理藩院议三都布多尔所袭公品级，例弗应世袭，俟出缺请旨，诏如议。谕车臣汗曰："车臣汗车布登扎布之曾祖为乌默客来归时，仍留汗号，子孙至今承袭，将及百年，著加恩世袭罔替。"理藩院议车棱多尔济所袭贝勒，系恩封，出缺后请降袭。谕曰："车棱多尔济所袭贝勒，虽与初封及有功袭封者不同，但此原系朕施恩封授伊父丹津之爵，丹津又系车臣汗垂扎布弟原任郡王贡格三丕勒之子，是以出缺后，仍著车棱多尔济承袭，今若照议降袭，朕心殊为不忍，著加恩世袭罔替。"谕索诺木旺扎勒多尔济之始祖布达扎布，原封贝子，荐封贝勒，出缺时降袭公爵，嗣因达尔济雅效力军营，劳绩懋著，复授贝子，且令其子索诺木旺扎勒多尔济承爵，著加恩世袭罔替。谕衮布扎布曰："衮布扎布之父格垏克巴布丕勒，原袭辅国公，以军务获罪削袭，嗣因赴伊犁奋勉效力，复予原职，经朕特降旨，晋封镇国公，出缺时既经照例减等承袭，著即将扎萨克辅国公爵恩予世袭罔替。"谕贡素咙扎布、旺沁扎布曰："旺沁扎布之闲散镇国公，与贡素咙扎布之扎萨克台吉，原系其祖阿南达所封贝子递行改授之爵，著加恩予世袭罔替。"谕贡楚克多尔济曰："贡楚克多尔济所袭公爵，原系其祖车棱旺布抒诚效力所封，朕体世宗宪皇帝推恩之意，不忍削除，故令两代承袭，著恩予世袭罔替。"谕扎萨克图汗齐旺巴勒斋曰："扎萨克图汗号，因策旺扎布获罪削爵，伊族弟格垏克延丕勒承袭，至齐旺巴勒斋已袭三世，其郡王爵，又系齐旺巴勒斋始祖朋素克喇布坦来归时所封，俱著恩与世袭罔替。"埋藩院议多岳特所封公品级，例弗予袭。谕曰："三等台吉多岳特原袭伊父格色克辅国公爵，因获罪后在军营效力，又招降乌梁海，朕复施恩赐公品级，虽于例不应承袭，但削除朕复不忍，俟出缺时，详察有无功过，另降谕旨。谕车都布所袭贝勒，原因博贝军营效力，由辅国公晋封之爵，着加恩世袭罔替，其郡王品级，系因车都布之父旺布多尔济效力所加，出缺时，朕不忍即行削除，是以仍令承袭，但即令世袭罔替，于例又不可行，著暂令承袭如故，俟出缺时，再行请旨。谕玛哈巴拉所袭镇国公，系其祖诺尔布班第获罪降袭之爵，拉旺多尔济所袭辅国公，系由初封贝子降等承袭，拉沁苏咙所袭扎萨克辅国公爵，系其祖索诺木伊斯扎布效力军营所封，巴图济尔噶勒所袭扎萨克辅国公，系因其父齐巴克扎布军营效力被伤阵殁所封，索诺本多尔济所袭扎萨克镇国公爵，系其祖父效力军营所封，均著加恩予世袭罔替。"谕赛因诺颜亲王曰："诺尔布扎布所袭亲王，系其曾祖善巴来归后，从征噶尔丹有功，由郡王晋封之爵，赛因诺颜又系伊部旧号，著加恩予世袭罔替。"谕车登扎布曰："车登扎布父亲王诺尔扎布未袭亲王时，曾赐公品级，因追剿包沁有功，特封贝子，朕念此爵，系伊本身效力所得，是以于伊既袭亲王之后，仍令车登扎布袭镇国公，著加恩世袭罔替。"先是亲王德沁扎布，献马助军，谕议叙，寻议亲王爵无可加，应于伊子内选一人，赏公品级，德沁扎布因以其第三子三丕勒多尔济请，许之。至是理藩院议，三丕勒多尔济所授公品级，例弗应世袭，俟出缺时，请旨，诏如议。谕伊什扎木楚曰："伊什扎木楚所袭辅国公，系伊兄额尔克沙喇效力军营所封之爵，著加恩令其世袭罔替，出缺后仍以额尔克沙喇子请旨承袭。"谕三丕勒敦多克所袭公爵，系因伊父佛保陷贼复归加恩所封，著令其世袭罔替。谕车布登扎布曰："车布登扎布扬历戎行，战功懋著，由台吉荐封郡王兼授扎萨克，著加恩予世袭罔替。"谕贡楚克扎布曰："贡楚克扎布始祖托多额尔德尼原封公爵，嗣因贡楚克扎布父车木楚克扎布扬历戎行，勋猷卓著，由镇国公荐封郡王，著加恩令其世袭罔替。"谕德木楚克扎布之父罗卜藏车璘死于王事，德木楚克扎布又接续台站有功，施恩由贝子晋袭贝勒，仍著恩令其世袭罔替。先是，大军剿达瓦齐，罗卜藏车璘协理乌兰乌苏驿务，会阿逆叛，逆党阿巴噶斯、哈巴等乘间劫驿，罗卜藏车璘拒之，战死，诏由贝子原爵晋封贝勒，令其子德木楚克扎布□谕噶尔玛所袭辅国公，系伊始祖阿玉什在军营效力晋封之爵，贡楚克所袭辅国公，系伊祖诺尔布在军营奋勉效力，由扎萨克台吉晋封之爵。喇嘛扎布所袭辅国公，系因伊祖齐旺在军营奋勉效力封镇国公减等承袭之爵，均著加恩令其世袭罔替。谕当苏咙曰："当苏咙始祖阿哩雅，初封扎萨克台吉，嗣因其子格木丕勒效力军营，懋著劳绩，晋封镇国公，至当苏咙又袭二世，著加恩令其世袭罔替。"谕沙克都尔扎布曰："沙克都尔扎布之父多尔济，效力军营始终奋勉，又因前往军营中途病卒，朕心深为悯恻，是以令沙克都尔扎布仍袭公爵，著加恩令其世袭罔替。"理藩院议桑济所袭公品级，例弗应世袭，请出缺后停袭，诏如议。

四十七年，谕赛因诺颜部公品级三等台吉桑济曰："前议于桑济出缺后，请旨停袭，朕因其照例办理。业已允行，但念桑济之父噶瓦，于青衮咱卜作乱时，不肯随众株守，能自备马，接递驿务，且于经过官员，供给牲畜，伊不过一协理台吉，诚心奋勉若此，故特赐公品级。噶瓦卒后，朕追念前功，仍爵其子，若终归削除，朕心殊为不忍，著恩与世袭罔替。"赛因诺颜部扎萨克多罗郡王车布登扎布卒，子丕勒多尔济袭，命御前行走。

四十八年，以土谢图汗车登多尔济车臣汗车布登扎布私用乌拉票罪，诏黜御前行走，寻议削爵，上弗忍，谕减等再议，因议留汗爵，永停给俸，削盟长，夺三眼翎及黄马褂，诏削盟长，罚俸五年，勿夺翎褂，寻因未来谢恩，谕并夺之。授土谢图汗部贝子逊笃布盟长，以同部亲土齐巴克多尔济庸懦无能，命解副将军任。授同部额驸永丹多尔济所部副将军，辅国公车布登多尔济所部副将军参赞。扎萨克图汗部公品级三等台吉多岳特卒，诏其子干珠尔扎布袭。寻谕曰："干珠尔扎布之祖格色克，系旧扎萨克图汗沙喇之子，圣祖仁皇帝格外加恩，封辅国公，格色克卒，朕命多岳特袭，嗣因自蹈愆尤，旋知悔惧，复赐公品级，今伊已卒，若即将公品级削除，祗令干珠尔扎布承袭。原有三等台吉，朕实不忍，是以加恩，仍令袭公品级,俟出缺时,奏闻请旨。"

四十九年五月,土谢图汗车登多尔济、车臣汗车布登多尔济迎觐避暑山庄,复并赐孔雀翎。寻命乾清门行走,赐黄马褂。

(《皇朝藩部要略》卷三至卷八。对应本书1—6。版本同前。)

避暑山庄与外八庙珍稀史料辑校

张双智 张羽新 编著

下册

学苑出版社

四、准噶尔与回部（维吾尔族地区），以及哈萨克等部

（十一种）

康熙亲征准噶尔记

(清)魏　源

厄鲁特，亦蒙古也。元之亡，蒙古分为三大部：漠南蒙古、漠北喀尔喀蒙古，皆成吉思汗之裔，元太祖，国人称之曰成古思汗。成或作钦，或作青，皆音之转。惟居西域者非元太祖后，出脱欢太师及也先瓦剌可汗之裔，是为厄鲁特四卫拉蒙古。卫拉即瓦剌之音转。国初，惟漠南蒙古早结和亲，而喀尔喀、厄鲁特两大部皆雄长西北，间通使，间为寇。顺治中，王师方定中原，未遑远略，于是厄鲁特吞噬西北，日渐强大。初，厄鲁特四卫拉部：曰绰罗斯，牧伊犁；曰杜尔伯特，牧额尔齐斯；曰土尔扈特，牧雅尔即塔尔巴哈台；曰和硕特，牧乌鲁木齐。和硕特固始汗于明末袭据青海，又以兵入藏，灭藏巴汗，而有其喀木之地。绰罗斯特则据伊犁，兼胁旁部，与喀尔喀邻，势俱张甚。

康熙中，绰罗特浑台吉死，子僧格立。僧格死，子索诺木阿拉布坦立，僧格弟噶尔丹杀之，自立为准噶尔汗。旋取青海和硕特车臣汗女，而袭杀车臣汗；兼有四卫拉特，复南摧回部城郭诸国，尽下之，威令至卫藏。则又思北并喀尔喀，乃自伊犁东徙帐阿尔泰山，并使杜尔伯特部众屯田，且耕且牧，以恃其食。会喀尔喀土谢图汗执杀札萨克图汗而夺其妾，三部内哄。我朝遣使偕西藏达赖之使和解三部，噶尔丹使其族人多尔济札布随而觇之，故使嫚骂土谢图汗，以激其怒。土谢图汗果执杀之，噶尔丹遂藉词报复，扬言借俄罗斯兵且至。喀尔喀探之无其事，守备懈。而噶尔丹言之不已，喀尔喀益不信。噶尔丹潜遣刺麻千人游牧其地，喀尔喀亦不以为意也。二十七年夏，噶尔丹领劲骑三万逾杭爱山突袭其帐，游牧剌麻从中应之。土谢图汗仓卒溃遁，其子噶尔旦台吉拒战，大败，倾国东走。途遇我使臣张鹏翮等往俄罗斯，经其东部车臣汗地，喀尔喀遣使乞援，即扬言大国兵来救己。于是噶尔丹亦具书来，使臣具檄晓谕之。噶尔丹知我兵不为喀尔喀也，复践之，并击破其邻部右翼车臣汗、左翼札萨克图汗，又劫其大剌麻哲卜尊丹巴胡图克图之帐。于是土谢图等三汗部落数十万众尽弃牲畜帐幕，分路东奔，于九月投漠南，款关乞降。圣祖命尚书阿尔尼等发归化城独石、张家二口仓储，并赐茶布牲畜十余万以赡之，暂借科尔沁水草地使游牧。噶尔丹亦遣使入贡，上敕其率众西归，还喀尔喀侵地。噶尔丹既兼有回部、青海、漠北，则益骄蹇，不奉命，踞喀尔喀王庭，征诸属国，控弦之士数十万。二十九年，以追喀尔喀为名，选锐东犯。五月，侵及乌尔会河。乌尔会河疑即乌尔匝河，在克鲁伦河之北，下流入俄罗斯境，在喀尔喀东部车臣汗境内。尚书阿尔尼以蒙古兵击之，而令喀尔喀夺还所掠牲畜。喀尔喀贪利争取，阵遂乱，反为厄鲁特所败，乘胜东趋内札萨克蒙古地方。

是时，朝廷已平三藩，定陇、蜀，收台湾，和鄂罗斯，天下无事。圣祖以噶尔丹势炽，既入犯，其志不在小，且喀尔喀不可使无故地游牧也，六月，集大臣于朝，下诏亲征。命抚远大将军裕亲王福全为左翼，皇子允禔副之，出古北口；安北大将军恭亲王常宁为右翼，出喜峰口。右翼兵遇贼乌朱穆秦，战复不利，收军。准噶尔遂乘胜长驱而南，乌朱穆秦亦内蒙古部落之一，在盛京西界，距古北口九百余里。秦，一作沁。深入乌阑布通，距京师七百里。乃止右翼兵，改命康亲王杰书等屯归化城，要其归路。

八月朔，我抚远军遇贼于乌阑布通，噶尔丹遣使来言："追喀尔喀仇人，阑入中国汛界，非敢妄行。请执土谢图汗及其弟哲卜尊丹巴大剌麻畀我，即当班师。"翌日，我军进击，大战于乌阑布通。贼骑数万阵山下，依林阻水，以万驼缚足卧地，背加箱垛，蒙以湿毡，环列如栅，士卒于垛隙发矢铳，备钩距，谓之驼城。我师隔河而阵，以火器为前列，遥攻中坚，声震天地，自晡至暮，驼毙于炮，颓且仆，阵断为二。步骑争先陷阵，左翼兵又绕山横击，遂破其垒。贼乘夜走保高险，翌日，遣西藏剌麻济隆来军，卑词乞和。奏闻，诏："速进兵，毋堕贼计。"而噶尔丹不俟报即拔营，由克什克腾部之什拉穆楞河载木横渡，越大碛山宵遁。所过皆烧荒，以绝追骑。逾数日，我师轻骑迫之，已不及。噶尔丹中途遣使献书："顶威灵佛，誓不犯边。"并具疏谢罪。科尔沁土谢图亲王谋羁留之，而噶尔丹逸不止，且尽失负驼，无辎重，狂奔绝漠而北，沿途饥踣死亡，得还科布多者仅数千人。时上偶不豫，自博洛河屯回銮，诸将不及奉进止，而归化城西路兵及科尔沁诸蒙古兵以奉裕亲王讲和之令，遂不复邀击。信郡王劝裕亲王不乘胜追剿，反檄止苏尔达等进兵，致穷寇窜逸。上以功过相兼，薄其罚。有言科尔沁土谢图亲王通于噶尔丹阴纵之去者，上亦不之疑也。八月，班师回銮。

明年，驾出塞于独石口外多伦泊，泊在热河西北三百里，距独石口二百五十里。御制《多伦泊汇宗寺碑》曰："斯地川原平衍，去官牧场甚迩，而诸部在瀚海龙堆之东西北者，道里适中。"受喀尔喀各汗台吉之朝，以其三部为三十七旗，今滋息为八十二旗。比内札萨克蒙古，建汇宗寺以安其剌麻。是年，噶尔丹与达赖剌麻率厄鲁特各台吉上尊号，却之。三十年，户部以大兵征准噶尔，糜饷浩大，请捐输粮草，准作贡监及纪录、加级、复级、封赠、应升先用，及免保举各例，于次年三月停止。大学士伊桑阿等以臣服喀尔喀，请上尊号。不许。三十一年，以前征准噶尔时火铳便利，立火器营。朝鲜国王进鸟铳三千杆，诏永免朝鲜黄金及蓝青红木棉等贡。

五月，噶尔丹遣使至归化城，声言入贡，男妇接踵至者几二千。将军费扬古遣兵迎诘，且遏之。诏责还其使。三十三年，约噶尔丹来会盟，不报，而遣兵侵掠喀尔喀益甚，屡书索土谢图汗及哲卜尊巴大剌麻益急，且害我使臣，时噶尔丹兄子策妄拉布坦为噶尔丹所迫，遣使入贡，故我遣使报之。而阴遣使诱内蒙古各部叛归己。科尔沁土谢图亲王等以闻。上以前此乌阑布通之役，贼几可灭，我师坐失机会，欲复致其来，一战覆之。乃密令复书，伪许内应，而预调士马刍粮以待。三十四年，噶尔丹果率骑三万入寇，沿克鲁伦河而下，克鲁伦河在喀尔喀东部车臣汗境内，其水流入黑龙江。侵掠至巴颜乌阑，自秋徂冬，踞之不去，亦不犯漠南。遣使往激之，贼令使者徒步归，且大言借俄罗斯鸟枪兵六万，将大举内犯。盖以前败由火器不如中国，故佯假西洋火器以张其军。其实，俄罗斯并无意助寇，且噶尔丹惩前败，亦未敢深入送死也。

明年春，上复祃牙亲征，皇太子留守京师。命将军萨布素率东三省兵出东路，遏其冲；大将军费扬古、振武将军孙思克等率陕甘兵出宁夏西路，邀其归；上亲统禁旅由独石口出中路，皆赴瀚海而北，约期夹攻。砂碛不宜车，乃留大炮，惟驼子母炮以行。每驻营，上亲拊士卒，相水草。军行瀚海，泉溢刍生。五月，遂由科图进逼贼境。而东路军尚未至，西路军亦奏言贼尽焚草地，我军迂道，秣马粮运阻雨，师行七十余日，士马馁困，乞上缓军以待。途次，复有传俄罗斯助兵之信，大学士伊桑阿等力请回銮。上怒曰："朕祭告天地宗庙出征，不见贼而返，何以对天下？且大军退，则贼尽锐注西路，西路军不其殆乎！"遂率兵疾趋克鲁伦河，手绘阵图，指示方略。从行王大臣有言宜俟西路兵至而合击者，有言宜出其不意直前突击者，有言宜先遣使告以驾至，俟其惊扰而后乘之者。上命诸皇子议之，定计遣使。噶尔丹尚不信，登北孟纳兰山，望见御营黄幄龙纛，环以幔城，又外为网城，军容山立，大惊，拔营宵遁。翌日，大军至河，则北岸已无一帐。克鲁伦河者，起车臣汗西界，东北近黑龙江，横亘瀚海东北二千里，乃内外蒙古之界也。上初意贼必扼河拒战，故两路出师，攻其腹背。及是知贼已丧胆，遂命领侍卫内大臣马思哈搜讨巴颜乌阑近地，上亲率前锋追之三日，至拖诺山，不及而还。命内大臣明珠尽运中路之粮，以济西师。

贼奔驰五昼夜，中途欲拒战于拖诺山，而众奔不能止，沿途遗老弱辎重及浆浑脱无算。适我西路兵邀之于昭莫多，蒙古语"大树林"也，即明成祖破阿鲁台地，在肯特岭之南，土腊河之北，汗山之东，平旷饶水草，回望大岭，千仞如屏，为自古漠北战场。时敌军至者仅万，然皆百战之贼。我师饥疲，马僵其半，士多徒步。费扬古等议，马力不能驰击，非反客为主，以佚待劳不可。距敌三十里即止营，其地有小山，三面皆距河，林木茂荟，可设伏。先遣前锋兵四百且战且却，诱贼至昭莫多。费扬古率左右翼步骑先据小山阵于东，馀沿土腊河阵于西，兼备林中伏贼。遵上所授方略，各兵皆下马步战，约闻角声始上马。将军孙思克以绿旗步兵居中，据山顶临之。贼争山顶峰甚锐，我兵据险俯击，弩铳迭发，藤牌继之，每进辄以拒马木列前自固。赵氏《记》谓"以拒马木拥于后，示必死"云云。按：拒马木皆列于前，所以制敌骑之冲突，即卫青武刚车自环之意。先为不可胜，以待敌之可胜也。兵入敌境，不患不致死。无拥于后之理。贼冒矢铳鏖斗，至暮不退，人人如怒虎，林木皆震。扬古遥望贼阵后人马不动，必其妇女驼畜也，乃麾沿河伏骑，一横冲入阵，一袭其后辎重，山上军奋呼夹击，贼始溃败，乘夜追北三十余里。天明收军，斩数千级，降三千，获马驼、牛羊、庐帐、器械无算，并殪其可敦阿奴。可敦者，准部称其汗之妃也，《唐书》回纥君曰可汗，妃曰可敦，或作哈屯者，音转也。顾晢敢战，披铜甲，佩弓矢，骑异兽，似驼非驼，精锐悉隶麾下，至是亦毙于炮。噶尔丹以数十骑遁。

捷奏至御营，令费扬古留防科图，护喀尔喀游牧地。上亲撰铭勒察汗拖诺山及昭莫多之山而还。次归化城，躬犒劳西路凯旋之师，辍膳大享士。献厄鲁特之俘，弹筝箛歌者毕集。有老胡工箛，口辩有胆气，兼能汉语，上赐之潼酒，使奏技。音调悲壮，歌曰："雪花如血扑战袍，夺取黄河为马槽。灭我名王兮虏我使歌，我欲走兮无骆驼。呜呼黄河以南奈若何？呜呼北斗以南奈若何？"遂伏地谢。上大笑，手书以告皇太子。王师之出也，分五营，上居中为御营，诸皇子分统左右翼，每翼各二营。皇四子雍亲王统左营。及班师也，皇长子统后营为殿。六月，驾至京师。

　　初，准噶尔自破喀尔喀后，恋漠北地久不归，其伊犁旧部落尽为兄子策妄那布坦所并，自阿尔泰山以西皆非已有。又连年与中国战，精锐丧亡，牲畜皆尽，回部、青海、哈萨克皆隔绝叛去。至是，欲西归伊犁，则畏策妄那布坦之逼；欲南投乌斯藏，则道远不能至；欲北赴俄罗斯，而俄罗斯拒不受；闻翁金河有我师余粮运回宁夏。翁金河，一作瓮金河，与推河、拜达里克河皆相近，在杭爱山之西，阿尔泰山之东，我西师留贮粮饷以待回军者也。及战胜而师由东归，不经旧路，故余粮无用，焚弃而归。别详提督殷化行《西征纪略》。乃遣兵数千，山谷中突出掠之，又为我副都统祖良璧护粮兵前后夹击所败。欲掠喀尔喀之出边游牧者，闻有备，亦不敢犯。其遣赴藏之使，又为我青海副都统所擒。所属部落从者或仅千人，或数百人，皆老羸，自相盗羊马。上乘其穷蹙，欲降之。九月，驾再幸归化城，驻跸鄂尔多斯，谕青海诸台吉与策妄那布坦协擒噶尔丹。遣使携其党与准部诸台吉络绎来降。噶尔丹尽丧羽翼，乃遣使诣鄂尔斯旗行在，探中国意。诏数其犯汛界之罪，又许以待喀尔喀恩例招抚之，否即进兵。方噶尔丹之遣使也，授以书，叹息曰："天下人果不相同，中国皇帝神灵奇异，闻其行军所至，泉涌于沙，草生于碛，冰泮于河，是天助彼也；今我所属之人已皆往属之，是人助彼也。尔往其所，观其侍从大臣行止若何，归日议之。"因泣下。使者至，瞻觐感服，密输情于我大臣。圣祖闻而怜之，命理藩院自独石口至宁夏设驿以待。车驾旋京师，而噶尔丹倔强，卒不至。

　　三十六年春二月，驾复渡黄河，幸宁夏，命马思哈、费扬古两路进兵。噶尔丹使子塞卜腾巴珠征粮哈密。为回人擒献。所猎萨克呼里之地，野兽已尽。左右亲信数台吉亦面忒，闻大兵将至，先后望风款附，密乡道大兵深入。又策妄那布坦拥劲兵伏阿尔泰山，将擒以献功。噶尔丹进退无地，不知所为计，每夕或数惊，所至处频逢怪异，烈风淫雨随之。自知人畔天亡，且夕必就俘，遂仰药死。时上自宁夏循贺兰山出边，而费扬古以噶尔丹自伏天诛奏。其下丹济腊以其尸及子女来献，至阿尔泰山，为策妄那布坦夺而献诸朝，所部尽降。于是自阿尔泰山以东皆隶版图，拓喀尔喀西境千余里。四月，上复勒铭狼居胥之山而还。朔漠平。至京师御门受贺，上亲撰碑铭勒石太学。古帝王武功，或命将，或亲征，惟以告于庙社，未有告先师者，在泮献馘复古制，自我圣祖始。

臣源曰：圣祖三驾亲征，其出塞一由东路，再由中路，三由西路。东路由博洛河屯，仅在盛京西界，因准夷已内越乌穆秦而南，故未渡漠出边。中路即明成祖北征所行，由独石口、宣化府出边度瀚海，圣谕言："瀚海水草虽乏，然脉泉凿之甚易，一卒可得二三十井，又有郁尔草最宜马驼之食。"瀚海亦非平地，沙冈绵亘，无寸土。惟插汗七老峰长二百里，横亘瀚梅之中，初出卡伦即逾此岭，圣祖勒铭其上。以后随地设驿，凡二十五日度大漠，至克鲁伦河。圣祖曰："吾闻噶尔丹练习戎行，所向无敌，今不扼克鲁伦河，知其无能为也。"遂循河穷追，至拖诺山而还，其地距河套二千余里，是为瀚海中路。又西自大同归化城，度漠北，至推河，亦设三十余驿，圣祖第三次由此出宁夏，循贺兰山将出边，闻贼伏天殛，故未度大漠。而费扬古西路凯旋之师实由此还，故圣祖亲劳之于归化城，是为西路。前代帝王出塞亲征者，惟明成祖。成祖三犁虏廷，皆自开平、兴和出入。开平，即元之上都，常遇春破寇设卫于此，与兴和城皆在宣府北边。故三追阿鲁台，一迫瓦剌，皆饮马于胪朐河，一至土腊河而还，一至斡难河而还。胪朐即克鲁伦河。我圣祖之所驻军，少西为土腊河，即昭莫多大军所战地，少东为斡难河，即黑龙江之源。元太祖未都和林以前所居，在克鲁伦河之北，兴安岭之麓，皆未越杭爱山而西也。斡难河源亦出肯特山，与克鲁〔伦〕河源相近，今名鄂伦河。康熙四十八年，圣祖谕云："朕西巡时，曾以战地询之宿将，皆言：'自古战阵之事，皆于旧战地交战，从无战于不可战之地者。'明成祖出塞时，亦尝战于昭莫多。是知行军立营，必视水草，攻战必地利，若无水之地，安可立营?"是明〔成〕祖车辙马迹与李文忠、邱福所军，均不过喀尔喀车臣汗、土谢图汗境内，而未西至赛音诺颜、札萨克两部。明人张皇遽有"回视北斗在南"之伪矣。案：黑龙江北及乌梁海，北极出地五十度，北斗尚未正及天顶。若成祖所至克鲁伦河、鄂尔坤河，北极出地仅四十六七度，北斗安能即在南乎？圣祖三路出师，每路不过三万，然西师已有乏粮草、疲士马之患，盖绝漠度碛，自古为难。而明人虚声失实，又有度漠五十万之伪矣。邱福军十万而败，由弃大军以下骑先进陷伏，非以兵少败也。成祖老于兵事，何至遽兴五十万众？且《本纪》与阿鲁台战，皆不过精骑数千，斩不过数百计，安有五十万众度大漠之事？至若李陵、赵破奴所至之稽浚山，距朔方、居延二千里；骠骑所封之狼居胥山，距代二千里；卫青所战之寘颜山，出定襄塞千余里；准其地望，皆在今土腊河、鄂尔昆河左右，兴安岭、杭爱山之支麓，特难定为何峰。

附录

一、内大臣马思哈出师塞北纪程

见上海张宸《青琱集》

康熙二十有九年，岁庚午，夏四月，以准噶尔入寇，诏绥远大将军裕亲王杖钺专征。出东道古北口，而分命臣思哈从行。辛巳，抵塞下。壬午，出长城张家口五十里，至查汗驼罗庙下营。癸未，黎明启行六十里，至十八喇太下营。甲申。启行五十里，至哈喇巴哈喇搜下营。是日，度大巴汗岭，大雨严寒，人尽裘毳，岭高三十里，路宽四五尺，雨滑人马侧足，岭巅高耸云表，横截南北，南望遥天中，淡烟微抹，为古长城。而北则高山壁立，径路不通，其间相去或数百里，或千里，忽中辟一线以通行人，如天造地设焉。登高揽辔，遐眺至营。乙酉，由岭下启行，西北七十里，至阿哈苦里下营。人马俱渴，不得水，始掘井求泉。丙戌，启行九十里，至查汗那罗湖下营。湖中产白盐。丁亥，启行七十里，至迭劣下营。是地草不盈寸，无尺水，人皆掘泉而饮，马遗为薪。戊子，启行七十里，至图勒根答八哈岭下营。所统蒙古查哈喇兵五百人，是日始会合连营，令之前导。已丑，启行五十里，至乌兰阿尔奇下营。雨雹大如桃。庚寅，启行六十里，至著多贺下营。五月朔辛卯，启行七十里，至答布孙多下营。壬辰，启行九十里，至查汗多罗下营。癸巳，启行一百里，至岳家罗下营。甲午，启行二十里，至巴苏太呼图下营。始出外边界喀路地方，由张家口至此，以里计者凡八百二十矣。〔乙未〕，师行八十里，至查汗西里下营。是日为重五节，领兵正黄旗汉军李副都统车载一豕至，割烹共饷，盖囊所预蓄供用者，绝塞得之，良异数也。丙申，仍驻本营，息驼马。丁酉，师行六十里，至拜泽布勒下营。戊戌。师行五十里，至喀路下营。己亥，仍驻本营。庚子，师行四十里，至歪风呼土下营。是日入瀚海边界，地尽陷沙，深者至三四尺，浅者亦一二尺，车不能前，凡军中辎重，尽改装驼马，空车尚需三四马力始出陷中。按瀚海周千余里，杳无人迹，其地乏水，故蒙古种类亦罕至焉。辛丑，师行三十里，至西勒布勒都下营。地无水，山尽童，野无他草，唯臭蒿、野葱二种，及药中之地骨皮，点缀道旁。野葱香味亦如葱，可食，臭蒿可饲马。并有虫豸，黑色如墨，蠢蠢蠕蠕，随地而有，下营时，凡帘幕器物著处皆染，甚或丛集人马项背间。壬寅，师行六十里，全戈壁刻勒苏太下营。戈壁者，即蒙古瀚海别名。瀚海内禽兽不繁，羽族独有大雕及百灵二种，兽则唯有跳兔一种，身长五六寸，尾长四五寸许，尾末色如银鼠，前股长仅盈寸，后股长至七八寸，耳如箭筒，长可四五寸许，又一种耳仅寸许者，腾跃如飞。稽《尔雅》"西方有兽曰蹶"，亦前足短，后足长，然走则颠蹷，藉蛩蛩以行，非跳兔类矣。更有小飞蝇，亦如点墨，隐约来目中，随有小蛆堕入目睛，顷刻长四五分，不治目竟失明。治法，以羊肉炙热敷目上，少选，蛆尽出，复明如故。以故，凡行者必以纱障目避之。其他风物与西勒布勒都略同。癸卯，仍驻本营。甲辰，师行六十里，至哈鲁宜都下营。乙巳，师行四十里，至如乌黑里太商答下营。丙午，师行八十里，至阿里宁都搜基下营。是地所掘泉水，皆作尸肉气味，用以造饭，餐之者逾日咽中犹作呕逆，以是人马俱渴。丁未，师行七十里，以昨不得水，故迂道至朱尔归下营。地颇洼下，然砂碛深掘之四五尺始及泉，四望皆旱苇，深一二丈，地无草，马饥。竟日大风，营帐皆拔起。戊申，师行八十里，至得勒苏太下营。所掘泉水，尚复作尸肉气。己酉，师行七十里，至哈那哈代布勒下营。是数程山童水枯，大概与西勒布勒都不相远也。庚戌，仍驻本营，息驼马。辛亥，师行五十里，至伊勒呼下营。地中无水，水在石巅，凿之八九仞始见水。野骡成群，蒙古谓之"七刻贪"，色黄颇称骏，觅水者视蹄涔，掘之泉见焉，性善奔逸，射得之，重可数百斤，一驼仅能载一野骡。壬子，师行五十里，至乌兰苦布流下营。为瀚海西北边界，瀚海地至此尽。自经瀚海凡五百四十里，阅旬有二日，所见闻殊诡异，因以诗荟记之，得二十韵。癸丑，师行五十里，出瀚海至古鲁棒秃鲁下营。始得泉，产灵擒，行捷于飞，能作百鸟声，仿佛迦陵鸟，蒙古名为"刻夜勒抓篮"，又名为"唧溜抓蓝"。甲寅，师行百里，至纳拉下营。有水。乙卯，仍驻本营。丙辰，仍驻本营。山水暴发，迅不及防，人马几溺，帝幕器物几尽漂没。丁巳，仍驻本营。侯镶蓝旗额都统率领加斯哈蒙古兵万人会合齐进，比闻额营相去尚四五日程，以缺粮不能前，故我兵即于是日飞疏驰奏，仍遵初旨，整我单师，驰驱前进。戊午，师行十五里，至纳拉布拉下营。己未，仍驻本营。六月朔庚申，仍驻本营。闻贼兵噶尔丹欲犯边信。辛酉，师行五十里，至乌秃鲁布拉下营。壬戌，师行五十里，至巴纳里都哈答下营。丙寅、丁卯，仍驻本营。随行车辆尽发回卡路。戊辰，师行六十里，至答布胡都下营。侦得贼兵噶尔丹犯边确报，思哈与同事诸将计曰:"某等奉诏分贼兵势,与大兵相犄角,今贼反绕出我后,深入无庸,且我轻兵疾走,贼或诇知,厚集丑众以乘我,势难支也。宜合大兵以力歼贼。"佥议曰:"然。"遂率师绕道,转从东南趋会大将军兵,回师于是日始。

己巳,师行六十里,回至巴纳里都哈答下营。庚午,师行五十里,回至太布胡都下营。辛未,师行五十里,回至乌秃鲁布拉下营。壬申,师行十五里,回至纳拉布拉下营。癸酉,师行一百里,回至纳拉下营。甲戌,师行五十里,回至古鲁棒秃鲁下营。乙亥,师行五十里,回至乌兰苦布流下营,复入瀚海边界。丙子,师行五十里,回至伊勒呼下营。丁丑,师行五十里,回至拉哈拉达布勒下营。戊寅,师行七十里,回至得勒苏太下营。己卯,师行八十里,回至朱尔归下营。庚辰,侦得贼噶尔丹犯边报急,闻理藩院尚书阿尔尼统领大兵驻营赤城汗城,遂绕道趋赴,并力兼程,日或百里、或百余里始下营。途路迷茫,夜以继日,所驻营地遂不能详记矣。辛巳,师行百二十里下营。自是,每日黎明师行八十里乃饭,饭罢又复长驱,至更定时方下营。壬午,师行百四十里下营。甲申,师行八十里下营。乙酉,师行九十里下营。丙戌,师行七十里下营。丁亥,师行百三十里下营。戊子,师行百二十里下营。己丑,师行百十里下营。秋七月朔庚寅,师行八十里下营。辛卯,师行百八十里下营。进外边界卡路,边内为四十九旗蒙古地。闻贼噶尔丹犯边、尚书阿尔尼失利之报,益昼夜兼程,前赴亲王大军。壬辰,师行百六十里下营。癸巳,师行一百里下营,甲午,师行百二十里下营。乙未,师行百七十里下营。丙申,师行百五十里下营。会正黄旗汉军杨都统兵,知贼兵日迫,去我师仅百里。斥堠言:"贼众十余万后追甚迫,然贼实张虚声,见兵不过二三万耳。"以我兵少贼近,乃疾驱前赴大兵。丁酉,师行十五里下营。虑贼猝至,特持重徐行,以备接战。戊戌,师行一百里下营,筑垒浚濠为备。己亥,仍驻本营。我放哨兵与贼哨兵彼此相望。我营日整军洗炮,士饱马腾,以厉战气。

庚子、辛丑、壬寅，仍驻本营。夜漏二十下，地大震有声。癸卯，驻本营。甲辰，大风雨，驻本营。未刻，哨兵诇报，贼兵夜将劫营，乃冒风雨军马披甲以待。比天明，贼知我兵有备，不敢近，以故我兵得往会大师。乙巳，师行百二十里下营。丙午，师行百二十里下营。丁未，仍驻本营。未刻，贼噶尔丹遣谍者来窥伺，时日方晡，我兵坚守不动，贼气大沮。是日，我兵如移营，少俟薄暮，贼仓卒起，各营不知所为，鲜不震撼矣。戊申，师行百二十里下营。己酉，师行百二十里下营。庚戌，师行百二十里下营。辛亥，师行八十里下营。壬子，师行八十里，会合大将军裕亲王大兵，同下营。凡营盘四十座，连营六十余里，阔二十余里，首尾联络，屹如山立。癸丑，师行六十里下营。甲寅，驻本营。乙卯，师行七十里下营。丙辰，师行二十里下营。侦知贼垒在乌兰布通地，去我师仅三十里，大将军令各营掘壕筑垒，戒严防御。自丙辰阅丁巳、戊午，士甲胄，马鞴鞍，控弦厉刃以待。思哈偕某某等领炮火营作前锋，与贼对垒，彼此哨兵两相望。戊午，贼噶尔丹遣喇嘛一人诣军前言事，大将军知贼无降意，号令三军，严整旗鼓。于八月朔己未黎明，亲帅将士至乌兰布通地，迎敌决战。贼骑十万余，布阵于山冈，以囊驼万千，缚其足使卧于地，背加箱垛，毡渍水盖其上，排列如栅，以自蔽，谓之"驼城"，于栅隙注矢发枪，兼施钩矛，以挠我师，为不可胜计。我兵奋勇先登，无不踊跃递进，炮火齐发，自未至戌，声震天地，驼毙于火，颓且仆，阵断为二。我师乘胜进击，无不以一当十。贼惊溃不支，遂破贼垒，大败之，噶尔丹乘夜遁去，我师乃还营。庚申黎明，复整兵追击。贼噶尔丹遣大喇嘛诣军前卑辞乞降，乃班师回营。自辛酉迄乙丑，仍驻本营。噶尔丹虽遣使约降，然不俟大将军令，竟卷甲潜遁。丙寅，我师复长驱追逐，留老营不拔，每四旗放噶喇大一员镇守，遂以思哈充右翼，噶喇大为将士统帅焉。自丙寅距癸酉阅八日，俱领兵坐镇大营。甲戌，虑军糈不继，乃统率老营官兵行八十里，前赴大将军军前策应。己亥，师行八十里下营。

丙子，师行八十里下营。丁丑，奉大将军令，有旨命炮火营官兵振旅回京。是日旋师，行八十里下营。戊寅，师还七十里下营。己卯，师还八十里下营。庚辰，师还五十里，过哈麻拉大巴汗岭，即方言鼻子岭也，视张家口之大巴汗岭高得其半，径宽五尺，然左则嵬峰矗云，右则悬崖瞰壑，行者惴慄。是日于岭趾下营，会大将军前班师各队将士。又行十三日为九月六日癸巳，进古北口下营。自入口后，风气全平，内地与塞北迥殊。塞北无论冬夏，日狂飚怒号，惊沙扑面，即五六月烦歊绝少。一昼夜间四时气备：大抵晨则衣裘，午则易絺縠，午余即挟纩，而夜则被毳革焉。炎夏如此，穷冬冱寒凛冽更复何如？古人云"积雪没胫，坚冰在须"，犹浅乎言之耳。甲午，师还六十里，至石匣下营，家人来迎。乙未，师还七十里，至密云下营。丙申，师还七十里，至牛头山下营。（戊戌）〔丁酉〕，师还三十里，至孙河下营。戊戌，仍驻孙河，俟大兵齐集班师。己亥薄暮合兵。庚子辰刻入国门，旋京师。

二、提督殷化行西征纪略

康熙三十四年冬，厄鲁特犯顺，皇上有事亲征，将三路出师，而陕兵当西路。遣刑部尚书图纳赴庄浪，会将军、督抚、河西提镇议进征事。臣化行任宁夏镇总兵，呈方略八事：一曰向导确实；一曰兵马足用；一曰兵粮接济；一曰将领得人；一曰调兵合宜；一曰兵饷预给；一曰师期预定；一曰班师善后。手画出塞营阵图，布黑白子为步骑，更为首尾接应图法，众定计还奏。经议政大臣等会议，惟接应法不果用，馀悉如图公等所奏。

略曰："噶尔丹今在柯布兔，应令陕西为一路，期以三月中旬草初青时，出肃州之镇彝，顺黑河、洮涞河合流处，前往昆都伦合兵进剿。以喀尔喀札萨克部人为向导，发西安满洲甲士三千人、汉军甲士千人，河西提督及四镇骠骑卒六千人。合满、汉万人为西路兵，深入剿寇。而以一总兵官率河西骑卒三千人，筑壁垒于中途，备接应调遣。满兵帅则西安将军博济，副都统希尔哈达、祖良弼、马自德、巴麟等；绿旗帅则振武将军孙思克，总兵官宁夏王化行、凉州董大成、肃州潘育龙。合官兵厮役凡二万二千四百余人。人月给米二斗，议裹五月粮。道远一橐驼仅负一石五斗，马骡三当驼一，虑所需过多，乃议以牛羊为一月食，一牛六十人一日食，一羊十五人一日食，兼令每人随身裹带升斗有差。又绿旗兵向无余马，应每人别给余马一匹，运帐幕诸器物。凡驼马骡皆先给刍豆秣一月，以便深入。兵皆预支五月饷，并各赐治装银十两。其负粮牲畜由陕省捐输。师出后，专剿厄鲁特，若哈密助逆，则俟还日并剿。"制曰："可。"

西路领兵者满、汉将军二，副都统四，而以孙思克为长。孙公议以绿旗兵深入，及中途屯驻者合九千人，合派河西提镇各标，宁夏当发骑卒千五百名，期二月初会甘州饲马以行。先所指镇彝至昆都伦之地，去冬荒草被烧，三月中草尚未青，师期宜待四月。旋奉上谕："陕西兵改从宁夏出塞，会同抚远大将军费扬古从瓮金河进。其原派陕西满、汉兵万三千内减去三千，则粮马充裕。"下大臣与图纳再集议：请于三月初旬兵自宁夏出，而原派兵数宜勿减，其有远于宁夏调往不便者，可令孙思克就近改调。初，议从昆都伦进兵，本出上指，然其路在荒外，鲜有知者。余揣噶尔丹所居，宜在山西之直北、而宁夏之东北也，若从昆都伦，则偏于西，恐不得遇寇，众莫敢决。有副都统阿南达者，适奉使河套祝囊部，在宁夏边，习漠北道里，遣人询之，果以为误。至是奉上谕改从宁夏，盖其还奏所定也。余计师既改道，其原调远处兵不能多至，必将益发宁夏兵，令全标各备行装以待。

是月抄，复奉廷议，大将军费扬古二月三十日发，将军孙思克兵亦令二月二十日间自宁夏发。恐原调诸路兵道远期促，即令原调宁夏西安满兵二千，汉军火器一千，宁夏、榆林二镇绿旗兵各三千先进，其孙思克兵听后至追进。马不及饲养，则尽营驿马悉选充行。

令副都统阿南达率河套祝囊诸部导军。部檄继至,言中路大兵三月初十日卯时发归化城。是时乍改出塞路,有司所征调刍粮仓卒未集,本镇仓粟多侵耗朽败,公私搜括维艰,而诸路营驿马及捐马远至赢瘦。余度官所给粮马不可尽恃,又兵无厮养,则出战者少,乃令二兵觅一馀丁,供樵汲牵驱之役,计其所食粮各备二驴;又凡兵粮皆给价自买,有司既免仓卒,而兵多土著,就亲识购善米,皆立办,兼令多携糇粮干腊解渴诸药;其军装而外,囊橐、浑脱、雨具、寒具、锹钁、镰斧、绳索、脚涩、羁绊,类无弗备,又斟酌人畜力,适当而止。及期,孙将军,董、潘二总戎驰至,议以河西将士七千人选派已久,而榆林镇兵乃后派,未预备,宜留守,唯取其善马以给征行。遂于二月二十二日,振武将军孙公率所部兵千有八百,西安将军傅公等率所部满洲、汉军三千,凉州董总戎率所部千有二百,相继发宁夏。二十五日辛亥,余乃率所部将士启行,循贺兰山而前。麾下游、守、千、把三十五员,骑士三千,余丁千五百,及随征官吏仆役又数百人,共为中军营居中,先锋营居前左偏,火器营居前右偏,护军营绕中军,出塞衔尾行。日四五十里,或五六十里,循黄河行可十数日,遂舍河载水束刍度戈壁。戈壁,盖华言"碛"也,浮沙无水草二百余里。至两郎山,有古碣焉,题曰"两郎山",无他字,不详所立人,或以为狼居胥云。自是出入山谷间。四月初四日,至郭夺力巴哈孙,是与归化城大军约会之地。时大将军已过此前进矣,于是倍道行十六日至瓮金河,而减兵之议始定。

初,甘州、肃州、凉州三标兵之出宁夏也,远道驰至,既不及秣养,所得仓粮驮畜皆不及选择,且创始出塞,都不习其事;又以为厄鲁特不可必遇,扬威塞外,兵行即返,不复严备。及度戈壁,马畜相继踣毙,更前益乏水草,会大风雨连数日夜,兵寒且饿,人马颠仆,资粮委弃,渐有溃逃,虽追斩之弗止。于是孙公议简精卒并粮马以进,孙公麾下减留四百人,凉、肃二镇各三百人。令余减留五百人,与满兵五百偕营瓮金河,守俟后粮,供回军食。余所部兵固多预备，每下营辄多发将卒四出觅水草，或躬自相视寻掘，未尝缺乏；又身先士卒，日屡步行以节马力，遇风雨辄令覆蔽温暖，故毙者幸少；所裹粮日加检束，不得遗弃恣耗，以是充裕，他兵诱之逃溃不可得。至是欲请勿减，而孙公已前行隔数程，乃不得已精选锐卒千八百余人，留五百于瓮金置营焉，馀及厮役共数百人并率以进，数日及大军，皆甲以行。山岭气寒，草犹未苗，其宿草为贼烧断，延袤数百里，一望灰烬扑面，尽黳黑。大将军所部皆禁旅，马既疲毙，粮多遗弃，兵士道中偃仆相继。于是陕兵议捐粮助给之，独余部所捐加倍。

五月初四日，雨雪，暮抵土腊河御营，所期与大将军会兵地也。始廷议，大军至此，量遣陕兵由格楞河分路进，大将军以贼近，兵不可分。是月十三日戊辰晓发食时，已哨得贼，满、汉兵皆严陈以待。久之，贼不至，大将军遂令整阵前行。可二十里过淖至昭磨多，华言"有林木处"也。其北大山千仞，矗立如屏，不见所尽处。大山之下，平川广数里，林木森立，有河流其间，曲折环绕。其南出差多于北，渐坦而下，有小山似马鞍横焉，战地也。小山右连南山，可二十仞，自西折三崖如阶，乃至巅。其东复一度乃坦下。其左右崖如削，山根水绕之，即土腊河也。

时前锋遇贼于特勒尔济口，佯北以致之，贼乘胜转斗而前。余兵固隔小山，未知贼所在，会副都统阿公领前锋兵横过而南，问之，扬鞭指谓曰："此山过即贼矣，盍登视之？"余急登，遇孙将军兵方至。余言："宜急据此山。"大将军曰："日将暮矣，需来日战耳。贼甚近，山上难以夜守。"余曰："战即来日，此山宜据。若贼据其上，我军营其下，则危矣。若虑夜难守，何不移山下全阵列此以守之？"大将军曰："日且暮，移营非宜，纵贼据山，明日用炮击之。"余曰："从来用兵，高处不宜让敌。"大将军曰："既如此，君即移兵上守之。"余即驰回山下，以鞭挥兵上山。方至岭，而贼亦登半山矣。贼见我师先据山巅，遂止东崖下，以崖为蔽，而举铳上击。时大将军以余言麾全军上山布阵，令河西绿旗兵居中，而京师、右卫、西安三股满洲兵分左右两翼。及战，又令余领宁夏兵千三百人居左，威宁卫唐总后领凉、肃兵千人居右，皆据山为阵。其大同镇兵之后至者皆在山下，沿河绕西向北，以防林中伏贼。而蒙古札萨克诸部兵，又分张列满兵之左右。会贼争小山，冲中坚，故河西兵迎其锋。时日已将申，贼氛甚炽，遂令士卒皆下马，以一兵并牵五马，馀兵皆出步战，发上颁皇炮及自制子母炮叠击之。而噶尔丹及其妻阿努娘子等，亦皆冒炮矢，舍骑而斗，锋甚锐，不可败。击伤相当，胜负未决。余因天晚事急，使告大将军曰："河边兵宜令其依柳林而左出冲其胁，贼必乱。又望贼阵后，人马甚盛，而不前助战，必其驼畜妇女也。宜遣一军绕南右出以劫之，贼必返顾扰动，然后山上军迎面奋击，败之易耳。"大将军皆从之。余望见两军将薄贼，遂麾兵大呼而进，上下夹击，声震天地。贼遂披靡，其颠坠崖下者，河沟皆满，所弃仗如蓬麻。余乘胜逐北，遇所弃驼马、辎重、甲械，概禁勿取，且射且逐，戴星月追三十余里，贼皆鸟兽散。回视追兵，仅三数百人耳，知不可独进，而大将军方遣舒将军殿后，传令收军，乃整旅回营，已凌晨矣。次日，大将军会众斩俘祃祭毕，出酒劳诸帅，大奖余曰："昨日之战，赖君策以济大事。"自是遂蒙大将军加礼，而大将军见上及对人，每以为言。余既感大将军能用将佐言以成功，且能表扬，不忌不掩，有古大臣风也。

《兵法》云："视生处高。故赵奢阏与之战，以先据北山而胜。"是役也，设使我军不据山巅，而反为贼据，则事未可知。又制胜之道，在捣虚攻瑕，使不遣两军一攻其旁，一劫其后，则贼亦未遽溃。胜败之机在呼吸间，非素蒙皇上指授方略，且仰藉国家威灵，何以及此？方战胜时，欢声雷动，莫不推宁夏军为功首。然余意盖欲穷追，谓噶尔丹可必获，而大将军以马瘦，故不欲追，余亦弗敢再请。于是大将军勒兵受诸降附，簿阅所卤获，露布告大捷，班师。

时车驾次二十八台，得奏大悦，命侍卫马武迎劳。令将卒三人中一人先赴行在受赐，且诏陕西满、汉征兵皆至京师，将加殊恩。于是取道东行，不复循来时路。既过克鲁伦河，分遣将士率辎重间道先归，留轻骑五百自随。北至十五六台间，有旨诘问大将军，谓既败噶尔丹不即追获之故，且所报击斩或未核，将遣信臣往视战地。于是诸臣皆惶惧，顿兵俟命。凡四十余日，会大阴雨，乏薪，兵多绝饔。孙公乃上疏言："贼败穷急，或西窜，诸镇臣并出，孰为备御？"奉旨遣三总兵皆归镇，召孙公独入朝。

余遂由归化城河套地还宁夏，时八月二十七日也。而所留瓮金河兵尚未返。初出师时，议以牛羊充一月粮，余言："牛羊远驱必瘦毙，无益军食；且耕作辇运皆牛，一检括则边民立困。"图公纳，遂止拘牛之令，而复议留一月粮，另派官兵挽至瓮金河，以济班师，前留宁夏兵五百与汉军五百保守此粮也。及战胜，兵皆东旋，其粮久守无所用，荒外隔绝，余言于大将军，使人往召之。未至，而驻瓮金河副都统祖良弼以草枯水涸，于九月初焚粮撤兵，散行无律。遇噶尔丹侄丹吉喇败而西，我军以千余人乘之，游击陈维屏、千总刘进孝皆力战死，所杀伤逾于昭磨多，贼仅得路以去。余闻之曰："向使置三千人一总兵守之，岂不成奇功？惜乎前策之未尽用也！"

三十六年丁丑，余还镇半载，既缮完军资，厉兵秣马，乃上疏，请将兵二千从郭夺力探路深入，务擒贼首，拔根株。大略言："贼盛宜正兵，贼穷宜奇兵。今噶尔丹兄子泽旺阿喇满坦阻西北，甘肃大兵截西南，噶尔丹穷窘，势必东窜，若过瓮金河，复难搜捕。宜急蹙之，机不可失。"会车驾已发京师，将西巡。奏下行在诸大臣议之，俟至宁夏取进止。三月初，余同制府吴公赫迎驾至定边，得旨："令吴赫还理军需。"独召臣化行。遂日夜驰至清平堡。明日，驻跸套中，命议政大臣会臣化行议出兵事。余持论兵可少减，而粮马必须充裕。二十六日，驾至宁夏，入城驻跸。闰三月十五日，驾先发，诣宁夏边外五百里许，御船暂跸。十八日庚戌，余率精骑五百、徒卒二百及从征诸吏卒复出塞。时满洲马思哈公为昭武将军领禁军一千五百，乌喇将军萨公某领辽东满兵五百，皆同日行。人持四月粮，给骑驮马骡三匹，每二人给一驼，每人给三羊，供一月食。又命都宪于公成龙等收捐纳驼马骡一月粮，踵军后。四月丁未朔，囊水束刍，复度戈壁，未时诸军皆卓旗以待。上囊鞬乘马出行营，坐交床，皇长子侍右，阅诸军次第过毕，驾渡黄河，由河套回京师。余率兵乘夜凉亟走，次日午后乃抵两郎山，十四日至郭夺力巴哈孙，与大将军会。时已闻噶尔丹自杀状。初，噶尔丹既败走，后收残卒千余，欲西投乌斯藏，闻甘肃兵扼之，行至半途不敢前，资用乏绝。遣子征粮于哈密。其于方十余岁，为回目诱执以献。又闻我兵大出，穷蹙无聊，三月十三日仰药死。部落多散去，其姪丹吉喇挈其骸骨与一女及余众四百人来降。未至郭夺力二十程，乏食，不能至，使人言于大将军，求粮马接济。大将军既上其事，遣人随之往，而令兵徐进。又数日，至无赖札喇，乃舍去年路，更西北行。遇噶尔丹下投出者，或数十，或数百人，皆受之送京师。继得旨，撤乌喇兵先还，又令诸部所在量留，而余兵犹进。则闻丹吉喇不果来，竟西去矣，乃促兵复深入。至空廓落阿济尔，度丹吉喇去久，令马将军以轻骑兼程追之，十数日不及，至大戈壁而返。大戈壁者，五百里间无水草，过之者疾驰三昼夜，人马须捐弃大半。时众议犹欲深入，上已得甘肃报，言丹吉喇从西边叩关乞降。乃封大将军一等公，命诸军皆还至郭夺力，诸满兵皆径道赴京。余独率所部入宁夏寨，八月十一日至镇。

三、直隶总督于成龙年谱

康熙三十五年，噶尔丹复骚扰蒙古，上亲率六军讨之。因挽输重大，特起于公以都察院左都御史总统督运中路大兵粮饷，凡内外文武大小官员，听其调遣，有"六部不得掣肘"之旨。但沙漠不毛之地，不知其几千里，而至尊亲统雄师计数十万，皆倚挽输为命。公首议造车六千辆为运米计。每辆需牲口四头，凡数万牲口，猝难得齐，发帑购买，须迁时日，奏请敕下，臣民急公者与之叙录，甫一月而数过焉。且人才效用齐集辇下，什物制造刻期而就。奉旨带领官兵车辆赴海子操演，分排官兵之队伍．指画车辆之营阵，共分二十七运。祭纛毕，登坛号令：官兵按队而行，车辆循阵而进；上有首领，下有护卫；行则不脱不联，止则守望相助；行止之顷或有敌兵突犯，击左则右应，击右则左应，击中则左右皆应；先以火攻，次以弓矢，继以长枪，奋勇剿杀自然，无坚不破；各将领宜相机而进，更先号令兵丁，晓谕夫卒，务使运用一心，期于无失。

二月三十日，圣驾率大军先出。三月二十日，公督领粮车次第前进。公先轻骑驰抵苏图行在，入见驾问劳，奏对毕复返。至和尔拨昂吉尔等地方，荒沙弥漫四百余里，沙陷至二三四尺，人畜难行，重车愈难越。公下令：无论大小官员军民，能伐道左柳枝用泥沙垫成车路，俾车得行〔者〕，必按名奏请升赏。于是公自执佩刀，先伐一柳，随运官员人等咸努力用命，数日路成，人畜车辆安行无恙。头运粮车达御营，计程仅五十九日。众运继武而进，尾运已抵拖岭。闻西路费大将军乏粮，奉旨速拨运济师。由是西路班师，亦由中路而归，因粮足故也。时逆贼已败遁。六月二十六日，上回京，至查尔汉那罗。命公会同理藩院尚书班第公，将车米堆贮查尔汉那罗并魁苏地西。七月，奉命往喀伦散西路黑龙江将军萨克苏大兵口粮。九月，入都。复闻逆贼潜于西北，驾欲西征，公与同事诸君自捐运米，并坐台以司邮递。

三十六年丁丑正月，驾幸宁夏，次云中。数日，复奉命先行，前三月十三日入宁夏，十六日接驾于黄河渡口。上抚公肩密谕良久，内外不得而知也。后三月十五日，由宁夏起程，粮用牲驮。上命西安副都统带甲三百副护卫，仍敕公节制。上回銮，公为总统，率诸侍郎北进至船站石嘴，遥遵恩命，代赏蒙古官兵，外番统领皆膝行听命。阅日启行。有地名戈壁，乏水草，约二百余里。先探此为北进孔道，至是闻前进兵马大受困馁，适差守备林之本赍送大将军口粮，兼令探取水草善地。林夜行失向导，令军士即地环坐以待明旦，少顷明星出，望星而走。忽抵黄河，就水饮马作食。西北山峰影影导引前进，蒙古曰此即两狼山也。因率众望山趋行一日，薄暮得水草，次日仍望山趋行，遂掘地得甘泉，能饮人马数千。于是避戈壁之涸，就此地之善，即报请移台于此。三日过两狼，自此长驱直达大将军营，公帅众督粮亦由此进。五月朔，至郭多里巴尔哈孙地方。适大将军文到，粮运不必前进，公遂留屯于此。越三月，因米粮重多，令军士挖壕筑城，城高六尺，壕深九尺，空南北二门，列栅启闭以备防护。大将军报捷，逆魁授首，俘获甚众。大将军凯旋。七月二十八日至郭多巴尔哈孙；大兵每名给粮四十五日，由新得善路而还。计自此地入京，凡五十八日趋朝复命。侍卫吴公达禅引公谓丹吉喇曰："此运米灭尔国都察院左都御史于成龙也。"吉喇俯首欠身，殊觉踧踖惭惧。吉喇乃噶尔丹领兵之大将云。

四、常熟钱良择出塞纪略

康熙二十七年戊辰夏五月朔，皇上御乾清门。奉使内大臣索额图、佟国伟、马喇等率同兵部督捕理事官张鹏翮、兵科给事中陈治安，出使俄罗斯国，上以出使绝域，径由漠北，宜加护卫，方合古者卿行旅从之谊。命选精骑万余人扈行，私从仆马亦复逾万，旌旆亘三十余里，命皇长子骑送二十里至清河。初三日，出居庸关。十八日，至归化城。二十一日，逾阴山，至昆都勒河。次日，侦前途水草不继，大军议分道进发。二十三日，分三路，索帅帅正黄、止红、镶蓝三旗取东路，佟帅帅三旗出西路，马帅帅二旗出中路，张、陈二汉臣附正红旗中军，遵出都时约也。三十日，屯哈轮阿巴图不喇山，为蒙古四十九旗极北边界，山巅堆石为炮台，累累如冢，乃外藩防御之所，过此即喀尔喀国矣。出张家口直北而行，不过千余里，十数日可至，而理藩院向导者误迂其途，计程多七百余里，计日多十日有奇。道险马疲，不能前进，乃尽留辎重，轻装减骑，即正红一旗已留疲马四百余，合计全军不知委弃几千百也。初八日，行七八里，见过克喇阿祭勒罕，土人皆负襁迁徙，遣通事问之，传说喀尔喀国汗与厄鲁特战败而逃。主帅索公因与参佐、章京等密议，遣理藩院员外前往探佟、马二帅，为合兵之计。初九日，屯齐尔图地。喀尔喀国男妇驼马络绎南奔不下万数，若有蹑其后者。询知其主土谢图汗与厄鲁特战于边界，全军崩溃，上下皆鸟兽散。其汗之弟哲布尊丹巴呼土克图者，少为僧，权侔其主，一方所听命，亦遁不知所在。所居名土腊必喇，距色楞河不数程，为我军取道所必由，今为厄鲁忒所烬，势不可往。初十日，欲待佟、马二帅合兵，而屯所无水草，因复回营克喇阿祭勒罕。是日，车臣汗使至，以败状闻于我军。始，厄鲁忒战胜后，即以奇兵突入土谢图汗所居之地，尽掠其亲属辎重。车臣汗乃土谢图汗之弟，分长东部，亦溃遁不支，故来告败。索帅因具疏驰驿奏闻。是日，传闻厄鲁忒兵至，三军狼狈而逃，虽严禁不能止，合营竟日不得食。主帅躬擐甲冑，营中控马披执待旦。时土谢图汗穷蹙无计，适逢我军，遂宣言："中国皇帝命将提兵，特来救援。"厄鲁忒汗闻之，怀疑不敢前进，顿兵观望，而喀尔喀遂得瓦全。后数日，又值班师之命，且特遣使臣谕令罢战，厄鲁忒释疑怀德，遂遵命振旅而还。

至所奉使之俄罗斯国，更荒远不可考。其境西接大西洋，东抵黑龙江，南与回回、厄鲁忒，喀尔喀诸国连界，皆畏服尊事之，则其国之大可知。前年其部下骚掠索伦，我师围之，既而其汗遣使讲解盟好，故上欲遣使察其道里形胜。其俗素奉天主教，文移俱用西洋字，是役亦有西洋二臣同行，因未与汉臣同旗，故未及询其颠末云。

十一月十二日，皆屯营以待分道之兵，人心皇皇。抵夜，所遣理藩院员外始还，喘息汗流，云："四日之内奔走千余里，已订二帅于前途合兵。"遂束马以俟旦发。十三日早行，遇喀尔喀国南徙者蔽地而来，前后相望六十余里。马少驼多，挽驼者皆妇人，其衣皆与男无别,惟两耳着环,男则少一右环耳。盛暑亦狐帽羊裘,牛羊各随队而行,不烦呵策。牦牛尤多,纯黑毛垂地,尾可缨。先一日,喀尔喀南徙者屯于是,遗弃牛马死者相枕,臭闻数里。十六日晚,马帅使至,期以三日内合兵。十七日,遇水草,人马俱便,遂驻军以待分道之兵。越二日,马、佟二帅继至,共议军食已尽,不可复前,进退无策。忽二十六日班师旨到,即于次日回军。七月十八日,到喀噜。八月初八日,抵张家口。十三日,合队进京。若旨到迟数日,俱为绝域之鬼矣。盖哲布尊丹巴既败,遣使飞骑到京求救。上问我军何在,诡言全军覆没,欲以激上怒。朝廷大骇,故命两侍卫飞骑来探。京师骇动异常,皆彼国讹言所致也。归途马死粮尽,军士步行,饥渴难堪,全军死者九百余,畜死者驼千余,马二万七千余,费银二百五十余万。是役,使事虽无成,而喀尔喀国则得此稍延残喘,不致全没于厄鲁忒,殆有天意云。

(《圣武记》卷三)

雍正两征厄鲁特记 青海准部

（清）魏　源

四域四厄鲁特中，准噶尔部最习战斗，青海和硕特部次之；世姻，亦世仇也。于中国，则惟准噶尔世寇塞。康熙中，准噶尔汗僧格死，其弟噶尔丹杀僧格长子而自立。其次子策妄那布坦与其父旧臣七人逃居土鲁番，遣使乞降。圣祖卵而翼之，使协力擒仇。策妄乘噶尔丹南侵败衄之际，潜回伊犁，游牧博罗塔拉河，用其七友收集散亡，杜尔伯特诸台吉从之，辟地至额尔齐斯河，遂有准部大半。及康熙三十六年大军殄灭噶尔丹时，伊犁数千里空无主，策妄生聚未盛，中国方乘屡盛之势，若骤进大军，收其部落，涣其羽翼，戍以偏师，立可郡县版籍。圣祖以其旷莽辽隔，费转输，又策妄方献噶尔丹之尸，外驯昵，遂画阿尔泰山以西至伊犁捐俾游牧，复成西域大部落。

策妄既有准部，则尽效噶尔丹所为，思吞并四部为一。先取土尔扈特阿玉奇汗女，乃离间阿玉奇子携众万五千户至而没入之，旋阻其贡道，禁其入藏熬茶。阿玉奇遂全部投俄罗斯。策妄复取和硕特拉藏之姊，而赘其子丹衷于伊犁，乃潜师入藏，袭杀拉藏汗，并掩杀其次子之在青海者。其杜尔伯特本从策妄分牧额尔齐斯河，久为所属。至是，土尔扈特、和硕特二大部复为所并，遂自立为汗。圣祖以其左右吞噬，驰突奔逸，将不可制，乃于五十八年命皇十四子为抚远大将军视师青海，遣两将军分屯巴里坤、阿尔泰以震其西，又两将军由四川、青海两路入藏，拥立达赖，尽破厄鲁特之众，绝其南牧。六十一年，进军乌鲁木齐，以伊犁隔三岭之险，未犁其廷，而哲卜尊丹巴胡土克图复代为请罪。上因使宣谕之，令自戢，渐撤西师。是时，惟准噶尔桀横，而和硕特驯扰，故朝廷惟捍准夷，以扶植和硕特。及雍正元年，青海复有罗卜藏丹津之叛。

罗卜藏丹津者，和硕特固始汗之孙也。固始汗即顾实汗。初，青海及喀木、藏、卫，旧称唐古特四大部。固始汗明末自甘、凉塞外横侵据之，以喀木粮富而青海广漠，故令子孙游牧青海、而喀木纳其赋，惟以藏、卫二部给达赖、班禅。顺治十三年，固始汗卒，其裔分二支：在藏者为拉藏汗；在青海及河套者为鄂齐图汗，为阿拉山王。寻鄂齐图汗为噶尔丹所破，阿拉山王来投，圣祖赐以贺兰山游牧地，青海汗绝。及圣祖出塞，青海固始汗子孙八台吉亲入觐。时固始汗惟达什巴图尚存，赐爵亲王，馀授贝子、贝勒、公爵，又预平西藏功，于是八家复振。噶尔丹及策妄两世觊觎青海，皆震慑于中国军威，不敢犯。休养百载，捍蔽西陲。虽藏中和硕特末年为策妄所覆，而青海之和硕特部族如故也。至是，达什巴图之子罗卜藏丹津袭亲王爵，从大军入藏。归，以青海及唐古特旧皆和硕部届，而己固始汗嫡孙，阴觊复先人霸业，总长诸部。乃于雍正元年夏，诱诸都盟于察罕托罗海，令各仍故号，不得复称王、贝勒、公等爵，而自号达赖浑台吉以统之，欲胁诸台吉奉己如鄂齐尔汗，据唐古特以遥制青海。亲王察罕丹津、郡王额尔德尼等不从，遂受罗卜藏丹津之兵，仓卒不能抗。秋八月，挈众内奔河州关外。诏许其众入边，复命驻西宁之侍郎常寿往谕，反为丹津所执。初，青海有大剌麻曰察罕诺们汗者，自西藏分支，住持塔尔寺，为黄教之宗，番夷信向，丹津以术诱煽使从己。大剌麻既从，于是远近风靡，游牧番子剌麻等二十余万同时骚动，犯西宁，掠牛马，抗官兵。

冬十月，命川陕总督年羹尧为抚远大将军，驻西宁，以四川提督岳钟琪为奋威将军，参赞军务。年羹尧先分兵永昌布隆吉河，防其内犯，南守巴塘、里塘、黄胜关，扼贼入藏之路；又请敕富宁安等屯吐鲁番及噶斯泊，截其通准夷之路；噶斯泊在罗布泊之东，东至西宁府界二千余里。复遣诸将分攻镇南、申中、南川、西川、北川、归德等堡，溃其党羽，遂移察罕丹津所部于兰州。罗卜藏丹津始惧，归常寿请罪。不许。十二月，各蒙古贝勒、贝子、公、台吉各杀贼来归，降其胁从部落十余万。

二年正月，岳钟琪攻党贼刺麻于西宁东北之郭隆寺，一作格尔弄寺。夺其三岭，沿途焚其十七寨，庐舍七千余，斩馘六千，其石门、奇嘉、郭莽等寺皆破。惟罗卜藏丹津尚负嵎于乌兰呼尔之柴达木，距西宁卫千余里，年羹尧奏调兵二万余，由西宁、松潘、甘州、布隆吉河四路进攻。布隆吉河在青海西北三百余里，为贼赴嘉峪关外必由之路。四川松潘卫距青海千五百余里。岳钟琪以青海寥阔，番众尚不下十万，我军深入，贼若散而诱我，击此失彼，四面受敌，此危道也；不如乘春草未生，以精兵五千，马倍之，兼程捣其不备。世宗壮之，诏专任钟琪。

二月，出师。中途见野兽群奔，知前途有贼侦骑，亟麾兵进，果遇贼数百余，殪之。又夜袭其守哈达河之贼，追奔一昼夜，士马饥渴，塞外严冻，钟琪祷天，忽涌泉成溪，万马腾饮，遂追入崇山，歼贼二千，于是贼无哨探。蓐食衔枚，宵进百有六十里，黎明抵其帐，贼尚未起，马皆无衔勒，仓皇大溃。罗卜藏丹津衣番妇衣，骑白驼遁。官兵穷追，日三百里，数日至桑骆海，红柳蔽天，目望不极，路尽而返。桑骆海者，青海、西藏交界，在河源西七百余里，当木鲁河之北，玉树土司之西，斥卤不毛。盖我军恐贼入藏，沿河源西南追，而贼则已于噶尔逊河横越戈壁北投准噶尔矣。噶尔逊河，一作噶顺河，在布隆吉河之北，其下游至敦煌城外为党河。越戈壁二百里至色尔腾海，即回疆矣。此嘉峪关外蒙古赴青海、西藏熬茶之路。康熙五十五年七月，侍卫阿齐图奏言"策妄那布坦兵窥青海，必由察罕乌苏；若往西藏，必由察罕辉托。此两处设兵，则噶斯口以内不能飞越矣。再自噶斯泊过达卜逊戈壁，有地名噶顺，可进塞尔腾地方，此处当设兵"云云，即防守此路也。年羹尧四路出兵之说虽泛，而布隆吉一路其实不可少。彼时若以一路兵北出布隆吉河，正当贼走噶顺必由之路，必成擒矣。噶逊河在青海西六百里，色尔腾海在嘉峪关外七百余里，在敦煌西二百里，与桑骆海南北相距千里。俘其母、弟、妹暨逆党头目，斩贼八万，降男女数万，驼、马、牛、羊、器械、甲帐无算。自出师至贼巢，凡十五日，往返两月，献俘京师，恭告景陵。诏封年羹尧一等公，岳钟琪三等公，勒碑太学，如征准夷例。

四月，进剿余党。时庄浪卫之西山亘二百余里，即唐史之石堡城，南临大通河，四面削绝，与其东山嵯峨夹峙四百余里。土番数万据其中，乘青海有事，截饷戕吏，年羹尧屡剿屡叛。至是，钟琪以兵二万讨之。贼狃故智，尽徙老弱、辎重、牲畜于东山，惟留骁劲备出没。岳钟琪分兵二路，以其半据西山之隘，声期进捣，而万人宵袭其东，擒斩大半；即留兵守东山，而回攻其西，贼萃石堡城。岳钟琪夜遣死士，以降番乡导，援萝跻壁出其背，擒斩五千。贼蹙乞降，班师。先后辟青海城千余里，分其地赐各蒙古。分二十九旗，其喀尔喀、土尔扈特、辉特等各自为部，不得属青海。又西宁番者，北沿甘、凉，西接回部，南界川、滇，二三百部皆吐番种，不相统属。明季厄鲁特自北边横越侵之，遂役于厄鲁特，纳租错牧，但知有蒙古，不知有中国。奏仿土司，设番目，改隶道厅卫所，以分厄鲁特之势，定其贡市之期与地，三年一贡，分三班，九年一周，置互市于西宁日月山。岁会盟，奏选盟长。遇事遣赍敕往，不论尊卑，王公以下〔皆〕跪迎。置大通、安西、沙州、柳沟各卫，增西宁西、北两路防兵马步五千，设总兵于大通、安西。而改西宁卫为府，青海办事大臣于此建牙焉。移阿拉山王游牧于山后，而收山前为内地，以重宁夏之险。追各寺明国师印敕，每寺剌麻毋过三百人，禁藏兵器。城戍星罗，形格势禁，厄鲁特始不敢窥青海。

罗卜藏丹津之投准噶尔也，策妄那布坦纳之，朝廷遣使索献，不奉诏，亦不敢犯边。我朝亦罢西师，罢捐纳事例。本朝开捐例事，一为康熙三藩，一为雍正西陲，皆在乾隆川运例之前。惟于哈密、巴里坤、吐鲁番及布隆吉河各留戍兵防秋。

五年冬，策妄那布坦死，子噶尔丹策零立，狡黠好兵如其父，屡犯边。七年，上议讨之，时大学士朱轼、都御史沈近思皆以为天时人事未至，都统达福亦力言贼能用其旧臣，未可图，惟大学士张廷玉力赞用兵。于是以傅尔丹为靖边大将军，屯阿尔泰山，出北路；以岳钟琪为宁远大将军，屯巴里坤，出西路。以征准噶尔告太庙、堂子。上御太和殿，行授钺礼，遂御长安门外黄幄，亲视大将军等上马启行。〔时〕大雨如注，旌纛皆湿，识者以为不祥。会罗卜藏丹津与其族罗卜藏舍楞谋杀噶尔丹策零，事觉被执。八月，噶尔丹策零遣使特磊表献丹津，中途闻师出而止。谕两大将军暂缓出师，于八年五月来京，面授方略，以提督纪成斌、副将军巴赛护其印。时科舍图牧场当贼来路，距大营远，哈密至巴里坤，中有科舍图岭间之。蒙古谓碑为"科舍图"，以是岭上有唐裴行俭西征碑也。岭南设三台至哈密，岭北设三台至巴里坤。纪成斌又不设备，策零遣贼二万于是冬乘虚突劫科舍图牲畜。总兵樊廷、副将冶大雄以兵二千拒之。总兵张元佐赴援夹攻，力战七昼夜，拔出两卡伦兵，夺回驼马大半。诏奖樊廷等，而降纪成斌为副将。命北路副将军查纳弼驰赴西军，又调满洲、蒙古兵万有一千赴瀚海，以卫内蒙古游牧地。

九年四月，傅尔丹进城科布多。科布多河在阿尔泰山之东北三百余里。六月，噶尔丹策零遣大小敦多、小策零以兵三万犯北路。先遣谍佯为我获，诡言厄鲁特大队未至，其前队千余、驼马二万在博克托岭，岭即阿尔泰山之东干。距我军三日程。傅尔丹勇而寡谋，遽信之，即以兵万余往袭，副都统定寿、永国、海寿等交谏，不听。贼以少兵牲畜诱我，而伏兵二万谷中。俄，胡笳远作，毡裘四合，乘高突冲，遂围我前锋四千于和通泊，泊在科布多西二百里。万矢雨集，众寡不敌。傅尔丹以后军往援，贼已溃我参赞之师，直犯大营，傅尔丹命索伦、蒙古兵先御之。科尔沁蒙古树红纛先靡而遁，土默特蒙古树白纛奋摩贼垒，索伦兵但知蒙古兵败，误呼曰："白纛兵陷贼队矣！"诸军遂大溃，终夜甲仗声不绝。惟满兵四千卫辎重且战且退，渡哈尔纳河。副将军巴赛、查纳弼以下皆战死，七月朔，得还科布多者二千人。贼获我士卒皆穿胫，盛以皮囊系马后，唱胡歌而返。蒙古科尔沁王匿蒮苻中，免出，傅尔丹反信其言，谓白蘷兵先败，执土默特公沙津，斩之，士卒愤怒。岳钟琪闻北路被围，乃使纪成斌进攻乌鲁木齐，以分贼势。贼已委城先徙，无所得。诏降傅尔丹为振武将军，以顺承郡王锡保代之，斩先遁之参赞陈泰，移科布多营于察罕廋尔，察罕廋尔即察罕泊，在科布多东南二百里。又以马尔赛为抚远大将军，屯归化城。

方是时，准夷亦两路备兵，令诸台吉环峙乌鲁木齐，以伺我西路。又屯田于鄂尔齐斯河，以窥我北路，鄂尔齐斯河在阿尔泰山之南三百余里，科布多之西南数百里，以其地可屯田，且杜尔伯特善耕种，可就饷也。而北路邻喀尔喀，尤其所蓄意。至是，九月，两策零兵乘胜谋东犯喀尔喀，以察罕廋尔、科布多皆有大军，乃取道阿尔泰山迤南，一由小额尔齐斯河，一由大额尔齐斯河。额尔齐河有二源，故分屯二地。小策零以精骑六千深入，而大策零拥大众二万于苏克阿勒达以援应。我郡王额驸策凌与亲王丹津多尔济合兵迎击于鄂登楚勒河，遣六百骑宵入贼营挑战，诱其来追，而伏兵击之，大破其众，斩其骁将喀喇巴图鲁。诏晋额驸和硕亲王。时议以察罕廋尔大营偏北，而贼每绕山南麓东犯，乃于推河、翁金河及拜达里克河三处各筑城，三河并在赛音诺颜部境内，拜达里克河在推河西二百里，在鄂尔坤河西二百余里，翁金河在鄂尔坤河东南三百里。与察罕廋尔大营犄角。乃命马尔赛以绥远将军移守拜达里克城，以扼山南之冲。

十年七月，噶尔丹策零亲率大众，由北路倾国入寇。绕避科布多、察汗廋〔尔〕大营，取道山南。潜至杭爱山，掠哲卜尊丹巴胡土克图之地。时哲卜尊丹巴已徙帐多伦泊，空无所得。八月，探知额驸策凌军赴本博图山，遂突袭其帐于塔密尔河，尽掠子女牲畜。额驸中途闻之，即断发及所乘马尾誓天，反旆驰救，并急报顺承亲王，请师夹攻。策凌部下有脱克浑者，能昼夜行千里，每登高峰颠，辄以两手张其衣，若皂雕鼓翼而立，故贼远望不觉，尽得贼形势虚实归报。遂向导蒙古兵三万，绕间道出山背，黎明自天而下，如风如雨，贼梦中起，人不及弓，马不及甲。追击于喀喇森齐泊，大战二日，贼大败。而西路援师不至。沿途转战十余次，追至鄂尔昆河之杭爱山，即古燕然山之南麓也。其地右阻山，左逼水，道狭不容大众，又横亘以大刺麻寺，〔致〕兵无走路。寺即额尔德尼昭也。蒙古谓寺"昭"。盖刺麻庙在鄂尔昆河侧者。我兵乘暮薄险蹴之，呼声震大漠，贼三万，击斩其半，挤坠溺死亦半，河水为赤，我兵仅伤十余。以无兵夹攻，故噶尔丹策零乘夜突围，绕山遁推河，尽弃辎重牲畜，塞满山谷，以阻我师。策凌急檄马尔赛于拜达里克河邀其归路。时拜达里城中兵万有三千，倘以数千兵邀击，可令贼一骑不返也。赵氏翼谓："策凌急檄马尔赛出归化城邀击。"考《方略》，马尔赛是时已不在归化，况此战在漠北，归化城在漠南。相去二千余里，贼败必西走，何由反绕大漠东南为归路乎？松公《新疆识略》、俞氏《癸巳类藁》并沿其误，故辩之。副将军达尔济整兵待发，马尔赛不许，副都统傅鼐至跪求，亦不应。将士登城望见敌骑过者皆烧荒，以绝追兵，无复行列。翌日，将士皆不待将军令，自开城追之，击斩千计，而贼酋已从前队过。事闻，诏斩马尔赛及附和阻挠之都统李杕以徇。初，贼之犯北路也，顺承亲王无备，奏调万人赴乌逊珠勒邀击，实止三千，又留领兵之将军傅尔丹于大营，致贼直越险东趋。及接额驸策凌请兵之信，始遣丹津多尔济策应，行未十里，即止营，致策凌战贼二日无援，始收军。及鄂尔昆河大捷，贼几就歼，而丹津拥兵二万，既不夹攻于山北，又不追击于山南，观望却避，反饰奏冒功，获赏智勇亲王墨根巴图鲁之号。至是发觉，皆黜爵，军前戴罪效力。以多罗平郡王福彭为定边大将军，额驸策凌副之。凡北路两创准夷，皆额附策凌功，晋封和硕超勇亲王，授大札萨克。时喀尔喀西北境已拓至科布多、乌梁海，而土谢图汗十七旗亦滋息至三十八旗，乃分二十旗与策凌为赛音诺颜部，以鄂尔昆河西北至乌里雅苏河为游牧，以翁金河为王庭，为中西东三部之屏蔽。自是，喀尔喀为四部。

初，岳钟琪之在西路也，先奏长驱捣袭之策，旋不敢自决。及八年愤牧场被劫，欲勉践前言，复奏军事十六条，上谓一无可采。且贼屡扰吐〔鲁〕番，兵至即遁，堕贼计，无成算。十年，岳钟琪奏："巴里坤西北四百余里之木垒，形势冲要，宜筑城屯兵二万，截贼来路，与巴里坤大营犄角。请以百口保其必效。"从之。会贼兵六千自乌鲁木齐掠哈密，岳钟琪遣总兵曹勷等拒之于二堡，又檄将军石云倬等以万人赴南山口，邀其归路。遇贼相望二十里，迁延不击，纵其饱飏，岳钟琪劾奏治罪。大学士鄂尔泰并劾岳钟琪："拥兵数万，纵投网送死之贼来去自如，坐失机会。不能料敌于先，复不能歼贼于后，且先后奏报互异。"诏降三等侯。七月，召还京。命大学士鄂尔泰督巡陕、甘，经略军务，以张广泗护宁远大将军。广泗奏言："准夷专恃骑，我兵制敌必步骑兼用。而岳钟琪主用车，非沟堑沙碛所宜。且木垒界两山中，形如釜底，牧厂运道，所在受敌，请移于西南之阔舍图岭。"旋复奏移回巴里坤。夺岳钟琪职，拘兵部。

十一年，以查郎阿署定远大将军，张广泗副之。查郎阿劾副将纪成斌等疏防卡伦，纵贼劫粮窜逸；总兵曹勷纵贼哈密，饰报不实。诏皆斩以徇。时西路自张广泗受任后，壁垒一新，贼至辄创。十二年，破贼于布隆吉大坂，斩首四百，获粮马器械无算。是年，准噶尔遣使请和。诏策凌、查郎阿来京，与王大臣议之。庄亲王允禄与两将军皆主进讨。大学士张廷玉等言："且抚之；若不顺，则进讨。"两议上，上曾奉圣祖密谕："以贼巢邈远，我师往则我劳，贼师来则贼困，惟有严兵诱致邀击为万全策。"而贼自上年大创后，已远徙不敢深犯，我两路大兵暴露久，乃降旨罢征。遣侍郎傅鼐及学士阿克敦报之。先量彻两路兵，北路筑城于鄂尔昆河，留戍兵屯田防秋，西路则戍哈密、巴里坤。策零欲得阿尔泰山故地，廷议不许。使命往返二载，始定议：以阿尔泰山为界，厄鲁特游牧不得过界东，喀尔喀游牧亦不得过界西。乾隆四年，又许其通市，及进藏煎茶，人马皆限以数。于是尽罢西北两路兵。

计自康熙五十六年备边以来，旋罢旋调，先后军饷七千余万。盖两朝之于准夷也，来勿纵，去勿追，原无深入犁庭之意；叛则伐，服则舍，尤无穷兵扩土之心。然一款于乌阑布通大捷之后，再款于西藏大捷之后，三款于鄂尔昆河大捷之后，皆制款之权在中国，乞款之诚在外夷。故能以战为和，以剿为抚，从未有兵未交、绥寇未退境，即与为城下之盟而能使其帖耳、制其猖獗者。暨乾隆中王师勘定伊犁，而罗卜藏丹津亦就俘，上祭告太庙。御午门受之，以世宗曾有"来降免死"之诏，竟赦不诛，而达瓦齐且以降俘受封王爵。大矣哉！与圣祖恤噶尔丹之子女近列宿卫者何异？子授侍卫，女嫁侍卫。吞舟可漏，而天网不容，贯盈罚极，芟夷蕴崇。如彼天意何？如彼准夷何？

　　臣源曰：自圣祖殄噶尔丹返喀尔喀于故地，斥地至阿尔泰山，屯兵于科布多，皆昔时准夷巢穴，休士马、治弓矢之地，距昭莫多千有余里，已轶入准部东界，距伊犁仅千余里矣。故超勇亲王策凌奏言："喀尔喀游牧旧时尚未至阿尔泰，而准夷亦再三争执阿尔泰山为其先世旧壤。"以山川形势论之，中国水入北海者二：一则准部之鄂尔齐斯河。一则喀部之色楞格河。土腊河、鄂尔坤河之水皆入色棱格柯，河宽五六十丈，水清驶。皆发源中国，径俄罗斯入北海。两山之间必有大川，则两川之间亦必有大山。故鄂尔坤河之东为兴安大岭，至黑龙江频海，凡千余里，为蒙古、满洲与俄罗斯之界，是为大漠东北一大干；鄂尔坤河以西，额尔齐斯河以东，则阿尔泰山至杭爱山千余里，为喀部蒙古与俄罗斯之界，是为大漠西北一大干；再西则为葱岭万山之祖，而哈萨克、准部与俄罗斯之界矣。我朝与准部兵争，皆在阿尔泰至杭爱山一干内。蒙古语"杭爱"，马鞍也，山以形似得名。阿尔泰山，即唐史所谓金山也，高入云霄，三垂斗绝，为西北诸山大宗。其北支，循额齐河入俄罗斯；其南支，一则横截大漠，一则东走杭爱山，为回纥牙帐及元之和林，历代漠北建庭之所。自康熙用兵，修攘恢复，增赛音诺颜部，而准夷不敢南牧，盖地利形势然哉。世咸知乾隆新疆辟地二万余里，然准、回二部东西六千余里，南北三千余里，径一围三，故得周二万余里。康熙中，收西藏，东西南北各五六千里，是已周二万余里。又收青海，收喀尔喀，青海东西南北各二千余里，喀部东西五千余里，南北三千余里，其周又逾二万里。是康熙中，拓地已周四万余里，更廓于乾隆。特准夷未服，横亘于喀部、卫藏之间，则南北爟燧，均未得安枕。又喀部、西藏虽服，仍分赐其酋，各长其国，各子其民。而准、回两部，则乾隆中一捐之四准酋，准酋反，再捐之二回酋，回酋反，卒至我侯我尉，尔宅尔田，内同郡县而后定。故知西北周数万里之版章，圣祖菑之，世宗畲之，高宗获之云。

《啸亭杂录》曰：傅尔丹与岳钟琪议进兵，岳赴其帐中，见壁上刀槊森然，问何所用，傅曰："此皆吾所素习者，故悬以励众。"岳笑领之。出语人曰："为大将者不恃谋而恃勇，亡无日矣。"果如其言而败。

又《新疆识略》云："南北二路以哈密为门户。哈密东千有四百六十里为嘉峪关。关之南百余里有青头山。在旧赤金卫东南百三十里，一名库克托罗垓，为通青海之道。关外赴藏熬茶之蒙古由此经行。"即罗卜藏丹津从此窜赴准夷之路也。

（《圣武记》卷三）

附：

青海厄鲁特蒙古　贺兰山厄鲁特蒙古

青海，古西海郡，在西宁府西三百余里，其水周七百余里，群山绕之，潴而不流，中有二岛，不通舟楫，惟冰合可通，即弱水也。

蒙古谓曰库克淖尔，即青海异名。又海中有二岛，一曰察汉，一曰拖罗海，故亦名焉。其南百里又有盐池，非此海也。环海居者皆番族，分左右二境，下界海岸，上界湟水。其地西回疆，南卫藏，北玉关，袤延二千余里，至京师五千余里。本汉时鲜水诸羌也，唐以前为吐谷浑，唐末并入吐番，于是崇佛成俗，始隶于卫藏。明置四宁、河州诸卫，领以番酋，授以国师、禅师之号，不相统属，以涣其势。其后一并于套酋俺答，再并于厄鲁特固始汗，一作顾实汗。于是始变为蒙古。

和硕特者，旧本四厄鲁特之一也。准噶尔治伊犁，杜尔伯特治额尔齐斯河，土尔扈特治雅尔，即塔尔巴哈台地。而和硕特自乌鲁木齐徙治青海。然青海分部而处，亦杂有四厄鲁特之众。惟和硕特设札萨克二十有一，为元太祖弟哈萨尔之裔，与内札萨克科尔沁等八部同族。十九传至明末固始汗，自西域入据青海，分部众为二翼，子十人领之，除分附察哈尔一旗及分牧阿拉善山一旗外，余八家皆为青海和硕特蒙古。其土尔扈特四旗，准噶尔、绰罗斯二旗，辉特一旗，则出元太师脱欢之后，分牧西域，国朝始置其降众于青海。惟杜尔伯特十四旗留科布多之东，不居青海。又有喀尔喀一旗，大剌麻察汗诸们汗一旗，虽居青海，而同牧别族。其余则统称曰厄鲁特云。

我太宗崇德中，固始汗强盛，击败唐古特藏巴汗，遣使自塞外通贡，并请发币存问达赖剌麻。顺治初，又导达赖剌麻入觐，诏封遵文行义敏慧固始汗，赐金册印弓矢甲胄。顺治十三年卒。是为国朝通青海之始，亦为青海厄鲁特之始。康熙五年，青海各部蜂屯祁连山，纵牧内地大草滩，声言将入寇河州、临洮、巩昌、西宁、凉州诸地。提督张勇请自扁都口、西水关至嘉峪关筑边墙以限内外。六年，复将入寇。十四年，为王辅臣所煽，复犯河西，皆奉达赖剌麻檄谕而止，献驼马牛羊谢罪出塞。盖于中国尚仅羁縻也。十六年，准部噶尔丹袭杀西套鄂齐图汗，青海和硕特诸台吉惧，挈帐数千避居大草滩，渐为内附之始。

十七年，噶尔丹将侵青海，惧中国甘肃关外兵断其后，乃遣密使与诸台吉议婚，欲使贰中国而归己。二十九年，大军败噶尔丹于乌阑布通，青海诸台吉附达赖剌麻表上尊号，却之。是年十月，出使西域学士达瑚、郎中桑格归，至嘉峪关外，为西海番罗卜藏所劫。提督孙思克闻报，即遣游击朱应祥计诱其宰桑，质于关内，始返我使臣，别遣将士捣其巢穴，斩馘四百余，尽夺所有，以偿前掠。三十五年，亲征噶尔丹，获青海通噶尔丹使。遣使宣谕诸部，集盟于察罕托罗海，告以鄂齐图汗世仇，约共擒噶尔丹。时有善巴陵堪布，盖达赖所遣理青海蒙古事务者也，与诸台吉等集盟坛，遣使贺捷。三十六年春，上视师宁夏，命额驸阿剌布坦等宣谕青海。青海诸台吉约四月朝行在，诏秋后入觐京师。十二月，大阅玉泉山，陈军容以示之。诏封固始汗子达什巴图为和硕亲王，余授贝勒、贝子、公爵有差。群臣以绥服青海全部，请上尊号，不许。自后青海始为近藩。

时策妄那布坦将图西藏，恶诸台吉内附，诡请讨青海前助噶尔丹罪。诏斥之。三十九年，唐古特拉藏汗袭杀第巴，而准部兵侵青海，掠驼马。诏西安兵会青海左翼、四川兵会青海右翼严备，并集诸台吉定盟。而策妄那不坦兵已袭西藏，察罕丹津谋诱其兵至青海迎击之，贼不敢至。五十六年，抚远大将军皇十四子允禵统兵西宁，集两翼王公台吉宣谕，各率所部送里塘达赖剌麻入藏。五十九年，蒙古兵从大军，大败准噶尔于西藏，新达赖登位。诏留兵二千屯青海，以备准夷。及雍正元年，王师平罗卜藏丹津之叛，于是令土尔扈特旗、绰罗斯特旗、辉特旗、喀尔喀旗、察罕诺门剌麻旗皆各自为部，不得复属和硕特，以分厄鲁特之势，又不设盟长，以西宁办事大臣莅盟。自后青海始同内地，语详《雍正征厄鲁特记》。渐削弱矣。而野番特强，今日蒙古之畏野番，犹昔日回民之畏厄鲁特。而青海之边防又一大变。

贺兰山厄鲁特者，俗所称阿拉山蒙古也。阿拉山即贺兰山，亦讹阿拉善，皆语音之转。其地在河套以西，东宁夏，西甘州，南凉州，北瀚海，袤延七百余里，至京师五千里。山阳为内地，山阴为蒙古游牧。汉北地、武威、张掖三郡西北境，唐吐番，宋西夏，明为边外地。国初厄鲁特种类蕃盛，分牧套西者谓之套夷，驻牧青海者谓之西海诸台吉，其驻牧天山北路者谓之北厄鲁特，各有部长，当青海盛时，并属于固始汗。其后惟北厄鲁特倔强猾夏，自取侮亡。其部众先降者，在青海则有游牧之绰罗斯特、土尔扈特各旗，在喀尔喀之西、利布多之东者，则有乌阑、乌苏之厄鲁特二旗。乌阑、乌苏在鄂尔昆河左右。拜达里克河之杜尔伯特十四旗，皆北厄鲁特之裔。拜达里克河在科布多之东，推河之西。而青海套西二厄鲁特尤密迩内地。

初，固始汗兄子曰鄂齐图汗，游牧套西，而固始汗季子巴延阿玉什生子十六，其四人居青海，其和罗理等十二人亦牧套西，是为二部分地之始。顺治初，鄂齐图汗遣使入贡，且请助攻喀尔喀。其后康熙十六年，准部噶尔丹娶鄂齐图女，旋以兵袭杀鄂齐图，破其部，遣使献所俘弓矢甲胄。诏却之。于是西套厄鲁特溃散，或投西藏，或被虏归伊犁。而和罗理族避居大草滩，庐帐万余，守汛吏驱之不去，并有准噶尔逃人数百从之，骚近边。诏宥其饥困窜掠之罪。和罗理等求达赖剌麻表请甘州东北之龙头山，蒙古谓之阿拉山，即古贺兰山阴者，赐其游牧，以距边六十里为界。诏许之。是为阿拉山厄鲁特游牧之始。

二十七年，噶尔丹侵喀尔喀，和罗理族人前陷准部中者，乘准夷与喀尔喀战，挈千众脱走来降。诏徙之归化城，以避准噶尔，和罗理擅留之。三十年，惧讨分道叛遁，先后为官兵擒斩。三十一年，和罗理悔罪乞降，诏仍牧阿拉山。其族人屡为准噶尔诱唆，辄蒙恩赦宥。和罗理以所部数离叛，难约束，请视四十九旗例编佐领。廷议徙之乌喇界。上以治蒙古贵服其心，不在地之远近，其仍游牧阿拉山地，给札萨克印，编一旗，置佐领，封郡王一、镇国公二，自是永为不侵不叛之臣。三十五年，随大军败噶尔丹于昭莫多。明年，上视师宁夏，复请从戎。四十二年，复有额济内土尔扈特人来降，诏编置一旗，与阿拉山同牧。雍正二年，王师定青海。廷议以阿拉山屏蔽宁夏，和硕特旧游牧山后，近岁或徙山前，请敕札萨克郡王阿宝部众归牧山后。自后遂与青海分部。乾隆中，大军剿准、回二部，及讨兰州石峰堡逆回，辄以所部为军锋。故阿拉山兵称虓雄，晋爵亲王。

初，河套有花马盐池，鄂尔多斯部据之；套西有吉兰盐池，阿拉山王据之。其法皆于两池置官收税，听蒙古、汉人转运，不问所之，暗符刘晏之法。而套内之盐不如套西咸洁，故甘肃民食花马小池盐者十之三，食阿拉善池盐者十之六，陕西民食亦居其三，骆驼牛骡，运负绎络。吏恐侵潞盐引地，止许运至皇甫川云。

臣源曰：青海，古之西戎，即雍州、织皮、昆仑、析支、渠搜之地。秦、汉以后，诸羌繁衍，一变为吐谷浑，再变为吐番，三变为厄鲁特蒙古，部落屡易，非复古之氏族。考汉置河西四郡，隔绝南羌，断匈奴右臂。明初建重镇于甘肃，以北拒鞑靼，南捍诸番；中叶后，北部得越塞南入，与番族相通，边患遂棘。本朝开国初，首抚固始汗以通西藏，兼捍甘、凉、湟、洮诸边。故虽以准夷之猖撅，终不敢越西陲而犯青海，岂非扼吭拊背明效哉！数十载来，青海蒙古日弱，番族日强，故西海诸部畏西番如狼虎，防秋官兵，昔常离番以制蒙古者，今反卫蒙古以捍番。盛衰好还，殆有运数，而国家之抚驭，亦张弛随之。或曰青海诸部自奉剌麻黄教，故杀扩稍剂，而雄武亦替。惟阿拉山部富强甲西陲，而虎符箠使，驰驱旄钺，则霜露所渐靡也。

（《圣武记》卷一、二）

乾隆荡平准部记

(清)魏　源

准部自噶尔丹以后，三世皆枭雄，能用其众。至乾隆十年，噶尔丹策零死，而所部遂乱。初，策零有三子，次子那木札尔以母贵，嗣汗位，童昏无行，恣睢狂惑，其同母女兄约束之。稍长，遂以谗幽其女兄多戮宰桑。于是其女兄之夫与诸台吉攻殪之，立其庶兄剌麻达尔札。而大、小策零两部裔，则谋拥立其弟策妄达什。大、小二策零者。皆名敦多卜，准夷同族台吉，以谋勇为策妄父子两世将兵，西破卫藏、东摧蒙古者也。故大策零之孙达瓦齐与小策零之子达什达瓦等，皆为国人所向，亦皆为剌麻达尔札所忌。俄，策妄达什与达什达瓦复被翦除，于是达瓦齐与其党阿睦尔撒纳奔哈萨克。

阿睦尔撒纳者，故拉藏汗之孙，丹衷之子，而策妄那布坦之外孙也。丹衷妻，策妄之女，先生子班珠尔，而丹衷被戮，复有遗腹，改适辉特部酋，生阿睦尔撒纳。长而狠戾阴狙，见准部内乱，欲构使自讧，而己乘其衅。初谋拥立策妄达什，不遂，复挟达瓦齐以逞。剌麻达尔札遣台吉将兵三万搜讨二人于哈萨克，期必获以除后患。阿睦尔撒纳遁回旧游牧地，潜简精锐千有五百，由闼勒奇山路，裹粮昼伏夜行，突入伊犁，诱其腹心为内应，遂袭杀剌麻达尔札。以己和硕特种，国人未附，乃推立达瓦齐为汗。达瓦齐族贵而无能，旋为小策零之孙济噶尔所攻败。两酋争立，各征兵于诸部，诸部落莫知适从，国中大乱。阿睦尔撒纳复为诱除济噶尔，而还达瓦齐于伊犁，恃功益骄桀。

初，四卫拉兵伊犁最强。阿睦尔撒纳时为辉特台吉，居雅尔，雅尔即塔尔巴哈台，在伊犁极北，与哈萨克连界。塔尔巴哈台者，蒙古语"多水獭"也，在伊犁东北一千九百里。其同母兄班珠尔为和硕特台吉，居库尔乌苏。又取杜尔伯特台吉达什之女，乃袭杀达什，胁降其子纳默库，而自迁帐于额尔齐斯河。额尔齐斯河者，回语"遒紧"之谓，言其河水湍流驶急也。在阿尔泰山之南二百里，科布多之西三百余里，在雅尔之东、乌鲁木齐之北各八百余里，平定后为屯田之所。阿睦尔撒纳令行三部，遂侵掠伊犁边境，二人复大隙。达瓦齐三遣兵讨之，皆不克，乃自领精兵三万压额尔齐斯河，又使其骁将玛木特将乌梁海兵八千东西夹攻。阿睦尔撒纳不能抗，遂与纳默库、班珠尔二台吉共率所部兵二千、口二万东奔叩关内附。时乾隆十九年秋也。

　　初，达什达瓦之死，其宰桑萨喇尔等率千户来降；达瓦齐之篡，其杜尔柏特台吉三车棱等率三千户来降。上询悉其内乱，先封降人，恤部众，并调西、北二路士马屯边。而阿睦尔撒纳复率辉特、和硕特、杜尔柏特三部至。上久知其为部众所臣服，可驱策向导，且天时人事辐辏，宜乘机大举，雪两朝之愤。询谋于廷，群疑虩虩，惩雍正九年博克托岭之败，以深入为险，惟大学士傅恒主用间出征，与上意合。尚书舒赫德及定边左副将军策楞奉命收降，辄请留其头目于乌里雅苏台军营，而部落悉内徙，使不得聚而生变。上斥其猜贰，严谴之，以尚书班第往代，俾暂游牧于喀尔喀之札卜堪河。札卜堪河受乌里雅苏河之水，西流至科布多境入于泊。一作札卜噶。阿睦尔撒纳入觐热河，备言伊犁可取状。上大喜，封亲王，其二台吉皆郡王。既而准部骁将玛木特见诸台吉相踵内附，必召大兵，知准噶尔事不可为，达瓦齐不可辅，亦脱身来归。于是准部爪牙心腹尽至，且指画准部形势如在目睫。定议明秋大举，直捣伊犁。阿睦尔撒纳及玛木特以为："塞外秋弥时，我马肥彼马亦肥，不如春月乘其未备，且不能远遁，可一战擒之，无后患。又准部东境以额尔齐斯河与中国为界，本杜尔柏特原屯地，近接阿尔泰山，可屯田备饷。杜尔伯特众兼耕牧，非准噶尔专事游牧者比，故策妄父子入寇时其兵皆屯额尔齐斯二河，以其可就饷，且与科布多、阿尔泰近也。宜先遣兵万人据形势，而大兵二万整队继进。"上从之。

二十年二月，两路出师：班第为定北将军，出北路，阿睦尔撒纳副之，额驸科尔沁亲王色布腾、郡王成衮杂布、内大臣玛木特为参赞；永常为定西将军，出西路，萨赖尔副之，郡王班珠尔、贝勒札拉丰阿、内大臣鄂容安为参赞。两副将军各领前锋三千先进，将军、参赞继之，降人三车棱、纳默库等皆以所部兵从。两路军各二万五千、马七万匹。西路出巴里坤，北路出乌里雅苏台，各携两月粮，约会于博罗塔拉河。博罗塔拉河在伊犁东北三百里，为南北两路会合之区，山川、水草、形势皆胜，故阿逆叛后即踞此地，以号召南北。

时两副将军皆准夷渠帅，建其旧纛先进，各部落望风崩角，其同族大台吉噶尔藏多尔济及旧回酋和卓木先后迎降。于是所至台吉、宰桑，或数百户，或千余户，携酮酪，献羊马，绎络道左，师行数千里无一人抗颜行者。瀚海旧少雨，至是则大雷雨。以五月朔长驱至博罗塔拉河，距伊犁三百余里，两军皆会。达瓦齐素纵酒不设备，至是，仓卒急遣亲信两宰桑出令箭征兵，而自率宿卫亲兵万人，走保伊犁西北百八十里之格登山，阻淖为营。我师遮获其征兵之宰桑，具悉国中解体状，士气倍奋，争渡伊犁河长驱追袭。将及格登山，夜遣降夷阿玉锡等率二十余骑往觇道路。阿玉锡即乘夜突捣其营，拍马横矛，搴纛大呼，贼瓦解，达瓦齐以二千余人宵遁，余皆不战降。黎明，我二十余骑遂收其众七千余还大营。达瓦齐逾冰岭，南走回疆，其下半途逃散，仅余百骑。以乌什城阿奇伯木克霍吉斯为已所善，投之。而霍吉斯已承我将军檄，即执之以献，并获前青海叛贼罗卜藏丹津，献俘京师。上御午门楼受之，皆赦其死。论功行赏，首奖大学士傅恒襄赞之功，再加封一等公，固辞不受。班第封一等诚勇公，萨赖尔一等超勇公。而阿睦尔撒纳晋封双亲王，食亲王双俸。其后达瓦齐、霍吉斯亦皆赐封亲王、郡王，入旗籍。又释故回酋大、小和卓兄弟在伊犁者，使归旧部。于是天山南北二路皆不血刃而定。

初，四卫拉之分部也，绰罗斯治伊犁，和硕特治乌鲁木齐。和硕特自固始汗东徙青海后，其乌鲁木齐旧地遂为准噶尔诸台吉公牧之所。杜尔伯特治额尔齐斯，土尔扈特治雅尔，土尔扈特北去，辉特治之。部各有汗，非有君臣之分也。自绰罗斯浑台吉汗强盛伊犁，始为四部盟长，抗衡中国者数世，上欲俟事定，仍众建而分其力。而阿睦尔撒纳志末厌，必欲为四部总台吉专制西域。特欲出自朝命，则无后患，乃自昵于额驸科尔沁亲王，使与班第为难，而以己情托其归奏。时班第、鄂容安留伊犁筹善后。阿睦尔撒纳辄隐以总汗自处，擅诛杀掳掠，擅调兵，不服赐衣翎顶，不用副将军印，自用浑台吉菊形篆印，移檄各部落，讳其降，言统领满、汉、蒙古兵来平此地。又阴使哈萨克、布鲁特流言：非己总四部，边不得安。与其党晓夜聚谋，诡秘叵测。将军、参赞先后密以闻。前有旨，令阿睦尔撒纳九月至热河行饮至礼，同四部台吉受封。而阿睦尔撒纳前与额驸约期七月下旬俟命，额驸归不敢奏。至期无信，而入觐期迫，班第乃趣之行，令喀尔喀亲王额林沁多尔济与之俱。旋奉旨，以阿睦尔撒纳逆形已著，宜乘其未发诛之；如已入朝，可追及则追诛之。时阿睦尔撒纳已就道，且有哈萨克贡使随行。班第恐哈萨克惊疑，遂不敢发。阿睦尔撒纳中途迁延，及八月中旬尚无信，疑事且中变。十九日，行至乌隆古河，距其札布堪河旧游牧不远，乃诡言暂归治装，以副将军印交额林沁使先行。有降夷首其谋，额林沁不信，竟纵之去。由额尔齐斯河间道北逸，遣使迎其孥于札布堪河，则上已密谕乌里雅苏台军营，并其弟班珠尔收之。不半日，而贼使果至，得不遣。

贼四出煽乱，伊犁诸剌麻、宰桑劫掠军台，蜂起应之。时大兵已撤，仅五百兵留伊犁，归路断。又厄鲁特与贼不合者，贼皆先以计遣入朝，所留皆其党羽。班第、鄂容安等力战走二百余里，被围死之。时阿逆党羽不过二千余，屯博罗塔拉河，各部皆不敢从。副将军萨赖尔陷贼中，复潜约宰桑、剌麻与战，而将军永常西路劲兵数千屯乌鲁木齐附近，台吉、宰桑数千咸投赴，使驱策用之，兼程进剿，立可扑灭。永常反疑拒，退却，自木垒南退军巴里坤，并移军粮于哈密，故北路无声援，贼益猖獗。上乃以先后敕除阿逆密旨，及班第等狐疑之章奏，宣示中外。黜额驸亲王爵，赴军效力，赐额林沁自尽，逮永常治罪，以策楞代之，玉保、富德、达尔党阿为参赞，两路巡进讨贼。

明年正月，大兵长驱至特克勒河。探知阿逆仅距一程，以下皆称阿逆。急进可追及，忽有报台吉诺尔布已擒阿逆来献者，玉保遂驻军待之，先以红旗报捷于策楞，策楞亦即转递至京。不知报擒贼者，即贼所遣以缓师也。二月，兵至伊犁，贼已遁入哈萨克，将军、参赞互相诿，托言马力竭，顿师伊犁不进。上以诸臣皆非任事才，特命大学士傅恒驰视西师，召集诸台吉会盟，驱策进讨。中途复召还。五月，褫策楞、玉保职，以达尔党阿、哈达哈代之，兼命兆惠自巴里坤赴援。达尔党阿出西路，击败哈萨克二千贼。阿逆易服潜遁，我兵追及，相隔一谷，仅二三里，贼仓卒不及驼载。忽有哈萨克人来言：即欲擒献，但需其汗至，乞暂缓师待时。我师争欲进捕，而达尔党阿遽下令驻军。不知言欲擒阿逆者，又即阿逆所诡遣也。阿逆复徐飏去。檄索往还，顿兵数月无要领。而哈达哈出北路，遇阿布赉兵千余于巴颜山，不迎击，听其飏逸。诸从征降夷宰桑见两将军见卖无能，皆轻之。又适有喀尔喀撒台之事，事具前《绥服蒙古记》，于是各降夷亦皆变。初，去年秋，上封诸降夷台吉于热河，噶尔藏为绰罗斯特汗，沙克都为和硕特汗，巴雅尔为辉特汗，其杜尔伯特本封阿逆，及叛后改封车棱为汗，其余宰桑等各授官赉币，皆愿归发所部兵从征。及见军屡受欺，邮台内变，有轻我心。绰罗斯特、辉特二部及哈萨克先叛，都统和起被诱歼焉。阿逆闻四部搆乱，亦自哈萨克归，会诸贼于博罗塔拉河，欲自立为汗，准部复大扰乱。策楞、玉保逮问，亦被害于途。将军达尔党阿等寻皆被逮。

定边右副将军兆惠以千五百兵驻防伊犁，闻变，自济尔噶朗河转战而南。自十一月启行，战于鄂垒，战于库图齐，战于达勒齐，前后杀贼数千，二十二年正月至乌鲁木齐。诸贼皆会，连日数十百战，我兵无不一当百，皆步行冰雪淖中，履袜不完，食瘦驼、疲马，且将尽。二十二日至特讷格，不复能冲击，乃结营自固。时天大风雪，驿传声息格不相闻。会上先命侍卫图伦楚率巴里坤兵二千间道往迎，以三十日至军，围乃解。兆惠得新兵，复往剿巴雅尔部落，始回巴里坤。

上以准部诸酋甫受封赏，归辄叛，知厄鲁特人皆不可德怀。三月，命定边左副将军成衮札布出北路，右副将军兆惠出西路，大剿之。会诸部落亦自相吞噬，绰罗特汗为其兄子噶尔布所篡，台吉达瓦旋杀噶尔布。厄鲁特向不出痘，至是则痘疫盛行，死亡相望。兆惠兵复长驱至，各乌合贼皆败走，逆酋先后授首，惟阿逆未获。六月，兆惠、富德等穷追至左哈萨克。时哈萨克汗阿布赉已与阿逆积衅，且惧招大兵，遣使入贡，誓擒阿逆以献。适阿逆率二十人往投，阿布赉先使人收其马，阿逆惊，携八人徒步夜走俄罗斯界，我朝移檄索之。是冬，报阿逆患痘死，移尸近边，命喀尔喀亲王、侍郎三泰等驰验以闻。于是命成衮札布以定边左副将军归镇乌里雅苏台，时察罕廋尔大营改设于乌里雅苏台。而兆惠、富德留军度冬。是年，迎降之鄂拓克等军过辄复叛，并诱陷都统满福。于是二十二年春，命率兵四千再剿漏网之厄鲁特。时各贼众聚分四支，每支各一二千，伺间出没。乃议兆惠由博罗布尔，富德由赛里木，分两翼围猎，约相会于伊犁。皆分数路，无大队，所至弥蒐，搜山网谷。及明年，两将军南赴回疆，又命亲工策布登札布继之。又明年，舒赫德、阿桂等继之。并历年剽掠台站之玛哈沁，与煽乱助逆之剌麻，栉比擒馘，无孑遗焉。

计厄鲁特四部中，惟杜尔伯特部徙科布多以东之拜达里克河，以车棱始终无二，且以兵擒纳默库有功，获保全。又达什达瓦之妻，当伊犁俶扰，先率所部叩关来投，徙热河，编旗籍。又舍楞率所部二千余窜土尔扈特，皆得逭诛。而和硕特之沙克都汗不从各酋之叛，率所部四千人自拔内投巴里坤，复为都统雅尔沙善袭坑之。上旋鉴其枉，于四部中为不幸。论者谓厄鲁特之一大劫，则固非无因以然也。

初，准部有宰桑六十二，宰桑者，管事官。新旧鄂拓二十四，鄂拓克为其汗之部属，新旧各十二。昂吉二十一，昂吉者，分支也，乃各台吉所有之户下。集赛九，专办供养剌麻事务。共计二十余万户，六十余万口。猰貐其性，封豕其能，不作贼者不齿于人数，一人能劫数人者为壮士，能劳苦，勇战斗。各回城及哈萨克一闻其至，则阖匿奔窜，虏掠驱载惟所欲，相詈者至以"厄鲁特"为诟厉。其民则尔，汗又甚之。专假昏媾以吞噬与国：昏青海覆青海，昏拉藏戕拉藏，昏土尔扈特逐土尔扈特，昏杜尔伯特并杜尔伯特。世济其凶，狼生狈，狈生貐，致我祖二宗，三朝四顾，旰食仄席，戍塞防秋，中国耗弊。仁庙、宪庙屡集廷议，皆有"此贼不灭，天下不安"之谕。数穷理极，天钟一阿睦尔撒纳以倾覆之。王师初入，兵不血刃，矢不再发，而天不许也。王师再入，师则屡次，垒则再因，而天又不许也。几大幸，又几大不幸，一激再激，以致我朝之赫怒：帝怒于上，将帅怒于下，合围掩群，顿天网而大狝之，穷奇浑沌梼杌饕餮之群，天无所诉，地无所容，自作自受，必使无遗育逸种于故地而后已！计数十万户中，先痘死者十之四，继窜入俄罗斯、哈萨克者十之二，卒歼于大兵者十之三，除妇孺充赏外，至今惟来降受屯之厄鲁特若干户，编设佐领昂吉，此外数千里间无瓦剌一毡帐。毒蓄屡世，发于一旦，夫宁一阿逆之故哉？即使阿逆不叛，四汗分建，亦必不数年一反，十数年一反，王师旋罢旋兴，仍同康熙、雍正中已事，安能耆定百年，一劳永逸？故曰：天也。

军行所过旁近之国，若东部哈萨克，若西部哈萨克。若左五部布鲁特，若右十部布鲁特，皆奔走奉贡，睢盱入觐。北尽俄罗斯界，东尽喀尔喀界，西尽布鲁特界，南尽乌斯藏及青海，东西七千余里，南北三千余里，凡辟疆周二万余里。御制《开惑论》，设为文学硕儒与通务大夫互相问难，而信天主人申大义以折衷之。诞告中外，立碑太学。又勒铭伊犁者二，勒铭格登山者一，前后天章，照耀绝域。命礼部侍郎何国宗率西洋人携仪器，绘地图，遍测西北各部星度、节气、日出入早刻，列时宪书颁发。命鄂容安、刘统勋考汉、唐西域舆地今昔沿革，辑成图志。其名山川增列祀典者十有六，岁时祈祷，班祝文焉。于绰罗斯部旧地设总统伊犁等处将军，节制南北路，同参赞大臣驻惠远城。领队大臣五，其一驻惠宁城。又于杜尔伯特部旧地设乌鲁木齐都统一，领队副都统一，迪化城绿营提督一，巴里坤领队副都统一，古城领队副都统一，库尔喀拉河领队大臣一。又于土尔扈特及辉特旧游牧地设塔尔巴哈台参赞大臣一，领队大臣二。又置迪化州于乌鲁木齐，设镇西府于巴里坤，改安西府为安西州，裁安西道。凡伊犁所属城九，乌鲁木齐属城十有六，屯堡不与焉，皆属天山北路。嘉庆中，伊犁建社稷坛，诏"伊犁山河，春秋致祭"，仍用乾隆二十六年所颁祭文，"朕"字改称高宗纯皇帝庙号。并于伊犁之宝伊局每年仍铸"乾隆通宝"钱二成，永以为例。

乾隆年间，凡两定准部，一定回部，两定金川，两定廓尔喀，一定台湾，及安南、缅甸先叛后服，总为十全武功，文在嘉庆元年《嗣皇帝恭上太上皇帝宝册》。

臣源曰：汉之西域，前称山北六国，后又称车师六国。车师有前后部，前王庭则今吐鲁番，后王庭则今乌鲁木齐也。其西为乌孙，则今伊犁，其北为北匈奴地，则今塔尔巴哈台也：皆为天山北路，行国非居国。当其阻于风气，间于山川，我朝亦尝勤天下之力以经营之，几与汉世匈奴、大宛无异；一旦〔迫〕天时，顺人事，列亭障，置郡县，人又或以为取之虽不劳，而守之或太费。抑思兵果否尝增耶？财果否尝费耶？南北两路养兵万有九千余名，设官千有四百余员。有驻防，有换防。驻防携眷之满洲、索伦、蒙古、厄鲁特兵，则移自盛京、黑龙江，移自张家口，移自热河。其换防番戍之绿营兵，则调自陕、甘。岁支俸饷银六十有七万八千九百余两，即内地应领之额项，其增兵者安在？内有新疆本地租税、茶、马匹、棉花、布可抵银七万八千余两。三十七年十有一月，高宗斥四川总督文绶开捐之请，谕曰："自平定西陲以来，酌减沿边防秋兵马，及酌裁各省驻防汉军粮饷、马干等项，除抵补新疆经费外，每年节省银九十余万两。历今十有余载，岁出较少，约积存千有余万。"是以乾隆初年户部库银止三千三四百万，今已多至七千八百余万，有盈无绌，是新疆不惟未尝糜饷，而且节帑，其费财者又安在？按：《新疆识略》第二卷：甘肃等处所减草料，及京口、杭州等处出旗汉军俸饷、口粮、马干、折色等项，每岁节省银一百二十九万余两，除抵新疆各城廉俸经费外，止余银二十一万一千五百余两，详后《武事余记》。且北路屯田二十三万八千六百余亩，南路四万九千四百余亩，岁交粮米共十四万三千余石，尽支放外，尚不敷二万三千石，于旧存仓贮五十万石内支补。计兵屯、回屯、民屯、旗屯共十余万丁，统〔辖〕于乌鲁木齐提督。自官田外，余地听民自占，农桑阡陌徭赋如内地。且夫一消一息者，天之道；衰多益寡者，政之经。国家提封百万，地不加增，而户口日盛，中国土满人满。今西域南北二路地大物斋，牛羊、麦面、蔬蔌之贱，浇植、贸易之利，金矿、铜矿之旺，徭役、赋税之简，外番茶马、布缎互市之利，又皆什伯内地。边民服贾牵牛出关，至辄辟汙莱，长子孙，百无一反。是天留未辟之鸿荒，以为盛世消息尾闾者也；是圣人损益经纶之义，所必因焉乘焉者也。中外一家，老死不见兵革。较之康熙、雍正间烽火逼近畿，边民寝锋镝，中国运饷、屯甲于科布多、巴里坤，且守且战，先后糜帑七千余万者，其劳敝又安在？夫狃近安，忘昔祸，不可谓智。生齿日蘩，民财日匮，反欲闭其大源，不可谓智。国用之绌，由名粮武俸之增，河工岁修之费，八旗口粮之重，纹银出洋之甚，皆倍于乾隆中叶以前，不探其本，而漫咎于新疆，耳食道听，不可谓智。孟子曰："天下之生久矣，一治一乱。"西域之不治，自上古至今数千载。天欲使化荆棘而康衢，化幽谷而白日，化榛狉而冠裳，化毡帐而阛井，则必得圣人而界之，且必铲销磨荡一扫其旧而后界之。《传》曰："文王基之，武王凿之，周公内之。"言其道同，终始相成。臣是以反覆于西陲军事之本末，睹一支，念全体，观一隅，廑中国，益三叹于始事之固难与终事之不易焉。

附　录

　　新疆南北路之荡平也，以伊犁为总汇重地，而乌鲁木齐中外冲要，塔尔巴哈台边接外藩，分设满兵驻防，汉兵屯种，皆携眷移戍。惟南路回疆，则更番轮戍。其兵制可考者，伊犁驻防惠远城满洲兵四千，惠宁城满洲兵二千有百四十。其伊犁河南岸分驻锡伯兵千，索伦、达瑚尔兵千，察哈尔蒙古兵千有八百，厄鲁特兵二千八百，沙毕纳尔兵六百，皆射猎游牧为业。屯种惟达瑚尔兵，其余皆游牧。又建六城，分驻绿营携眷兵三千，开屯兴筑，星拱棋布，与伊犁城环峙。共兵万有五千三百三十，兼岁派换防于回疆者八百，换防于塔尔巴哈台者千有五百。塔尔巴哈台本有驻防兵九百，绿旗驻屯兵六百，后撤去驻防，惟存换防及屯兵共二千。此北路驻防兵制也。其回疆南路则皆换防之兵，共五千七百有六十。哈密及哈拉沙各七百，叶尔羌及喀什噶尔各九百，阿克苏八百，英吉尔沙四百，库车及和阗各二百余，乌什及赛里木各百五十。皆绿旗兵，由内地陕、甘及乌鲁木齐分年派往；惟喀、叶二城骑兵各三百，英吉〔尔〕沙骑兵二百，由伊犁派往。初议三年一班，后改五年一班，各设办事领队大臣，此南路番戍之兵制也。东则乌鲁木齐扼南北两路之冲，设驻防满洲兵二千四百六十，以都统辖之，兼辖巴里坤副都统驻防兵千，古城副都统驻防兵千，及乌鲁木齐总理屯田副都统二员屯田绿旗兵四千。又乌什屯田绿旗兵一千，并属伊犁将军节制调遣。此东路之兵制也。其乌鲁木齐提督，则自安西提标移驻。又设巴里坤总兵、哈密副将，各辖绿营，而节制于陕甘总督，与新疆驻防相联络。新疆驻防、换防绿营，皆陕、甘二省移往，其驻防满洲兵，则自热河、西安、凉州、庄浪移往；察哈尔蒙古兵则自张家口外游牧移往；察哈尔都统两翼兵额万人，自移往新疆外，今惟八千有奇。索伦、锡伯等兵，则东三省移往；厄鲁特、沙毕纳尔，则由新附编入。沙毕纳尔随土尔扈特来投，乃厄鲁特之附庸小部。或领以侍卫，或督以屯官，或隶于佐领，其回兵则分隶各城伯克，而总辖于将军大臣。惟携眷驻防之兵有定额。其番戍之兵，三年更代，以次增设，无定额。或谓南路回疆亦宜仿北路驻防兴屯之制，招华民实回疆，变膏腴为内地，势尤顺，利尤大，异日必有措而行之者。

（《圣武记》卷四）

厄鲁特要略

(清)祁韵士

一

厄鲁特旧分四部：曰和硕特，姓博尔济吉特，为元太祖弟哈布图哈萨尔裔；曰准噶尔、曰杜尔伯特，姓绰啰斯，为元臣孛罕裔；曰土尔扈特，为元臣翁罕裔，姓〔不著〕。

哈布图哈萨尔七世孙曰阿克萨噶勒泰，有子二，长曰阿噜克特穆尔，为今内扎萨克科尔沁等八旗祖，详见内扎萨克；次曰乌噜克特穆尔，即和硕特祖也。孛罕六世孙曰额森，有子二，长博罗纳哈勒，为杜尔伯特祖，次额斯墨特达尔汉诺颜，为准噶尔祖，部自为长，号四卫拉特。初皆聚牧天山之北，阿尔台山之南，后和硕特汗图鲁拜琥袭据青海，而土尔扈特长和鄂尔勒克，又以与准噶尔巴图尔珲台吉交恶，徙牧俄罗斯额济勒〔河〕，是聚牧阿尔台者，惟准噶尔及杜尔伯特两部，其和硕特、土尔扈特之支庶未徙者，亦间附牧焉。图鲁拜琥号顾实汗，哈布图哈萨尔之十九世孙也，其祖博贝密尔咱，始称卫拉特汗，其父哈尼诺颜洪果尔继之。有子六，长哈纳克土谢图，次拜巴噶斯，次昆都伦乌巴什，次即顾实汗，又次为色棱哈坦巴图尔及布雅鄂特欢。顾实汗兄弟，惟昆都伦乌巴什、布雅鄂特欢留旧牧，拜巴噶斯袭据西套，余皆随顾实汗徙青海。和鄂尔勒克者，翁罕九世孙也，其祖曰贝果鄂尔勒克，有子四，长珠勒札干鄂尔勒克，即和鄂尔勒克父，次卫衮察布察齐，次保兰阿噶勒琥，

817

次莽海。土尔扈特族和鄂尔勒克既徙牧俄罗斯，而保兰阿噶勒琥与弟莽海及叔父翁贵，又俱随顾实汗徙青海，惟卫衮察布察齐留旧牧。是时和硕特顾实汗最强，为四卫拉特之首。

我太宗文皇帝崇德二年，顾实汗遣使通贡，阅岁乃至，是为厄鲁特通〔贡〕我朝之始。

七年，顾实汗谐达赖喇嘛、班禅喇嘛及唐古特汗藏巴等奉表贡，〔和硕特昆都伦乌巴什亦遣使从达赖喇嘛贡驼马〕，，顾实汗寻击杀藏巴汗而据其地，使其子驻之。详见西藏要略。

八年，遣使存问达赖喇嘛。敕顾实汗曰："有败道违法而行者，闻尔已惩治之，自古帝王致治，法教未尝断绝，今遣使敦礼高贤，尔其知之并赐〔尔〕甲胄。"使未至，顾实汗表请发币使延达赖喇嘛，允之。〔顾实汗弟色棱哈坦巴图尔来朝贡驼马雕翎元狐等物并蒙奖赏〕。

顺治二年，顾实汗及达赖巴图尔贡马至，奏闻，天使召圣僧，臣等自当遵奉，达赖巴图尔者，顾实汗第六子也，名多尔济，时佐理藏事。

三年，以厄鲁特台吉等入甘肃境要粮赏，诏所司议剿抚。会顾实汗奉表贡，赐甲胄弓矢，俾辖诸厄鲁特。嗣是间岁辄遣使至。和硕特族，曰都尔格齐诺颜，曰色棱哈坦巴图尔，曰鄂〔齐尔〕汗，曰鄂齐尔图汗，曰阿巴赖诺颜，曰达赖乌巴什诺颜，曰伊拉古克三班〔第达〕呼图克图，曰额尔德尼珲台吉，曰阿哩禄克三陀音，曰噶尔第巴台吉，曰玛赖台吉，曰诺木齐台吉，曰绰克图台吉。土〔尔〕扈特族，曰罗卜藏诺颜，曰楚琥尔岱青，曰博第苏克。准噶尔族，曰巴图尔珲台吉，曰墨尔根岱青，曰杜喇勒和硕齐，曰楚琥尔乌巴什，曰罗卜藏呼图克图，并附名以达。都尔格齐诺颜者，顾实汗兄昆都伦乌巴什号也。鄂齐尔汗者，名达延，顾实汗长子，时理西藏务。鄂齐尔图者，号车臣汗，与阿巴赖诺颜并拜巴噶斯子。达赖乌巴什者，名巴延阿布该〔阿〕玉什，顾实汗第四子也。拜巴噶斯初育以为子，后虽自生子二，而达赖乌巴什仍与鄂齐尔图兄弟同居西套。伊拉〔古〕克三班第达呼图克图者，鄂齐尔图第三子也，以其为僧故贵之。凡呼图克图皆僧号也。额尔德尼珲台吉者，名特尔衮，与阿里禄克三陀音、玛赖台吉并〔色〕棱哈坦巴图尔子。噶尔第巴者，鄂齐尔图次子也。罗卜藏诺颜者，和鄂尔勒克子。博第苏克者，莽海孙也。巴图尔珲台吉者，名和多和沁，孛罕十四世孙，恃强侮诸卫拉特，即与土尔扈特长和鄂尔勒克交恶者。墨尔根岱青、楚琥尔乌巴什皆其弟，罗卜藏呼图克图则楚琥尔乌巴什子也。其和硕特之诺木齐绰克图，土尔扈特之楚琥尔岱青，准噶尔之杜喇勒和硕齐，则未详所出。

〔四年，鄂齐尔图遣使贡驼马，越一年阿巴噶继至。〕

五年，甘肃巡抚王世功奏，青海蒙古驻西宁需索供应，请定贡使入关额，余驻关外给口粮，许之。

〔六年，青海鄂木布、瑚噜木什以河西白帽回族㳽喇印、丨国栋等谋助逆，大军讨之，复招降西宁城。诏赐鄂木布土谢图巴图尔岱青号，瑚噜木什巴图尔额尔德尼岱青号，鄂木布卒，墨尔根台吉嗣，诏袭土谢岱青号，其巴图尔号弗之给也。〕

七年，鄂齐尔图汗使至，以喀尔喀煽苏尼特部长腾机思叛，奏称力能锄逆，当相机为之，否亦必修贡如初，不敢稍萌异志。谕绝喀尔喀，勿私通好。自是，〔厄尔德尼噶尔第巴、伊拉古克三班第达呼图克图及〕所部台吉〔宰桑等〕朝贡至者相接。

〔八年，昆都伦乌巴什贡所产马及黑狐皮。〕

九年，顾实汗导达赖喇嘛入觐，先奉表闻，并贡驼马方物。〔昆都伦乌巴什上贡驼马，嗣数遣使至。〕

十年，诏封〔图鲁拜琥〕遵文行义敏慧顾实汗，赐金册印。

十二年，土尔扈特部长书库尔岱青遣使锡喇布鄂木布奉表贡。书库尔岱青者，和鄂尔勒克子也。和鄂尔勒克有子六，长书库尔岱青，次伊勒登诺颜，次罗卜藏诺颜，余并无嗣，不著。〔色棱哈坦巴图尔遣子呵哩禄克三陀音贡驼马。〕

十三年，〔色棱哈坦巴图尔子玛赖遣使入贡〕，伊勒登诺颜遣使锡喇尼和硕齐继至。〔青海和硕特衮布游牧嘉峪关外，邻哈密〔及准噶尔〕，诸回使往来必经之。是年，叶尔羌回长遣使克拜挈众三百入贡抵肃州，衮布以叶尔羌尝夺其属，将袭之，甘肃巡抚周文煜徙贡使至甘州，衮布挈千余骑分道入，闻官军严备，遁归，卒不敢为边患。衮布，察罕丹津从叔父，其父达兰泰，顾实汗第三子也。是年，顾实汗卒〕。上念其忠勤修贡，遣官致祭，会青海属复为边患。谕顾实汗子车臣岱青及达赖巴图尔等曰："分疆别界向有定例，迩来尔等率番众掠内地，抗官兵，守臣奏报，二十余次，屡谕不悛。今特遣官赴甘肃、西宁等处勘状，或尔等亲至，或遣宰桑来质，诬妄之罪，各有攸归。番众等旧纳贡蒙古者，听尔辖，倘系前明所属，应仍归中国，至汉人、蒙古定界与市易隘口，务宜详加察核，分定耕牧，毋得越境妄行。"车臣岱青者，名鄂木布，顾实汗次子也。

十四年,〔青海多尔济表谢,赐其父顾实汗赙祭恩,并奏称西宁东向不设驿,贡使往来道艰,乞设驿西宁东,不许。〕土尔扈特罗卜藏诺颜及子多尔济,遣使沙克锡布特、达尔汉乌巴什、阿巴赖等,贡驼马二百余,复携马千,乞市归化城,许之。杜尔伯特台吉陀音,遣使霍什哈等,自鄂齐尔图所,以贡马至。陀音者,孛罕十二世孙也,其父曰达赖泰什,有子七,次子垂因。及垂音子阿勒达尔泰什,世为杜尔伯特部长,陀音其第三子也,第四子曰鄂木布岱青和硕齐。

十五年,复谕车臣岱青曰:"前因尔等频犯内地,遣官往勘,据奏尔等入边向属番取贡,辄肆攘夺,咎自难解,朕悉宥尔前愆,但中外本无异视,疆圉自有大防,尔等向属番取贡,酌定人数,路由正口〔遣头目告车臣,方准入边,至市易定所,〕应从西宁镇海堡、川北、洪水等口出入,毋得任意取道,如或不悛,国宪俱在,朕不尔贷也。"是年,杜尔伯特鄂木布岱青和硕齐子伊斯扎布复遣使额尔克贡马。

〔十七年,玛赖偕弟茂济喇克来朝。〕

康熙四年,甘肃提督张勇奏,蒙古番众牧庄浪诸境,情形叵测,请增甘肃、西宁驻防兵。先是,青海蒙古恋西喇塔拉水草肥饶,乞驻牧,张勇以其地为〔甘肃〕要隘,不容逼处,往责之,谢罪去,因设永固营,联筑八塞。至是蒙古等复相继徙近边,上以其渐不可启,诏如勇请。

五年,勇复奏青海难通西藏,不过荒徼绝塞,朝廷曲示招徕,准开市易,自应钤束部落,各安边境。乃迩来蜂屯祁连山,纵牧内地大草滩,曾遣谕徙,复抗据定羌庙,官军败之,犹不悛,声言纠众分入河州、临洮、巩昌、西宁、凉州诸地,请设兵备道。诏严防御，仍善抚以柔其心。勇等乃自扁都口，西水关至嘉峪关固筑边墙，以资守御。

六年，川陕总督卢崇峻奏，青海诸头目侦于八月将入寇，因赴庄浪所备之，遣总兵孙思克屯南山隘，相形势固守。达赖喇嘛寻檄厄鲁特诸台吉，毋扰内地，驻牧黄城儿大草滩蒙古悉徙去，并献驼马牛羊谢罪，遵撤驻防兵。〔青海色棱哈坦巴图尔少子伊思丹津为诸昆弟所迫，子身来归，诏封多罗贝勒，尚县主，授多罗额驸。赐田产仆属，隶内蒙古正白旗，后以罪削爵，降三等公。〕

十三年，〔以吴三桂叛，遣使往谕达赖喇嘛，道西宁，墨尔根台吉将尼之，为我使所叱，惧谢罪。嗣闻三桂扇王辅臣叛，梗秦蜀，以所部兵屯大草滩外，令军书得达内地。有准噶尔台吉罕都及拜达者，既降寻叛，携贼千余，掠番民，由大草滩毁边垣遁，墨尔根台吉闻之，挈其众，以大草滩饶水草来徙牧，为守汛者所御，复乞屯牧黄草滩，上不允。遣尚书科尔廊代往定界，寻引去，〕王辅臣〔之〕叛，青海蒙古乘隙犯河西，永固营副将陈达御之，〔阵〕殁。孙恩克屯凉州，宣示朝廷恩威，各引罪出塞，会达赖喇嘛使至，命传谕达赖巴图尔等戢部众，勿为边患。是岁，杜尔伯特台吉额勒敦噶木布从鄂齐尔图使入贡，自称阿勒达尔泰什族。初，准噶尔巴图尔珲台吉卒，子僧格嗣，其异母兄车臣、及卓特巴巴图尔与争属产，遂杀僧格。有噶尔丹者，僧格同母弟也，居唐古特，习沙门法，达赖喇嘛遣归辖厄鲁特众，因执车臣戕之。〔卓〕特巴巴图尔与弟卓哩克图和硕齐奔青海，噶尔丹遂为所部长。

十六年，准噶尔台吉噶尔丹以兵袭西套，戕鄂齐尔图，破其部。鄂齐尔图妻曰多尔济喇布坦，与喀尔喀墨尔根汗额列克妻，皆土尔扈特汗阿玉奇女兄也。额列克孙察珲多尔济，号土谢图汗，侦噶尔丹侵鄂齐尔图，兵援之，不及，〔多尔济喇布坦奔土尔扈特〕。阿玉奇者，书库尔岱青孙也。先是，书库尔岱青，以巴图尔珲台吉女为子朋楚克妇，生阿玉奇，育巴图尔珲台吉所，和鄂尔勒克徙牧，不复携。时土尔扈特与准噶尔隙，然未绝，后书库尔岱青赴唐古特还，〔假道〕准噶尔，索阿玉奇以归。书库尔岱青卒，朋楚克嗣；朋楚克卒，阿玉奇嗣，世为土尔扈特长，阿玉奇始〔自〕称汗。噶尔丹为阿玉奇舅氏，始娶鄂齐尔图孙女阿努为妻，既而恶鄂齐尔图，遂袭杀之，遣使献俘。谕曰："鄂齐尔图汗与噶尔丹向俱〔纳〕贡，今噶尔丹侵杀鄂齐尔图，献所获弓矢等物，朕不忍纳，其却之。"初，顾实汗卒，鄂齐尔图嗣为卫拉特首，噶尔丹既戕鄂齐尔图，自称博硕克图汗，因胁诸卫拉特奉其令。谕给诸贡使符验，不从，诡称杜尔伯特及和硕特、土尔扈特，虽隶准噶尔，以牧地远不及给〔云〕。〔逆藩吴三桂为大军所迫，谋结青海为援，遣贼党馈多尔济金币，靖逆将军张勇谋得状，奏松潘、茂州道通西宁，近吴逆乘间掠茶马利，诏张勇屯甘肃防御。多尔济卒不助吴逆〕。西套厄鲁特既溃，或奔依达赖喇嘛，或被噶尔丹掠去。和啰理者，达赖乌巴什子也，号巴图尔额〔尔〕克济农，率族属避居大草滩，庐幕万余，守汛者遣之去，仍逐水草徙，恋处边外。青海和硕特诸台吉亦惧噶尔丹暴掠，并挈庐幕避居大草滩，抚远大将军图海饬归故巢。

十七年，西套诸台吉侦噶尔丹将侵青海，遣使告和硕特台吉达赖巴图尔等为防御计，上闻之，谕靖逆将军张勇曰："噶尔丹侵青海，如远从达布素图瀚海往，则听之。若欲经大草滩，则令坚立信约，勿扰内地。"寻噶尔丹以从者异志，且距青海远，行十一日撤兵归，遗书张勇，诡称其祖多克辛诺颜偕顾实汗取青海，和硕特族独拒之，欲往索，以将军所辖地，故不果，既而惧和硕特诸台吉袭己，密遣使议婚，以女布木妻博硕克图济农子根特尔。张勇谋得状，奏噶尔丹仇青海蒙古，假议婚名，恐复往侵，甘肃当往来冲，请增兵防，报可。博硕克图济农者，顾实汗第五子伊勒都齐子也。和啰理遣使至靖逆将军所，称避乱赴青海，以边外道远乏水草，请由内地行，张勇遵旨谕由水泉过边，和啰理恋牧大草滩，草尽北徙，不果赴青海。侦噶尔丹屯布隆吉尔虑袭己，由〔双〕井避入内地，甘肃提督孙思克请率兵防御，时张勇屯甘州。谕令亲莅驱遣，和啰理谢去，徙牧额济内河〔界。遣宰桑博克等奉表至孙思克营服罪〕。有楚琥尔乌巴什者，噶尔丹叔父也，子五，长巴哈班第，次阿南达，次罗卜藏呼图克图，次犟章，次罗卜藏额磷沁。噶尔丹以私憾袭杀巴哈班第。执楚驻尔乌巴什及罗卜藏额璘沁等，禁之。巴哈班第子罕都为和啰理甥，时年十有三，其属额尔德尼和硕齐携之逃，以兵四百掠乌喇特户畜，审就和啰理，居〔额〕济内河。青海墨尔根台吉闻之，遣使诘归所掠，而和啰理弟土谢图罗卜藏等，亦掠宁夏及茂明安、鄂尔多斯诸部，〔和啰理不知也.〕喀尔喀台吉毕玛里吉哩谛侦以告，词及和啰哩及青海台吉茂济喇克等。是年，噶尔丹弟温春台吉附噶尔丹表入贡。

十八年，遣使赶和啰理所，诘〔责〕掠乌喇特诸部罪。且谕达赖巴图尔等曰："尔墨尔根台吉，〔将被盗劫掠人察获解送，〕朕甚嘉之。夫劝善惩恶者，国之法也。迩闻厄鲁特众侵处额济内河，尔达鞍巴图尔及墨〔尔〕根台吉，其照汝国律治罪。"使至，称和啰理、茂济喇克皆无掠乌喇特事。额尔德尼和硕齐为准噶尔属，已徙牧去，〔察归所掠之未售者，十八人〕，和啰理〔复〕献马百余，为弟请罪。谕曰："和啰理既未行劫，可弗罪。"诏檄噶尔丹收捕额尔德尼和硕齐治罪，并收和啰理归牧，或非所属当以告。

〔十九年，遣官至松藩，侦厄鲁特边情。诏檄多尔济知之，勿疑惧。噶尔丹寻与喀尔喀构兵，遣使乞援，青海多尔济遵达赖喇嘛谕不之许〕。

二十年，和啰理遣使入贡，诏纳之。

二十一年，和啰理以前年缺贡补解马至，其母格楚尔哈屯，弟土谢图罗卜藏、博第等，各遣使至，奏荷骈衅，居边境，属众妄行盗窃，深知悔罪，又游牧迩宁夏，乞赴市。理藩院仍追议前罪。谕曰："和啰哩等以败窜〔来〕至边境，所部罔知法纪，迫于饥困，盗窃牲畜等物，今既陈其苦情，谆谆奏请，著宽免前罪，嗣后钤束属众，勿得妄行滋事。其宁夏地，向无厄鲁特、喀尔喀市易例，所请不允。"温春台吉复遣使至，寻卒，子丹济拉依噶尔丹。

二十二年，噶尔丹奏，和啰理等往归达赖喇嘛，已遣使召之，请限以丑年四月〔为限〕，是年盖岁〔癸〕亥也。和啰理徙牧河岸，逼鄂〔尔〕多斯，贝勒松喇布以闻，谕退归。

二十三年，罕都偕额尔德尼和硕齐遣使贡，请宥掠乌喇特罪，〔而和啰理戚属尝掠茂明安诸部牧产，前以服罪故宥之。至是〕谕曰："和啰理既免罪，〔额尔德尼和硕齐著一体赦宥，〕所贡〔准上纳。〕"先是，鄂齐尔图孙罗卜藏衮布阿喇布坦避噶尔丹，走唐古特，以达赖喇嘛言表请赐居龙头山，辖西套遗众，命兵部督捕理事官拉都琥往勘，奏言龙头山蒙古谓之阿拉克鄂拉，乃甘州城北东大山，山脉绵延边境，山口即边关，建夏口城，距潢川堡五里，山尽为宁远堡，距龙头山里许，有昌宁湖界之。内地兵民耕牧久，似不宜令新附蒙古居，上可其奏。罗卜藏〔衮布〕阿喇布坦寻徙牧布隆吉尔，土谢图汗察珲多尔济以女妻之事闻，谕廷臣曰："前鄂齐尔图汗为噶尔丹所戕，其孙罗卜藏衮布阿喇布坦往求达赖喇嘛，指授所属之地，达赖喇嘛令驻牧阿拉克鄂拉，因以为请。鄂齐尔图从子和啰理，前沿边驻牧，曾檄噶尔丹收取之，今〔罗卜藏衮布阿喇布坦〕与喀尔喀互相犄角，噶尔丹欲以兵向和啰理等，〔则〕恐喀尔喀蹑之，〔欲以兵〕向喀尔喀〔则〕恐和啰理等袭〔之，此必非〕噶尔丹〔所〕能收取矣。丹济拉偕弟达尔扎扎木扬附噶尔丹表入贡。噶尔丹性残虐，诸台吉宰桑惟善丹济拉，与阿喇布坦、丹津鄂木布、格类固英信丹济拉尤笃，有事必与谋。

二十四年，和啰理请赐敕印，以钤部众，廷臣以游牧未定，议不允。谕曰："和啰理等〔以避〕乱〔故〕，离其旧牧，〔来〕至边〔境〕，劫掠茂明安、乌喇特诸部。本宜即〔行〕殄灭，朕俯念鄂齐尔图汗世奉职贡，恪恭奔走，兼之彼亦迫于饥困，是以宥其罪戾。又罗卜藏衮布阿拉喇布坦，系鄂齐尔图〔汗〕孙，为和啰理〔从〕子，应令聚合一处，其遣官往〔谕〕朕旨，度可居地，归并安置，封授名号，给赐金印玺书，以示朕兴灭继绝至意。"理藩院尚书阿喇尼遵旨往谕，和啰理奏，皇上令臣等聚牧〔乃〕殊恩，达赖喇嘛亦谓罗卜藏衮布阿喇布坦居布隆吉尔，地隘草恶，不若与臣同处，臣等欲环居阿拉克山阴，遏寇盗，靖边疆，令部众从此地而北，当喀尔喀台吉毕玛里吉哩谛牧地，由噶尔拜瀚海、额济内河、姑喇奈河、雅布赖山、巴颜努鲁、喀尔占布尔特、洪果尔鄂隆以内，东〔倚〕喀尔喀丹津喇嘛牧，西极高河居之。奏至，遣使谕达赖喇嘛曰：'噶尔丹灭鄂齐尔图汗时，和啰理及罗卜藏衮布阿喇布坦等纷纭离散，来至边境，又以生计窘迫，妄行劫掠，朕宥其罪，不即发兵剿灭，和啰理等亦戴朕恩，屡请敕印，依朕为命，朕前谕噶尔丹收取，彼约以丑年四月为期，今逾期已数月矣，伊等骨肉分离，散处失所，朕心殊为恻然，鄂齐尔图汗于尔喇嘛为护法久矣，何忍漠视其子孙宗族至于穷困，今朕欲将伊等归并安置，尔喇嘛其遣使与朕使偕往定议。"

冬，和啰理率属七百余来朝，诏以二百人入关，余留归化城，给羊及〔宣府贮〕米赡之。是年，定四卫拉特贡使例，噶尔丹使入关额二百人，余屯张家口及归化城。其绰哩斯自贡之。噶尔玛岱青和硕齐、杜尔伯特台吉阿勒达尔泰什及和硕特、土尔扈特长如之。噶尔玛岱青和硕齐者，〔墨〕尔根岱青子也，名丹津，于噶尔丹为从兄弟。〔青海巴图尔额尔德尼岱青瑚噜木什来朝，会上大阅于王家岭，奏请扈驾往观，允之。归牧，谍噶尔丹侵喀尔喀，以所部兵屯边，谋助大军讨逆，噶尔丹败遁，乃率兵还〕。

二十五年，春正月和啰理至京，赏宴视大台吉例，以御服貂裘赐之。谕曰："尔祖顾实汗于太宗文皇帝时，偕达赖喇嘛输诚通款，尔叔父鄂齐尔图当世祖章皇帝时，每年遣使请安，所贡土产白鹰，朕犹及见之。夫贡物何足珍赏，特鉴其诚敬耳。尔厄鲁特内乱，噶尔丹攻灭鄂齐尔图汗，遣使献俘，朕念鄂齐尔图汗前此勉修诚悃，倏尔败亡，不胜轸恤，何忍受之，因谕却所献。顷尔为噶尔丹击败，奔至边境，劫掠沿边居民牧产，朕何难遣兵剿除，明正尔罪，念尔昔时颇竭诚悃，复引罪自首，以迫于饥困，属众妄行等情陈奏，朕即宥尔罪。今若徙尔于边境内外，不拘安何地，尔焉敢不凛遵，特念尔祖顾实汗，尔叔父鄂齐尔图汗，素致恭谨，故俾尔绝者复继，散者复聚，欲使鄂齐尔图汗孙罗卜藏衮布阿喇布坦与尔聚处，尚其共相辑睦，善自安业。尔等聚处与否，在朕本无损益，惟是朕为天下主，凡在函盖，咸欲使之共乐升平。朕兹谕旨，自尔身及尔子孙，当世世念之勿替。"寻遣归，赐牧阿拉善地。会达赖喇嘛遣使至，命拉都琥往会勘。谕曰："尔等召集和啰理，罗卜藏衮布阿喇布坦等，相视可以游牧地，指给定所，其额尔德尼和硕齐等，如欲与同牧，小许之，前和啰理已自誓不复令属众为非，其罗卜藏衮布阿喇布坦亦须严禁所属，和睦安居，尔等可与和啰理等，定沿边为盗作乱之罪，朕所以不惮谆切训谕者，亦以其先世恭顺有年，不欲令子孙失所也。尚伊等复流亡他徙，殊负朕归并眷恤之意矣。"拉都琥偕达赖喇嘛使，约和啰理等至东大山北语之曰："尔所请噶尔拜瀚海地，听尔游牧外，自宁夏所属玉泉营西，罗萨〔克〕喇山嘴后，至贺兰山阴一带，布尔哈苏台口，又自宁夏所属倭波岭塞口北，努浑努鲁山后，甘州所属镇番塞口北，沿陶兰泰萨喇椿济、雷珲希理等地，西向至额济内河，俱以距边六十里为界，画地识之。"定议蒙古杀边民论死，盗牲畜夺食物者鞭之，私入边游牧者，台吉、宰桑各罚牲畜有差，所属犯科一次，罚济农牲畜以五九。时罕都及额尔德尼和硕齐请与和啰理同牧，罗卜藏衮布阿喇布坦侦其女兄阿努携兵千赴藏，道嘉峪关外，惧袭己，备之，以故未即徙，拉都琥奏至。诏以所定地域及罚例，檄甘肃守臣知之。盖自是和啰理属始定牧阿拉善。

二十七年，噶尔丹侵喀尔喀，和啰理欲往援察珲多尔济，乞师于朝。时谕噶尔丹罢兵使己就道，诏不允和啰理请，而罗卜藏衮布阿喇布坦自率兵援喀尔喀，遇我使于道，宣谕之，亦撤归布隆吉尔。先是，噶尔丹牧，东邻喀尔喀，久涎富庶，谋往掠，又怨喀尔喀土谢图汗察珲多尔济〔尝〕助鄂齐尔图，且以女妻鄂齐尔图孙罗卜藏衮布阿喇布坦，欲攻之，会察珲多尔济匿扎萨克图汗成滚逃众，于成衮构衅，成衮卒，子沙喇嗣，衅如故。达赖喇嘛遣使噶尔旦西勒图，召察珲多尔济与沙喇盟于库伦伯勒齐尔，察珲多尔济弟哲卜尊丹巴呼图克图与噶尔旦西勒图抗礼，噶尔丹因以责哲卜尊丹巴〔呼〕图克图不敬达赖喇嘛为名，诱沙喇往会于图尔班赫格尔，察珲多尔济邀杀沙喇，又追杀噶尔丹之弟多尔济扎卜，进屯喀喇额尔奇克、察罕额尔奇克地，与噶尔丹相距，噶尔丹乃引兵三万由〔杭〕爱山入掠，察珲多尔济御之于特穆尔，不克，走翁吉。噶尔丹侦哲卜尊丹巴呼图克图居额尔德尼昭，遣其属罕都阿拉布坦往攻，而自领兵东趋克鲁伦河，略车臣汗牧。寻还掠图拉。察珲多尔济悉众由尼列图至鄂罗会诺尔鏖战三日，众溃，喀尔喀全部皆溃窜，先后款关内附，噶尔丹上书诉其弃好兴兵，妄杀无辜，请勿纳，上复遣使谕噶尔丹，将行命之曰："噶尔丹若问和啰理事，尔等宜述丑年之〔约〕，并言达赖喇嘛向虽遣使定议，会和啰理与罗卜藏衮布阿喇布坦归并安置，迄今尚未同居，和啰理虽驻牧边地，亦未编设旗队。前喀尔喀与厄鲁特交恶，和啰理曾请兵讨尔，朕仍谕遣之曰：'朕欲使尔等安处游牧而已，岂肯给尔兵耶。'其以是告之，令罢兵。"使如旨谕之，噶尔丹不从，诏土默特都统阿喇纳偕副都统阿迪等，选兵侦御噶尔丹。

二十八年，罗卜藏衮布阿喇布坦卒，赐赙祭。初鄂齐尔图子三，长额尔德尼，子噶尔亶多尔济，次噶尔第巴，子即罗卜藏衮布阿拉布坦，次伊拉古克三班第达呼图克图，罗卜藏衮布阿喇布坦无嗣，其妻及宰桑等请召噶尔亶多尔济辖部众，允之。时噶尔亶多尔济游牧准噶尔界。谕曰："罗卜藏衮布阿喇布坦率众内附，所〔遗〕部众恐致流亡，噶尔亶多尔济尚幼，召之恐未即至，著和啰理前往布隆吉尔，暂为约束人民，俟噶尔亶多尔济至，仍归本地，务期共相扶掖，勿侵据所部众。"噶尔亶多尔济以所部饥告，不即徙，诏授诺颜号，遣侍读学士达琥恤所部贫民，其母珠木苏寻携噶尔亶多尔济至，诏辖罗卜藏衮布阿拉布坦众，附〔阿〕拉善牧。有拜达者，罕都属也，偕额尔德尼和硕齐诱其主弃和啰理，私以厄鲁特兵千，掠边番，守汛者责之，为所戕，且抗官军，甘肃提督孙思克以兵屯边将剿之，罕都惧，乃降，诏宥其罪，仍驻牧阿拉善，其叔父罗卜藏额琳沁寻自准噶尔至，奏为噶尔丹所禁十余年，以准噶尔与喀尔喀战，乘间脱走，挈孥属千〔人至〕，乞与兄子罕都同居，允之。有罗卜藏者，辉特族，姓伊克明安。初，为准噶尔台吉，避噶尔丹虐，从噶尔亶多尔济内附，诏附阿拉善牧。

二十九年，噶尔丹复由乌达罕岭侵喀尔喀，罕都、阿拉布坦自茂岱喀喇色古尔山阴，以兵会，罕都、阿拉布坦皆都尔格齐诺颜丹津孙也，与噶尔丹聚牧阿尔台之科布多，仍各领部众，父曰都噶尔，故阿拉布坦，〔以所部台吉多同名，故从其祖父称，别之曰丹津阿拉

829

布坦,又名〕都噶尔阿拉布坦。

六月,我尚书阿喇尼等,与噶尔丹战于乌尔会,失利。

七月,噶尔丹深入乌珠穆沁地,命裕亲王福全抚远大将军,皇子允禵副之,出古北口;恭亲王常宁为安北大将军,简亲王雅布、信郡王鄂扎副之,出喜峰口。寻停止恭亲王兵,命帅师往会裕亲王军。又命康亲王杰书率兵驻归化城。上亲巡兵至博洛河屯銮。济隆呼图克图、噶尔丹各使人至我参赞大臣索额图营,请以土谢图汗、哲卜尊丹巴,畀噶尔丹,我参赞大臣叱之。济隆呼图克图者,达赖喇嘛所遣谕准噶尔罢兵使也,不能谕止,反导之入边,又为之择战日,故噶尔丹益猖獗。时噶尔丹屯乌兰布通,距京师七百里,倚险结营,祭旗诵经,裕亲王等于八月朔,列兵徐进,自未时交战至掌灯时,大败之,斩杀甚多,以昏夜地险收兵,次日伊拉古克三呼图克图自噶尔丹所来,复请以土谢图汗、哲卜尊丹巴畀之,越两日,济隆又率弟子七十余人来营讲解。伊拉古克三呼图克图者,上前所遣往谕噶尔丹〔罢兵〕使也。寻噶尔丹自西拉穆楞河夜遁刚阿淖尔,我军欲追,而马力已疲,乃使人偕济隆呼图克图往谕,设誓定好,噶尔丹使持书至,告曰:"噶尔丹博硕克图汗跪于威灵佛前,誓曰:"'若违此书,惟佛鉴之。'"其书云:"今倘蒙皇上惠好,自此不敢犯喀尔喀。"裕亲王等入奏,廷议以噶尔丹乃极狡诈之人,屡遣使以立誓为辞,今又劫掠克什克腾之三佐领矣,宜命噶尔丹坚誓而释之。裕亲王等寻奏言,我使伊拉古克三赍噶尔丹奏章还,其词曰:"伏蒙鉴照下情,普使安全,正在欢忭,谨上书为永远不绝之书。"又使人曰:"噶尔丹顶佛像设誓曰:'圣上即佛天,乞宥我罪,凡有谕旨,谨遵行。'今住界上驻扎候旨。"寻又据济隆〔持〕噶尔丹誓书来,且述噶尔〔丹〕之言曰:"我蒙王及皇太子见怜,我正欢忭。"云云。廷议以噶尔丹不敢抗拒天威,设誓请罪,应准所誓,令出边候旨。

十月,噶尔丹遁出汛界,具疏谢罪,诏撤回裕亲王兵及防守遵化州绿营〔兵〕。

十一月,达赖喇嘛率唐古特,青海台吉及噶尔丹请上尊号,诏不允。初,僧格之死,有子三,长曰策〔妄〕阿喇布坦,次曰索诺木阿喇布坦,次曰丹津鄂木布,及噶尔丹为厄鲁特长,不善抚之,反虐杀索诺木阿喇布坦,且夺策妄阿喇布坦议聘之妻阿海。阿海者,阿努女弟也,策妄阿喇布坦由是怨噶尔丹,与僧格旧臣七人率部众远徙额琳哈毕尔噶,又徙博哩搭拉。至是侦噶尔丹侵喀尔喀,潜兵至科布多,掠噶尔丹妻阿努及牲畜去。〔是年,上遣使赴策妄阿喇布坦所,归经嘉峪关,为青海台吉阿奇罗卜藏所掠,甘肃提督孙思克诱执其宰桑,惧返我使,遣兵击之,斩馘四百余,获驼牛羊千计。阿奇罗卜藏遁,思克檄青海台吉等归所掠。萨楚墨尔根台吉遣宰桑诂阿奇罗卜藏罪,察获畜械尽以献,复代谢罪,上以萨楚墨尔根台古等恭顺,诏宥之。〕

三十年正月,上以噶尔丹虽认罪立誓、上书请降,而人极狡诈,宜发兵预备,授都统瓦岱定北将军往张家口,都统郎谈安北将军,往大同。闻噶尔丹劫掠墨尔根济农,巴图尔额尔克济农向青海而去,命陕西西安将军总督等率兵于宁夏备之。

二月,策妄阿喇布坦遣使奏与噶尔丹交恶始末,厚赐遣之。赐噶尔丹敕略曰:"喀尔喀逃来人言,汝厄鲁特牲畜已尽,无以为食,人被疾疫,死亡相继,其移近边汛,当加恩厚赐,如决计入降,宜从优抚养。"

四月,上亲巡边外蒙古〔编〕立喀尔喀七旗与四十九旗等。先是,噶尔丹侵喀尔喀,逼阿拉善境,谕和啰理内徙,会其部众〔掠喀〕尔喀丹津额尔德尼牧畜,有拒者辄格杀之,事闻。上以和啰理仍留阿拉善牧将不靖,诏徙归化城,将置诸察哈尔。复谕宁夏兵防护之。〔将军尼雅汉等闻,命旬余始赴〕。和啰理以驻牧阿拉善久不愿内徙,闻大军将至,惧讨,串众窜,诡称驻西喇布里图待命。尼雅汉遣谕曰："大兵来，非讨汝，以徙汝归化城，虞中道为喀尔喀扰故耳，汝〔若此〕，岂不悖哉。"和啰理不从，与噶尔亶多尔济、罗卜藏额琳沁、罕都等分道窜，尼雅汉追至库克不里图，不及，以所部牧畜归，招降噶尔亶多尔济属纳木喀班尔等五十余户，和啰理女弟之夫克奇及从者二十一人，以闻，诏安置归化城，以所得牧畜给丹津额尔德尼。复谕曰："朕思黄河水冻时，恐和啰理等以流兵掠我西界喀尔喀，其令鄂尔多斯、乌喇特、喀尔喀各整兵备之。"时和啰理弟博第，游牧中卫边外，距〔阿〕拉善三百余里，闻其兄叛遁，欲往会，侦副将陈祚昌等屯昌宁湖，遣子索诺木至军，诡称假道诣南山，否则请牧马昌宁湖，祚昌知为缓军计，令挈属至归化城，不从，击之，斩五百余级，博第仅以身免，走伊巴赖，遇和啰理属台吉齐奇克，假粮马窜额济内河。和啰理，寻悔罪，挈属二千余栖牧额济内河之明安雅玛图。上闻之，谕曰："前和啰理来归，朕给地安置，不思图报，反劫内附喀尔喀，因令徙属察哈尔，复违命远窜。朕〔以〕向加养育，并无执杀之意，彼欲游牧何地，惟其所择，但不得扰害边塞耳。"孙思克奏噶尔丹巢距边近，策妄阿拉布坦虽与交恶，恐复合侵青海，道必经嘉峪关外，肃州〔密〕迩青海，请设兵三千为备，报可。

三十一年，将军玛拉遣侍卫阿甫达往招和啰理，和啰理乞降，且请遣子来朝。谕曰："和啰理虽悔罪，或因时序不宜，马匹羸瘠，不得已乞降，遣子往返之际，马匹休息，又复为逋逃计，其共〔商徙入内地〕策。"玛拉奏和啰理感仁恩不忍悖弃，前遣使陈情，以道阻未达，故招檄甫至，不自疑，臣亲率和啰理及色目五十余人至宁夏，其属众馁甚，请量给糇粮，令鄂尔多斯蒙古送至归化城，诏允之，谕入觐。和啰理偕次子玉楚木驰至，泣服罪，仍赐牧阿拉善。罗卜藏额琳沁、罕都、齐奇克等，从和啰理降。寻复叛走，提督孙思克以兵追至库勒图，斩〔四〕十余级，齐奇克就擒，诏宥死，附和啰理牧。罗卜藏额琳沁、罕都逸，遇自青海来归之喀尔喀台吉阿海岱青班第，掠其赀，复窜哈密。策妄阿喇布坦使既归。上遣员外郎马迪赍敕谕绝噶尔丹，道哈密，罗卜藏额琳沁、罕都等，偕噶尔丹属图克什霍什哈、哈尔海达颜额尔克以兵劫之，由大草滩毁边垣遁，为青梅台吉额尔德尼纳木扎勒所击，走死。以和啰理降，诏撤鄂尔多斯诸部备兵。唐古特第巴伪达赖喇嘛奏，请以和啰理徙牧青海，敕责之。

三十二年，昭武将军郎坦奏，青海诸台吉私与噶尔丹通问，请屯兵哈密，绝往来踪，上以自乌兰布通之捷，边警稍熄，且青海诸台吉素恭顺，诏寝议。〔噶尔丹寻屯牧巴颜乌兰，逼内汛，诏西宁设戍兵。唐古特部第巴阴比噶尔丹，诡为达赖喇嘛奏，称青海诸台吉无异志，请撤戍。谕曰："此为征剿噶尔丹计，非防青海堵台吉也。"会议剿噶尔丹，诏檄青海众勿惊惧〕。〔先是，喀尔喀为噶尔丹所败，有阿海岱青班第者，弃青海依多尔济久之，只身归，戚属百余仍留青海，萨楚墨尔根台青育之。至是遣官往取，悉遵谕送归〕。

三十三年，和啰理上书自理，称前鄂齐尔图汗岁奉职贡，噶尔丹兵起，臣不获已，挈众内徙，自赐牧阿拉善后所部富安。臣前入觐，蒙恩以鄂齐尔图汗进贡往来诸密旨，遣官传谕，至今铭心不忘，后使臣徙内地，臣畏大兵威，且属众已溃，故未即至，然臣虽奔遁，不敢负圣恩留处边外，望纶音如重生，臣以族属困馁，不获内徙，请赐牧旧地，蒙恩允许。又察令臣戚属完聚，愿集游牧之众，捐躯效力，向以无知失信，每念及辄懊欲死，乞赐鉴恤，上慰谕之。和啰理弟博第率属百余降，乞仍与兄同牧，许之。命和啰理辑所属溃散者。未几，齐奇克复叛遁，和啰理追所部莽奈霍什哈等，以兵追诸耨尔格山，谕之降，不从，击斩之。杜尔伯特台吉巴拜来归，巴拜者，陀音子也，附牧噶尔丹，戚属多为所取，畏不敢争，嗣从噶尔丹侵喀尔喀，至乌兰布通，欲弃之降，为伊拉古克三呼图克图所阴阻，至是偕从子齐克宗至，上以其习边外，不便驻内地，诏隶喀喇沁牧。

二

三十四年二月，噶尔丹遣使入贡，疏言使臣马迪被害，不获详知，难于复奏。所云约地会盟之事，俟后奏闻，请将喀尔喀七旗发回故土，哲卜尊丹巴及土谢图汗二人，亦仍照前奏，上赐敕切责之，且云："嗣后若仍怙非不悛，蔑视前谕，永勿上疏遣使〔贸易〕。"

七月，噶尔丹复遣使上疏，〔奏如前〕，敕责之。

三十五年三月丙辰，上亲征噶尔丹，六军启行。先是，噶尔丹自乌兰布通败〔遁〕后，仍侵略我臣服之喀尔喀，潜入巴颜乌兰地，上密谕科尔沁土谢图亲王沙津遣人诱之，噶尔丹果沿克鲁伦河而下，掠喀尔喀纳木扎尔陀音，遂踞巴颜乌兰，因命安北将军伯费扬古为抚远大将军，从归化城进发，扬威将军舒恕、安西将军博霁、振武将军孙思克等，由镇彝取昆都伦一路，俱于二月二十日前后起程。此皆西路。上自统中路大兵出独石口，将军萨布素统盛京、宁古塔、黑龙江、科尔沁兵，沿克鲁伦河进。此东路。命安郡王玛尔珲统土默特兵防归化城。

夏四月，上驻跸什巴尔台。遣谕噶尔丹曰："汝当亲至与朕定议，否则以阿喇布坦等为使。"时噶尔丹屯兵克鲁伦之克勒和硕，闻驾至惧，夜遣人赴巴颜乌兰，召阿喇布坦与〔谋〕。

五月丙辰朔，上驻跸拖陵布喇克，遣使以兵二百偕所获厄鲁特四人，赍敕书赐物谕降，至克鲁伦河，丹济拉率千余骑突至，欲夺前锋马，我使叱曰："尔等勿得无礼，上事师亲至矣。"西路大将军费扬古亦自鄂尔坤、图拉〔且〕来，丹济拉骇失声，驰语噶尔丹、阿喇布坦亦曰："天朝兵威，谁不之知，是不可与战。"噶尔丹益惧。壬戌，上躬率兵前行，诸军以次进发，抵克鲁论河，噶尔丹尽弃庐帐器械窜。甲子，上亲率前锋兵穷追，噶尔丹仓皇遁走。丁卯，命领侍卫内大臣马思哈为平北大将军，率师追剿。上班师驻跸克勒和硕。噶尔丹窜至特勒尔〔济口〕，费扬古自西路迎击，及之于昭莫多，噶尔丹率贼万计逆战，自未至酉，大败之，杀噶尔丹妻阿努及贼渠甚众。噶尔丹引数骑逃去。癸酉，捷音至行在。

六月癸巳，上还宫。明日，行庆贺礼。丹济拉、阿喇布坦、丹津鄂木布等与〔噶尔丹〕相失，〔阿喇布坦集残众赴博啰河〕，〔侦噶尔丹〕匿塔密尔之台库勒，间道往会。寻丹津鄂木布等，与噶尔丹争牧有隙，弃之，丹济拉独从噶尔丹至库伦伯勒济尔，复以兵千五百掠游牧瀚海之喀尔喀。有津巴者，丹济拉属，为喀尔喀阿尔萨兰卫宰桑擒献，上命遣归。招噶尔丹降，至阿济尔布纳，遇丹济拉语之，且曰："上遣兵分备边汛矣。"丹济拉遁，诡遣察哈岱乞降，闻我储粮翁吉，谋往夺，会副都统祖良璧撤兵归行未数里，丹济拉伺前军过，骤劫辎重，祖良璧自后驰至，前军旋击，败走。先是，丹济拉以夺粮为非计，从者曰："与其馁而死，不如盗而生。"丹济拉强应之。约曰："勿杀人，但掠食耳。"至是为护粮军所败，失乘骑，丹济拉抚膺叹曰："欲向清水求鱼，水已浊，鱼终不可得，奈何？"遂率众窜就噶尔丹。噶尔丹懊语曰："我恃汝为命，汝今若此，将何以存，不得已，将往哈密，以马易粟而食。"既而侦我军设哨嘉峪关外，弗敢往，走格格特、哈朗古特、萨克萨特呼里克、伯格尔察罕额尔克等处。丹济拉说噶尔丹遣格类固英来乞降。时准噶尔诸台吉皆叛弃噶尔丹，惟丹济拉尚从之。丹津鄂木布之弃噶尔丹也，约阿喇布坦偕行，阿拉布坦亦弃噶尔丹去，由古齐根特转徙扎布堪之济思布隆、珠尔库珠等处，与噶尔丹相避行，噶尔丹复自伯格尔察罕额尔克遣窜宰桑车凌布木召之，阿剌布坦不往，徙牧布颜图〔果〕尔。初，其属有内附者曰罗卜藏班珠尔，请往说阿喇布坦降，允之。复以阿喇布坦妻曰扎尔为喀尔喀右翼扎萨克图汗成衮女，喀尔喀亲王策旺扎布、郡王衮布、固噜什喜皆其姻戚，诏遣属往招之降。时阿喇布坦及丹津鄂木布谋就策妄阿喇布坦，以前憾不果往。敕曰："朕统大军败噶尔丹兵，丹巴哈什哈、沙克珠木等接踵归诚，俱已授爵秩，给衣食。今朕复亲统六师调各路兵协剿，噶尔丹倘不来降，必穷之于其所往，尔阿喇布坦及丹津鄂木布前虽附噶尔丹，然非倡乱之人，今来降者，皆云尔等与噶尔丹分析各居，朕嘉尔犹知天道，能自振拔，悯尔牲畜被俘，衣食已绝，特遣使往谕。其扎萨克图汗之子策旺扎布先经离散，朕已收归，封亲王爵，觅伊妻母，令与完聚，频加抚恤，顷又择地赐牧，使安生业，尔其知之，敕至，尔即率众来归，前附噶尔丹罪，朕不之究，必待尔以富贵显荣，尔之部众，亦令妻孥完聚，各得生业，尔若尚有疑惧，前策妄阿喇布坦使至时，请朕弗讨尔罪，令往与会，朕〔以〕策妄阿喇布坦遣使纳贡，敬慎有加，深加怜惜，尔若往附策妄阿喇布坦，朕不究诘，倘不择斯二者，徼倖于额克阿喇〔勒〕、洪郭尔齐斯希等峻险之处，栖身苟免，朕必往讨，尔其早作良图。"上不忍尽剿厄鲁特众，既遣使往招〔阿〕喇布坦及丹津鄂木布，复以丹济拉独为噶尔丹所信，赐噶尔丹敕，以丹济拉名次之，再使谕降。至是复遣格类固英从我使往。敕曰："尔噶尔丹及丹济拉如果引罪来降，朕无异视，务令得所，尔属人等亦得〔各安〕生业，朕断不念旧恶，试自计之，有能收养尔等之人否，今已无所归矣。其速率属来降，若仍误听匪言，后悔难追，毋疑毋惧。"〔博硕克图济农初以噶尔丹女布木为子根特尔妇，屡使通问及〕大军征噶尔丹时，获〔其〕通噶尔丹使罗垒额木齐及善巴于军，诏羁罗〔垒〕额木齐于宏仁〔寺〕，以善巴从我使，赍敕谕，博硕克图济农及萨楚墨尔根台吉曰："尔青海厄鲁特尊崇达赖喇嘛法教，敬事本朝，聘问贡献，恭顺有年，朕亦频加恩赉，乃噶尔丹违达赖喇嘛法教，不遵朕旨，朕统军至图拉，剿而灭之，博硕克图济农等遣往噶尔丹使，为朕所擒，惧言达赖喇嘛脱辐已久，

836

第巴匿之，且噶尔丹诡言青海诸台吉谋与彼同犯中国。今噶尔丹亡命西走，青海诸台吉如欲仍前修睦，其各防边界，遇噶尔丹即行擒解，若知而故纵，此后永仇绝之。"我使至察罕托罗海宣谕敕旨。善巴陵堪布遂召青海诸台吉集盟坛〔言噶尔丹杀鄂齐尔图汗与仇，但素奉达赖喇嘛言，应遣议。时达赖喇嘛示寂久，唐古特达赖汗寻约和硕特八台吉遣使庆捷。〕善巴陵堪布，盖唐古特达赖喇嘛遣理青海蒙古务者。〔达赖汗即鄂齐尔图汗子，世长唐古特，鄂齐尔汗弟滚察珲无嗣，外余八人皆居青海，故其裔称和硕特八台吉。〕噶尔丹既败窜，副都统阿南达奉命设哨，以和啰理属分屯额布格特、阿木格特、昆都伦额济内及布隆吉尔之博罗椿济、敖齐、喀喇莽奈诸地。和啰理复督兵千余，赴阿尔台之土鲁图防缉。时噶尔亶多尔济窜徙嘉峪关外，有哨卒拜格者，其属也，阿南达召至，遣归说噶尔亶多尔济曰："上待汝恩甚厚，将抚育之，顾叛逃可乎，和啰理弃牧时，汝不能戢属，故从往。上灼知汝情，念汝祖鄂齐尔图汗，将玉成汝，汝其思之。"噶尔亶多尔济还报曰："上念臣祖臣兄，令臣与和啰理接壤居，臣懵无知，从和啰理叛遁，今悔罪欲死，臣幼，臣母一妇人未能达，乞以情代奏。"阿南达欲坚其内附志，遣归，约如期会肃州。谕设哨援哈密，复檄哈密伯克额贝都拉曰："噶尔丹至汝地，〔汝〕即召噶尔亶多尔济往援，勿复疑。"噶尔亶多尔济旋遣宰桑阿约等，赍降表至肃州，会上视师宁夏，阿南达驰疏至，诏优恤所部众。唐古特部第巴比噶尔丹煽青海萨楚墨尔根台吉，以兵万余屯杂谷、桑汤、对河诸番地，为观望〔计〕，谍噶尔丹败遁，乃归。土尔扈特汗阿玉奇之女为策妄阿喇布坦妻，其第三子散扎布率属从往，阿玉奇闻噶尔丹败走，遣宰桑多尔济扎布以所部兵千，防诸阿尔台之土鲁图。策妄阿喇布坦复遣散扎布携兵二万往会，第巴阴阻之〔遂〕还。杜尔伯特台吉绰克回避噶尔丹乱，奔依青海衮布。边吏往诘以情告，诏弗究。阿南达擒青海之使自噶尔丹所归者于素尔河，曰阿勒达尔宰桑，以闻。〔青海墨尔根台吉卒，子纳木扎勒，自号额尔德尼，奏请袭祖父号并求黄草滩地。谕曰："纳木扎勒著仍以土谢图岱青号赐之，至黄草滩既定为内地，所请不允。"

三十六年春，〔遣官招降青海，纳本扎勒从其叔祖达什巴图尔入觐，赐宴保和殿，召升陛饮，以御用冠服及银币赐之。〕我使至噶尔丹所，复宣谕使降，丹济拉私告格类固英曰："我说噶尔丹降，不从，反疑我，尔复说之，降则我为使住。"格类固英知噶尔丹无降志，从我使归，丹济拉密陈欲降状。寻以责噶尔丹仆反颜，徙牧齐察兰什尔哈戈壁等处，相避行，噶尔丹复自萨克萨特呼里克窜哈萨克图哈喇阿济尔罕，数召丹济拉不往，上闻之，诏察哈岱招降丹济拉。敕曰："朕为天下元后，善善恶恶，乃至理也。前遣格类固英等，赐敕内开载尔名，复使格类固英传谕尔降，今格类固英等至，尔之辞意，皆已备陈，尔能致噶尔丹降，必当封尔为多罗贝勒，畀以殊荣，如不能致，尔但束〔身〕〔来归〕，亦不失尔富贵，况尔属人乞降者，朕皆宥罪，显荣优养，尔应悉闻，往咎概不介意，尔曾密奏，若宥臣罪，臣即归诚，故特专赐尔敕，尽宥尔罪，朕为大君，岂改成命。"会噶尔丹召丹济拉，以私恩不忍绝，复往会于阿察阿木〔塔〕台。策旺扎布属举敕至阿喇布坦所授之，阿喇布坦及其妻愿遵旨内徙，以噶尔丹介居，请徙近策妄阿喇布坦牧。时丹津〔鄂〕木布居吹地，阿喇布坦遣告之，各使赍奏至，然不即降，复敕其使谕之。会噶尔丹自哈萨克图哈喇阿济尔罕遣使土克齐色棱达什，召阿喇布坦，不赴，且夺召者骑，自布颜图果尔徙阿尔台之喀喇伊齐思、呼里木图等处。噶尔丹欲逾阿尔台至额克阿喇勒捕鱼食，虑阿喇布坦袭之，不果。丹津鄂木布寻奔附策妄阿喇布坦所，阿喇布坦仍分牧游行。哈密俘噶尔丹子色布腾巴尔珠〔尔〕及其属以献。噶尔亶多尔济诣阿南达告曰："噶尔丹不共戴天仇也，愿效力从戎答殊恩，且复私仇，待军事葳。"乃入觐，阿南达以闻，允之。噶尔丹遣使说噶尔亶多尔济曰："尔姊阿努存日，言必以我女钟济海妻尔，今阿努殁，尔娶我女与否，其自为计。"策妄阿喇布坦贻之书曰："我等向为姻戚，噶尔丹行不义，致弃前好，今遣使招尔，特为诳尔计，尔勿妄从。"未几，唐古特部第巴煽青海诸台吉盟于察罕托罗海，缮军械，助噶尔丹，檄噶尔〔亶〕多尔济以兵往，辞不赴，遣使俄济，通问策妄阿喇布坦，自携兵百，会阿南达于布隆吉尔。上以青海未附故，复遣罗垒额木齐、阿勒达尔宰桑等，从我使往招博硕克图济农及诸台吉来归，会河州副将李凤翔遣使博硕克图济农所，以其私谓之曰："尔为噶尔丹姻，盍说之降。"〔罗垒额木齐等归牧〕，博硕克图济农喜，谓其子根特尔曰："我使被擒，谓戮之矣，不意蒙恩释归，真仁圣主也。"使者言诚是。乃遣阿勒达尔宰桑等至将军孙思克所，称愿往说噶尔丹降，孙思克驰奏，谕曰："此虽博硕克图济农欲图报效，但噶尔丹降与不降，岂系此遣使往说为也，况朕已发大兵，分路进剿，博硕克图济农使者，著遣归。"博硕克图济农者，顾实〔汗〕第五子伊勒都齐子也。青海衮布遣宰桑祃木特至。先是，遣使谕策妄阿喇布坦绝噶尔丹，道经嘉峪关外，衮布助粮糗驼马，且为导，令得达。至是奏游牧边外允，不敢萌异志，数年来青海诸台吉私盟皆未敢与，请赐内附，时额驸阿喇布坦、都统都思噶尔、巴林台吉德木楚克、西宁喇嘛商南多尔济等，遵旨招降青海。复以哈密达尔仅伯克额贝都拉内附，诏敕青海厄鲁特勿扰哈密境，行有期，诏携衮布使往，复赐谕奖之。衮布者，顾实汗第三子达兰泰子也。〔时多尔济前卒，策旺阿喇布坦代已久。和硕特八台吉集盟坛，我使谕之曰："达赖岱青当以身入朝，否则遣子弟代。"盖以多尔济子故重之。策旺喇布坦寻入觐，优赍遣归。〕阿喇布坦等至察罕托罗海，〔察罕诺扣汗迎告曰："皇上令青海众得享安乐，永受恩泽，何幸如之。"〕遣祃木特驰语衮布，会衮布以建达赖喇嘛塔故，遣长子额尔德尼额尔克托克托鼐赴察罕托罗海，中道闻达赖汗子拉藏将以兵袭己，惧归。衮布复遣次子朋素克往，拉藏让之曰："尔父私遣使内附，非欲贰青海〔乎〕，将兴兵与尔父构难。"朋素克驰归语故，衮布备兵待，复遣祒木特迎告我使曰："若不先临我地，诸台吉疑自息。"阿喇布坦等恐诸台吉不利之，从祒木特言。拉藏寻遣使〔语〕衮布曰："尔独希宠天朝，非所宜，我将偕青海诸台吉内附。"因撤兵。时顾实汗子惟达什巴图尔存，阿喇布坦等宣谕之，达什巴图尔议遣博硕克图济农及额尔德尼台古代入觐。额尔德尼者，名纳木扎勒，墨尔根台吉子也。阿喇布坦等语曰："皇上驾临宁夏，尔当率众往朝，毋自误。"达什巴图尔偕察罕诺扪汗、善巴陵堪布及唐古特达赖汗子拉藏等，檄诸台吉议，约四月启行，达尔寺垂藏呼图克图，温都逊寺达赖绰尔济喇嘛，及囊素通事等咸请从，私向使问狮象状，目相谓曰："我等往朝，殆必以所未见闻物相示。"

三月，上由归化城视师宁夏。

闰三月，阿喇布坦等自青海归，议台吉至，若露处未协朝典，应令秋后觐入京师，诏如议。命都思噶尔、商南多尔济留驻镇海堡俟之，扈跸诸臣，奏青海厄鲁特与准噶尔同部，闻噶尔丹败窜，咸惊惧，皇上定策，安集所部，身至如归，诚非常举，请行庆贺礼。谕曰："青海职贡有年，来朝亦常事耳，可勿贺。"诸臣固请，因奉表贺曰："青海向虽修贡，未隶臣属，今举部归诚，噶尔丹益无窜路，皇上安内攘外之心，自此允惬矣。"十三日，噶尔丹至阿察阿穆塔台，饮药自尽。丹济拉以噶尔丹骸及女钟济海至巴雅恩都尔，遣齐奇尔宰桑诣大将军伯费扬古告降。以前不速降故，惧讨，复驰窜布隆吉尔为待命计，侦副都统阿南达设备，奔巴里坤惫甚，集从者议所向，咸称留处便。先是，噶尔丹兄子策妄阿喇布坦，与噶尔丹修怨，徙博啰塔拉，达尔扎、扎木扬等皆从之，丹济拉以附噶尔丹故，与策妄阿喇布坦交恶。至是，谓从者曰："尔等徒自谋耳，若策妄阿喇布坦知而阻我，则难为计矣。"因游行博克达、额琳哈毕尔噶境，至济木萨遇策妄阿喇布坦之郭蛮喇嘛，将以兵拒，绐之曰："噶尔丹已殁，吾欲往投策妄阿喇布坦，其遣尔属偕我使往。"郭蛮喇嘛撤兵。丹济拉遣从者土克齐哈什哈偕郭蛮喇嘛使达尔汉宰桑往告策妄阿喇布坦，而自偕郭蛮喇嘛驻待德伯色克。上以丹济拉既乞降，复审徙，诏策妄阿喇布坦擒献，策妄阿拉布坦憾丹济拉，且虑讨不听命罪，遣族台吉大策凌敦多卜等兵击之，齐奇尔宰桑既乞降，费扬古遣入觐。复令准噶尔降人丹巴哈什哈往谕丹济拉曰："尔来归甚善，所需粮骑若何，当遣往，何不轻身先至，令属众自后徐行。"丹巴哈什哈至巴雅恩都尔，则丹济拉窜已久。察哈岱、齐奇尔宰桑后先抵军，费扬古令赍前敕往谕，不之遇，复给粮骑遣往，令必与丹济拉相见始归。抵郭蛮喇嘛所，授之敕，丹济拉乃决志降，挈装就道。大策凌敦多卜以兵至，掠噶尔丹骸及钟济海去，丹济拉驰赴哈密，子多尔济色布腾为大策凌敦多卜兵所掩，与相失，越九日乃至。达尔汉伯克额贝都拉迎诸境，遣子郭帕伯克获至内汛。时上驻跸可汗特穆尔岭，遣官往迎，丹济拉至，召入行幄，屏左右，垂询移时始命出，诏以丹济拉为内大臣，多尔济色布腾为一等侍卫，其从众置张家口外，视可用者给军粮。丹济拉出语人曰："我乃叛逆罪人，穷始来归，皇上略不致疑，屏侍臣，召入见，且蒙恩授显爵，圣主至勇至仁如此，令我诚心感戴，永不敢异志矣。"杜尔伯特部台吉车棱来归。车棱者，阿勒达尔泰什孙也。父乌尔衮，从噶尔丹侵喀尔喀，乌兰布通之〔役〕为大军所败，携属三百余，窜图拉河境，上闻之，谕遣护军统领玛喇曰："尔等驰赴图拉，遣人问故，伊等或欲内附，惧为喀尔喀阻，或力不能至而在彼，可收之至，如欲往阿尔台则听之，既不内附，又不前往，则当相机行事。"玛喇至，侦不获踪，噶尔丹再侵喀尔喀，乌尔衮复从至，和托辉特台吉根敦阵斩之。车棱从噶尔丹窜牧巴颜乌兰，根敦以告，诏使谕车棱降，不至，噶尔丹寻败遁，车棱将乞降，我师不知而击之，乃逸，其属绰克图巴图尔宰桑等，率众百余内附。时巴拜属从至，诏置张家口外，巴拜遣宰桑博克请赐所属，遣官察给之。巴拜寻来朝，请效力禁廷。谕曰："尔先众来降，朕自有加恩之处，其仍率所属驻喀喇沁牧。"车棱败，知噶尔丹不足恃，又羡巴拜内附蒙恩，遣使奏，杜尔伯特部自始通中国，至阿勒达尔泰什，往来朝请，已五世，前蒙恩遣巴扎尔传谕臣属功格额尔克，令臣归诚，许恩待，臣遵旨降，反为将军所击，臣惧复逃，乞赐恩纶。谕曰："车棱来归时，我绿旗、蒙古兵不知而击之，今〔复〕遣使奏请，理藩院其檄令速降，朕将优恤之。"会遣使招噶尔丹，诏以其使从，至则车棱他徙，其使赍檄往谕，车棱遣功格额尔克奉表降，自诣大将军费扬古所，告曰："乌兰布通战后，臣父乌尔衮降志诚，不获达，臣前为大军击，心甚惧，率残卒十余，奔达玛尔，遇噶尔丹偕赴萨克萨特呼哩克，未浃旬，弃走额克阿喇勒，臣知噶尔丹罪〔与〕〔之比〕徒就死，闻上抚厄鲁特降人咸得所，集臣属二百五十余户内徙，道逾汗阿林、翁吉，阅四月始至，乞以此情代奏。"费扬古驰疏闻，留其孥属于张家口外，遣车棱觐行营，诏授散秩大臣，巴拜如之。阿喇布坦遣使奏请入贡。谕曰："朕前闻尔与噶尔丹异处，遣使谕尔来降，或往依策妄阿喇布坦，听尔自为计，但不得据险窜伏，两无所归，尔遣使诺颜格隆藏布、额尔克鄂本布、阿旺达什等，奏称噶尔丹若至近地，必擒执之，以归圣主。朕又令尔使赍敕往谕，虽不能擒杀噶尔丹，但束身来归，亦必富贵优养，毋疑毋阻，今尔称蒙谕来降，即欲亲往入奏，偕策妄阿喇布坦同牧，因臣妻疾甚，是以不果往，不论所居何地，自当请安进贡，以此观之，尔无乞降诚意，尚为首鼠两端计，目今情事，尔所灼知，丹〔济拉〕、车棱等来降，朕悉加宠眷，策妄阿剌布坦擒伊拉古克三呼图克图授朕，使令治罪，尔欲他往，勿复望加尔厚恩显荣事。今怜尔无归，迫于生计，欲使得所，尔其熟筹之，毋贻悔。"阿喇布坦〔复不即〕降，窜齐尔纳木。初，策妄阿喇布坦既掠科布多，阿拉布坦兄罕都阴语阿喇布坦曰："我等当入告天朝，及达赖喇嘛，令噶尔丹与策妄阿喇布坦息争，否则善自为计，分处可也。"阿喇布坦以其谋告噶尔丹，罕都惧，奔策妄〔阿喇〕布坦所，罕都兄达都琥子达尔扎从之，策妄阿喇布坦夺其属，禁罕都及达尔扎，噶尔丹灭，始释之。罕都携户百余，乘间脱，将为内附计，至齐尔纳木，惧为阿喇布坦留，弃其属，挈孥大雪中间道赴巴里坤，三子皆走死，仅以妻女及从者七人行，哈密郭帕伯克擒诘得状，遣使导至。

四月，谕留粮骑及羊九千余于达希图海，俟青海众至给之。噶尔亶多尔济设哨布隆吉尔，为其属阿勒达尔、霍什哈、恭格等所煽叛，至西欣驿，劫驼马，奉母珠木苏由喀喇乌苏遁，阿南达遣兵四百追之，不及，招降其属茂海、乌讷思巴图尔、阿喇木扎木巴、阿喇木班及辉特台吉罗卜藏等，遣归阿拉善。〔罗卜藏后徙牧喀尔喀，即附扎萨克图汗部之厄鲁特扎萨克也。〕和啰理遣达尔汗噶布楚、车臣宰桑等赴青海，收诸戚属，抵镇海堡，私向我守臣乞粮骑，不之给，诉所属乏牲畜，恐困毙不获至游牧，诏给如所请。是年，和啰理以所部数叛，请视四十九旗例，编佐领，廷臣议徙乌喇特界。谕曰："若将和啰理移牧近地，则沿边别部蒙古甚多，岂可尽徙，且治蒙古贵得其道，不系地之远近，著停徙，仍游牧阿拉善地。"诏封和啰理为多罗贝勒，给扎萨克印，辖其众。复以噶尔亶多尔济窜赴准噶尔，敕策妄阿喇布坦曰："噶尔亶多尔济率属来降，安置耕种。今忽留其属人，弃禾私遁，其中必有不得已之情，务即察明具奏。朕于噶尔亶多尔济略无责备之意，且降旨收集其遗众，倘往汝地，汝可善为抚恤，如欲内徙，即行遣归。"时噶尔亶多尔济阳附策妄阿喇布坦，阴贰之，策妄阿喇布坦将侵哈萨克，噶尔亶多尔济诡以兵从，中道遁库车，为回众所杀，母珠木苏携属九百余奔青海部，青海诸台告以献。诏安置什巴尔台，隶察哈尔。鄂齐尔图裔自此绝。土尔扈特汗阿玉奇属诺颜和硕齐，色布腾蒙克等，从策妄阿喇布坦使入贡庆捷，优赉遣归。

十一月，达什巴图尔偕诸台吉入觐。谕曰："朕非威摄尔等前来，不过欲令天下生〔灵〕各得其所，朕何物不备，朕之尊不在尔等来否，所望尔等各遂安全，副朕好生至意耳。"诏所从诸宰桑咸列坐预燕。以御用冠服朝珠赐达什巴图尔及衮布子朋素克。赏诸台吉鞍马银币有差。复传谕曰："尔等自祖父来，岁修职贡，故特优锡，以宠尔归。"

〔十二月〕上大阅玉泉山，达什巴图尔等扈驾预观，战慄失色。奏天朝兵威若此，何敌不克。〔博硕克图济农以疾不至。是年土谢图汗察珲多尔济来朝，以土尔扈特台吉恭格、鄂钦车布登、三都布等为祖母弟阿玉奇汗族属，代请入贡，报可。寻赐牧图拉河东喀里雅尔山界，其地居额尔德尼昭东北。〕

三十七年正月，诏封达什巴图尔为和硕亲王，诸台吉朋素克达赖汗弟，纳木扎勒即额尔德尼台吉为〔多〕罗贝勒，额璘沁达什纳木扎勒弟，朋素克衮布子，为固山贝子，根特尔博硕克图〔济农〕子，为辅国公。是役也，衮布以建达赖喇嘛塔，博硕克图济农〔哈〕坦巴图尔以疾，色布腾扎勒、敦多布达什、索诺木达什、罗卜藏达尔扎幼，且避痘，并不获入觐。罗卜藏达尔扎母〔阿勒达尔〕表陈其情，上悯之，诏特封辅国公。先是，噶尔丹诡与青海姻，实谋往侵，惧大军讨，乃寝。第巴以〔策〕妄阿喇布坦不附噶尔丹阴间之，伪为达赖喇嘛疏，奏策妄阿喇布坦将侵青海及唐古特，上斥其妄，会噶尔丹使至，谕曰："青海诸台吉奉贡久，倘若属犯青海，朕必〔往〕讨之。"至是噶尔丹就灭，策妄阿喇布坦憾达什巴图尔等内附，诡请大军征青海，讨前助噶尔丹罪。谕曰："青海诸台吉闻朕出师宁夏，远徙游牧，嗣噶尔丹平定，亲来称庆，伊等并无过端，岂肯遽为加兵，朕统驭天下，惟愿宇内群生，咸获安堵，岂有使尔等构衅之理。"

二月，上幸五台山，诏达什巴图尔〔等〕从，将旋跸，召觐行幄，温谕遣归，给驼马。诏以巴拜、车棱属隶察哈尔正白旗，编佐领二。车棱属六品官班丹毕哩克及壮丁百余，以功格额尔克为骁骑校领之。巴拜属五品官戴和硕齐、纳木喀琳沁、额尔德尼、达木巴，六品官达尔扎巴图蒙古、色棱、泰墨尔根、伊什德克及壮丁百余，以达木巴领之。后巴拜卒,无嗣。车棱卒,子策旺达尔济嗣。诏丹济拉隶察哈尔正黄旗,曰三品官楚鲁克,曰六品官都喇图什贲,唐古特及壮丁百有十,仆役四十,皆丹济拉属之来归者也,以多尔济色布腾为佐领领之。〔罕都自哈密入觐〕,谕曰:"尔来归情殊可悯,所挈属众虽少,以尔父尝纳贡故〔著〕授台吉职。"先是,阿喇布坦属降者,诏安置察哈尔牧,曰四品官噶罗卜藏,曰二等侍卫玛穆,曰三等侍卫达克巴藏布及壮丁百七十余,设佐顿一,隶镶黄旗,以噶罗卜藏领之。至是诏罕都与同牧。寻授三品散秩大臣,子二,长索诺木,如罕都职,次阿喇布珠尔授三等侍卫。唐古特部第巴疏请免解根特尔妻布木,理藩院议噶尔丹罪甚重,其女断不可留青海,若博硕克图济农携至或可赐生全,今反令第巴代请,仍当檄取,上从之。博硕克图济农寻卒,子察汉丹津嗣,奏噶尔丹女为臣弟根特尔妻,第巴疏请免解,未蒙允许,但圣主优眷顾实汗子姓,乞以噶尔丹女仍给臣弟令完聚,上鉴其情,谕免解,〔未几,根特尔卒。〕

三十八年,阿玉奇复遣使额里格克逊等奉表贡,归经准噶尔为所戕。初,策妄阿喇布坦徙博哩塔拉,乞婚阿玉奇,阿玉奇以女妻之,其第三子散扎布率属户万五千余从往。自噶尔丹既灭,策妄阿喇布坦谋并诸卫拉特族,留散扎布不遣,阿玉奇索其子,乃逐散扎布归额济勒,仍留从户不之给,分隶准噶尔鄂拓克,阿玉奇固索不获,因构难。

三十九年,哈密扎萨克额贝都拉所部,侦哈萨克、布鲁特仇策妄阿喇布坦,将兴兵争喀什噶尔以告,诏不时侦奏。而策妄阿喇布坦憾哈密擒献噶尔丹子故,掠其属之赴市吐鲁番者,诏责策妄阿喇布坦罪。准噶尔怨哈密益甚,策妄阿剌布坦声言兵击第巴,遣使赴青海,阴觇强弱,诏廷臣留意汉赵充国所议五事〔为防御计。〕

四十年，察罕丹津来朝，诏封多罗贝勒。

四十一年，阿喇布坦来归。先是，丹津鄂木布既奔依策妄阿喇布坦，寻为所禁，阿喇布坦惧不赴，策妄阿喇布坦掠其牧，乃徙额讷伦果尔，集诸宰桑言曰："我今决内向矣。"遣使诺颜格隆藏布赍奏至乞降，诏允之。阿喇布坦挈属内徙，策妄阿喇布坦遣族台吉大策凌敦多卜、罗卜藏琳沁等，以兵二千追之，阿喇布坦列兵御，其宰桑洪科尔额尔奇木子车克，击斩罗卜藏琳沁及兵四百余，会我使往迎，大策凌敦多卜等遁。阿喇布坦率户七百余屯茂〔岱〕察罕廋尔，遣洪科尔额尔奇木驰奏，赐御用冠服。未几，入觐京师，召见保和殿。谕曰："厄鲁特归降我朝，未有率人如尔之众者，尔既倾心来归，甚属可嘉。朕所用避风石数珠，最利风疾，以赐尔。"阿喇布坦奏，臣产绝域，无知，昔犯天朝，每思及，心胆俱裂。谕曰："尔厄鲁特为人多疑，朕亲率师至克噜伦，遣使谕噶尔丹来降，彼不之从，故至交战失利，其时若即归款，朕亦即已。前厄鲁特来降者，朕皆授大臣职，尔等向不之信，今已优养数年，各安生全，虽未从征立功，扈从巡哨，亦尝尽力。今观尔体貌健壮，他日得力可知，念尔远涉劳乏，且善自调摄，暇日可更与尔语也。"诏封多罗郡王，赐貂裘鞍马银币，其从者诺颜格隆藏布、洪科尔额尔奇木皆赐达尔汉号。寻谕游牧推河，阿喇布坦将行，奏曰："臣为策妄阿喇布坦所掠，无衣食，穷困已极，蒙赐粮畜，得更生，今来人觐，又蒙恩给食乘传，遣侍卫挈驼马迎臣，甫至，辄赐宴，复赏御用珍服及未经见物。天高地厚之恩，此生诚不胜报，但期臣身及臣子孙，世世捐躯效力而已，至臣属众，志尚未宁，俟数年后再请给赐官职，编设旗队。"允之。青海贝勒纳木扎勒〔复〕以牧地乏水草，且多疾，请徙牧大草滩。谕曰："虽四十九旗蒙〔古〕未有令游牧内地者，所请仍不允。"

四十二年，诏授厄鲁特多罗郡王阿喇布坦扎萨克职。寻卒，子二，长车棱旺布，次色布腾旺布。车棱旺布尚郡主，授多罗额驸，至是袭郡王爵。先是，达玛璘妻布尼塔尔从兄额璘沁哈什哈至，乞降，诏优养之，子茂海及车棱从阿喇布坦来归。诏封茂海为辅国公。达玛璘，阿喇布坦弟也。

十二月，上幸西安。青海亲王达什巴图尔等来朝诏封和硕特台吉策旺喇布坦为多罗郡王，准噶尔台吉色布腾扎勒为多罗贝勒。策旺喇布坦者，达赖巴图子，萨楚墨尔根台吉弟也。时为右翼长。色布腾扎勒者，卓巴巴图尔子也。达什巴图尔等扈驾阅驻防兵，奏禁卒精炼，天下无敌，外省军容复如是，亿万年可永享升平，赐宴遣归。

四十三年，上以青海衮布先诸台吉内附，诏封多罗贝勒，封土尔扈特降人阿喇布珠尔为固山贝子，赐牧色尔腾。初，阿喇布珠尔父纳扎尔玛穆特从其汗阿玉奇游牧额济勒河，地逼俄罗斯及准噶尔，阿喇布珠尔尝假道准噶尔赴唐古特谒达赖喇嘛，已而阿玉奇与策妄阿喇布坦修怨，阿喇布珠尔自唐古特还，以准噶尔道梗，留嘉峪关外，遣使至京师请内属，上悯其穷无所归，故有是命，使辖其众。和啰理第三子阿宝尚郡主，授和硕额驸，赐第京师，命御前行走。

四十四年，先是青海内附，瑚噜木什前卒，子哈坦巴图尔以疾不获从诸台吉入觐，至是卒。遗疏授亲王达什巴图尔，称子达什敦多布幼，乞赐恤。盖和硕特八台吉以内附功，授王贝勒贝子公等爵有差，惟瑚噜木什及桑噶尔扎裔未赐爵，达什巴图尔以闻，且献哈坦巴图尔疏，诏封达什敦多布及桑噶尔扎孙敦多布达什为辅国公。是年，贝勒衮布卒，子额尔德尼额尔克托克托鼐袭郡王。策旺喇布坦卒，于额尔克巴尔珠尔袭。〔封丹济拉为扎萨克辅国公〕。

四十五年，郡王额尔克巴尔珠尔为诸昆弟所迫，自戕死，子朋素克旺扎勒降袭贝勒。〔谕丹济拉赴牧推河，偕郡王车棱旺布侦防准噶尔，丹济拉自是不复隶察哈尔旗。〕

四十八年，阿拉善扎萨克多罗贝鞠和啰理卒，子阿宝袭，〔遣归游牧〕。

五十年，诏封青海台吉噶尔丹达什、索诺木达什、车棱为辅国公。索诺木达什者，达赖汗弟。车棱者，索诺木达什弟墨尔根诺颜子。噶尔丹达什者，索诺木达什兄多尔济孙也，皆鄂齐尔汗裔，鄂齐尔汗为顾实汗长嗣，世领青海左翼及唐古特众，故其子姓并赐爵。拉察布者，墨尔根诺颜子也，亦于是年封辅国公。是年，贝勒纳木扎勒卒，子罗卜藏察罕袭、辅国公罗卜藏达尔扎来朝，诏晋封固山贝子，寻授盟长。

五十一年，土尔扈特汗阿玉奇使萨木坦等假道俄罗斯，达京师，表贡方物，上嘉其诚，且欲悉所部疆域，遣侍读图丽琛等赍敕往。是年夏启行，秋达俄罗斯境，俄罗斯故导我使纡道行。

五十二年，遣使赍敕往谕阿玉奇，令迎阿喇布珠尔归，使至，阿玉奇及纳扎尔玛穆特以阿喇布珠尔幸为天朝臣仆，且俄罗斯假道不易，请勿遣归。是年，青海辅国公索诺木达什卒，子诺尔布朋素克袭。

五十三年，图丽琛等始至萨喇托付，盖土尔扈特与俄罗斯界也，所部使远道迎，将抵玛努托海，阿玉奇复遣台吉宰桑等导至拂庐，我使授敕宣谕讫，语之曰："阿喇布珠尔已赐爵优养，欲遣归尔牧，以策妄阿喇布坦恶尔，恐戕之，而诡以哈萨克、哈喇哈尔榜为辞也，尔若欲令阿喇布珠尔归，当自俄罗斯来迎。阿玉奇曰：'我虽外夷，然冠服与中国同，俄罗斯乃嗜欲不通，言语不同之区也，若以往来之故，不假我道则我无由入中国矣'。阿喇布珠尔荷厚恩，与归土尔扈特等复何疑虑。"鄂齐尔图妻闻我使至，泣告所部未破时，尝往来纳贡状。阿玉奇妻达尔玛巴拉，子沙克都尔扎布及阿喇布珠尔父纳扎玛穆特等，各赠马及方物，我使以越境无私交辞，阿玉奇待之有隆礼，留旬余，筵宴不绝，复附表奏谢。

五十四年春，图丽琛等复命退而著异域录，述其道里山川民风物产，以及应对礼仪，所历俄罗斯境曰楚库柏兴，曰乌的柏兴，曰柏海尔湖，曰尼尔库城，曰昂噶拉河，曰伊聂谢柏兴，曰麻科斯科，曰揭的河，曰那里本柏兴，曰苏尔呼忒柏兴，曰萨玛尔斯科，曰狄木演斯科，曰托波尔，曰鸦班沁，曰费耶尔和土尔斯科城，曰费耶尔和土尔斯科佛落克岭，曰索里喀穆斯科，曰改果多罗，曰墨林诺付，曰喀山，曰西穆必尔斯科，曰萨拉托付，曰嗒喇斯科，曰托穆斯科，曰伊里木城，皆其聚落也。其地为自古舆记所不载，亦自古使节所未经，如史记述匈奴北海，颇作疑词，故儒者类言无北海，今据图丽琛所记，知伊聂谢柏兴距北海大洋一月程。又唐书称薛延陀夜不甚暗，犹可博突，仅得之于传闻。图丽琛以五月至其地，知夏至前后确有是事。准噶尔策妄阿喇布坦自噶尔丹灭后，极恭顺，至是渐骄横。

四月，以兵二千掠哈密，甘肃提督师懿德檄总兵路振声往救，且入奏，诏西安将军席柱及提督师懿德带兵星速救应，吏部尚书富〔宁〕安前往与将军公同商酌而行。祁里德授为散秩大臣前赴推河。诏右卫将军宗室费扬古率右卫察哈尔、归化城、黑龙江、索伦、达呼尔、喀喇沁、鄂尔多斯兵，赴推河驻扎。阿拉善贝勒阿宝率所部兵五百参赞军务。青海左翼设兵备，阿喇布珠尔备兵所调。准噶尔寻败遁，议撤噶斯驻防兵，以青海贝勒达颜所属台吉等游牧柴达木，通噶斯之察罕齐老图，遣侍卫等驻其地，侦准噶尔踪。遣使由喀尔喀、哈密两路赍敕往谕策妄阿喇布坦，诏阿宝仍以参赞偕其兄子镇国公罗卜藏达尔济往会西安将军席柱等，驻巴里坤，袭击准噶尔于伊鞠布尔和硕、阿克塔斯、乌噜木齐诸地，皆克捷。

七月，议费扬古在察罕托辉、扎布堪河、特斯河一带屯田，富〔宁〕安在西吉木、布隆吉尔等处屯田。

九月，谕富〔宁〕安回肃州料理军需钱粮。初，达赖汗子拉藏偕青海诸台吉定议内附，寻袭唐古特汗，以第巴私立伪达赖喇嘛袭杀之，而立博克达之伊西扎穆苏为达赖喇嘛瑚毕勒罕。青海贝勒察罕丹津等讦其伪，奏里塘之罗卜藏噶勒藏嘉穆错为真达赖喇嘛瑚毕勒罕。诏内阁学士拉都琥往验，寻遣侍卫阿齐图召青海两翼，议徙里塘达赖喇嘛瑚毕勒罕以弥争端，贝勒色布腾扎勒、阿喇布坦鄂木布、朋素克旺扎勒、台吉达颜、索尔扎等，佥请徙，察罕丹津不从，将偕达什巴图尔子罗卜藏丹津盟，率兵攻异己者，阿齐图疏至，王大臣等奏察罕丹津若先攻诸部，〔色布腾扎勒等来奔应置边内。察罕丹津牧〕距松潘仅四五日程，请备兵待，诏西宁、四川、松潘诸路，设兵备之。有曼济者，从准噶尔攻哈密被擒，诉土尔扈特属留处准噶尔为宰桑等虐，思附天朝，或归故土，但不获闻，上悯之，谕策妄阿喇布坦遣归土尔扈特牧，不从。诏招降杜尔伯特台吉丹津于阿尔台。丹津者，鄂木布岱肯和硕齐孙也，与散秩大臣车棱为从昆弟，游牧阿尔台，户千余。和托辉特台吉博贝请赴阿尔台招丹津降，抗，即以兵取之。谕车棱遣使赍书从，比至，丹津徙策妄阿喇布坦牧。

五十五年三月，诏青海贝勒朋素克旺扎勒、台吉达颜，各选兵百屯噶斯路，防准噶尔贼。土尔扈特阿喇布珠尔奏请从军效力，诏率兵五百驻噶斯。察罕丹津畏罪，徙里塘达赖喇嘛瑚毕勒罕至西宁宗喀巴寺。阿齐图奏请集诸台吉定盟，以罗卜藏丹津、察罕丹津、达颜等领右翼，额尔德尼额尔克托克〔托〕鼐、阿喇布坦鄂木布等领左翼，令永睦，允之。会准噶尔由沙拉袭青海，掠台吉罗卜藏丹济卜等牧畜，复谋盗噶斯口官军驼马。谕曰："准噶尔侦噶斯口兵势稍弱，潜来侵扰青海，不可不严备之，著西安兵会青海左翼，四川督标兵会青海右翼，协力防御。"

闰三月，以议迁达赖喇嘛瑚毕勒罕事定，诏青海贝勒额尔德尼额尔克托克托鼐等分领青海左翼，台吉达颜等分领青海右翼。先是，亲王达什巴图尔为和硕特长，以私憾诬讦达颜罪，诏禁京师，以其叔父策旺喇布坦代辖所属。寻策旺喇布坦来朝，乞宥达颜罪，携归青海，允之。有番族曰瞻对，在鸦笼江西境，其祖为喇玛什喇扎木禅，明〔成化〕中入贡，给之印，再传至多尔济布木，子二，长革松撒，次按撒，不相能，革松撒子琳沁布及孙侧冷旺布，屯牧瞻对。按撒携子侧冷扎布徙奔霍尔，附青海，说其右翼长多尔济以兵侵瞻对，掠属番二千余户，侧冷旺市女弟之夫曰喇玛布，屯牧喇衮，与定谋内附，纳其土及民数，瞻对属番三千户，喇衮属番千户，且献明所给印。会策旺喇布坦遣宰桑扎尔瑚齐等取霍尔赋，使以私至打箭炉，诡称多尔济及子萨楚墨尔根孙达颜相继征瞻对赋，瞻对久为青海属，请勿纳。我守汛臣遗书诘之，策旺喇布坦称宰桑辞诬，且谢罪。诏授侧冷旺布及喇玛布官，为内属，即隶泰宁协阜和营之瞻对、喇衮二安抚司也。策旺喇布坦卒，妻额琳沁旺布谋夺霍尔诸地，达颜以策旺喇布坦恤育恩，弗争也。侧冷扎布忌侧冷旺布等内附，攘附牧地，遣官往勘，知霍尔为达颜属，饬额琳沁旺布给之，复谕达颜遣使霍尔，察归所攘瞻对地，以宰桑等监之，令番族勿滋扰，达颜奉命惟谨。

十二月，谕明年暂停进兵。

十二月，达颜来朝。谕曰："达颜为达赖巴图尔孙，且素朴诚，感戴朕恩，实心效力，办理青海事务，始终毫无舛误，朕甚嘉之，著封多罗贝勒。"青海准噶尔台吉阿喇布坦来朝，诏授公品级一等台吉。阿喇布坦，卓哩克图和硕齐孙也。初，和硕特与准噶尔族世婚，察罕丹津弟根特尔既以噶尔丹女布木为妻，阿喇布坦为噶尔丹从子，察罕丹津复以女妻之。噶尔丹既平，准噶尔族不附逆者，诏仍游牧青海，听和硕特族与姻好如故，然皆未编设旗队。至是赐阿喇布坦扎萨克职，辖其属，给银币如公例。是年，辅国公拉察布晋封固山贝子。

五十六年正月，达颜奏请增设噶斯兵防准噶尔，上韪其言，以西安兵二千，西宁兵一千益之。

二月，扈跸幸畿甸，优赉遣归。

三月，命富宁安为靖逆将军，由巴尔库尔即巴里坤一路，公傅尔丹为振武将军，祁里德协理将军，由阿尔台一路袭击准噶尔。遣使赴青海测分野。未几，靖逆将军富宁安谍策妄阿喇布坦遣兵赴唐古特，驰疏闻。初，拉藏汗有子三，长噶尔丹〔丹〕忠，次索尔扎，次色布腾。策旺阿喇布坦侦拉藏汗嗜酒无谋，以女博托洛克为噶尔丹丹忠妇，诱之来娶，留不遣。西域谓善巫蛊者曰鲊答，噶尔丹丹忠习其术，策妄阿喇布坦诱缚之，夹两釜间烙死，遣兵六千袭藏，诡称送噶尔丹丹忠及博〔托〕洛克归。上以里塘达赖喇嘛瑚毕勒罕事初定，拉藏汗或阴导准噶尔侵青海，诏理藩院尚书赫寿〔谕〕拉藏汗勿得与察罕丹津、罗卜藏丹津等构兵，复谕遣侍卫色楞等赴青海曰："准噶尔若侵拉藏汗，尔即与青海台吉等定议协剿，务令绝无猜忌，不至滋变，方善。或拉藏汗导准噶尔侵青海，尔即谕察罕丹津等曰：'策妄阿喇布坦屡抗大军，今拉藏汗与同谋，是显为仇敌也。圣主始终仁爱，保护顾实汗子孙，尔〔等〕正当奋志报效而行。'"

六月，富〔宁〕安等由巴尔库尔进发。

七月，散秩大臣阿喇纳至乌兰乌苏，拿获策妄阿喇布坦哨兵二人。富〔宁〕安自乌鲁木齐回兵，向毕留阁遇厄鲁特三百余人，整兵迎剿，贼败奔深山，我辉特台吉扎木毕阵亡。又至乌鲁木齐，拿获回子，探问准噶尔消息，前进至通俄巴锡，拿获回子男妇一百六十九名，并驼马牛羊〔等〕物，将各处田禾俱行践踏，〔回〕巴尔库尔。傅尔丹派兵至博罗布尔哈苏，追斩厄鲁特五人，擒四人。又遣人分路寻掠，并无贼踪，亦回兵阿尔台。

十月，命侍郎梁世勋、海寿督理巴尔库尔屯田。命副都统法喇往四川会同年羹尧料理军需。察罕丹津等以准噶尔侵拉藏汗告，谕内大臣策旺诺尔布，西安将军额伦特、侍卫阿齐图等，分屯青海要地。议政王大臣等并请檄松潘、西宁兵备边，诏遣侍卫拉什偕察罕丹津定议。

五十七年，拉藏汗乞援疏至。先是，准噶尔策凌敦多卜率众由特几斯逾净科尔庭山，拉藏汗不之备，贼至达木始觉，偕子索尔扎拒，不敌，奔守布达拉，遣使赍疏乞援。贼诱开布达拉门，入〔戕〕拉藏汗〔拘〕色布腾及宰桑等，索尔扎率兵三十余溃走为所擒，其妻间道来奔，皆五十六年事。至是疏始至。诏色楞等会青海王察罕丹津议进兵，察罕丹津奏大兵将赴藏，准噶尔必不敢潜至青海，请仍撤松潘等处兵入口，牧马休卒，上韪其言。寻知拉藏汗被准噶尔戕，复遣侍卫扎卜密谕察罕丹津，谍诱准噶尔兵至青海击之，准噶尔惧不至。时准噶尔贼五百谋侵察木多，察罕丹津诡遣宰桑迎赴里塘，都统法喇疑与贼应，劾其罪。诏传谕察罕丹津所遣宰桑，俟准噶尔贼至，偕驻防里塘兵御之。

六月，总督额伦特统兵自〔穆〕鲁乌苏起程，至图尔哈尔渡河，至七〔叉〕河，闻侍卫色楞自拜图前往，因七〔叉〕河至拜图无路可通，自七〔叉〕河向库库塞一路进兵。

七月，额伦特自门赞西里克起程，至齐诺郭尔，连败贼兵，追击十余里，讯获贼，称贼首扎布齐、杜喀儿二人帅兵四千，由喀喇乌苏河西小路而来，额伦特即移咨公策旺诺尔布接应，遂渡喀喇乌苏前往狼腊岭，侍卫色楞亦统兵至喀喇乌苏，连击败厄鲁特贼人，夺其三处山梁，追杀二十里，杀二百余人。

九月，额伦特、色楞与贼兵遇，相持月余，额伦特没于阵。命皇十四子固山贝子允禵为抚远大将军。

十二月，抚远大将军帅大兵进剿策妄阿喇布坦起程。察罕丹津寻来朝。谕曰："人心疑惧之际，尔能委身效顺，甚属可嘉，著晋封多罗郡王。"归牧，请从大军赴藏，诏抚远大将军固山贝子允禵善视〔之〕，且以兵护其牧。贝勒达颜卒，上悼唁之，子旺舒克喇布坦袭。

五十八年四月，议今年暂停进兵，抚远大将军兵暂在西宁驻扎，从允禵请也。先是，哈密伯克额贝都拉献西吉木、达里图、西喇郭勒地，诏设赤金、靖逆二卫及柳沟所，听兵民耕牧。寻以其地错青海左翼牧，遣官偕贝子阿喇布坦、台吉阿尔萨兰等勘定界。阿喇布坦等曰："青海众荷恩厚，何惜隙地，可耕者听给兵民，留我等牧地足矣。"因集所属宰桑等画地标识，议勿私越。时抚远大将军允禵统兵驻西宁，请自索诺木至柴达木路设站五，站置青海兵十，别令左右翼兵各三百，屯近军地，防准噶尔贼，从之。

六月，都统法喇遵旨令副将岳钟期率绿旗兵赴里塘，擒其酋七人，斩之。随宣谕安抚。又进取巴塘，法喇移兵驻扎，〔巴塘寻〕就抚。

八月，议茂岱察罕〔廈〕尔与鄂齐图果尔二处各筑一城，将充发者暂住耕种，俟一年后派兵驻防，从振武将军傅尔丹请也。允禵复遵旨集两翼王公台吉，以上意宣谕曰："唐古特部达赖喇嘛，班禅喇嘛法教，原系尔祖顾实汗所设，今准噶尔戕拉藏汗，离散番众，尔等前称里塘罗卜藏噶勒藏嘉穆错为真达赖喇嘛胡毕勒罕，愿置禅榻，广施法教，今唐古特民人及阿木岛喇嘛如尔言，皇上为安藏计，遣大兵送往唐古特，尔等宜率所属兵，或万，或五六千从往，其定议具奏。"两翼王台吉等佥称愿听命。

五十九年正月，授都统宗室延信为平逆将军。〔和硕额附阿宝自巴里坤赴青海参赞其军。〕

　　二月，授护军统领噶尔弼为定西将军，率兵进藏。调都统法喇于打箭炉驻防。

　　三月，富宁安言，今岁大兵进藏，其阿尔泰、巴尔库尔两路亦约会〔前〕进，袭击准噶尔边境，使贼人扰乱，臣请率兵三千，从乌鲁木齐往，分兵四千，由吐鲁番往。寻议吐鲁番一路兵，令散秩大臣阿喇纳统领。征西将军祁里德言，阿尔泰兵臣请领七千人，从布娄尔前进。将军傅尔丹领八千人从布喇罕前进，袭击准噶尔边境，从之。

　　七月，富宁安选轻骑至乌兰乌苏之源及托和穆图，遣侍卫哲尔德等赴阿克塔斯，擒一贼，余众逃散。侍卫克什图、阿玉锡等赴伊勒布尔和硕，夺马百余，获杜尔伯特台吉垂木拍尔。杜尔伯特台吉丹津之徙牧准噶尔也。时策旺阿喇布坦假兵力据四卫拉特，令诸台吉环牧乌噜木齐、额尔齐斯为负隅计。垂木拍尔者，丹津族台吉也，率属驻乌鲁本齐，设哨伊勒布尔和硕、阿克塔斯路。至是为我军所擒，乌噜木齐众闻之咸窜。阿喇纳进兵齐克塔木，击破贼营，悉降其众，进至皮禅城，谕降其回子三百余人。至吐鲁番，其头目阿克苏尔坦及总管沙克扎拍尔等率众迎降，乃凯旋。富宁安至乌鲁术齐，并无贼踪，与阿喇纳会于乌尔乌苏，合兵凯旋。

　　九月，抵巴尔库尔。祁里德自鉴额尔河前进，击败厄鲁特宰桑色布腾，色布腾率二千余人降，获牲畜无算。傅尔丹至格尔额〔格〕，厄鲁特人委弃帐房逃散，追及之，杀二百余人，擒宰桑贝坤等百余人，降三百余人。又督兵践踏乌兰呼济尔耕种，焚所积粮草而还。

　　八月，噶尔弼自拉里前进，分兵三队进取西藏，传集大小第巴头目，并各喇嘛庙宣示拯救至意。随将达赖喇嘛仓库封锁，其堪布等将各庙准噶尔喇嘛百余人擒献，斩为首喇嘛五人，余监禁。平逆将军延信击败策凌敦多卜之众于扎卜克河，夺其马匹器械。又败贼二千余人于齐诺郭勒。又败贼于绰玛喇。

九月，自达木起程，送新封达赖喇嘛进藏，青海王公台吉皆从。捷〔闻〕，诏留兵二千屯青海侦御。富宁安请乘胜来年大举进剿，许之。是年，封博硕克图济农孙阿喇布坦扎木素为辅国公。

六十年三月，大将军允禵言，据三路将军报称，各路马驼粮饷俱甚充足，器械俱已齐备，官兵各思奋力，值策妄阿喇布坦人心惶惑之时，可以直捣巢穴，扫荡无遗。寻会议阿喇衲、提督路振声由乌兰乌苏进取吐鲁番。富宁安之兵调往乌兰乌苏驻扎。傅尔丹、祁里德各于本处预备，再派祁里德所属兵二千，前往收取策妄阿喇布坦及乌梁海逃众。俟策妄阿喇布坦内变起衅得有确信，三路将军即行大兵前进，捣其巢穴，从之。

五月，命大将军允禵赴甘州驻扎。谕今年大兵暂停进剿，从允禵密奏也。

九月，策妄阿喇布坦遣人犯吐鲁番城，阿喇衲使侍卫克什图等败之，擒杀百余人，追捕数十里，获军械马匹甚多。富宁安言，臣前因阿喇衲今冬进兵袭击，故请移驻伊勒布尔和硕为之声援，今贼人已败遁，必恐惧防备，不宜袭击，阿喇衲应停止进兵，臣仍统兵驻巴尔库尔，从之。

十月，召允禵、祁里德、富宁安来京，指示明岁大举进剿方略。祁里德言，乌兰固木地〔煖〕土肥，请来年多行耕种，可望大收，从之。〔诏阿宝统兵五百驻藏地，参赞署理定西将军公策旺诺尔布军〕。

三

六十一年，诏以书谕策妄阿喇布坦，命哲卜尊丹巴呼图克图简喇嘛赍往，其向伊犁进兵之事暂停。

四月，命抚远大将军允禵复往军前。诏青海撒噶斯驻防军，仍备兵游牧。〔从阿喇纳言〕，命富宁安统大兵移驻乌鲁木齐。十一月，世宗宪皇帝命大将军允禵驰驿拜来京，辅国公延信驰赴甘州管理大将军印务。贝勒旺舒克喇布坦卒，无嗣。朋素克旺扎勒于达颜为从子，谋夺其属，遣侍郎常寿勘状。达颜弟噶尔丹岱青诺尔布口吃，达什车凌其子也，年十有四，达颜妻玉木楚木察罕达喇请以达什车凌袭旺舒克喇布坦爵，允之，降袭固山贝子，诏善视达颜妻。复谕朋素克旺扎勒勿得私攘其属。是年，贝子罗卜藏达尔扎卒，子济克济扎布降袭辅国公。

世宗宪皇〔帝〕雍正元年，谕曰："自西陲用兵，青海王以下台吉以上，各著劳绩，皇考曾降旨，俟凯旋日计功。今青海王台吉等，历年效绩，应各处〔酌〕〔加封〕赏，其率兵进藏及驻防噶斯、柴达木等众，应令各处将军分别加赏。"叙功，郡王察罕丹津晋封和硕亲王，贝勒额尔德尼额尔克托克托鼐晋封多罗郡王，贝子额琳沁达什、拉察布晋多罗贝勒、辅国公敦多布达什、噶尔丹达什皆晋镇国公，诸台吉进爵有差。独台吉车凌敦多布〔因〕母楚克纳赍纳木扎勒以所属唐古特兵万，请从大军入藏，且助献粮饩，封多罗贝勒，盖异数也。命察罕丹津辖其从子丹衷属众。丹衷者，根特尔子也。初授辅国公，以大军自青海讨准噶尔，遣所部助献粮饩，复以兵从至藏，晋封固山贝子。寻卒，无嗣，诏追封郡王。遗奏献部众及牧地，上不忍纳。谕曰："丹衷实心效力，身故绝嗣，朕富有天下，四海为家，岂有利其所属之理，著四川提督岳钟琪，遣员会同扎萨克等，察明户口数目，归察罕丹津辖，务使各得其所，勿稍扰累，至丹衷属宰桑等，素著劳绩，亦著分别加赏。"诏封厄鲁特色布腾旺布多罗贝勒，晋封辅国公，茂海固山贝子。〔先是，议由里塘迁达赖喇嘛赴藏，罗卜藏丹津违命，且扇察罕丹津谋兴兵袭诸台吉，察罕丹津有惑志，寻悔罪。诏察罕丹津及罗卜藏丹津领青海右翼。察罕丹

津牧河东近松潘，罗卜藏丹牧河西，近布隆吉尔地，以河为界。〕

七月，年羹尧请于布隆吉尔建城驻兵，从之。

八月，总理王大臣等遵旨议讨罗卜藏丹津。初，罗卜藏丹津袭其父达什巴图尔亲王爵，从大军入藏，归，觊为唐古特长，阴约策妄阿喇布坦援己，复诱青海台吉等盟察罕托罗海，令如所部故号，不得复称王、贝勒、贝子、公等爵，而自号达赖珲台吉以统之。贝勒朋素克旺扎勒、辅国公济克济扎布惧不敌，为所胁，令掠邻牧及内地边。贝勒罗卜藏察罕，车凌敦多布、拉察布、土尔扈特台吉诺颜格隆、诺尔布等，并附逆，察罕丹津不之附。将构难，〔会罗卜藏丹津强授准噶尔部贝勒色布腾扎勒兵，令掠西宁，色布腾扎勒不从，亦遣使〕，诏西宁、松潘兵驰往援。〔有〕拉察布者，察罕丹津兄墨尔根诺颜子也，〔附罗卜藏丹津〕，以兵掠察罕丹津牧，察罕丹津携孥及属百余，奔至河州老鸦关外。总理青海事务侍郎常寿置之河州边内，罗卜藏丹津复以兵掠河州界，因徙孥兰州。察罕丹津属额尔克扎尔瑚齐、阿勒达尔和硕齐、拉木布等，以户千余，丹衷、宰桑噶隆、色布腾达什等，以户七百余，相继来归。罗卜藏丹津又以兵四千，掠郡王额尔德尼额尔克托克〔托〕鼐牧，额尔德尼额尔克托克托鼐拒之，不敌，携妻间道至甘州乞援，于阿喇布济、索诺木达什等，集众拒贼，鏖战七日，贼始退，率兵五百及戚属千余来归。署抚远大将军贝子延信，置之苏油口内。镇国公噶尔丹达什携属台吉阿旺达什巴等，避至甘州境，并使苏油口内安插。准噶尔族贝勒色布腾扎勒避乱内徙，辅国公车棱弟班珠尔从至，延信并置之西川口外。准噶尔扎萨克公品级台吉阿喇布坦者，察罕丹津女夫也，与察罕丹津相失，寻偕察罕丹津、宰桑巴图等携户千四百余来归。延信以额尔德尼额尔克托克托鼐等不附逆状，驰疏奏闻。谕曰："青海台吉皆顾实汗嫡孙，自我朝太宗文皇帝时，顾实汗与达赖喇嘛恭顺效力，迄今百年，蒙皇考施以恩宠，加封名号，普加庇护，后经策妄阿喇布坦败坏黄教，围困西藏，杀害拉藏，且复谋侵尔等，于是我皇考遣发大兵，偕尔等送达赖喇嘛至藏，振兴黄教。今罗卜藏丹津无故称兵，以王等不入伊党自相侵害，朕仰体皇考眷念顾实汗子孙之意，其罪未明，尚不忍即加征讨，已遣侍郎常寿往问罗卜藏丹津所行情事，若能知罪悔过，朕定其是否和解尔众，仍令尔兄弟照旧安居，如果罗卜藏丹津不遵朕旨侵犯边塞，岂可不遣兵征剿。今王属众人等，尽被劫掠，穷困来至甘州，朕闻之不胜恻然，特遣郎中通智分给廪饩牲畜，令从丰厚，王等在彼安居，不须忧虑，朕断不使尔等有拮据也。"时上以和硕特族自相残，不忍遽加兵，诏常寿传谕罗卜藏丹津罢兵，〔不从则惩治之〕。罗卜藏丹津诡言，亲王察罕丹津、郡王额尔德尼额尔克托克托鼐谋据唐古特，诸台吉不服，将兴兵与决胜负。盖以察罕丹津、额尔德尼额尔克托克托鼐首不附己，欲诬以罪，因胁请台吉奉己，如鄂齐尔汗驻唐古特以遥制青海也。上恶其狡不可谕，决计讨之。敕川陕总督年羹尧曰："罗卜藏丹津自其祖顾实汗敬谨恭顺，达什巴图尔慕化来归，晋封亲王，复令其子罗卜藏丹津袭封，自宜仰体宠眷，敬奉法纪，乃妄逞强梁，骨肉相仇，欺凌亲王察罕丹津、郡王额尔德尼额尔克托克托鼐等，恣行倡乱，朕甫闻其事，遣使往谕，令伊讲和修睦，式好无尤，乃肆意称兵，侵袭察罕丹津、额尔德尼额尔克托克托鼐，以致投入内境，是其欺负朕恩，悖逆天常，扰害〔生灵〕，诛戮不可稍缓。朕欲大张天威，特命尔为抚远大将军，统领大兵，往声罗卜藏丹津罪，如敢抗拒，即行剿灭，其党有惧罗卜藏丹津势，暂为胁从者，果悔罪来归，即行宽宥，有能擒斩罗卜藏丹津者，分别贝奏，有情急来归者，加意抚恤，其不抗拒者，毋加杀戮。"罗卜藏丹津诡罢兵，诱常寿至察罕托罗海留之，遣叛党分掠西宁诸路，煽贼番等为应。副将军阿喇纳自吐鲁番驰赴噶斯，断由穆噜乌苏往藏路，副将王嵩、参将孙继宗等，击贼党于布隆吉尔及镇海堡、申中堡、北川、新城等处。四川提督岳钟琪以杂谷土司等兵，剿归德堡、上寺东策卜、下寺东策卜及南川口外郭密诸番，复檄前锋统领苏丹等协剿，所至告捷。

罗卜藏丹津惧，送常寿归，请罪。谕年羹尧曰："〔伊〕乃深负国恩，与大军对敌之叛贼，国法断不可宥，不得因伊曾封王爵，稍存疑虑，其与罗卜藏丹津同谋之王贝勒贝子公等，既经背叛，即宜削爵，伊等或来归顺，或被擒获，不必更论封爵，但视行事轻重，可宽宥者从宽，应治罪者治罪。"罗卜藏丹津以索诺木达什邻牧，诱擒之，寻脱归。谕曰："索诺木达什竭诚报国，尽忠效力。今闻脱身来归，良慰朕怀，特沛殊恩，著封固山贝子，给上等产业。"索诺木达什，镇国公敦多布达什弟也。

二年春正月，诏土默特右翼都统根敦率满洲兵二千赴巴里坤，防御青海叛贼罗卜藏丹津。寻分兵千，驻吐鲁番境，诏以岳钟琪为奋威将军参赞军务。大军至，〔贝勒色布腾扎勒首率户口二千余迎降，署抚远大将军延信置之西川口外〕。诸附逆者并惧，叛党吹喇克诺木齐、扎什敦多布等遁噶斯。朋素克旺扎勒偕达什车凌擒吹喇克诺木齐之宰桑都〔喇〕勒，及扎什敦多布母，乞降。岳钟琪令追剿吹喇克诺木齐，果擒至。罗卜藏察罕率属台吉衮布色布腾、纳罕伊什等降，其母复携诸台吉妻请内徙，车凌敦多布女兄亦奔赴之，诏置西宁口外。楚克赉纳木扎勒寻携车凌敦多布及属户千余请降，诏置伊克乌兰和硕，并给茶麦诸物养之。拉察布惧诛，奔巴尔喀木，子察罕喇布坦、旺舒克喇布坦迎降，招其父拉察布至，献驼马千余，诏削贝勒爵，降镇国公。诺颜格隆、诺尔布并台吉根敦等皆乞降，且请从剿贼自赎。岳钟琪奉命进剿，侦从贼之巴尔珠尔阿喇布坦自乌兰博尔克遁，尾击之，至伊克喀尔吉，擒其党阿喇布坦鄂木布，遣西宁总兵黄喜林，由西尔哈罗色赴柴达木，断噶斯路，侦罗卜藏丹津走乌兰穆和尔。钟琪复分兵驰击，擒其母阿尔泰，俘户畜无算。罗卜藏丹津及其党分道窜，侍卫达鼐等擒丹津珲台吉于华海子，阿布济车臣台吉于布哈色布苏，吹喇克诺木齐、扎什敦多卜等于乌兰克。罗卜藏丹津走准噶尔，逆党悉槛送京师，诏行献俘礼。寻逆党吹喇克诺木齐、阿喇布坦鄂木布、藏巴扎木、巴尔珠尔阿喇布坦、扎什敦多布、格勒克、阿喇布坦巴苏泰及察罕丹津从子塔尔寺喇嘛堪布诺扪汗等，悉伏诛。准噶尔族贝勒色布腾扎勒，以导从逆之贝勒罗卜藏察罕，辅国公车棱、台吉诺尔布等悔罪内附功，晋封多罗郡王。贝子达什车棱之父台吉噶尔丹岱青诺尔布，以不从逆，且以兵击贼党功，封固山贝子，世袭罔替。青海世爵自此始。其从逆之贝勒罗卜藏察罕、额璘〔沁〕达什、辅国公济克济扎布皆削爵，贝勒车棱敦多布降为贝子，贝勒拉察布降为镇国公。〔噶尔丹岱青诺尔布寻卒，其妻请以达什车棱兼袭之。理藩院议蒙古无袭两世爵例。谕曰："噶尔丹岱青诺尔布于青海罗卜藏丹津事，著有劳绩，因议功封为贝子。今既病殁，伊兄弟两家，止有贝子达什车棱一人，著从优加恩，并两贝子爵为贝勒，仍世袭罔替。"旋授扎萨克。〕有中甸者，隶云南丽江府，罗卜藏丹津给伪扎，令附己，大军至，率户三千余请降。洮岷界〔外诸〕番，旧为青海属，悉就抚，其不顺者剿诛之，阿冈、多卜藏玛嘉、铁布、纳珠公寺、朝天堂、桌子山、碁子山、先密寺、兴马寺、阿落、西脱巴、上笃〔尔〕素、华藏、上扎尔的诸番众，以次底定，青海患始靖。御制平定青海文，立石太学。文曰："我国家受天眷命，抚临八极，日月所照，罔不臣顺，遐迩乂安，兆人蒙福。乃有罗卜藏丹津者，其先世顾实汗，自国初稽首归命，当时使臣建议，畀以驻牧之地，其居杂番羌，密近甘凉。我皇考圣祖仁皇帝，睿德深远，每廑于怀，既〔亲〕御六师，平定朔漠，威灵所加，青海部达什巴图尔等，震詟承命，圣祖仁皇帝因沛殊恩，封为亲王，兄弟八人，咸锡爵禄，羁縻包容，示以宽大，而狼心枭性，不可以德义化，三十年来包藏异志。朕绍登宝位，优之锡赉，荣其封号，尚冀革心，辑宁部众。〔罗卜〕藏丹津昏谬狂悖，同党吹喇克诺本齐、阿嘲布坦鄂木布、藏巴扎木等，实为元恶，谓国家方宏深浩荡之恩，不设严密之备，胆敢首造〔逆谋〕，追胁番羌，侵犯边城，反状彰露，用不可释于天诛。遂命川陕总督太保公

861

年羹尧为抚远大将军，声罪致讨，以雍正元年十月，师始出塞，自冬涉春，屡破其众，凡同叛之部落，戈诞所指，应时摧败，招降数十万众。又降其贝勒贝子公台吉等二十余人。朕犹悯其愚蠢，若悔祸思愆，束手来归，尚可全宥，而怙恶不悛，负险抗违，乃决剿灭之计。以方略密付大将军年羹尧，调度军谋，简稽将士，用四川提督岳钟琪为奋威将军，于仲春初旬，祃牙徂征，分途深入，捣其窟穴，电扫风驰，搜剔岩阻，贼徒仓皇麇溃，穷蹙失据，罗卜藏丹津之母及谋逆渠魁，悉就俘执，擒获贼众累万，牲畜军械不可数计。贼首逃遁，我师逾险穷追，获其辎重人口殆尽。罗卜藏丹津子身易服，窜匿荒山，残喘待毙。自二月八日至二十有二日，仅旬有五日，军士无久役之劳，内地无转输之费，克奏肤功，永靖西徼。三月之朔，奏凯旋旅，铙歌喧轰，士众䜣喜。四月十有二日，以倡逆之吹喇克诺木齐等三人献俘庙社，受俘之日，臣民称庆，伏念圣祖仁皇帝威灵震于遐方，福庆流于奕叶，用克张皇六师，殄灭狂贼，行间将士亦由感激湛恩厚泽，为朕踊跃用命。斯役也，芟夷凶悖，绥靖番羌，俾烽燧永息，中外人民胥享安阜，实成先志，以懋有丕绩，廷臣上言，稽古典礼。出征而受〔成〕于学，所以定兵谋也。献馘而释奠于学，所以告凯捷也。宜刊诸珉石，揭于太学，用昭示于无极。遂为之铭曰：天有雷霆，圣作弧矢，辅仁而行，威远宁迩，维此青海众类实繁，锡之茅土，列在藩垣，被我宠光，位崇禄富，负其阻遐，祸心潜构，恭惟圣祖，虑〔远〕智周，睠念荒服，抚绥怀柔，朔野既清，四陲攸震，爵号荐加，示之恩信，如此凶狡，造谋逆天，鼓动昏憝，寇侵于边，惟彼有罪，自干天罚，桓桓虎〔貔〕，用张九伐，王师即路，冬雪初零，日耀组练，雷响鼙钲，蠢兹不顺，敢逆戎旅，奋张螳臂，以当齐斧，正如山岳，疾如雨风，我战则克，贼垒其空，彼昏终迷，曾不悔戾，当剿而灭，斯焉决计，厉兵简将，往捣其巢，逾历嶔岖，坦若垌郊，贼弃其家，我絷而获，牛马谷量，器仗山积，塞兔失窟，何所遁逃，枯鱼游釜，假息煎熬，师以顺动，神明所福，旬日凯归，不疾而速，殪彼逆谋，悬首藁街，献俘成礼，金鼓调谐，西域所瞻，此惟雄特，天讨既申，群酋慴息，橐戈偃革，告成辟雍，声教遐暨，万国来同，惟我圣祖，亲平大漠，巍功焕文，迈桓轶酌，流光悠久，视此铭辞，继志述事，念兹在兹。"王大臣等遵旨议善后事宜。奏青海王台吉等应论功罪，定赏罚。游牧地令各分界，如内扎萨克例，百户置佐领一，不及百户者为半佐领，以扎萨克领之，设协理台吉及协领，副协领，参领各一，每参领设佐领骁骑校各一。岁会盟，令奏选盟长，勿私推。贡期自明年始，分三班九年一周，自备马驼，由边入京，市易以四仲月。集西宁、四川边外纳喇萨喇地，官兵督视，有擅入边墙者治〔罪〕。又罗卜藏丹津之吹宰桑，及察罕丹津从子丹衷之宰桑色布腾达什等，率众降，请各授千百户等官。又喀尔喀居青海者，勿复隶和硕特〔旗〕，令别设扎萨克。土尔扈特及准噶尔辉特如之。〔至〕西番部众，凡陕西所属甘州、凉州、庄浪、西宁、河州，四川所属松潘、打箭炉、里塘、巴塘，云南所属中甸等处，或为喇嘛耕地，或纳租青海，但知有蒙古，不知有厅卫营伍诸官。今番众悉归化，应择〔给〕土司千百户巡检等职，令附近道厅及卫所辖。又青海及巴尔喀木、藏、卫、旧称唐古特四大部，顾实汗侵据之，以青海地广可牧畜，巴尔喀木粮富，令子孙游牧青海，而巴尔喀木纳其赋，藏、卫二地旧给达赖喇嘛、班禅喇嘛，今以青海叛，取其地，应令四川、云南诸官管理。又达赖喇嘛赴打箭炉，驼装经察木多、乍雅、里塘、巴塘向喇嘛等索银有差，名曰鞍租。至打箭炉纳税请饬达赖喇嘛勿收鞍租，打箭炉免取税，岁给达赖喇嘛茶五千觔，班禅喇嘛半之。又西宁各寺喇嘛多者数千，少者五六百，易藏奸，前罗卜藏丹津叛，喇嘛率番众抗大兵，请于塔尔寺喇嘛选老成者三百给印照，嗣后岁察二次，庙舍不得过二百，喇嘛多者三百，少者十余。番民粮赋令地方官管理，度各寺岁用给之。又陕西边外河州、西宁、兰州、中卫、宁夏、榆林、庄浪、甘州等处，水草丰美，林麓茂密，蒙古诸部恋牧大草滩及昌宁湖，请于西宁北川边外上下白塔等处，自巴尔托海至扁都口筑城堡，令蒙古等勿妄据。又肃州西洮赉河、常玛尔、鄂敦塔拉等处，应募民垦膏腴地，庶渐致富饶。至宁夏险要无过阿拉善，顾实汗裔旧游牧山后，今或徙至山前，请令阿拉善扎萨竞郡王额附阿宝饬所属归阿拉善后，其山前营盘水、长流水等处，悉为内地。又甘州西宁界，各设营汛，令蒙古等不敢觊觎。又巴尔喀木等〔部众〕，自罗隆宗东、察本多、乍雅外，诸番目悉给印照，视内地土司例。又青海属左格诸番，请徙内地。阿巴土司头目墨丹住等从剿有功，请给安抚司衔，不隶青海辖。又西宁边内可耕地，请发直隶、山西、山东、河南、陕西五省遣犯，能种地者，官给牛具籽种，三年后起科如例。又甘州诸黄番，应招抚为青海藩篱。青海诸部令各守牧地，不得强据，妄掠商贾。察罕诺扪汗喇嘛庙毋得私聚议事，遣官赍敕往，不论秩崇卑，王公以下跪迎，有背贰者必惩。上从之，〔先是，议撤驻藏兵，阿拉善扎萨克阿宝自藏归，会罗卜藏丹津叛，诏诸路蒙古兵，听年羹尧檄调。羹尧忌阿宝功，复以身为大将军蔑视之，奏阿宝所率兵不堪用，且身有疾，应遣归游牧。未几，阿宝来朝，上悯其劳，慰谕之，诏封多罗郡王，赐银万两。至是以青海乱定，〕诏〔饬〕青海众归牧山后。阿宝奏臣祖顾实汗归诚内附，百年于兹，受天朝恩甚厚，前青海昆弟阻兵构乱，上干天讨，臣当束身受诛，重荷恩宥，令安游牧，感激莫报，乞赐青海旷地，令臣钤辖诸部，不复萌异志。

三年，诏以青海贝子丹忠所遗博罗充克克牧地，给〔阿拉善郡王阿宝居〕之，〔钤青海族属〕。并谕抚远大将军年羹尧遣员赍饷助徙牧。博啰充克克者，即汉书地理志所称潢水也。青海和硕特鄂齐尔汗裔镇国公噶尔丹达什、辅国公诺尔布朋素克、车棱，车臣岱青裔贝勒降台吉罗卜藏察罕、辅国公降台吉济克济扎布、台吉达玛璘色布腾额璘沁达什子、阿喇布坦，达兰泰裔郡王额尔德尼额尔克托克托鼐，达赖乌巴什裔台吉扎布，伊勒都齐裔亲王察罕丹津、镇国公拉察布、辅国公阿喇布坦扎木素，达赖巴图尔裔贝勒达什车棱、朋素克旺扎勒、台吉伊什多勒扎布，瑚噜木什裔贝子车棱敦多布、台吉色布腾博硕克图，桑噶尔扎裔索诺木达什，色棱哈坦巴图尔裔台吉哈尔噶斯。准噶尔族郡王色布腾扎勒，土尔扈特族保兰阿噶勒琥裔台吉索诺木喇布坦多尔济，莽海裔台吉诺尔布，额济内裔台吉丹衷、察罕喇布坦，辉特族台吉贡格及察罕诺门汗并授扎萨克。其和硕特族哈纳克土谢图裔台吉车棱纳木〔扎〕勒授公中扎萨克。准噶尔族原授扎萨克公品级一等台吉阿拉布坦，晋封辅国公，各归旧牧。铸总理青海蒙古番子事务关防。遣大臣赍镇其地，辖所部扎萨克。以年羹尧不善抚其众，饬责之曰："朕闻郡王额尔德尼额尔克托克托鼐部众，穷困流离，资生窘乏，亲王察罕丹津所属，虽稍能存活，亦属贫穷。尔身为抚远大将军，理应酌量事势缓急，人口多寡，尽心筹画分理。乃仅发银万两为赈济用。众扎萨克遭叛贼掠夺，〔部众穷窘流离〕，投命来归，全赖安置得所，俾其衣食有资，咸登乐利，此诸部落人众流离失所，岂万金所能给耶。"岳钟琪复奏青海亲王察罕丹津、镇国公拉察布等游牧河东，地近河州，松潘各路，前议市纳喇萨喇，地狭，恐不给蒙古需，请改市河州及松潘。河州定于土门关附近双城堡，松潘定于黄胜关之西河口，二地并有城屋，水草美，互市可久。又郡王额尔德尼额尔克托克托鼎、色布腾扎勒等，游牧河西，地近西宁，请改市西宁外丹噶尔寺。至蒙古岁资牲畜，请每年六月后，听不时贸易，庶蒙古商众聚咸获利益。允之。察罕丹津等徙牧定，遂请入觐，诏各给整装银千两、八百两、六百〔两〕有差。〔宥拉察布罪，授扎萨克，仍领游牧众。〕

九月，靖边将军富宁安奏，策妄阿喇布坦遣使入朝，甚属恭顺。巴尔库尔等处兵丁应行撤回。从之。〔王大臣议青海之准噶尔、辉特、土尔扈特，请勿令隶和硕特旗，诏允。〕〔又诏以青海和硕特哈尔噶斯为扎萨克一等台吉。盖和硕特族之游牧青海者，自顾实汗裔十九札萨克外，别设扎萨克二，一为顾实汗兄哈纳克土谢图裔，以东凌纳木札尔领之，一为顾实汗弟色棱哈坦巴图尔裔以哈尔噶斯领之。〕

四年春，察罕丹津等将归，以行期闻，召见圆明园，温谕之，复赐银千两，赉诸扎萨克有差。理藩院奏游牧推河诸厄鲁特，请各设旗分佐领。会准噶尔台吉噶尔丹策凌乞和，诏遣散秩大臣伯四格等往勘阿尔台界，即赴推河议编厄鲁特旗队。寻奏以车棱旺布及色布腾旺布、茂海辖所属定四佐领，诏各给扎萨克印。厄鲁特凡六旗，曰扎萨克多罗郡王车棱旺布，曰扎萨克多罗贝勒色布腾旺布，并阿喇布坦子。曰扎萨克固山贝子茂梅，阿喇布坦弟达玛璘子。别有准噶尔扎萨克一，曰固山贝子多尔济色布腾，丹济拉子。阿拉善扎萨克一，曰贝勒阿保，即郡王阿宝。辉特扎萨克一，曰辅国公巴济，罗卜藏子。以车棱旺布领之，授盟长。复谕理藩院曰："厄鲁特诸台吉归顺，圣祖仁皇帝特恩加授官职，虽无世袭之旨，但伊等各有效力之处，悉著降一等承袭，如承袭之人，或能守分尽职，仍将品级赏给，其以此谕厄鲁特知之。"有乌梁海者，错处唐努山及克木克木齐克，近阿尔台汛，上以旧为喀尔喀及准噶尔属，诏车棱旺布及喀尔喀贝勒博贝分辖之，征其赋。策妄阿喇布坦请赐归准噶尔，上不允。诏前锋统领定寿等屯特斯，防护乌梁海。复谕车棱旺布等往谕德意，颁赉茶布。

冬，准噶尔大台吉策妄阿喇布坦死，子噶丹策零立。是年，青海和硕特贝勒朋素克旺扎勒晋封郡王。

六年，敕准噶尔台吉噶尔丹策凌曰："罗卜藏丹津无故弄兵，残虐骨肉，朕遣大臣谕令息兵，乃敢悖恩负德，侵犯内境，被我守边轻兵击败远窜，尔父策妄阿喇布坦应即擒获，乃反隐为匿留，是何意耶。罗卜藏丹津乃不忠不孝之人，尔父年高历练，尚能将伊酌处，可以生之，亦可以制之，必不为〔所〕愚弄，是以不曾敕令擒献，今尔年与彼相等，罗卜藏丹津志气乖戾，不顾恩义，断不守分安居，甘处尔下，尔务将罗卜藏丹津遣至。朕念达什巴图尔前绩，仍施恩豢养，断不将伊诛戮。〔尔〕其祇遵朕命。"青海台吉罗卜藏察罕来朝，上以其悔罪，且奋勉称职，诏晋封辅国公。是年，厄鲁特扎萨克多罗郡王车棱旺布卒，弟贝勒色布腾旺布袭，以贝勒爵乏嗣者，诏并两扎萨克为一，复授厄鲁特盟长。

七年，上以准噶尔匿青海叛贼罗卜藏丹津将不靖，必扰青海及唐古特，因决策遣讨。

三月，命领侍卫内大臣三等公博尔丹为靖边大将军，北路出师，三等公岳钟琪为宁远大将军，西路出师。

六月，上御太和殿，命大学士捧敕印授大将军傅尔丹出征，官吏行礼毕，上率大将军等诣堂子行礼，吹鸣螺于兵部，大纛前行，礼毕，遂御长安门外黄幄，大将军等佩弓矢跪辞，以次行跪抱礼，上亲视大将军等上马启行。王大臣等议，噶斯为准噶尔通青海及唐古特要隘，请选青海扎萨克兵千五百，分屯噶斯及柴达木、得卜特尔、察罕乌苏诸路。允之。会噶尔丹策凌遣使告将献罗卜藏丹津，闻大军就道，惧，仍携归。时遣谕土尔扈特将讨准噶尔使，甫就道，噶尔丹策凌使至，诏大军暂缓进兵。复谕土尔扈特知之。土尔扈特贝子阿喇布珠尔子丹忠，初袭爵来朝，诏晋封多罗贝勒。阿拉善郡王阿宝以博罗充克克牧地隘，擅请徙乌兰穆伦及额济内河界，议罪削郡王爵。寻命复之，仍归阿拉善牧，不复居青海。

八年，靖边大将军傅尔丹屯科布多，将击〔准〕噶尔，或告曰："噶尔丹策凌以兵万授和硕特台吉罗卜藏车凌，遣御哈萨克，设汛阿里玛图沙拉伯勒境，罗卜藏车凌弃之，率户三千余，由噶斯走青海，将内附。噶尔丹策凌遣宰桑乌喇特巴哈曼集等追之，为所败，复遣喀喇沁宰桑都噶尔往袭不之及。"博尔丹以闻,诏副都统达甯侦防噶斯路,俟罗卜藏车凌降,遣入觐,以兵监从众,置内汛,勿堕诡降计。久之,罗卜藏车凌不至。罗卜藏车凌者,昆都仑乌巴什第三子多尔济之曾孙也,其祖曰阿海。初,噶尔丹乱定,青海和硕特咸内附,策妄阿喇布坦逼和硕特之留旧牧者与同处,表请青海复旧业,如噶尔丹时,将阴谋为已属,上烛其奸,谕责之,令遣和硕特归旧牧,勿私据,不从。寻以女妻罗卜藏车棱,故昆都仑乌巴什及顾雅鄂特〔欢〕裔尚为准噶尔属。诏阿宝率所部兵会西路大军于巴里坤。谕噶尔丹策凌速献罗卜藏丹津当宥罪。诏以内扎萨克赴调噶斯兵千,听阿宝辖,力能剿准噶尔即率往,否则入边,偕绿旗兵防内汛。既而其子二等台吉衮布,以所部兵五百赴巴里坤防准噶尔。会宁远大将军岳钟琪入觐。噶尔丹策凌令其宰桑祸木特,以兵二万至〔科舍图〕汛,侦不备,〔谋〕掠驼马,总兵樊廷等以兵二千奋击之,转战七昼夜。阿宝子衮布偕鄂尔多斯台吉定咱喇什,率兵往援,祸木特败归。祸木特号库克辛,初为准噶尔之扎哈沁宰桑。扎哈沁,译言汛卒也,以宰桑领之。祸木特守阿尔台汛,游牧布拉罕察罕托辉,其东为喀尔喀,有乌梁海界之,其西为准噶尔,有包沁及噶勒扎特、塔本集赛界之。乌梁海凡数种,业打牲,分隶喀尔喀及准噶尔。包沁为回族,准噶尔呼炮曰包,以回人司炮,故名之。噶勒杂特、塔本集赛皆准噶尔鄂拓克也。命北路副将军查弼纳驰赴西军。又调满洲、蒙古兵万有一千赴瀚海,以卫内蒙古游牧。准噶尔贼败遁。阿宝乃自军所归阿拉善牧。上以衮布能黾勉效力,谕奖之。

九年四月,傅尔丹进城科布多。

六月,噶尔丹策凌遣大小策凌敦多卜,以兵三万犯北路。〔大策凌敦多卜以勇闻,小策凌敦多卜善谋〕。先遣谍佯为我获,诡言厄鲁特大队未至,其前队千余,驼马二万,在博克托岭,距我军三日程,傅尔丹信之,遣兵四千往袭,贼以少兵牲畜诱我,而伏兵二万谷中,乘高冲突围我军于和通泊，傅尔丹以兵六千往援，贼已溃我参赞之师，直犯大营，索伦、蒙古兵先溃，惟满兵四千围辎重，且战且退，渡哈尔哈纳河，副将军巴赛、查纳弼战死。

七月朔，得还科布多者二千人。岳钟琪闻北路被围，乃使纪成斌进攻乌鲁木齐以分贼势，贼〔已〕委〔城〕先徙无所得。诏降傅尔丹为振武将军，顺承郡王锡保代之，斩先遁之参赞陈泰。移科布多营于察罕庾尔。又以马尔赛为抚远大将军，屯归化城。先是，遣二等侍卫殷扎纳传谕青海左右翼扎萨克，选兵〔万〕屯青海适中地，护牧，官兵皆赏赉，复命所部采买牲畜勿滋扰。至是青海土尔扈特扎萨克台吉诺尔布，及和硕特扎萨克公拉察布，以防准贼设汛腾格里，乘间叛，率佐领里塔尔等盗掠汛马，奔徙衮额尔吉库克乌苏。贝勒达什车棱亦为所煽，将由索罗木河窜，察罕丹津闻变，牧拉察布牧众，遣属台吉等捕之。额尔德尼额尔克托克托鼐遣子阿喇布济，偕辉特台吉〔贡〕格，并以兵协击，诺尔布弟色特尔布木不从其兄徙牧，且以兵剿拉察布于索罗木河，赐〔银〕八百两，授扎萨克一等台吉。朋索克旺扎勒以兵追达什车棱归，槛献。达什车棱奏，臣幼且多疾，有墨尔根阿里克鄂木布者，臣属也，附诺尔布叛，掠台马，臣从母徙牧图古里克避之，告臣从兄朋索克旺扎勒擒墨尔根等归，乞宥臣无知罪。谕曰："达什车棱年幼，以听信谗言畏罪迁移，并非有意逃遁，且值朋索克旺扎勒往追，即迎前陈诉。将伊属众私掠汛马者擒献赎罪，著从宽免黜多罗贝勒爵，或以察罕丹津偕拉察布徙牧告。"上知其内附诚，不之疑。〔谕曰："拉察布虽系察罕丹津兄子，朕知其素不相睦，察罕丹津效力有年，今以老病，仍奋志报效，甚属可嘉，著赐币二十，银千两，令酌给所部。"〕〔效力人众〕。诏青海众扎萨克曰："朕因准噶尔贼乘西路军不备盗驼马，因念青海各扎萨克人众恐招逆贼侵害，谕令派兵防护。其采买马羊者，原欲使伊等所有牧畜，得变价〔值〕，可获利益，并非需此区区助也。朕曾谕殷扎纳一切派兵采买，听蒙古便，不可丝毫勉强，并虑王台吉等科派所属，谕严行禁约，岂肯令遣往人逼迫蒙古从事乎。今拉察布等无故他徙，或殷扎纳不能宣扬朕谕，使众心共晓，而采买马羊又不听从其便，以致拉察布等心怀疑畏，暂避差摇，特颁旨谕。"拉察布等令其速归本处，准噶尔贼或由喀喇沙尔前赴噶斯，潜行骚扰，或增人众窥伺青海，所部蒙古兵丁尚未齐集，器械亦未周备，难望捍御贼锋，亦令官兵善为保护。时阿拉布济偕贡格驰往击诺尔布，里塔尔自喀喇郭勒追至蒙固尔托罗海护之。诺尔〔布〕诡称青海诸台吉谋逆，且诬讦阿拉布济阴约以青海军援己。谕曰："青海各台吉世受国恩，断无背逆之事，亲王察罕丹津闻拉察布叛，即遣兵追捕，郡王朋素克旺扎勒闻达什车梭叛，即率兵携归。额尔德尼额尔克托克托鼐父子，效力行间，阿拉布济现偕贡格追擒诺尔布，果有异志，宁肯如此奋勉效力耶。"寻诺尔布等械至，廷臣鞫上其罪，称诺尔布为土尔扈特族微小台吉，妄行叛逆，里塔尔身为佐领，附逆作乱，皆应斩。诺尔布叛时，妻孥皆在游牧，请免奴给色特尔布木辖，上从其议。复命诸扎萨〔克〕集兵七千备准贼，军械及马不给，上悯之。谕廷臣曰："朕所以聚此兵者，特为保全伊等家口及游牧计，非为征战调遣用也。今闻其生计情形，朕心深为恻然，俟从容料理，必有加恩之处，所聚兵七千，著选派三千，照前所降恩旨，官员赏给本兼俸银，兵丁赏银五两，至戍卒驻防日久，资斧维艰，著给茶币等项及每月所食青稞。遣归兵四千名，官员等着给三月律银，兵丁等著赏银三两，令各回游牧。准噶尔贼或潜扰青海，朕意欲将伊等预行从容迁徙，令贼由远路来一无所得，不待战而力尽，我官兵与贼交战时，青海三千〔兵〕但遣袭贼后，量力驱贼马匹，所得即赏之，仍计马匹多寡，加恩议叙。"复谕青海扎萨克等曰："尔等属顾实汗子孙，自尔祖宗以来，依附内地边疆，恪顺供职，圣祖仁皇帝视尔等如子孙，抚育六十余年，宠遇优渥，且念尔等尊崇黄救，是以于达赖喇嘛、班禅喇嘛等，备极恩眷。前罗卜藏丹津听信流言，敢〔行〕背叛，我朝发兵征剿，逃窜准噶尔，尔困苦耻辱，无不闻之。令尔等若至彼处，路途遥远，马畜困毙，彼岂能为尔置立产业，分给游行牧地，各令率属保聚乎。况准噶尔终岁征战，凡用兵必置尔等于前，虐使任意，岂若各守祖父基业，永享太平之为得乎。尔〔等〕若不熟计利害，听伊诳诱之词，依附贼人，妄思蠢动，将来兴师问罪必先及之。"以擒诺尔布功，封贡格为辅国公。以阿喇布济有擒剿功，晋授一等台吉。未几，额尔德尼额尔克托克托鼐，奏年迈乞以子代从戎，上悯其情。谕曰："额尔德尼额尔克托克托鼐效力有年，著将伊子内可袭王爵位者指出一人，朕加特恩，封为长子。"额尔德尼额尔克托克托鼐以索诺木丹津名奏，诏如所请。复谕曰："朕令额尔德尼额尔克托克托鼐于诸子中选择可袭王爵者，奏请授为长子，额尔德尼额尔克托克托鼐以索诺木丹津入奏，想伊意必以阿喇布济效力军前，将来自能受朕恩也，著将阿拉布济晋封辅国公。"谕内附诸番众曰："尔等沿边番众及青海蒙古，同受国家抚缓绥之恩，并无歧视。今准〔噶〕尔贼窥伺边境，或将来侵扰青海，而蒙〔古〕之游牧黄河以内者，畏避贼锋，〔投〕奔近边，尔番族须留心照视，勿因向有嫌怨，乘其危急加以戕害，或蒙古恃众劫掠，尔等用力抵御，不可退缩，俟事定后，朕自论曲直，分别赏罚。番族、蒙古皆朕赤子，果能遵朕谕旨，彼此相安，同受朝廷恩泽，方为无穷之福。"

九月，准噶尔大策凌敦多卜谋略喀尔喀，闻顺承郡王驻察罕庾尔。科布多复有振武将军博尔丹军不敢进，遣将取道阿尔台以东，以贼众六千分掠克鲁伦，及鄂尔海喀喇乌苏，留余众于苏克阿勒达呼为之援，我副将军喀尔喀亲王丹津多尔济、郡王额附策凌等迎击之。至鄂登楚勒遣六百骑宵入贼营挑战，诱其来追，而伏兵击之，大破其众，斩其骁将喀喇巴图尔。大策凌敦多卜遁走，寻逾阿济岭至伯格尔察罕额尔克，布伪书，诱辉特扎萨克辅国公巴济，及驻牧推河之厄鲁特辅国公茂海、台吉车棱等往会。达什达尔扎、济克济扎布及协理台吉朋素克岱青等皆从叛，复导贼掠喀尔喀牧。巴济弟噶尔丹达尔扎幼，巴济携赴准噶尔，其族属未附逆者，偕喀尔喀公通谟克等，徙讷穆勒图、喀喇博罗等处。靖边大将军傅尔丹以所部徙牧告，谕总督查郎阿查置之。〔有墨尔根绰尔济者，土尔扈特贝子丹忠属也，亦叛附准噶尔，丹忠惧，乞内徙，查郎阿令游牧阿拉克山、阿拉坦特卜什等处。准噶尔败遁，丹忠徙牧额济内河。初丹济拉来归，为大策凌敦多卜所掠，携众至，仅百余，赐牧推河，给来归厄鲁特众。至是大策凌敦多卜遣使携书，诱其子多尔济色布腾往附，谍者获之以献。谕廷臣曰："此准噶尔反间计也。多尔济色布腾受朕恩甚深，伊亦感激效力，岂肯堕其术中，但伊游牧人等原非伊之旧属，与伊不睦，若仍在喀尔喀地游牧，难以居住，尔等其以准噶尔书示多尔济色布腾。观之，令伊父子向内徙牧，朕自加恩给与产业。时多尔济色布腾谍准噶尔兵袭摧河，谋内徙，有台吉索诺木吹济者，诱其属户四十余叛赴准噶尔，多尔济色布腾至顺承王锡保军，诉称属众难信，请徙归化城，锡保以闻。诏游牧西喇穆棱。未几，以疾请徙牧巴林及科尔沁界。谕曰："尔属众俱系厄鲁特，若与内扎萨克等游牧错处，将来彼此不睦，别生事端亦可定，已经定居之处，不可频频移徙，属众亦甚劳苦，人之寿算俱有定数，岂可因自疑故，即欲徙牧乎。尔聆此谕旨省悟之后，亦应自笑其愚也。"拉察布之叛也，携子察罕喇布坦由索罗木河遁，察罕喇布坦谏，不从，副都统达鼐率兵偕青海诸台吉追之，察罕拉布坦迎降，达鼐复进击拉察布，拉察布乃悔罪，自索罗木河归青海牧。谕曰："拉察布子察罕拉布坦能知其父非，不得已而从之，情甚可悯，朕尚欲令察罕拉布坦袭其父拉察布公爵。"达鼐等遵旨议，拉察布旧封贝勒，以罗卜藏丹津叛，不从青海众赴西宁，独奔徙巴尔喀木，降公爵，今复无故遁，应论罪如律，但情因畏惧，且追兵至辄降，请令圈禁西宁，以其子察罕喇布坦辖属众。谕曰："拉察布系察罕丹津兄子，著将拉察布宽免，交察罕丹津严行管辖。拉察布子察罕喇布坦著授扎萨克一等台吉。"复谕青海扎萨克等曰："青海王台吉等，久荷隆恩，册封位号，褒袭显荣，迄今历有年所，至于编设旗分，以便稽察赏赉，惟恐扎萨克等恃强凌弱，互启争端。譬厄鲁特内，有得奏者，有鄂拓克者，有扎萨克勒者，有得木齐者，皆为易于管辖人众而已。尔有饥馑，朕必加之周给，随猎行兵，朕必加之赏赉，从无徵输尔蒙古者，朝廷恩典，至优极渥，若以封号旗分贱，亦可奏明酌改。且尔阿巴赖诺颜裔现在准噶尔所，果为帅领乎，抑为属下乎，准噶尔系成吉思汗臣仆，尔等俱系成吉思汗弟哈布图哈萨尔子孙，若以博尔济吉特氏之先论之，准噶尔乃尔属隶，奈何甘心自屈，尔等当知准贼诡计，劝谕属人，分别利害，亦令如喀尔喀奋勇立功，岂可甘自懦怯，朕因准噶尔反间，谆谆降旨，尔等如能遵行，则可保室家游牧矣。"土尔扈特台吉多尔济遣使阿尔巴图、沙喇布丹津等至，奏请往谒达赖喇嘛。时唐古特阿尔布巴等乱初定，达赖喇嘛徙噶达，诏守汛者勿遣赴唐古特，以其使〔至〕噶达，优给粮糗，比归，颁赐茶币等物。多尔济者，纳扎尔玛穆特长子也。诏封阿宝子衮布辅国公，撤巴里坤兵归牧。岳钟琪奏留屯，允之。谕曰："衮布率所部兵效力行间，勤劳懋著，从前已加恩赏，著仍增给银两，并谕其父阿宝知之。"

十年，甘肃巡抚许容疏言，镇夷口内红布潮地，巴济属列幕，居称避准噶尔将内徙。巴济已叛归准噶尔，所部虽称避贼，岂可令居内地，督臣查郎阿以巴济属佐领翁鄂柴等，徙绰确哈鲁鼐，给粮茶，特偕喀尔喀公通谟克等徙牧阿拉善后，臣思宁夏地衍，仅隔一阿拉善，别无险要，镇番孤悬塞外，恐厄鲁特逼处，人心难测，请饬令密防，未奉旨内徙者，毋纵入汛。诏檄查郎阿等酌徙巴济属未附逆者，屯汛严辖。

六月，准噶尔小策凌敦多卜复纠众三万，由奇兰至额尔德尼毕拉色钦，我将军塔尔岱及喀尔喀亲王额附策凌，御之于木博图山，未至。

八月，贼潜袭额驸策凌牧于塔密尔河，尽掠子女牲畜，额驸反旆驰救，并急报顺承亲王请师夹攻。额驸率蒙古兵二万，夜半绕间道出山背，黎明自天而下，贼仓皇溃遁，追击于克尔森齐老，贼大败，而西路援师不至，贼且战且却，转战十余次，追到鄂尔坤河之额尔德尼昭，我兵乘暮薄险蹴之，呼声震大漠，贼三万，斩首万余，我兵仅伤十余，以无兵夹攻故。小策凌敦多卜乘夜遁推河，尽弃辎重牲畜，塞满山谷，以阻我师，时将军马尔赛驻拜达里克城，额驸急檄马尔赛邀其归路，副将军达尔济整兵待发，马尔赛不许，副都统〔傅鼐〕跪求亦不应，将士蹬城望见敌骑过者皆烧荒以绝追兵，无复行列。翌日，参赞胡琳等自开城追之，击斩千计，而贼酋已从前多过，事闻诏斩马尔赛及附和阻挠之都统李杕以徇。初，小策凌敦多卜以兵三万至阿尔台，巴济及扎什达尔扎朋素克岱青、茂海、车棱等从，且称喀尔喀兵弱将导准噶尔越察罕庾尔，掠诸扎萨克游牧〔诱厄鲁特盟长色布腾旺布属从叛，复助掠诸部牧畜〕，我军侦以闻。谕曰："巴济等有负国恩，罪当诛戮，伊等不以降贼为耻，反代为贼谋，喀尔喀闻之，自必痛心切齿，奋勇争先矣。"喀尔喀亲王额驸策凌等果大败准噶尔贼于克尔森齐老及额尔德尼昭，巴济遁归，偕茂海、车棱等各以其族遊牧特穆尔图诺尔为准噶尔属。〔寻色布腾旺布奏称，臣父阿喇布坦归诚后，世受国恩，顷准噶尔贼至，方欲偕茂海、车棱议徙内地，不意二人率臣属管旗章京班第、佐领索腾等五百余众，叛就噶尔丹策凌，臣义不肯贰，谨率宰桑等及兵百人待命。谕曰："色布腾旺布素为朕所嘉与，今感戴朕恩，竭力保护所属游牧人等，不致妄动，具奏请旨可嘉可悯，著理藩院遣人照视，酌量严密之处，速行徙牧。"及是〕色布腾旺布又奏，臣有宰桑十四，属户四百二十，以避痘不敢至内地，若不徙又邻准噶尔界，乞施恩令徙喀尔喀河附近地，允之。复谕曰："宰桑等不随逆贼，诚心归附其主，甚属可嘉。色布腾旺布感念朕恩，〔不为〕准噶尔贼所诱，有逃窜者复能竭力追剿，著加恩赏色布腾旺布银千两，宰桑等银各百两,属户每户银十两。"晋封衮布固山贝子,命御前行走,赐三眼孔雀翎。谕青海扎萨克等曰:"喀尔喀奋勇剿贼,尔等何独不能,各宜鼓舞振兴,踊跃效命,贼众侵扰青海,止有噶斯一路,尔等须防守隘口,倘准噶尔前来,务期协力追杀,悉行剿除。"初,岳钟琪之在西路也,力请城木垒,屯兵二万,截贼来路,与巴尔库尔大营犄角,会贼兵六千,自乌鲁木齐入掠哈密,岳钟琪遣总兵曹勷等距之于二堡。又檄将军石云倬等以万人赴乌克克岭,邀其归路,遇贼迁延不击,纵其远遁。岳钟琪劾奏治罪,大学士鄂尔泰并劾钟琪坐失机会,且奏报互异,诏降三等侯,召还京,以查郎阿代之。命大学士鄂尔泰督巡陕甘,经略军务。以张广泗护宁远大将军,广泗奏言,准夷专恃骑,我兵制敌必步骑兼用,而岳钟琪主用车,非沟堑沙碛所宜,且木垒界两山中,形如釜底,牧厂运道,所在受敌,请移于西南之阔舍图岭。旋复奏移回巴尔库尔,于是岳钟琪夺职拘兵部。

十一年正月,命鄂尔泰经略此路军务。

七月,命定边大将军平郡王福彭统大军驻乌里雅苏台,额驸亲王策凌佩定边左副将军印进军科布多。

十二年二月,以乌里雅苏台距科布多远,谕进剿机宜,悉听策凌总埋。

五月,谕今年停止进兵,遣使前往宣示利害,贼众惧求和,即行定议完结,彼若游移推诿,则整备大兵,明年进剿。召北路副将军策凌、西路大将军查郎阿来京议军务。

七月,命额驸策凌、查郎阿回军营,令撤科布多军驻察罕庾尔。

八月,遣侍郎傅鼐额外内阁学士阿克敦、副都统罗密前往准噶尔。〔谕降噶尔〕丹策〔凌〕。

九月,西路副将军张广泗遣将败贼于鄂龙大阪,斩四百余级,获三十六人，余贼远遁。

十三年三月，噶尔丹策凌遣使乞和，表称阿尔台旧系厄鲁特牧，杭爱旧系喀尔喀牧，请由哲尔格西喇呼鲁苏至巴里坤画界分守。诏额驸策凌议之。策凌言，往者喀尔喀游牧尚未至哲尔格西喇呼鲁苏，应如所请。但喀尔喀汛原设阿尔台迤东科布多、额贝和硕、和通额博、布延图、托尔和乌兰等处，并在哲尔格西喇呼鲁苏界〔外〕应设汛如故。至准噶尔游牧，应以额尔齐斯及阿尔台为界。策妄阿喇布坦存日，游牧和博克萨里、察罕呼济尔以西，数年来渐越额尔齐斯，贼性狡，请令毋越阿尔台，上韪其议。谕噶尔丹策凌曰："夫阿尔台之属厄鲁特，乃噶尔丹从前之事，尔准噶尔并未越此游牧，乃谓为厄鲁特牧地可乎，且喀尔喀尚不令近阿尔台，原欲两界稍远，免启争端，而可令尔居之乎，尔父在时，曾请将阿尔台山梁外哈道里、哈达青吉勒、布勒青台勒三处，不必置为界地，朕未允行。今特欲安逸众生，将此三处属尔，祇自克木齐克、汗腾格里、上阿尔台山梁，由索勒毕岭下哈布塔克拜达克之中，过乌兰乌苏、罗卜诺尔，直抵噶斯口为界，并自呼逊托辉至喀喇巴尔楚克，悉作闲地，尔其遵谕行。"

六月，准噶尔使臣垂纳木喀等赍谕旨出西路阔舍图卡伦而去。是年，〔诏撤青海驻防大兵，所部仍选兵二千，色阿木特尔伊克、柴达木等汛，以台吉达玛璘、色布腾色特尔布本领之。〕扎萨克和硕亲王察罕丹津卒，子敦多布旺扎勒先卒，察罕丹津嗣绝，诏以拉察布子旺舒克袭，〔阿拉善贝子衮布，始率所部兵归牧。〕

四

皇上乾隆元年，撤两路大军还，北路于乌里雅苏台及鄂尔坤，西路于巴里坤及哈密，各留兵戍守。

二年四月，噶尔丹策凌贻超勇亲王策凌书。牧阿尔台，称策凌为车臣汗，策凌献其书。诏以己意达之。策凌答书曰："阿尔台乃天定边界，尔父珲台吉时，阿尔台迤西原无厄鲁特游牧，自灭噶尔丹以来，我等建城驻其地，众所共知，其不令尔游牧者，原欲以此为闲地，两不相及，以息争端耳。今台吉云难以让给，试思阿尔台果系谁地，谁能让给，尔诚遵旨定议，我必不为祸始，亦不复向科布多居住。又谓我等置哨逼阿尔台，宜向内撤。夫哨兵乃圣祖仁皇帝时所设，至今并未外移，即议定地界，岂能不设，尔台吉其自思之。"

十一月，准噶尔使至，召策凌来京主其议。

三年二月，以准噶尔未遵旨指明地界，饬使还。

十二月，噶尔丹策凌遣使哈柳奉旨至，请循布延图河，南以博尔济、昂吉勒图、乌克克岭、噶克察等处，北以逊多尔库奎、多尔多辉库奎，至哈尔奇喇博木、喀喇巴尔楚克等处为界。厄鲁特边人仍在阿鲁台山后游牧，并乞令托尔和、布延图哨兵向内移，诏弗允。是年，上以喀尔喀族聚青海不忍令析处，诏简台吉领之，以达什敦多布任公中扎萨克一等台吉。

四年二月，哈柳还。

十月，复至，请如原议，毋逾阿尔台。盖自与准噶尔议界，至是议始定。阿拉善多罗贝勒阿宝卒，次子罗卜藏多尔济袭。

五年，土尔扈特部多罗贝勒丹忠卒，子罗卜藏达尔扎袭，以幼遣理藩院官代理牧务。

十年，噶尔丹策凌死，次子策妄多尔济纳木扎勒嗣。

十一年，办理青海事务副都统象佛保遵旨宣谕诸扎萨克岁防汛，议以郡王额尔德尼额尔克托克托鼐之长子索诺木丹津，及扎萨克台吉衮布喇布坦、色特尔布木、多尔济色布腾、萨〔拉〕等防得卜特尔汛，以郡王衮楚克达什、车棱喇布坦、贝子丹巴、辅国公纳木扎勒、车凌、扎萨克台吉达玛磷色布腾等，防伊克柴达木汛。十人为五班，三年一察军械。额尔德尼额尔克托克托鼐奏，请以所属十佐领给索诺木丹津十之六，给车凌多尔济十之四，以索诺木达什隶索诺木丹津，以多尔济隶车凌多尔济，别设一扎萨克，允之。招授车凌多尔济为扎萨克一等台吉，多尔济以辅国公隶之。未几，多尔挤卒，子纳罕扎木素降授一等台吉，辅国公爵停袭。准噶尔台〔吉〕策妄多尔济纳木扎勒遣宰桑祸木特奏，请赴藏煎茶。

十二年，以准噶尔使赴藏煎茶道噶斯，复议自伊克柴达木、得卜特尔外设汛哈济尔察罕乌苏。

十三年，厄鲁特扎萨克多罗额附色布腾旺布卒，色布腾旺布前以无嗣，育从子朋素克为子，至是袭爵，诏降袭固山贝子。朋素克祖曰罕都，即阿拉布坦兄，父曰索诺木。

十五年，青海部扎萨克辅国公纳木扎勒车凌自青海赴唐古特，次喀喇乌苏，闻珠尔默特纳木扎勒叛，驰至布达拉城，获视达赖喇嘛。寻大军定唐古特乱，谕嘉之，晋封固山贝子。〔阿拉善部扎萨克郡王阿宝次子罗卜藏多尔济尚郡主，授多罗额驸。〕

十七年，撤还土尔扈特代理官。

十八年，诏授土尔扈特罗卜藏达尔扎扎萨克领其众。未几，以罗卜藏达尔扎不更事，仍遣官代理。

冬，杜尔伯特部台吉三车凌来归。三车凌者，曰车凌，曰车凌乌巴什，皆鄂木布岱青和硕齐裔，曰车凌蒙克，为达赖泰什弟保伊勒登裔，统称杜尔伯特台吉，巴约特其属部也。杜尔伯特以车凌为长，车凌乌巴什次之，巴约特以车凌蒙克为长，聚牧额尔齐斯。达瓦齐乱起，因谋内附。达瓦齐系出准噶尔巴图尔珲台古，有布木者，号额尔德尼台吉，子策凌敦多卜，以族台吉同名，别称大策凌敦多卜，子五，长纳木扎尔达什，次多尔济丹巴，次巴里，次达什车凌，次班珠尔。达瓦齐即纳木扎尔达什子。康熙初，布本尝附噶尔丹表贡驼马，布木死，大策凌敦多卜父子助策妄阿拉布坦父子屡扰邻牧，及策妄多尔济纳木扎勒嗣，童昏无行，不听其姊鄂兰巴雅尔之言，反谓其欲效俄罗斯自立为扣肯汗而拘击之。鄂兰巴雅尔之夫萨奇伯勒克，因助其庶兄喇嘛达尔扎攻而弑之，喇嘛达尔扎遂篡汗位，小策凌敦多卜之子达什达瓦，与辉特台吉阿睦尔撒纳，和硕特台吉班珠尔立噶尔丹策凌幼子策旺达什为汗，喇嘛达尔扎觉之，遂弑策旺达什及达什达瓦。时达瓦齐游牧额密尔，领准噶尔二十一昂吉之一。阿睦尔撒纳等告以祸将相及，遂走和通呼尔哈，将携众五千来降，定边左副将军喀尔喀亲王成衮扎布以闻。谕曰："达瓦齐乃大策凌敦多卜孙，前与准噶尔定界时，未尝与约不受降，且自噶尔丹乱后，收养准噶尔人甚众，若达瓦齐至而不纳，是绝其归路矣。达瓦齐果力穷来归，可量给粮骑，驰送京师。"既而达瓦齐走哈萨克，喇嘛达尔扎索之，遂窜归，与阿睦尔撒纳谋弑喇嘛达尔扎袭其位。小策凌敦多卜孙讷默库济尔噶尔与构兵，各令杜尔伯特族助，车凌等欲拒之，不敌，欲事之莫知所从，集族言曰："依准噶尔非计也，不如归天朝为永聚计。"有喀尔喀卒额璘沁达什者，为准噶尔〔所〕掠，闻其谋，脱归以告。诏定边左副将军喀尔喀亲王成衮扎布，俟车凌等至，察其诚可纳之。既而三车凌弃额尔齐斯牧，率部众来归。车凌从者三千百七十余户，口以万计。车凌乌巴什从者，千二百余户。车凌蒙克从者七百余户。车凌蒙克于诸台吉行独尊，且兼领巴约特务,以故从车凌蒙克至者,凡七百余户,戚属仅百有四,余皆巴约特属隶之者,由准噶尔东乌兰岑乌英齐而行,越旬有九日至博东齐,遣使巴颜克什克、都图尔噶等驰赴巴颜珠尔克,以降故告,而留其众于额克阿喇勒以待。成衮扎布遣守汛者视,虑其诈,檄喀尔喀兵备之,以闻。谕曰:"车凌等降非叵测也。达瓦齐与讷默库济尔噶尔构兵,车凌等助之,胜负难预定,幸而从者胜,卒为人后,不若归降之为得计也。既遣使以情告,若仍令处汛外,恐追兵至或有失,可即徙入内汛,暂给牧畜,徐议安置事宜。先以车凌、车凌乌巴什及从者至,酌遣数人,令其瞻仰朕躬,朕自优加恩赉。"侍郎玉保往谕,并颁赐御用冠服,甫就道。上念所部习边外,以未出痘者为生身,若即令至内地,虽伤一仆从不忍,诏俟明岁受朝塞外,勿遽来京师,负矜恤意。而三车凌惧准噶尔兵袭,请急徙入汛,且献马为贽,成衮扎布纳之,令暂驻乌里雅苏台。达瓦齐遣宰桑祸木特以兵袭,不及乃逸。玉保至,三车凌忭迎十里外宣谕之。跪奏噶尔丹策凌时思内附,以众志未变,且法严,故不获闻。今避乱来归,思觐天颜,蒙恩轸念,避痘令缓入觐期,先请以宰桑等朝京师。车凌使曰和通巴颜克什克,车凌乌巴什使曰哈锡嗒,车凌蒙克使曰巴图。

十九年正月,三车凌使至,诏与朝正诸番臣宴。上以所部间道至,驼马疲甚,且乏畜产,不忍遽远徙,诏视推河、扎克拜达里克、库尔奇勒可耕地置之,谷种取诸归化城。复赐车凌、车凌乌巴什羊各五千,车凌蒙克羊三千赡之。寻定牧扎克拜达里克。〔车凌乌巴什属巴启、齐伦等叛,逸喀尔喀,〔又〕盗车凌属伊尔都齐马,索不给,且射杀之。诏喀尔喀扎萨克以鄂尔坤防秋兵百视牧。复檄诸扎萨克邻汛者,弋叛贼务获,后巴启等就擒治罪。〕有色布腾者,从三车凌来,善约众,〔三车凌以告我视牧大臣。〕诏色布腾参赞军务,选所部兵二百,偕内大臣萨拉尔议招乌梁海及扎哈沁。〔复以所部患痘谕色布腾驰赴张家口外,命大学士博恒迎劳之,诏封多罗贝勒,归牧协理所部盟长务。〕三车凌之来，达瓦齐遣祸木特追之，由博尔济河入喀尔喀汛，复逸出，上以守汛如门户，何得任准噶尔出入，谕责驻防乌里雅苏台副都统达青阿罪。至是达青阿奏，诱擒祸木特及从者三十五人。谕曰："祸木特倘召之不至，或至而心怀不服，则擒之可，今遣使辄至，不明惩其罪，反诱擒，不可。"诏宥罪遣归，给冠服。祸木特械至鄂伦瑚都克汛，侍郎玉保宣谕释之，谢罪归。

夏四月，谕日曰："内扎萨克及喀尔喀咸设正副盟长董理牧务。今新降台吉车凌等，携至户口悉编旗分佐领，其设正副盟长，如内扎萨克及喀尔喀例。"赐赛因济雅哈图名。

五月，驾幸热河，驻跸避暑山庄。三车凌率诸台吉至，赐宴万树圆，观火戏。谕曰："杜尔伯特台吉车凌等偕准噶尔渠酋，向慕仁化，率万余众，倾心来归，宜敷渥泽，锡予封爵，以示怀柔至意，其各钤所属，令安分谋业，勿负朕恩。"时所部设扎萨克十有三，自三车凌外，曰色布腾，曰蒙克特穆尔，曰根敦，曰班珠尔，曰刚，曰巴图蒙克，曰玛什巴图，曰达什敦多克，曰恭锡喇，曰巴尔。封亲王郡王贝勒贝子公一等台吉有差。诸扎萨克既归牧。诏车凌选所部兵五百赴萨拉尔军，剿乌梁海。车凌蒙克子巴朗久蓄叛志，至是乘间挈众逃。车凌蒙克子四，长齐默克早死，次巴朗，次巴雅勒当，次博斯和勒。巴朗从父内附，中道谋窜归准噶尔，以告巴雅勒当，及宰桑济尔哈朗、达瓦达尔扎、纳木凯赞卜、尼玛齐崖等未敢发。车凌蒙克入觐，将以子巴朗及巴雅勒当行，巴朗诡称疾不之从，巴雅勒当复固辞，弗许，携就道。巴朗煽齐默克子巴布勒及属众二百余遁，族台吉蒙克特穆尔从之。蒙克特穆尔兄弟三，蒙克特穆尔为长，次额布根，次齐巴克额布根。从三车凌入觐，蒙克特穆尔留视牧。上以蒙克特穆尔为其昆弟长，诏封扎萨克固山贝子，额布根将归牧。蒙克特穆尔从巴朗叛遁，诏撤额布根还，勿赴牧，以车根代辖其众，盖防为窜党所煽也。额布根闻蒙克特穆尔叛，自惭忿，请从大军征达瓦齐，且擒叛党以赎，乞车根代入告，上奖其知大义，授扎萨克一等台吉。〔有〕翁郭尔者，蒙克特穆尔属也，闻其主有叛志，〔力〕阻〔之〕，蒙克特穆尔〔刃伤之，胁偕行〕，卒不从，裹创往追窜党，缚密什尔以归，诏授三等侍卫职。诏将军策楞及色布腾等缉巴朗及蒙克特穆尔，务获，其从逃众悉宥。车凌蒙克归牧，巴朗遣从者伯克增起诱巴雅勒当往会，遇汛兵，就擒，讯其状。诏诛伯克增起，严防间谍及游牧众窜。巴郎偕蒙克特穆尔由北路间道行，经乌克岭、哈布塔克、拜达克、奇兰、阿拉克台、布哈和洛诸境，闻追军至，辑逸，遂窜匿准噶尔界，其从逃之沙拜塔尔、纳玛琳、曼集、巴颜恩克等后先脱归。诏宥罪，给车凌蒙克辖之。

秋七月，将军策楞请从三车凌牧于归化城青山东。时议备兵征达瓦齐。谕曰："巴朗等甫叛窜，若从之，将滋新降疑惧，且非办理准噶尔本意，其令安处旧牧，勿他徙。达瓦齐请使奉表，诏逐归。阿睦尔撒纳本和硕特拉藏汗长子，噶尔丹丹忠之次子，噶尔丹丹忠之死，阿睦尔撒纳方孕未产，其母博托洛克改适辉特台吉伟徵和硕齐而后生，故冒称辉特族。初与达瓦齐窜哈萨克，未经潜归旧牧，袭杀其异母兄辉特台吉沙克都尔而据其众。寻杀喇嘛达尔扎而立达瓦齐，颇为达瓦齐所信任。其后达什达瓦之侄纳默库济尔噶尔欲与达瓦齐分领准噶尔众，阿睦尔撒纳以计诱杀之，恃功益骄横，达瓦齐察阿睦尔撒纳异志，后击之，阿睦尔撒纳蹙，乃为内面计。至是偕和硕特台吉班珠尔等间道来降。上以达瓦齐虐若所部，降者至，辄告准噶尔如水火状，卫拉特诸台吉挈数万众屯内汛，急于安抚，将俟伊犁定，议设四卫拉特如旧。谕曰："准噶尔本元之臣仆，窜处西北，恃其荒远凭陵番部，我皇祖圣祖仁皇帝三次亲征，肃清沙漠。皇考世宗宪皇帝时，策妄阿喇布坦父子济恶，仍肆跳梁，是以命将出师，声罪征讨。朕嗣统，当皇考降旨撤兵之后，而噶尔丹策凌遵守定界，遣使请安，求通贸易，朕特加恩俯允，以示怀柔。迨噶尔丹策凌物故，其子策妄多尔济纳木扎勒为孽兄喇嘛达尔扎所杀，而喇嘛达尔扎复为达瓦齐所弑，在喇嘛达尔扎虽承绪不正，尚属噶尔丹策凌之子，至达瓦齐则篡窃乱臣耳。乃今年夏间，遣使来京，仍请赴藏熬茶，靦然以噶尔丹策凌自处，试思堂堂大清，中外一统，而夷部乱臣，妄思视同与国，此其逆天悖理为何如耶！上年杜尔伯特台吉车凌等率众来降，今秋辉特台吉阿睦尔撒纳等又举部内附，斯均穷蹙来归之人，朕为天下共主，兼覆并载，既无拒而不纳之理，而喀尔喀内地，俾此辈数万众，仰食聚处，将来滋生蕃庶，亦岂久安善策。朕于达瓦齐初无兴师问罪之意，而事会所至，揆之理势，实有不得不从长经理者，特将此番用兵始末，宣示中外知之。"杜尔伯特部诸台吉咸从大军征达瓦齐，或隶萨拉尔队，称西路哨探军，或隶阿睦尔撒纳队，称北路哨探军。三车凌之至也，告族台吉讷默库留准噶尔户千余，刚多尔济、额尔德尼巴图博罗特如之，将乘间内徙，至是果偕辉特台吉阿睦尔橄纳、和硕特台〔吉〕班珠尔至，诏赐牧畜，置塔楚，邻三车凌牧。

冬十月，驾由盛京旋驻跸避暑山庄，诏色布腾偕新降台吉讷默库、阿睦尔撒纳等〔入觐〕，赐宴，〔锡〕之爵。〔杜尔伯特部〕曰纳默库封郡王，曰刚多尔济，曰巴图博罗特封贝勒，曰布图克森，曰额尔德尼，曰罗垒永端封贝子，曰布颜特古斯，曰蒙克博多特封辅国公，曰乌巴什、曰伯勒克封一等台吉，凡设扎萨克十，编旗分佐领，如三车凌例，分左右翼，设正副盟长各一。辉特部曰阿睦尔撒纳封亲王，和硕特部曰班珠尔封郡王，曰纳噶察封辅国公。班珠尔即阿睦尔撒纳同母兄，纳噶察者，噶尔丹丹忠弟索尔扎之子也。索尔扎为准噶尔所掠，禁赍恨死，纳噶察与班珠尔聚处，至是避达瓦齐来降。祸木特之归也，以厄鲁特及乌梁海兵八千为达瓦齐掠阿睦尔撒纳众，阿睦尔撒纳既内附，请从大军击扎哈沁所略，上以乌梁海及扎哈沁近内汛，诏内大臣萨拉尔逐祸木特等阿尔台外，会雪盛不可行，而祸木特感不杀恩，且念达瓦齐不足事，阴有归志，有准噶尔宰桑号通祸木特者，游牧诺梅克卜特尔近索勒毕岭，为布拉罕察罕托辉下游，祸木特赴其牧，将掠通祸木特，为请降计，通祸

〔木〕特觉诱执之，萨拉尔谍得状，由乌兰山阴以兵骤至，通祸木特就擒，索得祸木特，责负恩罪，祸木特以情告，请徙牧内属，遣扎哈沁得木齐等诏所部六百余户降，萨拉尔槛祸木特至军，诏释之，入觐京师，上鉴其诚，授内臣职，赐冠服。大军击扎哈沁，准噶尔克尔努特台吉阿卜达什率众降，诏授扎萨克一等台吉，附阿睦尔撒纳牧。

二十年，诏祸木特与朝正会宴，以通祸木特卒，谕祸木特善视其戚属。乌梁海降臣察达克招服包沁察获杜尔伯特属以献，诏给所部。

二月，命班第为定北将军出北路，阿睦尔撒纳副之。科尔沁亲王色布腾巴尔珠尔、郡王成衮扎布、内大臣祸木特参赞军务。永常为定西将军出西路，萨拉尔副之。郡王班珠尔、贝勒扎拉丰阿、内大臣鄂容安参赞军务。两副将军各领前锋三千先遣，将军参赞继之。北路出乌里雅苏台，西路出巴里坤，各携两月粮，期会于博罗塔拉河。谕曰："达瓦齐虽有罪，究属一部台吉，倘伊属人，见事势穷蹙，将伊擒献，毋加戕害，候朕谕旨遵行。"祸木特密奏曰："阿睦尔撒纳豺狼也，虽降不可命往，往必为殃。"上以不逆诈谕之。阿睦尔撒纳亦告我参赞大臣固伦额驸色布腾巴尔珠尔曰："祸木特非倾心降者，不可信。"令哨探兵以扎哈沁从恐漏师，不如令后队，色布腾巴尔珠尔以闻。谕曰："祸木特老成习事，故令前往，若停其行，是滋疑也。阿睦尔撒纳以祸木特掠其属与之隙，故不愿偕行，朕用人期益事，岂以他人言为从违乎。"诏定北将军班第饬勿相忌，班第请从扎哈沁众于扎布堪、库克岭诸地，防乘间窜。诏置之齐拉罕，勿内徙滋疑。授祸木特总管，以厄鲁特喀喇巴图尔阿玉锡为翼领。包沁宰桑阿克珠勒寻率众降，察获祸木特族属给之。初，准噶尔定扎哈沁、包沁纳赋例，比年献脯，间年供牲赡喇嘛，遇军则令助，诏如旧例。免今岁赋献，授阿克珠勒为包沁总管，以祸木特兼领之。

三车凌既入觐归，诏选兵二千以车凌领其一，隶北路。车凌蒙克、色布腾从之。以车凌乌巴什领其一，隶西路，各授参赞大臣。讷默库等继至，请从军，诏隶西路。以车凌乌巴什、讷默库皆幼不更事，诏调车凌蒙克赴西路军，从车凌乌巴什、讷默库等行，而是时阿睦尔撒纳为北路副将军，讷默库其妻弟也，固请隶北路军。允之。以故偕三车凌至者，隶北路副将军阿陆尔撒纳队。赐车凌整装银二千，车凌乌巴什、讷默库各减十之二，给从军者羊及餱粮有差。并赏车凌乌什三眼孔雀翎，谕常服之。赍阿卜达什白金五百为装赀，从大军次察罕呼济尔，阿卜达什以兵三百驰赴额密尔，为哨探前队。有察衮德济特者，伊克明安族也，率属降。诏以阿卜达什等辖其属。谕西路副将军萨拉尔曰："巴朗负恩叛逃，即穷蹙乞降，非投诚可比，或闻其父车凌蒙克进兵西路，潜由北路奔走额琳哈毕尔噶迎降，乞宥，尔闻之，即遣兵往擒巴朗，令车凌蒙克自不得以招抚为辞。"诏车凌及车凌蒙克遣事桑以善耕卒百赴额尔齐斯。盖杜尔伯特众兼耕牧业，视喀尔喀专以牧为产者异，将遣绿旗及喀尔喀兵屯耕额尔齐斯，以所部识水泉道，且善耕，命简卒往导，俟大功成，遣牧众归额尔齐斯。先是，和硕特辅国公纳噶察愿返青海，谕俟达瓦齐乱定归青海，与留准噶尔唯所便，纳噶察抵牧，易辞告班珠尔，称奉诏令和硕特族归青海。至是将以兵从征，谕班第诘其情，纳噶察复易辞，称奉诏令由巴里坤徙牧，班第责不符旨，纳噶察惭谢。上以其谲而喜事。诏班第密察之。复谕曰："纳噶察徙牧青海志果诚，情尚可悯，俟事定后具奏请旨，非必不可行事也。"萨拉尔道遇达瓦齐使，入贡请罪，叱之曰："我奉天子命往讨达瓦齐，他非所知。"羁达瓦齐使以表达京师，军行抵察罕乌苏，遣侍卫塔齐图等赍檄往达瓦齐，达瓦齐窜赴格登。大军抵伊犁，罗卜藏丹津就擒。谕曰："罗卜藏丹津负恩背叛，逃往准噶尔偷生之十余载，今两路大军至，伊无路奔窜，仍就擒获，实足以彰国宪而快人心。"罗卜藏丹津浮至，告祭太庙社稷，行献俘礼，上御午门楼受之。以世宗宪皇帝有罗卜藏丹津至仍宥罪之旨，诏免死，子巴朗及察罕额布根授蓝领侍卫，余戚属处伊犁者，诏勿内徙。诏赐车凌、阿睦尔撒纳双亲王俸，车凌蒙克晋封多罗郡王，车凌乌巴什晋封和硕亲王，封祃木特三等公爵，赐信勇号，赏〔双〕眼孔雀翎、四团龙服，命常服之，并增护卫员。达瓦齐不即降，由格登率千余骑窜逾库鲁克岭，诸军分道蹑，皆以马疲返。车凌乌巴什偕辅国公玛什巴图率轻骑八百尾之。定北将军班第令车凌蒙克督所部兵驻防伊犁，令色布腾辖乌鲁本齐至博罗塔拉邮务。北路军奏以讷默库参赞例名。诏西路军奏，亦并列三车凌及色布腾名次参赞大臣鄂容安后。蒙克特穆尔之叛，与巴朗分道窜，〔闻追军至辄逸。有〕哈萨克锡喇及都噶尔者，皆噶勒杂特宰桑也，巴朗与蒙克特穆尔以穷无所归，往依都噶尔。未几，哈萨克锡喇自噶勒杂特走额琳哈毕尔噶乞降西路军，巴朗、蒙克特穆尔游行塔本集赛，副都统达什敦多布驰缉之，巴朗弃孥遁，蒙克特穆尔族台古巴颜恩克始从叛，寻与之失，脱归，不知蒙克特穆尔踪，以从都噶尔赴额琳哈毕尔噶告，诏西路军侦擒之。会北路军次塔本集赛牧，都噶尔乞降，以蒙克特穆尔献，讯罪，诡称巴朗逼逃，行次奇兰辄悔罪，谋擒巴朗，以告扎哈沁宰桑祃木特不之助，故中止，乞宥罪免死。不旬日，额伯津宰桑等槛巴朗至北路军。谕车凌蒙克曰："尔父子前来归诚，冀受朕恩，甫入觐，尔子巴朗乘间遁，不独负朕恩，且悖尔志，情罪甚重，国法难贷，念尔诚心感戴，效力从军，尔孙巴布勒或为巴朗所逼，或与巴朗同谋，皆可置之不问，以加恩尔，故特宥之。俟至乌里雅苏台，仍遣赴尔游牧，尔其知之。"巴朗及蒙克特穆尔寻械至，上告祭太庙社稷，御午门楼行受俘礼，诛之。大军驻伊犁，准噶尔台吉噶尔藏多尔济及辉特台吉达玛璘并乞降。达玛璘者，杜尔伯特亲王车凌女夫也。时厄鲁特巴济及茂海车凌等皆前死，巴济弟噶尔丹达尔扎偕达什达尔扎、济克济扎布及茂海车凌子迎降。谕曰："叛贼子弟，理应治罪，但伊等父兄俱已死亡，姑从宽免，伊等由喀尔喀叛逃，今应仍令游牧喀尔喀所，但所携户口甚多,著于伊等台吉内,令大者准携三十户,次二十,次十户,余俟事后酌量安置,"诸台吉仍寻令入觐。又有伊克明安台吉巴桑献籍三百余户降,班第以闻,诏赐冠服珮饰。有善披岭集赛之得木齐苏克都尔格齐霍什哈,及古里特鄂托克之得木齐和通喀喇博罗莽鼐,伊什克特咱玛博勒等,告旧为和硕特台吉罗卜藏车凌属,献籍六百户。罗卜藏车凌子曰诺尔布敦多克游牧额琳哈毕尔噶,遣长子鄂齐尔驰降。定北将军班第遣招其族台吉三济特闻之,献籍三百户。初,都尔格齐诺颇有子曰丹津珲台吉,于康熙时曾遣使入贡。其子曰阿喇布坦,有子二,长噶勒丹敦多布,生沙克都尔曼济,次敦多布车凌,生明噶特,达瓦齐善沙克都尔曼济倚任之。小策凌敦多卜孙讷默库济尔噶尔与达瓦齐构兵,沙克都尔曼济击之,歼其孥,达瓦齐既窜格登,沙克都尔曼济乃诣大军降,郡王班珠尔私夺诺尔布敦多克、沙克都尔曼济请台吉属产,班第禁之,乃稍戢。大军踰伊犁追达瓦齐营,遣视其营,负格登崖临淖。萨拉尔等议曰:"大军经万余里未尝血刃遗镞,今达瓦齐惧诛,为负嵎计,挞伐之,将玉石俱焚,毋乃非圣天子救绝诚意,不如诱擒之善。"以喀喇巴图阿玉什、巴图济尔噶勒、察哈什三人领健卒二十二〔人〕,宵策马入达瓦齐营,招降宰桑台吉等四十九人及厄鲁特兵五千余。达瓦齐逸,参赞大臣达尔党阿等蹑击之,收达瓦齐叔父班珠尔及从者六千余。达瓦齐逾库鲁克岭窜,班第遣使分道索。乌什阿齐木伯克、霍集斯侦赴喀什噶尔,伏兵林间,遣弟携酒及马给迎之,达瓦齐至,伏骤起,达瓦齐及子罗卜扎、宰桑爱尔齐、丹津、达尔巴盖乌巴什、敦多克、摩罗木、色克色德色、吹索诺木、额木齐图巴等七十余人悉就缚。霍集斯驰告班第,遣兵五百迎诸穆索尔,械赴京师,准噶尔平。〔是役也,上独申睿断于天时人事,智深勇决,洞悉机先,师行万里,兵不血刃,大功迅奏,庙算天遣,详具钦定平定准噶尔方略中。〕阿睦尔撒纳之乞进兵也,本欲假手大兵灭准噶尔,以己为珲台吉,总辖四卫拉特。上以内附卫拉特诸台吉错处内牧,非得地众建之不可,俟准噶尔定,将复设四卫拉特,以车凌为杜尔伯特汗,班珠尔为和硕特汗,阿睦尔撒纳为辉特汗,其绰罗斯汗则俟噶尔丹策凌子姓来降者授之。阿睦尔撒纳赴军时,与诸台吉备闻命,而志未餍,及平达瓦齐乃自眠于额驸科尔沁亲王色布腾巴尔珠尔,使与将军班第为难,而以己情讬其归奏。时班第、鄂容安留伊犁等善后,阿睦尔撒纳则隐以总汗自处,擅调兵,擅诛杀,不服赐服,不用副将军印,自用珲台吉菊形篆印,其移檄哈萨克也,言自统蒙古、汉兵屯伊犁,讳言奏天子命,又使其党赂伊犁喇嘛等曰:"若阿睦尔撒纳统准噶尔,必善育尔等。"又与和硕特辅国公纳噶察及新降诸宰桑阿巴噶斯、纳苏图乌克等密语竟夜。将军参赞先后密以闻。先是,上令阿睦尔撒纳九月至热〔河〕,行饮至礼,同四部台吉受封,而阿睦尔撒纳前与额驸约期七月下旬俟命,额驸归不敢奏,而入觐期迫,班第〔促〕之行,以喀尔喀亲王额璘沁多尔济监之,就道,诡遣纳噶察归告班第曰:"阿巴噶斯偕伊犁喇嘛等言,若不令阿睦尔撒纳统准噶尔众,宁剖腹死。"班第斥之,阿睦尔撒纳知计不得遂。八月十九日行至乌隆古河,距其牧札布堪河近,乃诡言暂归治装,以副将军印交额璘沁多尔济使先行,有降夷首其谋,额璘沁多尔济不之〔信〕,竟纵之去,遂由额尔齐斯河间道北逸,遣使迎其孥于扎布堪河。时上已密谕乌里雅苏台军营擒其孥,并其同母兄班珠尔收之,越半日而贼使至,得不遣,贼四出煽乱,伊犁诸喇嘛、宰桑劫掠军台,蜂起应之,时大兵已撤,伊犁仅驻兵五百,班第、鄂容安被围,殉节焉。西路将军永常自木垒退屯巴里坤,并移军粮于哈密。北路声援断,贼势益盛。〔初〕伊犁定,班第以车凌、车凌乌巴什、讷默库及新降之绰罗斯台吉噶尔藏多尔济,和硕特台吉沙克都尔曼济,辉特台吉巴雅尔等,列入觐初班,三济特、鄂齐尔次之。驾幸木兰,车凌等至,召觐行幄,慰谕之。旋跸避暑山庄御淡泊敬诚殿,受朝,诏以车凌为杜尔伯特汗,〔赐特古斯库鲁克达赖号〕,噶尔藏多尔济为绰罗斯汗,以沙克多尔曼济为和硕特汗,以巴雅尔为辉特汗。谕曰:

"准噶尔互相残杀,群遭涂炭,不获安生,朕统一寰区,不忍坐视,特发两路大兵进讨,诸台吉宰桑等畏威怀德,率属来归,从军自效,今已平定伊犁,擒获达瓦齐,是用广沛仁惠,酬庸效绩。准噶尔旧有四卫拉特汗,今即仍其部落树之君长,其董率所属务勤养教,受朕无疆之福。"封伊克明安台吉巴桑辅国公,赍白金千五百两。赍阿卜达什白金五百,诏归塔密尔牧。谕茂海子齐默特多尔济挈戚属,附厄鲁特郡王朋素克牧,余仍留伊犁。授和硕特三等台吉特默齐扎萨克一等台吉,赍白金十,赐孔雀翎。时班珠尔以附阿睦尔撒纳叛论罪。谕曰:"班珠尔同族台吉特默齐及敦多克达什、唐拉扎卜等,俱不必办理,仍令照旧居住游牧。"和硕特三济特、鄂齐尔继至,诏授三济特扎萨克一等台吉,鄂齐尔闲散一等台吉,遣归牧。初,阿睦尔撒纳逆形已著,上欲乘其未发诛之,密敕班第图之,会阿睦尔撒纳已就道,且有哈萨克贡使随行,班第恐哈萨克惊疑,遂不敢发。至是上乃以先后敕除阿逆密旨,及班第等狐疑章奏,宣示中外,黜额驸亲王爵,赴军效力。赐额琳沁多尔济自尽,逮永常治罪,以策楞代之。玉保、富德、达尔党阿为参赞,两路遄进讨贼。色布腾请率兵往剿阿睦尔撒纳,上以甫从军还,不欲数劳之,慰谕归牧。未几,以色布腾与阿睦尔撒纳夙怨,且悉厄鲁特情,诏赴乌里雅苏台偕驻防大臣等筹军务,仍授参赞大臣,以所部兵从悉给俸饷口粮。色布腾闻命即驰就道。谕曰:"色布腾自归诚以来,奋勉效力,征准葛尔颇著勤劳,且闻朕旨,即以兵驰赴乌里雅苏台军急公任事,诚可嘉予,著赏郡王品级,若能更立殊勋,朕当加以重赏。今由西路进兵,擒厄鲁特叛贼,北路尚无所事,惟新收汗哈屯乌梁海及续降辉特众,应加防范,著色布腾留心体察,既抵军营,妻孥悉令从往,所有陈奏军务,著列名于喀尔喀亲王成衮扎布、桑齐多尔济之次,都统雅尔喀善之前。"色布腾寻以疾〔道〕卒。赐赙祭,子巴桑袭。定西将军策楞将以大兵剿阿逆,诏沙克都尔曼济往会,甫就道,谍者以阿逆据伊犁告,谕遣亲信宰桑驰谕所部备兵,勿为鼓煽,而以身从大军击贼。班珠尔械至，禁狱所。请遣三济特、鄂齐尔书，令和硕特众分剿阿逆，三济特既得书，言诺尔布敦多克、沙京都尔曼济皆邻牧，且族台吉玛尼巴图、巴苏泰、玛赉乌巴什、弩库特图鲁孟克、阿穆尔弩斯海、萨望等，皆无异志，当以书遣之。鄂齐尔亦称愿归告父共剿逆。我副将军萨拉尔集伊犁宰桑等定议，约诺尔布敦多克及沙克都尔曼济子图扣以兵至博啰塔拉、布尔哈苏台、闵勒奇岭剿阿逆，诺尔布敦多克、图扣各遣使至巴里坤，诺尔布敦多克表曰："臣父罗卜藏车凌，前噶尔丹策凌时谋内附，不获间，大军征达瓦齐，臣族班珠尔倚阿睦尔撒纳夺臣属，臣愿奋志剿贼。"上嘉其诚，诏封公爵，以班珠尔所夺给之。

十月，俘达瓦齐至，告祭太庙社稷，行献俘礼，上御午门楼受之。诏宥罪，赐冠服白金。时阿睦尔撒纳已叛，绰啰斯降，台吉噶尔藏多尔济封绰啰斯汗，遵旨赴定西将军策楞营。这瓦齐奏，臣俘囚，蒙圣主不加诛而赐厚恩，捐糜顶踵，不足为报。阿睦尔撒纳臣夙仇也，背恩叛窜，恨不奋擒。杜尔伯特台吉伯什阿噶什、库本诺音台吉、诺尔布等，臣知不与贼党，请遣书令协力剿擒，庶彰国法，以快人心。谕曰："前因准噶尔夷部数年以来，篡夺频仍，所属诸部率众内向，接踵而至，朕为天下共主，既不忍拒而不纳，将为之经理游牧，既因其地处之，为长久计，而两朝未竟之绪，亦乘此事机，一劳永逸，此用兵之本意也。至达瓦齐之立为台吉，不过外夷自相篡窃，原可不必声罪致讨，从前所降谕旨甚明，但以达瓦齐进贡请安，尚居然以噶尔丹策凌自处，是〔以降〕敕切责，旋复遣使叩关，情词恭顺，则大军已入其境未得至京，将军等取其书奏之，及王师进取伊犁，伊畏避逃窜，亦属恒情，是达瓦齐原无获罪天朝，其残酷暴虐，亦皆出自阿睦尔撒纳之口，迨俘获来京，视之则一庸愚可悯之人耳。且言久思归顺，特以阿睦尔撒纳领兵前行，实不便于其军前纳款，比其肝膈本怀，非由饰说。古之异国降王，或优以封爵，示无外也，达瓦齐著加恩封为亲王，赐第京师，奉朝请，朕抚驭万国，一秉大公，仁育义正，惟听人之自取，可将此宣示达瓦齐，并晓谕中外知之。"复谕曰："朕已将达瓦齐宥罪，施恩封为亲王，带领伊子居住京师，伊旧属人著查出四五十户，令来京役使，并著策楞晓谕噶尔藏多尔济等及准噶尔人众，从前进兵擒剿达瓦齐，止因阿睦尔撒纳其暴戾无状，凌虐准夷，朕轸念群生，拯救水火，是以声罪致讨，今拏解来京，乃一庸愚无用之人，即伊种种虐行，其初示皆系阿睦尔撒纳从中相助，非伊一人之罪，且达瓦齐原系绰啰斯台吉，朕怜悯其愚，修藩京邸，断不令至游牧，见在达瓦齐感戴朕恩，思图报效，缮写书信，寄伊亲信之杜尔伯特台吉伯什阿噶什、库本诺音台吉、诺尔布等，令其协擒阿逆，以彰国法，其见诚悃，著策楞即行转交，仍将伊等接到达瓦齐书言语情形，速行奏闻。"后伯什阿噶什、诺尔布皆降。噶尔藏多尔济叛，从子札纳噶尔布戕之，复为厄鲁玛台吉达瓦所杀。

十二月，车凌等以乏牧产，请徙额克阿喇勒。谕曰："前议平定伊犁后，遣归旧牧额尔齐斯，若额克阿喇勒距额尔齐斯较扎克拜达里克路更迩，且附近内汛，调所部兵亦易，俟擒获阿逆后，仍当遣归旧牧，所部生计即艰，其给籽种六百石，务令及时耕种，毋误农期，至从军所给驼马，自应交纳，但念往返道远，牲畜不无疲瘵，可姑缓期二载。讷默库之将从征达瓦齐也，请从徙牧拜达里克北扎布堪河源，博啰喀卜齐尔至鄂尔海喀喇乌苏界，允之。谕努力成功，勿念游牧众。至是以车凌等将徙牧，诏往会，而讷默库隐有叛志，谋窜就阿睦尔撒纳，刚多尔济、巴图博罗特、布颜特古斯等阻之，不听，从众乘间劫驿骑，戕守汛弁，夺运粮商民驼物及赀。

五

二十一年正月，大兵长驱至特克勒河，探知阿逆仅距一日程，将急追之。忽有报台吉诺尔布已擒阿逆来献者，玉保遂驻军待之。

先以红旗报捷于策楞，策楞亦即转递至京，而贼已遁入哈萨克。

二月，兵至伊犁，将军参赞互相咎托，言马力竭顿，兵不进。大军之自伊犁旋也。杜尔伯特设正副盟长各三，从车凌至者，分左右翼，曰车凌、曰车凌乌巴什为盟长，曰色布腾、曰车凌蒙克副之。从讷默库至者，别自为部，以讷默库为盟长，刚多尔济副之。至是讷默库叛，谕曰："讷默库盟长缺，刚多尔济自授副盟长以来，钤束所众，尚为宁谧，著即授为盟长。"复谕曰："刚多尔济等属妄行劫掠，应交部议扎萨克罪，但念伊等新降，未谙内地禁例，如从宽免。"〔阿逆之将叛也，诡称叶尔羌、喀什噶尔诸回众将袭伊犁，请勿遣刚多尔济归令护视特穆尔图诺尔降众，盖欲阴扇之为已助也。班第察其奸，不之从，遣刚多尔济归，其属有鄂勒锥者，偕讷默库、诺斯海自哈萨克使还，道遇阿逆强令从行，阿逆叛，以鄂勒锥等非其党，麾从者击之，鄂勒锥偕诺斯海奋搏逾时乃脱，遇游骑载贼装至，迎击之，事闻，诏优赉之。〕伯什阿噶什者，杜尔伯特台吉伊斯扎布之曾孙也，祖扎勒，父车棱多尔济，兄曰布达扎卜，曰达瓦克什克，弟曰达瓦齐特，曰格咱巴克，聚牧伊犁河西，沙拉伯勒境，邻哈萨克牧。达瓦齐虐其众，伯什阿噶什将弃之，惧袭而寝，大军抵伊犁，班第遣使招之，因献籍三千余户降，将遣从车凌等入觐，告哈萨克数掠所部，请归视，比抵牧，侦哈萨克集兵遣告，且请大军援，谕嘉其恭顺。会阿逆党扰伊犁，诏遣和硕特辅国公纳噶察赍敕往谕曰："准噶尔内乱频仍，各部人众咸失生业。朕为统一天下之君，怀保群生，无分中外，特发大军往定伊犁，方欲施恩立制，永安反侧，乃逆贼潜怀叛志，妄思并吞诸部，肆其荼虐，罪状已著，畏诛潜遁，朕已命特穷追，务期弋获，逆贼一日不获，诸部一日不安，尔台吉输诚归命，果能仰体朕旨，去逆效顺，或以兵协剿阿逆，或俟至尔牧擒献之，朕必大沛殊恩，尔其奋勉自效。"达瓦齐复奏伯什阿噶什及库本诺音台吉、诺尔布必无异志，命遣之书未达，而伯什阿噶什已徙牧。讷默库将叛窜，刚多尔济尾之。寻驻防乌里雅苏台办事大臣阿兰泰偕车凌、车凌乌巴什等以兵擒讷默库及其拏至，论如律，籍其属，分给车凌、车凌乌巴什。诏不附逆诸扎萨克，各安游牧，勿疑惧。先是，扎哈沁公裪木特奏诏偕班第议准噶尔善后事，班第以裪木特总管扎哈沁、包沁牧，请仍置阿尔台增喀尔喀藩篱。允之，寻撤军还。扎哈沁兵三百遣归牧。裪木特以疾留伊犁，阿逆叛将脱归，乏兵卫，为逆党哈丹等所遮，胁之降，不从，擒赴阿睦尔撒纳所，阿睦尔撒纳慰之曰："准噶尔与天朝疆域殊，尔欲内向何也？不如归我，当善视尔。"裪木特唾而言曰："天下岂有无君之国哉！达瓦齐篡而虐，圣天子讨其罪，噶尔丹策凌嗣已绝，我不内归，将焉往；且天朝已擒我，不即诛，复释还，此所谓生死而肉骨也，何忽背之。尔先我往，圣天子待尔厚，尔乃谋逆，今既擒我，我何惧，死则死耳，大军至，将磔汝，犬犹不食汝肉。"阿睦尔撒纳惭，缢杀之。至是策楞谍得状以告，御制诗悯之，褒为烈士，且有千载流声芳之句。谕曰："裪木特年就迈，效力行间，甚为奋勉，今逆贼戕之，深可悯恻，其孙扎木禅，著令仍袭三等信勇公爵。"

三月，以阿睦尔撒纳煽乌梁海，梗哈萨克道，诏扎木禅从哈达哈剿乌梁海叛贼。和硕特台吉诺尔布敦多克来归，萨拉尔等既定谋，阿逆侦知之，先备诺尔布敦多克以兵击诸伊犁之诺尔斯哈济拜牪，不胜，偕萨拉尔间道行，由珠勒都斯至巴里坤，时沙克都尔曼济抵策楞军，诏令遗书其子图扣以兵护牧，书未达，明噶特附阿逆叛，胁所部众，图扣不之从，挈属抵珠勒都斯请内徙，上悯之，诏封多罗贝勒，赐银千两，赏双眼孔雀翎。谕由额琳哈毕尔噶往会沙克都尔曼济，有图什墨勒厄尔锥音者，从大军剿阿逆，中道强取诺尔布敦多克属，诏责之，察所取以归。阿逆为大军所败，窜赴伯什阿噶什牧，诏参赞大臣侍郎玉保等传谕擒献，或故纵以兵剿之。伯什阿噶什养子博东齐，寻偕宰桑诺斯海挈众至，以哈萨克侵牧告，宰桑赛音伯勒克、得木齐恩克济尔哈尔等踵至，告哈萨克道掠，间走乃免。诏博东齐以兵迎其父，暂置从众于额尔齐斯，诺斯海获视之。

赛音伯勒克或从博东齐往，或留牧额尔齐斯，惟其便，博东齐将行，伯什阿噶什携户八百余抵额尔齐斯请内附，乌巴什其族台吉也，从至。诏封伯什阿噶什为扎萨克和硕亲王，乌巴什为扎萨克固山贝子。谕曰："尔诚心感戴，率众投诚，前大军抵伊犁，即谒将军大臣，甫欲加恩封赏，旋遇阿逆背叛，未获举行，尔为哈萨克所掠，辗转迁徙，始克内附，尔众甫至，不必简兵往从大军，亦无须〔徙〕内地，即游牧额尔齐斯所。尔族台吉车凌等将归旧牧，尔等聚族而处，实为允协，不必远离故土，徒劳往返也。"命甫下，伯什阿噶什等携众抵哈达青吉勒，诏暂留，俟明岁归额尔齐斯牧。初，土尔扈特族巴图尔乌巴什为噶尔丹策凌婿，初附牧伊犁境，大军至，乃乞降，会阿逆事起，诡言以兵赴博罗塔拉，助大军剿逆，不果往，至是侦阿逆为大军所迫，观据伊犁，辖四卫拉特，闻我师有备，窃察罕乌苏、博啰布尔噶苏、阿勒坦特卜什、勒卜什、沙尔海诸境，谍追兵至辄逸，仍乘间游骑，掠巴尔达穆特、塔本集赛诸鄂拓克。

五月，褫策凌、玉保职，以达尔党阿、哈达哈代之。兼命兆惠自巴里坤往援。

七月，车凌、车凌乌巴什、刚多尔济等以徙牧额尔齐斯，请定入觐年班，上嘉其诚悃，诏自来年始定三班。前给从军驼马，始缓期纳，示恤。车凌从众乘徙牧，有劫驿骑者，参赞大臣舒赫德巡军汛，至努克木伦闻之，往诘罪，车凌察劫者以献，请论罪，谕嘉其恭顺，赐佩饰奖之。既而汗哈屯、乌梁海众附和托辉特逆贼青衮咱卜叛，诏车凌率兵从剿。诺尔布敦多克及子鄂齐尔相继卒，诏以鄂齐尔弟博尔和津袭公爵。谕曰："诺尔布敦多克旧牧与哈萨克接壤，恐或掠之，若欲徙归额琳哈毕尔噶惟其便。"沙克都尔曼济携子图扪及博尔和津等，由珠勒都斯至巴里坤乞屯牧近地，副都统雅尔哈善以闻。谕曰："沙克都尔曼济以旧牧乏生计，跋涉远至，殊堪悯恻，准噶尔频年不靖，诸部生计维艰，然使台吉等各收其属，安处游牧，以耕畜为业，善自谋生，不数年间，可复旧业。今沙克都尔曼济等虽暂处巴里坤，究非故土，难以久处。又喀尔喀附近之和硕特、杜尔伯特、辉特等，俱将遣归旧牧，且谕令各安生业，严戢盗贼，沙克都尔曼济等自宜仍归旧牧，但甫从远道至，遽令之归不免困顿，可令暂处巴里坤附近地，赏给粮米如户口数。"复遣使谕沙克都尔曼济及绰啰斯汗噶尔藏多尔济、辉特汗巴雅尔曰："尔等自入觐归牧后，遵朕谕旨，约束所属，守分安居，已逾一载，甚劳远念，今特遣官存问，并令赍赐食物佩饰，以示悠誉。逆贼阿睦尔撒纳现窜匿哈萨克苟延残喘，朕遣官兵征剿经年，时届寒冬，暂行撤还，第逆贼狡诈百出，倘遣人赴尔等游牧诡计煽惑，尔等即行擒献。至沙克都尔曼济奏请游牧巴里坤附近地，已谕酌赐口粮，俟明春复赏给籽种，耕耨庚集额卜齐布拉克地，秋收后遣归旧牧，尔等其善自谋生，永享升平之福。"

八月，谕曰："辉特，杜尔伯特人等，朕降旨令归旧牧，扎哈沁亦应一体办理。但扎木禅现赴军所，著暂停徒，俟大兵凯旋时，哈达哈传谕扎木禅，令率属徒归旧牧，安居乐业，以副朕轸恤意。"

九月，伯什阿噶什来朝，弟达瓦济特及兄子丹巴都噶尔、布鲁特扣肯以视牧故，各遣宰桑代至，赐宴，赉马七百、牛百五十、羊三千，诏编旗分佐领，如三车凌及刚多尔济等来归例，别为一盟，以伯什阿噶什为盟长，乌巴什副之，丹巴都噶尔授协理台吉。伯什阿噶什甫归牧，其妻卒，遣侍卫佛保往酸，伯什阿噶什寻卒，无子。〔诏副都统唐喀禄赙祭，宣〕谕以丹巴都噶尔为扎萨克固山贝子，以达瓦济特为扎萨克公，辖伯什阿噶什众，听归车凌牧，或内徙。而丹巴都噶尔与佐领色布腾互攘畜产〔佛保将全牧，驼马为所掠〕，诏撤恩命还。复谕乌巴什勿惊惧，俟事定归车凌牧。后乌巴什卒，停袭。沙克都尔曼济献户部盗马者请论罪。谕曰："厄鲁持劫夺成风，不可不严加惩创，尔等擒获窃贼，解送内地，甚属恭顺，嗣后可自治之。"复以博尔和津幼，不更事，谕沙克都尔曼济留心护视，并令其族摩罗及宰桑新登等暂理牧务。而诸卫拉特复不靖。初，西路将军达尔党阿追阿逆于哈萨克境，与阿逆相隔一谷，仅二三里，贼仓促不及驼载，诡为哈萨克使，告曰："即欲擒献，因其汗未至，乞暂候师。"达尔党阿信之，阿逆遂遁去，檄索往还，屯兵数月无要领。而北路将军哈达哈遇哈萨克兵于巴颜山，不迎击，听其自去。诸从征新降台吉、宰桑有轻我心，又适遇喀尔喀郡王青衮咱卜之叛，自十六驿至二十九驿军台皆撤，于是辉特汗巴雅尔先叛。〔诡称沙克都尔曼济掠所部牧，将以兵袭巴里坤，〕绰罗斯汗噶尔藏多尔济之从子台吉扎纳噶尔布，及噶勒杂特宰桑哈萨克锡喇次之，噶尔藏多尔济与布鲁古特台吉呢玛次之，都统和起被诱歼焉。阿逆闻之，亦自哈萨克归，会诸贼于博罗塔拉河，欲自立为汗。策凌、玉保时已逮问，亦被害于途，定边右副将军兆惠以兵千五百驻防尹犁，闻变，自济尔哈朗河转战而南。自十一月起行，战于鄂垒扎拉图，战于库图齐，战于达勒奇，前后杀贼数千。〔阿拉善厄鲁特部二等台吉达瓦车棱从大军剿厄鲁特审党，遇伏于博啰齐，奋击之，阵殁。诏议恤，入祠昭忠祠。先是，阿宝属达玛璘从靖边大将军傅尔丹击准噶尔于和通呼尔哈诺尔，为所掠，至是携孥及属布库勒等四十户，诣都统雅尔哈善军，请归阿拉善旧牧。诏如所请，从众仍置伊犁。〕

二十二年正月，〔兆惠军〕至乌鲁木齐，贼兵四合，我兵无不一当百。二十二日至特讷格，军士饥寒，不复能战，乃结营自固。会侍卫图伦楚奉诏率巴里坤兵二千间道往迎，围乃解。兆惠得新兵复往剿巴雅尔部落，始回巴里坤。

三月，命定边左副将军成衮扎布为定边将军，偕参赞大臣舒赫德由珠勒都斯进，右副将军兆惠为伊犁将军，偕参赞大臣富德由额琳哈毕尔噶进。成衮扎布军过克勒特、乌鲁特沙拉斯、玛琥斯诸鄂拓克，皆抚降其众，而未取其驼马，既过皆叛去，乃旋师歼除之。兆惠军行至库陇癸，地近伊犁，叛党昂克图、塔尔巴等据险抗拒，适大军前行，后队将士仅八十余人，乘晓雾与鏖战，并于夺险攻贼时，遣侍卫扎延保收其牧群，贼不能脱，四宰桑歼其二，余众悉被斩获，所向克捷。适阿睦尔撒纳窃哈萨克马宵归伊犁，扬言哈萨克助己，聚众争长，突遇大兵至，脱身遁。〔时〕噶尔藏多尔济已为其从子扎纳噶尔布所杀，扈鲁玛台吉达瓦又杀扎纳噶尔布，献其〔首〕于军门。侍卫海兰察追射巴雅尔获之。〔时〕和硕特汗沙克都尔曼济心怀〔两〕端，〔遣谍赴巴里坤质大军状，子图扣死不以告〕，参赞大臣雅尔哈善〔召之〕，〔称病不至，疑果叛，宵抵其营，歼之，斩众四千余〕，叛党悉伏法，唯阿逆未获。〔先是，阿拉善扎萨克罗卜藏多尔济以兵千赴北路，从成衮扎布剿和记辉特逆贼，兵甫备，北路军蒇功。诏仍选兵五百赴西路，罗卜藏多尔济闻命，自游牧备驼马餱粮，驰抵巴里坤军。至是侦阿逆由博罗塔拉走阿卜克特，偕副都统爱隆阿等分道驰击，抵塔尔巴噶台，谍辉特逆贼巴雅尔据岭险捕之，贼遁，尾六日，次爱登苏，哈萨克兵二百遮道，罗卜藏多尔济等仅数骑，麈击之，哈萨克兵惧，乞降，巴雅尔寻就擒。诏晋封多罗郡王，授参赞大臣。〕

　　六月，富德等穷追〔阿逆〕至左哈萨克，时哈萨克汗阿布赉已与阿逆衅，且惧招大兵，遣使入贡，誓擒阿逆以献，适阿逆率二十人往投，阿布赉先使人收其马，阿逆惊，携八人徒步夜走俄罗斯界，移檄索之。是冬，报阿逆患痘死，移尸近边，命喀尔喀亲王侍郎三泰等驰验以闻。于是成衮扎布仍以定边左副将军归镇乌里雅苏台，兆惠、富德留伊犁度冬。——是年，车凌以哈萨克不擒献阿逆，诸厄鲁特叛扰边，请由额尔齐斯徙牧乌兰固木避之。时喀尔喀贝子车布登扎布遵旨遣兵捕掠佛保贼，收伯什阿噶什属户，给喀尔喀将遣博东齐归车凌牧，族台吉布图库、班珠尔、布林等挈属至，称与车凌等析处久，请异牧，允之。布图库等抵汛闻佛保自哈达青吉勒归，和硕特台吉桑济复掠诸道，遣从卒驰马迎，上闻之，谕曰："车凌等自归诚以来，感激朕恩，约束属众，甚为宁谧，迩因叛贼纷起，亟请内徙游牧，其归附之心益坚，可允所请，并给谷种，令为谋生资。

博东齐虽与杜尔伯特同族，若往归之，反仰赖车凌等养赡，著遣往乌里雅苏台交车布登扎布，酌徙呼伦贝尔通肯、呼裕尔等处。"布图库、班珠尔等接迎侍卫佛保，俟至乌里雅苏台军所，各给币赏之。诏车凌乌巴什或从车凌往，或游牧科布多，惟其便。博东齐及布图库等遂并置呼伦贝尔。布图库、班珠尔以内附诚，各授二等台吉。而贝勒巴图博罗特、辅国公舍棱不从车凌等徙牧，叛应阿睦尔撒纳，副都统瑚尔起以兵擒诸辉巴朗山，妻孥悉论诛。噶勒杂特宰桑哈萨克锡喇附阿逆叛，大军将由西路进剿。诏副都统唐喀禄宣谕车凌曰："哈萨克锡喇等或势穷力蹙，逃赴哈萨克境，尔等其简兵防守游牧，并堵御通哈萨克隘口，逼贼窜即擒献，此特为保护所部游牧计，非令其出兵协剿也。"会哈萨克锡喇遣得本齐巴图济尔噶尔来诱叛，车凌械赴科布多军，而自携其众徙牧和通呼尔哈诺尔，唐喀禄适至，车凌既奉命遣卒七十护唐喀禄往谕诸部，道遇车凌乌巴什徙就车凌。唐喀禄语曰："厄鲁特哈萨克锡喇叛扰额尔齐斯，我将赴西路军协剿，车凌乌巴什遣护卫巴颜及卒三十从之，且称额尔齐斯及乌隆古地值盛夏，多蚊〔蛇〕道不可行，额琳哈毕尔噶、哈布塔克、拜达克皆以察罕郭勒为要汛。"请往御贼于其地，唐喀禄悉疏以闻，上嘉其诚顺，且明大义，并赐币及佩饰。游牧俄罗斯额济勘河之土尔扈特使吹扎布等自唐古特还。先是，其汗敦啰布喇什欲谒达赖喇嘛，使吹扎布假道俄罗斯〔三年乃至〕，于二十一年入觐，赐宴万树园，遣官护往唐古特，至是还。旨询所部牧域及弃准噶尔附俄罗斯故，使者言闻土尔扈特部旧偕四卫拉特聚伊犁，迄策妄阿喇布坦时，阿玉奇与交恶，挈族由哈萨克取明噶特众屯牧额济勒河，倚腾吉思巨泽，所居地曰玛努把海，北界俄罗斯，南界哈萨克，东界哈喇哈尔榜，西界图里雅斯科以邻牧，互市皮马，俄罗斯尝与雪西洋及西费雅斯科战，土尔扈特以兵助之，厥后稍就弱，俄罗斯因谓为其属，然附之，非降之也，非大皇帝有命，安肯自为人臣仆。时哈萨克汗阿布赉内附，子登努勒苏尔统邻牧土尔扈特，吹扎布闻其表使将至，

898

言曰："哈萨克为天朝臣仆,若谕令由所部纳贡,无纡道虑,幸甚。"因述所居疆域绘献。诏遣归。颁赐敦啰布喇什币物,而是时族台吉巴图尔乌巴什及舍棱等,以附牧准噶尔,乘阿逆叛扰伊犁境,巴图尔乌巴什为大军所逼,走死,舍棱诡乞降,窜俄罗斯。寻归土尔扈特牧。先是,杜尔伯特及乌梁海未内属,错牧额尔齐斯后,杜尔伯特诸台吉游牧扎克拜达里克,初徙牧额克阿喇勒,再徙额尔齐斯,乌梁海就抚,以乌兰固木地给之,车凌等复请由额尔齐斯往徙,遣都统纳穆扎尔往勘杜尔伯特及乌梁海牧界,车凌复请以乌兰固木为屯耕地,而游牧于科布多、额克阿喇勒,允之。诏严禁所属勿攘窃,寻以错牧不便,定乌兰固木为杜尔伯特牧,别以科布多为乌梁海牧。车凌谍明噶特、乌梁海众叛窜哈喇哈尔榜,复遣兵剿。诏酌赏从军弁兵,免追从征达瓦齐所给驼马。有察衮者,其婿也,附阿逆叛,闻追军至,窜和落霍斯河,为达什所擒献,论诛,宥其妻,给车凌。准噶尔窜党有额尔克腾者,准噶尔二十四鄂拓克之一也,即降,寻叛,谋窜俄罗斯,有不从者二人,中道脱归,至车凌所以告,车凌以一械逆科布多军,以一给辉特扎萨克衮布为导,令率兵六十往剿,衮布驰逾阿尔台,遇贼于杭爱海图,擒斩其男,俘妻女归,无脱者,奖赐茶币。杜尔伯特贝子罗垒永端、布图克森相继卒,皆无嗣,诏以其属给刚多尔济及贝子额尔德尼辖之。以和硕特公巴勒济同牧之辉特台吉车卜登多尔济等叛诛,诏巴勒济族徙牧察哈尔。于是辅国公色布腾、扎萨克台吉特默齐从往,皆唐古特达赖汗裔也。辉特族叛,辅国公巴桑及同牧之台吉阿卜达什、克什克特等不从,携马至科布多汛,以情告,上以其非辉特族,且无叛迹,命署定边右副将军车布登扎布徙黑龙江,以管旗章京端多卜获之,往给粮传,克什克特未就道,疾卒。巴桑及阿卜达什属凡五十三人,将军绰尔多议置呼伦贝尔。

二十三年春,命兆惠等率兵四千,兆惠由博罗布尔,富德由赛里木，分两翼围剿，约相会于伊犁。是时厄鲁特众往往流为玛哈沁出没无常，故分队剿之。〔杜尔伯特扎萨克特古斯库鲁克达赖汗车凌卒，上以车凌识时慕义，率属归诚，始终效力，钤牧静谧，轸悼，赐赙祭，子索罗木衮布袭，授盟长。诏勤习牧务。

六月，索罗木衮布以疾故，请往礼哲布尊丹巴呼图克图，诏听之。

九月，谕曰："盟长分理全部，所系甚要，闻索罗木衮布袭封后时有疾，今已授巴桑为副盟长，巴桑亦系少年，恐不更事，亲王车凌乌巴什、贝子玛什巴图等谊关同族，自应视如一体，务宜悉心协助，加意办理，不可稍存彼我之见。"〕初，土尔扈特族皆游牧额济勒河，与准噶尔绝，其族舍棱者，卫衮察布察齐六世孙也，与巴图尔乌巴什为从父兄弟，独率其戚属附牧伊犁境，为准噶尔属台吉达瓦齐就擒，舍棱不即降，阿睦尔撒纳叛，我师分道驰剿，舍棱复乘间窜，阿睦尔撒纳走死，其从逆之绰和尔、乌喇特、昂吉岱等附巴图尔乌巴什，窜伏沙拉伯勒，敦多克、布库察罕等复附舍棱，匿库乌苏喀喇塔拉境。至是诏定边将军成衮扎布、右副将军兆惠等驰剿。巴图尔乌巴什窜哈萨克，病痘死，舍棱窜博啰嗒拉，道遇哈萨克游骑与交兵，闻大军逼，驰走道图托罗海，将为奔俄罗斯计，先使往，哈萨克要而杀之。舍棱复间道赴阿固尔阿尔海，副都统唐喀禄偕厄鲁特散秩大臣和硕齐以兵尾之，抵布古什河源，有巴尔呼卒都图者，射舍棱从弟劳章扎布仆，擒之，舍棱诡服罪，请释其弟乃降。唐喀禄曰："是不可信，将以兵擒舍棱。"和硕齐曰："擒之无益，不若招使降。"释劳章扎布归，越日，舍棱遣三宰桑至军，约往受降，唐喀禄愈疑之，和硕齐曰："彼畏我军威，故不敢至。"〔盍往泣盟〕，强唐喀禄行，策马渡河，和硕齐饮之，急起入舍棱营，唐喀禄立而待，逾时和硕齐不返，舍棱遣贼众二千诡携驼马迎我军，甫次河岸，辄旋击，营中贼悉起，唐喀禄死之，和硕齐易服入贼队，后就擒论罪诛。舍棱驰逾喀喇玛岭，遣使俄罗斯为所禁，间道赴土尔扈特，俄罗斯羁诸森博罗特图喇，诏遣兵击之，未至。俄罗斯徙入其境，巴图尔乌巴什子沙喇扣肯亦从往焉。初，我使与俄罗斯定议，不纳逋逃人，至是谕理藩院檄俄罗斯，以舍棱献，舍棱惧，由俄罗斯归土尔扈特牧。〔是年阿拉善扎萨克郡王罗卜藏多尔济从定边右副将军车布登札布，剿叛贼哈萨克锡喇及布库察罕等，抵和落霍斯，贼据冈拒，骤击之，获布库察罕党阿都齐，进兵哈鲁勒托罗海，侦布库察罕由库克乌苏走哈萨克，将往索，定边将军兆惠檄以兵屯阿勒坦额默勒，剿喀喇沁宰桑等于库陇癸岭，恩克图就擒，哈萨克寻以布库察罕献。命罗卜藏多尔济归牧暂休，固请留军，已病足，上悯之，慰令归牧，赏三眼孔雀翎。乌梁海种人明噶特叛，定边左副将军成衮扎布檄杜尔伯特扎萨克辅国公巴图蒙克追剿之。明噶特旧为厄鲁特属，以大军定伊犁乞降，诏置之黑龙江之呼伦贝尔，既而由纳林喀喇泥叛遁，巴图蒙克追之，遇诸乌兰固木河，环以兵不即降，中夜围稍解，贼乘间逸，成衮札布劾之。上以杜尔伯特部新附，且闻檄即以兵往，诏免饬责，仍量加赏赉。大军剿玛哈沁，侦沙拉斯、玛呼斯贼，窜呼尔塔克、罗卜诺尔，以地近噶斯通青海，诏副都统济福赴西宁宜谕所部，集兵千为备，复遣识噶斯道者侦贼踪，既而所部兵集札噶苏台，诏归牧听调，勿遽就道，济福遵旨谕之，请遣近牧者归，仍量留远道兵屯乌图，备不虞，上鉴其诚，诏酌赏遣归兵，久之，噶斯无贼踪，乃撤乌图兵还。

二十四年，大军剿逆回布拉呢敦、霍集占，阿拉善郡王罗卜藏多尔济献羊五千助军，诏给值，赐币及佩饰，大军旋，遵旨携所部弁兵与饮至宴，诏图形紫光阁。御制赞曰：渭阳所出扎萨颖材，命帅本部，宣力龙堆，及爱隆阿单骑见虏，降哈萨克，厥功甚钜。多尔济率所部兵从征，所至□捷已由贝勒晋郡王，至是复有是命〕〔诏晋封和硕亲王赍元狐裘及黄辔，并优赍所部台吉达瓦、佐领布岱等。〕陕甘总督杨应琚奏青海得卜特尔、伊克柴达木等处设汛屯兵，为防准噶尔计，今准噶尔及回部悉底定，请撤青海驻汛兵。从之。〔初阿拉善辅国公衮楚克率兵百从剿库车逆回，围其郭，败贼援兵，霍集占寻携贼五千余来援，鏖击之，贼党逃走，追至鄂根河、苏巴什山，阵斩三百余级，谕嘉之，赐双眼孔雀翎。库车城下复从大军降，阿克苏及乌什进抵叶尔羌，分领右翼队，击贼喀喇乌苏。是年春，还阿克苏。诏晋封镇国公。夏复进兵喀什噶尔，霍集占遁巴达克山，大军分道进剿，以衮楚克驻防喀什噶尔、巴达克山，函霍集占首至，乃遣归。〕乌梁海以科布多产貂不给捕，请徙就阿尔台阳额尔齐斯，上谕车凌乌巴什等曰："额尔齐斯为尔旧牧，今尔移处乌兰固木，乌梁海察达克请游牧额尔齐斯地，向曾降旨尔等，若原归旧牧，听尔便。今哈萨克已全部内附，伊犁厄鲁特贼众复残无孑遗，若尔果原归旧牧，可即徙往额尔齐斯，所遗乌兰固木自可给乌梁海处之，但哈萨克新附，非尔等久为内属者比，务宜严饬所属，安静无事，若尔部众既遵钤束，而哈萨克反来肆扰，可即擒诛之，尔等或安土重迁，则额尔齐斯地与其为哈萨克、俄罗斯所窃据，不若令乌梁海往徙之也。"车凌乌巴什等奏，察达克所请地系乌梁海旧牧，距臣等牧远，且乌兰固木地肥不硗，臣等游牧久，请勿徙，以额尔齐斯地给乌梁海，诏如所请。

〔十月，以大军定回部蒇功，谕车凌乌巴什等知之。

十二月，哈萨克袭乌梁海，杜尔伯特以兵三百余击走之，得旨奖赉。〕居京师之厄鲁特亲王多罗额驸达瓦齐卒。谕曰："厄鲁特亲王达瓦齐曾为准噶尔台吉，被获献俘，朕念伊系外藩宥罪，锡爵，伊自受恩以来随侍禁近，一意抒忱奋勉，且为人尚属朴诚。今闻溘逝，深为轸恻，著给治丧银千两，伊子罗卜扎仍准其袭封郡王。"理藩院奏土〔尔〕扈特公罗卜藏达尔扎渐习牧务，属众咸守法，请撤还代理官，允之。

二十五年，诏定杜尔伯特管旗章京策塔尔罪，遣戍福建、广东。

先是，索罗木衮布少而懦，其哈屯布尼达喇，喀尔喀女也，钤所部众严，策塔尔忌之，计蔑归喀尔喀，副管旗章京巴颜克什克诉之成衮扎市所，遣员往讯，佥直哈屯。成衮扎布将重议策塔尔，嫌庇族女，疏请罢策塔尔职，别以和通代之，偕巴颜克什克助汗哈屯理牧务。谕曰："为人臣仆而威胁其汗，且谋逐哈屯，不法已极，宜重罪之，或以新附尚未悉礼法，姑从宽免，然亦不可仍留旧地，致起衅端，其详勘欺主滋事，不受哈屯约因计陷之者，解送京师。"成衮扎布遵旨察获策塔尔党十四人械至，诏于福建、广东安置，牧产给索罗木衮布，勿归公。既而布尼达喇请以巴颜克什克代管旗章京职。谕曰："策塔尔以巴颜克什克〔控诉〕因而获罪，若令代之，则无知者妄生希倖，反以讦为能，且管旗章京既有和通理之，巴颜克什克令其协助足矣。"副都统伊柱视伊犁屯田，至海努克获虎纽铜章，文曰管辖厄鲁特后旗扎萨克印，驿封至，盖雍正四年颁给茂海物也。茂海叛，挈往准噶尔献噶尔丹策凌，至是得之，诏贮内廷。

四月，杜尔伯特部温图呼尔者，贫不给，闻其弟居察哈尔牧，告诸扎萨克往就之。谕曰："杜尔伯特自归诚以来，编设旗分佐领，原欲伊等各安生业，若不善恤之，渐至析处，殊为可〔悯〕，其各加意抚绥，令守分谋生，弗至流离失所，副朕恫瘝一体之怀。"

〔七月，或告车凌乌巴什将叛，欲阴陷之，定边左副将军成衮扎布以闻，上鉴其诬，诏勿问。寻人觐，扈跸行围，奏所部蒙恩安置，牧产渐饶，嗣请自备驼马，上嘉其诚悃，不忍骤劳之，诏仍官给驼马。〕

二十六年，理藩院议厄鲁特公祸木特归诚后，扎哈沁属相继内附，置佐领九，得二千余口，虽补授总管，未给印，请以总管扎哈沁一旗印给扎木禅辖其众，诏允之。杜尔伯特贝勒巴桑从喀尔喀郡王车木楚克扎布等剿吗哈沁宰桑色布腾，侦走俄罗斯，以兵屯铿格尔图喇，遣使索，俄罗斯擒色布腾及逆党百余以献。赐巴桑币，遍赏从兵。是年，厄鲁特贝子朋素克、贝子贡楚克邦自推河徙牧鄂尔坤之乌兰乌苏，隶喀尔喀赛音诺颜部，以齐齐尔里克盟长辖之。先是，贡楚克邦父三都布与朋素克自西喇穆棱徙牧喀尔喀河，又徙推河，至是始定。

二十七年，青海诸扎萨克请给罗卜藏丹津旧牧地，诏杨应琚往勘，奏洮赉河等处系西宁、隶州镇标马厂及番族牧地，不便拨给。西喇郭勒及西尔噶拉金东西五百余里，南北三十余里，地旷，且距扎萨克等游牧近，〔请〕给之，其西尔噶拉金逾河，即产矿山场，久封禁，请饬扎萨克等就近守视。诏以西喇郭勒给之，西尔噶拉金河东听驻牧，河西铅矿，勿得越界私采。诏杜尔伯特部左右翼各设副将军一，右翼用正黄旗纛，左翼用正白旗纛，以敕印军符给之，所部旗十有六，爵如之，授车凌乌巴什右翼副将军，命御前行走，赐岱青卓哩克图号。授巴桑左翼副将军。厄鲁特多罗郡王罗卜扎尚郡君，授固山额驸。

二十八年，乌梁海叛贼库克辛走饿罗斯，道掠哈萨克马，车凌乌巴什率兵缉之，侦匿和罗图郭尔，驰往击，贼溃窜，尾至林际获之，斩库克辛及从党五十八人，俘其孥及户七十余归，诏赐币并〔酌赏〕弁兵。有台吉巴朗者，其甥也，幼被哈萨克掠，至是脱归伊犁，请隶车凌乌巴什，诏给之。

三十年，诏晋封阿拉善额驸罗卜藏多尔济和硕亲王，赏元狐裘及黄辔。厄鲁特一等台吉噶尔丹达尔扎卒，子拉克沁噶喇袭，诏授扎萨克，给印〔编〕佐领一，隶喀尔喀扎萨克图汗部，以扎克毕赖色钦毕都哩雅〔诺〕尔盟长辖之。

六

三十六年，土尔扈特汗渥巴锡挈全部归顺，舍棱从之，抵伊犁。〔渥巴锡者，敦啰布喇什子也。〕先是，有辉特者最微，初隶杜尔伯特，后土尔扈特徙俄罗斯境，与准噶尔绝，准噶尔别以辉特为四卫拉特之一。大军定准噶尔，四卫拉特自杜尔伯特外，悉以叛就灭，土尔扈特道远，虽修贡未内属，上不欲勤远略，索舍棱不获，仍听之。至是汗渥巴锡及其台吉策伯克多尔济并舍棱等，率其部众三万余户来归，先期遣使至伊犁，具书通款，自言为阿〔玉〕奇汗正系，向居俄罗斯地，久愿为大皇帝臣仆，而无机可乘，乃于去冬谋弃旧游牧，挈属内附，因自彼逸出，行程万千有余里，阅半年余始抵卡伦，乞准令入觐，以伸积诚。寻渥巴锡等先后至伊犁，将军伊勒图等察其词意恳切，邮函以闻。上即命参赞大臣舒赫德驰往莅其事，因代伊勒图为将军驻伊犁，安辑新附之众，给〔以饩〕赡，〔授之牧地〕其汗及〔台吉〕宰桑至者，将锡宴赉封爵秩，其部众则量地分编以居。先是，内大臣安泰侦知土尔扈特内附问，即遣额驸色布腾巴尔珠尔往迎之，上即谕其偕渥巴锡等至避暑山庄朝谒。盖土尔扈特自入俄罗斯，远阻声教，越今几六七十年，自底定准噶尔以来，筑城安屯，如中国郡县。土尔扈特复来归隶藩属，于是四卫拉特之众尽抚有之。御制诗纪其盛，诗曰："土尔扈特部，昔汗阿玉奇，今来渥巴锡，明背俄罗斯，向化非招致，颁恩应博施，舍棱逃复返，彼亦合无辞。卫拉特相忌，携孥往海滨，终焉怀故土，遂尔弃殊伦，弗受将为盗，俾安皆我民，从今蒙古类，无一不王臣。"驾幸木兰次伊绵峪，渥巴锡率所部至，其部头目曰默们图，曰额默根乌巴什，曰拜济瑚，曰伯尔哈什哈，曰策伯克多尔济，曰阿克萨哈勒，曰巴木巴尔，曰奇布腾，曰沙喇扣肯。和硕特部人曰恭格，曰雅兰丕勒，曰诺海，曰巴雅尔拉瑚，并从渥巴锡来归。廷臣议舍棱负罪窜，不可信，且当追论前罪不宜与〔诸〕台吉同纳其降，上以舍棱既弃俄罗斯而至，必不敢为难，若拒之将穷无所归，且新降诸台吉或滋疑惧，俟来朝执而罪之，非所以示信远人。诏宥舍棱罪，与渥巴锡等同入觐行幄。上亲以蒙古语垂询渥巴锡，俾伸悃状，赐章服，〔诏仍称汗，茇其众，赐号卓哩克图，授扎萨克〕易所被缁罽。舍棱至，稽首请罪，上宥之。伊绵峪，旧名布祐图昂阿，前以受绅罗斯台吉噶尔藏多尔济等降，诏赐此名，取会归义也。已而哈萨克、布鲁特使皆迎谒其地。至是复受渥巴锡等朝，御制诗纪之，有"类已全归众蒙古，峪徵嘉兆信伊绵"之句。旋跸避暑山庄，赐宴万树园及溥仁寺，命设灯宴观火戏，优赉白金文绮诸珍器有差。谕曰："土尔扈特台吉等以俄罗斯风气迥殊，且奔走疆场，不遑休息，因慕我国家尊崇黄教，及抚御降番仁化，诚心归顺，跋涉远道，甚属可嘉，自当锡予封爵，以示渥泽。诏分新旧〔二〕部各设扎萨克，曰乌讷恩苏珠克图，旧土尔扈特部，以渥巴锡领之，称汗如故，诸台吉授亲王郡王贝勒贝子公一等台吉有差。曰青色特启勒图，新土尔扈特，以舍棱领之，封郡王别授贝子一。复命工图其形，藏武英殿。〔巴木巴尔者，即雍正九年入藏台吉多尔济之孙也，从渥巴锡来归，抵伊犁，病，长子车凌德勒克亦病，次子达木拜札尔桑入觐，奏臣父巴木巴尔语臣，臣曾祖多尔济入贡赴藏归牧，诵天朝恩，示颁赐物，臣曾祖稽首，更谓臣祖罗卜藏曰："我等远夷，蒙恩若此，盍内附，因挈属行，次策木河，哈萨克兵骤至，惧不敢进，仍归额济勒河。今蒙如天之福，臣等得为仆属，恨不令臣曾祖多尔济，臣祖罗卜藏见之，臣父、臣兄又以疾不获就道，故先遣臣至。"上嘉其诚。诏封巴木巴尔多罗郡王，赐号毕锡呼勒图，授扎萨克，子车凌德勒克及达木拜札尔桑各授一等台吉。明年，巴木巴尔病愈，入觐，赉章服银币有加，并图其形藏之。〕和硕特部人并授贝勒贝子台吉诸爵号，惟不封亲王，赐盟名巴图色特启勒图。时布达拉庙落成，上以土尔扈特部素崇黄教，诏渥巴锡等往瞻礼与法台。《御制土尔扈特全部归顺记》曰："始逆命而终徕服，谓之归降，弗加征而自臣属，谓之归顺。若今之土尔扈特携全部，舍异域，投诚向化，跋涉万里而来，是归顺非归降也。西域既定，兴屯种于伊犁，薄赋税于回部，若哈萨克，若布鲁特，俾为外围而羁縻之，若安集延，若巴达克山，益称远徼而概置之。知足不辱，知止不殆，朕意亦如是而已矣，岂其尽天所覆，至于海隅，必欲悉主悉臣，为我仆属哉。而兹土尔扈特之归顺，则实天与人归，有不期然而然者，故不可以不记。土尔扈特者，准噶尔四卫拉特之一，其详已见于准噶尔全部纪略之文。溯厥始事亦荒略弗可考，后因其汗阿玉奇与策妄不睦，窜归俄罗斯，俄罗斯居之额济勒之地。康熙年间，我皇祖圣祖仁皇帝尝欲悉其领要，令侍读图丽琛等假道俄罗斯以往，而俄罗斯故为纡绕其程，凡行三年又数月始反命。今之汗渥巴锡者，即阿玉奇之曾孙也，以俄罗斯又属别教，非黄教，故与合族台吉密谋，挈全部投中国兴黄教之地，以息肩焉。自去岁十一月启行，由额济勒历哈萨克，绕巴勒喀升诺尔戈壁，于今岁六月杪，始至伊犁之沙拉伯勒界，凡八月，历万有余里。先是，朕闻有土尔扈特来归之信，虑伊犁将军伊勒图一人不能经理得宜，时舒赫德以参赞居乌什办回部事，因命就近前往，而畏事者乃以新来中有舍棱，其人曾以计诱害我副都统唐喀禄，因以窜投俄罗斯者，恐其有诡计，议论沸起。古云受降如受敌，朕亦不能不为之少惑，而略为备焉。然熟计舍棱一人，岂能耸动渥巴锡等全部，且俄罗斯亦大国也，彼既背弃而来，又扰我大国边界，进退无据，彼将焉往，是则归顺之事十之九，诡计之伏十之一耳。既而果然，而舒赫德至伊犁，一切要汛设侦筹储，密备之事，无不悉妥，欲新投之人一至如归，且抡其应入觐〔者，由驿而来，朕即命随围观猎，且于山庄燕赉，〕如杜尔伯特车棱等之例焉。夫此山庄，乃我皇祖所建，以柔远人之地，而宴赉车凌等之后，遂平定西域兹不数年间，又于无意中不因招致而有土尔扈特归顺之事，自斯凡属蒙古之族，无不为我大清国之臣，神御咫尺，有不以操先券，阅后成惬志而愉快者乎,予小子所以仰答祖恩,益凛天宠,惴惴焉,孜孜焉。惟恐意或满而力或驰,念兹在兹,遑敢自诩为诚所感,与德所致哉。或又以为不宜受俄罗斯叛臣,虞启边衅。盖舍棱即我之叛臣,归俄罗斯者,何尝不一再索取,而俄罗斯讫未与我也。今既来归,即以此语折俄罗斯,彼亦将无辞以对,且数万乏食之人,既至近界,驱之使去,彼不劫掠畜牧,将何以生,虽有坚壁清野之说,不知伊犁甫筑新城,而诸色人皆赖耕牧为活,是壁亦不易坚,而野亦不可清也。夫明知人以向化而来,而我以畏事而止,且反致寇,甚无谓也。其众涉远历久,力甚疲矣,视其之死而惜费弗救,仁人君子所不忍为,况体天御世之大君乎。发帑出畜力为优恤,则已命司事之臣,兹不赘记,记事之缘起如右。"旧传土尔扈特部自阿玉奇汗始徙牧俄罗斯,虽所部使亦以是为辞,至是渥巴锡等来朝,上询所部颠末,奏阿玉奇曾祖曰和鄂尔勒克,与巴图尔珲台吉修怨,徙牧俄罗斯之额济勒河,迄阿玉奇已越四传,上以传闻异辞,《御制土尔扈特部纪略》,记其始祖所自出,并证前之失精核而未实者。寻遣渥巴锡等归伊犁。《御制优恤土尔扈特部众记》曰:"归降、归顺之不同既明,则归顺、归降之甲乙可定。盖战而胜人,不如不战而胜人之为尽美也。降而来归,不如顺而来归之为尽善也。然则归顺者,较归降者之宜优恤,不亦宜乎。土尔扈特归顺原委,已见前记,兹记所以优恤之者,方其渡额济勒而来归也。户凡三万三千有奇,口十六万九千有奇,其至伊犁者,仅以半计。夫以远人向化,携孥属而来,其意甚诚,而其阽危求息,状亦甚惫,既抚而纳之,苟弗为之赡其生,犹弗纳也,赡之而弗为之计长久,犹弗赡也。故自闻其来,及其始至,以迄于今,惟此七万余众,冻馁尪瘵之形,时悬于目而恻于心,凡宵旰所究图,邮函所谘访,无暇无辍,乃得悉其大要,于是为之口给以食,人授之衣,分地安居,使就来谷而赞耕牧,则以属之伊犁将军舒赫德,出我牧〔群〕之孳息,驱往供馈,则以属之张家口都统常青,发帑运茶市羊及裘,则以属之陕甘总督吴达善，而嘉峪关外董视经理，则以属之西安巡抚文绶，维时诸臣以次驰牍人告，于伊犁、塔尔巴哈台之察哈尔、厄鲁特，凡市得马牛羊九万五千五百，其自达哩刚爱、商都达布逊牧群运往者又十有四万，而哈密、辟展所市之三万不与焉。拨官茶二万余封，出屯库米麦四万一千余石，而初至伊犁赈赡之茶米不与焉。甘肃边内外既回部诸城购羊裘五万一千余套，布六万一千余疋，棉五万九千余斤，毡庐四百余具，而给库贮之毡棉衣什布幅不与焉。计费储用帑银二十万两，而赏贷路赀及宴次赍予不与焉。其台吉渥巴锡等之入觐者，乘传给饩而来至，则锡封爵备恩礼，其往也复虑其身之生，不宜内地气候，则命由边外各台历巴里坤以行，而迎及送并遣大臣侍卫等护视之，用以柔怀远人，俾毋致失所，或有以为优恤太甚者，盖意出于鄙吝，未习闻国家成宪，毋惑乎其见之隘也。昔我皇祖圣祖仁皇帝时，喀尔喀土谢图汗等为厄鲁特所残破，率全部十万众来归，皇祖矜其穷陋，命尚书阿喇尼等往抚之，发归化城、张家、独石口仓储以赈其乏，且足其食。又敕内大臣费扬古、明珠等，赍白金茶布以给其用，采买生畜以资其生，遂皆安居得所，循法度，乐休养，迄今八十余年，畜牧日以蕃，生殖日以盛，乐利利，殷阜十倍于初。其汗王台吉等，世延爵禄，恪守藩卫，一如内扎萨克之效臣仆长子孙，莫不感戴圣祖德泽及人之深，得以长享升平之福也。惟朕体皇祖之心为心，法皇祖之事为事，惟兹土尔扈特之来，其穷陋殆无异，曩时之喀尔喀，故所以为之筹画无弗详，赐惠无少靳，优而恤之，且计长久，庸讵知谋之劳而费之钜乎，冀兹土尔扈特之众，亦能如喀尔喀之安居循法，勤畜牧，务生殖，勿替厥志，则其世延爵禄，长享升平之福，又何以异于今之喀尔喀哉。用是胪举大凡，勒石热河及伊犁，俾土尔扈特汗全部众，咸识朕意，且以诏自今以往我诸臣之董其事者。"〔先是，杜尔伯特台吉车棱乌巴什游牧克尔齐斯，与舍棱识，比归来，授扎萨克亲王爵，至是以年班入觐，扈跸行围，舍棱见之，握手欢语移时，誓世为天朝臣仆。〕

三十七年，赐诸扎萨克牧地，贝勒默们图赐牧〔晶〕河，以伊犁将军兼辖之。汗渥巴锡、贝子恭坦、辅国公拜济瑚、台吉伯尔哈什哈，赐牧齐尔，亲王策伯克多尔济、台吉奇哩布、阿克萨哈勒，赐牧和博克萨哩，以塔尔巴哈台大臣辖之。郡王巴木巴尔、贝子奇布腾赐牧济尔哈朗，以库尔喀喇乌苏大臣辖之，皆为旧土尔扈特。郡王舍棱、贝子沙喇扣肯，赐牧布勒罕河，以喀喇沙尔大臣辖之，为新土尔扈特。旧土尔扈特皆和鄂尔勒克裔，新土尔扈特皆卫衮察布察齐裔也，统听伊犁将军节制。和硕特贝勒恭格、贝子布颜楚克、台吉诺海、巴雅尔拉瑚等，并赐牧珠勒都斯，亦以喀喇沙尔大臣辖之。恭格、诺海、巴雅〔尔〕拉瑚皆都尔格齐诺颜第三子多尔济之裔。布颜楚克者，雅兰丕勒子也，为都尔格齐诺颜第四子额尔克岱青鄂克绰特布之裔。〔巴木巴尔将归牧，复请遣喇嘛沙喇布等赴唐古特，礼达赖喇嘛。允之。〕

〔三十八年，阿拉善亲王罗卜藏多尔济献野骡，新土尔扈特副盟长沙喇扣肯献白鹰，上并制诗纪之。〕

三十九年，三等侍卫阿思哈护视土尔扈特游牧，受代还，携渥巴锡所贡匙叉匕首以献。先是，渥巴锡献七宝刀及金错刀，称其曾祖阿玉奇自洪豁尔得之。洪豁尔界邻俄罗斯，在哈萨克西北，自昔未通中国，故不隶职方，产精铁及良马，阿玉奇游牧额齐勒河，尝往来洪豁尔，因得其刀以为佩，令子孙世守。渥巴锡以献，且告世为天朝臣仆，继自今无甲兵患也，及阿思哈还，复函匙叉及匕首各一，乞阿思哈赍贡，上嘉其诚，后先所献物，各制诗〔纪〕之。是年，渥巴锡卒。谕曰："渥巴锡自归诚以来，感激朕恩，诸事俱极恭顺，办理游牧事宜颇为尽心。迩闻患病，朕意不过偶疾，可冀速痊，今遽溘逝，深为轸恤，所有渥巴锡汗爵号，著令其长子策琳纳木扎勒承袭。"

四十年，土尔扈特亲王策伯克多尔济以年班入觐。先是，策伯克多尔济献金削刀，及色尔克斯所产马。色尔克斯者，洪豁尔属部也，策伯克多尔济得其马以献，诏育上驷院，驾幸木兰行围御之，果良骥，赐名曰宝吉骝，列御庭八骏之一。至是复献其祖阿玉奇所服刚甲，盖世守物也，上嘉其诚，后先所献物，各制诗纪之。定默们图晶河牧，为旧土尔扈特部西路，车凌德克勒，济尔哈朗牧，为旧土尔扈特东路，以策伯克多尔济和博克萨哩牧，为旧土尔扈特北路，策琳纳木扎勒，齐尔牧，为旧土尔扈特部南路，各授盟长，赐扎萨克及盟长印。车凌德勒克，巴木巴尔子，策琳纳木札勒，渥巴锡子也。和硕特贝勒恭格亦授盟长，辖所部众，赐扎萨克及盟长印。沙喇扣肯来朝，扈跸木兰行围，次额尔衮沟，蒙古谓宽为额尔衮，其地平敞故名。每岁蒙古扎萨克等扈驾至此，辄进宴，陈诈马、什榜诸戏。时大军剿促浸逆番，克贼巢勒乌围，捷奏至，沙喇扣肯等将进宴，集和门外舞蹈称庆，诏以额尔衮巴雅尔沟名其地，蒙古谓喜为巴〔雅尔〕志庆也。

四十一年，朝正，杜尔伯特王车凌乌巴什先〔因〕避痘归诚二十余载，不敢至内地，至是已出痘，入觐京师，赐宴紫光阁，命进酒御前。上元夕，诏观灯火，御制诗纪之。有厄鲁近多出痘者，也教元夕赏皇州之句。

〔四十四年，旧土尔扈特东路盟长车凌德勒克闻班禅额尔德尼将以祝釐入觐，奏请诣京师瞻礼，允之。〕

四十六年，谕曰："阿喇布坦以来降功封郡王爵，其子车棱旺布、色布腾旺布相继承袭，后因色布腾旺布无嗣，以其养子朋素克降袭扎萨克固山贝子，复因朋素克不称扎萨克职，以固山贝子原品休致，令伊长子纳木扎勒承袭，其扎萨克固山贝子爵，著加恩令世袭罔替。"〔诏阿拉善亲王罗卜藏多尔济督兵五百，赴兰州，随大军剿萨拉逆回于华林寺。冬，哈萨克牧雪甚，马群逸入土尔扈特境者二百余，布延图亲王奇哩布属人获之匿不报。哈萨克居伊犁北境，先是以所部地寒，乞冬时牧马南进伊犁，诏允之，而令司事者征牧马百取一，至是奇哩布察所属获马状，治匿者罪，遣使告守汛侍卫以逸马归哈萨克，毙者赏之。驻塔尔巴哈台大臣惠令疏闻，谕嘉其守法奉公，赐币奖之。〕

四十七年，谕曰："车凌乌巴什初封郡王，继而平定伊犁，晋封扎萨克和硕亲王，自归诚以来，钤束所属，恪慎供职，且在御前行走有年，着加恩令扎萨克和硕亲王爵，世袭罔替。"

四十八年，理藩院议居京师之厄鲁特贝子富尔纳，俟出缺时降等袭爵。谕曰："富尔纳之祖达瓦齐，原系准噶尔大台吉，平定准噶尔时，将伊擒获，朕甚加恩，封为〔亲〕王。迨伊身故，其长子罗卜扎降等承袭郡王，乃并不安分守法，以故议罪革职。达瓦齐次子富塔喜降等〔承〕袭贝勒，又复懒惰猥鄙，续行革职，以罗〔卜〕扎子富尔纳降等承袭贝子，出缺后自愿依议降等，但念达瓦齐乃承袭准噶尔大台吉之人，若令由贝子递降世爵，朕心实为不忍，著加恩将富尔纳现袭贝子爵，俾予世袭罔替。"寻诏诸部扎萨克咸世袭罔替。由是厄鲁特诸部永为国家不侵不叛之臣，与内扎萨克相等矣。

〔四十九年，授阿拉善亲王旺沁班巴尔宁夏副都统，抵任。闻石峰堡底店逆回骤起，选驻防满兵及阿拉善兵驰赴大军剿贼，谕嘉之，叙绩，诏自择其弟以名闻，旺沁班巴尔遣弟玛哈巴拉及云丹策登入觐，诏授玛哈巴拉公品级一等台吉。旺沁班巴尔，罗卜藏多尔济长子也，初尚郡君，固山额驸，郡君卒，复尚县主，授多罗额驸。四十四年授公品级一等台吉，命御前行走，赏双眼孔雀翎、黄马褂。

四十八年袭爵。有内地奸民刘通等集众千余，赴瑚图〔斯〕拉私开金矿，且赂土尔扈特郡王舍棱属额尔齐斯、雅拉拜等，给驼马为助，乌鲁木齐都统海禄闻之，以兵往檄，所部助弋，奸民就擒。上以瑚图斯拉逼舍棱牧，诏永远封禁。〕

（《皇朝藩部要略》。版本同前）

乾隆戡定回疆记

（清）魏　源

乾隆二十有二年，伊犁甫定未大定，同时复有回部之变。回部者，天山南路也。天山为葱岭正干，袤数千里，抵哈密，其左右为准、回两部。回部即《汉书》城廓三十六国，非北路诸行国比。南北分路于哈密。其由巴里坤逾山或吐鲁番逾山，经乌鲁木齐赴伊犁者为孔道，其由乌什、阿克苏逾冰岭赴伊犁者为捷道。雪山之阳，冬夏涌流数十川，贯穿于南路各城，而汇于蒲昌海，今呼为罗布淖尔。为中国黄河之潜源。其间大小回城数十，回庄小堡千计。《汉书》西域诸小国及次小国，或仅数百户、千余户，拥兵或数十人、数百人。及康熙中，上谕所称"准噶尔攻取回子千余城"，皆并回庄、回堡之数也。

最今昔道里形势，出敦煌为古玉门、阳关，二关皆今敦煌县治西南，遗址今遂废。西行至哈密，为古伊吾，避白龙堆大戈壁之险，迳今辟展古鄯善，亦名楼兰。而至吐鲁番，即车师前部，汉戊巳校尉所治，唐交河、明火州治皆在焉。车师后庭在今乌鲁木齐。又西南行，迳古危须、焉耆地，而至车尔楚军台，为汉乌垒城都护治焉。又西至布古尔，为汉轮台地。又西南至库车，为古龟兹，唐安西都护府治焉。又北迳赛里木城、拜城，拜城西即汉姑墨国。而至阿克苏，即汉温宿国。始分三道：一北行至乌什，即汉尉头；乌什西北皆布鲁特地。一西南行达叶尔羌，为汉莎车，乃南渡王河，而至于阗；一则沿乌兰河岸径西，抵喀什噶尔，即古疏勒，则汉、唐以来西域建庭之所。此外，西北各小国，若循休、捐毒、盘陀等，大抵皆今环回疆之布鲁特各部，无君长，不比数。至其南诸小国，如《汉书》所称渠勒、精绝、戎卢、小宛等，今并淹没无踪，意沦入瀚海，如曷劳落迦城之比矣。大砂碛周二千余里，流沙迁变，今昔不同。计回疆东西六千余里，南北千余里，西、南、北皆大山界之。

唐以前皆佛教，其以回回教著者，则萌芽于隋、唐，而盛于元以后。其祖国曰天方，更在葱岭以西数千里。有墨德墨克各国，当隋、唐之际，其国王谟罕蓦德者生而神灵，尽臣服西域诸国，始扫佛教自立教，造经三十篇，敬天礼拜，持斋戒，葱岭以西皆尊曰"天使"。回回语称天使为"别谙拔尔"，亦曰"派罕巴尔"。传二十有六世曰玛墨特者，当明之末年，与其兄弟分适各国，始自墨德逾葱岭东迁喀什噶尔，是为新疆有回酋之始，即霍集占兄弟等之高祖也。

其回部旧汗，本元太祖次子哈萨岱之裔，世封回部，及玛墨特自西方至，各回城靡然从之。旋值厄鲁特强盛，尽执元裔诸汗迁居天山以北，回部及哈萨克皆为其属。哈萨克行国，仅纳马；而回部各城则分隶诸昂吉，征租税，应徭役，并质回酋于伊犁。康熙三十五年噶尔丹败后，其质伊犁之回酋阿布都实特自拔来投，圣祖优恤之，遣人护至哈密，归诸叶尔羌，是为霍集占兄弟之祖。至其子玛罕木特欲自为一部，不外属。噶尔丹策零复袭执而幽之，并羁其二子，使率回民数千垦地输赋。长曰布那敦，亦曰博罗尼都。次曰霍集占，即所谓大、小和卓木者也。

乾隆二十年夏，王师定伊犁，释大和卓木，以兵送归叶尔羌，使统其旧部；而留小和卓木，礼之，使居伊犁掌回务。及阿逆之变，伊犁偾扰，小和卓木率众助逆，以与勤土之台吉、宰桑战。逾年，王师再定伊犁，小和卓木遁归，始自疑贰。而我将军等遣侍卫托伦泰往定贡赋，未得要约，将军兆惠复奏遣副都统阿敏图往招抚。初，小和卓木之归也，兄弟共议所向，大和卓木欲集所部听天朝指挥，受约束。小和卓木以前此助逆自疑阻："若听朝廷处分，必召兄弟一人留质京师，如准噶尔之例。我祖宗世以此受制于人，今幸强邻已灭，无逼处者，不以此时自立国，乃长为人奴仆，非计。中国新得准部，反侧未定，兵不能来；即来，我守险拒之，馈饷不继，可不战挫也。"计既决，集其伯克、阿浑等自立为巴图尔汗，传檄各城爱曼，集士马聚糗粮器械以待。回户数十万皆靡，惟库车、拜城、阿克苏三城之阿奇伯木克鄂对等素悉小和卓忍鸷，且慑我兵威，皆奔伊犁。兆惠乃令鄂对等从伊敏图率厄鲁特兵二千以往，以责征粮草为名。未至库车，中途鄂对等闻亲族被僇，各城向应，且小和卓木心腹阿布都已益兵守库车，请急归待大军而后进。伊敏图不从，以满兵百人驰入库车，被害，鄂对及厄鲁特兵皆驰还。

事闻，上以兆惠方有搜剿厄鲁特之役，乃命雅尔哈善为靖逆将军，二十三年五月，将满、汉兵万余，率鄂对等由吐鲁番进攻库车。和卓木兄弟闻之，率鸟枪兵万余，由阿克苏之戈壁捷径来援。六月，我领队大臣爱隆阿等迎击半途，先歼其前队三千于和托鼐。十六日，又擒斩千有六百于城外鄂根河，夺其大纛，截其归路。和卓木兄弟敛余兵八百，入保库车城。我军方喜二贼酋自投网，可聚而歼也。鄂对曰："贼必不株困，围城势必遁。遁有二道：一山城西渭于河涉浅渡；一由北山口向阿克苏戈壁。请于两要隘各伏千兵以待。"雅尔哈善不为备，终日棋弈，亦不巡垒。二十四日薄暮，有索伦兵闻城中驼鸣，似负重远行之声，潜告将军，将军复不信。是夜，两贼酋及伯克阿布都果以四百骑潜出西门，由北山口遁。而守西门之副都统顺德讷闻报，尚以昏夜不发兵。及晓，始遣百人追之，则已渡鄂根河，去桥断后。将军劾顺德讷以塞责。并力攻城，城依山冈，以沙土柳条筑成，炮攻不入。提督马得胜使绿营兵穴地为隧道，昼夜严督不息。将及城二丈，守城贼瞥见地下灯光，反堑其外而实藁焚之，我兵六百余焦焉。复劾提督以塞责，皆不自请议处。八月，守城回目阿布都复夜遁突围，余众开门降。上震怒，诛雅尔哈善、顺德讷、马得胜以徇，其后并诛参赞哈宁阿。

时将军兆惠奉命来京，自请留军以竣西事。上壮之，乃命移师而南。时两和卓木奔阿克苏,其伯克霍吉斯,即前擒献达瓦齐受封者也,闭城不纳;给令赴乌什,乌什亦不纳。于是,小和卓木奔叶尔羌,大和卓木奔喀什噶尔。兆惠使鄂对抚和阗,而霍吉斯随军。时兵皆未集,惟领步骑四千先行,而留副将军富德剿余贼,俟集大军继进。时小和卓木已坚壁清野,刈田禾,敛民入城,使我军无可掠;又于近城东北五里掘濠筑土台,欲持久困我。而大和卓木据喀什噶尔相犄角。

十月初六日,师至叶尔羌,阵于城东,两翼兵先夺据其台。贼东、西、北三门各出精锐数百骑来尝我,三战三北,入城固守不出。城大十余里,四面十二门,兆惠以兵少不能攻城,欲伺间出奇,先营城东隔河有水草处,结营自固。葱岭北河经喀城外,葱岭南河经叶尔羌城外,土人称北河为赤水河,南河为黑水河,此所谓黑水营也。回语称赤曰"乌兰",黑曰"哈喇",水皆曰"乌苏"。兆惠既分兵八百,使副都统爱隆阿扼喀什噶尔援路;又侦知贼牧群在城南英奇盘山下,谋渡河取之以充军实。十三日,留兵守黑水营,而率千余骑自东而南。甫渡四百骑,桥忽断,城中贼出五千骑来截,我兵方奋突其阵,步贼万余继之,骑贼忽张两翼围攻我后。我隔河军不能相救,又地沮洳,难驰骋,且战且退,浮水还营。中途为贼截隔数队,人自为战,自旦至暮,杀贼千计,而马多陷淖,亦阵亡将士百余,伤者数百。兆惠左右冲突,马中枪再毙再易,明瑞亦受伤,总兵高天喜等俱战殁。贼复逾河来攻五昼夜,我军且战且筑垒,贼亦筑长围困我十七夜。兆惠遣五卒分路赴阿克苏告急,舒赫德飞章入告。贼于上游决水灌营,我师于下游沟而泄之。营依树林,枪炮如雨,我师伐树,反得铅丸数万以击贼。会布鲁特掠喀什噶尔,我军纵火攻焚贼营,贼疑布鲁特与我军有约,大和卓乃使人议和。兆惠执其使,射书谕以"必先缚献霍集占,方许纳款"。又掘井得水,掘窖得粟,三月不困,贼骇为神。初,上以兆惠、富德两军久暴露于外,将士皆劳顿,于两月前即命靖逆将军纳木札尔、参赞三格往代,又命增调索伦、察哈尔兵赴之。及是，兆惠檄爱隆阿率兵还阿克苏催援军，遇靖逆等以二百余骑径进，止之不可，复遇害。

富德在北路闻黑水围急，即率新到之索伦、察哈尔兵二千余及北路兵千余，冒雪赴援。二十四年正月六日，次呼尔璊，遇贼五千骑，且战且前，转战四昼夜。沙碛乏水，齿冰救渴，又乏马力，半步行。九日，渡叶尔羌河，距黑水军尚三百里，贼愈众，不能进。适巴里坤大臣阿里衮奉命以兵六百、解马二千、驼一千合爱隆阿之兵千余夜至，遥望火光十余里，知官军与贼相持处也。又途遇我往劫营之卒，知望援孔急，即横张两翼，大呼驰薄，声尘合沓，直压贼垒，与富德军三路奋蠚。贼黑夜不知官兵若干万，自相格杀溃遁。我师遂长驱进，未至黑水营数十里，又击败之。兆惠见围贼日少，又遥闻枪炮声，尘大起从东来，而营中所掘井忽瞀，知援军已集。即勒兵溃围，杀贼千余，尽焚其垒，贼大败入城。两军会合，振旅还阿克苏。明年夏四月，先遣兵援和阗，复二回城之陷于贼者。六月，兵二万、马三万、驼一万皆集阿克苏，又奏以布易回粟，省运费三十万。乃两路进师：兆惠由乌什取喀什噶尔，富德由和阗取叶尔羌，每路兵各万五千。两和卓自去冬见王师以四百战贼数万，继以三千战守数月，已震詟天威。至是，遂弃城，驱人畜逾葱岭西遁。

初，两和卓在伊犁久，惟垦种之回数千羁旅相倚。及归，而旧部数十万户念其先世推戴，恐后小和卓木顾虐用其民，厚敛淫刑，惟以伊犁同归之回及新投之厄鲁特为亲兵，故众解体，其出亡也，旧部罕从者。二酋兄弟欲赴巴达克山，其党欲投敖罕。各遣使往，而敖罕不报，乃赴巴达克山。明瑞率前锋千余骑追至，战于霍斯库岭，斩贼五百。其地即葱岭之巅，有黑龙池，周数百里，回语"哈喇淖尔"，即释典所谓"阿耨达"也。七月七日，我军四千余骑追及阿尔楚山。贼避其辎重妇女，以精锐六千伏谷口，而羸师诱我入险。我军严阵为备。富德以火器、健锐营居中，明瑞、阿桂为左翼，阿里衮、巴禄为右翼，别列奇兵、援兵各二队，且以兵殿，如墙而进。奇兵先夺其左右两山，俯瞰下薄，贼阵动，我兵三面乘之，追攻二十余里，戮贼千余，斩其骁将阿布都等，获甲纛兵械无算，我师仅伤一卒。又三日，至伊西洱库河，乃巴达克山界也，两涯皆山，曰和什珠克岭。大和卓木先以家属保河西岭，为走计。小和卓木以万众据北山及迤东诸峰，决死战。富德先令阿里衮等由南岸趋西岭，而自击东峰之贼。仰攻逾时未克，乃选铳手数十，缘山北颠俯击之，而阿里衮军亦从南岸山上以火器遥击山北之贼。其山麓又狭逼水，仅容单骑，贼辎重徒属拥塞，我两军分扼其走路，贼无所遁。乃令鄂对、霍吉斯树回纛大呼招降，降者蔽山而下，声如奔雷，小和卓木手刃之不能止也，凡降回众万有二千，牲畜万计，两和卓木携其妻孥旧仆三四百人走巴达克山。初，小和卓木之拥众而西也，本谋袭据巴达克山之国。会以其酋不亲迓，怒斩其使，欲约邻部扰之。于是巴达克山酋兴兵拒战于阿尔浑楚岭，擒其兄弟。将军檄索之，函首军门。是年，惟霍集占函首，其波罗尼都尸被盗去。及二十八年拨达山，始获其尸，并其妻子以献。回部平。八月庚午，捷奏至京，宣示中外。兆惠受围时已封武毅谋勇一等公，至是加赏宗室公品级鞍辔。富德赴援时已封成勇伯，至是晋一等侯。将士及各出力回酋额敏和卓、霍集斯、鄂对等，锡赉有差。立碑太学，凡战处皆勒铭。明年二月，王师凯旋。驾亲郊劳，于良乡城南三里筑坛设幄，上亲拜天，将军以下皆甲胄，及王公大臣随行。礼毕，上御黄幄，将军等抱膝跪见。于是葱岭以西，布鲁特、爱乌罕、博罗尔、敖罕、安集延、巴达克山诸国皆遣使来庭。以喀什噶尔为参赞大臣驻牙之所，节制南路各城。各城大者设办事大臣，小者领队大臣。西四城曰喀什噶尔，曰叶尔羌，曰英吉沙，曰和阗；东四城曰乌什，曰阿克苏，曰库车，曰辟展；并东路哈密、土鲁番、哈喇沙拉三城，共十有一城。各城所辖回城或五六，或十余、二十余不等。各设阿奇伯木克理回务，自三品至六品，各随年班入觐，不得专生杀。其西四城换防之兵，由北路及安西路更调。阿克苏设局，以叶尔羌红铜铸"乾隆通宝"钱，与回地旧"普尔"钱并行。普尔钱者，形椭首铣，中无方孔，一当内地钱十。

回俗，每五十钱谓之一腾格，米囊每受四石五斗谓之一帕特玛。当准噶尔时，竭泽以渔，喀城岁征粮至四万八百九十八帕特玛，他税称是；叶尔羌岁征匠役户口棉花、红花、缎布、金矿、铜硝、牛羊、猞猁、毡罽、果园、蒲桃之税折钱十万腾格，他城称是；且不时索子女，掠牲畜。故回民村室皆鳞次栉比，坚墉曲隧，以便窖藏，防虏劫。及两和卓木归旧部，虽减科则，而兵饷徭役烦兴，供给稍迟，家立破；及出亡，又尽其赀以行，民脂殆竭。自为王人后，蠲苛省敛，二十而取一，回户休息更始焉。

回疆通外藩者，惟喀城、叶城两路，皆西域都会。和阗西则丛山，东则沙泽，近蒲昌海，不通外藩，无互市，惟产玉闻天下，叶尔羌次之。皆有玉山、玉河，定制春秋采玉二次。叶尔羌河旧不产玉，自隶〔版〕籍，渐生玉石。办事大臣祭河神，产玉乃埒和阗。其叶尔羌玉山曰密尔岱山，距城四百余里，崇削万仞，山三成，上下皆石，惟中成玉，极望莹然，人迹所不至也。采者乘牦牛乃及其巘，凿而陨之，重或千万斤，以准噶尔锯截之，而使温都斯坦玉工治之，色黝质青，声清越，中宫县，先后贡重华宫玉磬材，特磬、编磬，各若干事，又贡玉册、玉宝各八十具。白微黄者供宗庙，白微红者备庆典，任土作贡，声教所渐，遂登礼乐。四十五年，以办事大臣高朴私役回户三千盗采官玉事发，封禁其山。嘉庆四年，诏弛禁，常贡外，恣民自采。是岁，叶尔羌获大玉三：青者重万余斤，葱白者八千余斤，白者三千余斤。边臣佟其祥以闻，上以沙碛辇运劳人，急捐罢之，至今岿然存哈喇沙。议者谓，南路之玉，北路雅尔之金矿，皆天地所以钟福遐荒。诚得其人经理之，与屯田本末相辅，可尽省内地转输，洵国家所以制西域、佐中夏百世之利。

臣源曰：乾隆二十五年，诏曰："霍集占兄弟负恩肆逆，自取诛夷，至其先世君长一方，尚无罪过，非准噶尔之比。所有喀城外旧存和卓等墓，仍令回户营守，毋得樵采污秽，以昭国家矜恤之仁。"考霍集占高祖玛墨特之初迁喀城也，当明之末季，距其始祖派罕巴尔已千余年，徒以来自天方，回人神明奉之，生即所居为寺，殁即以墓为祠。其时回疆各城尚皆有汗，皆元太祖之裔，非回回裔也。顺治初，哈密有巴拜汗，叶尔羌有阿布都汗，吐鲁番有苏勒檀汗，皆以叶尔羌酋为大宗，每表贡皆叶尔羌汗署名。康熙二十五年，贡表称"臣成吉思汗裔、承苏赉满汗业"，其时尚未为回酋所有。迨准噶尔强盛，攻破回子千余城，自后无复表贡。而乾隆二十年大军荡平准部时，惟有吐鲁番旧头目莽苏尔来降，此外无复蒙古遗种。吐鲁旧头目亦已迁居喀喇沙，失其故土久矣。然则回城各蒙古酋汗，盖康熙中准夷灭之，非回教逐之。准夷既灭元裔各汗，并执回教之长归伊犁，是则霍集占祖宗并未抚有回疆，享一日之威福。且派罕巴尔子孙分适各国，喀城和卓特其一支，非其嫡裔大宗也。彼大、小和卓兄弟，又非有功德于回民也。王师出之拘幽，反之旧部，饥附饱飏，报德以怨。汉杜钦之论罽宾曰："德莫大于有国子民，罪莫大于执杀死者。"圣朝潴其宫而封其墓，诛其酋而吊其民，风霆雨露，帝何私焉？巴达克山既献和卓木之馘，尽有其孥赇。馀党逃入温都斯坦，唆其兴师而攻之，邻部爱乌罕又攻温都斯坦而灭之，于是大和卓木遗孽逃入敖罕。道光中复盗有西四城，旋燔于天讨，语具别记。若乃勒石昆仑之巅，考磬群玉之府，披朕河源之上，七萃却其驱驰，柏梁失其严丽。奥矣，昌矣，非下士所得详矣！

（《圣武记》卷四）

乾隆绥服西属国记

(清) 魏　源

《汉书》：自玉门、阳关出西域有两道：南道，西逾葱岭，则出大月氏、安息；北道，西逾葱岭，则出大宛、康居、焉耆诸国。大率土著有城郭田畜，与匈奴、乌孙异俗。盖新疆内地以天山为纲，南回北准；而外地则以葱岭为纲，东新疆西属国。属国中又有二：由天山〔北〕路而西北，为左、右哈萨克；由天山南路而西南，为左、右布鲁特。虽同一游牧行国，而非准、非回、非蒙古矣。逾葱岭而再西北为安集延；西南为巴达克山，为爱乌罕。虽亦皆回教城郭之国，然岭以西之属国非岭以东之郡县矣。方王师戡定准、回，已拓版图周二万余里，岂尚有意贡译于声教不通之区，臣妾于葱岭以西之部？而天时人事，展转辐辏，若有意，若无意，不鞭笞而就我衔勒，不招致而附我藩墉。故阿逆之叛逋为准部之大不幸，而左、右哈萨克即以服逆之逋而臣贡；两和卓之叛逋亦为回疆之大不幸，而布鲁特及葱岭以西诸国即以两和卓之逋而臣贡。苍苍者若必举天山之南北、葱岭之东西，居国行国，侏㒒椎结睢盱之民，尽以畀我大清而后已！岂前代发輶轩，赍金币，凿空招携，所几其万一者哉？

汉世天山以北为乌孙逐水草诸国，天山以南为城郭三十六国。唐设北庭安西都护，开置四镇。自昔风气判然南北，而北路雄强，南路每为之服役。要皆各君其国，各子其民，时绝时通，羁縻勿久，更何问葱岭以外？《钦定西域图志》贯串汉、唐，以伊犁当乌孙，以喀、叶二城当疏勒、高车诸国；至北而哈萨克则昔之康居，安集延则昔之大宛；南而布鲁特则昔之循休、捐毒，巴达克山则昔之乌托，爱乌罕则昔之大月氏。其朝贡献见或有常期，无常期；商税或有定额，无定额。不悉其远近、强弱、夷险、向背，曷以筹控驭哉？

哈萨克分左右三部。左部在准噶尔西北，右二部在准噶尔西，皆北界俄罗斯，东去塔尔巴哈台、南去伊犁皆千里。其左部曰鄂尔图玉斯，东西千里，南北六百里，环境皆山，西北境曰伊什河，地苦寒，其汗惟盛夏居之，馀时逐水草游牧。广漠蕃茂，谷量羊马，风俗物产文字略同准部，而语言稍异。乾隆二十年二月，准噶尔平，阿睦尔撒纳旋叛，明年走哈萨克，煽诱其汗阿布赉。将军达尔党阿、哈达哈两路进讨。阿布赉遣和集、博尔根以四千骑从阿逆走鲁腊，而自率千余骑西行，会于毫阿腊克山下以待。七月，将军达尔党阿兵遇和集前队二千于雅尔腊山，劲骑突其中坚，破其伏贼，溃斩六百级，擒其渠楚鲁克。又击和集后队二千骑于西路，陷阵获其纛炮，斩三百级。而北路军亦败阿布赉于毫沙腊克山下，斩二百级，获其渠帅昭华什。三战三捷，遂抵伊什河，河者，阿布赉庭帐也。乃遣所获二渠帅归，谕使擒阿逆，而阿逆亦已远窜。明年，将军兆惠、富德等复以兵西追深入。阿布赉遣使请罪，献良马，且遣兵乡导前驱，誓擒阿逆以献。适阿逆先觉，遁俄罗斯，乃擒献其党。而和集、博尔根亦率三万户款于军门，将军兆惠启帐，命东向坐，将军南向坐，列筵食之牲体。哈萨克回俗，必持咒破戒乃食。至是，言〔既〕为大皇帝臣仆，敢泥禁，因饱啖。引观花马射，射锁子甲，皆彻札，哈萨克益大骇服。于是定互市地于乌鲁木齐，自后，岁时朝贡为例。哈萨克之有三玉斯族，犹准部之有四瓦剌族也。左部鄂尔图玉斯，已臣。其右二部齐齐玉斯、乌拉玉斯，亦称中部、西部。西部亦名塔什干，方与中部搆兵。阿布赉使与我使臣单骑入两阵间，指挥宣檄，皆解甲听命。适我参赞大臣富德方追厄鲁特逸贼至右部，军于莽格特城外，遂诣军约款。其地东南接准部，南接布鲁特、安集延、纳木干诸部，西南逾塔什干西六百余里，地在葱岭上游，有哈喇库勒．即释典所谓"阿耨达龙池"，盖昆仑之巅也。其哈沙斯河、锡尔洽河之间，冈岭绵亘，北为腾吉斯大泽，尚有北部接俄罗斯境，至今未通中国云。濒河两岸有城五，盖左部游牧逐水草，为古康居，在乌孙西北，匈奴之西，大宛之东，故寒暑徙帐，即康居国王冬居乐越匿地，夏居蕃内之俗。而右部则有城郭，与康居五小王所治五城合为大宛北鄙，故或言哈萨克即大宛云。

布鲁特分东西部，东部五，西部十有五。东部在天山北，准部之西南，近葱岭，距伊犁千四百里。每部长皆以鄂拓克为名。旧游牧于特穆图泊左右，为准部所迫，西迁寓安集延。王师定伊犁，始复故地。二十三年六月，将军兆惠等追厄鲁特逸贼至其界，遣侍卫往谕其头目。萨雅克部、萨拉巴噶什部两鄂拓克不自主，别推一年长者玛木克呼里主之，年九十余，体硕趺坐，腹垂至地，不能远行，遣使献牛羊百头。将军等燕而示之讲武，咸诧服，曰："天朝骑射之利，向虽闻之；至于发必命中，层甲洞穿，马上三枪连发，五矢左右迭射，离马及地腾上复驰，虽厄鲁特兵亦不及，宜乎东殄准噶尔，西服哈萨克，何有于我等小部落乎？"于是兼抚定霍索楚及启台两鄂〔拓〕克。六日至其地，并上四部共二千余户，而萨娄鄂拓克亦于七月以所部五千户来归，东布鲁特五部皆遣使入朝。其西十五部，则在天山南回部喀什噶尔城西北三百里，道由鄂什逾葱岭而至其部落，每部所辖或二百余户，或七百余户，或千有三百余户，共二十余万口，皆以额德格纳部长之，部落虽分，而游牧同地，犹蒙古之四子部落也。逐水草游牧，衣冠风俗皆同东部。乾隆二十四年，大军追逆回经其地，其渠长奉将军书曰："额德格纳布鲁特部小臣阿济毕，恭呈如天普覆广大无外如爱养众生素赉满佛之鸿仁，如古伊斯干达里之神威，如鲁斯坦天下无敌之大勇，所举三者，皆西域回部先代之贤汗，犹中国颂尧、舜、禹、汤也。富有四海乾隆大皇帝钦命将军之前，谨率所部，自布哈尔以东二十万人众，尽为臣仆。头目等以未出痘，不敢入中国，谨以使入朝京师。"将军兆惠表闻，于是十五部落亦内附，设二品至七品头目。由将军、大臣奏放岁进马受赍，减其商税，遣使巡其部落，同内地焉。布鲁特持教同回部，而居无城郭；游牧同厄鲁特，而不崇黄教，其疆域、风俗皆界准、回之间。人贫而悍，轻生重利，喜虏掠，虽厄鲁特强盛时亦不能驯服之。东部为乌孙西鄙，古所谓"塞王种"也。西部则南属葱岭，东连疏勒之休循、捐毒也，唐时为大、小勃律，俗皆不土著，无城郭，故由鄂什口出葱岭，则诸部落正当其麓。

敖罕者，葱岭以西回国也。有四城，俱当平陆。最西为敖罕城，亦曰浩罕，亦曰霍罕。其渠居之。最东曰安集延，与布鲁特毗连，去喀什噶尔城五百里。好贾，远游遍南北二路。从安集延西百有八十里，为玛尔噶朗城，有二万余户。又西八十里为纳木干城，万余户。纳木干一曰奈曼。又西八十里为敖罕城，三万余户。皆滨那林河岸，南揖葱岭，四城皆有伯克，而敖罕城额尔德尼为之长。又有塔什干等城，以三和卓分辖其众，亦附庸于敖罕，故亦称敖罕八城。然塔什干为哈萨克族，实不尽属敖罕也。其西又有布哈尔国环之，世为劲敌。敖罕风俗略同南路诸回城，而骜勇倍之。乾隆二十有四年，大军追霍集占，霍集占遣使欲投安集延，安集延不报。既而将军遣侍卫抚定布鲁特诸部，至其境，额尔德尼酋迓至城内，日馈羊酒、瓜果、糇粮、毡毹、良马，询访中国疆域、物产、风俗、形势、兵马、器械，侍卫广宣朝廷威德，额尔德尼畏慕奉表，并上将军书，称为"至威至勇如赉札木西特之将军"。旋贡马京师，然亦无所谓"汗血"者。其后霍集占兄弟为巴达克山所歼，有博罗尼都二子逃赴敖罕，故敖罕有回酋遗孽云。博罗尼都，　作波罗尼都，　作布拉敦，其长子乾隆中已俘入京师。《汉书》称自疏勒西逾葱岭，则出大宛、康居诸国。疏勒今喀什噶尔城，从其城西逾葱岭，为出安集延之道。安集延诸城土著耕田，有城郭庐室，而富强善贾善战，亦大宛遗风。

巴达克山，亦作拔达克山。葱岭西南回国也。扼葱岭之右，去叶尔羌千有余里，西北至伊西洱河，有城郭，负山扼险，户口十余万。乾隆二十有四年，逆回酋霍集占兄弟为王师所败，西奔巴达克山，诡言假道往墨克国谒其教祖，而纵兵肆掠。其酋素尔坦沙囚执博罗尼都，而以兵攻围霍集占于阿尔浑楚岭，霍集占屡败被擒，拘之于柴札布。柴札布者，巴达克山系囚处也。时副将军富德进军瓦汉城，移檄索贼。素尔坦沙以逆酋与己同牌罕巴尔之裔，欲缚献，恐为诸部所责。既而霍集占复阴约塔尔巴斯国使攻巴达克山，而温都斯坦国亦兴兵谋夺霍集占兄弟，大军又压境檄索，素尔坦沙乃迁霍集占兄弟于密室，以二百人围殪之，而驰献其馘，率所部十万户及邻部博罗尔三万户俱纳款。《西域闻见录》称：“拔达克山诛霍集占，尽有其帑贿，邻部退木尔沙兴师而灭之。敖罕又灭退木尔沙，”考《闻见录》作于乾隆四十二年，而《四裔考》官书载至乾隆五十年止，尚称"巴达克山职贡不绝"，并无破灭之事。盖温都斯坦欲攻巴达克山，既而温都为爱乌罕所灭。《闻见录》传闻失实欤？又以爱乌罕之哈默特沙汗，误为退木尔沙国，故《闻见录》无爱乌罕国名。凡此《录》于葱岭以西各国，道听途说，十讹六七，不可依据。二十五年遣使入朝，贡刀斧及八骏马，自是职贡不绝。《汉书》皮山国在于阗西，西南至乌秅国千有三百余里。今自和阗至巴达克山亦千三百余里，其国自葱岭南，四面皆山，河抱城东，两崖有悬度之险。《唐书》谓之竭盘陀国，去疏勒西南六百里，至葱岭，负徙多河，即古之乌秅，今之巴达克山矣。

爱乌罕，在巴达克山之西，亦大回国也。有三大城，曰喀宾，曰堪达哈，曰默沙特。其喀宾城三面皆山，堪达哈城四面依山，其汗所都默特沙城，旧属伊兰部，为爱乌罕所并，遂兼治三大城。每城相距皆二十余程，地广数千里，北界布（哈）〔噶〕尔，南界温都斯坦，东界巴达克山。胜兵十有五万，惟火铳刀矛，无弓矢。重农粟，鲜物采，商旅罕至。自兼并温都斯坦后，于是金丝之缎、工镂之玉，奄竖传令，声明文物，出诸国上。初，乾隆廿四年，霍集占为王师所败，假道巴达克山赴爱乌罕，巴达克山中道邀而杀之。爱乌罕及温都斯坦各兴师问罪，巴达〔克〕山汗惧，乃贻中国文绮，具言霍集占负中国及扰已国之罪。爱乌罕遂与连和，合兵拒温都斯坦。爱乌罕汗亦闻中国之盛，未知其道里远近，遂遣使偕来，欲以觇中国广大。二十七年入贡,为中国回疆最西之属国。于古为大月氏境,再西为默克等部,即回教祖国。中隔沙漠,过此即海,南有思布部落,过此亦海,皆安息、条支境域。然其海皆西人所谓地中海,非大西洋之海也。

其克什弥尔之属,为古罽宾等国,惟通市不贡者不悉言。

臣源曰:新疆南北二路,外夷环峙,然其毗邻错壤作我屏卫者,惟哈萨克、布鲁特两部落而已。哈萨克三部,有汗、王公、台吉世袭,以理其游牧,三岁一贡,岁一市,以马羊易缎布,而税其百一。布鲁特亦如之。岁遣领队大臣巡视,贪市畏威,易于羁驭。此外,巴达克山距叶尔羌二十五驿,爱乌罕距叶尔羌四十驿,克什弥尔距叶尔羌五十一驿,温都斯坦距叶尔羌九十四驿,皆西隔葱岭,无系边防。虽敖罕部之安集延商贾遍于南北诸城,贪贸易,无他虑,且距叶尔羌亦二十余驿。敖罕境狭人稀,外之不及布噶尔什二,内之仅当阿克苏一隅,其繁庶惟安集延一区,不尽为所属。见《新疆识略》松筠奏回疆事宜十条。道光二十二年,敖罕遂为布噶尔所灭,虏其酋长头目,遣使告捷于卡伦。布噶尔者,距叶尔羌四十驿,其地西北界俄罗斯,南界爱乌罕,东界敖罕及布鲁特,富强数千里,统辖数百部,不尚回教,自古声教、兵力所不至。乾隆以来,惟通市,不列朝贡,既并敖罕,始接边陲,即《西域闻见录》所谓塞克国云。此外,通市之部见于《新疆识略》者,尚有距叶尔羌十三站之瓦罕,之绰禅,之赫斯图济;距叶尔羌十五站之沙克拉,之什克南,之罗善,之乾竿特;距叶尔羌十八站之达尔瓦斯,之窝什;距叶尔羌二十站之博罗尔,之巴尔替;距叶尔羌二十三四站之哈普隆,之马尔噶浪,之依色充;距叶尔羌二十七八站之纳木干,之塔什罕;距叶尔羌三十站之霍占,之科拉善;三十三站之塔尔罕,之浑堵斯,之鄂勒推帕;三十七站之济杂克,之拜尔哈;三十九站之图伯特;五十站之噶斯尼;六十站之坎达哈尔;六十二站之拉虎尔:虽时通贸易,不能自达于天朝。又或即各大国之附庸部落,不足比数。至敖罕与温都斯坦南北相距数千里,中隔巴达克山、克什弥尔各国,而《西域闻见录》谓敖罕与温都毗连,与所述控噶尔及退木尔沙同一荒谬。

(《圣武记》卷四)

附：乾隆新疆后事记

西域戡定，西师亦蒇。而与前事波澜相首尾者，北路则有土尔扈特之来归，南路、安西路则有乌什、昌吉之变乱。

土尔扈特者，故厄鲁特四部之一也。其游牧地曰雅尔，即塔尔巴哈台，在伊犁之北，科布多之西南，接俄罗斯。其通中国，自康熙中之阿玉奇汗始。阿玉奇之曾祖和鄂勒于明季国初为邻部所逼，率其子书岱青等投俄罗斯。其旧游牧之雅尔地，则辉特部居之，故厄鲁特仍为四部。阿玉奇既长，仍回旧部，嗣为汗，以女妻策妄。策妄则离间其子散札布台吉，使率所属万五千户至伊犁，尽没入之，而逐散札布归俄罗斯，又绝其贡道与赴藏熬茶之路。康熙五十二年，阿玉奇假道俄罗斯入贡。圣祖欲悉其要领，遣职方郎中图礼琛由俄罗斯报之，逾三载始反。俄罗斯者，北方大国，东界黑龙江，包蒙古、喀尔喀、哈萨克，直抵大西洋，衺二万余里，土尔扈特自明季国初越哈萨克而往投之。俄罗斯城郭国也，以土尔扈特故行国，亦给以边地额济勒河使游牧。有腾吉思巨泽，曰玛鲁托海，在图理雅部之东，俄罗斯之南，左哈萨克部之北，夹河两岸广莫饶水草。传至阿玉奇之孙乌锡巴，皆以河南岸为王庭，而居其台吉、鄂托克等于河北，休养生息百余载，两岸各十余万户，毡幕驼马，云屯谷量。

乾隆二十二三年，王师大扫伊犁，其各部厄鲁特之逸入俄罗斯者，悉安置于乌锡巴部下，是为新土尔扈特。

康熙中，俄罗斯之察罕汗曾征土尔扈特兵攻西费雅国，土尔扈特兵不习战，多受创。至是叩肯汗攻图理雅国，复征之，土尔扈特兵屡衄，死伤万计，正当王师定伊犁之后。土尔扈特方苦于征役，而其族台吉舍楞者又新叛中国，自伊犁窜往投之，盛言伊犁空虚可据状，其四卫拉新投之人同词附和，劝还故土。乌锡巴惑其言，与其台吉、剌麻集议，传谕大小宰桑，各戒严，约北岸部落于河冰合时同渡东徙。适冬暖，河久未冻，乌锡巴不能待，遂率南岸十六万口启行。沿途破俄罗斯边城四，俄罗斯兴兵追之，已出境，将假道哈萨克。哈萨克倾国力战拒之，改道布鲁特。布鲁特千百为群，环攻其辎重牲畜，如陆网之待兽。土尔扈特进退无路，不得已改道各国边界戈壁之地，绝水草旬日，皆饮牛马血而行，人畜死亡大半，自十一月至六月始及伊犁卡伦，仅存七万余口，尪羸无人形。伊犁将军舒赫德严兵备边，遣人迎诘之。乌锡巴与其台吉等计议数日，始以慕化归附为词，言俄罗斯持教衣冠俱不同。愿依中国兴黄教之地，以安部众。奏闻，廷臣议者以降人中有舍楞，前曾诖害我副都统唐喀禄，逃俄罗斯，今来归，疑有奸计，且我受俄罗斯叛藩，恐启衅。高宗以舍楞前窜时，我固再檄索之，而俄罗斯不与，是我理直有词；土尔扈特既背其上国而来，倘复干我中国，彼将焉往？且求生而致死之，不仁；急之，必铤而走险，不智。于是受其降，召其酋长入觐热河，封乌锡巴为汗，其弟亲王，余郡王、贝勒、公、台吉有差。分新旧二部，各设札萨克。给官牧之马牛羊十有四万，而新疆市往之十二万不与；拨官茶二万余封，出屯庾米麦四万余石，而伊犁赡赈之茶、米不与；甘肃边内外购羊裘五万余袭，布六万余匹，棉六万余斤，毡庐四百余架，而库给之毡、棉不与。共靡帑金二十万有奇，邮传供亿，燕享犒赉，使者劳来相望，一如康熙中抚喀尔喀四部例。降夷息喘如归，献西洋钟表、火枪及所受明玉印，乃赐哈拉沙地为其游牧，以著勒土斯土为王庭，开都河两岸广沃，可耕可牧，如其故地。而俄罗斯方西向搆兵，不暇东问，收其故地，马行东西三十日，南北二十日，改建他藩部，仍与我通市如初。于是四喀尔喀部与四瓦剌部之众皆抚而有之，疆域几埒元代矣。

二十九年而有回疆乌什之变。乌什在库车西北千里，户口数万，亦回疆一大都会也。准噶尔败其阿奇木伯克霍吉斯，俘达瓦齐以献，受王封。及二和卓之乱，霍吉斯颇持两端，上恐其反覆不可专任，召入京，而以哈密伯克阿布都拉代之。阿布都拉暴戾无亲，其属役之哈密回子又助其鱼肉，勒买布粮，马羊壮则攘之，而以赢者倍值售之。办事大臣苏成素愤愤不治事，又酗酒宣淫，甚至留各伯克妻于署，而令兵役裸逐为乐，喜麋怒狼，民无所诉。二月，解送沙枣树，苛派回户。二百四十人相聚谋变，一回奔告阿布都拉，阿布都拉叱逐之。西城回户不愿从乱，相率走投驻扎大臣署，亦叱拒不纳。是夕乱作，阿布都拉、苏成及兵役皆歼焉。时乾隆二十九年二月也。

阿克苏办事大臣卞塔海一作边他哈。闻变，即领兵五百赴乌什，乌什开城出迎，卞塔海即令举铳，城复闭。逾二日，又以炮攻城。时城中反者不过四百余，皆闭户不预闻，及是则迫胁群起，共听阿剌布图号令，悉众马步二千余出战。卞塔海败走，又败库车大臣鄂宝之兵。喀什噶尔参赞大臣纳世通、伊犁将军明瑞、参赞永贵各以兵赴援，会围乌什。事闻，卞塔海以误军机伏法，纳世通亦以骚扰罪诛。官军昼夜攻城，贼遣其党潜燔各回城，并乞援于敖罕、布鲁特，远近汹沸。

会叶尔羌阿奇木伯克鄂对之妻叶依木随其子鄂斯满在库车，闻之，五昼夜驰至叶尔羌，置酒尽召诸阿浑、爱曼，责以大义利害，复使歌舞之回女劝侑尽醉，而阴遣人赴收其兵器，又尽纵其马驱牧百里外山泽，人心始定。其子鄂斯满自〔库车〕引回兵赴乌什，库车城中群不逞之徒亦思为乱。伯克阿那雅尔日率众伯克集大臣署前，二更始散。阿克苏回酋色提巴尔才入觐京师，至肃州闻警，七昼夜驰还，阿克苏城中乃不敢动。而贼所遣赴敖罕之巴敦布，复为布鲁特执献，于是贼外援绝，我兵又断其樵牧，败其冲突。而贼首犹劫其众不许出降。城南倚山面河，自河至城，茂林横翳，隔河炮不能及也，自五月至七月，攻城未克。贼一夕忽尽伐之，城池豁露，我兵四薄，贼内溃，尽缚首逆以降。官兵入城，歼其党羽，徙老弱万余口戍伊犁。乌什平。奏善后章程：一、阿奇木之权宜分；一、格纳坦之私派宜革；一、回人之差役宜均；一、都官伯克之补用宜公；一、伯克等之仆使宜节；一、赋役之定额宜明；一、民、回之居处宜别；一、伯克等与官员之仪宜定。又移参赞大臣于此，徙各城回户以实之。

越三年，而复有昌吉之事。昌吉者，王师定准部后大兴屯田处也。设直隶迪化州于乌鲁木齐，辖阜康、昌吉、绥来三县，除兵、民、回屯外，复有内地谪戍之屯户，是为流屯。乾隆三十有二年，屯官以中秋之夕犒诸流人，置酒山坡,男女杂坐,醉逼流妇使讴。诸流人故悍,又皆使酒,俄顷激变,戕屯官,劫军器,据城叛。黎明,报至乌鲁木齐。时班兵散在诸屯,城中兵仅百有五十,然皆百战之余,视贼蔑如也。镇守都统温福即率之以行,至洪山口,守备刘德叩马曰:"此去昌吉九十里,我驰一日至城下,是贼以佚待劳;且其城非百余人所能仰攻破也。贼得城,必不株守,势必来,不如扼险待之,两崖隐蔽,贼莫测我多寡,是反客为主,反攻为守,破贼必矣。"遂止营。贼果至,德令于众曰:"望其尘氛虽不过千,然皆亡命必死之贼。幸所乘皆屯马,未经战阵,受创必反走。我军各擎枪伏以待,视旗动而击之,敢先者斩。"俄而贼枪竞发,我军不动,忽前队一人伤,德麾众枪齐发,贼马果皆横逸,噪而乘之,皆反奔。追北至玛纳斯河,其地南界天山,北濒苇湖,贼趋绝地,遂为官兵所歼。其后,诏书屡举二役为镇守回疆诸臣之大戒。

(《圣武记》卷四)

道光重定回疆记

(清) 魏 源

回疆自乾隆二十年戡定后，各城设办事领队大臣，而统于喀什噶尔参赞大臣，并受北路伊犁将军节制。岁征钱粮土贡，数十分取一，视当日准夷之虐取、两和卓木之骚动，不啻蓰倍。兼以苏成激变、高朴败检之后，宗室侍卫骚扰荷校之余，朝廷常慎选边臣，皆保举之满员与左迁之大吏，回户赖其休息，仰朝使如天人。及其久也，保举渐弛，多用侍卫及口外驻防，视换防为利薮，以瓜期为传舍，与所属司员章京服食日用无一不取于阿奇木伯克。伯克藉供官为名，敛派回户，日增月甚。西域赤铜普尔钱一，当内地之五，喀什噶尔岁敛普尔钱八九千缗，叶尔羌岁敛普尔钱万余缗，和阗岁敛普尔钱四五千缗，又土产毡裘、金玉、缎布赋外之赋，需索称是，皆章京、伯克分肥，而以十之二奉办事大臣。各城大臣不相统属，又距伊犁将军窎远，恃无稽察，威福自出。而口外驻防笔帖式更习情形，工搜括，甚至广渔回女，更番入直，奴使兽畜，而回民始怨矣。属夷各布鲁特久为近塞藩篱，自嘉庆十九年孜牙墩之案枉诛图尔第迈莫特，其子阿仔霍逃出塞外，愤煽种类，名图报复；继以苏兰奇、汰列克之事，而布鲁特亦怨矣。

张格尔者，故回酋大和卓博罗尼都之裔也。博罗尼都当乾隆初以叛伏诛，其子萨木克自拔克达山逃匿敖罕，有三子，次即张格尔，以诵经祈福传食部落。奸回假馈和卓之名，敛财煽众，时有讹言。嘉庆二十五年，南路参赞大臣斌静荒淫，失回众心。八月，张格尔始纠布鲁特数百寇边，有头目苏兰奇入报，为章京绥善叱逐，苏兰奇愤走出塞从贼。领队大臣色普征额率兵败之，张格尔仅余二三十贼，舍骑步逃。次日，官兵追及塞外，遗炊尚然，竟回军喀城，与斌静宴中秋节。所擒百余贼，斌静悉诛以灭口。上以斌静获贼不讯明衅由，蒙隐具奏，疑之。特命伊犁将军庆祥往勘，得回民所控斌静纵家奴司员凌辱伯克、交通奸利诸罪。奏闻，褫逮。道光二年，以永芹代之，芹亦未能抚驭。四年秋，五年夏，张格尔屡纠布鲁特数百骚掠近边，且诡降，要求叵测。时内地回户多为其耳目，官兵往捕辄遁。九月，领队大臣色彦图以兵二百出塞四百里掩之，不遇，即纵杀游牧之布鲁特妻子百余而还，无复行列。其酋汰列克恨甚，率所部二千追覆官兵于山谷，贼遂猖獗。十月，诏以庆祥代永芹参赞，以大学士长龄代庆祥。奸回阿布都拉者，庆祥之腹心也，阴为贼耳目，坚称逆裔无子，庆祥信之，奏劾阿奇木王努斯妄报逆裔有子之罪。

六年夏六月，张格尔率安集延、布鲁特五百余由开齐山路突至回城，拜其先和卓木之墓，回人所谓"玛杂"也，距喀城八十余里。庆祥令协办大臣舒尔哈善、领队大臣乌凌阿以兵千余剿之，杀贼四百。贼退入大玛杂内，墙垣三重，周五里，官兵攻之，突围出，各回响应，旬日万计。庆祥尽调各营卡兵还喀城，为三营，令乌凌阿、穆克登布分将之，迎战浑河，先后殁于阵。官兵隔于贼不得入城，东走阿克苏者七百人。此据《方略》也。询之军中人则云：此七百人者，副将周某四川人率之，筑垒城外，回贼围城，则外兵攻其后，与城中犄角，力战七昼夜，铅硝尽，死之，未知孰是。但此时四城全叛，此七百人何由得达阿克苏？若死战，则副将应优蒙恤典，皆于《方略》无考。故存疑于此。初，回疆惟敖罕骜悍善战，有"百回兵不如一安集延"之语。张格尔恐伊犁北路援兵速集，遣使求助于敖罕，约：四城破，子女、玉帛共之，且割喀城酬劳。七月，敖罕酋自将安集延万人至，则张格尔已控喀城无援，悔背前约。敖罕酋怒，即自督所部攻城，城不下，又恐回人背之，腹背受敌，率兵宵遁。张格尔使人追陷其众，复归投者二三千，张格尔置为亲兵。八月二十日，喀城遂陷，英吉尔沙、叶尔羌、和阗三城继之。命署陕甘总督杨遇春以钦差大臣统陕、甘兵五千余驰赴哈密，会诸军进剿，以陕西巡抚鄂山署总督，又以署陕西巡抚卢坤赴肃州理饷。

七月，伊犁将军长龄奏言："逆酋已踞巢穴，全局蠢动。喀城去阿克苏二千里，四面回村，中多戈壁，断非伊犁、乌鲁木齐六千援兵所能克复。惟有速发大兵四万，以万五千分护粮台，以二万五千进战。"诏授长龄扬威将军，以将军德英阿代镇伊犁。又命山东巡抚武隆阿率吉林、黑龙江三千骑出关，与杨遇春均参赞，会阿克苏进剿。原任伊犁将军大学士松筠请赴回疆招抚，又土尔扈特蒙古备兵请赴援，上嘉之，皆不许。八月，敕长龄察历任回疆参赞、办事、领队各臣贪淫虐激回民之罪，斌静、色普征额均下狱，拟大辟；巴彦图滥杀愤事，追夺恤典；章京绥善戍黑龙江，褫前参赞松福之职。特颁手谕十条，指授方略，又诏以乾隆间创拓新疆，故用出征外域之例。嘉庆初，川、陕、楚军需未定章程，故多糜费。今回疆隶版图六十余年，城堡台站悉同内地，不得复借词险远，其令总理粮饷大臣定则例，绘图说，备稽核。又以肃州嘉峪关距阿克苏五千余里，仅于哈密总设粮台，鞭长莫及，其运乌鲁木齐所积屯粮及伊犁采买之粮赴阿克苏，省内地转输大半。其内地军械火药，改由乌鲁木齐北路，逾冰岭，转阿克苏，视吐鲁番、库车南路水草较便。并开新疆铜山，铸普尔钱。又拨乌里雅苏台、伊犁等孳生牧厂牛驼各数千，马二万，及蒙古汗、王公所进驼三千备用。时伊犁之川、楚客民及流犯内，多有曾充乡勇、练行阵者，奏选二千从征。

时贼已陷西四城，尽戕兵民，毁廨舍，浸及浑巴什河，距阿克苏八十里，乌什、库车戒严。阿克苏办事大臣长清遣参将王鸿仪领兵六百拒贼于都齐特，战没。贼逼浑巴什河，距阿克苏四十里。城中兵不盈千，乃复分兵二百扼河拒之。八月，叶尔羌回贼五六千将渡河，官兵先搜剿北岸附贼。时达凌阿自库车，巴哈布自哈拉沙先后来援，并分兵援乌什，败其渡河之贼，擒斩三百。贼复分队宵渡上游，逼城二十余里。长清遣百十骑骋沙扬尘，鼓噪东至，贼退走南岸，我军亦渡河为营。贼再攻再败，擒斩千百，自后不敢窥河北，东四城始无恐。十月，大兵集阿克苏者万余。时贼三千扼柯尔坪，距阿克苏三百里，为进兵要道，山路岖险，中隔戈壁。长龄使提督杨芳袭破之。而和阗伯克伊敏等亦聚其众二千缚献伪帅及和阗大臣旧印。盖黑帽回非霍集占支派，张格尔纵白帽回虐胁之，故阿克苏阿奇木日伊萨克者，遣其党分赴和阗，离间黑回各伯克，献城内附。会冬雪冰山，兵未能进，复为白回所陷。

七年春，长龄等奏言："前奉诏，令大兵分奇正二路，以正兵由中路台站进，而奇兵由乌什草地绕出喀城，断其窜遁。惟是乌什卡伦外直抵巴尔昌，山沟险狭，戈壁数百里，所经布鲁特部落半为贼煽，未可孤军深入；且官兵留防阿克苏四千，乌什四千，库车五百余，并未到之延、绥、四川兵五千外，其进剿之步骑共止二万二千，如两路分进，相去二十余站，声息不通；且喀城蜂屯丑众，不下数十万，众煦漂山，非大兵全力中路，直捣喀城，反正为奇，难期万全无失。惟喀城边接外夷，凡十七卡，恐贼败遁，已潜谕黑回赴喀约众邀截。"二月六日，出师。十四日，至巴尔楚军台，喀、叶两城分道处也。复留兵三千，以防南路绕袭之贼。二十有二日，至大河拐。时我军深入半月，未见贼，已粮尽，日食疲驼羸马，惟恐贼坚壁清野，不战而困我也，争望杀贼因粮。是夜，始败其袭营之贼三千。次日，贼决河灌道，多掘沟坎，我师戈壁中转得水以济士马。午抵洋阿巴特，沙漠平旷，贼二万据横冈五六里。长龄、杨遇春将中军，武隆阿左，杨芳右，三路进攻。贼据冈下压者再，大兵分路夺冈，贼披靡，半遁回庄，半西窜。官军分路擒斩其半，尽得牲畜糇粮济师，士气百倍。二十有五日，至沙布都尔回城，多苇湖树林，贼数万临渠横列，决水成沮洳，骑难驰骋，城后林中各有伏贼，难绕袭。我军乃先令步卒冒险越渠，短兵鏖战，复麾骑兵绕左右浅渠横截入阵。适贼营火药自轰，我军乘之，射殪贼帅，夺旗鼓，众始溃败，追逾浑水河三十余里，擒斩万计，复分败林中伏贼及河桥援应之贼。时河北左山右水，路狭箐深，恐有伏，乃议留兵扼桥而循河南上。二十有七日，贼数万据河瓦巴特回城，依冈背河。官军未至五十里，见牛羊蔽野，又探骑数百，见军即反走。我师恐贼诱也，严令勿掠，亦勿追，距贼十里而止营。夜遣吉林劲骑各五百分探左右，间道绕出贼后。次日，压贼垒而军，川、陕步兵居中，骑兵张左右翼进。贼佯退，欲诱我兵登冈而反乘之。我兵枪炮迭前，而藤牌兵虎衣跃入，贼马惊，阵乱，冈后伏贼援应死战，而我千骑已绕出回堡后，突击其背，贼大溃，斩擒各半，复殪安集延二帅。追至洋达玛河，距喀城八十里。次日，整队至浑河北岸，距喀城十余里。贼悉其众十余万背城一战，阻河列阵，亘二十余里，筑横垒蔽之，穴垒列铳，鼓角震天，势张甚。我军复遣死士数百夜扰其营，謼嚻达旦。夜二鼓，西南风起，撼木扬沙，大雾晦。长龄以贼据形势，逼咫尺，且众寡不敌，恐昏晦乘我，四面受敌，欲退营十余里远贼，须霁而进。杨遇春不可，曰："天赞我也！雾晦中，贼不辨我多少，又不虞我即渡。时不可失！且客兵利速战，难持久。"乃遣索伦千骑绕趋下游牵贼势，而自率亲兵骤渡上游据上风。前锋先扛炮轰贼，炮势与风沙势相并，若百十万兵摧压骤至，贼阵乱。比晓，我兵尽渡，风止雾霁，乘势冲入贼阵，贼土崩。回俗高履跕屣，不良于行，且各裹糇餱，负载累重，及败遁，囊橐遍地；又喀城大炮尚未运至军，军众而无调度，不知袭伏犄角之术，惟知并归一队，故为我破。我军乘胜抵喀什噶尔，时三月朔也。杨遇春欲急追之，张格尔已先遁，官兵先据汉城，次破回城，仅获其甥侄及安集延伪帅推立汗、萨木汗并从逆伯克等。先后杀贼无算，生擒四千余。奏闻，上以命将出师，期歼元恶，乃临巢兔脱，弃前功，留后患，长龄夺紫缰，杨遇春、武隆阿夺太子太保、少保衔，仍勒限获贼。时武隆阿病留喀城。三月五日，杨遇春率师复英吉沙。十六日，复叶尔羌。又使杨芳以兵六千余往剿和阗贼，亦同日破贼五千于城外，擒斩玉努斯，遂复和阗。初，张格尔重啖安集延为羽翼，及四城破，安集延不惟尽得府库官私之财，并搜括回尸殆遍。张格尔又昏愦，滥诛杀，回人大失望。及张格尔走浩罕，浩罕亦不受也。

六月，长龄令杨遇春、杨芳率兵八千出塞掩捕，并谕各部落擒献。杨芳屯阿赖，杨遇春屯色勒库，南北相去十余站。阿赖者，葱岭之脊，脊以西水皆西流，乃喀城赴浩罕之道也。时出塞官兵八千，留喀城兵九千，浩罕、布鲁特各部落虽各有擒献之言，贼愈遁愈远，终无要领，军悬绝徼，道远饷艰。而杨芳在阿赖遇浩罕二千余贼诱官兵入伏，鏖战一昼夜，军几殆，步步为营，严阵出险。上责诸将孤军突入，老师糜饷，命留官兵八千防喀城，其余兵九千即随杨遇春入关，以杨芳代参赞。

初，大军之西征也，密奉手谕，以事平之后，西四城可否仿土司分封之例，令将军、参赞筹议。长龄以张逆未获，奏言："愚回崇信和卓，犹西番崇信达赖剌麻，已成不可移之锢习。即使张逆就擒，尚有其兄弟之子在浩罕，终留后患，势难以八千留防之兵制百万犬羊之众。若分封伯克，令其自守，则如伊萨克、玉素普等助顺官兵，均非白回所心服之人。惟有赦故回酋博罗尼都之子阿布都里，乾隆中羁在京师者，令归总辖西四城，庶可以服内夷，制外患。"武隆阿亦奏言："善后之策，留兵少则不敷战守，留兵多则难继度支。前此大兵进剿，贼即有外袭乌什、内由和阗直驱阿克苏之谋，幸克捷迅速，奸谋始息。臣以为，西四城各塞环逼外夷，处处受敌，地不足守，人不足臣，非如东四城为中路必不可少之保障。与其糜有用兵饷于无用之地，不若归并东四城，不须西四城兵费之半，即巩若金瓯，似无需更守西四城漏卮。"上切责长龄老悖昏缪，欲释逆裔归长旧部，与武隆阿均革职留任。九月，命直隶总督那彦成以钦差大臣赴回疆，代长龄筹善后。

时张格尔传食诸部落，诸部落渐不能供，生计日蹙。时中国购擒献张格尔者，爵郡王，金十万。十二月，长龄等密遣黑回出卡纵反间，言官兵全撤，喀城空虚，诸回翘首以望和卓。其白回从贼卡出者，家室皆令无恙，以离其心。张格尔果复率步骑五百，欲乘官兵除岁不备，入卡煽众潜袭喀城。长龄、杨芳严兵六千以待。二十有七日，贼由开齐山旧路潜入阿木古回城，白回奔窜，黑回要拒，贼知有变，即折奔出卡。杨芳率兵三路，星夜追至喀尔铁盖山，击斩殆尽。张格尔仅余三十贼，弃骑登山，副将胡超、都司段永福等擒之。八年正月，捷闻，诏封长龄二等威勇公，杨芳三等果勇侯，均赏戴双眼孔雀翎，阿克苏贝子伊萨克晋封郡王，其余将士胡超以下赏赉有差。是月，杨遇春至京，实授陕甘总督。加恩东四城守御诸臣，赠恤西四城殉节诸臣。恭上皇太后徽号，勒碑太学及喀尔铁盖山。郊劳受俘，举行如典。凡内地剿贼不献俘，惟外夷献俘，故惟雍正、乾隆举行，而康熙、嘉庆中无之。

是役用兵三万六千有奇，用帑银千余万两。初，恐贼深沟高垒，而遣偏师绕出我东路断饷道也，故多留兵严防后路，实抵喀城兵不及二万，其川、陕未至之兵有中途返者。初，张格尔就擒，长龄檄谕浩罕、布噶尔缚献逆裔家属。浩罕遣使来贺，言："被虏兵民可以献出，惟回人经典无献和卓子孙之例。"而我喀城叛弁谭禄者，先逾城降张格尔，后复降浩罕，为奸细向导，教其要挟，又设伏攻官军于阿赖，旋同浩罕使至，发觉磔死。上以逆孥幺麽无关边患，敕那彦成、杨芳等严守卡伦，禁其贸易，俟夷计穷蹙，自将缚献求市，毋须檄索。旋召那彦成来京。那彦成以逆子布素普年六岁，尚在浩罕，及助逆之阿坦台、汰列克等未获，屡遣间购致；并招谕布噶尔、巴达克山、达尔瓦斯各部落，使与浩罕携贰。上敕那彦成毋贪功生衅，令于九年六月回京。于是那彦成先后奏章程数十，大略："严革各城积弊，俾各大臣岁终考核于都统、参赞，又总考核于伊犁将军，互相纠察，并增其廉俸，许其携眷，定其役使。而印房章京俱由京拣派，不用驻防，以重其选。尤严贿补伯克之弊，定其资格，慎其保举，制其回避。其五城叛回地产归官收租，岁粮五万六千余石，支五城兵饷三万八千余石外，余粮万八千石，而喀城之大河沿、叶尔羌之亮噶尔新垦尚不在内，皆为酌增各官养廉盐菜银之用，有余则变价解阿克苏，采买储仓。兼改城垣，增卡堡，练成兵，以渐裁撤。此安内之法也。至外夷为逋逃薮者，莫如浩罕，所属不过八城，安集延即其八回城之一，在浩罕东三百八十里，距喀城五百里。自闭关罢市后，用度不支，四面布鲁特皆其仇敌，一离巢穴，即忧外寇，其藏留逆裔，不过以系白回之心。惟严禁茶叶、大黄出卡，以窘其生计；尽逐内地流夷，以断其耳目；收抚各布鲁特，以翦其羽翼。待其款关求贡，而后抚而用之。此制外之法也。"悉允行。

暨道光九年秋，安集延流寓各夷被逐出卡，愤怨报复，官兵败绩，卡外贼众万余攻围喀什噶尔、叶尔羌，焚掠回庄。那彦成之子容安以伊犁参赞大臣领兵赴援，军抵阿克苏，畏贼不敢进，绕道乌什，致贼饱飏出卡。逮下狱，拟重辟，那彦成亦革职。长龄以钦差大臣同杨芳、哈朗阿驰至军，檄谕浩罕，复许入贡通市。移喀什噶尔参赞大臣驻叶尔羌。道光二十二年，敖罕竟灭于布噶尔。

臣源曰：乾隆二十三年戡定新疆经画善后之计，北路详于南路。故屯田二十八万余亩，而南路不及五分之一；其官兵则北路驻防，而南路仅换防；商民则北路挈眷，而南路不得挈眷；夫固畛域视之矣。若捐西守东之议，固王者不勤远略。然东四城膏腴不及西四城什之二，即北路伊犁亦不及焉。苟捐畀上酋，必互相吞并，自相雄长，易世后且挟其富庶倔强以与我难，如大小和卓之已事；不然，则为布鲁特侵据，边圉岂能晏然已乎？诚使仿伊犁、乌鲁木齐移眷驻防之例，以回疆戍兵改为额兵，屯田裕饷，并许内地商民挈家垦种，以渐升科。计喀城、叶城以东两河沿岸原隰膏沃各数百里，有准夷沟渠遗迹，可各得万余顷，溜缓渠乎，决溉反掌，莳插辄获，亩收数钟，卤莽为之，事半功倍，不数年兵民愈衍愈炽，外足以控制回户，内足以分中国生齿之蕃，利可殚述哉！今回疆各城官吏已许挈眷，而戍卒、商民挈眷之例尚未推广。夫家室不成，则生聚不盛，人心不固，垦辟不富。且北路、南路皆国家疆以戎索之地，何必一轮台，一瓯脱？上又以南北两路相辅车而道里迂远，命查冰岭以西可通乌什之路。那彦成、德英阿等奏言："自伊犁惠远城至乌什十七站，约千二百里，俱有水草，中隔数河，石多水少，人马可行，较冰岭一路稍平。惟中有七站属布鲁特游牧，未便设驿，是以自昔封禁，止为北路换防官兵往来捷径。而兵贵神速，设遇缓急，即可由此间道长驱深入。"皆筹边者所当考，并附著于篇。

附：道光回疆善后记

道光七年冬，诏直隶总督那彦成以钦差使回疆。明年正月，张格尔就擒，诏扬威将军长龄凯旋。① 那彦成赴喀什城筹善后策，先后详奏章程数十，已详前记。八年，那彦成回京，诏以札隆阿为喀什噶尔参赞大臣，以璧昌署理叶尔羌办事大臣。清出叶尔羌私垦地亩新粮二万石，改征折色，拨补东四城俸饷。而以叶城额贮二万石按岁出陈易新，充叶城经费。又改西抵英吉尔沙之戈壁百四十里置

---

① 据光绪辛巳六月粤垣榷署《圣武记》刻本，此起以下所载更为详尽，其义为："那公赴喀什噶尔筹善后。是时，令两江总督璧昌，初则以大名府知府随行出关，檄司总局。先后详奏章程数十，凡绥内攘外、筑城练兵、通商稽卡，一革百年积弊。源已撰其崖略，入《圣武记》。九年三月，诏赏璧公头等侍卫，署理叶尔羌办事大臣，并赏戴孔雀翎。其地固璧公之先公旧任，遗爱在回民；而再造创始，又时有变通出原奏之外。如叶尔羌清出私垦地亩新粮万九千四百余石，改征折色，拨补阿克苏、乌什、喀喇沙俸饷，余留充叶城经费；而以目下存仓二万石定为额贮，按岁出陈易新，毋庸解赴东四城，于是叶尔羌仓库两足；其西抵英吉尔沙中隔之戈壁百四十里，相地改驿，开渠水，种苜蓿，士马大便；又以其暇访回民之疾苦，联伯克之耳目。一新壁垒，众志成城。"

驿开渠。商民渐复，壁垒一新。

十年秋八月，即有浩罕、安集延入寇之事。初，张格尔伏诛后，其妻子尚留浩罕，那彦成檄令缚献，不从，上命绝其互市以困之。而那彦成并奏驱历年留商内地之夷，且没入其赀。诸夷商愤怨，探知大兵已班，于是奉张逆之兄玉素普为和卓，纠集布鲁特、安集延数千入寇。十年春夏，回郡王伊萨克及客民先后密报贼警，参赞大臣札隆阿皆不信，且奏言："南路如果有事，惟臣是问。"八月九日闻警，始令帮办大臣塔新哈赴喀浪圭御之，又令副将赖永贵以兵千六百赴明约洛夹剿。贼佯以少兵诱我入险，而截其后路，我兵多步少骑，不能冲击，先后覆没，贼遂猖獗。札隆阿闻奏，诏陕甘总督杨遇春赴肃州，参赞大臣哈朗阿及杨芳同驰赴阿克苏，调兵进剿。时叶尔羌城中兵仅六百，璧昌闻警，尽徙城外商民于城内，传集各回伯克，谕以祸福利害。选派回兵分防各要隘：一为西通喀、英二城之科热巴特，一为西南通色呼库勒之亮噶尔，一为东通树窝子之巴尔楚克。每路各守以兵勇二百，回兵一二千。部署甫定，而贼围喀、英二城后，即分队由草湖来寇叶城。璧昌选回兵千余屯回、汉二城中路，官兵四百阵东门外。次日，贼步骑万余来犯，我兵上下攻击，扛炮继之，擒斩贼三百余，又擒扑入回城之贼三百余，贼退走三百里外，仅阵亡我兵一人，回兵五人。是役回、汉一心，以少破众，全得阿奇木伯克阿布都满助顺之力。诏赏璧昌副都统衔，馀将士分别奖励有差。而札隆阿在喀什噶尔亦督兵三次出城击贼，毁其炮台，杀伤贼众。时伊犁参赞大臣容安领步骑四千五百于九月十二日抵阿克苏，尚欲俟乌鲁木齐各路兵集而后进，于是叶尔羌败贼复于二十日两路来犯。回兵迎战二十里外，不利。官兵五百复迎剿于十里外，却之。又遣回兵击退色呼库勒之贼。

时叶尔羌境内布鲁特、安集延闻援兵将至，皆先窜，惟馀上午从逆逃往浩罕之朵兰回子胁惑各庄，朵兰回子皆霍集占家奴，为回众贱类，白回不与婚姻，分遣各城充当苦差者。朝胁暮散，不能成队，故不敢攻城，仅截路夺掠。每路数百人，但得官兵步骑二千，即可扫廓道路，以解喀城之围。而容安拥重兵八九千，反绕道乌什，趋无贼之和阗，致喀、英二城围久不解，各回城子女玉帛搜括殆尽，叶城贼胁从复聚。上震怒，逮容安，以哈丰阿代领其众。十月七日，贼步骑千人犯叶尔羌。璧昌先决大河渠上游，以断贼近城之路，自领兵民八百余迎击。副将任贵邦先以扛炮击却涉水骑贼，即督兵直渡北岸，杀贼三百余，贼奔溃。十一月朔，败贼复聚攻城，日夜相持。初五日，哈丰阿援兵三千五百至，贼闻风瓦解。初六日，哈丰阿等破贼步骑二千于哈拉布札什，擒斩三百，烧其败匿回庄之贼五百余。十二日，遂进至英吉尔沙、喀什噶尔，贼已解围，饱飏出塞。二十日，胡超兵至，既而哈朗阿、杨芳二参赞亦至。钦差大学士长龄行至叶尔羌，以奉命与伊犁将军玉麟会审札隆阿、伊萨克之案，折回阿克苏。初，贼之至喀什噶尔也，官兵已大半没塞外，回城无官兵督守，伯克回民奔入汉城，而汉城商民复疑白回通贼内应，聚众搜杀二百余。适有自贼逃还之吉林布，述贼言伊萨克内应。札隆阿谓贼反间不足信，而商民皆汹汹围其署，欲除之。札隆阿使人卫出伊萨克一家，送参赞署监守，而抚慰兵民登城守御。及围解，札隆阿具奏始末，并言伊萨克久已通贼。参赞哈朗阿、杨芳初至喀城，亦以所询兵民之词入奏。上疑之，故命长龄、玉麟会谳。究出主谋草奏之幕友〔周彭麟〕及罗织教供之通事等。奏上，札隆阿拟斩〔监候〕，枷示阿克苏两月；而还伊萨克旧职。其叶尔羌伯克阿布都满仍许袭其祖霍吉斯郡王之封。

十一年，璧昌调授喀什噶尔参赞大臣。是时，浩罕闻官兵大至，将由伊犁、乌什、喀城三路出讨，浩罕亦于二边界筑墙防拒，又遣使求贡俄罗斯，欲以乞援。俄罗斯以浩罕新搆衅中国，拒其使，不许入境。浩罕既无外援，乃有求市意。上命长龄、玉麟赴喀城，召杨芳回任。七月，长龄抵喀城，则浩罕已遣三头目来呈诉前事，并请通商，此外别无所请也。长龄遣还其二使，留其一使，令缚献贼目，释回被虏兵民，两月不报。十月，浩罕始遣还前同往之伯克归报，言被虏兵民可以释还，惟缚献夷目之事，回经所无；且于通商外要求免税，并给还前所钞没赀产：较前次所求反奢。长龄奏言："安边之策，振威为上，羁縻次之。浩罕与布噶尔、达尔瓦斯、喀拉提锦诸部落犬牙相错，所属塔什干、安集延等七处均无城池。其临战皆以骑贼冲阵，然不能于马上施铳，倘遇连环鸟枪，则骑贼先奔。又卡外布鲁特、哈萨克皆受其欺凌，争求内徙，而卡内回众亦惧恨其虏掠。果欲声罪致讨，但选精锐三四万人，整旅而出，并于伊犁、乌什边境，声称三路并进，先期檄谕布噶尔等部同时进攻，则不待直捣巢穴，而其附近仇部已群起乘衅，四面受敌，可一举扫荡。惟是一出塞外，主客殊形，自喀浪圭卡伦至浩罕千六百余里，中有铁列克岭，为浩罕、布鲁克交界，两山夹河，仅容单骑，两日方能出山，此路最险，不值劳师远涉。拟遣还前所留来使一人，令伯克霍尔敦寄信开导，为相机羁縻之计。"上命一切如其所请。浩罕大喜过望，遣使来抱经盟誓，通商纳贡。是冬，浩罕复以兵巡俄罗斯边界，张声势。

十一月，上以中外诸臣善后条奏交长龄、玉麟会议，遂奏移参赞于叶尔羌之策。略曰："此次入寇之贼与张格尔不同，不过乌合夷众，挟驱逐钞没之憾，虏掠取偿，并无志于土地人民；而各白回畏贼骚掠，助顺守御，亦非上年甘心从逆之比。是此时战缓而守急，惟是兵未至而贼已先逃，兵久驻而贼无一获，战守俱无长策。诸臣条奏，如言'增兵广屯，自为耕战，以省征调'，言之事易，行之实难，即收效亦在数十年之后。至仿土司以西四城付阿奇木伯克，则回性懦弱，非浩罕敌，若无官兵守御，贼至必如入无人之境。臣等再四商筹，统兵之人宜立于不败之地，斯能制人而不为人制。惟有移参赞大臣于叶尔羌，其地本回疆都会，距喀什噶尔六站，在不远不近之间；再移和阗领队大臣一员，以备调遣；其喀什噶尔留换总兵一员，与英吉尔沙领队大臣犄角；再于叶尔羌、阿克苏适中之巴尔楚克驻守总兵一员，以为树窝子咽喉锁钥：则六城相距均不过数百里，声势联络。其防兵之数，请于西四城六千额兵之外，再酌留伊犁骑兵三千，陕、甘绿营兵四千，计新旧兵额万有二千。除阿克苏、乌什各有兵千余，毋庸议增外，喀什噶尔拟驻绿营兵三千，哨探前敌；英吉尔沙驻步骑千有五百，为喀、叶二城中权接应；巴尔楚克拟驻绿营兵三千，筑堡驻守，使贼不能绕截后路；和阗僻在一隅，止需驻兵五百；此外满兵二千、汉兵四千全驻叶尔羌，随参赞大臣居中调度。小贼各城自剿，大贼参赞相机遣拨，无烦由内地征调。如贼敢深入，以主待客，前后夹攻，必可一痛创之。无后患，即可酌减新兵，以复旧制。其新兵粮饷，应请于各省绿营兵额内酌裁百分之二，可岁省银三十余万，以为回疆兵饷。俟屯田兴举有效，地利日增，生聚日盛，兵民日固，即可以回疆兵食守回疆，仍撤还内地饷额。"奏上，得旨允行。初，上年长龄密奏，请移参赞于喀喇沙尔，其地距喀什噶尔东西四千余里，有事鞭长莫及，且贼未受创而即退守，适以示弱，故旨未允行。至是，始自改前议。是冬，长龄回京，玉麟回伊犁，璧昌以参赞大臣移驻叶尔羌。

初，回俗皆无城。乾隆初定新疆，于回庄旁筑墙及肩，名曰"汉城"，仅容官署、兵房、仓库而已。其商民街市均在汉城之外，或杂处回房，故六年之变，四城易失。及八年善后，重建汉城，始与回庄隔别。然惟喀什噶尔新城包坊市于城内，其英吉尔沙、和阗、叶尔羌三城则仍居商民于城外。十年，璧昌守叶城，急移商民货物入城，而毁城外市舍。及再筹善后，仍未筑关墙以包坊市，论者以为憾。然浩罕自通市后，不数年旋破于布噶尔，目见我边防整〔饬〕，贪利畏威，亦至今无反侧。

魏源曰：闻之今两江总督前参赞大臣璧昌公曰："回疆之吏，职称司牧。回，羊也；浩罕，狼也；布鲁特保我藩篱，譬则犬也。六年、十年，浩罕再犯塞，犬亦随狼食羊，故其吠声亦不足信。今日而欲以夷制夷，不在知己知彼哉？浩罕部本微也，土产甚贫，全赖诸夷入市货税以资国用。其西有倭罗堆牌部，地险人悍，世仇构兵。逮八年浩罕吞并倭罗堆牌，无内顾忧，故十年遂东犯边。然其西又有布噶尔国环之，尤大且强，挟浩罕酋之弟，以女妻之，旦夕伺衅。及道光二十二年，浩罕遂为布噶尔所灭，虏其王子、伯克来告捷，盖乘其内乱而助弟灭兄。今浩罕遂为布噶尔附庸，则知前此跳梁于卡外者，外强中干也。援兵初集之始，浩罕遣使求贡于俄罗斯，俄罗斯拒之。及通商免税，还产还货，尽获所求，始复以兵巡俄罗斯边界，夸示于我，亦外强中干也。十年入卡，引张逆之兄玉素普以煽惑白回。玉素普诵经慈善，见浩罕荼毒回众，深悔其来。近又养张逆之子布作、鲁克二人，以为他日用。然群回再被搜括，不肯复为所愚，即布鲁特亦憾其苛税，貌从心怏，非向日夷回一气，易于煽惑之比。只以巢穴险远，我至彼去，我去〔彼〕来，但能抚驭回民，坚壁清野，即可收以回制夷之效。"或谓回疆坚壁易而清野难，不但回户尽入回城，有人满之患，且回地半耕半牧，若尽驱牲畜扫群而至，何以处之？是又在使回民仿内地保寨之法，相地扼险，缓急入保，寓清野于坚壁，尤守边大利，不在屯田之下。是在得人哉！是在得人哉！

（《圣武记》卷四）

回部要略

(清)祁韵士

一

回部不详其世〔系〕,大部二,曰哈密回部,曰吐鲁番回部。汉为伊吾庐地,唐、宋称伊州,元始称哈密,明如之。吐鲁番东界哈密,西界喀喇沙尔,南至沙碛,北至博克达山,为天山界。汉为车师前王庭地,唐、宋称吐番,元、明称吐鲁番,今仍之。二部错居西域,以天方为祖国,或城郭处,或逐水草徙,称花门种,相传祖玛哈麻,教以事天为本,重〔杀〕,不食犬、猪肉,尝以白布蒙头,故称曰缠头回,又称曰白帽回。回人自呼白帽曰达斯塔尔,别有红帽回〔辉〕和尔、哈拉回诸族,然以缠头回为著。

顺治三年,吐鲁番苏勒檀阿布勒阿哈默特阿济汗遣都督玛萨朗、琥伯峰等奉表贡,诏京师会同馆及兰州予市,以官役监,勿市熟铁与军器,违者罪。谕曰:"吐鲁番,乃元成吉思汗次子察哈岱受封之地,前明立国,隔绝二百八十余载。今得幸而复合,岂非天乎?尔等诚能恪修贡职,时来朝贺,大贡小贡,悉如旧例,则恩字有加,岂有忽忘之理,尔国所受有明敕印,可遣使送来,以便裁酌,授尔封爵。"苏勒檀者,犹蒙古称汗。明成化时酋号如之。

四年,甘肃巡抚张尚奏哈密卫辉和尔都督及齐勒蒙古〔卫〕都督永柱等，明〔末〕入贡，值寇掠敕印，羁肃州，今赴臣所乞粮，愿〔效〕忠天朝，诏纳之。

六年，河西逆回丁国栋等煽哈密及吐鲁番〔部〕掠内地民，伪立哈密巴拜汗子土伦泰〔为〕王，据肃州叛，集缠头回、红帽回、辉和尔、哈拉回、汉回等数千，分置都督，大军讨之，抵肃州击斩〔哈密〕头目塔什兰，吐鲁番头目哈什克伽，及缠头汉回四百余级。以云梯夜薄城，守门人，斩土伦泰及缠头汉回二千余，贼垒垣拒，堕之，擒丁国栋，斩哈密伪都督和卓哈资，缠头回伪〔都督〕琥伯峰，哈拉回伪都督茂什尔玛密，辉和尔伪都督瑞珊哩，伪左都督帖密卜喇，红帽回伪右都督恩克默特等，遂闭嘉峪关，绝使贡。

八年，回目克拜至嘉峪关，称哈密使请通贡，甘肃提督张勇责尽归内地乃可。

十年，吐鲁番使穆苏喇玛察帕克等叩关请贡，表署苏勒檀赛伊特汗，勇弗许，责之，如哈密。

十二年，克拜赍叶尔羌表献内地民十五人，以拜城、萨嘛罕诸地使从，表署阿布都喇汗，勇斥不尽归内地民，且诘表署毕前故。克拜告曰："哈密、吐鲁番、叶尔羌长皆昆弟，其父曰阿都喇汗，居叶尔羌，卒已久，有子九，长即阿布都喇汗，居叶尔羌，次即阿布勒阿哈默特汗，居吐鲁番，先二年卒，次苏勒檀赛伊特汗嗣之，次巴拜汗，居哈密，以得罪天朝故，为叶尔羌长所禁，阿布勒阿哈默特汗子代之。次玛哈默特苏勒檀，居帕力，次沙汗，居库车〔次早死〕，次伊思玛业勒，居阿克苏，次伊卜喇伊木，居和阗。前叶尔羌汗遣其弟自吐鲁番请贡，故表称吐鲁番汗名，今以叶尔羌汗为昆弟长，故表称叶尔羌汗名，察归内地民百五十，为准噶尔巴图尔珲台吉所掠，存者仅十五人，谨以献。小国不谙大体，归易表，逾期乃获至，请即纳贡。"上嘉其诚，诏〔纳〕之。时青海台吉衮布憾叶尔羌，尝夺其属，将以兵袭贡使，侦甘肃巡抚周文煜徙贡使入甘州，且严备，乃遁。

十三年，贡使至京，初议遣十人入觐，请益，乃定额三十人，从者三百留肃州，请给粮赏。川陕总督金砺奏前明〔羁〕縻外番，〔多〕陋〔习〕，吐鲁番〔贪无厌〕，入贡辄携四五百人，诡称质孥不〔以〕归，牟利内地，〔潜〕通哈密，故甘肃五郡回众日多，致滋前变。今虽悔罪通贡，然初至辄多携男妇，喋索〔粮〕物，若仍听留内地，久将滋患，上可其奏，赐诸回贡使宴赏额，独峰驼四，给缎绢各十二，西马一，给缎绢各二，蒙古马三百二十四，给缎绢如马数，璞玉千斤，给绢二百，余物各给缎绢有差。贡使分五等，一等给缎绢各五，袭衣一，余以次减。寻遣归，以番众进贡久，仍赐敕曰："尔诸番早识时数，贡赋惟谨。今又遣使入贡，诚笃之意，实可嘉悦。念尔国远隔山河，跋涉不易，宜酬赏赉，用劝忠诚，今遣归来使，特赐尔缎三百三十八疋，绢七百二十疋，以昭宠锡之意。自此以后，著五年一次进贡，贡使入关不得过百人，不许携带妇女，进京人数，止许三十人，余留住甘肃，俟来京进贡人归〔一齐〕出关，不得久留内地，所带〔货物〕，许在京会同馆照例互市，毋得沿途借端迁延滋扰，其进贡马匹止大马四匹，蒙古马十五匹，此外不许多贡，用昭朕悠恤远人之章。"

康熙十二年，吐鲁番使乌鲁和卓等至，贡西马四，蒙古马十五，璞玉千斤，表称祃木特赛伊特汗署一千八十三年，奏臣国向以方物入贡，闻天朝统一寰区，私冀恩宠过故明，贡物〔视〕〔旧增〕，蒙谕贡期马额，臣国乱不获如期，嗣仍前例，或别定额惟命。谕吐鲁番道远贡艰，嗣令〔自〕璞、马外，余物免进。

十八年，张勇谍噶尔丹袭哈密以闻，诏设备边汛，噶尔丹惧不至。时噶尔丹牧阿尔台，兄僧格子策妄阿喇布坦牧博啰塔拉，哈密居其间，畏准噶尔〔威〕，强事之，吐鲁番属亦服属于策妄阿喇布坦。

二十年，吐鲁番使伊思喇木和卓等贡璞、马如前额，表署阿布勒穆咱帕尔苏勒檀玛哈玛特额敏巴图尔哈什汗，奏天朝居极东，吐鲁番居极西，道远请赐恤，诏免贡马。

二十五年，复遣使乌鲁和卓至，表称臣成吉思汗裔，承苏赉满汗业，谨守疆界，向风殊切，今特遣献方物，向入贡头目所携仆从多留驻甘肃，后渐析寓西宁，请遣归，便臣使往来。诏察吐鲁番属无居西宁者，遣使归，谕所部知之。

三十二年，遣理藩院员外郎马迪至博罗塔拉，颁赉策妄阿喇布坦，道哈密，〔有〕厄鲁特叛贼罕都、〔罗卜藏额琳沁者，自准噶尔来降，寻叛窜〕，偕噶尔丹属〔人〕以兵五百戕马迪，掠驼马遁，〔哈密达尔汉伯克〕额贝都拉闻之，给迪从者粮骑，护归嘉峪关。上以罪在噶尔丹，诏弗问哈密。寻以哈密邻塞境，贼乘虚惊或不及备，诏昭武将军郎坦屯甘肃，会军所擒缠头回卒，以噶尔丹徙科布多，三遣使乞粮哈密告，郎坦请剿噶尔丹及哈密，遣护军统领苏丹等往议。寻奏，郎坦议大军屯甘肃，噶尔丹必不敢越哈密，若听耕牧久，将为边患，应于年内运粮至嘉峪关，来春设站固垒，酌留兵哈密，以大军进科布多，倘噶尔丹由科布多遁，大军归哈密，取禾平城，绝准噶尔所恃产。苏丹〔等〕议噶尔丹无定牧，大军趋科布多，或不相值，哈密隶噶尔丹久，遽剿之，非所以体好生之仁，请释回卒归，给粮骑，檄所部知朝廷德意，诏如苏丹等议。

三十四年，大军议征噶尔丹。先是，噶尔丹强，胁吐鲁番为已属，策妄阿喇布坦与构怨，携父〔僧格〕旧臣七人走吐鲁番，寻徙和博克萨哩。吐鲁番为策妄阿喇布坦属。至是刑部尚书图讷请檄吐鲁番，令知罪衹及噶尔丹，勿惊惧，诏允之。

三十五年，噶尔丹为大军败遁，集所属，私议取粮哈密，副都统阿南达设哨布隆吉尔、巴〔里〕坤、塔勒纳沁、都尔博勒津诸路，值哈密达尔汉伯克额贝都拉使奉降表至嘉峪关，遣告所部曰："噶尔丹若窜尔境，其擒献，否则以告，倘私给噶尔丹粮骑，或助之他适，尔降表不足信矣。"噶尔丹以虐哈密故，惧助袭己，且闻大军严备，不果赴。叶尔羌汗阿卜都赛伊特自军所降，告叶尔羌有兵二万，吐鲁蕃有兵五千，请携孥赴吐鲁番，宣布圣德，偕策妄阿喇布坦擒献噶尔丹。上悯其情，遣归。额贝都拉遣纳林伯克贡驼马，表曰："臣白帽族，奉贡日久，天使至臣所，噶尔丹以兵戕害，臣不能获脱，恐〔不睦〕臣者谓臣与逆谋，上即天也，违天者必受殃，厄鲁特数徙牧，〔或〕肆掠〔已〕，即窜，臣城郭居，焉敢为逆。"大军既败噶尔丹。谕哈密勿薮逆，额贝都拉遣使纳林伯克奏，侦噶尔丹至当擒献，上嘉其恭顺，赐章服貂冠金带。而是时噶尔丹遣图克齐霍什哈、达什哩、鄂靡克图霍什哈等贷粮哈密，复赍书通问桑克拉什呼图克图、曼殊呼图克图、和硕齐台吉博贝等，乞援，〔族〕台吉衮占妻诸观达拉遣达尔汉宰桑〔挈〕属从，噶尔丹复令其乳母子丹津扎卜、俄罗岱、达尔扎，及子色布腾巴尔珠尔乳母之父晖特和硕齐，从色布腾巴尔珠尔猎巴里坤，额贝都拉遣长子郭帕伯克，以兵三百擒之。

三十六年，额贝都拉遣次子白奇伯克械献噶尔丹属。表曰："臣擒噶尔丹子及其属，厄鲁特必探仇臣，哈密危惧。"诏赐额贝都拉及郭帕伯克章服银币，白奇伯克如之，从者给白金文绮有差。诏厄鲁特部诸台吉弗扰哈密。时副都统阿南达设哨嘉峪关外，额贝都拉告曰："哈密地小而贫，厄鲁特窜至者众，力不能俘，马复多瘠，请驱令出境。"阿南达曰："尔当体圣天子好生之仁，善养之，需军事葳，待诏以行。"时策妄阿喇布坦数遣使哈密，索噶尔丹子，檄以所收厄鲁特众归吐鲁番，且诘哈密内附故。额贝都拉语曰："我诚附天朝，非迫而然也。"策妄阿喇布坦拘其使，额贝都拉亟遣告曰："策妄阿喇布坦将复索取厄鲁特，不给，将兴戎。"诏已赐徽，勿惧索者至，勿擅给。未几，噶尔丹自杀，其族子丹济拉携噶尔丹骸走哈密，掠畜遁济木萨，额贝都拉以告。〔遣〕使往招之。丹济拉惧策妄阿喇布坦，驰奔哈密，额贝都拉迎入城，给粮骑，遣郭帕伯克护至。既表请颁敕印，赐旗纛令吐鲁番、叶尔羌闻而知荣，矢世保疆圉以报，且以哈密民〔酌置〕肃州，〔为朝觐往来便〕，贡〔使〕至肃州，令得乘驿入都，上嘉其忠诚，诏以额贝都拉为一等扎萨克，仍达尔汉号。赐敕印及银币，并给红纛。〔子〕郭帕伯克为二等伯克，协理旗务，率所部百人屯肃州，贡使乘驿额十五人〔白奇伯克如郭帕伯克职〕。

〔三十七年，遣官赴哈密编旗队，设管旗章京、参领、佐领、骁骑校各员，肃州别设佐领一。复以哈密市甘肃便，诏勿禁。〕

三十九年，哈密侦哈萨克，布鲁特仇策妄阿喇布坦，将兴兵争喀什噶尔，以告，诏不时侦奏。寻策妄阿剌布坦憾哈密擒献噶尔丹子，故掠其属赴市吐鲁番者。诏责〔策妄阿拉布坦〕罪，准噶尔怨哈密益甚。

五十四年，策妄阿拉布坦遣兵二千袭哈密城，掠城北寨五，我驻防兵二百率回卒奋击，斩九十级，擒三人，贼退，屯城南，〔闻〕肃州援兵至乃遁。颁赐银万五千，及粟米牛羊赡其众。有佐领色拍尔〔者〕，以准噶尔俘献，告秋将复来〔袭〕，奖赐章服银币。谕曰："哈密编设佐领，无异内地，安可置之不问，其议大军进剿事宜，西安将军席柱奏，吐鲁番邻哈密，且准噶尔要隘，当先取之，沿途设站运米，屯兵巴里坤、布隆吉尔，俟马壮，由哈密北大山后乌兰乌苏进辟展，取吐鲁番，传檄哈萨克，布鲁特〔诸部〕，协剿策妄阿喇布坦。"〔命〕大军屯巴里坤防御，俟明年进剿吐鲁番。诏运粮贮哈密，以肃州佐领为导，额敏复垦塔勒纳沁田，岁输青稞助军，额敏，郭帕伯克长子，袭扎萨克一等达尔汗。

五十五年，议暂停进兵。富宁安奏哈密属之布鲁尔、图古哩克接壤地，并巴里坤、都尔博勒津、哈拉乌苏，及西吉木、达里图、布隆吉尔附近之上浦、下浦等处，皆可耕地，请〔募〕兵与屯，上可其奏。散秩大臣祁里德奏，俟来年由巴里坤剿吐鲁番，乘势取珠勒都斯地，谕军所大臣定议。

五十六年，靖逆将军富宁安请遣巴里坤兵分击乌鲁木齐及吐鲁番。谕曰："大兵前进，攻取吐鲁番地，招抚之，即与哈密相类，既入国家版图，自不得不善为保护，若袭击兵势稍弱，准噶尔拥众援吐鲁番，或吐鲁番有变志，彼时不能守视，必将得而又失，著军前大臣详加筹议。"富宁安寻奏大兵抵吐鲁番，视易攻易守乃取之，否则袭击而还。〔谕严设备。富宁安以〕兵抵乌鲁木齐擒赛因塔喇诸邑回人百余，振旅而还。

五十八年，富宁安奏，巴里坤至哈密站旧各置马，准噶尔使及降人至，并乘巴里坤站马至哈密，又自哈密扎萨克所拨马送布隆吉尔，今归附者众，马不能给，请于巴里坤站增马五十，哈密站增马八十，从之。

五十九年，散秩大臣阿喇纳以兵赴辟展，鲁克沁、吐鲁番诸城檄谕曰："大兵征准噶尔，非仇尔也，若不速决计，将破尔城，悔无及矣。"回众乃乞降，纳畜械各五百余，抚其众，以总管沙克扎拍尔、头目阿克苏勒坦等归，别有吐鲁番头目曰阿济斯和卓者，不即降，走准噶尔。〔策妄阿拉布坦授之〕兵，胁吐鲁番数千户，徙喀喇沙尔，中脱归者千余户，聚鲁克沁城，推托克托玛木特为总管，还拒准噶尔兵。鲁克沁者，吐鲁番大阿珲额敏和卓族居处〔也，〕大军旋，准噶尔胁徙喀喇沙尔，固拒之，与托克托玛木特遣使告内附，数乞授军。

六十年，议政大臣等请令富宁安统大军屯乌兰乌苏，别选兵取吐鲁番，得地即以兵守。会吐鲁番回人阿喇布坦等抵富宁安〔军〕，诉回众不堪准噶尔虐，约内附，且献所获准噶尔甲，请大军赴援。谕曰："策妄阿喇布坦即不能徙回人赴喀喇沙尔，又不能护卫准噶尔，足见万不能敌我军，此机断不可失。今收复吐鲁番，若不守视，恐自准噶尔来归者回人妄行杀掠，此路必致阻隔，著富宁安简兵一千，赴吐鲁番收纳降回，留兵驻视回人等归降于我，与准噶尔世成仇敌，即系我民，巴里坤距吐鲁番止六百里，如策妄阿喇布坦〔率〕众侵扰，我师往援，为途不远，富宁安预饬回人于我师尚未抵境时，若有准噶尔使及逃人至，万勿隐匿，侵犯即行解送。"时准噶尔博斯和〔勒〕、额〔穆〕齐宰桑以兵袭吐鲁番，扎克托玛木特等告急，抚远大将军〔贝子〕允禵偕富宁安等议，大军〔征〕进剿，准噶尔必窜留兵少无济，多则粮运艰，不留兵，鲁克沁回众数万，必乞内徙，不收抚，师旋后恐厄鲁特乘之，收抚恐无以资口食，徙屯哈密，地狭不足给，徙布隆吉尔、达里图，沙碛难行，且喀喇沙尔诸城迩吐鲁番，大军至相继降，必请〔留〕兵驻护，以故不即进，上申命之，乃遣阿喇纳以兵二千驰援吐鲁番，副都统庄图、穆克登各督兵二千继之，别以兵八千，屯鄂隆吉、科舍图、色毕特、伊勒布尔和硕路为应。阿喇纳抵吐鲁番，遇准噶尔贼二千余，迎击之，贼弃骑走，俘斩百余，诏兴屯吐鲁番，遣哈密回民助役。

六十一年，廷臣议遣巴里坤兵五千，赴吐鲁番筑城垦地，挽粮守汛，防御准噶尔贼。

雍正二年，吐鲁番纳屯粮五千余石，嗣岁报获数以赢计。

〔三年〕撤大兵还。谕曰："策妄阿剌布坦乞和，请给吐鲁番地，朕因谕将从前内附诸酋长徙入内地，据将军穆克登奏，吐鲁番回众共万余，若但徙首领数人，不迁所属，生计必致艰窘，且伊所属回人，原内迁者甚众，朕思瓜州、河州地甚宽广，亦必〔用〕人耕种，若〔有愿移往者，可即给一、二年养赡，令其耕种，罗卜诺尔回人，亦照吐鲁番例，〕有愿移者徙所部〔酋〕长至，不愿者仍留本处。"大军之屯吐鲁番也，唯罗卜诺尔头目固尔班等至，请以喀喇和卓、喀喇库勒邑千余众内附，罗卜诺尔〔者〕，邻吐鲁番为巨泽，叶尔羌、喀什噶尔诸境水六十余汇之，回众习水居，称不便徙内地，诏听之。辟展、鲁克沁、吐鲁番诸城回众愿徙者六百五十余户，头目托克托玛木特率至，诏给驼马庐〔幕〕，其留处鲁克沁者尚万数，以额敏和卓辖之。

四年，安置回众肃州、金塔寺、威鲁堡诸地，以托克托玛木玛特为总管。王大臣等议驻防哈密兵止五百，准噶尔贼或乘问盗驼马，请拨安西镇标兵五百往，仍留嘉峪关至哈密军站备不虞，诏如议。理藩院奏哈密来朝，廪给限四旬，参佐领等给缎布有差。

五年，谕哈密扎萨克额敏曰："额敏自军兴以来，输忱效力，率所部人等屯耕助，甚属可嘉，著晋封镇国公。"

六年，托克托玛木特〔与〕辟展头目伊特勒和卓，以违言故〔搏〕毙，川陕总督岳钟琪遣谕曰："尔等久为准噶尔虏，蒙恩内徙，今〔因〕私忿辄争，若仍聚处，恐相激生变，必视内地律治罪，尔等走留惟便。"回众谢罪固请留，谕嗣勿妄滋衅，违者论死。

七年，额敏来朝，晋封固山贝子，优赍遣归。将军岳钟琪统大军复屯巴里坤，议垦哈密及塔喇纳沁地。

八年，岳钟琪私遣使赴吐鲁番载军粮，被谴入觐。准噶尔袭汛盗驼马，总兵樊廷等驰击之，败遁。哈密新垦地，获青稞六千四百石，嗣岁给谷种五百石，秋纳粮五千石，每石给银一两，岳钟琪奏额敏和卓岁勤屯田务，奖赐银币。

九年，岳钟琪谍哈密属漏师准噶尔，且道掠巴里坤驼马，以告。谕曰："哈密虽不可信，然当谅其苦情，久遭准噶尔凌虐，恨之入骨，畏之如虎，或偶通信于贼，不过为将来自全计，我军固不可不加意〔提〕防，然亦不可使有疑惧心，大军力能庇护哈密，哈密自不为贼所用矣。"护理宁远大将军纪成斌，侦准噶尔侵吐鲁番，遣兵赴援。谕责之曰："纪成斌闻贼侵吐鲁番，遣樊廷等统兵四千往援实为错缪，从前采买吐鲁番粮石，本应给与运价，令其自送军营，计不出此，遣官兵发驼马远行运送，致启贼心。去冬逆夷〔狟〕獮后，犹不将运粮弁兵撤回，此则疏忽之甚者也。惟是朕以怙冒万方为心，〔若〕坐视吐鲁番被寇侵掠，而不为之筹画保护，朕心实所不忍。前曾降旨吐鲁番众，若畏惧准噶尔即移向近地居住，是以托克托玛木特带领之人，移驻近边者，皆享安宁之福，〔可〕每行晓谕，回人等倘自量力不能敌，不妨仍为移避之计，朕当从厚赏给行资，使之得所，若此番晓谕〔后〕，伊等仍复见望不至，则贼人再来浸掠时，听尹等自为计，我军不复往护之矣。"命甫下，樊廷兵抵吐鲁番，准噶尔遁，师还。准噶尔复来袭吐鲁番，乞援师，不复遣。谕曰："准噶尔贼侵吐鲁番，徒欲疲劳我士马，故为此出没诡计，朕阅纪成斌奏，即严戒申饬，贼人未见我师，果潜遁无踪矣。贼之狡狯如此，是以谕令吐鲁番人众，商酌迁徙暂避之计，盖欲善为保全，以俟大军凯旋，共享升平福也。今准噶尔复侵吐鲁番，大营未曾发兵前往，朕思贼人若仍以千余众侵掠吐鲁番，彼地城垣兵力，自足捍御，倘贼复领众至，吐鲁番力不能支，朕心有所不忍，况伊等前次感恩望济之言，甚为恳切，朕又有令其迁移暂避之旨，料贼人必知之，倘乘其迁移之际，而侵害劫掠，吐鲁番人因遵旨而受累，尤朕心所恻然者也。著岳钟琪酌视应否往援，变通办理，不必固执前说。至贼众去后，吐鲁番回有情愿迁移者，又〔如何〕沿途防护，不受贼人劫夺侵掠，著岳钟琪悉心经理。"会肃州威鲁堡〔回〕民告饥。谕曰："前因准噶尔肆虐，吐鲁番回民畏其侵掠，有愿居内地者，谕令地方有司善为安置抚绥，使之宽裕从容得所。顷闻在肃州居住回民等，田瘠水少，收成歉薄，所有牲畜亦不敷用，生计未免艰难，著署陕甘总督查郎阿酌定加恩抚恤事宜，〔即此〕谕吐鲁番移驻内地回民知之。"岳钟琪寻奏侦准噶尔围鲁克沁，请率兵三千驰进，贼遁，即驻吐鲁番。谕曰："朕恐准噶尔贼以大力侵吐鲁番，伊等不能抵敌，为其所困，已降旨令岳钟琪酌量发兵应援，若果确有所见，即应遣兵速往吐鲁番，乃阿穆尔护、喀喇沙尔两路关键，即驻我军，将来筑城乌鲁木齐时，呼吸相应，贼人不敢袭我军后，况我军正欲进攻准噶尔贼，若贼果以大众犯吐鲁番，我军不劳远行，可以殄灭亦为善策，尔其悉〔心〕筹议。"钟琪奏遣总兵张元佐率兵三千赴吐鲁番，别以兵六千屯塔呼及洮赉隘，准噶尔贼围鲁克沁，额敏和卓闭城伺间击贼，退而至者三，皆创之，越四旬余不下，复以木梯三百攻喀喇和卓，回众拒斩五百余级，贼闻〔大军〕将至，弃甲械窜。上以准噶尔数扰吐鲁番，虽失利将复增众至，我军往援不值，误自取粮吐鲁番始，致进退两失饬责岳钟琪罪。准噶尔寻侵吐鲁番，副将王廷瑞等击斩二百余，贼遁。谕曰："此次幸获小胜，不足为喜，朕更为吐鲁番尤之。贼人屡被吐鲁番败创，怀恨益深，必复以大众报复，可速传谕吐鲁番众，嗣后贼人来犯，但当坚守城池，不可迎战。若鲁克沁一城可容回民人众，则令官兵坚守一城，若一城不〔能〕容住多人，可别住相近之喀喇和卓等处，将马匹牧畜收归城中，预贮刍薪，以备应用。贼众若分兵而来围，彼此固守，坚壁清野，俾贼毙，自必速遁，然亦不可追逐。贼众长于技射，吐鲁番回十不及一，若固守城垣，以拒敌，贼人亦不及回民十之一，用我之长，乘彼之短，此万全无弊道也。凡事当持重慎静为之，但能保护吐鲁番城众，功胜杀贼多矣。"

十年，噶尔丹策凌遣将色布腾、车凌纳木扎勒等，由乌〔克〕克岭西剌呼鲁苏分兵袭哈密及塔勒纳沁，扎萨克〔额敏〕简健卒设伏城外御之，驰岳钟琪军乞援，钟琪檄总兵曹勷〔趣〕晖鲁图，达巴〔都〕罕二堡，复虑贼由库垓图、〔图〕尔库勒窜北〔山〕，檄副将军石云倬设伏巴罕恩度尔，署镇海将军卓鼐设伏察〔罕〕春集，副将军常赉赴乌克克岭截贼窜路，曹勷军抵二堡，遇贼五千余奋击之。谕曰："哈密被贼侵扰，回民并力抵御，甚属可嘉。闻其城外牧放牲畜，一时不及收回者，被贼盗去。虽据报贼遁后，仍将牲牧夺回，但恐遗失倒毙者已多，朕心深为轸念。其遗失牲牧之头目回民等，著赏银万两，守城御贼者，著赏银五千两，按名分给，其擒获贼人者，优加赏赍，务令均沾恩泽。"噶尔丹策凌遣宰桑额尔克得松犯喀喇和卓，参将刘〔炎〕等〔鏖〕击之，贼败走。护理〔宁〕远大将军印务张广泗奏吐鲁番，孤悬一隅，旧设驻防兵八千，自运粮兵五百外，分屯各邑，而勒木津、塞木津、汉暾三邑，逼贼营，请撤兵归鲁克沁、喀喇和卓、辟展、英格四邑，并令喀喇和卓诸邑回众，聚鲁克沁，绝贼窥视志。从之。时北路军大败准噶尔于额尔德尼昭，贼创甚，不敢复袭西路。谕曰："贼人于北路大创后，力量衰弱，不能复侵扰吐鲁番。回民乘此迁移，似属应行。朕思回民诚心内向，屡挫贼锋，甚属可嘉。而冬月寒冷之时，仓皇窜徙，人甚可悯，除在途加意防护外，伊等至日，务须安置妥协，重加赏赉。出其望外，使老幼男妇，咸庆得所，不可为爱惜钱粮起见，致负远人内附之心也。"寻吐鲁番头目额敏和卓率回众就道，上闻之谕曰："吐鲁番远在边境外，距巴里坤军营尚有七八百里，易为贼所窥伺，我师难以庇护，朕以仁爱为心，是以听其自便，不强令归顺我朝，至贼人侵扰，乃前岁岳钟琪并未奏闻，直以己意遣官领带驼〔只〕，又前往采〔买〕米石，致启贼人侵扰，额敏和卓与回众等诚心归顺我朝，奋拒贼兵，上年贼众三次围攻，回众与官兵并力抵御，不但全城无恙，且出不意乘间击刺，屡挫贼锋，忠勇之气甚属可嘉，然贼夷狡狯无常，时以侵扰吐鲁番为〔疲惫〕我师计，是以议徙尔等近边，以避贼人侵害，朕念尔等内徙之时，贼人或于中途窥伺，又恐男妇老幼行役寒苦，屡降谕旨，俟至日善为安置，务令人人得所。数月以来，朕无时不以尔等安土重迁萦系于心也。今闻陆续启行，群情踊跃，朕心甚为欣慰。因思年来尔等屡遇强寇，未遭戕害，嗣此安居乐土，世受我朝恩庇，此皆尔等忠诚感格上天，宠锡福佑之明徵也。著授额敏和卓为扎萨克辅国公，其余有应加恩赏授官职。俟大〔将〕军查奏到日再降谕旨。"已而吐鲁番回众屯塔勒纳沁张广泗以内徙回众屯留塔勒纳沁地，奏请就地安置。谕曰："塔勒纳沁无屋居，回民何以栖身。朕念哈密地慢，城外五堡等处，为哈密回民旧住地。若将吐鲁番回民暂行安置过冬，令哈密扎萨克转饬本地回民就近照视，似为有益。哈密回民果能使之得所，朕必将扎萨克及回民等优加重赏。"查郎阿奏请安置肃州王子庄。谕曰："回民输诚向化，自应选给水土饶衍，气候和煦之地，俾得安业乐居。肃州王子庄，水泉甚少，亦不敷耕种。朕思瓜州地土肥饶，水泉滋润，气候亦和，与吐鲁番回民原驻地风景相似，且现在开垦地，甚为宽阔，庶足资回民耕牧。由塔勒纳沁迁至瓜州，地不甚远，可免跋涉劳。著署陕甘总督刘于义将吐鲁番回众安置瓜州。其筑堡建屋，给赐口粮牛具谷种各事宜，著查郎阿自军营遣武职大员先赴瓜州，会同悉心妥办，并遣官护视回众。"

十一年，查郎阿奏吐鲁番自塔勒纳沁徙瓜州，凡八千一十三口，诏廪给如初，至额勿议减〔额敏和卓视内地官禄支粳米〕。寻定所部头目功次，一等给正千户，二等给副千户，三等正百户，四等副百户，各颁号纸置瓜州。

十二年，哈密部献可耕地之错军营屯田者，上以哈密皆国土，且为缠头回族世耕地，不忍别置民人，而其地错官田，不便听民兵互耕。诏别给地亩、银两及牛具谷种赏之。

十三年，撤大军还，王大巨等议设驻防哈密及巴里坤兵各二千，〔陕西总督〕查郎阿奏哈密、巴里坤路隔南山大坂，两地各留兵二千，声息难聚通，请〔简〕兵三千，屯哈密西三堡、沙枣泉、东北塔勒纳沁，并有城堡各屯兵千。又哈密地〔热〕不便牧马，请令每年耕种后酌遣哈密兵千，沙枣泉、塔勒纳沁兵各五百，放牧昭莫多、呼济尔古、沙山子、鹿〔心〕山等处，设汛乌尔图哈达、伊克恩都尔、鄂什希地放牧厂，俟秋撤还。又哈密南山大坂为北路屏藩，应分兵二百屯盘道，设汛鹿〔心〕山、松树塘、乌兰特尔木斯、毕柳大坂等处。〔乌克克岭为三堡、沙枣泉要隘，应分兵二百屯乌克克岭上堡，设汛索大堡、白杨沟、羊堡、锡喇诺尔等处，塔勒纳沁河源为塔勒纳沁小堡，应分兵二百屯河源小堡，设汛莫艾舒、鲁逊大坂等处，〕别简兵五千屯齐勤、靖逆、柳沟、布隆吉尔、桥湾五处，设汛马莲井子东，星〔星〕峡西，互为守望。从之。

乾隆元年，额敏奏典师来哈密岁纳屯粮，计二万七千五百石，已支用万八千余石。今巴里坤军撤,请屯耕如故,诏〔赐币〕来年免纳粮,给种地回民〔银〕万两。

二年,定吐鲁番来朝廪给限四旬,扎萨克视额尔喀辅国公,正千户视佐领,副千户而下视骁骑校。

六年,大学士查郎阿奏,哈密驻防兵请屯塔〔勒〕纳沁、赛巴什、达里雅三堡各三百,哈密城千二百。诏允。

七年〔署〕川陕总督马兰泰奏塔勒纳沁非冲地,三堡为哈密要隘,通准噶尔,居五堡中,请撤塔勒纳沁兵三百归三堡。从之。

十一年,安西提督李绳武奏,哈密三堡西南锡喇诺尔通鲁克沁及辟展路,旧设〔汛〕以乏水草,议撤准噶尔或潜越其地,请仍设〔汛〕兵守望。又巴达什地为哈密。

十三年,谕曰:"肃州金塔寺安置吐鲁番回众,人有不服水土,至生计艰窘者百余户,经大臣等议奏,请徙哈密,令种地居。此项回众向被准噶尔凌虐,愿徙内地,迄今二十余年,因水土异宜,积畜者少,窘迫者多,若将伊等徙于他处,究恐生计有损。哈密、吐鲁番虽部落多殊,其教则一,性情相宜,且哈密贝子玉素卜自伊曾祖额贝都勒达尔汉伯克以来,数世受国恩泽,竭力报效,奋勉急公,教养所属之人,亦宜妥协,现在哈密地方,尚有可耕余地,著将安置金塔寺回众,交贝子玉素卜并入伊所属旗分佐领,加意抚恤,令新旧回众和睦如一,给地耕种,俾允不致失所,即以谕扎萨克贝子玉素卜知之。"

〔十七年,授额敏和卓长子素赉璊三等伯克。〕

十八年，谕曰："哈密所属赛巴达什哩雅等处屯田，前给回人耕种，所交谷石，以四分交官，六分给与回人。今闻伊等生计稍艰，著加恩将每年所获谷石全行赏给，不必交官。"

〔十九年，遣官赴瓜州编旗队，置管旗章京、副管旗章京、参领、佐领、骁骑校各员，如哈密例。〕

二十年，大〔将〕军征准噶尔，瓜州回兵三百并哈密所部兵从抵伊犁。达瓦齐由格登登窜逾库鲁克岭，定北将军班第遣使分道索，檄乌什回〔人〕霍集斯设哨诸岭隘，〔霍集斯〕侦达瓦齐将赴喀什噶尔，伏兵乌什城外，待遣弟携酒及马给迎，属〔人〕萨里衷甲从，视达瓦齐至，趋控马，达瓦齐将引弓射，萨里以刀断其弦，达瓦齐子罗卜扎自后驰至，刀击萨里膊者三，萨里伤，固控之伏发，达瓦齐及子并从者七十余悉就擒，驰遣使告，以兵二百监之，行遇大军往取者于穆素尔岭，以献〔霍集斯〕，将自伊犁入觐。其兄阿卜都伯克告叶尔羌、喀什噶尔将偕包沁希卜察克众，袭库车、阿克苏赛里木、多伦诸回城，请遣旧和卓子归。旧和卓子曰阿哈玛特，为派罕帕尔裔，世居叶尔羌，喀什噶尔辖回族，准噶尔诱执之，禁诸阿巴噶斯，赍恨〔死〕，子二，长布拉泥敦，次霍集占，仍羁阿巴噶斯，大军至乃释之。将军班第遵旨遣霍集斯偕布拉泥敦归抚叶尔〔羌诸〕城，而霍集斯私谒副将军阿睦尔撒纳，请俟叶尔羌、喀什噶尔就抚，以己为回部长，班节密疏劾之。谕曰："此但因阿睦尔撒纳为将军，且恐其总统准部耳，勿过虑。"寻阿睦尔撒纳叛，〔诏遣额敏和卓赴阿克苏，宣谕协擒。〕〔曰："额敏和卓带领回兵直抵伊犁，甚属奋勉，今复派伊所属兵丁前赴阿克苏城，著加恩封镇国公，所部民优给装资。"〕已而谋阿睦尔撒纳窜博啰塔拉，诏停赴阿克苏。又遣和硕特辅国公纳噶察等，赍〕敕宣谕霍集斯及阿卜都伯克等曰："尔原系吐鲁番旧属，今年春大军平定伊犁，达瓦齐逃往尔游牧，尔能擒获及其眷属解送军前,将军大臣等奏报,朕已加恩赏赉。又定于明年入觐,再沛殊恩。今逆贼阿睦尔撒纳妄思并吞诸部,畏罪潜逃,朕已命将穷追,尔虽不必派兵协剿,但须预饬游牧,伺察防守,若阿睦尔撒纳逃窜至尔游牧时,擒获解送,朕必重加爵赏。"霍集斯父阿济斯和卓为吐鲁番头目,准噶尔胁徙喀喇沙尔,复自喀〔喇〕沙尔徙乌什,〔因名乌什,曰〕图尔璊,与吐鲁番音近,其属邑多以吐鲁番邑名之。阿济斯和卓死,葬阿克苏,霍集斯嗣居乌什,号图尔璊阿奇木伯克。兄阿卜都伯克,弟阿卜都里木,居阿克苏。至是霍集斯佐大军平定准噶尔,和什克、鄂对、色提卜阿勒氏、噶岱默特等〔皆〕迎降。和什克,和阗人,初为喀什噶尔阿奇木伯克,隶准噶尔,大军既定准噶尔,遣布拉呢敦自伊犁归,和什克偕诸伯克不纳,闻我军至,乃迎入。鄂封世居库车,〔准噶尔胁徙伊犁,居河北固勒扎。〕色提卜阿勒氏,乌什人,旧为拜城伯克,准噶尔胁徙伊犁。噶岱默特,乌什人,初为拜城阿奇木伯克,并隶属准噶尔,闻达瓦齐擒皆来归。初军兴时,军机大臣奏吐鲁番旧系内地,俟准噶尔定,察获头目安置之,并遣瓜州扎萨克归,报可。定边右副将军萨拉尔奏,遣瓜州扎萨克佐领爱特玛特赍檄招吐鲁番,有伯克莽噶里克者,遣使纳户籍四百余,颁赐貂冠朝珠。莽噶里克率回兵百五十,将赴萨拉尔军,道遇布尔古特贼掠驼马,不达而返,复偕弟阿里呢咱尔集兵七千余就道迎定西将军永常,纳户籍千余,永常遣莽噶里克归牧,阿里尼咱尔赴萨拉尔军。莽噶里克祖玛尔占楚克,父图默尔库济,世居吐鲁番为总管,莽噶里克嗣,称达尔汉伯克。有绰罗斯台吉噶尔藏多尔济,〔辉〕特台吉〔巴〕雅尔者,准噶尔属,游牧额琳哈毕尔噶,邻吐鲁番,闻大军至,请降。巴雅尔以乏畜产告,永常遣赴吐鲁番耕牧,檄莽噶里克给谷种,大军寻抵伊犁。定北将军班第奏,吐鲁番旧头目莽苏尔为元太祖裔,居喀喇沙尔,应遣归吐鲁〔番〕辖旧属,至瓜州,〔回众〕请遣官护归鲁克沁。军机大臣议奏额敏和卓徙归,迩吐鲁番头目牧,恐不相安,俟勘界定乃议徙。

961

达瓦齐即就擒，撤瓜州兵归。寻阿睦尔撒纳叛扰伊犁，莽苏尔不获归吐鲁番，偕弟哈什木走叶尔羌，后大军定逆回霍集占乱，乃护之以归，诏授一等台吉，隶蒙古正白旗。

二十一年，〔布拉尼敦弟霍集占自伊梨集兵败阿睦尔撒纳，诏纳噶察勿赴阿克苏。布拉呢敦、霍集寻据叶尔羌，喀什噶尔叛，自称大小和卓。〕谕哈密部曰："哈密生齿日繁，准噶尔全部底定，哈密属邑德都摩垓、图古哩克地，不必〔复〕设〔汛〕哨，其仍给回民为世业。"萨拉尔自伊犁归吐鲁番，莽噶里克迎告曰："噶尔藏多尔济等盟，俟擒阿睦尔撒纳，将以子诺尔布琳沁辖四卫拉特，抗天朝师。"萨拉尔以闻。诏勿遽听回人言滋疑虑。寻陕甘总督黄廷桂献额敏和卓绘吐鲁番图，奏吐鲁番不复有蒙古裔，瓜州回民愿归故土，请视旧纳准噶尔贼为贡额，诏俟厄鲁特靖乃徙。复谕曰："伊等进方物，若原系噶尔丹策凌之人，今伊犁既定，自应充〔作〕贡贼，如系噶尔藏多尔济及巴雅尔等所属，此番迁回故土，应仍归伊等管辖，方为允协。"已而阿睦尔撒纳窜哈萨克。诏徙瓜州回众归鲁克沁。莽噶里克请偕弟额什里木、子呢雅斯入觐，诏留视牧，以子弟一人代。莽噶里克遣子白和卓至，且请视额敏和卓例，编置旗队，允之，授公爵。军机大臣议奏吐鲁番东界，自辟展至喀喇和卓，令额敏和卓辖，西界自伊拉里克至阿斯塔克，令莽噶里克辖。又额敏和卓请给麦种千石，俟来岁倍纳租，自第三年始每年纳四千石，莽噶里克如之，应各酌赏示励。又额敏和卓请设〔汛〕扎里布拉克、塔乎、纳呼齐克、塔木、辟履五邑，每〔汛〕兵五马十，请莽噶里克并设〔汛〕伊拉里克诸邑，从之。未几，噶尔藏多尔济以〔巴〕雅尔叛告，宁夏将军和起携索伦兵百往剿，檄额敏和卓、莽噶里克兵集辟展，而噶勒杂特宰桑哈萨克锡喇、布鲁古特台吉呢玛，阴应巴雅尔，诡以兵千五百会，和起望兵至，疑之，遣莽噶里克往侦，莽噶里克绐曰："我兵也。"逾时呢玛等操戈前，莽噶里克自后噪，和起偕从兵百死之。将擒额敏和卓，莽噶里克谓〔厄鲁〕特曰："此回人也。"释归鲁克沁。莽噶里克旋召之，不赴遣告变。谕曰："额敏和卓系输诚最久之人，感激厚恩，遣人报信，朕甚嘉予。伊身在贼中，实深轸念。现在甫从瓜州迁至彼处，诸务未经整理，岂有擒贼之力，如能诱擒莽噶里克固属甚善，俟奏凯后，其地交伊管辖；倘力有不能，惟将驻扎地方，严加防范，静俟内地大兵往，即可勘定。"额敏和卓寻遣子素赍璊至哈密，称固御贼，乞大军援，哈密扎萨克贝子玉素卜以闻。谕曰："额敏和卓拒贼固守，甚可嘉予，著加恩封授贝子，其子素赍璊，着赏给公品级，以示奖励。安西提都傅魁著选兵五百，带同素赍璊，驰赴额敏和卓游牧应援，倘兵力不足，即著额敏和卓带领属人，同傅魁回至哈密，俟大兵到彼，再行办理。"会白和卓入觐，旋抵哈密，玉素卜偕副将祖云龙议擒之。达书额敏和卓，令决剿贼计，奖赐币，复诏简所部三百援吐鲁番。谍者寻以噶尔藏多尔济及从子扎纳噶尔布叛附呢玛，召莽噶里克，莽噶里克不从，且遣兵助额敏和卓，告谕驻防巴里坤办事大臣雅尔哈善曰："此不过伊子白和卓未归，谬为恭顺之状未可轻信，已令傅魁领兵同额敏和卓密商办理，仍著传谕傅魁，俟见莽噶里克时，即谕知伊子现在肃州，并未加罪，伊或亲赴肃州，即行解京侯朕办理。"

二十一年春，谕曰："前降旨令傅魁领兵擒拿莽噶里克后，留兵驻吐鲁番，俟大兵至进剿厄鲁特逆贼。今思莽噶里克就擒之后，其地即给额敏和卓管辖，留兵在彼，守俟大兵，尚须时日，额敏和卓转〔不无〕供应兵丁之费，非所以示体恤，著驻扎巴里坤办事大臣雅尔哈善等，伤知额敏和卓，如办理莽噶里克事竣，会同伊所属回人，力足以擒剿巴〔雅〕尔，即令其同傅魁领兵办理，否则即将内地兵全行撤回，不必在彼驻扎。倘额敏和卓恳请留兵一二百名，以为声援，亦从其便。"傅魁兵次盐〔池〕，莽噶里克携厄鲁特俘一，馘十二，迎告曰："厄鲁特虐我甚，我子入觐，不即归，以故擒献厄鲁特贼，且将迎我子。"傅魁欲张讨贼功，遂不执献，磔莽噶里克及从者十九人，诡称道遇莽噶里克，击斩三十三级，上以贼迎赴我军，且从者寡，不俘献，反聚歼之，必诈，诏械傅魁至，廷讯，悉欺罔状，予辟，宥白和卓罪，自吐鲁番取其妻默里克，及弟托克托纳咱尔等至，隶蒙古正白旗，后白和卓，〔任三等侍卫〕镶黄旗蒙古副都统。莽噶里克既死，额敏和卓自鲁克沁驰赴吐鲁番，擒斩其从逆宰桑十余人，诏徙居吐鲁番，兼辖莽噶里克属户五百余，请遣子素赉璊入觐，谢赐爵恩，诏驰驿至，会逆回霍集占诡使入觐，额敏和卓遵旨将遣属赴叶尔羌，书示莽噶里克获罪诛，吐鲁番归已辖故，霍集占悔罪内附，以噶尔藏多济等不果往，大军剿之，败遁，其属回沙呼里、唐噶塔尔等携户百余走鲁克沁，诏隶吐鲁番扎萨克，谕曰："伊等久为噶尔藏多济〔属〕，倘有潜通噶尔藏多济之事，乘间逃叶尔羌、喀什噶尔等处，俱未可定，著额敏和卓加以防范，如倘属安静，即令其种地谋生，形迹稍有可疑，即奏闻，请旨办理。"有沙拉斯、玛呼斯者，准噶尔二十四鄂托〔克〕之二也，居喀喇沙尔之海杜河西，以库尔勒伯克托克托邻牧掠之，托克托挈弟阿卜都赉、子色提克，由罗卜诺尔走吐鲁番，请内附，授散秩大臣，秩二品，其属玛木特托尔岱，寻携库尔勒众百余〔至〕，诏隶吐鲁番，有潜遁者诛之。

秋，以逆回霍集占、布拉呢敦叛〔据〕叶尔羌、喀什噶尔，议遣大兵讨〔之〕。谕额敏和卓曰："布拉呢敦、霍集占二贼，前被准噶尔囚系，朕特加恩，俾仍领旧部，乃负恩党逆，戕害我副都统阿敏道，其罪必不可逭。然皆二贼狡谋，其胁从回众，尚属可宥，而受朕厚恩，且系回部族望，为众所信，若能设计诱擒，或使回众离心，执献二贼，更可不劳师旅，尔即酌量办理。若必须用兵若干，应于何时进剿，尔即〔据〕所见密奏。"额敏和卓密疏贼情形至，谕嘉之，授领队大臣。时喀喇沙尔之沙拉斯、玛呼斯等贼，以徙牧叛逃，额敏和卓遵谕遣谍喀喇沙尔，复以俟谍至遣兵，恐不及期，自率兵赴托克逊以待，奖协机宜赐币。复谕曰："明岁办理叶尔羌、喀什噶尔时，虽有将军大臣，而回部情形，尔所熟悉，将命尔参赞军务，在前队行走，尔其益体朕恩，实心奋勉，以奏肤功，永应懋赏。"额敏和卓侦喀喇沙尔无贼踪，遣谍呼噜木什和罗复自请从户部侍郎阿里衮军剿贼。诏赐贝勒品级，廪给视参赞大臣。额敏和卓从阿里衮由阿思罕布拉克和〔什〕特勒克路，擒玛哈沁二百余于塔木顺和尔纳木噶，复驰赴呼噜木什和罗，将抵肯色岭，谍贼诱戕我都统满福，遁哈喇和落，尾击之，贼绝岭道走库车，阿里衮屯库尔勒，额敏和卓屯哈喇和落，遣使檄索之，不达。

二十三年春，玉素卜请以所部兵从大军效力，〔诏授领队大臣〕，谕曰："玉素卜系回部望族，今闻办理叶尔羌、喀什噶尔等回部，情愿率兵效力，深可嘉奖，著照所请，同雅尔哈善、额敏和卓前往，所有应得分例照蒙古贝子例给赏，回兵照绿旗兵丁例给赏，果能奋勉剿贼，朕将格外施恩。"会靖逆将军雅尔哈善奏，俟取库车、乌什、阿克苏等城，以从军之库车伯克鄂对等驻其地。谕曰："回人性情虽不同厄鲁特，而近年与厄鲁特杂处，不免渐染习气，未可深信。取库车等城后，伯克鄂对等亦不当专令看守，其听玉素卜节制，授额敏和卓参赞大臣，从雅尔哈善剿〔贼〕。"〔诏雅尔哈善侦霍集斯，若仍居图尔璊，传示之曰："尔等从前将达瓦齐擒献，系有功之人，皇上即施恩赏赉，尚欲陆续加恩，因办理厄鲁特无暇，今厄鲁特俱已平定，领兵前来专为问两和卓罪，与尔等无涉，尔等惟诚心效顺，自必永承恩泽。"〕额敏和卓将进兵库车，侦沙喇斯等贼由库车遁叶尔羌，复〔白〕哈喇和落旋兵呼尔塔克路，剿玛克沁，马疲乃返，申命归吐鲁番，偕雅尔哈善定议，视贝勒秩，设长史护卫司仪〔等员〕。复谕雅尔哈善，资额敏和卓谋，勿歧视，且令酌以回兵从，如数减绿旗兵额，易给粮骑。额敏和卓侦霍集斯仍居乌什，告雅尔哈善曰："霍集斯势埒两和卓，若遣使往间，或成功速。"雅尔哈善以闻，不署额敏和卓名。谕曰："招抚伯克霍集斯等，颇合机宜。但额

敏和卓既为参赞大臣,即应列名同奏,勿存分别见。"〔又谕以大军抵乌什,霍集斯自必归诚。〕

夏四月,授额敏和卓多罗贝勒,仍兼参赞大臣。谕曰:"进取〔回部〕自可立奏肤功,但擒获逆酋后,仍令选本处伯克,令其办事,尹等俱系新附,恐一时难知贤否,且伊犁驻兵屯田,关系甚重,亦宜预为筹画,从前伊犁田亩,皆回人耕种,今俟回城平定,即将回人酌量迁移,与绿〔营〕兵错处。额敏和卓系回部望族,应同将军大臣等管束屯田兵丁,俟耕作娴习,主客相安,再回吐鲁番,方为有益。至一切进剿机宜,额敏和卓颇属实心效力,嗣后益加奋勉,策励懋赏,朕将叠沛殊恩。"

五月,大军分道进剿,〔有吗哈沁自库尔勒路掠解军铅药,上以库尔勒距吐鲁番近,诏素赉璊携兵驻清台路。〕额敏和卓以回兵从雅尔哈善抵库〔车〕城,户部侍郎阿里衮剿沙拉斯、玛呼斯贼,兵亦抵罗卜诺尔。罗卜诺尔旧有户二千余,内附后不即徙,准噶尔虐其众,因奔徙阿克苏、多伦诸城,存者六百余。闻大军擒达瓦齐,遣使贡鹤,抵吐鲁番,值莽噶里克叛,不达。至是伯克哈什哈、呢雅斯呼里等,献户籍请降,阿里衮慰令暂隶吐鲁番辖,雅尔哈善兵骤进,贼自堞施炮,额敏和卓伤右颧退,誓曰:"我受圣恩厚,必舍身力战。"奏至颁赐御用佩饰银千两。谕曰:"朕因额敏和卓老成谙练,故命其参赞军务,并非欲伊身在行间,亲当矢石也。今闻奋勇得伤,深为轸念。嗣后惟尽心协力,相机办理,不可冒险攻战,致有疏虞。"复饬责雅尔哈善曰:"岂有同为大臣,而听其舍身攻战,不行劝阻之理。"寻额敏和卓颧痊,射〔谕〕降书入库车城,贼不应,逆党阿卜都克勒木自阿克苏〔来〕援,额敏和卓、玉素卜等败之,〔奖赐御用佩饰〕。霍集占亲携兵五千余援库车,复大败之,获其纛二,额敏和卓识为霍集占纛也。沙雅尔旧回伯克玛哈默第,遣子阿三和卓乞降,告霍集占已入库车而遁,额敏和卓以雅尔哈善不设备故录状闻。先是,议以额敏和卓从定边将军兆惠赴沙拉伯勒,剿厄鲁特逸贼，次及逆回。谕曰："额敏和卓熟悉回部情形，人亦果毅，兆惠务宜优待，以牧其益。"寻议分道进兵，额敏和卓奏自沙拉伯克取道巴达勒达喀什噶尔，取道穆素尔岭达阿克苏，然皆险径，别有间道，臣遣使赴兆惠军为导。诏兆惠俟剿厄鲁特〔靖〕，移师赴回部，或不及，可询额敏和卓，审屯要隘，防霍集占等窜。至是饬责雅尔哈善纵贼罪，以兆惠代将其军。复谕曰："额敏和卓〔系回人，虽与雅尔哈善不同〕，亦不得谓无过，念其素能出力，姑从宽贷，用观后效，即在兆惠队内行走。"〔库车伯克鄂对初从雅尔哈善军，授散秩大臣，赐孔雀翎。时逆党阿卜都克勒木为库车阿奇木伯克鄂对戚属歼焉，大军抵库车，鄂对以世居悉形胜，告副都统顺德讷兵屯城外林中，贼至不敢争，闭城旬余，鄂对告雅尔哈善曰："库车城甚固，请设云梯，绝水道困之，且必将有援至。城东南达库尔勒、喀喇沙尔路，可无虞，北达赛哩木有沙勒达朗、鄂斯克伯什二隘，遣健卒塞以石，贼必不能越，西达沙雅尔有鄂根河，水盛可乘舟至，东由雅哈托和鼐、托木罗克达赛哩木诸城，请兵备焉。"雅尔哈善遣防各隘，阿卜都克勒木弟阿卜都哈里克挈贼二千余，袭托木罗克路，击败之。谕曰："鄂对熟悉要隘，豫筹防范，现在又攻克回城，可即授为伯克。"复以霍集占携贼五千余，自鄂根河抵库车，为我军所败，诏赐鄂对及子鄂斯璊银币。时霍集占已入库车，我军不知，翌日贼启门出抗，鄂对请以兵屯鄂根河，遏贼窜路，雅尔哈善不从，霍集占逸，乃克库车，鄂对以子鄂斯璊偕伊勒噶尔伯克等理库车务，领沙雅尔，而自率兵赴阿克苏，兆惠代雅尔哈善察鄂对可任事，疏请授阿克苏阿奇木伯克，以旧伯克颇拉特、巴巴克等佐之。〕

秋，军校瑚图礼俘贼党阿里至，上询悉雅尔哈善不善用群策状，旨慰额敏和卓，赐三眼孔雀翎。

秋七月，赛哩木、沙雅尔回人乞降，玉素卜抚其众，携徙军营近地，愿留者以户籍献。

八月，克库车，雅尔哈善令玉素卜驻其地，进兵阿克苏，阿克苏亦降，兆惠檄玉素卜驻阿克苏，遂进乌什，招霍集斯降，复檄玉素卜驻乌什。〔以察哈尔总管敏珠尔代素赉瑸归，后谕办理屯田侍郎永贵，酌给所部牧畜，俾得尽力耕作。〕

冬，大军抵叶尔羌，逆贼抗于喀喇乌苏，额敏和卓等固拒之，所属护卫丕呢雅斯〔等〕并奋击被伤。时驻乌什兵仅二百五十余，玉素卜檄阿克苏兵五百赴乌什防变，复谋徵布鲁特兵，攻喀什噶尔，分叶尔羌贼势，闻乌鲁特、特穆尔居乌什，为布鲁特属，诏给粮马茶币，令侍卫布〔占泰〕携往，乌鲁特等欣跃就道。谕曰："玉素卜办理军营，驻守乌什，俱能悉心奋勉，甚属可嘉，著加恩赐给贝勒品级。"复以输驼马助阿克苏援喀喇乌苏兵，诏如值给，并赐额敏和卓郡王品级，并红宝石顶，四团龙服，锡丕呢雅斯等，并赐翎顶。〔兆惠之进兵叶尔羌也，遣鄂对偕侍卫噶〔布舒〕、齐凌札布等赴和阗六城，抵额里齐，伯克等以城献。哈喇哈什、玉陇哈什、塔克、齐尔、拉克雅尔诸城闻之，相继降。鄂对令诸伯克使奉书赴叶尔羌军，而自以书达阿克苏，其妻居阿克苏城，输布及裘，助驻防兵，诏授鄂对内大臣，而贼众抗大军于喀喇乌苏，和阗军书再不达，鄂对将往援，侦贼袭和阗，遣使驰告阿克苏参赞大臣舒赫德集诸路兵，分援喀喇乌苏、和阗，鄂对妻以马百助军，鄂对复以和阗集兵千，备羊及粮为御贼计。谕曰："鄂对自随军以来，诸事奋勉，此次尤征诚悃，著加恩赏给公品级。"既而贼党阿卜都克勒木等，往来额里齐、哈喇哈什间，鄂对檄伯克等固拒，书六城伯克名及户畜数达阿克苏，援兵至，遣赴诸城，贼复布伪檄胁众，鄂对再遣使告阿克苏，以兵寡遣卒二百往援，鄂对妻偕伯克等令属五十人赍粮从鄂对，檄诸城曰："大兵将至，可固待。"〔时参赞大臣舒赫德自阿克苏以兵赴援喀喇乌苏，道遇降者托克托默特，诘为霍集斯弟阿卜都里木属，告〕霍集占乞和军门，额敏和卓偕兆惠议斥小丑安敢以和为辞，上闻而嘉之。诏赐御用佩饰，盖至是三锡矣。〔先是布拉呢敦自伊犁归，善霍集斯及阿卜都伯克倚任之，霍集占萌逆谋，惧霍集斯族强或图己，析其昆弟子姓居各城，以霍集斯为和阗伯克，其长子漠咱帕尔为乌什伯克，以阿卜都伯克为叶尔羌伯克，其子阿布萨塔尔为阿克苏伯克，行兵则携以从，霍集斯畏威强附之，及大军围库车，霍集占往援，入其城令霍集斯驻阿克苏以待，已复由库车走阿克苏，将徙众赴乌什，阿克苏闭城不纳，乃令霍集斯及阿布萨塔尔，胁城外数百户走乌什，霍集斯阴约乌什诸头目，延霍集占入饮，而缚之，霍集占疑诈，霍集斯请自召乌什众，徙喀什噶尔，甫入城，以兵拒，霍集占惧，逃，大军克库车。兆惠代雅尔哈善为将军，进抵阿克苏，侦霍集斯及子漠咱帕尔居乌什，驰檄召降，军继进，抵哲尔格哲克，霍集斯遣次子呼岱巴尔氏献降书，翌日，军抵乌什，霍集斯迎谒，纳户籍五千，口二万余，兆惠慰谕之。诘进兵道，霍集斯曰："乌什赴喀什噶尔径险，且霍集占必由叶尔羌遁往温都斯坦、喀喇土伯特、巴达克山诸部，即窜喀什噶尔，而布鲁特、安集延与之仇，必不敢经其地，大军往取叶尔羌，擒之易。"兆惠因偕诸将定议赴叶尔羌，霍集斯请从军，以子漠咱帕尔入觐，遣从弟额敏都霍什提卜赍檄赴叶尔羌，招降其兄阿卜都伯克，诏封公品级，赐双眼孔雀翎，红宝石顶，裘服佩饰。谕曰："霍集斯有擒献达瓦齐之功，今又归诚画策，深为嘉悦，若能擒获霍集占，必晋加爵赏。至从贼人内有霍集斯之兄侄，此时若自拔来归，应加〔恩〕赏，即后时降附，亦为宽贷。"而霍集占以霍集斯内附，禁阿卜都伯克父子及其戚族，扬称霍集斯虽降已被戮，上闻之。谕曰："霍集占以伯克霍集斯被杀饰词惑众，自应明白晓示，或令回众目睹，至霍集占将阿卜都伯克等拘禁，可见霍集斯从前降附之心甚诚，著兆惠传旨抚慰，仍加恩赏缎六端，军营一切事宜，向伊商办，以收其用。"大军抵叶尔羌，霍集斯曰："贼建台各城隅，望我军至，辄施炮，迩台及城，皆坎地设伏，当谨备之。"以故我攻城兵无少损，霍集斯复厉从卒击贼。谕曰："霍集斯甫经归顺，即率属奋勉，殊可嘉尚，著加恩封固山贝子品级。"复以其族阿里木摩罗和卓等击贼被伤，奖赐翎顶。既而逆贼抗大军于喀喇乌苏，霍集斯等固拒之，贼不敢逼我垒，诏晋封固山贝子，加贝勒品级，赐四团龙服。有萨拉阿珲者，居叶尔羌，其弟穆逊阿珲，居乌什，霍集占遣贼党阿卜都克勒木由阿克苏达穆逊阿珲，为我军擒，呼岱巴尔氏禁穆逊阿珲戚属，告乌什众勿惊惧。谕曰："呼岱巴尔氏之父霍集斯，效力军营，伊复通晓事体，深用嘉悦，著加恩授为内大臣，赏戴孔雀翎。"会漠咱帕尔至京，召觐于乾清宫，赐公品级，赉冠服。

二

二十四年春，〔漠咱帕尔豫朝正宴，赐观上元灯，赍漠咱帕尔及从至伯克等银币有差，遣归乌什。复以霍集斯妻偕子呼岱巴尔氏，输马四十助援喀喇乌苏军，谕嘉之。〕护卫锡不呢雅斯等伤痊，固请从剿，诏赏给银币。〔素赉璊偕弟协理伯克茂萨献马百助军，上念所部甫徒，牲畜或不给，诏归之，仍传旨奖急公。〕阿克苏援兵至，喀喇乌苏围解，额敏和卓等还阿克苏。有赍赍者，侦玛哈沁越阿克苏遁，偕索伦卒擒之，诏给俘额敏和卓，〔霍集斯请赴乌什集马，诏酌赍。〕初和什克避霍集占走布鲁特，依阿特巴什鄂拓克长明伊勒哈，至是布占泰复赴布鲁特征兵，和什克乃偕明伊勒哈谒兆惠军请降，兆惠诘进兵道，和什克曰："霍集占昆弟善霍罕额尔德尼伯克，大军迫，将窜往喀什噶尔西岐道三，请先据之。"兆惠因檄霍罕勿助逆。时定边右副将军富德屯和阗，兆惠议分道进兵，一由阿克苏攻喀什噶尔，一由和阗攻叶尔羌。和什克复绘图告："喀什噶尔西由鄂坡勒达霍罕敏珠尔岭，由玉斯图阿喇图什达安集延、额德格讷诸部，请示檄防贼窜。"兆惠悉如言。

夏，进兵喀什噶尔，以和克什及色提卜阿勒氏为导，兆惠遵旨询霍集斯由乌什进兵喀什噶尔道，告曰："乌什距喀什噶尔近，然道多石，且乏水泉，不若由阿克苏。"时贼〔围和阗城急〕，副都统巴图济尔噶勒〔及〕富德后先以兵援，霍集斯自乌什会之，和阗围解。上以霍集斯旧辖其地，诏授总管和阗六城阿奇木伯克。富德复遵旨询由和阗进兵叶尔羌道。霍集斯告曰："伊里齐、达呼尔璊取水艰甚，丕雅勒玛至固璊虽有水草，而塞尔勒克、楚鲁克通阿里克诸站，多沙碛，马行易疲，且距温都斯坦道远，贼乘间窜不及御，请由丕〔雅勒〕玛迤南行，水草足，且便休息。"富德议如言。霍集斯请遣和阗六城伯克赴喀什噶尔，招降布拉呢敦，惧事不效，或累已，富德以闻。谕曰："霍集斯感激朕恩，招降以离贼党，深可嘉悦，著加恩赏给缎匹，至伊输诚效策，果如所算，自必加恩，万一布拉呢敦执迷不悟，于霍集斯何与。"时额敏都、霍什提卜等，私以霍集斯招降阿卜都伯克故告霍集占，霍集占戕阿卜都伯克、阿卜都里本等。且知大军将至，偕布拉呢敦弃城窜。霍集斯从富德军，由叶尔羌尾击之，败诸阿尔楚尔，贼遁伊西洱库尔，官军分队击，霍集斯偕阿克苏伯克鄂对等执纛呼曰："降者生。"其属阿里木立纛前，中贼铳死，霍集斯呼愈壮，回众闻声趋至，乞降者万余，霍集占等以兵阻之不得，遁巴达克山。谕曰："伯克霍集斯之兄弟诸子多为霍集占戕害，深可悯恻，伊此次亦属奋勉，著加恩晋封多罗贝勒，赐恤阿里木及从霍集斯兵弁银币。"有叶尔羌回人额色尹者，号额尔克和卓，其始祖曰派罕帕尔，世为回部长，居叶尔羌领其族，族统称和卓，蒙古族统称台吉也。策妄阿拉布坦侵叶尔羌，掠其族置吐鲁番，寻以吐鲁番内附，复胁徙伊犁，大军定准噶尔，额色尹等乞降，〔霍集占其族也〕复胁自伊犁归叶尔羌，额色尹不从，避徙布鲁特、安集延诸部，弟帕尔萨及兄子袶木特、图尔都从之。霍集占与布鲁特仇，以兵索之，不得，及闻大军抵叶尔羌，额色尹偕图尔都及布鲁特之呼齐鄂拓克长纳喇巴图，以兵攻喀什噶尔，袭英吉沙尔诸邑，布占泰征兵至阿特巴什，其长明伊勒哈以兵寡辞，布占泰归，谍布拉呢敦将自喀什噶尔援叶尔羌，闻布鲁特兵袭其邑，疑与大军应，惧不敢逼喀喇乌苏围，则未知为布鲁特何鄂拓克也。至是袶木特谒兆惠军告以故，且称额色尹集兵纳喇巴图，待我军檄，兆惠传旨奖给币。额色尹寻以兵至，道遇贼百余击之，获纛一，献军门，兆惠慰谕之。遣副都统巴图济尔噶勒等，以兵九百援和阗，鄂对启额里齐城，迎赴哈喇哈什，击贼于博罗齐败之，诸城传檄定。遣其妻兄阿璊伯克驰告阿克苏，会富德至，鄂对遣从子阿卜都尔璊携六城伯克远迎，捷闻，嘉鄂对固守和阗功，封辅国公，遣归阿克苏。授阿卜都尔璊三等侍卫。时议兆惠，富德军分道进。谕曰："鄂对效力军前已将二载，自当稍为休息，闻伊行装为贼所掠，甚可轸念，著赏银二百两，令在阿克苏办事。"命下，兆惠奏鄂对固请从军，诏倍发装资，贼窜。鄂对抵喀什噶尔，会富德军击之，败诸阿尔楚尔，贼遁巴达克山，富德遣鄂对携降众归喀什噶尔，谕嘉其奋勇，晋封固山贝子。〔额敏和卓以喀什噶尔〕麦方熟，遣子协理台吉茂萨先驰入城，收粮济军食。〔诏赏茂萨公品级〕。大军至，兆惠以茂萨理阿奇木伯克务，遣额敏和卓赴叶尔羌抚其众。谕曰："叶尔羌、喀什噶尔二城，乃回人根本，〔补〕授阿奇木伯克，甚为紧要，朕意欲以额敏和卓管叶尔羌，以玉素卜管喀什噶尔，有此等旧人在彼，始堪倚任，俟大功告成后办理。"〔霍集占既窜，有布鲁特兵攻喀什噶尔之布喇村，额色尹亟遣属从侍卫成果檄止之，曰："叶尔羌、喀什噶尔已定，若复进兵是抗大军也。"布鲁特兵乃还。兆惠遣额色尹等入觐，上以其为派罕帕尔裔，诏封额色尹辅国公，图尔都、袆木特扎萨克一等台吉，额色尹奏幸为天朝臣仆，安置惟命。诏留京师，并传谕兆惠将伊等家口送京与聚处。时巴达克山伯克素勒坦沙，不即以布拉呢敦等献，其邻部山东曰博罗尔，山北曰斡罕，霍集斯遣使招降两部，并告素勒沙曰："若不献逆，当移军讨之"。〕

冬十月，巴达克山函献霍集〔占〕首。〔谕曰："霍集斯自进兵以来，竭尽所知，诸务奋勉，协同将军大臣等克葳大事，甚属可嘉，但当锡予优渥，著加恩给郡王品级。"又〕谕曰："玉素卜虽未与将军大臣等同在军垒，但驻扎乌什办理诸事，亦极奋勉，着加恩赏给郡王品级。"寻诏入觐。伯克等四十四人,以玉素卜偕贝勒霍集斯领之。复谕曰:"额敏和卓,玉素卜俱著劳绩,此时若同来,则回部经理之人,额敏和卓著加恩晋封郡王,驻叶尔羌办事。"

十二月,复谕曰:"现在大功告成,自应令额敏和卓还家,但叶尔羌等城俱属新附,必得熟悉回部老成历练之人驻扎办理,额敏和卓以旧人效力军营,颇著劳绩,深悉机宜,是以暂令留驻。但伊数年来以久离家室,若仍令其只身居外,朕心深为轸念,可传谕量携家口,暂行驻扎,俟诸事就绪,即可复回。"〔议撤哈密驻防兵二千,以靖逆卫兵二百,瓜州兵三百,移置哈密,黄墩营兵二百,移置塔勒纳沁,隶哈密副将辖,将徙多伦回众于喀喇沙尔。素赍瑯赴布古尔库尔勒,度引水灌田,分地定居诸务,奖赐银币。〕

二十五年,先是,〔将〕军所疏劾霍集斯议乌什赋,请如旧例征十一,别无他贡额,憾阿克苏伯克鄂对议事辄不协,善阿什默特乞司和阗六城伯克务,叶尔羌诸城头目私馈受不辞,知吐鲁番扎萨克额敏和卓封郡王爵,故以伯克称之。谕兆惠、富德等曰:"霍集斯或不过恃功率意,即暂示包容,如情形叵测,亦不得姑息从事。"霍集斯自巴达克山还,请从凯师入朝,约兆惠等待阿克苏赴乌什俶装,如期会,以第三子托克托索丕从,舒赫德等遵旨将霍集斯拿赴京。谕曰:"前霍集斯,叶尔羌被围时殊为劳苦,往巴达克山亦颇效力,但仍令其居于旧地,究属未便,俟伊到京时,再酌量从优安置,伊子漠咱帕尔启程,亦不必照厄鲁特宰桑之例,仍与前次入京一体办理。舒赫德等当善为慰遣。至伊等起程后,所查霍集斯家口,不妨明白晓示,以霍集斯蒙恩旨留京,来取家属团聚,务宜供给饶裕,加意照看。盖伊非获罪之人,籍没家产者可比,所有蓄积,俱一同办送,仍约束兵丁回人,毋许妄行偷窃,其田园房屋,亦应变价给赏,以资生计。"至是复以乌什伯克阿珲等讦霍集斯父子虐部众,请以萨里代。谕曰:"乌什回人等讦告霍集斯父子虐部众,经办事大臣等具奏，朕以霍集斯抒诚效力，所有过失，皆从前陋习，若遽行治罪，心有不忍。但仍令其管辖所属，则上下猜忌，不能相安无事。即如准噶尔人等，亦因聚敛成仇，上既凌〔暴〕，下亦愤恨，互相侵噬，以底灭亡，可为明鉴。因欲将霍集斯父子优其廪禄，安置京师。而各城头目，亦自知所惩创，悛改旧习，恐遇顽无识之徒，因此遂长刁风，摭拾已往之事，公行讦告〔或〕伊什干等图得阿奇木之缺，或所属人等妄生事端，挟制总管，大干法纪，嗣后有似此者，非但不行办理，仍究明情节，重治其罪，断不宽宥，尔等知此，惟期上下相安，勤于生业，勉为良善，永享升平。"又谕萨里曰："萨〔里〕果行走奋勉，应再行斟量加恩，若即授为阿奇木，则奸险之徒，群以陷人夺缺为得计矣。"玉素卜，霍集斯、〔鄂对〕等至京，〔召谒〕于正大光明殿，赉章服，饮至丰泽园，赐银币，〔以乌什为回部要地，诏玉素卜弟阿卜都拉任乌什阿奇木伯克，从霍集斯入觐之，伯克等将归〕，诏宣示为乌什讦霍集斯状，霍集斯奏乌什怨臣甚，臣蒙恩释罪，请留居京师，〔慰〕允之。谕曰："霍集斯恳请留京，意殊诚切，著照所请，厚为资给，安置京师。但见其先世坟墓，远隔故乡，著加恩将伊幼子托克托索丕遣回阿克苏，以供祭扫。其乌什所有田产，即〔行〕变价，在阿克苏置业，赏给托克托索丕承管。著舒赫德等遵照办理，仍传谕该处回众，俾咸知朕意。"和什克亦疏列和阗、哈喇哈什、叶尔羌、沙克则里诸邑属产，诏易值留和阗，赡其戚属，诏诸有劳绩者，并图形紫光阁，御制赞辞。额敏和卓图曰吐鲁番族，早年归正，命赞军务，以识回性，知无不言，言无不宜，其心匪石，不可转移。霍集斯图曰奉元师檄，擒达瓦齐，后稍观望，旋迎我师，同大军进，被围黑水，回部望族，居之京邸。鄂对图曰平伊犁时，归顺勤王，回部杰出，其心允良，往谕和阗，被围三月，共噶布舒，全守卓越。时阿克苏伊什干伯克颇拉特、凯阿奇木伯克，怂回众荐己，讦鄂对，舒赫德斥之，疏闻。谕曰："回人猜忌挤排，乃其旧习，自当严为杜绝。鄂对果不胜任，亦不当因颇拉特之言，遽行斥革，且鄂对即因此获咎，而颇拉特藉端怂众，希图代任之罪，亦应察究，断无堕其谲计，竟授为阿奇木之理。"复以阿克苏讦鄂对，若归令仍旧〔职〕将不安。诏调叶尔羌阿奇木伯克辅国公和什克、额色尹、一等台吉玛木特、图尔都、哈什木、二等台吉阿伯都尔璊、三等台古帕尔萨等先后入觐。哈什木者，元太祖裔，元太祖定西北诸部，遣王驸马等分领之，次子察哈岱居伊犁，兼辖吐鲁番回众，十传后，遂弃蒙古俗，习回教，徙居吐鲁番，不复有伊犁地。康熙末，讨准噶尔，哈什木兄莽苏尔迎献驼马，策妄阿喇布坦恶而禁诸哈喇沙尔，定北将军班第定准噶尔，莽苏尔乞降，议遣辖吐鲁番旧属，会阿睦尔撒纳叛，道梗不得达，至是定诸回城，乃获莽苏尔及哈什木，上以其为元太祖裔，并授一等台吉，与和什克等并留京师，统隶蒙古正白旗，视应得俸银给禄米资赡。〔鄂对抵叶尔羌，伊什干伯克阿卜都喇伊木等复讦鄂对嗜饮，且躁妄不称职状，首列阿珲名，诏〔晓〕示各城回人，诸事嗣听阿奇木伯克〔理〕，阿珲勿妄预办事，都统新柱疏鄂对及阿卜都喇伊木〔有〕隙，恐误公。谕曰："回人性多疑惧，若为之隐覆，恐伊等更觉不安。朕意竟将伊等传集众前，分别是非，加以训饬，庶鄂对不致猜疑，阿卜都喇伊木亦不妄行防备，悔悟之后，和衷共事，自无掣肘之虞。"后阿卜都喇伊木以不获阿奇木伯克，私与霍罕额尔德尼伯克谋逆，事觉论诛。〕霍集斯疏列和阗户产及吐鲁番旧属，诏给托克托索卞。会漠咱帕尔行至沙泉子疾，诏医视，俟痊复乃就道。后命霍集斯寄之书，令善自摄，疾瘥偕呼贷巴尔氏至，诏与其父聚处。额敏都霍什提卜亦逮至，上以霍集斯戚族故，诏免死，给广东福建驻防兵。

夏四月，吏部侍郎副都统海明遵旨赴叶尔羌办事。谕曰："海明系内地大臣，奏事列名，应在额敏和卓前，但不可以名居前列，即轻视额敏和卓。额敏和卓老成谙练，办理一切事宜，当与和衷商酌。"时议设伊犁阿奇木伯克辖屯田回民，诏以茂萨任之，鄂斯璊议偕沙雅尔、赛哩木、拜城诸伯克备粮四万余，运赴伊犁，助回民屯务，诏奖赉之。旋遣兵往护，道由阿克苏达海弩克、萨里，输马三十匹，助理台务，诏如例给值，复优赉之。俟有伊什干伯克等缺补授。会喀什噶尔商伯克迈喇木、派苏巴特伯克呢雅斯等叛，掠〔库〕勒塔里木诸汛，巴提卜阿勒氏自英吉沙尔闻之，以伯什克勒木、派苏巴特为贼巢，偕提督杨宁往剿擒，斩贼党，茂萨亦从参赞大臣阿里衮剿贼，派苏巴特由萨林都遁和罗木鲁克，尾之，贼方炊，以兵掩擒。诏封茂萨辅国公，授色提卜阿勒氏散秩大臣。谕曰："色提卜阿勒氏前随兆惠进兵，甚属勤慎，此次著有劳绩，著加恩授散秩大臣。"寻赐二品顶带。时英吉沙尔阿奇木伯克索勒屯和卓入觐，以色提卜阿勒氏代〔喀什噶尔办事大臣〕海明，复遣派苏巴特巴特阿奇伯克务，以其弟阿克伯克代理英吉沙尔。〔有阿卜都喇伊木者，霍集占逆属也。初为喀什噶尔阿奇木伯克，闻大军至，请降，诏宥其从逆罪，授叶尔羌伊什干伯克，至是偕噶岱默特等入觐。旋逆贼〔伪檄〕达叶尔羌约为应，阿卜都喇伊木惧，首之，噶岱默特语参赞大臣舒赫德曰："阿卜都喇伊木等闻贼倡乱，不无疑惧，请防之。"舒赫德以闻。时叛贼呢雅斯等就擒，阿卜都喇伊木族无附逆。谕曰："噶岱默特心有所疑，即行禀告，具见悃诚，但阿卜都喇伊木等系初次入觐转回之人，且迈喇木等党与内并无伊子弟名目，若以曾经霍集占委用，遂惧其反复，则恐于伊等不无屈抑，而回众更生疑惧，著舒赫德密谕噶岱默特，以天朝法度，惟显犯罪恶，始行惩治，从不无故猜疑，致有屈抑，但尔诚意可嘉，恩旨深为奖许，并明白晓示阿卜都喇伊木，云尔等系入觐之人，不但未知贼匪倡乱之事，即子弟等亦全无附和者，皇上已洞鉴情形，与尔等无涉，嗣后惟当矢心报效，以期永承恩泽，晓示后仍令照旧办事。"

秋，霍集斯偕辅国公和什克扈跸木兰行围，蒙古扎萨克等进宴，陈诈马、什榜、教䭾诸戏。诏霍集斯列观，旋跸避暑山庄，命观灯火，预燕万树〔园〕。

冬，叶尔羌伯克鄂对、喀什噶尔伯克噶岱默特、和阗伯克阿什默特等，讦额敏和卓从通事等虐回众。参赞大臣舒赫德察其诬，饬责之，鄂对等谢罪奏至。谕曰："回人积习相沿，彼此猜嫌谗毁，惟在驻扎大〔臣〕持平守正，严加约束。著舒赫德晓示叶尔羌，喀什噶尔回众，云大皇帝用人，不过因材器使，即如茂萨，先因喀什噶尔需员办事，故加委任，今伊犁驻兵屯田，又将伊补授阿奇木，并非常在喀什噶尔，尔等何得造言诬谤，至通事等皆哈密、吐鲁番之人，若尽行裁革，转致无所见闻，且此番讦告呈词，实属奸狡之徒所搆，嗣后通事等若敢苛累回人，亦即从重办理，以示惩创。"叶尔羌诸城伯克以年班至。驾幸瀛台，跽列西华门外，凡三十三人，萨里居班首，上慰问之，赐尚方食，召见于重华宫，赐茶果。翌日，御西厂幄次，燕朝〔正〕外藩蒙〔古〕部王公伯克等，霍集斯等并预。是岁吐鲁番副管旗章京呼岱巴尔氏、参领玛哲克勒木、佐领玛木特克勒木、护卫阿璊密喇木、〔骁〕骑校苏尔等，以剿迈喇木、呢雅斯功，并得优赉，回情畅洽。

二十六年春二月，遣萨克里等归牧。陕甘总督杨应琚奏，肃州威鲁堡安置吐鲁番回民计二百五十户，垦地万五千三百六十余亩，户口日增，地亩有限，请遣千户珈如拉等归吐鲁番，诏廷议。寻奏〔肃州回民较初附增额〕，吐鲁番已成乐土，且多可耕地，应视瓜州回民例，悉遣归，但千户珈〔如〕拉祖托克托玛木特与额敏和卓惧避准夷来归，应酌给附辟展、吐鲁番可耕地，俟秋收后徙往，并以千户珈如拉、白户伊明和卓为正副伯克，令辟展大臣征赋。从之。

三月，谕曰："以前办理回人莽噶里克后，因伊属人无所统束，暂令安置吐鲁番，交额敏和卓管理。今大功告成，回部皆朕臣仆，自应各统其属，不相兼并。朕意将此项回人内，择其贤能者，授为伯克等职，仍安置旧处，查明旧日赋役，照例供办。又阿里衮前因追贼至罗卜诺尔，所收回人亦照此例办理。"议〔于〕塔勒纳沁居屯田兵，兴版筑，玉素卜请助役，不受工值，奖赐币及饰。复谕优给口粮示恤。

秋七月，舒赫德奏，附辟展之连木齐木有地六千亩，辟展、英格二邑有地千〔余〕亩，请令千户珈如拉徙旧居，鲁克沁众赴连木齐木，百户伊明和卓徙旧居，辟展、英格众归故地，按户给田，以珈如拉、伊明和卓授五品伯克，别设六品副伯克〔二〕分辖。色提卜阿勒氏抵阿克苏，助赴伊犁屯田回民畜物，奖赍之。海明复疏色提卜阿勒氏议本年雨泽应时收获丰裕，但回人不知樽节，请令岁纳谷五百石，贮仓备赈，俟积五千石停收。从之。

九月，舒赫德奏，罗卜诺尔部二，一为喀喇库勒，一为喀喇和卓，〔喀喇库勒〕置伯克一，约束难周，请增一员协理。喀喇和卓凡五邑，各置伯克一，不相属，请令二员总管，二员协理，别设小伯克一，居吐鲁番理赋役，属户百八十三，每年纳哈什翎百枝，海伦九张，诏廷议。寻奏罗卜诺尔前以军务未竣，暂隶额敏和卓，今回部荡平，自应一体办理，请定总管伯克秩五品，协理伯克及理赋役伯克秩六品，五品缺出，由辟展大臣奏请，六品缺出，即行补授具奏，纳赋如前额。

冬十月，谕曰："前因额敏和卓、玉素卜皆回部旧人，若令伊等更替，驻扎办事，于新疆有益，去年玉素卜来京曾谕令在哈密休息年余，今额敏和卓当还吐鲁番休息，以玉素卜往代，玉素卜著即整装，俟此次入觐回人等至哈密时，即同护送之乾清门侍卫等带领前往，著授参赞大臣，应得公项照例支给，〔以〕伊子伊勒巴喇伊木晋首游牧，著加恩赏戴孔雀翎。"舒赫德奏，吐鲁番莽噶里克属及额林哈毕尔噶之沙呼里、乌默特等属，旧隶额穆和卓辖，给官谷，被吐鲁番役，今金称安置久，不愿徙，请以莽噶里克属户五百余，设总管四品伯克一，协理五品伯克二，分理六品伯克五，沙呼里等〔属〕户七十四，请即〔以〕沙呼里为总管五品伯克，乌默特为协理六品伯克，统隶辟展大臣辖。诏额敏和卓归吐鲁番，俟年班伯克入觐偕至。喀什噶尔办事左都御史永贵疏，鄂罗木咱卜善理所部。谕曰："额敏和卓数年办事军前，伊长子素赉璊，次子茂萨俱承办公事，吐鲁番等处事务系伊第三子鄂罗木咱卜管理，著加恩赏戴二品顶带，孔雀翎，〔以示鼓励〕。"是年以叶尔羌诸城回情妥靖，奖谕之曰："前因回人旧习，凡伯克等多朘削所属，是以当给各城阿奇木伯克等钱帛地亩及供役之人，俾得俸公自爱，近闻叶尔羌伯克鄂对、喀什噶尔伯克噶岱默特等，颇知自爱，无苛扰回人之事，深属可嘉，念伊等归诚日久，著于官给六百腾格外再加二百，以示鼓励。此次系出自特恩，不可视以为例。"

二十七年，辟展办事郎中德尔格奏，辟展屯田兵裁二百四十，所遗地亩，旧以吐鲁番额敏和卓属六十户居辟展，九十三户居连木齐木、威鲁堡，珈如拉属六十户居连木齐木，二十七户居格英，每户给田五十，请令额敏和卓属归辟展，珈如拉属归连木齐木，以便约束。仍有余田三千亩，分给莽噶里克、沙呼里回人垦耕，至裁汰兵丁所余牲畜农具，请量给威鲁堡回人，令纳粮抵。诏悉如议。吐鲁番免纳粮，以喀喇和卓、托克逊屯田给回民为世业。叶尔羌办事都统新柱偕额敏和卓奏，叶尔羌、和兰积谷多，请令以其二折交腾格，采买牲畜，以其八折交绸布，运伊犁市哈萨克马。谕曰："折交钱币所及者广，最宜留心查办，即如鄂对、阿什默二人，鄂对尚可信，无取巧之事，然亦因额敏和卓在彼，有所顾忌耳。今以玉素卜往代，虽同属旧时臣仆，而资望少减，恐鄂对不无玩忽，额敏和卓于鄂对官从容开导云，尔当勿改初心，我暂归一二年，再来驻扎，仍可相见如故，庶伊知所谨凛，将来与玉素卜交待时，亦宜告知，俾得留心办理，凡遇回部伯克等，俱当详悉讯诫，务期正己率属，以挽颓风。"寻议遣使巴达克山。诏额敏和卓暂留叶尔羌。先是，巴达克山伯克素勒坦沙戮布拉呢敦，不谨视尸，为其属摩罗巴喇特等所盗瘗，派苏巴特复窃育其孥，我使索不获，至是尚书都统新柱及额敏和卓侦知之，会素勒坦沙以兵袭博罗尔，夺齐特喇尔地，遣弟沙卜多卜噶达尔据之，博罗尔长沙瑚沙默特以告，额敏和卓遣萨里奉檄以往，示顺逆义，且责归所掠。新柱奏巴达克山若违辞，臣请率兵往讨，留额敏和卓办事。谕曰："巴达克山如斥责不从，自当进剿，但新柱向未厉练戎行，额敏和卓颇悉回部情事，自当同往。"萨里行旬有九日，抵巴达克山，示之檄。素勒坦沙献盗尸者摩罗巴喇特，萨里携赴派苏巴特，掘得逆尸，复索其孥。素勒坦沙献布拉呢敦妻三，曰珠赉哈，曰巴特玛，曰额尔克扬。子三，曰和卓阿斯玛，曰阿卜都哈里克，曰和卓巴哈敦。覆书额敏和卓尊称之曰父，诡言齐特喇尔为己旧邑，不即归，复遣萨里往责之，乃服，以齐特喇尔给博罗尔，撤其弟归，上念萨里奉使劳，赐三等轻车都尉，复诏给币，俟阿奇木缺出，辄列名闻。会阿克苏伊什干伯克颇拉特以罪褫职，诏萨里代。以额敏和卓办理皆宜，优赉之。永贵等疏蠲回人赋役，不列额敏和卓及玉素卜名，诏训责之。〔授素赉璊一等台吉。〕噶岱默特倡议偕诸伯克输谷千石，贮城邑赡贫户，复助材建兵屋三百楹，有诏奖赉。追论攻喀什噶尔功，晋封图尔都为辅国公。〔色提卜阿勒氏以世居乌什，遣属视祖父茔，请给乌什入官田产，以阿克苏私业偿。谕曰："色提卜阿勒氏前在军营，颇属奋勉，已加恩授为散秩大臣。阿奇木伯克，奉职亦属尽心，今以先茔之故，请派数户遣往守视，自宜允行，所有给予田产，著加恩赏赐，不必由阿克苏抵交。"〕

二十八年春，永贵、新柱疏调补诸城伯克，不列额敏和卓等名。谕曰："前次或为所办系加恩回众之事，伊等不欲市德署名，至补授者伯克，自应同伊等商办，复有何嫌疑不行开列，额敏和卓等俱久隶臣仆，用至参赞大臣，伊等如意欲辞避，亦宜晓示，令其勿存形迹。"时副都额尔景额代新柱抵叶尔羌，上虑不更事，诏额敏和卓仍留处三月。永贵疏言噶岱默特告，回部田亩，资沟渠利，喀尔喀河，曰赫色勒河，出喀什噶尔西喀卜喀山，溉东南托呆斯迁、赛尔璊、喀什噶尔、哈喇克尔、多罗特巴克、阿尔巴特、派苏巴特诸邑，过巴尔楚克，汇罗卜诺尔。曰托庸河，出喀什噶尔西北托庸山，溉东南玉斯图阿喇图什、阿尔琥、呼尔罕、阿斯图阿喇图什、伯什克呼木诸邑，与赫色勒河合流。曰图巴里克河，出喀什噶尔西南吉斯岭，及西界乌帕勒山，上流向东，溉汗阿里克、塔斯珲、赫色勒布伊诸邑，下流向东北〔与〕赫色勒河合流。曰库森塔斯珲河，出喀什噶尔西南英吉沙尔城西羌珲山，溉东北英吉沙尔诸邑，散流入沙碛。惟赫色勒布伊、塔斯珲、汗阿里克三邑分〔引〕图巴里克河，水不〔给〕用。臣偕噶岱默特往视，自赫色勒河东南浚渠四十余里，引水赫色勒布伊。又视托庸河水湍急，田亩被冲刷，议建石上堤坝，并凿山石，以弱水势，报闻。

冬，玉素卜赴叶尔羌代额敏和卓还，额敏和卓以巴达克山事留叶尔羌。诏玉素卜暂理阿克苏务，至是事竣，还。谕曰："阿克苏阿奇木伯克散秩大臣色提卜阿勒氏前随兆惠出兵，曾经奋勇效力，著加恩赏给公品级，以示酬庸之典。"

二十九年，色提卜阿勒氏来朝，封辅国公，赐貂裘。〔先是，布鲁特额德格讷鄂拓克长阿济拜，以霍罕额尔德尼伯克掠其邑，憾之，闻霍集斯雅特之丕色勒伯克与构难，潜兵袭之。霍罕使至叶尔羌，掠布鲁特樵者十人，告梗道，噶岱默特察辞诬，诘之，会丕色勒伯克与额尔德尼伯克释怨，阿济拜惧，请檄霍罕勿侵己，永贵与噶岱默特责〔以厥〕罪均，令各安处。未几，额尔德尼伯克以布鲁特萨娄鄂拓〔克〕长沙巴图掠市马告，噶岱默特索所掠归霍罕，〔霍罕〕复侵额德格讷，夺鄂斯邑，永贵责霍罕罪，霍罕诡称鄂斯为己旧属，不即归额德格讷。时阿卜都喇伊木为喀什噶尔伊什干伯克，以不获〔为〕阿奇木怀逆志，数通霍罕，永贵等不之察，遣侍卫托穆齐图偕阿卜都喇伊木赴霍罕，责不听命，将以军讨，阿卜都喇伊木遣属摩罗郭帕和卓哈勒默特，告额尔德尼伯克曰："回部和卓皆就诛，惟尔存。今使来索地，不以兵从，尔勿惧而迎之，且喀什噶尔兵寡，尔潜至，我将为应。额尔德尼伯克惧市己，以丕色勒伯克构难谢之。托穆齐图抵霍罕，额尔德尼伯克不之迎，示顺逆义，乃谢罪。以鄂斯邑归阿济拜，托穆齐图归，不以不迎故告。"〔及是〕噶岱默特属噶帕尔赴市霍罕，侦得情，告噶岱默特，首之，办事大臣纳世通疏闻。诏磔诛其孥及赴霍罕使，悉缘坐，以噶岱默特发逆谋，奖赐币。素勒坦沙闻额敏和卓归，遣使和济克兰赍书至，〔称〕叶尔羌大臣等前听沙瑚沙默特偏辞，齐特喇尔邑请仍察归额尔景额，疏闻。敕责素勒坦沙曰："尔诡辞具奏，岂以叶尔羌大臣新经更替谓可欺饰耶，前驻大臣吐鲁番郡王额敏和卓，日后仍来更替，尔斯时又将何以为辞，尔从前称额敏和卓为父，乃伊回游牧，即诋其偏听人言，亦太反覆矣，尔其循理守分，勿萌侥幸无厌之心，始可永承恩泽。"诏录额尔景额疏，素勒坦沙书寄示额敏和卓，令以己意达之。素勒坦沙寻遣鄂斯敏伯克至，奏嗣钤部众，不敢稍存异志，复覆书额敏和卓，诿罪和济克兰妄造语言，已经惩罚。诏录示额敏和卓。额敏和卓寻入见，命乾清门行走，每书接辄询诸回部情〔形〕。素赉瑪率子莫弩启雅尔护屯田回民赴伊犁〕。

三十年春，乌什回赍哈木图〔拉〕等纠众叛，有额敏者，萨里弟也，居乌什城，〔贼〕胁赴霍罕，强应命，宿毕德尔山，伺偕行者寝，走阿克苏告变，阿克苏办事都统卞塔海驰兵剿，萨里助马百，复倡议偕伯克阿卜都噶颇尔等助牛二百运粮济军。诏奖额敏不附逆。复谕曰："萨里等急公效力，协助牲只，甚属可嘉，自当示以奖劝，所助牛马，俱著赏给价值，仍将朕加恩奖赏之意传谕伊等知之。"副都统素诚，阿奇木伯克阿卜都喇遣呢斯雅走阿克苏告变，寻素诚忧惧自杀。诏伊犁将军明瑞往剿，会额敏自乌什脱出，告阿卜都拉遣屯田兵赴伊犁，不给粮畜，且科瘠羊四百，徵回人银，被贼擒禁，复纳女赟哈木图拉为免死计，阿克苏办事副都统卞塔海以闻。谕曰："阿卜都〔拉〕被回人拘禁，朕尚以阿卜都拉系玉素卜之弟，必不肯屈节，今观伊平日纵容所属，侵蚀回人银两，又纳女于赟哈木图拉，希图临难苟免，此与叛逆何异，岂可以其玉素卜之弟，遂从宽贷，著明瑞至乌什日，务将此等情节查讯明确，若果所传不妄，非独逆回等当族诛示惩，即阿卜都拉亦宜明正典刑。"玉素卜奏臣弟阿卜都拉扰回债事，由臣失训之罪。谕曰："阿卜都拉以阿奇木伯克纵所属滋扰激变，罪由自取，与玉素卜无涉，著加恩免其议处。"时遣额敏和卓归部，已就道。闻乌什〔变〕，即奏请驰剿。谕曰："明瑞兵若尚须〔协助〕额敏和卓即暂驻乌什军前，喀什噶尔与霍罕额〔尔〕德尼部落相近，亦关紧要，乌什事竣，仍任参赞大臣，驻扎喀什噶尔办事。"贼党巴布敦等乞援霍罕抵布鲁特，扬称诸城悉附逆，〔耸〕办事诸城。噶岱默特自喀什噶尔遣属爱特伊默特赴布鲁特，额德格讷、萨尔巴噶什诸鄂拓克，告自乌什外他城皆安堵，萨尔巴噶什长车里克齐遣弟海兰达尔赴军，噶岱默特索逆使，车里克齐擒巴布敦以献。诏霍集斯列其戚族居乌什者以闻，录示明瑞，俟克乌什察霍集斯族被胁者，勿孥戮。复以乌什之叛由伯克〔阿卜都拉〕虐众故。谕曰："阿卜都拉所属人等，任意扰害回人，素诚全未查办，额敏和卓与玉素卜允隶臣仆，自不致纵容所属，扰害回人，然所属愚人，不知事体轻重，希图小利，倚势横行，著传谕驻扎大臣等，乌什既有此等情事，可为警戒，将来必须留心体察，约束下人断不可失于防范，以致自贻伊戚。"有库尔勒哈资伯克鄂璊者，以阿奇木色提克伯克责其违役故憾之，饮其兄噶杂讷齐伯克和硕尔及族子弟等言曰："我将杀阿奇木，往取乌什。"和硕尔叱之，率子三人急〔起〕走，或以告色提克曰："阿璊和硕尔叛矣。"时喀喇沙尔办事副都统明普率兵赴乌什，色提克檄之归，〔告〕库尔勒将不靖，诏额敏和卓便道察顺逆状，复谕明普听其议，勿执己见。额敏和卓抵库尔勒，讯得鄂璊情，以和硕尔不附逆，将疏请免死，明普执不可，议诛鄂璊族，疏至，诏如所请，和硕尔等免坐，责明普谬戾。诏色提卜阿勒氏归理军务，抵乌什，明瑞督兵适至，遣阿克苏，以粮糗及火药铅丸解军。库车阿奇木伯克鄂斯璊闻乌什变，恐众生心，悉收军械，驰兵协剿，大军围乌什诸路，分队击贼，萨里遣属呼特呼默特入其城，招胁从者，贼不应，鏖击之，夺瑚〔什〕塔克峰险。寻克乌什城。诏叙噶岱默特、萨里绩。初赉哈木图拉取纳阿卜都拉女，将纳之，逆妻有怨言，乃止，因戕阿卜都拉，复禁其女及子。乌什即定，明瑞讯得其城，诏释阿卜都拉孥归哈密。诏叙乌什劳，额敏和卓并其子素赉璊、茂萨及鄂斯璊等并优赏赉。明瑞惩乌什乱故，奏叶尔羌、喀什噶尔、阿克苏诸伯克等，皆不协物议，惟鄂对材可用，请以阿克苏伯克色提卜阿勒氏调和阗，喀什噶尔伯克噶岱默特调阿克苏，鄂对令仍任叶尔羌事。谕曰："伯克等皆归顺旧人，且遇有事务，颇能出力报效，此次若尽行移调，则回人布鲁特等不知情事妄起猜疑，谓国家乘新取乌什之威，将伊等移调，若谓伊等贪图小利，亦回人常事，安能保其必无，惟在大臣等正己率属，赏罚严明，地方〔自必〕安静，毋庸更调纷纭，转滋惶惑，即如所奏，亦未有确实款跡，不过得之物议，又安可尽信乎。"

三十一年，玉素卜遵旨自叶尔羌归，奏哈密生齿日繁，请遣户五百屯田伊犁，以次子伊萨克护往。允之。伊萨克自伊犁归，诏授二等台吉。玉素卜寻携长子伊勒巴喇伊木入觐，中道皆疾卒，以伊萨克袭。额敏和卓子伊斯堪达尔赴伊犁协理屯田务。〔诏授鄂啰卜咱卜一等台吉，任伊犁三品阿奇木伯克〕。筑乌什新城，徙驻阿克苏兵，色提卜阿勒氏视役。

三十二年，额敏和卓自喀什噶尔还，入〔觐〕，命御前行走。

三十三年，库车阿奇木伯克鄂斯璊来朝，命乾清门行走。乌什新城工竣。上嘉色提卜阿勒氏勤事，赐双眼孔雀翎。

三十四年，授乾清门行走鄂斯璊二等台吉。

三十五年，乌什辅国公色提卜阿勒氏来朝，命乾清门行走。

三十六年，哈密扎萨克多罗贝勒伊萨克〔吐鲁番扎萨克郡王额敏和卓第六子丕尔敦入觐〕，〔诏〕赐〔伊萨克〕三眼孔雀翎、黄马褂，〔授丕尔敦二等台吉孔雀翎，均〕命〔在〕乾清门行走。

三十八年，诏授哈密贝勒伊萨克领队大臣，赴伊犁，辖屯田回民。叙伊犁屯田功，授伊斯堪达尔五品秩，赏孔雀翎。

四十年，〔谕曰："贝勒品级鄂对，公品级噶岱默特均于未得回部以前归诚伊犁，且在军营著有劳绩，自与恩封者不同，均令世袭罔替。"〕授乌什辅国公色提卜阿勒氏喀什噶尔阿奇木伯克。诏乌什公品级噶岱默特世袭罔替。〔寻〕卒，子阿卜都喇璊袭。乌什三等轻车都尉萨里卒，子海色木袭。

四十一年，谕领队大臣伊萨克归哈密。吐鲁番五品秩伊斯堪达尔入〔觐，命乾清门行走。〕乌什公品级阿卜都喇璊卒，子迈玛第敏袭。

四十二年，吐鲁番扎萨克多罗郡王额敏和卓卒，有子七，长子素赉璊袭。

四十三年，叶尔羌办事侍郎高朴以叶尔羌阿奇木伯克鄂对卒，请令其子鄂斯璊继，上不允。诏以色提卜阿勒氏为叶尔羌阿奇木伯克，以鄂斯璊为喀什噶尔阿奇木伯克。色提卜阿勒氏抵叶尔羌，察知高朴盗采官玉出售，并听鄂对及伊什干伯克阿布都舒库尔等怂恿附和状，首之，喀什噶尔办事大臣永贵疏闻。诏抵罪。〔谕曰："今年三月鄂对病故，高朴即奏请以鄂对之子鄂斯璊接办该处阿奇木伯克。朕以为若如此父子相继办事，竟似伊家世职，久之与唐时藩镇何〔异〕，因将色提卜阿勒氏调至该处，以鄂斯璊赴喀什噶尔，意在回部伯克杜渐防渐。若照高朴之奏，鄂斯璊知其父与高朴相好，有碍颜面，且年轻不更事，必须从高朴所为，扶同徇隐，不能如色提卜阿勒氏之和盘托出矣。"又谕曰："鄂对前从军营效力，加思赏给贝勒品级，授为叶尔羌阿奇木伯克，自当感激朕恩，实心报效，即令高朴意欲骚扰回民、盗买玉石，伊当劝止，或如色提卜阿勒氏首告，始为报朕恩施，乃竟诱高补给予黄金五十两，并玉石二千余斤，令在内地贩卖，则伊从前早有骚扰回民，盗取玉石情事，若不严加惩创，朕如何尚用伯克耶。倘伊尚在，即当正法，今虽病故，自应削去贝勒品级，以示惩儆。伊子鄂斯璊现在袭爵，著传旨即行削去，但鄂斯璊并非随同伊父居住，此等情事与伊无涉，著加恩授为散秩大臣，仍留喀什噶尔阿奇木伯克之任，既已革去贝勒，自不便令带双眼孔雀翎，著赏给一眼孔雀翎。"〕以色提卜阿勒氏能据实控告，晋封贝子品级，其长子迈默特阿卜都拉授二等台吉，赐孔雀翎，并停密尔岱山采玉，交色提卜阿勒氏管理，以绝滋扰。授乌什公品级，迈玛第敏，拜城伊什干伯克。

四十四年，以吐鲁番扎萨克多罗郡王素赉璊虐所部众，且私〔宫〕其属，论罪，削郡王爵。诏赴京授一等侍卫。诏伊斯堪达尔袭扎萨克多罗郡王爵。

四十五年，素赉璊卒，诏归葬吐鲁番。哈密郡王品级扎萨克多罗贝勒伊萨〔克〕卒，子额尔德锡尔袭。

四十八年，诏哈密、吐鲁番、乌什回，并世袭罔替。理藩院议迈玛第敏祖噶岱默特，海色木父萨里以军功获世职，请予世袭罔替，诏如议。

四十九年，先是，巴达克山献布拉呢敦逆子，有萨木萨克者，幼窜安集延，上悯其无子，诏免捕诛。比长，穷不得食，阴遣人至喀什噶尔丐财物，布鲁特散秩大臣阿其睦弟额尔穆等私与通，鄂斯璊闻之，至是首诸喀什噶尔办事大臣保成，阿其穆惧其弟获重罪，诬阿斯璊与同谋，诏械额穆尔等至京，讯得实。谕曰："阿奇木伯克鄂斯璊感激朕恩，于萨木萨克与回众潜通音信之事毫无隐讳，一经得信，即报知保成，随同实心查办，始终奋勉，甚属可嘉，著加恩晋封固山贝子，以示奖励。"

五十二年，冬，库车阿奇木伯克鄂斯璊来朝。

五十三年正月，阿奇木伯克鄂斯璊卒于京邸。谕曰："阿奇木伯克贝子鄂斯璊历年输诚宣力，感戴朕恩，实心尽职，正资依任。今来京入觐，遽尔寝疾，朕遣御前侍卫带领太医院官往视，医治不痊，忽闻溘逝，深为悯恻，著遣御前侍卫丰绅济伦往奠，仍赏银五百两，令办丧事。"复谕曰："鄂斯璊所遗散秩大臣世爵，即施恩令伊子迈哈默特鄂三承袭，但鄂斯璊效力年久，所有固山贝子爵，亦施恩令伊子迈哈默特鄂三承袭，以示朕抚恤回仆之至意。"授伊斯堪达尔喀什噶尔三品阿奇木伯克。谕曰："吐鲁番郡王伊斯堪达尔前入觐时，朕观其材具，尚堪造就。今散秩大臣鄂斯璊病故，所遗喀什噶尔三品阿奇木伯克之缺，即著伊斯堪达尔补授，前往喀什噶尔随同明亮、伯兴办理事务。伊斯堪达尔之兄色普拉、弟丕尔敦等俱现在吐鲁番，著色普拉办理游牧事务，吐鲁大臣更当善为照料，伊斯堪达尔著赏银一百两，以为迁徙家口之需，即于吐鲁番官银内拨给。伊斯堪达尔虽系亲王，且在乾清门行走，但初赴喀什噶尔阿奇木伯克任，明亮、伯兴诸事务须指示，令照鄂斯璊任内事宜办理。"诏哈密吐鲁番世袭封爵不必降等。谕曰："哈密、吐鲁番二部，皆国家世仆，其余各城回人，虽经朕平定新疆时归降，但效力几三十年，奋勉急公，是以分别施恩，赏给王、贝勒、贝子、公、台吉等封爵。乾隆四十八年该院照例查明伊等封爵，或定世袭罔替，或定为出缺后降等承袭，虽系照例办理，但伊〔等〕来归年久，共感朕恩，各勤职业，即如哈密郡王品级贝勒额尔德锡尔之始祖额贝都拉，归诚以来，已历数世，额尔德锡尔之祖玉素卜，在军营勤劳懋著，贝子鄂斯璊之父鄂对，在军营奋勉，封授贝勒品级，因罪削爵后，鄂斯璊仍诸事抒诚效力，复封贝子，色提卜阿勒氏先在军营奋勉，又在阿奇木伯克任内数年，留心办事。公伊巴喇伊木，一等台吉鄂啰木咱卜，二等台古巴巴、阿布勒、丕尔敦，三等台吉阿卜都呢咱尔、帕尔萨伊等封爵，或因军前效力封授，或因伊祖父功绩赏给，著照院议，于出缺后降等承袭，日久递降，殊非朕久远抚恤〔回〕众之至意。今施恩将议定降等承袭之额尔德锡尔、色提卜阿勒氏、鄂斯璊、伊巴喇伊木、鄂啰木咱卜、巴巴、阿布勒、丕尔敦、阿卜都呢咱尔、帕尔萨等十人，现袭之王、贝子、公、台吉等封爵出缺时，不必降等承袭，俱著世袭罔替，以示朕优恤回仆之至意。并交该院行文各回城大臣，将朕此旨通行晓谕回众人等，交相欣庆。"

十二月，调伊斯堪达尔叶尔羌阿奇木伯克，乌什贝子品级辅国公色提卜阿勒氏卒。谕曰："色提卜阿勒氏实心效力，办理一切，感激朕恩，宣力有年。昨据塔奇奏伊患病，朕即赐药，以冀速痊。兹闻溘逝，深为悯恻。著加恩赏银五百两治丧，所遗贝子品级公爵，即令伊长子迈默特阿卜都拉承袭。"

（《皇朝藩部要略》卷十五、卷十六。版本同前）

五、西藏与藏传佛教

（十种）

国朝抚绥西藏记

（清）魏　源

上

西藏，古吐蕃，元、明为乌斯藏。其人则谓之唐古特，亦曰土伯特。其地分三部：曰康，即四川打箭炉外巴塘、察木多之地，为前藏亦曰喀木；曰卫，即布达拉及大招寺，本吐蕃建牙之所，今达赖居之，为中藏布达拉，华言"普陀宗乘"也；曰藏，即扎什伦布，本拉藏所治，今班禅居之，为后藏札什伦布，华言"吉祥山"也，以山得名；又并极西之阿里，则称四部云。北界河源，河源上出回部，重出于西宁，皆与藏地北界相连。南界大金沙江，雅鲁藏布江横亘于三藏之南，即大金沙江上游也。下游由缅甸入南海，视岷江上游之小金沙江广阔数倍。或云即黑水，而三藏即三危，其以怒江为三藏南界者，非也。西距雪岭，雪岭为冈底斯山，在阿里，即葱岭之南干。东西六千余里，南北五千余里，距京师万有四千余里。由川、陕、滇入藏有三路，皆先至前藏，而后西至中藏，又西至后藏，又最西至阿里云。在五天竺之东，非古佛国也。而距天竺较近，阿里南二千余里，入额讷特珂克境，即中印度。故经教至多，持《陀罗尼》尤验。多僧，无城郭，僧居土台者皆持戒律，不持戒者居土台外。自唐太宗以文成公主下嫁吐蕃赞普，好佛立寺庙，西藏始通于中国。元世祖封西番高僧八思巴为帝师大宝法王，以领其地，后嗣世袭其号，而西藏始为释教宗主。《元史·释老传》："八思巴者，吐蕃人。生七岁，诵经典数十万言，能通大义，国人称曰神童。年十有五，谒世祖潜邸。即位，尊为国师。命制蒙古新字，字仅千余，凡四十一母，颁行天下。"今后藏萨迦有剌麻，即元帝师后人，为红教之宗。其教先娶妻生子，有后则不入室，始登法座。

明洪武初，太祖以西番地旷人悍，欲刹其势而分其力，故凡元代法王、国师后人来朝贡者，辄因其故俗，许其世袭，以化犷俗，尊中国。永乐初，成祖则兼崇其教，闻西僧哈立麻有道术，国人称曰尚师，遣使迎至京师，为高帝后荐福于灵谷寺，有卿云、甘露、青鸟、白象之祥，封大宝法王西天大善自在佛，其徒三人皆封国师。其后又封大乘、大慈二法王，礼之亚于大宝。于是其徒争来朝贡，辐辏京师，所封有闸化、阐教、辅教、护教、赞善五王，又授西天佛子者二，灌顶大国师者九，灌顶国师者十有八。法王等死，其徒辄自相承袭，岁一朝贡，略与土司等。嗜茶贪贡市，冀保世职，故终明世无西番患。然皆红教，非黄教。

其黄教宗祖则创于宗喀巴，一名罗卜藏札克巴。以永乐十五年生于西宁卫，得道于西藏之甘丹寺，成化十四年示寂。初，明代诸法王皆赐红绮禅衣，本印度袈裟旧式也。其后红教专持密咒，流弊至以吞刀、吐火炫俗，无异师巫，尽失戒、定、慧宗旨。宗喀巴初习红教，既深观时数，当改立教，即会众，自黄其衣冠，遗嘱二大弟子，世世以呼毕勒罕转生，演大乘教。呼毕勒罕者，华言"化身"也。二弟子：一曰达赖剌麻，一曰班禅剌麻。剌麻者，华言"无上"也。其班禅剌麻，又称曰额尔德尼，译言"光显"也。相传达赖为观音分体之光，班禅为金刚化身，在印度已转生数十世。其说不可得详云。皆死而不失其道，自知所往生，其弟子辄迎而立之，常在轮回，本性不昧，故达赖、班禅易世互相为师。其教皆重见性度生，斥声闻小乘及幻术下乘。当明中叶，已远出红教上，未尝受封于中国，中国亦莫之知也。

达赖一世曰敦根珠巴者，即赞普之裔，世为番王，至是舍位出家,亦名罗伦嘉穆错,嗣宗喀巴法,传衣钵,始以法王兼藏王事。其二世曰根敦嘉穆错者,自置第巴等,代理兵、刑、赋税,其弟子称胡土克图,则分掌教化。当明正德时,始以活佛闻于中国。武宗遣中使率将校十人、士千人迎之,达赖不愿行,国人匿之。将士欲威以兵,为番人所败,遁还。而武宗崩,世宗立,果尽斥遣番僧,继又崇道教,不信佛,人始以达赖之不欲行为有前知焉。三世曰锁南嘉穆错,《明史》所称锁南坚错也。名益著,青海、河套诸蒙古罔不向服。顺义王俺答躬入藏,迎至青海,建仰华寺奉之,大会诸部,饮长生水。锁南坚错戒其好杀,劝令东还,而俺答亦劝其通中国。乃自甘州遗大学士张居正书,自称释迦牟尼比邱,中国始知有活佛。其人实得禅定,慈忍渊默,虽具他心宿命通而不自耀。于是红教中大宝、大乘诸法王亦皆俯首称弟子,改从黄教。化行诸部,东西数万里,熬茶膜拜,视若天神,诸番王徒拥虚位,不复能施其号令。传至第四世,曰云丹嘉穆错,生蒙古图古隆汗族,十四岁入藏坐床,二十八岁示寂,故事迹不著。然河套、青海蒙古守其戒,不敢抄掠,西边安枕者五十余年。第五世曰罗卜藏嘉穆错。当我太宗文皇帝崇德二年,喀尔喀三汗奏请发帑使延达赖剌麻。四年,因厄鲁特使贻达赖书,于是达赖、班禅及藏巴汗、青海固始汗闻我朝兴东土,各报使绕塞外数万里,以崇德七年至盛京,奉书及方物,约共行善事,并献卦验,知必当一统。明年,遣使存问达赖、班禅,称为金刚大士,是为我朝通西藏之始。

顺治初,天下混一,达赖、班禅及固始汗复合遣使献金佛、念珠,表颂功德。诏赉甲胄、弓矢、皮币,并遣使迓达赖。九年冬,至京师,世祖宾之于太和殿,建西黄寺居之。及行,饯之南苑德寿寺,授金册印,封西天大善自在佛,领天下释教普通鄂济达赖剌麻,命和硕亲王硕塞以八旗兵送之。

初,唐古特有四部:东曰喀木,曰青海;西曰卫,曰藏。固始汗者，本厄鲁特部，于明季吞并东二部，以青海地广，令子孙游牧，而喀木输其赋。其卫地则第巴奉达赖居之，藏地则藏巴汗居之。第巴曰桑结者，与藏巴汗不相能，谓拉藏虐部众毁黄教，乞师于固始汗，翦灭之，以其地居班禅，与达赖分主二藏，尽逐红帽、花帽诸法王，事在崇德十年。于是红教益微，并不足为黄教之细顾。第巴桑结实倾险，既灭藏巴，事多专决。吴三桂王云南，岁遣人至藏煎茶。康熙十三年三桂反，诏青海蒙古兵由松潘入川，第巴使达赖上书尼之，且代三桂乞降。及大兵围吴世璠于云南，世璠通书西藏，割中甸、维西二地，求援于青海，其书亦为我军所获，朝廷不之问也。

二十一年，第五世达赖卒，第巴欲专国事，秘不发表，伪言达赖入定，居高阁，不见人，凡事传达赖命行之，自是益横。既祖准噶尔以残喀尔喀蒙古，复唆准噶尔以斗中国。又外搆策妄，内阋拉藏汗，遂招准兵寇藏之祸。凡西北扰攘数十年，皆第巴一人所致。噶尔丹者，亦四厄鲁特之一，曾入藏为剌麻。与第巴相昵，归篡其汗，自言受达赖封为准噶尔博硕克图汗。又喀尔喀蒙古自国初以入藏隔于厄鲁特，乃自奉宗喀巴第三弟子哲卜尊丹巴之后身为大胡土克图，位与班禅相亚，凡数十年矣。至是喀部车臣汗与土谢图汗交恶搆兵，圣祖遣使约达赖和解之。第巴奏使噶尔丹西勒图往。蒙古谓剌麻坐床者为"西勒图"，盖达赖大弟子也。而喀部哲卜尊丹巴亦奉诏莅盟坛，与西勒图并坐。噶尔丹使其族人随之观衅，因责喀部待达赖使无加礼，诟责之，为土谢图汗所杀。噶尔丹遂以报仇为名，袭侵其部，喀尔喀东走。圣祖申命达赖，遣使罢兵。第巴使济隆胡土克图往，反阴嗾之。二十九年，遂入寇漠南，我兵败之乌兰布通。噶尔丹托济隆代乞和，顶佛立誓而遁。第巴内惭，乃托达赖意，合青海蒙古及厄鲁特各台吉上尊号。圣祖不受，屡遣京师剌麻入藏探之。归言："第巴桑结使已遥望礼拜，有剌麻立高楼之上，绛纱之中，香烟缭绕，觐不分明。"三十三年，达赖剌麻入贡，言已年迈，国事决第巴，乞锡之封爵。诏封第巴桑结为土伯特国王。

三十五年，圣祖亲征噶尔丹，至克鲁伦河。噶尔丹败窜，慰其部下曰："此行非我意，乃达赖剌麻使言南征大吉，是以深入也。"上谓达赖存，必无是事，乃遣使赐第巴桑结书曰："朕询之降番，皆言达赖剌麻脱缁久矣，尔至今匿不奏闻。且达赖剌麻存日，塞外无事者六十余年，尔乃屡唆噶尔丹兴戎乐祸，道法安在？达赖、班禅分主教化，向来相代持世。达赖如果厌世，当告诸护法主，以班禅主宗喀巴之教。乃使众不尊班禅而尊己，又阻班禅进京之行；朕欲和解喀、准两部，尔乃使有亏行之济隆以往。乌兰布通之役，为贼军卜，日诵经，张盖山上观战，胜则献帕，不胜又代为讲款，以误我追师。繄尔祖庇噶尔丹之由，今为殄灭准夷告捷礼，以噶尔丹佩刀一，及其妻阿奴之佛像一、佩符一，遣使赍往，可令与达赖相见，令班禅来京，执济隆以畀我。如其不然，朕且檄云南、四川、陕西之师见汝城下。汝其纠合四厄鲁特之人以待，其毋悔！"第巴桑结皇恐。明年密奏言："为众生不幸，第五世达赖剌麻于壬戌年示寂，转生静体，今十五岁矣。前恐唐古特民人生变，故未发丧。今当以丑年十月二十五日出定坐床，求大皇帝勿宣泄。西藏不纪天干，惟以地支所属纪年，亦以十二月为一岁。以寅为正月，仍有闰月，但与中国闰不同。如雍正十年壬子闰五月，其地闰正月；雍正十三年乙卯闰四月，其地于甲寅年闰七月。更有闰日，而无小建。假如闰初二，则初一日后即初三日，无初二矣。每月必有初一、十五、三十，而闰日则但于其中间摘去一二日耳。至班禅因未出痘，不敢至京。济隆，当竭力致之京师，乞全其身命戒体，并封进达赖临终床篑尸盐拌像。"上许为秘之，待十月宣示内外。而第巴使者归，途遇策妄那布坦会擒噶尔丹之兵，复宣言："达赖已厌世，尔部落兵毋得妄行。"策妄哭而归。上以第巴始终反复持两端，乃追还其使，传集各蒙古，宣示密封，则像首已堕，第巴使惊仆于地。第巴忌策妄，尽收准部故地，致噶尔丹无所归，奏防其猖獗。而策妄亦奏第巴奸谲，及所立新达赖之伪，欲藉词侵藏。上以二人皆叵测，不之许也。策妄疏曰："藏中旧例，以能掌教者传之。掌教自宗门以来，普通菩萨、海潮大士无不如是。达赖圆寂之后，第巴匿之不宜，舍正传之圣徒班禅，而自尊其身，别奉红教剌麻，谓即达赖化身，诈传法旨，扰乱诸部，此青海诸台吉所共知，请明正其罪"云云。案：普通，乃前辈达赖之别号；海潮，乃前辈班禅之号也。

四十四年，第巴谋毒拉藏汗不遂，欲以兵逐之，拉藏汗集众讨诛第巴。诏封拉藏翊法恭顺汗。拉藏汗者，青海固始汗之孙也。固始汗既以卫、藏为达赖、班禅香火地，留其长子鄂齐尔汗辖其众，次子达赉巴图尔台吉佐之。固始汗卒于顺治十三年，鄂齐尔汗卒于康熙九年，达赉汗卒于三十六年。拉藏汗嗣爵后，以议立新达赖剌麻，故与第巴交恶，至是奏废第巴所立假达赖。诏执献京师，行至青海，病死。即《方略》所云策妄那布坦遣使争迎之，而拉藏不遣者也。而藏中所立博克达山之伊西嘉穆错为第六世达赖剌麻者，青海诸蒙古复不信之，而别奉里塘之噶尔藏嘉穆错为真达赖，以康熙二十二年转生，二岁著灵异，至是廿岁矣，诸蒙古迎至青海坐床，请赐册印，与藏中所奏互相是非。上恐其搆衅，诏暂居西宁红山寺，旋移塔尔寺。塔尔寺者，西宁卫城西南四十里之塔山宗喀巴瘗胞衣地，黄教祖寺也。青海周数百里，十三峰环绕之，海中有二岛，人迹不至。即唐时所谓龙驹岛。番僧习禅定者，于冰合时裹一岁粮休焉，往往出异僧，故青海佛法与西藏相亚。两部争议未决，而策妄扰藏之事起。

初，策妄那布坦取拉藏之姊，而赘其子丹衷于伊犁，不令归。上以厄鲁特狙诈，敕拉藏毋恃亲疏防，拉藏耄而酖饮，不以为意。布达拉西北三百里有腾格里海，蒙古语谓天曰"腾格里"，犹言天河也。蒙古谓池、泊、海子皆曰"淖尔",或作"赖尔",或作"那尔",或作"诺尔",或作"脑尔",皆海子之谓。西接后藏,周数千里,其北岸大山横亘,为准夷入藏必由之路,有铁索桥天险,一夫拒隘,万众趑趄,更无旁径,拉藏亦不之守也。五十五年十月,策妄果遣台吉大策零敦多布领精兵六千,徒步绕戈壁,逾和阗南大雪山,涉险冒瘴,昼伏夜行,次年七月始达藏界。以送丹衷夫妇归藏为名,由腾格里突入,败唐古特兵,遂围攻布达拉,诱其众内应开门,执杀拉藏汗,虏其妻子,搜各庙重器送伊犁,禁新达赖剌麻于札克布里庙。诏西安将军额伦特以军数千赴援,而侍卫色棱宣谕青海蒙古备兵。七月,师逾木鲁河,蒙古曰木鲁乌苏,华语曰通天河,乃西宁、西藏之界也。色棱军拜都岭,额伦特军出库赛岭。贼佯败屡却,而精兵伏喀喇河以待。额伦特率所部疾趋,欲先渡河,扼狼拉岭之险,比至喀喇河,两军皆会。贼胁从番众数万,以其半据河拒我前,而分兵潜出我后,截饷道,相持月余,粮尽矢竭。九月,我师覆焉,贼氛益炽。青海蒙古皆惮进藏,奏言达赖剌麻可随地安禅,免王师远涉之劳。而王大臣惩前败,亦皆言藏地险远,不决进兵议。上以西藏屏蔽青海、滇、蜀,苟准夷盗据,将边无宁日,且贼能冲雪缒险而至,何况我军?五十七年,命皇十四子为抚远大将军,屯青海之木鲁河治兵饷,将军傅尔丹、富宁安分出巴里坤、阿尔台以猎其北,而将军噶尔弼出四川,将军延信出青海,两路捣藏。至是西藏诸土伯特亦知青海呼毕勒罕之真,藏中所旧立之赝,合词请于朝,乞拥置禅榻,诏许给册印。于是蒙古汗、王、贝勒、台吉各自率所部兵,或数千,或数百,于五十九年春随大兵扈从达赖剌麻入藏,军容甚盛。

策零敦多布由中路自拒青海军,而分遣其宰桑以兵三千六百拒南路。南路将军噶尔弼招抚巴塘、里塘番众,进至察木多,夺洛隆宗三巴桥之险。旋奉大将军檄,俟期并进。噶尔弼恐期久粮匮,用副将岳钟琪"以番攻番"之计,即招土司为前驱,集皮船渡河,直趋西藏，降番兵七千，分兵塞险，扼贼饷道。而青海军亦三败其中途劫营之贼，斩俘千计。厄鲁特进退受敌，遂大溃，不敢归藏，即由旧路北窜，崎岖冻馁，得还伊犁者不及半。

诏加封弘法觉众第六世达赖剌麻，于九月登座，取拉藏所立博克达剌麻归京师，尽诛厄鲁特剌麻之助逆者。留蒙古兵二千，以拉藏旧臣贝子康济鼐掌前藏，台吉颇罗鼐掌后藏。御制《平定西藏碑文》，勒石大招寺。盖自第五世达赖卒后三十余年，两立假剌麻，西陲俶扰，至是始定焉。论者谓达摩创法震旦，有一花五叶之谶，至六世果以衣钵启争，故六祖不复传衣钵，与宗喀巴至第六世达赖之事若一辙。物盛难继，始必有终，天数所极，佛法〔且〕不能违〔矣〕，而况人事欤！

松筠《绥服纪略》曰："红教剌麻最尊者为萨迦呼土克图，即元帝师帕斯巴剌麻之后也，在札什伦布之西。宗喀巴初年亦学经于萨迦庙，本出一源，及学成乃自立宗。余巡边见萨迦呼土克图，询其经典，悉同黄教。其僧亦无眷属，惟萨迦呼土克图有妻室，仅朔望相见，余时不往来，只为生子袭衣钵计。其经典皆来自大西天。大西天有巴特玛萨木巴瓦者，唐时到藏传教，为红教之祖。乾隆五十四年，驻藏大臣舒濂曾覆奏萨迦本同黄教情形。余询之达赖、班禅两剌麻，及济陇、第穆等，皆同此说。故青海蒙古及巴塘、里塘番众，凡崇信黄教者，亦皆敬萨迦如达赖、班禅。盖红、黄二教本同，其近日邪术之红教乃红教之〔末〕失，非萨迦庙之本宗也。其与黄教异者，一则衣冠异色，二则咒语稍别，三则传子与转生不同，如斯而已。"又言："康熙中，喀部为准部所攻破，集众议投俄罗斯与投中国孰利，哲卜尊丹巴剌麻曰：'俄罗斯持教、衣冠俱不同，必以我为异类，宜投中国兴黄教之地。'遂定计东向。故驭外夷必因其习尚，以决人心之去就。"

案：剌麻即僧，亦僧衣僧冠。其袈裟红色，本佛旧制，所谓僧伽梨也。袈裟偏袒右肩，惟礼佛升坐说法用之，其常服则缁衣，故曰缁门，所谓坏色衣也。不当概服赭衣，尤不当皆赭其冠。黄教起于明世，应服黄袈裟，亦同此例。乃今京师剌麻不惟冠服一概红黄，且不服袈裟而袍褂顶戴，与在家军、民、官吏无别，不知起于何时。乃考常熟钱良策《出塞纪略》曰："归化城剌麻庙有一僧，被黄衣，袒右肩，南面坐，号呼土克图，自言能忆前生数世，貌庄气静，类有道者。"青浦杜昌丁《藏行纪程》曰："大中甸红教大剌麻一人，其下剌麻数百，皆偏袒右肩，红氆氇为衣。"余庆远《维西见闻记》曰："维西黄教剌麻阔袖长衣，隆冬亦露两肘，夏戴平顶竹笠，冬戴平顶方毡帽，如内地僧帽之式。"乃知剌麻虽红、黄异教，而在番地、藏地仍服袈裟僧帽，不同在家之衣。共有品级大剌麻，皆年班奉旨入觐，始易顶戴袍褂。此外散小剌麻何以概同在家俗服？此不可解者一也。俗称欢喜佛者，形同秘戏，乃元季番僧导欲诲淫之术。元顺帝供诸宫内，卒亡其国。稍知佛律，即当耻之，且官府亦当禁之。乃西藏、蒙古及京师剌麻寺中皆有图像供设，恬不为怪，试问本何经教，起何敬信？其胡土克图不禁之，官府亦不禁之，此不可解〔者〕二也。至于转世之说，惟黄教有之，红教则以生子袭衣钵。乃《维西见闻记》则称红教剌麻十三种，维西系格马一种，其长五人，轮回生番地掌教，名曰五宝。维西五寺红教八百人，皆格马四宝之种也。乾隆八年，红教谟勒孤剌麻转生于维西民家，名曰达机。年七岁，其弟子辈卜知而寻至。达机先一日即告知父母，及期拣珠认钵及所书《心经》，笑摩众顶，历言前生事，不爽，远近争皈，顶礼迎去。又善知识剌麻者，亦格马四宝剌麻之高弟子。乾隆乙卯，转生于维西通事王善家。丁亥年，四宝命剌麻数人以金银马骡夹迎入藏，每程未至之山川，此幼剌麻皆能预言之。则是红教亦有呼毕勒罕转世，不独黄教矣。存此以备考。

附录

康輶纪行

《西藏赋注》云："明蕃僧宗喀巴，名罗布藏札克巴，生于永乐十五年丁酉，幼而神异，精通佛法，号甲勒瓦宗喀巴，在大雪山修苦行，《穆隆经》其所立也。达赖剌麻至大诏，众剌麻必诵是经。宗喀巴初出家时，学经于萨迪庙之呼图克图，乃元时帕思巴之后，为红帽教之宗。宗喀巴修行既成，为蕃众所敬信，衣紫衣。相传其受戒时，染僧帽诸色不成，惟黄色立成，遂名为黄教。其教大行，最盛于前藏，今拉萨诸庙咸供奉其像。"余按：泰庵此注，本之布达拉《经簿》，盖剌麻之家谱也。凡剌麻历代源流事迹，无不具载，亦时有续修，各处剌麻皆有之。稽考前代，必以《经簿》为据。和《赋》成于乾隆五十八年癸丑，时为驻藏大臣，故得见之。而《经簿》所载，止及其时，后无闻焉。据此言之，是黄教之先本亦出于红教矣。

——〔右《宗喀巴开教》〕

《经簿》云："达赖剌麻，宗喀巴之大弟子也；班禅额尔德尼，宗喀巴之二弟子也。头辈达赖剌麻名根敦珠巴，生于洪武二十四年辛未，在喀那木萨喀木青熙饶巴处出家，二十岁受大戒，创建札什伦布庙，诵《穆伦经》。其时有博洞班禅在雪地修行，闻名信附，遂号根敦珠巴为汤彻清巴，寿八十六岁。第二辈名根敦嘉木磋，生于明成化十二年丙申，创建群科尔汪庙。第三辈名索诺木嘉木磋，生于明嘉靖二十二年癸卯，亲赴各蒙古地方布行黄教，蒙古王等咸称为达赖剌麻班禅额尔达拉，明万历间封为大国师。第四辈名云丹嘉木磋，生于明万历十七年己丑，生蒙古地方敬格尔家。十五岁至藏，在噶勒丹寺坐台之桑结仁庆处出家，班禅罗卜藏曲津处受大戒，万历间封为沙布达多尔济桑结，能驱邪逐祟，曾于石上踏留足印。第五辈名阿旺罗卜藏嘉木磋，明万历四十五年生于前藏崇结萨尔合王家，其生之日与释迦牟尼佛同。在班禅罗卜藏曲津处出家，受大戒。国朝崇德七年，达赖剌麻同班禅剌麻差乌巴什台吉达盛京进贡，约行善事。顺治元年，达赖剌麻差人进贡。九年入觐，世祖章皇帝赐居黄寺，封为掌天下黄教西方自在佛足墨多尔济嘉木磋剌麻，金册十五页。第六辈名罗卜藏林沁仓洋嘉木磋，康熙二十二年生于蒙巴拉沃松地方。按：《通志》康熙四十四年，因拉藏汗请以阿王伊西力达赖剌麻，疑即此人。第七辈名罗布藏噶勒桑嘉木磋，康熙四十七年生于里塘地方，在察汉诺们罕家出家。按：此即《图识》所云噶尔藏嘉慕也。十三岁，康熙五十九年，赐达赖剌麻名号，统领黄教，敕书金印。雍正二年，赐西方汤彻清巴巴木载达赖剌麻，掌天下释教，金册金印。第八辈名罗藏丹碑旺楚克江巴尔嘉木磋，乾隆二十三年戊寅生于后藏托结地方。"

——〔右《达赖世派》〕

又云："班禅第一辈名刻珠尼玛绰尔济伽勒布格尔，生于明正统十年乙丑。第二辈名珠拜旺曲索诺木绰尔济朗布，生年缺。第三辈名结珠拜旺曲罗布藏敦玉珠巴，生明弘治十八年乙丑。第四辈名班禅罗卜藏绰尔济嘉勒参，生于明隆庆元年丁卯。国朝崇德七年遣使进贡，太宗文皇帝诏令班禅、达赖二人内，年少者拜年长者为师，学习经典。寿九十六岁。第五辈名班禅罗布藏伊喜，生于康熙二年癸卯。五十二年赐金册印，注明札什伦布各庙宇地方属班禅管理。第六辈名班禅哲布尊巴勒丹伊喜，生于乾隆三年戊午。三十年赐金册，四十五年入觐，赐四体字玉册、玉印。第七辈生于乾隆四十七年壬寅。"

——〔右《班禅世派》〕

达赖剌麻有金印、玉宝。其金印文曰："敕封西天大善自在佛统领天下释教普通瓦赤拉呾喇达赖剌麻之印";玉印文同,惟不称印而称宝。又有金册、玉册。玉册长六寸余,宽约四寸,页厚二分,边刻龙文,面书"敕封达赖剌麻玉册"。其字四体:前汉文,次唐古忒文,次蒙古文,最后清文。国书右行,实则先清文,次蒙古文,次唐古忒文,最后乃汉文也。册凡十五页,不联。全册大小如之,亦十五页,而联其脑,如展书者矣。皆紫檀座盛。班禅额尔德尼有金印、金册,无玉印、玉册。

————〔右《达赖剌麻掣金瓶》〕

达赖剌麻之下有二呼图克图:一为济隆,二为第穆,皆以所辖地名称之。济隆在后藏之南,第穆在工布。又有二那门汗,或作诺们罕。一为荣增那门汗。荣增者,梵言"师父",为达赖授经之师也。一为噶勒丹锡呼图萨玛第巴克什那门汗,其人名阿旺札布巴勒楚勒齐水,洮州人,先时在京师,以前辈达剌圆寂,至藏为那门汗代理,赏"噶勒丹锡"十二字名号,道光二十四年,驻藏大臣奏革之。向例达赖圆寂,以班禅或两呼图克图及那门汗代理,呼图克图较尊,那门汗次之。阿旺札布巴勒楚勒齐木前后代理达赖事二十余年,跋扈不法,十辈达赖剌麻之死,藏人汹汹,言其谋毒,堪布及众剌麻群诉于大臣,事无左验,莫能究也,有不服者更以抵罪。阿旺札布巴益骄,党羽日众,厚结大臣以自固。至是败窜黑龙江。

————〔右《西藏大蕃僧》〕

藏中管理寺院、讲习经典之僧官皆名堪布,最大者曰总堪布,次曰通巴堪布、达尔罕堪布,品级大小有差。札萨克三人,乃济隆、第穆两呼图克图及那门汗理事之大僧官也。岁琫者,达赖剌麻起居之内侍也。其次曰森琫;又次曰曲琫,职司经卷;又次曰孜仲,职司熬茶。岁琫以下,皆堪布之有职事者。卓尼尔,达赖之传事者也。达赖剌麻山上贮金银、缎匹、珍宝之内库曰商上，主库之僧官曰商卓特巴，曰仔琫，皆四品。商卓特巴本即仓储巴，以诸处皆有，故特异其名。其主征收者曰业尔仓巴，五品。主刑名词讼者曰噶厦，曰协尔帮，五品。主文书者曰大中译，六品；曰小中译，七品。通传译语者曰罗藏娃。主马厂者曰达琫，六品。分管地方曰希约第巴，曰郎仔，辖第巴，皆五品。掌户口册者曰密琫，五品。主兵者曰戴琫，次曰加琫，次曰甲琫，次曰定琫。代达赖理事者曰第巴。统理兵、马、刑、名者曰噶布伦，又作噶隆，三品，噶布伦凡四人。格隆者，戒僧也，格隆之熟经典者曰格喜。修行未深，初转一二世者曰沙布伦，通称剌麻。弟子曰托音。俗官初入籍者曰东科尔。又有边缺大营官、小营官，皆主地方及兵事。其仔琫、商卓特巴、噶布伦有缺，驻藏大臣会同达赖剌麻选拟正、陪二人请旨补用，余皆会同拣放。他如管门、管草、管撘粑、账房、牛羊厂诸职事，均听达赖剌麻自用之。

——〔右《西藏僧俗官名》〕

今达赖剌麻为十一辈，其十辈于道光十六年圆寂。相传达赖剌麻每于圆寂时，先示人以降生之处，其弟子大堪布往访得之，小儿初见，即能相识。乾隆中乃发金瓶至藏，贮数小儿名，掣签以防诈伪。圆寂后，驻藏大臣行文各路，民间有呈报生子灵异者。或有征验，藏内则遣大堪布、噶布伦持达赖生前常爱用之物数事杂以他物试之。其儿指取不爽，戎见堪布出一二语，乃临圆寂时事，则令其父母携至德庆，距前藏一站地名。如此者或一二人，或三四人，驻藏大臣覆验，择日以金瓶掣签。前七日，各大寺剌麻虔诚诵经，帮办大臣至大招行礼，用牙签书各小儿名如其数，人各一鉴，弥封贮瓶内盖之。驻藏大臣行礼启盖，掣取其一，对众拆封，既知为某小儿名，则率众至德庆，迎入大招，堪布日夕守护，具奏，入呼毕勒罕册。上命章嘉呼图克图至藏，照料坐床，六岁学经，七岁受小戒，即学禅坐，不令卧，藏内公事皆班禅或呼图克图代决，十六岁乃自理事。

谢都闻又言："今达赖剌麻道光十五年生于里塘之泰宁，其祖父本陕人，以业窑至秦宁，父习其业，母蕃女也。昔藏中乱时，达赖剌麻尝移床泰宁，故亦为胜地。达赖生甫三岁，藏中踪迹得之，自其家移大寺中，有五色云覆顶。初不之信，乃迎至藏，将近布达拉，亲见其上有五色云如盖，随至布达拉大寺，坐床后始散，乃知灵异非虚。"余谓达赖出微贱，一旦置身青云，始在孩提即为天子隆重，二万里王公、僧俗、男妇无不诚心敬礼，苟非福德殊异，何能臻此？昔汉高祖所在其上常有云气，韩魏公廷唱第一，太史奏五色云见，古有之矣。天降灵祥，必非无意，今之达赖其有殊乎？抑尝思之，人之始生，本二气之精，与星辰同体，惟受生后，物欲习染，蔽其灵明，展转死生，精气耗剥，乃与常人无异耳。守贞抱一之士与豪杰奇伟之人，精气坚凝，或以时发现，理固宜然，不足怪也。汉高祖、韩魏公与此剌麻之云，非山川之云，乃其本体之精气所发见也。岂但异人，凡大军所在，或千人之聚，其上皆有云气，盖众气所凝。虽庸人亦然，不过盛衰明暗之殊耳。

——右《达赖剌麻顶上云气》

红教剌麻有法术，能咒刀入石，复屈而结之，又能为风雷，役鬼神，非虚也，然自屈服于黄教。盖黄教惟讲诵经典，习静禅坐，不为幻法，而诸邪不能侵之，故蕃人虽愚，其敬黄教尤在红教之上。此佛图澄所以不如鸠摩罗什，而鸠摩罗什又不如达摩也。然藏中达赖剌麻及班禅额尔德尼，仅以清心无漏为转世法，他无异处。其转世亦在可知不可知之间，如来上乘，似不尔也。驻藏大臣以那门汗阿旺札布巴勒楚勒齐木不法，革遣之，达赖尚幼，访于班禅，以成其狱，失蕃人心。及班禅返后藏，蕃人敬礼大衰，班禅泣而悔之。乍雅大二呼图克图既以搆兵结讼，类伍齐之大二呼图克图亦以争权不睦，西方之教不亦衰甚矣乎？

——右《黄教红教之异》

下

驻藏大臣何昉乎？昉于雍正之初，而定于乾隆之中叶。初，雍正元年，哲卜尊丹巴胡土克图自喀尔喀部来朝，卒于京师，年九十矣。上亲临奠，赐名号册印，如达赖、班禅之例，遣使护其丧归库伦。其后五年，喀尔喀奏胡土克图呼毕勒罕转生于库伦，诏赐金十万，造寺以绥喀尔喀之众；又为驻京之章嘉胡土克图后身造寺于多伦泊，以绥内蒙古之众。章嘉者，上在雍邸时所从咨佛法者也。方是时，世宗宪皇帝天纵神悟，夙觉大乘，优礼高僧，方将以君师宏法教普利群生，而二年即有青海剌麻助罗卜藏丹津之叛。其青海诸寺剌麻众各数千，群起骚动，甚至以察罕诺们汗大剌麻亦党贼拒战。王师讨平之。上谓"玷辱宗门，莫斯为甚"，乃收各寺明国师禅师印，并定制：庙舍毋逾二百楹，众毋逾三百人。冬，藏中噶布伦等三人忌贝子康济鼐之权，聚兵害之，欲投准噶尔。诏将军查郎阿率川、陕、滇兵万有五千进讨。未至，而台吉颇罗鼐率后藏及阿里兵九千截贼去路，擒首逆。诏以颇罗鼐为贝子总藏事，赐犒兵银三万两，留大臣正副二人，领川、陕兵二千，分驻前、后藏镇抚之。是为大臣驻藏之始。

是年，准噶尔策妄死，子策楞立，请赴藏煎茶，又声言欲送还所房拉藏汗二子，诏严兵备之。乃收前藏东西之巴塘、里塘归四川，设宣抚土司治之。其中甸、维西隶云南，设二厅治之。惟察木多以外各土司仍隶西藏，移达赖剌麻于西里塘之惠远庙，以避准噶尔。惠远庙，番右噶达寺。八年迁于泰宁，护以兵千。每年夏初，西藏官兵赴防北路腾格里海之隘，以备准夷，冬雪封山，撤兵。盖从准入藏之路有三：其极西由叶尔羌至阿里，中隔大山，迂远易预备；其东路之喀喇河又有青海蒙古隔之；惟中路之腾格里海逼近卫地，故防守尤要。十二年，准噶尔请和。诏果亲王偕章嘉胡土克图赴川，送达赖由泰宁归藏，减戍藏兵四之三。其哲卜尊丹巴于九年移多伦泊以避准噶尔者，至是亦返库伦。章嘉为达赖剌麻请巴塘、里塘地还前藏，以其为达赖所降生，诸土司建寺安禅，制最宏丽也。诏以其商税赐之，地仍内属。乾隆三年，噶尔丹策楞复请入藏煎茶，始许之。时贝子颇罗鼐惩前败，训练万骑，又练步兵万有五千，于通准夷各路严设卡伦，噶尔丹自是不敢窥藏。而西南之巴勒布三部及布鲁克部相继向风入贡藏地，敕谥。诏晋颇罗鼐郡王。至乾隆十五年，而有朱尔墨特之变。朱尔墨特者，颇罗鼐之子也，于十二年袭封郡王。以驻藏大臣不便于己，先奏罢驻防之兵，阴通书准噶尔，请兵为外应，旋袭杀其兄，扬言准部兵至，聚党二千谋变。驻藏都统傅清、左都御史拉布敦觉其逆芽，欲先发，而左右无一兵，乃以计诱至寺中，登楼手刃之，旋害于贼党。时第五世班禅已卒，乾隆四年卒。达赖剌麻使番部公爵班替达摄藏事，擒逆党以闻。我将军策楞、班第至藏。诏以二臣先事靖变，赠一等伯，即以其地立双忠之祠，永禁唐古特及准夷往来之使。至是西藏始不封汗、王、贝子，以四噶布伦分其权，而总于达赖剌麻。我驻藏大臣增兵千有五百戍藏，其国事犹不尽预闻也。二十二年，荡平伊犁，藏地始永无准夷患。是年第六世达赖剌麻亦卒。

初，厄鲁特世济其凶，亦名扶黄教，自固始汗即以此据卫藏，雄诸部。及噶尔丹自藏归，称受博硕克图汗之封于达赖，策妄拉布坦破藏归，复称受宝权大庆王之封于伪达赖，皆铸铁章梵文以赐。于是立固尔札庙于伊犁河北，立海努克庙于河南，取所掠藏中供器实之。饭厄鲁特剌麻六千余，供养以九集赛万六百户。其大剌麻坐床者四人，曰"西勒图"，其诵经室曰"都纲"，幡刹螺呗儿垺西藏，大疑大计皆就决焉。策妄及噶尔丹及那木札尔三世嗣位，皆请赴藏熬茶讽经，每次费二十余万，朝廷亦赐茶叶、香帕以助其施。达尔札、达瓦齐之得立，及与阿睦尔撒纳之搆衅，皆伊犁剌麻为之。阿睦尔撒纳从王师定伊犁，即使人赴藏熬茶，助己得总四部时，当振兴黄教。又使固尔札庙剌麻请将军，必使己主伊犁，迨叛后上疏，犹以各大臣踞高坐见剌麻激变为词，败则劫夺剌麻马驼以遁。故御撰《平定准部碑》云："其口奉佛，其心乃如夜叉、罗刹之食人，其所奉剌麻亦类以淫杀为佛事，与青海一辙。"王师再至伊犁，遥望火光烛天，则固尔札庙灾，剌麻皆焦土，与崇奉剌麻之憝酋同归一劫，亦黄教一大变局也。至是，诏仿固尔札庙式，立安远庙于热河，选置高行剌麻，以绥四卫拉来归之众。时哲卜尊丹巴胡土克图于喀尔喀郡王青衮杂布谋叛时，先集各部落王公宣谕利害，毋为贼煽，诏加封敷教安众大剌麻。

四十五年，高宗七旬万寿，第六世班禅来朝祝釐。诏仿后藏札什伦布式建须弥福寿之庙于热河。班禅第一世曰凯珠布格埒克巴勒藏，二世、三世无考。班禅自崇德中同达赖通贡，顺治初以年老未随达赖入觐者，皆其第四世罗卜藏垂吉嘉穆错也。第五世曰罗卜藏伊什，于乾隆二年示寂。第六世曰罗卜藏巴丹伊什，于乾隆六年登坐，至是年四十有二矣。七月，班禅至，接见于避暑山庄之澹泊诚敬殿。初，上习蒙古语，及平回部、金川，即习回语、西番语，兹因班禅来觐，复习唐古特语，故重译朝见，告语如一家。旧以达赖、班禅有高行，入觐惟跽不拜，至是班禅固请拜，上嘉其恪诚，从之。至京，接见于南苑德寿寺，仍居西黄寺，讲经放参，皆世祖礼达赖处也。京师西山有僧某者，往论佛法，责以宜居西番清净式众，不宜入中国过受崇奉。班禅谢之。十一月，以痘终京师，诏即其地建清净化域。明年春，舍利金龛西归，驾幸西黄寺拈香送之，而留其高弟子罗卜藏敦珠布者，领班第二十人住持札什伦布庙，传授后藏经律，选内地剌麻百八十人习焉。是年，遣使赍册印封第七世达赖剌麻，时年二十二岁，尚未受封。至是班禅卒，乃封达赖以绥唐古特之众。

初，前、后藏地近葱岭，寒确不宜五谷，惟青稞、豆、麦、牛、羊，不赡于食，且僧多于百姓，故仰中国之茶、布与蒙古诸番之布施。及班禅入觐，朝廷所锡赍，在京各王公及草地各番、蒙所供养，其徒拥之归者，无虑数十万金，而宝冠、璎珞、念珠、晶玉之钵、镂金之袈裟，旍檀、华幡、磁茗、采帛、珍环不可胜计。仲巴呼图者，班禅剌麻之兄也，为班禅治商上事，遂尽有其财，虽其弟舍玛尔巴亦以习红教不得分惠。又卫、藏数千里，番骑万有四千，番步兵五万，皆达赖所辖，班禅惟住持寺庙不辖地，故于达赖所属之戴㭠、谛巴等及守后藏之唐古特兵皆外视之，一无施舍。于是舍玛尔巴垂涎不遂，愤唆廓尔喀，引之入寇。时达赖剌麻年少，不知调度唐古特兵扼险要。我驻藏大臣巴忠、鄂辉、成德等复调停贿和，不敢战，于是廓尔喀无忌，饱飏而去。五十六年，复深入，福康安、海兰察大举讨平之，语具别记。留土番兵三千，汉、蒙古兵千戍藏。自是驻藏二大臣行事仪注始与达赖、班禅平等；其四噶布伦及番目缺，均大臣与达赖会同选授，定商上剌麻银钱出入之额，与春秋巡查鄂博之制，于是事权始归一。自唐以来，未有以郡县治卫藏如今日者。其惑众倡逃之剌麻济仲等，剥黄伏法，仲巴擒至京师治罪，而红教之沙玛尔巴亦檄贼献其尸。自元、明以来，未有以齐民治番僧如今日者。

初，达赖剌麻之呼毕勒罕一世、二世出后藏，三世出前藏，四世出蒙古，五世出前藏，六世出里塘，皆非一地一族。班禅及各大呼图克图亦然。至乾隆末，而各大剌麻类多兄弟叔侄，且多出蒙古汗、王、贝勒子弟。甚至哲卜尊丹巴示寂，适土舍图汗之福晋有妊，众即指为呼毕勒罕，及弥月，竟生一女，尤贻口实，损蒙古之敬信。盖宗喀巴经言达赖六世、班禅七世后，不复再来，故登座者无复真观密谛，只凭垂仲降神指示。垂仲者，犹内地之师巫也。又达赖、班禅亲族多营为大胡土克图，以专财利，致有仲巴兄弟诲盗之祸。上久悉其弊，欲革之而未有会也，乘用兵之后，特运神断，创颁金奔巴瓶，一供于中藏之大招寺。遇有呼毕勒罕出世，互报差异者，纳签瓶中，诵经降神，大臣会同达赖、班禅于宗喀巴前制之。而各札萨克蒙古所奉之胡图克图，其呼毕勒罕将出世，亦报名理藩院与住京之章嘉胡图克图掣之，瓶供雍和〔宫〕，尤元、明以来所未有。

章嘉胡图克图者，其先于康熙中自藏来朝，乃第五辈达赖之大弟子也。圣祖优礼之，命住持蒙古多伦泊之汇宗寺。章嘉通宗乘，为世宗藩邸时所敬。逮其第二世呼毕勒罕转生于多伦泊，诏造善因寺居之。高宗朝奉诏来京师，翻定《大藏经咒》，〔奏〕言其国五百年前有狼达尔玛汗者，灭法毁教，其后诸高僧补缀未全，首《楞严经》已佚，借此土本四译而归。又佐庄亲王修《同文韵统》。晚年病目，能以手扪经卷而辨其字，于四十一年趺逝京师。是为黄教第四支，与哲卜尊丹巴一支皆住持蒙古，亚于达赖、班禅二支。而藏中之红帽十三支、黑帽数小支则不暇详述云。

综计剌麻之能出呼毕勒罕入理藩院册者：西藏号呼图克图者十有八，号沙布隆者十有二，漠北蒙古十有九，漠南蒙古五十有七，青海番地三十有五，四川察木多番地五，又驻京呼图克图十有四，共呼毕勒罕百有六十。惟青海诺们汗一支久同世袭，许以亲族入签；又嘉庆十三年，第八世达赖剌麻之呼毕勒罕灵征众著，由驻藏大臣奏闻请旨，不复瓶掣，是二者为破格。然康熙中有丹巴呼图克图者，出世时能自述前生事，受封清修禅师，住持五台山，竟以酒色不检黜退。是能知夙命之真呼毕勒罕，隔世尚或迷其本性云。

凡剌麻朝贡，除达赖、班禅、哲卜尊丹巴三人岁遣贡使不列年班外，其余大喇麻驻漠南北蒙古各部者班六，每岁一至，岷州剌麻班四，三岁一至。凡西藏剌麻皆袈裟僧衣，惟将入朝贡，始易内地衣冠。其驻京剌麻，或在京掌教，或赴藏办事，或分驻盛京、热河、多伦泊、五台山，或派往伊犁及四川之懋功寺，分阐黄教，三岁而更代。

臣源曰：佛法出五印度，更在乌斯藏西，逾葱岭，越廓尔喀，其水为恒河，西南流入海。今通互市之西南洋孟头、孟加腊等国，即南印度，其海名印度海者是也。乌斯藏则在葱岭之东，水皆东流。故唐以前罗什、玄奘译经，皆从凉州西出阳关、玉门，达摩诸高僧又至自南海，皆不经藏地。西藏诚非古佛国，而自元、明以来，佛教则卫藏为盛。其始不过内受册封，师弟相嗣，至宗喀巴崛起，不藉中朝封号，而复出诸大法王上，兼以修夙命通，化身转世为神奇，西北诸行国常视为向背，中国常用为衔勒。亦佛法因缘有时会、兴废非人力欤！夫大雄涅槃，不闻转世，即宗喀巴经亦言达赖、班禅转生止六七世，自后不复再来。今之黄教非昔之黄教，尤非古之释教，宜若可以已焉。然葱岭以东，惟回部诸城郭国自为教外，其土伯特四部、青海二十九旗、厄鲁特汗王各旗、喀尔喀八十二旗、蒙古游牧五十九旗、滇蜀边番数十土司皆黄教，使无世世转生之呼毕勒罕以镇服僧俗，则数百万众必互相雄长，狼性野心，且决骤而不可制。南北朝时，西域数十国迎法师，求舍利，动至兵争，为部落安危所系。盖边方好杀，而佛戒杀，且神异能降服其心，此非尧、舜、周、孔之教所能驯也。高宗神圣，百族禀命，诏达赖、班禅两汗僧当世世永生西土，维持教化。故卫藏安，而西北之边境安；黄教服，而准、蒙之番民皆服。《传》曰："修其教，不异其俗。民可由，不可使知。"盖至金奔巴瓶之颁，而大圣人神道设教变通宜民者，如山如海，高深莫测矣。天章丁宁申谕，比于吏部之为签部，视元代尊奉帝师于纪妨政者，曷可复道里计？允矣，曼殊师利天可汗哉！允矣，曼殊师利天可汗哉！达赖进表称曼殊师利大皇帝，盖曼殊音同满珠，即满洲转音也。

附录

　　《钦定蒙古源流》八卷，今节录其略。曰：蒙古者，土伯特国之分支，土伯特又额纳特珂克之分支也。额纳特珂克国，即中印度。距释迦牟尼佛涅槃之戊子岁千有八百二十一年，有乌迪雅纳汗者，为邻国所败，弃印度东走雪山，至雅尔隆赞塘，遂为雅尔隆氏。至其季子，生有异表，众戴为汗，由此胜四方，而为八十八万土伯特国主，是为尼雅特博汗。历传七汗，而为奸臣隆纳木所篡，半载复为旧臣恢复，迎前汗之子立之。复历七传至多里隆赞，是为衍庆七汗，距佛涅槃之戊子年二千四百八十一年矣。得《百拜忏悔经》、《多宝经》及金塔宝匣，敬谨供养，禅教遂兴。复历七传，谓之妙音七汗，距前佛涅槃戊子年二千七百五十年矣。第七汗之子曰持勒德苏隆赞，年十六岁即汗位，遣其十六臣至额纳特阿克国中传音韵之学，互证土伯特之三十字母合入四声，于原三十四字内删去十一字，以其余二十三字与土伯特始创之六字并原阿字定为三十字母，各分音韵，将禅经《百拜忏悔经》、《三宝云经》俱翻译成文。修政治，制刑法，屏十恶，行十善。既而娶巴勒布国王之女，又婚唐太宗之文成公主，各赍经卷佛像来至土伯特国。于是令中印度之桑吉剌必满师，巴勒布国之锡拉满祖师、鄂斯达师及唐僧玛哈德干师等翻译宣布。岁次戊戌，年八十二岁没。历四传，至玄孙持苏陇德灿，取唐肃宗女金城公主，迎请中印度之堪布博迪萨都师及巴特玛师，一广建法轮，一制伏妖魅。其庙宇佛殿下层肖土伯特，中层肖唐地，上层肖中印度，中供三世佛，四面四隅，象四大部洲，八小部洲。会萃驱魔之咒，日月之象，得力四大觉路及八吗哈噶拉之大庙，四大浮图，并光明塔共三十庙宇，环以金轮。自汗年二十二岁兴工，至三十四岁始成。于是招集法众向高行巴特玛师练习秘咒，受诸法要及七百二十佛之灌顶，又选土伯特童子学译印度语言文字。汗在位五十七年，寿六十九岁没。子穆迪赞博立，与唐懿宗及印度之达尔玛巴拉汗同时，年五十四岁殁，距前佛涅槃戊子年二千九百九十九年矣。子达尔玛特松即位，击败唐兵，建造千庙，复补翻从前未译之经卷，按盈发之数各系一哈达，每哈达各坐一僧，供奉敷扬。年三十六岁卒。自丁未肇兴法教，至此辛酉，历四百九十五年。汗卒无子，其兄朗达尔玛汗嗣立，其前世为象，曾设恶愿，遂将《三乘》、《三藏经》教僧众全行毁灭。年六十三岁为下所杀。至其再传孙巴勒科尔赞，复兴佛法，年三十一岁没。子札实则克巴推广禅教，招回前汗灭法时逃出高僧，兼遣子弟大臣二十五人往中印度延请高行善知识至土伯特，将经藏秘咒尽行翻写，距戊子涅槃岁三千一百二十三年也。其子陇吉即汗位，复请得昭阿通沙师再翻经教。此土伯特汗兴教源流也。

蒙古，亦土伯特裔之分支。当尼雅特赞博七世孙〔为〕隆纳木所篡时，其季子布尔特齐诺逃至恭博地方，往渡腾吉斯海，东至拜噶勒江，遇必塔地方人众，询知为额纳特珂克之裔，土伯特汗之子，遂群戴为君。十二传至多〔斡〕索和尔、多博墨牛根兄弟，俱为厄鲁特、巴噶图特、和特、奇喇古特四姓之卫拉特。多〔斡〕索和尔生七子，其季勃端察尔始居鄂诺江，招服鄂郭尔察克部落。七传至哈布勒汗。哈布勒汗三传生铁木真，是为元太祖青〔吉〕斯汗，暨三弟哈萨尔哈济锦谔楚肯并为蒙古各部之祖。青吉斯汗年三十三岁起兵伐金，三十五岁进兵托克摩克，斩萧古里苏勒德汗；三十七岁破克里叶特之翁汗；三十九岁破奈曼之图们汗；四十一岁破郭尔罗斯之纳琳汗；四十三岁破哈尔里固特之阿尔萨兰汗；四十五岁用兵土伯特之古鲁格多尔济汗，其汗遣使献驼只辎重无算，青吉斯汗因致书于萨嘉察克罗乍斡阿难达噶尔贝剌麻，遥申皈礼。由是收服阿里三部属八十万土伯特人众，遂进征额纳特阿克，直抵齐塔纳凌岭之山脊。遇一独角兽，名曰"塞鲁"，奔至汗前，屈其膝而叩。汗曰："彼额纳特珂克乃古昔佛、菩萨大圣降生之地。今此奇兽至前，殆上天示意。"遂振旅而还，遣使谕萨尔塔克沁之谙巴海汗，不从。四十七岁，攻谙巴海汗，灭之。于是青吉斯汗曰："承上帝之命，驾驭天下十二强汗，平定诸恶劣小汗，今当养身息心。"安居十有九年。惟唐古特人众未服，丁亥岁遂攻锡都尔固汗，围其城，擒其汗，收其哈屯，遂病终。旋于阿勒台山阴、哈岱山阳之大鄂特地方建陵寝，立白室八间，号为索多博克达大元青吉斯汗。所生四子，令长子察干岱于俄罗斯地方即汗位，次子珠齐于托克玛克地方即汗位，三子鄂德格依留守汗位，幼子拖雷守产早没。鄂德格依年四十七岁没。子库裕克汗立，在位六月卒。次子库腾汗立，因龙祟侵魔患病，延请西方帕克巴剌密特剌麻。此剌麻者生距涅槃戊子三千三百七十五年，年二十七岁，往额纳特阿克与左道六师异端辨，难穷其词，获"班第达"之号而归。其叔父亦有道高僧，先谓之曰："日后有东方蒙古国库腾汗遣使请汝，汝必往行，当于彼处大兴佛教。"因示卦验。至是六十三岁起程，六十六岁至蒙古国，与汗灌顶，病立愈，遂兴禅教。剌麻年七十岁圆寂，其岁汗亦同没。其拖雷汗之长子嗣立，在位八年，年四十六岁卒。次子忽必烈汗立，即元世祖，年四十六岁即位，夏居上都，冬居大都，平定四大国。其时帕克巴剌密特之侄玛迪都斡咱继剌麻位。传经持受灌顶之时，则剌麻坐于床上，汗坐于下；办理政事时，则汗与剌麻俱坐于床上。与汗讲功穗。喜《金刚根本经》，汗大敬服。汗在位三十六年，享年八十二岁。自是凡历数传，每汗各奉一帝师，至托欢铁木尔汗嗣立，是为元顺帝。汗听谗，杀脱脱太师，占梦于阿难达玛第剌麻，剌麻以灾异凶兆告之。汗怒不悦，剌麻遂辞归唐古特，大元汗遂由古北口出亡，作歌悔泣。距青吉斯汗降生壬午岁凡二百零七年，距青吉斯汗即位戊申凡百有八十年。传位共十五汗。四方大乱，各处转战，蒙古〔兵〕四十万众惟脱出六万，聚集于克鲁伦河，起造巴尔斯和坦城，分所部为左右翼，每翼三万人。年五十三岁殁。屡传至达延汗，太祖之十五世孙也。其时插汉小王子已徙漠南，而达延汗留漠北，用兵破平部落，收左右翼三万人之众于祖汗之八白室前，即位称汗号。八白室，元太祖庙也。在位七十四年，年八十岁殁。其季子生七孙，为喀尔喀七博罗特汗。其十一子为漠南九部汗。其九部汗内有巴尔斯博罗特子七人，长子宪必里克墨尔招据鄂尔多斯部，为其祖汗守八白室之人，领右翼三万众；次子阿勒坦汗即俺答，据十二土默特部而居，领左翼三万众，尤强于诸部。阿勒坦汗年四十七岁，用兵并瓦剌四部。六十六岁侵掠中国，于是大明隆庆汗给封号金印讲和。六十八岁，岁次癸酉，用兵土伯特地方，收服阿木多、喀木等部落，于是阿里克剌麻为汗唪诵《大有利益》、《分别取舍》等经，解脱三恶缘及来世罪孽，汗遂崇志经典，始念《六字心咒》。其侄鄂尔多斯部博硕克图济农，年二十七岁，往见其叔阿勒坦汗，谏曰："前世失陷城池，因与中国之人结仇，以致出亡失〔统〕。今汗寿已高，渐至于老，事之有益今生及来世者，惟在经教。今闻西方纯雪地方大慈大悲观世音菩萨出现，祈遣使请来，依从前神祖忽必烈汗与帕克剌巴剌麻设立道教，岂非盛事乎？"阿勒坦然之，遂与右翼三万人和好，遣使〔往请〕圣识一切之索诺木札木苏胡土克图。使人未至，其圣识剌麻静坐微笑曰："阿勒坦汗前世已经善缘，我今必往。"于是左翼蒙古三万人议于青海之察卜齐勒雅地方修造庙宇。初遣八百人往迎，次遣千人往迎，再遣三千人往迎，四次汗自领万人迎于察布哈勒庙，每次献币帛、诸宝、驼马无算。剌麻为各言其前世三生善缘。于是诸台吉奏言："前世青吉斯汗之孙库腾汗与忽必烈汗，以道教使天下太平，今值屡世争斗之余，但值圣剌麻与大力汗二人相遇，伏愿自今将涌血之大江，变为溢乳之净海，普遍大众，无有穷极。"是时，汉、番、土伯特、蒙古等十万余人无不赞叹〔稀〕有。从前蒙古人死后，多宰驼马殉葬为行粮，自此改按八节持戒诵经，每月治斋，三日禁杀牲渔猎，创立十善福政。尊以圣识一切瓦齐尔达赖剌麻之号；剌麻亦赠汗、台吉等以经教护法之号。阿勒坦许于归化城立庙，以八宝庄严佛像。博项克图汗许将一百八函《甘珠尔经》用宝石金银装修。达赖剌麻亦许于尼济木搭拉地造弥勒佛像，使其徒胡土克图先往庙中入马明王定，土神献珍宝助工，既而剌麻亲至天散花雨，又收服雷击剌麻之术士，引八菩提。皆大明隆庆汗在位时事也。及阿勒坦汗与彻辰洪台吉相继殁，各部复迎圣识达赖剌麻至鄂尔多斯地，坐禅三月。又至土默特之地，焚化阿勒坦汗骨骸，复往各部落宣讲经教。于是察哈尔之图门汗与大明万历汗各遣使敦请往宣法教。圣剌麻曰："二大国汗之请，非为已身，实为众生，扶持佛教。欲往之心非不甚切，但凡物之生，有始必有终，今将他住以施利济。"遂于使者前入定坐化，茶毗获舍利无算。生于壬寅，距佛涅槃戊子年三千六百七十五年，卒于戊子年三月二十六日，年四十七岁。其呼必勒罕托生于图古隆汗福晋之身，以乙丑岁降生，是为第四世剌麻。年十四岁，土伯〔特〕遣使迎往，从圣识一切班禅额尔德尼出家，受格隆戒，号为圣识切蕴舟札木索赖剌麻。由是土伯特之胡图克图等议以蒙古地方竟无掌教坐床之剌麻，乃公择大慈津巴札木苏之呼必勒罕往坐床于蒙古，遂称为大慈迈达里胡土克图，众尊以大慈诺们汗之号，并上博硕克图济农号为转金轮彻辰济农汗。济农汗年五十九岁录完金字《甘珠尔经》，又发愿前往西藏宗喀巴之肆纳囊苏处敦请《丹珠尔经》，至岁次甲子，年六十岁殁。此达赖剌麻外，别出住持蒙古之诺们汗一支也。

又博克达班禅一支，乃曩昔大乘声闻之罗汉〔传〕授《金刚经》在额纳特珂克地方，生生世世，阐扬正法，屏去异端，遂获金刚不坏法身，今化为图伯特班禅额尔德尼。岁次乙未，蒙古土默特等汗行兵图伯特，收服藏巴汗十万大兵。时班禅正在札什伦布庙坐禅，忽然心动，遂〔乘〕号"诺尔布旺"之马，倏至两军之间，大众骇异。其《前知三世之巴特玛三博斡能知未来经》有云："五百年后，济能特河界搆兵之际，当有恻隐菩萨于札克博里山救十万人之命。"于是大众得闻《金刚》、《灌顶》秘密之教，无不如愿。又岁次丙辰，第四世达赖剌麻蕴丹札木素年二十八岁圆寂，次岁丁巳，在萨斯嘉达克博地方转生。班禅知之，告以五岁前请至庙内，则于寿命有碍，至六岁令弟子等将托音衣服往迎。其孺子即起坐问讯，与班禅论经卷奥妙，大众无不骇异。即请至布赉绷庙落发，入学肄业，了无滞碍。班禅云："今世德业，必造其极矣。"遂命为第五世罗卜藏札木苏。既而满洲□□□□□汗初以知勇收服众庶，招降三江之珠尔齐特，取恩克察罕珠尔齐特精大师之统，其后午年取大明汗之东省乐亭府郡。天现明星，昭示祥瑞，鄂尔多斯之斡齐尔图迈灌顶大王固实曰："此太祖□□□□□□汗，系有大福之人，此星系大力汗之威力星，由是观之，非常人也。"于是遐迩蒙古俱称为大力巴图鲁太祖□□□□□□汗。其林丹汗库图克图带领右翼三万人联络科尔沁之众诺延等遂称为彻辰汗。其后运去，其妻子于鄂尔多斯游牧之托赉地方被获，因取蒙古汗之统。己丑岁年四十四岁，遂尊为和尔摩斯达额尔德木图博克达彻辰汗，年四十六岁破明锦州而回。是时，博克达班禅额尔德尼、能识一切达赖剌麻备书印馈仪，差胡〔土〕克图前往东方和尔摩斯达额尔德穆图博克达彻辰汗处致书，并将从前卦验呈阅。□□□□□汗延入盛京，尊胡土克图为巴克什剌麻，讲经论法，赒施无算，并寄密谕，言将往取大明汗都城，俟世事理竣，再迎博克达剌麻二人相见。癸未岁，享年五十二岁升退。诸王遵奉遗敕，以兵入关，代明统绪，迎顺治□□汗。年七岁坐大明汗之金床，统南方八十万汉人，西方阿木多、喀木二十六部落图伯特，北方四万卫拉特，东方三万高丽，中原四省满珠、六万蒙古。岁次辛卯，年十四岁，遣使迎请二博克达剌麻。时班禅以年老末至，惟第五世达赖前来，大兴佛教，安生灵。

缘库图克台彻辰洪台吉之裔小彻辰萨囊台吉愿知一切，乃将汗等源流约略叙述，并将沙尔巴胡土克图所纂《莲花汉史》、杂噶斡尔第汗所编经卷源委、古昔蒙古汗等源流大黄册等七史合订，自乙丑九官值年八官翼火蛇当值之二月十一日角木蛟鬼金羊当值之辰起，至六月初一日角木蛟鬼金羊当值之晨告成。

（《圣武记》卷五）

西藏后记

（清）魏　源

西藏，非佛国也，而不可谓非异境。全藏所辖六十八城：卫地三十，藏地十八，喀木九，阿里十二。所谓城者，则官舍民居堑山建碉之谓。量地小大人众寡，各设宗布木以理民，设丁布木以理兵。民居碉房，其游牧之番及蒙古则居黑帐；至其衣毡氇、食湩酪、仰茶、忌痘，则藏民所同。似游牧非游牧，似城郭非城郭，介居国、行国之间，是俗一异。又有称营者，前藏大营十，中营四十有三，小营二十有五，边营十有四；后藏大营三，中营十有四，小营十有五。每营设官一二，以理各寨番民。达赖剌麻所辖寺庙三千百有五十余所，剌麻三十万二千五百有奇，百姓十有二万千四百三十八户。

班禅所辖寺庙三百二十七所，剌麻万有三千七百有奇，百姓六千七百五十二户。据乾隆二年理藩院造册。其剌麻称胡土克图者不可胜数，皆同土司，各辖番民，不设官吏。僧多于民，君并于师，介出家在家之间，则俗又一异。藏地万峰刺天，高辄冰凌，洼辄燠溽，十里殊裘葛，其旷坦数百里，四山环卫如城。无严寒无酷暑者，惟布达拉一区，其土膏衍，其人秀好，其音华夏，故吐番赞普都之，以鞭挞四夷，抗衡上国。而宗喀巴卓锡后，数万里蒙古厄鲁特、喀尔喀奔走其号令，若驱摄于灵奇磅礴之中，则天时地利又一异。

康熙五十九年，遣理藩院主事胜住偕剌麻楚尔沁等往图徼外山川，以阿里西三百余里之冈底斯山为天下大干宗祖。冈底斯者，葱岭之南干。除北条黄河之内而外，凡南条之水，若大小金沙江，若澜沧江，若怒江，亦作潞江。若岷江，无一不源于西藏者。故说《禹贡》者，或以"三藏即三危，而入南海之江即黑水"云。布达拉山者，华言"普陀宗乘"也。《释典》言普陀有三：一在天竺南海中，一在中国浙江定海，一在西藏。平地连矗二峰，高百余丈，其一达赖居之，其一为高行剌麻静修之所。其达赖所居，因山势迤逦，叠甓而成楼十有三重，高三十六丈七尺有八寸。上有金殿三，金塔五，僧舍万余间，金、玉、银、铜佛像无数，历代宝器充牣耀日，皆创建于唐时赞普，而历辈达赖与藏巴汗重葺之。西殿则宗喀巴遗迹在焉。有手足印在黄酥油上，久而不渝，番民所顶礼。其剌麻所居一峰，即招并笔洞，山颠建寺，形如磨盘，下瞰藏江。山后又有池，周四里，中垒土而亭其上，高四重，瓦以琉璃。皮船渡之，为达赖剌麻习静之所。拱以群山，汇以三江，即大金沙江上游，捍堤三十余里，居民夹岸而梁其上。每岁首，诸剌嘛聚大招寺讽经毕，即共增堤石一层，剌麻终岁惟此一役也。山之东五里为大小招寺，皆唐公主所建，西番谓庙曰招，犹言大寺小寺也。大寺西向，志在西方；小寺东向，思中土也。大招高楼四重，殿宇阑干，皆铜鎏金，左廊有赞普及公主及白布国王女塑像，其内神佛万计，缸酥为灯。

殿门外有长庆中唐、蕃和盟碑，旁有唐柳，郁若龙虬。旧制，藏中有公事，则驻藏大臣会诸贝子及大剌麻于大招寺议之，近始议于公署。小招寺规制业之。大招寺供释迦牟尼佛，乃唐公主铸，自中国请来西藏者。小招寺所供珠吉多佛，其座额书"寂默能仁"，则亦释迦像也。而世俗妄传大招寺像乃白布国王女成佛，小招寺佛即公主侍女成佛，直委巷之谈。而《西藏记》等书皆载其说，不足辩也。大小招寺在喇萨城，为西藏诸城之首。喇萨者，华言"佛地"也。又南七里为札什城，驻藏汉兵居焉。又有白蚌、甘丹、色腊、桑鹅四大寺，远近拱抱，寺中剌麻多者五千余，次者二三千。而甘丹寺距布达拉八十里，则宗喀巴成道之所，有遗塔及所坐禅榻，以十月二十五日为成道之期，是夕万户然灯，光明如昼。而宗角园、卡契园、经园诸胜，错落其间。经园者，书造贝叶梵经颁行各地，番僧、蒙古僧习学藏经者，亦居其间。此外诸园，或为达赖、班禅来往停骖饮茶之所，或在涝湖树林内为避暑之所。遇节期则达赖升坐讲《甘珠尔经》、《丹珠尔经》，二经乃西藏《大乘经》之最尊重者。圜听膜拜千计，不时赴各大寺讲经律，远者岁一至焉。达赖所坐叠氍毹数十重为高座，番民得其一摩顶、一击拂者如不世之遇。梵呗彻山谷，庄严穷七宝，为西方极胜之区。而班禅所居札什伦布寺次之。距布达拉寺七百余里，倚山面江，气势雄阔，其远近瞻礼受法传戒亦与布达拉等。

其大剌麻学道能转世者，则达赖、班禅印证之，得为胡土克图，分掌教化，犹华言"再来人"，《明史》所谓"尚师"也。其秩有国师、禅师及札萨克大剌麻等号，分驻各番、蒙古部落，而皆遥领于达赖、班禅。其兵、刑、赋税则有第巴，有噶布伦，有戴琫，有堪布，有商上等分掌之。西藏额设步骑六万四千，步兵居五万。中藏三千骑，后藏二千骑，阿里五千骑，稞坝千骑，黑帐番、蒙古共三千骑。临阵惟蒙古骑兵八百颇勇，阿里、稞坝、工布之兵次之。其刑有番律四十一条，甚酷。番民病故后，所有之财，半供达赖剌麻，半施各寺讽经追荐，故国中布施多于赋税。

其外夷则有西南布鲁克二部，世传红教，亦辖五十城四万余户，寺庙百有二十，剌麻二万五千余，天时物产胜西藏，颇类中土。南行月余即天竺界，惟番僧往来，汉民罕至也。又西南有巴尔布三部，共五万四千余户，于雍正间内附，乾隆间并为廓尔喀，其贡皆附西藏以达京师。此外，番族土司小部落隶西藏者不可胜数。

其陕、川、滇入藏三路，惟云南中甸之路峨峻重阻，止通商贩，大军不能入也，故军行皆由四川、青海二路。而青海路亦出河源之西，未入藏前，先经蒙古草地千有五百里，又不如打箭炉内皆腹地，外环土司。故驻藏大臣往返皆以四川为正驿，而互市与贡道亦皆在打箭炉。其地高寒，乃明正土司所属，为番夷总汇，因山为城，市井辐辏。西三百里逾雅龙江至里塘，即第六世达赖之惠远庙也。又西数百里至巴塘，通西宁、西藏、云南孔道，沃野千里，四时和燠，旧皆西藏地，自康熙五十九年大军招服番众，故与中甸、维西分隶川、滇。自此以西路百里至察木多，是为前藏，亦西宁、西藏、川、滇绾毂之地。又西数百里逾瓦河雪岭而至洛隆宗城，沿途皆有汉人寺，相传吴三桂所建。又西数百里逾丹达而至拉里，亦两经雪岭。凡藏中雪岭不一，四时冰凌，其凹处深辄数仞，人畜失足，杳无踪迹，其颠积雪如城，不时随风飘洒，甚于天降，行人舍骑而步，以手代足，赢牲踣堕，白骨载途，寒沍噤人，飞走皆绝。惟夏秋之际可行，然遇夏雪涣泮，势如倾岳，纵水横潦，仆痈马喑，兼以瘴疠不毛，番夷剽夺，风日惨澹，有冬无春，行役之艰于此为极。康熙五十九年，滇兵三百营于瓦河一柱峰下，中夜风雪，人马悉僵，吁可畏已。又西逾乌苏江至乌苏汛，始平坦。又三百里而至布达拉中藏，距打箭炉共三千余里。故曰：西藏非佛国，而不可谓非异境也。滇南师范著有《滇系》曰："中国赴天竺佛国亦有两道：一自云南腾越州而南，由缅甸城转西以至东天竺，凡三千五百里，再至中天竺，又千有六百里，共五千有百里；一自云南丽江而西进藏，至东天竺北界二千里，又千有二百里而至中天竺，仅三千有二百里，视南道径千有九百里。"以地望准之，云南之腾越州正与天竺东西相直，止因其间赤发野人隔之，故一则迂道南行千有七百里至缅甸，然后转西至东天竺，又西北至中天竺檀那国，计三千八百里；一则迂道西行入藏，然后转南亦至檀那，计三千二百里。使能取道野人径直西上，则免由缅由藏两迂途，而自腾越达天竺不过千有八九百里；野夷若入版图，则与天竺境壤相接。昔汉武开西南夷，欲由梁州达大夏，伟矣哉。

《西藏记》曰："由后藏塞尔地方西南十八程至宗里。又八日至白木戎部落，其地北接后藏，西接白布，南至小西天北界。自小西天界南行十日至其国都布尔牙部落，始上海船，行半月至大西天。小西天为东天竺，大西天为中天竺。"又曰："后藏札什伦布西南与布鲁克及白布等部交界。白布即赞普取白布国王女之地，布鲁克即往东天竺之路也。又一路由阿里西南二千余里入厄纳特珂克，即中天竺。其中藏、前藏东南，则以怒江为界，江以南即貉貐野人，每藏中有死罪，则驱之过江，听野人残之。"以上《西藏记》。然则怒江南岸，逾野夷西境即布鲁克部，与东天竺近。而怒夷自雍正中内附，岁输皮贡于腾越界，非不可辟之区，则天竺与中国亦非不可接之境。惟是东天竺即今南洋孟加腊地，久为西洋英吉利所据，其地已不兴佛教，即至其地亦无高僧异典，而膏沃殷阜，专产鸦片，流毒中国。诚能募腾越土勇万人，渡怒江而西南，长驱捣其背腋，通绝域为邻壤，实制西夷之一奇。或曰：大金沙江自藏经缅，其入海之口，即东天竺界，其水阔于大江，造舟藏地，顺流建瓴，尤倍捷于陆。然有舟帅之便，而又有缅夷之梗，利害亦适相当也。

附录

康輶纪行

　　武侯五月渡泸，泸水所入即今之大渡河也。按今地舆图，大渡河水源出于松潘厅西北二百五十余里物藏、辖漫二土司境内，南流三百五十余里为大金川河，南经绥靖、崇化、章谷三屯，小金川河自东北经抚边、懋功二屯来会，始名大渡河。西南流七十余里，有巴的河自打箭炉东北会，打箭炉河东流入之。南经冷边、沈边二土司境，有什丹河自西来入，又南流至松林地土司境，有老鸦漩河自西南来入。自此乃东流六十余里，有清溪县之流沙河自北来入。又东流百余里，越巂河自西南来入，东过峨边、马边二厅，峨眉县境南谓之阳江。又东二十余里至嘉定府乐山县，乃入岷江矣。盖大渡河即古若水，泸水自越巂南来入之。武侯当日南征所渡之泸水，即此水也，故今清溪县东北有山土名大相岭，自清溪县东南至宁远府，〔有〕山土名小相岭，皆以武侯经过得名。盖自成都南行，界隔华夷之水莫大于此，故武侯举以言之。若今之泸州，乃在成都东南，大江之北，若过此而南，当云渡江，不得云渡泸矣，不知后来何以名州也。

　　又曰：察木多形势甚雄昂。楮河在其右，源出中坝，因通云南，亦名云河；杂楮河在其左，源出九茹，因通四川，亦名川河，二水合流入云南界。其山则裹角大山，积雪五十里。离瓦合一柱拉三日，过山至昌都二日，乃川、滇、西藏三界之中，最为重地，两山环抱，左右有大木桥，东走四川，南达云南，西通西藏，北通青海，乃扼要之区。而察木多大寺在山上南向，其山自西北来，开大嶂，寺后屏开三叠，左右双峰耸峙，中出一支，逶迤而下二里许，如龙饮水。左右二河，即澜沧江之上游,皆来源千余里,自山后环抱而来,交会山前。其外高山四周,形势非常。昔岳大将军见而恶之,驻军山上,移剌麻于下,断其山脉而还之。今山上剌麻数千,山下土城为游击戍兵及粮务驻所,城外蕃民四五百户,汉人贸易者数十家与蕃杂处。

又曰:自打箭炉至小巴冲,地气皆寒,节近芒种,衣必重裘,及至巴塘,始觉暄暖,可着棉衣矣。《卫藏图识》云:"打箭炉外折多山产大黄,药气薰蒸,使人气喘。"以余所经,不独折多为然,里塘尤甚,盖自折多至巴塘乃止,良由水性寒重,使人气下之故,非关大黄也。里塘有汤泉,巴塘亦有之,皆地产硫磺,与大黄之性相反,何尝数百里皆产大黄耶?

巴塘富庶远过里塘,盖地气一寒苦,一温暖也。巴塘四面皆山,中开绿野平畴,周约三十数里,青稞小麦,弥望葱秀。所居行馆依近东山面西,正副土司署皆在其北,都司无署,僦民房居之。蛮民数百户,有街市,皆陕西客民贸易于此。其西山一带则皆剌麻寺,粮务署在寺内,行馆颇高洁,可时眺望,全塘在目,俨如内地,心神为之一怡。至巴塘之呼图克图亦食牛羊,衣狐羊诸裘,初无异人处,惟夜坐不眠,所习经典较多耳。巴塘剌麻寺众少于里塘,经板亦在里塘刷印而来,堪布亦如内地方丈,自三品至八九品,视所管寺院剌麻大小多寡为差。

又曰:西藏额设马步兵六万四千,内分剌萨马兵三千,后藏马兵二千,阿里马兵五千,稞坝马兵一千,党子拉、杂浪木错诸地黑帐房蒙古共马兵五千,前后藏、拉里共步兵五万,皆唐古忒与蒙古之兵也;散在民间,征调有时,无常饷。乾隆五十七年,改定前后藏有常饷马兵三千。惟前藏札什布城驻绿营戍兵六百余名,三年更替,统以游击。外江孜一守备,定日一都司,道远饷巨,故不能多设戍兵,仅备弹压而已。昔新疆之设也,大小名城唇齿相接,将军、参赞、办事、领队大臣、提镇数十员,副将以下将备数百员。哈密驻兵一千,巴里坤驻携眷满兵一千、绿营兵三千，乌鲁木齐驻兵五千三百，伊犁驻携眷满兵三千八百、应役遣犯二千。其环列惠远城者，巴彦带驻兵一千九百，博罗他拉驻察哈尔携眷兵一千，他尔奇城、乌哈尔里克城驻屯田绿旗兵二千六百、流犯千余，伊犁河南八堡驻携眷席伯兵一千。以上伊犁凡满、蒙、汉兵一万三百，而携眷者五千八百人。又遣流犯汉人应役者三千。挞拉巴哈台设屯田汉兵一千，满洲、蒙古轮班兵一千五百，辟展驻兵三百五十，哈喇沙拉屯田防兵二百，库车城守兵三百，乌什满兵二百、汉兵一千，叶尔羌满兵三百、城守汉兵六百五十有五，喀什喀尔满兵二百五十、汉兵二百五十。以上各城满、汉兵又五千九百七十余人，此皆客兵也，其回城本地之兵不与焉。今前后藏自唐古忒兵外，驻防绿营兵仅六百有奇，蒙古驻防亦不过三十九族而已；所恃者，唐古忒习于佛教，柔顺易驯耳。然无事之时，固为我用；一旦有事，能保其心不异耶？自来驻藏大臣加意戍兵，惠爱之无不至，定例官兵奸民妇有罪，惟西戍兵许雇蕃妇服役，盖所以慰远戍者之心也。近岁议者以为戍兵奸生子日渐蕃衍，将渐成其种类，严禁革除。然戍兵生子，皆内地种人，如果繁衍，是交蕃人为我族类，我之利也，何谓成彼种类乎？新疆满、蒙、汉兵既众，复令携眷以往，而召垦屯田，亦皆用眷户，是固欲其蕃衍矣，更以流遣应役，故回城有事皆得其用。夫罪人以我同类，尚得其用，况戍兵之子乎？昔西洋夷人贸易广东，例不许其住眷，恐有滋生于我不利也；近时英吉利求五处马头，弛我之禁，必以许其携眷为约，盖欲滋种于中国矣。夷至中国，犹谋增其种，我在异域，反自弱其人，意殆别有所为，非颛蒙所能喻也。

又曰：番人有合古者数事：女衣裳前著幅，一也；蕃僧见人必以哈达，即古之束帛，二也；番见官长必偻背旁行，即古"一命而伛，再命而偻，循墙而走"之义，三也；官长有问，必掩口而对，四也。礼失而求诸野，不其信乎？

又云：《西藏图识》言："吐蕃王传七世至绰尔济松赞噶木布，迎唐公主为妻，又迎巴勒布王鄂特色尔郭恰之女拜木萨为妾。唐公主带来释迦牟尼佛像，拜木萨带来墨珠多尔济佛像，藏王择地兴建大招供奉之。"余按此说得之。盖大诏之觉释迦摩尼，即唐公主所带之释迦牟尼像也；小诏之殊多吉，即拜木萨所带之墨珠多尔济像也。十二岁之说何其妄耶？

（《圣武记》卷五）

乾隆征廓尔喀记

（清）魏　源

四川、云南之西为乌斯藏，乌斯藏之西南为廓尔喀，廓尔喀之西南为五印度。印度古佛国，在葱岭西南，濒大海，去乌斯藏尚二千里。或以乌斯藏即古佛国者，非也。自四川打箭炉西行二十余驿至前藏，十二驿至中藏，又十二驿至后藏，又二十驿至济陇之铁索桥，为后藏极边地，逾桥而西则廓尔喀矣。

廓尔喀本巴勒布国，旧分叶楞部、〔阳布〕部、库木部，于雍正九年各奏金叶表文，贡方物。后三部吞并为一，遂与后藏邻。东西数千里，南北千余里。其巢穴曰阳布，距边约十一二日程。其地亦有佛迹，唐古特人岁往朝塔，拭白土焉。自古不通中国，其与中国构兵，则自乾隆五十五年内犯西藏始。

初，后藏班禅剌麻以四十六年来朝，祝高宗七旬暇，中外施舍，海溢山积。及班禅卒于京师，资送归藏，其财皆为其兄仲巴呼图克图所有，既不布施各寺庙与唐古特之兵，又摈其弟舍玛尔巴为红教，不使分惠。于是舍玛尔巴愤懑廓尔喀，以后藏之封殖、仲巴之专汰煽其入寇。五十五年三月，廓尔喀藉商税增额、食盐糅土为词，兴兵闯边。唐古特兵不能阏，而朝廷所遣援剿之侍卫巴忠，将军鄂辉、成德等复调停贿和，阴令西藏堪布等私许岁币万五千金，按兵不战。时达赖剌麻不可，而巴忠擅以贼降饰奏，讽廓尔喀酋入贡，受封国王。是役未交一兵，而糜饷百万。七月，廓尔喀遣人至藏表贡，并致驻藏大臣书，请如前约。鄂辉恐发觉前事，屏不奏。次年，藏中岁币复爽约，于是廓尔喀以责负为名，再举深入。后藏札什伦布西南，左有曲多江巩，右有彭错岭，峭壁连冈，咽喉天险，贼步卒数千自聂拉木入。其时蕃、汉官兵若分两路，一扼曲多江巩遏其前，一绕赴彭错岭截其后，则廓尔喀深入无援，可不战溃也。驻藏大臣保泰一闻贼至，则移班禅于前藏，并张皇贼势，奏请移达赖于西宁，班禅于泰宁，欲以藏地委贼。且札什伦布寺负山面江，形势巩峻，剌麻数千乘墉，可守以待援。而仲巴呼图克图挈赀先遁，剌麻济仲、札苍等复托言卜诸吉祥天母，不宜战，众心遂溃，贼大掠札什伦布。全藏大震，两大剌麻飞章告急。侍卫巴忠扈驾热河，闻变畏罪，自沉水死。时鄂辉为四川总督，成德为四川将军，因尽以罪委之，谓巴忠解唐占特语，故私议皆其一人所为，己二人不知也。及奉命赴藏剿御，又按程缓进。上知二人不足恃，乃命嘉勇公福康安为将军，超勇公海兰察参赞，调索伦、满兵及屯练土兵进讨。其军饷则藏以东川督孙士毅主之，藏以西驻藏大臣和琳主之，济陇边外则前川督惠龄主之。枷保泰于军前。命大兵由青海草地进藏，较四川打箭炉近三十程。贼狃于上年贿和之役，尽运所掠归国，留千贼屯界不去。鄂辉、成德等拥兵四千，既不击其饱飏，又不攻其余贼，仅破聂拉木寨贼百余，遂奏贼退，欲即以藏事，竟不言济陇、绒辖二处之贼。上斥不许。

明年二月，将军、参赞由青海至后藏，闰四月，所调索伦兵二千、金川各土屯兵五千皆集，并藏内官兵三千，共采买藏中稞麦七万石、牛羊二万余，足供万数千人一年之食，毋烦内地转运。五月，连败其屯界之贼，尽复藏地。六月初，大举深入，恐贼绕袭后路，遣领队大臣成德、岱森保及总兵诸神保各出左右一路，以分贼势，而大军出中路，海兰察将三队为前军，福康安将二队继之。距济陇八十里之铁索桥，初入贼界第一隘也，贼断桥阻险。福康安以正兵与贼相持，而海兰察潜由上游筏渡，绕山后，出贼营之上；福康安亦即乘势造桥夺卡，合冲贼营，追剿百六十里至协布鲁，沿途无地立营，故无一贼。又百数十里至东觉岭，两崖壁立，中隔横河，水深溜急，我兵缘径侧行，险与铁索桥等。乘晦夜雨，分兵上下游，接河侧枯树为桥而渡，始夺其险。六月九日，至雍雅山，廓夷震慑，遣使诣军前乞降。将军、参赞严檄斥之，数日不报。复三路进攻，六战六捷，逾大山二重，先后杀贼四千，涉贼境七百余里，将近其国都阳布之地。前此，山势皆东西夹河，自雍雅以后，山皆南北夹河。贼踞守两山，中亘一桥。八月初，我兵三路攻夺其北岸之山，并破其桥北之贼。其南岸大山数十里，山后即其国都也。贼以十营踞山，守御甚固。海兰察欲扼河立营，福康安不可，逾桥攻之，冒雨上山二十余里，至斗绝处，贼乘高木石雨下，隔河隔山之贼三路来犯，我兵且战且却，死伤甚众，赖海兰察隔河接应，而额勒登保扼桥力战，乃退贼。

方是时，其国境南邻印度之地曰披楞者，久为英吉利属国，与廓夷积衅。福康安进兵时，曾檄近廓夷东南之哲孟雄宗木布鲁克、西面之巴作木朗、南面之甲噶尔披楞等部同时进攻，许事平分裂其地。及是，廓夷南告急于披楞，披楞佯以兵船赴援，实阴逼其边鄙。廓夷两支强大敌，汹惧无计，且恐我军闻而气奋也，再遣人诣军卑词乞哀。时我师方挫，而贼境益险，且逾八月即大雪封山难返，乃允其降。尽献还所立合同，及所掠藏中财宝金塔顶、金册印，归前被执之丹津班珠尔等，并献〔舍〕玛尔巴之尸，贡驯象、番马、乐工，请永遵约束，班师。上本欲裂其土分授诸土司，而酬福康安以郡王爵，及闻已受降，乃允其请，留番兵三千，汉、蒙古兵一千戍

1027

藏。是为官兵驻藏之始。

后藏至廓尔喀有定结大路，必绕布鲁克巴等部，迂道月余；故我师由济陇近路入，左壁右湍，不容一骑，将军、参赞亦时步进；故所贡象绕大路，次年春始至前藏。而乌拉岭上下百二十里，必穷一日之力逾之，稍昏黑即不能觅路，且有雪城若门洞，深数十丈，人往来者不敢语，否辄有雪大如屋压而殪之。廓尔喀寇藏时，运赀归国者二千人，过岭冻死殆尽。盖葱岭之南脊，天所以限中西也，险倍金川，远逾回部，为汉、唐兵力所未至。幸其土卒皆跣足，先约期而后交绥，我军不顾，辄先发掩袭，往往猝为我乘。自大创以后，至今贡献不绝。

其国西邻北印度克什弥尔；南邻东印度甲噶尔，即《明史》之榜葛剌，一作孟加腊，久属大西洋英吉利，其都城则披楞也。一名噶里噶达。乾隆六十年，英吉利使臣入贡，自言前岁大将军率兵至西藏西南之的密部落时，彼国兵船亦曾相助，倘嗣后有需用西洋兵者，情愿效力。朝廷始知前此廓尔喀之役，其南界亦有边警外患也。道光二十年，英吉利夷人入寇粤、浙，廓尔喀亦遣人禀驻藏大臣，言："小国与里底所属之披楞地相邻，每受其侮。今闻里底与京属构兵，京属屡胜，臣愿率所部往攻里底属地，以助天讨。"时驻藏大臣未知所称里底即英吉利，所称京属即谓中国之广东省，所称披楞属地即东印度孟加腊，顾答以"蛮触相攻，天朝向不过问"，却之。盖英吉利国都虽远在大西洋，而其属国印度则与廓尔喀接壤，世仇构衅；故我攻廓则英夷乘之，我攻英则廓夷亦愿助之云。

臣源曰：廓尔喀界西藏及东印度，摄两勍敌之间，然内贡中国而不贡印度夷。近日英夷西与俄罗斯构兵，东与中国结衅，故廓尔喀欲乘两大国之势以攻印度云。印度地产鸦片烟，英吉利关税岁八千万计。其兵船入犯中国者，十九皆孟加腊之人，诚能听廓夷出兵之请，奖其忠顺，扰彼腴疆，捣其空虚，牵其内顾，使西夷失富强之业，成狼狈之势，亦海外奇烈也。俄罗斯地袤二万里，与中国首尾相接,地大兵强,西洋所畏。其与我互市之地,则有陆而无海;英夷之与我互市,则又有海而无陆。近日俄罗斯屡与英夷争达达里之地,其地横亘南洋,俄罗斯得之,则可以图并印度,故与英夷连年血战。雍正五年,俄罗斯攻取西藏西南五千里之务鲁木,以其地尚佛教,遣人至中国学剌麻,当即与廓尔喀相近之地。若能许俄罗斯海舶赴粤贸易,联络弥利坚、佛兰西等国,皆英夷仇敌,则英夷之兵舶不敢舍其境而远犯中国。英夷在印度大兵船止百艘,以其半入寇中国,其余皆分守各填,不敢远离,恐他国乘其虚也。夫以夷攻夷之效,咫见者视为迂图。乾隆、嘉庆间一封暹罗,遂足以西制缅甸,东制安南;善弈者或一间着,而全局皆生,况以宅中驭外之势,制仇衅四结之夷哉?

附录

康輶纪行

古天竺国,一名身毒,即五印度也,地在后藏之西约一月程。后藏南为廓尔喀,西渡小海港地名披楞.即东印度。披楞之南有地滨海,名孟加剌,《明史》作榜葛腊,本东印度地,为英古利所据,以利诱披楞,为其所属。中国不知孟加剌为英吉利所据之马头,但相传为第哩巴察而已。英吉利既据此地,诱属披楞,复诱其傍地皆属之。乾隆五十七年,廓尔喀侵后藏,求助于第哩巴察,其酋果尔那尔谓其国人在广东贸易,天朝待之厚,却之。廓尔喀既为大兵平服,遂与第哩巴察及披楞有隙,道光十九年请于西藏,求借兵饷击披楞,不许。其时英吉利先已鸱张,欲谋并廓尔喀以窥西藏矣。廓尔喀王之正妃与次妃各生一子,皆幼,次妃有宠,正妃恐已子不得立,因次妃子疾,潜使人药杀之。大臣有毕兴者为大噶箕,当国,王究药杀状,辞连毕兴，王诛之，其侄乌大巴兴逃入披楞。道光二十年，廓尔喀王遣使臣西噶箕入贡未返，乌大巴兴因披楞之助，回国废其王，立正妃之子，尽杀治毕兴狱者，二贡使在其党中，乃藉没其家。二使臣返至藏中，闻变，不敢归国，中道亦逃入披楞。先是，披楞贻廓尔喀王木椟，鐍封甚固，曰："中皆珍宝，须王亲启。"大臣疑有诈，使囚于空地启之，炮发毙囚，益怨披楞。广东方有英吉利之事，廓尔喀使告藏中曰："闻第哩巴察与京属打仗，愿借兵饷助击之。"大臣不知所云第哩巴察者即英吉利，京属即广东也。奏入，上使查覆，乃遍询得前驻藏大臣和泰庵所著《西藏赋注》，有"第哩巴察乃西南徼外一大国"语，覆奏，事遂寝。廓尔喀乘孟加剌之虚，自以兵往袭之，大获。此二十二年事也。英吉利方肆扰浙江、江苏，要求无厌，闻第哩巴察败，亟分兵回救，至孟加剌厚赂廓尔喀，赎还所掳男妇千人以和。廓尔喀既得志，又以数请助，藏中不许，怀怨，至是乃轻中国矣。

今《四川通志》："西域廓尔喀，本巴勒布中一小部落，其地正东自札格达至巴拉打拉罕计程十日，正南自巴尔布（即巴勒布）至尼诺忒克计程七日，正西至库尔卡计程六日，正北至西藏之济隆城卡二日，自济隆至藏计程二十日。巴勒布本三罕，曰：布颜罕、叶楞罕、库库木罕。雍正十年内附，十一年奉表入贡，嗣为廓尔喀所并。乾隆五十三年，廓尔喀酋长剌纳巴都尔又兼并哲孟雄、作木朗、洛敏汤诸部，遂与西藏以交易滋扰。王师远涉至胁噶尔，震慑投诚，遣酋玛木野入贡。五十六年，复诱执西藏噶布伦丹津班珠尔，由萨迦、定日肆掠扎什伦布而去，余贼屯济隆、绒辖、聂拉木。五十七年正月，福大将军同超勇公海兰察、四川总督惠龄进讨，大将军自青海至藏，聂拉木之贼先已为领队大臣成所破。四月，大兵次定日，直取济隆，临贼境克热索桥。六月庚午次噶多，癸酉克其木城碉卡数十，聂拉木兵亦克铁索桥、陇冈贼卡，进至利底，绒辖之贼遁去。廓尔喀大惧，乞降。不许。七月，复战于堆补木甲尔古拉，直抵郎古，廓尔喀酋再遣人诣营，归丹津巴珠尔等，献札什伦布所掠，使噶箕第乌达特塔巴进驯象、番马及乐工一部，不可胜计，奉表归诚。大将军磨崖纪功而还。"又曰："披楞，西南一大部落，道路险远，在廓尔喀外，自〔称为〕噶哩噶达，其别部人称为披楞。其番民奉回教，部长乃第哩巴察所放，别为一教，不信佛。惟阿杂拉剌麻有佛庙一，距部长官寨不远，令剌麻一人在官寨通译文书。乾隆五十八年，遣剌麻达齐格哩至藏投禀，极恭顺。"又曰："第哩巴察在甲噶尔各部落中地土较广，所属最多。噶哩噶达为第哩巴察属部中大部落，与廓尔喀南界毗连，为边外极边之国。披楞有小部落，名巴尔底萨杂尔，〔西〕通廓尔喀，东通布鲁克巴。乾隆五十八年，廓尔喀贡象马，由巴尔底萨尔部中绕行，其部长备米草人夫护送，奏赏之。"余按：《通志》修于嘉庆中，所谓西藏外诸部落皆据藏中文案及平定廓尔喀奏章，当时但知披楞为第哩巴察属部，以第哩巴察为甲噶尔之大部落，初不知其即英吉利也。又称披楞民信奉回教，以部长乃第哩巴察所放，别为一教，不信佛，盖即天主教也。又称披楞之小部落巴尔底萨杂尔西通廓尔喀，东通布鲁克巴。是时布鲁克巴犹未为廓夷所并也。布鲁克巴本红教剌麻地，与噶毕分为两部，其部长诺彦林亲，乾隆元年赐额尔德尼第巴印，掌教剌麻为札尔萨立布噜克谷济呼毕勒罕，俱住布噜克巴蜂汤德庆城中。有大小城五十余，人民四万余户，剌麻二万五千余人。其界东至绰啰乌噜克图部落，计程八日；南至额纳特克国，计程十日；西至巴木钟岭，计程十日；正北至帕克哩城，乃西藏属也。见《西藏赋注》。巴木钟岭疑即哲孟雄与披楞隔界之大岭也。

又曰："前藏西南小部落名哲孟雄，西南邻廓尔喀，南接披楞,去后藏之帕里三日程.北至江孜三百余里,又北一百余里即札什伦布,旧属廓尔喀。乾隆五十七年,廓尔喀平后,修好于唐古忒,贡服王化。人强健而地小,素畏披楞。其通披楞之处中隔大山,有道一线仅容羊行,天生险隘也。藏人言近为披楞凿宽此道,设卡其上,哲孟雄不敢较。"盖披楞欲窥西藏,为廓尔喀所阻,哲孟雄路近而小弱,故取道于此。

又曰:谢都闻言:"廓尔喀有九塔,相传自天竺飞来。西域花卉不多,亦不常有,惟此九塔上诸花咸备,中国名花西域所无者皆有之。每十二年达赖剌麻遣人往修塔一次。近有一塔金顶忽飞去,不知所之,蕃人以为神奇。"余谓塔者,佛之表识,观其来去,可以卜地之兴衰。余家自明万历间先副使宅内,忽一铁镬飞至,满贮麦饭犹热,自后人物科名益盛。乾隆中,铁松中丞改宅建祠,镬贮楼上,今犹无恙。塔之飞也,亦犹是耳。兴则为祯祥,败则为妖孽,天之道也。

又曰:后藏之西为阿里,其西北界近底穆冈城,东有拉达克城,本一小部落也。东西境长一千五百余里。北至叶尔羌十八站,西北为克食米尔,西南为森巴,南为哲孟雄、洛敏汤、廓尔喀,又西南为披楞。其西境内有茫玉纳山。自茫玉纳山以西有地曰补仁,又西曰达坝噶尔,又西曰杂仁,又西北曰堆噶尔本,又西北曰茹妥,皆拉达克之地。堆噶尔本产金,五辈达赖剌麻盛时,夺取此五处,拉达克不敢较。道光十年,有张格尔余党自叶尔羌逃至其地,拉达〔克〕酋长擒献,赏五品顶戴。又尝入藏礼达赖、班禅。后为西界外野番森巴侵占其地,走唐古忒求救,驻藏大臣拒之弗纳,拉达克怨,反投森巴,诱之寇唐古忒,欲复茫玉纳山西故地。森巴者,其部有三:最大而远者曰然吉森,次曰索热森,曰谷朗森。道光二十一年,索热森酋俄斯尔遂因拉达克来侵藏,遣噶布伦往御,卒少不胜,补仁五处皆为所夺。大臣以闻,发唐古忒大兵剿之。森巴勇悍,善枪箭铜炮而不耐寒。藏有红教剌麻宜玛汤者，能诵经祈雪，深数尺，森巴大冻，唐古忒乘雪以连环枪进攻，森巴大败。阵斩俄斯尔，擒八百余人，尽复所夺地，追至森巴界河而营。督唐古忒兵者噶布伦策垫夺吉戴璋比喜也。俄斯尔之妻卑众继至，闻败大惧。然吉森以为俄斯尔之勇犹阵亡，又森巴得唐古忒营中护法神像忽自行动，大惊，乃使人请和；未成，决河水淹唐古忒营。兵皆走依山，策垫夺吉比喜单骑入森巴营，责让之，森巴乃奉约而退，还所侵拉达克地，以处其酋。

(《圣武记》卷五)

西藏要略

(清) 祁韵士

一

西藏即唐古特，别称土伯特。凡四部，曰卫，曰藏，曰〔喀〕木，曰阿里，阿里居藏极西，距冈底斯山三百余里。西南徼地渐高，至冈底斯山而极。其西北有僧格、喀木布诸山，亘阿里北二千余里，入喀齐部境，东北有诺木汗、乌巴什诸山，环卫地，达西宁，凡六千余里，西南有们那克尼尔诸山，亘阿里南二千余里，入额讷特珂克境。额讷特珂克，即古天竺国也。东南有达木楚克、喀木布诸山，亘藏、卫达喀木，凡七千余里。禹贡曰："导黑水至于三危"。卫、藏、喀木统为三危，喀拉乌苏经其地入海，蒙古谓黑曰喀拉，谓水曰乌苏，在唐、宋为吐蕃，元、明即乌斯藏地。俗喜浮屠法，设红、黄二教，以冠别，尤重黄教，达赖喇嘛、班禅喇嘛掌之。代理藏务者曰噶布伦，次曰代奔，次曰西尔奔，次曰尚卓特巴，分理兵刑财赋。其治民者曰宗奔，户五出兵一，赋纳达赖喇嘛，市打箭炉地，贡道由西宁入。达赖喇嘛、班禅喇嘛使称堪布，噶布伦使称囊素，喀拉乌苏设堪布喇嘛一，穆噜乌苏设蒙古宰桑一，司邮务。达赖喇嘛居拉萨，曰布达拉。布达拉与普陀音近。普陀山有三，一在浙江定海县，一在额讷特珂克之南海，一在唐古特，即达赖喇嘛居，别有伊克昭、巴罕昭。相传布达拉为吐蕃赞普建牙所，伊克昭为唐文成公主建，巴罕昭为吐蕃妻他国女建，今犹存唐长庆中与吐蕃定盟碑，及文成公主所事佛像。班禅喇嘛居日喀紫，曰扎什伦布。唐古特谓如来相曰昭，大曰伊克，小曰巴罕，福寿曰扎什，须弥曰伦布，以示庆也。达赖喇嘛，班禅喇嘛、明宗喀巴二大弟子，宗喀巴与黄教，弟子数千人，达赖喇嘛位居首，其名曰罗伦嘉穆错，说者谓罗伦嘉穆错而前，行教额讷特珂克、巴勒布、唐古特诸境，凡五十一世，率荒邈难稽，自罗伦嘉穆错而后，世以化身掌黄教。一世曰根敦珠巴，二世曰根敦嘉穆错，始立第巴代理所部事，三世曰索诺木嘉穆错，即明时所称活佛锁南坚错也。明惩唐吐蕃乱，思制御之。永乐中，封番僧为大宝法王、大乘法王、大慈法王、阐教王、显教王、化教王、赞善王、护教王凡八王，并给敕印。成化中，大宝法王来朝，遣内监以卤簿送之，不达而返。索诺木嘉穆错时，诸番僧莫不俯首称弟子。四世曰云丹嘉穆错，五世曰阿旺罗卜藏嘉穆错，即所称第五辈达赖喇嘛也。喀尔喀及厄鲁特部长敬礼之。有藏巴者，为唐古特汗，居日喀紫，第巴奉达赖喇嘛居拉萨，不相能。

本朝崇德二年，喀尔喀三汗奏请发〔帑〕使，延达赖喇嘛。

四年，厄鲁特使继至，因赐书达赖喇嘛。

五年，遣使往达赖喇嘛所，以喀尔喀有违言，不果。

七年，达赖喇嘛、班禅喇嘛偕藏巴及厄鲁特顾实汗〔图鲁拜琥〕，遣使贡方物达盛京，表称曼珠师利大皇帝，义取文殊佛号，且切音与满洲近也，今岁献丹书克如之。使之赐宴，命诸王贝勒宴如次，留八阅月。

八年，遣使存问达赖喇嘛，称金钢大士，后赐书班禅喇嘛，给银币器物有差。会第巴乞兵厄鲁特，称藏巴虐部众，蔑释教，顾实汗自青海击之，事闻，赐敕顾实汗。后谕藏巴曰："尔称佛法护国，遣使上书，兹闻为厄鲁特所败，特赐函缄，嗣当修好勿绝。"藏巴寻为顾实汗所戕。初藏、卫及青海巴尔喀本皆隶唐古特，顾实汗袭青海据之，令巴尔喀木纳赋，复侵藏、卫，阳崇释教，阴自强，给地达赖喇嘛、班禅喇嘛，遣长子达延辖其众，号鄂齐尔汗，第六子多尔济佐之，号达赖巴图尔台吉。

顺治三年，达赖喇嘛．顾实汗各遣使贡金佛念珠，赉甲胄弓矢皮币。

四年，达赖喇嘛、班禅喇嘛表颂功德，献方物。

五年，乌斯藏阐化王遣僧索诺穆拉什来贡，赐妙圣慧智灌顶国师号。遣使召达赖喇嘛。

六年，达赖喇嘛奏，〔明年岁在寅〕，俟辰年入觐。

九年，壬辰正月，达赖喇嘛以行期闻，鄂齐尔汗使从，遣官迎，诏定正副贡使赏例。
十二月，达赖喇嘛入觐，献方物，赐〔宴南〕苑，诏建黄寺居之。是年，明乌斯藏暨长河西鱼通、宁远、董卜韩胡诸指挥宣慰司，献敕印，请内附。

十年正月，赐宴达赖喇嘛于太和殿，赉金币鞍马。
二月，诏和硕亲王硕塞率八旗兵，送达赖喇嘛至岱汗。
四月，遣官赍金册印，封达赖喇嘛为西天大善自在佛领天下释教普通鄂齐赖达喇达〔赖〕喇嘛。

十三年，阐化王遣僧嘉穆错、诺尔布等贡方物。先是，索诺穆拉什至，诏阐化王纳明所给敕印，比年凡四遣使，至是献旧玉印一及敕书，称阐化王旧为土伯特国主，藏巴袭之，顾实汗戕藏巴，以阐化王归，达赖喇嘛转给第巴，第巴因有阐化王敕印，诡遣边内安岛人称阐化王贡使，诏改授阐化王敕印，复赐书达赖喇嘛，诘第巴罪。

十七年，达赖喇嘛、班禅喇嘛、鄂齐尔汗表贡方物，遣官存问，赍雕鞍玉壶等物。

十八年，达赖喇嘛请市茶北胜州，允之。

康熙九年，鄂齐尔汗卒，赐赙祭，子朋素克嗣，号〔达〕赖汗。

十四年，达赖喇嘛遣使代逆藩吴三桂乞降。敕曰："吴三桂初叛时，朕遣使往谕喇嘛，大兵分路进剿，若吴三桂窜赴唐古特，当即擒献，喇嘛奏称吴三桂曾取延打木、结达木二城，乃三噶尔玛地，今既发兵攻取，防守沿边，若欲征兵深入，惟候诏旨，达赖巴图尔台吉已自唐古特遣赴青梅，令其有事相援，无事则铃束部众，朕思喇嘛崇尚信义，必如所奏而行，因以青海蒙古进兵故，传谕滇蜀二省，达赖巴图尔台吉辞松潘路险，未即赴，喇嘛又奏称蒙古兵〔虽强〕，得城池，恐贪据，且西南地热，风土不宜，若吴三桂势穷悔罪，乞免死允降，吴三桂背恩谋逆，罪不容诛，朕岂容伊为裂土罢兵请。又靖逆将军张勇等，奏称青海蒙古入边侵扰，盖以叛镇王辅臣倡乱宁羌故也，今西陲已安然无事，喇嘛宜恪守前言，令达赖巴图尔台吉等统辖部众，毋得滋事扰民。"

二十二年，达赖喇嘛示寂，第巴匿不奏，嗣是残喀尔喀及噶尔丹就灭，皆第巴为之。噶尔丹幼，弃家依达赖喇嘛，后归准噶尔，诡言达赖喇嘛授己博硕克图汗号，以所居阿尔台邻喀尔喀牧，谋侵之。未几，喀尔喀右翼扎萨克图汗成衮，与左翼土谢图汗察珲多尔济构衅，达赖喇嘛遣扎尔布奈定盟，察珲多尔济不从，成衮子沙喇诉于朝，赖达赖喇嘛择使善辑喀尔喀。达赖喇嘛奏唐古特以噶尔丹西勒图为尊，遣之往，蒙古谓喇嘛坐床者为西勒图，盖喇嘛大弟子也，而喀尔喀哲卜尊丹巴呼图克图亦奉诏赴盟坛与议，哲卜尊丹巴呼图克图者，土谢〔图〕汗弟也，偕噶尔丹西勒图集喀尔喀两翼汗济农诺颜台吉，宣谕定盟，噶尔丹侦哲卜尊丹巴呼图克图与噶尔丹西勒图并坐，诘责之，因构兵，土谢图汗不敌，偕哲卜尊巴呼图克图挈部内附，上以喀尔喀、厄鲁特奉达赖喇嘛教，申命遣使罢兵，第巴煽噶尔丹侵喀尔喀，索哲卜尊丹巴呼图克图。

二十九年，噶尔丹诡为达赖喇嘛表，偕唐古特、厄鲁特汗台吉请上尊号。谕曰："朕闻喀尔喀部兄弟不睦，遣使达赖喇嘛谕令两翼归好，达赖喇嘛遣噶尔丹西勒图往，不能仰体朕心及达赖喇嘛意，虽已和喀尔喀，而喀尔喀与厄鲁特相仇之故，实从此起，后闻交恶兴戎，即遣使达赖喇嘛所，达赖喇嘛遣齐缉克塔赖堪布等往，卒不能谕止之，听其纵战，喀尔喀为所败，朕复遣使达赖喇嘛所，谕令定盟息兵，达赖喇嘛遣济隆呼图克图，朕遣伊拉古克三呼图克图往说之，讵意伊等不行谕止，反令阑入边汛，朕出兵问罪，伊等立视其战，我军不得已而击之，致厄鲁特败遁，朕与达赖喇嘛期于抚育众生，而使臣故违意旨，至于如此，如能令厄鲁特与喀与尔喀修好，朕尚欲加达赖喇嘛嘉号，此皆任事行人，不能仰副朕心及达赖喇嘛意，致喀尔喀残破，厄鲁特丧败，朕心实为隐痛，复何尊号之可受乎，其以是谕达赖喇嘛及诸汗台吉等，来使贡物著并发还。"

三十年，以收抚喀尔喀全部，谕达赖喇嘛知之。

三十二年，达赖喇嘛使至。有巴图尔额尔克济农和啰理者，青海和硕特族也，游牧西套，避噶尔丹侵来归，赐居阿拉善。寻叛，复悔罪至，策妄阿喇布坦为噶尔丹从子，修怨噶尔丹，第巴忌之，奏和啰理安置青海，保无盗贼虞，厄鲁特众半附策妄阿喇布坦，若生乱端何以御之，唐古特旧市打箭炉请勿禁，听内地民与蒙古互市。敕曰："和啰理以困穷来归，朕优恤之，使居阿拉善，乃忘朕豢养恩，妄生猜疑，奔窜他所，今穷而复归，朕复宥罪安置，并无欲得其利，欲用其力之心也。今尔欲和啰理游牧青海，何不即遣人迁往，尔又言策妄阿喇布坦恐生乱端，目前并无妄为之事，苟有此等事端，其时自当从公裁度，尔又奏打箭炉交市之事，殆欲屯戍意也，尔与朕一道同风，历年已久，如尔设立驻防，朕必量增戍卒，况我内地兵丁，约束甚严，未尝私出边境，尔但严禁属众，戍兵之设可无用也。"达赖喇嘛寻奏年迈，事皆决第巴，请给之爵，诏封第巴为土伯特国王，以达赖喇嘛辞异前奏，遣使往察不得状。

三十四年，谕召班禅喇嘛来朝，第巴与噶尔丹阴阻之。

三十五年，班禅喇嘛使至，称避痘，达赖汗奏贻书劝赴召，不之从，会上亲征噶尔丹，俘降众得第巴奸状，谕达赖喇嘛、班禅喇嘛知之。复敕奖达赖汗曰："尔自顾实汗以来，与本朝和协同心，专尚宗喀巴道，至汗身益诚信不渝，顷噶尔丹阳护宗喀巴法，阴为悖逆邪行，朕亲统大兵剿灭之，第巴乃达赖喇嘛下司事之人，反不遵达赖喇嘛教，惟尔汗敬待朕使，预以噶尔丹事奏闻，朕知尔不忘旧好，甚坚且专，凡悖坏教法煽诱噶尔丹者，尔汗殆知之，特遣使往以示褒善贬恶之意。"敕责第巴曰："尔阳奉〔宗〕喀巴教，阴与噶尔丹比，以久故之达赖喇嘛，诈为尚存，遣济隆呼图克图至噶尔丹所，乌兰布通之役，为择战日，朕遣人往召班禅喇嘛，尔又谓噶尔丹将要杀之，不遣行，青海博硕克图济农与噶尔丹结姻，又不举发，尔果能改过，仍思遵宗喀巴道，奏明达赖喇嘛已故始末，遵奉班禅喇嘛使赴朕召，执献济隆呼图克图及博硕克图济农子所娶噶尔丹女，朕仍待汝以尊崇礼，不然朕必问尔欺达赖喇嘛助噶尔丹罪，尔向对朕使言，四厄鲁特为尔护法主，尔其召四厄鲁特助汝，朕将观何如也。"

三十六年，第巴疏诡称达赖喇嘛存，令其使尼麻唐呼图克图密奏达赖喇嘛示寂，恐唐古特生变，故隐期，令第六世静体已十五年，乞念唐古特众勿遽宣，遣理藩院主事保住等赍敕谕曰："朕数年来，久知达赖喇嘛已故，今尔输诚密奏，朕不欲摘发隐私，倾人家国，嗣当益加恭顺，勿违朕旨"。保住等行，我使自策妄阿喇布坦所归，言西北诸厄鲁特知达赖喇嘛示寂久，第巴阻策妄阿喇布坦兵令勿剿噶尔丹，复煽青海诸台吉私盟。诏保住等往视新达赖喇嘛，严诘第巴罪。第巴奏策妄阿喇布坦自撤兵非臣阻，青海诸台吉惧噶尔丹侵，备兵盟，第六世达赖喇嘛尚坐禅，济隆呼图克图请勿坏身命，班禅喇嘛将赴召，噶尔丹女乞仍给博硕克图济农子，赐敕诘责。济隆呼图克图寻械〔至〕，禁之。班禅喇嘛奏学浅不敢赴召，博硕克图济农子察罕丹津奏请免献噶尔丹女，乃允之。是年，达赖汗遣使庆征噶尔丹捷，子拉藏以建达赖喇嘛〔塔〕故，赴青海，闻上招抚使至，偕诸台吉内附。达赖汗卒，拉藏嗣，第巴恶之。初，第巴与策妄阿喇布坦仇，噶尔丹既灭，第巴、策妄阿喇布坦畏天朝威，各卑词乞命，然皆貌恭顺，怀不靖志，策妄阿喇布坦诡遣使赴青海，声言兵击第巴，奏第巴坏宗门教，禁班禅喇嘛，伪立达赖喇嘛名罗卜藏琳沁策旺嘉穆错者，感诸蒙古，恐将滋变，上烛其奸，谕廷臣曰："策妄阿喇布坦由博啰塔拉至土伯特，必经喀拉乌苏等处，路径险恶，断不能往，欲悉众大举，则附近哈萨克、布鲁特诸部相仇杀，无留护妻孥者，若兵单力弱，断难成事，惟有奋激而行，妻孥与俱，幸济则已，否则有归附土伯特之谋耳。"其意特张虚声，欲观青海动静，未必果欲争战也。策妄阿喇布坦果寝兵，第巴计毒拉藏，不死，以兵逐〔之〕，拉藏因集唐古特众，执杀第巴，奏至，敕封辅教恭顺汗，谕献第巴所立达赖喇嘛，使至，策妄阿喇布坦遣人往迎，拉藏不予，复不以献。谕曰："达赖喇嘛存日，六十年来塞外不生一事，及身故后，第巴诱噶尔丹妄行不靖。朕观奏词，非复昔日语气，遣使细访，乃尽得欺诈状。蒙古素崇佛教，有达赖喇嘛名皆皈向之，倘为策妄阿喇布坦所迎归，则西藏、蒙古皆向妄阿喇布坦矣。拉藏今虽不从朕命，后必执之来献。"

四十六年，拉藏汗献第巴所立达赖喇嘛罗卜藏琳沁策旺嘉穆错，道死，复立博克达之阿旺伊什嘉穆错为达赖喇嘛。初，唐古特人索诺木达尔扎，其妻曰罗〔卜〕藏吹木索。有子二，长罗卜藏噶勒藏嘉穆错，次恭格丹津罗卜藏噶勒藏嘉穆错，幼慧甚，唐古特众及青海诸台吉敬事之。拉藏汗既〔立〕博克达之阿旺伊什嘉穆错为达赖喇嘛，闻其名忌之，将以兵戕，索诺木达尔扎襁负走乃免。青海诸台吉以不辨真伪争，诏遣官往视，拉藏汗奏以班禅喇嘛言置禅榻，王大臣等议拉藏汗与青海诸台吉隙，请遣官理藏务，诏侍郎赫寿往。

四十九年，班禅喇嘛、拉藏汗奏，阿旺伊什嘉穆错谙经典，青海诸台吉信之，请给册印，诏封第六世达赖喇嘛，撤赫寿归。青海诸台吉讦拉藏汗辞诬，以里塘之罗卜藏噶勒藏嘉穆错为真达赖喇嘛瑚毕勒罕，诏询班禅喇嘛，如拉藏汗言，青海诸台吉复固争，上以不辑之将构难，遣官檄集盟坛，示班禅喇嘛印文，谕徙罗卜藏噶勒藏嘉穆错置内地，以索诺木达尔扎护居西宁宗喀巴寺。青海贝勒察罕丹津、台吉罗卜藏丹津等称避痘，不宜远行，初议送红山寺，继请送西宁宗喀巴寺，卒不遣，且以兵协异己者，诏大军备之，乃惧，送罗卜藏噶勒藏嘉穆错至宗喀巴寺。

五十六年，侦准噶尔潜兵赴藏，诏赫寿遗书拉藏汗曰："将军富宁安等擒准噶尔哨卒，言拉藏汗子娶策妄阿喇布坦女已三年，且生子，策妄阿喇布坦遣其将策凌敦多卜及托卜齐、都噶尔三都克等率兵往阿里克，或策妄阿喇布坦兵至，俱未可定，尔既受我主封，食我主禄，而侵我边部，我川兵三万余，岂有听尔临诺穆汗、乌巴什、穆噜乌苏境，侵青海之理乎，彼时助察罕丹津等，与尔战，悔无及矣。"盖拉藏汗自仇杀第巴后，使贡不绝，策妄阿喇布坦忌之，语哲卜尊丹巴呼图克图使，拉藏汗嗜酒无谋，诡议姻，拉藏汗子三，长噶尔丹丹忠，次索尔扎，次色布腾。策妄阿喇布坦以女博托洛克为噶尔丹丹忠妇，来娶，留不遣，上闻之，谕归拉藏汗子，不从。西域谓善巫蛊者曰鲊答，噶尔丹丹忠习其术，策妄阿喇布坦诱缚之，夹两釜间烙死，遣兵六千袭藏，诡称送噶尔丹〔丹〕忠及博托洛克归，拉藏汗前以争达赖喇嘛，与青海诸台吉违言，事甫定，准噶尔兵赴藏，上疑之，或拉藏汗煽策妄阿喇布坦构兵也。青海寻以准噶尔侵拉藏汗告，诏荆州、太原驻防兵赴成都、西安，以署西安将军额伦特屯西宁，都统和礼屯云南，护军统领温布屯打箭〔炉〕，侍卫色楞宣谕青海诸台吉备兵。时策凌敦多卜率准噶尔众由特几斯逾净科尔庭山，拉藏汗不之备，贼至达木，始觉，偕子索尔扎拒，不敌，奔守布达拉，遣使赍疏乞援。贼诱噶卜伦沙京都尔扎卜、唐古特台吉纳木扎勒等，开布达拉门入，戕拉藏汗，拘色布腾及宰桑等，禁阿旺伊什嘉穆错于扎克布里庙，索尔扎率兵三十余溃走，为所擒，其妻间道来奔，诏安置博啰充克克优养之。

五十七年，拉藏汗疏始至，诏额伦特、色楞往援，失利，从兵或为准噶尔所掠，策凌敦多卜复诱里塘营官喇嘛等赴藏，里塘外曰布巴塘，而察本多、而乍雅、而巴尔〔喀〕木皆距近。

五十八年，都统法喇奉诏屯打箭炉，奏里塘至唐古特咸敬瑚毕勒罕,请移打箭炉兵屯里塘,相机剿准噶尔,复令索诺木达尔扎谕营官喇嘛等,使知驻兵里塘,乃圣主保护瑚毕勒罕乡众至意,里塘外诸境,可传檄定,诏可,乃进屯里塘。第巴色布腾阿住、达瓦喇木扎木巴等抗不就抚,诛之。传檄巴塘、察木多、乍雅,各籍其土及民数〔复诏自打箭炉进屯巴塘〕。策凌敦多卜惧,送所掠兵自巴尔喀木归,言唐古特时有瘴,准噶尔难久处,罗卜戴噶勒藏嘉穆错唐古特众佥称为真达赖喇嘛,若置禅榻善甚,命抚远大将军固山贝子允禵宣谕青海台吉等,从大将军入藏,罗卜藏噶勒藏嘉穆错奏随地可置禅榻,兴大兵恐扰众,王大臣等以藏地远且险不决进兵议。

五十九年,谕曰:"策凌敦多卜闻我师至,自必望风远遁。俟定立法教后,或暂留兵守视,或久镇其地,唐古特众皆如我兵,准噶尔至,以逸待劳,何难剿灭?西宁至四川、云南境外,土蕃错处,西藏皆土蕃族,若策凌敦多卜侵据藏地,唐古特众即为准噶尔兵,边疆土番,复安能保全耶?喀尔喀及青海俱服朕风化,准噶尔及侵据藏地,青海台吉理应弃命妄身,乃口称维持黄教,乏实心效力人,朕思策凌敦多卜兵远道冲雪,尚能至藏,我兵独不能赴乎?此时若不安藏,贼益无所忌惮,安藏大兵决宜前进。"诏封罗卜藏噶勒藏嘉穆错为宏法觉众第六世达赖喇嘛,赐金册印。以护军统领噶尔弼为定西将军,都统延信为平逆将军,率青海及内扎萨克喀尔喀、阿拉善兵护达赖喇嘛〔行〕,噶尔弼自拉里进,击准噶尔〔宰〕桑春丕勒于章来尔〔戎〕,抵墨朱工喀,第巴达克咱、喇嘛钟科尔等迎降,集皮船渡,宣谕人小第巴及各寺喇嘛,封达赖喇嘛仓库,〔断贼粮道〕,唐古特人康济鼐集唐古特兵,侦贼走多特,追击之,斩获甚众,诛所置喇嘛总管等。延信自青海进,败准噶尔于卜克河、齐诺郭勒、绰玛喇,贼由克底雅遁,军抵藏,出阿旺伊什嘉穆错于禁所,废之。盖自第五世达赖喇嘛示寂后几四十年,第六世达赖喇嘛始定。先是,准噶尔贼未至藏,遣理藩院主事胜住、喇嘛楚尔沁藏布、喇木占巴等往图地域，至是大兵入，诸番内附，上以山川名汉番异称，命大学士九卿等详考西南徼外舆地。

六十年，叙唐古特迎降功，封第巴康济鼐阿尔布隆固山贝子，隆布鼐辅国公，理前藏务，颇罗鼐扎萨克一等台吉，理后藏务，各授噶卜伦。御制平定西藏文碑，建伊克昭。文曰："昔者太宗文皇帝崇德七年，班禅额尔德尼、达赖喇嘛、顾实汗，谓东土有圣人出，特遣使自人迹不至之区，经仇敌之国，阅数年始达盛京，至今八十载，同行善事，俱为施主，颇极安宁。后达赖喇嘛之殁，第巴隐匿不奏者十有六年，任意妄行，拉藏灭之，复兴其法，因而允从拉藏青海群众公同之请，中间策妄阿喇布坦妄生事端，动准噶尔之众肆行奸诈，灭坏达赖喇嘛并废第五辈达赖喇嘛之塔，辱蔑班禅，毁坏寺庙，杀戮喇嘛，名为兴法，而实灭之，且欲窃据土伯特国。朕以其所为非法，爰命皇子允禵为大将军，又遣朕子孙等调发满洲、蒙古、绿旗兵各数万，历烟瘴之地，士马安然而至，贼众三次乘夜盗营，我兵奋力击杀，贼皆丧胆远遁，一矢不发，平定西藏，振兴法教。赐今瑚毕勒罕册印，封为第六辈达赖喇嘛，安置禅榻，抚〔绥〕土伯特僧俗人众，各复生业。于是文武臣工咸谓王师西〔讨〕，历瘴疠险达之区，曾未半载，则建殊勋，实从古所未有，而诸蒙古部落及土伯特酋长亦合词奏曰：'皇帝勇略神武，超越往代，天兵所临，邪魔扫荡，复兴蒙古向所尊奉法教，喀木、藏、卫等部人众，咸得拔离汤火，乐土安居，如此盛德大业，非臣下颂扬所能宣罄，请赐御制碑文，镌勒昭地，以垂永久。'朕何功焉，而群众勤请不〔已〕，爰纪斯文，立石西藏，俾中外知达赖喇嘛等三朝恭顺之诚，诸部落累世崇奉法教之意。朕之此举，所以除逆抚顺，绥众兴教云尔"。

雍正元年，诏给第六世达赖喇嘛册印，文视第五世达赖喇嘛，别赐敕司噶卜伦务。

二年，大军讨青海叛〔贼〕罗卜藏丹津，诛助逆喇嘛等。谕曰："喇嘛助罗卜藏丹津为逆，纠数千余众，以致追剿覆灭，玷辱法教甚矣。前准噶尔据唐古特，戮僧徒，毁寺庙，大军往讨之，恢复昭地．法教振兴。如此隆恩，不知感激，反助悖逆，尚可为遵奉法教者乎？其以此谕喇嘛等知之。"

三年，撤大军还，以康济鼐总藏务，阿尔布巴副之。王大臣等奏阿里形胜地，康济鼐既驻藏，请令择代理阿里务者，康济鼐遵旨议以其兄喀锡鼐色布登喇什为阿里总管，抚远大将军年羹尧请令康济鼐专居藏地，上察阿尔布巴等与康济鼐异志。谕曰："若令康济鼐孤身在藏，阿尔布巴等不之服。康济鼐虽欲效忠，势必不能，仍令两处往来行走兼理藏及阿里务为善。先是，达赖喇嘛赴藏，索诺木达尔扎偕行，既娶隆布鼐女二，隆布鼐恃达赖喇嘛姻，忌康济鼐，诸噶卜伦由是不相能。川陕总督岳钟琪奏，打箭炉外里塘、巴塘、乍雅、察木多、中甸请隶内地，给头目等土司。察木多外鲁隆宗、杂哇、坐尔刚、桑噶、吹宗、衮桌诸部，距打箭炉远，内地遥制不便，请隶唐古特，以噶卜伦康济鼐、阿尔布巴理之，遣副都统鄂齐往谕达赖喇嘛。

四年，鄂齐奏达赖喇嘛幼，康济鼐恃绩蔑视诸噶卜伦，阿尔布巴、隆布鼐等阴险，党扎尔鼐附之，恐构达赖喇嘛与康济鼐不睦，请罢隆布鼐翦阿尔布巴翼。谕达赖喇嘛偕康济鼐、阿尔布巴和衷。有衮都阿喇木巴者，罗卜藏吹木索弟也，善翼视达赖喇嘛，赐达尔汉号，复诏设驻藏大臣，以副都绕玛拉、内阁学士僧格往。

五年，玛拉等至藏，阿尔布巴、隆布鼐、扎尔鼐阴以兵戕康济鼐叛，遣贼党侵阿里，喀锡鼐色布登喇什以义不反兵，骤击之战殁，其长子噶锡巴纳木扎勒色布腾从台吉颇罗鼐集后藏兵拒，贼却走，将往击之，驰奏乞援。诏左都御史查郎阿率兵万五千余赴藏，乱作，玛拉等以诺颜和硕齐辖喀拉乌苏兵，护唐古特众，奏请赐爵，诏授扎萨克一等台吉。

六年，颇罗鼐〔谍〕大将军至，集后藏及阿里兵九千，自潘玉口驰赴前藏，闻玛拉等驻拉萨，护达赖喇嘛遣兵助召诸寺喇嘛，擒阿尔布巴、隆布鼐、扎尔鼐等，送玛拉所。查郎阿至，诛阿尔布巴等及其孥，请留兵二千驻藏，徙达赖喇嘛居里塘，允之。以扎萨克贝子颇罗鼐领后藏务，辖阿里、冈底斯境。谕给银三万赏从兵，颇罗鼐请以车棱旺扎勒协理藏务，诏授扎萨克一等台吉兼噶卜伦，查郎阿将撤大军还，奏旧设噶卜伦理前藏务，今藏地初定，颇罗鼐为众服，请令兼领前藏，从之。谕曰："前用兵西藏时，颇罗鼐甚为效力，其后噶卜伦等嫉妒争权，阿尔布巴、隆布鼐等潜结匪类，公然肆恶，擅杀朝廷敕封贝子总理事务之康济鼐，并欲害及颇罗鼐。颇罗鼐奏闻逆党罪状，朕遣大臣领兵前住，察询情由，分别治罪。颇罗鼐闻大军将至，率众奋勇前驰，直抵藏地。阿尔布巴等力屈势穷，被各寺喇嘛擒献。大臣至彼尽得悖逆妄乱之情，已将阿尔布巴及叛逆等尽行歼诛，自此黄教可兴，番众可辑。颇罗鼐深知大义，讨逆锄奸，俾无辜受害者得雪沉冤，背恶肆行者早正刑辟，甚属可嘉，著封为固山贝子，以奖义勇，以昭国宪。"上悯康济鼐无嗣，诏追授其兄喀锡鼐色布登喇什为一等台吉，长子噶锡巴纳木扎勒色布腾袭爵，赏孔雀翎，诏徙达赖喇嘛居里塘。索诺木达尔扎代达赖喇嘛来朝，奉表贡物，赐珊瑚顶，双眼孔雀翎。复谕曰："索诺木达尔扎训示达赖喇嘛学习经典，保护多方西藏诸务，毫不干预，甚属可嘉，著封为辅国公。"岳钟琪奏移化林兵五百往护，〔复〕以兵四百屯噶达西吹音堡，及鸦笼江上中下三渡，寻徙泰宁。四川总督黄廷桂奏泰宁距打箭炉道险，旧屯兵五百不给防御，请增兵如数，令与西藏、里塘、巴唐互犄角，从之。大军之讨阿尔布巴，噶尔丹策凌使至，奏请赴藏煎茶，上不允。

七年，达赖喇嘛至里塘，诏建噶达寺居之。上以准噶尔觊唐古特，遣兵往讨。谕曰："策妄阿喇布坦假黄教为名，潜兵入藏，无故杀拉藏汗，遣使往讨，复敢阻兵抗命，其后策妄阿喇布坦身故，子噶尔丹策凌遣使至，奏称欲使众生乐业，黄教振兴，噶尔丹策凌不过一微末台吉，此岂伊应出语耶？且西藏阿尔布巴、隆布鼐、扎尔鼐等，济恶同谋，皆以准噶尔邻伊地，青海叛贼罗卜藏丹津系伊等姻戚，彼此相依，窘迫时必往投之。颇罗鼐勇往直前，截贼去路，阿尔布巴等未得前进，则被擒。准噶尔若仍留游牧，将来青海及西藏地必受其害，此朕所熟思而审处者也。"

八年，僧格偕颇罗鼐以兵千五百〔屯〕腾格里诺尔。以〔颇罗鼐子〕珠尔默特策布登统阿里诸路兵，防准噶尔贼，保唐古特，诏授扎萨克一等台吉。

九年，一等台吉噶锡巴纳木扎勒色布腾表谢恩，献方物。谕曰："前以喀锡鼐色布登喇什阵亡阿里，经颇罗鼐奏请特赠一等台吉，其子噶锡巴纳木扎勒色布腾〔袭〕之。迩闻为国效力，办理事务亦善，且为康济鼐兄子，康济鼐宣力有年，抒诚报效，始终不懈，并无子嗣，著将噶锡巴纳木扎勒色布腾格外施恩，封授辅国公，世袭罔替。"寻授噶卜伦。布噜克巴部诺颜琳臣齐垒喇布济、喇嘛扎尔西里布鲁克顾济、噶碧栋噜布等纳贡。谕曰："朕为天下主，一视同仁，无分中外。乃者附近帕尔城之布噜克巴人等，起衅构兵，互相仇杀，朕闻之甚不忍。颇罗鼐仰体朕意，与班禅喇嘛遣使往谕朝廷恩德，布噜克巴人等感悟息争，敬顺无违，且请施恩训诲，朕甚嘉悦，嗣此恪守疆界，共相和睦，永遵释教，祇奉恩纶，朕自益加优眷。"复以颇罗鼐招抚功，诏晋封多罗贝勒，总理卫、藏噶卜伦务。谕嘉扎萨克一等台吉珠尔默特策布登奋勇效力，晋封辅国公，赐敕印。班禅喇嘛寻偕颇罗鼐助驻藏军粮，玛拉却之，复固请，诏给如值，以军饷足，不烦献助宣谕。先是，准噶尔掠索尔扎，色布腾禁之，哲布尊丹巴呼图克图说策妄阿喇布坦献谢罪，不从，子噶尔丹策凌嗣，给索尔扎户十，诡称将遣归唐古特，颇罗鼐闻之以告。谕曰："准噶尔戕拉藏汗，掠其子索尔扎等归，今称遣还西藏，不可不严为防备。前策妄阿喇布坦遣策凌敦多卜袭西藏时，诳称噶尔丹丹忠偕其女归，乘拉藏汗不备，袭唐古特地，今遣归索尔扎之言，正噶尔丹策凌奸计，若唐古特少为玩忽，即蹈前策凌敦多卜故辙矣。准噶尔既杀拉藏汗，岂肯令其子索尔扎归藏袭爵，唐古特现有训练蒙古兵，尔其与驻藏大臣等定议，设汛阿里、哲斯肯、图鲁克勒底雅等处协力防御，准噶尔若以兵随索尔扎至，可即迎击之。索尔扎父兄被人杀害，焉有不忿恨之理。若果思报仇，感戴朕恩，率属来归，尔等自可悉心安顿。至若立汗之事，当令达赖喇嘛、班禅喇嘛奏闻于朕，方可建之，岂可令噶尔丹策凌任意妄行。"久之，索尔扎不至，后大军定准噶尔，色布腾及索尔扎子纳噶察始来归，附牧察哈尔旗。

十年，拉达克汗德忠纳木扎勒奏臣理国事，尊释教，侦准噶尔情，则以告，乞赐恩纶。敕曰："尔父尼玛纳木扎勒偕贝子康济鼐同心报效，前已大沛恩膏，今尔亦效尔父与贝勒颇罗鼐一体效力，甚属勤劳，嗣当益加黾勉，以绍首徽。"僧格奏巴勒布部雅木布、车棱、库库木三汗慕圣德，遣贡请觐，上悯其道远，敕曰："尔汗幕朕仁化，万里输诚，朕甚嘉悦。纳所进方物，第念道路遥远，往返维艰，尔使即由西藏遣归，尔汗但与贝勒颇罗鼐协力和衷，维持黄教，以副朕普育群生至意。"

十一年，谕曰，"西藏驻扎并兵，本为保护唐古特众，防范准噶尔设。比来贼众败窜，不能复涉藏地，颇罗鼐抒诚效力，唐古特兵皆训练壮勇，目今藏地无事，兵丁多集，米谷钱粮虽给自内地，唐古特不无觧送劳，著量留守藏兵五百，余尽撤还。前令达赖喇嘛移驻泰宁，因唐古特有阿尔布巴等事，恐准噶尔乘间来犯，其从至弟子，久违乡土，各怀归志，班禅喇嘛现复年迈有疾，著仍迁达赖喇嘛归藏。"

十三年，辅国公索诺木达尔扎从达赖喇嘛归藏。

二

乾隆元年，布噜克巴部诺颜琳臣齐垒喇布济等奉表贡。扎萨克一等台吉诺颜和硕齐卒。驻藏副都统玛拉等奏偕颇罗鼐议代领喀拉乌苏兵者，颇罗鼐子珠尔默特纳木扎勒岁领塔木、腾格里诺尔兵，防汛塔木，距喀拉乌苏迩，可令兼辖，诺颜和硕齐所遗扎萨克一等台吉，其第车臣哈什哈现理古木布木务，请令袭爵，允之。

三年，拉达克汗遣献方物，各赐敕奖。

四年，驻藏副都统杭奕禄奏巴勒布三汗迩构兵，臣遣颇罗鼐谕辑之，咸听命，献所部民数，诏优赉。复以颇罗鼐绩，晋封多罗郡王。噶尔丹策凌请〔赴〕藏煎茶。谕曰："朕为天下大君，不阻奉教之人。尔准噶尔前曾潜往藏地，扰害土伯特众，今若径赴彼地，土伯特或怀愤滋事，尔果诚心布施，朕当遣兵护往，既而准噶尔煎茶使道栋科尔，以争市值，不果往。诏责违信罪，噶尔丹策凌遣谢，固申前请，允之。是年，辅国公一等台吉噶巴纳木扎勒色布腾卒，弟班第达袭。

五年，扎萨克一等台吉车臣哈什哈卒，弟齐旺多尔济袭。

八年，准噶尔煎茶使至藏，谓颇罗鼐曰："闻拉达克言土伯特黄教盛，今信然。"噶勒招穆伦河滨〔旧〕设温都逊喇嘛禅榻，噶尔丹策凌乞代葺，准噶尔乏谙经典喇嘛，乞给我携归，闻唐古特不善骑，且乏军械，今观之武备稍胜颇罗鼐语之曰："大皇帝阐黄教，辑众生，以故土伯特富庶甚，尔等至藏煎茶，赏马驼路费令极裕，此皆恭顺天朝所致，土伯特以准噶尔袭，始严武备，我蒙恩统藏务，简兵缮械，有侵围者足御之矣。所请修庙延僧事，非奉旨安敢擅行。"准噶尔使唯而退，谕奖颇罗鼐应使得体，赉币。噶尔丹策凌忌之，讦颇罗鼐不善理煎茶务。谕曰："颇罗鼐奏准噶尔众，有侵害土伯特仇，喇嘛等不顾前往，故不之给，尔奏颇罗鼐念拉藏汗仇，办给尔使诸物，俱未协，朕为大君，不分内外，颇罗鼐与尔等皆僻处远地，彼此互有违言，朕岂肯偏听尔，遽罪颇罗鼐乎。"复诏驻藏副都统傅清等偕颇罗鼐议防准噶尔。珠尔默特布登以兵五千驻防阿里克。

九年，准噶尔使自藏归。珠尔默特策布登、班第达、齐旺多尔济以协颇罗鼐理准噶尔煎茶务，并赐币奖。珠尔默特策布登会病足，自阿里归藏。是年，辅国公索诺木达尔扎卒。谕曰："索诺木达尔扎系达赖喇嘛父，皇考加恩达赖喇嘛，特予封爵，伊亦深感皇考恩，行走谨慎，历一十有余年，著加恩令伊子恭格丹津仍袭辅国公爵，以示优眷。"

十年，诏驻藏大臣三年一代。扎萨克一等台吉齐旺多尔济卒，驻藏副都统傅清等奏，颇罗鼐请以诺颜和硕子旺对袭。谕曰："伊系举家受恩之人，令其办理诸务，自为有益，诺颜和硕齐受国厚恩，授为扎萨克一等台吉，伊弟相继承袭，亦各奋触效力。今齐旺多尔济病故,著照所请以其兄诺颜和硕齐子旺对承袭扎萨克一等台吉。"

十一年,谕〔颇〕罗鼐曰:"尔素效忠诚,勤劳懋著,自朕御极以来,悉心靖共,凡事竭力奋勉,办理妥协,甚属可嘉,著加恩于尔子内封一长子日后承袭王爵,总理藏务,所系甚要,其善择才堪嗣尔,悦服众心,裨益公务者以闻。"颇罗鼐子二,长珠尔默特策布登,次珠尔默特纳木扎勒。珠尔默特策布登病足,以长子让弟,珠尔默特纳木扎勒诡让兄,颇罗鼐爱少子,请以珠尔默特纳本扎勒为长子,允之。上闻珠尔默特策布登之让,嘉之。谕曰:"珠尔默特策布登虽有疾,前曾出兵效力,著加恩封镇国公。"颇罗鼐善服众,为诸噶卜伦所敬事,有绥奔喇嘛扎克巴达颜者,书其名瘗诅之,事觉,颇罗鼐欲弭变,轻议绥奔喇嘛扎克巴达颜罪,上嘉之。谕镇压左道不足患,其偕达赖喇嘛协辑唐古特众。

十二年,珠尔默特策布登疾痊,驻藏副都统傅清等请遣屯阿里克汛,允之。准噶尔使再入藏煎茶,驻藏副都统傅清等遣车棱旺扎勒以喀拉乌苏兵三百监之,遣旺对领兵设汛阿哈雅克阿里克路,班第达协颇罗鼐总理诸务。颇罗鼐卒。遣官赐祭,以珠尔默特纳木扎勒袭郡王爵,兼理卫藏噶卜伦务。谕傅清曰:"珠尔默特纳木扎勒不更事,或未服唐古持众,且颇罗鼐以暴疾亡,珠尔默特纳木扎勒或以绥奔喇嘛扎克巴达颜故,与达赖喇嘛构隙,不肖众起而间之,不无滋事虞,尔其留意体察,导珠尔默特纳木扎勒任用旧人,复以协理藏务,当如颇罗鼐存日。宣谕众噶卜伦知之。"会准噶尔台吉策妄多尔济纳木扎勒复遣使赴藏煎茶,入寺诡避痘,以己卒守门,不令官兵从,上以准噶尔狡甚,饬严防,虽归巢勿稍忽,珠尔默特纳木扎勒奏藏地〔安〕谧无事,请撤官兵归,上念颇罗鼐有安藏功,且蒙恩厚,珠尔默特纳木扎勒必无异志,不从撤兵请,适滋疑,不如示之信,诏可。请达赖喇嘛,嗣勿令准噶尔入藏,虽固请弗允。珠

1051

尔默特纳木扎勒诡称准噶尔众袭唐古特，至硕翁图库尔，遣兵备喀拉乌苏，徙达木番众，不数旬，扬言准噶尔至阿哈雅克，自率兵往备。驻藏提督索拜遣旺对赴喀拉乌苏备之，比至无踪，上闻之，诏撤喀拉乌苏兵及达木番归牧，勿惑众。

十三年，准噶尔使自藏归，诸噶卜伦并赐币奖，诏授班第达兄噶锡巴纳木扎勒色布腾子巴桑车凌为一等台吉。谕曰："昆弟子姓，世受国恩，嗣益勉无息。"初，郡王颇罗鼐以女妻班第达，颇罗鼐卒，班第达察珠尔默特纳木扎勒有逆志，不之附，珠尔默特纳木扎勒恶之，夺其〔孥〕。

十四年，驻藏副都统纪山劾珠尔默特纳木扎勒〔妄〕戾，请檄珠尔默特策布登至协理藏务，上不允。谕纪山善导之，勿露防范迹。已而珠尔默特纳木扎勒以珠尔默特策布登发阿里兵将扰藏告，盖计陷之也。敕谕珠尔默特策布登尔父子昆弟受朕恩深重，尔所素知，尔今无故发兵，是既负朕恩，又玷辱尔父矣，尔于兄弟之间，素敦和好，尔父爵尚让尔弟袭，今乃转欲构兵取罪，果尔兄弟不睦，宜亲身至藏，以实情告办事及达赖喇嘛，俟奏至，朕议尔兄弟事，务令永远和睦，如尔有欲奏言，亦即具奏，朕自有措处也。复谕傅清曰："珠尔默特纳本扎勒年幼躁急，性好滋事，若果无他故，其兄欲进兵至藏，是特兄弟间互相侵犯耳。若其兄并无此事，而伊造言诬构，则宜相机办理。"

十五年，珠尔默特纳木扎勒以兵戕其兄珠尔默特策布登于阿里，诡以兄暴疾闻，请收葬，并育兄子，上允之。时珠尔默特策布登子朋素克旺布及珠尔默特旺扎勒皆居后藏，珠尔默特纳木扎勒以兵往戕朋素克旺布，阳称逃亡，珠尔默特旺扎勒奔扎什伦布，依班禅额尔德尼为喇嘛，乃免。驻藏都统傅清、左都御史拉布敦以珠尔默特纳木扎勒携兵离藏告。盖是时珠尔默特纳木扎勒忌其兄珠尔默特策布登袭杀之，私携炮至后藏，诬籍噶卜伦辅国公班第达及第巴布隆赞等，旋达木，距前藏三百余里，拥众二千余不归，奏至，上不忍即诛之。谕曰："此或珠尔默特纳木扎勒以部众不皆顺，拥兵自护，且或因弟兄启衅，惧朕问罪，妄意离巢穴可苟免，此时惟应静以镇之。待其自起自止，在我原无治罪之心，则彼亦不生猜疑之念也。"嗣傅清等密疏叛状。诏俟副都统班第自青海赴藏讨罪。复谕四川总督策楞、提督岳钟琪等驰兵往会。而是时贼猖盛梗驿道，军书不达者旬日，傅清偕拉布敦计，不急诛，贼必据唐古特为变，召珠尔默特纳木扎勒至，待诸楼，甫登，起责其罪曰："尔违天子命，且忘尔父，无君无父，罪不可赦。"傅清趋前扼其臂，拉布敦拔佩刀刺之，谕胁从罔治。有罗卜藏扎什者，趋下呼贼千余突至，聚围楼，集藁焚，达赖喇嘛遣番僧往护，不得入，傅清、拉布敦死之。先是，傅清等将除〔珠尔默特纳木扎勒，密与班第达〔谋〕，罗卜藏扎什乘乱攫帑二万余挺走，班第达〔复〕奔告达赖喇嘛集兵捕〔逆〕，翌日擒禁之。遣番众屯要汛，谕勿伤汉民，抗官军，达赖喇嘛善之，奏令班第达暂理藏务。时四川总督策楞等赴藏定乱。谕曰："班第达不能救护驻藏大臣，念其势孤力弱，尚属无过，然亦无功可录，但不附逆党，犹知尊向天朝，著以辅国公爵，管理噶卜伦务，应俟徐加恩赐。"策楞既就道，又谕曰："此措置唐古特一大机会也，若经理得宜，自可永远宁谧，否则久复别生事端。珠尔默特纳木扎勒敢怀逆，萌于地广兵强，事权专一。嗣此唐古特应多立头目，以分其势，尔等其详议善后事宜，为一劳永逸计。"策楞等至藏，磔珠尔默特纳木扎勒子达尔扎策楞及罗卜藏扎什，奏傅清、拉布敦诛逆被害状。上召谕廷臣曰："从前颇罗鼐实心恭顺，料理藏中事务，一切安帖。皇考世宗宪皇帝，屡次加恩，由台吉封为贝勒，伊感激我朝厚恩，弥益恪诚。朕即位以后，封为郡王。后因颇罗鼐年力就衰，朕询伊二子之中，孰堪为嗣。伊奏称长子软弱，又已出家，二子珠尔默特纳木扎勒人尚强干，能胜弹压，因令其承袭。迨伊奏事一二次以后，朕于其辞意之间，即知其非伊父居心可比，日后必生事端，谕驻藏大臣留心体察。傅清前经驻藏，为伊等所信服，遂令前往，且虑其势孤，益以拉布敦协同驻藏。乃珠尔默特纳木扎勒心益狡悖，将长兄珠尔默特策布登图害，又与达赖喇嘛素有仇衅，既戕其兄，遂欲计害藏中不顺伊之班第达等，其势将延及达赖喇嘛，独居其地，雄长一方，近遂将塘汛文书，禁绝不通，悖逆情形，渐益昭著。傅清、拉布敦稔知其奸，疏请便宜从事，以绝后患。于今年十〔月〕初八日奏到，朕以仅二大臣孤悬绝域，未可轻举，批令〔候〕班第更换拉布敦到藏日，会同达赖喇嘛及藏中大噶卜伦等明正其罪，以申国法。乃傅清等未及接到谕旨，即于十月十三日传珠尔默〔特〕纳木扎勒到通司冈加以诛戮。而傅清、拉布敦旋为伊属罗卜藏扎〔什〕所害。总督策楞奏到，朕深为悯恻，不觉涕零。因思傅清、拉布敦若静候谕旨遵行，或不至是，但珠尔默特纳木扎勒反形已露，倘不先加诛戮，傅清等亦必遭其荼毒，则傅清、拉布敦之先几筹画，歼厥渠魁，实属可嘉，非如霍光之诱致楼兰而斩之也。夫临阵捐躯，虽奋不顾身，然尚迫以势不得不然。如傅清、拉布敦揆几审势，决计定谋，其心较苦，而其功为尤大。以如此实心为国之大臣，不保其令终，安能不倍加轸悼耶！傅清、拉布敦著加恩追赠为一等伯，入祀贤良昭忠祠，春秋致祭，傅清并入伊家祠从祀，伊等子孙给与一等子爵世袭罔替，以示朕褒忠录庸之至意。并将伊二人为国捐躯之大节，明白〔宣〕示，使天下共知其不得已之苦心。否则好事喜功者，借此二人为口实，而事外之无知人，又议其擅开边衅，而仍邀国家如此厚恩者，朕岂肯令其是非倒置若此哉。"

十六年，方乱时，有清特古斯者，屯兵阿里，助珠尔默特纳木扎勒为逆，班第达诛之，遣台吉集都鼐理阿里务，给卓理克图号，事闻。谕策楞等曰："班第达擅给台吉号，俨以藏王自居，今令管理噶卜伦务，复命多立数人，班第达或大失所望，虽未必显有抗违，但其心稍恐不足，务须明切导之，以珠尔默特纳木扎勒恃有王爵，拥势太重，酿成嫌隙，今多立噶卜伦正可保全终始，令彼涣然疑释，庶可永宁。"策楞抵藏，奏达赖喇嘛以镇阿里要地，必重名号，故权给之，班第达恭顺可信，臣遵旨宣谕，感且泣，矢竭诚报效。策楞等以珠尔默特纳木扎勒通准噶尔逆书闻。谕曰："前驻藏都统傅清、左都御史拉布敦，因珠尔默特纳木扎勒逆谋显著，先事翦除，奋不顾身，忠诚卓越，俱已加恩赠恤，入祀贤良、昭忠二祠，傅清并入伊家祠从祀，不知者或訾二人冒险邀功，且议朕为酬庸过厚也。今据策楞、班第等奏，珠尔默特纳木扎勒自立名号，潜遣其心腹，通款准噶尔，称策妄多尔济纳木扎勒为汗，且求其发兵，至拉达克地方以为声援，幸值准夷内溃，遣使人回藏被获，得其逆书，并馈敌诸物，是其阴蓄异志，勾结准夷，罪不容诛，设非二臣协力同心，决计先发，则其遗害藏地，将不可言，是二臣之心甚苦，而其有功于国家甚大，应特建双忠祠，合祀二人，春秋致祭，丕昭劝忠之典。"复御制双忠诗纪之，有"双忠迹烈传斯篇，他年以待信史编"之句。是年策楞等议设驻藏兵五百，防汛兵千，自咱拉山至拉卜赛郡木，自阿哈雅至硕翁图库尔，各设汛哨，以达木番归驻藏大臣辖，视内地例，置佐领、骁骑校，各职每年一察视，设噶卜伦四，以辅国公班第达、扎萨克台吉车棱旺扎勒、色玉特色布腾、喇嘛尼玛嘉穆错任之，别设代奔五、第巴三、堪布一，分理藏务，隶驻藏大臣及达赖喇嘛辖。唐古特正副二使，均归达赖喇嘛，四噶卜伦附以达，勿私遣，允之。敕四噶卜伦曰："西藏广兴黄教，为清净善地，达赖喇嘛掌管西方释教，广演经法，从前供养喇嘛一切事务，原设噶卜伦四人，至珠尔默特纳木扎勒诸事擅专，不与诸噶卜伦商议，负恩任性，潜怀异图，因此驻藏大臣将伊正法，噶卜伦事务不可一人专办，特令策楞等简选贤能，仍照旧例，分设噶卜伦四员，公同办事，尔等当感戴朕恩，尊敬达赖喇嘛，和衷协力，黾勉供职，勿存私意，致生猜疑，勿分彼此，互相瞻顾，遇有重务，禀知达赖喇嘛与驻藏大臣等，遵奉指示而行，尔等其感恩宣力，副朕兴黄教安群生至意。"准噶尔台吉喇嘛达尔扎寻请赴藏煎茶，延唐古特喇嘛，上不允，喇嘛达尔扎复因拉达克汗致书唐古特，达赖喇嘛责勿擅请。

十七年，珠尔默特纳木扎勒既诛，上念珠尔默特策布登功，不忍绝其爵，诏珠尔默特旺扎勒袭辅国公。喇嘛达尔扎遣申前请，上仍不允，诏议防藏地。班第等奏准噶尔通藏隘，有阿里、〔那〕克桑、腾格里诺尔、阿塔稚克四路。那克桑路稍近，已设汛，拉达克距阿里近，虽与准噶尔互市，必不令兵入境，叶尔羌亦可通阿里，中有大山隔之，且阿里距藏两月余，闻贼至易备，惟腾格里诺尔、阿哈雅克路较阔，亦俱严设汛，唐古特有马兵万余，步兵万五千，若准噶尔自腾格里诺尔、阿哈稚克至，则令车棱旺扎勒以蒙古、唐古特兵御之，檄衮布达克布等番兵援，由阿里、那克桑至，则令色玉特色布腾以近牧兵御之，檄阿里兵援，班第达及尼玛嘉穆错留藏，护送达赖喇嘛至班禅喇嘛驻扎什伦布，距前藏七百余里，值用兵，令移居前藏，若准噶尔倾众至，则移达赖喇嘛、班禅喇嘛至泰宁，以驻藏官军及唐古特兵屯要汛，允之。准噶尔使久不至，谕达赖喇嘛严备，复定议西自阿里，东至喀拉乌苏，增杂拉沙木等十三汛。

二十年，大军讨准噶尔，擒台吉达瓦齐，谕唐古特部知之。达赖喇嘛献铜佛三，庆捷，诏纳。会阿睦尔撒纳叛扰伊犁，诏唐古特复设汛。

二十二年，第七世达赖喇嘛示寂，上轸悼之。

二十三年，阿睦尔撒纳走死，逆回布拉呢敦、霍集占等复叛据叶尔羌、喀什噶尔，诏勿撤唐古特汛。

二十四年，拉达克汗谍定边将军兆惠取乌什、阿克苏等城，将抵叶尔羌，奏请助剿回逆。谕曰："尔远处边地，感戴恩泽，朕鉴尔忱，深为慰悦，大军进剿回逆，凡所克城，俱设兵驻防，今布拉呢敦、霍集占力穷势蹙，必将弃巢远遁，朕不以出兵擒剿事责尔，倘逆回窜入尔境，尔当擒献藏所，朕必优加恩赉，若不遵奉谕旨，异日朕必知之，非尔益也。"是年，大军定叶尔羌、喀什噶尔，霍集占等窜巴达克山，诏拉达汗勿复遣侦，巴达克山寻函献霍集占首。诏撤唐古特汛，西陲盖自此永定。

二十八年，授辅国公恭格丹津为噶卜伦。扎萨克一等台吉车棱旺扎勒卒，孙索诺木旺扎勒袭。

二十九年，钦定西域同文志。御制乌斯藏即卫藏说，曰："藏地处蜀与滇这徼，曰藏云者，非华言，实番言也。番又或谓之唐古特，今班禅额尔德〔尼〕〔所居〕，实称藏，达赖喇嘛所居，实称卫。元明时有乌斯藏朵甘卫指挥诸司之名，或以为异于卫、藏，而不知实同也。盖尝以唐古特文字详核互证，乃知乌斯藏，即卫、藏，其音其义，无不一以贯之也，且以音言，斯盖萨之余音，满字为萨音，半字为斯音，唐古特收音之斯字，即与国书之伊字收音通，则乌斯之切为卫，如乌伊之切为卫也，亦犹阿伊之为爱，噶伊之为该，喀伊之为开也，国书斯事、伊字，虽各为收音，然唐古特收音字，无伊字，而有斯字，由乌斯推之而爱亦阿斯，该亦噶斯，开亦喀斯，何不通之有。若夫卫、藏之为义，则卫盖彼言中也，非华言置卫之谓也。以乌合斯为卫音，而中义藏，则切匝阿为藏音，而其义则净之谓也。唐古特老若幼无不知之，今以〔不识〕唐古特文字之人，而与一二译出华言中辨其是非，岂非嚼蜡哉。"或又曰："卫既以中为义，则今之所谓前藏之说何居曰此，更非唐古特之本有，而兴于今之华言也，然以今日疆域言之，自打箭炉取道，由东南迤及西南，先经喀木，次卫，次藏，是全藏形势，固宜前喀木而后藏，而卫适其中处之地，喀木之木为半字音，应从喀字，而其义则边界之谓也。今称前后藏者，则因二地有达赖喇嘛、班禅额〔尔〕德尼居之，而达赖喇嘛位居长，遂并以藏属之，更易中为前，而今自京都目之，且统以为西藏云耳，然则乌斯藏之即为卫、藏，不愈信哉。夫藏之内属，肇自元代，音译展转，沿萨为斯，原无歧舛，惟文士墨守蠹简，既不克兼谙酉竺之书，而彼中服习梵文者，又岂能笔授心通，取腹地史乘传伪，一一悉为厘订，毋惑乎考文之难也。予因辑同文志类，次西藏所隶为系三合切音者，特揭是说，以发其凡。"

三十六年，诏建布达拉于避暑山庄左，肖卫式。初，厄鲁特崇黄教，噶尔丹策凌建都纲于伊犁河滨，北曰固尔扎，南曰海弩克，设西勒图四，集喇嘛千余，以塔本集赛轮值赡〔之〕。蒙古谓五为塔木，谓轮值为集赛，每岁首及盛夏，台吉宰桑等以瞻礼至。后固尔扎为阿睦尔撒纳所毁，大军定准噶尔乱，诏如固尔扎式，建安远寺于避暑山庄北隅，以准噶尔台吉达什达瓦属来归者居其侧，青海厄鲁特及喀尔喀、杜尔伯特诸台吉，值班秋觐，则命瞻礼。至是布达拉落成，土尔扈特汗渥巴锡、和硕特台吉恭格等挈数万众来归，诏瞻礼之。盖以绥靖荒服，非惟阐扬黄教为也。

三十八年，授扎萨克一等台吉索诺木旺扎勒为噶卜伦。噶木伦辅国公恭格丹津卒，子扎什纳木扎勒袭。索诺木旺扎勒由穆噜乌苏助金次所需物，赐币奖。

四十二年，扎萨克辅国公珠尔默特旺扎勒卒，子诺尔布朋素克袭。

四十四年，班禅喇嘛奏请入觐祝厘，诏建扎什伦布于布达拉左，肖藏式。

四十五年五月，驾南巡旋，班禅喇嘛使伊什巴尔珠布等迎觐于赵北口，命观龙舟水嬉。

六月，幸承德府，驻跸避暑山庄。班禅喇嘛使穆占巴等赍辎重至，诏居扎什伦布旁舍。时盛暑，仍服毡毳，诏赐纱葛，并给银及药物。

七月，班禅喇嘛至，旧例以达赖喇嘛、班禅喇嘛有高行，谕旨至，始下床，入觐，惟令跽，不拜，至是班禅喇嘛固请拜，上嘉其诚敬，听之，赐宴万树园，诏瞻礼布达拉。

八月，行万寿庆典，班禅喇嘛稽首颂无疆。

九月，班禅喇嘛扈跸旋，赐宴南苑，以香山昭庙葳工，诏庆赞之。班禅喇嘛自崇德时通贡，至是凡三世，初封曰罗卜藏吹吉嘉穆错，次曰罗卜藏伊什，皆敕赐班禅额尔德尼号，次曰罗卜藏巴尔丹伊什，如之，是役也，以不召至，跋涉三万余里，入觐，蒙古内扎萨克四十九旗，及喀尔喀、厄鲁特诸部汗王公台吉闻之，莫不欢忭舞蹈，执役观庆典。

十一月，班禅喇嘛示寂，敕于所居建清净化城。

四十六年，送舍利归藏，复遣官赍金册印，封罗卜藏丹巴旺舒克扎木巴勒嘉穆错为达赖喇嘛，时其父第巴阿木布木前卒。谕曰："第六世喇嘛罗卜藏噶勒藏嘉穆错之父索诺木达尔扎曾封辅国公，今新达赖喇嘛已赐册命，其父已故，未及授封，其兄索诺木达什为哲卜尊巴呼图克图父，著授辅国公爵，如索诺木达尔扎例。"索诺木达什寻卒，诏以哲卜尊丹巴呼图克图弟喇布丹纳木扎勒袭。

四十八年，理藩院议奏索诺木达什以达赖喇嘛故，封辅国公爵，子喇布丹纳木扎勒继袭，嗣若仍予世袭，则与来归有功之蒙古王公等无别，请俟喇布丹纳木扎勒出缺后停袭，嗣有似此者，皆令承袭一次，诏如议。诏扎萨克辅国公诺尔布朋素克、扎萨克一等台吉索诺木旺扎勒、扎萨克一等台吉索诺木喇什咸世袭罔替。理藩院议俟辅国公扎什纳木扎勒出缺后停袭。谕曰："索诺木达赖尔扎以生达赖喇嘛故封辅国公爵，伊子孙承袭二次，今达赖喇嘛示寂，若其父所遗世爵竟尔裁汰，朕心实为不忍，如仍世袭公爵，于例又属难行，朕念达赖喇嘛俟扎什纳木扎勒出缺后，著加恩赏给一等台吉，世袭罔替，并著为例，永远遵行。"

四十九年，遣官赍玉册印，赐达赖喇嘛，复敕封班禅喇嘛之瑚毕勒罕为班禅额尔德尼，以幼未赐名。

五十三年，巴勒布贼侵西藏界，侍郎巴忠奉命赴藏查办，奏索诺木旺扎勒素向巴勒布商贾勒索状。谕曰："索诺木旺扎勒平素既向巴勒布商贾勒索，巴勒布贼人侵藏之事，即系伊激成。伊身若在，必当从重治罪；今伊业已病故，虽不加深究，但不当仍令其子承袭扎萨克台吉，索诺木旺扎勒之扎萨克一等台吉著停其承袭，以示惩儆。"

（《皇朝藩部要略》卷十七、十八。版本同前）

西藏考略

（清）黄沛翘

西藏源流考

卫藏图识有源流考，甚略。是篇自诸书纂辑而成，犹未敢云详确也。

西藏古为西南徼外诸羌地，其先为伯夷甫炎帝之裔也。舜徙三苗于三危。三危者为"喀木"、为"危"、为"藏"。"喀木"亦曰康，即今打箭炉、理塘、巴塘、察木多之地。"危"亦曰卫，即布达拉，亦名拉撒诏，今称前藏、"藏"即札什伦布，本拉藏汗所治，今称后藏。禹贡西戎即叙，即松、茂、威、保及卫藏诸羌是也。秦时有羌无弋爰剑者作一无弋爰剑。羌人谓奴为无弋，爰剑其名也，被秦执以为奴隶，故称无弋爰剑。为秦虏，后得亡归，至曾孙忍时，秦兵临渭首，灭狄獂戎，忍之季父邛畏秦威，将其种人附落，南出赐支河西数千里。赐支者禹贡所谓析支也。其后子孙支分各自为种，凡百五十种，发羌、唐旄等名号不可殚记。至吐蕃始祖鹘提勃窣野，本发羌属，居析支水西，以秃发为国号，语讹谓之吐蕃，稍并诸羌，土宇渐广，然犹未通中国。《威州通志》：发羌、唐旄等居析支水西，本南凉秃发利鹿孤之后也。利鹿孤有子曰樊尼。初，利鹿孤卒，樊尼尚幼，弟傉檀嗣位，以樊尼为安西将军。后魏神瑞元年，傉檀为西秦乞佛炽盘所灭，樊尼招集余众，投沮渠蒙逊，以为临松太守。及蒙逊灭，樊尼乃率众西奔，济黄河，逾积石，居跋布川或逻娑川，于羌中建国，开地千里。樊尼咸惠凤著，群羌归之如市，遂改姓为勃窣野，以秃发为国号，语讹谓之土蕃，其国都城号为逻些城。附参。唐初吐蕃赞普雄强为赞，丈夫为普。弃隶弄赞建牙于跋布川，跋布川疑即今之雅鲁藏布江。又土人相传达赖喇嘛所居喇萨之地，即唐时土蕃建牙之所，有古碑可证。以唐书考之。亦当在今前藏布达拉之地也。其国都号为逻些城。逻些于唐古特语为喇萨，亦吐番建牙于藏之证。王为赞普，相为大论小论，以统理国事。于贞观八年遣使朝贡，太宗遣行人冯德遐往抚慰之，是为西藏通中国之始。继遣使随德遐入朝奉表求婚，太宗未之许。使者返，言："大国许嫁公主，会吐谷浑王入朝吐谷浑鲜卑种也。去青海二十五里古析支之地。离间，遂不许。"弄赞遂发兵击吐谷浑，破党项、白兰诸羌，进顿松州。西境边人大扰，太宗遣侯君集、牛进达等率步骑五万击之。进达先锋自松州夜袭其营，斩首千余级，弄赞大惧，遣使谢罪。复请婚，太宗以宗女文成公主妻之，自是始终恭顺。及弃隶缩赞立，复请婚，中宗以所养雍王女金城公主妻之。至睿宗时，请河西九曲之地为金城公主汤沐所，乃与唐境接近，自是连年犯边。开元十七年，遣使往视金城公主，赞普欣然请和，令其臣入朝上表，并为公主请毛诗、礼记、左传、文选各一部。制令秘书省写与之。后以崔希逸袭破吐蕃于青海，复绝贡犯边。乾元时，乘唐隙，尽有西域。肃宗朝，吐蕃遣使请盟，郭子仪令于鸿胪寺歃血以申蕃戎之礼。广德元年，因降将高庭晖入长安立广武王为帝，旋为郭子仪设疑兵遁去。德宗朝再约和好，盟于清水。贞元三年，以浑瑊充会盟使，盟于平凉川，吐蕃渝盟。五年，剑南节度使韦皋遣将大破吐蕃，杀其大兵马使乞藏遮遮。八年、九年，连破吐蕃，获其大将赞热。十八年，九道并进，拔七城，遂围维州，擒大首领莽热，献俘于朝，御制纪功碑褒之。顺宗永贞十四年〔？〕，敕放蕃使论矩立藏等。穆宗元年，吐蕃遣使请盟，许之，以刘元鼎充会盟使，盟于长安。二年四月，元鼎奉敕至吐蕃牙帐，五月六日会盟。讫迨唐末，而种族分散，无复统一。宋时亦号吐蕃，修朝贡。元宪宗始于河州置吐蕃宣慰司都元帅府，又于四川徼外置碉门、鱼通、雅黎、长河西、宁〔远〕等处宣抚司。世祖时，复置乌斯藏郡县，其地以吐蕃僧帕克斯巴〔八思巴〕为大宝法王帝师领之，嗣者数世。明太祖惩唐世吐蕃之乱，思制御之，惟因其俗尚用僧徒化导为善，故洪武六年以摄帝师纳木嘉勒藏博〔即喃加巴藏卜〕为炽盛佛宝国师，给玉印，置乌斯藏、朵甘二〔行都〕指挥〔使〕司及招讨司、万户府、千户所。以元国公纳木喀斯丹拜嘉勒藏等领之。永乐中，复封番僧为大宝法王、大乘法王、大慈法王、阐教王、阐化王、辅教王、赞善王、护教王凡八王，并给印诰或间岁来朝。其地皆倚中国之茶为命，而当时入贡者又优以茶布，诸番恋贡市之利，且欲保世官。故终明之世未尝为患，此历朝藏事大略也。

国朝崇德七年，西藏达赖、班禅及藏巴汗、青海固始汗各遣使绕塞外数万里达盛京，奉书及方物，并献卦验，知必当一统。明年，遣使存问，达赖、班禅称为金刚大士，是为我朝通西藏之始。顺治九年，达赖来朝，世祖章皇帝宾之于太和殿，建西黄寺居之。及行，饯之于南苑德寿寺，授金册印，封西天大善自在佛领天下释教普通瓦赤喇怛喇达赖喇嘛，令和硕亲王硕塞以八旗兵送之。其后遣使贡献不绝。西俗最尊者惟达赖喇嘛、班禅额尔德尼，又有汗，则蒙古部长为之，其代达赖喇嘛理事者曰第巴。康熙三十二年，达赖入贡言：已年迈，国事决第巴桑结，乞锡之封爵。诏封第巴桑结为土伯特国王，赐金印。达赖示寂，桑结匿不以闻，潜与准噶尔噶尔丹相为表里。及召喇嘛班禅胡图克图来京，桑结又阻之不至。四十四年，拉藏汗诛桑结，圣祖嘉之，封拉藏辅教恭顺汗，赐金印，遣侍郎赫寿等安抚其地。又因拉藏汗所请，阿王伊西〔巴噶曾巴·伊喜嘉错〕为真达赖喇嘛。其后，准噶尔策妄阿喇蒲坦，遣大台吉策零敦多布及宰桑吹音匹儿率精兵六千绕戈壁，逾和阗大雪山，由腾格里海北岸大山冒险突入，藏中无备，破布达拉，杀拉藏汗，焚毁寺庙，追逐僧众。时达赖喇嘛移居西宁塔儿寺。五十七年，特命皇十四子为抚远大将军，屯兵于青海之木鲁乌苏，木鲁乌苏即木鲁河，华言通天河，乃西宁西藏之界。居中调度；将军傅尔丹、富宁安分出巴里坤、阿尔台，以猎其北。而将军噶尔弼出四川，将军延信出青海，两路捣藏。是时，蒙古汗王贝勒台吉各自率所部兵，或数千，或数百，于五十九年春随大兵护送西宁塔儿寺真达赖喇嘛〔是为七世格桑嘉错〕入藏，军容甚盛。策零敦多布由中路自拒青海军，而分遣其宰桑以兵三千六百拒南路。南路将军噶尔弼招抚里塘、巴塘番众，进至察木多，夺洛隆宗三巴桥之险，旋奉大将军檄，俟期并进。噶尔弼恐师入粮匮，用付将岳钟琪以番攻番之计，即招土司为前驱。适付都统伍格带江浙满兵，偕云南总兵官赵坤等官兵由中甸一路而来，遂统率以进克拉里，取墨竹工卡，集皮船渡，噶尔〔弼〕招穆伦口降番兵七千，扼要塞险，断贼饷道，分三队直取西藏。而青海军亦由苦苦脑儿进剿，三败其中途劫营之贼，于薄克河、于嫩果儿、于楚马拉等处，俘斩千计，直抵藏地。大军会合，贼台吉策零及其宰桑，先后弃师遁，众大溃，由雪山旧路北窜，崎岖冻馁，得还伊犁者不及半。达赖喇嘛于是年九月十五日登座。西藏平，留蒙古兵二千戍之，以拉藏旧臣贝子康济鼐掌前藏，台吉颇罗鼐掌后藏。御制平定西藏碑文，勒石大招寺，振旅而还。此康熙五十九年事也。

雍正初，撤回官兵，以贝子康济鼐总理其地。五年，噶布伦阿尔布巴等叛杀康济鼐，后藏台吉颇罗鼐走避。次年，命左都御史查朗阿为正帅，率满汉官兵八千余员名由西宁出口，散秩大臣周英等率川兵四千余骑，由霍耳、云南总兵官南天祥等率滇兵三千名由昌都三路进讨，未至，而颇罗鼐率后藏及阿里兵九千截贼去路，擒首逆经查朗阿等，审实磔之，藏地复安。七年，诏封颇罗鼐为贝子，总藏事；留大臣正付二人领川陕兵二千分驻前后藏，镇抚之，是为大臣驻藏之始。乾隆三年，噶尔丹策楞策妄死，子策楞立。请入藏熬茶，许之。时贝子颇罗鼐惩前败，训练万骑，又练步兵万有五千，于通准夷各路，严设卡伦，噶尔丹自是不敢窥藏。晋封颇罗鼐郡王。十二年，以其次子珠尔墨特袭封。十五年以罪诛。始不封汗王、贝子，设四噶布伦分其权，而总于达赖喇嘛，以全藏地与之。增驻藏大臣兵千有五百。二十二年，荡平伊犁，藏地始永无准夷患。

廓尔喀者，本巴勒布国，旧分叶楞部、布颜部、库库木部，后又兼并哲孟雄、作木朗洛敏汤诸部落，吞并为一，遂与后藏以交易滋事。由后藏行二十驿至济咙之铁索桥，为藏地极边，逾桥而西则廓尔喀，自古不通中国，于乾隆五十五年内犯西藏，侍〔郎〕巴忠、将军鄂辉、成德等调停贿和，未交一兵而糜饷百万。次年，夷再举深入后藏，札什伦布西南，左有曲多江巩，右有彭错岭，峭壁连冈，咽喉天险。贼步卒数千自聂拉木入。其时番汉官兵若分两路，一扼曲多江巩遏其前，一绕赴彭错岭截其后，则廓夷深入无援，可不战〔而〕溃也。驻藏大臣保泰奏请移达赖于西宁，移班禅于前藏，欲以藏地委贼。而仲巴呼图克图先遁，喇嘛济仲、札苍等复托言卜诸吉祥天母，不宜战，众心遂溃，贼大扰札什伦布，全藏大震。时鄂辉为四川总督，成德为四川将军，拥兵四千赴剿，按程缓进。上知二人不足恃，乃命嘉勇公福康安为将军，超勇公海兰察〔为〕参赞，调索伦满兵及金川屯练土兵进讨。明年二月，将军、参赞由青海至后藏。闰四月，索伦兵二千、土屯兵五千并藏内官兵三千皆集。五月，连败其屯界之贼，尽复藏地。六月初，大举深入，遣领队大臣岱森保、总兵诸神保等各出左右一路，以分贼势，而大军出中路，海兰察将三队为前军，福康安将二队继之，大破贼于距济咙八十里之铁索桥，入廓夷界，追剿百六十里，至协布噜，又百数十里，至东觉岭。六月九日至雍雅山，廓夷震慑乞降，不许。复三路进攻，六战六捷，杀贼四千，涉贼境七百余里，将近其国都，廓酋再遣人诣军前哀词乞降。时已八月，恐过后大雪封山难返，乃允之。尽献还所掠藏中财宝，贡驯象、番马、乐工，请永遵约束。班师，留番兵三千、汉蒙古兵一千戍藏。自是二大臣仪注行事，始与达赖、班禅平等，事权归一。此乾隆五十七年事也。后藏至廓尔喀有定结大道，必绕布噜克巴等部，迂道月余，故我师由济咙近路入，左壁右湍，不容一骑，将军、参赞亦时步进，故所贡象绕大路，次年春始至前藏。自大创以后，至今贡献不绝。西藏始永无廓夷患。

初，藏中皆习元帝师帕思巴所传之红教，明时有宗喀巴者，幼而神异，精通佛法，修苦行，著穆隆经。初出家亦学经于红教萨迦庙之呼图克图，既成，为番众所敬。相传其受戒时，染僧帽，诸色不成，惟黄色立就，故名黄教，衣冠皆黄色，盛行于卫藏及极西诸部落。宗喀巴示寂，遗嘱二弟子，世世以呼毕勒罕转生，演大乘教。呼毕勒罕者，华言化身也。二弟子：一曰达赖剌麻；一曰班禅额尔德尼。剌麻者，华言无尚也；额尔德尼者，华言光显也。相传达赖为观音分体之光，班禅为金刚化身。第二世达赖名根敦嘉木磋者，于明正统时始以活佛闻于中国。第三世达赖名锁南嘉木磋，教益盛。红教中大宝、大乘诸法王皆俯首称弟子，化行诸部，东西数万里，熬茶膜拜，视若天神。诸番王徒拥虚位，不复能施其号令，是为剌麻极盛之时。相传达赖剌麻每于圆寂时，先示人以降生之处，其弟子大堪布往访得之，小儿相见，即能相识，或出一二语乃临圆寂时事，大著灵异。嗣达赖六世、班禅七辈后，不复再来，故登座者无复真观密谛，只凭垂仲降神指示。垂仲者，犹内地之巫师也。又达赖、班禅亲族多营为大呼图克图，以专财利，屡致盗祸。高宗久悉其弊，乘用兵之后，特运神断，创颁金奔巴瓶一，供于前藏之大招寺，遇有呼毕勒罕转生互报差异者，纳签瓶中，诵经降神，大臣会同达赖、班禅于宗喀巴〔像〕前掣之。惟嘉庆十三年，第九世达赖灵徵众著，由驻藏大臣奏闻，请旨，不复瓶掣，是为破格。达赖喇麻之下有二呼图克图：一为济咙；一为第穆，皆以所辖地名称之。又有二那门汗，次于呼图克图，其管理寺院、讲习经典之僧官皆名堪布，最大者曰总堪布，次曰通巴堪布、达尔罕堪布。有札萨克三人，乃济咙、第穆两呼图克图及两那门汗理事之大僧官也。其统理兵刑者曰噶布伦，一作噶隆。其主库之僧官曰商卓特巴，曰仔本凡称本者亦作绷，戴本、甲本皆如之。凡噶布隆、商卓特巴、仔本有缺，由驻藏大臣会同达赖喇嘛选拟正陪二人，请旨补用。余皆会同简放。西藏绿营官兵六百二十一员名，拉里一百二十八员名，察木多三百三十三员名。先是额设步骑六万四千，步兵居五万，骑兵前藏三千，后藏二千，阿里五千，稞坝千，黑帐番、蒙古共三千，皆散在民间，无常饷。乾隆年改定有常饷兵，如上数外，江孜、定日各设一守备，不能多设戍兵，仅备弹压而已。全藏所辖六十八城：喀木九、前藏三十、后藏十八、阿里十二。所谓城者，则官舍、民居堑山建碉之谓。量地大小、人众寡，各设宗布木以理民，设丁布木以理兵。民居碉房，其游牧之番及蒙古则居黑帐。达赖喇嘛所辖寺庙三千百有五十余所，班禅所辖寺庙三百二十七所据乾隆二年理藩院造册。藏地万峰插天，高轾冰凌，洼轾燠溽，十里殊裘葛。惟布达拉一区，四山环卫如城，无严寒，无酷暑，其土膏衍，其人秀好，其音华夏，故吐番赞普都之，以鞭挞四夷，抗衡上国。而宗喀巴卓锡后，数万里蒙古额鲁特、喀尔喀奔走，其号令若驱撮于灵奇磅礴之中者。至今飞阁流丹，梵呗彻山谷，为西方极盛之区。而班禅所居札什伦布次之。每遇节期，达赖升座讲甘珠尔经、丹珠尔经，环听跪拜千计。其大喇嘛学道能转世者，达赖、班禅印证之，得为胡图克图，分掌教化。其刑有番律四十一条，甚酷。其山则以阿里迤西三百余里之冈底斯山，为天下大干宗祖。冈底斯者，葱岭之南干，除北条黄河之内而外，凡南条之水，若大小金沙江、大金沙江即雅鲁藏布江下游，小金沙江系流至叙府合岷江者。若怒江、若澜沧江，无一不源于西藏者。其水则以雅鲁藏布江为正流，横亘于三藏之南，诸水左右注之，下游为大金沙江，由缅甸入南海源出冈底斯山东南三百众里之达木绰克哈巴布山，山西北为狼干喀巴布山，即冈噶江之源。冈噶江绕阿里界，下游为恒河，经厄讷特克图，会诸水入南海。佛书所称恒河即此水也。又拉里以东之怒江、澜沧江皆发源于卫地，各趋南海，不入雅鲁藏布江。故说《禹贡》者以大金沙江为黑水焉。其边界东南有珞瑜野人在怒江以南，第论前藏，则珞瑜为正南。以全藏形势言之，则为东南。正南有东西布鲁克巴二部长一千余里，广五六百里，地和暖，产五谷。有哲孟雄幅员百里，介于廓尔喀，布鲁克巴之间，其北境有白木戎、作木朗诸小部，毗连后藏。其南界为独（大）吉岭。西南有廓尔喀见前。其入藏四隘口：为喀达、为绒辖、为聂拉木、为济咙。正西为葱岭大山，山以西如霍罕布哈尔基法等部，尽为俄罗斯所踞。与印度仅隔兴都哥士一山。西北为叶尔羌，昔回疆四城之一，今改为内地。又北为和阗、一作于阗，今属内地。为戈壁沙漠之地。由东北以达东南，则青海、四川、云南之边境也。川、陕、滇入藏之路有三，惟云南中甸之路峻戏重阻，故军行皆由四川、青海二路，而青海路亦出河源之西，未入藏前，先经蒙古草地千五百里，又不如打箭炉内皆腹地，外环土司，故驻藏大臣往返皆以四川为正驿，而互市与贡道亦皆在打箭炉云。

藏事续考

前录有未尽者，兹复分天、地、人、物四类，挨次纂辑，敢云详赡，聊拾遗也。

天时类

狼星在江河上源之西弧，矢、犬、鸡皆徼外之备也。西羌吐蕃、吐谷浑及西南徼外夷人，皆占狼星。自木鲁乌苏水西一路至乌斯藏诏内，每夜日落见星，仰观经星及象星，觉光芒闪烁，较中土为更大。历厦、秋、冬三季，并不见北斗七星，此天文之殊也。

西藏番人不识天干，惟以地支属相纪年，亦以十二月为岁。其支属纪年，如鼠年、牛年、兔年。纪月以寅为正，亦有闰月，但不时耳。如雍正十年壬子闰五月，其地闰正月。雍正十三年乙卯闰四月，其地先于甲寅年闰七月。更有闰日之异，如闰初一，则无初二，即至初三日；或于月内摘去一二日，即不呼此一二日，如摘去二十七，次日即二十八日矣。每月无小建，必有朔望、晦日。称正月为端郭，余月仍依次数之。纪日惟以金、木、水、火、土五行配，与时宪书无异。推日蚀、月蚀，亦纤毫不爽云。推算占验皆唐公主所流传。其四时气候温和，常如中土二八月天气。但晴雨靡常，风霾无定，大约藏地平壤则热，居高则寒，有十里不同天之语。就喇萨诏而论，清明立夏间，草木萌芽；季春夏初间，豆麦播种。收获亦在七八月之交。至日月显晦，雷电霹雳，尤与中土无异。夜有露，秋暮有薄霜，雪不厚积，冰雹平时间见，或山猎水围，则有时顿作，番人诵活佛咒即止，然亦有不应者。

西藏节令，多与内地不同。如十二月，大建则以元日为年节。小建则以初二日为年节。每遇年节，商民停市三日，各以茶、酒、果食物相馈为礼。其日，达赖喇嘛设宴于布达拉上，延汉番官会饮，有跳钺斧之戏。选幼童十余人，著彩衣，戴白布圈帽，足系小铃，手执斧钺前列，设鼓十余面，司鼓者亦装束如前。凡觥筹交错时，相向而舞，听鼓声之渊渊而缀兆疾徐，咸中节揆。越日观飞神，乃后藏番民供役，以皮索数十丈，系于布达拉山寺上下，人捷如猱，攀援而上，以木板护于胸，手足四舒而下，如矢离弦，如燕掠水，亦异观也。过此，择日大诏内，聚集各山寺喇嘛，拥达赖喇嘛下山谒佛，登台讲大乘经，谓之放朝。凡番民越数千里来者踵相接，以金珠宝玩陈列炫丽，举于首而跪献之。达赖喇嘛若受，即以麈尾拂其首，或手摩其顶者三，出则必夸耀于人，以为活佛降福也。上元日悬灯于大诏内，矗木架数层，安设大灯约万余盏，缀以五色，油面为人物龙蛇鸟兽，穷极精巧，自夜达旦，视天之阴晴雨雪，及灯焰之晦明，占一岁丰歉。十八日扬兵，集唐古忒马步兵三千，戎装执械，绕诏三匝，至琉璃桥南，施巨炮以驱鬼魅，炮大小不一，中最大者铸自唐时，刊"威剿除叛逆"五字。演毕，于商上出金银绸缎布茶劳之，并布施僧众为诵经之资，岁凡支银三百六十余两。越二日或四日。噶布伦、戴绷及喇嘛各出幼童，选快马驰骋，自色拉山寺东麓至布达拉后，约三十里，疾驱角胜，先至者受上赏。复以幼童裸体跣足，自布达拉西至喇萨东，约十余里，一时争道而趋，亦以先后至者较胜负，如力不胜，亲友旁观者，遂以冷水灌顶为之助。此为一年夺标之戏也。二十七日，迎色拉寺之飞来杵至喇萨诏。三十日诵经毕，送老工夹布，即所谓打牛魔王也。以喇嘛一人伪为达赖喇嘛，于番民中择一人，面涂黑白色，作魔王，直诣其前，诋其五蕴未空，诸漏未净。达赖亦以理折，彼此矜尚法力。因各出骰一枚，如核桃大。达赖三掷皆卢，魔王三掷皆枭，盖六面一色也。魔王惊惧而逸，于是僧俗人执弓矢枪炮逐之。先时，于对河牛魔山列帐房待魔王窜入，击以巨炮，迫以远飏而止。凡作魔王者，必以贿得之，盖先于魔王避居处，预储数月之用以待之，食尽始归耳。二月初二日，达赖喇嘛上山。仲春下旬或暮春之初，将大诏寺中宝器珍玩，陈设殆备，谓之亮宝。翌日，布达拉悬大佛像，其像五色锦缎堆成，自第五层楼垂至山麓，约长三十丈。又有喇嘛装束神鬼，及诸番人物、虎豹、犀象等兽，绕诏三匝至大佛前，拜舞歌唱。如此一月始散。四月十五日，寺门洞开，亦燃灯达旦其灯以园根盛酥油然之，任番人游玩。六月三十日，别蚌、色拉二寺，亦悬大佛像，有垂仲降神，番民男妇，皆华服艳妆，歌唱或翻杆，及相扑诸戏无不咸备，亦二寺之大会也。七月十五日，任碟巴一人，以司农事，其地之头目从之游，佩弓挟矢，碟巴前导，遍历郊圻，观田禾射饮，以庆丰年。然后土民刈获，亦所以重农事也。七八月间，各临河设凉帐房，男女同浴于河，即上已祓禊之意。十月十五日，唐公主诞辰，番民盛服至大诏顶礼。二十五日，相传宗卡巴成圣日，或云即燃灯佛。举国皆于墙壁间燃灯相映，灿若列星。亦以灯卜。其岁除夕，木鹿寺跳神逐鬼，有方相氏司傩遗意。男女盛饰，群聚歌饮，带醉而归，以度岁节。

蛮语附

天浪 日尼嘛 月大瓦，达哇同 星噶儿嘛、藏曰宿米 云真、藏称风包 雷托，藏曰音独 电律 霜八木，藏曰卡 雪卡哇 雾木罘 露孜耳罢 雨岔耳罢 雹谢耳哇 风弄 烟毒哇 日出尼嘛贡 日落尼嘛浪所 月出达哇贡儿 月落达哇浪索 金星八哇桑 木星卜耳不 水星呐巴 火星迷墨儿 土星冰巴 霜降拔息拔 风起弄浪 风住弄扯 虚空半浪 法界棹音 天晴浪当 天阴浪篾 云厚真秃 云薄真索 有雨岔约 无雨岔灭 风慢弄达耳 风寒纳巴扯 日照尼嘛坡 日遮尼嘛交 春吉卡 夏约卡 秋段卡 冬棍卡 年洛 月达 日尼 时菊 昼夜尼参 热擦 寒章 暖卓 凉昔 冻恰 温擦章仰 时节菊错 夜长泽零 夜短泽同 今日达零 明日送逆 今年达洛 明年送迫 昔莪马 今时达达 永远于苓 昼尼么 夜泽么 早阿卓 晚赤卓 藏曰尼嘛拉盖 半日尼扯 半夜朗扯 新年烙鳁 旧年洛逆。

地利类

西藏东至巴塘之南墩宁静山为界。由前藏拉撒行十里许，过机楮河即藏江。其渡，设有皮木船，以备通涉至德庆，有纵，凡所谓纵者，系傍山碉房，乃其头目碟巴据险守隘之所，俱是官署。其平地无隘之官署名。曰噶至墨竹工卡皆平川，俱设有纵，设兵守隘。自此东行，道路窄狭，崎岖难行。工布江达、拉里、说板多、洛隆宗、昌都，皆为要隘，各安兵设防。康熙三十八年提督唐希顺，据化林守备王允吉等原报一案，兴师克打箭炉，定界于中渡。康熙五十八年，永宁协副将岳钟琪，斩逵畦蓝占、巴布木咱等九人。都统法腊于五月十八日，令永宁副将岳钟琪领官兵一千，进取巴塘；令成都县教谕杨世禄先行招抚。五月二十六日，巴塘营官结果翁布二人，随杨世禄赍土地户口册近投副将岳钟琪于奔卡本地方，巴塘、里塘始定。七月，据差成都府同知马世珩，四川提标后营游击黄喜林，报招乍丫、察娃、作贡、奔达、桑阿却宗，察木多等处。五十九年、大兵随定西将军噶尔弼，于八月定藏。雍正三年，松潘镇总兵官周瑛，勘定疆址，始定于南墩宁静山岭上为界，并建分界碑。龄东之巴塘、里塘属四川，岭西属西藏，其中叫察卡、中甸属云南，三处疆界始分。

南至珞瑜茹巴之怒江为界。由拉撒东南行一日，过锅噶拉大山至宋布堡，过米噶拉山、札拉山，至押噶交藏江，至怒江，皆有隘设防。其地疆址广阔无垠，不能悉载。怒江之水宽数里，两岸壁削，中流急湍，人莫能渡。其北一带，亦名工布，绵亘颇广，南即珞瑜，中隔一江。珞瑜乃野人，名老卡止，嘴割数缺，涂以五色，性喜盐。其地产茜草、水竹、紫草茸。不耕不织，穴室巢居，猎牲为食。藏内有犯死罪者，人解送过江，群老卡止分而啖之。西南接布鲁克巴、尔布通、西洋等处。自怒江北五日至咱义，四日至桑阿却宗，又九日至灵卡石，过澜沧江至察娃作贡，又七日至阿布拉塘，交南墩大路。

西至甲噶为界。拉撒召西行二十五里出东阁儿关，由业党楮过铁索桥，至干巴白尔极过甘不拉云，即是西昆仑山，走仁蚌至札什隆布，由三桑、撒噶、著虚等处，过墨雨拉大山，西至甲噶。宜驻兵防范。按：甲噶亦颇广阔，其业党楮之铁索桥，乃第一守险之区，过桥由西昆仑山下至羊卓白地，沿海行走。其海周围数千里，海中有山寺，名多尔吉拔母宫。由仁蚌至日盖子，即札什隆布仍仲宁翁结巴寺之后山。自札什隆布西行十日至三桑，乃阿里地方交界。由三桑至岗得寨，入阿里噶尔渡地方，颇罗鼐长子朱尔吗特策登驻防之处。查阿里地方甚大，稍西北乃纳达克。酋长得中南木查尔地土一半，系谷古结塞地土。谷古结塞酋长之女与朱尔吗特策登为妻，三部通好。其纳达克、谷古结塞二姓，乃新抚之地。甲噶西北距准噶尔界，西南通卡契缠头回民界。其札什隆布、江孜西南地方为前藏、后藏屏藩：一由纳格尔八日至帕尔，与布鲁克巴交界，山川险峻，难以出入，亦设兵防守；一由业党奇木样纳山业郎地方至结隆，与者木雄宗里口交界；一由业尔斯卡禄纳山业即塞尔地方交白布界，惧属险道。互相通好，安兵守隘。西南界址止此三部。

北至准噶尔为界。由拉撒西行过浪子至德庆，俱有纵以守隘。向北行出杨八景口至新桥，即平川，西通后藏，东接达旦，西北一带，有克里野，大山广阔，为准噶尔要径。过山即准噶尔叶尔羌地方，各设卡拒防。其地即草地。由克里野山脚纳克产隘口，北通哈具德不忒尔，又北直至木鲁乌苏、摆度等处，乃交往西宁大道，其东接玉树等处界。又由杨八景至桑沱洛海，过红塔尔小山至拉定，过纳根山，即腾格那尔打木地方，系每年出防处。由吉札布至生根物角隘，东北至噶尔藏骨岔、阿尔坦诺尔一带，俱系通准噶尔界。皆设有隘口截防。

东北直接西宁界。由拉撒北行十里向色拉寺，东过郭拉至浪岩。由隆竹松过彭多河，有铁索桥，设有皮船济渡，安兵防隘。过河，由角子拉、热正寺、增项工至木鲁乌素，即西宁界。驻兵为汛守之地。东北接西宁所管之南称巴彦等番族。又通洛隆宗，类乌齐地方，由木鲁乌素通西宁大道。由玉树接西宁、松潘、泰宁三处，王树亦准噶尔来藏之路，于玉树之白兔河设卡，东南接类乌齐地方。由拉撒郎路山转出大则，其地有纵，至唐家骨，东有铁索桥，设有皮木船通渡，凭河守隘。由竹贡寺至沙金塘，皆系草地，走吉树边卡过江党桥，至春奔色擦，按类乌齐界，通昌都大道。

西藏东至打箭炉八十四日，南至工布珞瑜三十五日，西至甲噶九十五日，北至生根物角四十日。正东至巴塘四川界，正南至珞瑜阿咱界，正西至阿里纳达克交界，正北至白兔河、皂哈界，东南至木鲁巴东云南交界，东北至娘错、松潘、泰宁界，西南至白布卡契界，西北至锅壁准噶尔界。所称锅壁者，乃砂碛之地，寸草勺水全无。凡呼拉者，即华言山也。

1073

瓦合一柱拉、不甚陡，而略险难行，一连四山相接，绵长百六十里。四时积雪，有深数十丈之窖，行其上，愁云瘴雾，日色惨澹，鸟兽藏迹，别是一天风景。康熙五十九年，云南官兵三百余员名，至此山下札营，一夜风雪，人马尽僵，离洛隆宗四日。

喀木在卫藏之东，至京九千余里。前藏居诸藏之中，又名中藏，中藏至京万有二千余里。后藏在前藏之南，至京万有三千余里。阿里在卫藏极西，至京万有四千余里。察木多形势甚雄，昂楮河在其右，源出中坝。因通云南，亦名云河。杂楮河在其左，源出九茹，因通四川，亦名川河。二水合流，入云南界。其山则裹角大山，积雪五十里，离瓦合一柱拉三日。过山至昌都二日。乃滇川藏三界之中，最为重地。两山环抱，左右有大木桥。东走四川，南达云南，西通西藏，北通青海，乃扼要之区。而察木多大寺在山上南向，其山自西北来，开大峰，寺后屏开山叠，左右双峰耸峙，中出一支迤逦而下二里许，如龙饮水。左右二河，即澜沧江之上游，皆来源千余里，自山后环抱而来，交会山前。其外高山四周，形势非常。昔岳大将军见而恶之，驻军山上，移喇嘛于下，断其山脉而还之。今山上喇嘛数千，山下土城为游击戍兵及粮务驻所。城外番民四五百户，汉人贸易者数十家，与蕃杂处。

后藏之西为阿里，其西北界近底穆冈城，东有拉达克城，本一小部落也。东西境长一千五百余里，北至叶尔羌十八站，西北为克食米尔，西南为森巴，南为哲孟雄、洛敏汤、廓尔喀。又西南为披楞，其西境内有芒玉纳山，自芒玉纳山以西有地曰补仁。又西曰达坝噶尔，又西曰杂仁，又西北曰堆噶尔本，又西北曰茹妥，皆拉达克之地。堆噶尔本产金，五辈达赖喇嘛盛时，夺取此五处，拉达克不敢较。道光十年，有张格尔余党，自叶尔羌逃自其地，拉达酋长擒献，赏五品顶戴，又赏入藏，礼达赖班禅。后为西界外野蕃森巴侵占其地，走唐古忒求救，驻藏大臣拒之弗纳，拉达克怨，反投森巴，诱之寇唐古忒，欲复芒玉纳山西故地。森巴者，其部有三：最大而远者，曰然吉森，次曰索热森，曰谷朗森。道光二十一年，索热森酋俄斯尔遂因拉达克来侵藏，遣噶布抡往御，卒少不胜。补仁五处皆为所夺。大臣以闻，发唐古忒大兵剿之，森巴勇悍，善枪箭铜炮，而不耐寒。藏有红教喇嘛宜玛汤者，能诵经祈雪深数尺，森巴大冻。唐古忒乘雪以连环枪进攻，森巴大败阵，斩俄斯尔，擒八百余人，尽复所夺地。追至森巴界河而营。督唐古忒兵者，噶布伦策垫夺吉、戴本比喜也。俄斯尔之妻率众继至，闻败大惧，然吉森以为俄斯尔之勇犹阵亡。又森巴得唐古忒营中护法神像，忽自行动，大惊，乃使人请和未成，决河水淹唐古忒，营兵皆走依山，策垫夺吉、比喜单骑入森巴营，责让之。森巴奉约而退，还所侵拉达克地，以处其酋。

藏田水旱，土地平衍，活佛及藏王所都。活佛立床处为布达拉，藏王所居为诏，南北袤氏四十里，东西延广四五百里。陆可驰马，中贯河道，水流东南，不甚驶急，清波涟漪，澄澈见底。诏内夹河，两聚部落。临白水江，为藏地之中央，番夷僧俗商贾杂处，其地广二里许。谓中楼殿衙署街道马市，井井可观，四围无城郭。就居人所住碉楼，环绕相联，以为藩篱，似内地一大村镇。其余村庄星罗棋布，外则崇山围绕，隘口险峻，诚有一夫当关万夫莫开之势。考其开辟，不知何始，番语指为佛地。东通四川，东南达云南界，东北向潘州暨湟中，达中华。正南千里通后藏，西北由后套穿衣里直达泽旺蒙古部落。土人云有万里之远。西抵后套，西南向大西洋海边。

诏中河名白冰江，江北起石山，曰布达拉，为达赖喇嘛居处。山有金银浮图三座，旁有小河水清，布达喇山后有小湖，湖中水阁桥梁凫鹭咸具焉。

蛮语附

| 地萨 | 世界只顶 | 皇图甲恩 | 天下甲元 | 中国育密 | 地方萨利 | 水出楮同 | 火迷 | 石夺 | 山拉 | 喇同 | 沙杰嘛 | 海江错 | 江出称 | 河出 |

窝　泉出迷　井称罢　墙姜　园喇瓦　道朗　桥散罢　三坝同　长零短同　远地零　近同他　深下饶　浅没饶　高托　低慢　宽羊　窄夺　广甲扯　四方竹目　动约　软腻　硬撒　流瀑　佛地拉撒　佛教桑结旦巴　黄河骂出　好水出戍　恶水出恩　尘毒耳　街松夯　沟龙巴　边塔　东厦耳　西奴　南济　北降　上项　下卧　左怨　右叶　前顿　后交　内囊　外且　中间拔耳　内外且囊。

人事类

　　西藏派兵之法，于各村抽派，或十名五名，人马不偏出。遇有兵革，著盔甲，其甲有柳叶连环锁子不等。马兵盔上插红缨及孔雀尾，腰悬刀，背负鸟枪，执长矛。步兵盔上插雄鸡尾，腰悬刀，外插顺刀，携弓矢，执藤牌或木牌，亦有执长矛者。其木牌宽约尺五六寸，长三尺一二寸，绘虎形，以五色羽毛装饰，外遮以铁皮。箭以竹为之，雕翎铁镞，镞如椎，长三四寸，其弓木胎，角面身小而劲。亦有竹为之者，两竹片合扎之亦劲。旗帜或绸缎布，分黄、红、黑、白、蓝五色。旗顶旄缨，各按旗色，若对垒然。每年于正、二、三月观兵，审其枪箭、跑马、跌扑诸技，演毕，以哈达、银钱、酒食犒之。至四月则派驻各隘口，既资防边，且兼牧马也。

　　西藏相沿番例三本，计四十一条，所载刑法甚酷。大诏旁有黑房数间拘挛罪人，犯法者不论罪之轻重，皆禁于内，用绳缚四肢，以待援法。如争斗死者，将尸弃水。杀人者，罚银钱入公，并给尸亲念经，或牛羊若干；无银则缚水中籍没其家。其抢夺劫杀者，不分首从，皆拟死，或缚于柱上施以枪箭。较射、饮酒死，则斫头悬示，或送珞瑜野人食之，或活缚送曲水蝎子洞，令螫之。若攫人财物，则将其家监禁，倍数追比，追完则将盗者抉目劓鼻，或去其手足。凡犯重罪，先以绳缚之，挞以皮鞭，复浸于水，逾时再挞，如是者三。然后询其辞，如讳，则以沸油浇其胸，利刃裂其肉。倘再固讳，则缚坐水中，分其发，以绳左右牵之，用白布蒙面浇以水。

或于指甲内以利油签刺之。若无辞可质，然后释。其受酷刑而死，弃尸水中。至寻常争斗求理，则罚银。犯而不告，各重罚。无银则以长棍责释。若犯奸，止罚银钱，量其贫富，亦或责释。但犯法无男女，皆于市中褪衣责之，近亦有枷号者，其刑法惨酷，殆未之闻。

西藏赋税，随其出产，或牛羊、紫草、青稞、氆氇等物，或马牛、酥油、牲畜、金银、铜铁诸物，皆随所产上纳。设有公所，名商上。凡所纳赋税，及问罚罪人银钱，存备公用，并喇嘛念经之费。至于土民之服役者，名乌拉，凡有业之人，勿论男女，皆与其选，即由他处远来者，但能置烟灶租房而居者亦然，多寡各量其贫富。其头目碟巴，皆派用乌拉，照所居屋之大小量定。应需数或三四名，或十数名，照数输派乌拉。应役无人，则雇穷民代之，或每日每名纳银五分。年过六十者免之。遇要差，则派牛马驴骡，富者应出若干，贫者三四人公摊一匹。藏地产马少，悉由霍尔一带及青海等处来者，价颇昂，即中等一匹，亦需银十七、八两、二十两不等。西藏其先文书，俱钤红色小图记，番人用唐古忒字，蒙古用蒙古字，自噶布伦以下皆用黑色图记。雍正九年特颁给印信，始知用印。如徵调兵马，近则头目戴绷催集，远则文信传调，一遇紧接军情，则用传旗，以箭一枝，缚白哈达一个，写由飞递传催，依限而到，无敢误。凡遇大小事务，每日噶布伦、碟巴、中科尔、戴绷等，齐集大诏内，自果廊公议，禀诸驻藏大臣及达赖喇嘛而行。

西藏委用头人，由驻藏大臣、达赖喇嘛选择，亦取才品及家道殷实者。设噶布伦四人，分辖藏地，设高爵一名，察核地方诸务。仓储巴数名，专司钱粮。浪子沙数名，分理刑名，并供给差役。中科尔数名，在大诏司文书票签戳记事。纪纲数名，主持计算。其中科、纪纲半多世职。凡放大小碟巴，皆于此等人中选用。至于出使头人称谷操，传事头人称若尼尔，管理家计头人称业尔巴，听役头人称乃兴巴。其各地大头人称碟巴，次称热熬、称十布。凡统领兵马之官有五：总统之大头人称戴本；其次称甲本，管兵二百名；次称如本，管兵一百名；称赖本，管兵四十五名；称局本，管兵十名。又有小头人称郭度。以上所委之碟巴、头人，即徵收所辖其地之钱粮以自赡。

岁本者，达赖起居之内侍也。其次曰森本，又次曰曲本，职司经卷，又次曰孜仲，职司熬茶。卓尼尔，达赖之传事者也。其收藏金银缎疋珍宝之内库曰商上今商上之权颇重。主库之僧官曰商卓特巴、曰仔本，皆四品。商卓特巴本即仓储巴，以诸处皆有，故特异其名。其主征收者，曰业尔仓巴，主刑名词讼者，曰噶厦、曰协尔帮，皆五品。主文书者，曰大中译，六品，曰小中译，七品，通传译语者，曰罗藏娃。主马厂者曰达本，六品。分管地方者曰希约第巴，曰郎子辖第巴，皆五品。掌户口册者，曰密本，五品。格隆者，戒僧也。格隆之熟经典者，曰格喜。修行未深，初转一二世者，曰沙布伦，诵称喇嘛，弟子曰托音。俗官初入籍者，曰东科尔。又有边缺大营官、小营官，皆主地方及兵事。

布达拉经簿云：达赖喇嘛，宗喀巴之大弟子也；班禅额尔德尼，宗喀巴之二弟子也。头辈达赖喇嘛名根敦珠巴，生于洪武二十四年辛未，在喀那木萨喀木青熙饶巴处出家，二十岁受大戒，创建札什伦布庙，诵穆伦经。其时有博洞班禅在雪地修行，闻名信附，遂号根敦珠巴为汤彻清巴，寿八十六岁。第二辈名根敦嘉木磋，生于明成化十二年丙申，创建群科尔汪庙。第三辈名索诺木嘉木磋，生于明嘉靖二十二年癸卯。亲赴各蒙古地方，布行黄教，蒙古王等咸称为达赖喇嘛班禅额尔达拉，明万历间封为大国师。第四辈名云丹嘉木磋，生于明万历十七年己丑。生蒙古地方敬格尔家，十五岁至藏。在噶勒丹寺坐台之桑结仁庆处出家，班禅罗卜藏曲津处受大戒，万历间封为沙布达多尔济桑结，能驱邪逐祟，曾于石上踏留足印。第五辈名阿旺罗卜藏嘉木磋，明万历四十五年，生于前藏崇结萨尔合王家。其生之日与释迦牟尼佛同，在班禅罗卜藏曲津处出家，受大戒。国朝崇德七年，达赖喇嘛同班禅喇嘛差乌巴什台吉达盛京进贡，约行善事。顺治元年，达赖喇嘛差人进贡，九年入觐。世祖章皇帝赐居黄寺，封为掌天下黄教西方自在佛足墨多尔济嘉木磋喇嘛，赐金册。第六辈名罗卜藏林沁仓洋嘉木磋，康熙二十二年，生于蒙巴拉沃松地。按：《通志》康熙四十四年因拉藏汗请以阿王伊西为达赖喇嘛，疑即此〔误〕。第七辈名罗布藏噶勒桑嘉木磋，康熙四十七年，生于里塘地方。在察汉诺们罕家出家。按：此即图识所云：噶尔藏嘉慕也。十三岁，康熙五十九年，赐达赖喇嘛名号，统领黄教，敕书金印。雍正二年，赐西方汤彻清巴巴木载达赖喇嘛，掌天下释教金册金印。第八辈名罗藏丹碑旺楚克江巴尔嘉木磋，乾隆二十三年戊寅，生于后藏托结地方。

又云：班禅第一辈名刻珠尼玛绰尔济伽勒布格尔，生于明正统十年乙丑。第二辈名珠拜旺曲索诺木绰尔济朗布，生年缺。第三辈名结珠拜旺曲罗布藏敦玉珠巴，生明宏治十八年乙丑。第四辈名班禅罗卜藏绰尔济嘉勒参，生于明隆庆元年丁卯，国朝崇德七年，遣使进贡。太宗文皇嘉其诚意，诏令班禅、达赖二人内年少者拜年长者为师，学习经典，寿高九十六岁。第五辈名班禅罗布藏伊喜，生于康熙二年癸卯。五十二年赐金册印，注明"札什伦布各庙宇地方属班禅管理"。第六辈名班禅哲布尊巴勒丹伊喜，生于乾隆三年戊午，三十年赐金册，四十五年入觐，赐四体字玉册、玉印。第七辈生于乾隆四十七年壬寅。达赖喇嘛有金印玉宝。其金印文曰："敕封西天大善自在佛统领天下释教普通瓦赤拉呾喇达赖喇嘛之印"。玉印文同，惟不称印，而称宝。又有金册玉册。玉册长六寸余，宽约四寸，页厚二分，边刻龙文，面书敕封达赖喇嘛玉册，其字四体：前汉文，次唐古忒文，次蒙古文，最后清文国书。右行实则先清文，次蒙古文，次唐古忒文，最后乃汉文也。册凡十五页不联。金册大小如之，亦十五页而联。其脑如展书者矣，皆紫檀座盛。班禅额尔德尼有金印金册，无玉印玉册。

红教喇嘛有法术，能咒刀入石，复屈而结之。又能为风雪，役鬼神，非虚也，然自屈服于黄教。盖黄教惟讲诵经典，习静禅坐，不为幻法，而诸邪不能侵之。故蕃人虽愚，其敬黄教尤在红教之上。此佛图澄所以不如鸠摩罗什，而鸠摩罗什又不如达摩也。然藏中达赖喇嘛及班禅额尔德尼，仅以清心无漏为转世法，他无异处。其转世亦在可知不可知之间，如来上乘似不尔也。驻藏大臣以那门汗阿旺札布巴勒楚勒齐木不法，革遣之。达赖尚幼，访于班禅，以成其狱，失蕃人心，及班禅返后藏，蕃人敬礼大衰，班禅泣而悔之。乍雅大二呼图克图，既以构兵结讼类五齐之大二呼图克图，亦以争权不睦，西方之教不亦衰甚矣乎！

　　西藏达赖喇嘛、班禅喀尔德尼冬帽以氆氇牛绒制成，其式上尖下大，色尚黄。夏帽若笠，纯金以皮为之。内衣氆氇半臂，外衣紫羊绒偏单，以帛交缚于上，著锦靴或皮履，腰束帛如带，春、冬皆露半臂余。喇嘛服饰亦相似。所属噶布伦、戴本、碟巴等，发不束不绾，披肩后，戴平顶栽绒缎狐各帽，缀短缨或覆獭皮于顶，手持念珠，束皮鞓带。遇令节或公事，噶布伦两分其发于顶，左右绾一髻，著蟒缎或氆氇绸缎，褚巴、碟巴亦将发绾成一髻，戴无翅白沙帽（即唐进士巾遗制）。左耳垂金镶绿松石坠，大如桃，其形似鸟喙，名璜珰。右耳垂珊瑚坠，用大珊瑚两颗，上下金镶，名工工。身著大领窄袖绿锦短衣，缘以獭皮，袖口用五色线相接，前镶獭皮，下著黑褐百折裙，名郭在，足著白软底皮靴，披红褐偏单佩刀，束大红花缎带。自噶布伦下至番民，手俱带骨玦。番民著大领无衩褚巴或氆氇细氁，视其贫富为之，而所戴之帽亦然。或戴白帽，腰束皮或毛褐带，佩小刀、顺刀、碗袋、火镰等物，怀木碗，其裉于裆内开衩，腰两旁亦开衩，襞积腰间。妇女服饰：头发从顶分两旁，束如绳互交脑后，以细为佳。女未嫁，脑后另分一辫；若受聘，则将聘定之色贾戴顶上，嫁则不复辫发矣。居常戴红绿栽绒之尖顶小帽，脚履，康〔下〕著卍字黑红褐裙，名东波。前著或红褐或各色绸缎围裙，镶锦花边，名班带。上著小袖短衣齐腰，名文肘。或绫缎绸布毛褐为之。外披栽绒小方单，如衲子袈裟，名缴。手带银镶珊瑚戒指，名慈姑。左手带银钏，名则笼，右手带砗磲。圈宽约二寸名同箍。乃幼时所带必磨断乃已，以为死后不迷路。耳带金银镶绿松石坠，长寸余，宽七八分，后有小钩穿于耳，名额哥。上连珍珠珊瑚串缀，以银钩挂发上，名吞达。下连珍珠珊瑚串，长六七寸，垂两肩，名重杂。贵贱皆项挂念珠一二串。白珊瑚、青金、砗磲、至木珠不等。富者带蜜蜡珠，有大如盏者。又带银盒，名阿务，内装护身佛及子母药。胸前必挂银镶珠石环，长约有三四寸，宽寸余，两头有钩。凡披方单，自两肩以其环扣，著于胸，名滴溜。富则带珍珠帽，以木作胎，如，笠而厚，里以朱红漆之，外以金镶绿松石为顶。胎之周遭皆密缀珍珠，价有值千金者。老年妇人以金镶绿松石一片如镜，戴于额上，名白玉。凡带白玉者，亲友必往贺。凡妇女见喇嘛，俱用红糖或儿茶涂其腮，否则谓呈妍迷惑僧人，罚不宥。其家居亦习用之。此其服饰之大概也。

　　西藏自噶布伦、藏本、碟巴以下至番民，见达赖喇嘛、班禅佛，皆卸帽合掌伸舌，顶礼者三，复垂手鞠躬，聚足屏息至法座前。达赖、班禅以手摩其顶，谓之讨舍手。凡进见，必递哈达一枚，如内地投刺然。若系平交，则彼此交换为礼。即书信中亦必置一哈达以示敬。若路遇，则卸帽垂手侧立。噶布伦以下见驻藏大臣，及文武汉宫与番民见噶布伦、碟巴、戴本之礼亦如之。

　　西藏婚姻夫妇，亦择女婿取门户。男以识字者佳；女以善贸易、识物价、理家务为善。亦通媒妁，惟富庶碟巴家有之，余多苟合。其纳采问名，则男家以哈达托亲友云：我有男愿与某家女联姻，其媒持哈达至女家云：某家有男欲求汝女为妇，如彼此相乐，则云：我当择日来。是日，女家遍招亲友以俟之。其媒携男家酒并哈达至，述其子弟行止、年岁。女家父母亲友喜允，则饮其酒，各受哈达。媒人并将往聘之金镶绿松石戴于女首，名色贾。仍以茶叶、衣服、金银、牛羊肉若干为聘焉。女家亦以礼答之。不允，则男家之酒不饮，哈达亦不受也。至迎娶时，男女家必先延客，客亦各以衣裙等物助奁。父母陪嫁田土、牛羊、衣饰。至期不用车马，女家于门外搭棚，内以三五方坐褥，高铺于中，以麦子撒为花，扶女坐于上，父母旁坐，亲友雁行坐，用小几桌列果食糖枣各食物数盘，以茶酒、米粥与女食。毕，二家亲友扶女步行，远则乘马，亲友各将青稞撒其女，女家则将蒙子、哈达结一处，赠散亲友。送至男家，各不行礼，扶女与婿坐，饮以茶酒，逾刻，始分坐。亲友各将哈达与男女长者戴于项，平交置于怀，或堆积坐前。亲友饮食毕，各携果肉而回。至次日，男女父母及亲友，俱华服，项带哈达，拥新婿、新妇绕街游。凡至亲友门，不延入，惟以茶酒饮之，饮酒则团圞携手，男女趺坐而歌。如是三日，及止。其俗女强男弱，遇差徭辄派及妇人。故一家兄弟三四人，或娶一妻。如生子女，兄弟择而分之。其妇人能合三四弟兄同居者，人皆称美，以其能于治家。凡贸易多属妇人，如种田禾、纺线、织耗子，供乌拉，皆笑其无能。不以淫乱为耻，如有外交，则明告其夫曰：某为我之莫独。其夫怡然。夫妇悦则相守，反目即自择所欲而适焉。凡生育子女，不洗浴，初生时，其母以舌舐之。至三日，以酥油涂其遍身曝日中，数日即以炒面调汤灌之，多不与乳食。稍长，男子教书算，或习一技，女则教识戥称，习贸易，纺毛线，织氆氇，不习女红，不拘闺训，而生育以女为幸。风俗信重喇嘛，子女多有为僧尼者，或云西方金行肃杀，所以免外番多丁之道也。

西藏凡人死，均用绳缚，令膝嘴相连，两手交插腿中，以平日所著旧衣裹之，盛以革袋。男女罗哭，复用绳系尸于梁，延喇嘛诵经。量其贫富，以酥油送大小诏，供佛前点灯之用。并将死者所有物，以半为布施布达拉，以半为延请喇嘛念经，并熬茶、及一应施舍之费，即父子夫妇亦不私蓄一物。其尸数日后，负送剐人场，缚于柱，碎剖，其肉喂犬为地葬。其骨以石臼捣成粉和炒面搓团，亦喂犬或饲诸鹰，谓之天葬，以为大幸。剐人之人，亦有碟巴管约。

每剖一尸，须费银钱数十枚。无钱则水葬，弃尸于水，以为不幸。喇嘛死，其尸皆以火化筑塔。凡人死，亲友吊唁，穷则助以银钱，富者以哈达慰问，并送茶酒。其孝服，男女百日不著华服，不梳不沐，妇人去耳坠念珠而已，他无所忌。富者时请喇嘛念经，以冀冥福，至一年乃止。

西藏多碉楼，间有平房，中稍大者，其堂必刻桷雕楹，备极煊烂。番民乡居，则傍山坡，以便樵汲。其部落多黑帐房。喇萨中房舍颇宽敞，有大可容数百人者，如大诏寺内，设铜锅一口，盛水至百余担，以供念佛熬茶之用，此其验也。其平地无隘之官舍曰噶，傍山碉房曰纵，则其碟巴头人据险之所。

西藏医名厄木气。其药与内地异，产自藏地或购自西洋，不炮制，间用丸散。遇病亦先诊视，而后用药。其诊脉以左手执病者之右手，右手执病者之左手，一时并诊，疾重始然。若小疾，则以酥油遍体擦之，曝于日中。遇阴晦，则以绒单覆病者，以柏叶烧烟薰之。然不论病之轻重，必延喇嘛念经，或朱巴念诵祈禳，朱巴即道士之类，或令童男女念佛歌以祛之。

西藏占卜之术不一，或有喇嘛以纸画八卦、书番字而占者，亦有以青稞排卦、抽五色毛线而占者，或数念珠而占者，或画地而占者，或烧羊骨或验水碗。其占卜之术不一，颇有奇验。亦视所学之精浅。妇人亦有通其术者。又有筮，遇事辄翻拣其经以告占者，吉凶俱祥注经上。其辞义与中国神签相类。

粮台自打箭炉至藏有六：打箭炉、里塘、巴塘归内地；外则察木多为首。察木多粮务委牧令为驻防、及护粮官兵三百三十三员名。内游击千总各一员，把总二员，外委马步兵三百二十九员名，三年一换。又土马兵十名，每名日支口粮面一升，折银九厘，每十名月赏羊一支，折银五钱。

按察木多以外，凡口粮米炒面，均折银支给。此台约计岁支台费银一万余两。

拉里粮务委员如前。驻防及护粮官兵一百二十八员名，内把总一员，外委马步兵一百二十七员名，三年一换。又土马兵二十名，每名日支口粮面一升，折银一分八厘，每十名月赏羊一支，折如前。按此台约计岁支台费银八千余两。

西藏委丞倅一员为粮务。又钦派驻藏二大员、员外郎、主事各一员、笔帖式一员驻其地。分驻前后藏绿营官兵共六百二十一员名，内游击都司守备千总把总各一员，外委马步兵六百十三员名，三年一换。按藏例官兵口粮每分月支全，折银四两。约计岁支台费银四万余两。炉、里、巴、察、拉五台粮员，月支费银六十两，西藏七十两，各准带仆从十三名，通事译字三名。

西藏寺庙不可胜计，康卫藏三处上册有名之寺，三千有余。支粮喇嘛八万四千有余。其大喇嘛曰呼图克图，禄养皆取于所属地方。大呼图克图下设仑储巴一人，以司地方事。凡寺庙设堪布喇嘛一名，约束僧众，有一品至八九品不等。总以寺之大小，僧之多寡定其品级。但凡住持寺庙之喇嘛，多有即其寺名称之者。

西藏活佛皆递生于世，其父母称为佛公、佛母。活佛转世时预示降生处，初生便能道前生事。番人因其异而皈依日切。

蛮语附

大人安奔　汉官甲本　宰相弯播　王子甲薛　土官密本　地方官育本　头目碟巴　文官破本　武官嘛本　师傅洛本　徒弟索嘛　僧人更登　道士滚巴　藏曰朱巴　兵马米　藏曰甲米　百姓葱巴　番僧喇嘛　奴婢约因　聪明涪孺　亲业瓦　曾祖灭播　叔库窝　伯库窝　扯哇　父拔　母妈　舅阿戎　女卜磨　子不　兄扑窝　藏曰冰冰　弟洛商　藏曰角角鸡　侄造窝　孙羊擦　男子结巴　妇人鸡灭　又曰阿甲　妻钦巴　富出波　贫物波　紧角巴　主达波　岁拿梭　老格波　贼甲巴　夹坝同　和尚扎巴　尼姑觉么　藏曰阿尼子　继父拔牙　继母妈牙　兄弟朴奴　朋友杂窝　伶俐江波　懒惰共泽　身虑　头俄　顶吉窝　发匝　眼密　又曰雪密　眉密布　耳纳瓦　鼻纳　口噹　唇出　齿索　乳吴麻　手喇巴

肚辞巴　　心桑巴　　脚エ巴　　气物　　疮孰瓦　　又曰独　　又曰筋支　　舌结
模样衣足　筋菊　　力气涉磨　面峨　　福禄望荡　念端　　心性性尼　想颡
　胸章　　指梭磨　　肝称巴　　肺落牙　骨入巴　　毛布　　血刹　　强望辄　　弱
念虫哇　　宫殿拨章　房兀罢　　又曰空罢　寺院喇兀　库作　　又曰商　书房
中译兀　　衙门本兀　梁破　　柱噶瓦　橡栋马　　门郭　　窗格兀　寨宗　　塔
车邓　　营盘马噶　如来诏　然灯嘛绒节　释伽沙加兔巴　神吶　　鬼折
藏经噶菊　又曰益盖　目录当罢　卷班播　品列吾　　佛像喇谷　三宝工
却桑　罗汉勒项　又曰勒角　妙法丹辙　一吉　　二逆　　三桑　　四日　五
阿　　六竹　　七项　　八杰　　九固　十菊　百甲　　千冻　　万赤　多忙　少浓
一筋甲扛　又曰甲嘛　一两松扛　又曰张扛　一饯若扛　一分喀吗扛
一厘厘扛　我额　你却　他空　谁扛　自朗　舞葛儿　唱六朝　喜噶
叩头长情　又曰乂玉　笑棕　乐蝶瓦　去送　来弱　请准　刻列　袭职
拔挫　寻栽　起浪　借曳　知舍　在悦　肯念　回入哇　真丁　假尊
连赤　快角　商量早夺　可惜胖　见通　不见麻通　又曰门束　太平马
得　背夫乌拉　驮畜乌拉　公干端聂儿　跟随查赤　又曰约古　打董
投诚俄达　管待丹连　保佑官脚　誊谢　同占　全仓瓦　赏朗　罚辙罢
新鳃　　旧宁　　才情元登　反叛俄洛　团圆亨藏。

物产类

《新唐书》载：西番产金、银、铜、锡，牦牛、名马、天鼠，独峰驼日驰千里。译史载异产：一草上飞，形如犬，色如玳瑁，性驯。狮、象见之皆伏，乃兽之王，在猰㺄之上；一黑驴日行千里，善斗虎；一羱羊重数白斤；一骨笃犀、色淡碧，扣之声清似玉，有香，能消诸毒；一金刚钻，如紫石，刀火不能毁，以羚羊角击之，即碎；一铜佛，乌斯藏所铸，愈小愈贵。今异产不常有，而铜佛为世所珍。有糌粑佛，其地弥加珍重。云：奉之能除一切苦厄。又有子母药，大裁可绿豆，以哈达洁裹之，经时，小粒渐增，有子母相生之义。传：达赖喇嘛默持佛咒，以糌粑搓成，故以奇异著。

西藏灯具状如弓鞋，俗传为唐公主履。其炊爨具状如幞头，亦传为唐尉迟敬德冠，番人仿而制之。

西藏以赛兰香供佛，佛经名伊兰花，花小如金粟，特馥烈，戴发髻间，香闻十步，经月不散。《后汉书》所谓伊蒲供也。

西藏迤东溪涧中多鱼，状如鲈鳊。番人以为佛戒，未尝取之作脍也。

西藏不产竹，其识字头人、番民，所用竹签倍极珍惜。有自内地携竹器至藏者，辄不惜多方购致之。

西藏番民多食糌粑、牛羊肉、奶子、奶渣等物。其性暴，而茶所急需，故不拘贵贱饮食，以茶为主。其茶熬极红，入酥油，盐搅之，饮茶食糌粑，或肉米粥，名土巴汤。至牛羊肉多生食，而食不拘时，以饥为度，食少而频。男女老少多手掬而饮食之，或用木碗食已以，舌舐之，纳于怀。蛮酒乃青稞所酿，淡而微酸，名呛，亦有青稞烧酒。醉后，男女相携，沿街笑唱为乐。其宴会之礼，主人上坐，客至不迎送，在主人上者始让之酒尊，以酥油塞口为敬。富者每月二三次；贫者月必一次。宴有枣杏、葡萄、牛羊肉，各如其贫富以为礼。

西藏贸易用银钱，每枚重一钱五分，上有番字花纹，亦以银易钱而用所。市有藏茧、羊绒、牦子、氆氇、藏香、藏布；及食物，如葡萄、核桃等物。藏番男妇皆卖，但不设阛阓，惟席地货之。至绸缎绫锦皆贩自内地。其贸易经营，妇女尤多。而缝纫则专属男子。外番商贾，有缠头回民贩卖珠宝，白布回民卖氆氇、藏锦，卡契缎布，皆贩自布鲁克巴、巴勒布、天竺等处。有歪物子专贩牛黄、阿魏。市中设碟巴一人平价值禁争讼。即外番至藏贸易者，亦有头人同来讥禁。

西藏进贡之物乃藏香、藏杏、藏枣、珊瑚密蜡珠子、木碗、金丝缎、卡契绸、卡契布等物。其木碗有二种：一曰札木札牙，木色微黄坚润有细文，云能避诸毒，每一个价值十数金，以至数十金者；

一曰拉库尔，木色微黄，花纹略大，云亦能避毒，价亦须数金。

前藏东至禄马岭，土民皆称百巴工布江达，至宁多濯拉阿杂一带，土民皆称工固说板多，山后有金厂。洛隆宗南去二日有浪岩山，产青金石。恩达、察哇、作贡、桑阿却宗俱产稻米。自拉里至昌都，土民皆种稻。前藏之南春结一带，土民皆称百巴。世居黑帐房者名洛巴，产骡子、大头狗。前藏之西，千巴白尔极土民名卫巴。羊白卓地至札什隆布三桑一带，土民皆称藏巴。阿里噶尔渡一带产稻米。杨八景一带有霍耳一种人，居黑帐房，以牧畜打牲为业。桑驼洛海、吉札布、生根物角一带，俱名昂独，无人烟，地多温泉，海子产白盐，民咸资以食。哈喇乌素至达木一带，皆蒙古与霍耳人错居，不产五谷，惟藉牛羊以为食。

蛮语附

印汤噶　又曰替　碗大曰卓哇　小曰冲哇　碟碟麻　酒盏冲筒　斗薄统　又曰克　盆戎罢　又曰札波　罾头打扎　锅绒　又曰拉阿　杓角　又曰小　锁郭甲　钥匙的　车申答　刀直　剑热直　矛东　牌朴　弓茹　箭达　枪明达　旗达儿　甲超　盔磨　船佳　鼓阿　钹刺朗　铃杵夺折　香炉箔破　幡绊　锣卡阿　绳搭巴　伞稍斗　鞍哈　又曰打甲　笛令卜　铙渣居　螺冬　座丁赤　灯麻灭　又曰雪灭　梯格　饮食萨冻　吃萨　吃饭萨嘛　面直　又曰土巴　米折　酒昌　呛同　又曰冲　茶扎　又曰甲大　炒面糌粑　酥油脉儿　蜜章孜　肉沙　黄酒甲昌　清酒脉约　盐擦　甜艾　又曰拨浪　苦渴　麦卓洗　官服拿萨　民服郭　又曰楮巴　帽热　官帽物热　靴康　又曰夯　番番人无袜同汉语　褥播　又曰替　缎于葛巾　绫达　麻绳索麻纳杂　氆氇抒　又曰浪布　线孤巴　又曰葛巾　法衣辍郭　白该布　又曰葛葛　蓝烘布　又曰拉拉　黄谢布　又曰温布　红脉布　紫黑纳　五彩卡夺　油绿江纳　书别瓮　经哆　纸杓谷　墨纳咱　笔奴谷　图书体物　真字萨遗　番字播遗　医书慢遗　语录旦菊　花密朵　木甲　又曰极　树申卜　又曰酉　林纳　草咱　竹奴麻　莲百麻　根咱瓦　枝腋　叶罗麻　果品甚夺　茜萃　杏阿立看布　桃看

1087

布　虎答　豹席　狮子新革　麒麟出心　彪供　熊夺　狐瓦　鹿沙瓦　狼章谷　鼠蛙哇　鹰郭　驼安亩　牛作　又曰克麻　兔耳工　又曰日工　龙律　蛇直　马达　羊路　猴折　又曰毕武　鸡甲　狗气　猪怕　拔同　水牛么亥　凤凰穷穷　孔雀卯甲　鹅昂巴　鱼念　又曰阿　飞朴耳鸣哑　宿厦　食寻　骗马坡达　骡马郭麻　猫速迷　珍珠木的　玛瑙席　珊瑚菊六　琥珀不奢　玉合耳　金谢儿　又曰塞　银硬　又曰藕　铜纳　又曰拉　锡然宜　铁渣　水晶出奢　水银硬出　银钱章喀　象牙拔棱　藏香菪　檀香替丹　沉香阿葛卢　甘草甚艾　冰片噶布鲁　豆蔻杂的　杏仁看厌　白芨素罢　阿魏胜棍　珠砂擦郭　黄丹黎亦　牛黄吉望

　　右续考一卷，乃撰自《天文志》、《吐番传》、《西藏志》、《西域志》，《康輶纪行》、《布达拉经薄》、《西招图略》等书，各以其类相附，日后再有见闻，大都不出此。四端之外，续之又续可耳。

（节录《西藏图考》）

历朝《大清会典》有关理藩院主管藏政条款

康 熙 朝

理藩院

我朝始兴，威德渐立，声教所暨，莫不来庭。凡蒙古部落之率先归附者悉隶版籍，视犹一体。及后至者弥众，皆倾国举部乐输厥诚，既地广人繁矣，乃令各守其地，朝岁时，奉职贡焉。户口蕃殖，幅员辽远，前古以来，未之有也。始于六部之外，设理藩院，置尚书、左右侍郎，董其黜陟、赏罚、朝会、往来之事。其属四清吏司，曰录勋、曰宾客、曰柔客、曰柔远、曰理刑，各设郎中、员外郎、主事；又设司务、汉院判、知事、副使，其增设裁减，具载吏部。

录勋清吏司

（顺治十三年）又题准，遣往达赖喇嘛使者，精奇尼哈番给驿马十三匹，车七辆。阿思哈尼哈番给驿马十匹，车四辆。郎中、员外郎马各五匹，车各二辆。笔贴式马各三匹，车各一辆。护军拨什库等，马各三匹，每二人共车一辆。

柔远清吏司

外藩四十九旗，虽各异其名，视内八旗无异也。蒙古诸部有喇嘛，厄鲁忒、喀尔喀，视四十九旗又为外矣。喇嘛之人，率宗释教，厄鲁忒、喀尔喀，亦以时朝贡，奉职惟谨。国家以羁縻之意，溥怀柔之仁。其所及者远矣。（本）司盖专司其事焉。

喇嘛

顺治九年题准，后黄寺每岁正月初八日至十五日，集喇嘛班第诵经，凡需用物，俱由该部取给。

十年，给达赖喇嘛金册、金印。又给厄鲁忒顾实汗金册、金印。

十四年题准，每旗各选三人学习汤古忒字义，给教习人六品俸。

又题准，京师设四札萨克喇嘛。盛京、西勒图库伦、归化城等处，各设首领喇嘛。其下各设德本齐一名。

又题准，后黄寺每年诵经喇嘛、班第定为四百名。

（康熙）五年题准，喇嘛等出使向达赖喇嘛处，擅带彼处喇嘛、班第来者，从重治罪。

十年题准，汤古忒处喇嘛，非奉旨不许辄来。

十一年题准，由内王等取充后黄寺班第一百八名，有逃走死亡者，将墨尔根绰尔济额外册内有名班第顶补。若无额外册内有名班第，仍行礼部于各主下取人补充。逃走自归者，革去班第，交还原主。

赏给

（顺治）十四年题准，后黄寺诵经喇嘛，每年赏银一千两，由户部取给。

雍 正 朝

理藩院

我朝定鼎以来，德威远播，声教所暨，莫不来庭。凡蒙古部落之率先归附者悉隶版籍，视犹一体。及后至者弥众，皆倾国举部乐输厥诚，既地广人繁矣，乃令各守其地，朝岁时，奉职贡焉。户口蕃殖，幅员辽远，前古以来，未之有也。爰于六部之外，设理藩院，置尚书、左右侍郎，董其黜陟、赏罚、朝会、往来之事。其属四清吏司，曰录勋、曰宾客、曰柔远、曰理刑，各设郎中、员外郎、主事，又设司务、汉院判、知事、副使，其增设裁减，具载吏部。

录勋清吏司

驿递

（顺治十三年）又题准，达赖喇嘛处使者，精奇尼哈番给驿马十三匹、车七辆。阿思哈尼哈番给驿马十匹、车四辆，郎中、员外郎马俱五匹、车俱二辆。笔贴式马三匹、车一辆。护军领催等，马各三匹，每二人共车一辆。

康熙三年题准，往会大臣，随从郎中、员外郎共六员，主事一员，笔贴式七员，领催六名，俱带帐房粮米，在野外行宿，尚书、侍郎等，各带本身执事。尚书准骑马二十匹，驼七匹。侍郎马十八匹，驼六匹。郎中马八匹，驼二匹。员外郎、主事马各七匹，驼各二匹。有品级笔贴式各马六匹。无品级笔贴式各马五匹。领催各马三匹。兵丁各马一匹。

（康熙）九年题准，凡奉旨特遣，及本院往各旗遍传事务紧急差遣，或巡察斥堠送诏等事，自内地驰驿外，仍给信牌，许乘边外驿马。往会所历之旗地方遥远，亦给信牌，乘边外驿马。余惟遣徃札赖忒、杜尔伯特、郭尔罗斯、席北、索伦、达固尔、宁古塔、卦尔察等处者，给本院印文，照内地所乘驿马数，乘边外驿马。遣往科尔沁、乌朱穆秦、蒿齐忒、吴喇忒、鄂尔多斯等处者，冬春给院文，乘边外马，夏秋各乘自备马匹。遣往喀喇沁、土默特、敖汉、奈曼、翁牛特、巴林、扎鲁特、克西克腾、苏尼特、阿鲁科尔沁、喀尔喀、阿霸垓、阿霸哈纳尔、四子、毛明安、归化城、盛京、西勒图库伦等处者，概令自备马匹。其达赖喇嘛峨齐尔汗之使，给驿至西宁。遣往喀尔喀、厄鲁特之使，自归化城给与马驼。

柔远清吏司

外藩四十九旗，比内八旗。至蒙古诸部喇嘛，厄鲁特、喀尔喀视四十九旗为外。国家博柔怀之仁，所及者远矣。本司专掌其事焉。

喇嘛

顺治九年题准，后黄寺每岁正月初八日至十五日，集喇嘛班第诵经，凡需用物，俱由该部取给。

十年，给达赖喇嘛金册印。又给厄鲁特顾实罕金册印。

十四年题准，每旗各选三人学习汤古忒字义，给教习人六品俸。

又题准，京城设四扎萨克喇嘛。盛京、西勒图库伦、归化城等处，各设首领喇嘛。首领之下各设德木齐一名。

又题准，后黄寺每年诵经喇嘛、班第定为四百名。

（康熙）五年题准，喇嘛等使往达赖喇嘛处，擅带彼处喇嘛班第来者，从重治罪。

十年题准，汤古忒处喇嘛，非奉旨不许辄来。

十一年题准，内王等取充后黄寺班第一百八名额缺，将墨尔根绰尔济额外册内有名班第顶补。若无额外册内有名班第，仍行礼部于各主下取人补充。逃走自归者，革去班第，交还原主。

三十二年覆准，达赖喇嘛自伊祖顾实罕以来，敬谨纳贡，今达赖喇嘛复来进贡，给与敕书。

朝贡

（顺治）十三年题准，厄鲁特达赖汗等使人还者，给驿马二十五匹，马车十二辆，其带来马驼，每宿处给与草料，至西宁止。

（康熙）三十二年覆准，达赖喇嘛历年来使从人多至数百名，嗣后使人至西宁关口时，令西宁总兵官查明人数，注册报部。其本处差往喇嘛人役亦应裁减。倘有隐瞒数目多带人来往者治罪。

赏给

（顺治）十四年题准，后黄寺诵经喇嘛，每年赏银一千两，由户部取给。

理刑清吏司

国家之待外藩也，立制分条，期于宽简，不易其俗，而归于仁厚，功令如左。

刑例

（康熙十三年）又题准：喀尔喀、厄鲁特、汤古忒、巴尔虎等处，私遣往贸易、遣人探亲，出斥堠迎往贸易、招揽贸易者，系王罚马一百匹；贝勒、贝子、公等罚马七十匹；台吉等罚马五十匹；都统、副都统革职，罚五九；参领、佐领革职，罚三九；骁骑校革职，罚二九；领催、什家长鞭一百、罚一九、资财入官。为首贸易之人绞，籍其家，余各鞭一百、罚三九、贡资入官；如斥堠人不行缉获，被人首发者，官员革职籍其家，兵丁鞭一百、罚三九，半入官，半给出首人，令赴愿往旗分。

（康熙二十六年）又题准：王以下至闲散人等违禁与喀尔喀、厄鲁特、汤古特、巴尔虎等贸易、结亲，照定例治罪。其四十九旗协理旗务人等，及归化城二旗都统等，至闲散人等，量其品级治罪。归化城都统、副都统，管理索伦总管等，各罚马五十匹，副总管等各罚五九牲畜，尽行入官。佐领以下至小领催等十家长有乱行者，俱照外藩蒙古例治罪。

乾 隆 朝

理藩院

尚书一人，左、右侍郎各一人（均满洲，或以蒙古补授），额外侍郎一人（特简蒙古贝勒、贝子之贤能者任之），掌内外藩蒙古、回部之政令，控驭抚绥，以固邦翰。所属有旗籍、王会、典属、柔远、徕远、理刑六司。

旗籍清吏司，郎中满二人、蒙古一人，员外郎满三人、蒙古四人。主事，蒙古一人，掌蒙古科尔沁等诸部落封爵、会盟，及归化城索伦除授官校之事。

王会清吏司，郎中满洲、蒙古各一人，员外郎满三人、蒙古二人；主事满洲、蒙古各一人，掌科尔沁等诸部落朝贡禄赐之事。

典属清吏司，郎中满洲、蒙古各一人，员外郎满五人、蒙古四人，主事满洲、蒙古各一人，掌喀尔喀及西徼蒙古厄鲁特诸部落封爵、会盟，准疆屯田游牧、察哈尔喇嘛番僧承袭之事。

柔远清吏司，郎中满一人，员外郎满二人、蒙古三人。主事，蒙古一人，掌喀尔喀等部落及喇嘛番僧朝贡禄赐之事。

徕远清吏司，郎中蒙古一人，员外郎满洲、蒙古各二人。主事，满洲、蒙古各一人，掌哈密、吐鲁番及回部诸城爵禄贡赋，并移驻回民耕牧之事。

理刑清吏司，郎中满洲、蒙古各一人，员外郎满洲、蒙古各三人。主事，满一人，掌蒙古及番回刑罚之事。

银库，司官二人（于本院司官内奏委），司库满一人，笔贴式满二人，库使满二人，掌帑金出纳。

蒙古翻译房，员外郎、主事各一人（于本院司官内简委）。

唐古忒学，司业、助教各一人，笔贴式蒙古四人。

稽察内馆外馆二人（由科道各部司官内奏委）。

堂主事，满二人，蒙古三人，汉军一人。译书汉文堂主事，满洲、汉军各一人。校正汉文官二人（于内阁、翰林院、侍读学士、侍读内奏委，每三年更代）。

司务，满洲、蒙古各一人。

笔贴式，满三十六人，蒙古五十五人，汉军六人，分隶各司，视事之繁简以为额。

旗籍清吏司

国家肇基东土，威德远播，漠南蒙古诸部落，或谊属戚畹，或著有勋绩，或率先归附，咸奉其土地人民，比于内臣。设官分职，编户比丁，与八旗无异。

定鼎以来，屏藩仪寄，带砺之封，爰及苗裔，录功存旧，事属所司。

典属清吏司

国初，蒙古北部喀尔喀三汗同时纳贡。厥后朔漠荡平，庇我宇下，与漠南诸部落等。承平以来，怀柔益远，北逾瀚海，西绝羌荒。青海、厄鲁特、西藏、准噶尔之地，咸入版图。其封爵、会盟、屯防、游牧诸政事，厥有专司。

西藏之地有四，曰卫、曰藏、曰喀木、曰阿里，辖六十余城。东至四川边境，西至大沙海，南至云南边境，北至青海，东西六千四百余里，南北六千五百余里，至京万四千余里。

凡封爵……，西藏，辅国公三人，一等台吉一人，噶卜伦四人（内一人即以辅国公为之），代奔五人，第巴三人，堪布一人。

凡驻扎……西藏，大臣二人，司官一人，笔贴式二人。

凡庆祝礼（即丹舒克），西藏达赖喇嘛暨班臣额尔德尼，间年一进。喀尔喀哲卜尊丹巴胡图克图遇国家有大庆典则进，贡物有佛像、金经、银塔、五色帕、八吉祥之属，各具奏书，遣使以闻。达赖喇嘛、班臣额尔德尼于庆祝之外，另具寿帕、珊瑚、琥珀、数珠、藏香、氆氇以贡。贡使还国，均降敕慰问赐金币有差。

柔远清吏司

国家声教所被，无远弗届，大漠以北，流沙以西，诸部君长，稽首偕来，画疆置吏，有如郡县。其来朝述职诸政事，分隶本司。

凡朝觐……都尔伯特、西藏不分班，阅数年奏请，得旨则来觐。

凡贡期。喀尔喀、厄鲁特、土尔古特、青海，各如其朝觐之班。西藏间年一贡，附达赖剌嘛以进。贡道，喀尔喀、厄鲁特、土尔古特，由张家口、独石口、喜峰口。青海由西宁。西藏由四川之打箭炉。贡物，喀尔喀、厄鲁特，以驼马汤羊。土尔古特、青海以藏香、氆氇、马。西藏贡与达赖喇嘛同。

嘉 庆 朝

理藩院

尚书，满洲一人；左侍郎，满洲一人；右侍郎，满洲一人；额外侍郎，蒙古一人（额外侍郎，以蒙古贝勒、贝子之贤能者任之）。掌外藩之政令，制其爵禄，定其朝会，正其刑罚。尚书、侍郎率其属以定议，大事上之，小事则行，以布国之威德。

凡喇嘛之辖众者，令治其事如扎萨克焉。（喇嘛之众曰沙毕那尔，其治即统于喇嘛。内蒙古有锡呼图库伦扎萨克喇嘛。喀尔喀有哲布尊丹巴呼图克图，额尔德尼班第达呼图克图，扎牙班第达呼图克图，青苏珠克图诺们罕，那鲁班禅呼图克图。青海有察汗诺们罕。西藏有达赖喇嘛，班禅额尔德尼，察木多帕克巴拉呼图克图，乍雅达呼图克图，类乌齐呼图克图，八所喇嘛，硕般多喇嘛，琼科尔结喇嘛，墨竹宫喇嘛，工布硕卡喇嘛，邦仁曲第喇嘛，噶勒丹喇嘛，赞垫喇嘛，琼结喇嘛，仁本喇嘛，江孜喇嘛，冈坚喇嘛，协噶尔喇嘛，聂拉木喇嘛，杂仁喇嘛，撒噶喇嘛，朗岭喇嘛，乃东喇嘛，松热岭喇嘛，文扎卡喇嘛，羊八井喇嘛，呼征喇嘛，布勒绷喇嘛，色拉喇嘛。锡呼图库伦，当盛京法库边外，北与奈曼旗接，西南与土默特左翼旗接。哲布尊丹巴呼图克图所居曰库伦，当汗山之北，在土谢图汗部中旗境内。额尔德尼班第达呼图克图，扎牙班第达呼图克图，青苏珠克图诺们罕，附于三音诺颜部游牧。那鲁班禅呼图克图，附于扎萨克图汗部游牧。察汗诺们罕，附于青海蒙古游牧。达赖喇嘛所居曰布达拉，是为前藏，班禅额尔德尼所居曰扎什伦布，在布达拉西南，包于前藏境内，是为后藏。前藏东与四川边外土司接，东北与西宁大臣所属土司接，北与卓书特部落为界，西北逾戈壁与和阗、叶尔羌接，西与拉达克汗部落为界，西南与廓尔喀分界，南与哲孟雄部落为界，东南与云南维西厅接。其余各喇嘛皆属于达赖喇嘛，东起乍雅，东与四川边外土司按。其西为察木多，又西为硕般多，又西为类乌齐。硕般多、类乌齐之北皆与西藏大臣所属土司接。硕般多之南为八所，又南为工布硕卡。类乌齐之西为墨竹宫，又西为噶勒丹。类乌齐之西北为赞垫，介居西藏大臣所属土司各族之间。其西为呼征。噶勒丹之西为色拉，西与布达拉接。噶勒丹之南为琼科尔结。琼科尔结之西为文扎卡，又西为松热岭，又西为邦仁曲第，又西为乃东，北与布达拉接。乃东之西为琼结。布达拉之西北为布勒绷，又西北为羊八井。羊八井之西为朗岭，西与扎什伦布接。朗岭之南为仁本，其西南为江孜，又西南为冈坚。冈坚之西为协噶尔。协噶尔之西南为聂拉木。郎岭之西逾后藏境为撒噶，又西为杂仁。）

满档房，堂主事，满洲一人，蒙古三人，掌本衙门题缺出差之政令。（本院郎中、员外郎、主事应题各缺，满档房开列衔名，由堂拟定正陪引见。差往各处驻扎之员。管驿：喜峰口司官一人、笔贴式一人，古北口司官一人、笔帖式一人，独石口司官一人、笔贴式一人，张家口司官一人、笔贴式一人，赛尔乌苏司宫一人、笔贴式一人，杀虎口司官一人、笔贴式一人；掌理事：热河司宫一人，八沟司官一人，塔子沟司官一人，乌兰哈达司官一人，三座塔司官一人，神木司官一人，宁夏司官一人；掌随同将军、大臣办事：张家口笔贴式一人，陕甘总督衙门笔贴式一人，四川总督衙门笔贴式一人，乌里雅苏台司官一人，科布多司官一人，西宁司官一人、笔贴式三人，西藏司官一人、笔贴式一人，库伦司官一人、笔贴式二人。掌互市：库伦司官一人，恰克图官司一人。热河、乌里雅苏台、科布多三处司官，陕甘总督衙门笔贴式，由院保送，交吏部引见。其余各差司差，四川总督衙门，西藏笔贴式，由院引见钦派。西宁司官，其余各差笔贴式，由堂官委派。）

汉档房，堂主事，满洲一人、汉军一人，校正汉文官二人，（于满洲蒙古内阁侍读学士、侍读翰林，院侍读学士、侍讲学士、侍读侍讲内奏派，二年更代。）掌缮题本，译其档案而藏之。有汉字汉义之未协者，校正官更定焉。

司务厅，司务，满洲一人、蒙古一人，掌治吏役，收外衙门之文书。

当月处，（郎中、员外郎、主事轮值。）掌监堂印，抄事于内阁，收在京衙门之文书。

旗籍清吏司，郎中，满洲一人、蒙古二人；员外郎，宗室一人、满洲一人、蒙古二人；主事，满洲一人。掌考内扎萨克之疆理，叙其封爵与其谱系，凡官属、部众、会盟、军旅、邮传之事皆掌之，掌游牧之内属者。

凡疆理，各识其山河之名而表以图，以定其游牧，无山河则树之鄂博，（各游牧交界之所无山河为志者，或平原，或沙碛，皆垒石为志，曰鄂博。）禁其越境者。（游牧分定地界，如别（旗）王公、台吉、平人有侵入界内者，皆论罚。如越过所分地界另行游牧者，王公、台吉皆论罚,平人将本人并畜产同给见知之人。)

典属清吏司,郎中,满洲一人,蒙古一人;员外郎,满洲二人,蒙古六人;主事,满洲一人,蒙古一人,掌核外扎萨克部旗之事。治其邮驿,互市则颁其禁令,凡内外之喇嘛皆掌之,掌游牧之内属者。

凡封爵……西藏,有扎萨克衔辅国公一人……西藏,有扎萨克衔一等台吉一人。……外扎萨克之爵,旧例不世袭,出缺时或降袭或否,奏闻定夺。惟雍正九年封唐古特闲散辅国公一人,诏世袭罔替。……唐古特扎萨克衔一等台吉,于雍正六年封今爵。唐古特扎萨克衔辅国公,先于雍正八年封扎萨克一等台吉,九年晋封今爵……西藏扎萨克衔辅国公一人,始封曰珠尔默特策布登,为颇罗鼐子,又扎萨克衔台吉一人,始封曰诺颜和硕齐,为颇罗鼐弟,又闲散辅国公一人,始封曰噶锡巴纳木扎勒色布腾,为康济鼐从子,皆唐古特人,其世系均未详。每届十年奏修家谱一次,撤旧册进新册,如内扎萨克。)

(其余有关喇嘛及驻藏大臣等内容与光绪朝《大清会典》基本相同,详后)

光 绪 朝

以黄教行于蒙古、唐古特者曰喇嘛:(唐古特僧宗喀巴,始以黄教授其弟子达赖、班禅,后其教遂盛,蒙古番族无不崇奉。)凡喇嘛,有驻京喇嘛,(驻京喇嘛,大者曰掌印扎萨克达喇嘛,曰副掌印扎萨克达喇嘛,其次曰扎萨克喇嘛,其次曰达喇嘛,曰副达喇嘛,其次曰苏拉喇嘛,其次曰德木齐,曰格思贵,其徒众曰格隆,曰班第。热河、盛京、多伦诺尔、五台山各庙,皆分驻喇嘛,定有额缺,按等升转,与驻京喇嘛一例。叉伊犁之掌教堪布一人,四川懋功之广法寺堪布一人,系由驻京喇嘛内派往,三年一更代。驻京喇嘛中,历辈阐扬黄教如章嘉呼图克图、噶勒丹锡呼图呼图克图、敏珠尔呼图克图、济隆呼图克图，或在京掌教，或赴藏办事，俱曾加国师、禅师等名号。乾隆五十一年，高宗纯皇帝钦定喇嘛班次，左翼头班章嘉呼图克图、二班敏珠尔呼图克图，右翼头班噶勒丹锡呼图呼图克图、二班济隆呼图克图，皆列于雍和宫总堪布、避暑山庄普宁寺总堪布之上。其余驻京之呼图克图，有东科尔呼图克图，果蟒呼图克图，那木喀呼图克图，鄂萨尔呼图克图，阿嘉呼图克图，喇果呼图克图，贡唐呼图克图，土观呼图克图，多伦诺尔有锡库尔锡呼图诺颜绅尔济呼图克图，皆出呼毕勒罕，入于院册。仁宗睿皇帝时定额，设札萨克喇嘛四，雍和宫一，作为唐古特专缺，以呼图克图堪布充。其余三缺，蒙古达喇嘛充其一，未受职之呼图克图充其一，由藏调京之堪布等俱以达喇嘛用。道光年间，以章嘉呼图克图、噶勒丹锡呼图呼图克图、敏珠尔呼图克图、那木喀呼图克图、阿嘉呼图克图，历经驻京掌印务，诏各设商卓特巴札萨克喇嘛一。）有藏喇嘛，（西藏喇嘛，自达赖喇嘛、班禅额尔德尼外，尚有第穆呼图克图，噶喇木巴呼图克图，色木巴呼图克图，布鲁克巴呼图克图，嘉拉萨赖呼图克图，鄂朗济永呼图克图，朋多江达笼庙之呼图克图，摩珠巩之志巩呼图克图，贡噶尔之嘉克桑呼图克图，奈囊保呼图克图，朗呼仔之萨木党多尔济奈觉尔女呼图克图，党尔隆阿里呼图克图，楚尔普嘉尔察普呼图克图，多尔吉雅灵沁呼图克图，伦色之觉尔泽呼图克图，协布隆呼图克图，摩珠巩之志巩小呼图克图，达拉冈布呼图克图，凡十八人，及沙布隆十二人，皆出呼毕勒罕，入于院册。勒正呼图克图，原系沙布隆，今为呼图克图。）有番喇嘛，（甘肃之庄浪、河州、循化、西宁、岷州、四川之木里，及将入藏境之乍雅、察木多、类乌齐各番寺，皆喇嘛居之。其出呼毕勒罕入院册者，庄浪二人，西宁三十三人，木里一人，乍雅、察木多、类乌齐四人。）有游牧喇嘛。（归化城土默特，察哈尔，锡呼图库伦，内扎萨克四十九旗，喀尔喀、阿拉善各游牧，皆有喇嘛居之。其出呼毕勒罕入院册者,归化城十二人,察哈尔九人,锡呼图库伦二人,科尔沁三人,郭尔罗斯一人,土默特六人,乌珠穆沁六人,浩齐特一人,阿巴噶一人,阿巴哈纳尔五人,苏尼特二人,四子部落一人,乌喇特五人,鄂尔多斯一人,喀尔喀十九人,阿拉善二人。)凡喇嘛有行者,能以神识转生于世曰呼毕勒罕,皆入名于奔巴金瓶而掣定焉。(呼图克图转生,向由达赖喇嘛所属之拉穆吹忠作法,降神其体,指出呼毕勒罕所在,访求迎归供养。乾隆五十七年,高宗纯皇帝平定廓尔喀后,整饬藏务,斥拉穆吹忠之妄,特颁奔巴金瓶一于布达拉大昭,凡达赖喇嘛、班禅额尔德尼、哲布尊丹巴呼图克图,及西藏、蒙古各处已出数辈之呼图克图大喇嘛圆寂后,将报出之呼毕勒罕数人名字生辰、缮签入奔巴金瓶内,令喇嘛等唪经,驻藏大臣监看,掣出一人以为呼毕勒罕。复设奔巴金瓶一于雍和宫,其内外扎萨克等所奉之呼图克图,如力不能赴藏识认者,即令盟长拟定报院缮签入雍和宫奔巴金瓶内,令掌印扎萨克大喇嘛等唪经,理藩院大臣监掣。其王公扎萨克等子弟指为呼毕勒罕及呼毕勒罕复出于达赖喇嘛、班禅额尔德尼本族者,概行禁止。惟青海察汉诺们罕拟呼毕勒罕时,无论系察汉诺们罕亲族,有为沙毕那尔等帖服者,准其一体入签掣定。其寻常喇嘛,不准寻呼毕勒罕,亦不准在民人幼孩内寻访。)有证,则疏闻以候钦定。(嘉庆十三年,达赖喇嘛呼毕勒罕寻得时灵征昭著,由驻藏大臣具奏,不复入奔巴金瓶掣定。道光二年定,寻获呼毕勒罕时,由该旗加其印结报院,方准入瓶掣签。呼图克图涅槃后,如徒众过五百名,而庙宇距该旗在五百里以内者,由盟长于徒众内择一人给札萨克喇嘛衔,其在五百里以外者,并给印信,诺们罕涅槃后,徒众过五百名者,由札萨克于徒众内择一人给达喇嘛衔,俾资督率,俟该呼图克图诺们汗转世成立后,仍将各衔撤销。应给印信,由盟长报院,咨行附近之将军大臣等,查复相符,奏闻颁赏。)颁喇嘛之禁令。(喇嘛等服黄红色,班第等服红色,并用黄帽,余色不得服用,乌巴什乌巴三察停其服黄红色,违者喇嘛论罚，班第以下鞭责。喇嘛班第不告知大喇嘛私出为人看病念经，及擅宿人家，或留妇女于寺庙，若齐巴察汗犯奸者，并治罪，该管大喇嘛论罚。喇嘛徒众，除院册有名外，不准增设。禁以民田展修庙宇。唐古特喇嘛徒众，非奉旨不准私来。在京喇嘛奉使赴藏，不准擅带彼处班第回来。非达赖喇嘛、班禅额尔德尼，凡告白于人，不准用噶舒克字样。喇嘛因事涉讼，先革退喇嘛，如讯系无罪，再复喇嘛。喇嘛犯罪抄出财物，送院存贮，作赏给各寺庙喇嘛之用。凡呼图克图等，除封国师、禅师名号者，准其兼授外，其余概不得以呼图克图兼诺们汗、班第达、堪布、绰尔济等职衔，亦不得以国师兼禅师名号。无职衔名号的喇嘛概不得呈请在印务处学习行走。台吉不领度牒私自出家者，勒令还俗，失察之盟长、札萨克论罚。喇嘛班第等私自逃走者，分初犯、再犯及自首被获者革有差。喇嘛与蒙古有交涉事件，呼图克图止许将人证送旗转解，不许转认取供。喇嘛容留犯罪盗者治罪。徒众更名，漏不报者，达喇嘛等论罚。外寺升到之达喇嘛不许将徒众带赴新任，违者论革。）

　　置驻藏大臣，以统前藏后藏，而理喇嘛之事。……（节略部分详见有关章节）

《理藩院则例》有关藏政规定

乾隆内府抄本《理藩院则例》

录勋清吏司上

一、疆理　内札萨克蒙古诸部落，壤地相错，形势相联，东接盛京、黑龙江，西邻部厄鲁特，南至长城，北逾绝漠，衺延万余里。

西藏，其地在四川、云南徼外，东西距六千四百余里，南北距六千五百余里，东至四川界，东南至云南界。南至功布部落，西至大沙海，北至青海界。其地有四，曰卫、曰藏、曰喀木、曰阿里，共辖城六十余（互市在四川西徼打箭炉之地）。卫在四川打箭炉西北，即乌斯藏，居诸藏之中，又名中藏，东自木鲁乌苏西岸，西海部落界，西噶木巴岭，南自鄂木拉刚冲岭，北至牙尔佳藏布河，至京万有二千余里。藏在卫西南，东自噶木巴岭卫界，西至麻尔岳木岭阿里界，南自包里城之巴木岭，北至赭巴部落之北达鲁克雨木撮池，至京万有三千余里。喀木，在卫东南，近云南丽江府之北，东自雅龙江西岸，西至努卜公岭，南自噶克拉雪山，北至木鲁乌苏南岸，东南自云南塔城关，西北至索克城青海部落界，东北自青海部落界阿克达穆岭，西南至塞勒木雪山，至京九千余里。阿里，东自藏界麻尔岳木岭，西至巴第和水布岭，南自匝木萨喇岭，北至乌巴岭，为西藏极西边鄙，至京万有四千余里。

西藏分藏、卫、喀木、阿里四部落，不设旗。

肇封

……西藏（唐宋为吐番，元明为乌思藏）：崇德七年，番僧遣使归诚。顺治十年来朝，赐以金册、金印，授为西天大善自在佛〔所〕领天下释教普通瓦赤喇怛喇达赖喇嘛。俗称其国（部）曰图伯特，又曰唐古忒。最尊者曰达赖喇嘛，班陈喇嘛。代喇嘛理事者曰第巴。又有汗，则蒙古部长为之。康熙三十二年，封第巴为图伯特国（部）王，赐金印。后与厄鲁特噶尔丹通。达赖汗之子拉藏，诛第巴以闻。四十五年，封拉藏为辅教恭顺汗，赐金册、金印。四十九年，允拉藏所请，封伊西札穆苏为六世达赖喇嘛，赐金册、金印。五十三年，准噶尔侵藏，杀拉藏，旋即平定。六十年，封康济鼐、阿尔布巴为贝子，隆布鼐为公，总理其地。雍正五年，阿尔布巴等杀康济鼐以叛，后藏办理噶卜隆事务之札萨克台吉颇罗鼐，走避以闻。六年，阿尔布巴等伏诛，封颇罗鼐为固山贝子。七年，封达赖喇嘛之父索诺穆达尔札为辅国公。九年，封颇罗鼐为多罗贝勒，给册印，辖卫藏噶卜伦事务，封颇罗鼎之长子珠尔玛特车卜登为辅国公，封噶锡巴纳穆札尔塞卜腾为辅国公。十二年，封颇罗鼐之弟诺颜和绍齐为札萨克台吉。乾隆四年，晋封颇罗鼐为多罗郡王。十二年，以颇罗鼐之次子珠尔默特纳穆札尔袭封多罗郡王。十五年，珠尔默特纳穆札尔以罪伏诛。十六年，议设噶卜伦四人，代贲五人，各颁给敕谕，第巴三人，堪布一人，均给本院执照，分辖藏务，受驻藏大臣及达赖喇嘛管辖。

设官

（雍正四年）又议准，西藏事务，以贝子康济鼐为正，以贝子阿尔布巴佐之，原令其会同众噶卜伦等和衷办公而设。若伊等不睦，后起衅端，亦有关系。应遣大臣前往，驻扎照看。其大臣更换皆由特简。

（乾隆）四年议准，驻扎西藏办事司官笔贴式，照驻扎哈密、瓜州司官笔贴式例，定为二年一换，不必交错更替，俟新去之司官笔贴式到后，旧驻扎之人留住三月，将旧事交代明白，再令回京。

十年议准，驻扎西藏大臣司官笔贴式，均一体定为三年更换。

顺治十年，给厄鲁特顾实汗金册印。

（康熙）三十二年覆准，达赖汗自伊祖以来敬谨纳贡，应给敕书。

柔远清吏左（前）司下

一、唐古忒学

顺治十四年题准，每旗各选入学习唐古忒字义，给教习人六品俸。

乾隆五年议准，唐古忒学助教，原为教训学生，及翻译所降达赖喇嘛之旨，并西藏送到一应文书而设。八旗满洲蒙古各学舍，皆有额设助教，嗣后唐古忒学助教，亦定为额设之官。

一、敕封喇嘛

顺治十年，前藏五世达赖喇嘛来朝，赐以金册、金印，授为西天大善自在佛〔所〕领天下释教普通瓦赤喇怛喇达赖喇嘛。

康熙十五年，后藏班陈胡图克图遣使来京进贡。

四十九年，封前藏伊西札穆苏为六世达赖剌嘛，给金印金册、后废。

五十二年议准，班陈胡图克图勤修释教，敬谨纳贡，应照达赖喇嘛之例，给与金册金印敕书，封班陈额尔德尼。

五十八年议准，拉牙、察木道两处首领喇嘛罗卜藏纳木札尔胡图克图、帕克巴拉丹拜尼玛胡图克图，从前因遣往雪山之使，预备乌拉，敬谨奉行，今呈请名号，赐拉牙胡图克图为阐扬黄教诺门汗，察木道胡图克图为大阐黄教额尔德尼诺门汗，均给与封号、敕印。

五十九年，封前藏噶尔藏坚错为兴教度众六世达赖喇嘛，给金印册。

雍正元年议准，达赖喇嘛印册，照五世达赖喇嘛之衔换给，并增蒙古字，别给敕书，令其办理噶卜伦事务。

五年具奏，达锡吹品尔托音奉使西域，赍回班陈、达赖喇嘛之文，称泽卜尊丹巴胡图克图再生，众喀尔喀遣使请封，应将额驸敦多卜多尔济之子，准为泽卜尊丹巴胡图克图之胡毕尔汗。奉旨：理藩院奏请敕封泽卜尊丹巴胡图克图之后身，泽卜尊丹巴胡图克图，其钟灵原有根源，乃与达赖喇嘛、班陈额尔德尼相等之大喇嘛也，众喀尔喀，皆尊敬供奉。且其所居库伦弟子甚众，著动用帑银十万两修建大刹，封伊后身。

乾隆五年议准，班陈额尔德尼之胡毕尔汗，经达赖喇嘛等验明是实，应送往后藏坐床。

一、喇嘛进贡

达赖喇嘛、班陈额尔德尼，间年轮班遣使进贡，贡道由西宁，至京寓居西黄寺。贡物有寿帕、铜佛、舍利子、珊瑚、琥珀、数珠、藏香、氆氇之属。来使各附进佛、寿帕、藏香、氆氇有差。又贡庆祝礼（番名丹舒克），有五色帕、银满达、七珍、八宝、八吉祥、佛像、金字经、银塔、红花诸物。除照例折赏外，回时均奉旨慰问，加赐达赖喇嘛，重六十两镀金银茶筒一，金银瓶一，银钟一，各色缎三十，大寿帕五，小寿帕四十，五色寿帕十。正使，二等雕鞍一，重三十两银茶筒一，茶盆一，缎三十，毛青布四百，豹皮一，虎皮三，江獭皮五。副使，三等蟒缎一，方补缎一，大缎一，三棱布二十四。从人，彭缎各一，三棱布各八。加赐班陈额尔德尼，重三十两银茶筒一，瓶一、钟一，各色大缎二十，大小寿帕各十。来使，金黄蟒袍一，重三十两银茶筒一，缎一，毛青布六十二。从人，缎各二，毛青布各二十。从役，缎各一，毛青布各十。日给正使银二钱，副使银一钱五分，从人各一钱，核给四十日路费，送至西宁。

康熙二十三年覆准，达赖喇嘛来使从人，多至数百名，嗣后使人至西宁关口时，令西宁总兵官，察明人数，造册报院。至奉使差往喇嘛人役，亦应裁减。倘有隐瞒数目，多带人来往者，罪之。

雍正三年议准，达赖喇嘛、班陈额尔德尼向例每年遣人在打箭炉等处征收番人贸易税银应永行停止。按其年得之分加赠，每年折给达赖喇嘛茶叶五千斤，班陈额尔德尼二千五百斤，均由四川雅州荣经县，办运至打箭炉赏给。

四年议准，达赖喇嘛来使，令在西安候旨，其所奏事件，着驻扎西宁办理青海事务之大臣承接转奏，奉旨后再行遣回。

六年议准，从前班陈额尔德尼遣人来贡，至西宁地方，由院差官迎接，驰驿来京。今班陈额尔德尼遣人请安，驻扎西宁办理蒙古事务处，见有司官笔贴式，本院毋庸别差人员。应令司官笔贴式就近迎接，雇觅骑驮，由关口进京，不必动用驿站。

乾隆二年议准，恭按雍正六年谕：达赖喇嘛、班陈额尔德尼来使堪布，著间年一次，贝勒颇罗鼐之囊素，著每年一次，钦此。今班陈额尔德尼圆寂，暂不遣人，应令颇罗鼐与达赖喇嘛，间年一次遣使前来。

三年谕：闻西藏大小寺庙约有千数，各寺庙费用，养赡众喇嘛及往来行走喇嘛，并送布施人等费用，皆达赖喇嘛给与，所费甚多，用度不敷。从前皇祖、皇考，皆眷顾达赖喇嘛，不时加恩赏赉。今达赖喇嘛费用不敷，著于打箭炉所收税银内，每年拨给五千两，于达赖喇嘛遣人至打箭炉领取茶叶之便，将此项银一并带往。钦此。

五年奏准，自康熙年间至雍正六年，西藏达赖喇嘛等遣使进贡，均令驰驿，后因军兴，值班陈额尔德尼遣使进贡，由院奏准，停止驰驿，照依时价雇骡在案。今应将累年办给骡数奏闻。奉旨：知道了。嗣后骡数，著详细核减，不得过二百。

七年谕：从前达赖喇嘛、班陈额尔德尼，每年轮班遣使请安，进献方物，郡王颇罗鼐亦遣使相伴同来。嗣因班陈额尔德尼圆寂，朕念达赖喇嘛、颇罗鼎每年遣使，殊属劳苦，曾经降旨，定为间年一次。去年适值达赖喇嘛、颇罗鼐遣使之班，班陈额尔德尼胡毕尔汗因伊坐床亦遣使进献丹舒克请安前来。若照前例轮班遣使，则今年又值班陈额尔德尼遣使之班，如屡次遣使，其办理牲畜口粮起程等事，唐古忒民人未免劳苦。班陈额尔德尼胡毕尔汗之使甫经前来，今年不必按班差遣，下次再照从前轮班遣使。再，郡王颇罗鼐之使，原系每年相伴同来，嗣后达赖喇嘛遣使之班，著照旧相伴同来，班陈额尔德尼胡毕尔汗之班，颇罗鼐不必遣使同来。钦此。

八年奏准，西藏公班第达等七人隔年进贡，向例贡物，均交达赖喇嘛等来使，赴京代进。今达赖喇嘛等遣使入京，骑驮之骡，已定额数，公班第达等贡物，难以附进，应增给驮骡三十头，著为定例。

十六年奏准，向例达赖喇嘛正副使入贡，续因颇罗鼐进贡，将副使改为伊遣之使。今仍照旧例，堪布囊索，均由达赖喇嘛差遣。所有前定二百骑驮骡内，应减去四十。

又议准，察木道帕克巴拉丹拜尼玛胡图克图遣使来朝，进贡金碗、黄连，照例折赏外，赐帕克巴拉丹拜尼玛胡图克图，重三十两银茶筒一，各色大缎十有二，大小素帕各七。正使三等蟒缎一，缎二，布二十四。副使，缎二，布十有二。从人，布六。回时，本院差领催一名照看，照例雇给骑驮之骡。正使日给银二钱，副使一钱五分，从人一钱，核给四十日路费，由西安一路送至四川，至四川界，由总督遣人伴送至打箭炉，令其自回。嗣后帕克巴拉胡图克图遣使来朝，该督即照例办给骑驮之骡。如私带贸易货物，令其自办，不在官给之例。至京后，照泽卜尊丹巴胡图克图来使之例，给与廪给四十日，事竣即令起程。

一、喇嘛册牒

……（雍正十二年）又覆准，封西藏达赖喇嘛之师道都温都逊堪布为阐扬黄教阿齐图诺门汗，给以敕印。

一、喇嘛禁例

……（康熙）五年题准，在京喇嘛等奉使达赖喇嘛地方，擅带彼处班第等回来者罪之。

十年题准，唐古忒处喇嘛徒众，非奉旨不许私来。

柔远清吏右（后）司

一、贡道

青海由西宁，喀尔喀、厄鲁特、土尔古特由张家口、喜峰口。哈密、土鲁番由肃州之嘉岭关，西藏由四川之打箭炉。

一、赏赉

（康熙）五十四年覆准，西藏拉藏汗、青海厄鲁特等外藩请安进贡，照伊来使品级赏给诸物，交与内务府、武备院制造，俟起程时颁给。

（雍正十年）又议准，西藏办事之噶卜隆俸银，照札萨克一等台吉例，每年给银百两。

一、俸币

……乾隆十八年奉旨，藏内噶卜伦尼玛加穆赞已照札萨克喇嘛等第赏给，因喇嘛无俸可支，不给俸银，但尼玛加穆赞与公班第达一同办理噶卜伦事务，京城喇嘛等既有支给口粮之例，噶卜伦尼玛加穆赞著每年赏给口粮银百两。

（乾隆内府抄本《理藩院则例》）

光绪《钦定理藩部则例·西藏通制》

增纂

西藏设驻扎大臣

西藏设驻扎大臣二员，办理前后藏一切事务，其大臣更代，均由特简。

增纂

西藏诸处事务均隶驻藏大臣核办

驻藏大臣总办阖藏事务，与达赖喇嘛、班禅额尔德尼平行。噶布伦以下番目及管事喇嘛，份系属员，无论大小事务，俱禀明驻藏大臣核办。至扎什伦布诸务，亦一体禀知驻藏大臣办理，不准岁琫堪布等代办，该大臣巡边之便稽察管束。

增纂

稽查商上公用

每年番民交纳，各以粮石或氆氇、藏香、大棉、盐斤、酥油、奶渣、羊腔、茶叶等项作为租赋。其远处寨落难以运送者，各以银钱折交。番民家有牛群、羊群者，每牛二头每年交银钱一圆，每羊十只每年亦交银钱一圆。其随时布施物件银两，并无定数。除交各项本色物件外，约计每年所入银两共十二万七千有零。凡有交纳物件银钱，俱收存大昭库内，设商卓特巴三名管理。其氆氇、藏香及税课罚赎等项，各处布施之物，并番民故后例交一半服饰物件，均交商上库内，另设商卓特巴二名管理。达赖喇嘛公用日费等项，皆出於此。计算用项：每年正月内，布达拉与各处大寺庙大小众喇嘛及前后藏各处喇嘛数万人，会集大昭念经二十日，二月内复集大昭念经八日，按喇嘛名数赏给银钱哈达，支给酥油、茶叶、糌粑，共需银七万九百余两。又，每日念经需用酥油茶叶及各项赏赉，共需银三万九千二百余两。又，每年采买布达拉众喇嘛食用及各种物料并酬答布施物件，共需银二万四千四百余两。所入尚不敷所出。又，色拉等大寺喇嘛均须养赡。青稞丰收之年，并布施较多年分，始有盈余。商上又有小库一处，另派商卓特巴一名管理；每年出入如有余剩物件银两，归入小库存贮。如遇不敷支用之年，即将小库银物使用。一切用度，商卓特巴总司出纳，亦同噶布伦，呈报驻藏大臣。

噶布伦、商卓特巴等缺，均归驻藏大臣会同达赖喇嘛秉公拣选，不许达赖喇嘛亲族管事。其商上一切公用，悉责成驻藏大臣会同济咙胡图克图实力稽核出纳，如有侵渔舞弊之人，济咙胡图克图即告知驻藏大臣查办，照例治罪。至扎什伦布所管番民应交商上粮赋，多系交纳物件，统计折色、本色、约合银六万六千九百余两，计每年用度约需银七万四千六百余两。从前各处布施较多，每年总有余盈。经廓尔喀抢掠后，每年出入连布施核计，仅敷用度。亦交驻藏大臣及济咙胡图克图实力稽查，以归划一。其达赖喇嘛、班禅额尔德尼平素自奉以及例应需用各项，仍听其自便。

增纂

稽查商上收支

达赖喇嘛，班禅额尔德尼商上得项，除养赡喇嘛番众外，如有盈余，作为唐古忒兵丁养赡之用，一切收支，悉责成驻藏大臣稽查。凡换班官兵以及驻藏大臣公私费用，不准於商上侵挪。

增纂

稽查外番差人来藏

西藏地方遇有廓尔喀禀请之事，均由驻藏大臣总理。其呈送达赖喇嘛、班禅额尔德尼土物，应给谢礼回谕，亦由驻藏大臣代为酌定给发。如有关系地方事件及通问布施，均报明驻藏大臣，听候办理。

其布鲁克巴素信红教，每年遣人来藏向达赖喇嘛呈递布施，哲孟雄、宗本、洛敏达等小部落差人来藏，均由边界营官查明人数，禀明驻藏大臣验放进口，并令江孜、定日驻扎备弁实力稽查。其到藏瞻礼后，该部落差人禀明驻藏大臣，由驻藏大臣给谕。其呈达赖喇嘛等禀启，俱应呈送驻藏大臣译出查验，由驻藏大臣与达赖喇嘛将谕帖酌定给发，查点人数，再行遣回，噶布伦虽系达赖喇嘛管事之人，不准与各部落私行通信，即各部落有写信噶布伦者，亦令呈送驻藏大臣，与达赖喇嘛商同给谕，仍不准噶布伦等私行发给。倘有私行来往暗通信息之事，驻藏大臣即将噶布伦等革退。

增纂

打箭炉税银拨赏达赖喇嘛

打箭炉所收税课内，每年拨银五千两，赏给达赖喇嘛，作为养赡僧众之费。於每年遣人到打箭炉领取茶叶之便，袛领带往。

增纂

噶布伦戴琫颁给敕书

西藏噶布伦戴琫缺出，奉旨补授者，令其将旧领敕书送院查销，另行颁给敕书。

修改

噶布伦以下各官给与顶戴

噶布伦准其戴用三品顶戴，毋庸给与扎萨克名号。四品戴琫以下各官，均按品级给与顶戴。其翎支除恩赏外，不准戴用，非有军功，该大臣等亦不得滥行奏请。

续纂

后藏扎什伦布增设业尔仓巴等官

后藏扎什伦布旧设商卓特巴一人，增设四品虚衔业尔仓巴一人，四品虚衔小商卓特巴一人，五品虚衔管马达琫一人，作为定额，由驻藏大臣发给执照。出缺时，查照旧章拣选补放，不准私行挑补。

增纂

噶布伦等官房庄田随任交代

藏内噶布伦等拨给房屋庄田，照内地衙署廉俸之例，给现充之人居住管理。一经缺出，即行交代新任，不许稽迟。

增纂

拣放坐床堪布喇嘛

各大寺坐床堪布喇嘛缺出，达赖喇嘛知会驻藏大臣、办事胡图克图，公同拣放，给与合印执照，派往住持。其小寺堪布喇嘛缺出，由达赖喇嘛自行补放。

增纂

西藏喇嘛钱粮不许豫领

西藏喇嘛等支给钱粮，按期支食，不许丝毫豫领。交办事胡图克图随时查核，若短少克扣，将放给之人查明究治。

增纂

番民争讼分别罚赎不得私议抄没

卫藏唐古忒番民争讼，分别罚赎。将多寡数目造册，呈驻藏大臣存案。如有应议罪名，总须禀明驻藏大臣核拟办事，其查抄家产之例，除婪索赃数过多应禀明驻藏大臣酌办外，其余公私罪犯凭公处治，严禁私议查抄。

增纂

禁止私给照票免差

藏内各寨番众供应乌拉、人夫、马匹，达赖喇嘛、班禅额尔德尼及伊等用事亲族、大胡图克图等，并噶布伦、戴琫及大喇嘛所管之庄佃人户，不准私给牌票，或免差徭，或免税赋。如实有劳绩者，达赖喇嘛告知驻藏大臣，方准给与照票。至番民挑定额兵，由驻藏大臣及达赖喇嘛於挑兵时发给照票，填写住址名字，免其门户差使。如有事故革退，将原票缴销。

1113

增纂

达赖喇嘛、班禅额尔德尼族属不得搀越管事

大小番目及前后藏管事喇嘛,均不得以达赖喇嘛、班禅额尔德尼族属挑补,搀越管事。俟达赖喇嘛、班禅额尔德尼转世后,方准将前辈亲族量材录用,以昭公允。

(以上,见卷六十一)

修改

唐古忒属额设噶布伦以下各官

唐古忒属设:三品总理大小事务噶布伦四人。四品总理兵丁戴琫六人,稽查商上出纳仔琫三人,总理库务商卓特巴一人。五品管理兵丁如琫十二人,管理粮储业尔仓巴二人,管理拉撒番民朗仔辖二人,管理刑名协尔帮二人,管理布达拉番民希约第巴二人。六品管理兵丁甲琫二十四人,管理马匹达琫二人,噶厦办事大中译二人,卓尼尔三人。七品管理兵丁定琫一百二十人,噶厦办事小中译三人。管理门户第巴三人,管理糌杷第巴二人,管理草束第巴一人,管理柴斤第巴二人,管理帐房第巴二人,管理牛羊厂第巴三人。五品边缺:江卡营官一人,堆噶尔本营官二人,哈拉乌苏营官一人、喇嘛营官一人,喇嘛营官不给顶戴,错拉营官二人,帕克哩营官二人,定结营官二人,聂拉木营官二人,济咙营官二人,官觉营官一人,补仁营官一人,博窝营官二人,工布硕卡营官一人,绒辖尔营官一人,达霸喀尔营官二人。五品大缺:乃东营官二人,琼结营官二人,贡噶尔营官二人,仑孜营官二人,桑昂曲宗营官一人,喇嘛营官一人,工布则岗营官一人,江孜营官二人,昔孜营官一人、喇嘛营官一人,协噶尔营官一人、喇嘛营官一人,纳仓营官一人、喇嘛营官一人。六品中缺:洛隆宗营官二人,角木宗营官一人,打孜营官一人,桑叶喇嘛营官一人,巴浪营官二人,仁本营官二人,仁孜营官二人，朗岭营官二人，宗喀营官二人，撒喀营官二人，作岗营官一人，喇嘛营官一人，达尔宗营官二人，江达营官一人，古浪营官一人，沃卡营官一人，冷竹宗喇嘛营官一人，曲水营官工人，夺宗营官一人，僧宗营官一人，杂仁营官一人，茹拖喇嘛营官一人，锁庄子营官一人、喇嘛营官一人，夺营官一人、喇嘛营官一人，结登喇嘛营官一人，直谷营官一人，喇嘛营官一人，硕板多营官二人，拉里喇嘛营官一人，朗营官一人，沃隆喇嘛营官一人，墨竹营官一人，卡尔孜营官一人，文扎卡营官一人，喇嘛营官一人，辖鲁喇嘛营官一人，策堆得喇嘛营官一人，达尔玛营官一人，聂母营官一人，拉噶孜营宫一人，喇嘛营官一人，岭营官一人，喇嘛营官一人，纳布喇嘛营官一人，岭喀尔营官一人，朗错喇嘛营官一人，羊八井喇嘛营官一人，麻尔江喇嘛营宫一人。七品小缺：雅尔堆营官一人，金东喇嘛营官一人，拉岁营官一人，撒拉喇嘛营官一人，浪荡喇嘛营官一人，颇章营官一人，扎溪营官一人，色营官一人，堆冲营官一人，汪垫营官一人，甲错营官一人，拉康喇嘛营官一人，琼科尔结营官一人，蔡里营官一人，曲隆喇嘛营官一人，扎称营官一人，折布岭营官一人，扎什营宫一人，洛美营官一人，嘉尔布营官一人，朗茹喇嘛营官一人，哩乌喇嘛营官一人，降喇嘛营官一人，业党喇嘛营官一人，工布塘喇嘛营官一人。

修改

补放噶布伦以下各缺

噶布伦缺出，驻藏大臣会同达赖喇嘛，於戴琫及商上仔琫商卓持巴内择其才具优长、著有劳绩者，拟定正陪，奏请补放。戴琫缺出，先尽新设管领番兵之各琫内拣选，如一时不得其人，再以边缺营官内拣选奏补。商上仔琫商卓特巴缺出，以业尔仓、协尔帮、大中译及济仲喇嘛升补。希约第巴、密本、达琫缺出，以大缺、边缺营官及噶厦卓尼尔升补。其业尔仓、希约第巴两项向有喇嘛者，亦准遴选喇嘛补用。大中译缺出：以小中译、噶厦卓尼尔升补。大缺、边缺营官缺出，以小缺营官调补及小中译补放。其管理兵丁甲琫番目，亦准调补边缺营官，惟小缺营官，始准於东科尔及喇嘛内拣选补用。所有营官缺分，详细分别大缺、边缺、小缺，造具册档，驻藏大臣存案办理。其喇嘛补放营官者，多系达赖喇嘛随侍之人，因其勤劳年久，不能远离左右，酌量派管地方，藉资养赡，由驻藏大臣另派妥协明干之人前往署理，该喇嘛营官不得私行派人代办。噶厦小中译、卓尼尔随同噶布伦办事，关系紧要，由东科尔拣选心地明白者挑补。至前藏商上铸造银钱，专派铸钱仔琫二名，济仲喇嘛二名，责成办理。

凡大小各缺，均由驻藏大臣会同达赖喇嘛挑选。如达赖喇嘛徇私不公，准驻藏大臣驳正，秉公拣补。除噶布伦、戴琫奏明补用外，其余各缺，由驻藏大臣会同达赖喇嘛发给清、汉、西番字印照为据。至管理柴草、门户、糌粑、帐房第巴及管理牛羊草厂头人等缺，悉听达赖喇嘛自行拣补。

增纂

增设戴琫以下各缺均按等第递升

藏内管兵番目，向设戴琫五人。於乾隆五十七年，添设戴琫一人，仍照旧制设立大小番目，逐层管束。於戴琫之下设立如琫十二人，每人管兵二百五十名。如琫之下设立甲琫二十四人，每人管兵一百二十五名。甲琫之下设立定琫一百二十人，每人管兵二十五名。与绿营兵丁一例，均由驻藏大臣会同达赖喇嘛，拣选年力精壮之人充补，给发委牌。倘敢废弛军律即行革退，并将本管番目从严惩治。遇有戴琫缺出，以如琫拨补，其余各缺，均择技艺娴熟、操防认真者，以次递升。至世家东科尔有情愿充当番兵及定琫兵目者，准其充伍，按次升用，不许躐等超越。番兵中如有材技出众之人，亦准按次擢用，升至戴琫，不得以非东科尔世家，阻其上进之路。

增纂

边缺营官三年更换

补放边缺营官，於小缺营官及管理兵丁之甲琫番目内，择其干练者调补。如到任三年，果能办理妥善，驾驭得宜，即行更换，调回记名，以戴琫等缺升用。如有办理不善者，即行革退。

增纂

东科尔及岁方准当差

凡挑取办事番目，於东科尔内择其端详历练之人拔补，不准袭充伊祖、父职分。即挑取小中译、噶厦卓尼尔小缺营官等番目，亦必须年至十八岁以上者，方准当差，不得以幼小之人冒滥充数。

增纂

设立番兵定额

前后藏各设番兵一千名，此外冲途要隘之定日、江孜地方，安设番兵各五百名，共额设番兵三千名。此项番兵，即於安设处所就近挑补，以省调戍之烦。设立戴琫四人，以二人驻札后藏，以一人分驻定日，一人分驻江孜，管理所设兵丁，即令各处驻防将弁督率管束，教演技艺。前藏番兵归游击统辖，后藏及江孜、定日番兵归后藏都司统辖。所有挑补番兵；造具花名清册，交该管游击、都司及戴琫稽查外，另缮名册二本，一呈驻藏大臣衙门，一交噶厦公所。遇有事故，核实挑补，随时呈报，以资考察。

增纂

番兵军器定制

额设番兵三千名，每一千名定为五分鸟枪，三分弓箭，二分刀矛。所需鸟枪、刀矛，将查抄沙玛尔巴等家产内及前后藏大小寺庙中收存器械分给。所需弓箭，即照番民习用之木弓竹箭制备。所需火药，由商上差人赴贡布制办。其铅丸，於边霸等处例交商上铅斤内发给。

增纂
唐古忒兵丁号衣
挑取唐古兵丁，均令剃发，以示区别。鸟枪兵丁穿红褐背心，弓箭兵丁穿白褐背心，刀矛兵丁穿红边白褐背心，前后各书番兵二字。

增纂
校阅番兵技艺
唐古忒兵丁，令各处驻防将备，就近督率大小番目，按期认真教演。驻藏大臣於巡查之便，亲行校阅。其练习纯熟者，酌加奖赏，并将该管之番目记名升擢。如有技艺生疏者，严行惩责，屡教不悛即予斥革，番目等亦分别责降示惩。驻防将备，均以所管番兵优劣，由驻藏大臣分别等第，於驻班期满时具咨报部。其优等者，咨送本省将军、总督、提督，准予保举，照例升用；次等者，咨部议叙，毋庸升用；劣等者，即行参革。

增纂
番目番兵应支银米於春秋二季散给
额设番兵三千名，每名每年给与青稞二石五斗。遇有征调，准照征兵之例，每日每名商上支给糌粑一斤。

共设戴琫六名，各给庄田一分，作为钱粮，其如琫番目，照川省马兵月饷米折之例，每名每年给银三十六两。甲琫照战兵之例，每名每年给银二十两。定琫照守兵之例，每名每年给银十四两八钱。均由前藏商上支领。此项银两，由商上於春秋二季，备文送交驻藏大臣衙门转发，该管将备会同戴琫等，传齐番目支领。如有侵渔克扣，一经查出，即行严参治罪。其番兵应支青稞，亦分两季，令该管将备合同戴琫等，按名散给。

增纂

驻防员弁及戴琫等不得滋扰兵丁

前后藏及定日、江孜官员兵丁，均由四川总督拣选才技出色员弁，派往分驻。如内地拨派驻藏官兵，有营私舞弊、欺凌唐古忒兵丁等事，准该戴琫禀知驻藏大臣，随时严办。倘该戴琫等操防怠惰、苦累番兵，亦准将备等禀明究办。所设番兵三千名，该管将备及戴琫等不得擅行役使。若於例外私行服役者，一经查出，照例治罪。

（以上，见卷六十二）

喇嘛说

(清)乾隆

佛法始自天竺（即厄纳特阿克部，其地曰痕都斯坦），东流而至西番（即唐古特部，其地曰三藏），其番僧又相传称为喇嘛。喇嘛之字，《汉书》不载，元明史中，或讹书为剌马，（陶宗仪《辍耕录》载，元朝称帝师为剌〈读作拉，下同〉马。毛奇龄《明武宗外纪》又作剌麻，皆系随意对音，故其字不同。）予细思其义，盖西番语谓上曰喇，谓无曰嘛。喇嘛者谓无上，即汉语称僧为上人之意耳。喇嘛又称黄教，盖自西番高僧帕克巴（旧作八思巴），始盛于元，沿及于明，封帝师、国师者皆有之。（元世祖初封帕克巴为国师，后复封为大宝法王，并尊之曰帝师。同时又有丹巴者亦封帝师，其封国师者不一而足。明洪武初，封国师、大国师不过四、五人。至永乐中，封法王、西天佛子者各二，此外封灌顶大国师者九、灌顶国师者十有八，及景泰、成化间，益不可胜记。）我朝惟康熙年间，只封一章嘉国师，相袭至今。（我朝虽兴黄教，而并无加崇帝师封号者，惟康熙四十五年，敕封章嘉呼图克图为灌顶国师，示寂后，雍正十二年，仍照前袭号为国师。）其达赖喇嘛、班禅额尔德尼之号，不过沿元明之旧，换其袭敕耳。（黄教之兴，始于明，番僧宗喀巴，生于永乐十五年丁酉，至成化十四年戊戌示寂。其二大弟子曰达赖喇嘛、曰班禅喇嘛。达赖喇嘛位居首，其名曰罗伦嘉穆错，世以化身掌黄教。一世曰根敦珠巴，二世曰根敦嘉穆错，三世曰索诺木嘉穆错，即明时所称活佛锁南坚错也，四世曰云丹嘉穆错，五世曰阿旺罗卜藏嘉穆错。我朝崇德七年，达赖喇嘛、班禅喇嘛遣使贡方物。八年，赐书达赖喇嘛及班禅呼图克图，盖仍沿元明旧号。及定鼎后，始颁给敕印，命统领中外黄教焉。）盖中外黄教总司以此二人，各部蒙古一心归之，兴黄教，即所以安众蒙古。所系非小，故不可不保护之，而非若元朝之曲庇谄敬番僧也。（元朝尊重喇嘛有妨政事之弊，至不可问。如帝师之命与诏敕并行，政衙朝会百官班列而帝师亦专席于坐隅，其弟子之号司空、司徒、国公，佩金玉印章者，前后相望，怙势恣睢，气焰薰灼，为害四方，不可胜言。甚至强市民物，捽捶留守，与王妃争道，拉殴随车者，皆释不问，并有民殴西僧者截手，詈之者断舌之律。若我朝之兴黄教，则大不然，盖以蒙古奉佛，最信喇嘛，不可不保护之，以为怀柔之道也。）其呼图克图之相袭，乃以僧家无子，授之徒，与子何异，故必觅一聪慧有福相者，俾为呼必勒罕（即汉语转世化生人之义）。幼而习之，长成，乃称呼图克图，此亦无可如何中之权巧方便耳，其来已久，不可殚述。孰意近世其风日下，所生之呼必勒罕，率出一族，斯则与世袭爵禄何异。予意以为大不然。盖佛本无生，岂有转世？但使今无转世之呼图克图，则数万番僧，无所皈依，不得不如此耳。（从前达赖喇嘛示寂后转生为呼必勒罕，一世在后藏沙卜多特地方，二世在后藏大那特多尔济丹地方，三世在前藏对咙地方，四世在蒙古阿勒坦汗家，五世在前藏崇寨地方，六世在里塘地方，现在之七世达赖喇嘛，在后藏托卜札勒拉里岗地方。其出世且非一地，何况一族乎。自前辈班禅额尔德尼示寂后，现在之达赖喇嘛与班禅额尔德尼之呼必勒罕，及喀尔喀四都落供奉之哲布尊呼图克图，皆以兄弟叔侄姻娅递相传袭，似此掌教之大喇嘛呼必勒罕，皆出一家亲族，几与封爵世职无异。即蒙古内外各札萨克供奉之大呼必勒罕，近亦有各就王公家子弟内转世化身者，即如锡呼图呼图克图即系喀尔喀亲王固伦额驸拉旺多尔济之叔；达克巴呼图克图即系阿拉善亲王罗卜藏多尔济之子；诺木绰尔济呼图克图即系四子部落郡王拉什燕丕勒之子；堪布诺们汗札木巴勒多尔济之呼必勒罕即系图舍图汗车登多尔济之子，似此者难以枚举。又，从前哲布尊丹巴呼图克图圆寂后，因图舍图汗之福晋有娠，众即指以为哲布尊丹巴呼图克图之呼必勒罕，及弥月，竟生一女，更属可笑，蒙古资为谈柄，以致物议沸腾，不能诚心皈信。甚至红帽喇嘛沙玛尔巴垂涎扎什伦布财产，自谓与前辈班禅额尔德尼及仲巴呼图克图同系弟兄，皆属有分，唆使廓尔喀滋扰边界，抢掠后藏。今虽大振兵威，廓尔喀畏罪降顺，匍匐乞命，若不为之剔除积弊，将来私相授受，必致黄教不能振兴，蒙古番众猜疑轻视，或致生事。是以降旨藏中，如有大喇嘛出呼必勒罕之事，仍随其俗，令拉穆吹忠四人降神诵经，将各行指出呼必勒罕之名，书签贮于由京发去之金奔巴瓶内，对佛念经，令达赖喇嘛或班禅额尔德尼同驻藏大臣公同签掣一人，定为呼必勒罕，虽不能尽除其弊，较之从前各任私意指定者，大有间矣。又，各蒙古之大呼必勒罕，亦令理藩院行文，如新定藏中之例，将所报呼必勒罕之名，贮于雍和宫佛前，理藩院堂官会同掌印之札萨克达喇嘛等公同签掣，或得真传，以息纷竞。）去岁廓尔喀之听沙玛尔巴之语，劫掠藏地，已其明验，虽兴兵进剿，彼即畏罪请降，藏地以安。然转生之呼必勒罕出于一族，是乃为私，佛岂有私，故不可不禁。兹余制一金瓶，送往西藏，于凡转世之呼必勒罕，众所举数人，各书其名置瓶中，掣签以定，虽不能尽去其弊，较之从前一人之授意者或略公矣。夫定其事之是非者，必习其事而又明其理，然后可，予若不习番经不能为此言，始习之时，或有议为过兴黄教者，使予徒泥沙汰之虚誉，则今之新旧蒙古畏威怀德，太平数十年，可得乎？且后藏煽乱之喇嘛即正以法。（上年廓尔喀之侵掠后藏，时仲巴呼图克图既先期逃避，而大喇嘛济仲扎苍等，遂托占词为不可守，以致众喇嘛纷纷逃散，于是贼匪始敢肆行抢掠，因即令将为首之济仲拿至前藏，对众剥黄正法，其余札苍及仲巴呼图克图，俱拿解至京治罪安插，较元朝之于喇嘛，方且崇奉之不暇，致使妨害国政，况敢执之以法乎。我朝虽护黄教，正合于王制所谓"修其教不易其俗，齐其政不易其宜，"而惑众乱法者，仍以王法治之，与内地齐民无异。试问自帕克巴创教以来，历元明至今五百年，几见有将大喇嘛剥黄正法及治罪者。天下后世，岂能以予过兴黄教为讥议乎。）元朝曾有是乎？盖举大事者，必有其时与其会，而更在乎公与明，时会至而无公与明以断之，不能也；有公明之断而非其时与会，亦望洋而不能成。兹之降廓尔喀、定呼必勒罕，适逢时会，不动声色以成之，去转生一族之私，合内外蒙古之愿，当耄近归政之年，复成此事；辑藏安边，定国家清平之基于永久，予幸在兹，予敬益在兹矣。

乾隆五十有七年岁次壬子孟冬月之上澣御笔

（此为乾隆亲撰碑文，藏北京雍和宫）

历朝《大清会典》有关喇嘛事务管理制度

康 熙 朝

柔远清吏司：

外藩四十九旗，虽各异其名，视内八旗无异也。蒙古诸部有喇嘛，厄鲁忒、喀尔喀，视四十九旗又为外矣。喇嘛之人，率宗释教，厄鲁忒、喀尔喀，亦以时朝贡，奉职惟谨。国家以羁縻之意，溥怀柔之仁。其所及者远矣。（本）司盖专司其事焉。

喇嘛：

顺治九年题准，后黄寺每岁正月初八日至十五日，集喇嘛、班第诵经，凡需用物，俱由该部取给。

十年，给达赖喇嘛金册、金印，又给厄鲁忒顾实汗金册、金印。

十四年题准，每旗各选三人学习汤古忒字义，给教习人六品俸。

又题准，京师设四札萨克喇嘛。盛京、西勒图库伦、归化城等处，各设首领喇嘛。其下各设德木齐一名。

又题准，后黄寺每年诵经喇嘛、班第定为四百名。

又题准，喇嘛、班第等为人所召诵经治病，必向首领言明，限定日期。若私往及违限，或擅宿人家，或借端留妇女于庙者，照律治罪。除院册有名喇嘛外，不许添设。外来私行喇嘛、班第等，亦不得擅留，违者治罪。

十七年题准，归化城喇嘛等有事往厄鲁忒、喀尔喀处去者，俱具题而往，都统不时稽察，不许妄为。厄鲁忒、喀尔喀往来人，及喇嘛、班第等，不许擅留，违者治罪。

十八年，给喀尔喀丹津喇嘛敕印。

康熙元年题准，外藩蒙古、察哈尔游牧蒙古诸人，欲令家人为喇嘛、班第，及留各处所来喇嘛、班第，皆开写数目送院注册，违者治罪。凡隐喇嘛、班第不载入册者，以隐丁论。

三年题准，盛京四塔各设首领喇嘛一员，格隆、班第各十七名。

五年题准，喇嘛等出使往达赖喇嘛处，擅带彼处喇嘛、班第来者，从重治罪。

六年题准，喇嘛、格隆等许服金黄鹅黄大红等色，班第等许服大红色，此下人不许擅服。曾被上赐者，各色俱准服。若违禁服用者，大喇嘛罚一九牲畜。班第以下鞭一百。

十年题准，汤古忒处喇嘛，非奉旨不许辄来。

十一年题准，由内王等取充后黄寺班第一百八名，有逃走死亡者，将墨尔根绰尔济额外册内有名班第顶补。若无额外册内有名班第，仍行礼部于各主下取人补充。逃走自归者，革去班第，交还原主。

十三年，给喀尔喀扎萨克阿海代青台吉敕印。

十六年题准，扎萨克首领喇嘛，给与印信，其余喇嘛、班第等，给与禁条、度牒。盛京、西勒图库伦、归化城首领喇嘛，亦给印信。部册有名喇嘛、班第，给与度牒。外藩四十九旗，每旗各设首领喇嘛一员，给与度牒。

（康熙《大清会典·理藩院》）

雍　正　朝

柔远清吏司：

外藩四十九旗，比内八旗。至蒙古诸部落喇嘛，厄鲁特、喀尔喀视四十九旗为外。国家溥怀柔之仁，所及者远矣。本司专掌其事焉。……

顺治九年题准，后黄寺每岁正月初八日至十五日，集喇嘛、班第诵经，凡需用物，俱由该部取给。

十年，给达赖喇嘛金册印。又给厄鲁特顾实罕金册印。

十四年题准，每旗各选三人学习汤古忒字义，给教习人六品俸。

又题准，京城设四扎萨克喇嘛。盛京、西勒图库伦、归化城等处，各设首领喇嘛。首领之下各设德木齐一名。

又题准，后黄寺每年诵经喇嘛、班第定为四百名。

又题准，喇嘛、班第等为人所召诵经治病，必向首领言明，限定日期。若私住及违限，或擅宿人家，或借端留妇女于庙者，照律治罪。除院册有名喇嘛外，不许添设。外来私行喇嘛、班第等，亦不得擅留，违者治罪。

十七年题准，归化城喇嘛等有事往厄鲁特、喀尔喀处去者，俱具题请往，都统不时稽察，不许妄为。厄鲁特、喀尔喀往来人及喇嘛、班第等，不许擅留，违者治罪。

十八年，给喀尔喀丹津喇嘛敕印。

康熙元年题准，外藩蒙古、察哈尔游牧蒙古诸人，欲令家人为喇嘛、班第，及留各处所来喇嘛、班第，皆开写数目送院注册，违者治罪。凡隐喇嘛、班第不载入册者，以隐丁论。

三年题准，盛京四塔各设首领喇嘛一员，格隆、班第各十七名。

五年题准，喇嘛等使往达赖喇嘛处，擅带彼处喇嘛、班第来者，从重治罪。

六年题准，喇嘛、格隆等许服金黄鹅黄大红等色，班第等许服大红色，余人不许擅服。曾被上赐者，各色具准服。若违禁服用者，大喇嘛罚牲畜一九，班第以下鞭一百。

十年题准，汤古忒处喇嘛，非奉旨不许辄来。

十一年题准，内王等取充后黄寺班第一百八名额缺，将墨尔根绰尔济额外册内有名班第顶补。若无额外册内有名班第，仍行礼部于各主下取人补充。逃走自归者，革去班第，交还原主。

十三年，给喀尔喀扎萨克阿海代青台吉敕印。

十六年题准，扎萨克首领喇嘛，给与印信，其余喇嘛、班第等，给与禁条、度牒。盛京、西勒图库伦、归化城首领喇嘛，亦给印信。部册有名喇嘛、班第，给与度牒。外藩四十九旗，每旗各设首领喇嘛一员，给与度牒。

二十八年议准，喇嘛库土克图资送班第十名，准照后黄寺班第例，三年给衣一套，每月给与米肉茶油等物。

又覆准，番经场太监，除年五十以上、七十以下者，仍准容留外，年少太监永行裁革。其庙拨学诵经格隆、班第等二十名居住，拣选一名为首领，俱令隆善寺大喇嘛管理，钱米衣服等项照妙应寺例赏给。

三十二年覆准，达赖喇嘛自伊祖顾实罕以来，敬谨纳贡，今达赖喇嘛复来进贡，给与敕书。

四十二年，扎萨克大喇嘛奏请原籍巩昌洮州卫所属卓尼克忒庙改建大寺，以便集众诵经，其庙东有官地，每年交粮六石者，恳祈恩赐。奉旨：以民田展修庙宇，有关民生。嗣后凡修庙碍民房地者，著永行停止。

四十八年谕：喇嘛每说念经可救生灵，凡为尔等念经杀牲供食者，岂非生灵。尔等若能不食，并传内外寺庙众喇嘛俱照此例，一年可活二三十万生灵，如此乃合喇嘛之道，尔等会议具奏。京城喇嘛张家库土克图、阿王巴尔柱尔库土克图、阿王札木素格隆等，遵旨议准，嗣后凡进内廷念经，及佛生日、朔望等日，与凡往人家念经，俱停止食肉，传知盛京、五台山、归化城、察哈尔八旗、西安等处众寺庙住持嘲嘛一体遵行。

五十一年谕：闻鄂尔多斯六旗阿木岛及桑额斯巴等处，行劣之喇嘛甚多，欺诱蒙古，侵占产业。该王、台吉等供养，伊等行邪左道，不念下人穷苦。差大臣二员往查，将此等喇嘛缉拿至京，发给江南杭州等处驻防兵为奴。即用六旗穷人缉拿。如能拿获，将所拿喇嘛牲畜赏给穷人。恐喇嘛闻知逃进口内，著理藩院知会宁夏横城等处有出入边口者，即令拿获，交与往查官员。

六十年覆准，京城喇嘛自扎萨克大喇嘛以下、格苏尔、班第以上共九百三十八名，每日应给茶、油、盐、柴、面、煤炭等项，以各物时价折算，一年共银一万三千一百七十五两有奇。移咨户部，照前给衣服折银之例，每两扣银一钱，每十两扣银一两，按小建闰月增减给与。

六十一年议准，喇嘛讽经时，设立大格斯奎四人为主规，秩比副首领。

雍正元年议准，里野乌齐喇嘛阿王查布陈勒库土克图，给予封号敕印。

三年题准，洮岷地方阿木岛喇嘛等，以治病消灾为名，诓骗蒙古，行文该扎萨克严查。如果治病有益者，该扎萨克保留，其余一概逐回原籍。嗣后若有隐藏事发，将扎萨克一并议处。

（雍正《大清会典·理藩院》）

乾　隆　朝

凡喇嘛，道行至高者曰"胡图克图"，转世者曰"胡毕尔汗"。其秩之贵者曰"国师"、曰"禅师"，次曰"扎萨克大喇嘛"、"副扎萨克大喇嘛"、"扎萨克喇嘛",又次曰"大喇嘛"、"副大喇嘛"、"闲散喇嘛"。扎萨克喇嘛以上给印,余给札付。其徒有德木齐、格思规、格隆、班第之差。陕甘洮岷诸寺住持番僧曰"都纲"、曰"僧纲",曰"僧正",各给札付。有不守戒规者,论如法。京师总管喇嘛、班第扎萨克大喇嘛一人,副扎萨克大喇嘛一人,扎萨克喇嘛四人,大喇嘛十有八人,副大喇嘛七人,闲散喇嘛十人。归化城扎萨克大喇嘛一人,副扎萨克大喇嘛一人,扎萨克喇嘛六人。多伦诺尔扎萨克大喇嘛一人,大喇嘛二人,副大喇嘛一人。盛京实胜寺大喇嘛一人,永安寺大喇嘛一人,玛哈噶喇楼大喇嘛二人,东西南北四塔大喇嘛各一人。西勒图库伦扎萨克大喇嘛一人,扎萨克喇嘛四人。西安广仁寺大喇嘛一人。五台山扎萨克喇嘛一人。射虎川台麓寺喇嘛一人(属五台山扎萨克喇嘛管辖)。科尔沁以下二十四部落,大喇嘛各一人。西宁大喇嘛察汉诺门汗一人。松山报恩寺大喇嘛达克隆胡图克图一人。红山堡报恩寺都纲一人。河州普纲寺、灵庆寺、弘化寺都纲各一人。西宁县西那寺、塔尔寺、扎萨寺、元觉寺、沙冲寺、仙密寺、佑宁寺,僧纲各一人。碾伯县瞿昙寺、弘通寺、羊尔贯寺、普化寺,僧纲各一人。大通卫广化寺僧纲一人。归德所二叠闸寺僧纲一人。洮州卫禅定寺国师一人(停袭),垂巴庙、玛尼寺著落族,僧纲各一人。阎家寺、龙元寺、圆成寺,僧正各一人。

凡庆祝礼(即丹舒克)。西藏达赖喇嘛暨班臣(禅)额尔德尼,间年一进。喀尔喀哲卜尊丹巴胡图克图遇国家有大庆典则进,贡物有佛像、金经、银塔、五色帕、八吉祥之属,各具奏书遣使以闻。达赖喇嘛、班臣(禅)额尔德尼于庆祝之外,别具有寿帕、珊瑚、琥珀、数珠、藏香、氆氇以贡。贡使还国,均降敕慰问,赐金币有差。

(乾隆《大清会典·理藩院》)

附 乾隆《理藩院则例》"喇嘛"条

一、敕封喇嘛

顺治十年，前藏五世达赖喇嘛来朝，赐以金册、金印，授为西天大善自在佛（所）领天下释教普通瓦赤喇怛喇达赖喇嘛。

康熙十五年，后藏班陈（禅）胡图克图，遣使来京进贡。

三十年，喀尔喀库伦泽卜尊丹巴胡图克图率领喀尔喀七旗，于多伦诺尔地方朝觐。

三十二年，封泽卜尊丹巴胡图克图为大喇嘛，于喀尔喀地方，立为库伦，广演黄教。

四十九年，封前藏伊西札穆苏为六世达赖喇嘛，给金印册，后废。

五十二年议准，班陈（禅）胡图克图勤修释教，敬谨纳贡。应照达赖喇嘛之例，给与金册、金印、敕书，封班陈（禅）额尔德尼。

五十八年议准，拉牙、察木道（多）两处首领喇嘛罗卜藏纳木札尔胡图克图、帕克巴拉丹拜尼玛胡图克图，从前因遣往雪山之使，预备乌拉，敬谨奉行，呈请名号，赐拉牙胡图克图为阐扬黄教诺门汗，察木道（多）胡图克图为大阐黄教额尔德尼诺门汗，均给与封号、敕印。

五十九年，封前藏噶尔藏坚错为兴教度众六世达赖喇嘛，给金印册。

雍正元年议准，达赖喇嘛印册，照五世达赖喇嘛之衔换给，并增蒙古字，别给敕书，令其办理噶卜伦事务。

又覆准，泽卜尊丹巴胡图克图，应照班陈（禅）达赖喇嘛之例，给与封号，赐金印敕，授为启法泽卜尊丹巴喇嘛。

又议准，多尔济万楚克给以掌管泽卜尊丹巴胡图克图徒众、办理库伦事务额尔德尼商卓忒巴之号，堪布诺门汗给以掌管泽卜尊丹巴胡图克图经坛、总理番僧事务堪布诺门汗之号，均与敕印。

五年具奏，达锡吹品尔托音奉使西域，赍回班陈（禅）、达赖喇嘛之文，称泽卜尊丹巴胡图克图再生，众喀尔喀遣使请封，应将额驸敦多卜多尔济之子，准为泽卜尊丹巴胡图克图之胡毕尔汗。奉旨：理藩院奏请敕封泽卜尊丹巴胡图克图之后身。泽卜尊丹巴胡图克图其钟灵原有根潭，乃与达赖喇嘛、班陈（禅）额尔德尼相等之大喇嘛也，众喀尔喀皆尊敬供奉。且其所居库伦弟子甚众，著动用帑银十万两修建大刹，封伊后身。

九年谕：泽卜尊丹巴胡图克图之胡毕尔汗年幼，达锡吹品尔托音又甚年老，今当准噶尔贼人骚扰之际，令在库伦居住，甚不妥协，库伦地方庙宇尚未完工，多伦诺尔所修庙宇，业已告竣，应俟明年春草萌时，将胡毕尔汗同达锡吹品尔托音等，移至多伦诺尔庙内居住，俟军务平定，再回库伦。钦此。

乾隆三年谕：泽卜尊丹巴胡图克图前身，乃众喀尔喀汗王等以师礼供养有名之大喇嘛也，皇祖、皇考皆特恩轸恤，皇考命锡册印，封为启法泽卜尊丹巴喇嘛。今看此胡毕尔汗，赋姓聪明，举止端重，仪表甚好，曾蒙皇考睿鉴，降旨云：此实系泽卜尊丹巴喇嘛之后身。今胡图克图既奏请来京，其颁给册印敕封之处，著理藩院察例议奏。钦此。遵旨议准，将泽卜尊丹巴胡图克图之后身，仍照前身锡号册封，前赐启法泽卜尊丹巴喇嘛之印，照常存留外，别制新册颁给。

四年议准，泽卜尊丹巴胡图克图之师东科尔满珠西里胡图克图，给与封号印信。

五年议准，班陈（禅）额尔德尼之胡毕尔汗，经达赖喇嘛等验明是实，应送往后藏坐床。

又议准，现今准噶尔军务平定，泽卜尊丹巴胡图克图仍应移往喀尔喀库伦地方居住，遣本院司官一人，会同照看胡图克图之侍卫等送往。奉旨：胡图克图今岁迁移，计文到彼处，束装起程，将届暑热。著俟明岁青草发萌，再行迁移。临行时，著赐银万两。

六年谕：从前恐准噶尔人等，潜入喀尔喀地方，窥伺泽卜尊丹巴胡图克图之胡毕尔汗，曾蒙皇考特降谕旨，将胡图克图移至多伦诺尔地方居住。今因军务已竣，将胡图克图仍移于喀尔喀之库伦地方居住。但准噶尔向来狡诈，反复无常，今虽敬顺求和，犹恐一时改变，别启衅端，又发兵前来，窥伺胡图克图，亦未可定。其保护防备之处，若不预为筹画，似属可虑。著行文额驸策凌等，如何将泽卜尊丹巴胡图克图所在库伦地方保护防备，若遇有警，如何将胡图克图移往内地，务计万全办理，并会同喀尔喀四部落之副将军、大札萨克等，及管理胡图克图库伦事务之土谢图汗敦丹多尔济、额驸敦多卜多尔济等，商酌详悉议奏。从前胡图克图在多伦诺尔地方居住时，曾差侍卫二人轮班照管，今胡图克图初移徙前去，仍照前例，差侍卫二人，每年一换，令在胡图克图处照管。胡图克图处有朕之侍卫照管，不但诸事有益，其胡图克图在彼安居身体康泰之处，朕亦不时得闻。钦此。遵旨议准后，库伦庙建于衣奔寺地方，与边界相近，应令泽卜尊丹巴胡图克图在现驻之库伦居住，拨喀尔喀四部落兵三百名，胡图克图之沙毕纳尔兵二百名，令札萨克一人、官二人驻扎管辖，如遇有警，由军营即速驰报，著额驸敦多卜多尔济，率此官兵，保护胡图克图，移进多伦诺尔地方居住。钦差之侍卫二人，亦著一同护送。

六年议准，胡毕尔汗坐床未久，正在年幼，勤学经典，专心务业之时，不便遽议换给册书，俟过数年，通晓经典，再议换给。

十三年覆准，瀚海地方，连年亢旱，喀尔喀生计不足，请将照看泽卜尊丹巴胡图克图之喀尔喀兵三百名撤回，其胡图克图之沙毕纳尔兵二百名，令亲王额林沁多尔济，会同商卓忒巴，定议报院。

又奏准，胡图克图之沙毕纳尔兵二百名，亦令撤去，若遇调遣，即刻齐集，仍著亲王额林沁多尔济，将此情由晓谕。

一、喇嘛进贡

达赖喇嘛、班陈（禅）额尔德尼，间年轮班遣使进贡，贡道由西宁，至京寓居西黄寺。贡物有寿帕、铜佛、舍利子、珊瑚、琥珀、数珠、藏香、氆氇之属。来使各附进佛、寿帕、藏香、氆氇有差。又贡庆祝礼（番名丹舒克），有五色帕、银满达、七珍、八宝、八吉祥、佛像、金字经、银塔、红花诸物。除照例折赏外，回时均奉旨慰问，加赐达赖喇嘛：重六十两镀金银茶筒一，金银瓶一，银钟一，各色缎三十，大寿帕五，小寿帕四十，五色寿帕十。正使：二等雕鞍一，重三十两银茶筒一，茶盆一，缎三十，毛青布四百，豹皮一，虎皮三，江獭皮五。副使：三等蟒缎一，方补缎一，大缎一，三梭布二十四。从人：彭缎各一，三梭布各八。加赐班陈（禅）额尔德尼：重三十两银茶筒一，瓶一，钟一，各色大缎二十，大小寿帕各十。来使：金黄蟒袍一，重三十两银茶筒一，缎一，毛青布六十二。从人：缎各二，毛青布各二十。从役：缎各一，毛青布各十。日给正使银二钱，副使银一钱五分，从人各一钱，核给四十日路费，送至西宁。

康熙二十三年覆准，达赖喇嘛来使从人，多至数百名，嗣后使人至西宁关口时，令西宁总兵官，察明人数，造册报院。至奉使差往喇嘛人役，亦应裁减。倘有隐瞒数目，多带人来往者，罪之。

雍正三年议准，达赖喇嘛、班陈（禅）额尔德尼向例每年遣人在打箭炉等处征收番人贸易税银，应永行停止。按其年得之份加赠，每年折给达赖喇嘛茶叶五千斤，班陈（禅）额尔德尼二千五百斤，均由四川雅州荥经县，办运至打箭炉赏给。

四年议准，达赖喇嘛来使，令在西安候旨，其所奏事件，著驻扎西宁办理青海事务之人臣承接转奏，奉旨后再行遣回。

六年议准. 从前班陈（禅）额尔德尼遣人来贡，至西宁地方，由院差官迎接，驰驿来京。今班陈（禅）额尔德尼遣人请安，驻扎西宁办理蒙古事务处，见有司官笔贴式，本院勿庸别差人员。应令司官笔贴式就近迎接，雇觅骑驮，由关口进京，不必动用驿站。

乾隆二年议准，恭按雍正六年谕：达赖喇嘛、班陈（禅）额尔德尼来使堪布，著间年一次。贝勒颇罗鼐之囊素，著每年一次。钦此。今年班陈（禅）额尔德尼圆寂，暂不遣人，应令颇罗鼐与达赖喇嘛，间年一次遣使前来。

三年谕：闻西藏大小寺庙约有千数，各寺庙费用，养赡众喇嘛及往来行走喇嘛，并布施人等费用，皆达赖喇嘛给与，所费甚多，用度不敷。从前皇祖皇考，皆眷顾达赖喇嘛，不时加恩赏赉。今达赖喇嘛费用不敷，著于打箭炉所收税银内，每年拨给五千两，于达赖喇嘛遣人至打箭炉领取茶叶之便，将此项银一并带往。钦此。

五年奏准，自康熙年间至雍正六年，西藏达赖喇嘛等遣使进贡，均令驰驿，后因军兴值班陈（禅）额尔德尼遣使进贡，由院奏准，停止驰驿，照依时价雇骡在案。今应将累年办给骡数奏闻。奉旨：知道了。嗣后骡数，著详细核减，不得过二百。

七年谕：从前达赖喇嘛、班陈（禅）额尔德尼，每年轮班遣使请安，进献方物，郡王颇罗鼐亦遣使相伴同来。嗣因班陈（禅）额尔德尼圆寂，朕念达赖喇嘛、颇罗鼐每年遣使，殊属劳苦，曾经降旨，定为间年一次。去年适值达赖喇嘛、颇罗鼐遣使之班，班陈（禅）额尔德尼胡毕尔汗因伊坐床亦遣使进献丹舒克请安前来。若照前例轮班遣使，则今年又值班陈（禅）额尔德尼遣使之班，如屡次遣使，其办理牲畜口粮起程等事，唐古忒民人未免劳苦。班陈（禅）额尔德尼胡毕尔汗之使甫经前来，今年不必按班差遣，下次再照从前轮班遣使。再，郡王颇罗鼐之使，原系每年相伴同来，嗣后达赖喇嘛遣使之班，著照旧相伴同来，班陈（禅）额尔德尼胡毕尔汗之班，颇罗鼐不必遣使同来。钦此。

八年奏准，西藏公班第达等七人隔年进贡，向例贡物均交达赖喇嘛等来使，赴京代进。今达赖喇嘛等遣使入京，骑驮之骡，已定额数，公班第达等贡物，难以附进，应增给驮骡三十头，著为定例。

十六年奏准，向例达赖喇嘛正副使入贡，续因颇罗鼐进贡，将副使改为伊遣之使。今仍照旧例，堪布囊素，均由达赖喇嘛差遣。

所有前定二百骑驮骡内，应减去四十。

又议准，察木道（多）帕克巴拉丹拜尼玛胡图克图遣使来朝，进贡金碗、黄连，照例折赏外，赐帕克巴拉丹拜尼玛胡图克图：重三十两银茶筒一，各色大缎十有二，大小素帕各七。正使：三等蟒缎一，缎二，布二十四。副使：缎二，布十有二。从人：布六。回时，本院差领催一名照看，照例雇给骑驮之骡。正使日给银二钱，副使一钱五分，从人一钱，核给四十日路费，由西安一路送至四川，至四川界，由总督遣人伴送至打箭炉，令其自回。嗣后帕克巴拉胡图克图遣使来朝，该督即照例办给骑驮之骡。如私带贸易货物，令其自办，不在官给之例。至京后，照泽卜尊丹巴胡图克图来使之例，给与廪给四十日，事竣即令起程。

一、京师番僧

札萨克大喇嘛一人，其徒众格隆六人，班第六人。副札萨克大喇嘛一人，其徒众格隆五人，班第六人。札萨克喇嘛四人，其徒众格隆各四人，班第各六人。各寺庙大喇嘛十八人，其徒众格隆各二人，班第各六人。副大喇嘛七人，其徒众格隆各二人，班第各四人。闲散喇嘛十人，其徒众班第各二人，德木齐二十九人，其徒众班第各一人。格思规四十九人，其徒众班第各一人。各寺庙格隆、班第共千二百七十有三人（自札萨克大喇嘛以下，格隆、班第等，共千七百五十二人）。

雍和宫灌顶普善广慈大国师章嘉胡图克图，其徒众格隆六人，班第六人，属下格隆班第二十人。又闲散喇嘛三人，其徒班第各二人（共四十有一人）。慧悟禅师噶尔丹锡勒图胡图克图，慧通禅师吉隆胡图克图，其徒众均与大国师同。学习经义闲散喇嘛、格隆、班第五百人。

一、后黄寺

顺治八年创建后黄寺，剃度番僧百有八人，均以内府三旗管领下及五旗王、贝勒、贝子、公府属管领下人披剃（内府三旗二十四人，五旗各府属八十四人）。如上三旗有阙，移咨礼部，行文内务府，于本旗管领下选一人顶补。下五旗有阙，移咨礼部，行文各该王公，于府属管领下送一人顶补。

九年题准，每岁正月八日至十五日，后黄寺集喇嘛、格隆、班第诵经，凡需用之物，均由该部支给。

十四年题准，后黄寺每年诵经喇嘛、格隆、班第定为四百人。

又题准，后黄寺诵经喇嘛、格隆每年赏银千两，由户部支领。

康熙十一年题准，在内王等取充后黄寺班第百有八人，额缺，将默尔根绰尔济额外册内有名之班第顶补。若无项补之人，仍行（文）礼部，于各原主名下，取人充补。逃走自归者，革退班第，交还原主。

四十六年议准，本院现已设立银库，将后黄寺每年诵经应用香供等费银八十二两七钱四分五厘，及赏给喇嘛、格隆、班第等银千两，均改于本院库内支给。

一、分驻番僧

盛京实胜寺，大喇嘛一人。永安寺（即御花园）大喇嘛一人，玛哈噶喇楼大喇嘛二人。东、西、南、北四塔，大喇嘛各一人。

西勒图库伦，札萨克大喇嘛一人，札萨克喇嘛四人。

西宁西勒图，达赖诺门汗大喇嘛一人。

五台山，札萨克喇嘛一人。射虎川台麓寺大喇嘛一人（属五台山札萨克喇嘛管辖）。

外藩四十九旗，大喇嘛各一人。

归化城，札萨克大喇嘛一人，副札萨克大喇嘛一人，札萨克喇嘛六人。

多伦诺尔会宗、善因二寺，札萨克大喇嘛一人，大喇嘛二人，副大喇嘛二人。

康熙十四年题准，盛京、西勒图库伦、归化城等处大喇嘛以下，各设德木齐一人。

一、喇嘛服色

顺治十二年题准，喇嘛格隆服用黄红色，非奉上赐，不许用五爪团龙。班第用黄帽、红衣。

康熙六年题准，喇嘛等许服金黄、明黄、大红等色，班第等许服大红色，其余不得擅服。曾蒙恩赏赐者，各色均准服用，违者，大喇嘛罚牲畜一九，班第以下鞭一百。

一、喇嘛册牒

顺治十四年题准，喇嘛徒众除院册有名外，不准增设。

十八年，给喀尔喀丹津喇嘛敕印。

康熙十八年题准，札萨克大喇嘛，给与印信；其余格隆、班第等，给与禁条、度牒，不给印信。

三十七年，封扎萨克大喇嘛默尔根绰尔济为灌顶普惠弘善大国师，给以诰（命）敕印。

五十七年覆准，西宁衮布庙喇嘛达赖诺门汗，奏请封号，授为西勒图达赖诺门汗，给以敕印。

五十九年覆准，西宁衮布庙阿旺喇嘛，奏请封号，授为扶佑黄教额尔德尼诺门汗，给以敕印。

又覆准，青海亲王罗卜藏丹晋，奏请廓隆庙垂卜藏胡图克图封号，授为黄教额尔德尼诺门汗，给以敕印。

六十年覆准，西宁衮布庙西勒图达赖诺门汗，照伊封号，给与敕印。

雍正元年覆准，甘珠尔巴噶卜楚、额尔济格特诺门汗，均系大喇嘛，应封甘珠尔巴噶卜楚为述教甘珠尔巴默尔根诺门汗，额尔济格特诺门汗为兴教善知识诺门汗，均给与敕印。

又议准，里业乌齐庙喇嘛阿汪札布陈勒胡图克图，嘉喇庙喇嘛阿旺胡图克图，均给与胡图克图封号、敕印。

十二年覆准，封土官胡图克图为静修禅师，给敕印。

又覆准，封西藏达赖喇嘛之师道都温都孙堪布为阐扬黄教阿齐图诺门汗，给以敕印。

又覆准，封噶尔旦西勒图胡图克图为慧悟禅师，给以敕印。

又覆准，封布鲁克巴胡毕尔汗喇嘛札尔西里布鲁克顾济为掌管布鲁克巴黄教札尔西里胡毕尔汗，诺颜林沁齐雷喇卜济为额尔德尼第巴，噶毕冬洛卜为掌管地方噶毕冬洛卜喇嘛，均给与敕印。

又覆准，章嘉胡图克图胡毕尔汗，来历甚明，于经典性宗皆能通晓，不昧前生，实为喇嘛内特出之人。应照前身，册封国师之号。其原赐灌顶普善广慈大国师印，现系其徒众收贮，无庸颁给外，办给诰命敕书。

乾隆元年议准，京城各寺庙内，原有度牒之喇嘛、格隆、班第等，共九百五十九名。后续增福佑寺等庙食粮之格隆班第共三百十有四名，皆未得度牒，应按名补给。再札萨克大喇嘛以下，德木齐、格思规以上，均有随分食粮之徒弟，倘不给度牒，难以稽察约束。除章嘉胡图克图等自藏带来之徒众不给度牒外，其随分食粮之喇嘛徒众，应一并给与度牒。至并未食粮又无度牒之六百七十五人，系额外所收之徒，不给与度牒。但伊等既习经典，请于各寺庙每食粮徒众十名，酌留一名，作为额外僧徒，给与度牒。其余暂行注册，遇食粮者有缺，即将额外之人充补。其额外之缺，即于注册人内选取，仍令每年二季，该管大喇嘛将并无额外多收及私为班第之处，具结报院察核。

二年议准，喀尔喀额尔德尼班第达胡图克图、匝雅班第达胡图克图等，徒众甚多，一应官差出兵，皆与札萨克佐领下人一同行走，应各给与管理徒众印信。

十六年议准，喀尔喀额尔德尼诺颜绰尔济罗布藏诺尔布属下徒众甚多，照额尔德尼班第达胡图克图等之例，给与印信。

十八年议准，封吉隆胡图克图为慧通禅师，给以敕印。

一、喇嘛禁例

顺治十四年题准，格隆、班第等如为人治病，必告知大喇嘛，即定日期。若有私往违限，并擅宿人家，或借端留妇女于寺庙者，均依律治罪。再，游方之徒不得擅留，违者亦治罪。

十七年题准，归化城喇嘛，有事往厄鲁特、喀尔喀地方者，均令具题请往，都统不时稽察，毋许妄为。厄鲁特、喀尔喀往来人（等），及格隆、班第等，亦不许擅留，违者治罪。

康熙元年题准，外藩蒙古、八旗游牧察哈尔蒙古等，欲送家人为番僧徒弟，及留住外来之格隆、班第，皆令开具姓名，送院注册，违者坐以隐丁之罪。

五年题准，在京喇嘛等奉使达赖喇嘛地方，擅带彼处班第等回来者，罪之。

十年题准，唐古忒处喇嘛徒众，非奉旨不许私来。

又题准，凡喇嘛，将自己家奴及受他姓送到之人作为班第，并容留无籍之格隆、班第者，将该管之大喇嘛革退，罚牲畜三九，格隆、班第等各罚三九。如内地家人作为班第送至喇嘛处，或隐匿在家，及容留无籍游行之格隆、班第者，将都统以下、领催以上，同本人一并交部，分别议处治罪。再，外藩蒙古地方，除册籍有名之番僧外，其游方之番僧班第，皆著驱逐。倘不行驱逐，或隐匿容留，及将各该属家奴私为班第者，事发，工、贝勒、贝子、公、札萨克台吉等各罚俸一年。无俸之台吉罚马五十匹入官。均革职。闲散，鞭一百。该管之王、贝勒、贝子、公、台吉等，各罚俸九月，都统、副都统等各罚牲畜一九，佐领、骁骑校各罚二九，领催、什长各鞭一百。所罚牲畜，给首告之人三分之一。如经属下家奴首出，即准开户，将私为班第及收留之番僧班第勒令还俗，拨回本旗，给还本主。其八旗游牧察哈尔马场人等有犯，亦照此例。

又定，凡蒙古地方骁骑壮丁，不准私为五巴什，违者，照私为格隆、班第例治罪。其年老残废、丁册除名之人，愿为五巴什者听。

又定，蒙古妇女，不准私为齐巴罕察（即尼僧），违者，亦照私为班第例罪之。

四十二年谕：以民田展修庙宇，有关民生，嗣后凡修庙有碍民地者，著永行禁止。钦此。

雍正三年题准，洮岷地方番僧，以治病禳灾为名，诓骗蒙古，应令札萨克严禁。如果治病有益，分别保留，其余一概逐回原籍。嗣后有隐藏者，发觉，将札萨克等一并议处。

六年议准，五台山乃系名山清净佛地，若埋葬尸骨，有污净土。嗣后，凡喇嘛、僧道、旗民、蒙古人等骨殖，禁止送往五台山埋葬。如外藩蒙古大喇嘛有愿将骨殖送往五台山埋葬者，该部请旨具奏。其本处喇嘛僧尸骨，亦令其远离寺庙埋葬。

一、西番各寺

顺治七年题准，河州弘化等寺，总理国师韩禅巴遣徒交明时所给敕书一道、铜印一颗，均准换给。

八年题准，显庆寺灌顶大国师丹巴坚错交明时所给镶金银印一颗、都纲铜印一颗，诰命、敕谕各一道。又，弘化寺普应禅师诺尔布坚错交明时所给银印一颗、都纲司铜印一颗，又，红山堡报恩寺番僧庐志藏灵珍交明时所给札付一张。一并换给。

十年，番僧庐志藏灵珍交明时所给都纲敕印，照旧换给。

又，西宁瞿昙等寺国师、禅师、喇嘛等，各将明时所给诰、敕、印、札交还，恳请换给。瞿昙寺国师公葛丹净封为灌顶净觉弘济大国师，给镀金银印，济恩欢卓尔封为灌顶广济弘善国师，给慈光普照象牙图书，各给诰敕一道，其都纲拉恩俄卓尔给铜印敕谕一道。净宁菩提寺国师拉索南封为妙胜惠济灌顶大国师，给镀金银印，诰、敕各一道，札付一张。净觉寺国师班珠儿坚错封为净慈优善国师，给银印，诰、敕各一道。国师所属喇嘛查西坚错给弘修善道象牙图书，灵珍坚错给心性了无象牙图书，丹巴舍拉给坚修梵性象牙图书，各给敕谕一道。慧利寺国师札思巴统绪封为弘善演教国师，给银印，敕谕一道，札付一张。禅师毛错南官哈封为妙胜禅师，给银印，敕谕一道，札付一张。延寿寺张舍拉朋错封为广济弘修国师，给银印，诰、敕各一道。普法寺国师丹进坚错封为妙善通惠国师，给银印，诰、敕各一道。国师所属喇嘛索南巴尔丹给妙静弘修象牙图书，敕谕一道。吉祥寺禅师洛藏喇旦封为福教禅师，给银印，诰、敕各一道。伊儿给寺喇嘛格拉坚错给弘演宗尚象牙图书。

又，西纳演教寺喇嘛班珠儿盆错交明时所给敕印、执照，封班珠儿盆错为国师，换给诰、敕各一道，又赐给通慧净觉银印。

又，端严寺喇嘛山丹屯柱交明时所给敕书、札付、图书，换给敕书一道、札付一张、靖敕法戒象牙图书一方。

十七年题准，岷州卫二十六寺内圆觉寺、大崇教寺番僧后只即丹子交明时所给诰命一道、敕书二十一道、肃谨戒行图书一方，换给敕书一道，铜印二颗，授为护印僧纲司，令钤束岷州各寺番僧。其交送敕书二十一道，均应换给，惟成化年间所封弘济兴教大国师一敕，不准换给。

康熙二年题准，岷州圆觉寺、大崇教寺、讲堂寺、刹藏寺、弘教寺、洪福寺、法藏寺、朝定寺、石崖寺、鲁班寺、永安寺、广善寺、照慈寺、洪济寺、广德寺、羊圈寺、崇隆寺、宝净寺、写儿朵寺、赞林寺、永宁寺诸番僧交送旧敕，一例换给。

五年题准，三竹、裕童、藏经三寺，既经修葺，应给发敕书。其荔川、工布二寺，俟修理告竣，再行请给。

十一年，延寿寺广济弘修国师张哈完卜承袭，换给诰敕。

十四年题准，据甘肃提督奏称，圆觉寺番僧后只即丹子恪守敕印，纠兵攻贼，其前所请弘济兴教大国师之职，准其承袭，应给诰命，并给与镀金银印。其番僧纲司敕印，仍令擎交送部。

十五年题准，法藏寺僧丁桑节落旦应授为法藏寺番纲司，洮州著落寺番僧杨多刚应授为僧正，均给与敕书。

二十一年题准，圆觉等寺番僧后只即丹子等谢恩进贡，并请给国师顶帽，及番僧俸禄，给高顶僧帽一具，拨赐岷州卫属官地五顷，免其纳粮。

三十年覆准，圆觉寺国师后只即丹子亲侄、首徒后丹子达节，袭封岷州卫弘济兴教大国师。

三十六年覆准，瞿昙寺灌顶净觉弘济大国师，以公葛丹净之孙官著图思多荣进承袭。

又，西纳演教寺通慧净觉国师，以班珠儿盆错之孙达尔吉承袭。

三十七年覆准，嵩山来之达克隆胡图克图奏请封典，给与敕印。

三十八年覆准，法藏寺番僧丁桑节落旦前以军功议叙，给与僧纲司敕书，原无世袭字样。今该僧据报病故，著交送内阁，换给护敕。

四十三年题准，西宁教化寺僧罗卜藏钦琫，宝贝寺僧罗卜藏纳木查，交明时所给诰命、敕书，并交旧印。又，肃州归化寺僧恭阿札木苏奏请承袭，均换给诰命、敕印。

四十六年奏准，达克隆胡图克图病故，换给伊侄蓝占巴罗雷丹达尔敕书，令约束僧众。

四十九年覆准，国师名爵甚大，非有功绩不得滥授。岷州国师后丹子达节，其师后只即丹子，初授为护印番僧纲司，后因攻贼有功，升授国师，给与镀金银印，业已承袭一代。今后丹子达节以年老辞职，其徒后尖采宁布并无功绩，不得仍袭国师，著照初封之职，授为护印番僧纲司，给与铜印、敕书，旧给国师印信、诰命，著交送内阁。

五十二年题准，洮州阐定寺喇嘛杨昂望交明时所给崇梵静觉国师敕印，准其换给。

雍正四年议准，西宁所属百里外，约共僧寺九十有四处，河州所属仅止三处。此内有名国师、禅师而有敕印者，有名国师而无敕印者，有名为寺庙实无寺庙者，有不名为寺庙而名为部落者。其各处喇嘛，或百二三名以至百六七十名不等。此等处所，原系土人番人杂处，明初颁给敕印之后，我朝亦曾颁有敕印。缘边居之人，野性难化，故令其信任有名之喇嘛，承袭管辖。若因循旧制，不酌量更定，恐相沿日久，竟恃为世守，所关匪细。应令各寺族佃归并内地为民，所给敕印，尽行收取，不令管辖番落。其如何给与喇嘛空衔俸禄之处，令该督详议具奏，到日再议。

乾隆八年题准，洮州阐定寺崇梵静觉国师，以杨昂望之侄杨琢璘珞瓒承袭。

又奏准，朝鲜、琉球、南掌、安南、暹罗、苏禄等国封恤事宜，俱系礼部办理。其蒙古王公台吉、内外番夷喇嘛等封恤事宜，均系理藩院承办。惟会典内，载有陕西、甘肃洮岷喇嘛承袭国师、禅师、都纲，并给与敕印等事，由礼部具题等语，累年有礼部专办者，有理藩院会同办理者。伏思蒙古内外喇嘛既属理藩院所辖，则陕、甘、洮岷三处嘲嘛，嗣后承袭国师、禅师、都纲等事，均应归并理藩院承办。至请给敕印之事，仍令理藩院会同礼部办理。

九年奏准，河州弘化、显庆两寺国师兼都纲章珞柱坚错之侄章敦柱坚错请袭前来，从前议收国师、禅师一应敕印，其作何酌给空衔俸禄尚未议定。今章敦柱坚错请袭国师，应俟该督议覆到日再办。其都纲印信，原为办理事务、管束属人而设，应令国师章珞柱坚错之侄章敦柱坚错暂行管理都纲印务。

又奏准，换给嵩山报恩寺达克隆胡图克图胡毕尔汗敕书。

十二年议准，甘肃所属各寺庙喇嘛自收国师、禅师印信以来，各自梵守静修，其属下众僧虽多设有法台，但约束不无涣散。自应照依地方之大小，喇嘛之多寡，定为职衔，以备稽察。河州普纲寺、灵庆寺、弘化寺，应各设都纲一人。西宁县之西那寺、塔尔寺、札藏寺、元觉寺、沙冲寺、仙密寺、佑宁寺、碾伯县之瞿昙寺、弘通寺、羊尔贯寺、普化寺、大通卫之广化寺、归德所之二碟阐寺、洮州卫之垂巴寺、马尼寺，应各设僧纲一人。洮州卫之阎家寺、龙元寺、圆成寺，应各设僧正一人，均由院给与札付。其嵩山报恩寺喇嘛达克隆胡图克图胡毕尔汗，红山堡报恩寺都纲阎南木加，岷州圆觉寺僧纲侯章杨思柱，河州弘化寺都纲章敦柱坚错，皆有都纲、僧纲印信，毋庸再给。此次所授僧纲僧正，既皆议给札付，其从前所给岷州圆觉寺僧纲侯章杨思柱之敕书，著撤回，换给札付。嗣后国师之号，均不准承袭。所有洮州阐定寺国师杨琢璪珞瓒之印敕，暂准存留，俟阙出停止复袭，令将原领印敕，交礼部察销。又杨松罗布架木灿，年力富强，才具明晰，应授为僧纲，令该督将杨松罗布架木灿年貌，并住持何庙之处，询明送院，填给札付。

十三年核准，杨松罗布架木灿并无居住寺庙，原居住著落族，应照原议，将杨松罗布架木灿授为僧纲，给与札付。

（乾隆朝内府抄本《理藩院则例》）

嘉 庆 朝

凡黄教行于蒙古、唐古特者曰"喇嘛"。（唐古特僧宗喀巴，始以黄教授其弟子达赖、班禅，后其教遂盛，蒙古番族无不崇奉。）凡喇嘛，有驻京喇嘛，（驻京喇嘛，大者曰掌印扎萨克大喇嘛，曰副掌印扎萨克大喇嘛，其次曰扎萨克喇嘛，其次曰达喇嘛，曰副达喇嘛，其次曰闲散喇嘛，其次曰德木齐，曰格思规，其徒众曰格隆，曰班第。热河、盛京、多伦诺尔、五台山各庙，皆分驻喇嘛，定有额缺，按等升转，与驻京喇嘛一例。又伊犁之掌教堪布一人，四川懋功之广法寺堪布一人，系由驻京喇嘛内派往，三年一更代。驻京喇嘛中，历辈阐扬黄教，如章嘉呼图克图、噶勒丹锡呼图呼图克图、敏珠尔呼图克图、济隆呼图克图，或在京掌教，或赴藏办事，俱曾加国师、阐师等名号。乾隆五十一年，高宗纯皇帝钦定喇嘛班次，左翼头班章嘉呼图克图，二班敏珠尔呼图克图；右翼头班噶勒丹锡呼图呼图克图，二班济隆呼图克图。皆列于雍和宫总堪布、避暑山庄普宁寺总堪布之上。其余驻京之呼图克图，有东科尔呼图克图、果蟒呼图克图、那木喀呼图克图、鄂萨尔呼图克图、阿嘉呼图克图、喇果呼图克图、贡唐呼图克图、土观呼图克图，多伦诺尔有锡库尔锡呼图诺颜绰尔济呼图克图，皆出呼毕勒罕入于院册。）有藏喇嘛，（西藏喇嘛，自达赖喇嘛、班禅额尔德尼外，尚有第穆呼图克图、噶喇木巴呼图克图、色木巴呼图克图、布鲁克巴呼图克图、嘉拉萨赖呼图克图、鄂朗济永呼图克图、朋多江达笼庙之呼图克图、摩殊巩之志巩呼图克图、贡噶尔之嘉克桑呼图克图、奈囊保呼图克图、朗呼仔之萨木党多尔济奈觉尔女呼图克图、觉尔隆阿里呼图克图、楚永普嘉尔察普呼图克图、多尔吉推灵沁呼图克图、伦色之觉尔泽呼图克图、协布隆呼图克图、摩珠巩之志巩小呼图克图、达拉冈布呼图克图，凡十八人，及沙布隆十二人，皆出呼毕勒罕，入于院册。呼征呼图克图，原系沙布隆，今为呼图克图。）有番喇嘛，（甘肃之庄浪、河州、循化、西宁、岷州，四川之木里，及将入藏境之乍雅、察木多、类乌齐各番寺，皆喇嘛居之。其出呼毕勒罕入院册者，庄浪二人，西宁三十三人，木里一人，乍雅、察木多、类乌齐四人。）有游牧喇嘛。（归化城土默特、察哈尔、锡呼图库伦、内扎萨克四十九旗、喀尔喀、阿拉善各游牧，皆有喇嘛居之。其出呼毕勒罕入院册者，归化城十二人、察哈尔九人、锡呼图库伦二人、科尔沁三人、郭尔罗斯一人、土默特六人、乌珠穆沁六人、浩齐特一人、阿巴噶一人、阿巴哈纳尔五人、苏尼特二人、四子部落一人、乌喇特五人、鄂尔多斯一人、喀尔喀十九人、阿拉善二人。）凡喇嘛有行者，能以神识转生于世曰呼毕勒罕，皆入名于奔巴金瓶而掣定焉。（呼图克图转生，向由达赖喇嘛所属之拉穆吹忠作法，降神其体，指出呼毕勒罕所在，访求迎归供养。乾隆五十七年，高宗纯皇帝平定廓尔喀后，整饬藏务，斥拉穆吹忠之妄，特颁奔巴金瓶一于布达拉大昭，凡达赖喇嘛、班禅额尔德尼、哲布尊丹巴呼图克图，及西藏、蒙古各处已出数辈之呼图克图大喇嘛圆寂后，将报出之呼毕勒罕数人名字生辰，缮签入奔巴金瓶内，令喇嘛等唪经，驻藏大臣监看，掣出一人以为呼毕勒罕。复设奔巴金瓶一于雍和宫，其内外扎萨克等所奉之呼图克图，如力不能赴藏识认者，即令盟长拟定报院，缮签入雍和宫奔巴金瓶内，令掌印扎萨克大喇嘛等唪经，理藩院大臣监掣。其王公扎萨克等子弟指为呼毕勒罕，及呼毕勒罕复出于达赖喇嘛、班禅额尔德尼本族者，概行禁止。惟青海察汉诺们罕拟呼毕勒罕时，无论系察汉诺们罕亲族，有为沙毕那尔等贴服者，准其一体入签掣定。其寻常喇嘛，不准寻呼毕勒罕。）有证，则疏闻以候钦定。（嘉庆十三年，达赖喇嘛呼毕勒罕寻得时灵征昭著，由驻藏大臣具奏，不复入奔巴金瓶掣定。）颁喇嘛之禁令。（喇嘛等服黄红色，班第等服红色，并用黄帽，余色不得服用。乌巴什乌巴三察停其服黄红色。违者，喇嘛论罚，班第以下鞭责，喇嘛、班第不告知大喇嘛私出为人看病念经，及擅宿人家，或留妇女于寺庙，若齐巴察汗犯奸者，并治罪，该管大喇嘛论罚。喇嘛徒众，除院册有名外，不准增设。禁以民田展修庙宇。唐古特喇嘛徒众，非奉旨不准私来。在京喇嘛奉使赴藏，不准擅带彼处班第回来。非达赖喇嘛、班禅额尔德尼，凡告白于人，不准用噶舒克字样。喇嘛因事涉讼，先革退喇嘛，如讯系无罪，再复喇嘛。喇嘛犯罪抄出财物，送院存贮，作赏给各寺庙喇嘛之用。）

（嘉庆《大清会典·理藩院》）

附　道光朝"口外喇嘛章程酌议条例"

道光二年（1822年）二月甲辰

谕内阁："理藩院请定口外喇嘛章程酌议条例具奏。内如蒙古汗、亲王、郡王、贝勒、贝子、公、扎萨克、台吉之子孙承袭受职后，复愿充当喇嘛及孤子充当喇嘛均系蒙古旧俗，相沿已久，自应仍听其便，毋庸明立禁令。至每年呈进丹书克，由中正殿运进，亦系向来旧制，著仍遵循办理。其所议赏给诺们汗职衔之达尔汗喇嘛等未经转世者，不准给予名号印敕。其呼图克图诺们汗涅槃后，徒众过五百名者，择人分别赏给职衔督率，又赏有名号印敕及徒众多者方准其补行入档。至认获呼毕勒罕时，该旗加具印结报理藩院，方准入瓶掣签。其四川广法寺堪布喇嘛三年换班由藏就近更换各条，均著照所议办理。惟呼图克图涅槃后择人给与扎萨克喇嘛职衔、诺们汗涅槃后择人给与达喇嘛职衔，原为督率徒众起见，若该呼图克图、诺们汗转世成立，则督办有人，著将扎萨克喇嘛、达喇嘛各职衔即行撤销，以昭覈实。"

(《清宣宗实录》卷三〇)

光 绪 朝

（编者按：光绪《大清会典》的相关内容，与嘉庆《大清会典》基本相同，仅将增添的部分罗列于后，供研究参考）

凡喇嘛，有驻京喇嘛。（驻京喇嘛……仁宗睿皇帝时定额，设扎萨克喇嘛四，雍和宫一，作为唐古特专缺，以呼图克图堪布充。其余三缺，蒙古达喇嘛充其一，未受职之呼图克图充其一，由藏调京之堪布等俱以达喇嘛用。道光年间，以章嘉呼图克图、噶勒丹锡呼图呼图克图、敏珠尔呼图克图、那木喀呼图克图、阿嘉呼图克图，历经驻京掌印务，诏各设商卓特巴扎萨克喇嘛一。）

有证，则疏闻以候钦定。（……道光二年定，寻获呼毕勒罕时，由该旗加其印结报院，方准入瓶掣签。呼图克图涅槃后，如徒众过五百名，而庙宇距该旗在五百里以内者，由盟长于徒众内择一人给扎萨克喇嘛衔，其在五百里以外者，并给印信，诺们罕涅槃后，徒众过五百名者，由札萨克于徒众内择一人给达喇嘛衔，俾资督率，俟该呼图克图诺们汗转世成立后，仍将各衔撤销。应给印信，由盟长报院，咨行附近之将军大臣等，查复相符，奏闻颁赏。）

颁喇嘛之禁令。（……凡呼图克图等，除封国师、禅师名号者，准其兼授外，其余概不得以呼图克图兼诺们汗班第达、堪布、绰尔济等职衔，亦不得以国师兼禅师名号。无职衔名号喇嘛概不得呈请在印务处学习行走。台吉不领度牒私自出家者，勒令还俗，失察之盟长、札萨克论罚。喇嘛、班第等私自逃走者，分初犯、再犯及自首、被获者，革有差。喇嘛与蒙古有交涉事件，呼图克图止许将人证送旗转解，不许转认取供。喇嘛容留犯罪盗者治罪。徒众更名，漏不报者，达喇嘛等论罚。外寺升到之达喇嘛不许将徒众带赴新任，违者论革。）

（光绪《大清会典·理藩院》）

《钦定大清会典事例》有关喇嘛事务规章

喇嘛封号

驻京喇嘛

设掌印札萨克大喇嘛一人，副札萨克大喇嘛一人，札萨克喇嘛四人，达喇嘛十七人，副达喇嘛四人，苏拉喇嘛十九人，教习苏拉喇嘛六人，额外教习苏拉喇嘛四人，德木齐三十一人，格斯贵五十人。其徒众曰格隆、曰班第。内务府三旗设达喇嘛三人，副达喇嘛一人，苏拉喇嘛三人。

东陵隆福寺设达喇嘛一人，德木齐、格斯贵各一人，教习三人，班第二十人。

西陵永福寺设达喇嘛一人，德木齐、格斯贵各一人，教习三人，班第二十人。

又由驻京喇嘛派往伊犁之掌教堪布一人，派往四川懋功之广法寺堪布二人。

其热河堪布达喇嘛二人，达喇嘛四人，副达喇嘛十一人，闲散喇嘛八人。

盛京达喇嘛八人，锡哷图库伦札萨克达喇嘛一人、札萨克喇嘛四人，西安广仁寺达喇嘛一人。

五台山札萨克喇嘛二人，达喇嘛一人。

归化城札萨克达喇嘛一人，副札萨克达喇嘛一人，札萨克喇嘛六人；多伦诺尔札萨克达喇嘛一人，达喇嘛二人，副达喇嘛二人，额缺升转，皆照驻京喇嘛之例。

驻京呼图克图曾加国师、禅师封号者，左翼头班章嘉呼图克图，二班敏珠尔呼图克图，右翼头班噶勒丹锡哷图呼图克图，二班济隆呼图克图，皆列于雍和宫总堪布、避暑山庄普宁寺总堪布之上。其余有洞科尔呼图克图、果蟒呼图克图、那木喀呼图克图、鄂萨尔呼图克图、阿嘉呼图克图、喇果呼图克图、贡唐呼图克图、土观呼图克图，多伦诺尔有锡库尔锡哷图诺颜绰尔济，皆出呼毕勒罕，入于院册。

顺治八年，创建后黄寺，剃度喇嘛百有八人，均以内府三旗内管领下及五旗王公府属管领下人披剃（内府三旗二十四人，五旗各府属八十四人）。如上三旗有缺，移咨礼部行文内务府，于本旗内管领下选一人顶补，下五旗有缺，移咨礼部行文各该王公，于府属管领下送一人顶补。

十四年题准：后黄寺每年诵经喇嘛格隆、班第定为四百人。

康熙十一年题准，在内府等取充后黄寺班第百有八人，额缺，将墨尔根绰尔济额外册内有名之班第顶补，若无顶补之人，仍行礼部于各原主名下取人充补，逃走自归者，革退班第，交还原主。

乾隆元年议准：在京各寺庙原有度牒之喇嘛、格隆、班第共九百五十九名，后增福佑等寺食钱粮之格隆、班第共三百十四名，皆未得度牒，应按名补给。再，札萨克大喇嘛以下，德木齐、格斯贵以上，皆有随分食粮之徒弟，若无度牒，难以稽察约束，除章嘉呼图克图等自藏带来之徒众不给度牒外，其随分食粮之徒众，一并给予度牒。至并未食粮又无度牒之六百七十五人，系额外所收之徒，不给度牒，但伊等既习经典，即于各寺庙每食粮徒众十名酌留一名，作为额外僧徒，给予度牒，其余暂行注册，遇食粮者有缺，即将额外之人充补。额外之人缺，即于注册人内选补。仍令该管大喇嘛每年二季，将并无额外多收及私为班第之处，具结报院察核。

三十五年奏定：避暑山庄新造成布达拉寺，于寺内居住喇嘛共拟定三百额数，设立博第穆尔、温都逊二喇藏，令札萨克喇嘛堪布桑齐鄂特币尔为总教。于博第穆尔喇藏内学习喇嘛，作为一百一十名，令副达喇嘛格布什沙布隆阿旺吹喇克督教，副达喇嘛乌穆匝特阿旺林沁帮教。于温都逊喇藏内学习喇嘛，作为一百一十名，令副达喇嘛格布什罗布藏格勒克督教，副达喇嘛乌穆匝特阿旺噶尔丹帮教。其余八十名喇嘛，委任看殿供献等事，又出派德木齐四名、格斯贵二名管事，仍就近交普宁寺旧居之堪布达喇嘛兼理，其所管辖，另派一副达喇嘛。此寺内居住之三百喇嘛内，拣选五十名喇嘛食银二两，其一百名喇嘛食银一两五钱，又一百五十名喇嘛食银一两。

三十六年奏：避暑山庄新建布达拉寺，请派出专辖副达喇嘛。奉旨：将雍和宫之擦尼特喇藏教习闲散喇嘛阿旺朋楚克噶布楚补教。又奏准：热河普善寺增设德木齐一名，普仁寺增设格斯贵一名，仍食原饷，不准出缺，令其弹压众喇嘛。

三十九年奏定：热河建立殊像寺，设喇嘛五十名，支领二两银米喇嘛二十名，一两五钱银米喇嘛三十名，由妙应寺清字经喇嘛内选补达喇嘛、副达喇嘛各一名，德木齐、格斯贵各二名，教习喇嘛五名，令专管教。

四十年奉旨：嗣后，无论内札萨克、喀尔喀、额鲁特、土尔扈特台吉内，有情愿当喇嘛者，即著照所请，准当喇嘛。

四十八年奉旨：嗣后殊像寺喇嘛缺出，于热河满兵子嗣内，将愿为喇嘛者即行挑取，学习满洲经卷。若不愿为喇嘛者，亦勿庸勒令挑取。将此著为例，永远遵照办理。

五十一年奏定：东陵隆福寺、西陵永福寺各额设满洲喇嘛二十名，派满洲达喇嘛一名，拣选德木齐、格斯贵各一名，教习喇嘛三名，教训管辖。遇有缺出，由在京包衣佐领下人内挑取。凡陵寝居住之包衣人等，嗣后如果生齿繁众，有可挑取之人，准再顶缺挑取。

嘉庆二十二年定：京城额设札萨克喇嘛四缺，雍和宫一缺作为唐古特专缺，以呼图克图堪布充补。其三缺：蒙古达喇嘛充补一缺，汉人达喇嘛充补一缺。余一缺，先将未受职之呼图克图充补，如无呼图克图，于唐古特、蒙古、汉人达喇嘛内拣选充补。

又定，由藏调来之堪布等，俱以达喇嘛补用。遇有达喇嘛缺出，应于达赖喇嘛庙、慈度寺、察罕喇嘛庙达喇嘛内，签掣一人调补。所遗之缺，先将堪布坐补，如堪布无人，再于副达喇嘛内拣选升用。

道光十九年定，呼图克图等，除封国师、禅师名号准其兼授外，概不得以呼图克图兼诺们汗、班第达、堪布、绰尔济等职衔，亦不得以国师兼禅师名号。

又定，喇嘛印务处专设宏仁寺，责成印务德木齐四人值宿看守，设掌印呼图克图兼行章京，按期会同办事，印钥交正掌印札萨克达喇嘛佩带。

二十三年定，喇嘛印务处，除掌印正副札萨克达喇嘛外，如驻京呼图克图中，有驻京年分较久，当差勤慎，经卷熟习者，准印务处报院具奏，作为学习行走呼图克图。其无职衔名号之喇嘛，概不准呈请在印务处学习行走。

又定，章嘉呼图克图、噶勒丹锡呼图呼图克图、敏珠勒呼图克图、那木喀呼图克图、阿嘉呼图克图，历经驻京掌办印务，准各设商卓特巴札萨克喇嘛一名，以资管辖。

二十五年定，台吉当喇嘛，照例报院请领度牒。如未领度牒私自出家者，勒令还俗，失察之盟长札萨克罚俸。

又定，五台山罗喉寺，设虚衔达喇嘛一名，玉花池、寿宁寺、金刚窟、涌泉寺、七佛寺、三泉寺、善财洞、普安寺八庙，各设虚衔达喇嘛一名。缺出，由五台山菩萨顶札萨克喇嘛处拣选充补，报院给予札付。

光绪四年议准：多伦诺尔会宗寺设立印房，并添设印务得木奇一员与原设印务得木奇一员，在印房轮流住班。

西藏及蒙古各部落游牧喇嘛

前藏曰"达赖喇嘛"，后藏曰"班禅额尔德尼"。其外有第穆呼图克图、噶喇木巴呼图克图、色木巴呼图克图、布鲁克巴呼图克图、嘉拉萨赖呼图克图、鄂朗济永呼图克图、朋多江达笼庙之呼图克图、摩珠巩之志巩呼图克图、贡噶尔之嘉克桑呼图克图、奈囊保呼图克图、朗咛仔之萨木党多尔济奈觉尔女呼图克图、觉尔隆阿里呼图克图、楚尔普嘉尔察普呼图克图、多尔吉雅灵沁呼图克图、伦色之觉尔泽呼图克图、协布隆呼图克图、摩珠巩之志巩小呼图克图、达拉冈布呼图克图，凡十八人，及沙布隆十二人，皆出呼毕勒罕，入于院册。四川之木里，及将入藏境之乍雅、察木多、类乌齐番寺喇嘛，其出呼毕勒罕入院册者，木里一人、乍雅、察木多、类乌齐四人。归化城、土默特、察哈尔、锡咛图库伦、内札萨克四十九旗，喀尔喀、阿拉善、额鲁特各游牧，皆有喇嘛居之。其出呼毕勒罕入院册者，归化城十二人，察哈尔九人，锡咛图库伦二人，科尔沁三人，郭尔罗斯一人，土默特六人，乌殊穆沁六人，浩齐特一人，阿巴噶一人，阿巴哈纳尔五人，苏尼特二人，四子部落一人，乌喇特五人，鄂尔多斯一人，喀尔喀十九人，阿拉善二人。

顺治十年，前藏五世达赖喇嘛来朝，赐以金册金印，授为西天大善自在佛（所）领天下释教普通瓦齐喇怛喇达赖喇嘛。

十八年，给喀尔喀丹津喇嘛敕印。

康熙十八年题准：札萨克大喇嘛给予印信，其余格隆、班第等给予禁条、度牒，不给印。

三十二年，封哲布尊丹巴呼图克图为大喇嘛，于喀尔喀地方立为库伦，广演黄教。

三十七年，封札萨克大喇嘛墨尔根绰尔济为灌顶普惠宏善大国师，给予敕印。

四十四年，封章嘉呼图克图为灌顶普善广慈大国师，给予敕印。

四十九年，封前藏伊西札穆苏为六世达赖喇嘛，给予金册金印（后废）。

五十二年议准：班禅呼图克图勤修释教，敬谨纳贡，照达赖喇嘛之例，给予金册、金印、敕书，锡封班禅额尔德尼。

五十八年议准：乍雅、察木多两处首领喇嘛，罗卜藏纳木札尔呼图克图，济瓦帕克巴拉丹拜尼玛呼图克图，从前因有遣往雪山之使，预备乌拉，敬谨奉行，今呈请封号。赏乍雅呼图克图为阐扬黄教诺们汗，察木多呼图克图为大阐黄教额尔德尼诺们汗，均给予敕印。

五十九年，封前藏噶勒藏嘉木磋为兴教度众六世达赖喇嘛，给金册、金印。

又覆准：青海罗卜藏丹津奏请垂卜藏呼图克图封号，授为资教额尔德尼诺们汗，给予敕印。

雍正元年议准：六世达赖喇嘛册印，照五世达赖喇嘛之衔换给，并增蒙古字，别给敕书，令其办理噶布伦事务。

又覆准：哲布尊丹巴呼图克图，照班禅、达赖喇嘛之例，给予封号，给予金印、敕书，授为启法哲布尊丹巴喇嘛。

又议准：多尔济旺楚克，给以掌管哲布尊丹巴呼图克图徒众办理库伦事务额尔德尼商卓特巴之号，堪布诺们汗给以掌管哲布尊丹巴呼图克图经坛总理喇嘛事务堪布诺们汗之号。各给予敕印。

又覆准：甘珠尔巴噶卜楚、额尔济格特诺们汗，均系大喇嘛，应封甘珠尔巴噶卜楚为述教甘珠尔巴墨尔根诺们汗，额尔济格特诺们汗为兴教善知识诺们汗，各给予敕印。

又议准：类乌齐庙喇嘛阿旺札布辰勒呼图克图、嘉喇喇嘛阿旺呼图克图，均给予呼图克图封号、敕印。

五年奏：达什吹木不勒托音奉使西域，赏回班禅、达赖喇嘛之文，称哲布尊丹巴呼图克图再生，众喀尔喀遣使请封，应将额驸敦多布多尔济之子，准为哲布尊丹巴呼图克图之呼毕勒罕。奉旨：理藩院奏请敕封哲布尊丹巴呼图克图之后身，哲布尊丹巴呼图克图其钟灵大有根源，乃与达赖喇嘛、班禅额尔德尼相等之大喇嘛也。众喀尔喀皆尊敬供奉，且其所居库伦，弟子甚众，著动用帑银十万两，修建大刹，封伊后身。

七年定，锡哷图库伦掌印札萨克达喇嘛缺出，应将墨尔根绰尔济之孙补放，或于徒众内择其才堪胜任者，保送到院补放。

九年谕：哲布尊丹巴呼图克图之呼毕勒罕年幼，达什吹木不勒托音又甚年老，今当准噶尔贼人骚扰之际，令在库伦居住，甚不妥协。库伦地方庙宇尚未完工，多伦诺尔所修庙宇业已告竣，应俟明春草萌时，将呼毕勒罕同达什吹木不勒托音等，移至多伦诺尔庙内居住。俟军务平定，再回库伦。

十二年覆准，封土观呼图克图为静修禅师，给予敕印。

又封西藏达赖喇嘛之师道都温都逊堪布为阐扬黄教阿齐图诺们汗，给予敕印。

又封噶勒丹锡哷图为慧悟禅师，给予敕印。

又封布鲁克巴呼毕勒罕喇嘛札尔西里布鲁克顾济为掌管布鲁克巴黄教札尔西里呼毕勒罕，诺颜林沁齐雷喇卜济为额尔德尼，第巴噶毕冬鲁卜为掌管地方噶毕冬鲁卜喇嘛，各给予敕印。

又覆准：章嘉呼图克图呼毕勒罕，来历甚明，于经典性宗皆能通晓，不昧前因，实为喇嘛内特出之人，应照前身锡封国师之号，其原有灌顶普善广慈大国师印，现在其徒收储，勿庸颁给外，应给予诰命、敕书。

乾隆二年议准：喀尔喀额尔德尼班第达呼图克图、乍雅班第达呼图克图，各徒众甚多，凡官差出兵，皆与札萨克佐领下人等一同行走，应各给予管理徒众印信。

三年谕：哲布尊丹巴呼图克图前身，乃众喀尔喀汗王等以师礼供养有名之大喇嘛也。皇祖皇考皆特恩轸恤，皇考命锡册印，封为启法哲布尊丹巴喇嘛。今看此呼毕勒罕赋性聪明，举止端重，仪表甚好，曾蒙皇考睿鉴降旨云：此实系哲布尊丹巴喇嘛之后身。今呼图克图既奏请来京，其颁给册印敕封之处，著理藩院察例议奏，钦此。遵旨议定：将哲布尊丹巴呼图克图之后身，仍照前身锡号给封。

前赐启法哲布尊丹巴喇嘛之印照常存留外，别制新册颁给。

四年议准：哲布尊丹巴呼图克图之师东果尔曼珠什里呼图克图，给予封号、印信。

五年议准：班禅额尔德尼之呼毕勒罕，经达赖喇嘛等验明是实，即送往后藏坐床。

六年议准：班禅额尔德尼之呼毕勒罕，坐床未久，正在年幼，勤学经典，专心务业之时，不便遽议换给册书，俟过数年，通晓经典再行换给。

十六年议准：喀尔喀额尔德尼诺颜绰尔济罗卜藏诺尔布属下徒众甚多，照额尔德尼班第达呼图克图之例，给予印信。

十八年，封济隆呼图克图为慧通禅师，给予敕印。

二十年，封喀尔喀额尔德尼诺颜绰尔济罗卜藏诺尔布为青素珠克图诺们汗，换给总管喀尔喀青素珠克图额尔德尼诺颜绰尔济徒众之印，分镌满州、蒙古、唐古特三体字。

又奏准：章嘉呼图克图属下徒众甚多，照喀尔喀多尔济旺舒克托音给以总管哲布尊丹巴呼图克图属下徒众额尔德尼商卓特巴印信之例，给予罗卜藏吹木丕勒总管章嘉呼图克图属下徒众札萨克喇嘛商卓特巴印信。

二十一年，加封喀尔喀哲布尊丹巴呼图克图为隆教安众哲布尊丹巴呼图克图，给予册印。

又议奏：雍正元年，甘珠尔巴噶卜楚封为述教甘珠尔巴墨尔根诺们汗，给予敕印。后经圆寂，交伊徒大喇嘛额尔克绰尔济阿旺颜品尔收存。至乾隆五年，呼毕勒罕出世，经院奏明，令其师徒见面。今甘珠尔巴墨尔根诺们汗之呼毕勒罕，现年二十三岁。前给敕印应否仍行赏给。奉旨：准给。

二十二年奏准：给青素珠克图诺们汗敕一道。

又奉旨：达赖喇嘛圆寂，令第穆呼图克图管理达赖喇嘛商上僧俗事务。

二十三年，赏给第穆呼图克图管理黄教巴勒丹诺们汗名号。

又，赏给济隆呼图克图札萨克名号，给予印信。

二十四年奏，达赖喇嘛圆寂之后，西藏事务不可无总办之人，奉旨：第穆呼图克图封为秉持黄教大德诺们汗，管理西藏事务，钦此。旋给册一道、银印一颗。

又议奏：慧通禅师济隆呼图克图圆寂，所有敕印交伊徒收存。其所属噶木巴庙宇徒众甚多，且唐古特人等亦其所辖，现今虽系济隆呼图克图之弟阿旺诺尔布暂行管理，未经奏明，不足以资弹压。奉旨：济隆呼图克图之弟阿旺诺尔布，著赏给关防，钦此。遵旨，议给统辖济隆呼图克图属下巴克硕特等十八庙宇生徒唐古特等札萨克喇嘛之关防。

又奏准，喀尔喀诺彦呼图克图罗卜藏札木杨丹津属下徒众，别编一佐领，令其管辖，仍附入本部落当差，并给予总管喀尔喀诺彦呼图克图之印，分镌满州、蒙古、西番三体字。

二十六年覆准：噶尔丹锡哷图呼图克图之徒弟昆楚克敦珠布，赐总管噶尔丹锡哷图呼图克图属下徒众札萨克喇嘛商卓特巴印信。

二十七年奏，达赖喇嘛之呼毕勒罕转世，所有达赖喇嘛册印，或即行换给，或俟数年后再行换给。奉旨：再待数年。

三十年，阿旺楚勒提木来朝，赏额尔德尼诺们汗名号，给予敕印。

三十五年奏准：勒正呼图克图，照前辈呼图克图之例，赏阿齐图诺们汗名号。

三十七年议准：那噜班禅呼图克图徒众一百余名，沙毕纳尔一白余户，给予印信，以资弹压。

四十二年奏准：第穆呼图克图徒众中，拣选一人，赏札萨克职衔，给予管理第穆呼图克图属下徒众札萨克喇嘛商卓特巴印信，分镌满州、蒙古、唐古特三体字。

四十三年，赏噶勒丹锡哷图名号，补授巴克什缺。

四十五年，赏班禅额尔德尼玉册、玉印。

四十九年，赏达赖喇嘛玉册、玉印。

五十一年谕：诺们汗阿旺楚勒提木，人谨慎，勤于经卷，于藏内噶勒丹锡哷图坐床时，帮助达赖喇嘛办事，广敷黄教，多历年所，著管理札萨克达赖喇嘛印务，封为敷教萨玛第巴克什。所有应给敕印，交理藩院照例给予，钦此。旋赏给衍宗禅师名号，给予敕书、银印。

五十四年谕：自藏内有巴尔布之事，诸务纷繁。此后务得晓事之达喇嘛，帮助达赖喇嘛办事，始有裨益。济隆呼图克图人明白，经卷亦好，伊之根器本大，著赏给毕理克图诺们汗名号，作为札萨克达喇嘛，遣往藏内，率领各噶布伦等帮助达赖喇嘛办事。

又谕：班禅额尔德尼之师喇嘛运丹嘉木灿于班禅额尔德尼前承教经艺，尽力勤勉；喇嘛噶布伦噶勒藏纳木占平素管理札萨克事务甚好，此次军需亦甚效力，著加恩赏给运丹嘉木灿班第达诺们汗号，赏给噶勒藏纳木占墨尔根额尔德木图堪布号，以示鼓励。

五十六年谕：帕克巴拉呼图克图经卷既好，因朕八旬万寿，贺建一寺，请赏给寺名。帕克巴拉呼图克图近年以来，备办一切往还乌拉，均属妥善，毫无贻误，着加恩将从前所给铜印换给银印，所建新庙，著赐名祝厘寺。

嘉庆二年，赏班禅额尔德尼巴克什喇嘛罗布藏敦珠卜诺们汗名号。

八年，赏札什伦布商卓特巴罗布藏达尔结达尔汗名号。

十一年谕：现在章嘉呼图克图之呼毕勒罕转世，著仍赏给香山法海寺、五台山普乐院等寺居住。所有国师印信，及金顶黄轿、九龙黄坐褥、黄伞等项，著在松竹〔嵩祝〕寺妥为供贮，俟转世之呼毕勒罕勤习经卷后，能维持黄教时，再加恩赐。

道光元年，给予讲巴伊什札萨克喇嘛职衔印信，帮办事务。

又给予札萨克喇嘛罗卜桑噶勒藏印信，办理事务。

二年奏准；将噶勒丹锡哷图萨玛第巴克什，作为阿旺札木巴勒粗勒齐木本身之号，其从前所交萨玛第巴克什名号旧印，仍行赏给，并颁发敕书。

又议定：给予诺们汗职衔之达尔汗喇嘛等曾经转世者，准其奏请给予名号、印敕，未转世者一概不准。

又议准：蒙古各庙呼图克图涅槃后，如徒众过五百名，而庙宇距该旗在五百里以内者，该盟长于徒众内择一人，赏给札萨克喇嘛职衔；庙宇距该旗在五百里以外者，并给予印信。其诺们汗涅槃后，徒众过五百名者，该札萨克于徒众内择一人，给予达喇嘛职衔，俾得督率。俟该呼图克图诺们汗转世成立后，督率有人，仍将各职衔撤销。

又议准：呼图克图诺们汗未经入档，如系赏过名号印敕，及徒众过五百名者，仍准其补行入档。

三年，以班第庄头人众，盟长地面窎远，添给札萨克达喇嘛印信。

四年谕：达赖喇嘛（副师傅）嘉木巴勒依喜丹贝嘉木磋，传授达赖喇嘛经典，著有成效，著加恩赏给诺们汗名号。

五年，赏土观呼图克图之呼毕勒罕班第静修禅师名号，及副札萨克达喇嘛职衔。

八年谕：章嘉呼图克图经艺纯熟，且所办捐输事件，均属妥协，著将伊所得印信敕书，仍旧赏用。

十三年，赏哲布尊丹巴呼图克图之教经师傅喇嘛罗布桑札木廷诺们汗名号，伊什格勒克绰尔济名号。

十四年谕：达赖喇嘛正师傅萨玛第巴克什前已得衍宗禅师名号，著再加翊教二字。副师傅嘉木巴勒伊什丹贝嘉木磋著赏给诺们汗敕印；副师傅噶勒丹旧池巴阿旺念札著赏给班第达，以示鼓励。

又谕：察罕喇嘛绰尔济，系由国初投效来京，且在西藏军前效力，现在之察罕喇嘛，著撤销绰尔济，赏给呼图克图职衔。至该察罕喇嘛转世之后，并准其作为呼图克图。

又定，察罕喇嘛达尔汗绰尔济撤销绰尔济，赏给呼图克图职衔，换给黄敕，圆寂后并准作为呼图克图转世。

十五年谕：达赖喇嘛现已及岁，受戒坐床，与早经受戒坐床之班禅额尔德尼，均止有金印，未给金册，著赏给金册。该衙门照例颁给。

十七年谕：嗣后颁赏达赖喇嘛、班禅额尔德尼金册，著仍照旧制办理，其新纂则例内定于旧册后添錾第几辈字样，著即销除。

十八年谕：达赖喇嘛（正师傅）萨玛第巴克什，着加恩于原得衍宗翊教禅师名号内，赏加靖远二字。乍雅大呼图克图图布丹济墨吹济加木参加恩赏给敕书。

十九年定，口外各呼图克图徒众过八百名，距该旗五百里以外，应领印信者，由该盟长确查报院，由院咨行附近之将军、大臣等，查核相符，奏明颁赏印信。

又定：达赖喇嘛、班禅额尔德尼、哲布尊丹巴呼图克图转世后，即于坐床之日，裁撤呼毕勒罕字样。章嘉呼图克图、噶勒丹锡哷图呼图克图、敏珠尔呼图克图、济咙呼图克图、那木喀呼图克图、阿嘉呼图克图、喇果呼图克图、察罕达尔汗呼图克图，并呈请驻京之呼图克图等，均于转世后来京瞻仰天颜之日，裁撤呼毕勒罕字样。其各游牧之呼图克图、诺们汗、班第达、堪布、绰尔济等转世后，均俟年至十八岁，裁撤呼毕勒罕字样。

又定：达赖喇嘛、班禅额尔德尼圆寂，其印信派人护理，俟转世坐床之日，奏闻移授换赏金册。哲布尊丹巴呼图克图圆寂并转世后印册，照达赖喇嘛、班禅额尔德尼例办理。其余各呼图克图等封国师者圆寂时，其印册于本庙尊藏，俟转世后裁撤呼毕勒罕之日，奏闻移授，并将册命送院奏交各衙门填写。封禅师者，圆寂时其印信照国师办理。

咸丰三年谕：此次查办番务出力之阿齐图诺们汗，着加恩作为呼征阿齐图呼图克图，并准其转世。帕克巴拉呼图克图额尔德尼诺们汗之呼毕勒罕，虽在幼龄，即能督饬属下，拿获凶犯多名，著赏加敉远禅师名号，以示优异。

又，赏朗结曲丕色勒本诺们汗名号，给予敕印。

又谕：呼征阿齐图呼图克图，应得广衍黄法阿齐图呼图克图敕书印信，著照案颁给。该呼图克图属下管事达喇嘛噶勒藏热布觉尔，并赏给札萨克喇嘛名号。

八年谕：札什伦布之札萨克喇嘛朗结曲丕，因病请休，著仍留色勒本诺们汗名号，以终其身。所遗札什伦布之札萨克喇嘛缺，著四品曲璋堪布罗布藏郎结补授，所放札萨克喇嘛，亦著加恩赏给印敕。

十一年，赏哲布尊丹巴呼图克图教经师傅那旺鄂特色尔诺们汗名号。

又奏准，噶青罗布藏丹巴坚参作为班禅额尔德尼之巴喀什喇嘛，并赏诺们汗名号。

同治元年，赏汪结曲布诺们汗名号。

二年，赏土观呼图克图静修禅师名号，副札萨克达喇嘛职衔、印敕。

三年谕：罗布藏青饶汪曲办事谨慎，为合藏僧众所推服，著办理商上事务，并赏给诺们汗名号。

四年谕：罗布藏青饶汪曲协理商上事务，为僧俗等所深服，所有商上承办藏务，掌管黄教额尔德蒙诺们汗印信，即着赏给祗领掌管，以符旧制。

六年，给予伊犁喇嘛棍噶札勒参呼图克图印信。

七年，赏伊勒固克森呼图克图罗布桑三都普通善禅师名号。

八年，给予罗布藏青饶汪曲呼图克图札萨克喇嘛印信。

光绪九年；赏给罗布藏顿柱苏时诺们汗名号，给予印敕。

甘肃庄浪等处番寺喇嘛

甘肃省庄浪、河州、循化、西宁、岷州、洮州各番寺喇嘛，设僧纲十九人、僧正三人。其出呼毕勒罕入院册者，庄浪二人、西宁三十三人。

顺治七年题准：河州宏化等寺总理国师韩禅巴遣徒缴明时所给敕书一道、铜印一颗，均行换给。

八年题准：显庆寺灌顶大国师丹巴坚错，缴明时所给镀金银印一颗，诰命、敕谕各一道。又，宏化寺普应禅师诺尔布坚错缴明时所给银印一颗、都纲司铜印一颗。又红山堡报恩寺喇嘛卢老藏灵珍缴明时所给札付一纸。一并换给。

十年，喇嘛阎老藏灵珍缴明时所给都纲敕印，照旧换给。

又，西宁瞿昙等寺国师、禅师、都纲等，各将明时所给诰敕印札缴还，一并换给。瞿昙寺国师公葛丹净封为灌顶净觉宏济大国师，给镀金银印；渣思欢卓尔封为灌顶广济宏禅国师，给慈光普照象牙图书，各给诰敕一道。其都纲拉思俄卓尔给铜印、敕谕一道。又，净宁菩提寺国师沙拉索南封为妙胜惠济灌顶大国师，给镀金银印、诰敕各一道，札付一纸。净觉寺国师班珠儿坚错封为净慈优善国师，给银印、诰敕各一道。国师所属喇嘛查西坚错给宏修善道象牙图书，灵珍坚错给心性了无象牙图书，丹巴舍拉给坚修梵性象牙图书，各给敕谕一道。慈利寺国师札思巴统诸封为宏善演教国师，给银印、敕谕一道，札付一纸。禅师毛错南宫哈封为妙胜禅师，给银印、敕谕一道，札付一纸。延寿寺张舍拉朋错封为广济宏修国师，给银印、诰敕一道。普法寺国师丹进坚错封为妙善通惠国师，给银印、诰敕一道。国师所属喇嘛索南巴尔丹给妙静宏修象牙图书、敕谕一道。吉祥寺禅师洛藏拉旦封为福教禅师，给银印、诰敕一道。伊儿结寺喇嘛格拉坚错给宏演宗尚象牙图书。又，西纳演教寺喇嘛班珠儿盆错缴明时所给敕印执照，封班珠儿盆错为国师，换给诰敕各一道，又赐给通慧净觉银印。又，端严寺喇嘛山丹屯柱缴明时所给敕书、札付、图书，换给敕书一道，札付一纸，靖敕法界象牙图书一方。

十七年题准：岷州卫二十六寺内圆觉寺大崇教寺喇嘛后只即丹子缴明时所给诰命一道、敕书二十一道、肃谨戒行图书一方，换给敕书一道、铜印一颗，授为护印僧纲司，命钤束岷州各寺喇嘛。其缴送敕书二十一道，均行换给。惟成化年间所封宏济兴教大国师一敕，不准换给。

康熙二年题准：岷州圆觉寺、大崇教寺、讲堂寺、刹藏寺、宏教寺、洪福寺、法藏寺、朝定寺、石崖寺、鲁班寺、永安寺、广善寺、照慈寺、洪济寺、广德寺、羊圈寺、崇隆寺、照慧寺、写儿朵寺、赞林寺、永宁寺，诸喇嘛缴送旧敕，一例换给。

五年题准：修葺三竹、裕童、藏经三寺，给发敕书。其荔川、工布二寺俟修理告竣，再行请给。

十一年，延寿寺广济宏修国师张哈完卜承袭，换给诰敕。

十四年题准：甘肃省圆觉寺喇嘛后只即丹子恪守敕印，纠兵攻贼，其宏济光教大国师之职，仍准承袭，并给予诰命暨镀金银印，其僧纲司敕印，仍令掣缴送部。

十五年题准：法藏寺僧丁桑节落旦授为法藏寺僧纲司，洮州著落寺喇杨多刚授为僧正，均给予敕书。

二十一年题准：圆觉寺喇嘛后只即丹子等谢恩进贡，并请给国师顶帽及喇嘛俸禄，给高顶僧帽一具。拨给岷州卫属官地五顷，免其纳粮。

三十年覆准，圆觉寺国师后只即丹子亲侄首徒后丹子达节袭封岷州卫宏济兴教大国师。

三十六年覆准：瞿昙寺灌顶净觉宏济大国师，以公葛丹净之孙观著圆思多荣进承袭。又，西纳演教寺通慧净觉国师，以班珠儿盆错之孙达尔吉承袭。

三十七年覆准：松山报恩寺达克隆呼图克图奏请封典给予敕印。

三十八年覆准：法藏寺僧丁桑节落旦前以军功议叙，给予僧纲司敕书，原无世袭字样，今据报病故，即缴送内阁换给护敕。

四十三年题准：西宁教化寺僧罗卜藏钦臻、宝贝寺僧罗卜藏纳木查，缴明时所给诰命、敕书，并缴旧印。又，肃州归化寺僧恭阿札木苏奏请承袭。均换给诰命、敕印。

四十六年奏准：达克隆呼图克图病故，换给伊侄蓝占巴罗雷丹达尔敕书，令约束僧众。

四十九年核准：国师名爵甚大，非有功绩，不得滥授。岷州国师后丹子达节其师后只即丹子初授为护印僧纲司，后因攻贼有功，升授国师，给予镀金银印，业已承袭一次。今后丹子达节以年老辞职，其徒后尖采宁布并无功绩，不得仍袭国师。令照初封之职，授为护印僧纲司，给予铜印、敕书，旧给国师印信、诰命，即缴送内阁。

五十二年题准：洮州阐定寺喇嘛杨昂望缴明时所给崇梵净觉国师敕印，准其换给。

五十七年覆准：西宁衮布庙喇嘛达赖诺们汗奏请封号，授为锡勒图达赖诺们汗，给予敕印。

五十九年覆准：西宁衮布庙阿旺喇嘛奏请封号，授为扶佑黄教额尔德尼诺们汗，给予敕印。

雍正四年议准：西宁所属百里外僧寺九十四处，河州所属仅止三处，此内有名国师、禅师而曾颁有敕印者，有国师而并未颁给者，有名为寺庙实无寺庙者，有不名为寺庙而名为部落者，其各处喇嘛或自二三名以至百六七十名不等，此等处所原系土番杂处，明初颁给敕印之后，我朝亦曾颁有敕印，缘边居之人，野性难化，故令其信任有名之喇嘛承袭管辖，若因循旧制，不酌量更定，恐相沿日久，竟恃为世守，所关匪细。嗣后，令各寺族佃归内地为民，所给敕印尽行收取，不令管辖番众。其如何给予喇嘛空衔俸禄之处，俟该督详议具奏，到日再议。

乾隆八年题准：洮州阐定寺崇梵静觉国师，以杨昂望之侄杨琢璪珞瓒承袭。

又奏准：朝鲜、琉球、南掌、安南、暹罗、苏禄等国封恤事宜，均由礼部办理。其蒙古王公、台吉、喇嘛等封恤事宜，均由理藩院承办。惟《会典》内载有陕西、甘肃二省洮州喇嘛承袭国师、禅师、都纲，并给予敕印等事，由札部具题，累年有礼部专办者，有理藩院会同办理者。蒙古内外喇嘛既属理藩院所辖，则陕西省洮岷等处喇嘛，嗣后承袭国师、禅师、都纲等事，均应归并理藩院承办。至请给敕印之事，仍令理藩院会同礼部办理。

九年奏准：河州宏化、显庆两寺国师兼都纲章珞柱坚错之侄章敦柱坚错请袭。从前议收国师、禅师一应敕书，其作何酌给空衔俸禄，尚未议定。今章敦柱坚错请袭国师，俟该督议覆到日再办。其都纲印信，原为办理事务管束属人而设，应令国师章珞柱坚错之侄章敦柱坚错暂行管理都纲印务。

又奏准：换给松山报恩寺达克隆呼图克图呼毕勒罕敕书。

十二年议准：甘肃省所属各寺庙喇嘛，自收国师、禅师印信以来，各自梵守静修，其属下众僧虽各设有法台，但约束不无涣散，自应照依地方之大小，喇嘛之多寡，定为职衔，以备稽察。河州普纲寺、灵庆寺、宏化寺，各设都纲一人。西宁县之西那寺、塔尔寺、札藏寺、圆觉寺、沙冲寺、仙密寺、佑宁寺，碾伯县之瞿昙寺、宏通寺、羊尔贯寺、普化寺，大通卫之广化寺，贵德所之二叠阐寺、垂巴寺、马尼寺，各设僧纲一人。洮州卫之阎家寺、龙元寺、圆成寺，各设僧正一人，均由院给予札付。其松山报恩寺喇嘛达克隆呼图克图呼毕勒罕、红山堡报恩寺都纲阎南木加，岷州圆觉寺僧纲侯章杨恩柱，河州宏化寺都纲章敦柱坚错，皆有都纲、僧纲印信，勿庸再给。此次所授僧纲、僧正，既皆议给札付，其从前所给岷州圆觉寺僧纲侯章杨恩柱之敕书，即撤回换给札付。嗣后，国师之号均不准承袭。所有洮州阐定寺国师杨琢璪珞瓒之印敕，暂行存留，俟缺出停止承袭。将原领印敕，交礼部察销。又，杨松罗布迦木灿年力富强，才具明晰，今授为僧纲，令该督将杨松罗布迦木灿年貌，并住持何庙，询明送院填给札付。

十三年覆准：杨松罗布迦木灿并无居住寺庙，仍照原议，将杨松罗布迦木灿授为僧纲，给予札付。

二十七年奏：按康熙五十九年西宁衮布庙阿旺喇嘛奏请封号，授为扶佑黄教额尔德尼诺们汗，给予敕印。今章嘉呼图克图呈报阿旺喇嘛之呼毕勒罕来历甚明，在藏学习经典甚好，各蒙古吁请将前给扶佑黄教额尔德尼诺们汗敕印，仍行换给。奉旨：仍赏给。

（卷九七四—九七五）

喇嘛年班

内札萨克四十九旗、归化城、察哈尔、阿拉善、喀尔喀及库伦锡哷图库伦各处大喇嘛，除哲布尊丹巴呼图克图不列年班外，其余分编为六班：以喀尔喀那噜班禅呼图克图一人、阿拉善达克布呼图克图一人、科尔沁诺颜呼图克图一人、土默特迈达尔呼图克图一人、浩齐特毕里克图诺们罕一人、阿巴哈纳尔班第达喇嘛一人、鄂尔多斯那旺端多布呼图克图一人、归化城额尔德尼达彦齐呼图克图一人、彦察尔齐喇嘛一人、乌喇特罗布藏达木巴喇布齐喇嘛一人、喀尔喀墨尔根班第达呼图克图一人，为第一班。

以察哈尔额尔德尼诺木齐罗本绰尔济大喇嘛一人、喀尔喀额尔德尼伊拉古克散喇嘛一人、土默特喇克巴鄂杂尔大喇嘛一人、阿巴哈纳尔喇木札木巴锡喇布札木苏喇嘛一人、乌喇特巴尔多尔济喇嘛一人、归化城垂斯哈布达彦齐呼图克图一人、吹齐托音呼图克图一人、察哈尔叶固则尔呼图克图一人、阿拉善托布桑喇嘛一人、乌珠穆沁罗布藏多布丹喇嘛一人，为第二班。

以察哈尔岱青绰尔济罗市藏丹达尔喇嘛一人、喀尔喀西瓦锡勒图呼图克图一人、库伦章楚布多尔济喇嘛一人、郭尔罗斯沙布陇云端札本苏喇嘛一人、乌珠穆沁固沙哩绰尔济那旺索特巴喇嘛一人、阿巴哈纳尔固锡罗布藏垂珠尔喇嘛一人、乌喇特东廓尔班第达喇嘛一人、归化城宁宁呼图克图一人、那旺达木巴大喇嘛一人、察哈尔固什敏珠尔绰尔济喇嘛一人，为第三班。

以喀尔喀青苏珠克图诺们罕一人、罗布藏札木禅诺们罕一人、土默特阿裕什墨尔根绰尔济喇嘛一人、苏尼特罗布藏喇什大嘲嘛一人、乌珠穆沁阿旺罗布藏彭楚克喇嘛一人、阿巴哈纳尔玛依寺罗布藏尼玛喇嘛一人、乌喇特喇木札木巴格图彭楚克喇嘛一人、归化城锡勒图呼图克图一人、达彦齐呼图克图一人、察哈尔喇木札木巴罗布藏丹木巴喇嘛一人，为第四班。

以喀尔喀额尔德尼班第达呼图克图一人、札雅班第达呼图克图一人、土默特苏苏克图绰尔济阿旺锡喇布喇嘛一人、乌珠穆沁莫罗木喇木札木巴罗布桑里瓦喇嘛一人、阿巴哈纳尔拜札奢布东喇嘛一人、锡哷图库伦萨木鲁阿旺札木扬呼图克图一人、乌喇特固什罗布藏达木辟勒喇嘛一人、归化城达尔漠绰尔济呼图克图一人、察汉第彦齐呼图克图一人、察哈尔达赉呼图克图一人，为第五班。

以土默特察汉第彦齐呼图克图一人、苏尼特干珠尔巴额尔德尼堪布喇嘛一人、乌珠穆沁莫罗木喇木札木巴衮楚克喇什喇嘛一人、阿巴哈纳尔德尼墨尔根喇嘛一人、乌喇特墨尔根第彦齐喇嘛一人、归化城札彦班第达呼图克图一人、鄂木布札木散大喇嘛一人、察哈尔额木齐达尔汉绰尔济喇嘛一人、固什札木张雍噜依喇嘛一人，为第六班。每年各以一班来京。

岷州二十六寺，除荔川寺、工布寺喇嘛不入班外，其余分为四班：以圆觉寺、大崇教寺、刹藏寺、宏教寺、洪福寺、讲堂寺喇嘛为第一班；以法藏寺、朝定寺、三竹寺、藏经寺、裕童寺、石崖寺喇嘛为第二班；以鲁班寺、永安寺、广德寺、昭慈寺、洪济寺、广善寺、羊圈寺喇嘛为第三班；以崇隆寺、永宁寺、写儿朵寺、赞林寺、宝净寺喇嘛为第四班。间三年以一班来京。庄浪红山堡：报恩寺喇嘛，间五年来京一次。

嘉庆二十二年定，内外札萨克等处呼图克图呼毕勒罕绰尔济喇嘛、达喇嘛等，年已及岁、已出痘者，准其来京朝觐。经卷熟习者，准其编入洞礼经。其洞礼经班定为六班，按年轮流，于十一月中旬来京。如轮值本班有患病等故者，报明该盟长查实报院，准其次年补班。

又定，年班来京之呼图克图喇嘛等，事毕各归游牧，该札萨克等将何日回抵游牧处所，具文报院。

咸丰三年谕：本年内外札萨克年班均著暂行停止一年。其回子伯克、后藏堪布，如已启程即著折回。毋庸来京。

四年谕：本年轮应年班之呼图克图喇嘛等，俱著停班一年。

（卷九八四）

驻京喇嘛钱粮

原定：札萨克达喇嘛，每日给银一钱五分一厘一毫八丝一忽、米二升五合；随带徒弟格隆六名，每日各给银二分九厘九毫七丝二忽、米各二升五合；班第六名，每日各给银二分八厘八毫四丝二忽四微、米各二升五合，每日共给银五钱四厘六丝七忽四微、米三斗二升五合，应拴马四匹、牛三头，每日给黑豆一斗一升、谷草羊草各七束。

副札萨克达喇嘛，每日给银一钱五分一厘一毫八丝一忽、米二升五合；随带徒弟格隆五名，每日各给银二分九厘九毫七丝二忽、米各二升五合；班第六名，每日各给银二分八厘八毫四丝二忽四微、米各二升五合，每日共给银四钱六分三厘三毫二丝二忽四微、米三斗。应拴马二匹、牛二头，每日给黑豆六升，谷草羊草各四束。

札萨克喇嘛，每日给银一钱四分四毫八忽、米二升五合；随带徒弟格隆四名，每日各给银二分九厘九毫七丝二忽、米各二升五合；班第六名，每日各纷银二分八厘八毫四丝二忽四微、米各二升五合。每日共给银四钱三分三厘三毫五丝四微、米二斗七升五合，应拴马二匹、牛二头。每日给黑豆六升、谷草羊草各四束。

达喇嘛，每日给银一钱四分四毫八忽，米二升五合，随带徒弟格隆二名，每日各给银二分九厘九毫七丝二忽、米二升五合；班第六名，每日各给银二分八厘八毫四丝二忽四微、米各二升五合，每日共给银三钱七分三厘四毫六忽四微、米二斗二升五合，应拴马二匹、牛二头，每日给黑豆六升、谷草羊草各四束。

副达喇嘛，每日给银一钱四分四毫八忽、米二升五合，随带徒弟格隆二名，每日各给银二分九厘九毫七丝二忽、米二升五合，班第四名，每日各给银二分八厘八毫四丝二忽四微、米各二升五合，每日共给银三钱一分五厘七毫二丝一忽六微、米一斗七升五合，应拴马二匹、牛二头，每日给黑豆六升、谷草羊草各四束。

闲散喇嘛，每日给银六分六厘六毫六丝六忽六微六纤六沙六尘、米二升五合；随带徒第班第二名，每日各给银二分八厘八毫四丝二忽四微、米二升五合，每日共给银一钱二分四厘三毫五丝一忽四微六纤六沙六尘、米七升五合，应拴马一匹，每日给黑豆二升、谷草羊草各一束。

德木齐，每日给银六分六厘六毫六丝六忽六微六纤六沙六尘、米二升五合。随带徒第班第一名，每日给银二分八厘八毫四丝二忽四微，米二升五合，每日共给银九分五厘五毫九忽六纤六沙六尘、米五升。

每月食二两、一两五钱之格隆、班第，其米按日支给二升五合；每月食一两之格隆、班第，其米按日支给一升三勺七抄五撮；食折色格隆，每日给银二分九厘九毫七丝二忽；食折色班第，每日给银二分八厘八毫四丝二忽四微。

雍正八年定：雍和宫四学设学艺喇嘛八十缺，每人月支钱粮二两。此项额缺，咨取内札萨克六盟，每盟各十名，外札萨克四部落，每部落各五名，遇有本旗缺出坐补。

乾隆二十七年奏准：凡呼图克图、达喇嘛等圆寂，本人所食钱粮停止给发，其徒众所食钱粮，俟伊师骨殖起程之日，再行裁汰。

嘉庆三年定：由藏咨调来京补放达喇嘛之堪布等，准其自奉旨之日起，支领钱粮，遇有事故，按日回缴。

九年议准：所有来京居住之喇嘛，未经补授札萨克喇嘛之呼图克图等，不准照章嘉呼图克图等之例支给全分廪给，均照其本身所得品秩支给，其带来徒众不准过二十名。诺们汗及大堪布徒众不得过十五名。其寻常堪布等徒众不得过十名。乌木咱特准带五名，通晓廓尔喀字僧人准带三名。诺们汗以上徒众，准照例支给钱粮二两，堪布以下所带徒众，均照例核减支给钱粮一两五钱，其额外带来人众，概不准支给钱粮及往返路费。

如呼图克图及总理堪布等在京圆寂后，其徒众概令回藏，如有他故留京者，由掌印呼图克图查明报部，支给钱粮一两五钱五分。其余堪布以下，概不准奏留。至派往各处分驻之唐古特喇嘛堪布等徒众，遇该堪布出差时，即行裁去钱粮，俟该堪布更换来京时，再行查明支给。其派往四川边外广法寺及伊犁地方掌教之堪布等差满来京，奏请加札萨克职衔，额外支领钱粮之处，概行停止。

二十二年定：喇嘛因过犯议罚钱粮者，公罪裁缴本身银米，私罪并随缺徒弟银米均行裁缴。

又定：京城喇嘛阿咱尔喇嘛等遇升迁病故等事，均按月找领回缴银米烤炭草豆等项，告病假者按日裁缴钱粮。

又定，西番喇嘛遇升迁病故等事，均按日找领回缴银米烤炭草豆。

道光十九年定：章嘉呼图克图、噶勒丹锡哷呼图克图、敏珠勒呼图克图、济咙呼图克图，四人前辈俱曾驻京，品秩较大，其月廪向照札萨克达喇嘛例，支给本身钱粮一分，随带噶布楚兰占巴二十名、格隆六名、班第六名、苏拉喇嘛三名、随带徒众六名，其应食钱粮等项，一体照前支给。至其余呼图克图等，如授为正副印札萨克达喇嘛，方准照章嘉呼图克图等例支给。否则按照所授职分支领，止准各带徒众二十名，每月各支食钱粮二两，作为分例，不入正额。

又定，在京呼图克图等圆寂后，曾经封为国师名号者，由院奏留二两钱粮二十分，封禅师名号者，留十五分，未得国师、禅师名号者留十分。其原设有苏拉喇嘛者，仍留三名。至总理堪布等身故，其徒众均令扶柩回藏。如未能全数带回，由院酌支食一两五钱钱粮五分。准其驻京，缺出即行裁汰。

光绪三年议准。调京当差副教习喇嘛及番话通事喇嘛到京后，交雍和宫拨给房间住址，授为副达喇嘛，除支给本身钱粮外，其随带徒众，每月每名给钱粮一两五钱。

（卷九八七）

喇嘛廪给

原定：凡朝贡来京之呼图克图呼毕勒罕、札萨克达喇嘛，各日给银八钱五分、米一斗五升、坐马三匹、养马十四匹；副札萨克达喇嘛，日给银七钱三分、米一斗三升、坐马三匹、养马十二匹；札萨克喇嘛，日给银六钱二分、米一斗二升、坐马二匹、养马十四；达喇嘛、副达喇嘛，各日给银四钱七分、米九升、坐马一匹、养马七匹；嘎布楚、兰占巴，各日给银三钱七分、米七升、坐马一匹、养马六匹；德木齐、格思规、格隆日给银三钱、米六升、坐马一匹、养马五匹；格素尔班第日给银五分、米一升、坐马一匹；斋桑喇嘛，日给银五钱、米二升、坐马一匹。均核定五日廪给，如居住诵经者无定例。

又定：西藏来使堪布并随来之兰占巴等，各日给米二升；跟役每日给米一升；正使每十日给蒙古羊十只、黄茶二十包、面二十斤、乳油五斤、牛乳十五斤、盐十两、黄蜡烛十枝；兰占巴等，日给羊肉二斤、间日给羊肉一盘、黄茶一包、面一斤、乳油灯油各二两；跟役日给羊肉一斤八两。均各给盐一两。间四日筵宴一次。正使日给本柴二十斤，兰占巴等，每人给木柴十斤，跟役每日给木柴四斤。各例给九十日，如事竣在九十日内；即于事峻日裁除。遇年节除夕，在京来使等各给汉羊一。回程路费：正使日给银二钱，副使给银一钱五分，跟役各给银一钱，共支给四十日。

又定：庄浪达喇嘛进贡来京，日给米二升、羊肉一斤、盐五钱、木柴七斤八两；应带小喇嘛七名、番人二名，每名日给米一升、羊肉一斤、盐五钱、木柴三斤。未进马匹之前，每马日给黑豆四升，谷草、羊草各七束、木柴十斤。岷州各庙四班达喇嘛进贡来使，日给米二升、羊肉一斤、盐五钱、木柴七斤八两。每人应带小喇嘛一名，每班番人四名，日各给米一升、盐五钱、木柴三斤。未进马匹之前，每马日给黑豆四升、草一束、木柴十斤。

乾隆二十七年定：察木多帕克巴拉呼图克图等遣使来京，正使日给银五钱，副使日给银三钱，米各二升；从人日给银五分、米一升。回时路费：正使日给银二钱、副使一钱五分；从人各给银一钱。共支给四十日。

四十七年奏准：年班来京之库伦商卓特巴达木吹喇布寨等。给予四十日廪给，所带之人给予七日廪给外，所有库伦之堪布诺们罕等，年班携带之人，均不得过八九名。

嘉庆二十二年定：恭贺万寿、岁贡九白、年节请安之喀尔喀哲布尊丹巴呼图克图差人作为正使，商卓特巴堪布诺们汗、洞阔尔呼图克图差人俱作为副使，正使每日给银五钱、米二升、拴马二匹、入馆马四十匹；副使每日给银三钱、米二升、拴马一匹、入馆马十匹，跟役每日给银各五分、米一升。回程路费：正使给银三两。副使给银一两五钱；米照住京原额支给四十日。

又定：哲布尊丹巴呼图克图来京，每日给蒙古羊一只、鹅二只、鸡三只、牛乳七镟，每十日给牛一只、二两重黄茶一百五十包、乳油五斤、棉花八两、盐十八斤、二两重黄蜡烛五十枝、白蜡烛十枝、灯油十斤、酱五斤八两、醋一斤、苹果柿各一百枚、槟子梨各一百五十枚、栗子乾枣各十斤、葡萄十五斤、核桃三百个。回日路费：给牛一只半、天池茶一百包、乳油五斤、二两重黄蜡烛五十枝、盐二十四斤；跟来喇嘛、台吉、斋桑、护卫等，照例各按品级给予银两。

二十三年定：喀尔喀图什业图汗、车臣汗、哲布尊丹巴呼图克图差人庆贺万寿并进九白、年终请安，俱支给四十日廪饩；其商卓特巴、堪布诺们汗、洞阔尔呼图克图带来达喇嘛等，亦一体支给。

二十四年定：喀尔喀四部落年班之呼图克图呼毕勒罕喇嘛等来京，支给二十八日廪饩，本身并差人请安进马来京，各支给七日廪饩。

又定：内札萨克等处年班之呼图克图呼毕勒罕喇嘛等来京，又给二十六日廪饩，本身并差人请安进马来京，各支给五日廪饩。

又定达赖喇嘛，班禅额尔德尼之来使，支给九十日廪饩。

同治十三年奏定：教习唐古特字话之喇嘛告退回藏，给驮骡五头；其徒众五名，每名给骡一头，每骡折给价银十三两七钱。该喇嘛及徒众每日给盘费银各一钱。共给四十日。

（卷九八九）

附　《钦定理藩部则例》
关于西藏进贡喇嘛廪给的规定

达赖喇嘛、班禅额尔德尼之来使，各给九十日廪饩。

（《钦定理藩部则例》卷十四）

西藏来使供给定额

一、西藏来使堪布本身并随来之兰占巴等，每日各支给米二升，跟役每名每日各给米一升，由户部支领。其应领食物桌张，正使每十日一次，给蒙古羊十只，黄茶二十包，面二十斤，乳油五斤，牛乳十五斤，盐十两，黄蜡烛十枝。兰占巴、噶布楚等，每日各给羊肉二斤，隔一日，各给羊肉一盘，黄茶一包，面一斤，乳油、灯油各二两。跟役等每日各给羊肉一斤八两，均各给盐一两。隔四日第五日筵宴一次。正使席一，余每五人给席一，每十五人茶一桶，每七席用蒙古羊一只，正使桌内小猪一口、鹅一只。副使每日给羊一只，二日给黄茶一包，面二斤，乳油四两，灯油八两。兰占巴、噶布楚、跟役等应给食物及第五日设席，均与正使同。正使每日给木柴二十斤，兰占巴、噶布楚每名每日各给木柴十斤，跟役每名每日各给木柴四斤。以上食物木柴例给九十日，如事竣在九十日内，即照事竣日裁除。遇年节除夕，在京来使等，各给汉羊一只。其食物及汉羊，由院咨行礼部札光禄寺供备；蒙古羊，由院咨行礼部札两翼税务衙门供备；木柴，由院咨行工部供备。回程路费：每日正使给银二钱，副使给银一钱五分，跟役各给银一钱，共支给四十日。

（同上，卷十五）

喇嘛等廪饩定额

一、胡图克图、呼弼勒罕、扎萨克达喇嘛本身，每日给银二钱、米二升。应带徒弟格隆四名，每日各给银一钱、米二升；班第三名、跟役二名，每日各给银五分、米一升。每日共合银八钱五分，米一斗五升。拴马三匹。

一、副扎萨克达喇嘛本身，每日给银一钱八分，米二升。应带徒弟格隆三名，每日各给银一钱、米二升；班第三名、跟役二名，每日各给银五分、米一升。每日共合银七钱三分，米一斗五升。拴马三匹。

一、扎萨克喇嘛本身，每日给银一钱二分，米二升。应带徒弟格隆三名，每日各给银一钱、米二升；班第二名、跟役二名，每日各给银五分、米一升。每日共合银六钱二分，米一斗二升。拴马二匹。

一、达喇嘛、副达喇嘛本身，每日给银一钱二分，米二升。应带徒弟格隆二名，每日各给银一钱、米二升；班第二名、跟役一名，每日各给银五分、米一升。每日共合银四钱七分，米九升。拴马一匹。

一、噶布楚、兰古巴本身，每日给银一钱二分，米二升。应带徒弟格隆一名，每日给银一钱、米二升；班第二名、跟役一名，每日各给银五分、米一升。每日共合银三钱七分，米七升。拴马一匹。

一、德木齐、格斯贵、格隆本身，每日给银一钱，米二升。应带徒弟二名、跟役二名，每日各给银五分、米一升。每日共合银三钱，米六升。拴马一匹。

一、格素尔班第本身，每日给银七分、米一升，拴马一匹。

一、斋桑喇嘛本身，每日给银五钱、米二升，拴马一匹。

（同上，卷十五）

喇嘛服色

顺治十二年题准：喇嘛格隆服用黄红色，非奉上赐，不许用五爪团龙。班第用黄帽、黄衣。

康熙六年题准，喇嘛等许服金黄、明黄、大红等色。班第等许服大红色。其余不得擅服。曾蒙恩赏赐者，各色均准服用。违者，达喇嘛罚牲畜一九，班第以下鞭一百。

嘉庆十五年奏定：住京之呼图克图呼毕勒罕及外来之呼图克图呼毕勒罕等，转世多次，来京三次以上者，坐褥冬用狼皮，夏用红褐，乘坐绿帏车。转世次数较少，来京一、二次者，坐褥冬用獭皮，夏用红褐缘青褐，乘坐青帏车。札萨克堪布等，坐褥冬用貂皮，夏用青褐绿红褐，乘坐青帏车。

道光十九年定：札萨克喇嘛并由藏调来之堪布等，准服貂皮海龙皮褂，其余不准僭服。

又定，呼图克图前辈所得恩赏物件，除达赖喇嘛、班禅额尔德尼、哲布尊丹巴呼图克图之黄布城，系例准支搭，黄车、黄轿并章嘉呼图克图紫禁城内赏用黄车，系历世乘坐，应于坐床及裁撤呼毕勒罕之日，分别支用外，章嘉呼图克图等历蒙钦赐各件，不得擅用，均俟裁呼毕勒罕后，请旨遵行。

咸丰三年谕：前世哲布尊丹巴呼图克图所用黄布围墙、黄色车轿，例应坐床后方准需用，惟念哲布尊丹巴呼图克图，乃累世推广黄教，护持蒙古，而又喀尔喀四部落共奉之呼图克图也，加恩迎接哲布尊丹巴呼图克图呼毕勒罕，著准其沿途即用黄布围墙、黄色车轿，至伊所用黄纛蓝旗，亦著照用。

（《钦定大清会典事例》卷九九二）

唐古特学

顺治十四年题准：每旗各选人学习唐古特字义，给教习人六品俸。

乾隆五年议准：唐古特学助教，原为教训学生及翻译所降达赖喇嘛之旨，并西藏所到一应文书而设。八旗满洲、蒙古各学舍，皆有额设助教。嗣后唐古特学助教，亦定为额设之官。

五十年议准：唐古特学生，连往返之期，定限五年期满，由达赖喇嘛考试后，再行保题更换。若所学平常，停止保题，令其再学一二年，务令学习精熟，方准更换。

道光十九年定：唐古特学额设承办学务司业一缺，由本学助教升授。助教一缺，由本学教习及内阁唐古特中书补放。学生二十四名、额外学生十六名，缺出，咨取咸安宫国子监蒙古官学生拣补，令其学习唐古特文义。

（同上，卷九九二）

喇嘛禁令

顺治十四年题准：格隆、班第等，如为人治病，必告知达喇嘛，限定日期，方许前往。若有私往违限，并擅宿人家，或藉端留妇女于寺庙者，皆依律治罪。再，游方之徒，不得擅留，违者亦治罪。

十五年题准：喇嘛徒众，除院册有名外，不得增设。

十七年题准：归化城喇嘛有事往额鲁特、喀尔喀地方者，均令具题请往，都统不时稽查，毋许妄为。额鲁特、喀尔喀往来人，格隆、班第等，亦不许擅留，违者治罪。

康熙元年题准：外藩蒙古八旗游牧、察哈尔蒙古等，欲送家人为喇嘛徒弟，及留住外来之格隆、班第，皆令开具姓名，送院注册。违者坐以隐丁之罪。

五年题准：在京喇嘛等奉使达赖喇嘛地方，擅带彼处班第等回来者，罪之。

十年定，唐古特喇嘛徒众非奉旨不许私来。

又题准：凡喇嘛将自己家奴及受他姓送到之人，作为班第，并容留无籍之格隆、班第者，将该管之达喇嘛革退，罚牲畜三九。格隆、班第等各罚三九。如内地家人，作为班第，送至喇嘛处，或隐匿在家，及容留无籍游行之格隆、班第者，将都绕以下、领催以上，同本人一并交部分别议处治罪。再，外番蒙古地方，除册籍有名之喇嘛外，其游牧之喇嘛、班第，皆令驱逐。倘不行驱逐，或隐匿容留，及将各该属家奴私为班第者，事发，王、贝勒、贝子、公、札萨克、台吉等各罚俸一年。无俸之台吉罚马五十匹入官，仍革职。

闲散鞭一百。该管之王、贝勒、贝子、公、台吉等，各罚俸九月。都统、副都统等，各罚牲畜一九。佐领骁骑校各罚二九。领催、什长各鞭一百。所罚牲畜，给首告人三分之一。如经属下家奴首出，即准开户。将私为班第及收留之喇嘛，班第，勒令还俗，拨回本旗，给还原主。其八旗游牧察哈尔马厂人等有犯，亦照此例。

又定，凡蒙古地方骁骑壮丁，不准私为乌巴什，违者照私为格隆、班第例治罪。其年老残废丁册除名之人，愿为乌巴什者听。

又定，蒙古妇女，不准私为齐巴罕察（即尼僧）。违者，亦照私为班第例罪之。

四十二年谕：以民田展修庙宇，有关民生，嗣后凡修庙有碍民地者，著永行禁止。

雍正三年题准：洮岷地方喇嘛，以治病禳灾为名，诓骗蒙古，即令札萨克严禁。如果治病有益，分别保留。其余一概逐回原籍，嗣后有隐藏者，发觉，将札萨克等一并议处。

六年议准：五台山乃名山清净佛地，若埋葬尸骨，有污净土，嗣后喇嘛、僧道、旗民、蒙古人等骨殖，禁止送往五台山埋葬。如外藩蒙古达喇嘛等，有愿将骨殖送往五台山埋葬者，该部具奏请旨。其本处喇嘛僧道尸骨，亦令其在远处埋葬。

乾隆四十年奉旨：向来台吉等不准私当喇嘛，但蒙古等素敬佛教，若台吉中有愿当喇嘛者，亦可不必禁止。嗣后无论内札萨克、喀尔喀、额鲁特、土尔扈特台吉内，有以愿当喇嘛报院者，即照所请，准其充当喇嘛，俟年终汇齐奏闻。

嘉庆二十二年定：蒙古各部落呼毕勒罕、绰尔济喇嘛等，系乾隆五十八年设立金奔巴瓶以前出世，奏准有案者，准其报院代奏请安。如在设立金奔巴瓶以后出世，并无奏案者，不准请安。

又定，喇嘛呈请剳付度牒者，由院给予，年终汇奏。

又定，喇嘛班第等私自逃走，自行投回者，初次鞭六十、二次鞭八十，三次鞭一百，革退。拿获者鞭一百，革退。

又定，喇嘛寺院，不准开设棚厂、店口。

道光十年奏定：西藏喇嘛世家，与番民一体当差纳赋，其实有劳绩，应免徭役者，由驻藏大臣给票准免。严禁各商上私给免票。

十一年谕：呼图克图、喇嘛等，与随从阿哥之谙达太监交结，殊属不合。著理藩院转饬该呼图克图、喇嘛等，嗣后倘有此等事件，一经查出，除将该谙达太监等严行加罪外，定将该呼图克图喇嘛一并治罪，决不宽贷。

十七年谕：呼图克图嗣后除喇嘛事务仍准管理外，所有喇嘛、蒙古交涉事件，止应将人证送旗转解，不准传讯取供，以符定制而杜侵越。

十九年定：内外札萨克汗王、贝勒、贝子、公、台吉、塔布囊，及闲散王、贝勒、贝子、公之子，有未及岁充当喇嘛者，将系第几子充当，随时报院。

又定，喇嘛班第等，但宿于无夫之妇人家，无谕是否犯奸，均剥黄鞭一百，勒令还俗。

又定，盛京锡勒图库伦内外札萨克各旗所属喇嘛，如遇治病念经，前往他处，以及朝贡，除报明该管喇嘛外，并报明该管札萨克，方准行走。

又定，喇嘛所住庙宇内，不准妇人行走，若住房内令妇人行走者，容留之大喇嘛罚二九，德木齐罚一九，格隆、班第等罚五牲畜。

又定，喇嘛容留犯罪盗贼者，与犯人一律科罪，至死者减一等办理。

又定，喇嘛等因事拘审，先行革退，讯明无罪仍复其喇嘛。

又定，各寺庙班第等不守清规，该师呈请驱逐，须该管达喇嘛等讯明果有实迹，方准驱逐。如有屈抑之处，概不准行。

又定，各寺庙徒众更名，即时呈报。若遗漏不报，该达喇嘛等罚钱粮一月。

又定，外寺升到之达喇嘛等，不准将本身徒众带赴新任侵占庙内额缺,违者革退。

　　二十五年奏定,嗣后领有度牒之喇嘛,概不准其承袭爵职。

(同上,卷九九三)

光绪《钦定理藩部则例》喇嘛事例

喇嘛事例一

增纂

京城及各处职任喇嘛定额

一、京城各庙额设掌印扎萨克达喇嘛一缺,副扎萨克达喇嘛一缺,扎萨克喇嘛四缺,达喇嘛十四缺,副达喇嘛三缺,画佛副达喇嘛一缺。额设苏拉喇嘛十缺,教习苏拉喇嘛六缺,额外教习苏拉喇嘛四缺,仓苏拉喇嘛九缺,公缺德木齐三十一缺,格斯贵五十缺。

一、画佛副达喇嘛一缺,系随该喇嘛出身寺庙。

一、仓苏拉喇嘛九缺,系嵩祝寺、弘仁寺、东黄寺每寺各三缺。

一、额设苏拉喇嘛十缺内西黄寺专设一缺,其余九缺均随该喇嘛出身寺庙。

一、热河堪布达喇嘛二缺,系普陀宗乘之庙一缺,须弥福寿之庙一缺;达喇嘛四缺,系普陀宗乘之庙、溥仁寺、普宁寺、殊像寺,每庙各一缺;副达喇嘛十一缺,系普陀宗乘之庙教习副达喇嘛三缺,须弥福寿之庙办事副达喇嘛一缺,殊像寺办事副达喇嘛一缺,普宁寺教习副达喇嘛三缺,办事副达喇嘛一缺,安远庙教习副达喇嘛一缺,办事副达喇嘛一缺;苏拉喇嘛八缺,系普陀宗乘之庙办事苏拉喇嘛一缺,须弥福寿之庙办事苏拉喇嘛一缺,普宁寺教习苏拉喇嘛三缺,安远寺(庙)教习苏拉喇嘛一缺,广缘寺专缺苏拉喇嘛一缺,普(溥)善寺办事苏拉喇嘛一缺。

一、盛京实胜寺达喇嘛一缺，永安寺达喇嘛一缺，玛哈噶喇楼达喇嘛二缺，东西南北四塔达喇嘛各一缺，锡埒图库伦扎萨克达喇嘛一缺，扎萨克喇嘛四缺。

一、西安广仁寺达喇嘛一缺。

一、五台山菩萨顶扎萨克喇嘛一缺，射虎川台麓寺达喇嘛一缺，属五台山扎萨克喇嘛管辖。

一、归化城扎萨克达喇嘛一缺，副扎萨克达喇嘛一缺，扎萨克喇嘛六缺。

一、多伦诺尔会宗、善因二寺扎萨克达喇嘛一缺，达喇嘛二缺，副达喇嘛二缺。

修改

一、扎萨克喇嘛四缺内，雍和宫专设一缺，其余扎萨克喇嘛三缺并京城公缺达喇嘛十四缺，共十七缺，系阐福寺、嵩祝寺、福佑寺、隆福寺、普胜寺、大隆善护国寺、妙应寺、净住寺、三佛寺、长泰寺、慈度寺、达赖喇嘛庙、察罕喇嘛庙、圣化寺、大正觉寺、慈佑寺、永慕寺等十七寺庙。如普度寺达喇嘛、同福寺达喇嘛升补扎萨克喇嘛，仍占本庙达喇嘛之缺，其原出缺之扎萨克喇嘛、本庙内所遗达喇嘛缺，归入十七寺庙内公中补放，以全原额。

一、公缺副达喇嘛三缺，系慧照寺、慈佑寺、弘仁寺每寺各一缺。

一、教习苏拉喇嘛六缺，系雍和宫擦呢特学二缺，扎年阿克学二缺，巨特巴学一缺，曼巴学一缺。

一、额外教习苏拉喇嘛四缺，系雍和宫擦呢特学三缺，巨特巴学一缺。

增纂

包衣喇嘛定额

一、包衣三旗额设达喇嘛三缺，副达喇嘛一缺，苏拉喇嘛三缺，系宝谛寺、功德寺、新正觉寺达喇嘛各一缺，苏拉喇嘛各一缺，副达喇嘛一缺系在宝谛寺。

一、东陵隆福寺额设达喇嘛一缺，德木齐、格斯贵各一缺，教习三缺，班第二十缺。

一、西陵永福寺额设达喇嘛一缺，德木齐、格斯贵各一缺，教习二缺，班第二十缺。

以上二寺喇嘛钱粮等项，均由该处总管内务府大臣办理，报部核销。

增纂

甘肃所属各庙喇嘛职衔定制

一、甘肃所属河州之普纲寺、灵寺、宏化寺，各设都纲一缺。西宁县之西那寺、塔尔寺、扎藏寺、元觉寺、沙冲寺、仙密寺、佑宁寺，碾伯县之瞿昙寺、宏通寺、羊尔贯寺、普化寺，大通县之广化寺、贵德厅之二叠闸寺、垂巴寺、玛呢寺，各设僧纲一缺。洮州厅之阎家寺、龙元寺、圆成寺，各设僧正一缺。均照松山报恩寺一体由部给与札付，其国师之号不准承袭。

增纂

京城及各处各寺庙喇嘛定额

一、弘仁寺

二两钱粮喇嘛五十五缺。

一两钱粮喇嘛十四缺。

折色班第钱粮七缺。

德木齐四名、格斯贵二名，在二两钱粮缺内。德木齐、格斯贵等随缺跟役徒弟共六名，在折色班第钱粮缺内。

一、嵩祝寺

折色格隆钱粮二十七缺。

折色班第钱粮三十二缺。

德木齐一名、格斯贯二名，在折色格隆钱粮缺内。

德木齐、格斯贵等随缺跟役徒弟共三名，在折色班第钱粮缺内。

一、福佑寺

折色格隆钱粮十二缺。

折色班第钱粮十缺。

德木齐一名、格斯贵一名，在折色格隆钱粮缺内。

德木齐、格斯贵等随缺跟役徒弟共二名，在折色班第钱粮缺内。

一、妙应寺

二两钱粮喇嘛三十缺。

一两钱粮喇嘛五缺。

折色班第钱粮四缺。

德木齐一名、格斯贵二名，在二两钱粮缺内。

德木齐、格斯贵等随缺跟役徒弟共三名，在折色班第钱粮缺内。

一、梵香寺

折色格隆钱粮三十一缺。

折色班第钱粮十四缺。

德木齐一名、格斯贵二名，在折色格隆钱粮缺内。

德木齐、格斯贵等随缺跟役徒弟共三名，在折色班第钱粮缺内。

一、大隆善护国寺

二两钱粮喇嘛二十五缺。

一两钱粮喇嘛二十八缺。

折色格隆钱粮三十一缺。

折色班第钱粮四缺。

德木齐一名、格斯贵一名，在二两、一两钱粮缺内。

德木齐、格斯贵等随缺跟役徒弟共三名，在折色班第钱粮缺内。

一、嘛哈噶喇寺

二两格斯贵钱粮一缺。

一两钱粮喇嘛一缺。

折色格隆钱粮三缺。

折色班第钱粮三缺。

格斯贵随缺跟役徒弟一名，在折色班第钱粮缺内。

一、长泰寺

折色格隆钱粮二十九缺。

折色班第钱粮四缺。

德木齐一名、格斯贵二名，在折色格隆钱粮缺内。

德木齐、格斯贵等随缺跟役徒弟共三名，在折色班第钱粮缺内。

一、慈度寺

二两钱粮喇嘛一缺。

一两钱粮喇嘛一百四缺。

折色格隆钱粮六缺。

折色班第钱粮四缺。

德木齐一名、格斯贵二名，在二两、一两钱粮缺内。

德木齐、格斯贵等随缺跟役徒弟共三名，在折色班第钱粮缺内。

一、大清古刹（即察罕喇嘛庙）

二两钱粮喇嘛十五缺。

一两钱粮喇嘛二百五十缺。

折色格隆钱粮三缺。

折色班第钱粮八缺。

德木齐一名、格斯贵二名，在二两、一两钱粮缺内。

德木齐、格斯贵等随缺跟役徒弟共三名，在折色班第钱粮缺内。

一、资福院

德木齐折色格隆钱粮四缺。

格斯贵折色班第钱粮二缺。

德木齐四名随缺跟役徒弟折色班第钱粮共四缺。此庙格斯贵无随缺跟役徒弟。

一、清静化城（即西黄寺）

一两钱粮喇嘛五缺。

折色格隆钱粮十缺。

折色班第钱粮二十七缺。

德木齐一名、格斯贵一名，在一两钱粮缺内。

德木齐、格斯贵等随缺跟役徒弟共二名，在折色班第钱粮缺内。

一、汇宗梵宇（即达赖喇嘛庙）

一两钱粮喇嘛十八缺。

折色格隆钱粮四缺。

折色班第钱粮九缺。

德木齐一名、格斯贵二名，在一两钱粮缺内。

德木齐、格斯贵等随缺跟役徒弟共三名，在折色班第粮钱缺内。

一、普静禅林（即东黄寺）

一两钱粮喇嘛十缺。

折色格隆钱粮十六缺。

折色班第钱粮七十九缺。

德木齐一名、格斯贵二名，在折色格隆钱粮缺内。

德木齐、格斯贵等随缺跟役徒弟共三名，在折色班第钱粮缺内。

一、普度寺

二两钱粮喇嘛二十缺。

德木齐一名、格斯贵二名，在二两钱粮缺内。

德木齐、格斯贵等随缺跟役徒弟折色班第钱粮共三缺。

一、普胜寺

一两钱粮喇嘛十二缺。

折色格隆钱粮五缺。

折色班第钱粮五缺。

德木齐一名、格斯贵二名，在一两钱粮缺内。

德木齐、格斯贵等随缺跟役徒弟共三名，在折色班第钱粮缺内。

一、慧照寺

折色格隆钱粮七缺。

折色班第粮钱二十一缺。

德木齐一名、格斯贵二名，在折色格隆钱粮缺内。

德木齐、格斯贵等随缺跟役徒弟共三名，在折色班第钱粮缺内。

一、化成寺

折色格隆钱粮三十缺。

德木齐一名、格斯贵二名，在折色格隆钱粮缺内。

德木齐、格斯贵等随缺跟役徒弟折色班第钱粮共三缺。

一、隆福寺

折色格隆钱粮十六缺。

折色班第钱粮四十缺。

德木齐一名、格斯贵二名，在折色格隆钱粮缺内。

德木齐、格斯贵等随缺跟役徒弟共三名，在折色班第钱粮缺内。

一、净住寺

一两钱粮喇嘛七十五缺。

折色格隆钱粮一缺。

德木齐一名、格斯贵二名，在一两钱粮缺内。

德木齐、格斯贵等随缺跟役徒弟折色班第钱粮共三缺。

一、三宝寺（即新寺）

一两钱粮喇嘛二十六缺。

德木齐一名、格斯贵二名，在一两钱粮缺内。

德木齐、格斯贵等随缺跟役徒弟折色班第钱粮共三缺。

一、三佛寺

一两钱粮喇嘛十缺。

折色格隆钱粮五缺。

折色班第钱粮十六缺。

德木齐一名、格斯贵二名，在一两钱粮缺内。

德木齐、格斯贵等随缺跟役徒弟共三名，在折色班第钱粮缺内。

一、圣化寺

二两钱粮喇嘛二十三缺。

折色格隆钱粮二缺。

折色班第钱粮五缺。

德木齐一名、格斯贵二名，在二两钱粮缺内。

德木齐、格斯贵等随缺跟役徒弟共三名，在折色班第钱粮缺内。

一、慈佑寺

二两钱粮喇嘛八缺。

折色格隆钱粮五缺。

折色班第钱粮六缺。

德木齐一名、格斯贵二名，在二两钱粮缺内。

德木齐、格斯贵等随缺跟役徒弟共四名，在折色班第钱粮缺内。

一、永慕寺

折色格隆钱粮十五缺。

德木齐一名、格斯贵二名，在折色格隆钱粮缺内。

德木齐、格斯贵等随缺跟役徒弟折色班第钱粮共三缺。

一、大正觉寺（即正觉寺）

一两钱粮喇嘛十二缺。

折色格隆钱粮六缺。

折色班第钱粮二十五缺。

德木齐一名、格斯贵二名，在一两钱粮缺内。

德木齐、格斯贵等随缺跟役徒弟共三名，在折色班第钱粮缺内。

一、阐福寺

二两钱粮喇嘛四缺。

一两钱粮喇嘛六缺。

折色格隆钱粮七缺。

折色班第钱粮十四缺。

德木齐一名、格斯贵一名，在二两、一两钱粮缺内。

德木齐、格斯贵等随缺跟役徒弟共二名，在折色班第钱粮缺内。

一、同福寺

无钱粮额缺。

一、雍和宫

二两德木齐钱粮四缺。

二两钱粮喇嘛二百四十六缺。

一两五钱钱粮喇嘛二百五十四缺。

格斯贵二名，在二两、一两五钱钱粮缺内。

格斯贵随缺跟役徒弟折色班第钱粮共二缺。此庙德木齐无随缺跟役徒弟。

一、宝谛寺

二两德木齐钱粮一缺。

二两格斯贵钱粮二缺。

二两教习钱粮十八缺。

一两五钱钱粮喇嘛一百八十四缺。

德木齐、格斯贵等随缺跟役徒弟折色班第钱粮共三缺（此庙各项喇嘛均系内务府三旗包衣额缺）。

一、正觉寺（即新正觉寺）

一两五钱钱粮喇嘛三十缺。

德木齐一名、格斯贵一名，在一两五钱钱粮缺内。

德木齐、格斯贵等随缺跟役徒弟折色班第钱粮共二缺。（此庙各项喇嘛均系内务府三旗包衣额缺）

一、功德寺

一两五钱钱粮喇嘛三十二缺。

德木齐一名、格斯贵一名，在一两五钱钱粮缺内。

德木齐、格斯贵等随缺跟役徒弟折色班第钱粮共二缺。（此庙各项喇嘛均系内务府三旗包衣额缺）

一、普陀宗乘之庙（即布达拉庙）

二两德木齐钱粮四缺。

二两格斯贵钱粮二缺。

二两钱粮喇嘛一百缺。

一两五钱钱粮喇嘛二百缺。

德木齐、格斯贵等随缺跟役徒弟折色班第钱粮共六缺。

一、须弥福寿之庙（即扎什伦布庙）

二两德本齐钱粮二缺。

二两格斯贵钱粮二缺。

二两钱粮喇嘛六十缺。

一两五钱钱粮喇嘛一百四十缺。

德木齐、格斯贵等随缺跟役徒弟折色班第钱粮共四缺。

一、普宁寺

二两德木齐钱粮五缺（内分住安远庙一缺）。

二两格斯贵钱粮二缺（内分住安远庙一缺）。

二两钱粮喇嘛一百十缺（内分住安远庙十三缺、广缘寺十缺）。

一两五钱钱粮喇嘛二百缺。

德木齐、格斯贵等随缺跟役徒弟折色班第钱粮共七缺。

一、殊像寺

二两德木齐钱粮二缺。

二两格斯贵钱粮二缺。

二两教习钱粮五缺。

二两钱粮喇嘛二十缺。

一两五钱钱粮喇嘛三十缺。

德木齐、格斯贵等随缺跟役徒弟折色班第钱粮共四缺。

一、溥仁寺

二两钱粮喇嘛二十缺。

德木齐一名，在二两钱粮缺内。

一两五钱钱粮喇嘛三十缺。

德木齐随缺跟役徒弟折色班第钱粮一缺。

一、普（溥）善寺

二两钱粮喇嘛十六缺。

折色格隆钱粮六缺。

折色班第钱粮二十七缺。

德木齐一名，在二两钱粮缺内。

德木齐随缺跟役徒弟一名，在折色班第钱粮缺内。

续纂

五台山所属罗睺寺等九庙设立虚衔达喇嘛

一、五台山菩萨顶所属之罗睺寺设虚衔达喇嘛一名，缺出由五台山菩萨顶扎萨克喇嘛处于本寺大众内拣选保送喇嘛印务处拟定正陪，照台麓寺达喇嘛报部奏请补放。其余所属之玉花池、寿宁寺、金刚窟、涌泉寺、七佛寺、三泉寺、善财洞、普安寺等八庙，亦各设虚衔达喇嘛一名，缺出由五台山菩萨顶扎萨克喇嘛处拣选充补，均开列职名，呈报喇嘛印务处，报部给与札付。以上各达喇嘛均系虚衔，不支钱粮。

续纂

呼图克图职衔名号定制

一、凡呼图克图、诺们汗、班第达、堪布、绰尔济，系属职衔。国师、禅师，系属名号。该呼图克图等除恩封国师、禅师名号者，准其兼授外，概不得以呼图克图兼诺们汗、班第达、堪布、绰尔济等职衔，亦不得以国师兼禅师名号。

续纂

呼图克图等印信册命敕命定制

一、达赖喇嘛、班禅额尔德尼、哲布尊丹巴呼图克图，如蒙恩赏给印、册，其印、册均用金。其达赖喇嘛历世所得玉印、玉册，只准敬谨尊藏，非特旨不准擅用。其余各呼图克图等，如恩封国师名号者，印、册，均用银镀金。恩封禅师名号者，印用银，颁给敕书。

续纂

专设喇嘛印务处

一、喇嘛印务处专设弘仁寺，另择清静严密处所作为印库收贮印信，责成印务德木齐四人轮流值宿看守。

该掌印呼图克图兼行章京，按期到印务处会同办事。

其用印时，由该呼图克图等眼同钤用。印钥交正掌印扎萨克达喇嘛佩带，无论该掌印呼图克图住持何庙，不得将印信擅贮本庙。

续纂

喇嘛印务处月支公费银两

一、喇嘛印务处月支公费银六十五两四钱，按月由本部银库存贮项下动支发给。

续纂

喇嘛印务处设立帮办呼图克图

一、喇嘛印务处除掌印正、副扎萨克达喇嘛外，如驻京呼图克图中有驻京年分较久，当差勤慎，经卷熟习者，准该印务处报部具奏，作为学习行走呼图克图。其无职衔名号之喇嘛，概不准呈请在印务处学习。倘不得其人，任缺毋滥。

增纂

会宗寺设立印房并添设德木齐一缺

一、多伦诺尔会宗寺设立印房，并添设印务德木齐一缺，与原设印务德木齐一缺,共二缺,责成在印房轮流住班,看守印信。

附　会宗、善因两寺拣补达喇嘛等章程

会宗、善因两寺,原设达喇嘛二人,缺出由副达喇嘛内拣选升补。副达喇嘛二人缺出,由印务德木齐拣选升补。印务德木齐一人暨新设印务德木齐一人缺出,由德木齐内拣选充补。德木齐四人缺出,由格斯贵内拣选挑补。格斯贵四人缺出,由小格斯贵、呢尔巴、乌木匝特、苏尔噶克齐四项,分为四班,挨班补用。

续纂

呼图克图等裁撤呼弼勒罕字样

一、达赖喇嘛、班禅额尔德尼为西藏阐教正宗,哲布尊丹巴呼图克图,国初创始投诚,著有劳绩。以上三人转世后,均由该大臣奏请特旨钦差大臣前往照料坐床,即于坐床之日裁撤呼弼勒罕字样。章嘉呼图克图、噶勒丹锡哷图呼图克图、敏珠尔呼图克图、济咙呼图克图、那木喀呼图克图、阿嘉呼图克图、喇果呼图克图、察罕达尔汗呼图克图,历世驻京掌印,以上八人并情愿呈请驻京之呼图克图等,均于转世后来京瞻仰天颜之日,裁撤呼弼勒罕字样。其驻扎各游牧处所之呼图克图、诺们汗、班第达、堪布、绰尔济等转世后,均俟年至十八岁,由该管大臣、盟长等核实,报部裁撤呼弼勒罕字样,概不准私自裁撤。倘有违例私自裁撤者,一经查出,由部严行参处。

续纂

达赖喇嘛等圆寂转世后印信册敕分别办理

一、达赖喇嘛、班禅额尔德尼圆寂时,其印、信由驻藏大臣奏闻,派人护理,俟达赖喇嘛、班禅额尔德尼转世,特旨钦差大臣等赴藏照料坐床之日,会同该大臣奏闻,移授其册,册命即由钦差大臣等带回,呈览后交广储司熔化贮库。至应行换赏金册,由军机处奏交内阁撰拟册文，恭候钦定。达赖喇嘛缮写满、汉、蒙古、唐古忒四体，班禅额尔德尼缮写满、汉、唐古忒三体，仍填写第几辈达赖喇嘛、班禅额尔德尼字样，其随赏物件一并叙入。册式进呈交农、工、商部等衙门照依旧式錾成金册，办理完竣，奏派大臣一员、呼图克图一人、侍卫一员赴藏赍送。其哲布尊丹巴呼图克图圆寂时并转世后印、册由驻扎库伦办事大臣照达赖喇嘛、班禅额尔德尼例办理，其余各呼图克图等如恩封国师者，圆寂时其印信、册命交该商卓特巴于本庙敬谨尊藏，俟该呼图克图转世后裁撤呼弼勒罕之日报部奏闻移授，并将册命呈送理藩部奏交各该衙门填写。如恩封禅师者，圆寂时其印信照国师例办理。如未设有商卓特巴，交该徒众中达喇嘛于本庙敬谨尊藏。授印后，其敕书在京由喇嘛印务处、在外由该管大臣、盟长备文报部奏交内阁更换，仍各填写第几辈某呼图克图字样。凡有未裁撤呼弼勒罕以前呈请得给印、敕者，概行由部饬驳。

增纂

迎接哲布尊丹巴呼图克图之呼弼勒罕

一、哲布尊丹巴呼图克图圆寂转世后，由库伦大臣等拣选喀尔喀扎萨克郡王二员，拟定正、陪报部，由部缮单请旨，简派一员，带领库伦堪布、诺们汗、达喇嘛、喀尔喀台吉四员及各执事跟役人等，由库（伦）择期起程赴西宁，会同钦差大臣及部委各员前进。其派往之堪布、诺们汗等，由库（伦）起程应取道三眼井地方。赴藏路引由部咨行兵部办给转发。至在藏熬茶等事所需款项，应由该呼图克图仓上拨给银两，并四部落扎萨克各汗王等协济备用。其留于青海之夫役驼马等事由钦差王等酌量办理。奉请呼弼勒罕选择吉日，并该呼弼勒罕受戒，应否即从达赖喇嘛抑从班禅额尔德尼承受之处，由钦差大臣会同驻藏大臣妥为办理。至该呼弼勒罕之父母，准其随行来库，以资照看。所有奉委迎接该呼弼勒罕各员弁沿途经过地方，由陕甘总督、西宁办事大臣于此项要差过境时，务须饬属多派官兵妥为护送，并由四川总督、驻藏大臣一体派兵护送，俾利专行。

续纂

呼图克图等圆寂转世后前辈恩赏物件不得擅用

一、凡各呼图克图前辈所得恩赏物件，除达赖喇嘛、班禅额尔德尼、哲布尊丹巴呼图克图之黄布城，系例准支搭。黄车、黄轿，并章嘉呼图克图紫禁城内赏用黄车系历世乘坐，应于坐床及裁撤呼弼勒罕之日，准其分别支用外，至章嘉呼图克图等历蒙钦赐各件，系属特恩，不得擅用，均俟裁撤呼弼勒罕后，请旨遵行。倘有违例擅用者，一经查出，由部严行参处。

（卷五六）

喇嘛事例二

增纂

元旦分别递佛哈达

一、恭遇元旦，皇上临幸弘仁寺，凡驻京外来呼图克图等均在庙门外祗跪接驾。拈香华，驻京呼图克图准递佛，其余呼图克图等均递哈达，哲布尊丹巴呼图克图之正、副使准在庙门外递哈达。

增纂

呼图克图喇嘛等在庙瞻觐

一、呼图克图呼弼勒罕、绰尔济喇嘛并扎萨克喇嘛等，凡年班暨谢恩来京请安后，恭遇皇上临幸喇嘛庙宇，俱在庙门外东侧由奏蒙古事侍卫带领，祗跪瞻觐。品秩较大者，准递佛，其余均递哈达，

1195

按品秩排列。

增纂

内外札萨克各等处呼图克图来京朝觐

一、内外扎萨克等处呼图克图呼弼勒罕、绰尔济喇嘛、达喇嘛等年已及岁、已出痘者，准其来京朝觐。经卷熟习者，准其编入洞礼经班次。其洞礼经班定为六班，按年轮流于十一月中旬来京。其未及岁、未出痘及不值班者，准其照蒙古王公例差人进贡请安。如轮值本班有患病等故者，据情报明该盟长，该盟长查实报部，准其次年补班。倘无故旷班暨屡年托故不来者，将该呼图克图喇嘛等革除名号字样，并将该盟长、扎萨克等照失察例议处。

续纂

前后藏各间二年一次遣使入贡

一、前藏达赖喇嘛、后藏班禅额尔德尼各间二年遣使堪布来京入贡，均于每年十二月念洞礼经以前到京，恭候次年新正呈递丹书克。

续纂

哲布尊丹巴呼图克图来京瞻觐典礼

一、哲布尊丹巴呼图克图来京瞻觐，豫期由驻扎库伦办事大臣等奏请。奉旨俞允后，由该大臣于该处办事大臣内奏派一员，专司照料。于喀尔喀四部落蒙古贝勒、贝子、公、扎萨克台吉、闲散台吉内，每部落各拟报二员，共八员，沿途护送行走。一面将该呼图克图启程日期，行走道里、随带人数花名、呈进贡物清单先行造册报部。其贡物清单用清、汉字缮写。行抵多伦诺尔地方，由照料大臣先行咨报军机处、理藩部具奏。奏下，如奉旨派御前乾清门侍卫往迎，赍有赏件并由部出派司员一员向往。

一、哲布尊丹巴呼图克图到京，恭遇皇上驻跸圆明园时，于圆明园慈佑寺迤西一带支搭黄布城、蒙古包，率领徒众驻扎。恭遇皇上还宫之后，于安定门外西黄寺前院阔处所支搭黄布城、蒙古包，率领徒众驻扎。遇有内城差使，该呼图克图豫一日酌带徒众数名进城，在嵩祝寺住宿。其应用黄布城由部移咨农工商部行取长二十丈、宽十丈旧黄布城一分。支搭时，南、北各设一门，东首亦设一门，内设横隔断。行知景运门护军统领衙门，出派护军支搭。应用蒙古包，由该呼图克图自行备带五合蒙古包支搭。其未支搭黄布城以前，仍豫期知照步军统领衙门，于该呼图克图驻扎处所平垫地面，派拨营汛官兵常川照料。

一、哲布尊丹巴呼图克图到京，由部咨报军机处，奏请初次瞻觐日期。奉旨示有定期，由部代奏请安，并豫期恭进。初次瞻觐仪注，所有应行事宜由军机处奏明办理。

一、哲布尊丹巴呼图克图到京行初次瞻觐礼，该呼图克图并同来之呼图克图随来之徒众喇嘛等，咸蟒服，并由部奏派驻京呼图克图二人，亦蟒服，带同入内瞻觐。是日，该呼图克图等呈进贡物。赏收者，由部行知内务府折赏。所有自哲布尊丹巴呼图克图以及同来之呼图克图、徒众喇嘛人等，并派出之驻京呼图克图，俱恩赏物件有差，其赏项由军机处具奏赏给。

附载：哲布尊丹巴呼图克图行初次瞻觐礼仪注

哲布尊丹巴呼图克图到京行初次瞻觐礼，届期由理藩部代奏请安。理藩部堂官等率哲布尊丹巴呼图克图等齐集于乾清宫后，俟皇上升座，召御前大臣并御前侍卫暨值年班之御前行走蒙古王公等至西暖阁侍立。理藩部堂官等引哲布尊丹巴呼图克图等进殿恭请圣安。御座前正中豫设备哲布尊丹巴呼图克图跪坐矮床一，稍后左右豫设备奉旨派出之驻京呼图克图二人跪坐矮床二，床后另设备随来之商卓特巴等跪毡垫一排。该呼图克图等请圣安后，引至御座前，令各依次跪坐。哲布尊丹巴呼图克图呈递哈达等物暨驻京之呼图克图呈递哈达，均诣御座前，敬谨手递。皇上接受，分别亲赐赏件。回赏哈达，各赐坐。其随来之商卓特巴、额尔德尼绰尔济等呈递哈达，各于原跪次跪递，御前侍卫接受，各回赏哈达，赏茶。礼毕，引出。

一、哲布尊丹巴呼图克图到京恭递丹书克，由部咨报军机处，奏请日期。奉旨示有定期，豫期由部恭进递丹书克仪注。其仪注并贡单俱用黄折片，豫期令驻京呼图克图带同哲布尊丹巴呼图克图诣中正殿演礼一次，咸蟒服藏帽。次日由理藩部堂官带领进乾清宫恭递丹书克，由部行知各该处敬谨豫备。是日，该呼图克图呈进丹书克贡并其余贡件。赏收者，由部行知内务府折赏，所有进丹书克之呼图克图等，俱恩赏物件有差。其赏项由军机处具奏赏给。

附载：哲布尊丹巴呼图克图恭递丹书克仪注

哲布尊丹巴呼图克图恭递丹书克，豫期理藩部将呈递丹书克贡物先行交进，恭设于乾清宫，在中正殿演礼一次，届期理藩部堂官等率哲布尊丹巴呼图克图等集于乾清宫后，俟皇上升座召御前大臣并御前侍卫暨值年班之御前行走蒙古王公等至西暖阁侍立，豫设呈进丹书克之靠背坐褥于御座，陈诸物于案上。御座前正中豫设备哲布尊丹巴呼图克图跪坐矮床一，稍后左右豫设备奉旨派出之驻京呼图克图二人跪坐矮床二，后另设其余各呼图克图并扎萨克喇嘛等跪坐毡垫二排。届时理藩部堂官等引哲布尊丹巴呼图克图等进殿至御座前，令各依次跪坐，其余各呼图克图喇嘛等俱在床后毡垫以次排跪。太监喇嘛自案上捧丹书克物件，以次授。哲布尊丹巴呼图克图恭捧，呼图克图喇嘛等讽丹书克经一次，哲布尊丹巴呼图克图捧丹书克物件呈进。

皇上亲受授侍立之御前大臣，转授太监喇嘛，仍陈案上，逐件呈递毕，该呼图克图等恭递哈达，皇上回赏哈达，赐坐，赏茶。礼毕，引出。

一、哲布尊丹巴呼图克图到京，如在年班期内，恭遇勤政殿、紫光阁赐饭，正大光明殿山高水长筵宴，与年班呼图克图一体入座，毋庸另行筵宴。由部按照品级排列次序，札行喇嘛印务处，遵照其各等处筵宴赏项，由军机处酌拟具奏。如到京不值班期内，由部将应否另行筵宴之处具奏，请旨遵行。

一、哲布尊丹巴呼图克图到京，无论在年班期内、期外，所有应得供给廪饩，俱照定例办给。

一、哲布尊丹巴呼图克图到京，恭遇皇上临幸处所，停止跪迎。

一、哲布尊丹巴呼图克图来京瞻觐，事毕旋回，由部代奏请安。恭遇皇上临幸处所，理藩部堂官带领该呼图克图道傍跪安，陛辞。

一、随同哲布尊丹巴呼图克图来京之徒众喇嘛，俱准其各进马匹、氆氇等物，由部代奏，赏收者，行知内务府折赏。

一、照料护送哲布尊丹巴呼图克图来京之库伦大臣并蒙古贝子、公、扎萨克、台吉等，俱由部代奏请安，亦准其各进马匹。旋回时，扎萨克、台吉以上，由部代奏请安，陛辞。

增纂

入念洞礼经日期

一、呼图克图呼弼勒罕、绰尔济喇嘛、扎萨克喇嘛、达喇嘛、副达喇嘛，均札喇嘛印务处造册，入中正殿念洞礼经。倘请安在十二月初三日以后者，均不准入。

修改

呼图克图等入坐

、驻京及外来呼图克图、扎萨克喇嘛、堪布、绰尔济、呼弼勒罕等恭遇中正殿西场子或德昌门内勤政殿、紫光阁或山高水长、大蒙古包、正大光明殿等处筵宴，及山高水长看放烟火，均应入坐，由部按照品级排列，札喇嘛印务处遵照办理。其章嘉呼图克图、噶勒丹锡哷图呼图克图、敏珠勒呼图克图应坐之矮床系特旨赏坐，由武备院备办。

增纂

外来呼图克图等宴毕请安

一、年班来京朝觐之呼图克图喇嘛等，于正月十五日筵宴。事毕后，由部代奏恭请圣安，令其各归游牧处所，仍令该扎萨克等将该呼图克图喇嘛等于何日回抵游牧处所具文报部。

修改

达赖喇嘛等朝贡赏赉

一、达赖喇嘛、班禅额尔德尼各每间二年轮班遣使朝贡，由西宁至京，寓居西黄寺，由部奏到带领瞻觐，恭进哈达、铜佛、舍利、珊瑚、琥珀、数珠、藏香、氆氇等物。其来使亦准附进哈达、铜佛、藏香、氆氇等物。元旦次日进丹书克，系五色哈达、银曼达、七珍、八宝、八吉祥佛像、金字经、银塔、银轮杵瓶、红花诸物，均予折赏外，回藏时皆降敕慰问并赏达赖喇嘛重六十两镀金银茶桶一，镀金银瓶一，银钟一，蟒缎二疋，龙缎二疋，缎二疋，片金二疋，闪缎四疋，字缎四疋，大卷八丝缎十四疋，大哈达五个，小哈达四十个，五色哈达十个；正使二等雕鞍一，重三十两银茶桶一，银执盂一，缎三十疋，毛青布四百疋，豹皮五张，虎皮三张，獭皮五张；跟役喇嘛十八人，每人各给缎二疋，毛青布各二十疋；距役一名，缎一疋，毛青布十疋；副使三等蟒缎一疋，方补缎一疋，大缎一疋，梭布二十四疋；跟役喇嘛十二人，每人各给彭缎一疋，毛青布十疋；赏班禅额尔德尼重三十两银茶桶一，银瓶一，银钟一，各色大缎二十疋，大、小哈达各十个；来使金黄色蟒袍一，重三十两银执盂一，缎二疋，毛青布六十二疋；跟役喇嘛二十八人，每人各给缎二疋，毛青布二十疋；跟役一名，缎一疋，毛青布十疋。俱系会同内务府颁给。

续纂

前后藏达赖喇嘛、班禅额尔德尼等差来使堪布呈递丹书克贡物

一、前藏达赖喇嘛、后藏班禅额尔德尼遣堪布等呈递贡物，恭递丹书克，由部将呈进贡物先期恭设于乾清宫，并带领该堪布等暨住京之各呼图克图、乌穆咱特喇嘛十人，豫在中正殿演礼一次，豫设呈递丹书克之靠背坐褥于御座，分陈诸物于案上。是日，届时齐集伺候，俟皇上幸临升座，召御前大臣暨御前侍卫等侍立。理藩部堂官等引前、后藏来使堪布进内，令该堪布跪于御座前，住京掌印之呼图克图等跪于稍后照料，其乌穆咱特喇嘛等以次序跪。太监喇嘛自案上捧丹书克物件授堪布等恭捧。呼图克图喇嘛等捧诵丹书克经，令堪布等先后同进丹书克物件。皇上亲受，授侍立之御前大臣，转授太监喇嘛，仍陈案上，逐件呈递毕，该堪布等恭送哈达，皇上各赐哈达，赏茶。礼毕，引出。如遇皇上临幸各处，应于何处呈递，何处陈设演礼，由部临行请旨遵行。

修改

达赖喇嘛来使附进西藏公等例贡

一、西藏公等七员应进贡物，交达赖喇嘛来使赴京附进，于达赖喇嘛来使应用骡头定额外，增给公等贡物驮骡三十头。

增纂

护送西藏堪布

一、西藏堪布来京进贡，凡经过各省，遴派明干道府副将弹压出境，仍将各省交替出境入境日期声明报部，至京交理藩部接管。出京之日，仍交直隶原派官员照料前往。

增纂

西藏来使应用骡头数目

一、达赖喇嘛所进贡物及堪布等乘骑驮载骡头，应给一百六十头。其堪布等自带货物，官为代雇之骡不得过一百头。班禅额尔德尼所进贡物及堪布等乘骑驮载骡头，应给一百二十头。其堪布等自带货物，官为代雇之骡不得过八十头。每骡一头驮二百斤。至堪布等所带跟役徒众，不得过四十名。到西宁时，照定数给与，咨行经过省分督抚一体遵办。

增纂

西藏来使骡价数目

一、堪布喇嘛等年班来京，到西宁时，除骑骡照例给与外，其驮载正贡及携带货物，照定例数目发给骡价，每头给与脚价银三钱，驮轿之骡价加倍给发，交护送道员，按站交给。其例价不敷银两，于甘肃、陕西、山西、直隶等省督抚藩臬养廉内均匀摊扣。

增纂

骡价银两按站放给

一、堪布喇嘛应用骡价银两，由部库照数发，交直隶所派护送之道员，按站放给。至山西交界，即交山西所派道员接管。至陕西、甘肃交界均同。

增纂

前藏年班增给骡头

一、衍宗禅师之呼弼勒罕遣使同达赖喇嘛来使等赴京进贡，增给骑驮骡三头。

增纂

古竹巴喇嘛代进前藏贡物由藏办给骡价路引

一、古竹巴喇嘛代进前藏贡物，由部咨行内务府，照所进贡物折给赏项，并照进贡堪布之跟役喇嘛例办给口粮。回藏时，由部银库支给骡价路费，咨行陆军部办给路引，并知照沿途地方妥为照料。

增纂

西藏来使不得滥行应付

一、西藏达赖喇嘛、班禅额尔德尼年班来使进京经过地方，各督抚派委妥实道员沿途护送行走，并严饬各州、县照例供给，不得滥行应付。

续纂

西藏喇嘛来往差使所带箱包发给印单木牌注明号数斤数照单支应

一、喇嘛来往，应由部与四川总督先期行知一班人役箱包车马数目，填写印票，令其自执，每至州、县，验票支应。如无印票，概不支应。通事伴送人员如有通同舞弊，立即惩处。

一、喇嘛行抵成都，由四川总督给予长印单，应支各项，均照驻藏大臣开写数目单点验支应前进。如无印单，概不支应。至所给封条，应查照该大臣原报包装与所系木牌数目给予，如有不符，不给封条。

一、喇嘛由藏起程，应将所进贡物箱包斤重数目报明驻藏大臣，按包发给烙印木牌，编列字号，沿途逐号点验。如有浮报，即详督抚咨部，照数令其呈缴。

一、喇嘛由藏起身，行李等项示以限制，不得过五千斤之数。其箱包斤数，亦照贡物给予编号木牌，如有浮冒，概不支应。

一、喇嘛回藏，由京起程，由陆军部给予勘合，由部给予印单，沿途传示州县。其得赏物及行李等项、悉照来时川督印单办理，注明箱包斤数，用木牌编号，分别赏物行李，沿途察验。如有浮冒，概不支应。

一、喇嘛回藏，由京起程时，首站州县用传单，照钞印单各项数目，传之下站。如用差信，听从通事人等勒索浮冒者，即将该州县查参。

一、喇嘛所用夫骡，定给折价数目，不准多报勒索。其贡物行李等项，不准分起行走。如人多，必须分起者，各给印单，以便沿途查验。至伯克、土司来往支差，一并比照办理。

一、官员等赴藏，各项差使，经过各省地方，遵照定例支应。如有滥支滥应情事，应由各督抚大臣查参。

增纂

来使途次失物不得私赔

一、西藏喇嘛每年来使进京，沿途各督抚严饬地方官用心防护。倘途次有遗失物件，准其呈明，代为缉获，不得私赔。如喇嘛等有贪诈妄为等情，照例治罪。

增纂

与堪布同行商货不得逾额

一、堪布等进京、回藏，携带货物除照例给与骑驮骡头及代雇骡头外，其同行商货不得过二十驮。如违例包揽多带，不准放行。偶遇遗失物件，毋庸官为查缉。

增纂

班禅额尔德尼来使牧放牲畜处所

一、扎萨克班第所遗柴达木巴颜托辉岳和磊等旧游牧地方赏给班禅额尔德尼，为每年来京进贡来使人等牧放牲畜之处。

增纂

帕克巴拉呼图克图等朝贡赏赉

一、察木多帕克巴拉呼图克图遣使恭进金碗、黄连均予折赏外，降敕慰问并赏帕克巴拉呼图克图重三十两银茶桶一，各色大缎十二疋，大、小哈达各七个。嘉喇呼图克图恭进铜佛、藏香、哈达等物均予折赏外，并赏各色大缎四疋，大、小哈达各四个。正使三等蟒缎一疋、缎二疋、布二十四疋。副使缎二疋，布十二疋。从人六人，每名各给布六疋。

增纂

帕克巴拉呼图克图等来使应用骡头

一、帕克巴拉呼图克图、嘉喇呼图克图隔五年遣使来朝一次，事竣即令起程。照例雇给骑驮之骡二十头，由西安一路至四川界，由总督派员护送至打箭炉，令其自行回归。如私带贸易货物，毋庸官为办理。

续纂

驻京堪布达喇嘛身故骨殖回藏付给骡头路费

一、凡由藏调来之堪布达喇嘛在京病故，经该堪布徒众呈请扶柩回藏者，由部奏请，赏给该已故堪布达喇嘛驮载灵柩行李驮骡五头。该徒众等每名骑骡一头，每名每口支给路费银一钱，共支给四十日路费。其骡价盦照应付西藏来使定例办理，移付本部银库放给，并咨行兵部办给路引。至该徒众等护柩起程之日，照例知照喇嘛印务处，将每月应关口粮钱粮全行裁汰，仍行文知照沿途经过省分督抚，并西宁办事大臣、驻藏大臣遵办。

续纂

换班堪布身故骨殖回藏办给路引路费

一、凡由藏调来换班堪布，如在差所及途次身故，经该徒众呈请扶柩回藏者，由部具奏，准其比照住京堪布身故骨殖回藏例办理。

修改

岷州喇嘛进贡赏赉

一、岷州圆觉寺二十六寺喇嘛分为四班，三年一次由驿来京进贡。圆觉、大教、讲堂、刹藏、宏教、洪福等寺为一班，法藏、朝定、藏经、裕童、三竹、石崖等寺为一班，鲁班、羊圈、永安、广善、昭慈、洪济、广德等寺为一班，崇隆、写儿朵、赞林、永宁等寺为一班，每寺贡马一匹，交上驷院，青木香二桶，交内务府。到京时，由部知照崇文门免税。每马给表缎一疋，里绸一疋，绢一疋。赏为首达喇嘛表缎三疋，里绸一疋、红缎袷衣一件，袷架裟一件，单裙一件，靴袜各一双，玲珑泡子什件，鞦轡连腿胸漆鞍一副。其余达喇嘛等各赏表缎二疋，里绸一疋，红缎袷衣一件，架裟一件，单裙一件，靴袜各一双，玲珑泡子什件，鞦轡连腿胸漆鞍一副。赏小番僧表缎各一疋，里绸各一疋，红布袷衣各一件，靴袜各一双。仆从布各四疋。在部赐宴一次，仍由驿遣回。

增纂

一、筵宴达喇嘛桌一张，小喇嘛三人桌一张，番人共桌一张，陪筵官桌一张。大蒙古羊二只，奶茶三桶，熬茶木柴十斤，大布幕二架，煮肉大铁锅一口，铁杓一把，砖砌锅腔一座，肉叉子一把，刷帚一把，红布大单一块，铺垫席二块。以上桌张由光禄司预备，其布幕器具等物由农工商部备办，送理藩部听用，宴毕领回。

增纂

庄浪喇嘛进贡赏赉

一、庄浪卫红山堡报恩寺达喇嘛五年一次，自备资斧来京，进贡青木香二桶，延寿果二包，咨交内务府。贡马二匹，咨交上驷院。每马给表缎一疋，里绸一疋，绢一疋。赏达喇嘛表缎三疋，里绸一疋、红缎袷衣一件，袷袈裟一件，单裙一件，靴袜各一双袷玲珑泡子什件。鞦䪌连腿胸漆鞍一副。赏小喇嘛表缎各一疋，里绸各一疋，红布袷衣各一件，靴袜各一双。仆从布各四疋。在部赐宴一次，仍自备资斧遣回。

一、筵宴达喇嘛桌一张，小喇嘛三人桌一张，番人共桌一张，陪宴官桌一张。大蒙古羊二只，奶茶三桶，熬茶木柴十斤，布幕二架，煮肉大铁锅一口，铁杓一把，砖砌锅腔一座，肉叉子一把，刷帚一把，红布单一块，铺垫席二块。以上桌张由光禄司预备，其布幕器具等物由农工商部备办，送理藩部听用，宴毕领回。

增纂

庄浪喇嘛进贡准交地方官转进

一、庄浪报恩寺喇嘛进贡之期定为五年一次，贡物听其备办。或力不能来，即交地方官转进。赏赐与岷州诸寺喇嘛同。

增纂

大婚典礼驻京呼图克图等呈递如意

一、凡历世驻京呼图克图及掌喇嘛印务之呼图克图等恭遇大婚典礼，叩贺天喜，准其援照蒙古王公呈递如意，具呈报部，由部具奏请旨。

增纂

岷州喇嘛来京住所

一、岷州喇嘛来京进贡，由理藩部委派笔帖式一员、领催一名，照料并行知喇嘛印务处，转饬化成寺预备房间，令进贡之喇嘛等居住。

增纂

呼弼勒罕喇嘛等不准僭越请安

一、蒙古各部落等处之呼弼勒罕、绰尔济喇嘛等，系乾隆五十八年设立金本巴瓶以前出世，奏准有察者，准其报部代奏请安。如在设立金本巴瓶以后出世并无奏察者，不准请安。倘滥行报部，即予饬驳，并将该盟长、扎萨克等劾参。

（卷五七）

喇嘛事例三

增纂

指认呼弼勒罕定制

一、蒙古番子部落呈报呼图克图大喇嘛之呼弼勒罕出世，准于闲散台吉或属下人等及唐古忒平人之子嗣内指认。其达赖喇嘛、班禅额尔德尼之亲族及各蒙古汗王、贝勒、贝子、公、扎萨克、台吉等子孙内均禁止指认呼弼勒罕。

一、各处之呼图克图及旧有之大喇嘛等圆寂后，均准寻认呼弼勒罕。其无名小庙坐床，从前并未出有呼弼勒罕之寻常喇嘛已故后，均不准寻认呼弼勒罕。

一、西藏所属各地方及西宁所属青海番子等处所出之呼弼勒罕，均咨行驻藏大臣会同达赖喇嘛缮写名签，入于大昭供奉金本巴瓶内，公同掣定。其蒙古各部落所出之呼弼勒罕呈报理藩部，理藩部堂官会同掌喇嘛印〔务处〕之呼图克图缮写名签，入于雍和宫供奉金本巴瓶内，公同掣定。

一、青海察罕诺们汗，系扎萨克，有管理游牧之责。其拟掣呼弼勒罕时，无论亲族，惟视属下人等众情悦服者入于金本巴瓶内掣定，不与各呼弼勒罕一例办理。

增纂

章嘉呼图克图圆寂所管内外各寺庙及仓上一切事宜分交各处照管

一、章嘉呼图克图圆寂，其所管嵩祝寺、法渊寺、智珠寺、法海寺等四庙，即交该呼图克图商卓特巴扎萨克喇嘛照管。西宁之廓隆寺、广济寺两庙，咨行西宁办事大臣转饬吹布藏呼图克图照管。五台山普乐院、镇海寺两庙，咨行山西巡抚转饬五台山扎萨克喇嘛照管。多伦诺尔会宗寺、善因寺两庙，即交多伦诺尔扎萨克达喇嘛照管。其各处仓上一切事宜，亦交该呼图克图之商卓特巴扎萨克喇嘛经理。

增纂

喇嘛缺分升替品秩坐次

一、京城额设扎萨克喇嘛四缺，雍和宫扎萨克喇嘛一缺，有坐床教习众喇嘛经卷之责，作为唐古忒专缺，以呼图克图堪布等充补。其余三缺于蒙古达喇嘛内择其年陈经卷好者充补一缺，于汉人达喇嘛内择其年陈明白能事者充补一缺，余一缺先将未受职之呼图克图充补。如无呼图克图，于唐古忒、蒙古、汉人达喇嘛内拣选充补。

一、由藏调来之堪布等，俱以达喇嘛补用。遇有达喇嘛缺出，应于达赖喇嘛庙、慈度寺、察罕喇嘛庙达喇嘛内签掣一人调补。所遗之缺，先将堪布坐补。如堪布无人，再于副达喇嘛内拣选升用。

一、副达喇嘛三名，遇有缺出，于额设苏拉喇嘛十名、教习苏拉喇嘛六名、增设额外教习苏拉喇嘛四名内论其当差年陈者拣选，轮流升用。

一、苏拉喇嘛十名，遇有缺出，用德木齐二人，用乌穆匝特一人，再用德木齐二人，用固什喇嘛一人后，仍由德本齐班次轮用。

一、雍和宫四学教习苏拉喇嘛六名，遇有缺出，于本学考取名号喇嘛遴补。其擦呢特学噶布楚内有考中莫罗木兰占巴者，补放苏拉喇嘛时，先尽莫罗木兰占巴补用，如莫罗木兰占巴无人，再用噶布楚。

一、雍和宫之德木齐四名，遇有缺出，用汉人呢尔巴二人，用蒙古喇嘛经卷好者二人，不得滥用。

一、各寺庙之德木齐、格斯贵缺出，由该管达喇嘛将格斯贵、呢尔巴内经卷好、人明白、能办事者保送二三名，送掌印呼图克图验放，报部记档。

一、资福院系洮岷喇嘛，普度寺系诵蒙古经喇嘛，同福寺系本庙专缺。此三庙之达喇嘛、德木齐缺出，仍由各本庙升用。其德木齐等，不准升用公缺。

一、扎萨克喇嘛起，至德木齐止，若因患病不能当差呈请告假者，交掌印呼图克图派人验看。属实报部，给假六个月调养。如限满不能痊愈者，开缺，另行拣放。

一、东陵隆福寺、西陵永福寺、香山宝谛寺、圆明园正觉寺、功德寺等五庙诵满洲经卷达喇嘛、副达喇嘛、苏拉喇嘛缺出，应于五庙德木齐内，按年陈公同遴选升用。

一、扎萨克喇嘛起至德木齐止，如遇御前差使及中正殿等处道场，贻误一次者，罚钱粮六个月。寻常道场，贻误一次者，罚钱粮三个月。

一、各寺庙之班第内，如有素不安分之人，一经本庙逐出，别庙不得赡徇收留。如有隐留者，交掌印呼图克图鞭责四十。失察之达喇嘛、德木齐等，罚钱粮三个月。

一、年班外来之呼图克图等，视其品秩之大小，坐于驻京呼图克图之次。五台山之扎萨克喇嘛、京城扎萨克喇嘛、热河总理堪布，坐于外来噶布楚、兰占巴、绰尔济、固什之上，不得僭越。若有任意越分争竞者，参奏议处。

修改

一、嵩祝寺、资福院、普度寺、同福寺四庙达喇嘛缺出，均由本庙应升喇嘛内拣补。其余各寺庙达喇嘛十六缺，应于额设副达喇嘛三名、画佛副达喇嘛一名内拣补。将额设副达喇嘛升用六人后，再用画佛副达喇嘛一人。

一、京城扎萨克喇嘛、达喇嘛内年老有疾不能当差者，如从前当差效力年久，并无劣迹，准以苏拉喇嘛降补支食苏拉喇嘛钱粮。其副达喇嘛、苏拉喇嘛内年老有疾及情愿告退者，准以本庙格隆、班第降补支食格隆、班第钱粮，以资教授经卷。

一、盛京掌印达喇嘛缺出，由京城掌印呼图克图于京城扎萨克喇嘛、达喇嘛内拣选，报部奏放。其各塔达喇嘛、满洲达喇嘛缺出，由该处掌印扎萨克衔达喇嘛会同将军、礼部侍郎拣选，报部奏放。其多伦诺尔扎萨克达喇嘛缺出，由京城掌印呼图克图于驻京呼图克图内拣选，报部奏放。如驻京呼图克图内不敷拣选，于驻扎多伦诺尔各寺庙诺们汗内拣选，报部奏放。其多伦诺尔各寺庙达喇嘛缺出，由该扎萨克达喇嘛处拣选咨送京城喇嘛印务处，由掌印呼图克图考验，报部奏放。五台山扎萨克喇嘛缺出，于由藏调京堪布内拣选，报部奏放。五台山所属各寺庙之达喇嘛缺出，由该扎萨克喇嘛处拣选，咨送京城喇嘛印务处，由掌印呼图克图考验，报部奏放。

一、各庙达喇嘛、德木齐等每居三年，由该掌印呼图克图甄别一次。如查有人品不端、差使懒惰及笃疾残废者，核实报部，奏请开缺，另行拣选奏放。

续纂

简放京城掌印扎萨克达喇嘛

一、凡京城掌印扎萨克达喇嘛兼管弘仁寺事务暨管理唐古忒学事务缺出，除未经转世及未裁撤呼弼勒罕之呼图克图等毋庸开列外，应将副扎萨克达喇嘛并驻京呼图克图等，均按其品秩注明年岁，缮写清单，附折进呈，请旨简放。

增纂

补放京城副扎萨克达喇嘛

一、京城副扎萨克达喇嘛缺出，除已经转世未经裁撤呼弼勒罕字样之呼图克图及并未驻京之呼图克图等勿庸开列外，应将驻京应放副札萨克达喇嘛之呼图克图等衔名开单，注明年岁事故，请旨简放。

续纂

扎萨克喇嘛管理庙务

一、扎萨克喇嘛四缺，除雍和宫扎萨克喇嘛一缺，有坐床教习众喇嘛经卷之责，系唐古忒专缺，以呼图克图堪布等充补。其余三缺，遇有缺出，如补放充当大格斯贵之达喇嘛，于补放扎萨克喇嘛后，原系何庙达喇嘛，仍管何庙事务，所遗达喇嘛之缺，仍放原出扎萨克喇嘛庙之达喇嘛。如充当大格斯贵之城外等寺庙之达喇嘛尚未调补城内寺庙者，遇有扎萨克喇嘛缺出，于补放时即行调管城内原出扎萨克喇嘛之庙，所遗城外达喇嘛之缺，另行照例补放。

续纂

城外各寺庙达喇嘛充当大格斯贵者调补京内各寺庙达喇嘛

一、各寺庙达喇嘛有充当大格斯贵差使二名，缺出，由掌印呼图克图派充。如城外各寺庙达喇嘛有派充大格斯贵者，遇有京内各寺庙达喇嘛缺出，由该印务处呈请，即行调补。

续纂

调管西黄寺事务喇嘛

一、西黄寺管理事务遇有缺出，于额设苏拉喇嘛、教习苏拉喇嘛内轮流调管。

续纂

热河各庙达喇嘛等选补专条

一、热河各寺庙除堪布达喇嘛三人外，达喇嘛四缺、教习副达喇嘛七缺、办事副达喇嘛四缺、教习苏拉喇嘛四缺、办事苏拉喇嘛三缺。广缘寺专缺苏拉喇嘛一缺、德木齐十五缺。内除殊像寺一庙，自达喇嘛至德木齐俱系专习满洲经之人。又广缘寺苏拉喇嘛一缺，系该庙专缺，应由本庙以应升之人升用，其余达喇嘛三缺，遇有缺出，由教习副达喇嘛七人、办事副达喇嘛三人内较比年分，拣选升用。教习副达喇嘛缺出，由各该学教习苏拉喇嘛并有名号之僧人内较比年分，拣选升用。办事副达喇嘛缺出，由办事苏拉喇嘛三人内较比年分，拣选升用。教习苏拉喇嘛缺出，由各该学应升人内拣选升用。办事苏拉喇嘛缺出，由德木齐内十三人较比年分，拣选升用。德木齐缺出，由各该庙应升人内挑补。

增纂

补放锡呼图库伦掌印扎萨克达喇嘛

一、锡呼图库伦掌印扎萨克达喇嘛缺出，应将莫尔根绰尔济之孙补放，或于徒众内择其才堪胜任者，保送到部补放。

增纂

补放归化城扎萨克达喇嘛

一、归化城扎萨克达喇嘛缺出,由绥远城将军于驻扎该处之转世呼图克图各呼弼勒罕内拣选,拟定正陪,报部奏请补放。

续纂

补放台麓寺达喇嘛

一、五台山所属之台麓寺达喇嘛一缺,作为菩萨顶、台麓寺两庙公缺,遇有缺出,即由五台山堪布将该二庙堪胜达喇嘛之德木齐全行造册,注明年岁及当差年分,出具切实考语,咨送京城喇嘛印务处,查核报部,由部按照充当德木齐年分开单请旨简放。

续纂

补放多伦诺尔各寺庙副达喇嘛

一、多伦诺尔各寺庙副达喇嘛缺出,由该扎萨克达喇嘛于印务德木齐内拣定,呈送京城掌印呼图克图等验看后,报部奏请简放。

增纂

东陵隆福寺满洲喇嘛由包衣人内挑取

一、隆福寺额设喇嘛二十缺,派满洲达喇嘛一人,拣选德木齐、格斯贵各一名,教习喇嘛三名,教训管辖。

遇有缺出,由京包衣佐领下人内挑补。若陵寝居住之包衣人等有可挑取者,亦准拣补。

增纂

西陵永福寺满洲喇嘛由包衣人内挑取

一、永福寺额设喇嘛二十缺,派满洲达喇嘛一人,拣选德木齐、格斯贵各一名，教习喇嘛三名，教训管辖。遇有缺出，由京包衣佐领下人内挑扑。若陵寝居住之包衣人等有可挑取者，亦准拣补。

增纂

热河满洲兵丁子嗣挑补喇嘛

一、殊像寺喇嘛缺出，如热河满洲兵丁子嗣内有愿当喇嘛者，准挑取学习清字经卷。其不愿者，毋庸勒令挑取。

增纂

殊像寺讽诵清字经卷

一、热河殊像寺专习清字经文，设喇嘛五十缺，由妙应寺清字经喇嘛内拣选德木齐、格斯贵各二缺，教习喇嘛五缺，专令教授清字经卷。

（卷五八）

喇嘛事例四

增纂

呼图克图等坐褥车帏

一、住京之呼图克图呼弼勒罕及外来之呼图克图呼弼勒罕喇嘛等，转世多次，来京三次以上者，坐褥冬用狼皮，夏用红褐，乘坐绿帏车。转世次数较少，来京一二次者，坐褥冬用獾皮，夏用红褐缘青褐，乘坐青帏车。扎萨克、堪布喇嘛等，坐褥冬用貂皮，夏用青褐缘红褐，乘坐青帏车。

修改

喇嘛服色

一、喇嘛等例服金黄、明黄、大红等色，其余颜色不准擅服。

其扎萨克喇嘛并由藏谓来之堪布等，并准其服用貂皮、海龙皮褂外，其余达喇嘛以下及呼图克图喇嘛等之跟役徒众，不准僭服。此外，一切服饰均不得滥用，违者照违制例治罪，并将失查之呼图克图喇嘛等一并随案拟议。

增纂
蒙古各旗呈请庙名
一、凡内外扎萨克等旗地方，有建立庙宇过五十间者，请赐庙名，由部撰拟具奏，奉旨圈出后，交内阁懋勤殿敬谨缮写，用宝发给。

增纂
喇嘛请领度牒
一、凡内外扎萨克等旗喇嘛等呈请札付度牒者，由部给与，年终汇奏。

增纂
民地建造庙宇
一、建造庙宇有碍民地者，永行禁止。

修改
念经治病报明该管喇嘛
一、凡延请喇嘛、班第等治病念经，报明该管喇嘛，准其带往，事毕，仍令带往之人送回该庙。倘未经报明该管喇嘛，私请私行者，各罚一九牲畜，失察之该管喇嘛罚五牲畜。如擅行住宿，将擅宿、留宿之人，各罚三九牲畜；失察之该管喇嘛罚一九牲畜。但宿于无夫之妇人家，无论是否犯奸，喇嘛剥黄鞭一百，勒令还俗；系齐巴罕察，鞭一百，勒令还俗。系蒙古妇女，鞭一百；系内地妇女，交该管官治罪。失察之该管喇嘛，罚二九牲畜，存公。至盛京锡呼图库伦内外扎萨克各旗所属喇嘛，如遇治病念经前往他处，以及朝觐进贡，除报明该管喇嘛外，并报明该管扎萨克，方准行走。

修改

喇嘛与额鲁特人等私相往来

一、归化城喇嘛如有事故赴喀尔喀、额鲁特等处者，均令报明该将军详细稽察，毋许妄为。至额鲁特、喀尔喀往来之人，格隆、班第等亦不得擅行留住，违者比照喇嘛私请私行例，各罚一九牲畜。

增纂

洮岷喇嘛诓骗蒙古

一、洮岷地方喇嘛以治病禳灾为名诓骗蒙古者，扎萨克严行禁止。如系治病，有益，准令容留，其余不得借词诓骗。有违例隐藏者，发觉时，除喇嘛等逐回原籍，仍将扎萨克等一并议处。

增纂

增设徒众

一、喇嘛徒众除部册有名者，不准增设。

修改

擅留游方喇嘛

一、格隆、班第等不得将游方喇嘛擅行收留，违者，比照喇嘛私请私行例，各罚一九牲畜。

修改

私带班第

一、在京喇嘛等奉使西藏，有擅带彼处班第来京者，除将该班

第遇便仍递回籍外，该喇嘛罚钱粮一年。

增纂

唐古忒喇嘛徒众私行

一、唐古忒喇嘛徒众非奉旨调取，不准私来。

修改

不准将家奴作为班第

一、凡喇嘛，不准将本身家奴及外人家奴容留作为班第，倘有隐匿容留者，将该喇嘛罚三九牲畜。其私送家奴作为班第者，系管旗之王、贝勒、贝子、公、台吉、塔布囊，各罚扎萨克俸一年。不管旗之王、贝勒、贝子、公、台吉、塔布囊以及无俸官员、平人，均折罚二九牲畜。仍将私充班第之人立即驱逐递籍。其察哈尔八旗及牧群人等有犯，亦照此例办理。

修改

不准容留无籍喇嘛

一、蒙古地方除领有札付度牒、册籍有名之格隆、班第外，遇有游食无籍之喇嘛，立即驱逐，不准容留，违者照私将家奴充当班第例办理。

修改

私为乌巴什

一、凡蒙古地方骁骑壮丁，不准私为乌巴什，违者照私为格隆、班第例办理。其年老残废、丁册除名之人愿为乌巴什者，听其自便。

修改

蒙古妇女私为齐巴罕察

一、蒙古妇女不准私为齐巴罕察，违者亦照私为班第例办理。

修改

喇嘛庙内容留妇人

一、喇嘛所住庙宇内不准妇人行走。若喇嘛等住房内令妇人行走者，容留之大喇嘛罚二九牲畜，德木齐罚一九牲畜，格隆、班第等罚五牲畜，存公。所住妇人之夫，若系内地官员、民人，一并交该部治罪。

修改

喇嘛容留盗贼

一、凡喇嘛容留犯罪盗贼者，与犯人一律科罪。其犯人罪名至死者，该喇嘛减一等办理。

增纂

喇嘛逃走

一、凡喇嘛、班第等私自逃走自行投回者，初次鞭六十，二次鞭八十，三次鞭一百，革退。如拿获者，鞭一百，革退。该管之德木齐等隐匿不报者，初次罚钱粮一个月，二次罚钱粮两个月，三次以上俱罚钱粮半年。

修改

喇嘛等犯罪先行还俗

一、凡喇嘛等因事拘审，先行革退喇嘛。犯应抄财物者，将所抄财物送部收存，作为赏给各寺庙喇嘛等项之用。如讯明无罪，仍复其喇嘛。

增纂

五台山埋葬骨殖

一、凡喇嘛、僧、道、旗民、蒙古人等之骨殖，不准送往五台山埋葬。如蒙古达喇嘛等有愿将骨殖送往五台山埋葬者，由部具奏，请旨遵行。其本处喇嘛、僧、道尸骨，令其远离寺庙埋葬。

续纂

西藏堪布来使在京病故

一、凡西藏年班堪布在京病故，由部咨行度支、农工商二部，照依台吉病故例办给棺木、缎布，并畀抬人夫。除该堪布故后应得恩赏银两哈达临时请旨外，所有该已故堪布及随从人等应得例赏，仍照例赏给。起程时，于该堪布例给骡头内给驮载灵柩骡十头，该徒众每名各给骑骡一头，每行李二百斤给驮骡一头。照例支给四十日路费。其路费并骡价均由本部银库照数给发，交护送该堪布地方官员，沿途陆续支放。其例带回藏之达赖喇嘛等应得赏项由部行咨各该衙门暂存，俟下届西藏来使旋回时，由部行知交令带往颁给。如遇前藏年班有囊素同来年分，一切典礼由囊素恭代。其例带回藏赏项，交囊素带回颁给。

（卷五九）

喇嘛事例五

修改

呼图克呼堪布喇嘛等钱粮徒众分别数目

一、章嘉呼图克图、噶勒丹锡哷图呼图克图、敏珠勒呼图克图、济咙呼图克图等四人，前辈俱曾驻京，品秩较大，其月廪向照扎萨克达喇嘛例支给本身钱粮一分，随带噶布楚兰占巴二十名、格隆六名、班第六名、苏拉喇嘛三名，随带徒众六名，其应食钱粮及喂养牛马草豆等项，一体照前支给。至其余呼图克图等，如授为正、副（掌）印扎萨克达喇嘛，方准照章嘉呼图克图等例支给，否则按照所授职分支领，止准各带徒众二十名，每名每月各支食钱粮二两，作为分例，不入正额。

一、调来驻京之呼图克图，跟役徒众不得过二十名。诺们汗及有名号堪布、总理堪布，徒众不得过十五名。其余堪布，徒众不得过十名。乌穆匝特徒众不得过五名。诺们汗以上徒众支食二两钱粮，有名号堪布以下徒众支食一两五钱钱粮，均俟雍和宫唐古忒喇嘛缺出，按新旧名次坐补、裁汰。倘该呼图克图等于定额外情愿多带数人，由该大臣查验明确，于报部文内声明，俟到京，或去或留，听其自便，均不准支食钱粮。

一、在京呼图克图等圆寂后，如曾经封为国师名号者，由部奏留二两钱粮二十分；封为禅师名号者，留二两钱粮十五分；未得国师、禅师名号者，留二两钱粮十分。其原设有苏拉喇嘛者，仍留苏拉喇嘛三名。至总理堪布等身故后，其徒众均令扶柩回藏。如驻京年久，未能全数带回，应由该掌印呼图克图查明报部，酌减支食一两五钱钱粮五分，准其驻京，俟缺出，即行裁汰。

修改

四川广法寺堪布换班

一、四川广法寺住持堪布喇嘛三年一次换班。该堪布三年期满，由四川总督、将军预先咨行驻藏大臣，于该处堪布内拣选经卷精通一人，支给治装银三百两，派住更换。其年满之堪布，由四川就近饬令回藏。如该堪布三年期满，果能驭服番众，经该总督、将军奏请奖励者，奉旨准行后，由理藩部咨行驻藏大臣，量予奖励，不得奏请加衔。所有该堪布由藏带往之徒众，仍不得逾例定名数。

修改

咨取学艺班第

一、雍和宫四学设学艺喇嘛八十缺，每缺每月支食钱粮二两。此项额缺咨取内扎萨克六盟，每盟各十名；外扎萨克四部落，每部落各五名。均遇有本旗缺出坐补，不得逾旗滥补。其呈送之班第，由各该扎萨克拣选十五岁以上十八岁以下已出痘者，于每年年终派员呈送到京，一面赴部投文，一面赴该庙守候验收，限次年开印日由掌印呼图克图验看。岁数合适者，交该扎萨克喇嘛收留。倘以年老有疾并无籍匪徒滥行呈送，立予伤驳，交原呈送官带回，仍将该扎萨克报部议处。

修改

呈送学艺班第钱粮定限

一、雍和宫四学考中名号班第及食二两钱粮班第，由本旗扎萨克处每年每人给厨役银十五两，三年每人给衣服银三十两。学艺班第八十名，由本旗扎萨克处每年每名给口粮银四十两，厨役银十五两，三年每名给衣服银三十两。其呈进银两由各该扎萨克汇交该盟长处，年终作为一次，派员呈送到京，一面报部，一面赴该庙守候交纳。其内扎萨克限次年开印之次日，外扎萨克限次年开印之又次日，随该德木齐赴喇嘛印务处，听该掌印呼图克图验收，由该印务处分别已交、未交，造册报部。其未交者，一年不到，该扎萨克罚俸三个月；两年不到者，罚俸六个月；三年不到者，罚俸一年，仍将应交银两由该盟长处饬催该旗送部。

修改

后黄寺念经

一、后黄寺每年自正月初八日起至十五日止，由该呼图克图率领喇嘛、格隆、班第四百名，讽诵《伊鲁格勒经》。

修改

后黄寺念经支领赏银

一、后黄寺每年讽诵《伊鲁格勒经》，应用香灯供品等费银八十二两七钱四分五厘，及赏给呼图克图、喇嘛、格隆、班第等银一千两，均由理藩部库贮项下支给。

增纂

额设喇嘛钱粮

一、扎萨克达喇嘛本身每日给银一钱五分一厘一毫八丝一忽，米二升五合。随带徒弟格隆六名，每日各给银二分九厘九毫七丝二忽，米各二升五合；班第六名，每名每日各给银二分八厘八毫四丝二忽四微，米各二升五合。每日共给银五钱零四厘六丝七忽四微，米三斗二升五合。应拴马四匹，牛三头，每日给黑豆一斗一升，谷、羊草各七束。

一、副扎萨克达喇嘛本身每日给银一钱五分一厘一毫八丝一忽，米二升五合。随带徒弟格隆五名，每日各给银二分九厘九毫七丝二忽，米各二升五合；班第六名，每日各给银二分八厘八毫四丝二忽四微，米各二升五合。每日共给银四钱六分三厘三毫二丝二忽四微，米三斗。应拴马二匹，牛二头，每日给黑豆六升，谷、羊草各四束。

一、扎萨克喇嘛本身每日给银一钱四分四毫八忽，米二升五合。随带徒弟格隆四名，每日各给银二分九厘九毫七丝二忽，米各二升五合；班第六名，每日各给银二分八厘八毫四丝二忽四微，米各二升五合。每日共给银四钱三分三厘三毫五丝四微，米二斗七升五合。应拴马二匹，牛二头，每日给黑豆六升，谷、羊草各四束。

一、达喇嘛本身每日给银一钱四分四毫八忽，米二升五合。随带徒弟格隆二名，每日各给银二分九厘九毫七丝二忽，米各二升五合；班第六名，每日各给银二分八厘八毫四丝二忽四微，米各二升五合。每日共给银三钱七分三厘四毫八忽四微，米二斗二升五合。应拴马二匹，牛二头，每日给黑豆六升，谷、羊草各四束。

一、副达喇嘛本身每日给银一钱四分四毫八忽，米二升五合。随带徒弟格隆二名，每日各给银二分九厘九毫七丝二忽，米各二升五合。班第四名，每日各给银二分八厘八毫四丝二忽四微，米各二升五合。每日共给银三钱一分五厘七毫二丝一忽六微，米一斗七升五合。应拴马二匹，牛二头，每日给黑豆六升，谷、羊草各四束。

一、苏拉喇嘛本身每日给银六分六厘六毫六丝六忽六微六纤六沙六尘，米二升五合。随带徒弟班第二名，每日各给银二分八厘八毫四丝二忽四微，米各二升五合。每日共给银一钱二分四厘三毫五丝一忽四微六纤六沙六尘，米七升五合。应拴马一匹，每日给黑豆二升，谷、羊草各一束。

一、德木齐本身每日给银六分六厘六毫六丝六忽六微六纤六沙六尘，米二升五合。随带徒弟班第一名，每日给银二分八厘八毫四丝二忽四微，米二升五合。每日共给银九分五厘五毫九忽六纤六沙六尘，米五升。

一、每月食二两格隆、班第，其米按日支给，每日二升五合。

一、每月食一两五钱格隆、班第，其米按日支给，每日二升五合。

一、每月食一两格隆、班第，其米按日支给，每日一升三勺七抄五撮。

一、食折色格隆，每日银二分九厘九毫七丝二忽。

一、食折色班第，每日银二分八厘八毫四丝二忽四微。

增纂

调京当差副教习喇嘛及通事喇嘛支给钱粮调补各缺

一、凡由藏调京当差副教习喇嘛及翻话通事喇嘛，于到京后交雍和宫拨给房间住址，授为副达喇嘛。遇有副达喇嘛缺出，三缺后补用一人。除支给本身钱粮外，其随带徒众每月每名给钱粮一两五钱，并准其一体充当一切道场差使。

修改

察罕喇嘛达尔汗绰尔济撤销绰尔济衔授为呼图克图

一、察罕喇嘛系国初投效来京，嗣因在西藏军前效力，顺治十三年，蒙恩赏给达尔汗绰尔济诰敕并黄敕，并由镶黄旗蒙古都统支给俸银米石。其庙宇系由该察罕喇嘛于钦赏地方自行创建，庙内徒众均食养赡钱粮。至第六辈察罕喇嘛，于道光十四年奉旨：因其驻京有年，从前著有军功，撤销绰尔济，赏给呼图克图职衔，换给黄敕，圆寂后，并准其作为呼图克图转世。其俸银米石仍由镶黄旗蒙古都统办理。

增纂

烤炭银两

一、各寺庙喇嘛每年十一月、十二月、正月，每日每人各给烤炭三斤，由农工商部折价。

增纂

京城喇嘛等找领回缴钱粮

一、京城喇嘛阿咱尔喇嘛等遇升迁、病故等事，均按整月找领回缴银、米、烤炭、皁、豆等项。告病假者，系按日裁缴钱粮。

增纂

西番喇嘛找领回缴钱粮

一、西番喇嘛遇升迁、病故等事，均系按日找领回缴银、米、烤炭、草、豆。

增纂

堪布达喇嘛钱粮计日领缴

一、由藏咨调来京补放达喇嘛之堪布等，准其自奉旨日起支领钱粮外，遇有事故者，令其按日回缴。

增纂

堪布喇嘛出差

一、各寺庙堪布喇嘛等，如奉旨派住各处出差者，所有应支钱、粮、米石等项，毋庸裁汰。

增纂

过犯议罚钱粮

一、喇嘛因过犯议罚钱粮者，公罪裁缴本身银、米，私罪并随缺徒弟银、米、烤炭、草、豆，均行裁缴。

增纂

呼图克图喇嘛等圆寂裁汰钱粮

一、凡呼图克图达喇嘛等圆寂，其本人所食钱粮停止给发，其徒众所食钱粮，俟伊师骨殖起程之日，再行裁汰。

增纂

米石出口

一、热河普宁等寺庙喇嘛，每月俱由内仓开领口粮。春夏两季雨水较多，道路难行，俱存贮京城，俟冬季运回，由部将车辆米石数目开写详明，咨行陆军部办给口票方准出口。

修改

曾经驻京之呼图克图等本游牧处所徒众设商卓特巴管辖

一、章嘉呼图克图、噶勒丹锡哷呼图克图、敏珠勒呼图克图、那木喀呼图克图、阿嘉呼图克图，历经驻京，掌办喇嘛印务，京城、多伦诺尔、西宁该游牧处所徒众甚多，准各设商卓特巴扎萨克喇嘛一名，以资管辖，不支钱粮，遇有缺出，由该呼图克图拣选报部。如缺出在该呼图克图圆寂后，由京城喇嘛印务处拣选报部补放。

续加修改

伊犁等处堪布换班

一、伊犁地方掌教喇嘛由京城掌印呼图克图拣派堪布一员往驻，每届三年，奏请更换。其员缺交掌印呼图克图于京城及热河堪布内另行拣选更换，所遣之缺即著年满回京之人调补。至年满之人果能驭服番众，经该将军奏请奖励者，交掌印呼图克图量予升用，不得奏请加衔。所有该堪布等由藏带来之徒众，未经补入额内者，遇该堪布奉差外出，即交掌印呼图克图查明，裁去钱粮，均令随往，俟期满来京再行支领。其五台山扎萨克喇嘛一缺，亦由唐古忒喇嘛内拣选补授，所有徒众即于选补时裁去钱粮，饬令全数带往。倘私自逗留，一经查出，严行究治，并将该管之扎萨克喇嘛等一并议处。

续纂

失查偷窃供器分别示罚

一、凡各寺庙供器什物如被班第等偷窃，除将该犯僧送部治罪外，若系本管之喇嘛等自行查出，咨止，先事疏防达喇嘛罚钱粮三个月，得木奇罚钱粮六个月。若该管之喇嘛并未查出，别经告发者，该喇嘛等革职，呼图克图罚钱粮六个月，知情隐匿者连坐，掌印之呼图克图各罚钱粮一年。

续纂

班第不守清规须有实迹方准驱逐

一、凡各寺庙班第等不守清规,该师呈请驱逐,必须该管之达喇嘛等讯明果有实迹,方准驱逐。如有屈抑之处,概不准行。倘该喇嘛等知情徇庇,故意容留,该达喇嘛降二级调用,得木奇随同隐匿降一级调用。

续纂

喇嘛降调过三缺后方准补缺

一、凡扎萨克喇嘛以下等职缘事降调者,过三缺后,方准坐补实缺。

续纂

喇嘛因公记过视其次数分别随带开复

一、凡达喇嘛以下等职,因公记过一次及罚钱粮半年者,遇有应升之处,准其随带处分升迁。其罚钱粮一年,记过至二次者,俟限满开复后方准升迁。

续纂

喇嘛病痊仍准给予原职遇缺即补

一、凡扎萨克喇嘛以下等职因病呈请开缺者,病痊后,准其呈明印务处,报部奏请在原庙原职上额外行走,遇缺即补。

修改

固什喇嘛停止特保

一、唐古忒学兼行之固什喇嘛,本有应升班次,其由该学特保之处,永行停止。

续纂

告假定期

一、凡扎萨克喇嘛以下等职，如有告假出口者，除去往返程途，止准给假六个月为限。如逾限一月不到者，罚钱粮半年。两个月不到者，罚钱粮一年。三个月不到者，革职。蒙古班第等告假出口者，委人署理，准其支食空缺钱粮。

续纂

喇嘛告病开缺准其回藏

一、五台山掌印扎萨克喇嘛告病开缺者，准其随带徒众归回西藏养病，赏给该扎萨克喇嘛驮骡五头。徒众十名，每名骑骡一头。该堪布及徒众每名每日各给盘费银一钱，共给四十日，由部银库放给，并咨陆军部及沿途经过各省督抚、驻藏大臣查照。

续纂

教习唐古忒之喇嘛准其告退回藏

一、教习唐古忒字、话之喇嘛，在京不服水土，情愿告退回藏者，准其办给驮骡五头。其随带徒众五名，每名给骑骡一头，每骡一头折给价银十三两七钱。该喇嘛及徒众每名每日给盘费银一钱，共给四十日，由本部库放给，咨行陆军部办给路引，并行文沿途经过省分督抚查照。

修改

咨取班第未到以别旗班第代署

一、雍和宫〔额〕外学艺班第缺出，行文该旗，咨取未到以前，准以别旗班第暂署，代为诵习，支食空缺钱粮。

续纂

四学西番缺择经卷精通者坐补

一、雍和宫四学旧有西番钱粮八十四分，后因西番僧人到京不服水土，缺浮于人，因于西藏调来堪布徒众内坐补。但堪布徒众无非执鞭随侍之人，素不谙习经典文义，遽令其入学学艺，实属扞格难通。嗣后，遇有西番钱粮缺出，不论西番、蒙古、汉人，但择其经卷精通者坐补。其堪布在京病故者，将其徒众拨回原籍，其派往伊犁等处驻扎者，亦令其徒众随同前往，钱粮归公。

续纂

诺们汗请领名号印敕分别转世未转世

一、凡口外达尔汗、班第达、绰尔济、堪布喇嘛等有因其经卷精通，特恩加赏诺们汗职衔者，有因其庙宇僧众过多，由该大臣奏请赏给诺们汗职衔者，凡赏给诺们汗职衔之达尔汗喇嘛等，如曾经转世者，准其奏请给予名号、印敕。其未经转世者，一概不准请领名号、印敕。

续纂

扎萨克喇嘛加给名号颁发印敕

一、后藏班禅额尔德尼圆寂后，未经转世时，其扎萨克喇嘛如系经典通悉，人所倾服，经驻藏大臣奏明，请旨令其代办后藏一切事宜。如蒙特恩赏给名号者，其应发印敕由部咨行内阁、礼部遵照办理，交派出送布彦司员及回藏堪布等赍往颁给。

续纂

蒙古各庙呼图克图诺们汗涅槃后徒众过五百名于徒众内分别给予职衔

一、蒙古地方辽阔，向无村落乡保。各庙呼图克图、诺们汗，黑黄徒众或聚积千人，或数百人不等。该呼图克图涅槃后，如徒众过五百名者，饬令该扎萨克于徒众内择其贤能一人，给予达喇嘛职衔，俾得督率，毋庸给予印、信，俟该呼图克图诺们汗转世成立后，督率有人，仍将扎萨克喇嘛各职衔撤销，以昭核实。

续纂

呼图克图诺们汗无名号印敕不准入档

一、凡口外各呼图克图、诺们汗有赏过名号印敕者，载在册档。其有因该呼图克图、诺们汗涅槃后，徒众无人约束，分散各处，及相距该旗较远，未经呈请入档者，如查系赏过名号、印敕及徒众过五百名者，仍准其补行入档。其无名号、印敕及徒众少者，一概不准补入。

续纂

指认呼弼勒罕取具扎萨克印结

一、凡口外各呼图克图、诺们汗、班第达、达尔汗、绰尔济喇嘛等涅槃后，由该徒众认获呼弼勒罕者，如认获时先行报明该旗，饬令该扎萨克验明果有灵异，加具印结报部，方准入瓶签掣。如无该扎萨克印结，并自行赴部呈请入瓶者，概不准行。

续纂

驻京各呼图克图出口躲热

一、驻京各呼图克图准其于每年夏季请假出口躲热，秋季回京当差。至所管京城扎萨克达喇嘛印务及各寺庙事务，准由该印务处声明报部，由部奏闻交扎萨克喇嘛分别护理。

续纂

口外各呼图克图分别徒众名数相距里数给予印信

一、口外各呼图克图有徒众过八百名，距该旗五百里以外，应请领印、信者，由该盟长确查报部后，先由部咨行附近之将军大臣等委员查覆，如果名数、地数相符，方准奏明颁赏印、信。如该呼图克图将徒众名数以少报多，相距里数以近报远，除不准给予印、信外，仍罚三九牲畜。其随同捏报之盟长，并罚扎萨克俸一年。

修改

失察属下台吉私当喇嘛该盟长等分别察议议处

一、凡台吉愿当喇嘛，照例报部请领度牒者，准其充当喇嘛。如有未领度牒私自出家者，将失察之盟长罚俸三个月，扎萨克罚俸一年，协理台吉罚二九牲畜。其未领度牒之喇嘛，勒令还俗。

续纂

各寺庙漏报徒众更名该达喇嘛等酌罚钱粮

一、各寺庙所留徒众内有更名者，即时呈报喇嘛印务处。若遗漏不报，将该达喇嘛、副达喇嘛、德木齐等各罚本身钱粮一个月。

续纂

达喇嘛本身徒众不准带赴新任

一、凡各寺庙钱粮均有定额。外寺升到之达喇嘛等，不得将本身徒众带赴新任，侵占庙内额缺，违者革退，领过钱粮俱于该喇嘛名下按数著追入官。德木齐隐匿不报，革退，鞭责。呼图克图失察，罚钱粮六个月。

续纂

喇嘛等降革议罚处分分别题奏

一、凡扎萨克喇嘛、达喇嘛、苏拉喇嘛有犯降革者，俱由本部具奏。若仅止议罚钱粮，于该掌印呼图克图呈报到部时，随时照例查核准驳，先行饬覆注册，统俟年终汇题。

续纂

喇嘛商卓特巴承缉赏罚均折牲畜

一、哲布尊丹巴呼图克图之商卓特巴，青海察罕诺们汗，锡哷图库伦扎萨克喇嘛，均有承缉盗贼之责。如遇承缉，四参限内，人犯就获，应加一级者，折赏二九牲畜。四参限满，人犯无获，应罚俸一年者，折罚二九牲畜。

续纂

哲布尊丹巴呼图克图之牧场徒众三年一次查报

一、哲布尊丹巴呼图克图之牧场、牲畜数目、黑黄徒众户口数目，每届三年一次，由该商卓特巴呈报驻扎库伦办事大臣，由该大臣复查造册，报部备查。

（卷六十）

《热河日记》藏传佛教资料

(朝鲜) 朴趾源

黄教问答

入他邦者曰我善觇敌,曰我善观风,吾必不信矣。入人之国,安有执涂之人而遽有所询访哉?此一不可也。言语相殊,造次之间无以达辞,二不可也。中外既异,自有形迹之嫌,三不可也。语浅则无以得情,语深则恐触忌讳,四不可也。问所不问,则迹涉窥侦,五不可也。不在其位,不谋其政,此居其国之道也,况他国乎?问其大禁,然后敢入,居他国之道也,况大国乎?此其不可者六也。况其将相贤否、风俗淑慝、满汉用舍、皇明故实,尤不可问。非但此不可问,所不敢也;彼不宜答,亦所不敢也。至如钱谷甲兵、山川形胜,似无甚关系,而非但此不宜言,彼必疑怪。何者?钱谷关虚实,甲兵系强弱,山川形胜有关阨险要之势,此所以不宜问答也。彼古人者常得之言语问答之外,如桥梁更鼓、执玉高卑有所占矣,如陈诗阅乐、市价贵贱有所徵矣,既无古人之识慧才智,而徒欲得之于毫墨立谈之间者,其亦难矣,又况四海广大,不见涯埃乎?余至热河,有以默审天下之势者五:皇帝年年驻跸热河,热河乃长城外荒僻之地也,天子何苦而居此塞裔荒僻之地乎?名为避暑,而其实天子身自备边,然则蒙古之强可知也。皇帝迎西番僧王为师,建黄金殿以居其王,天子何苦而为此非常僭侈之礼乎?名为待师,而其实囚之金殿之中,以祈一日之无事,然则西番之尤强于蒙古可知也。此二者，皇帝之心已苦矣。观人文字，虽寻常数行之札，必铺张列朝之功德、感激当世之恩泽者，皆汉人之文也。盖自以中国之遗民、常怀疢疾之忧，不胜嫌疑之戒。所以开口称颂，举笔谀佞，益见其自外于当世也。汉人之为心亦已苦矣。与人语，虽寻常酬答之事，语后即焚，不留片纸。此非但汉人如是，满人为尤甚。满人皆职居近密，故益知宪令严苛。然则非但汉人之心苦矣，天下法禁之心苦矣。市肆所售，一砚之值无不百金者。噫！天下有事则珠玉宛转而不收，海内升平则瓦砖埋没而必采。富贵者适然取视，贫贱者努目收藏；清赏者偶一摩挲，椎卤者茧足奔趋。于是乎锄犁所起、钩罾所登、尸气所渍，纷然为宝于天下，天下珍玩之心又苦矣。然则一片之石足以占天下之大势，而况天下之苦有大于石者乎？今录其烬馀谈屑之系班禅者，为《黄教问答》。

余自札什伦布先还寓，志亭郝成字，号长城迎问曰："先生俄见活佛，状貌何如？"余对曰："公未之见否？"志亭曰："活佛居在深严，非人人所可得见。况有神通法术，洞见人脏腑。挂一宝镜，人怀奸淫，必青色照；人怀贪贼，必黑色照；人怀危祸，必白色照；维（唯）忠孝一心敬佛人至，必红霞带黄，如庆云昙华氤氲镜面，此五色镜可畏。"余曰："此仿始皇照胆镜以神其说。然照胆镜亦非正史所传，则安足信也？"志亭曰："壁闲间曾无此镜否？"余圈"五色镜可畏"字曰："公自无青、黑、白三心，何畏此镜？"志亭曰："《法华》、《楞严》诸经偈俱吓人，不敬此书，即有是祸，反复证难，怖畏众生，勒归善道，大类此镜。镜是不字之经，经是非铜之镜。吾十日食淡，十日洗沐，或肝头肺叶有一毫不齐，安知无三色发现乎？"即裂其纸投火中。又曰："果真切神通也。拜佛者脱帽叩头，活佛亲手摩顶，含笑则大蒙福佑，不笑则福佑不广，合眼则其人大惧，烧香忏悔，冤痛刻骨，自然罪遇消灭，再无不善。此活佛不消言谈教训，一伸手间，功果如此。和硕亲王、和硕额驸常常朝拜叩头，外人庶品真实难见。"余因问其来历，志亭曰："乾隆四十年间，西方人藉藉言活佛法王现世，或言法王能知四十世前身事。即今蒙古四十八部方强，而最畏西番，西番诸国最畏活佛。活佛乃藏理大宝法王。自前明时，杨三宝、僧智光、吾乡霞客诸人遍行西域诸佛国，乌斯藏去中国万余里，有大宝法王、小宝法王投胎夺舍，递相轮换，俱有道法，生即神圣。即今活佛，乃古元时西天佛子、大元帝师。去岁，内阁永公陪皇六子备法驾仪仗往迎活佛，活佛已知皇帝贵臣当来迎我，离京日子及贵臣名某，名永贵，现任内阁学士，龙臣云。所居皆黄金屋，其侈丽更盛于中国。在道多有神通。所经诸国番王，互有熟体焚顶、断指刻肤。愚民有不孝其父母者，一见活佛，忽生悲心。父有奇疾，此子刀剔左胁，割肝头小片烧进，病即瘳。不孝子左胁立完，转为孝子。已奉玉音，旌乡复身。山西有一夫世富，平生性吝一金。在途拜望，转生悲心，遂销十万金，建成一座浮图。此活佛功德大略也。遇水，不桥不舵，跣足履水，波不没踝，先在彼岸。又有大虎伏道摇尾，皇子抽矢欲射，活佛止之，降舆慰虎。虎衔其衣裾，若有所诉，仍南去，活佛随去。有大石窦，虎方乳，有大蛇两头，围绕虎穴，欲吞其子，一头拒乳虎，一头拒雄虎。虎牙距无所入，悲号气尽。活佛拄杖说咒，蛇两头自触石碎死，脑中俱有大珠，光明不夜。一珠献予皇子，一珠献予学士。虎护驾十日，甚为恭顺。皇子欲与偕行，纳圈中，活佛不可，乃止。遂戒虎有所云，虎叩头乃去。此其法术神通也。两珠奉献为乘舆物，水旱瘟疫为秘币，无不灵应。"余问："活佛前生事，譬如槐叶青虫截人蜜房为蜂子，大松蝗斑毛若豹，蜕为鬼车蝶，蠹为蛾，蛴为蝉，鸠为鹰，鹰为雉，雉为蜃，鸡为蛇，蛇为龟，莫不变化，俱有觉性。据此化身，能知前形否？若蘧庄周栩蝶，梦醒各异，不相关属，则无关轮转。若其洞知，果如活佛宿世，此身为某地某氏子，今生此身复为某所某姓儿，宿世父母，今生爷娘，如今无恙，俱大慈悲，历历识认，各各号唤，将谁怨恩？哀乐何居？"志亭忽泻泪数行，加圈"哀乐何居"字。

忽有引户响，志亭急擦纸在握中。及开户，乃同舍王民皞也。继有入者，亦王君同舍，鄒舍是也。俱举人，客游口外，去岁新创热河太学，制视京师，二人者方藏修此中，为访余来也。志亭向二客缕缕说，音若诵书。二客且听且指圈桌上，似诵传吾语也。王举人书吾姓名字号，承鄒举人。王有宿面，而鄒乃初见也。鄒生曰："贵国佛教始于何代？"余曰："萧梁大通中，僧阿道始入新罗。"又问："贵国士大夫于三教中最崇何教？"余曰："粤在罗、丽时，士族虽贤者不无习西教。至敝邦立国四百年，士族虽愚者但知诵习孔子。方内名山，虽有前代所创精蓝名刹而皆已荒颓，所居缁流皆下贱无赖，维业纸屦。名虽为僧，目不识经，不待辞辟而其教自绝。国中元无道教，故亦无道观。所谓异端之教，不期禁绝而自不得立于国中。"鄒生曰："可谓天下中乐国矣。异端之害，圣人已忧其人将相食，使当时听之者必以为过矣。今山中往往有吃人道士，养小儿尤艰，纯阳童子最好蒸啖，至有夜藏柜中，犹患失之。所在省府另行逐捕，焚毁道观，则乃反窜名僧籍，庇身佛寮。而至于房中秘术、恶疮奇方，皆贫道士所制。故人多乐从之游，潜学其术，幻怪难名。中国禅释已乖本旨，仰漏所谓僧名道实之言是也。"仰漏者，蒙古人敬旬弥字。与余言，有僧名道实之论，前此余言之志亭，此刻语次，志亭似诵之也。又曰："贵国古亦有神僧，愿闻其名。"余曰："敝邦虽在海隅，俗尚儒教，往古来今，固不乏鸿儒硕学。而今先生之问不及于此，乃反神僧之是询。弊邦俗不尚异端之学，则固无神僧在，固不愿对也。"王君曰："异端之中亦有异端，反有以害其道。乃者鄒敝反止欲知贵国儒、释同异也。"鄒生亦曰："然也。"余曰："虽闻僧名，安能辨儒、释同异哉？"鄒生曰："儒门中亦有道学、理学之号，贵国儒门中亦有是科否？"余曰："圣门设教只是四科，一贯之道只是此理。学此问此，是为学问，岂得儒门另设他科，有此两号？"鄒生曰："是也，先生言之极是。孔门七十子之徒，所问于师，不过曰仁曰孝。后世不然。弟子初来，开卷便讲理气；

先生整襟升座，辄道性命。今之学者，学贯天人而不能治一郡，理察鸢鱼而莫能办一事。此个学问，谓之理学先生。乡塾之间，禀质固滞，动止迂怪，略习经传，粗通训诂，未尝不专席开讲，味陈腐为菽粟，绽补缀为裘褐。子莫执中，反为守经；胡广处世，自谓中庸。此个学问，谓之道学君子。此犹无足道也。昔之异端逃墨归儒，逃儒归杨，反目分背，越肝楚胆。今之儒者亡不出境，兜揽采地，益筑六经以坚其壁垒，时换群言以新其旌旗，半朱半陆俱为逋主，头没头出遍是水泊。养蠹鱼为狐鼠，则考证为其城社；抑骐骥为驽骀，则训诂为其钳槭。或有悬军深入，反遭攻劫，其势不得不下马受缚，双膝以跪。今之儒者，绝可畏也，怕也怕也。敞平生不愿学儒也。有能张目开口倡为异端之学者，敞将不远千里，赢粮往师。今见先生之论，确然守正，还令小人之腹一喜而一怅。"观邹生容貌磊珂，言辞放荡，似誉似嘲，变幻谲诡，全事侮弄。余曰："俄承先生辟异之论，不胜钦服。反为此乖剌之语，何也？鄙人生于海陬，闻见谀寡，学殖卤莽，见笑大方，固其宜也。嘉善而矜不能，君子德义正当如是。且足下身居圣庙，欲学异端，使其言真也，不意上国首善之地有似此言议也；如其假也，讥嘲外国一腐儒，恐非柔远之德义也。惭愧请退。"邹生谢曰："非敢如是。敞适有激于中，不觉话头横纵到此。乃先生如此见罪，仆不敢长侍足下也。"邹生离椅叩头，此乃致谢之意也。王君曰："敞友老实人，旨意本不如此，乃先生错疑。欲师异端，乃欲居九夷之意也。"相与大笑。余亦随笑，然意思竟未快畅。欲居九夷之谕，尤令人愧恨也。邹生曰："先生此来，专为拜望西佛来耶，为贺圣诞来耶？"坐间志亭少出户外。余曰："专贺皇上七旬庆节。若无诏旨，安得前来热河？昨见活佛，亦被皇诏也。"王君曰："朴先生非使臣也，从其族兄大人观光上国来也。"邹生熟视余良久，曰："先生此来，不畏瞰人乎？"余问："甚麼瞰人？"邹生曰："杨琏真珈复生于世。"王君色变，若争言状。余虽不识其为何语，而但两人气色不好，似责让邹生。此际志亭还坐，视其纸，急手裂，纳口嚼之，目视鄒生，久无所语。偷余不视，撮嘴指余，且目鄒生。偶敌余眼，甚有愧色，因呼茶而曰："贵国马生得何宵？"余曰："马生时辰何以知之？"诸人皆大笑。志亭曰："小宵之宵，盖音同则用。"余曰："国小，故畜产亦随而小也。"余甚欲详得班禅来历，鄒生所说甚有跷蹊，而两人者似深讳，故未敢造次扣问。鄒生茶后即辞去，志亭亦有他扰，余亦起，王君随余出。

一日，余访亨山，赴阙未出。亨山名嘉铨，姓尹氏，今年七十，亦寓太学中。官大理，春致仕。转历志亭炕，空无人。方旋出户，志亭出他方还，见余欢甚，握手入其炕，卸帽挂壁上，且呼茶且言："鄒举人，狂士也，先生切勿再见。"余问："何谓狂士？"志亭曰："这一肚皮都是慷慨。与人商论，不肯下，辄善骂。或恐老爷不识他疏戆，吃他老拳。"余笑曰："其狂不可及。"志亭曰："如成者，其愚不可及。"相与大笑。余曰："活佛系是杨琏后身，今将军何故深讳也？"志亭曰："这是鄒生狂也，借他辱他。"余谬问："杨琏是何等辱也？"志亭惨然曰："不忍言，不忍闻。"余曰："如王八、马泊六等最狠耶？"志亭摇手曰："否也。杨是番僧，元时入中国，都发宋朝陵寝，毒于兵祸，积聚宝玉如丘山。他有秘术，有开山宝剑，念咒一击，虽南山石椁下锢三泉无不立开，余凫玉鱼托地自跳，珠襦玉匣狼藉开剥，甚至悬尸沥汞，批颊探珠。江南人相诅盟，称"粲献麻杨"。今活佛番人故，所以借他一骂，非为后身也。"余问："这何故肆骂？"志亭曰："这是业儒，故不服他。"余曰："这若业儒，前者何又骂儒？"志亭曰："这狂也。不怕天雷，不畏王法，骂圣骂佛，惟意所欲。痛骂一顿，便卜顶气。"志亭曰："贵国寝墓之制何如？"余曰："虽仿古礼，国俗尚俭，不殉宝玉。自公卿贵人下至匹庶，丧葬之制皆用文公《家礼》。且壤地僻隅，兵祸不频，自无此患。"志亭叹曰："乐国乐土，乐生乐死。周公制礼，启万世盗贼之心。匹夫无罪，怀璧是罪，况帝王家乎？不以天下俭其亲，祸千古帝王之语。是以一经丧乱，无不被发。京师琉璃厂中所售古玩，皆历代陵寝中物。即埋旋发，其埋愈久，其发愈频，而愈称宝器，多有十回出地者。目今虽使释之秉锸、刘向操篹，以葬杨侯，盗且不信。"余曰："墓中器玩凶冥臭秽，不祥甚矣，何宝之有？"志亭曰："是也，殷敦周彝，流毒万古。而后世好事者，书厅画厨，尊位严阁，非此等不祥之器，莫可排当。鉴赏家方以历历识别为博，收藏家亦以孜孜鸠集为趣。"余问："将军宅里亦有古器可玩否？"志亭曰："成武人，不能收买。祖世农家，无有旧物。只剩得如掌古砚，世传东坡手制，有元章款识。又有元丰铜造绿觚。"余求一玩，志亭曰："这是不难，此来寄寓，实不携带。"余曰："愚闻吴中所出书画器玩多巧匠赝造，然否？"志亭曰："是也。成家所有两器，安保非阊门滥手？成鉴识本浅，未免痴暗。"余因问："活佛真有是行否？"志亭曰："甚么行？"余书"杨"字，志亭摇手曰："否也，他真切神通。"且嘱曰："慎毋再访。"他意鄒是危妄人也，余对以领戒。又问："所谓喇嘛何种，皆蒙古别部耶？"志亭曰："否也。喇嘛，西番道德之称。所谓喇嘛者，皆僧也。目今蒙古为僧则皆喇嘛服，京里雍和宫所居僧皆称喇嘛。满汉人投喇嘛为僧者多矣，以其衣食裕厚。大约元、明时，番王或身朝使贡，傔带不下三四千人，入徽常得厚利，或留塞下不还。洪武初，尝敬重番王，宠锡无比。自永乐至武宗时尤盛，留养京师诸寺。本年春间，为创金宫，迎来活佛居之。然比诸古元、前明时，则其供亿殆不如也。西番诸法王，其所居殿黄金瓦、白玉阶，窗棂栏槛皆沉香降真乌木，水晶玻璃为牖户，而壁皆饰火齐瑟瑟。今其所居殿屋，视该土制作犹土阶茅茨也。不乐久留，请还甚固。车驾约明岁游五台山，常亲送之山西，已有定期。善谐音占八风，能十方语。"余曰："果能十方语，则何以重译？"志亭曰："虽然谐音，安能立地通义？且其来时，闻香丛薄中拔一灵树，盆栽而来。"余问："甚么灵树？"曰："此名天子万年树，交柯布枝皆成'天子万年'字。庄周所谓三千年为春，三千年为秋，或曰即此树冥露也。"余曰："如今阁里梅花，结勒柔条为横斜影。此系人巧，岂由天造？"志亭曰："否也，叶侧理皆成'天子万年'字。"因画示其叶 ⟨⟩。余问："公曾见此树否？"志亭曰："未见其形，只闻其名。尧庭之蓂，楚树之灵，四海播馨，万国咸宁。四时长华，花十二瓣，花萼始吐则知朔月；载生明，日开一瓣，全开则知望月；载生魄，日掩一瓣，蒂落则知晦矣。故名蓂树，又名灵树。尝对皇上吃茶，忽南向洒之。皇上惊问，圣僧恭对：'方见七百里外大火延烧万家，才得送雨救火。'翌日，部臣递奏：'正阳门外琉璃厂失火，延烧谯楼。火势浩大，非人力可止。时方晌午，天晴无云，忽有猛雨从东北来，即刻灭火。'盖洒茶送雨，正值火时。"余曰："仆未入京师，已多道听此说。然此有乐巴噀酒之例，曷足奇哉？自皇城到此为四百余里，何谓七百里？"志亭曰："是也，此足验其神通。大约口外去京七百里，仁祖常常驻跸口外，和硕亲王、阁部大臣皆惮跋涉，仁祖时特为剪站为四百余里，常得驰马奏事。此圣人安不忘危之意也。"余语志亭："每颂东渐之化，迄四之文教，是故乐与款语。而鄒生有所妄发，则故为张皇，以愚余听也。"

一日，自阙下独步归。偶登一楼，楼上独有一人，方饭；见余，舍箸，如逢旧识，降椅笑迎握手，请坐其椅，自拖他椅对坐。各书姓名，及见其名，乃破老回回图，字孚斋，号华亭，职居讲官。意其为满洲人，问之，则乃蒙古也。观其操纸疾书，笔法精敏。余问："君知博明乎？"曰："与弟一样。""知潘庭筠乎？"曰："曾一晤武英殿矣。"博明博识工书，余数十年来多见其笔迹。为其同是蒙古，故问之。且彼云职居讲官，故问潘消息，欲知其家住何坊，似未相亲矣。余问："世有三教，贵国最崇何教？"孚斋曰："岂以中国之大而独行三教？行其道者皆得称教。"余曰："贵国是蒙古，非中国之谓也？"孚斋曰："弟生长中华，不识沙漠。然彼亦大国之余，吾道宜盛。贵国凡有几教？"余曰："只有儒教。"孚斋曰："人生何莫非儒也？称儒，则已退居九流之列。以吾道之广大无外，反自狭小于三教之中，以一儒字磨勘。兹所以长异端也。"方有回子数人来饮，余问："彼亦西番部落耶？"曰："否也。回子即唐时回纥，有功于唐，亦大为中国患，亦名回鹘。五代时西侵突厥，遂据汉西域故地，行其所谓清真教，是亦异端中一教也。天地间只有吾道而已，得吾道之一端者，自为一教。吾人之学道者，直曰吾道而已矣，不可名儒教。"余曰："不然。称己曰吾，对彼之辞也。以吾对彼，物我相形，非独吾已自小，已不胜其私于物我之间矣。道是天地间至公之理，亦恶得把作吾一己中物，不容他来窥？愚则以为，吾道二字亦非廓然大公之号也。儒则已闻命矣，至于教，岂不曰修道之谓教乎？曰文教、曰声教、曰名教，皆圣人之教化也。此曰教，彼亦曰教，则耻混异端，将废教字。今曰吾道，彼亦将号其教曰吾道，则悻悻然并将吾道而削之耶？"孚斋曰："非谓其然也。世儒不知异端即吾道中一事，纷纷然排击之，彼始昂然举头，与吾道对峙矣。杨墨、老庄之言，皆吾道所有。至于佛氏因果之说，吾道之所深斥，而其实吾道先言之矣。"余问："因果非轮回耶？"曰："非也。因果只是缘此事有此功。譬如耕田，种者为因，生者为果；耘者为因，获者为果。种树亦然，其华者为因，实者为果。如曰惠迪吉，从逆凶，乃吾道之因果也。其迪逆，因也；吉凶，果也。言吉凶之不足，曰犹影响惠从之间，其孚应之验若斯其捷也。如曰积善之家必有馀庆，积不善之家必有馀殃，此吾道之因果也。言殃庆之不足，曰必有馀，见此必有者谁也？为佛者初言因果，则极高明矣。观于吾道报应有迹，乃为轮回之说以实之，实吾道病之也。如曰作之善降之百祥，作不善降之百殃，此吾道之因果也。第其降之者谁也？泰西人居敬甚笃，攻佛尤力，而犹为堂狱之说。彼见吾道之一心对越，曰临曰监，曰视曰听，明有主宰，则得一降殃祥之降字以自罔也。大约佛家并无轮回说，中原人翻经时言殊文异异，难以形容，则绎为报应轮回之说，并与因果而蠡之。后世禅说者且耻言因果，以为佛氏之糟粕，此不可不察也。"余曰："目今法王投胎夺舍之法，非轮回之证耶？"孚斋曰："否也。投胎夺舍者，非轮回也。"所谓轮回者，即此有猛兽忽怀佛性，异日嘉应必为善人；今日众生乃有擒行，他生恶报当为业畜，不过譬说粗卤浅近耳。《诗》云：'孝子不匮，永锡尔类。'轮回之证，本自如此。至若法王夺舍，乃转身换骨，如今衣裘垢弊，更换他服。"余问："真有是理否？"孚斋曰："其持咒运气之术似涉道家，而其实禅家所称魔禅尔。大约此事在若有若无之间，既不身自为僧，安能知其真伪？昔在滇南，公暇时尝以此事问于今太学士阿公桂，曰：'所见入藏地者，智不足以知此。将军明哲人也，其事究竟如何？'公曰："不必问此事实有实无。设如我辈家生一极聪明之子，自四五岁时不令知一毫世事，日使老师宿儒不离于座，惟以圣贤之言灌溉其心。即长而又衣食无忧，金玉锦绣人间可欲之物，过目不使留，敬之如神明，日起惟知向道，安得不为圣为贤？此辈甚幼，惟令老僧育之，日说法，知作功矣。即使督作功尊敬之极，自幼至长，不以世法婴其心，亦安得不为佛乎？"

夕访亨山，问："法王投胎何异轮回？"亨山曰："这个一样转身。但此肉身既为风雨寒暑所侵铄，鹤发鸡皮，不禁耄老，则土水风火，自付造化。惟此光明信识金刚宝体，固无童耄，薪尽火传。譬如适千里者，未有负家而行，必递宿传舍。虽天下有情人，未闻顾恋传舍，为此淹留。火缘薪起，聊暂相悦，去缘他薪，不复恋灰。法王投胎只自如此。轮回之说，乃佛家律书也。昔汉窦太后让赵绾、王臧安得为司空，城朝书亦以儒家言为律书也。彼言轮回如时王制典，五服五刑，俱有宪章；庆赏威杀，各得考文。如此照勘，末见功罪，先有其具。为佛者见世闻功罪不当、刑赏末信，足蹈目视，人所易忽，则移之幽冥不测之地，趋避劝戒于不闻不睹之中，古人所谓阴操世主之权是也。虽然，吾儒家亦不必专攻如仇敌，圣人神道设教亦有如此。且天地许大，风俗各异；气有正偏，理亦随遇；如水在器，圆方从形。古宙今宇，亦不无轮回，亦不无投胎夺舍，亦不无断火食，亦不无长生久视。且谓之全无此理者，惑也；谓之俱有此理者，惑也。第是理也往往而有，以往往之事，思所以贯万理、易天下，则尤惑也。"余曰："秦、汉以来，为天下者皆异端也。秦之刑名犹能兼并，汉之黄老足以富庶。圣人虽忧异端充塞仁义，然使今法王投胎之术为之天下国家，则还将依附吾道，周旋于仁义礼乐之间，行立乎民彝物则之内，要之不可与入于尧舜之道也。"亨山瞑目良久，口中邕邕若念佛者久，乃开眼微笑曰："先生言之极是。异端之于吾道，虽有邪正粹驳之别，其设心以为兴利行仁、除残去杀，未始不同也。"余问："法王法术是名何道？亨山曰："所谓黄教。"余曰："黄教乃黄老之道耶，抑亦黄白飞升之术耶？"亨山曰："天地间别界别人，其道贵无名。清真安乐，其生也；顺时归化，其死也。其生无乐，其死无怛；递相投转，万劫不坏。不乐为侯牧。其知如寐，其寐如觉；昏昏屯屯，法天无言。不喜兵杀，梦幻此世。以事物为妖妄，以言语焉邪佞，以成住为虚诞，以爱慕为障碍。非释非禅，无思无虑。是所谓天地间别部世界，一别种学问。古之至人神人之道、无己无功之学，子休所谓'其神凝，则民不疵疠而年谷登'，'尧观于姑山汾水，而窅然自丧其天下'者，即如是道也。非独西番诸国咸服其教，即亦大漠诸部莫不崇信。本朝治化上轶唐虞，声教所讫，咸维顺宁，而徼外风尘常清。盖其斗杀寇盗，番俗所忌，则抑亦黄教与有补于中国圣化之万一云尔。"适有他扰，即起，转往丽川所寓。丽川，奇丰额字，满洲人。丽川出示四川御史端礼诗七绝五十首，咏皇赐孔雀羽诗也。武官四品以上悬羽帽顶，文官受赐乃得悬，故为荣也。诗纤巧妙丽有绝响，晚唐胡元时体。丽川属余批评，余固让，丽川亦固请，盖欲观吾才识也。余亦不欲露拙，竟辞焉。丽川即点其违帘三处，已复折置桌上。出示亨山一律，笔拈其颔朕所对燕毛、熊掌以示，微笑曰："狗屎！此公政事糊塗，大类其诗。"余曰："何乃轻薄！"丽川即裂"狗屎"二字嚼之，余大笑曰："讥切长者，好自吃罚。"丽川亦大笑。俄而亨山来坐，鼎话即去，相视而笑。

一日，丽川散步明伦堂，一人奉盥随行。丽川立颊面，持帨拭且行。见余，遥呼"朴公"；余即赴。丽川曰："俄刻御赐黄封，愿得少尝。"余即返，倾壶视之，只余一觔。余手自持往，丽川笑曰："此荔汁也。荔支离树一日，即变香色。万不一来，故沉之蜜中，犹失色味十九。若离树之初，虽十口十手，实难形容。弟到都，受赐非一，而昨日亦得赐此。"因出一盏，和烧酒五六盏以劝余。余饮一盏，清香满口，甘洌无比。余回劝丽川饮，丽川掉头固辞。余怪而问之，对曰："弟已从佛戒，断饮久矣。'日食荔支三百颗，不妨常做岭南人'，这是东坡诗也。"又曰："弟今居臬司，常常吃此。"又曰："岭南，古谪戍地。"一日，夜中月明，同徘徊台上，夜深露凉，丽川请入其炕。问曰："使臣不肯见佛，何也？"余曰："使臣奉诏往也。"丽川曰："使臣下马，坐路中不肯去，因诏赐罢。何故迟迟？"其言颇有关系，类欲钩探情实，故未及遽对。丽川曰："班次藉藉也。"余曰："道中下马，非不肯去也。通官言军机大臣当来，可俟偕往，故蔽宫城树阴，下马避暑，所以遥待军机之来也。俄有诏旨，故中道罢还，非故自迟迟也。"丽川曰："使臣几被纠参，礼部诸大人以此悸愈废食。昨日更奉皇上恩旨，此旷世盛典也，高丽当益坚事大之诚。"两大人相宠贺，俄刻庙中晤德大人，不胜其喜。余不觉惊怪，徐对曰："敝邦之于大国，事同一家。今吾与公既无内外之别，而至于法王，系是西番之人，则使臣安敢造次相见乎？此固人臣无外交之义也。然屡奉圣诏，则使臣亦安敢不往见乎？"丽川曰："固当也。昨日使臣拜彼佛乎，拜皇旨乎？"使臣实未尝拜佛，而所诘转深，故不敢明言不拜，把笔赵趄。丽川先曰："奉诏往，当肃圣恩也。"又曰："尊兄亦拜佛耶？"余曰："只得望见。"丽川指"望见"二字曰："望见已是佞佛。尊兄既非被旨，则何必颠倒衣裳。"余不觉愧服，因谢曰："耽嗜观光，义不出此。"丽川又大笑曰："然也。固是责备贤者，万乞恕罪。"余曰："吾既万里为观光来，不者，安从见此金殿玉阶?"丽川曰:"固也。"又曰"弟前身固僧也，后未尝"一题下云云数十字焦黑疾书，语未了了。余适就烛爇烟，末及谛视，方欲再见，已引烛焚之投炕下，因曰:"弟固有发老比丘也。"余问:"公曾拜彼佛乎?"丽川曰:"非亲王额驸及蒙王，不可得见也。"又曰:"我是衣儒冠儒矣，平生不拜泥身古佛，何乃肉身假佛乎?"余视"有发"及"冠儒"等语，不觉失笑，乃大加墨圈。丽川似未解余旨，亦大笑不已，即烧投炕下。余曰:"公自言儒者，又言言称老比丘、有发僧，何也? 责人佞佛，而以吾观之，公可谓假佛弟子，勉强学佛。"丽川大笑，大加墨圈于"假佛弟子"，曰:"使兄多财，吾必为之熟主顾。"余问:"甚么?"笑曰:"善偿债。"又曰:"韩昌黎暮境竟悦禅旨。"余曰:"阳明学问虽偏，固不似昌黎依希。"丽川曰:"新建伯名理颇胜，其斥佛深次肌骨，然其快人心目，竟未似昌黎壮猛。"又曰:"岭云思家，关雪念马，已是追悔。"余问:"当今文章钜公，亦有两老子比乎?"丽川不对，因漫书曰:"空则是色，色则是空。"余曰:"我则是尔，尔则是我。"丽川前执余手，良久，自指其心，又指余胸。因问曰:"彼僧状貌何如?"余曰:"类如来尊者像也。"丽川曰:"当肥也。"大书"贪"字，曰:"无不求，无不取。"余曰:"不像出家。不甚持戒否?"丽川曰:"无不嗜者，马牛驼羊，狗猪鹅鸭都吃。能吃全驴，故肥也。"问:"贪色否?"曰:"此一字竟不犯。"问法术神通，曰:"都无。"又曰:"阮籍后身为颜太师，颜太师后身为包阎罗，包阎罗后身为岳武穆，此奸细人导之也。"问志亭所言五色镜，丽川曰:"果有此云，此火齐镜也。"问万年树，曰:"未之闻也，甚么样?"余略举所闻于郝成者，曰:"若果如此也，真灵树也。"丽川大笑曰:"尊兄安从得此佞树?"又曰:"彼佛自言其学问，临终时当传一句云。"

余既还入皇京，与士大夫游者多，然未见深言斥佛如丽川者。一日，余当户而立，丽川持镜自照，因来照余面，又戏摸余所佩囊，有联珠，笑曰："此非儒家应有之物。"余曰："此笠缨也。"丽川曰："究须借观方信。"余即出诸囊中而示之，丽川大笑，盖初意其为念珠也。余指壁上所挂朝珠曰"这是甚么东西？"丽川曰："此是国家名器，不得不尔。"盖朝衣则颈挂念珠，故谓之朝珠，或价至千万。于阁老敏中，字耐斋，今年殁，七月籍其家，县官方斥卖其朝珠四个，价银为三万七千两，以其价重，故无敢售者云。

燕岩曰：天下杂种落多矣，余至热河，以王会至者余多见之。蒙古之人之生长中华者，其文章学问等夷满汉，然其容貌魁健，殊为不类，况其四十八部之酋长乎？酋长各拥王号，如左贤、谷蠡，莫相臣属，势分力敌，未敢先动，此固中国所以晏然而无事者也。蒙王二人，吾见之札什伦布，又见二人于山庄门下。其老王年方八十一岁，腰肾磐偻，皮骨鳖朽，然面长如驴，身几一丈；其少者如魁罡、钟馗圆也。西番尤狞猛丑恶，类怪兽奇鬼，怖哉！回子，古之回鹘，尤为犷悍。土司比西番回鹘，雄健大同。鄂罗斯者，黑龙江部落也。居必拥一犬，犬皆大可如驴，项环十余小铃，颔胡饰繁缨以驾车。犬大如此，况其人乎？行必携犬，侧目吹篾。其冠服形以类分，故易以为辨也。盖满洲虽蕃息，不能半天下。其入中原已百余年，所以胞养水土、培习风气，无异汉人，清汰粹雅，已自文弱。顾今天下之势，其所畏者，恒在蒙古而不在他胡，何也？其强犷莫如西番回子，而无典章文物可与中原相抗也。独蒙古壤地相接，不百里而近。自匈奴、突厥沿至契丹，皆大国之余也。自卫律、中行说已为逋逃之渊薮，况其典章文物犹存故元之遗风乎？兼以士马强壮，固自沙漠之本俗，则天下纲维一弛，呼吸乍急，其四十八部之王亦安得徒拥控弦，驰逐兔狐于塞下而已。吾所见酋长既如彼，所与谈论者如孚斋、仰漏，皆文学之士也。昔刘渊之居塞内，幽冀名士多往归之；渊之子聪，博涉经史，弱冠游京，名士莫不与交。噫！天下一摇，草动风起，安知渊、聪之徒不在其中乎？是吾所目见者适然数人耳，况乎吾所未得以见者，未知有几人哉！今吾察热河之地势，盖天下之脑也。皇帝之迤北也，是无他，压脑而坐，扼蒙古之咽喉而已矣。否者，蒙古已日出而摇辽东矣，辽东一摇则天下之左臂断矣，天下之左臂断，而河湟天下之右臂也，不可以独运，则吾所见西番诸戎始出而窥陇陕矣。吾东幸而僻在海隅，无关天下之事，而吾今白头矣，固未可及见之，然不出三十年，有能忧天下之忧者，当复思吾今日之言也，故并录其所见胡狄杂种如右。

仲存氏曰：五妄、六不可，俱不必曲礼三千所禁止，然知礼者自然不犯。非但入他邦者为然，居家待一人、接一物时，莫不皆然。所谓言不忠信，行不笃敬，虽州里行乎者，此也，不知者以为是燕巖教人行世谱，愚则曰，凡一切人治心正己之法，本当如此。

又曰：一班禅也，而创闻创睹，鬼怪莫测，言之不能勘其状，视之不能定其色。诸人者所言，又非一日一席，各就其所闻所传闻，而浅深详略之不同如此。大抵皆是可惊可异、似誉似嘲，瑰奇谲诡，莫可尽信，而第为主牵朕而书之，丛杂而述之，便成一篇灵幻钜丽、空明纤妙异样文字。不特所谓活佛者法术来历可以钩距探取，即晤语诸人之性情学识、容貌辞气，跃跃然都显出来。

班禅始末

班禅额尔德尼，西番乌斯藏大宝法王。西番在四川、云南徼外，乌斯藏盖在青海之西，经唐吐蕃故地，去湟中五千余里。或曰班禅乃藏理佛，所谓三藏乃其地也。班禅额尔德尼，番语犹云光明神智法僧。自言其前身巴思八，其言多诞怪不经，然道术高明，时有征验云。盖巴思八者，土波女子晓出汲，见尺帕浮水，捞取为佩，久之渐化为凝脂，有异香，食而甘美，遂有人道之感，生巴思八，生即神圣。元世祖在沙漠，闻其幼能诵《楞伽》诸经至万卷，遣使迎之。慧旨圆朗，法身全香，步合天神，音中钟吕。帝大悦，如见如来，当时姚、史诸贤皆自以不及也。能谐声造蒙古新字，颁示天下，赐号大宝法王。乃佛之尊号，非有土王爵。盖法王之号始此。及殁，赐号皇天之下一人之上宣文大圣至德真智大元帝师。后有请伞厌魔之戏，发卒数万，皆纨袴绣袍，车骑、幡幢、宝盖皆饰以金珠宝玉，锦绣绫彩围列皇城，游历四门，复导以蕃汉细乐，迎伞入宫，谓之巴思八教。然已与本教旨意大乖，棼糅幽怪，杂以鬼道。帝及后妃公主俱素食，迎伞膜拜，与亿兆导福，所谓打斯哥儿。值巴思八游日，至有破家倾产，万里来观者。终元之世，岁以为常，其崇奉其教如此。同时有胆巴，后有珈璘真，皆番僧，善秘密法。然皆异巴思八教，能通他心，微中帝心内事，帝皆师之，而当时亦未有投胎夺舍之说。

洪武初，广谕西番诸国，于是乌斯藏先遣使朝贡。其王兰巴珈藏卜者，僧也，犹自称帝师。是时诸番帝师及大宝法王已为有国之号，如汉唐时单于、可汗之称，帝悉改帝师为国师而赐玉印。帝自审玉理，更制美玉，其文有"出天行地"、"宣文大圣"等号，为史者省之也，印比所赐玺书，双螭结钮。其后，西番诸国称法王帝师，益遣使达名号于天子之庭者无虑数十国，则悉改封国师，或加大国师以宠异之。成祖时，遣驸马迎番僧哈立麻，赐法驾半仗，僭拟天子，宴赉金银、宝钞、彩缎，不可记忆。为高帝、高后建斋荐福，于是获卿云甘露之祥，鸟兽花果之瑞毕现。成祖大悦，遂封哈立麻万行俱足十方最胜等如来大宝法王，赐织金络珠袈裟，悉封其徒为大国师。其梵秘神通类多幻术，能役使小鬼，顷刻立致万里外非时难得之物，变眩怪妄，非人思虑所可测度。当时诸藏之得大乘、大慈等法王号，又有阐教、阐化等五教王。五教王贡使罗络、西宁、洮潢之间，而中国亦尝苦其烦费。然实愚之以优礼，广锡封号，使各自通贡入朝，以阴分其势。番人不觉也，亦贪中国赏赉，以贡为利。正德中，遣中官迎乌斯藏活佛，悉帑中黄金焉供具，帝后及妃主争发奁装、首饰、玑琲以为旛伞，费万万计，以十年为往返期。既至，活佛避匿不可见，尽丧其宝玉，徒手遁还。万历时，又有神僧锁兰坚错亦通中国，称活佛。此其西蕃大略也。翰林庶吉士王晟尝为余言其始末如此。

晟家宁夏，本蔡氏子。自言其叔父尝贩茶，数往来徼外，习番事，且王氏世世西陲吏目，晟自其幼时颇详乌斯诸藏始末。晟今年初，生平始入京师，四月中会试第几名，殿试中十三名，博洽经史，强记绝人。偶逢余琉璃厂中，察其意，颇自为奇遇。且其初来京师，交游未广，不识忌讳。明日，访余天仙庙，语番僧事甚详。笔语如流，颇示博雅。然考据史传，此似为实录。自巴思八入中国者，或贤或否，而未有号活佛。活佛之称，始于中明。虽名僧王，皆有妻子，以子为嗣，特未尝要妻诰封于中国。中国礼遇虽无所不至，而特不及此，盖为其王皆僧也。独乌斯藏法僧相继，自王其地，自中明以后久不烦中国封号，常有大、小二法王，大法王死时嘱其小法王，某地某人家儿生有异香，即我也。大法王已死，而某地所嘱儿亦已生矣，验儿肌肤果香，即具幡幢宝盖、珠伞、玉舆、金辇往迎儿，以尺帕裹至，以巴思八感香帕而生故也。遂储养为小法王，前小法王为大法王。即今班禅，乃其大宝法王，已十四世投胎，元、明间所有神僧皆其前身。在道历历言元时打斯哥儿故事，乃迎伞巴思八教，今来迎我，细仗鼓吹，不成仪卫，于是悉发云麾使銮仪、十二司驾仗、太常法乐、清真乐、黑龙江鼓吹、盛京鼓吹郊迎。余问法乐，对未之详也。问清真乐，对回子七十弦大瑟。问黑龙江鼓吹，曰十二孔龙笛。刺窝哥登，未详其器。问云麾使銮仪，曰不齿路马。时周举人在傍，列书训象、训马、静鞭、骨朵、棕荐、篦头扇、手班剑，其目无数，随即墨抹，殊未可晓也。

王翰林字晓亭。晓亭又言，班禅在道，对内阁言："赵王在宝云殿东厢下为我书《金刚经》，纔书二十九字，时嘉庆门焚，赵王惊，意遂散，不能复书，然为天下宝。今书安在？"学士以闻。赵王者，赵孟頫也。贝叶漆书廿九字，世不知为何只有此廿九字。初藏圣安寺佛腹中，明天启中，江南大贾祝姓改塑佛躯，得书，潜持归。本朝康熙中，巡南方，耆儒李果持献此书，遂为秘府珍藏。懋勤殿具有御摹及于沧亭临书，乃以拓本示之，曰："非也，初书力叉罗也。"遂示贝叶真迹，喜曰："此书真切是也。"又言："永乐天子与我烧香灵谷寺，天子美须髯，揽鬓纳怀中，触断璎珞，逸二珠。天子怒，诘太监魏芳庭。时琉璃国师骑白象，后至，以六环杖击寺门揭谛。揭谛战惧泣，国师以掌承泪，还得二珠，太监由是免究。我殊知状。"此在刘杰《五云秘记》，有历代灾祥、帝王寿夭，皆谶纬言，为禁书，民间不得收，独藏秘府，班禅安从知此？班禅又言："正德天子会我豹房。"正德时，所谓活佛未尝入中国，而其事俱征，多前辈传记中语，然辽绝数百年间，殊为恍惚。以此谓班禅乃巴思八后身，或为哈立麻，或言前代所有活佛皆此轮转，未可臆断其真否也。

余在热河时，蒙古人敬旬弥为余言，西番，古三危地。舜窜三苗于三危，乃其地也。其国有三，一曰卫，达赖喇嘛所居，古之乌斯也；一曰藏，班禅喇嘛所居，古亦曰藏；一曰喀木，更在西，无大喇嘛，古曰康国。其地在四川马湖之西，南通云南，东北通甘肃。唐玄奘法师入三藏，乃其地也。玄奘去时，其地无人，乃大水。及回时，即水消而有聚落，至中唐时辄成吐蕃大国，为中原患，然未知奉佛。元初，佛教北流，有蕃僧曰巴斯巴，巴与八同音，乃巴思八也。——亦号，非名也——具大神通，元初封为帝师、大宝法王，皆身殁，以侄为嗣。明初，诸法王来朝，成祖有鉴于唐，皆优礼之。其僧亦皆有幻术，益见尊礼。今之喇嘛，大约始于明之中叶。有异僧曰宗喀巴，来亦远方，入西藏，有异术，一见即令人倾倒，且有投胎夺舍之说，诸法士皆以为师而自甘退就弟子之列。宗喀巴传有二弟子，长曰达赖喇嘛，次曰班禅额尔德尼。达赖喇嘛目今投胎七世，班禅喇嘛投胎四世。本朝天聪时，班禅越过大漠遣使来贡，知东方之生圣人，自是年年遣使入贡。康熙时，仁祖欲其入朝而未尝来，去年万寿节自注，即今本年。乃请入觐，故优礼之。大约其教僧名而道家实也，其观想、运气、持咒与道家相类，而其书之博深夸大亦过道家。此二人外又有胡图克图者，皆其弟子也。亦能投胎夺舍，有五六世者多矣。国王之师无神通，但善言禅理。又曰僧名道实之说即此。其为说颇不分明，与王晟所言大有异同，其言曰明之中叶有异僧曰宗喀巴，其弟子长曰达赖喇嘛，次曰班禅额尔德尼；又曰天聪时班禅越过大漠来贡。天聪距中明可百余年，今距天聪又百余年。以一人而常住至今耶，抑投胎四世而常袭其一名耶？所谓胡图克图者，又谁弟子也？余又询国王之师善言禅理者，又指谁也？句弥皆不对，竟为他语也。

还入塞时，与一客语长城下，询西番事。客对曰："西番，故吐蕃地也。奉藏教，亦名黄教。本自其国俗然也，非另立僧名，而中国人谓之僧，其实大异佛教。目今中国佛教废久矣。"在热河时，虽朝贵，反问余班禅状貌。盖非亲王额驸及朝鲜使者，未之得见故也。

既还燕，日与俞黄圃、陈立斋诸人游，而诸人者未尝一言及班禅。即余有所询，辄曰："有元、明间之例。"又曰："吾辈所不能详。"竟莫肯一言。一日，余与高太史械生饮酒段家楼，高太史言班禅事。方发端，座有冯生者目止之，余甚怪之。久之，闻山西布衣有以七条上疏者，其一盛论班禅，帝大怒，命剐之，我东驿夫多见之宣武门外云。自是不敢复询班禅事，虽相欢如俞、陈两生。又不得山西布衣姓名，或曰上疏者，举人张自如云。

西番始末，大抵莫详于王晓亭所言，如洒茶灭火、凌波渡河，俱有栾巴、达摩往迹，故不著于此。

窃尝论之，古之帝王，能学焉而后臣之，故益圣；以天子而友匹夫，不贬其尊，故益大。后世无是道也。独胡僧方术、左道异端之流，不耻以身下之者，何也？余今目击其事，彼班禅，若果贤者也。黄金之屋，今皇帝之所不能居也，彼班禅何人者，乃敢晏然而据之乎？或曰：自元、明以来，惩唐吐蕃之乱，有来辄封，使分其势。其待之以不臣之礼者，亦不独今时为然也。此非然也。当时天下初定，意未尝不出于此。然元之号帝师曰皇天之下一人之上宣文大圣至德真智，一人者天子也，为万邦共主，天下岂有复尊于天子者哉？宣文大圣至德真智，孔子也，自生民以来岂来复贤于夫子者哉？世祖起自沙漠，无足怪者。皇明之初，首访异僧，分师诸子，广招西番尊礼之，自不觉其卑中国而贬至尊、丑先圣而抑真师。其立国之始，所以训教子弟者，又何其陋也！大抵其术有能长生久视之方，则乃是投胎夺舍之说而侥幸世主之心耳。或曰梁、陈之帝舍其身为佛家奴，则僧之高于天子久矣，特未闻为黄金殿云。

仲存氏曰：大抵皆传疑之笔，然异时修一代之史，不得不为班禅立传，而时移事往，未易如此篇之详备。但恐外国私记，无缘为汗青人所据，是则可惜也。

札什伦布

见班禅额尔德尼于札什伦布。札什伦布者，西番语，犹言大僧居也。自避暑山庄循宫城右望棒捶山，益北行十余里，渡热河，依山为苑，凿冈斫麓，呈露山骨，自为裂崖断壁，磊砢错落，状十洲三山，兽呀禽翘，云崩雷郁。有五空桥，自桥道皆城，其平皆刻龙凤。缘道白石栏，曲折抵门。又有二角门，皆蒙古兵守之。入门铺砖，为地阶三道，白石栏刻皆云龙。会一桥，桥五空。台高五丈，周以栏干，皆文石雕海马天禄，角端鳞角鬐蹄，皆从石肤为色。台上置二殿，殿皆重檐黄金瓦。屋上起行六龙，皆黄金躯。其圆亭曲榭、复楼重闼、危轩层寮，皆覆青绿紫碧琉璃瓦，工费千亿百万万。采色叱蚊虿，雕镂耻鬼神，虚灵逼雷霆，渺漭若昏晨。苑中新栽幼松，连络山谷，皆矫直丈馀。系纸为标，计曰前所植也。杂植奇花异草皆初睹，不识其名。时方竹桃盛开，喇嘛数千人，皆曳红色禅衣，戴黄左髻冠而袒臂跣足，骈阗匝沓。面皆戉削，紫黑色，高鼻深目，广颐卷髭，手脚皆锁兜脱，耳穿金环，臂刺纹龙。殿中北壁下设沉香莲榻，高及肩，班禅跏趺南向坐。冠黄色氆氇，有鬓，状似靴，高二尺余。披织金禅衣，无袖，袪挂左肩，围裹（裹）全躯。衽右腋下露垂右臂，长大如腿股而金色。面色深黄，圆几六七围，无髭须痕，悬胆鼻，眼眉数寸，睛白，瞳子重晕，阴沉窅冥。左有二低床，二蒙古王联膝坐，面皆黑赤色。一鼻锐额隆，无髭；一削面虬髯，衣黄衣。喋喋相视语，复仰首，若有所听。二喇嘛立侍于右，军机大臣立喇嘛下。军机大臣侍皇帝则衣黄，侍班禅则易喇嘛服。余俄视金瓦日烘，入殿中，宇阁沉沉。其所披着皆织金，故肌肉色夺深黄，类病疽者。然大抵有金色而脓肿蠢蠕，肉多骨少，无清明英俊之气，虽穹峙满屋，不见所畏，鸿蒙如水，神海若图也。皇帝使内务官诏传玉色绫缎一匹，执见班禅。内务官手自分截三段，给与使臣，名哈达。盖班禅自言前身巴思八，巴思八母吞香帕而生，故见班禅者必执帕为礼，而皇帝每见亦执黄帕云。

军机大臣初言皇上也叩头，皇六子也叩头，和硕额驸也叩头，今使臣当行拜叩。使臣朝既，争之礼部曰："拜叩之礼行之天子之庭，今奈何以敬天子之礼施之番僧乎？"争言不已。礼部曰："皇上遇之以师礼，使臣奉皇诏，礼宜如之。"使臣不肯去，坚立争甚力。尚书德保怒，脱帽掷地，投身仰卧炕上，高声曰："亟去亟去！"手麾使臣出。今军机有言，而使臣若不闻也。提督引使臣至班禅前，军机双手擎帕，立援使臣，使臣受帕，仰首援班禅。班禅坐受帕，略不动身，置帕膝前，帕垂榻下。以次尽受帕，则还授帕军机，军机奉帕立侍于右。使臣方以次还出，军机目乌林哺止使臣，盖使其为礼，而使臣未晓也，因逡巡却步，退坐黑缎绣绷，次蒙古王下。坐时微俯躬举袂仍坐，军机色皇遽，而使臣业已坐，则亦无如之何，若不见也。提督得分帕时，所余帕尺余，进帕叩头惟恭，乌林哺以下皆叩头恭顺。茶行数巡，班禅发声问使来由。语响殿宇，如呼瓮中，微笑频首，左右周视，眉间皱蹙，瞳子半涌，睫裹细开深流，类视短者，睛底益白而暖霾益无精光。喇嘛受语传蒙古王，蒙古王传军机，军机传乌林哺以传我译，盖重五译也。上判事赵达东起扼腕曰："万古凶人也，必无善终理。"余目之，喇嘛数十人，担红绿诸色氆氇、猩猩毡、藏香、小金像，分赐有差。军机以所捧帕裹（裹）佛，使臣以次起出，军机开录所赐诸物奏帝，驰马去。

使臣出门，行五六十步，负断麓荫松树沙上，环坐且饭，议言："吾辈见番僧，礼殊疏倨，违礼部指道。彼乃万乘师也，得无有生得失乎？彼所给与物却之不恭，受又无名，将奈何？"当时事既仓卒，辞受当否未暇计较，而凡系皇帝诏旨、彼所举行爎熻倏忽，如飞星流电，我使进退坐立只凭彼道，已类土塑木偶。且又重译，彼此通官反成聋哑，如行旷野猝遇奇鬼，莫测何状。使臣虽有妙辞娴令，无所张皇，而彼亦所未能详，固其势然也。正使曰："今所寓馆，太学业，不可以佛像人。"令我译觅厝佛之所。

是时番汉环观者如堵，军牢挥棍逐之，散而复合。或有顶水晶者，或翠羽杂立其中，未悟其内臣来觇也。永突高声呼余曰："使臣色不荣乐，久露坐，喋唼议短长，独不念致怪彼人乎？"余顾视，则前所传诏素林立余背后。素林因透众出，上马疾驰去。众中二人又上马疾驰去，察视之，皆小黄门也。自朴不花入元，元内侍多习东国语。皇明时，选朝鲜俊俏火者，教习黄门高丽语。今来觇二官，安知不娴东话也？素林又与翠羽者来，立马颇久而去。其往来迅疾，势如飞燕。使臣及任译辈方觉其来觇也，所受金佛未及厝置，故未得罢还，皆默然而坐。

皇帝放梅花炮于苑中，召使臣入见。殿重檐，中庭黄幄。殿上日月龙凤屏，陈设宝宬甚严，千官班立。时班禅独先至，坐榻上。一品辅国公辈及延绅贵显者，多趋至榻下，脱帽叩头。班禅皆亲手为一摩顶，则起出，向人举有荣色。良久，天子乘黄色小舆，侍卫只佩剑五六双，导驾鼓吹，觱篥一双，龙笛一双，金钲一双，琴、瑟、笙、簧、琵琶、笳、欧罗巴铁琴二三对，檀板一双。无仪仗，从者百余人。乘舆至，班禅徐起，移步立榻上东偏，笑容欣欣。皇帝离四五间降舆，疾趋至，两手执班禅手，两相搊搦，相视笑语。

皇帝冠无顶红丝帽子，衣黑衣，坐织金厚褥，盘股坐。班禅戴金笠，衣黄衣，坐织金厚褥，跏趺，稍东前坐。一榻两褥，膝相联也。数数倾身相语，语时必两相带笑含欢。数数进茶，户部尚书和坤进天子，户部侍郎福长安进班禅。长安，兵部尚书隆安弟也，与和坤俱侍中，贵震朝廷。日既暮，皇帝起，班禅亦起，与皇帝偶立，两相握手，久之，分背降榻。皇帝还内，如出仪。班禅乘黄金屋轿，还札什伦布。

仲存氏曰：自《穆天子传》以下，如汉东方朔《飞燕外传》、《西京杂记》、○○○等书，类非外廷所预、肜笔所书，故一切归之稗官。然皆足以见一代帝王之志尚举止。若此篇所记，何以称焉？

又曰：中原士大夫未有得见班禅者，还向我人问其何状。此其意不欲塗人耳目，而我乃为其所私亵无所惮，是则可耻之甚也。

行在杂录

呜呼！皇明，吾上国也。上国之于属邦，其锡赍之物虽微如丝毫，若陨自天，荣动一域，庆流万世；而其奉温谕，虽数行之札，高若云汉，惊若雷霆，感若时雨。何也？上国也。何为上国？曰中华也，吾先王列朝之所受命也。故其所都燕京曰京师，其巡幸之所曰行在，我效土物之仪曰职贡，其语当宁曰天子，其朝廷曰天朝，陪臣之在庭曰朝天，行人之出我疆场曰天使。属邦之妇人孺子语上国，莫不称天而尊之者，四百年犹一日，盖吾明室之恩不可忘也。昔倭人覆我疆域，我神宗皇帝提天下之师东援之，竭帑银以供师旅，复我三都，还我八路。我祖宗无国而有国，我百姓得免雕题卉服之俗，恩在肌髓，万世永赖，皆吾上国之恩也。今清按明之旧，臣一四海，所以加惠我国者亦累叶矣。金非土产则蠲之，彩马衰小则免之，米苎纸席之弊，世减其数。而比年以来，凡可以出敕者，必令顺付以除迎送之弊。今我使之入热河也，特遣军机近臣道迎之；其在庭也，命班于大臣之列；其听戏，得比廷臣而宴赉之，又诏永蠲正贡外别使方物。此实旷世盛典而固所来得于皇明之世也，然而我以惠而不以恩、以忧而不以荣者，何也？非上国也。我今称皇帝所在之处曰行在而录其事，然而不谓之上国者，何也？非中华也。我力屈而服，彼则大国也。大国能以力而屈之，非吾所初受命之天子也。今其赐赉之宠、蠲免之谕，在大国不过为恤小柔远之政，则虽代蠲一贡、岁免一币，是惠也，非吾所谓恩也。噫！戎狄之性如溪壑，不可厌也。皮币之不足而犬马焉，犬马之不足而珠玉焉。今乃不然，慈谅而款至，体恕而委曲，不施烦苛，无所违拒。虽吾事大之诚足以感彼而驯其性，然彼其意亦未尝一日而忘吾也。何则？彼寄居中国百有余年，来尝不视中土为逆旅也，来尝不视吾东为邻比也。及今四海升平之日，所以阴狙我人者多矣。遇之厚，欲其市德也；结之固，欲其弛备也。他日归巢，压境而坐，责之以旧君臣之礼，饥瘵焉求其周，军旅焉望其助，安知今日区区纸席之蠲，不为异时犬马，珠玉之需乎？故曰可以忧而不荣者，此也。今皇帝之意未必专出于此，而吾东之为大国所私厚者有年，则人心之所晏然而易忽者也。吾于是并录其奏单及敕谕，以候夫先天下之忧而忧者。

礼部谕大使张：会同四译馆大使张文锦，字焕然，顺天大兴人也。为人短小精悍。"今奉旨：'朝鲜所来正副使，着来热河行礼。'钦此。即将此旨传谕该国使臣，将带往热河，官并从人开写姓名清单，即刻送至精膳司，明日拨上发往，为此特谕。八月初四日起更时。"

礼部谕大使张："奉旨将朝鲜使臣等带往热河行礼，已令即将使臣姓名、随往官役姓名并开写清单，即行送部，等候封报。至今尚未送到，事关奉旨，何得稽缓？即速开写清单送部，立等。并此次派出随往通官乌林哺、四哥徐宗显、保寿朴实树等三员，即将此谕传知该员等，令其明日巳刻带同朝鲜使臣等往宿林沟，特谕。"并谕大使张："明日卯刻在衙门伺候，有面交事件，特谕。八月初四日。"

朝鲜国进贺兼谢恩使前往热河行在清单：正使锦城尉朴明源，副使吏曹判书权衔郑元始，书状官兼掌令赵鼎镇，大通官洪命福、赵达东、尹甲宗，从官周命新正使裨将、郑昌后、李瑞龟副使裨将、赵时学书状裨将，从人六十四名。已上共七十四人，马五十五匹。

臣曹、臣德满尚书德甫，汉尚书曹秀先。六部皆置满汉为尚书侍郎。奏："为奏闻事，所有朝鲜国来使庆贺万寿节，令该使锦城慰朴、吏曹判书郑及从人等，于本月初九日来到热河，臣等派另照料妥插外，为此奏闻。"乾隆四十五年八月初九日奏。奉旨："知道了。"

臣曹、臣德奏："为据情代奏，恭谢天恩事。据朝鲜国使臣锦城尉朴、吏曹判书郑等呈称'伏以国王恭遇皇上七旬万寿，不胜欢忭，使职等赍表来贺，得赴热河行礼，已属荣幸；又蒙圣旨，令小国陪臣等得附天朝二品、三品大臣之末行礼，恩施格外，事旷千古。谨当归启国王，感戴皇恩。所有职等忭舞之忱，呈请礼部大人代为转奏'等情，具呈前来。为此谨具奏闻。"乾隆四十五年八月十日奏。奉旨："知道了。"钦此。

礼部谨奏："为奏闻事。本月十二日，臣等遵旨派员会同理藩院司员等，带领朝鲜使臣正使朴、副使郑、书状官赵等，前诣札什伦布，拜见额尔德尼。行礼后，令坐吃茶，询问该国远近，并入贡缘由。该使臣答以'因皇上七旬大庆，进表称贺，并恭谢天恩'。额尔德尼闻之甚喜，即属令永远恭顺，自然获福，仍给以使臣铜佛、藏香、氆氇等。该使等当即叩谢。所有给与使臣铜佛等物件，开单呈览。为此谨具奏闻。"乾隆四十五年八月十二日奏。奉旨："知道了。"钦此。

使臣见班禅事，余具载之《札什伦布》记。及见礼部奏问，其称拜见额尔德尼，给与使臣等物件，该使臣等即当叩谢云者，皆妄也。然而奏语事势不得不尔，第据吾所目击者详录之，以资山中曝背一粲，览者当有以察之。

正使铜佛一尊，氆氇十八，哈达一介，哈达者，犹云币帛。狸猩氊子二匹，藏香二十四把，计夹片一俗。不识为何物。

副使铜佛一尊，氆氇十四，哈达一介，猩猩氊子一匹，藏香二十把。

书状官铜佛一尊，氆氇十，哈违一介，猩猩氊子一匹，藏香十四把。

所谓铜佛，高尺余，此护身佛也。中国例相赠遣，远游者必持此朝夕供养。藏俗年例进贡，首以佛一尊为方物。今此铜佛，乃法王所以为我使祈祝行李之上币也。然而吾东一事涉佛，必为终身之累，况此所授者乃番僧乎？使臣既还北京，以其币物尽给译官。诸译亦视同粪秽，若将浼焉。售银九十两，散之一行马头辈，而不以此银沽饮一杯酒。洁则洁矣，以他俗视之，则未免乡暗。

礼部为公务事：所有外拨朝鲜国公文一角，相应咨送兵部转拨可也。主客司呈：为知照事，准行在礼部咨，称本部具奏朝鲜使臣来到热河一折，又具奏朝鲜使臣恭谢天恩一折，又具奏班禅额尔德尼给与使臣物件奏闻一折，相应钞录各具奏底知照等，因前来相应钞录各原奏并钦奉谕旨，移咨上谕事件处，稽察房、礼科、浙江并知照。

礼部谨奏："为礼仪事。恭照乾隆四十五年八月十三日皇上七旬万寿圣节行庆贺礼，是日，銮仪卫预陈皇上法驾卤簿于澹泊敬诚殿庭，设中和韶乐于澹泊敬诚殿檐下两旁，设丹陛大乐于二宫门内两旁亭内，俱北向。扈从之和硕亲王以下八人，〔八〕分公以上及蒙古王公、十尔扈特等，俱蟒袍补眼，至澹泊敬诚殿前，按翼排立；文武大臣暨朝鲜国正使土司等，在二宫门外，各照品级，按翼排立；三品以下各官暨朝鲜副使番子头人等，在避暑山庄门外，各照品级，按翼排立。礼部堂官奏请皇上御龙袍衮服，升澹泊敬诚殿宝座。中和韶乐作，奏《乾平》之章。皇上升座，乐止。銮仪卫官赞鸣鞭。阶下三鸣鞭，鸣赞官排班，丹陛大乐作，奏《庆平》之章。鸿胪寺官引诸王文武官各排班立。鸣赞宫赞引赞跪，王以下众官进跪；赞叩头兴，王以下众官行二跪九叩头；鸣赞官赞退，王以下众官俱复原位立。乐止。銮仪卫官鸣鞭，阶下三鸣鞭。礼部堂官奏礼成，中和韶乐作，奏《太平》之章。皇上銮驾还宫，乐止。王公以下众官俱出，内监奏请皇上御内殿升座。妃嫔具龙袍衮服，于皇上前行六肃三跪三拜礼。礼成，皇上起座，妃嫔等还宫，皇子、皇孙、皇曾孙等行礼。为此谨具奏闻。"

主客司呈：为知照事。准行在礼部咨，称乾隆四十五年八月十二日内阁奉上谕："朝鲜世守藩封，素称恭顺，岁时职贡，祗慎可嘉。间遇特颁敕谕及资送归国等事，如琉球等国，亦俱章陈谢。惟朝鲜国必备具土物，附表呈进，以藉悃忱。向因专使远来，若令赍回，徒滋跋涉，是以历次留作正贡，以示优恤。而该国恪供职守，届应正贡时仍复备物呈献，往来烦复，转觉多一仪文。我君臣推诚孚信，中外一体，又何必为此繁缛之节耶？今岁朕七旬万寿，该国具表称贺，业已宣命来使前赴行在，随朝臣一体行礼宴赉。其随表贡物，此次即行收受，以伸该国庆祝之诚。嗣后除岁时庆节正贡仍听其照例备进，其余陈谢表章、所有随表贡物，概行停止，毋庸备进，副朕柔惠远人以实不以文之至意。"

臣德、臣曹奏："为据情代奏，恭谢天恩事。据朝鲜国使臣锦城尉朴、吏曹判书郑等呈称'伏以恭遇皇上万寿节届，九域庆溢，本国不胜欢忭之祝，略效进贺之忱。礼部添"瞻望圣僧，获沾福佑"。乃者格外恩赏，特沾小邦，至及于陪臣之贱。礼部改"加赏国王陪臣并从人等缎匹银两"。荣光所被，旷绝前后。谨当归奏国王，礼部添"另行具表陈谢"。感戴皇恩，呈请礼部大人代为转奏'等情，具呈前来。为此谨具奏闻。"乾隆四十五年八月十四日奏。奉旨："知道了。"钦此。

笔帖式所持文簿中，有此旨下呈文而与原本大异，盖礼部转奏时添改也。使臣大骇之，令任译先往礼部朝房诘其由，曰："何故潜改呈文而不令相知？"郎中大怒曰："你们呈文全没事实，故礼部大人为你国周旋，已禀下。你们不知为德而乃反盛气来诘，何耶？"

六部中，礼部最多举行。自天地郊庙、山川祠典、皇帝起居、四海万国，莫不关由。余在热河，视礼部举行之关我国者，有以占天下事矣。皇帝有特恩于使臣，则礼部随即迫令呈文，为之转奏，此在使臣义分。其叩谢当否，自由使臣。在大国体统，虽外国陪臣私自鸣谢，以要转奏，事当退却，以烦屑渎扰为辞。乃今不然，惟恐呈文之后时、转奏之不及，甚至于不询使臣，潜改句语，不顾大体，只要一时悦豫之资，自陷罔上之科而甘取外国之侮。礼部如此，诸部可知矣。且使臣不日当还，则咨文自可受去。而急先转拨，有若委巷小人炫功德色者然。大国事何其浅浅然无足法于天下也？又有所深可忧者。礼部之所以奔趋我事，非畏我也，特畏皇帝之严急也。使臣之坐督礼部，事无难易，惟期速成。此无他，自不觉其有恃乎接遇之厚也，比年以来，已成规例。通官序班无所操纵于其间，久已积不平于我使矣。若皇帝一朝不视朝，而礼部之假借承奉少有差池，则一序班足以制我使之进退矣，又况礼部所以奔趋者，奉出于悦豫弥缝之事乎？为使臣者，不可以不察也。

凡使事进退，专关礼部。使臣之所以督成，不过任译而已。任译不过图嘱通官，通官不周图嘱衙门。所谓衙门，即四译、提督及大使也。提督、大使之于礼部堂官，等威截严，非可造次干托也。然而使臣之疑怒恒在译官者，盖由言语莫能自通而只凭彼此译舌故也。使臣既疑其受欺，而任译常怨其难明，上下情地否隔，不得相通。使臣之督责任译逾急，则序班通官之操纵逾甚，进退缓急，始在掌握，动辄索赂，岁增年加，遂成前例。今其所被操纵，不过回期之暂滞、文书之差退而已。万一有事且急，而大国之所以慰接使臣者，未保其恒如前日，则深坐馆中者，不过外国之陪臣耳，将谁恃乎？惟得仰成于序班，而凡系礼部者，始得沛然而公行其操纵矣。为使者不可以不虑也。清兴百四十余年，我东士大夫夷中国而耻之。

虽黾勉奉使，而其文书之去来、事情之虚实，一切委之于译官。自渡江入燕京，所经二千里之间，其州县之官、关阨之将，不但末接其面，亦不识其名。由是而通官公行其索赂，则我使甘受其操纵，译宫遑遑然承奉之不暇，常若有大机关之隐伏于其间者。此使臣妄尊自便之过也。使臣之于任译，太疑则非情，而过信亦不可。如有一朝之虞，则三使者其将默然相视，而徒仰任译之口而已哉？为使者不可以不讲。燕巖识。

仲存氏曰：俱是深忧远虑。此编及原集中所论银货一段，有司者宜熟读。

（节录《热河日记》）

六、平定大小金川、康熙与乾隆定台湾以及白莲教农民起义史料

（三种）

乾隆平定大小金川

(清) 魏 源

初定金川土司记

金川者，小金沙江之上游也。一促浸水出松潘徼外西藏地，经党坝而入土司境，颇深阔，是为大金川；其一僧纳水源较近，是为小金川。皆以临河山有金矿得名。二水均自东北而西南，至明正土司地合流为宁远府之若水，至会理州为金沙江，亦名泸水。隋始置金川县，即汉冉駹外徼，唐维州地也，明隶杂谷安抚司。万山丛蠹，中绕汹溪，皮船筜桥，曲折一线，深寒多雨雪，惟产青稞、荞麦。番居皆石碉，与绰斯甲布等九土司壤相错。康熙五年，其土司嘉勒巴内附，给演化禅师印，俾领其众。其庶孙莎罗奔者，以土舍将兵从将军岳钟琪征西藏羊峒番有功，雍正元年奏授金川安抚司。莎罗奔自号大金川，而以旧土司泽旺为小金川。莎罗奔寻以女阿扣妻泽旺。泽旺懦，为妻所制。

乾隆十一年，莎罗奔劫泽旺归，夺其印。四川总督檄谕之，始还泽旺于故地。明年，又攻革布什札及明正两土司，巡抚纪山遣副将率兵弹治，不奉约，反伤我官兵，纪山奏请进剿。上以云贵总督张广泗征苗有功，调督四川，进屯泽旺所居美诺官寨，而以其弟良尔吉从征。时莎罗奔居勒乌围，(一作勒歪)。其兄子郎卡居噶尔崖，(一作刮耳月，一作噶拉依)。地在大河之东，而河西亦有贼地数百里。张广泗奏调兵三万，分两路，一由川西入攻河东，一由川南入攻河西。而河东又分四路，以两路攻勒乌围，以两路攻噶尔崖；河西亦分三路攻庚特额诸山。期以是年告蒇。阻险不前，复请增兵万。

十三年春，诸将多失事，副将张兴、游击孟臣皆因土兵降番通贼战死，惟总兵任举力攻昔岭，连夺碉卡，亦未大捷。上乃命大学士公讷亲往视师，又起故将军岳钟琪于废籍，以提督衔赴军自效。岳钟琪由党坝取勒乌围，张广泗由昔岭取噶尔崖。议既定，而讷亲至，锐意灭贼，下令限三日取噶尔崖；总兵任举、参将买国良战死，自是不敢专政，仍倚张广泗办贼。张广泗轻讷亲不知兵，而气凌己上，故以军事推让而实困之。将相不和，士皆解体。张广泗所用良尔吉者，本与阿扣通，莎罗奔令与阿扣为夫妇，其絷泽旺、夺印与地皆良尔吉之谋，甚不利官军之助小金川也，专为莎罗奔耳目，军中动息辄报贼预为备，所向扞格。岳钟琪密奏之，而张广泗信汉奸王秋言，坚任之不疑。是年，自五月进兵，至八月未得寸进。方攻拉底山，十余贼噪而下，我兵三千皆溃。诏责岳钟琪、傅尔丹，皆以宿将起用于废弃之中，未闻发一谋，出一策。钟琪奏："广泗专主由昔岭、卡撒进攻之策，此二处中隔噶尔崖，距贼巢尚百余里。党坝至勒乌围仅五六十里，破隘即可捣巢。而广泗派党坝官兵名为一万，除守营卡防粮站外，实止七千余，臣请增兵三千，广泗不允。且信用降番汉奸，恐生他变。"会讷亲亦劾广泗老师糜饷各事。上逮张广泗入京，而命大学士傅恒代讷亲经略。是冬，张广泗至京廷讯，责以"挟私观望"之罪，抗辩不服，怒斩之。命讷亲覆奏。先后呶呶万言，无一要领，惟急请回京陛对。上又以其祖遏必隆之剑邮寄军前，赐死。十二月，傅恒至军，则斩良尔吉、王秋、阿扣以断内应，增调邻省兵，刻期进剿。

十四年春正月，奏言："金川之事，臣到军以来，始知本末。当纪山进讨之始，惟马良柱转战直前，逾沃日，收小金川，直抵丹噶，其锋甚锐。其时张广泗若速济师策应，乘贼守备未周，殄灭尚易，乃坐失机会，宋宗璋逗留于杂谷，许应虎失机于的郊，致贼得尽据险要，增碉备御，七路、十路之兵无一路得进。及讷亲至军，未察情形，惟严切催战，任举败没，锐挫气索，晏起偷安，将士不得一见，不听人言，不恤士卒，军无斗志，一以军务委张广泗。广泗又听奸人所愚，惟恃以卡逼卡，以碉逼碉之法。无如贼碉层立，得不偿失，先后杀伤数千人，尚匿不实奏。臣查攻碉最为下策，枪炮惟及坚壁，于贼无伤。而贼不过数人，从暗击明，枪不虚发。是我惟攻石，而贼实攻人。且于碉外开濠，兵不能越，而贼得伏其中，自下击上。又战碉锐立，高于中土之塔，建造甚巧，数日可成，随缺随补，顷刻立就。且人心坚固，至死不移，碉尽碎而不去，炮方过而人起。客主劳佚，形势迥殊，攻一碉难于克一城。即臣所驻卡撒左右，山顶即有三百余碉，计半月旬日得一碉，非数年不能尽。且得一碉辄伤数十百人，较唐人之攻石锋堡，尤为得不偿失。如此旷日持久、老师縻饷之策，而讷亲、张广泗尚以为得计，臣不解其何心也。兵法：攻坚则瑕者坚，攻瑕则坚者瑕。惟有使贼失其所恃，而我兵乃得展其所长。臣拟俟大兵齐集，同时大举，分地奋攻，而别选锐师旁探间道，裹粮直入，逾碉勿攻，绕出其后，即以围碉之兵作为护饷之兵。番众无多，外备既密，内守必虚。我兵即从捷径捣入，则守碉之番各怀内顾，人无固志，均可不攻自溃。卡撒为进噶尔厓正道，岭高沟窄，臣既身为经略，当亲任其难。至党坝一路，岳钟琪虽称山坡较宽，可以水陆并进，兼有卡里等隘，可以间道长驱，但臣按图咨访，隘险亦几同卡撒，且泸河两岸，贼已阻截，舟难径达。惟可酌益新兵，两路并进，以分贼势，使其面面受敌，不能兼顾，虽有坚壁高垒，汉奸不能为之谋，逆酋无所恃其险矣。至于奋勇固仗满兵，而向导必用土兵，土兵中小金川尤骁勇。今良尔吉之奸谋已诛，泽旺与贼雠甚切，驱策用之，自可得力。至沃日、瓦寺兵强而少，杂棱、绰斯甲等兵众而懦，明正、木坪忠顺有余，强干不足，革什乍兵锐可当一路。是各土司环攻分地之说虽不可恃，而未尝不可资其兵力。前此讷亲、张广泗每得一碉，即拨兵防守，致兵力日分,即使毁除,而贼又于其地立卡藏身,以伤我卒,是守碉毁碉均为无益。近日贼闻臣至,每日各处增碉,犹以为官兵狃于旧习,彼得恃其所长。不知臣决计深入,不与争碉,惟俟大兵齐集,四面布置,出其不意,直捣巢穴,取其渠魁。定于四月间报捷。"

初,上以土司小丑,劳师二载,诛两大臣,又失任举良将,已不释于怀。及是闻其地险力艰不足殚师旅,益恨讷亲、张广泗之不早以实闻也,且屡奉皇太后"息武宁边"之谕,遂命傅恒颁师还朝。傅恒复奏言:"金川军事,误于初起之时,蛮酋本在化外,止可略惕以威,不必深入其阻,一误再误,以讫于今。若复轻率蒇事,则贼焰愈张,众土司皆罹其毒,边宇将无宁日。使贼境果非人力可及,臣亦何敢强必成功?但申度形势,贼碉非尽当道,其巢尤皆老弱,但舍碉而直捣中坚,贼亦必出碉而内顾分拒。我兵且战且前,一面乘间夺碉,一面各携两旬干粮,由昔岭中峰直抵噶尔厓,实有破竹建瓴之势。今功在垂成,弃之可惜,且臣受命调兵大举,若不扫穴擒渠,亦何颜以返内地?不然,或贼震惕乞降,匍匐军门,则相机擒献,亦可奏凯。"上已决计罢兵,恐傅恒守"将在外,君命有所不受"之说,坚欲成功,复寄谕反复数千言,且谓"蕞尔土司,即扫穴犁庭不足示武;且果献俘,则必悬首藁街,非所以示受降之信。如此时已就执,可于四川中途释归故巢"。

时傅恒及岳钟琪两路连克碉卡,军声大振。莎罗奔父子闻大兵决计深入,又断内应,遣人诣岳钟琪乞降,惟畏死不敢出。初,钟琪为川陕总督时,勘金川与沃日各土司争界事,尽反年羹尧前失,区画甚公,莎罗奔故以土舍隶钟琪麾下,蒙奏给土司印,其德之。至是乞降于钟琪,钟琪轻骑径抵其巢,贼见其亲至,则大喜,悉听约束,顶佛经立誓。次日,莎罗奔父子从钟琪坐皮船出洞诣大军。先使番人诣军前,除地为坛,设行幄。至期贼酋泥首坛前,傅恒升幄责其抗命,莎罗奔等叩颡,誓遵六事,归土司侵地,献凶酋,纳军械,归兵民,供徭役。乃宣诏赦其死,诸番焚香作乐,献金佛谢。

二月四日，奏闻，诏封傅恒一等威勇公，复岳钟琪三等威信公，立碑太学，以钟琪之佐经略比李愬之于裴度云。初，上闻金川碉险，因于京师香山设石碉，造云梯，简羽林攸飞之士习之，未逾月得精兵二千，命傅恒统之以行。次年，遂即其地立健锐营，以时训练，有征伐则皆以此劲旅制胜。其筑碉者，即金川番兵也。是役因垒即降，故兵未血刃而凯旋。然三十六年小金川复叛时，诏书亦以为前次宽大受降未甚惩创所致，深悔姑息，卒草薙擒狝之而后已。

再定金川土司记

初，乾隆十四年受大金川之降也，朝廷示用兵不得已之意，叛则讨之，服则舍之，不欲黩武于荒徼。而贼恃其未大创也，不数年，莎罗奔兄子郎卡主土司事，渐桀骜。二十三年，逐泽旺及革布什札土司于吉地，总督开泰檄谕，而郎卡侵邻境不已。三十一年，诏总督阿尔泰徼九土司环攻之。而阿尔泰姑息，但谕返诸土司侵地，即以安抚司印给郎卡，且许其与绰斯甲结姻，而以女妻泽旺之子僧桑格。初，九土司中巴旺、丹坝皆弹丸，非金川敌，其明正、瓦寺亦形势阻隔，其兵力堪敌金川而地相通者，莫如绰斯甲与小金川。阿尔泰不知离其党与，反听释仇结约，由是两金川狼狈为奸，诸小土司皆不敢抗，而边衅棘矣。时泽旺老病不知事，郎卡亦旋死，其子索诺木与僧桑格侵鄂克什土司地。三十六年，索诺木诱杀革布什札土官，僧桑格亦再攻鄂克什及明正土司，我兵往护鄂克什，僧桑格遂与官兵战。事闻，上以前此出师本以救小金川，今小金川反恃逆，罪不赦。阿尔泰历载养痈，至是又按兵打箭炉半载不进，罢其职，既而赐死。命大学士温福自云南赴四川，以尚书桂林代阿尔泰为总督，共讨贼。温福由汶川出西路，桂林由打箭炉出南路。时僧桑格割地求援于索诺木，索诺木潜遣兵助逆。上命官兵先剿小金川，且勿声大金川之罪。

三十七年春，桂林克复革布什札土司故地，温福克资里及阿喀。五月，桂林遣将薛琮等将兵三千，裹五日粮，入墨垄沟。贼截其后路，我兵告急，而桂林不赴援夹攻，致全军陷没，泅水归者仅二百余。桂林匿不以闻，被劾奏，乃以阿桂代桂林为参赞大臣赴南路。十一月，阿桂以皮船宵济，连夺险隘，遂直捣贼巢。十二月，军抵美诺，僧桑格已送其妻妾于大金川，而自赴泽旺所居之底木达，泽旺闭寨门不纳，遂由美卧沟窜入大金川。我军至底木达俘泽旺，而檄索诺木缚献僧桑格，不应。上以贼酋同恶相济，宜一举并灭，乃命温福为定边将军，阿桂、丰伸额为副将军。温福、阿桂奏言："前此张广泗等征金川，十路七路分合不常，其实只有六路，总以前抵勒乌围、噶尔崖为主。一为喀尔萨正路，由小金川美诺至噶尔崖约五程，为傅恒进兵之路；一为丹坝，由维州桥经番地抵勒乌围，约二十余程，中有穆津冈天险，为岳钟琪进兵之路，前后三载未逾寸步；一为僧桑格，由美诺抵噶尔崖六七程，即总兵马良柱之路；一为革布什，一为马尔邦，皆距噶尔崖五六程，险狭难行；一为绰斯甲之官寨，至勒乌围三程，至噶尔崖亦三程，均隔大河，碉寨林立难攻。此六路外，又有俄坡一路，从绰斯甲官寨至勒乌围，仅二程，山路较平。今既得美诺，即当山喀尔萨正路进兵，其俄坡一路既有绰斯甲土司愿出兵复其侵地，可为犄角，其余各路分兵牵制，使不能兼顾。"于是温福由功噶入，阿桂由当噶入，丰伸额由绰斯甲入。

三十八年春，温福以贼扼险不得进，别取道攻昔岭，驻营木果木，令提督董天弼分屯底木达，以守小金川之地。温福刚愎，不广咨方略，惟袭讷亲、张广泗以碉卡逼碉卡之故事，修筑千计，所将兵二万余大半散于各卡，每逾数日当奏事，即派兵扑碉，不计地势之难易，得不偿失，士心解体。参赞五岱及色右腾巴尔珠先后密奏。上尚未之信，而木果木之难作。

初，索诺木之留僧桑格也，祇欲图并小金川地，故挟以号召。六月，阴使小金川头目等由美诺沟出煽故降番，使复叛。诸降番见大军久顿不进，遂蜂起应之，先攻陷提督董天弼之营，次劫粮台，即潜兵袭木果木。温福尚不严备山后要隘，贼突薄大营，先夺炮局，断汲道。时大营兵尚万余，会运粮夫役数千争避入大营，温福坚垒门不纳，轰而溃，声如坏堤，于是军心益震。贼四面踩入，温福中枪死，各卡兵望风溃散。海兰察闻警赴援，殿众由间道退出，收集溃卒，尚万有数千，其战没者三千余，小金川地复陷于贼。阿桂闻变，知必有降番内应，先击杀近寨诸番，并尽收皮船，以断隔河之贼，故一军屹然不动，乃整队出屯翁古尔垄。上在热河闻报，召留京大学士刘统勋诣行在咨之。刘统勋前言金川不必劳师，至是则亦以兵不可罢。乃授阿桂定西将军，丰伸额、明亮为副将军。前此温福、阿桂皆奏言调满兵之费三倍绿营，不如多调土兵。至是以溃兵之故，复调健锐、火器营二千，吉林索伦兵二千赴剿。十月，阿桂改赴西路，明亮赴南路，丰伸额仍由绰斯甲进取宜喜。阿桂由鄂克什入，转战五昼夜，直抵美诺，复之。明亮将军由玛尔里入，亦所向克捷。遂尽复小金川地。上以夷性畏威不怀德，前此开网纵兽，不革心，转启侮，今不可不大创之，先磔泽旺于市，敕诸将移小金川之师进讨大金川，誓必扫穴擒渠乃许蒇事。阿桂力以身任之。

而大金川之地，自十二三年以来，全力抗守，增垒设险，严密十倍小金川。嗣是王师三路进攻，复阅两载余始克复。时贼巢有二：一乌勒围，一噶尔崖。其乌勒围以罗博瓦山为门户，阿桂令海兰察、额森特、海禄三路绕出其后，福康安、成德、特成额三路仰攻其前。黎明尽夺其险，进营那穆山，贼全力守之，乃移丰伸额攻宜喜之兵同来并力。六月，侦知色溯普岭有间道，可绕出那穆山之后，乃令诸军阳攻其前，而海兰察由间道破色溯普寨。贼舍那穆山退守萨斯甲岭，防御益严，惟迤西最高峰有两大碉削绝壁立，料我兵不能至，未甚备。七月，令诸军分攻各碉寨，数十道并进，而海兰察率死士六百，由最高峰削壁猱引而上，趾顶相接，比明及其碉，一涌而入，尽歼之。数十里各寨闻之皆夺气，遂同时破，乘胜直临逊克宗垒。

贼震慑，索诺木鸩杀僧桑格，而献其尸及妻妾头目至军，乞赦己罪。阿桂槛致京师，而攻益急。逊克宗垒为贼巢勒乌围外障，贼以死守，百计攻之不入。而日尔巴山之下，荣葛博山之上，有墨格山可进，十月大兵冒险克之，遂移营其地，距勒乌围二十余里。于是日尔巴山、荣葛博山之贼反在后，皆失其险，还攻尽克之，贼复退守康萨尔山。时五岱在凯立，叶五福在丹坝，望隔岭烟焰知大军已深入，皆越岭以军来会攻，势大振。时已十一月矣。距贼巢愈近，守愈坚，顿兵两月。明年春，力攻克之。贼复聚守朗噶寨。

初，明亮之攻南路也，阻于庚额山天险，不能进，阿桂令移军由宜喜入。当西路攻克色溯普岭时，南路军亦冒雨破宜喜七碉，十月克琅谷，遂与大军隔河。阿桂军河东，明亮军河西，乃约明亮过河议两路并进，使贼不可抽调御我。会连雨数旬，兵未能进。番地故少晴多雨，贼之剌麻又能为札答邪术，以致雨雪，泥潦没膝。四月中始霁，阿桂先使福康安、海兰察渡河西，助明亮攻宜喜。侦知甲索仅有贼老弱防守，袭破十碉，遂分兵六路，尽歼河西二十里内之贼，乘胜连克各寨。五月，阿桂河东军破朗噶寨，距勒乌围仅数里，进逼其巢，连破昆色剌麻寺及拉枯剌麻寺。七月，抵勒乌围。其官寨碉坚墙厚，西临大河，迤南有转经楼，与官寨相犄角，木栅石卡长里许，其东负山麓有崖八层，层各立碉，各路败回之贼咸聚守之。我兵先破卡栅数十重，以断其犄角，又毁桥断其走路，明亮亦攻河西以绝其援。八月十五夜，进捣巢穴，四面炮轰，官寨破之，攻至黎明，又克转经楼，其逸贼皆溺水死。两贼巢已破其一。而莎罗奔兄弟及各头目已先期遁赴噶尔崖矣。噶尔崖之前有玛尔占山，得之则可以俯临贼巢。大军议夺贼上游，而隔于西里之科布曲山，乃于九月攻西里，木城石碉中枪炮如万雨雹，我兵步步立栅，以次进逼，掷火弹入木城，城外多积薪，乘风延燎，木城顷刻尽。十一月，攻克科布曲山，于是军进无阻。十二月，遂据玛尔古山，尽夺要害，噶尔崖即在其下。其头目及番众纷纷出降，索诺木之母姑姊妹亦降，惟莎罗奔、索诺木及心腹死党则皆在围中。而明亮河西军自克茹寨后，阻额尔替山，明亮乘军中运炮邪许声贼不备时，三道突破其寨。又阻于札乌古山，求济师于阿桂。时大兵方捣噶尔崖贼巢，不能分兵往助。而贼两路分拒我者，至是亦左支右格，无能兼顾。及河东兵已逼噶尔崖，河西贼皆内顾丧胆，于是明亮、富德两路亦所向破竹。明亮至马尔邦，与富德军隔岭，乃与富德合军徇，各险皆下。十二月，三路军皆会于噶尔崖，筑长围周数里，断水道以困之，大炮昼夜霆击，所至洞墙壁数重。索诺木窘急，使其兄诣营乞哀，而自称病，匿坚碉中不敢出。先是贼势蹙，扬言寨破当举家自焚。上知番俗最忌自戕，贼妄倔强，不足信也。及是飞走皆穷，外围益急，索诺木果从莎罗奔及其头目妻子挈番众二千余出寨，奉印献军门。金川平。露布八日至京，上恭谒两陵、岱岳、阙里，献俘庙社，上皇太后徽号，勒碑太学及两金川地。封阿桂诚谋英勇公，在事文武官以次封赏进秩，郊劳饮至。时乾隆四十有一年之正月也。

  初，乾隆二十年，平准、回两部，辟地二万余里，用兵五年，用帑银三千万余两。金川地仅千里，不及准、回两部十之一二，而用兵亦五年，用帑银至七千万。功半而事倍者，则以天时之多雨久雪，地势之万夫莫前，人心之同恶誓死，兼三难而有之。方其神施鬼设，伺间出奇，九地九天，霆劈电骤，或七萃从石罅而出，或千矛随炮声而入，险万阴平，艰百石堡，自蚩尤以来，未有凿凶裂罅、骇目眢魂如兹役者。且其馈运之艰，或数石而致一石；禁旅所至，以数夫而供一夫。非乘国家全盛之物力，与庙堂宵旰之忧勤，固烈不臻此；非前狃于钟琪之宽大受降，后激于温福之偾辕失律，亦劳不致此。然则穷武节、殚飚锐以事之，奋伐深入，圣心亦岂得已哉。《易·既济》之《象》曰："高宗伐鬼方，三年克之。"又《未济》之《象》曰："震用伐鬼方，三年有赏于大国。"武丁，殷之极盛世也，克鬼方，殷极盛之武功也。一系之《既济》，一系之《未济》，以终之德行，恒易以知险，内外使知惧，圣人之情见乎词，岂得已哉。然自金川削平，中国始知山碉设险之利，湖南师之以制苗，滇边师之以制猓夷，蜀边师之以制野番，而川陕剿教匪时亦师之，以坚壁清野，而制流寇。

(《圣武记》卷七)

康熙与乾隆定台湾

(清) 魏 源

康熙戡定台湾记

　　台湾亘闽海中，袤二千八百里，衡五百里，与福、兴、泉、漳四府相直，距彭湖约二百里，厦门约五百里。其山起鸡笼，南尽沙马碕，千里有奇。惟山西东两面沃野，自海至山，浅阔相均，约各百里。大于琉球，埒于吕宋。自郑氏以前，皆生番据之。隋大业中，虎贲将陈稜一至彭湖，东向望洋而反。《宋史》谓彭湖东有毗舍那国，即其地也。元置巡司于彭湖，明初废之。嘉靖中，海贼林道乾窜据台湾，为琉球人所逐。天启中，日本倭逐琉球而踞之。荷兰红毛夷求香山、求彭湖于中国而不得，乃以重币啖倭，求台湾，一互市地，旋诱以天主教，又逐日本倭而有之。及国初而为郑氏所据。

　　郑芝龙者，泉州人。初附倭家于台湾，倭败去，芝龙以其人众，舟楫横于海。崇祯中，巡抚沈犹龙招降之。屡平剧盗，积官全都督同知。会闽大旱，芝龙言于巡抚熊文灿，以舶徙饥民数万至台湾，人给二金一牛，使垦岛荒，渐成邑聚。时郑氏已去台湾，惟荷兰夷二千踞城中，流民数万散屯城外。荷兰专治市舶，不敛田赋，与流民耦俱无猜。鸿荒甫辟，土膏坟盈，一岁三熟，厥田惟上上，漳、泉之人赴之如归市。郑成功者，芝龙取日本倭妇所生子也。当明季唐王隆武、桂王永历之际，起兵海上，屡寇闽、浙、江南。及顺治十七年，自江南败归，乃夺台湾为窟穴。时荷兰二城已置揆一王守

1275

之，与南洋吕宋、占城诸国互市，渐成都会。适其主会计之臣负帑二十万，恐发觉无以偿，乃走投成功，请为兵向导。成功览其地图叹曰："此亦海外之扶余也。"十八年，先以百艘泊彭湖，进图鹿耳门。门外向有浅沙数十里，海舟不能近岸，红毛夷又沉大艘塞港口。及是，潮骤涨丈馀，数百艘倏抵岸，红毛仓卒不支，遂克赤嵌城，进壁王城。其城乱石叠砌，火煅成灰，融为石城，坚凝不受炮，半载不下。乃塞其水源困之，且与约曰："予我先人故土者，子女玉帛任尔所之。"解围退三舍，荷兰乃以大舶迁国。成功既有台湾，与所据金、厦二岛相犄角，又礼处士陈永华为谋主，辟屯垦，修战械，制法律，定职官，兴学校，起池馆，以待故明宗室遗老之来归者。以赤嵌城为承天府，置天兴、万年二县，招徕漳、泉、惠、潮之民，汙莱日辟。是年，弃芝龙于市，郑氏在京者皆伏诛。诏沿海居民三十里界外尽徙内地，禁渔舟、商舟出海，以杜构煽。

康熙元年，成功卒，年三十有九。长子经守厦门，案：郑经官书皆作郑锦，殆二名也。入台嗣立。成功弟世袭谋据其位，为经所杀。我靖南王耿继茂、总督李率泰贻书招经。经请如琉球、朝鲜例，不登岸，不薙发易衣冠。不报。是年，监国鲁王亦卒于台。二年，明桂王亦灭，而经犹奉其永历之号。三年，继茂、率泰、施琅、黄梧等进兵，并檄荷兰夹板船会剿，克金、厦两岛，降其众万有八千。经遁归台湾。而浙督赵廷臣亦擒张煌言于南田之悬岙，岛寇悉平。授施琅靖海将军，以降将周全斌、杨富副之，进讨。会阻风罢兵。六年，琅入京复陈进兵事宜，部议寝之。七年，曲诏大臣明珠、蔡毓荣赴漳招谕。经仍以海外琉球、朝鲜例为词。是时，郑氏衰弱，不敢内犯。

十有三年，而三藩难作，靖南王耿精忠执总督范承谟反福建，告援于郑氏，许以漳、泉二府给之。台人大喜，亟渡海而西，与耿氏合从。精忠旋悔，不践割漳、泉之约。闽中故多郑氏旧部曲，海澄镇总兵赵得胜与其属刘国轩、广东潮州总兵刘进忠皆叛降于经，于是经自取泉取漳取潮。耿、尚皆诉于吴三桂，三桂令尚之信割惠州与经盟，申画疆界，然不获成。乘耿氏与王师杭，旋尾其后取汀州，运台米内渡济师。精忠前后受敌，十五年乃反正，导康亲王、傅贝子之师攻郑氏。十六年，我师收复漳、泉、邵武、兴化，其惠、潮亦反正。经遁入厦门。贝子傅拉塔卒于军，以贝子赖塔继之。十七年春，郑氏复出沿海，连下城堡十余。诏复迁沿海居民，画界如旧。十八年，经将刘国轩、吴淑、何祐等分道入犯。总督郎廷相檄调官军四路进剿，大战兼旬。海澄公黄芳世、都统穆赫林、提督段应举皆失利。案：是时前海澄公黄芳度已于十三年漳州破时遇害矣。国轩围之于海澄，环堑树栅。我援军至，国轩恐内外受敌，故开一面纵之入，以耗城中粮，围复合。夏六月，城中食尽，陷官军三万余，马万匹，都统、提督以下皆死焉。诏罢郎廷相，以姚启圣代之，以吴兴祚为巡抚，杨捷为提督。时国轩乘胜下漳平、长泰、同安，略取南安、惠安、安溪、永春、德化诸邑。国轩自围漳，遣兵围泉，而断漳州之江东桥及泉州万安桥，以拒官军。康亲王驻军福州不敢救。提督杨捷复惠安，巡抚吴兴祚、将军贝子赖塔复漳平。杨捷遣兵袭破陈山坝，以出万安桥之背，与大兵夹攻，夺其桥，炮沉其舟。而巡抚、贝子军阻江涨，亦得翰林李光地引出安溪间道，遂解泉围。国轩与吴淑、何祐等以兵五万分军漳州龙虎、蜈蚣二山，势甚盛。漳城兵少，哈喇达、耿精忠欲弃城避其锐。姚启圣闭城偃旗鼓，乘大雾突出精兵五千劫之，贼阵乱，自相踏藉，连破十六营，斩四千余级，复长泰、同安。然贼犹据江东桥不退，至是杨捷军赴援，复与启圣夹攻力战，克江东桥，尽夺险要，漳、泉之路始通。国轩遁还海澄。海澄三面环海，其陆地一面复掘濠引潮，以阻大军。不时出犯江东桥诸营，窥漳州，兼列艨艟守诸岛。相持一年不决，乃议厚集舟师，水陆夹攻，并檄荷兰夹板船为助。

时吴三桂已死于湖南，我水师破岳州。诏水师提督万正色督湖南、江、浙战艘二百由海赴闽。而姚启圣、吴兴祚新修三百艘亦成，配兵三万。启圣等复纵反间离其党与，重赏购募，先后降伪官四百余员，兵万有四千，即分隶水师，用以进攻，并约其守海坛之将为内应。于是不俟荷兰船至，启圣与捷克复海澄，万正色以水师克复海坛，水陆并逼厦门。复降其戈船将朱天贵，得其舟师，乘势捣袭，诸澳诸寨悉破。郑经及国轩等遂弃金、厦二岛归台湾。〔时〕十九年春夏也。

八月，康亲王还京师，留兵守金、厦二岛。于是贝子赖塔与经书曰："自海上用兵以来，朝廷屡下招抚之令，而议终不成，皆由封疆诸臣执泥削发登岸，彼此龃龉。足下父子自辟荆榛，且眷怀胜国，未尝如吴三桂之僭妄；本朝亦何惜海外一弹丸地，不听田横壮士逍遥其间乎？今三藩殄灭，中外一家。豪杰识时，必不复思嘘已灰之焰，毒疮痍之民。若能保境息兵，则从此不必登岸，不必薙发，不必易衣冠，称臣入贡可也；不称臣，不入贡，亦可也。以台湾为箕子之朝鲜，为徐市之日本，于世无患，与人无争，而沿海生灵永息荼炭。惟足下图之。"经报书请如约，惟欲留海澄为互市公所。姚启圣不可，议遂格。

二十年，姚启圣、吴兴祚疏请沿海民展界复业。从之。初，闽人当成功世，内输官赋，外应郑饷，十室九匮。及耿、郑之乱交作，杀掠所至，不知谁兵。闽中驻一王、一贝子、一公、一伯，将军、都统以下各开幕府，所将皆禁旅，居民居，食民食，役其丁壮，而渔其妻女，又迁沿海之界，流离内徙。至是始凯旋息肩，其驱掠而北者尚数万。姚启圣请康亲王下令禁之，且捐金赎还者二万。启圣在闽，靡财如河沙，耳目遍海岛，官帑不足，则回易贸迁以济之，前后挥霍百万。郑经在厦门时，有嬖人施亥者，姚启圣密赂使为间，约诱经至海口而伏兵擒之，郑氏大享将士，复赂其庖人，谋毒而歼诸，皆不克而死。会经卒，其长子克𡒉长而才，然乳婢出也，成功时即有人构经父子，谓孽贱不当为世孙辱国。及成功殁，经连年出兵在外，用陈永华言，命子克𡒉监国。晚败归台，又日近醇酒妇人，克塽监国二载，礼贤恤下，谨法令，物望归之。而群小惮其明察，经诸弟亦不利其立也，侍卫冯锡范先以计罢陈永华兵柄，永华郁郁死，克塽失助。时成功妻董氏尚存，复入间言，遂袭杀克塽而立次子克塽，袭延平王。幼弱不能莅事，事皆决锡范，于是郑氏遂败。行人傅为霖密约十三镇同日发难，事泄，锡范并构陷续顺公沈瑞而有其赀，人心益失。国轩居台而被刺者再，皆姚启圣所使也。

二十年，启圣奏："郑经死，子少，国内乱，时不可失。水师提督施琅习海道，可用。"内阁学士李光地奏亦同。二十二年六月，将出师，启圣欲候北风直取台湾。施琅欲乘南风先取彭湖，奏言："彭湖不破，台湾无取理；彭湖失则台湾不攻自溃。"请以战舰三百，水师二万，独任讨贼，而督臣留厦门济饷。从之。时国轩守彭湖甚严，尽据港口，舟不得泊。我军次七罩湾，水驶石恶，适潮涨石没，舟乘以进。国轩沿岸筑垒环二十余里，间垒列炮。会飓风夜发，怒涛山立，我舟师前锋簸荡飘散，贼舰四面围攻，琅亲督大艅冲其围，矢集，琅目几殆，力战得解。时国轩自率众二万泊牛心湾，而别屯万兵于鸡笼屿相犄角。我军惩前战被贼夹攻，乃议分三路，以五十艘出牛心湾，五十艘出鸡笼屿，为奇兵分贼势，而琅自督五十六艘分八队攻其中坚，以八十艘继后，每路中复各分三队，不列大阵，惟约以五艘攻其一艘。人自为战，酣鏖竟日，声震数百里，焚其百余艘，杀其兵万有二千。凡海洋占候：云合风生，雷鸣风止。是日将战时黑云起，贼方相贺，忽闻霹雳皆错愕，遂大败，国轩由吼门冒险突围逸。官军乘胜进台湾，至鹿耳门，胶浅不得入，泊海中十有二日，潮不至。忽大雾，潮高丈余，舟师浮而入。郑氏皆骇曰："先王得台湾，鹿耳门涨；今复然，天也。"七月，遣使议降。施琅、姚启圣奏闻。八月，敕至。于是国轩及冯锡范以郑克塽降，缴上成功所受明延平郡王、招讨大将军金印各一，公、侯、伯及将军、都督等银印五，籍土地、户口、府库、军实以献。台湾平。时康熙二十有二年秋也。琅由海道报捷，七日抵京师。而姚启圣由内地驰驿后二日至。诏封琅靖海侯，克塽入都隶汉军，授公爵，国轩、锡范皆伯爵。

郑氏自成功传三世，凡割据三十有八年。始黄梧之降也，言郑氏石井山祖墓形势昌雄，宜铲之，泄其王气。于是晋江县之大觉山，南安县之覆船、橄榄、金坑诸山五墓皆毁，惟其石井山祖墓号"五马奔江"者，不知所在。至是克塽请以成功及经之丧归葬南安。收其地置台湾府，诸罗、台湾、凤山三县，西为彭湖厅。其后分诸罗北彰化为县，又北为淡水厅，设巡台御史，旋改兵备道。总兵辖水陆兵八千，彭湖副将水师二千。其后复增兵额万确四千，称重镇焉。

臣源曰：中国山川两干，北尽朝鲜、日本，南尽台湾、琉球。过此则为落漈尾闾，亦名万水朝东，舟楫所不至。故琉球、日本以东之国无闻焉。台湾地倍于琉球，其山脉发于福州之鼓山，自闽安越大洋为彭湖三十六岛，又东渡洋百里至台湾，为中国之右臂，可富可强，可战可守。方郑氏之初平也，廷议以其孤悬海外，易薮贼，欲弃之，专守彭湖。施琅以为"天下东南形势在海而不在陆，陆之为患有形，海之薮奸莫测。台湾虽一岛，实腹地数省之屏蔽。弃之，则不归番不归贼，而必归于荷兰；恃其戈船火器，又踞形胜膏沃为巢穴，是藉寇兵而资盗饷。且彭湖不毛之地，不及台湾什一。无台湾，则彭湖亦不能守。"诚深识遐虑之言哉。初，朝廷以沿海奸民逋逃通寇，下迁界之令，移沿海居民于内地，荡析流离，又失海上鱼盐之利，于是总督范承谟再疏而复之；台湾已服，尚禁商舶出洋互市，则施琅、蓝鼎元等屡议而开之；至漳、泉仰给于台米而禁其流通，台民渡海以亿计而禁其携眷，则高其倬、吴士功慷慨而陈之。于是开鼓铸之钱，编乡试之号，易竹树之城，辟生番之地。诚所谓仁者设其施，智者申其辩，勇者奋其断，而后鳞介乎冠裳，睢盱乎礼乐。观其菑畲攘剔，亦劳臣志士旷代之所缠绵也。

康熙重定台湾记

雍正元年，宪皇帝即位，诏曰："（康熙）末年，逆贼朱一贵倡乱，攻陷全台，诸臣夙禀方略，士卒感戴教养之恩，七日克复，破贼数万。当皇考春秋高迈，威播海外，所有立功将士，其各加等议叙。呜呼，盛矣哉！师武臣力如圣祖之世，而犹有此患。"

考康熙六十年夏四月，台湾朱一贵之叛，激于知府王珍税敛苛虐，滥捕结会及私伐山木之民二百余，淫刑以逞，凤山奸民黄殿、李勇、吴外等因民弗忍，又窥台吏文嫕武嬉，遂谋变也。以一贵朱姓，可托明裔。而一贵贩鸭，且暮出入，自成行列，煽乌合数百，夜劫冈山塘汛，揭竿荷耰，无器械。冈山距府城三十里，疾趋掩之，立可扑灭也。总兵欧阳凯闻警，集众议。游击刘得紫最知兵，请行不许。而遣游击周应龙以兵四百及四社土番数百往。应龙者，庞躯有口，实无能，行五里即止营，次日再进十五里。贼劫槺榔林汛，戕把总，掠军器，应龙隔一溪不救，贼旁掠四出，于是南路奸民杜君英等亦蜂起应之。周应龙遇贼冈山，一交绥，贼即败走入山。应龙又不追，而纵兵、番焚掠近村，于是各乡皆煽于贼，树帜响应。南路贼攻参将苗景龙于淡水营，周应龙闻报，复行十五里，翌日遇贼赤山。方合战，应龙遽以后队遁归府城，一贵大队随之。而君英等贼别攻凤山，参将苗景龙败死。府城大震，文武各吏尽室登舟，人无固志。总兵欧阳凯、游击刘得紫、副将许云率师千有五百出御之，中夜自惊扰，黎明稍集而贼至，许云跃马陷阵，官兵继之。贼大败，退屯竿津林。时水师游击游崇功出哨笨港，闻报，亦以兵还，入鹿耳门赴援。

五月朔，朱一贵、杜君英合队数万来犯。刘得紫以兵截中路口，欧阳凯、许云、游崇功迎战春牛埔。而把总杨泰通贼为内应，刺欧阳凯坠马死，官兵大溃。刘得紫率兵还救，马踣被执。许云、游崇

1281

功血战至日中，矢炮俱尽，各手刃数十贼以死。于是水师游击张贤、王鼎等率兵千余，战舰四十，扬帆出澎湖。台厦道梁文煊、知府王珍等尽驱港内商渔艇出鹿耳门渡海。而周应龙遁回内地。是日，贼陷台湾府，掠仓库，复开红毛楼，大获郑氏旧贮炮械、硝磺、铅铁。北路奸民赖池、张岳等亦同日陷诸罗，戕参将罗万仓。凡七日而全台陷。朱一贵伪称中兴王，号永和，大封群贼，公、侯、太师、将军、总兵以千计。优伶冠服，摩肩塞道。民为之谣曰："头冠明朝冠，身衣清朝衣。五月称永和，六月还康熙。"盖人心皆不附贼也。游击刘得紫陷贼中，贼素重其名，不杀，听收瘗各帅之尸。禁诸学宫，七日不食，诸生林皋、刘化鲤密陈诸贼可灭状，始受食，谋恢复。

时逃官、难民皆至彭湖。彭湖协副将仓皇不知所措，亦尽室登舟，将渡厦门，百姓妇女争舟杂沓，声震海岸。守备林亮厉声曰："朝廷以海外封疆付诸臣，正备缓急倚赖，今未见一贼，相率委去，若国事何？与其死国法，曷若死贼？请整兵船，守要害，俟贼至决战。不胜，我死，公等走未晚也。"驰赴海滨，拔刀驱官民家属登岸，众心始固。时水师提督施世骠在厦门闻警，即调兵渡海，总督觉罗满保疾驰至厦门，施世骠已先二日率师出港矣。满保复调南澳镇总兵蓝廷珍至厦，使总统渡台水陆兵八千余、船四百艘，六月朔出厦门港，七日会提督施世骠于澎湖，共兵万二千有奇，大小舟六百余艘。

方是时，台中贼党互相雄长攻击，杜君英为朱一贵败走，剽掠村庄。而淡水营守备陈策团练义勇，固守要害，又率淡水庄义民侯观德、李直三等，以乡兵破朱一贵贼数万，斩贼万计。而诸罗义民陈徽等亦起兵攻复县治，旋为贼陷。陈策遣人赴澎、厦请兵，满保、施世骠先后发兵千七百赴援。适世骠获贼谍吴良等二人于澎湖，搜获伪札百道。吴良，澎湖把总，降贼者也。穷讯之，尽知贼党内乱，百姓不附，我军士气倍奋。满保议三路进攻，廷珍与世骠言："南风已盛，南路不可泊舟；北路去府百余里，饷运艰；度贼必屯聚中路，宜直捣鹿耳门。"十日，发澎湖，以守备林亮、千总董方为前锋，并率善水者十余，驾小舟于鹿耳门表识沙路，并载旗帜伏南北港。时贼以大炮扼险迎拒。十三日，林亮、董方以六舟冒死直进，遥望炮台火药累积，专以炮注攻，中之，轰发如雷，贼死无算。众军齐集两港，悉树我军旗帜，遂扬帆直渡鲲身。鲲身者，海沙也，胶浅不能行大舟。是日海潮骤涨八尺，四百余艘倏齐薄岸。贼遁保安平镇，列队迎拒。林亮、董方复先登陷阵，蓝廷珍督大队继之，贼败走，官兵入安平镇，日犹未晡。是夕，施世骠亦乘潮至鹿耳门，次日至镇。贼八千来犯安平。我兵迎战于四鲲身，别遣小舟沿岸夹击，逐北至七鲲身濑口，复以火舟烧贼战舰。十六日，贼数万复犯安平，驾牛车列盾为阵，冒炮火死突。蓝廷珍亲督战于二鲲身，而林亮等别以小舟载炮，附岸夹攻，斩溺无算。贼始退保府治不敢出，惟沿岸列炮，昼夜固守。

施世骠等下令，戒各军毋妄杀，来降者悉纵还，各树大清良民帜于门，惟抗拒者诛。远近胁从，望风解散。有西港仔义民某，载家属为质，愿引大兵从西港登岸，径攻贼巢。施世骠即密遣林亮、董方等以兵千有二百往。十八日，蓝廷珍闻之，急白世骠，曰："此险道也，地多篁木，易设伏；且迫贼肘腋，丑党必众，而我军甚孤。若伏贼数千，环攻乘我，将奈何？"世骠曰："可奈何？"廷珍曰："请急以大队进，而别遣将分攻各港牵制，使不得兼顾。"于是廷珍率舟师五千五百夜指西港仔，黎明登岸，则贼与林亮等方鏖战，我军严阵设伏而进。前锋遇贼力战，伏兵突出竹林，横截贼阵，左右奇兵绕后夹攻，贼大溃北。廷珍料贼必夜来劫营，初更卷帐偃旗，伏蔗林间。贼果至，不见一人，大惊，伏起冲击，大败之。十九日，逐北至府城，贼数万皆遁。而施世骠亦分败西南两路之贼，同日抵城。自鹿耳门至是凡七日，廷珍报满保于厦门，而施世骠先于军中奏捷矣。复分遣官兵扩清南北二路。而游击刘得紫亦自贼中拔归大营,请为向导。淡水营守备陈策率援淡之兵南下诸罗,与大军合。北路贼党溃散殆尽,朱一贵走湾里溪,为村民擒献,惟逆党杜君英、杜会三、陈福寿、江国论等尚未获。廷珍购得一二,皆善待之,使转招其党。旬日先后出降,与朱一贵皆槛送京师,磔死。台湾平。其败逃之游击周应龙及弃台逃回之道、府、厅、县,讯治伏法,知府王珍,削棺枭示。先是,朝廷得施世骠捷奏,大喜,赐东珠、朝帽、黄带、四团龙补服,又径擢淡水营守备陈策为台湾镇总兵官,加左都督。蓝廷珍仍统兵留台湾弹压,以施世骠奏中不及廷珍战功也。

八月,台湾怪风暴雨,流火烛天竟夜,海水皆立,诸港船互相撞坏,如漂梯败叶,或飘上平陆,地大震,翌日始霁,郡无完宅,压溺死者数千。以风灾奏闻,发帑开仓大赈。而施世骠终夜露立风雨中,惊悸疾作,以九月望日卒于军。调广东提督姚堂代其任。时廷议移台镇总兵官于澎湖,而设陆地副将于府治,裁水陆两中营归内地。蓝廷珍力争不可,提臣姚堂亦以为言。乃仍令总兵镇台,副将驻澎,特命满、汉御史各一员岁巡台湾,察民疾苦。

廷珍之征台也,其弟鼎元在军中,文移书檄皆出其手。如论"台镇不可移澎",又言"台变皆自内起,罕自外入"、"鹿耳门不宜设炮城,以资贼守,而阻攻讨",又言"诸罗以北地险兵单,难以控制,宜割为二县",皆不易之论。其后乾隆中用其言分立彰化县云。鼎元号鹿洲,漳浦人,由贡生官至广州知府。有《平台纪略》、《鹿洲文集》,说海防甚具。或问朱一贵以前,红毛取倭,郑氏取红毛,本朝取郑氏,非皆变自外入者乎?臣源曰:耶苏不惑,红毛不乘;夷间不投,郑兵不兴;子不少,国不内乱;王师亦岂得而冯陵乎?日月蚀于外,其贼在于内。

乾隆三定台湾记

台湾不宜有乱也。土沃产阜,耕一余三,海外科徭简,夜户不闭。然而未尝三十年不乱，其乱非外寇，而皆内贼，朱一贵、林爽文其尤著者也。一贵既俘，以诸罗北境辽阔，增彰化县及北淡水同知。地大物盛，漳、泉、惠、潮之民日众，寄籍分党，蘖牙其间，守土官又日朘削之，于是民轻视吏；及其树帜械斗，动以万计，将士不能弹治，惟以虚声胁和，于是民轻视兵。近山土沃，民垦日广，巡抚杨景素立界限之，将界外良田尽畀生番。番不知耕，仍为内地游民偷垦。地既化外，易薮奸宄，又狱有不能结者，辄诱杀生番以归狱，于是既驱民以归番，又驱番以党贼。

　　林爽文者，居彰化之大里杙，地险族强，豪猾挥霍，聚群不逞之徒，结天地会数十年，将吏务为覆蔽，不之问，党日横炽。总兵柴大纪调兵三百，使知府孙景燧、彰化知县俞峻及副将赫生额、游击耿世文往捕。驻营五里外之大墩，勒村民擒献，先焚无辜，数小村怵之。爽文遂因民之怨，集众夜攻营，军覆，将吏死焉，彰化遂陷。时乾隆五十一年十一月二十七日也。贼初起时，总兵柴大纪适在彰化，知县俞峻请留弹压，大纪托言归府城调兵，逾一旬而彰化陷。十二月六日，又陷诸罗，戕知县及淡水厅同知。而凤山盗庄大田亦陷其县。台湾沙土浮疏，不时地震，故城无砖石，皆掘濠树竹为城，府城亦树城也，总兵柴大纪、兵备道永福等守之。贼分路来犯，柴大纪御诸盐埕桥，杀贼千计。桥距府城五十里，扼水陆交，大纪自守之，贼始不敢窥府城。明年正月初旬，水师提督海澄公黄仕简、陆路提督任承恩、副将徐鼎士各以兵渡海至。黄仕简檄柴大纪北取诸罗，郝壮猷南取凤山，各率兵二千。惟大纪连战破贼，遂复诸罗。而郝壮猷南出二十里即阻贼，顿兵几五十日始进凤山。凤山城已空，招民复业，贼混其中，吏复不觉，三月十日城复陷，游击郑嵩死焉，壮猷遁归府城。又任承恩至鹿港，距大里杙贼巢仅四十里，亦不敢进。初，林爽文之反也，适当漳、泉二府人械斗之后，爽文本漳籍，故泉人不从乱。彰化之鹿港，贼遣伪官来收税，泉民林凑等起义，一鼓擒之，故鹿港海口未失，贼所畏惟泉人也。及黄、任两提督兵至，泉人争思助官兵杀贼，两提督不知驱策，反观望逡巡，坐失事机。

上命总督常青为将军往督师，以李侍尧署浙闽总督，复调广东兵四千、浙兵三千、驻防满兵千。江南提督蓝元枚，故漳人，蓝廷珍之子也，习台湾事，命移赴军，与福州将军恒瑞均为参赞，分赴府城、鹿港，诛失律之郝壮猷，逮提督任承恩，以柴大纪代之。贼目庄锡舍亦以二千人降，请杀贼自效。而蓝元枚至台仅三月，即病卒。常青、恒瑞军五月出南路，离府城十里遇贼万余，甫交绥即退，又请增兵万。贼以其暇得蚕食各村，胁其不从者辄焚劫，于是泉人亦弭首附于贼。泉人附，而贼势遂不可支，旬日十余万。庄大田驱以攻府城，林爽文驱以攻诸罗。诸罗据南北之中，赖柴大纪力守之，为府城屏蔽。林爽文必欲陷之，昼夜围攻，又攻盐水港、鹿仔港，以断府县饷道。大纪皆分兵击夺之，决其堰涧，破其炮车，以守城兵四千抗贼数万，先后百余战，杀贼过当，屡擒伪降谋内应之奸细，又因粮于贼，屡出奇兵夺其峙积。诏以大纪用法严明，载入行军纪律，为各省法，授参赞大臣。常青遣总兵魏大斌，参将张万魁，游击田蓝玉，副将蔡攀龙、贵林等三次往援，皆为贼所截。张、魏、田、蔡仅得入城，损兵大半，余皆被戕于贼。诸罗围日密，城中以地瓜、野菜、油粞充食。常青复催恒瑞自府城、总兵普吉保自鹿港进援。各有兵五六千，畏贼势不敢进。恒瑞复张皇贼势，奏请兵六万。诏解常青、恒瑞之任，以福康安、海兰察代之，又命柴大纪捍卫兵民出城，再图进取。

十一月，大纪奏言："诸罗为府城北障，诸罗失则贼尾而至府城，府城亦危。且半载以来，深濠增垒，守御甚固，一朝弃去，克复甚难。而城〔厢〕内外，义民不下四万，实不忍委之于贼，惟有竭力固守待援。"上览奏堕泪，诏曰："大纪当粮尽势急之时，惟以国事民生为重，虽古名将何以加兹？"其改诸罗县为嘉义县，大纪封义勇伯，世袭罔替，并令浙江巡抚以万金赏其家，俟大兵克复，与福康安同来瞻觐。福康安中途闻贼势盛，亦奏请增兵而后进。上严饬之，命颁内库所藏大吉祥利益右旋螺，以利渡海风帆。十月，守风鹿港，忽一昼夜顺风，数百艘抵港口，帆樯列数里，各村庄被贼胁者望风解散，争为向导，声言直捣大里杙贼巢，而阴趋县治。十一月八日，大兵六千、义勇千余遇贼崙仔顶。海兰察率巴图鲁侍卫数十冲贼阵，矢无不中，贼披靡，遂怒马杀入。贼分伏竹蔗林，邀截官兵。我兵五队分战，再败之牛稠山。即日海兰察抵嘉义城，次日福康安亦至，复乘胜追贼，克之于斗六门，遂捣大里杙。贼犹万余迎拒，乘我步兵未集，先万炬来索战。我前锋千骑伏沟塍间，铳矢从暗击明，发无不中。贼遽灭火鸣鼓来攻，复寻鼓声击之，贼旋败旋进。我步骑鏖战竟夜，黎明遂克其巢。林爽文已携家走集集埔，乃通生番隘口也，据溪岸垒石环数里。十二月，官兵伐箐，腾险而上，杀贼千余，又破余贼二千于小半天。林爽文先匿其孥于生番社，而自与死党数十窜箐谷，皆就擒。遂移师而南，剿庄大田于牛庄，屡败贼，追至极南之郎峤，负山阻海，我舟师先截其走路，而大兵环山围之，斩溺各数千，庄大田亦就俘。台湾平。其右旋白螺，命即存布政司库，凡将军、总督、提督渡台及册使封琉球，则佩之以行。是年，始罢遣巡台御史及番、民田界之禁。

初，福康安之解诸罗围也，柴大纪出迎，自以参赞、伯爵，不执橐鞬之仪，福康安即劾其前后奏报不实。上以"大纪固守孤城逾半载，非得兵民死力，岂能不陷？若谓诡谲取巧，则当时何不遵旨出城？其言粮食垂尽，原所以速外援，若不危急其词，岂不益缓援兵？大纪屡蒙褒奖，或稍涉自满，于福康安前礼节不谨，致为所憎，遂直揭其短，殊非大臣休容之度。"又福康安抵诸罗后，凡有攻剿皆不派柴大纪、蔡攀龙；而于拥兵不救之恒瑞，非惟不劾，且屡叙其战功，曲为庇护。恒瑞本应军前正法，恐骇听闻，其逮交刑部治罪，寻遣戍伊犁。会侍郎德成自浙江归，上以福康安所劾大纪事询之，德成因奏柴大纪在任贪黩，令兵私回内地贸易，及贼起仓卒不早扑灭，致猖獗。又逮问提督任承恩，供亦同。命李侍尧、福康安查奏。五十三年正月，诏曰："柴大纪前此久困围城不肯退兵，奏至时，朕披阅堕泪，即在廷诸臣，凡有人心者无不叹其义勇。用人者当录其大功而宥其小眚，岂能据福康安虚词一劾，遽治以无名之罪？前询李侍尧之旨，至今尚未复奏，殆亦难于措词耶？"寻李侍尧奏至，略如福康安指。福康安奏言："大纪盐埕桥之战，尚为出力，守御诸罗，亦有微劳；惟以专阃大员，既不能整饬于平日，又不能扑灭于临时，皆纪律不明所致。请即解京正法。"七月，大纪逮至京。命军机大臣会同大学士、九卿覆讯，大纪再三称冤，上廷讯，大纪始引咎，仍微诉其枉。诏曰："福康安等拟大纪斩决，朕念其守城微劳，原欲从宽末减，改为监候；乃展转狡辩取死，岂可复从宽典？其即依所拟正法。黄仕简、任承恩罪均，惟一为海澄公黄梧之裔，一为任举之子，〔贷〕其一死。"时议以大纪之死也，不知引咎，昧帅臣之体，与张广泗不服讷亲之劾而负气大廷者何异？岂知圣主衡功过，烛隐微，早洞见万里外哉！

臣源曰：今日治台之势与昔时异。郑氏窃踞海峤，朝不保夕，惟虑大兵之入，故重扼鹿耳门各海口。今隶版图将二百年，皆内贼，罕外寇，则其防在山而不专在海。（蔡牵之乱，亦台湾陆地土匪勾引之入）。台澎一镇，水陆十三营，额兵万四千有奇，皆内地督抚、提镇各标抽调防戍，三载更代，其家属皆留内地，故有叛民无叛兵，则其防在民而不在兵。一岁三获，余粮近济闽省，远给天津，糖、布、材木利尽南海，惟患械斗猷会之梗顽，胥役之扰索，则其治又不在富而在教。康熙中初取台湾，仅三县地。凤南罗北，台湾中，地近鹿耳门海口，故就置府治。其后北境日扩，负耒争往，于是诸罗之北增彰化县，又北增淡水厅，则府城已偏于南；且鹿耳门距泉之厦门八九百里，而鹿港距泉之虹江口仅四百里，风利半日可达，视鹿耳门尤扼要。议者以为宜移府治于诸罗，负山带溪，以据南北之中；而移彰化城于鹿港，以扼海口之吭。此山前形势也。山后地则嘉庆中始开，西南北负山，东面海，络以三港，屏以龟屿，本三十六社生番地。承平久，山前地利尽，乃渐垦及山后，自北而南为头围、二围、三围。而漳人吴沙者练勇开路，以捍生番；贸迁有无，以招流寓。辟地至五围、六围，耕民六万口，地袤五百里，捕社沃土田，而水社秀溪山，且负阴抱阳，为台湾之正面。吴沙既富，自耻化外，屡乞升科属版籍，台吏莫之受也。既而沙集义勇，败海寇蔡牵于山后，又连败朱溃事闻，始诏收其地，立葛仔兰厅，以通判理之。其生番地未辟者尚大半，然台湾开辟二百年，丁口蕃衍，至二百五十余万，而生熟番不及二十分之一，其盛衰若有天数焉。气运所至，有开必先，榛榛狉狉，厥始农、炎。彼封豫章之山，禁蓝田之田，使川渎爱其宝，货力弃于原者，盖吴沙之所怜哉！

（《圣武记》卷八）

嘉庆川湖陕靖寇记

(清)魏　源

一

国家极盛于乾隆之六十年，版舆生齿倍雍正，四夷宾服逾康熙。外宁则内蘖，始衅于湖南、贵州红苗。越明年，授受礼成，太上皇帝训政，宣重光。而湖北、四川教匪旋起，蔓延河南、陕西、甘肃。是时彗星出西方，长数丈，逾年不灭。乘新政之宵旰，与五省环攻之兵力，且抚且剿，犹七载而后定，靖余孽者又二载，先后糜饷逾万万金。视伊犁回部、大小金川几再倍过之。且前代流寇皆发难末造，川壅必溃，未有蠢动于庞豫之余，劳师烨武如今日者，心腹患甚四肢，内讧急于边陲。痛深者其惩切，创钜者其愈迟。宜昭示起事之颠末与终事之艰劭，俾后御民者咸知懔朽索、戒持盈，益洪延我丕丕基。而《方略》繁重数百卷，士大夫望洋瞠目，耆宿老将渐尽，其曷以诏后？故臣于是篇所载庙算将略、兵形地势特详云。

　　白莲教者，奸民假治病持斋为名，伪造经咒，惑众敛财，而安徽刘松为之首。乾隆四十年，刘松以河南鹿邑邪教事发被捕，遣戍甘肃。复分遣其党刘之协、宋之清授教传徒，遍川、陕、湖北，日久党益众，遂谋不靖。倡言"劫运将至"，以同教鹿邑王氏子曰发生者，诡明裔朱姓，以煽动流俗。乾隆五十八年，事觉复捕获，各伏辜，王发生以童幼免死，戍新疆，惟刘之协远飏。是年，复迹于河南之扶沟，不获，于是有旨大索。州县吏奉行不善，逐户搜缉，胥役乘虐。而武昌府同知常丹葵奉檄荆州宜昌，株连罗织数千人，富破家贫陷死无算。时川、湖、粤、贵民方以苗事困军兴，而无赖之徒亦以严禁私盐、私铸失业，至是益仇官思乱，奸民乘机煽惑。于是发难于荆、襄、达州，骎淫于陕西，而乱作也。

正月，湖北荆州之枝江、宜都则有聂杰人、张正谟等贼起，宜昌之长乐、长阳应之。二月，东湖、当阳、远安贼起，而林之华陷当阳。湖广总督毕沅、湖北巡抚惠龄调兵三千剿荆州之贼。上命西安将军恒瑞领满兵二千由兴安、郧阳进剿当阳之贼。是月，总兵富志那擒聂杰人于枝江，而襄阳、郧阳、宜昌、施南、荆门州各山贼起。三月，襄阳贼姚之富与教首齐林之妻王氏陷竹山、保康，而施南之来凤亦陷于贼，扰及四川酉阳。上命都统永保、侍卫舒亮、鄂辉至军，复调陕西、广西、山东兵五千会剿。恒瑞复竹山。四月，毕沅奏官兵先后杀贼不下数万，而贼起益炽。上乃责永保、恒瑞以竹山、保康之贼，毕沅、舒亮以当阳、远安、东湖之贼，惠龄、富志那以枝江、宜都之贼，鄂辉以襄阳、谷城、均州、光化之贼，四川总督孙士毅以酉阳、来凤之贼。时襄贼焚吕堰驿，蔓延邓州、新野，合队攻樊城。永保奏言："襄阳贼数万最猖獗，界连河南，贼首姚之富、齐王氏、刘之协皆在其中，为四方群盗领袖。襄贼破，则群盗自瓦解。宜俟诸军集，合力分攻。"诏明亮、鄂辉赴襄阳，命直隶提督庆成、山西总兵德龄各以兵二千会之，又赦蒙古窃马谪犯之在湖广、河南者从军，以助骑队。五月，毕沅围当阳数月不下，惠龄剿枝江贼亦无效，屡以大雨为解。上切责之。而归州、巴东、安陆、京山、随州、咸丰皆贼垒。恒瑞、永保、明亮、鄂辉由樊城分攻吕堰、双沟贼巢，贼已分扰孝感，东距汉阳百余里，幸为大潦所隔。武昌戒严。上以毕沅、惠龄顿兵久，六月，命永保总统湖北诸军，俾先靖襄阳而后分攻孝感、长阳两路。时参将傅成明等击孝感贼遇伏败死，永保令明亮驰救孝感，复请调湖南苗疆兵二万前来。七月，陕甘总督宜绵、提督庆成破郧阳之贼，歼其首从，奏请移陕兵助剿当阳。会毕沅、舒亮已破当阳，惠龄已破贼枝江，而明亮亦歼贼孝感，汉阳始无恐。时福宁代孙士毅督四川未行，与荆州将军观成破龙山之贼于旗鼓寨，投出二千余人，福宁诱令入城领衣粮，尽坑之，以临阵歼戮奏。诏加太子太保，及嘉庆四年月，发觉，以杀降邀功，褫职逮治云。

八月，永保等破襄贼于随州之红土山，俱会兵钟祥。明亮奏言："钟祥，贼巢穴，宜四面夹攻，以防漏网。今永保以九千余兵由北追压，而南路要截之兵止三千余，难杜窜逸。"诏责永保拥众自卫。明亮败贼土门冲，永保复不能夹击。时钟祥皆襄阳之贼，南犯不遂，仍转而北。明亮追败之，复与永保等邀击于双沟，并分兵扼吕堰、枣阳，防其北逸。追至河南界之溠沱镇，贼分奔唐县、仓台，官兵劳顿，请增调山东、直隶兵四千，复简健锐、火器营兵各一千前往。九月，宣勇伯和琳卒苗疆。诏明亮、鄂辉驰回湖南，惠龄、福宁移师椰平，以次剿长阳、归、巴。时椰平贼林之华与覃加耀合犯滋邱，在长阳关之南。而毕沅防守襄阳，河南巡抚景安防御邓州。是时湖北贼北惟襄、邓，南则归、宜，势渐蹙。

而十月，四川达州奸民徐天德等激于胥役，复与太平、东乡贼王三槐、冷天禄等并起。初，四川有啯匪而无教匪。啯匪者，金川之役，官兵溃于木果木，其逃卒之无归者与失业夫役、无赖悍民散匿川东北，剽掠为生，及官捕急，则以白莲教为逋逃薮。又湖北襄阳败贼多窜入川，皆陕、楚籍居三之二，故一旦揭竿，战斗如素习。而川东数州县皆界连汉南大小巴山，袤延千余里，贼巢踞其中。四川总督英善、成都将军勒礼善剿之，陕西巡抚秦承恩防御兴安，皆无敢疾驰掩其乌合者。于是毕沅力请罢湖南苗疆兵，移剿教匪。上以苗事未靖，不许。是月，福宁、观成等破贼滋邱，贼奔长阳之黄柏山。总兵黄瑞以守河疏防，褫逮治罪，总兵文图成德从征戴罪。惠龄等擒覃士潮于枝江，亦会剿黄柏山。而川贼日炽，由太平入陕，分犯兴安之安康、平利、紫阳。

十一月，陕甘总督宜绵破贼兴安城外，移剿洞汝河之贼。四川总督英善等亦屡败达州、东乡之贼。东乡贼乘雾犯官兵，总兵袁国璜、何元卿俱战死。而永保会诸军剿襄贼于唐县。姚之富已分犯枣阳，复渡滚河而西蹂吕堰，向光化、谷城，围巡抚景安于邓之魏家集，二日官兵始至。上以永保拥京营劲旅及大兵万余，徒尾追不迎击，致贼东西横蹿无忌，逮入都治罪，庆成、舒亮等戴罪效力，命惠龄总统军务。惠龄奏言："襄、邓平衍二千里，尤险阨可合围，且贼习地形，必不自趋绝地。惟有严防汉江潜渡，并堰唐河、白河，尽移难民于河西，守岸团练，庶可卫民而蹙贼。"时贼分二路，每路二万余：一姚之富、齐王氏等向东南，恒瑞等追之；一张汉潮、刘起荣等向东北，惠龄、庆成等追之，复南与姚之富合，惠龄、恒瑞约夹攻于兴隆集，破斩二千。时陕督宜绵亦败贼汉北，并败汉北救援之贼，移攻汉南之洞、汝二河。贼已并入洞河之五作云，据险固守。我兵乘雪夜绕出后山，火其寨，郧阳贼略定。诏宜绵驰赴达州。而川督英善等亦擒徐天富于太平。此嘉庆元年毕沅、永保督湖北，宜绵督陕西，福宁、英善督四川时，群贼初起之事也。

二

二年正月，湖南苗事略定，领侍卫内大臣威勇侯额勒登保奏移荆州将军兴肇兵四千回襄阳，总兵张廷彦兵二千余赴长阳黄柏山，都统德楞泰、将军明亮率兵六千赴达州，助剿川、湖、陕三路之贼。

时惠龄一路，惟提督庆成力战。惠龄奏官兵分三哨，歼襄贼三千于赵家冈；又分五哨，歼襄贼四千于淡家冈；又分三哨，追截擒斩二千余，俘贼首刘起荣，余贼仅数千，势渐蹙。而景安拥兵四千屯南阳，不出一卒截击。贼窥北面可乘，遂三路分犯河南。其北路则王廷诏，焚叶县之保安驿，围官兵于裕州，景安、兴肇尾追之。西路则李全，由信阳转应山、随州，向确山，趋浙川，奔卢氏，庆成剿之。中路则姚之富、齐王氏，出南阳，掠嵩县、山阳，惠龄等剿之。贼入河南后，虏胁日众，不整队，不迎战，不走平原，惟数百为群，忽分忽合，忽南忽北，以牵我兵势。而庆成所追之贼益西，由内乡、卢氏诸山进逼武关、商雒，所至驱胁，复有商南新起贼五六千应之。姚之富、齐王氏皆追及于郧西，连兵西上，将由陕入川，离河南西境三百里。时景安避贼驻军内乡，贼入陕后二十余日景安始至。而惠龄亦于庆成收复十余日后始抵郧西，庆成约恒瑞夹击于汉北，恒瑞以新有秦贼辞。又阿尔萨朗奉檄赴郧西，亦逗留不至。俱奉旨诘责。

御史宋澍奏言："惠龄奏歼楚贼不下数万，何以至今蜂聚？景安防御南阳逾年，何以任贼横行？秦承恩近屯兴、汉，何以武关全陕门户曾不设备？岂非各分畛域，怀观望？乞专简大臣督师三省，庶呼应灵而事权一。"四月，诏责诸将曰："去岁，邪教起长阳，未几及襄、郧，未几及巴东、归州，未几四川达州继起。至襄阳一贼，始则由湖北扰河南，继且由河南入陕西。若不亟行扫荡，非但老师縻饷，且多一日蹂躏，即多一方疮痍。各将军督抚大臣身在行间，何忍贸无区画？若谓事权不一，则原以襄阳一路责惠龄，达州一路责宜绵，长阳一路责额勒登保、福宁；若言兵饷不敷，已先后调禁旅及邻省兵数万，且拨解军饷及部帑不下二千余万。昔明季流寇横行，皆由阉宦朋党，文恬武嬉，横征暴敛，厉民酿患。今则纪纲肃清，勤求民隐，每遇水旱，不惜多方赈恤，且普免天下钱粮五次，普免漕粮三次，蠲免积逋不下亿万万。此次邪匪诱煽不过乌合乱民，若不指日肃清，其何以奠九寓而服四夷？其令宜绵、惠龄、额勒登保等各奏用兵方略，及刻期何日平贼，并贼氛所及州县若干，难民归复若干，疮痍轻重共十分之几，善筹安恤以闻。"旋谕河南被贼最重之十五州县免两年应征钱粮，其间被蹂躏之五县分三年带征，其旁近供军需之二十三州县分二年带征。自后川、陕、湖北屡年蠲恤，视此不悉书。

时姚之富由商州犯孝义厅，地通蓝田，为入西安要路。秦承恩扼秦岭御之，惠龄、庆成由山阳追击。贼南走镇安，与李全、王廷诏合掠洵阳、安康。时官兵乡勇已守汉岸，柯藩亦防御洵阳，贼不能渡汉，将由北岸直趋汉阴、石泉渡上游，以合川贼。惠龄等约恒瑞夹攻于黄龙垱，转战一昼夜，奏杀贼三千。贼复东西遁，恒瑞东追，惠龄西追。柯藩奏言："襄、郧贼分路前来，臣防守兴安府城，兵止二百，其前所调赴汉中邀击之回兵二千，为督臣陆有仁檄止，至今未至。惟急催秦承恩、惠龄军速进会剿。"上严诘陆有仁，逮至京，命英善驰督陕、甘，宜绵移督四川。而襄贼三路已并为一，由汉阴至紫阳，夺船渡汉。后五日，惠龄始至，恒瑞尚未至。上震怒，诘责惠龄、恒瑞、秦承恩、庆成、柯藩等追贼不力，防汉不严，尽夺世职孔雀翎，戴罪效力。命宜绵总统川、陕军务，惠龄等悉听节制。时汉北已无贼，其防堵各兵分赴汉南追剿，并命湖广提督刘君辅移兵竹山、竹溪，以备大宁川贼入楚。六月，襄贼既渡汉，复分三路入川：其两路由通江入巴州，欲合方家坪罗冉等贼；其一入太平城口，欲合达州、大宁二贼。宜绵奏言："官兵利合不利分，贼利分不利合。且川、楚贼虽同教党，各不同计，三贼必各据一隅，以牵制我。"乃议分兵三千，令德楞泰追剿达州逸贼，而自同明亮率大兵赴中河、后河。会穆克登阿、柯藩先剿通江、东乡两贼，再赴太平城口，与惠龄、刘君辅两路会攻，并檄惠龄留兵四千守陕界，防其回窜。时襄贼每军先后分数队，且战且走，以缀官兵。宜绵、柯藩两军遇贼，贼皆不迎战，即越山遁；散则匿箐，聚则据险，日数变。适明亮兵截其后队，惠龄、庆成等骑兵截其前队，各有斩戮。而太平城口之贼王廷诏等，因乡勇扼其赴大宁之路，亦折而南，分屯前河及开县城外。适德楞泰追徐、王二贼亦至前河，与中河、后河之襄贼相近。四贼约会一地，虽达贼屡败后止余二千，而襄贼数万。宜绵令穆克登阿间道援德楞泰。会德楞泰方击徐天德等于白秀山，楚贼三队合兵来援，突出山沟，分青、白、蓝为号，步贼前，骑贼后，鏖战逾时，始分屯山冈，延亘三十余里。是夜，宜绵、明亮、庆成、柯藩等兵皆会，次日复战，各杀贼数百。贼复还开县，惟李全与徐、王二贼合屯温汤井，与太平城口之贼合。姚之富等大队俱屯南天洞，各首逆皆在焉。乃分兵勇三千，令副将长春剿温汤井，而大军分趋南天洞各贼。惠龄、舒亮亦自后河城口驰至，三面会攻。适屡获生贼，知襄贼惟李全留川，其余将尽还湖北，乃檄沿汉江之船尽移上游。贼以官军扼其北窜，乃分犯大宁、云阳、万县，号召邪党而东。宜绵遣兵分防要害，而明亮、德楞泰等躡贼后，各路兵齐抵云、万交界。贼据山巅，官军四面进攻，斩贼千余。其云、万间新起响应之贼或千余，或数千，官军乘时扑灭。

襄贼分二路：一王廷诏等由夔州将西合大宁贼，惠龄、恒瑞、庆成等追之；一姚之富、齐王氏直犯夔州。明亮、德楞泰使总兵达音泰先据白帝城，贼来争，先以三百骑尝营，而伏贼数千于山谷出突，官兵奋击却之，贼夜复围，攻甚急，明亮、德楞泰亲驰救，始退。次日，三路直犯大营，皆持盾以捍，矢铳不退。我兵乘炮势压下，短兵格战，斩首数百。贼复回突白帝城，乃截歼其前队五百，其后贼三千余犹然炬夜攻，更番迭战，四更始败走，下趋巫山，又有新起贼应之。达音泰驰往，营城外。贼两路各数千，且战且攻城，却而复前者三。明亮等乃留兴肇守夔，而率大军援巫，贼复走归、巴。明亮等声言由陆驰追，而登舟东下，七月四日至巴东，则贼已在隔江。江北归州无城垣，姚、齐二贼方屯巴、归之界，而后队贼王廷诏等万余复至，焚掠巴东对岸之石门，声言欲南渡攻县治。明亮等信之，回军攻石门贼，先克其三营，斩贼数百。次日复进攻，则全贼已窜，惟留千贼于后，以缀官兵，未战即走。且谍报前屯归、巴交界之贼已乘间陷兴山，两路贼约会宜昌、荆州，同赴襄阳。乃移兴肇守归州，而德楞泰山水路径趋荆州，明亮由陆赴宜昌，约夹剿于当阳。

时襄贼自入川与达贼会后，复有新贼响应，众顿数万，分两路还楚。首队齐王氏,约二万余,由兴山、保康趋南漳,以向襄阳;后队王廷诏趋当阳、远安,向荆州。湖北巡抚汪新遣兵一守房县、保康以防襄,一守东湖、当阳以防荆,并调荆州满兵守万城堤,以防盗决,而大兵后压,并檄各镇将据险驱逼入山,介围掩击。又奏言:"襄阳为南北冲要,各贼尽还湖北,其在云、阳、开、万间者不过新起附从之党。目下大兵云集,而分防两省州县已约二万余。其备战之兵:川省则惠龄等五千余,舒亮五千余,百样朱射斗四千余,观成刘君辅二千,宜绵二千,及新调甘肃兵二千、回兵五百;其在湖北者,惟额勒登保等七千,明亮五千,已调湖南苗疆兵千余助之。"并乞饬催所调东三省兵速赴襄阳。时诏发吉林黑龙江索伦兵三千,令侍卫惠伦、都统阿哈保以木兰进哨兵百余为先锋,并解察哈尔马八千匹赴河南、湖北。

  时襄贼分二路:王廷诏声言向荆州,明亮等连破之宜昌、远安城外,复扼荆门州以待之;齐王氏等向襄阳,总兵王文雄击于南漳,贼佯退,次日复倍道分进,由宜城、钟祥北走襄、樊。诏景安赴樊城。汉江戒严。八月,襄贼分三路,皆北犯,每路相距百余里。明亮等邀击宜城东北,适阿哈保等统进哨兵至,自北夹攻,追奔二十里,贼窜入山。初,荆州城外十五里之沙市,水陆辐辏,向无城垣,闻贼警逃散一空。自是士民捐集夫役,于南面临江树木栅,而东西北三面周十余里筑堡环濠捍卫,此外冲要市镇一律仿修。其襄阳对岸之樊城,亦以无城猝遭焚掠,毕沅、汪新屡议修复未果,近亦于东西北三面循旧址筑土堡,而沿江树栅,故此次贼过襄阳潜谋偷渡,居民赖以无恐。

  其漳、宜二路之贼窥荆、襄不遂,复折回房、竹,佯走陕西,欲引官兵追入山,而乘间北渡汉。明亮等击贼茨河镇,贼分路来犯,马步约七千,官兵分据山冈夹攻,斩贼千二百。时汉防甚严,贼不能北渡,复西窜,前队掠白河、洵阳,愈追愈西。明亮等邀击于郧西,劲骑五路冲之,奋斩二千,贼蹈沟内,积尸而遁。惠伦及丰伸布战死。九月，前留川之襄贼李全复自巴州与王二槐分党，欲出陕旧路还楚，沿汉东走。庆成登舟下汉以邀其前，恒瑞、惠龄由陆蹑其后，夹攻贼于紫阳，复炮退贼骑涉汉者于汝河。庆成遂一昼夜抵兴安。时东西两路贼相会于兴安南岸，而惠龄、恒瑞及明亮、德楞泰两军亦先后追至会剿。诸将议以贼东窜不遂，必渡汉而北，乃令柯藩以兵千五百助秦承恩守兴安，惠龄、富成以兵三千循汉南而西，与明亮等夹击。时竹山、竹溪乡勇各万人杀贼有功，诏发花翎五、蓝翎十，命景安分赏出力者。自襄贼起事，骚扰皆在汉北，及贼由川还楚入陕复经汉南之宜昌、荆门、安陆、襄阳、郧阳，焚掠十八州县，而房、保、二竹疮痍尤重。又长阳一贼由施南奔巴东，往还蹂躏几千里。诏分别蠲恤有差。

　　明亮、德楞泰奏言："臣等自楚入陕，所经村庄皆已焚烬，盖藏皆已搜劫，男妇皆已虏掠，目不忍见，已扰者固宜安恤，未扰者尤宜堤防。查各州县在城之民，有城池以保障，是以贼匪皆不攻城。其村落市镇，仅恃一二隘口，乡勇或远不及防，或间道失守，仓皇逃避，不但衣粮尽为贼有，且备卫之火药器械，反以藉寇而资盗。而各贼所至之处，有屋舍以栖止，有衣食火药以接济，有骡马刍草以夺骑更换，有逼胁之人为之向导负运。是以自用兵来所杀无虑千万，而贼不加少。且兵力以保城为急，则村市已被虔刘；以保荆、襄为急，则房、竹、安康已难兼顾。为今之计，欲困贼必须卫民，莫若饬近贼州县，于大镇市劝民修筑土堡，环以深沟，其余因地制宜，或十余村为一堡，或数十村为一堡，贼近则更番守御，贼远则乘暇耕作。如此以逸待劳，贼匪所至，野无可掠，夜无可栖，败无可胁，加以大兵乘压其后，杀一贼即少一贼，灭一路即清一路。近日襄阳绅士梁有穀等筑堡团守，贼屡攻不能犯，此保障之成效。至川东各属多有险峻山寨，只须令乡民临时移守其中，一如守堡之法。于以御贼安民，必可刻期扑灭。"奏上，虽奉旨以"筑堡烦民，不如专擒首逆"，而坚壁清野之议实始此。又诏曰："昨已令勒保驰督湖广，宜绵亦本为总统。但劲兵健马俱在明亮、德楞泰一路，其所剿姚之富、齐王氏二贼尤贼中首逆，朕所盼望。惟明亮、德楞泰二人不得因有总统、总督，稍存观望。此外，四川贼王、徐、罗、冉等责成宜绵，巴东贼覃加耀等责成额勒登保，大宁老木园贼陈崇德责成观成、刘君辅，安康贼李全责成惠龄、恒瑞、庆成，各办各贼，原不相统。不拘何路擒贼，即此路将帅之功；何路养贼，即此路将帅之罪。其各自为战。"

十月，姚之富、李全出平利，分道而南，欲引明亮、德楞泰大军入山。而王廷诏等由安康北犯兴安。适惠龄击却之，复追击于汉南山内，先后擒斩二千余。贼不得渡汉，复奔紫阳、石泉，乃使恒瑞以兵四千还汉中，与宜绵夹剿。其明亮、德楞泰所追平利之贼，日夜长骛向大宁，以刘君辅兵勇扼鸡心岭断其去路，折回镇平，迎敌大军。明亮、德楞泰以精兵陈峡口，而伏兵左右山，劲骑冲击，斩贼千百，并伏兵各路山沟，均斩数百。又扼澍河口走路，贼合屯高垭，保险不出。乃佯撤澍河口之兵，设数伏，而官兵他道逼之，贼万余果趋澍河口，伏四起，冲贼为五，首尾不相顾，斩贼数千，转坂下窜者三千余，涉河入箐者千余。初，贼之入陕、楚也，每路皆称齐王氏、姚之富以煽众。及是，诘知姚、齐二贼已入安康贼队，而此路则张汉潮等六贼。已歼其二，余贼三路狂奔，所过皆铲道坏梁，礧木石，官兵亦赢粮深阻，穷日分蹑。及之缴子坪，贼复合为一。将及，惠龄所追前贼北窜，适前贼为恒瑞败诸西乡，而惠龄兵由汉南追袭，值后二贼复至，惠龄、庆成伏兵堰口左右，而陈骑兵于山冈，俟贼前队过半，闻炮起冲贼，断为数队，斩杀尤算。贼复奔入山。十一月，明亮、惠龄等复约歼贼后队二千于白沔峡，几尽。而姚、齐、李、高、张、王诸首逆已均合于前路，逾大巴山，连营二十余里，分队迭战，更番在前。姚之富、齐王氏为一军，王廷诏、高均德为一军，李全、樊人杰为一军，张汉潮、刘永泰为一军。以川北路险人烟少，难虏掠，欲回陕、楚富庶之地。且宁、沔以上，汉源愈浅，冬涸可涉，诸将遣兵扼襃城栈各渡口，击贼半济，截斩千余。又合攻贼南岸山内，夺斩二千余。贼益西趋宁、沔，官兵夜伏沮水市，令回兵假乡勇旗诱之，而官兵两山压攻，追斩三千。又破斩贼二千于宁羌州城外。贼复走长寨渡口，适索伦劲骑甫抵汉中，与大兵夹击，贼反奔山箐，我军舍骑分追入川，尽移汉北防兵于汉南、川北。

十二月，襄贼因汉中大兵云集不能北窜，复分道入川。明亮等大军趋通江，惠龄等亦绕入太平，遏其东窜。贼分路诱大兵入川，其高均德等即间道折回宁羌陕界，官兵邀之，佯向广元与川北贼合，诱官兵东南，而乘间逾山北趋广元栈道。明亮等以东北之黄柏垭为入陕要隘，乃分兵护辎重，佯向独山，而引精兵驰伏垭口。贼果长驱入隘，突起截，殪千余。贼分窜入箐，北走宁羌。明亮轻骑邀之广元城外，适德楞泰追齐王氏至，会攻于黄坝驿，乘锐追入山内，复折回广元、宁羌，而高均德已窃渡汉北。明亮等议，以贼情则齐王氏首逆，以地势则高均德将东惊兴安，扰豫、楚，而景安、秦承恩等防守步兵不能驰击，遂舍齐王氏率大兵八千驰赴汉中。上大怒，责明亮、德楞泰舍重就轻，堕贼计，使齐王氏得乘间北渡，尽夺世职、紫缰、孔雀翎，戴罪立功。

其四川之贼，自正月初达州徐天德、王三槐合陷东乡害副都统佛住以下，复结巴州贼罗其清、冉文俦等，图据周家河，梗运道。二月，宜绵乘其未合，先为疑兵于周家河，阻其前进，而夜袭贼张家观纵火夹击，遂复东乡。其出援之贼悉奔清溪金莪寺，众各万余据险。适明亮、德楞泰新自苗疆至会剿，乘两宵济清溪上游，袭溃冷天禄之寨，即回攻王三槐于金莪，夺其左垭栅，又破徐灭德来援贼数千。四月，官兵五路会逼贼巢。王三槐、徐天德等分路突围，窜入重石坪、香炉坪尚不下二万，将与巴州之王家寨、方山坪二贼合。宜绵奏调宁夏、西宁兵，老回兵各二千，两广兵四千，赴达州。先遣兵扼二贼合从及回巢之路，而与明亮、德楞泰分路进攻。适巴州二贼齐出扑营，百祥间道潜火王家寨，贼回救，官兵夹歼之，并败达贼之来援者。宜绵以贼德知县刘清，使清诣冉文俦贼巢谕降，复遍入王、徐、罗、孙各寨。于是王三槐遂至大营，宜绵厚犒之，使回巢谕众。是夜，王三槐率三千人诣垒诡降，将袭营，官军知其诈，击破之，而奏言"至军者实非王三槐"云。五月，达贼声言南走，而五路犯营，官兵先为备以待，复火破之，王三槐中枪坠马跳免。是月，宜绵嗣总统，使德楞泰攻重石坪，明亮攻香炉坪。德楞泰攻贼半日，贼木石将尽，奋夺寨门，纵火毙贼二千余。其香炉坪贼见左寨火起，亦惊溃，围而火之，无免者。贼乘夜由西面层峦窜逸，两路迫击，复戮贼二千余。先后奏歼贼万余。六月，进围贼陈家坝，贼倾巢死斗，不辟铳炮。侍卫西津泰陷陈，贼披靡，官兵乘势奋击，乡勇罗思举等由山后压入贼营，三路杀贼二千余。贼分二队窜：王三槐、徐天德窜而西，明亮等追之；孙士凤窜而东，德楞泰追之，歼孙士凤于麋子坝，并擒各逆家属。孙士凤者，四川教首，王三槐等皆其徒也。复进围二贼于徐家山，贼乘雾窜，追斩数百。时徐、王二贼仅存二千余，其方山坪贼亦屡为百祥截其出路；舒亮等围困林亮功于巴州白崖山，而观成、刘君辅亦破大宁贼数千于九龙池，进围之老木园。川贼渐蹙。而闰六月，惠龄所追襄阳贼数万分道入川，与群贼响应，复猖獗。于是遣总兵朱射斗助百祥攻方山坪，而明亮、德楞泰皆移军追襄贼，由云、万东赴湖北。时云阳新起贼方正潮率党三千入楚贼内，而留其后队四五千伏陈家山要隘，约合击官兵，尽为乡勇罗思举用白旗诱之下山，陷伏中，一举歼灭。穆克登阿亦破林亮功于万县。其大宁老木园之贼闻襄贼入川，望外援，亦日夜突围。会齐王氏却回湖北，惟李全留川合王三槐，八月，为恒瑞、惠龄截回通江，将赴方山坪罗、冉二贼，二贼亦屡潜出焚掠巴州、通江为应。宜绵令知州刘清率乡勇万余及百祥、朱射斗会剿方山坪，数路并进，使贼不能相顾。而刘清募勇由间道绕后山顶压攻，火其寨，于是各隘齐破，合捣逆巢。贼溃窜巴州，与王三槐等合。

时李全亦回陕，宜绵使百祥等扼通江竹峪关，防川贼窜陕之路。而王、徐等贼本无意离川，但锐意欲断川东、川北运道，以困官军。王三槐先窥巴州江口粮台，刘清使乡勇罗思举扼桥断之，而据山与官兵夹攻，杀贼八百，并走罗、冉二贼之来援者。逾数日，贼复合犯巴州，据对河，尽断援兵。州惟土垣，外环木栅，兵民退保州治后山。贼遂据巴州，欲从仪陇南部分犯保宁、达州，夺运道。总督英善驰赴广元。贼不敢向保宁，遂合队犯营山，逼嘉陵江，川西戒严。宜绵使刘清以乡勇扼江口，防其回达州之路，檄百祥、保宁兵迎击而前。贼退屯营山之黄渡河，为巴、达、渠水路要地，与官兵相持不退，而旁掠仪陇、渠县，虏胁日众。而利川复有新起掠万县之贼，官渡口有欲掠粮台之贼，奉节有新起应白崖山之贼。宜绵奏言："近日惠龄、恒瑞、明亮、德楞泰诸将皆入陕，惟臣一人在川。各贼齐扰川东北运道，嘉陵江防孔亟，欲赴保宁，则川东千里无人调度。请别简大臣总督地方，而己亲督师专一办贼。"诏勒保赴川代宜绵总统军务，宜绵督四川兼理军需。宜绵又言："贼起以来，征调官兵，四川调至一万九千有奇，陕、甘合调二万有奇，湖北、湖南更无余兵可调。虽奉旨令各省补募，止资弹压，难备攻剿；而州县团练乡勇，各卫村庄，尤难责其长驱赴敌。目前贼势，如明亮、德楞泰统兵襄阳，则郧贼窜入兴安，宜昌贼折回夔、巫，况云阳、奉节新起伏莽之贼尚多，兵力日分日薄。乞敕令各省于新兵外，添练备战之兵，四川、陕、甘各万，湖北、河南各五千，一月召募，两月训练。至目前随营乡勇，日支口粮费与兵等，究非纪律之师，即有畏缩不前，难遽绳以军法。不若选充行伍，其技艺不拘矢铳刀矛，贼平即补营额，则经费不虚糜，而骁悍游手有所约束。"诏行之。

十一月，王、徐、罗、冉四贼复分屯二地，宜绵使刘清领乡勇专攻罗、冉，断其援。罗、冉二贼走巴州，援白崖山贼。白崖山贼林亮功急突围，连日与舒亮、穆克登阿等鏖战。王三槐复分攻大竹、广安州、邻水以援之。保兴、朱射斗等倍道援，邻水得不陷。贼即乘间分队突陷长寿。长寿，水陆咽喉，上通合州，下连重庆，为川东门户。会勒保抵泸州，以新调贵州兵未至，先檄总兵百祥由合州回守重庆。而罗、冉二贼乘官兵东去，益分掠仪陇、营山，梗运道。

十二月，襄阳贼复由陕逼川北。宜绵奏言："楚贼飘忽无常，往反数千里，最慓悍，而大兵数路追压，声势甚壮，必可聚而歼旃。惟四川之贼，川东则夔州、重庆、达州、忠州，川北则顺庆、保宁，臣所有之兵，东驰西击，日不暇给。已咨恒瑞等由陕入川北，夹攻罗、冉二贼，先通运道，俟勒保率黔兵由重庆会剿。"是月，恒瑞破王廷诏于保宁，解营山围。而涪州、大竹、邻水各团勇拒贼，王三槐复回达州。其奉节之铁瓦寺贼亦围三总兵于开县之回龙场，城中兵勇驰救乃解。故宜绵急咨福宁、额勒登保入川。

初，额勒登保之自苗疆至湖北也，福宁已与长阳贼、黄柏山贼相持数月，未逼贼巢。三月，额勒登保至军，即连克险要，深入三十余里，贼弃寨遁入鹤峰州之芭叶山。四月，复连夺贼栅，直抵巢穴。贼守险死拒，官兵层层立栅，渐逼入隘，猱攀蚁傅，昼夜攻逼。贼于六月夜突总兵诸神保营栅而出，追败之建始县。贼欲由施南、巴东合川贼，为官兵所扼，探知长乐之白鱼寨有乡勇守卡，伪冒官兵入夺据之。额勒登保乘其守备未固，急攻拔诸栅，三路逼巢，斩贼二千余。贼复由乱箐逃上冒子山，削壁仄磴，绳梯互引，险不可前。而贼粮未尽，伏兵诱之不出。七月，复进攻，愈上愈陡，木石雨下，俟其渐少，进逼寨，贼复乘雾缒崖遁。额勒登保遣兵分守黄柏山、四方台、滋邱、椰枰诸山，防其窜入，而自追贼，复斩戮二千，惟首逆窜逸，屡奉旨切责。九月，贼谋往巴东渡江，赴宜昌、郧、巫诸山，连日追殪二千，斩首逆林之华于巫山。惟徐覃加耀窜施南山内，屡擒斩尚存贼二千余，十一月，复窜长乐之朱里寨。周五十里，三面悬崖，惟东南一径与两岭相连，其外悬崖二垭，螺旋鸟道，贼皆严守。十二月，额勒登保佯撤二垭兵不攻，贼果悉锐守两岭，乃潜遣死士数十，缒登二垭，掘地通贼卡，窖火药轰之，而各路伏兵同时进攻。贼争斫栅夺路，不知栅外悬崖数十丈，后挤前踊，势如泻瀑，百无一生，坑谷皆满，惟覃加耀二百贼缒崖遁。额勒登保乃令福宁及总兵富森布先领川兵回夔州，而自率将士分路追贼，旋歼覃加耀于终报寨。诏责额勒登保，兵多贼少，持久一年，有过无功，夺侯爵及领侍卫内大臣，褫双眼孔雀翎，福宁革总督、太子少保及孔雀翎，均降副都统，驰赴四川。额勒登保奏留湖北官兵分屯宜昌、郧阳，而自将两广兵二千赴郧西与明亮等夹剿。此嘉庆二年惠龄、宜绵相继总统时，三路兵形贼势也。

三

三年正月，诏勒保以总统兼督四川，宜绵移督陕、甘，英善、福宁会理四川军饷，而景安总督湖广。时襄贼复渡汉中，全陕震动。高均德掠城固、洋县，连日虏胁，众复万余。明亮、德楞泰冒雪败贼洋县，擒斩二千余，散其胁从千四百。贼溃遁五郎，为乡勇所遏，东趋镇安。德楞泰驰赴米粮川，扼其赴山阳之路，与明亮夹击于镇安、洵阳，先后俘馘，贼仅余二三千。而后队齐王氏等复将逼汉，柯藩严防汉北。二月，齐王氏马步二万由西乡营洋县，先遣前队分路涉汉，以牵官兵，而大队由上游潜渡汉北，分二千贼助高均德，使东致大兵，而自与李全、王廷诏等乘虚分趋北栈。高均德果日夜引大兵长驱东北。明亮等驰扼两河关口，与额勒登保合，败贼镇安，复邀击于商州。而齐王氏、李全等已分二道由城固、洋县老林逾山北出宝鸡、岐山，复合攻郿县，掠鏊屋，将直犯西安。秦承恩回防省城，总兵王文雄以兵勇三千拒之。贼分十余队，马步相间，围攻官军。王文雄为圜阵四向，铳炮外列，矛矢佐之。贼骁骑千余冲阵，急挥藤牌兵踊跃而出，贼骑反蹂，乘势奋击追北，复败其林中伏贼，先后俘斩二千，贼始不敢窥西安。时柯藩革职，诏进王文雄提督陕西。上以明亮、德楞泰拥劲旅，剿乌合贼，老师縻饷，无方略，致贼日横行，而每奏皆德楞泰先驱，明亮后继，是明亮罪尤重，诏革职逮问，旋降为领队大臣，与柯藩等戴罪留军，命宜绵赴军督战。三月，宜绵奏言："臣奉命移督陕、甘，自顾衰病，难以冲锋，惟于各路忠勇大将推诚策厉。臣闻额勒登保自剿楚贼，以至入陕，身先士卒，奋不顾身，实诸将之巨擘；德楞泰熟练军务，策画精明，拊循士卒，人皆用命；明亮屡经行阵，地利、贼情无不洞悉，惟阅历既深，或过持重。且德楞泰年力较壮，闻贼即行。明亮自当随后策应。当此用兵孔急，正当驱策群力，以期迅奏肤功。"时明亮、德楞泰破姚、齐二贼于山阳之石河，又与赛冲阿夹击于郧西界之甘沟，连殪数千。又郧西乡勇扼其前，不能东窜。我兵数路逼贼三岔河，贼尚余八九千，分据左右山，欲突出沟口。我军探知姚、齐首逆皆营左山，尽锐围攻，贼无走路，尽歼之。齐王氏、姚之富陨崖死，传首三省。捷闻，上以明亮等剿贼久，且未生擒首逆，不为大功，各赏赉有差。

四月，额勒登保邀李全于蓝田，连破之各峪。贼复与高均德、阮正隆合屯五郎、镇安、山阳间，将分犯楚、豫。诸将以贼势尽趋东北，乃议：明亮以兵二千赴宜绵于兴安遏其东，王文雄由郧县、盩厔各峪扼其北，而额勒登保、德楞泰率大兵压其西南，与明亮夹击高均德于商、雒交界之军岭川。贼奔老林，官军分道邀之雒南。贼声言欲为齐王氏、姚之富报仇，鏖战两岔河，冲突再四，擒斩贼三千。高均德败窜秦岭，昼夜西奔五郎，复会李全、张天伦二贼。而川贼阮正隆复与陕贼分队，思还川北，由汉阴、石泉南窥汉江。明亮等歼其后队二千于石泉，其已渡之前队二千窜通江、南江，咨勒保剿之。其襄贼高均德、李全自汉阴东走，额勒登保移军湖北，与德楞泰等合军，破贼于两河关。贼折回五郎、洋县。时三贼皆楚、豫之人，欲引官兵西追，而乘间东遁。其所胁从川、陕之众皆不愿东，闻官军招抚，先后投出二千余，贼尚万人，官军连破之茅坪、褒城。贼分二队缀官兵：一北出凤县掠两当，为甘肃兵所却，遇明亮军歼诸略阳；一东奔武关，三首逆皆在焉，官军邀其渡沔之路，复折奔宁羌巴山，将入川，张天伦渡河溺死，德楞泰步骑七千余驰赴广元邀击，连败之，贼南走赴罗、冉二贼于仪陇。其前渡汉江之阮正隆、张正潮、龙绍周等贼亦由巴州被驱逼而至。时陕、楚各贼自失姚、齐两渠魁，又不能还楚，欲倚川贼为声势，俱会于冉文俦营，不下二万。

其三月间，由云、万、大宁窜楚之贼张汉潮、刘成栋等众万余，掠巫山、归州，逼远安、南漳。额勒登保由汉阴水陆东下，四月与景安会剿张汉潮等于南漳，斩获千。贼走谷城，官兵四路蹙之，斩戮漂溺五千余，生擒九百余，余贼遁郧阳。时明亮既歼略阳、西乡各贼，五月即驰赴平利，与额勒登保剿楚贼于镇坪。贼弃骡马妇女由老林奔太平，官兵分追入川。诏以陕、楚各贼均逼入川，而四川满、汉官兵不下五万，勒保宜会同诸将齐心蹙贼，毋致窜逸。其令额勒登保、明亮专剿张汉潮等为一路；德楞泰专剿高均德、李全、阮正隆，并会同惠龄等夹剿罗、冉为一路；勒保专剿王三槐、徐天德及云、万诸贼为一路；而宜绵专防山川窜陕之贼，景安专防由川窜楚之贼。各专责成，互相援应，毋东驰西击，各不相顾。惠龄等迎击陕贼于仪陇。适罗其清下山来援，我伏兵断其还巢之路，贼败，就冉文俦营，合据大神山，与各陕贼连营数十里。六月，德楞泰、惠龄等遣兵扼山后渠河，防其北窜，而合兵围攻大神山，连破贼卡，杀贼二千，又撤营佯退诱之，破其追袭之贼千余。贼屯踞死守。七月，官兵三路捣巢，复截其潜度渠河之贼。贼走，就罗其清于箕山。德楞泰率索伦劲骑追之黄渡河，与惠龄等夹击，斩溺四千余。贼奔箕山三十里之龙凤坪，诸贼各据一寨，相犄角，约三万。时岁、冉二贼有隙，惠龄遣人谕罗其清缚献冉文俦自赎，不应。八月，德楞泰伏兵诱箕山贼下山，方击斩二千，而楚贼高均德、龙绍周、徐万富、唐大信、龚建等即乘间北走广元。其富成所追之徐天德、樊人杰、王登廷等亦由营山与楚贼合兵趋陕。德楞泰等复舍罗、冉二贼，分路追截四昼夜，斩获四五千，群贼复逼回箕山。而罗其清乘官兵北追，亦已分贼五六千攻营山县，徐天德亦扼渠县饷道，与罗其清犄角，官兵先后击败之，余贼尽奔箕山。德楞泰等遣乡勇严防各隘，而约诸军会剿。明亮亦以兵三千剿张汉潮等于通江之北，先后斩戮数千，贼不能渡汉。初，群贼之还仪陇也，惟李全、高均德留广元，欲自陕还楚。九月，额勒登保追李全、高均德等亦自北而至，适德楞泰已尽破箕山之贼，罗其清弃巢北窜，与李全、王廷诏等尽奔大鹏寨。寨天险，广百余里。额勒登保、德楞泰、惠龄、恒瑞四路进攻。罗其清先遣其党分劫巴、渠运道，徐天德、冉文俦亦分扰大竹、梁山为外应。诸将分兵剿之，严扼其输粮入寨之贼。十月，四面梯攻，纵火焚寨，斩坠死者五千余，罗其清率走青观山。额勒登保鉴前黄柏山、芭叶山之辙，不俟兵齐，乘贼未守备，即仓卒急攻，直逼巢穴，身先士卒，冒矢石，死者死，生者生，昼夜轰击，贼不能支，十一月克之。复追击于巴河，于虚空寨。寨无粮无水，大军合围数重，势在必克。额勒登保、德楞泰忽下令开围一面。贼初更溃遁，我军不追，黎明驰进，未及三十里及之，则贼万众黑夜已溃窜过半，逐北至方山坪，解散殆尽，生获罗其清于石洞，其逸党尽为远近寨民三日擒献。乃议恒瑞赴陕，富成赴大竹，额勒登保移剿合州诸贼。十二月除夕，德楞泰、惠龄等袭破冉文俦于通江，斩三千余贼，又歼其突围贼二千，斩冉文俦。诏赏德勒泰、惠龄轻车都尉，诸将士赏赉有差。川北两户贼皆平。

其川东之王三槐、冷天禄，则勒保专剿之。初，四川军饷，川北由潼川、顺庆运达州，川东由重庆、夔州运梁山。自贼王三槐扰梁山断官军饷道，转攻开县，以援白崖山、铁瓦寺二贼。于时白崖山缺饷两月，乡勇四散，贼林亮功遂倾巢突出，与王三槐合营，围开县，水陆并进。诏褫舒亮、穆克登阿职，留军效力。勒保既受命总统至四川军，正月遂由梁山进剿。时白号贼王三槐、冷天禄踞东乡之前河，与青号徐天德、黄号樊人杰及蓝号新附各寨连营开县之临江市，最强，而罗、冉二贼余党亦合踞东乡之后河，皆太平、通江入陕之路，将三路犯陕。勒保使杨秀守太平，恒瑞等扼通江，保兴绕出贼前夹击，破贼于固军坝，奏杀贼二千，请奖励将士。诏以勒保所杀皆胁从，无首逆，且军中积习于官兵阵亡则以多报少，而杀贼则以少报多，乃滥乞恩赏，其切戒之。又诏以四川知县刘清得民心，将乡勇御贼，贼以其廉吏，望风引避，其据实保奏。王三槐犯陕不遂，复合通、巴之贼犯达州。勒保督诸将邀击巴河。而白崖贼林亮功等复折回开县，分扰云、万、大宁、奉节。勒保奏催湖南苗疆，云、贵兵各五千赴川。三月，观成、刘君辅歼陈崇德于老木园。诏以其老师逾年，各降为总兵。五月，勒保檄观成、舒亮等截击林亮功于梁、万间，先后歼贼五千，林亮功枪毙，余贼二三千遁回东乡安乐坪，与王三槐合。其徐天德、王光祖等出没太平、开县，屡与官军相持。诏切责勒保老师养贼。七月，勒保以三槐曾随刘清至宜绵营，乃复令前随刘清至贼寨之贡生刘星渠往说之。三槐故狡谲，反覆持两端，恃前此出入军中无忌，乃留星渠为质，而自诣大军。勒保遂以生擒首逆奏。时值上奉太上皇帝驻跸木兰山庄，各蒙古王公祝釐瞻觐，乃下诏晋封勒保一等威勤公，并晋军机大臣大学士和坤公爵，福长安侯爵，将士赏赉有差，复释勒保弟永保于刑部狱。而三槐党冷天禄仍据安乐坪，尽有三槐之众，负嵎抗拒如故。十月，勒保围安乐坪久，寨中盐粮将尽，冷天禄诡请降，复夜突营。而林亮功余党王光祖、包正洪、萧占国、张长庚等复蹂躏江北涪、忠诸地，徐天德亦屡犯大竹、邻水。诏责勒保拥大兵攻粮尽援绝之贼，旷日持久，前擒首逆之效安在？

其楚贼出没川、陕间者，明亮以七月后剿张汉潮等于通江，于南郑，歼贼数千，斩贼首李槐、詹世爵，贼不得渡汉，复奔川东，将由界岭还湖北。明亮由夔登舟先至巴东，伏兵界岭，歼其前队。张汉潮复西遁太平、大宁山箐，逾汉江，走镇安、洵阳、商、雒，思还楚、豫。其樊人杰、龙绍周五千余，李树、龚建、唐大信万二千余，阮正通等七千余，十月内复与川贼分党，先后由城固、西乡犯陕。宜绵檄王文雄御其西，总兵庆溥御其东。

是年五月，户部侍郎蒋赐棨奏："上征剿种苗、教匪，拨帑八千余万，请暂开捐例，以资储备。"诏大学士九卿科道议奏，仿乾隆川运例，权宜举行。至明年乃止，谓之"川、楚善后例"。此嘉庆三年勒保继宜绵总统，群贼会于四川之形势也。

四

四年春正月庚申朔，越三日壬戌，太上皇帝大行。越四日癸亥，上命军机大臣传谕四川、湖北、陕西将帅督抚曰："我皇考临御六十年，四征不庭，凡穷荒绝徼，无不指日奏凯，至内地乱民，如王伦、田五等偶作不靖，旬日立殄，从未有劳师数年，縻饷数千万，尚未蒇事者。自末年用兵以来，皇考宵旰焦劳，大渐之前犹以望捷成什，迨至弥留，亲执朕手，频望西南，似有遗憾。若教匪一日不平，朕即一日负不孝之疚；内而军机大臣，外而领兵诸将，同为不忠之臣。迩年皇考春秋日高，事从宽厚，即如贻误军事之永保，严交刑部治罪，仍旋邀宽宥。其实各路纵贼，何止永保一人？奏报粉饰，掩败为功。其在京谙达侍卫章京，无不营求赴军；其归自军中者，无不营置田产，顿成殷富。故将吏日以玩兵养寇为事。其宣谕各路领兵大小诸臣，戮力同心，刻期灭贼，有仍欺玩者，朕惟以军法从事。"越七日丙寅，大学士襄勤公和珅有罪，罢免，下刑部狱。诏以和珅压阁军报，欺罔擅专，致各路领兵大臣恃有和珅蒙庇，虚冒功级，坐縻军饷，多不以实入奏。姑念更易将帅，一时乏人，勒保仍以总统授为经略大臣，其川、陕、湖北、河南督抚及领兵各大将咸受节制，以一事权。明亮、额勒登保均以副都统授为参赞大臣，别领官军，各当一路，有不遵军令者指名参奏。

初，教匪起事，皆以"官逼民反"为词，及王三槐擒解至京，命军机大臣审讯，亦有此供。上闻之恻然，命暂缓行刑。诏曰："国家深仁厚泽百余年，百姓生长太平，使非迫于万不得已，安肯不顾身家铤而走险？皆由州县官吏朘小民以奉上司，而上司以馈结和珅。今大憝已去，纲纪肃清，下情无不上达，自当大法小廉，不致复为民累。惟是教匪迫胁良民，及遇官兵，又驱为前行，以膺锋镝，甚至剺发刺面，以防其逃遁，小民进退皆死，朕日夜痛之。自古惟闻用兵于敌国，不闻用兵于吾民。其宣谕各路贼中被胁之人，有能缚献贼首者，不惟宥罪，并可邀恩；否则临阵投出，或自行逃散，亦必释回乡里，俾安生业。百姓困极思安，劳久思息，谅必一见恩旨，翕然来归。其王三槐所供川省良吏自刘清外，尚有知巴县赵华、知渠县吴桂，其量予优擢，以从民望。至达州知州戴如煌老病贪劣，胥役五千，借查邪教为名，遍拘富户，而首逆徐天德、王学礼等反皆贿纵，民怨沸腾；及武昌府同知常丹葵奉檄查缉，株连无辜数千，惨刑勒索，致聂杰人拒捕起事：其皆逮京治罪。难民无田庐可归者，勒保即督同刘清熟筹安置，或仿明项忠、原杰招抚荆襄流民之法，相度经理。遍谕川、陕、楚、豫地方，使咸知朕意。"又诏曰："川、楚军需三载，经费至逾七千余万，为从来所未有。皆由诸臣内恃和珅护庇，外踵福康安、和琳积习。在军惟酒肉笙歌自娱，以国帑供其浮冒；而各路官兵乡勇饷迟不发，致令枵腹无裈，牛皮裹足，跣行山谷。此弊始于毕沅在湖北，而宜绵、英善在川相沿为例。今勒保任经略，福宁理粮饷，其严行察核。"

上命军机大臣讯罗其清，供称惠龄一军较弱。责其为贼所轻，令回京守制。又命军机大臣核宜绵前后奏报，皆屯驻无贼之处，从未与贼交锋，且已老病，令解任来京。又以上年贼逼西安焚掠，秦承恩反回入省城，不即督兵剿贼，且官声平常，交刑部治罪。又以景安本和珅族孙，平日趋奉阿附，每于奏事之便，禀承指使，恃为奥援；剿堵皆不尽力，驻军南阳，任楚贼犯豫，直出武关，惟尾追不迎截，致有"迎送伯"之号。甚至居民裹粮请军，拒而不纳，武员跪求击贼，不发一兵，为参将广福面诮，反挟愤诬劾。其获封伯爵，亦攘道员完颜岱捕浙川邪教功，张皇入奏，特逮下狱，拟重辟。而以倭什布总督湖广，吴熊光巡抚河南。又诏以前年襄阳贼犯孝感时，独随州未被焚掠，由居民村庄预掘沟濠，叠土山，严守御，贼无所施其技，旋为官兵追蹑击败，此保障民生良策。若川、陕、河南仿行，何至任贼蹂躏？其令勒保会同各督抚晓谕州县居民，扼要团练，使贼无可虏掠，与官军犄角。于是始议坚壁清野之策。勒保用合州知州龚景瀚议，首行于川东、川北。既而那彦成、松筠、台布、长麟行之于陕、甘。又后书麟、吴熊光行之于湖北。先后三四载，堡寨告成，而贼亦以次销灭。由上年明亮、德楞泰发其端，而诏书申敕行之云。

是时各路官军临阵辄令乡勇居前，绿营兵次之，满兵、吉林、索伦又次之。而贼营亦先驱难民抗我颜行，其真贼皆在后观望。故乡勇日与难民交锋，而兵贼常不相值。又乡勇伤亡无庸注册报部，可掩败为功，至京师禁旅伤亡，必当具奏，更非如绿营兵止须咨部之比，是以不令前敌。及战胜，则后队弁兵又攘以为功，而冲锋陷阵之乡勇反不得与，是以保奏皆满兵居多，绿营兵间有之，而乡勇见章奏者百无一二。至是诏以征调黑龙江兵往反数千里，供亿浩繁，不习水土，不熟贼悄，计涠黑龙江一兵，可募数十乡勇，且可卫身家免虏胁。嗣后乡勇有功，一例保奏，阵亡一例议恤，以收敌忾同仇之效。又其时各贼不过往来掠食，并无僭号据城之事，诏许悔罪投诚，如台湾庄锡舍、湖南降苗吴陇登及闽洋投首海盗之例，不复咎其既往。

是年正月，勒保奏言："臣受任经略，先筹川、陕大局。应督率额勒登保、德楞泰等合剿徐天德、冷天禄二贼为正兵，而以七十五、观成所剿之夔州贼、富成所剿之保宁贼两路为偏师。贼势重在四川，臣应驻梁山、大竹适中之地，调度督率。并檄明亮一路先殄灭张汉潮，以次肃清陕境，免其东窜楚、豫。"时徐天德走垫江，冷天禄走中州，额勒登保等分追。而勒保由梁山中路进攻王光祖，并檄德楞泰、惠龄由达州要击渠县、广安之贼，逼赴梁山，与诸军会剿。二月，德楞泰〔追〕徐天德于开县，截其走湖北之路。贼折赴太平，由鸡鸣寺渡河，漂没，仅存千余。额勒登保追冷天禄于大竹，遣总兵杨遇春、百祥等分击包正洪于文虫溪。适阆中贼萧占国、张长庚众五千复至营山，回军击斩其半，令朱射斗绕截其后，四扼险要。贼全队逼上谭家山，山后绝壁无走路，乘夜蹙攻，短兵格杀，陨崖死者二千余，生擒数千，斩二首逆，两路贼歼焉。诏封二等男。额勒登保进剿冷、包二贼，适包正洪已与仪陇贼张子聪合，窜邻水，乃冒雨突击冷天禄于岳池。冷天禄狃于安乐坪之役，藐视官军，令大队先行，惟自留八百人殿后。杨遇春、穆克登布以劲骑二千至，一战歼之，又进追其大队于石笋河。五舟迭渡，仅济千贼，余数千贼方临岸争舟。我都司杨芳以九骑越山先至，即麾帜大呼驰击，贼隔山不知我后队虚实，争赴河，陷淖溺浅者三千余。其五舟离岸，贼蚁附甚重，每舟百人，一矢覆一舟，五矢五舟齐覆，隔河贼号呼不能相救。俄，大军至，骑浮而济，并追歼其先渡之贼。诏以额勒登保病新愈即转战直前，旬日歼三贼，不愧大将，视诸将但获渠魁，不净余匪，致一贼灭一贼复起者，功尤伟，晋封一等男，所领官兵普赏一月钱粮。

四月，额勒登保遣朱射斗追包正洪，而自移剿张子聪于梁山、忠、万、云阳，连破贼。忽大宁贼卜三聘等，西乡贼樊人杰、龚建等，分路来援，额勒登保及杨遇春分御之，连日冒雨山战。而德楞泰所追之徐天德复至，于是三路兵皆会。而朱射斗所追之包正洪又与夔州高、郝二贼合，川东群盗皆聚开县、东乡间。官兵三面会攻，群贼议复北窜川、陕老林，乃使张子聪潜劫江口粮饷，额勒登保回军击之。卜三聘即乘间奔大宁，七十五追之。德楞泰所追贼亦分为二：徐天德、龚建窜大宁、太平山箐；樊人杰、龙绍周、唐大信、张天伦等赴陕。五月，德楞泰赢粮倍道要之，乃分兵勇六千，使赛冲阿击贼大宁，而自以六千击樊、龙、唐、张等贼于安康、紫阳，连日斩获，复驱入川东。时朱射斗斩包正洪于茅坪。七月，德楞泰由奉节进剿巫山、大宁各贼，与赛冲阿、朱射斗夹击，擒斩千百。又五路邀贼于房、竹，贼窜入川。德楞泰复分朱射斗追张天伦于巴东，而自剿李树、徐天德于房、竹，歼龚建于竹豀。其额勒登保一路，六月追张子聪于通江。冉天元、王登廷攻官军后路，扰运道，击之刘家河，斩溺千余，复追入东乡、大竹、邻水、长寿。王登廷复分二路：一向入竹、渠县，以牵官兵；而自率大队趋陕，与齐家营合，火光三十里，势狷獗。额勒登保破之通江，歼贼二千，生擒千余，复追入川。勒保奏："健锐、火器两营京兵不习劳苦，不受约束，征剿多不得力，距达州七十里之地行二日方至。与其久留縻饷，转为绿营轻视，请全撤回京，无庸续调。"

其川北贼在广元、宁羌间者，恒瑞檄甘肃兵防其西，将军富成由略阳遏其北。三月，贼西寇阶州，布政使广厚、总兵吉兰泰御之。贼分二路，各六千：一白号杨开甲，向宕昌，富成追之；一蓝号张士龙，向良恭，何广厚等御之于新市镇，擒斩千余，获马骡器械无算。贼奔宁远，犯巩昌。我兵间道趋通渭，歼其后队，贼东走秦州。而富成以兵七千追宕昌一路，久不奏报，有诏切责。适四月富成所追白号贼亦至秦州，分屯渭河南北。广厚等多张帜渭南，为疑兵，而精兵二千驰掩渭北之贼。贼惊溃，胁从逃散者二千余，贼乱渭而渡，涨溺及陷淖者千余。渭南贼亦望风东遁，由阳平关将入川，恒瑞邀之，复走成县。适广厚等追礼县蓝号贼至，冒雨突袭白号贼，擒斩七百。又与老回兵夹攻于徽县，又追截之白水江，各斩贼数百。五月，白号贼冒死夺渡白水江，由略阳奔川北。其富成所追蓝号贼往来阶、文山箐，复欲渡白水江。恒瑞与广厚等夹攻，贼败，渡嘉陵江，走略阳，追及白号贼，合奔川北。其前队为额勒登保大军所歼。诏以嘉陵、白水二江为川西门户，令勒保拨兵严守。又以富成拥兵七千，专剿蓝、白二贼，徒尾追不迎击，任蹂躏秦、陇，褫职逮问，旋留军效力。

时陕贼张士龙在栈道西，张汉潮在栈道东，而张天伦由平利、竹谿犯湖北，是为陕西三张。贼张汉潮自正月为明亮截击商、雒间，不获，东窜，由五郎奔徽、凤，明亮与甘肃兵邀击。二月，贼复折回秦岭，将由蓝田、商州分数路窜河南。三月，明亮奏言："臣自去秋至今，日夜追贼，往反五省。所领兵三千，除落后留养外，仅存千余，堵剿不能兼顾。而终南万山丛复，东西千余里，有山匪为贼向导，专与官兵相避，必需有夹攻堵截之兵。而陕、楚各兵又须分剿二张逆，未能分顾协剿。是以奔驰半截，未能殄灭。"时永保代秦承恩抚陕西，勒保令领陕、甘兵二千与明亮协剿。又诏庆成以直隶兵千余赴之。五月，贼为明亮兵所追，西奔秦州，遇恒瑞军，折回东北。明亮邀贼商州，复驱而西，与总兵关腾夹击于五郎。六月，贼由子午谷越秦岭，以恒瑞、庆成、永保分扼北栈，复趋商州，趋山阳，将走二郎，皆为明亮邀击，贼复西窜。诏责庆成、永保不夹击。八月，张汉潮分数路自镇安分窜山阳、汉阴，以牵我兵，而大队北趋蓝田各峪，均为官兵所扼。永保自三月华阳失利后，气已馁，不敢迎击大队，乃以分堵余匪为名，军孝义厅，截其北。而庆成由五郎西追，恒瑞亦破川北蓝号贼，驰赴石泉，与富成等迎剿镇安分队之贼。明亮败张汉潮于五郎之庙沟，奏言："臣受命参赞节制陕西一路。前奏定与永保、庆成三面逼围，乃永保邀庆成为一路，藉堵小匪，并将遣追大队之富成、马兆瑞等调往他所。臣自郧至商，又至镇安，往来奔驰，从未与永保、庆成、富成三路之兵相值；而东窜贼两日行三百余里，并无追师。"时松筠代宜绵督陕、甘，驻汉中，上命松筠察三人功罪。松筠奏言："近日恒瑞、庆成已驰赴明亮军。永保前在镇安移营，一旬不出镇安境内，其后久屯孝义厅之大山岔两旬有余，惟以防守北面为言。无谋无勇，惟知利己，归过于人，不但将兵非所长，而地方百姓亦不能休养。明亮老将，惟精力已急,追贼不能神速。庆成尚能击贼。偾事之罪,永保为上,明亮、庆成次之。"上褫逮永保。

其张天伦贼七千,四月由平利窥竹谿,欲还湖北,而高均德、马得贵亦由太平、紫阳趋平利犯楚。总督倭什布檄兵勇守各隘,参将董宁川力战,死之。贼折回陕。诏永保东赴镇安,与倭什布夹击。时川东贼皆楚人,为川兵剿急,复思还楚。张天伦先突入竹谿,李树、高筠德、樊人杰、龚建等继之。十数路更番迭犯,欲牵缀官兵,而大队乘间突窜。倭什布力御房、竹之界,并严防汉江。诏调山西兵三千赴湖北。

六月,福宁奏言:"贼以胁从而日增,兵以分防而见少。据川东北各府厅州县禀报,多者万余,少者数千,其不知首逆姓名者,尚不知凡几,新起之贼实多于剿除之数。地方之伤残更甚,黎庶之疾苦更深。贼愈剿而愈炽,饷徒糜而罔益,不敢壅于上闻,乞特申乾断,早决大计。"七月,诏曰:"勒保经略半载,莫展一筹,惟汇报各路情形,按旬入告。近据倭什布奏,川贼接踵入楚不下二万,有北趋荆、襄之势,并无追剿之师,又蓝、白二贼由秦、陇折回川北,亦未闻遣堵截之师,是勒保竟择一无贼之处驻营株守,罪一。且屡奏均言不必增兵,而附奏又请拨饷五百万,若迫不及待,自相矛盾,意图浮冒,罪二。各路奏报多王三槐余党,勒保止将首逆诱擒,而置余匪于不问,罪三。军营保奏大半亲随之人,而兵勇钱粮并不按期给发,以致裹腹跣行,冻馁山谷,几同乞丐,士马何由饱腾,罪四。勒保上负两朝委任之恩,下贻烝民倒悬之苦,其即令尚书魁伦、副都御史广兴赴川逮问治罪。其经略事务以明亮代之,魁伦署理四川总督,广兴留理达州军饷。"上以楚事方急,诏明亮、额勒登保各移军赴剿。会倭什布破贼南漳,德楞泰复分兵令朱射斗、七十五剿川贼,而自以步骑六千进军房县。乃诏川、陕大军毋赴楚。初,福宁奏言:"川、陕转运军需,烦难万状,诸将中惟额勒登保一人能知大体,遇饷运偶缺,即自行筹办,从无借口。余皆不问挽运之难易,惟归咎于粮饷之不充,明亮、德楞泰皆所不免。"勒保亦奏言:"欲增兵,必先筹将。目前诸将惟额勒登保最得兵心,非惟久从征战者不见其疲,即疲兵归其营亦成劲旅,以此,士皆用命,贼皆畏惮。虽以明亮之久历戎行,尚所不及。"诏以额勒登保奋勇忠荩,戒饬诸将。及是更易经略,上念无逾额勒登保者,特以其不识汉文,于军书旁午不宜。而明亮在金川、苗疆久历行阵,用代勒保,意蓋未慊也。旋以明亮剿张汉潮迟延,又与永保互讦奏,均免职,卒以额勒登保代之。此嘉庆四年秋以前,勒保由总统任经略时,上初亲政更新号令之事也。

五

四年八月,诏曰:"自用兵以来,各路将帅惟额勒登保英勇超伦,身先士卒,屡歼林之华、覃加耀、罗其清、萧占国、张长庚、冷天禄等,厥功甚伟。民间闻其军过,知其能爱百姓,无不安堵欢迎。即如胡齐仑一案,督抚将帅无不受其馈遗,独额勒登保一人无之。忠勇公清,实东三省人杰,不惟诸军悦服,即在京满、汉臣工无不重其为人。其授为经略大臣,补授正白旗汉军都统。魁伦即将经略印信及前赍赏明亮荷包转交额勒登保祗领。"又命军机大臣工部尚书那彦成佩钦差大臣关防,率盛京、吉林兵三千赴陕西军,与明亮办贼。又以知州刘清前至王三槐各营招抚数次,贼因其良吏皆不加害,特赏加兵备道衔,随同魁伦办达州军饷。

先是,景安劾湖北襄阳道胡齐仑冒功侵饷,逮交刑部审讯,自服于嘉庆二年,同总兵马瑜诬杀夹河洲难民二日余,诡称教匪冒功,伏法。而倭什布籍没胡齐仑,得其支放军需簿,馈送提用,动以万计,毕沅、永保数尤多。诏各籍其家,革毕沅子孙官职,并命魁伦、广兴严核四川军需虚实。义以"军需自军需,仓库自仓库。而勒保奏请采买仓谷二百万石,以部饷军需,与川省钱粮混同影射,国家剿寇安民之资，岂为外省补亏空支俸饷之地？其核实以闻。"松筠奏言："教匪起于湖北，其时督臣毕沅皆沿苗疆时供亿挥霍，自后官军入陕入川，相沿成例。自皇上亲政以来，整饬戎行．诸臣始凛法搏节，纵有贪利之人，已乏罔利之术。惟是军需冒销，总在款目轇轕。请令各路粮台按旬开报，按月汇奏，不惟案牍易清，而访查亦易得实。"诏行之。又诏："从前军中赏给钱粮．皆特旨颁赐，并无将臣自提赏需之例。自福康安将兵，所过之地，滥支浮冒。朕悯官兵久征劳苦，其颁给额勒登保银万两，那彦成、德楞泰各五千两，以充军赏，别于四川藩库支发，不入军需报销，以便清核。"诏："军兴以来，各省督抚多借军功保奏私人，幕友、亲戚，滥邀功赏。如毕沅、汪新所保胡齐仑，以贪冒伏法。此外宜绵、景安、永保、秦承恩、勒保等所保岂可尽信？其令吏部查嘉庆三年以前各省军功人员注册进呈，候朕稽核，以慎名器。"诏以"贼起四载，楚、蜀、秦、豫匪有宁宇，皆由诸臣防剿不力，或逼往邻境以塞责，或偶获贼旨以邀功，甚至拥兵避贼，养寇殃民。积薪不熄，遂至燎原。特罪状：永保纵贼湖北，景安纵贼河南，宜绵、秦承恩纵贼陕西，英善、勒保纵贼四川，惠龄纵贼渡汉江。除景安、永保逮交刑部拟重辟外，秦承恩、宜绵均遣戍伊犁．英善以四品顶戴驻防西藏，惠龄曾著微劳，降级调用。自后责成各督抚将帅，各歼贼本境。倘有逸出邻境者，即治以纵贼之罪；其邻省边备不严者，即治以疏防之罪。"上又以教匪强半胁从，何以终不就抚？闻福宁在湖北杀旗鼓寨降人二千余邀功，谅各路若此者多，坚贼党从逆之心，失朝廷招抚之信。命逮福宁交刑部，按杀降律定拟具奏。

是年九月，明亮、恒瑞破张汉潮于留坝。贼杀马骡塞山路，由老林窜徽县，欲越洮河，走阶、岷赴川。明亮、恒瑞、庆成、广厚等四路会剿，攻之雪水河，又围之天赐山，先后擒斩千余。探知山后悬崖，奏言："贼趋绝地，必可歼灭。"贼复缒险宵遁老林，明亮由宝鸡大道北趋五郎邀之。诏革明亮参赞大臣，降为副都统。时勒保逮入京师待罪，而其弟永保复与明亮互相讦奏，上命那彦成、松筠会审。适明亮与富成等夹攻贼于五郎，斩张汉潮，生擒贼目李潮。诏成庆成、兴肇于新疆，而永保、明亮皆逮入京。命那彦成以钦差大臣率盛京、吉林兵三千赴陕，代明亮剿贼。

额勒登保奏言："臣数载以来，止领一路偏师，今蒙简任经略。当通筹全局。教匪本内地编氓，原当招抚以散其众，然必能剿而后可抚，且必能堵而后可剿。从前湖北教匪多，胁从少；四川教匪少，胁从多。今楚贼尽逼入川，其与川东巫山、大宁接壤者，有界岭之险可扼，是湖北重在堵而不在剿。至川、陕交界，自广元至太平千余里，随处可通，陕攻急则折入川，川攻急则窜入陕，是汉江南北则剿堵并重。川东、川北有嘉陵江以限其西南，余皆崇山峻岭，居民大半依山傍水，向无村落，凭贼焚掠，近俱扼险筑寨，大者数千人。亦数百家，团练守御；而川北形势更便于川东，若能驱各路之贼逼归川北，必可聚而歼旃：是四川重在剿而不在堵。虽贼匪未必肯逼归一处，但使所至俱有堡寨，星罗棋布，而官兵鼓行随其后，遇贼即迎截夹击，所谓以堵为剿，宁不事半功倍？此则三省所同。臣已行知陕、楚，晓谕修筑，并定赏格，以期兵民同心蹙贼。至从征官兵，每日逭行百十里，旬月尚可耐劳，若阅四五年之久，无冬无夏，即骡马尚且踣毙，何况于人？而续调新募之兵不习劳苦，更不如旧兵之得力。臣之一军所以尚能得力者，实以兵士所到之处，亦臣所到之处；兵士不得食息，臣亦不得食息，自阖营将弁以及士卒，无不一心一力。而各路不能尽然，近日不得已，将臣所领之兵与各提镇互相更调，以期人人精锐。"有诏嘉奖。

其湖北之贼，德楞泰破樊人杰于竹山，擒龚其位、卜三聘于大宁，乃进兵保康、南漳。贼闻大军至，复分为二：一李树、徐天德掠归州，走还巴东；一辛聪、张天伦窜宜昌之东湖。德楞泰分兵斩李树于巴东，破宋厥子于房县。贼由房县老林西遁。十月，德楞泰追楚贼入陕。时高均德、冉天元、张天伦、龙绍周、唐大信、高天升、马学礼等皆屯聚白河、洵河，欲由紫阳、西乡上游渡汉。德楞泰分千余兵防后路，而自冒雾雨败贼于放马场，追斩千余，生擒高均德，斩蓝号张士虎。诏封德楞泰二等男，授参赞大臣。乘胜追至西乡，群贼尽驱赴通江、南江。德楞泰移兵入川，与额勒登保夹剿。

额勒登保自九月奏逼贼归川北之议，即分兵扼广元栈道，截蓝、白杨、张二贼折回南江，与王登廷、阮正隆、苟文明、鲜大川合。而许文谟所剿庹、张二贼，及七十五所败之樊人杰、徐天德，亦由太平窜通、巴界内。十月，额勒登保遣穆克登布等与七十五夹击，擒斩数百。贼复窜东乡、太平。乃使七十五、朱射斗迎击自楚折回之贼于云阳，而自与穆克登布等剿王登廷、徐天德于开县，乾清门侍卫安禄中枪死。安禄，故超勇公海兰察之子也。时川贼徐天德、王登廷最悍，出没东乡、太平间，复与自陕折回之冉天元合，恃其党众，时时分突，以牵官兵，阻运道。十一月，额勒登保分兵二路，攻贼于巴州黄成寨。贼方与寨勇相持山上，官兵四面仰攻，总兵春宁中伤，力战不退，额勒登保跃马督战，贼披靡，败走白水硐，遇阿哈保等伏兵邀击，擒斩千余，由巴山老林追至南江。适德楞泰擒符曰明于广元，迎剿而至，乃遣兵扼广元栈道，防贼北窜。而朱射斗亦败张子聪于开县，柯藩败龙绍周于汉江，逼回川境。十二月，进剿冉天元于苍溪。额勒登保以冉天元善战，令杨遇春、穆克登布合左右翼全力击之，俟其败却，再分队绕击。穆克登布恃勇先进，绕出其前，杨遇春追其后，鏖战山半。杨遇春右军据旧寨垣墙截拒，贼不能过，乃冒死突冲穆克登布后帐，自巅压下。左军腹背受敌，短兵格战，陷死副将以下二十四人，兵勇二百余人。贼全力攻经略中营，血战竟夜，黎明贼始退。旋擒王登廷于南江。先后具奏请罪。诏以"胜负兵家之常，前此诸将失利之事，何路无之？特讳匿不奏。今额勒登保先日拜疏，次日即生擒王登廷，他人必谓前次临阵生擒，而以阵亡各员分次入奏，掩败为功。额勒登保两奏直陈无隐，而于缉获贼首之乡勇亦不揽为己功，洵不愧经略大臣。即其代具奏稿之郎中胡思显，亦能体主帅之公忠，从实入告，其赏加三品卿衔"。

时是月，官兵迫冉天元于开县，而德楞泰追鲜、苟等贼亦至。额勒登保病留太平，遣杨遇春、穆克登布等与德楞泰夹剿，将一举殄灭。而川北贼杨开甲、辛聪、王廷诏、高天升、马学礼等以川北寨勇守御严，难虏掠，复乘间由老林北窜城固、南郑，王文雄力疾御之宁、沔间。贼分二路牵制官兵，其前路贼由略阳夺渡嘉陵江。西犯秦陇，而西乡、汉阴、石泉、紫阳江岸之贼，亦纷纷由川逼陕。额勒登保乃奏令魁伦督朱射斗、百祥两路兵勇八千与德楞泰合办川北之贼，而自率兵勇五千力疾驰保宁赴陕。时德楞泰闻川贼西犯秦陇势急，已率兵冒雪西上，至汉中始奉额勒登保入川之檄，则距川东已远，遂不复回军入川，亦西赴陇。又那彦成接剿张汉潮余党冉学胜等于老林，数月无效。诏责那彦成拥万余劲兵，不通筹全局，惟与老林余匪持久，且盛京、吉林劲旅舍骑而步尤为非计，致川、陕交界各贼窥陕备空虚，乘间北窜，令以南山余匪归巡抚台布搜捕，而与恒瑞移师赴北栈。时略阳贼已骤渡白水江，分寇秦州、巩昌。提督吉兰泰革职遣戍，命庆成以蓝翎侍卫赴巩昌军。其平利贼樊人杰、张天伦等五千余亦分犯二竹。诏以明亮宿将，功多过少，且藉其家赀无几，命以领队大臣驰赴湖北。额勒登保、德楞泰既相继西上，川东北兵备虚。

五年正月朔，魁伦代统川兵。时冉天元等败残数百贼逃匿大竹，且未渡渠河，距嘉陵江甚远。魁伦受事，八日方发，十五日尚在达州界，而贼已虏胁数千，即于是日由定远夺渡嘉陵江，虏胁万余，成都、重庆同时震动。魁伦不直趋渠县，而绕梁山赴邻水，二十日始至，由顺庆渡江，乃檄七十五回守重庆。七十五病不能军，总兵李绍祖将其兵赴川西。上以数载来贼氛所及皆在川东北，其军饷皆赖川西、川南协济，而魁伦按兵纵寇，致川西完善腹地复遭蹂躏，罪更浮于勒保，先革职留任。诏德楞泰速由昭化、广元回军赴援，并赦勒保以蓝翎侍卫赴川，又调贵州兵五千，命总兵施璒援川西。

时蓬溪界成都、重庆之间，贼渡江即掠蓬溪。魁伦遣朱射斗、阿哈保、百祥以兵三千进击，约自率后队四千继进。及朱射斗兵二千逐贼文井场，被围数重，众寡不敌，魁伦拥兵不援，反回屯城内，朱射斗力战死，百祥以千兵断后亦几殆。射斗骁勇敢战，屡立功，贼所惮者经略、参赞外，惟杨遇春及射斗两镇之兵。至是，以无援败死，官军夺气。二月，贼由蓬溪分掠南部、盐亭、射洪，盐枭啯匪皆入之。南部知县王赞武有政声，单骑赴苍溪贼营，贼包正洪等罗拜拔营去。至是复卑词假道，赞武率乡勇二千夺击，死之，射洪知县张明彝自经死。冉天元生日，群贼大会南充，置酒作乐，皆酣醉，无官兵掩击。而魁伦自朱射斗败后，复以防潼河为名，退屯潼川，益以李绍祖兵四千余，止令守沿河，贼对岸焚绵州，不出一兵援救。难民数万由金山驿渡潼河，魁伦禁其舟不许渡。知州刘印全尽以西岸舟济之，乃免。时贼已西犯梓潼、江油，将趋龙安与阶、岷诸贼合。德楞泰兼程赴援，邀击江油之西，遇冉天元、徐万富、陈德奉、汪瀛四贼于马蹄冈，步骑数万分路来犯，我兵亦五路冲击。贼且战且走，至新店子忽伏贼起，环攻我左右前三营，围温春、赛冲阿数重，铳矢几尽。德楞泰以中军驰救，内外冲击，鏖战至暮，杀贼过当，围乃解，生擒陈得奉，斩冉天恒。诸贼复走魏城驿，与白号贼张子聪、庹向瑶、雷士王合。追及白家坝，贼步骑数千诱战，谍报左右沟箐皆有伏贼，欲截我后队，德楞泰戒诸军勿下山追击，夜败其劫营之贼。时官兵仅五千，贼数倍，适阿哈保、李绍祖及守备罗思举以兵勇四千至军。

三月，诏授德楞泰成都将军，专办川西之贼；授勒保四川提督，专办川北之贼，责魁伦严守潼河。德楞泰进捣江油贼于重华堰，贼宵遁，分屯林箐口。德楞泰遣兵扼龙安白水之路，转战而入，连夺险厄。贼大队俱屯马蹄冈，而伏万人于火石垭后。我兵四路进攻，德楞泰督大队直趋马蹄冈，已过贼伏数重，始觉。俄，伏起，八路来攻，人持束竹湿絮以御矢铳，鏖斗三昼夜，贼更番迭进不退，我兵饥疲，数路皆败，德楞泰率亲兵数十，下马据山巅，誓必死。冉天元督众登山，直取参赞。德楞泰乘高险，大呼冲击，一矢毙冉天元之马，蹶而擒之，贼遂瓦解。我山后乡勇亦至，乘胜逐北二十里，饮羽怒追，擒斩无算。冉天元雄黠冠川贼，专用伏以陷官军，曾败经略兵于苍溪，号令群贼，横行川东、川北、川西，蹂躏数十州县，至是与官军五日四战，层层设伏，前贼却步，后队刃之，誓致死决胜负。赖德楞泰血战破之，生获渠魁，为贼起以来战功最。诏晋封三等子。贼众尚万余，走屯剑州，设伏石门寨，前队贼数千不战而走。德楞泰曰："此诱我也。"先攻其寨，寨据悬崖，惟南北二门，其寨西小径尤险仄。德楞泰使官兵全力攻其两门，而潜遣死士绕寨西小径溃其栅，遂乘势夺二门，斩坠千余，生擒千八百。

时贼不敢窥嘉陵江以西，将乘间闯潼河。上恐其南扰成都，屡敕魁伦严守。魁伦反撤兵留船，致贼前队得宵渡，焚太和镇，复大炽，成都戒严。上以魁伦两次纵贼渡江，使川西无完地，褫逮治罪，命勒保以三品顶戴署四川总督，率总兵施璘所领贵州兵由中江迎击，并先诛冉天元于成都，以防内变。会德楞泰追及渡潼之贼于渡口，歼其后队千。次日，及贼蓬溪，遣兵击其分攻民寨之贼，而大军突击贼于新店子，溃奔大铜山，旗帜如林，大呼："胁从免死。"弃械散者二千余，擒斩各千，歼贼首雷士玉、孙嗣凤，获器械牲畜无算。其分攻民寨之贼，皆望风遁。贼知大兵云集川西，且成都有备，乃留白号张子聪、庹向瑶掠川西，以缀官兵，而黄号徐万富等复渡潼河，将趋嘉陵上游，以会阶、岷之贼。勒保截其后队于太和镇，乃议以川西贼付德楞泰，而自率施璘追潼河以东之贼，四月，德楞泰破张子聪等，乘胜长驱。沿途难民，随房随散。破其骑贼于乐至，复邀击于中江塘堰塍隙间，不能奔突，斩溺死者二千，生擒八百。追及潼河西岸，击其未渡后队二千，擒斩漂溺殆尽，潼河以西无贼。而勒保所追潼东之贼，屡谋渡嘉陵江不遂，西走保宁，合白号贼，众尚万，泅夺东岸三十余舟。甫半济，而两军追及，惊溃赴水死者二千，炮沉其十余舟，生擒八百，散其胁从千有四百，获牛马器械无算，由是嘉陵江西亦无贼。其渡江贼五千，复为达州乡勇擒其青号贼首汪瀛，势益衰，将与川东北苟、鲜诸贼合。而那彦成所剿败之高天升、马学礼，自大军东还后，复裹胁二三千，自阶、文折入龙安，分掠松潘番地，川西复震。乃议德楞泰由剑州趋广元，以遏黄、白号贼窜陕之路，而勒保并将魁伦兵分御龙安之贼。时川北贼以堡寨险、乡勇劲，无可虏掠，而陕境及嘉陵江岸复为官兵所扼，乃群窜川东。苟文明犯巫山、奉节，鲜大川奔开县，龙绍周、唐大信扰太平，又涪州有鹤游坪之贼。群贼皆向云、万，分窜江岸，将窥伺大江南渡。德楞泰进军开县，闰四月，遣李绍祖追贼于岳池、大竹，遣许文谟追贼于梁山、忠州，而自败蓝号贼于长寿，又连破白号贼于忠州、梁山。贼不敢突江岸，复窜开、达而西。五月，德楞泰追白号张、庹二贼于达州，屡斩获，仅余数百，尽弃衣粮器械，奔东乡、太平。时川东贼惟刘朝选、汤思蛟各千余，李绍祖剿之。其樊、鲜、苟、龙、唐、冉、张、阮等贼并走川北，官军追及通江、巴州，而龙绍周、唐大信已冒官兵红旗走西乡。

其勒保所剿龙安之贼，遣薛大烈扼水泉关，杜其折窜阶、文之路，遣百祥败贼于松潘。而高、马二贼合攻勒保营，相持竟夜，适施璘由石泉迎剿而至，与大军夹攻。大军夺山冲压，贼奔溃，突施璘兵，夺路而走。施璘所将贵州新兵未练，阵动，施璘中矛死。初，上以施璘江口之捷，赏贵州兵一月钱粮，至是勒保请停其赏。闰四月，贼奔老林，勒保分扼江油、石泉、安县之路。贼数日无从掠食，而广厚复以甘肃兵严守白水江，不得北渡。五月，贼复折入番地，路险，骑踣毙。七十五病愈，与阿哈保败贼于旧关，于新寨，进围诸番地之铁炉寨，贼乘雨夜窜。勒保乃回川北，而遣阿哈保、七十五冒参赞德楞泰旗帜追击。贼尽弃牲畜枪矛亡命山谷，由卓泥土司番地北走岷州，闻官军追急，复走秦州。

初，上命亲王大臣同刑部会议魁伦罪，请斩诸军前。上恐启莠民玩视之渐，诏逮至京，是月赐自尽。又召侍郎广兴、托津回京师，其达州军需以原任建昌道刘清总之。初，贼渡嘉陵江后，魁伦使刘清防潼河，及贼近盐亭，魁伦尽撤百祥等沿河兵勇回营。刘清以太和镇滩浅，请留贵州兵协守，魁伦不许。贼果由此西渡，反以疏防劾清。上以清素得民，免职留军效力。明年，以擒贼功复其职云。

其湖北之徐天德、樊人杰、张大伦等贼，倭什布、孙清元先后截击于均、谷，于房、保，于南漳，遏其东窜。三月，总督倭什布降为湖北巡抚，以姜晟代之，以长麟代松筠督陕、甘。四月，明亮使孙清元击樊贼兴山，使总兵王凯剿苟贼归、巴，而自扼均、房适中地，迎剿徐天德于谷城，擒斩八百。贼遁入山，将走南漳，明亮沿汉江截其东北，败伏贼千余。王凯、孙清元两路亦驱樊、苟二贼入川、陕，移兵会攻徐逆于南漳。闰四月，贼东向荆州。时湖北军皆步少骑，而贼骑甚多，每分路截官兵。额勒登保分吉林劲骑二百自陕赴军，明亮、孙清元及二竹乡勇分路邀贼于宜城，于荆门，败伏贼二千于天柱山。又淯河夏涨，贼不能渡，且战且走，复西窜南漳。

初，那彦成之移师而西也，其南山余匪亦分三队，前二队由栈道合川贼渡渭，西寇秦陇，势猖獗。那彦成北出宝鸡，防其犯西安之路，破贼陇山镇，擒斩三千，散出难民千，获牛马三千余。诏改授那彦成参赞大臣。贼不能北趋，乃南犯伏羌，复追败之城外。适德楞泰亦追王廷诏、杨开甲自成县至，额勒登保亦力疾驰至军。乃令德楞泰驰回川西，恒瑞以兵三千回陕，而自与那彦成分兵三路，一邀其入川，二遏其北窜。杨遇春、穆克登布破张天伦等于岷州，庆成等破张世龙于洮河，二贼复合队夜袭经略、参赞大营，为官军所败。乃分兵追两败匪，而大军移剿高、马二贼，扼其趋阶州、松潘之路。贼转岷州，官军间道邀击，庆成以劲骑冲入贼队，表里夹击，又分破其伏贼，擒斩千有七百。三月，各贼皆逾渭走东北，官军要王廷诏、杨开甲等于陇州，要高、马二贼于巩昌，皆逼回渭南。

而张世龙等又纠别贼由礼县东走秦州，将趋北栈。乃议那彦成以兵五千留追高、马二贼于岷州，而额勒登保并杨遇春、岱森保两军皆回陕。那彦成追及高、马二贼于文县，贼攻狼卡寨，寨民万余岌岌。贼拒据河高岸，我兵以炮遥却之，军乃得济，三路仰攻。庆成率劲骑横冲贼为数队，溃奔石峡，官军扼峡口，前后围攻。贼自相蹂躏，擒斩二千，攀崖挤坠者尸遍地，散其胁从千余，余千贼南窜，将入川境，即阴平入蜀路也。那彦成以道险不利骑兵，恐复蹈前此老林搜剿之辙，乃檄总兵百祥迎击于龙安，而自率兵回陕。上责那彦成剿贼不尽，将复蔓延，弃前功，而诏广厚严备边界。

时各贼先后奔陕，额勒登保以川贼入陇，陇贼折秦，皆必由栈道出入，欲严扼各栈要害，以堵为剿。乃令王文雄等分扼南栈之铁索关、新集各隘，总兵索费英阿等分扼北栈之留坝江口、方柴关各隘。初，那彦成西行时，以南山余匪付巡抚台布。时张汉潮余匪大半西窜，留陕者仅数百，而川贼五家营复至，皆各贼余党，共七八千人。时五郎以东，民皆结寨，野无可掠，锐意向东北。台布使总兵刘之仁领精兵千并募练勇猎户千余，分伏间道，扼其通郿西、商州两路。贼折奔镇安。诏台布回汉中理饷。会恒瑞所追杨、辛二贼数千东奔山阳，而张世龙、张天伦二队各万余为经略大兵驱逼出栈，亦窜镇安，群盗皆注汉北山内。额勒登保声言出宝鸡大道，防贼北窜峪外，而大军追入老林，逾四日始出华阳。贼由茅坪奔五郎，山深无所掠，日食骡马，东向商、雒。额勒登保趋商州，令杨遇春以精兵三千扼龙驹寨，遏其赴豫，与恒瑞夹击，先后擒斩二千余，散其胁从千余，贼始不敢东窜。额勒登保乃遣杨遇春剿学胜于孝义厅，而自移军镇安，与那彦成会。时商、雒各贼窥豫不遂，复折奔楚，杨辛等犯郧西，樊人杰犯平利。乃议经略、参赞合兵自北而南。是月，额勒登保、那彦成会奏请增兵三万，分属杨遇春、庆成各当一面，与经略、参赞五路办贼。诏不许。而那彦成以所剿败高、马余贼复炽，犯川西，破施瑨兵，坐前纵贼罪，诏罢其军机大臣及一切差遣，惟留尚书都统。复以诸将东驰西击未得要领，而军情难遥度，命那彦成驰驿回京，面询方略。

闰四月，杨辛、张天伦等围恒瑞军于西，庆成驰至，夹攻，走之，贼直趋渭南。额勒登保遣杨遇春、杨芳倍道扼其东窜，并遣兵守商、雒。群贼议复西窜，惟留张汉潮余党三千在后，以缀官军。杨遇春绕扼两河口去路，而大军三路逼攻，连破之大小中溪，斩千有五百，合窜溪口，伏兵四面蹙之，沟水尽赤，生擒千余，张逆余党歼焉。其杨、辛、二张、伍、戴等贼皆西行。五月，额勒登保扼镇安。而杨遇春、穆克登布追贼，破五金柱于首板崖。贼折奔山后，欲复由黑水河东窜山阳。适大军三路要其前，杨遇春等两路蹑其后，二十里内之贼逼归铜钱沟，山后绝壁无路，贼死突，欲出沟口，官兵数路围攻，先后擒斩五千余，我军无一伤者。进攻杨、辛、张等万余贼于茅坪，人自为战，斩贼七百，贼走忽自惊折回，扰乱蹂躏，弃器械旗帜无算，斩杨开甲，释其胁从千余。贼大队西窜华阳，而后队东窜四亩地。乃留杨遇春剿东贼，而大军西追。时冉学胜、张士龙等贼已突栈道逼秦州，而高、马二贼亦由岷至秦州，陕、甘军皆赴秦州会剿。额勒登保严军栈道。

是月，那彦成至京召对，屡失旨。诏曰："朕召见军营之人，原以其身历戎行，闻见自确，异于遥度。乃那彦成回京召对以来，无一忠谋善画，游词荧听，纯任私心，甚至以筹兵筹饷、议剿议堵皆为无益，如蝗蝻非人力所能捕尽，惟委于劫数之未完，其言令人寒心。而语及额勒登保、德楞泰屡次奏捷，则皆为将信将疑之词，意存忌妒，以掩己老师南山、纵贼陇西之失，其心实不可问。那彦成外不能决胜千里，内不能运筹帷幄，念其为故大学士阿桂之孙，姑革去工部尚书、镶白旗汉军都统，降为翰林院侍读学士，以示薄惩。自后川、陕、楚三处贼情，惟以经略、参赞及明亮三人奏报为凭。自军机大臣外，毋得干预军务。"

是年，上以川北贼因堡寨团练逼窜陇秦为守御成效，始诏陕西、湖北仿行，并经画南山、郧阳控制事宜，今汇书于后，备筹边者采择。诏曰："治流贼如治水，水之奔溃必堤以防之，故办贼无出剿堵二端。不堵其去路，则剿无所施；不杜其附胁，则多剿无益。以川、陕、楚情形而论，川民自结寨守御以来，贼艰掠食，日剿日减，即溃窜数队，每队亦止千百，未尝有新增之贼。何以一入陕界，每队辄七八千？良由川东、川北寨坚民奋，遇贼逼近，则各寨民百十成群，乘夜劫营，使贼不得休息，故小贼止出没边界，不敢深入。汉中、兴安居民散处，虽亦修堡，止知自顾，而任贼寨前奔逸，或贼攻他寨，即不相援应，是以川东、川北各贼每思窜往他境。自后以剿捕责成领兵将帅，而团练守御则责成督抚，务期众志成城，人自为战，限期半载修筑告竣，其先筹画以闻。"又诏曰："内地乱民，非同徼外夷虏，原督抚应办之事，岂可全诿诸经略、参赞？近日州县知贼不攻城，往往闭关，任其焚掠饱飏，但免失陷城池之律。试思乡村偶被劫盗，地方吏尚有处分，况城外乡镇多有烟火万家，较城内更为殷富，如楚之樊城、沙市，陕之龙驹寨，蜀之太和镇，皆以无城被燹，生灵荼毒无算，与失守城池何异？共令陕甘、湖广督抚严饬所属：山地则扼险结寨，平地则掘濠筑堡。其团练防守有效者保奏，违者罪之。"

又诏曰："近年费帑不下十千万，调兵不下十余万，而贼奔突滋蔓如故。有此省之兵调往他省，而本省又别调邻省之兵，彼此人地不习，且多伤病留养，徒縻饷费。至乡勇原为保护乡里而设，若仅募他乡游民，无田庐室家之恋，既去其乡，安望其勇？目前则多报开销，事后则易聚难散。何如省此养疲兵、募散勇之资，以团练本地之乡勇？实为事半功倍。果尽如刘清、尹英图、孔继檊、林岚、雏昂等之寇不能犯，又如郧西乡勇之截御齐、姚剧贼，使官兵得以成功，何至民为贼掠、兵为贼疲？总之，他省未练之新兵，不如本地之乡勇；而本省隔属召募之乡勇，又不如本乡守堡之团勇。自后各县练勇，各守堡寨，不许调往军营，致村庄反遭荼毒。其乡勇固守卡寨，以堵为剿。及州县实心倡率者，与军功同赏；督抚能力行坚壁清野者，与经略、参赞同一酬庸。各以本省钱粮供本省军需，不得复请兵饷。"

又诏曰："剿办教匪，非若边徼外域，必犁庭献俘方可筹善后，自应随剿随抚。而所抚之人不出三等：一降贼，二难民，三乡勇。其抚绥之法亦有三：或清查叛产，或量给流亡绝产，或于南山老林垦荒，暂免升科。三事条绪繁重，均赖良有司宣力；其令各举所属廉明公正之吏，专司其事。至终南山绵亘八百余里，向归岐山、凤翔、武功、盩厔、鄠鄠、咸宁、长安、蓝田等县分辖，鞭长莫及。又子午峪向禁行旅，自毕沅因递送金川文报，改道便捷，较旧驿近七八程，亦为贼踪出入要路。朕思难民就抚后无家可归，莫若听开山内老林，垦地刊木，并相度形势，分建厅县营汛弹压。其五郎厅居南山之腹，可设总兵镇守。又湖北郧阳之二竹，扼川、陕、楚要害，前明曾设郧阳巡抚，其增设镇道大员控制。至乡勇惟本地自卫者，聚则为兵，散则归农；其外募者，聚则为兵，散易为匪。今郧阳、五郎议增营，即以乡勇入伍充兵，无庸召募。所有应设营汛事宜，督抚议奏。"此嘉庆四年秋至五年夏，那彦成为钦差大臣与经略额勒登保、参赞德楞泰收复陇西、川西及经理南山、郧阳始末也。

六

五年六月，教首刘之协被擒于河南。时郏县翟家寨有千贼新起，吴熊光驻防卢氏，布政使马慧裕乘其乌合扑灭之，知刘之协脱逃，旋获诸叶县。奏闻，上以刘之协首创邪教，毒流五省，逋诛数载，特命侍郎高杞、侍卫兴常驰驿槛送至京。御制《邪教说》，以"但治从逆，不治从教"之旨，宣示中外。是年冬，安徽民张全习邪教，令其子张效元与同教三人潜出嘉峪关，赴喀什噶尔戍所，访其教首王发生。效元回至四川贼营，畏罪出首。诏递回原籍，父子免死，以安反侧。

额勒登保六月复追陕贼由栈道入陇，于是南山无贼。乃遣杨遇春并渭西上，击汧、陇之贼，遣穆克登布由徽县、两当击秦州之贼，而分兵扼栈道，防其折窜。时长麟所追伍金柱、张士龙、冉学胜等与杨遇春所追高、马等皆至秦州，因渭河有备，不能北渡，合队顺渭而东，众二万，夜袭长麟军于徽县，将军富成败死。额勒登保檄官兵严防栈道及渭河北岸，复令穆克登布赴杨遇春军，而自率庆成等驰扼唐藏，与恒瑞夹击。七月，贼窜栈不遂，复折奔西和、成县，杨遇春移军西剿。而高、马、戴诸贼已合队东南，犯略阳、沔县、西乡，总兵札勒杭阿、提督王文雄先后战死，恒瑞以兵四千赴西乡。其张、冉、伍等贼自阶州折回，遇杨遇春、穆克登布、阿哈保等三路会击，擒斩三千余。贼溃赴太平河，与辛聪、颜胜可等合奔沔、略，而总督长麟亦自岷州追至，与额勒登保合。八月，庆成斩宋麻子，杨遇春斩伍金柱。乃以阶、文余匪令长麟督阿哈保、穆克登布剿之，而迎击冉、张等于沔县。时秦、巩西北之贼尽折回陕，而高、马等贼屡冒官兵渡汉，均为北岸乡勇所扼。额勒登保檄关腾、刘之仁严防汉北。九月，杨遇春、庆成搜余匪于汉南小巴山。各贼与高、戴合队四千，突出冲阵，官兵奋击山沟，擒斩千计。适恒瑞邀击马学礼、徐天德二贼亦至安康，额勒登保自汉中进军西乡策应，杨遇春遣兵断二贼之援，先攻马贼，擒斩千，徐天德走全河口，恒瑞军邀之。

其栈道以西长麟督剿之贼，一伍金柱余匪二千，一伍怀志贼千余，阿哈保、穆克登布分剿于阶州，于唐藏，折奔两河口，直趋沔、略；一曾芝秀由凤县老林北窜栈道不遂，亦折走石泉，涉渡汉江。由是栈道以西、汉江以北皆无贼，贼皆逼归汉南。而紫阳、安康所窜川、楚之贼较众，额勒登保进军剿之。移栈道防兵于汉江沿岸，而檄庆成、长麟严防南郑、宁羌，杜其折窜。十月，额勒登保奏言："目下各路贼势，如曾芝秀、徐天德、樊人杰已先后逼入川境。惟冉、张、龙三贼在川、陕边界，王廷诏，高、马二贼在陕、楚边界，而有楚兵拦其前，杨遇春、庆溥追其后，势亦必归入川。德楞泰、勒保已进巴州、南江，又有七十五分击，大兵云集，自可无虞滋蔓。臣即应整旅入川，而陕、楚之贼未竣，先遣阿哈保将兵勇二千协剿川贼。此外陕、甘兵三万皆归庆成节制，分将分段以防川贼窜陕之路。"于是额勒登保进军紫阳、安康，欲驱龙、张、冉、苟四贼与高、马合队，而檄诸军四面会剿。群贼望风东奔楚。额勒登保以兵勇二千驰赴二竹，适杨遇春等追徐天德、王廷诏、高、马诸贼自茅坪至，与大军夹击，破之，贼走西南。

时汉江以北因伍怀志数百贼窜南山老林，穆克登布等兵七千为其牵缀，庆成调各路分防兵未集，而川贼为德楞泰剿急，已由略阳分窜入陕。庆成遣副将海洪阿以兵勇三千与阿哈保分御西乡，贼半窜回川，半趋白河峡江岸，涉浅北渡。庆成遣纶布春、汪启追之留坝，擒斩七百余。时川贼相继复窥汉。十一月，长麟赴南郑、褒、沔以防上游，庆成屯西乡以防下游。而冉天士、樊人杰众二三千复奔石泉江岸。庆成截其半济，已先渡河千骑，由五郎、华阳东奔。额勒登保即率杨遇春回济汉北邀其赴商、雒之路，庆成亦伏兵石泉江岸击破高、马等贼。时冉学胜、伍怀志残贼各仅二三百，适樊、冉二贼至，复合队裹胁数千。杨遇春、穆克登布突击于洵阳坝，擒斩六百余。贼奔江口，留樊贼缀官兵，而冉学胜步骑二千先趋商、雒间道。杨遇春等败步贼于龙驹寨，复邀其骑贼于武关、荆子关，与纶布春、汪启军三路截击，贼始不敢东窜。额勒登保与诸军分路追逼而西。冉学胜奔汉阴，樊、冉等奔石泉、洋县。适高天得、马学礼、王廷诏贼数千复由安康渡汉，猝遇大军于汉阴，即东走。额勒登保先遣千骑尝之，贼果尽锐围攻，官军追及，擒斩六百，复数路邀贼五郎坪。薄暮，逼贼上高山之巅，贼擂石如雨，官兵以贼逼绝地，露宿围守，将俟旦一鼓歼之。贼夜缒山后绝壁窜，连日追杀二千，胁从解散殆尽。其杨遇春所追石泉各贼，樊人杰由褒城窜栈西，冉学胜奔华阳，遇伏败窜，而高天升亦自楚回窜汉北山内。

六年正月，德楞泰驰赴经略军，议骁贼皆聚汉北，宜两路会剿，而后移军汉南，以清川、陕交界。乃议德楞泰邀击高天升，而额勒登保剿高、马、王廷诏于汉阴。时高、马等在南山之西，冉学胜在南山之东。杨遇春追冉贼由二郎坝入南山，乘夜突击高、马贼队，溃斩六百。贼奔栈道，将西扰秦陇旧路，留后队缀杨遇春，而急奔徽、凤栈道，冉学胜继之。由是南山贼皆窜栈西。其留山内者，惟伍怀志一贼。额勒登保乃檄长麟、杨遇春追贼陇西，而自督穆克登布留剿伍贼。

初，四川之贼冉天士、龙绍周、唐大信自六月为陕兵所挫，截回太平，群贼先后走川东。德楞泰约勒保由川北至东乡会剿。适七十五败刘朝选、汤思蛟、庹向瑶于新宁，复移军攻樊、苟、鲜三贼于大竹，德楞泰、勒保大军亦至，三路会攻。贼以川东北团寨严，难虏掠，复窥嘉陵江。七月，德楞泰遣七十五、李绍祖东邀樊人杰于邻水，而大军追贼垫江，冲贼为二。乃留勒保搜捕，而自追其前队，冒暑驰百七十里，斩贼千有三百，生擒及投出二千有三百。又败贼于岳池之萧家场，生擒数千，付勒保后营讯之。降贼与外贼夜通，大噪，德楞泰急分兵回救，乃败走。时川东北寨勇争杀贼，胁从逃散络绎。建昌道刘清及通判刘星渠先后招抚二万余，有诏嘉奖。鲜大川攻仪陇之天旗寨，为寨勇所歼。而张子聪、汤思蚊颇悔罪思降，屯东乡之前河，久未焚掠，勒保遣人招抚，贼党哗，先后被杀，有诏切责。八月，七十五败樊人杰于邻水、大竹，德楞泰败冉天士、王士虎之分队于南江，各杀贼千计。七十五复追樊贼于开县，遇庹、汤、刘等贼四千，击斩九百余。赛冲阿邀贼于通江川，击其半渡，擒斩千余。余千贼奔东乡后河，德楞泰与勒保、赛冲阿三路截击，歼庹向瑶贼全队于崖涧。其西乡贼龙、苟、唐、张等窥白水硐兵粮，唐大信为寨勇所杀。九月，德楞泰、勒保追汤、刘、张等于东乡后河，各仅余数百，复截徐天德之党赵麻华千余贼于大宁老林，川东肃清。乃议勒保军云、开间，迎击自楚折回之贼，而德楞泰移军川北，以剿自陕折回通、巴之贼，与经略夹攻。十月，通江贼颜胜可、杨开第等望风遁回西乡；而巴州贼辛聪、张世龙复为刘清遣乡勇冒入其队，溃斩数百；七十五亦败之南江：贼始不敢窥嘉陵江。德楞泰留七十五防川北，而自赴勒保军会剿。十一月，樊、徐、冉、张等贼为官兵击败于太平，皆由城口奔陕。城口据万山中，为太平、紫阳、平利、大宁各贼逋逃薮。德楞泰遣总兵托云泰以兵勇三千扼之，而自绕赴川北，与七十五合击广元、苍溪之贼。贼闻大军至，合队五六千东窜。勒保率阿哈保等邀之渠县，先截其探骑百余，而突冲其大队，擒斩二千，贼奔仪陇。德楞泰蓐食驰击，冲贼队为三，围斩千余，毙贼首杨开第、齐国谟等，惟李炳、陈朝观、颜胜可、魏学盛千余贼溃遁巴、阆。十二月，德楞泰追贼阆中，勒保追贼巴州。贼合窜广元、宁羌，与七十五所击败之辛聪贼二千及陕督长麟所击回之张世龙、阮正潮等贼三四千，合窜川、陕交界箐内。乃议勒保回川东，迎击大宁之贼，七十五专剿川北老林之贼，而德楞泰追贼入山，移军赴陕。

其湖北之贼，自六月总督姜晟赴军，明亮与总兵孙清元、德昌三路剿徐天德于均、房，贼已渡陡河，西犯郧、竹，窜入陕，留后队扰均州、谷城。诏副都统长龄以领队大臣率吉林、黑龙江兵千有五百赴湖北军。七月，明亮等邀徐天德于南漳，杀贼千余。而川东徐万富、苟文明等贼三千复东犯房县，李绍祖追击入楚。八月，与明亮、孙清元夹击，杀贼千余。贼夜渡陡河之黄龙滩，由郧县窜陕，复追败于平利之汝河。余贼仅七八百，明亮以有庆溥等兵迎剿，即回军房县，御川东入楚各贼。有诏切责。时樊、冉、张、王等贼三路赴楚，每路二千余。李绍祖败死远安，倭什布驰援之。九月，明亮、孙清元击贼房县之上龛，斩贼千。贼日夜西南奔，欲引官军入山，而乘间窜东北，官军两路截之，逼回大宁。明亮驰回二竹，以防平利东窜之贼。诏以"明亮前此驱贼入陕，今复驱贼入川，皆出境即塞责，降为蓝翎侍卫，不许奏事"。以长龄代明亮统湖北军，又以协办大学士书麟代姜晟督湖广。

十月，长龄率索伦千余骑及粤兵千迎剿高、马二贼于洵阳，复邀之白河。贼分数十队遍据险要，欲使劲骑无所施，且面面可绕出我后。长龄使兵据山为四营，而遣乡勇诱之。贼下山突阵数次，不动，乃潜遣骑绕出贼后夹攻，大溃之，先后斩贼二千，殒崖死无数，贼南向竹山，欲由陡河走房、保。我轻骑昼夜兼程，七路驰击，擒斩千有四百，散胁从千计。适明亮、倭什布迎击于保、丰，复擒斩八百。贼走还，遇骑军不敢复战，即逾山遁，弃骡马器械，西奔洵阳、白河，与平利贼合。长龄、明亮亦两军合攻。十一月，高天得、马学礼西窜，留后队高天升千余贼于竹谿，昼伏夜出，四山纵火，以疑官兵，欲乘间东窜，孙清元、长龄、明亮遏之。贼不复焚掠，昼夜疾驰，由兴山直奔荆、宜，官军绕出远安邀击。而徐天德、王廷诏等复为经略大兵逼窜竹谿，长龄、明亮、孙清元三路迎击于房县，围斩六百余，贼不复东窜。十二月，高大升、樊人杰、徐天德三贼合队万余屯竹谿，将分赴川、陕，孙清元扼其西南，明亮、长龄邀其东北，合攻于太平关，斩贼千计，胁从逃散无数。徐贼奔西南山内，孙清元剿之，高、樊二贼奔平利，而高贼遂由洵阳冒官兵给舟渡汉北。

六年正月，德楞泰与经略会筹汉北，分击高天升于山阳，杀贼千有八百，释其胁从千。遣赛冲阿蹑余贼，而自选轻骑冒雪绕出镇安之北，与赛冲阿夹击，擒斩大半，歼贼首高天升。诏以德楞泰迅扫巨憨，与前此肃清川西同功，晋封一等了爵。德楞泰复回军汉南。是月，上以官兵劳苦五载，特遣大理寺少卿窝星额、太仆寺少卿裘行简赍银十万两，驰驿赴陕，宣犒经略、参赞两军，并荷包、带钩、搬指、翎管等分颁将士。又诏悬赏格，以购徐天德、王廷诏、樊人杰三教首及高天升、高天得、马学礼屡害大员之贼。其余龙、冉、张、苟等许降免死，其擒斩者赏次之。

六年二月，南山贼伍怀志复纠众三千由五郎东奔，额勒登保遣穆克登布追之。冉学胜纠高贼余党千余西窜栈道，渡渭而北，长麟邀之陇州，贼复渡渭南。而渭北又有汧阳新起之贼，遣副将萧福禄剿之，毙贼千余，生擒千有二百，陨崖死者三百余。时山上多胁从难民，萧福禄不宣谕招宥，即围攻蘷之。诏尽释所俘千余，降萧福禄参将。时渭北久旱，诏至即雨。而长麟所追冉贼复由唐藏、黑河将赴沔、略，上责额勒登保困于南山零匪。乃奏伍、冉二贼责成穆克登布、长麟两路，而自以兵三千渡西乡，与庆成迎击高、马等贼。时高、马等为杨遇春所追，犯陇不遂，折而向川。杨遇春绕出沔县黄和驿，长麟赴鸡头关，各伏兵以待。贼全出沟口，突起掩杀，擒斩二千，贼仅数百亡命入川。杨遇春留军休息，而自选精骑并沿途抽各营兵勇追入川之贼，一昼夜弛四百里，贼不暇复虏掠。又川中团寨严，乃折回两河口。杨遇春由南郑、西乡追贼回陕，与庆成会击，擒斩三百，生俘王廷诏，搜获画像经卷，槛送京师。惟高、马二贼遁巴山，其后队留南山者，亦为长龄邀击，擒斩大半。三月，高、马二贼与川贼陈、魏、颜、辛等窜西乡，窥江岸。额勒登保遣庆成、札克塔尔两路迎击，先后擒斩千余。杨遇春旋擒高、马二贼于大宁之二郎坝，俘斩殆尽。诏晋额勒登保二等子，杨遇春袭骑都尉。乃檄遇春赴城固、洋县击冉贼。

时冉学胜自长麟赴汧阳后，败杨奎军于留坝，阵亡总兵、副都统以下数百，连日虏胁众三千，骡马二千余，复鸱张甚。额勒登保率庆成分路趋栈道，贼已由秦州渡渭，大军追及陇州，与长麟会剿，遏其赴固原之路，贼始东窜。四月，额勒登保使长麟西北追蹑，而自率大兵绕出宝鸡。贼不敢东北，复渡渭南，齐栈东，昼夜疾驰，欲窜楚、豫。大兵循南山之南，遏其入山，令庆成扼其东，而贼已渡汉南。乃选精骑渡汉，夜袭其营，溃斩三百余，散出难民七百余。贼沿江东下，复思北渡，为沿江兵勇所遏，遂窜巴山。五月，额勒登保败诸安康。贼复与张天伦、曾芝秀、陈国奉等合屯高唐岭，众五六千。杨遇春数路趋之，擒斩三千，贼复分为二。杨遇春与副将杨芳等夜突袭张天伦于白河，擒斩殆尽。乃留札克塔尔剿张天伦，而自与杨芳邀冉贼于平利。其汉北之伍怀志贼为穆克登布屡擒斩，仅存千余。时南山内堡寨已密，所至截杀，穆克登布昼夜追捕，贼仅存三百，匿秦岭老林。穆克登布分兵：一傍秦岭西南麓进，一傍东北麓进，一裹干粮由秦岭之巅蹑追，皆居民樵采不到之地。贼急复由孝义老林出五郎，沿途饿毙，所存愈少。而降贼李其贵复招出党贼二百余，卒获伍怀志于层崖之上。于是汉北复无贼。额勒登保奏以庆溥赴广元，防汉上游，喜明、柯藩等屯平利、安康，防汉下游，与庆成西乡军犄角。

其四川之贼，自正月德楞泰与勒保分军后，七十五击败川北各贼于通江，斩张世龙。而樊人杰、徐万富、冉天士、王士虎等众四千为长麟军遏其入栈，复南奔广元、宁羌劫饷械，冒官兵，欲奋渡嘉陵江，为兵勇所拒，转趋仪陇下游。适勒保率阿哈保等迎击，擒馘二千余，斩徐万富。阿哈保复驰通江，扼其入陕，与刘清、七十五合击，歼擒二千，余贼奔川东，将与刘、汤、辛、颜、魏、陈、李等八九千贼合。阿哈保、薛大烈等追及之，樊人杰跳崖遁，余贼不敢赴川东，散窜老林，由通江竹峪关奔陕。勒保檄七十五夹攻川东贼于巫山，忽左右山沟突出贼三千鏖战，都司罗思举溃其右队之贼，左队亦走，迫斩六百余，散出难民千余，获器械牛马千计，余贼奔东乡、太平。时辛聪众二三千屯太平，汤思蛟纠各路败匪五六千屯大宁。三月，勒保以查勘嘉陵江为名，回军川北。诏切责，革职留任。四月，勒保破贼巢。五月，与七十五两路逼攻，贼窜陕、楚。阿哈保追入楚，七十五追入陕，而勒保别剿大宁盐场之贼。阿哈保败龙绍周之分队唐明万、李显必于竹山三岔河，于界岭东溪河斩李显必，歼溺殆尽。时大雨五昼夜，官兵阻溪涨不能渡，粮尽，多饿死者。七十五追冉天士于平利之大渝河，先遣卒间道据其后山，逼贼出隘，而伏起冲之，贼争攀崖遁，擒斩二千。勒保令七十五追剿入楚，而与阿哈保回军界岭，与经略及长麟、明亮等议攻川、陕、楚交界各贼。

其德楞泰自二月与经略分军后，汉南贼苟文明已窜湖北，龙绍周亦纠合唐、张、冉、李各贼万余东走，会庆溥扼白土关，乃南趋镇坪，为川、陕、楚通衢。德楞泰分兵勇八百，声言追蹑，而自由鸡心岭绕赴二郎坝待之。贼前营步骑四千、中营五千已进和冈溪，后营三千方攻天平寨，见军至即遁，而伏千贼以截我后。乃遣赛冲阿追剿后营，遣温春扼和冈溪门，以截伏贼，而督兵进攻中营贼于峡内。贼无走路，其胁从争弃刀矛四散，前营贼冒死回救。赛冲阿等领劲骑内外夹攻，斩戮千有八百，生擒二千余，坠溺逃散二千余，余贼数千东窜。诏以"参赞威声素著，贼望风争避，闻前在四川与勒保军互易旗帜，贼易而趋之，大为德楞泰军所破。曷仍用前计，佯为他将之兵以懈贼？所谓兵不厌诈也"。三月，龙绍周分遣唐明万千贼奔太平老林，欲引官兵西追，而自率大队突入楚。德楞泰邀击于竹山之官渡河，骑贼数百先涉，余贼数千杂沓河岸，黑夜闻追兵枪炮声，争赴水，漂溺大半。时我兵至者仅数百，故济岸之贼及沿河东窜之贼尚三千余窜回太平。书麟、明亮、长龄等皆驰赴参赞军会议。初，湖北贼自正月高天升入陕后，惟徐天德留楚。长龄、明亮回军与孙清元夹攻，贼西奔郧、竹，将合陕贼，书麟、孙清元扼吉阳关，断其交结。长龄、明亮击苟文明、李彬于竹山，转战一昼夜，擒斩及逃散各千，贼折赴川东。二月，明亮等军夹击徐贼于保康，杀贼八百余，使孙清元扼雾露河，杜贼东窜。是月，诏议移湖北巡抚于襄阳，控制郧、宜。书麟等奏请增设湖北提督于襄阳，而移襄阳镇总兵于郧阳，郧阳协副将于竹山，巡抚仍治武昌。

三月，官军数路剿徐、苟等贼于兴、房间，先后杀贼千有三百，歼贼首张允寿。允寿，徐贼谋主，犹张汉潮之有冉学胜也。时德楞泰所追龙绍周已入川，乃使明亮北扼二竹，而自绕出兴山之东，与长龄夹攻。时贼所窜长房河西北老箐，荒僻淤阻，二百余里无人迹。

德楞泰使竹山乡勇执参赞旗帜入山蹑追，而大兵由松露河绕出其前。会徐贼已出山北遁，而苟贼尚未出山，乃以长龄一军伏山口邀击，而德楞泰军追徐贼，击诸山峡，擒斩千有八百，余贼三千奔上兖，复为明亮所破，贼尽窜川、楚交界。诏还德楞泰双眼孔雀翎。时书麟卒于房县，以吴熊光代之。先令长龄暂署总督事，而巡抚倭什布以军饷不给，为经略、参赞劾罢，以全保巡抚湖北。时川、陕荒歉，贼艰掠食，皆欲东走湖北。

四月，徐天德与樊人杰、王国贤、陈朝观、曾芝秀等贼合队。德楞泰追急西窜，擒斩千有八百，陈朝观为寨勇所获，楚贼略尽。德楞泰奏言："臣自用兵以来，三次肃清楚境。而边界绵长，与其布兵各卡，力单难堵御，不如分两路游兵：长龄率孙清元领兵六千于房县，专备川贼；明亮以兵六千于二竹，专备陕贼，与两省追兵夹击，以剿为堵。"时西窜各贼分路狂奔，留后队于峪河口缀官兵，而前队夺渡汉北，将由郧西赴河南。德楞泰追及洵河，扼其东北，擒斩千余。贼西南奔镇安，刘之仁、雒昂等扼其入山，庆成复迎击于两河口，沿途各寨截击，胁从乘势逃散，遂复折渡汉南，庆成过江与德楞泰夹击，贼仅千余南奔川境。时陕贼留楚者惟王国贤、张万林、戴仕杰三千余，由郧阳走房、保，长龄、孙清元擒斩其半。五月，德楞泰追徐天德于两河口，覆其舟，徐天德溺死。其余党留汉北者，由洵阳夺舟渡江，亦为知县严如熤乡勇所覆，并获张天伦。于是龙、苟二贼窜平利，王国贤、戴仕杰、曾芝秀等在洵阳、竹山，辛聪、冉学胜等向白土关，群贼皆聚川、陕、楚边界。经略、参赞将合三省兵聚而歼之。诏以明亮老病，解军事来京。又诏："各路征兵驰驱五载，其伤病未愈及家无次丁者，量遣归营，别简精锐以作士气。"此嘉庆六年夏以前，德楞泰与陕、楚军分合情形，及群贼逼归三省交界之事。

其堡寨利害见于湖北者，长麟奏言："湖北用兵剿寇五载，而寇终未靖，盖由贼逸兵劳，制扼未得其要。教匪本流贼，遇食便食，遇屋便舍，但持一械即可横行，非官兵必需锅帐粮运之比。败则四窜林箐，夜则举火啸聚，多方误我，不能兼顾。兵甫集而贼已远飏，兵甫撤而贼又踵至。以累重之兵，剿轻便之贼，是以旷日无效。且湖北边界与川、陕犬牙相错二千七百余里，出川、陕即入楚，出楚即入川、陕，层峦叠嶂，四路可通。若欲无处不防，兵少则寇视之蔑如，兵多则以有用之师坐困于无用之地。伏思设兵原以卫民，与其孤悬戍守于荒山绝涧中，粮运险远，瘴疠不时，使贼窜扰腹地而鞭长莫及，莫若酌抽山卡兵勇，拨归冲要隘口，厚集其势，探有贼踪，发兵驰往，所至有兵夹击，既无日日拔营之劳，自有节节策应之效。且贼虽东奔西窜，不走平原，欲疲我兵力，而其蓄意，全在平地掠食房民。但当并力守我有粮有民之区，逼贼归入无食无人之地，党孤食尽，自然窜出，以逸兵待困贼，不难一举扑灭。湖北如郧阳之郧、房、二竹，宜昌之巴东，此五县接壤川、陕，屏蔽内地，形势最重。郧县以鲍家店为要隘，房县以化龙堰为要隘，竹山以保丰为要隘，竹豀以峰溪为要隘，房、竹交界以官渡为要隘，巴东以西瀼河为要隘，拟于六处各置步兵二千，共需兵万有二千。其郧西一县，与河南兵协堵。至内郡荆、襄、均、宜，地皆平衍，必仿郧、竹筑堡团勇之法。贼即深入数百里间，层层俱有堡寨坚守，无人可房，无食可掠，且能堵截奔突。与官军犄角，则有郧阳边界各邑，设险环卫于外，又有近边各州县筑堡守御于内，贼不日可灭。"

其见于陕西者，巡抚台布奏言："坚壁清野之策，虽已奉行，但村落大小不齐，人户贫富不等，必须官为倡道。臣自与那彦成倡捐劝谕以来，计蓝田、郿、鄠、宝鸡、商州、镇安、商南、雒南、孝义、五郎等厅州县共筑寨堡五百四十一处，其间民修者五之四，官助者五之一。老弱财物尽移寨中，惟是大寨仅能自卫，小寨尚难固守；且堡寨高踞山颠，不能不下山汲水、贸易、耕作，间或猝遭房胁；而小民恐贼破寨，间有掷给米粮，情非得已，难遽治以济匪之罪。此亦百密之一疏，迥非从前任贼焚掠之比。至汉中二栈为军饷要道，自以择地筑堡，存贮粮硝为上策。因于宝鸡、凤县、留坝、褒城、宁羌各驿亲为相度，先筑江口一处，教以取土垒石、因利乘便之方。堡周三里，墙高二丈，广丈有二尺，崇墉屹然，军粮山积，居民争徙，占地营屋。其余九处，经费相仿，总不出五千两。其渭河西北亦经督臣长麟劝谕办理。"又陕抚陆有仁奏言："筑堡团勇之事，川、陕情形不同。四川地居天险，如大成寨、大团包、方山坪等寨，每处可数万人，其小者亦数千人，贼据之则可抗官兵，而百姓守之亦可拒贼。若南山内层峦叠嶂，并无宽敞环抱之所，止能于陡险山巅就势结构，每寨止容数百人至千余人不等。蜀山多膏腴稻田，民居稠密，其势易合。陕西老林惟棚民流寓，零散垦种，隔十余里数十里始有居民十数户。若纠合数村共筑一堡，则南村之人欲近南修筑，北村之人欲近北修筑。惟秦陇以西，人皆土著，无不踊跃兴工。秋间贼入栈西，每以彼此各不相犯，婉求各寨，而寨民必乘间截其尾队，夺其牲畜，不使晏然空过。其西安、同州、凤翔三府与汉南附近川省之区，皆多土著，审利害，每邑结有堡寨，或百余或数百。其汉北山内，近亦一律兴工，又恐结寨后，民丁但知守寨，而于贼出入要隘转无堵御，复令于堡寨之外，每寨拨数百数十人，合力守卡，以杜窥伺。请将五郎、孝义、蓝田、盩厔、鄠县五处责成臬司，商州、镇安、山阳、雒南、商南五处责成潼商道，平利、安康、白河、洵阳、紫阳五处责成候补道，石泉、汉阴、城固、洋县、南郑、西乡五处责成延榆绥道，凤县、留坝、褒城、沔县、宁羌、略阳六处责成陕安道，刻期完竣。"是时陕、甘修寨团练日密，贼势日蹙。陕督长麟以团练有益于今日，大有害于将来，民气日趋强悍，或聚众械斗，抗官拒捕，不可不防其渐，请乘此时，令委员借散硝丸、监操演为名，稽查炮铳刀矛实数，逮贼氛一靖，无难按籍而稽。诏以"安民必在择吏，诚得良吏，自可铸剑戟为农器，否则斩木揭竿，岂条例所能禁止？况山谷居民，捕鸟兽、备虎狼不可无兵。其择良史善行之，以收销兵实效"。其后凯旋乡勇，由官给价购收枪矛，果尽缴无事云。

七

六年六月，额勒登保奏言："川、陕各贼，除冉、龙、戴、苟、汤、刘等尚自成队，其余辛聪、王国贤、张天伦及樊、徐余匪，大率皆官兵剿败之余，延喘山林，有此队入彼队者，有数队合为一队者，无定名亦无定数。目前陕中已无大队之贼，皆窜匿万山老林寨堡较少之地。陕剿急则入川、楚，楚剿急则入川、陕。由贼中掌柜、元帅外，尚有总兵、先锋等目，一经剿散，则其总兵、先锋又各自为首，而首逆转莫测所向。即歼毙首逆，而去一人，复立一人，并非贼党外有所增益。至其党与人数，往往彼贼附入此贼，则此贼之数骤增；被剿溃散，则数又骤减，合计不过二万四千余人。此时堡寨完固，即有耕耘贸易猝被虏掠之人，皆能乘间逃出，不为贼用。而各路兵勇十倍于贼，屡次斩获，自必有减无增，业已逼贼入川，为一举扫荡之计。"是月，经略、参赞会议于平利。德楞泰由西南逼攻，而额勒登保由东北邀击，会剿于三省之交。适龙、戴等贼复分二队，额勒登保追戴仕杰等入陕，而德楞泰、七十五追龙绍周入川。七月，德楞泰邀贼太平、开县老林，先后歼贼二千，又遣降贼回营招抚，散出胁从二千，又寨勇沿途截杀，仅存千贼。八月，复追诸大宁山内，歼其七百，仅余数百，贼东走巫山。而官兵暑雨崎岖山箐，病留各寨者亦千计，乃休兵大宁，搜捕近边。而令赛冲阿等追贼，斩龙绍周于平利，尽歼其众。时贼数愈少，奔愈捷，每望兵即逃。德楞泰乃分选兵勇，每二百为队，冒教匪服色、旗号，以降贼为向导，或佯与合队，或乘夜袭营，各给护牌为验。且密谕民寨，无论兵贼，皆不许入堡，但协力截击。贼势日蹙。乃使薛大烈等分追汤思蛟、刘朝选于太平，而驰会额勒登保、勒保于通江。

额勒登保自七月追戴仕杰由安康至太平，适杨遇春追冉贼由大小巴山老林至大宁。其冉贼分队张天伦、曾芝秀等亦逾界岭入川。额勒登保以川、陕、楚各贼皆聚川境，乃令庆成、喜明等严防汉江南岸，而与杨遇春分路入川。杨遇春歼擒冉天士、王士虎于简池坝。八月，额勒登保遣杨芳等击张、杨二千贼于西乡，遣穆克登布击戴仕杰后队于平利，皆俘斩千计。各贼仅数百窜老林。而通江贼李彬众三千，与庆成、杨遇春所追高见奇、魏学盛、辛斗等贼，及杨芳等所追太平、开县之贼，均至南江，东西分遁。额勒登保令庆成搜贼南江老林中，令杨芳等歼东奔之辛斗于通江，而自率杨遇春追西窜之高、魏等于广元。十月，川北各贼均思西窜，穆克登布遣兵迎击高见奇于紫阳，擒斩殆尽。额勒登保督杨遇春剿魏、李等贼于广元、苍溪。贼狂奔巴州，败田朝贵之兵，官兵间道邀击达州，擒斩千余。贼分窜：一冉天璜七百贼奔东乡、太平，杨芳等歼之；一李彬数百贼遁西乡，将与樊、苟、辛聪合，杨遇存歼之。

其勒保一路，自六月督阿哈保等歼鲜、苟等千贼于东乡，託云泰亦败太平贼于城口。会参赞兵追贼回川东，乃诏勒保专办川北。七月，陕贼高见奇窜川北，由阆中、苍溪、昭化屡窥嘉陵江不遂，遂与魏学盛贼千余合窜栈道，官军邀之百丈关，擒斩七百，贼复合冉学胜于南江。勒保、萧福禄等三路合攻，擒斩九百余，生擒冉学胜。诏封勒保三等男，阿哈保等赏赉有差。八月，遣兵追高见奇于西乡，而自剿魏学盛于南江老林，先后擒斩五百。适通江贼李彬纠各路败匪二千复至巴州，乃移兵遏其赴嘉陵江之路。

其七十五所追汤、刘等贼，擒斩千余，仅数百贼走东乡，复与苟文明合，众二千，将窜陕。八月，七十五击苟贼于大宁，斩其半，俘其家属。而汤、刘残贼复乘间奔大竹，勒保驰防江岸。二贼旬日已胁众四千余，骑千余，分扰垫江、邻水。乃令田朝贵趋邻水，阿哈保趋垫江，而勒保由大竹，三路逼贼，复归一队，追击于达州，擒斩五百，散其胁从二千。贼复走还太平，窜西乡，薛大烈追败之，截回川境。十月，庆成歼张天伦千余贼于广元，复遣兵助庆溥遏高见奇西窜黑河之路，余贼数十遁老林。穆克登布亦屡歼平利、安康之贼，败匪辄逼回川。而湖北之贼，自六月内全保、长龄、孙清元等与七十五三路截击汤、刘、辛、张，邀其窜东湖、保康之路，贼西窜入川。而七十五所击之龙、戴二贼，长龄、孙清元、全保会剿之曾、辛等贼，皆先后分窜川、陕。于是楚境复无贼。

十月，诏以经略、参赞奏报贼数，惟汤、刘、李、苟、樊、戴六贼尚称大队，每队不过千余，均逼入四川界内，并其余窜匿陕、楚无名之贼，统计不过一万有奇。而经略在川北，参赞在川东，勒保界在中间，限期今冬扫荡。额勒登保奏言："剿大贼易为功，剿小贼难为效。目前除各老贼数队外，其余孽散逃深山老林间，虽总计尚可盈千，而分窜皆不满百，不值以七八万官兵搜捕。应俟各大贼已除，先酌撤回满、汉官兵，各尽本省兵力。今本省提镇分地搜除，其堡寨乡勇则分派道府率同州县，或以数十寨联为一处，而臣于各边适中督办。兵力所不到，则以民力佐之；民力所不及，则以兵力佐之。剿抚兼施，以期殄尽。"诏以经略调度有方，将川、陕十余万贼扫除殆尽，仅存十分之一，宜先施懋赏，晋封三等伯。德楞泰功在川西，屡歼渠魁，晋封二等伯。穆克登布、赛冲〔阿〕、温春均赏骑都尉世职。其军机大臣庆桂、董诰、戴衢亨交部议叙。

十一月，诏曰："川、陕、楚军务将竣，其善后事宜，莫若扼形势为控制。近日湖北襄阳已增提督，陕西五郎已增总兵，固原提督亦议移汉中。至湖北竹谿距四川之大宁，陕西西乡距四川之太平、东乡，各七八百里，或千余里，地广兵希，向为奸宄出没之所，如有今昔异形，必应增改之处，会筹以闻。其三省可垦荒地，及铜务、盐务有便于民无害于官者，量为措置。"额勒登保奏以"太平界川东北之中，请设太平协副将，而移旧都司于城口。其广元之黄杨堡，通江之竹峪关，大宁之徐家坝，巫山之大昌，皆踞万山中，应各设守备。其达州改为绥定府，太平县改直隶厅同知。其东乡之南坝，地当通衢，涪州之鹤游坪，武县之大印山，皆周数百里，居民数万户，应设州、同、主簿各一。又乾隆中移绵州治于罗江，去年贼渡嘉陵江，居民连夜修筑旧城，贼至无患，应移绵州，复旧治"。

是月，额勒登保、德楞泰、勒保会于通江，经略、参赞即移军川北，而勒保赴川东。时川东各路败贼窜老林者，冰雪冻馁，分出掠食，百十为群，或有贼首，或无贼首，诸将各有斩获。惟川北贼苟文明，纠合高、冉、姚余匪，众尚二千余，骡马数百，昼夜西奔。七十五以兵疲就饷太平。六日，贼已渡嘉陵江上游之略阳河，直赴阶州，庆成、七十五先后驰击。额勒登保复令杨遇春兼程赴之，并檄严守白水江，扼其赴川西之路。贼复折奔东南。时德楞泰方败苟贼分队张天伦于苍溪，擒斩大半，令田朝贵追之南江，而自迎击苟贼于广元。贼已虏胁三千余。十二月，德楞泰败贼通江，斩获千余，尽获其骡马，毙苟文举、苟朝献。额勒登保扼竹峪关，遏其北窜。贼奔开县、大宁老林，李彬余匪亦归之。德楞泰兼程邀其入楚。

七年正月，德楞泰三路追苟贼于开县，生擒七百余，仅千贼奔老林。山深雪厚，民皆入寨，数百里无人烟，贼尽宰骡马为干粮，缢死林中者数十。额勒登保驰赴西乡，遏其北窜。德楞泰使薛大烈追苟贼，与经略军夹击，而自回剿川、楚交界余贼。额勒登保邀苟贼于紫阳，贼窜西乡，官兵一日驰二百里追之。贼已改趋白洢峡，夜渡汉北，官军仅追歼其后队二百。诏以额勒登保撤防江兵勇移于川、陕边界，及是复追贼落后，致渡汉北窜南山，夺其伯爵，降为一等男，并褫双眼孔雀翎。贼昼夜西奔，与续渡江之宋应伏数百贼合队，败副将韩自昌之兵。额勒登保、薛大烈两路追之。杨遇春追辛聪贼党刘永受，亦自秦岭驱逼而西，三路会剿。诏："德楞泰以参赞为成都将军，专搜川、楚余贼；额勒登保以经略为西安将军，专搜陕西余贼。"二月，额勒登保令薛大烈搜老林，自北而南，逼贼出山，而伏兵光头山以待。贼探知东南有兵，复折窜太白河老林。乃令薛大烈回川，萧福禄回汉南，而檄杨遇春移剿苟逆。时南山中贼刘永受为杨遇春斩馘，仅存百人，而宋应伏三百贼亦与苟贼分队，西窜栈道。三月，三贼闻杨芳、庆溥两军扼其西，复自华阳合而东窜，官兵数路追截，复逾秦岭北遁。时贼久困老林，每思出掠粮，畏官兵四面截捕，每屯高山巅遥望，军至即遁。札克塔尔等以围堵非计，乃佯撤辛口峪之兵以诱之。骁贼数百果出掠，伏兵擒斩数十，复遁入山。贼遂全队昼夜南窜，官兵扼其东西北三面，驱逼而南。及镇安界，官兵会击，擒斩三百余。复窜而北，为官兵所扼，乃窜上山巅无路之处，蚁旋北遁。

四月，诏曰："额勒登保自用兵以来，从未有老师若此者。捕贼如捕鼠，当熏出穴而捕之。今困贼山内，仍不能绝其粮。贼屡欲窜栈西，何不纵令出山西窜，而我以十余倍之兵蹙之于平野？"额勒登保奏言："贼皆徒步，知四面皆兵，一出平原，必为劲骑所蹙，始终不敢离老林，屡为官兵驱逼出山，旋复窜入。"五月，上切责额勒登保、札克塔尔旷日持久，无方略，均革职留任。又谕额勒登保遍访将士，献擒渠之计。并悬重赏购募，如前购徐、王、高、马之例，限六月内灭贼。六月，俘苟贼妻子，余贼三百人由孝义窜秦岭。杨遇春知老林无食，设伏要隘以待。贼果西窜，途虏居民，知有伏，复折窜老林。额勒登保奏请展限一月。七月，苟贼复分二百贼为三路，遇林径错杂，或遍践足迹，或乱掷衣物，以疑官兵。官兵以获贼为向导，斩其先锋王世贵。贼复分百人为数路，散窜老林。我兵皆欲擒贼邀赏，亦百十为队，冒雨潦深入，绝壑穷崖无所不至，先后搜获十人、十余人不等，最后斩苟文明于花石岩。时上幸热河，适捷奏至，诏还额勒登保三等伯，赏还双眼孔雀翎，命移军湖北，与德楞泰会剿。

德楞泰自二月剿贼巴、巫，令副都统丰绅以兵二千登舟东下，邀其东窜，尽驱巴、巫各贼而两。勒保、赛冲阿、张绩等三路迎击新宁、大竹间，擒斩大半。三月，张长庚、陈自得残贼走夔州，为七十五斩捕。惟宋国品、张简二党尚出没东、开间。川东贼不及千。乃令丰绅赴川北，助剿张、魏；七十五屯川东，备陕、楚边界各贼。

勒保督田朝贵、薛大烈、张志林等分搜东、开、云、万、太平，而赛冲阿、温春随德楞泰赴楚。时湖北贼纠合数千，其老教樊人杰、戴仕杰为掌柜，而曾芝秀、王国贤、崔宗和、胡明远四贼主战。全保、长龄遏其东窜。贼折犯二竹趋陕，遇穆克登布迎击于平利，乃东趋东湖、谷城。德楞泰使乡勇数百多张帜，声言大兵追蹑，而自率将士轻骑倍道，邀贼东湖之雾露河。以千兵扼沟口伏贼，而督兵三路仰攻鸡公山，擒斩七百余，贼折回兴山，沿途逃散，余贼不及二千。而巴东贼蒲景等五千余，闻参赞兵追贼西行，即分千贼缀孙清元军，而大队突渡雾露河。德楞泰乃使长龄、孙清元合剿樊、曾余匪，而自追蒲景于房县，五月及之大垭口，恐贼远飏，乃分兵扼其东南。又多留帐幕以缀贼，而夜绕百余里出山后，乘雨雾突袭其巢，又追破之兴山，擒斩逃散，仅千贼分窜。适长龄、孙清元所追樊、戴等贼又分二路：戴、崔、胡走东湖，副将李大林剿之；樊、曾、王由均州西窜，德楞泰乃令副都统色尔滚、总兵蒲尚佐以兵二千追蒲景等，而自迎击樊、曾三贼于房、竹界之官渡河。时久雨，山潦暴发，官军步骑相间，拽尾乱流数十里，追及于白铁峡，乘雾绕据山顶，四面逼贼，尽入峡内，无走路。前惟阻一河，盛涨如雷，樊人杰、曾芝秀冒死赴之，急溜怒涛中无一免者。其前过官渡河之王国贤贼数百，亦为穆克登布遣兵所破。乃令孙清元、德昌搜二竹之贼，吉林泰、李天林搜东湖、归、巴之贼，而自与长龄、赛冲阿移剿蒲天宝于兴山。诏以德楞泰旬日连殄三寇，晋封三等侯。六月，蒲景等纠各败贼夺据兴、房交界之鲍家山，周三四百里，粮富寨峭守严。德楞泰置大营东北以缀其前，又令守隘乡勇多张帜声炮为疑兵，贼莫测所以。忽一日黎明，寨内杀声四起，天降地出，走径皆已自铲绝，挤崖陨壑，趾顶相接。盖色尔滚、蒲尚佐以精兵千开箐取道，援藤缒壁，绕山贼巢之上矣。余贼七八百尽窜老林。乃分兵勇扼其入鲍家山及入陕之路，追搜大宁各箐，数昼夜擒斩殆尽，获蒲天宝尸于崖树。适额勒登保亦歼苟逆于南山，于是陕、楚两剧贼皆平。

其川北张、魏二贼，自三月与田朝贵相持广、南、通、巴间，屡挫官军，及朱槐、萧福禄、罗思举等奉经略檄至，始东窜，官军追歼之开县。勒保乃令田朝贵、罗思举扼竹峪关，击自陕窜川之贼。四月，罗声皋歼庹向瑶于东乡，张绩歼徐天培于丰城，田朝贵歼李彬余匪杨步青于通江，丰绅、刘清破张、魏余匪于广元，于是川北无贼。其川东之汤、刘、张子聪等余匪数百，四窜山林，官军搜之，寨勇截之，无暇房胁，所擒斩皆老教真贼。勒保乃率张志林东赴夔门，以防川、楚边界。五月，熊翠、熊方青六七百贼掠巫山，刘朝选四百贼掠奉节。时各贼因楚兵剿急，先后窜川。勒保檄巫山、大宁两路分剿，罗思举歼刘朝选，罗声皋歼赖飞龙。晋封勒保一等男。其汉南之贼自川北窜入者，则庆成剿之，歼张、魏余匪于栈道；自川东、湖北窜入者，则穆克登布剿之，并不时雕剿太平、大宁及二竹之贼。

是月，额勒登保、德楞泰奏言："本朝用兵准、回两部，大小金川，从无乡勇之事。自征台湾、苗疆、教匪，皆剿内地乱民，与外藩不同。必使良民自保，不为房胁，而后可孤贼势。且防江、守城、堵隘，亦无如许官兵。是以嘉庆元、二年间，四川应募乡勇至三十余万，其间流民不过十之一二，且以本地之人为官兵哨探向导，免为贼用，故全川得以保护。自勒保再至川后，贼势日绌，先后裁汰仅存万余，不及十分之一，从未有因裁乡勇激变之事。目前统计川、陕、楚乡勇不及二万，皆土著有业之民，事竣必不愿入营伍。惟随征乡勇万有七千，多外省无业流民，其有家可归者十之二三，愿入伍者不下一万。近议湖北增兵三千五百，陕西增兵六千，四川增兵千，共增兵力余。请即以安置无业乡勇，无烦招募。其愿归籍者，善为赍遣，以恤义勇，销后患。"

八月，诏以南山余贼责总督惠龄、提督杨遇春专剿。时长龄病回京，命庆成代之，以副都统格布舍代庆成。九月，额勒登保赴竹谿，与德楞泰、吴熊光会议。时德楞泰破熊方青千贼于大宁，遣赛冲阿追入陕，而自移剿戴、崔、胡六七百贼于房县，截击逃散，仅存百余窜老林。穆克登布复破王国贤余匪于平利，追入川。诏德楞泰专搜楚贼，额勒登保专搜陕贼。十月，德楞泰遣蒲尚佐、富僧德歼戴仕杰于兴山，擒崔连乐、崔宗和于房县，歼陈仕学于巴东，乃分兵搜巴、巫余匪，而自扼界岭策应。时楚贼略尽，其南山遗孽宋、李、陈、靳、二张等为杨遇春、杨芳分兵十余路栉比排搜，亦所余无几，惟入川之贼不下二千。额勒登保乃命杨遇春移师宁、沔，以防川北折陕之贼，而自与穆克登布分道入川；别留格布舍兵千余，声称经略大营，屯镇坪以防川、楚余匪。时川北则罗思举擒张简、汤思蛟于东乡，川东则丰绅、桂涵歼罗半年、李世品于梁山、太平，又张长青百余贼乞降于云阳。其余散匿山林，不过各十余及数十人，已无百人之贼。而楚贼樊、曾余匪齐国典众千余，由大宁窜入梁、万。又王国贤余匪四百，唐明万三百，亦先后窜川。勒保檄诸军分路剿之。罗思举擒唐明万。穆克登布亦由西乡迎剿入川，会击齐贼于通江，擒斩逃散，余三百贼窜通、南，罗声皋、武隆阿歼之，并擒景英。上以大功将竣，先复额勒登保三等侯。时额勒登保屯西乡、太平边界，勒保屯东乡、开县间，德楞泰亦由巫山入川，将三路逼贼归开、太、大宁间，聚而搜捕。其南山余匪苟朝九为杨芳、雒昂剿急，与前窜宁羌之宋应伏二百贼合，窜汉南，官兵追之。川、陕、楚首逆已尽，惟残匪千余，归于善后事宜筹办。

十二月，经略、参赞会同川督勒保、陕督惠龄、湖督吴熊光，以大功勘定，遵旨不用红旗，用黄表朱里摺六百里驰奏。诏三省荡平，上终先帝髦期未竟之志，祭告裕陵，宣示中外。晋封额勒登保一等威勇侯，德楞泰一等继勇侯，皆世袭罔替，并加太子太保，授御前大臣，赏用紫缰。勒保一等伯，明亮一等男，赛冲阿、杨遇春世袭一等轻车都尉。其亲王、军机大臣、户兵二部，及各省承办军需之督、抚、司、道，锡赉有差。遣官祭告川、陕、河、湖四省山川神祇。又诏四川、湖北、陕西、甘肃、河南被贼各州县，自元年至七年带征、缓征逋欠钱粮，普予豁免，与百姓休息。

八

是时三省虽靖，山林边界尚数逋逃。诏以大病虽愈，疮痍未复，命经略、参赞毋遽来京。而诸帅亦鉴于明季李自成为陕兵剿败，仅余十八骑亡命山中，逾年复纠众出山大猖獗。是一贼不尽，皆足滋蔓。于是额勒登保屯西乡，扼川北贼窜陕之路；德楞泰屯太平、大宁，扼川东贼窜楚之路；而勒保往来东乡、新宁，堵南窜腹地之贼。其杨遇春所追汉南之宋应伏、荷朝九，复纠巴山余匪分队入川。

八年春，额勒登保使杨遇春迎击楚匪于砖坪，而自督罗声皋等剿苟贼于通江，使穆克登布歼姚馨佐、陈文海于南江。姚馨佐，姚之富之子也。而南江复有宋贼出没，其党冯天保、余佐斌、熊老八等皆百战猾贼，诱官兵入林搜捕，而突山格杀，穆克登布中矛死。穆克登布与杨遇春俱为经略左右翼长，每战辄冠军，年三十余而殒。额勒登保痛惜之，斩先退亲卒以殉。诏世袭轻车都尉。三月，罗声皋追贼东乡、太平，额勒登保邀其东北。贼复西窜，兵进亦进，兵止亦止，官兵屡擒斩，尚余四百。苟朝九诡死，使靳思庆、赵金友领其众，齐国典亦投之。其田朝贵剿宋逆余匪于开县，斩冯天保、宗赖子，皆戕穆克登布之贼。惟熊老八、余佐斌率百余贼遁太平、东乡老林，复败富僧德、蒲尚佐之兵，官弁死者十余。四月，苟逆余匪复分二队：齐、靳百余贼东走太平，罗声皋等追之；赵金友三百余贼北奔陕，窥汉江，额勒登保邀击，冒雨昼夜分路搜捕，先后擒斩殆尽。西乡近川界数百里已无贼，复集兵勇回搜开县、太平。五月，田朝贵、罗声皋等斩靳思庆于太平。六月，擒赵金友于大宁。又参将陈弼报擒熊老八于太平，传首京师，以祭穆克登布之墓。

其德楞泰川东一路，自正月王国贤二百余贼，陈云三百余贼，又龙、熊贼党刘学礼等，纠零匪及散遣乡勇七百，先后窜巴东。时庆成养伤襄阳，诏德楞泰赴湖北。闰二月，德楞泰袭攻刘贼于老鸦寨，断其走路，蹙诸当阳河，擒斩漂溺，仅窜遁二百，追歼之竹山。三月，陈云与苟朝阁、吕宗明合队六百，走房县。庆溥、吉林泰剿之，兼擒樊、戴余党胡明远于房县。其富僧德、蒲尚佐所搜太平、大宁之贼，亦先后奔楚。德楞泰乃自川东移剿。四月，张瑗、李天林逼两路贼入川。其庆溥及吉林泰所追二队擒斩逃散外，各存百余，合计兴、巴之贼不过三百。德楞泰乃奏："将各路分捕之兵，再分多路，裹粮五日，会哨排搜，令其具结保无遗匪。以巴东责吉林泰，竹豁责庆溥，房县责李天林，巫山责蒲尚佐，大宁责丰绅，其丰溪、平利各处责杨遇春。"诏川、陕仿行之。

时川贼之就抚者：赖应举降于达县，广元贼青、蓝、黄号降于刘清，王国贤、黄国隆、黄朝举、申三亨、王相、胡大年等，先后降于云阳。诏奖云阳知县梁敦怀招抚之力。又参将桂涵歼汤、刘余党宋国品于大竹，副将马元歼唐大信党百余于开县。其汉江以北南山余匪，杨芳屡次捕斩，仅三十余贼，乃分兵勇五路排搜，自东而西，自南而北，或数日不见贼踪。额勒登保奏言："陕境已无贼。惟楚贼仅二三百，川贼山内山外亦各二三百，皆散窜延喘，其势已成咽匪，拟别筹变通之策。"六月，额勒登保与勒保会于开县，督诸将分二十余路排搜老林而西，先后复擒斩二百余。各寨勇亦沿途截杀。德楞泰亦扫荡川、楚边界各贼，移师入川。七月，额勒登保、德楞泰、勒保奏报三省肃清，官兵凯旋，诏德楞泰入觐，额勒登保留搜余匪，俟德楞泰回川后，再还朝奏凯。德楞泰奏湖北搜捕分六段防哨，总归庆成统之。额勒登保奏四川分六段，归勒保统之。陕西分八段，自西乡至宁羌七百里，将军兴肇统之；自西乡以东至安康千余里，杨遇春统之。

时各营所撤随征乡勇，每人以银五钱缴刀矛，银二两资回籍。皆骁桀亡命，无家可归，多勃郁山泽间。而太白山老林深奥，为官兵未搜之地，亦匿百余贼。至是六月，杨芳搜至其地，匿匪遂突出盩厔、洋县，杨芳追之入山。八月，副将吴廷刚所散乡勇百六十人遂入贼党，合队三百，苟文润领其众，诡称马姓，虏掠四出，复猖獗。九月，杨遇春兵由洋县入山，额勒登保渡江督之。贼东奔郧阳不遂，遂由石泉七星坝窜渡汉南，赴四乡，复纠巴山老林余匪及通江已散乡勇众五百，戕副将朱槐于山沟。诏杨芳回汉北防山内余贼。

十月，德楞泰出都。诏额勒登保还朝，以余匪付德楞泰搜捕。时杨遇春邀安康、平利他贼，亦追入川。时贼皆百战之余，腾越如猱，具悉官军号令及老林径路，忽陕忽川，忽聚忽散，屡被围，复乘雾溜崖突窜，有中数矢犹力战者。分军遇之则不利，大队趋之则兔脱，仅余二三百贼而三省不得解严。十一月，德楞泰剿贼山中，忽我前队乡勇旗帜不动，致阵亡副将以下数十。询知贼中多旧充乡勇，与我乡勇相识相诉，故临阵观望。会蓝翎乡勇魏中才等请赴贼营招谕，德楞泰遣之，竟为苟文润所杀。诏悬赏购贼，如前购捕苟文明之例。

九年正月，贼屡由安康窥汉岸，欲窜南山，皆为杨芳兵勇所却。其分队王世贵百余贼，亦由平利窜川，赛冲阿追之。杨芳复屡擒山内余匪百余。于是南山无贼，惟严防汉江北岸。二月，额勒登保复出都，以钦差大臣赴陕。德楞泰围贼太平之百里荒，四面设卡，层层进逼。贼屡乘雾突围，不能出，复缒绝壁宵遁，与沧石河匿匪合队五百，窜界岭老林。诸军会攻于竹谿。三月，又追击于平利，擒斩百有四十，余贼三百奔化龙山老林，为从来各贼未涉之境。又时冒兵勇商民，诱破小寨掠粮，东西无定。诸将士皆弃帐裹粮步追，而从征八载，久役思归。四月，额勒登保由兴安渡江督师，乃先汰遣疲病兵勇，复下令凡士卒擒一贼者，即优遣回籍。分兵五路，人自为战，并伏兵各寨，以备攻寨掠食之贼。贼奔太平、大宁入川，复增纠散遣乡勇二百。五月，上切责诸将老师持久，降谪有差。而暑雨时行，山潦暴涨，兵与贼皆不能进。额勒登保、德楞泰、杨遇春皆病。

六月，诏额勒登保回京，以钦差大臣关防交德楞泰。剿贼于川、陕界之凤凰寨，擒斩百有六十，尚余二百贼。杨遇春邀之平利，复折回化龙山。八月，贼党赵洪周闻购捕之令，乘间斩荀文润出降，余党解散。乃令杨遇春、赛冲阿两路入山搜捕，而杨芳搜汉北，丰绅、马瑜、田朝贵三路分搜川境，先后擒斩无虚日。会寨勇擒苟朝九于南郑，罗思举擒王世贵于太平，各路皆报肃清。九月，班师。诏德楞泰回成都将军之任。盖自奏报戡定后，以散遣乡勇激变，复劳师二载，数百贼当数千万贼剿，数万兵当数百兵用。故附著之，以见寇无众寡，患无小大云。

时长麟奏善后事宜，议收器械、毁堡寨。勒保奏言："川民庐舍皆与田亩相连，多散少聚。自贼氛日炽，民皆团筑高险大寨，以自守卫，而别分小寨于平地，以便耕作贸易，皆迫不得已。自戡定以来，争还平地故居，并无恋据险阻之人，不俟官为散遣，间有近田亩成村落者，原可听其安聚。即如东乡、太平各县，皆有前明古寨，即昔人避流寇之所。若虑其藏垢纳污，悉勒除毁，非特势所难行，亦可不必。惟有设立寨首，仿保甲之法，约束民户禁习邪教，则守望可以相助，于诘奸、兴教两益。"

自贼起事至再报戡定，计先后用兵九载，费帑银几二万万两，所奏杀贼数十万计，而官兵乡勇之阵亡与五省民之罹毒者，无得而稽焉。

臣源曰：以今准古方域，陕西雍州，四川益州，而汉中兴安，则华阳、黑水、梁州之域，自古别为一道，明代尝置郧阳巡抚以统治之。界以汉、沔，夹以南山、巴山，襟带背负，据秦、陇、楚、蜀之交，旁薄二千余里，多材木、竹箭、五金、百谷。流甿奸宄之所托命，天下有事，常先叛后服。由四省犬牙相错，出此入彼，且建官少，距都会远，声教所不暨，控驭所不周也。当军兴之际，天子蒿然议移巡抚，移提督，屡下廷议，或可或否。愚以为宜割四川、

1351

陕西、湖北山内之地，设置行省，以巡抚兼提督，建阃兴安，居中控制。西枕汉中府，而割宝鸡、秦州、徽县、两当以属之；东抵郧阳府，而割兴山、南漳、巴东、归州以辅之；东北屏商州、雒南，而割孝义、宁陕二厅以属之；南屏绥定府，而西南割宁羌、南江、通江，东南割大宁等以属之。其衺僻寥阔之区，非徒增营汛，且必增州县，使有城池、廨署、学校、仓库、监狱。无事得以编保甲，司教养，销匪僻于未萌；一但偶有反仄蠢动，专阃大吏，朝发夕至，朝扑夕灭，责专权一，庶鞭长而肘不掣，蔓图而原不燎。秦、陇、楚、蜀、豫间，不致常以腹心茹蛊蚖，庭闼豢封豕，于古者邦国封域，形格势禁之谊，尚或有取焉。或曰："王化之本在京师，《春秋》之谊，详治内略治外。"故安民在乎知人，而建置抑其标末也。

（《圣武记》卷九·卷十）

七、涉外史料

(两种)

滦阳录

(朝鲜)柳得恭 撰

序

我东人无从至热河。庚子,使臣则至矣。而自燕京出古北口,复从古北口入而至燕。考之前史,高句丽将葛庐孟光迎燕王冯弘至龙城,命军士脱弊袴,取燕武库精仗给之,大掠城中而归。龙城者,今朝阳县也。朝阳以西,建昌、平泉等地,孟光之所未至也。余是行,自辽野之白台,径涉奚地,游避暑山庄入古北口,出山海关而归。间山在一周之中,长城历万里之关,可谓未曾有也。乙卯,长至。柳得恭书于古芸斋中。

目 录

卷一

鸭绿江	朝阳县
沈阳书院	喇嘛沟
周流河	夜不收
新店	建昌县
细河	平泉州
义州	红石岭
蛮子岭	热河

入宴	回回诸王
扮戏	安南诸王
饽饽	南掌使者
时標	缅甸使者
满洲诸王	台湾生番
蒙古诸王	

卷二

滦平县	衍圣公
古北口	罗两峰
圆明园扮戏	张水屋
结彩	吴白庵
假山	庄中书
西直门外	刘阮二太史
西山宫殿	熊蒋二庶常
堪达汉	铁冶亭侍郎
珊瑚树	福建将军
纪晓岚大宗伯	还到新店
潘秋庐御史	沈阳
李墨庄凫塘二太史	凤城

<h2 style="text-align:center">滦阳录卷之一</h2>

鸭绿江

泊泊城南涨绿波，快般轻骑待离歌。匆匆书传流星拨，不向燕京向热河。

庚戌，进贺副使奎章阁原任直提学徐公筵，禀辟检书二员为从官，余与次修也。是年五月二十四日，余以广兴仓主簿换授司导寺主簿，颁禄衙门不可久旷故也。二十六日入侍于重熙堂，赐豹皮二领、水獭皮五领、腊剂十种、扇十柄。二十七日，又入侍，赐菡萏银鲫画扇一柄，具香坠，教曰："辽野御暑特恩也。"是日，差备门下直。六月十一日到义州。二十一日，盛京将军咨文到，云："本国使臣务于七月初十日前赶赴热河入宴。"使旨，初向燕京，趁八月十三日入宴，稍留义州，不即渡江。及见移咨，非昼夜兼程不能及期热河。又是口外生路，上副使具由驰启。二十二日，自九龙渊渡江。盛京将军催行公文续到，有日本国使臣，务须星夜趱行。刻期于七月初十日前径赴热河。一路并无驿站，恐其迟误，已飞勒义州旗民地方，预备壮车健马应付。仍飞勒边外朝阳、赤峰、建昌等县，一体照料办备云云。二十三日入栅，派定一行人马，不紧辎重由山海关大路按站徐行，向燕京。余与次修及上使幕客李纶庵、书状、军官前府使李敬进、译官三人、写字官一人，随使臣束装趱程径赴热河。

沈阳书院

不见江南张秀才，讲堂深处独徘徊。当年别语工凄楚，沈水东流可再来。

戊戌秋，余在沈阳书院与奉天府治中孙西京镐西京女婿张燮教授，裴振监生，沈晫宸、晫枫兄弟，金科豫王瑗、王志骐辈游，临别赠诗者，凡十七人，属余和之。且问何时复来？余拈笔题一绝云："悠小别尽堪哀，沈水东流可再来，记取今秋书院里，淡黄纸上笔谈回。"座皆错愕。盖余意不复渡鸭而西。今又作此矣。六月二十八日到沈阳，与次修同车径造书院，旧游无一人在。有黄文桥者，与之对话，闻孙西京、裴教授已作古人，金、沈诸人或作知县去矣。屈指十年前事，不觉怅然。后于路上有锦州人名沃什里，帽悬青顶子，同辈数人与上使军官相遇,举余名问曰:"十年前书院中相识,今可做官否?"答以"官在内阁,如今坐车在后,其人相顾惊喜。余在车中睡未遇。沈阳录中无沃什里名,曾游书院,多识辽沈间秀才,或有遗忘者。"

周流河

周流河水动汤汤,月黑星沈夜未央。瞥见船头人簇立,满天尺电紫金光。

在沈阳时,备闻热河路程潦雨后绝险难行。正副使弃双轿,书状弃坐车,余与次修亦弃驿马,雇太平车分乘之。沈阳将军嵩春已向燕京副都统成策备送任车三辆分载行李。从人只带四十名。余又直送燕京兼程疾驱。七月初一日,夜半到周流河,阴云四布,野与天合,云缝中电光如金蛇,西北风大作,车灯尽灭。时则暑天,人皆车中索绵裘而著。河只有二船往来载涉,极其艰辛。出周流河城西门外,东方已白矣。周流河者,大辽水也。

新店

新秋小艇泛辽西,分外微凉生柳堤。水路朝天东曲在,但闻红袖唱悽悽。

辽野之最泥淖者曰:一板门,二道亭。才经秋潦都成积水。七月初三日到二道亭,使臣出令夜行,首译洪命福入白不可。使臣以为沮众,拿人欲决棍。命福涕泣言曰:"小人知其必危,虽死于棍下,不敢奉行。"不得已留宿。平明出店门,望之天水相映,不知其几里。完船皆载沈阳将军进贡物种而去,只留弊船二只。正副使奉表咨文择乘其一,书状及余与次修乘其副。水自船缝汩汩而入,船中人谔然,欲跳下,然无它船可乘。余笑而慰之曰:"吾近年为水上船差员,习知船事,此不足忧也。"叱从者且舀且栿,众心始定。与正副使船相并,顺流而下。两岸榆柳秋风瑟然,相顾而笑曰:"此所谓水路朝天者耶？"到新店下船，计程为三十里。

细河

九辆轻车出白台，花儿楼好醉深杯。恢恢斛里浮将去，惭愧虚名数斗才。

新店南走小黑山，为山海关路。西南走白台子，为热河路。自白台子以后，辽野始尽渐见冈阜，处处有废烟台。遥望医巫闾，横亘天际。行九十里曰"魏家岭"。颇险狭，广宁、义州之咽喉也。有木栅，自东而西绵络不绝，栅以外为蒙古地方。自此乱山环抱，土人呼为广宁山，其实医巫闾之北支也。又行十里曰"花儿楼"，似是旧有楼而无之。只见数三邨屋，停车沽酒而饮。又行二十里，到细河，河涨无船。正副使积大柜于车中，登其上驾六马，乱流而渡。书状及余与次修借得方斛行村氓，浮之水上，端坐其中，使善泅者四人各执斛耳，泛泛而渡，人皆大笑。

义州

大凌河外涨车尘，秋柳萧萧愁杀人。韩使何曾来过此，满城争看折风巾。

义州城在大凌河南岸，山水明秀。城中列肆又极繁华，塞外雄府也。按义州，汉无虑县地，辽置宜州，金改义州，元属大宁路，明置义州卫，清初以其地赐察哈尔。康熙中，察哈尔叛，讨平之，设城守尉。雍正十二年，升州。本国使客未尝过此。余适后渡河，为视者所拥，不胜其酬答。疾驱入城，观者踵至。御者为塞帷而视之。过白台子日，广宁知县张凯元送章京护行，义州知州文良送骑。探问行期，致豚蹄。沿道出引道人及骑步数十名，荷锸治道，奔走扶护。及到州城，备待大车十三辆，装以芦簟。各驾骡马五六疋，一行分乘之。罢送沈阳雇车。自此以后所经州县，次次备车或仍旧车。

蛮子岭

蛮子岭南蛮子村，妻虽缠脚奈夫髡。自言家世非蒙古，赐号为蛮自大元。

入朝阳县界，山路为雨冲破。车从山脊行数十里，有大岭，俗号蛮子岭。岭底居民百余户，谓之蛮子村。人或误问曰："尔是蒙古"？则摇头曰："不是。我是蛮子"。妻女盈门而观，衣裳褴褛，亦皆裹脚，似是汉人之裔也。元号汉人为蛮子，口外为蒙古地，故尚有此称欤，抑所谓土蛮之遗种欤？蛮非美称，而渠反自矜，可笑也。蛮子与蒙古杂处。蛮子耕蒙古地，输其税于蒙古。蒙古则畜牧而已。其俗，土墙茅屋，方牕板扉，宛然我国乡村。余之御者，逢人辄辨蒙古。余怪而问之曰："满洲、蒙古、蛮子，面目相似，衣帽一样，汝何以知之？"御者笑曰："夸口阔大而倒乘之，脐腹全露者，蒙古也。因此觉之。"我国俗亦然。高丽效元欤，元效高丽欤？蛮子岭以西，绝无店房，或终日饥困，蛮子往往卖焦黍饼，煎以蓖麻油。买之三四，噉略点饥肚，则始觉蓖麻香。不能复噉矣。

朝阳县

吾行迟速奈天何，洽到朝阳看决河。共向城南关庙宿，合将杯酒灌佟哥。

在沈阳时雇九车，车主觇其急，车贳比平日十倍。凤城将额尔恒额适在沈阳，闻之欲生色于我人，拘囚九车夫于店屋中，平其价，车主衔憾，募一光棍，号佟哥为领车人，一行莫知也。佟哥每坐余车前打话，略识字，自称正黄旗下，作抨弓状，或微吟唱曲，或垂头而睡，甚可憎。众车夫听其颐使，行则行，住则住，五里一喂马，十里再喂马，叱令快走，则曰："泥深拉不动，牲口可怜。"诱以扇药，依旧顽恶。兼昼夜而行，或不过六七十里。一行大窘扼腕，无奈何，正副使欲弃车而乘轿，则轿已向山海关路矣。各买一马，时或单骑驰走。余亦借首译马驰及之。七月初六日到义州，大凌河黄浊大涨，河岸沮洳数十里，没至马腹，往往布萄黍茎仅能过车。城北店屋尽坏，城西北门有河水出入之痕。问诸土人，则自去月二十七日大雨至今月初三日始霁，漂没人家百余户，淹死数千人。皆乘城仇关台边门水冲路断不可行云。故从城南门历崔家口，由六台出。初九日，到朝阳县。县治之半，为河水所荡洗，县旧有辽金时古塔三，号三座塔厅。蒙古话三为古尔板，塔为苏巴尔汉，亦号古尔板苏巴尔汉城。至是一塔坏，只有二塔。居民淹死不知其数。惨于义州。是日宿县之关帝庙。庙即辽灵感寺旧址。有释迦佛舍利塔碑。太平九年，柳城人梁氏兄弟守奇道邻二人与塔像，尚书都官员外郎辽西路钱帛，判官张嗣初撰铭。庭中花药分列，有垂柳两株，凉飔袅袅，夜与次修纶庵坐柳下，对月举觞赋诗。叹曰："此为汉柳城，慕容氏龙城，唐营州都督府，辽兴中府。孰料今年今日今夜吾三人者去国三千里，在此饮酒哉。"话及佟哥事，怳然而觉，非此戏魔，则六七日前洽到义州、朝阳之间，必及于大凌河之厄矣。为之咋舌。其人者，或是神仙、菩萨，以救吾一行命耶。由此观之，人之所以欲害之者，适所以利之，悠悠恩怨，都可忘矣。举以言于同行诸君，莫不以为然。是岁，大凌河上下流傍州县，举被溃决之患，民多荡析流离，关外之大变也。知府、知县开奏被灾旗民，率皆减削。嗟怨嗷嗷，店人车夫辈言之如此。宿朝阳县之日，沈阳将军满字公文到，云"使臣未经沈阳则进关，向京里，已出边外，向热河任地自去，不必催领。"

喇嘛沟

喇嘛沟树暗如云，草际虫声正夜分。出塞今年迷失道，数奇人又李将军。

朝阳以西，川路纡回，径路不明，车有迟疾，往往分散。昼看辙迹，夜望灯光。正副使先入站，则吹角而聚之。七月初十日到喇嘛沟，夜已三四更。草树荒杂，虫声四起，军牢睡，不吹角。余过喇嘛沟十余里至杏胡子，东方已曙，不知正副使所在处。饥甚，入店房买面而食。有一蒙古夜自喇嘛沟至者曰："高丽大人在彼迟待。"少顷，正副使驰马而至。吹角聚车，不见李纶庵。急令军牢及马头一名四向探觅。第三日始来，迂回七八十里，不食两昼夜矣。问失道状则云："车迟渐失前灯，误入一村，村人以为蒙古贼，放炮大集围困，终夜始得脱归。"一行为之大笑。余尝问于口外居民曰："尔不怕蒙古乎？"曰："不怕。"余曰："何故。"其人作打之、缚之之状曰："不怕，不怕。"盖蒙古之俗，犷悍无耻。二十五部今虽归顺，尚有剽窃之患。大凌河冰合，则豨突益甚云。纶庵之被围以此。

夜不收

主寝僧房古塞秋，皇庄酒局抱河流。驼羊百万青青草，乐土无如夜不收。

义州沙河之西，有公主陵，周以崇垣，作虹蜺门，垣内多大树。余问于土人曰："何代公主？"答云："老王公主嫁蒙古王葬于此，如今万岁爷姑母也。"口外梵宫，朝阳县石人沟之地，藏寺最精洒，有喇嘛僧住持出酥饼酪茶款接一行。器玩济楚，壁挂皇六子永瑢对联。齎咨官之回，才闻其长逝。今见笔迹，真名士也，非帝王家气象。行到蟒牛营，又有福宁寺。见一老僧状貌丑怪，披黄衣在甓厅中负壁而坐。左右各六僧列坐，念咒，其声极可笑，如众虾蟆唱诸鸣吻，咆哮流汗淋漓。方其脣焦之时，一僧雏持椀水泼之而过，诸僧以次伸指蘸水涂脣。念讫，击鼓、吹螺、鸣钲，绕殿三匝而止。云是西藏僧为皇上祈福，每日如此。余问其老僧曰："西藏距此几里？"答曰："六万里。"又问："班禅额尔德尼喇嘛今又投胎夺舍否？"答曰："是也。如今九岁。"按藏僧自古称有异术，元世祖赐八思巴号"天皇之下人之上宣文辅治大圣至德普觉真智佐国如意大宝法王西天佛子大元帝师。"大明成祖赐哈立麻号"万行具足十方最胜圆觉妙智慧善普应佑国演教如来大宝法王西天大善自在佛领天下释教。"乾隆庚子班禅额尔德尼入见,肖其所居札什伦布建须弥福寿之庙(扎什伦布释华语)于山庄之北山以处之。我国使臣亦见其体相绝大,面黄金色,后闻发痘死。番人最畏痘。已(编者按:应为"未")出痘曰"生身",生身不敢入内地。然则班禅者一凡常之番人,有何投胎夺舍之异术哉。西北诸番崇奉黄教,故中国因其俗而抚之。其徒敢为妄言不足信。西藏距此又非六万里之远也。藏僧衣或黄或红,以黄为贵。其制,有领无袖,挂肩掩背,以双肘拥之而行,与我国所谓薦衣酷类。薦衣者,华音禅衣也。无乃元俗之效也。藏僧,高丽又从而效之者欤。其冠又怪如小蒲团,杂饰黄染羊毛,戴之鬅鬙。平泉州界内处处有皇庄,宏宫大囿,包络川原。朝阳县之张家营,又有烧酒局。周垣之内,穹然如大瓦窑者五六处,云是官酤。未至建昌县六十五里,站名"夜不收"。平川旷野,极目苍然。牛马驼羊成群散合。地甚膏沃而无一畦。都是丰草畜牧之利,大于稼穑可知也。

建昌县

风动长河正落晖,鳞鳞万丽锁烟霏。红裙黑卫谁家女,团扇遮人的历归。

建昌县城北门外,见一女子容貌丰艳,碧衫红裙,结束为急装。扇遮斜日,策驴而过,驴疾如飞。塞下风光,亦自不恶。然初十之限,已过二日。热河尚余三百六十里。一行悉沮。中堂和珅遣其从弟军机章京某言使臣曰:"口外路艰,初十之限纵未可及,十六日筵宴不可不参。"数夜兼程,必于十五日进热河,是日复议夜行。

平泉州

九边风雨百年空,河朔商车处处通。口外繁华君听取,垂杨十里市楼红。

七月十四日到平泉州，热河渐近。人物殷庶，市肆繁华，甲于口外。蒙古部落男女僧尼往热河叩头而归者，繼续不绝于道。按朝阳、建昌、平泉等地属汉辽西郡，唐属营州及饶乐都督府，辽金俱属中京道，元属大宁路，明初封宁王权。成祖赐三卫酋长，后为土默特喀喇沁所据。清之兴也，蒙古诸部率先归附。歃盟婚好愿渐夺其地而郡县之。环抱长城，联络盛京，为口外藩篱。于中国则得矣，蒙古之心无乃不直之欤。

红石岭（俗称"红石砬"——编者）

青峰乱插古幽州，荡尽关河万里头。此处堪呼天下脑，徘徊红石岭头秋。

未到红石岭，数十里山上有石如叠甃，或曰"城"也，或曰"烟台"也，或曰"石也"，纷纭未定。渐见峰峰如此，始知其为石也。及到红石岭，穹窿际天，陟其顶南望喜峰口、潘家口、古北口诸关陇，皆可领略。西北望蒙古地方，云山万叠，朔气森阴。近年皇帝自热河往沈阳修治岭路峻坂，可五里许，舍车徐步而下。路旁大石如城，如塔，如楼阁，如虹霓之门不可形状，皆带雄黄色，可谓大观石录也。岭底有新建关帝庙。少憩啜茶。此岭者处于长城之北，而为天下之头脑，故其石之奇且壮如此欤。

热河

红石岭西滦水阳，山川郁郁万家藏。大家微意知何似，明白题来避暑庄。

七月十五日到热河，授馆于行宫南。皇旨给熟供一行厌猪鸭。留六日。按："热河，汉置辽阳、白檀二县，属渔阳郡。后魏为安平、密云二郡边界。唐为奚地，辽置北安州兴化军及兴化县，属中京大定府。金改兴州朔宁军，属北京路。元属上都路，明为朵颜卫地。康熙中建宫室，号避暑山庄。雍正十一年置承德州，乾隆升府。

文庙大成门左壁碑曰：乾隆四十三年上谕：京畿东北四百里热河地方，在古北口以北，于禹贡为冀州边末，而虞及殷周幽州之境也。秦汉以来，未及版图。元魏建安、营二州，唐有营州都督府，然不过侨治于内地。辽金及元始芗其名，而历祚未久，故址旋荒。明弃大宁，视为别域。向曾设承德州，今宜升为府。即以同知改设。其余六厅，如喀喇河屯厅改为滦平县，四旗厅改为丰宁县，八沟厅其地较广改为平州，乌兰哈达厅改为赤峰县，塔子沟厅改为建昌县，三座塔厅改为朝阳县。清一统志云：热河有三源，一出府东北曰汤泉，一出府北界曰墨里河，一出府西北曰十八尔台河。三水会流而南绕行宫，又南流入滦河。郦道元水经注曰：濡水东南流，武列水入焉。乾隆御制集云：滦河即濡水，热河为武列。窃观热河形胜，山河周匝，野衍而泉驶，风气高凉。北压蒙古，右引回回，左通辽沈，南制天下。此康熙皇帝之苦心，而其曰：避暑山庄者，特讳之也。今皇帝即位以来，继志述事，肯堂肯构，即在于此。五十余年民物渐殷，商贾辐凑，酒旗茶旌，辉映相望，里间栉比，吹弹之声彻宵不休。康熙时万家，今不啻数倍。不待远方之兵，而六七万甲座可以立办。富矣庶矣，在位五十五年，八旬万寿，番王蛮客，四方毕集，何其盛也。热河路程，东人之所不知也。故自新店为始，附录于左：新店过白台子至正安堡五十里，至望山铺十里，至四方铺十里，至四堡子十里，至魏家岭十里（东为广宁界西为义州界有木溜）。至花儿楼十里，至黄土坎十里，至细河十里，至关帝庙站五里，至高台子二十里，渡沙河过公主陵至庙口站二十里，渡大凌河至义州城三十五里，至崔家口二十里，全头渡河子十里，至六台边门二十五里（朝阳县界）。到柳河，至石人沟地藏寺五里，至蛮子岭二十里，至水村子三十里，过张家营烧酒局至蟒牛营福宁寺二十里，再渡大凌河二十五里，至朝阳县十五里，至大营子二十里，过蝴蝶沟至三家儿三十里，至喇嘛沟二十五里，至杏胡子台十里，至擔杖沟梁三十里（建昌县界）。至公营子二十里，到夜不收二十五里，至张鬏子三十里，至建昌县三十五里，至宋家庄三十里，至双庙二十五里，至北宫四十里，至杨树沟三十五里（平泉州界）。至大庙站二十里，至平泉州三十里，至凤凰岭三十里，至七沟二十里，至祥云岭十五里（有承德界碑），至西六沟二十五里，至黄土梁三十里，过红石岭至平台子三十里，至热河承德三十里。凡九百六十里。自热河至燕京路程：庚子使臣之所经行，亦罕有知者，故此又附录：热河过广仁岭至滦平县四十里，至王家营三十里，至常山峪四十里，至两间房四十里，至古北口四十里，入南天门过洛迦仙境至右匣城四十里，至密云县六十里，至怀柔县四十里，至南石槽三十里，至清河六十里，至燕京入德胜门二十里。凡四百四十里。

入宴

东廊西庑布花氍，蛮使番王坐位殊。日午机房传内赐，沈香如意鼻烟壶。

皇帝御正殿，开宴东庑。亲王、贝勒、多罗郡王、镇国公、辅国公诸宗室，以次侍坐西庑。蒙古王为首，次回回王，次安南王，俱前行侍坐。回回头目一人率甲士侍，次本国使臣，次安南陪臣，次南掌使臣，次缅甸使臣，次台湾生番，俱后行侍坐。连日赏赐缎疋、绣囊、瓷碗、牙盘、沈檀饰玉如意、玻璃鼻烟壶诸物。皆自军机处施行。

扮戏

清音阁起五云端，粉墨丛中见汉官。最是天家家回首处，居然黄发换朱颜。

清音阁者，扮戏所也。在正殿之前，上下层俱贮伶人戏子。戏子涂粉墨，幞头、袍带、悬假须，俨然汉官威仪，逐队绕栏而行，或举画幡，或捧采幢，箫鼓嘲轰，歌唱酸嘶，悠泛空外，莫知其所谓也。回回王子有持戏目小帖者，取见之，都是献寿祝喜之辞。其中返老返童戏曲名黄发换朱颜。其戏，黄发老人渐换假面，变为壮年，以至童子。

饽饽

晋洱茶残果榼开，栋仁淹蜜伴杨梅。侍臣尚未从容退，且等朝盘饽饽来。

每日平朝宣赐赴宴，诸王、贝勒、各国使臣，果榼人各一，形圆有间隔，分盛龙眼、荔芰、干葡萄、杨梅、茱萸、蜜枣、栋仁、杂糖之属。茶则时时宣饮。日宴始宣蒸猪饽饽。彼以此为朝供，我则不然，必使马头北斗，裹饭而来。

时标

西洋小标暗中催，趁卯朝天趁未回。一对红桥尘漠漠，诸王车毂斗风雷。

王公以下皆佩西洋时标，每日未明赴宫门，至朝房中候卯入宴。倦即出憩，看标，标将指未，则不敢复出，憩未时，至而乐止戏撤，一齐退出。皆疾步绝无喧哗，出宫门，车如流水马如龙矣。

满洲诸王

和硕多罗贝勒公，芝兰玉雪四筵同。金源本记留神读，深恨年来变旧风。

余所见诸王贝勒甚多，眉眼妍秀皆玉雪人也。佛寺市楼或见皇子皇孙，笔多学文薰，中州才子无以过之。百余年前，在白山黑水时，必不能如此，异哉。热河朝房中识明安，亦宗室公也。年二十余，端雅如美秀才，为道其所居衢衕，约相访，及到燕京匆匆未能也。乾隆御制集多引金世宗语，叹升平日久，八旗子弟如鹰居笼，日饱肉，不能奋击，可谓深长虑也。

蒙古诸王

大元家世尚雄强，口外惊沙旧地方。二十五王来献寿，琉璃瓶喷奶酥香。

热河正殿门外有朝房，每日使臣到此候时宴，余与次修具黑团领，随在朝房中，或入观戏而出，蒙古、回回诸王时时出憩，故与之惯熟，日久诙笑无所不至。按蒙古二十五部，曰"科尔沁"、曰"郭尔罗斯"、曰"杜尔伯特"、曰"扎赖特"、曰"土默特"、曰"札鲁特"、曰"阿禄科尔沁"、曰"敖汉"、曰"奈曼"、曰"喀尔喀左翼"、曰"喀尔喀右翼"、曰"喀喇沁翁牛特"、曰"阿霸哈纳尔"、曰"阿霸垓"、曰"蒿齐特"、曰"乌朱穆秦"、曰"巴林"、曰"克西克腾"、曰"四子部落"、曰"苏尼特"、曰"毛明安"、曰"归化城土默特"、曰"鄂尔多斯"、曰"吴喇忒"。五十一旗五等封爵，有亲王、贝勒、贝子、镇国辅国等公，其来热河者，六七王，有曰：科尔沁王、喀喇沁王、达尔汉王，其余不记。老者沈雄如虎，少者俊爽如鹰。当今之世，为满洲深忧远虑，非蒙古而谁也。皇帝每年一至热河，抚摩之、弹压之，乌可已乎，有一老王指一少年王曰："此王能画"。余曰："明日持东扇来，王其为我画之乎。"少年王曰："是也。"其翌日，余与次修，各持一扇，请之，则掉头曰："不能"，颇可讶。后日，达尔汉王来言曰："君知不画之意乎？"其日满洲王在座故然耳。余观蒙古、回回诸王所穿衣服，卍字云纹异样，纱罗极其华鲜，皆苏杭织造，辇输于塞外者。哀哉苏杭之民也。清会典，康熙十三年题准：每年节，科尔沁等十旗，共十有二九，计羊百八只、乳酒百八瓶。鄂尔多斯六旗、吴喇忒三旗，共进九九，计羊八十一只，乳酒八十一瓶，余二十五旗，共进三九，计羊二十七只，乳酒二十七瓶。乾隆元年，覆进蒙古各旗札萨克每年十二月，各进羊一只、乳酒一瓶，著为定例。以此观之，蒙古贡献不过若干羊酒，中国赏赐银缎以千万计。

回回诸王

回回帽子两头尖，箇箇髯髻倒竖髯。卻爱回王多俊秀，汉蒙清话也能兼。

回回状貌，深目绿瞳，鬚髮狰狞，其王皆俊少年也。然或有肥如瓠壶者，或有眉丰眼愁者，衣帽与满洲一样，而或辫髮或净剃为僧头，是可异也。其头所戴毡笠之簷前卷后卷，左尖右尖，如未展荷叶，轻□可笑。其在馆里者，多著无簷白帽，画花纹有一种。十余人著兜鍪，穿红绿斑布衣，紧束带。其头目一人，率而立班者。按回回十二部曰"哈密"（汉伊吾、唐伊州地）、曰"辟展土鲁番"（汉敦煌郡宜安县地）、曰"拉沙拉"（古焉支国）、曰"库车"（古龟兹国）、曰"沙雅尔"、曰"赛里木"、曰"拜"、（富厚之意）、曰"阿克苏"、曰"乌什"、曰"喀什噶尔"、曰"叶尔羌"、曰"和阗"，一如蒙古之制。设扎萨克理旗务。哈密、辟展置郡王，哈拉沙拉以西诸回城皆设伯克。其来热河者，有曰哈密王、乌什王，与余最熟。余谓之曰："贵国距弊邦虽远，贵国人曾有来仕者。"二王惊问曰："谁"，余曰："有契逊者，贵国之契辇河人，世仕元朝，逊为端本堂正字后，归高丽，封富原侯，今其裔孙尚有在者。"二王相顾异之。其王能为汉、蒙、清话。每日相遇，余为本国话，则回回王以回回字翻之，回回王为回回话，则余以本国字翻之，质以汉语。其王甚聪悟，一翻辄诵。大抵满洲、蒙古、回回诸王，率皆为各国话谈，次以某国话问之，则以某国话答之。顷刻变幻，循环无穷，以为戏笑，此天下之大务也。东人于此甚鲁莽，无论回回、蒙古、满洲话，虽汉话亦不肯学。无识者，以汉话谓之胡话。学胡话亦岂无可用之时乎。回回话天曰"阿思"（华音），曼地曰"指"（华音），民日曰"苦"（华音），云月曰"嗳"，国曰"社儿"（华音），国王曰"穄"（华音），社父曰"阿陁"，母曰"阿那"，兄曰"握何"，弟曰"郁何"，一曰"飞"（华音），乙二曰"伊欺"（华音），三曰"由置"，曰四"得"（华音），淤五曰"别"（华音），氏六曰"谒"，置七曰"如置"，八曰"朔可（华音）思（华音）"，九曰"吐沃颗（华音）思（华音）"，十曰"温"，坐曰"兀吐"，请坐曰"兀吐笼"，前来曰"朅（华音）乙"，起来曰"姑邑"，吃饭曰"阿陁阿"，睡觉曰"于候罗"，年纪多少曰"干且邪施多"，尔名甚么曰"阿称欺"（华音），任，又曰"阿称尼麻"，好曰"若施"，好么曰"若施无"，平安曰"真置"，平安么曰"真置无"。

安南诸王

戈船万舳振皇威，南国君臣叩谢归。三姓如今都冷了，阮家新著满洲衣。

阮光平初名惠，安南世族也。乾隆五十四年举兵叛，攻陷国都，安南王败死。世子黎维祈与其母逃至广西，请救，皇帝遣两广总督福康安、将军孙士毅，将兵讨光平。光平败走（李墨庄太史和孙中丞南征诗注曰："匪惠既败，奉牛酒犒师，公却之"）维祈嗣立。请还师，皇帝从之。光平复攻维祈。缘何事，皇帝封光平为安南王，召维祈拜为参领三品武职也，现在京城里，亲属、从官数百人，汉军旗下。其害锢其君臣也。大略如此。事情莫得而详。燕中藉藉言光平辇输金银宝货于康安，遂得封王。余与中州士大夫言及安南事，皆倾者覆之，植者培之，此天道也。更问之，则曰今夕只可谈风月。终不肯言。刑部郎中，忘其姓名，似是慷慨之士，在朝房中与余言，见安南陪臣过去骂曰："阮光平逆贼"。逆贼光平赂康安之说，不过涂听。而光平之来热河也，遇和珅、福长安于班行，则惶忙半膝跪，无人不见，此满洲俗贱事贵之礼也，不敢与中朝大臣抗礼，作此鄙诌之态，可知其无所不为。光平君臣俱著满洲衣帽，或云光平自请薙发，皇帝不许，只赐衣帽，解髻而辫之。得国之正与不正，姑舍是。既曰创业之主，疑其有异表。屡察之，略似清秀，别无异于人者。乘顶步轿，扬扬而入，作满洲跪叩甚熟而已。臣僚兼从凡一百八十四人云。而出入之际，只十余人从之。其一手执折叠倒开画鹤扇一柄，造次不离。入宫门，则待于门外。人欲借看，坚握不许，似是其国仪仗中不可废之物也。又带乐工十余人，而来庆贺万寿媚悦之，道靡不用极。其从臣吏部尚书潘辉益、工部尚书灏泽侯、武辉瑨二人，躯材短小，颜色焦枯，齿疏而黑。其余从人亦皆琐琐。经此观之，光平其国之傑然者也。彼二人者，草创危疑之际，水陆万里扈从入朝，所谓善辞令足智谋缓急可仗之士欤。外貌则固不足以动人，每向我国使言其王广南布衣，于黎氏初无臣事之义。又言，即今宫室，皆仍黎氏之旧，归国后不可不改其匾额。又言，此来进贡之物，金鹤一双、金骐驎一只外，又有通犀、肉桂许多对斤，夸耀之言，多可厌。每于宴班，其君在前，其臣在后，或有授受之物，投之于其君之侧。其君偶问本国使臣曰："日本国远近？"使臣答之。其君欲复言，则辉益等瞅眼而禁之，殊可骇也。辉益、辉瑨各以七律一首寄我正副使，和送以缟紵以义，赠扇子几柄，清心元几丸。辉益等以蜜香胰子、牙扇一柄报。礼满洲衣帽，渠颇有羞愧之心。自言归国则不然。十三日，太和殿宴礼，当以本国旧仪入参。及至十三日，又有所谓大司马者，卧病馆里始人参，班立在辉益之上。三人所著，顿改前观。幞头金带，其袍或红或碧有蟒龙文，但袍耳过高，叩头时突出两肩之上，俨然双角，网巾以丝结之，其网太疏，又不能紧裹，第围之而已。余与次修在朝房中亦与辉益等相熟。及至圆明园，次修书五律二首于两扇分赠之，则使其翰林段阮俊者奉诗。于使臣政省内书陶金锺、张嘉俨等和。送次修诗隐然有待对之意。潘辉益诗："居邦分界海东南，共向明堂远驾骖。文献夙微吾道在，柔怀全仰帝恩覃。同风千古衣冠制，奇遇连朝指掌谈。骚雅拟追冯李旧，交情胜似饮醇甘。"武辉瑨诗："海之南与海之东，封域虽殊道脉通。王曾初来文献并，皇庄此到观瞻同。衣冠适有从今制。缟紵宁无续古风。伊昔使华谁似我，连朝谈笑燕筵中，"二诗声律未畅，堪与日本相上下。但李芝峰与冯克宽唱酬为其国流传胜事，故辉益诗云："尔窃料安南事，彼黎氏者，数世，稔恶，民怨，神怒，自绝于天。光平果豪傑，一国影附，则阮之代黎，犹黎之代莫，莫之代陈，无足异也。不然而一朝易置君臣。安南虽海外小国，岂无忠义之士乎。皇帝以八旗之众，因南征余威，执其旧主，招其新君。赐衣赐帽，抚之摩之，宠而进之，安南之士，其将辣息帖伏而已乎。黎氏三百年遗泽苟存，必有扼腕雪涕，传檄声罪，群起而攻阮氏者矣。"

南掌使者

绣蟒衣裾拂地行，赤冠如囊望峥嵘。问名不道低头久，但道官衔是一评。

南掌凡十五人使者，绣蟒衣红毡冠，冠形如袋，垂其半于后，饰以珠贝。其副，冠服同，只无珠贝之饰。从人所戴如浩然巾状，画云纹，披杂采衣。南掌与缅甸状貌略同，短小黧黑，其脚顽如木根，不著袜。老者个个如妪，浑身及手腕刺蛟龙、虎豹、花草，但南掌之髻近于脑，缅甸之髻近于额，此异耳。南掌一人有频来中国者，略晓汉话。问其使者名不肯道，问其官名则一评、二评，似是一品、二品之讹也。余见蒙古王一人踞炕上，俯视南掌人而微笑，南掌人以狼眼仰视，一则有铁马踏蹴之状，一则有深箐中放毒箭之状。南蛮、北狄相遇可笑也。南掌人甚毒。古北口南天门上，我国马头一人偶唾城下，南掌人，适过，中其面，发怒脱衣，仰视喃喃。其来热河也，礼部处之文庙之彝伦堂。八月二十日，皇帝命安南国王阮光平、各国使谒圣大成门内。三跪九叩礼讫，升殿内，奉审桌上彝鼎古器，皆内库物。忽见南掌一人，裸体跣足，披发，蒙班布被，贸贸然在殿内行，可骇也。

缅甸使者

银盒槟榔满满怀，微吟俚曲踏天街。未驼觉抓何官职，石笔紫回看篆蜗。

　　缅甸凡二十八人，使者四人。织金缎纏首，绣花草绿质赤文罽衣。从人红锦纏首，杂彩衣，穿耳轮，插锡铜，前后通明，或贯黄木悬骨牌，以缨珞绕首，腕穿银挑脱，小银盒盛槟榔，扶留藤叶哈灰藏于衣领内，时时探出，以藤叶裹灰食之。嚼槟榔，微微唱曲，步于庭中。问其名，则一曰"芒兰多才头校连"、一曰"芒知俚衰多翁"。后日见之，呼之辄应。及到圆明园，过其馆，永昌府腾越户撒土司姓赖者，与缅甸使者二人在幕中，盖领来者也。余入，与赖土司话。赖不识文字，其从官一人略解之。余问使者名，则摇头不言。问官名，则书示曰"便气未驼"、曰"便气觉抓"、曰"细立觉抓"、曰"南达趄素"。问其国山名、水名，则曰："无山，都是平野，水有金沙江"。便气未驼者，开朱盒出示纯金指环一个，衔以青宝石。便气觉抓者伸指示银环，衔以紫宝石，似是辨品之物也。又探囊中出宝石，屑如米粒者少许相赠。余问何用，则取旁人所持鼻烟壶以屑刮之，玉石、玛瑙之属，皆为所损，水晶则不然，宝石屑反碎。持水晶壶者大快之。似是治玉之具也。余还赠之。问有纸笔、文字否。答"有"。出示一笔，以银为管，衔以滑石尖，其末即书于煤帖，自左而右行，如回回字。石屑缭绕如蜗篆，以手拭灭之。又出一笔，示之，铁管小刀也。自去刻书于棕榈皮、文书示之，字行分明，森森可爱。便气觉抓取余扇刻字，横连二寸长，用笔甚捷。余问曰："此何语"，答曰："高丽"，大人细察之。微有分界，⟨字⟩者高也，⟨字⟩者丽也，⟨字⟩者大也，⟨字⟩者人也。

台湾生番

　　画冠雞羽插氆氇，铃子郎当步步催。湾府生番□也好，内山才缚匪人来。

　　台湾生番凡十人。乾隆五十二年讨林爽文之乱，爽文兵败入内山，生番等缚而献之有功。热河文庙大成门右壁碑记其事。生番皆短小，剪发覆额，发色黑漆，眉间或颐上印略若卦文，著绿长衣，外穿红短衣，缘以金线，缎冠前后簪崛起龃龉，画云纹，正中如穹窿，梁列插雞羽冠。右左悬小铜铃各三，行步丁当。项悬木牌，一面书名，一面书其所居社名。盖不以人类待之也。有曰中路"多罗大补社投旺"、南路"望仔立社均力力"、北路"末笃社啰沙怀祝"、北路"屈鳌社"也。璜哇丹，北路狮子社怀目怀。其余不记。所著衣服，台湾府办给云。按台湾，明史称"雞笼山"，又称"东番"，永乐时郑和遍历东西洋，靡不献琛，独东番远避，和恶之，家贻一铜铃，俾挂诸项，盖拟之狗国也。其后人反宝之，富者至缀数枚，曰"此祖宗所遗俗"。不食雞雉，但取其毛，以为饰。今见其人果悬铜铃、插雞羽。

滦阳录卷之二

滦平县

滦平县里乱山秋，喀喇河清散漫流。到此应无沙塞想，蒹葭深处见渔舟。

七月二十一日，自热河发向燕京。承德府备送大车十三辆，车夫恭顺，路又坦夷，疾如风雷，到滦平县。县东喀喇河，即滦河上流，葭菼苍凉，见舴艋三四，掠岸而过。数月驱驰沙漠之余，心目为开。是日，安南、南掌、缅甸诸国，亦陆续治发。蒙古自热河归。各部回回王扈从到圆明园。

古北口

两重关又两重关，秦代城边汉代山。晚向洛迦仙境憩，碧纱窗映小屏颜。

古北口关无敌楼，入两重关有衙门、店屋。登高而望，城堞随山屈缭，潮河自塞外流入，满目荒凉。又入两重关，有南天门。门右有关庙，石柱碑楼康熙御笔"洛迦仙境"。有小轩，乾隆御笔"揽胜轩"。纱窗窈窕，轩后列植花木，铺砖素净。久闻古北口，意其雄险，不知有此妍妙之境。古北口外四十里，曰"两间房"。有关庙，亦潇洒。吏部尚书彭元瑞题壁一绝云："春山如黛柳如烟，罨画楼台小洞天。容得踏云双短屐，碧桃花里访癯仙。"按顾宁人昌平山水记："自石匣东北行十里为腰亭铺，又十里为新开岭，又十里为老王店，又十二里至古北口。古北口城在山上，周四里三百一十步。又三里为潮河川守御千户所。川之两旁筑垣立台。台之东西因山为城，参差曲折，千里不绝。其冲处建空心敌台、或四五十步一台、或二百步一台。每台百总一人，五台一把总，十台一千总。每一、二里令铎相闻为一墩。每墩军五人，主瞭望。每路传烽官一人，有警举烽，左右分传，数百里皆见。大抵皆戚少保继光之遗画。以此观之，自北入第一重关，即旧潮河川守御千户所，统称古北口。两关左右荒台废墩至今尚多。"

圆明园扮戏

督抚分供结彩钱，中堂祝献万斯年。一旬演出西游记，完了升平宝筏筵。

八月十三日，皇帝万寿节，各省督抚献结彩银屡钜万两。各中堂珅主管料办。内务府笔帖式言之如此。两淮商贾献银二百万两。内务府奏之。皇帝初批，不必再奏，以出于诚心，批，知道了。见于塘报中。两淮如此，他又可知。皇帝七月三十日到圆明园，自八月初一日到十一日。所扮之戏，西游记一部也。戏目谓之升平宝筏。帝老矣，中朝大臣阿桂最贤，而又老矣。汉阁老嵇璜、王杰以下充位而已。和珅权倾天下，带衔经筵讲官、御前大臣、太子太保、议政大臣、领侍卫内大臣、文华殿大学士、文渊阁提举阁事、管理吏部、户部、理藩院、户部三库事务、总管内务府大臣、教习庶吉士、管理上驷院、武备院、御船处、向导处事务，正白旗满洲都统，总理建锐营、圆明园八旗内府三旗官兵大臣，步军统领三府等，忠襄伯悉兼枢要。满洲之俗，贵贱等威不甚分明。而望见和珅，坐者皆起立，他大臣则未必，然威已立矣。和珅之子、驸马丰伸殷德亦美少年，于宴班走来，问余曰："本国有戏无戏"，答以"有"。复问"与中国同不同，好不好"，余答以"有同有不同，有好有不好"则笑而走去。似是皇帝使问于我使也。福长安等纷纷求扇药于使臣。长安又使通官求东髢欲为戏子髯。中朝大臣举动如此。帝方与番王、蛮客扮孙悟空、猪八戒不经之事而观之，未知其何如也。大学士阿桂者，满洲正白旗人，曾以定西将军平金川，擒索诺木，年今七十八岁，瞻视凝重，有大臣风，不媚于和珅者，惟桂一人云。阿桂之子、工部侍郎阿必达，朝房中与语，愦愦殊无父风。工部尚书金简者，常明之从孙。常明，即我义州人金中枢德云曾孙，德云墓在州南山，碑刻"雍正元年诰命。奉天承运皇帝制曰'国有爪牙之选，极宣力于旂、常朝颁纶綍之荣，必勤思于水木，用褒先世以大追崇。尔德云乃管理上驷院院务散秩大臣、提督南海子、总理鸟枪兼佐领、加二级。常明之曾祖父树德务滋发祥有自。敦诗说礼，克垂樽俎之猷，勇战敬官，早裕熊罴之略。兹以覃恩赠尔为光禄大夫，锡之诰命，于戏，懋功有赏荣，则溯于所生，庆典欣逢，恩不忘其自出，加兹宠秩，尚克钦承。"乾隆二十四年，加赠太子太保领侍卫内大臣、悫勤公。余闻于湾人，德云曾为府通引云。金简厚待我人。湾府刷马驱人辈姓金者，每伏谒道旁，冀赏赐。近颇厌之，仕译亦倚以为重。然其实平平宰相，谨事和福者也。

结彩

桃绶柳丝总乱真，空中楼阁镜中春。西华门外西山路，绿臭丹香醉杀人。

自热河至京城四百里,已见处处结彩。自西华门至圆明园三十里,左右排比起假楼,悉覆黄碧琉璃瓦,或冒以文锦绣罽,栏楯涂泥金结,杂彩流苏,画布为城郭,建碑楼作纹石,沈香柱状,或为镜阁,数百步车马往来映其中,或为棕毛屋竹篱以潇洒、敌繁华。前彩为桃柳烂,然深春丹绿之臭令人头疼。各省各部以至举人,立牌分掌。又立牌书某戏、某曲,自某处起到某处止。又立禁烟牌,人莫敢烟。市人昇水净尘。及至八月十二日,皇帝自圆明园入京城,左右彩楼中,千百妖童涂粉墨曳罗縠,骑假马、假鹤一齐唱曲,而望之,往往见癃老之人,背悬天子万年襥,扶杖喘喘而行云。是千叟余存者。

假山

城郭楼台总可为,恨无天际数峰厅。始知芦簟含神变,碧秀天台雁宕姿。

彩楼之侧,多以芦簟挠摺蹲蹴为石,涂以黄绿。嵌空玲珑,太湖奇石也。又作假山,高数十丈,神仙、白鹿、猕猴之属,跂跂转绕。其尤奇者,路转深,或作远山一抹碧色,又为夕阳淡红山,白云横于两山之间,又不知何物。铺地如琉璃,为假水,隔以红栏望之漪漪,然疑不可涉。圆明园池边做作江天寺,人以为酷类。

西直门外

十里兰风麝雾飘,钿车辚辘上红桥。痴人每说销魂好,试向西山处处销。

八月初七日,燕京妇女倾城出观彩楼,到圆明园之昆明边逍遥而归。自西直门至圆明园路正中铺石,广可并轨,左车往而右车返,两行辚辘不绝。车或隔纱,或嵌琉璃,车中红粉,或一或双,衣杏黄衫、碧衫,珠翠满头。车前小婢,多著绣花朵大红衫,兰麝荡越数十里。余于是日以纱帽、青氅,乘车出圆明园。车中妇人莫不指点而笑。盖创见衣冠故也。

西山宫殿

番王蛮客载龙舟，一簇黄旗是舵楼。白塔青峰延寿寺，櫂歌声里溯沧洲。

圆明园之东南，蓄水湖泊，号昆明池。植芙蓉、杨柳。东岸镇以铁牛，有门曰"罨秀"。门外烟波渺然，驾十七虹桥。望西山宫殿，丹绿参差。延寿寺、白塔矗矗云霄间。八月初九日，皇帝泛龙舟，御舵楼楼下载各国王使臣，发棹歌至延寿寺前下船，纵览玉泉、万寿山诸胜。燕都宫阙皆仍明旧而修饰致美者，即圆明园也。余问于罗两峰曰："先生游西湖否？"曰："圆明园比西湖何如？"曰："安敢当天然山水。"余曰："山水果天然，楼台未必胜。"又大言曰："楼台亦当胜。"

堪达汉

亲宣香醴玉杯双，镇日梨园演北腔。铁鹿卢牵堪达汉，天家旧壤黑龙江。

皇帝引本国正副使至御座前，亲举玉杯酒宣赐之，正副使以次饮而退。前此，赐使臣酒，皇帝授近臣，近臣授使臣，今径授使臣，诸贝勒、衍圣公外无当是礼者。又命牵一兽示使臣，似鹿苍白色，项下有肉囊。阿桂来问曰："贵国亦有此兽否？"使臣谢曰："小国安有此奇兽，今幸见之。"阿桂微笑而去，莫知其名。余曰："堪达汉也，鹿类，出黑龙江地方，其角可作射鞲，色如象牙，详见康熙、乾隆御制集及汉清文鑑等书，亦名四不相，闻自山海关外锁以铁笼载来，知为黑龙江所进也。"

珊瑚树

螭鉤对对玉玲珑，金佛庄严琐琐同。忽见珍柑承翠叶，珊瑚一树殿前红。

内而军机、内务府大臣,外而各省督抚、将军竞献珍玩。玉如意最多,陈列殿陛。触目琳琅。小金佛一辇数十,覆黄帕舁入宫门,络续不绝,无虑万躯。珊瑚树高可三尺,青玉叶,琥珀果为柑橘状,植玻璃盆中,以金丝络之,晶光照人,不知何人所献也。诸权贵亦乘时受馈遗。余在圆明园,偶入一观音阁,河南巡抚穆和兰寓,其中见吏目四五人,扰扰裁红纸,修名贴、物单、堆积案头。就看之,其人甚不喜也。皇帝最爱玉,尝采于回部叶尔羌之蜜尔岱山。驻答大臣高朴盗采,被极律。琉璃厂中笔洗砚苟其玉也,价不下数百两银,多为进献所用云。我国私商挟笠鹭带蟎以入,虽焦余之物,莫不售重价。罗两峰处有人致书并一物,大如拳,微黑色。两峰摩挲审视曰:"是,是。可买,可买。"其人不胜欢喜而去。次修问其故,两峰曰:"有贵人欲买古玉,疑而书问,故吾辨之。"次修曰:"此何玉也。"两峰曰:"汉军饰,价直银千两。可见燕中习尚。"

纪晓岚大宗伯

海内词宗藉藉名,萧然来访两书生。朱轮驻处留红刺,提督衙门半日惊。

纪昀号晓岚,直隶献县人,礼部尚书,海内推为词林宗匠。圆明园东门外接驾时,见与侍郎沈初同坐序,各国使就与略谈。及到城里访其第,延之上座,恪执宾主之礼。余辞曰:"不佞后生小官,不足以动长者。"晓岚曰:"古礼如此,国制亦然,不必谦也。"余问曰:"辽、金、元、明史及一统志俱重修云,已完否。"晓岚曰:"俱系奉敕重修,甫毕。辽、金、元官名、人名、地名,翻译多从彻底考正。所以未即刊行。刊完,当有以奉赠也。"又曰:"贵国徐敬德花潭集,已录入四库全书别集类中,外国诗集,入四库者,千载一人而已。"又曰:"朴次修携冷斋集到,已拜读矣。天骨秀拔,与次修一时之瑜亮。昨与次修集,俱品以味含书卷,语出性灵,不胜佩服之至。连日官政冗忙，稍迟当赴馆畅谈。"后数日，晓岚命驾到馆，问柳朴两检书在否？余与次修适出游未归，提督通官惶忙酬接，晓岚留红纸小刺而去。提督者，提督会同四译馆礼部仪制司郎中兼鸿卢寺少卿，来住馆中。通官辈附丽称衙门，妄自尊大。及逢尚书，惶忙膝跪之状，人皆见之，以此为耻。半日虚喝未已。后余与次修归馆，首译来见，颇以为忧。余笑之曰："吾不请礼部尚书来，彼自来，亦且奈何。"其后，晓岚书五律一首于扇以寄之曰："古有雞林相，能知白傅诗。俗原娴赋咏，君更富文词。序谢三都赋，才惭一字师。惟应传好句，时说小姑祠。"自注云：冷斋集匆匆未能作序，又赠金日追仪礼正譌十七卷，亦赠次修诗扇及史记考异。冷斋集，晓岚云姑留欲录存副本，竟不还也。余更以二十一都怀古诗注赠之。晓岚赠余及次修诗，检书称以检理，疑其误书。从罗允缵得灰拭之法，将改书，寻与诸名士语，多称检理，或秘校，始知其用文渊阁校理号为之，一笑。遂不改。后闻罗两峰言，纪公最好古，曾因得罪，发遣乌鲁木齐，距京万里，离巴里坤尚有数千里，带回汉碑，即永和二年敦煌太守裴岑带三千兵诛呼衍王纪功之碑，隶书不过十六字。余访晓岚时，不知有此事，未能索观，为可恨。四库全书开局以来，傍求轶书，我东文籍流传中国者想多，独花潭集收入为可异。圆明园宴班，王中堂杰求东国秘史、东国声诗于副使，本国无此二种，又求圃隐、牧隐二集。徐公或虑有忌讳处，并辞以无。王中堂恳问他书。不得已，以韩久庵箕子、井田图说应之，后竟筵禀校正，付柳根、许成、李瀷诸说，名以箕田考印送。东国声诗者，王渔洋诗话有曰："记得朝鲜使臣语，果然东国解声诗。"未知何人选东诗摘此语名之也。王中堂屡求东书亦欲收入于四库中而然欤。

潘秋庹御史

人海人城拟一寻，传闻御史礼观音。端门执手猜相觇，谁识平生一片心。

潘庭筠，字香祖，号秋庵，浙江钱塘人，陕西道观察御史。丁酉春，家叔父入燕时，序巾衍集。戊戌夏，懋官、次修入燕定交，又序洌上周旋集，遂致书于余。至是，次修先访之。香祖方深居谢客，挂观音像，朝夕顶礼，言及时事，果约弥深。八月十三日，太和殿宴礼与之相逢于午门前，引席并坐，谈笑叙旧，满洲人来觇作，初逢高丽人问姓问名状，其实非冷人也。

李墨庄凫塘二太史

周旋洌水总前缘，涵海书灯照碧眠。燕邸西风吹淅沥，惊看沧海梦中人。

李鼎元，号墨庄；李骥元，号凫塘，四川罗江人。雨邨从父弟十余年来，信息相闻，天涯旧识也。墨庄曾寄洌上诸子诗云："自从别后废吟哦，洌上周旋近若何。几度罗游沧海上，醒来犹自怯风波。"汉学士之忧畏如此。墨庄翰林侍读、凫塘编修兄弟同寓四川会馆中，余与次修再访欢饮竟夕。是年春，自燕还者藉藉，彼中学士多求四家集。集中之人即某也、某也。余颇疑之，问于墨庄。墨庄云："雨邨兄撰刻涵海一部，凡一百八十五种，二十套，中有杨升庵四十种，雨邨亦四十种。"其诗话三卷，李君清脾录及柳公佳句。别来几日，非吴中和者无人。又郢中之类，皆收入，甫刻就，以事罢去。板已入川，惜此处无其本。即我辈逢人便说，故知之者甚多，而未得觏全集，所以求之耳。传者之说，果有所因。太和殿贺班有候补举人周立矩者，亦言见洌上诸子诗，问于墨庄，周亦孝应中才子也。余观墨庄、凫塘二集，言雨邨罢官事，语多愤慨，秋庵则指为放纵，所致未可知也。过口外朝阳县时，关庙壁上见雨邨诗，问于店僧云："五年前，李以通永道巡到题过，及闻其归田，信笔书七绝三首，托墨庄寄云：'鱼雁沈沈二十年，一天明月共婵娟。数行秋柳朝阳寺，忽见罗江浣壁篇。''淡云微雨旧诗情，萧瑟辎轩万里行。燕邸何人谈竟夕，满盘愁对落花生。''捎酒沈冥缓客愁，翰林诗思竟悠悠。连绵一路秋山好，磊落人归磊落州。'"涴壁吟雨邨集名，竟夕谈落花生，皆有旧事，见并世集中。墨庄问余曰："近有著作，如岁时记之类否？"余曰："没有。"墨庄叹曰："一行作吏，此事遂废，自古而然。"余观墨庄兄弟俱居翰院，而气象牢愁，雨邨归矣。又闻祝芷塘以御史妄论人革职，方买舟南下。墨庄辈所以多怅怅语，潘兰公之深居礼佛有味乎哉。

衍圣公

定武兰亭向拓真，春秋金锁袖中珍。秋山曲阜城南路，金顶轿归玉貌人。

衍圣公孔宪培，先圣七十二代孙，年可三十余。笑貌善书，余于圆明园及京城再访之，为书冷斋号，赠赵汸《春秋锁匙》一卷，戴震《考工记图》二卷，《声韵考》四卷，蔡京州学碑，黨怀英杏坛碑，姜开阳摸刻定武兰亭先圣墓上著草五十本。余以义兴鹿角寺碑谢之。又赠五律一首偶问龟山。蒙山公曰："俱小小山"。仍谓余曰："初入中国能作汉语何也"。余曰："略解之"。公笑曰："再入则可以无不能。"衍圣公乘顶轿，燕中人呼为圣人。

罗两峰

诗情画笔总闲愁，清画茶烟掩寺楼。他日相思空怅望，二分明月古扬州。

罗聘号两峰，又称花之寺僧，江南扬州府人，少年风流，晚来奉佛，携其子允缵寓琉璃厂之观音阁，落拓可怜。学画于古杭金农。农字寿门，号冬心，入画徵录中。两峰有出蓝之妙。世所传冬心画，太半出于两峰之手云。两峰为鬼趣图，穷极谲怪，海内名士如袁子才，蒋心余、程鱼门、纪晓岚、翁覃谿诸人，莫不题诗。又为红梅长幅，繁豔可嘉。诗又韶婉不为画掩。妻桐城方氏名婉，仪号白莲女史。亦能诗，序刻两峰少时效放翁体三十余首，号学陆集。余与次修屡遇两峰偶数日未往，写余小照，旁写折枝梅，题云："驿路梅花影倒垂，离情别绪系相思。故人近日全疏我，持一枝儿赠与谁。"余以苏定方平百济、刘仁愿纪功二碑谢之。两峰大喜，即付装潢。自言明春买舟南归，见余怀古诗而喜之，云与鲍以文为密友。他方续刻知不足斋丛书，留下一本与他，自无不刻之理。余已赠纪晓岚尚书，更无以赠也。又为余写兰添棘，掷笔指棘曰："自别君后，满目都是此物，奈何。"余曰："大江南北，岂无桃李？"两峰摇首曰："没有，没有。"允纘号小峰，亦能画，人比之罗昭谏父子。两峰临别赠诗云："才逢欲别意迟迟，后会他生或有期。残月晓风容易散，柳耆卿对不多时。"余和之云："榆关黄叶若为情，秋雨秋风信马行。记取当年肠断处，罗照谏别柳耆卿。"两峰藏唐韩幌回鹘舞女图，戴尖帽辫发绕首，饰珠翠，颇似东国妇女。舞绣毡毹上妖艳，其顶过丰，余见回回男子多大项，女亦宜然。轴尾有朝鲜安氏印记。余惊问曰："此人是谁？"两峰曰："是雍正间人，兄弟二人。其兄名岐，号麓村，在王府内，来扬州办盐务。其人极雅，收藏最富，曾献书画于今皇上，蒙收赐白银一千两。本系朝鲜人，不知从何入中朝进王府，实未可详。久张已去世，尚有子孙流落，峭复雅矣。"

张水屋

笔意清狂未可出删，喜为金碧夕阳山。大江南北交游遍，直到三韩洌水间。

张道屋，号水屋。山西安邑人，曾仕两淮盐务，分司通州。题其门云："扬州江城临画稿，梅花官阁寄诗魂"及去官有感兴诗十首，颇沈鬱慷慨。两峰处相识，题扇见赠书画，放纵，请余及次修去饮酒，两峰怒以为夺客。水屋亦怒，一场大哄。余留而次修去，以弥缝之。后日，余坐琉璃厂书肆中，看书，水屋与数人者挂暖瞋，负手缓步而过，见余大笑道"好，好。"数人者怪而问之，水屋又抚掌大笑，自诩曰："我交游遍天下，非特海内而已，海外亦有之。君辈焉足以知之。"两峰每短水屋，水屋亦短两峰。以余所见水屋，真狂士也。

吴白庵

城南寺里证交初，先读君家一亥书。谁道儒生知事体，从今不作石湖渔。

吴照，字照南，号白庵，江西南城人。以能诗知名，为嘉定王西庄、钱塘袁简斋所许，学使翁覃谿、方纲奖拔之，海内称为得士云。著有说文偏旁考二卷，其书于五百四十部之首，先说文，次古籀，次隶，以考其源流，手自摹写刊行。罗两峰为道余姓名，便寄说文偏旁考，后遂相识，访其寓。军机主事曾燠家，满壁簋簠，又白庵笔也。亦为余写竹于小帖，书画双绝，真奇才也。照南托两峰父子为石湖渔隐图，请次修擘窠题轴，翁覃谿见而大惊，即抵书曰："儒生不知事体，圣世安得有隐？"照南惶忙改装，题云："石湖课耕图"。中州士大夫之忌讳文字，类如此。

庄中书

易知难忘是君家，紫禁城西转小车。棕扇题诗悽别意，无因再品雨前茶。

庄复朝，字植三，号泽珊，江南常州府人，中书舍人。余在圆明园时入中书朝房都是旗人，有只揖请坐者，曰"侍读那琪"，满洲正黄旗人。又有瑚图灵额者，蒙古中书，方写蒙古字，运笔如飞。盖满洲中书治满洲文书，蒙古中书治蒙古文书，汉字则不知亦可也。与之笔谈，殆不成文理。汉中书只有张经由一人，湖南长沙人，轻薄少年。所谈者，不过娼女、戏子、男色，妇人小脚，褒不足答。诸中书又请围棋，以不能辞，闵闵没趣之际，有一中书自外而入，眉眼如画，眬睐笑问其姓名，即泽珊也。余问秦侍读瀛在何处？泽珊曰："先生何以知之？"余曰："劳我江南十年梦，缘杨春巷枇杷门。"其佳句也。泽珊曰:"秦侍读住宣武门外将军教坊衚衕,先生试访之。他出入军机处,在家时很少。"复曰:"此处不佳,到京里进馆剧谈。"余曰:"馆里亦不佳,仆当就拜。"泽珊曰:"最好,然坐屈未安。"仍书示曰:"仆住西华门内拜斗殿衚衕梁中堂宅内。"入城后一再过,皆不遇云。在衙门与其弟会琦谈。会琦字约亭,号稚卿,亦美秀才也。所寓为故大学士梁国治第。梁之子,即泽珊妹婿也。泽珊寻抵书,深以未晤为恨。寄一扇题五律二首有曰:"独怜尘事扰,坐失剧谈多。"又曰:"硬黄非旧搨,乳碧试新茶。"余过泽珊时,案上有张得天司冠落叶帖,叹赏之,穉卿数数劝龙井茶,故其诗云。

刘阮二太史

车制新编考据该,已令先辈叹奇才。玉河无一桃花片,那引天台二客来。

阮元字伯元,江南仪徵人。翰林编修刘钚之字佩循,号信芳,山东诸城人,翰林检讨。余在馆中,二人同车而来,徘徊庭际,无人酬接,怊怅欲返,余请至炕上与语,皆名士也。云去岁供以庶吉士,在间壁与使臣相识。去岁入胡,无一人来者乎,余曰:"未必再来。"阮伯元著有《车制考纪》,大宗伯亟称其考据精详。余举而言之,则伯元色喜,请见余诗集,余辞以熊翰林处有一本,惜无见在者。伯元曰:"往彼当索观。"

熊蒋二庶常

蓬海迢迢旅梦长,画栏红树御河傍。隔窗茶瓿松风似,暇日论诗二庶常。

熊方受,广西永康人。蒋祥墀,字丹林,湖北天门人。俱翰林庶吉士。玉河馆西壁为庶常馆。余与次修屡往谈诗。熊是魁伟人,蒋颇醇雅。东还时,熊赠诗曰:"摛文院里静挥毫,涤尽胸襟韵始高。一卷新诗冰雪似，前身合是柳仪曹。""隔院频闻车马音，西风催客动离心。东归添得好诗料，蠹岛骊江秋正深。"熊庶常父任大名府知府，府民聚党作乱，为所害，皇帝捕鞫叛民，云知府实爱民，欲举大事，故害之。皇帝怜之，录遗孤特授翰林。熊庶常自言如此。

铁冶亭侍郎

满汉文书尽日忙，阁门西转是机房。正黄旗下逢名士，玉侍郎兄铁侍郎。

铁保，号冶亭，满洲正黄旗人，礼部右侍郎。李雨邨尝称之曰："善书淳化帖，旗下人不可多得。"余曾见其虚闲堂集。冶亭亦闻余名。热河行宫阁门之右，有军机房，余与次修入其中，有内阁学士玉保、翰林章煦、理藩院侍郎巴忠、理藩院员外郎湛润常、中书舍人文某、鱼某，诸人据椅而坐。与之语，应接不暇。诸中书或治文书，或接京信开读，扰扰未已。少焉，有一人入来，即铁侍郎，叙话欢若平生。归寓后，冶亭赠诗有曰："公谳联私觌新交识旧游。"余亦和赠。后闻之，则玉保即冶亭之弟，亦有诗名。兄弟俱以词臣出入禁密。冶亭又带蒙古副都统，宠荣方隆云。

福建将军

福建将军皙且鬔，能弯五石学操觚。中州学士休相笑，我爱东丹猎骑图。

魁伦，满洲正黄旗人，福建将军。余在热河时，与次修坐朝房中，日热，摇扇，满洲宰相问曰："何故持白扇。"余曰："无人可书可画。"诸宰相意欲画之，而互相推让。已而福建将军入来，状貌丰硕，皆惊喜曰：魁将军来，一宰相下炕与之抱股，若相搏，欣欣不已，分释并踞，絮絮而话。听之，多是福建来时，雨潦车陷马没艰辛状也。茶后有指吾二人扇而言者曰："将军可写。"魁将军便不辞，呼取笔砚来。写次修扇菊花，题余扇弄花香满衣一首。其所作也，意气自若。款云"完颜魁伦题，赠朝鲜佥书柳先生清拂"盖金源遗裔也。后持入京城，诸名士见而掷之曰："不好，不好"其实书画自好，其人又魁梧可喜。

还到新店

迟迟车马返辽东，小黑山头万里风。古北口来山海出，医巫闾在一周中。

一行还到新店后岗，下马而坐。望见白台子旧路，忆雇车疾驰，如隔世别人事。自古游燕，无由北口者，余则然矣。到此医巫闾山，始周一匝，计程为二千七百余里。比诸三周花不注亦壮矣。

沈阳

呜呼崇德二年春，牢记干支是甲辰。归到沈阳城外路，断烟秋草吊三臣。

曾见《四库全书简明目录》中有《满洲源流考》、《皇清开国方略》二书，意其可观，入燕求之，书肆中无有。次修于刻字房见《开国方略》云："是内版书"。三学士事曰："倡义祖明，败盟构兵。崇德二年三月甲辰被害。"次修以小纸钞来，剔灯同观，为之发竖。呜呼，其所书八个字，即无愧乎天下万世。归到沈中，益不禁竹如意击石之思。王贻上《池北偶谈》。多采入金清阴先生朝天诗，又载感旧集中意，盖微婉李廓罗德宪使沈不屈。戊戌年间，全韵诗出来，然后彰著三学士卓然大节。今又得信史矣。东人多言清太祖幼时为宁远伯甚爱之家僮，一日伯据枕而睡，其实未睡也。清太祖就拔枕边宝剑三拟于伯腹，还复置剑，伯始开眼曰："尔何故？"清太祖跪曰："安改忘父兄之仇，又安改忘豢养之恩。拟剑者，报仇也。置剑者，报恩也。"伯知不可留，戒之曰："我有骏马，尔知之乎？"曰"知"，伯曰："尔骑快走，儿辈知之不好。"清太祖叩头泣辞，骑骏马走。李提督闻之愤甚，带弓骑马疾追已不可及矣。余始疑此为齐东之说。《开国方略》中云：太祖四岁养于宁远伯家。十五始归。次修亦见而书之。东人之说始信矣。为其家僮拟剑等事，讳而不言欤。万历以后，我人与中国人数相往来传闻宜不误。附记于此，以补方略之阙。

凤城

无多岁月远游还，城郭楼台梦幻间。长城余残三十里，卷簾还有凤凰山。

凤凰山，三十里石峰平地罗列，凤城在其下。东环鸭绿，西窥辽沈，北扼建州，南控大海，形胜之地也。辽置开州镇国军，一统志据辽志以为渤海大氏东京龙原府，此则未然。余曾有辨。然高句丽雄强时，必置名都，出战入守，与天下抗衡。今指其石城古址为安市城者是也。记曰"善哉，觇国乎。"余是行略有目击而忧叹，在觇之道岂不在于耳目乎。军官、译官关西马头湾上，跟役以至彼中通官皆臣使之耳目也。此属方且困穷无聊，交相欺诈，奚暇为耳目乎哉。彼中通官者，皆我被虏人之裔也，外示恭顺，内怀无状。熟知首译官有公用银，与凤城将符合迟开栅门，或遏游赏之路，种种作为可怒之事。使臣怒，则首译棍，棍怕而银不足惜，则银归于通官矣。其在馆里也多布奸妯，觇知我人买禁物，片角束毛攫取声张，非银莫可解也。湾商辈亦多无状，愈见欺而愈买马，彼且佯若不知，犹恐其不多买，及至凤城而无得脱者。前过沈阳时，副都统成策送任车三辆、白金五十两，助行李。使臣报曰："车则幸甚，白金货也，不敢闻命。"使通官保德还送之。回到沈阳，另遣人致色笺清心丸于成策，谢其厚意，复举前言。成策始惊终笑曰："使臣廉白可敬，通官鄙，鄙不足道。"及出城门，见一飞骑驱保德去。数日后，保德追到凤城，气色怅怅，始知其从中隐匿成策银败露，大窘，假货备纳而归也。人皆笑之。既而凤城甲卒十余辈，截路搜捉行达马，不拣旧马、新马、驽骀病塞，凡二十余匹，并其所驮，牵匿城中。

每匹责银十五两，又征两日喂钱十贯，然后出付，此皆保德喉城将分其利，兼沈阳之怨也。彼中通官情状如彼。凤城将额尔恒额者云：是觉罗贪鄙之类也。门务悉委于甲军姜大。姜大者，极奸黠，巧于侵渔，湾商皆切齿。宣川岛中拿鱼，辽户驻舶不已，至于结卢，结卢不已，至于种田。近闻凤城将潜收税银，尤可骇也。我国译官则年来不能充包，嗷嗷然。望后市之罢。后市既罢，而湾商窘，湾商窘而物货不集，包愈不可充矣。又嗷嗷然，望后市之复。徒手数千里，所恃者赏银，而马料房钱消融略尽，贷用公货愁叹不眠。妻子悬望，亲知勤托零银碎钱无路称塞帖里曰"文翎子"，为武从前体面，有不可顾潜带马头四出骗买。骗买盛而馆商怨。此等弊源，不可不究也。称以正官马死银尽，驴亦难雇，车安敢望哉。往往蹶屦徒步而归者，见之闵然。高丽宣宗时，中书侍郎邵台辅奏，令入辽使臣带边城将士为傔从，因互市之利，得侦探之实。今之关西马头似沿其遗意。而此辈如西城吏士，皆非孝子顺孙，夏去跋涉泥涂数千里，冬行眠处甓地三两月。此岂人所堪哉。官分赏银不过十两，似不足为聊赖之资。而才来旋去，屡去而不厌，莫知其故也。细察其情，则此皆清北贱卒游食浮浪之徒，距京师远而彼地较近，一入燕中，则乘太平车游历都市繁华之场，挟带禁物，发买假货，诸奸利事无不为之，以此之故，至乐存焉。赴燕之数，有过三四十次者，不可谓之平民也。湾上跟役所有谓刷马驱人者，既无毡笠又不裹巾，头发鬅鬙，败絮离披，贸贸然驱马而去。余见西南诸蛮夷多矣，皆披锦罽，无如刷马骗人之醜陋者。此属一渡鸭绿，则不怕，彼人不怕我人，偷窃酗骂殴斗等事即其所长也。拿人欲棍之，则曰："生不如死"。固愿死矣。可谓无可奈何。为渠计者，莫妙于马毙皮肉可卖，又无驮载之苦。自有亲族可以代立矣。马毙则例献其耳，以为凭验。每见其跪于炕下作献馘状，佯若涕泣，其实喜甚也。得此一耳，水渍递借，或卖生马，以此来献，孰能辨之哉。今行马毙十七匹矣，余过新民屯时，有一刷马驱人，蒙败羊皮，旁车而过。所驾马创见如此醜陋之人,喷鼻惊奔数百步莫可制止,毕竟车翻马倒左轴折,余伤额几危。又过沙头堡时,路险车迟,宿店中,夜半大闹,问之则一刷马驱人泥醉,怨马不快走,拔刀裂其吻,血淋漓,所驮两笼落在河中,持刀与店人斗,护行章京缚而载诸车中,则云失几贯钱于店人诟骂发作。章京亦畏怯不知所为。余言于首译,使之调停。首译谓章京曰:"吾自有处置之道,尔且解缚。"章京曰:"吾则无可无不可,尔好处置。"遂解之去。首译使马头辈终夜围守,待其醒而送之。使臣所带正官以下刷马驱人,大略如此。不至于生衅幸矣。乌足为耳目哉。十月初十日渡江。

(据《辽海丛书》本)

英使马戛尔尼来聘案

按：乾隆五十八年，英国遣使佐治马戛尔尼、副使斯当东（《英使觐见记》译作史但顿，此从原译，当时俱加口旁，不过表示译音而已。）来聘，实为国际通聘之始。东华录仅载五十七年十月两广总督奏报及五十八年八月觐见于万树园，又敕谕两道，而其他文书、礼节皆从省略。近年，马戛尔尼之日记始出，国人乃得稍知其事。兹从军机处档案中辑其始末文件，汇列刊布，亦可见当时将事之郑重矣。日记中所云，小史但顿所写汉文亦尚存在，惟英皇之国书原本未知度藏宫内何处，他日检得，当续刊之。许宝蘅识。

署两广总督郭世勋等折

署理两广总督印务广东巡抚臣郭世勋、粤海关监督臣盛住跪奏。为奏闻事：窃本年九月初三日拟洋商蔡世文等，禀有英吉利国夷人波郎亚时里免质臣等来广，求赴总督暨粤海关衙门具禀事件。臣等当即会同传见。据呈：该国字禀二纸，随令通事及认识夷字之人译出原禀二件，称，系该国王因前年大皇帝八旬万寿未及叩祝，今遣使臣马戛尔尼进贡，由天津赴京恳求先为奏明等语臣。

伏思前午恭遇皇帝八旬万寿，中外胪欢，凡边塞夷王酋长骈集都下，真旷古未逢之盛事。今英吉利国王遣使臣涉历重洋，远道祝嘏，具见凡有血气，莫不尊亲芹曝微忱，自可仰邀垂鉴。惟是外夷各国凡遇进贡，俱由例准进口省分，先将副表贡单呈明督抚，奏奉允准之后，委员伴送使臣赍带贡物赴京呈进。而英吉利国历来在粤东通商，今欲赴天津进口，该国王又无副表贡单照会到臣，所递禀扎，仅据该国管理买卖头目佛兰西氏百灵差遣赍投，臣等未便冒昧遽行具奏。随又询以系何贡物，何时开船？据称，该夷人起程之时，贡船尚未开行，约于八月自本国起程，明年二三月可到天津。至贡物尚在备办。伊等不知是何名目，又，贡品繁重，由广东水陆路程到京行远，恐有损坏，此时已由洋海迳赴天津，夷人等无从查探，各等语。

臣等再四思维，夷船进口，向例定有停泊省分，若任由择地收泊，于事非宜。现在若再照会该国王令其至粤候旨遵行，则洋海辽阔，往返无时，且称径赴天津口，不能查探，而该国王既出感戴悃忱，虽表文贡物及果否已经起程，臣等屡次查询，不得确切真情，亦未便意为悬揣。理合据实具奏，并将该头目原禀及译出底稿一并进呈御览。如蒙圣恩准其在天津进口，则所历浙闽各省海道诚恐有风帆收泊各口岸之事，请敕下浙闽及直隶省各督抚，饬令所属查验放行，由天津进京。是否如斯，伏候皇上圣明训示。谨奏。乾隆五十七年十月二十日奉朱批：即有旨。钦此。

译出英吉利国西洋字样原禀

英吉利总头目官、管理贸易百灵谨禀请天朝大人钧安。

敬禀者：我国王兼管三处地方，向有夷商来广贸易，素沐皇仁，今闻天朝大皇帝八旬万寿，未能遣使进京叩祝，我国王心中惶恐不安。今我国王命亲信大臣公选妥干贡使马戛尔尼前来，带有贵重贡物进呈天朝大皇帝，以表其慕顺之心，惟愿大皇帝施恩远夷，准其永远通好，俾中国百姓与外国远夷同沾乐利，物产丰盈，我国王感激不尽。现在马戛尔尼即自本国起身，因贡物极大极好，恐由广东进京水陆路途遥远，致有损坏，令其径赴天津，免得路远难带。为此具禀，求大人代奏大皇帝，恳祈由天津海口或附近地方进此贡物，想来必蒙大皇帝恩准。谨禀。西洋一千七百九十二年四月二十七日

译出英吉种国字样原禀

英吉利国总头目官、管理贸易事百灵谨呈天朝大人恭请钧安。

我本国国王管有牙兰地密屯佛兰西爱伦等三处地方，发船来广贸易，闻得天朝大皇帝八旬大万寿，本国未曾着人进京叩祝万寿，我国王心中十分不安。我国王称，恳想求天朝大皇帝施恩通好，凡有本国的人来广与天朝的人贸易，均各相好，但望生理愈大，饷货丰盈。今本国王命本国官员公举辅国大臣马戛尔尼差往天津，倘邀天朝大皇帝赏见此人，我国王即十分欢喜，包管英吉利国人与天朝国人永远相好。此人即日扬帆前往天津，带有进贡贵重物件，内有大件品物，路上难行，由水路到京，不致损坏，并冀早日到京。另有差船护送同行，总求大人先代我国王奏明天朝大皇帝施恩，准此船到天津或就近地方湾泊。我惟有虔叩天地保祐天朝大人福寿绵长。
英吉利国一千七百九十二年四月二十七日

十月二十日军机处奏片

遵将郭世勋等奏到英吉利国原禀二件，传到在京西洋人等，令其认识。据称，原禀有西洋字一件，伊等俱能认识，谨译出呈览。其英吉利字禀一页，伊等不能认识。又称该国即系红毛国，在西洋之北，在天朝之西北。该国与西洋向不同教，亦无往来，现在京师并无该国之人。前日新到之西洋人窦云山等三名，亦非该国之人。等语。臣等核对郭世勋等奏到译出原禀大概相同。谨奏。

英吉利国总头目官百灵谨禀天朝大人前我国土处向有贸易之人回国，闻知大皇帝八旬万寿，欲遣人进京恭祝，因道远未能赶上。今遣本国宰相名唤马戛尔尼德勒呢恭赍礼物进京，因内有钟表及各项贵重物件，若由广东一路进京，恐路远致有损坏。现在拟由海道进京，在天津海口一带附过地方下船进京。求转奏大皇帝恩准赏收，俯鉴微忱，准令永远通好，加恩保护小国贸易人等，感激不尽矣。

按：以上译文皆于原书辞气事理未能吻合，兹将英文重译如左。其拉丁文一书不复译。

大不列颠国管理广州通商事务局总理兼主席敬致书于两广总督阁下：

敬启者。敝国君主大不列颠国王兼法兰西国王爱尔兰国王佐治第三声名远播及于寰宇，前闻中国皇帝八秩正寿，原冀其侨居广州之臣民，应派委员赴京祝嘏，乃嗣闻祝嘏委员未克及时遣派，良用歉仄。兹欲与中国皇帝发生友谊，并增进两国之邦交扩充两国人民之商业，特定派遣枢密大臣爱尔兰大臣李森那（地名）男爵巴斯（地名）勋位、皇家白鹰勋位、皇弟偌治马戛尔尼，充特派大使。鞭人贵胄显秩，历更国家要职，德行才能兼赅俱备。兹以全权代表敝国君主聘于中国皇帝御前，并代致其恳切之词，若本敝国君主之意向以立基础，则可以证示敝国君主之诚心挚意，发扬两国之利益，建立两国永久之协和，敝国君主实深愉足。现在，全权大使挈同随从人员即日放洋，所将敝国君主赠中国皇帝礼物多品，钜制机工甚为珍贵，若由广州经历内地以达北京，长途易载，损害堪虞。专派敝国君主御舰一艘，迳达天津。天津海口密（迩）帝京，所以示敝国君主依近帝居之拳拳敬意。为此，谨请阁下转奏北京朝廷，颁发谕旨，于大不列颠国王御舰各艘暨全权大使与随从人员等驶入天津或其附近海岸时，应待以相当之礼遇也。敬祈上天降麻以佑阁下，并祈阁下承天之麻。耶苏降生一千七百九十二年四月二十七日自伦敦发传兰生巴灵。

（所附英文原件，略而不录）

朝隆五二七年十月二十日廷寄

大学士公阿、大学士伯和，字寄直隶、山东、江浙、福建各督抚，传谕长芦盐政穆腾额：

朝隆五十七年十月二十日奉上谕：郭世勋等奏，据洋商蔡世文等禀,有英吉利国夷人波郎亚坦克免质臣等来广禀,称该国王因前年大皇帝八旬万寿未及叩祝,今遣使臣马戛尔尼进贡,由海道至天津赴京等语,并译出原禀进呈,阅其情词极为恭顺恳挚,自应准其所请,以遂其航海向化之诚,即在天津进口赴京,但海洋风帆无定,或于浙闽、江苏、山东等处近海口岸收帆,亦未可知。该督抚等如遇见该国贡船到口,即将该贡使及贡物等项派委妥员,迅速护送进京,毋得稍有迟误。至该国贡船,虽据该夷人禀称,约于明年二三月可到天津,但洋船行走风信靡常,或迟到数月,或早到数月,难以豫定。该督抚等应饬属随时禀报,遵照妥办。再,该贡船到天津时,若大船难于进口。著穆腾额豫备小船,即将贡物拨运起岸,并派员同贡使先行进京,不可因大船难以进口,守候需时,致有耽延也。将此传谕各督抚等。并谕郭世勋、盛住知之。钦此。遵旨寄信前来。

朝隆五十八年六月初二日廷寄

大学士伯和寄字直隶总督梁、两江总督吉、江苏巡抚奇、山东巡抚吉、浙江巡抚长:

朝隆五十八年六月初二日,奉上谕:"长麟奏定海镇总兵马瑀咨报,英吉利国遣官全波罗答前来探听停泊海口,不待长麟咨覆,擅令开行,请将马瑀及随同准行之宁波府知府克什纳严加议处一折。所办未免过当。外洋各国如至海口滋事,私自遣人前来窥伺,即应拏究。今英吉利国差人进京具表纳贡,系属好事。此次该国所遣夷官全波罗答不过前来探听,坐船一只,并无别故。昨据长麟奏到,已谕令该抚向该夷官详悉面谕。行止去留听其自便,不必使之久泊,致启猜疑。并知会各督抚一体遵照。兹总兵马瑀等于该探船收泊后不待长麟咨覆,遽听开行,固有应得之咎,然其咎止于冒昧,尚无大过,将来部议时不过予以罚俸降留处分。乃该抚请将马瑀等交部严议,并分咨江南、山直隶等省饬查,殊属过当。外省督抚非失之不及，即失之太过。长麟素尚晓事，不应冒昧若此。且该国船只业经开行，该抚复分咨江南、山东、直隶各省。该督抚等识见或更拘泥，竟通饬各海口，纷纷截查，致令该夷官误疑为盘诘拘拏，心生畏惧，成何事体。长麟何见不及此耶。除另降旨将马瑀等交部察议外，着将前降谕旨抄寄梁肯堂、书麟、奇丰额、吉庆等于该国探船经修海口时务，即遵照前旨，向全波罗答面为谕知，行止仍听其自便，不得稍涉张皇。致外夷心生疑惧，此为最要。再，前据长麟奏，接到马瑀咨报，即将该国探船收泊，及接替护送缘由，飞咨江南各省。江浙境壤毗连，该国船只业经开行，自必已抵江南洋面，何以书麟等尚未奏闻，并著查明，据实速奏。将此由六百里传谕梁肯堂等，并谕长麟知之。钦此。"遵旨寄信前来。

六月初二日上谕

朝隆五十八年六月初二日，内阁奉上谕："长麟奏定海镇总兵瑀于英吉利国探贡船只收泊海口后，不待该抚咨覆，遽听开行，请将马瑀及随同准令开行之宁波府知府克什纳，交部严加议处等语。马瑀等于该国船只收口既报明巡抚，不待咨覆，遽令开行，固有未报该抚应得之咎，尚非大过。马瑀、克什纳俱著交部察议。钦此。"

六月初九日廷寄

大学士伯和字寄直隶总督梁、山东巡抚吉、长芦盐政徵瑞。

乾隆五十八年六月初九日奉上谕："长麟奏据定海镇总兵马瑀咨称，五月二十七日在内洋巡哨，见有夷船一只，自南驶至内洋，并远望有夷船三只在外停泊，该总兵等迎上夷船，询问系英吉利国进贡船只，据贡使马戛尔尼称，因大船笨重不能入口，二十八日就要开行赶赴天津，近日南风甚多，北行极为顺利，应令其仍由海道速赴天津。已定于二十九日开行等语。此系好事，览奏欣慰。同日，据郭世勋等奏该国贡船于五月十二日经过澳门，二十七日即抵浙江定海，可见海洋风色顺利，扬帆北行，极为妥速。但该贡船行抵天津洋面，船身重大，必须另换拨船，方能收泊内洋，而由内洋至内河，又须再用小船拨运。该国贡物甚多，辗转起拨，尚须时日。看来该贡使前来热河已在七月二十以外，维时恰值演剧之际，该贡使正可与蒙古王公及缅甸等处贡使一体宴赉，甚为省便。著梁肯堂、徵瑞俟贡使抵津后，即遵照前旨，妥为应付。徵瑞并可依期护送同来，以便沿途照料。至长麟前奏，该国差来探船一只，业已开行北上，此项探船既行在贡船之先，该夷官全波罗答自未得贡船抵浙消息，计此旨到时，该探船早过江南洋面。著传谕吉庆、梁肯堂等，即飞饬沿海各员弁，俟探船行抵海口时，将贡船于五月二十七日抵浙二十九日开行前赴天津之处，明白谕知全波罗答，并告以尔系为探听贡船消息而来，或必须回迎正使面传尔国王之言，听尔之便，或尔因已得贡船信息，欲先回国禀知，以免尔国王悬盼，亦可。否则，尔欲偕赴天津，将来与正使一同前赴行在瞻觐，俱无不可。该督抚等，务须详晰晓谕，俾远人得所遵循，且免其疑虑，以副朕体恤怀柔至意。到总兵马瑀等前因不待长麟示覆，辄听探船开行，交部察议。今该贡船经过定海洋面，该镇等立即问明咨报，尚属留心，已明降谕旨，免其处分矣。长麟所办妥协，著赏大荷包一对、小荷包四个以示奖励。郭世勋探听贡船信息亦属留心，并著赏给大荷包一对、小荷包四个。将此传谕梁肯堂，并谕长麟、郭世勋知之。钦此。"遵旨寄信前来。

六月初九日谕旨

乾隆五十八年六月初九日，内阁奉上谕："长麟奏据定海镇总兵马瑀等咨称，五月二十七日，在内洋巡哨见有夷船一只，自南驶至内洋，并远望有夷船三只，在外停泊，该总兵等迎上夷船询问，系英吉利国进贡船只。据贡使马戛尔尼称，因大船笨重，不能收口。二十九日即欲开行，前赴天津。近日南风甚多，北行极为顺利，应令其仍由海道速赴天津等语。前因总兵马瑀及宁波府知府克什纳于该国探贡船只收泊海口，既报明巡抚，不待咨覆，遽令开行，经长麟参奏，已降旨将马瑀等交部察议。今该总兵于巡哨时见有夷船远来，即能控询明确，迅速咨报，尚属留心。马瑀著免其察议。其知府克什纳亦著一并宽免。该部知道。钦此。"

六月十四日军机处奏片

查从前西洋博尔都噶尔亚国贡使在瀛台等处瞻仰，所赏不过玩器数件，此次英吉利国贡使到热河后，奉旨令在如意洲秀起堂等处瞻仰，共二次。臣等谨查照从前之例，酌拟赏单进呈，伏候钦定。谨奏。

英吉利国贡使在如意洲东路等处瞻仰拟赏单。

正使

玉如意一柄　玉鼻烟壶一个　大荷包一对　小荷包四对　大卷纱三疋　大卷缎三疋

副使

玉如意一柄　玉鼻烟壶一个　大荷包一对　小荷包二对　大卷纱二疋　大卷缎二疋

英吉利国贡使在秀起堂西路等处瞻仰拟赏单。

正使

玉玩器二件　玉杯一件　珐蓝玩器一件　小刀二把　茶桶一对　宜兴器四件　漳绒四疋　屯绢四疋

副使

玉玩器一件　玉杯一件　珐蓝玩器一件　小刀一把　茶桶一对　宜兴器二件　漳绒二疋　屯绢二疋

六月十七日廷寄

大学士伯和字寄直隶总督梁、传谕长芦盐政徵瑞。

乾隆五十八年六月十七日奉上谕："奇丰额奏，接据长麟咨会英吉利国贡船于六月初一日自浙省青龙港开行，连日南风顺利，或可迅抵津门等语。该国贡船笨重，不能收泊内洋，到津后，须辗转起拨，计抵热河，已在七月二十日以外，正可与蒙古王公及缅甸等处贡使一并宴赉。即或海洋风信靡常，到津略晚，不能于七月内前抵热河，即八月初旬到来，亦不为迟。但应付外夷事宜，必须丰俭适中，方足以符体制。外省习气非失之太过，即失之不及。此次英吉利贡使到后，一切款待固不可踵事增华，但该贡使航海远来，初次观光上国，非缅甸、安南等处频年入贡者可比。梁肯堂、徵瑞务宜妥为照料，不可过于简略，致为远人所轻。再，前据长麟奏，英吉利国船上有官员五十余人，从人、水手共八百余名。将来收泊海口，正副贡使前赴行在瞻觐，除随从员役外，自有留看船只之人，著徵瑞即询明通事，贡使正副几人，跟随贡使前赴热河者共若干员名，开具清单，速奏。其留于外洋大船看守员役舵水人等，亦开具人数名单，一并奏闻，以备赏给。将此谕令知之。钦此。"遵旨寄信前来。

六月二十日廷寄

大学士伯和寄直隶总督梁、传谕长芦盐政徵瑞。

乾隆五十八年六月二十日奉上谕："吉庆奏，英吉利国贡船于六月十三日行到登州庙岛洋面，十四日即欲开行，经登州府及游击上船犒赏宣谕，贡使情愿敬赴山庄叩祝，俟风顺即便放洋迳赴天津等语。该国贡船于十四日在登州洋面候风开行，约计六月底七月初方可行抵天津洋面，船身重大必须另换海船方能收泊内洋，而由内洋至内地又须再用小船拨运。该国贡物甚多，辗转起拨，尚须时日，况现在天气炎热，贡使等起岸后，自天津来至热河，尽可令其缓程行走，以示体恤。前经降旨，俟该贡使到时，必须整列队伍以肃观瞻。梁肯堂系直隶总督，到彼弹压照料，呼应较灵。但永定河防讯事宜，亦关紧要，如安澜无事。著该督一得贡船收泊之信，即就近前赴天津，会同徵瑞妥为料理。倘该处有紧要工程，必须梁肯堂在彼驻劄，督率办理，即行迅速奏闻，候朕另派庆成前往天津，会同照料。该盐政仍遵前旨，带同该贡使前来，于七月杪八月初到滦瞻觐，亦不为迟。将此谕令知之。钦此。"

六月二十一日廷寄

大学士伯和字寄直隶总督梁、山东巡抚吉、传谕长芦盐政徵瑞。

乾隆五十八年六月二十一日，奉上谕："徵瑞奏，六月十六日，有英吉利国探水船一只到口。询据通事称，该贡使因船身过大吃水三丈余尺，恐天津海口不能收泊，令该头目先来探量。现探得天津内洋水浅，大船不能进口，外洋又无山岛可以湾泊，贡物甚大，又极细小不敢冒昧拨运，只好就在登州庙岛起旱。该探水船即于十八日开船，仍回庙岛。已飞札山东抚臣，速为料理等语。同日，又据吉庆奏，六月十五日，该国贡船正欲开行，适前次全波罗答探船赶到，情愿偕赴热河，即于是日一同放洋等语。该抚此折系六月十七日拜发，自尚未得十八日该探水船只转回之信。该国贡船笨重，既因天津内洋水浅不能收泊，而外洋又无湾泊之处，自应听其即在登州庙岛起旱，较为慎重。但其贡物甚大，且极细巧，拨船尚恐磕碰，则用车拉运，更易颠簸，必须人夫抬运，方为妥协。吉庆尚须赴登州一带查阅城工、营伍，该探水船只折回告知贡船后，转帆收泊庙岛稍需时日，该抚正可乘便迎往，亲为照料。且吉庆办事细致，自能料理裕如，著赏给鲜荔枝一罐、大荷包一对、小荷包四个，该抚务须妥协经理，以副朕柔远至意。至登州起旱进京，本有两路，其小路系从武定取道经由河间、宁津一带较为便捷，其大路仍由济南一带行走，著该抚酌量于何路行走稳便，即饬沿途驿站，并飞咨梁肯堂、徵瑞速为预备。所有正副贡使品级较大，酌与肩舆，其随从员役止须与车乘，并著吉庆沿途董率照应，送至直隶交界。梁肯常、徵瑞接到知会后，约计该贡使于何日可以行抵直境，即选取赴交界处所，以便接替照应。徵瑞仍遵前旨，伴送前来。登州距热河二千二百余里，现距八月初旬，尚有四十余日。但计贡船折回起旱，料理扎缚抬运一切事宜，亦须稍为耽搁，即至八月初十以前抵热河，亦不为迟也。至梁肯堂、徵瑞前赴直东交界后，该国尚恐有小船来往天津，仍著饬令该镇道一体照料。将此由六百里各谕令知之。钦此。"遵旨寄信前来。

六月二十一日军机处致山东巡抚函

启者：本日徵盐政奏，英吉利国有探水船一只，于十六日先抵天津海口。据称进贡船只船身过大，吃水三丈余尺，恐天津海口不能收泊，只好仍在庙岛停泊。并称，贡物甚大，又极细巧，若稍有磕损，狠难收拾等语。业经奉有寄信谕旨，准其由庙岛收口起旱前来。大人接奉后，自必妥协照料。但所进贡品，据称物件甚大，又极细巧，该船收泊海口时，务将各件高大宽阔若干之处，详晰开具尺寸清单，速行寄知本处。倘物件过物高大，或竟不能抬入热河丽正门及避暑山庄门内，殊为不便，必预先寄到尺寸，俟本处斟酌妥协，或安放别处，或暂存京城，再行请旨办理，以免长途运送之烦。特此布达希即查照是荷。和珅等同具。

六月二十二日军机处张长芦盐政札

札者：本日面奉谕旨："昨据徵瑞奏，英吉利国贡船笨重，不能收泊天津海口。已有旨传谕吉庆，即于山东登州庙岛地方照料起旱，并谕令徵瑞等迎赴直隶、山东交界处所，接替照应矣。但该通事称贡物甚大，又极细巧，若稍有磕损，狠难收拾等语。虽已传谕梁肯堂、吉庆饬知沿途雇备人夫，代为抬送，但恐人贡并行，物件又大，途次究不免耽迟，著徵瑞扣算日期，于该贡使行抵直境时，面向告知，以尔国王差尔等航海远来恭祝万寿，现在大皇帝驻跸热河，由京前往，经过南天门、青石梁等处，山路未免峻仄，重大贡物或难以遄行，尔等如瞻觐情殷，或携带表文及轻小物件，先赴热河，以便于初十边到热河值万寿日叩祝，正合礼节。其余累坠物件，尔等酌派官役在后照看，本处另派官员一同缓行护送，前至热河，更属妥便。尚有实系高大之件，山路难行，或即留于京城，俟回銮时，我等代尔呈览，亦可。徵瑞将此面向该贡使详细传谕，并告以此皆系大皇帝因尔国王差尔等前来祝嘏曲加体恤至意，派我等照料，故悉心酌量相商，并看伊等如何登札。一面妥办，一面奏闻，若行走不至迟滞，竟不必向彼相商。再，该国贡品内其重大物件，该盐政务将高宽尺寸逐一量明，一并开单速行进呈。若物件过于高大，途次难行，再行酌量降旨。将此传谕徵瑞并寄知梁肯堂一体遵办。钦此。"为此寄知。六月二十二日。

六月二十五日上谕

乾隆五十八年六二十五日，内阁奉上谕："英吉利国遣使航海远来情殷祝嘏。兹据徵瑞奏，贡船于六月二十二日已抵天津海口，该盐政亲往照料。甚为妥协。著赏还佐领顶带，以示奖励。钦此。"

六月二十五日廷寄

大学士伯和字寄直隶总督梁、传谕长芦盐政徵瑞。

乾隆五十八年六月二十五日，奉上谕："徵瑞奏，六月二十日探明有大小夷船五只，在外洋抛椗。询问即是英吉利国贡船，随与天津镇道等乘船探量水势，设法引至近口，有拦江沙一道，足以依靠，无虞风浪，于二十二日停泊定妥等语。所办甚好，已降旨给还徵瑞佐领顶带，并著加赏大荷包一对、小荷包四个，以示奖励。至该国贡使等，前过浙江、山东，业经该省地方官犒赏食物等件，现在收泊天津海口，徵瑞又备牛羊、米面等物。传旨颁赏，且为数甚多。将来到热河后，尚须与蒙古王公、缅甸各国贡使一并宴赏。其自天津登陆时，不必再加筵宴。盖款接远人之道，固不可稍事苟简，致阻向化之诚，然加之体恤则可，若过为优待隆其礼节，转使外夷不知天朝体统尊严，为其轻忽。徵瑞于应接款待之间，务宜加倍留心，不卑不亢，以符体制而示怀柔，此为最要。至该贡船离国日久，携带食物口粮现已不敷，虽经徵瑞多备牛羊米面等物齎往颁赏，但该国大小船内共有七百余人，将来贡使前赴热河携带官役人等不过百余人，其留于船内照看者不下五六百人，徵瑞所备犒赏岂敷常川食用。即地方官力量，亦不能捐办如许多之，自应开销官项。梁肯堂系属总督，呼应较灵。前已有旨，令其会同照料。此时想该督自己起程，行抵天津。著传谕梁肯堂，务须妥协办理，将该国船内应用食物，令地方官动支公项办给，但不可藉此浮冒多开，并著梁肯堂、徵瑞即向该贡使等详悉谕知，以大皇帝念尔等航海远来，情殷祝嘏，是以曲加体恤，尔等前赴热河，其沿途以及馆舍，俱有饩廪。叩见大皇帝后，并有筵宴供给，足资餍饫。其留看船只者，大皇帝已命本督部堂等宽为备给，食物无虞缺乏。但尔等自本国远来，到此几及一年，将来回国时，行走时日亦必相仿。大皇帝令赏给尔等一年米石食用，宽余其肉食，牛只、猪羊等物，船内难以携带，尔等回程经过山东、江南、浙江、福建、广东等省岛屿收泊处所，该处地方官俱仰体大皇帝柔惠之意，必资送尔等食物可以接济，如此先行谕知，俾该贡使等益知感激。其如何按照人数，官员、舵水、人役等级分别口分之处，并著梁肯堂等核明妥办，即动支北仓存贮米石赏给。至此事因徵瑞系内务府人员，是以派令照料伴送，督押贡物前赴热河，以资熟手。而一切应付，不特该贡船所需食物应由地方官办给，即需用人夫以及备办沿途供顿等事，俱系地方官专责。梁肯堂当预为饬属妥办，丰俭适中，不可稍有贻误浮冒，方为妥善。至该国贡物由天津起旱，该处距热河不远，途次行走，尚属从容。然据徵瑞奏，一切扎缚抬运计算，须于八月初旬方到。若由登州庙岛起旱，道路较远，到热河未免稍迟。今在天津收泊诸事省便。览奏甚为欣慰。据该盐政奏，二十三日亲赴该处查看，表文贡单另行具奏等语。此时徵瑞自己到船查明，著即该国大件贡品遵照前旨，量明高宽尺寸，一并开单，由六百里速奏。该贡使起旱后，诸务停妥，谅无紧要之件。徵瑞自可不必由驿奏事，此时或有经朕指示询问，必须速行奏闻者，该盐政覆奏之折，竟当由六百里拜发较为迅速也。将此由六百里传谕知之。钦此。"遵旨寄信前来。

六月二十七日军机处奏片

臣等谨拟写英吉利国敕谕一道进呈，俟发下，翻写清字、西洋字进呈，再行敬谨缮写。俟该贡使回国时，照例颁发。谨奏。

敕谕 按此敕谕系六月二十七日拟进八月十九日颁给

奉天承运皇帝敕谕英吉利国王知悉：咨尔国王，远在重洋，倾心向化，特遣使恭赍表章，航海来廷，叩祝万寿，并备进方物，用将忱悃。朕披阅表文，词意肫恳，具见尔国王恭顺之诚，深为嘉许。所有赍到表贡之正副使臣，念其奉使远涉，推恩加礼，已令大臣带领瞻觐，锡予筵宴，叠加赏赉，用示怀柔。其已回珠山之管船官役人等六百余名，虽未来京，朕亦优加赏赐，俾得普沾恩惠，一视同仁。至尔国王表内恳请派一尔国之人，住居天朝。照管尔国买卖一节。此则与天朝礼制不合，断不可行。向来西洋各国有愿来天朝当差之人，原准其来京，但既来之后，即遵用天朝服色，安置堂内，永远不准复回本国。此系天朝定制，想尔国王亦所知悉。今尔国王欲求派一尔国之人住居京城，既不能若来京当差之西洋人在京居住不归本国，又不可听其往来常通信息，实为无益之事。且天朝所管地方至为广远，凡外藩使臣到京译馆，供给行止出入俱有一定体制，从无听其自便之例。今尔国若留人在京，言语不通，服饰殊制，无地可以安置。若必似来京当差之西洋人令其一例改易服饰，天朝亦从不肯强人以所难。设天朝欲差人常住尔国，亦岂尔国所能遵行。

况西洋诸国甚多，非止尔一国，若俱似尔国王恳请派人留京，岂能一一听许，是此事断断难行。岂能因尔国王一人之请，以致更张天朝百余年法度。若云尔国王为照料买卖起见，则尔国人在澳门贸易，非止一日，原无不加以恩视，即如从前博尔都噶尔亚、意达里亚等国，屡次遣使来朝，亦曾以照料贸易为请，天朝鉴其悃忱，优加体恤，凡遇该国等贸易之事，无不照料周备。前次，广东商人吴昭平有拖欠洋船价值银两者，俱饬令该管总督由官库内先行动支帑项代为清还，并将拖欠商人重治其罪。想此事尔国亦闻知矣。外国又何必派人留京为此越例，断不可行之请。况留人在京，距澳门贸易处所，几及万里，伊亦何能照料耶。若云仰慕天朝，欲其观习教化，则天朝自有天朝礼法，与尔国各不相同，尔国所留之人，即能学习，尔国自有风俗制度，亦断不能效法中国，即学会亦属无用。天朝抚有四海，惟励精图治，办理政务，奇珍异宝并不贵重。尔国王此次赍进各物，念其诚心远献，特谕该管衙门收纳。其实天朝德威远被，万国来王，种种贵重之物，梯航毕集，无所不有。尔之正使等所亲见，然从不贵奇巧，并无更需尔国制办物件，是尔国王所请派人留京一事，于天朝体制即属不合，而于尔国亦殊觉无益，特此详晰开示，遣令贡使等安程回国。尔国王惟当善体朕意，益励款诚，永矢恭顺，以保乂尔有邦，共享太平之福。除正副使臣以下各官及通事兵役人等，正赏、加赏各物件，另单赏给外，兹因尔国使臣归国，特颁敕谕，并锡赍尔国王文绮珍物，具如常仪加赐彩缎、罗绮、文玩器具诸珍，另有清单。王其祗受，悉朕眷怀。特此敕谕。"

六月二十七日廷寄

大学士伯和字寄直隶总督梁、传谕天津盐政徵瑞。

乾隆五十八年六月二十七日，奉上谕："梁肯堂奏，据天津道禀称，英吉利通事锡拉巴等登岸求见，其意欲于通州起旱，现已雇有南船四十只，备用等语。所办好。天津前至通州，一水可达，不特行程安适，且运送贡物，一切亦俱省便。该通事即欲从此路行走，自应顺其所请，昨已有旨，令梁肯堂会同照料。该督于二十五日业经起程前往，计此时已可到彼，务即督率地方官妥协办理。至所称高大贡物或应留京者，由通运送尤觉便易一节，此可不必前因该贡使须由山东登州庙岛起旱程道较远，恐物件高大，抬运费事，是以令该督等酌量或择其过大者，奏明留于京城，俟回銮时呈览。今既由通州起旱，为其甚属从容，尽可运送热河，不必再行留京。又据奏，俟抵天津会同徵瑞恭宣恩旨，设备筵宴等语，前有旨令不必在彼筵宴。但该贡使等航海远来，经过天津地方，官设筵款待亦礼节所当。然如该督等接奉此旨，该贡使业经过津则已，如尚未过津，仍著就近先行筵宴。至接待远人之道，贵于丰俭适中，不卑不亢，若该贡使等于进谒时行叩见之礼，该督等固不必辞却，倘伊等不行此礼，亦只可顺其国俗，不必加之勉强。该督等务宜留心款接，不可过于优待转为所轻，以示怀柔而符体制。将此传谕知之。钦此。"遵旨寄信前来。

六月二十九日廷寄

大学士伯和字寄直隶总督梁、传谕天津盐政徵瑞。

乾隆五十八年六月二十九日，奉上谕："前据徵瑞奏，六月二十三日亲赴英吉利贡船内，查见表文贡单再行具奏等语。徵瑞既亲赴船内自己与马戛尔尼等接见，该贡使虽自称伊系该国辅政大臣，又属国王亲信之人，但外夷遣使入贡，其陪臣与天朝臣工相见礼节，自有定制。即如阮光平系安南国王，其与同知王抚棠接见时，礼貌尚极恭敬，何况马戛尔尼等不过该国使臣，而徵瑞系钦差前往照料，该使臣进谒时，自应倍加恭敬。接待外夷之道，全在斟酌适中，不卑不亢，该国遣使航海远来。固不可稍存简慢，致阻向化之诚，然加之体恤则可，若过为优礼，夷性贪得便宜，待之愈厚，则其心益骄，转使外夷不知天朝体统尊严，为所轻忽。关系甚重。徵瑞在内廷当差有年，此等礼节轻重之间，自所谙悉。该盐政于二十三日往见后，何以尚未据奏闻，著传谕徵瑞，即将该使臣等如何接见行礼情形，迅速先行驰奏。其贡件尺寸以及换船拨运各事宜，不妨俟办理妥协随后具奏。再，该贡使等前赴热河，若计算日期，于八月初旬到此，固属甚好。倘该贡使瞻觐情殷，意欲早到，亦只须于七月二十六七等日到来，不必过早也。将此六百里传谕徵瑞，并谕梁肯堂知之。仍著迅速覆奏。钦此。"遵旨寄信前来。

六月三十日梁肯堂奏呈英使原禀贡单

红毛英吉利国王欲表明国王诚心贵重及尊敬天朝大皇帝无穷之大德，自其本国远遣贡差前来叩祝万岁圣安，特选国王之贵属亲族为其贡使办理此事，欲以至奇极巧之贡物奉上，方可仰冀万岁喜悦鉴收。又思天朝一统中外，富有四海，内地奇珍充斥库藏，若以金银珠宝等类进献，无足为异。是以红毛英吉利国王专心用工拣选数种本国著名之器具，以表明西洋人之格物穷理及其技艺，庶与天朝有裨使用并有利益也。虔祈大皇帝恕其物轻鉴其意重，是所颙幸外，又敬恳大皇帝另赏一座宽大房屋以便安排装置各品礼物。因各样礼物到京，即须贡差眼同原匠从新安排装置整齐，方可献于万岁。更缘红毛本国随贡差前来天朝者文武官员及工匠跟役共有一百余人，求大皇帝赏赐大屋几处，使安处京师，则感戴天恩无穷矣。至船内行李暨衣箱物件，皆是贡差并同伴需用之物，别无货物售买，亦无在京牟利之心，惟是办理公务。谨禀。

红毛英吉利国王谨进大朝大皇帝贡件清单：

第一件

西洋语布蜡尼大利翁大架一座，乃天上日月星宿及地球全图。其上地球，照依分量，是极小的。所载日月星辰同地球之像，俱自能行动，效法天地之转运，十分相似。依天文地理规矩，何时应遇日食月食星辰之愆，俱显著于架上。并有年月日时之指引及时辰钟，历历可观。此件系通晓天文生多年用心推想而成。从古迄今所未有，巧妙独绝，利益甚多，于西洋各国为上等器物，理应进献大皇帝用。又，缘此天地图架座高，大洋船不能整件装载，因此拆散分开装成十五箱，又令原造工匠跟随贡差进京，以便起载安排安放妥当，并嘱付伊等慢慢小心修饰，勿稍匆遽手错损坏。仰求大皇帝容工匠等多费时候俾安放妥当，自然无错。同此单相连别的一样稀见架子名曰"来复来柯督尔"，能观天上至小及至远的星辰转运极为显明。又能做所记的架子，名曰"布蜡尼大利翁"，此镜规不是正看，是偏看，是新法名赫汁尔天文生所造的，将此人姓名一并禀知。

第二件

坐钟一架，亦是天文器具。经此架容易显明解说清白，及指引如何地球与天上日月星宿一起运动，与学习天文地理者有益。拆散分作三盒，便于携带。其原匠亦跟随贡差进京，以便安装。

第三件

天球全图，做作空中蓝色，有金银做成的星辰，大小颜色俱各不同，犹如仰视天象一般。更有银丝，分别天上各处度数。

第四件

地球全图，天下万国四州山河海岛都画在球内，亦有海洋道路及画出红毛船只。

第五件

十一盒杂样器具，为测定时候及指引月色之变，可先知将来天气何如，系精通匠人，用心做成。

第六件

试探气候架一座，测看气候最为灵验。

第七件

巧益架子一个，能增助人之力量。

第八件

奇巧椅子一对，使人坐在上面自能随意转动。

第九件

家用器具一架，内有新旧杂样瓶罐等项，又有火具，能烧玻璃瓷器，猛烈无比。是一块大玻璃用大工造成的，火镜紧对日光，不但能烧草木，并能焚金银铜铁及一样白金，名曰"跛刺的纳"，世上无火可能烧炼，惟此大能显功效。

第十件

杂样印画图像，内有红毛英吉利国王全家人像，并有城池炮台、长桥、堂室、花园及乡村之图、交战之图、异样洋船图。

第十一件

玻璃镶金彩灯一对，此灯挂在殿上光明照耀。

第十二件

金线毯数疋，为精致房间用。

第十三件

大毡数疋，为大殿上铺用。

第十四件

齐全马鞍一对，头等匠人用心做成，特进大皇帝乘用。颜色是黄的，十分精致。

第十五件

车二辆，敬献大皇帝万岁御坐。一辆为热天使用，一辆为冷天使用。

第十六件

军器数件，献大皇帝御用。是长短自来火枪、刀剑等项。其刀剑能劚断铜铁。

第十七件

铜炮、西瓜炮数个，操兵可用。并有一小分红毛国兵跟随贡差进京，若是大皇帝喜欢看西洋炮法，能在御前试演。

第十八件

大小金银船，乃红毛大战船之式样。虽大小不对，十分相拟大战船，上有一百大铜炮。今于小金银船内，可以窥见一班红毛国在西洋中为最大，有大船甚多，欲选极大之船送贡差至天朝，但内洋水浅，大船难以进口，故发中等船及小船以便进口赴京，又欲表其诚心爱戴至意，即将大船式样进于大皇帝前，表其真心。

第十九件

包裹一切杂货红毛本国物产及各样手工，如哆啰呢羽纱及别样毡货、各项细洋布、钢铁器具，共献于大皇帝赏收。

六月二十九日廷寄

大学士伯和字寄直隶总督梁、浙江巡抚长，传谕长芦盐政徵瑞。

乾隆五十八年六月二十九日，奉上谕："徵瑞奏，英吉利国正副贡使自以品级尊崇，须平行相见，徵瑞若先行往见，有失体制。是以即令道将等过彼船内取看表贡单等语。所办又未免太过，前降谕旨，以款接远人之道，若过隆其礼节，于体统非宜。原不令盐政自居尊大，与远人斤斤计量。乃徵瑞接奉前旨，以该使臣欲行敌体之礼，遂不轻往，仅派道将过船查看，殊属矫枉过正。试思该使臣向徵瑞行叩见礼，亦无足为荣。即不行叩见礼，亦何所损。梁肯堂若亦计较至此，更成笑话。外省习气，非过则不及。况该使臣航海远来，至一年之久，始抵天津，亦当格外加之体恤，岂可以此等相见礼节与之较论，殊非怀柔远人之道。若该盐政如此拘泥不能体会朕意，转难向汝等降谕矣。又据梁肯堂奏，该使臣在津登陆，不必再加筵宴等语。此事尤无关紧要。昨又有旨，以天津为郡会之地，该使臣甫经过彼地方官设筵款待，礼所当然。著梁肯堂、徵瑞即遵昨旨，先行筵宴。又据徵瑞奏，该国贡物内询有方一丈多者，名为天文地理音乐表，应否留京请旨遵行等语。前因该贡使须于登州庙岛起旱，道路较远，恐物件高大，难于运送，是以谕令或酌留京中，今该贡使已由天津起旱，为期尽属从容，况山庄殿宇宏敞，丈许物件岂有不能陈设之理。且此项物件安装后见方一丈，其拆卸之时，仍属零星轻便,无难运送。现已令做钟处收拾钟表之好手工匠前至热河,伺候看彼装拆一次,即可仿照修理。著徵瑞即一并押送前来,不必复请留京,稍存为难之见。至该国贡单译出汉文后,即迅速先行具奏折内。又称,该船五只,天津外洋难于久泊,庙岛离岸较远不通货贩。该使臣之意,欲将原船回至浙江宁波一带湾泊,俾得便于采买物件,想属无多。俟该使臣到来询问明确,再降谕旨,其船只欲先回浙江宁波湾泊,亦可听其自便。并著长麟饬知地方官,妥为照料。将此由六百里加紧各谕令知之。刻下梁肯堂早抵天津,仍著该督等将曾否与该使臣接见,及如何相见情形,由驿速奏。钦此。"遵旨寄信前来。

六月三十日军机处给徵瑞札

札者:本日面奉谕旨:"昨据徵瑞奏,英吉利贡船舱内,正中供奉圣容,外边装金镶嵌珠石,外罩大玻璃一块。该贡使十分敬肃,不敢在此起坐一节。英吉利从未遣人入贡,何由瞻仰朕容?该贡使所供奉者,或系如各省万寿牌相仿,徵瑞差往之将等看视不真,误认为朕容,亦未可定,否则必系从前西洋人如郎世宁、艾启蒙曾恭绘朕容,传至该国。若云该国将金珠装嵌欲以入贡,而贡单内并未载入,且亦无以御容进贡之理。徵瑞是否亦曾目覩,若未经看见,或于无意中作为闲谈向彼询问,船中所供御容从何而得,如果伊国诚心供奉,亦足以见其敬事之忱,不妨令其据实登札,遇便覆奏。又阅译出贡单内,有钦差字亲样,业经降旨谕知。现又令军机大臣将原译单内将'钦差'二字改为'贡差'、'敬差'等字,恐徵瑞等有抄出底稿,亦著一律更改。此项贡单称使臣为'钦差',自系该国通事或雇觅指引海道人等,见中国所派出差大臣俱称'钦差'因而仿效称谓,此时原不值与之计较。但流传日久,几以英吉利与天朝均敌,于体制殊有关系。徵瑞等不可不知也。将此传谕徵瑞,并寄梁肯堂一体遵照。钦此。"为此札知。六月三十日。

六月三十日军机大臣上阿哥启

和珅谨请阿哥钧安。敬启者：本日面奉谕旨："著于钦天监堂司各官内遴派熟谙天文地理者满、汉各二员前来热河。钦此。"现在喜常已在此随围。询问喜常，据称，监副德广，五官正何廷瑛、方绪均能谙悉天文地理。德广系后班，应行接班之员等语。除满员毋庸另派外，所有何廷瑛、方绪二员，祈阿哥即饬令同德广于七月二十外前来热河，勿任迟误。肃此，启知。希即遵照办理。谨启。

六月三十日交（内务府提督衙门）片

奉伯中堂谕令：索得超将堂内能通晓天文、日月星宿、地理，并能修钟表之上好西洋人，带几名前来热河。其车辆、盘费交管西洋四堂之提督衙门司员、内务府司员照例办给。于七月二十外来到备用，毋得迟误。奉此。

七月初三日廷寄

大学士伯和字寄直隶总督梁、传谕长芦盐政徵瑞。

乾隆五十八年七月初三日，奉上谕："据梁肯堂等奏，接见英吉利使臣情形一折内称：贡件于六月二十九日即已拨竣。该贡使约初四、五日经过天津府城，遵旨筵宴以昭礼节等语。前已有旨，令梁肯堂于筵宴后，仍回永定河工次，俟八月初旬再行照例前来。缘该督职分较大，若与贡使偕赴热河，该贡使见多派大员护送，益足以长其矜傲。兹该督遵照办理，固属甚好。至该使臣向徵瑞告称，贡品内天文地理音乐表极为细巧，带来工匠必须一月之久，方能安装完整等语。此必系该贡使张大其词，以自炫其奇巧。安装须一月，制造岂不更需年岁。该国贡物八月初旬始到热河，若安装一月即至九月初旬，不但早过万寿之期，其匠役人等在此耽延月余，亦属不便。况阅所开单内，随至热河匠役止有五名，即令此间匠役帮同料理，亦未能即时谙悉。若将此最大之天文地理音乐表运赴京中，亦必须此项匠役随往安装。其余贡品，设有须彼匠人装饰之处，即运至热河，无人安设，岂不徒滋劳费。徵瑞著务明白询问该贡使，以天文地理音乐表固属用心制造，装成自必费事。但仅安装断不至一月之久，究竟需日若干，尔所带天文生、匠役无多，若将此项大件送至京中，其余物件送往热河，该役等是否可以分派料理。且大表一项，据称安装需一月之久，此外物件安装又需几日？若该贡使以大表必须多日装成，匠役可以分拨应用，而此外物件安装无须多时，徵瑞即奏明候旨，将大表送京，其余物件俱送热河。所用匠役，问明贡使分派，或有不敷，京中及热河俱可派好手匠人帮办。倘安装大表既需时日，而其余物件亦有安装，须费多日之件，即送至热河装成，已过万寿，又不值徒劳运送，莫若拣出，奏明一并留于京城，仅择其易于安装者及别项供品，押送热河。若大表必须留京，而所带匠役又不能分派料理，则当将该国匠役随贡使先来将运送此间易于装成之物，令其安排停妥，再令回京专装大表。俟回銮时呈览亦可。总之，该贡使意涉矜奇，所称一月装成之说，未必确实。而徵瑞即奏，未免畏难，亦不明晰。徵瑞著务遵照以上指出各条，逐层确询，务令该贡使明白登札详晰，迅速具奏，候朕降旨指示遵行。至该贡使等前抵天津海口，业经徵瑞多备牛羊等物，传旨犒赏。今梁肯堂又备物颁赏，并给常平仓米六百石并白面二千斤，尽足敷用，赏赍已属优厚。其跟随贡使前来热河之官役、从人、匠役、兵丁等，俟至热河再当酌量加赏。至该国贡船，前已准其先回浙江宁波停泊，今所请于宁波珠山地方指给空地一块，以便支立帐房，为船内患病之人栖息一节。并著梁肯堂尺咨长麟，遵照妥办。将此由六百里加紧谕令知之。仍著速行回奏。钦此。"遵旨寄信前来。

七月初三日军机大臣给徵瑞札

札者：本日奏到英吉利国贡使带赴热河之官员十五名内，总兵官系何等级，与何项官员相仿？又，副总兵、管兵听事官、管船官及总管贡物者，系何等级，与彼国何项官员相仿？此项人等既称官员，何以列名在天文医生之后？又，副贡使之子有无官职，系充何项差使前来，抑系该贡使自行带来？又，正副贡使家人七名是否系属官役充作家人，抑系伊等自己家丁？务即逐一询明，于各人名下详细注明，迅速随报呈覆，以备办赏，勿有迟误。此札。右札长芦盐政徵瑞。

七月初五日廷寄

大学士伯和寄浙江巡抚长。

乾隆五十八年七月初五日，奉上谕："昨据梁肯堂等奏，英吉利国原来船只未能久泊天津洋面，拟先回浙江宁波珠山地方湾泊。该贡使恳求命浙省地方官指给空地一块，俾伊等支立帐房，将船内患病之人送至岸上暂行楼息，并求禁止居民勿上彼船，伊亦禁止船内之人不出指给地界之外等语。该国贡船因天津外洋不能久泊，欲先回浙江亦可听其自便，除该贡使前至行在瞻觐叩祝诸事完竣后，即令回浙。贡使一到原船便可开行，其在宁波珠山地方不过暂时湾泊，著传谕长麟，即查照梁肯堂等所奏，妥协办理，并饬地方官留心照料，固不必过于优待，亦不可稍任欺侮。其船内及上岸养病之人，并当时加查察，毋许潜越所指地方滋生事端，沿海居民亦著禁止前往该处。又前降谕旨，以该船回国时应赏一年口分米石，于天津酌量赏给外，其余在浙江就近补给。昨据梁肯堂奏，已在天津两次多备牛羊等物，传旨犒赏，并赏给米六百石，面二千余斤，尽足敷用，毋庸再于浙江补给等语。并著该抚酌量，若其回洋时仍需米石，即传赏给。梁肯堂折，著抄寄阅看。将此谕令知之。钦此。"遵旨寄信前来。

七月初八日廷寄

大学士伯和字寄直隶总督梁、传谕长芦盐运使徵瑞。

乾隆五十八年七月初八日，奉上谕："徵瑞奏，询之英吉利国贡使，据称贡品内第一件天文地理大表安装实需一月，其第二、第三、第四、第六、第九、第十一、第十七等件，安装亦须时日。如蒙恩准留京，就留匠役四名在京收拾，候回銮时即可装齐呈览。其余十一件，止带匠役一名赴热河。可以先行呈进等语。天文地理大表安装既必须一月，其第二、第三等七件，装饰亦需时日。若运往热河安装完竣，已早过万寿之期，自应就近送京以省劳费。该国贡品于初六日由水路前赴通州，今令将大件送京，七月半以前必可送到。若照往年之例，于九月望后到京，则自木兰回跸至圆明园，为期尚有两月余。令该贡使暨匠役人等守候多时，诸为未便。徵瑞著即传知该使臣，以大件及安装需时，贡品业经奏蒙大皇帝恩准留京，其余十一件，我同尔等送至热河，以遂尔进呈叩祝万寿之诚。大皇帝现驻跸山庄，念汝等久留待贡陛辞有所不忍，因此不往木兰行围，于八月二十一日起銮，二十七日到京。彼时留京贡品，俱已安装完竣，即可呈览。尔等到热河瞻觐叩祝大皇帝，恩赐筵宴，与蒙古王公及缅甸等国使臣，随班入座。八月十六日，先令尔等回京，所有留京贡品如何检点装饰，尔更可亲自料理，以表尔国诚意。尔到热河后，大皇帝赐尔等瞻仰上塞名胜，回京时即可收拾进贡物件，以待驾回呈进。如此详悉传谕，俾知朕格外体恤恩施稠叠。该贡使自必倍加感戴。至留京物件，已派金简、伊龄阿二人专司照料，该贡使到京后，圆明园应在宏雅园居住，城内令备有宽敞房屋居住。徵瑞北次过京时，可先将留京物件交代金简、伊龄阿，并面商将所留八件贡品，正大光明殿及长春园憺怀堂大殿，各分设四件，以便该国匠役即在殿内如法安装，俟朕回銮后随便观览。至该贡使自备进呈贡品内，想无大件装饰需时，徵瑞不妨令其一并带来热河也。再，徵瑞折内俱称，筵宴时该使臣等免冠叩着等语。前据梁肯堂奏，与该使臣初次相见敬宣恩旨时，该使臣免冠竦立。此次折内何以又称免冠叩首。向闻西洋人用布扎腿，跪拜不便是其国俗，不知叩首之礼或只系免冠鞠躬点首，而该督等折内声叙未能明晰，遂指为叩产处亦未可定。著传谕徵瑞，如该使臣于筵宴时实在叩首则已，如仍止免冠点首，则当于无意闲谈时婉词告知，以各处藩封到天朝进贡觐光者，不特陪臣俱行三跪九叩首之礼，即国王亲自来朝者，亦同此礼。今尔国王遣尔等前来祝嘏，自应遵天朝法度，中尔国俗俱用布扎缚不能拜跪，但尔蹑见时何妨暂时松解，俟行礼后再行扎缚，亦属甚便。若尔等拘泥国俗 不行此礼，转失尔国王遣尔航海远来祝釐纳贽之诚，且贻各藩部使臣讥笑，恐在朝引礼大臣亦不容也。此系我亲近为汝之言，如此委曲开导，该使臣到行在后，自必敬谨遵奉天朝礼节，方为妥善，特此由六百里传谕徵瑞并谕梁肯堂知之。仍即迅速覆奏。钦此。"遵旨寄信前来。

七月初八日廷寄

大学士伯和字寄浙江巡抚长。

乾隆五十八年七月初八日，奉上谕："前因英吉利贡使回国时，应赏一年口分米石，于天津酌量赏给外，其余在浙江就近补给。曾降旨令长麟遵照妥办矣。今节据梁肯堂奏，该贡使于筵宴时再三声称，恩赏食物已多，所有米石只求赏给三百六十石，已足敷用等语。此项米石是否足敷，该贡吏等一年口分抑仅系由天津至宁波一路口食，梁肯堂所奏尚未明晰。看来该国之人嗜好肉食，米面非其常需，竟可无庸多给。著传谕长麟，将来该贡船回抵害波湾泊后，在船人役或向长麟恳求米石，自当仍照前旨，于就近仓贮内酌量拨给。倘来役人等并未恳求，则自天津以至浙江一路赏赍已属优厚，米石又非其常需，竟可不必再行拨给也。将此谕令知之。钦此。"遵旨寄信前来。

七月初八日传谕徵瑞

乾隆五十八年七月初八日，奉上谕："据徵瑞等奏，英吉利贡使

涉外史料

于七月初五日在天津筵宴后,即于初六日由水路前赴通州,徵瑞仍一路照料等语。该国贡使于初六日始自通州起身,一路缓程行走,前来热河尚有时日,徵瑞沿途照料,朝夕接见,其性情礼貌,谅必周知。虽据该盐政奏,贡使等十分恭敬,究恐不无代为粉饰。着传徵瑞心察看,该贡使究竟是否实系恭顺,抑或不免稍露矜傲情形,即据实具奏,以便该贡使到时,酌量接待,不必回护。又据奏,大表等八件送京,其余十一件运赴热河等语。大表等八件安装须时,自应留京。而此外十一件内,是否尚有难于装饰及由旱路出口艰于山路行走之物,并着徵瑞询问明确,据实奏闻,亦不必回护。至该贡使于八月初旬到此,尚须两旬有余。徵瑞沿该途伴送该贡使接谈之间,言论如何,其贡品徵瑞曾否略见下一二,有应具奏者,即随时奏闻,不必等至热河面奏,致有迟延。将此再谕令知之。钦经。"军机大臣遵旨,传谕长芦盐政徵瑞。

七月初八日军机处给徵瑞札

札者:本日奏覆英吉利国贡物内,天文地理表及第二、第三等七件,现已奉旨运京,在正大光明殿及长春园惇怀堂两处分开陈设。但此项大表及其余七件,安装后是否可以拆卸移置他处不致损坏,若既已安装,即不能移置,则大廷正殿,似不便久为陈设。该盐政于接晤贡使时,不妨作闲晤话探访明白,确切开单,速行呈覆,以备转奏酌办。至乐工一项,是否该贡使自行携带抑系专为御前供奉而设,亦即一并询明,速行呈覆。此答。右答长芦盐政徵瑞。准此。

七月初八日军机处致金简等函

启者:本日面奉谕旨:"徵瑞奏,英吉利国贡品内第一件天文地理表及第二、第三等七件安装,有需时日。已令徵瑞运送到京,交金简、伊龄阿专司照料。此八件内,著金简、伊龄阿、徵瑞三人面为商酌,在正大光明殿安放四件,长春园惇怀堂大殿安放四件,并

1417

派好手匠人数名帮同该国匠役即在殿内安装，吧便匠人等留心学习，将来可以仿照装御。钦此。"希即遵照办理。至该使臣到热河瞻觐后，定于八月十六日起身回京，圆明园令在宏雅园居住、城内令在穆腾额入官房屋内居住，一切饭食等项，应派内务府人员妥为照料。其两处房屋量为粘糊打扫，以备给住。又，该贡使到圆明园，奉旨于回銮时，令在大东门迎接，并于过二三日，令在圆明园、万寿山等处瞻仰，并观玩水法。进城时，颁赐敕书，俾敬瞻太和殿、保和殿、乾清宫、宁寿宫之壮丽。所有水法等处，届期预备。再，前令钟上首领太监带同匠役将宫内及圆明园陈设仪器、钟表送至热河一节。今该国所进钟表既已留京，所有前项仪器、钟表已奏明皆可无庸送来，仍还原处陈设，只须择好手匠役一二人到此帮同装饰。送热河贡件，其首领太监亦不必多人同来。再，上意欲令该贡使到后游玩昆明湖，乘坐昆明喜龙大船，湖水必须充足，方足以资浮送。金大人当预为疏濬，俾湖水充盈，临时不致有误为要。至圆明园欲演龙舟，令该贡使观看，伊大人须先留心修饰，是所切嘱。专此布达，顺候不一。

七月十二日军机处进拟赏物件单

拟赏英吉利国王物件

紫檀彩漆铜抛丝珐琅龙舟仙台一座　青玉夔龙耳扁盖瓶一件（紫檀座）　白汉玉双螭夔靶卮一件（紫檀座）　汉玉出戟花觚一件（紫檀座）　青玉莲花卤壶一件（紫檀座）　青玉龙凤扁壶一件（紫檀座）　白玉三友盖瓶一件（乌本商丝座）　青玉夌斗一件（紫檀座）　青玉莲花盌一件（紫檀座）　玛瑙盉盘一分　白瓷五彩有盖靶盌十件　均釉花觚一件　汝釉八方瓶一件　红瓷金花挂瓶一件　官釉双管瓶一件　百花粧缎二疋　青袍缎四疋　线缎四疋　洋彩瓷葫芦瓶一对　白瓷青叶红花撇口瓶一对　青花瓷玉堂春一对　青花瓷梅瓶二件　青花瓷有盖撞罐一对　青花瓷撇口瓶一对　青

花执壶一件　霁红瓷梅瓶一件　霁青瓷金花挂屏二件　霁红瓷玉壶春一对　洋彩瓷有盖卤壶二对　洋彩瓷梅花式卤壶一对　冬青釉有盖卤壶一对　五彩瓷盃四十件　五彩瓷大盌十件　五彩瓷中盌十件　五彩瓷盌十六件　五彩瓷茶锺四件　青花瓷吕盌二十四件　青花瓷木樨锺四件　霁红瓷盘十六件　霁青瓷盘八件　五彩瓷盘二十件　红五福瓷盘十六件　青花瓷双管大罇一件　青花兽百大罇一件　青花瓷大罇一件　黄瓷青花大罇一件　汝釉三带大罇二件　青花瓷冰盆二件　青龙瓷大缸二件　填漆捧盒一对　红雕漆春寿宝盘一对　雕漆八角方盘一对　红雕漆龙凤宝盒一对　红雕漆桃式盒一对　红雕漆云龙宝盒一对　红雕漆多福宝盒一对　红雕漆海兽宝盒一对　红雕漆春寿宝盒一对　红雕漆蝉文宝奁一对　金漆罩盖匣二件　填漆八方端盘一对　红雕漆蕺菊宝盒一件　红雕漆胜游宝盒一件　红雕漆八角方盘一件　雕漆笔筒一件　红雕漆云龙宝盒一对　红雕漆诗意钟一对　红雕漆小顶柜一对　画花卉册页一册　葫芦盘二件　葫芦鼻烟壶一件　葫芦瓶一件　葫芦大盌一件　葫芦小盌四件　葫芦碟四件　文竹挂格一对　棕竹漆心炕格一对　画绢二十张　洒金五色字绢二十张　五色笺纸二十张　白露纸二十张　高丽纸二十张　墨六匣　各样扇四十柄　普洱茶八团　六安茶八瓶　武彝茶四瓶　茶膏柿霜四匣　哈蜜瓜干香瓜干四匣　藕粉二匣　莲子二匣　藏糖二匣

酌拟加赏英吉利国王物件

龙缎三疋　蟒缎二疋　粧缎七疋　百花粧缎六疋　倭缎三疋　片金二疋　闪缎四疋　袍缎四疋　蓝缎四疋　彩缎四疋　青花缎四疋　衣素缎四疋　线缎四疋　帽缎四疋　绫二十二疋　纺丝二十二疋　罗十三疋　杭绸七疋　玉瓶一件　红雕漆桃式盒九件　红雕漆菊瓣盘四件　挂灯四对　十锦香袋八匣　绣香袋四匣　连三香袋四匣　宫扇十三柄　扇一百柄　香饵四匣　泥金封联绢笺五十张　泥

金五色蜡笺五十张　战图一匣　普洱茶四十团　茶膏五匣　柿霜五匣　哈密瓜干一匣　香瓜干一匣　武彝茶十瓶　六安茶十瓶　藕粉四匣　莲子四匣

拟随敕书赏英吉利国王物件单

龙缎三疋　蟒缎二疋　粧缎七疋　百花粧缎六疋　倭缎三疋　片金二疋　闪缎四疋　袍缎四疋　蓝缎四疋　彩缎四疋　青花缎四疋　衣素缎四疋　线缎四疋　帽缎四疋　绫二十二疋　纺丝二十二疋　罗十三疋　杭绸七疋　画绢一百张　洒金字绢五十张　笺纸二百张　白露纸一百张　高丽纸二百张　墨二十匣　宫扇十三柄　扇一百柄　连三香袋四匣　十锦香袋八匣　绣香袋四匣　香饵四匣　普洱茶四十团　茶膏五匣　柿霜五匣　哈密瓜干香瓜干二匣　武彝茶十瓶　六安茶十瓶　藕粉三匣　莲子三匣　文竹炕桌一对　红雕漆炕桌一对　持灯六对

瞻觐日赏国王白玉如意一炳；又，听戏日赏国王御笔书画册页一件（贮镶嵌紫檀匣内汉玉玩十件）

酌拟赏英吉利国正使

龙缎一疋　粧缎二疋　倭缎二疋　蓝缎三疋　青花缎三疋　彩缎三疋　帽缎一疋　杭绸三疋　绫六疋　纺丝六疋　茶叶二大瓶　茶膏二匣　砖茶二块　大普洱茶二个　刮膘吉庆一架　青玉全枝葵花洗一件　玛瑙葵花（碟一件、盌一件）　藏糖二匣

酌拟加赏英吉利国正使

龙缎二疋　粧缎二疋　倭缎一疋　大卷八丝缎一疋　蓝缎二疋　酱色缎二疋　衣素缎二疋　绫四疋　杭绸四疋　纺丝四疋　五彩瓷花碗六件　霁青白里瓷盘六件　瓷盘八件　各样扇二十柄　普洱茶八团　六安茶八瓶　茶膏二匣　哈密瓜干二匣

酌拟赏英吉利国副使

龙缎一疋　桩缎二疋　倭缎二疋　蓝缎二疋　青花缎二疋　彩缎二疋　帽缎二疋　绫四疋　纺丝四疋　绉绸二疋　茶叶四小瓶　茶膏一匣　砖茶二块　女儿茶十个　白玉全枝葵花洗一件　花玛瑙菊瓣盌一件　葫芦器二件　藏糖二匣

酌拟加赏英吉利国副使

龙缎一疋　桩缎一疋　倭缎一疋　蓝缎一疋　酱色缎一疋　素缎一疋　绫二疋　杭绸二疋　纺丝二疋　五彩瓷花碗四件　霁青白里瓷盘四件　瓷盘八件　各样扇十柄　普洱茶四团　六安茶四瓶　茶膏一匣　哈密瓜干一匣

戏台赏正使

御笔书画册页一件　玉盃一件　瓷瓶二件　瓷器二件　葫芦瓶二件　漆桃盒二件

戏台赏副使

玉盃一件　瓷瓶二件　瓷器二件　葫芦器二件　漆桃盒二件　瓷瓶一件　瓷器四件　小荷包一个

戏台赏总兵官等九人

漆桃盒各二件　瓷器各四件

英吉利国贡使在如意洲东路等处瞻仰酌拟赏单

正使　瓷鼻烟壶一个　五彩雞尊一对　大荷包一对　小荷包一对　大卷纱三疋　大卷缎三疋

副使　瓷鼻烟壶一个　五彩卤壶一对　大荷包一对　小荷包四个　大卷纱二疋　大卷缎二疋

英吉利国贡使在含青斋西路等处瞻仰酌拟赏单
正使　大卷八丝缎二疋　绵二疋　瓷茶桶一对　瓷奶茶碗一对　瓷盘一对　宜兴器一件
副使　大卷八丝缎三疋　绵一卷　瓷茶桶一对　瓷奶茶碗一对　瓷盘一对

副使之子及总兵官等在如意洲东路等处瞻仰酌拟赏件
副使之子哆吗嘶当陈　鼻烟壶一个　五彩炉一对　大荷包一对　小荷包二个　纱缎共三疋
总兵官通事等九名　鼻烟壶各一个　大荷包各一个　小荷包各二个　纱各一疋　缎各一疋

拟赏副贡使之子等物件单
副使之子及总兵官等在如意洲东路等处瞻仰酌拟赏件
副使之子哆吗嘶当陈　鼻烟壶一个　五彩炉一对　大荷包一对　小荷包二个　纱缎共三疋
总兵官通事等九名　鼻烟壶各一个　大荷包各一个　小荷包各二个　纱各一疋　缎各一疋

副使之子等在含青斋西路等处瞻仰酌拟赏件
八丝缎二疋　绵一疋　瓷盘一件　皮茶桶一对　奶茶碗一对
总兵官通事等九名
八丝缎二疋　瓷碗二件
副使之子绘画呈览赏　大荷包一对
赏副使之子　吗嘶当陈
龙缎一疋　粧缎一疋　倭缎一疋　青缎一疋　蓝缎一疋　锦一疋　漳绒一疋　帽缎一疋　绫三疋　纺丝三疋　绉绸二疋　茶叶二瓶　砖茶二块　茶膏一匣　女儿茶八个　藏糖一匣

拟赏英吉利国贡使带赴热河官役等物件单

赏英吉利国贡使带赴热河官役总兵官本生副总兵官吧尔施二名

龙缎各一疋　粧缎各一疋　倭缎各一疋　青缎各一疋　蓝缎各一疋　锦各一疋　帽缎各一疋　绫各三疋　纺丝各三疋　绉绸各二疋　茶叶各三瓶　砖茶各二块　茶膏各一匣　女儿茶各八个　藏糖各一匣

管兵官额鲁通事娄门总管贡物吧咙管船官吗庚哆嘶以上四名

龙缎各一疋　粧缎各一疋　绒各一疋　锦各一疋　蓝缎各一疋　彩缎各一疋　绫各二疋　纺丝各二疋　茶叶各二瓶　砖茶各二块

代笔吗喀素门、代笔文带、医生吧郎、医生施葛第、天文生登维德、听事官白龄、听事官伊开、听事官伊登勒、听事官额勒桑德以上九名

龙缎各一疋　粧缎各一疋　漳绒各一疋　蓝缎各一疋　锦各一疋　彭缎各一疋　绫各一疋　纺丝各一疋　茶叶各二瓶　砖茶各二块

贡使家人七名

绫各二疋　绸各二疋　布各四疋　银各十两

吹乐五名

绫各二疋　绸各二疋　布各四疋　银各十两

匠作五名

绫各二疋　绸各二疋　布各四疋　银各十两

兵五十名

绫各二疋　绸各二疋　布各四疋　银各十两

杂役七名

绫各二疋　绸各二疋　布各四疋　银各十两

内地护送官二员

大缎各二疋

七月十二日传谕徵瑞

乾隆五十八年七月十二日，奉上谕："徵瑞奏，英吉利使臣等深以不娴天朝礼节为愧，连日学习，渐能跪叩。徵瑞随时导教，俾臻妥善等语。该使臣等，奉伊国王差遣，远来祝釐纳賮，其敬奉天朝，自系出于至诚，断不敢稍忽礼节致蹈不恭之咎。今该使臣等经徵瑞告知，途次敬谨学习跪拜，其瞻觐时，自必能恪遵仪节。至贡品内第七件、第十五件，既较为沉重，山路难行，自应一并留京，俟回銮时，随便观览。徵瑞带同贡使，于初十日已抵通州。现将贡物起拨抬送至圆明园，暂令贡使人等在宏雅园居住，俟贡物普行检看齐全，将应行留京者交代。金简、伊龄阿分别安设。计该贡使等七月十四五方可到圆明园，检点贡物亦需六七日，二十后方自京起程，而英吉利之人又不习劳苦，于乘骑不便，该盐政沿途照料缓程行走，即于八月初间来到热河，亦不为迟。其第一件天文地理大表安装后，既难再行拆卸，正大光明殿澹怀堂皆系正殿，自未便陈设不移。徵瑞系圆明园出身，而伊龄阿又系现管，徵瑞著即向伊龄阿商酌，拣择园内宽敞坐落地方数处，于何处可以安设此项大件，即绘图贴说呈览，以便指示办理。将此谕令知之。钦此。"军机大臣遵旨传谕长芦盐政徵瑞。

七月十二日军机处给徵瑞札

札者：来禀已悉。该贡使等七月十四、五方可到圆明园，检点贡物亦需六七日。前来热河约在八月初旬，固未为迟，但该贡使到后亦须先为学习礼体，倘有不合仪节之处，尚应逐一指示，拜跪娴熟方可带领瞻觐。其所到贡物安装收拾，亦需时日。该贡使及应行运送热河贡件，自当于七月二十八、九日先早到，以使预为演习装饰也。特此札知。右札长芦盐政徵瑞。七月十二日。

七月十三日上谕

乾隆五十八年七月十三日，奉旨："英吉利国遣使航海远来祝禧纳贡，照向例令盐副索德超前来热河照料通事带领，著赏给三品顶带。至索德超业经加恩，所有盐正安国宁亦著一体赏给三品顶带。其索德超带同前来之西洋人贺清泰等，俱著加恩赏给六品顶带。钦此。"

军机处致金简等函

奉伯中堂谕："前令索德超将堂内能通晓天文，并能修理钟表之上好西洋人带几名前来热河。今止须索德超带同善画喜容之贺清泰、潘廷章二人，于七月二十外前来热河。其能修理钟表之德天赐、巴茂正著索德超于伊二人内酌带一人前来。其余仍留京城帮办该国留京贡品，不必同来。奉此。"

七月十四日军机处奏片

查英吉利除正副贡使二员外，随带官役兵丁共九十二名，臣等分别酌拟赏单进呈，俟发下，再行预备呈览。所有现来热河员役照单赏给，其留京员役共若干名，俟徵瑞到时询问明人数，再另行赏给。再，该贡使回京后，澹怀堂等五处应赏五次物件，一并开单进呈，俟回銮后预备呈览。至随从员役，向例各国止有止赏一次，其通事亦止有正赏一次，此次该贡使带来人员内有无应行入筵可以加赏之员，统俟徵瑞到时询明后，再行酌拟。合并声明。谨奏。七月十四日。

七月十四日廷寄

大学士伯和字寄工部尚书金、侍郎伊、传谕长芦盐政徵瑞。

乾隆五十八年七月十四日奉上谕："前据徵瑞奏，带同英吉利贡使于初十日已抵通州，现将贡物起拨抬送至圆明园，暂令贡使人等在宏雅园居住，将贡物普行检看，将来应行留京者，交代金简等分另安设等语。计此时该贡使业已到京，所有贡品途次系分箱起运，难于开看。今既到园，自要逐件检视。前据该贡使称，第一件天文地理表，一月之久始能装成，安装后即不能复行折卸。其言实不足信。该国制造此件大表时，制毕之后，自必装饰成件，转旋如法，方可以之入贡。若装成后不能拆卸，何又零星分装箱内载入海船，又由大船改换小船，复自通州陆运至京乎？况正大光明殿澹怀堂皆属正殿，如果装成不能复卸，固不便长川安放，即其余宽敞殿座，亦俱有陈设，必待回銮后亲加指示，将陈设移开，方可妥放。且现在有该国匠役在园内装饰，若不趁此时将如何装卸之法预为留心学习，得其窍要，将来该匠役回国后，不特不能移动，倘其中枢纽稍有损坏，又用何人修理，岂不竟成弃物。所有安装不能拆卸之说，朕意必无其事，自系该贡使欲见奇巧，并表伊国王诚敬之心，故为矜大其词。而徵瑞不免为所炫惑。现在徵瑞早与金简、伊龄阿会晤，著交伊三人即带同在京通晓天文地理之西洋人，及修理钟表好手、首领太监、匠役等，于该国匠役安装时，尽心体会，必尽得其装卸收拾方法。庶该处匠役回国后，可以拆动挪移，随时修理方为妥善。将此谕令知之。钦此。"遵旨寄信前来。

七月十六日传谕徵瑞

乾隆五十八年七月十六日，奉上谕："吉庆奏，英吉利贡船三只回至庙岛，候北风顺利，即开行，前赴浙江定海。据该夷官呈出转寄伊贡使西洋字书一封，其通事禀称，内系询问贡使此项船只是否停泊定海县静候同回，抑或遇北风顺利即先归国等语。所有西洋字书一封即著后交徵瑞转给该贡使收阅。现在，该国先回船只尚待贡使覆信再定行止。并著徵瑞告知贡使，如有覆信，即送交徵瑞处，遇便具奏，以便发交该管船夷官遵照。将此谕令知之。钦此。"军机大臣遵旨传谕长芦盐政徵瑞。

七月十六日军机处奏片

查传谕徵瑞，令其同伊龄阿商酌拣择圆明园宽敞坐落地方，可以安放天才文地理大表之处，绘图呈览。谕旨系本月十二日由驿发往。徵瑞十三日可以接奉。该盐政带同英吉利使臣及贡件约于十四日、五日方可到园。到园后，与伊龄阿面加商酌，绘图贴说，再行覆奏。约于十七、八日可以奏到。又，十四日寄信金简等，并传谕徵瑞于该国匠役安装大表时，派同西洋人及修理钟表之首领匠役，留心学习，谕旨一道。即于十四日由本报发往，若金简等即附报覆奏，亦于下次本报可以奏到。谨奏。七月十六日。

七月二十日廷寄

大学士伯和字寄工部尚书金、工部侍郎伊。

乾隆五十八年七月十二日奉上谕："金简等奏，十八日带同英吉利贡使至正大光明殿瞻仰。据该贡使告称，天文地理表周围约一丈，高不过一丈五尺，其余物件较为减小。天朝殿宇宏大，即将应行留京之贡品八件全分安设殿内，宽然有余，等语。总不出朕所料。该贡使等从未观光上国，其前此向徵瑞称贡品高大，原不免夸张其词。兹金简等带同在园瞻仰，伊一见天朝殿宇辉煌壮丽，即以为尽容全分安设。现在该国匠役留于京城者止有六人，若令分投安装，转难迅速集事，自当将此八件一并在正大光明殿安设。又据奏，现派出西洋人及修理钟表之好手、首领太监、匠役等于该国匠役安装大文地理表时，眼同学习，等语。此本是易事，所有安装不能拆卸之说，竟系徵瑞为贡使之言所咮，遂不免心存怔怯。前经降旨，以此件大表，该国制毕后，自必装饰成件，大转旋如法，方可以之入贡。若装成后不能拆卸，何由零星分装载入海船，节次拨运送京城？此一节何以未据徵瑞即遵前旨询明据实奏闻。又，据和珅奏，钦天监监正安国宁、监副汤士选及四堂西洋人罗广祥等十名恳准赴园,于该国匠役安装贡品时,一同观看学习,等语。此亦甚好。多一人即多一人之心思。安国宁等既情愿前往自应听其随同学习,尤可尽得其装卸收检方法,庶将来该国匠役回国后,可以拆动挪移,随时修理,更为妥善。将此谕令知之。钦此。"遵旨寄信前来。

七月二十二日廷寄

大学士伯和字寄工部尚书金、工部侍郎伊、传谕长芦盐政徵瑞。

乾隆五十八年七月二十二日,奉上谕:"前据金简等奏,英吉利贡使于十七日到圆明园,将应行留京贡品一并在正大光明殿安设,并派出西洋人及修理钟表之好手、首领太监、匠役等,于该国匠役安装时,眼同学习,等语。该贡使等于十七日到园,距今已有五日,虽贡使先移至城内居住,而天文地理表等八件,业经该国匠役在圆明园上紧安装,此数日之内,派出西洋人及首领太监等在旁观看,留心学习,其安装方法能否领会,此项大表装成后将来能否拆卸挪移,自己可得其大概情形。看来,天文地理大表断无不能拆卸之理。若安装后不能拆动,岂不竟成弃物。此不过该贡使欲见奇巧,并表伊国王诚敬之心,故为矜大其词。而徵瑞仅在江浙、天津等处为盐政关差,未任粤海监督,于西洋钟表等件所见未广,不能熟谙,遂为贡使之言所吓。今贡使见天朝亦有通晓天文地理及修理钟表之人在旁帮同装设,不能自矜独得之秘,其从前夸大语言,想已逐渐收敛。著传谕金简等即将以上指出之处,逐一先行据实覆奏。至应行留京之该国贡物八件,惟天文地理表据奏周围约有一丈、高一丈五尺,而其余七件高宽尺寸,未据奏及。又,送至热河物件,既在城内开箱检点,其长短尺寸亦可看明。并著金简等分晰,开一尺寸清单,一并具奏。将此谕令知之。钦此。"遵旨寄信前来。

七月二十三日廷寄

大学士伯字寄工部尚书金、工部侍郎伊、传谕长芦盐政徵瑞。

乾隆五十八年七月二十三日，奉上谕："前据金简等奏，英吉利贡使于十七日到圆明园，将应行留京贡品，一并在正大光明殿安设，并派出西洋人及修理钟表之好手、首领太监、匠役于该国匠役装饰时，眼同学习等语。贡使于十七日到园，距今已有六日，今日本报到来，朕以金简等必将如何装饰，及西洋人并首领太监在旁观看是否得其安装方法，大概情形，分晰附本报具奏，乃竟无一言奏及，殊为不解。因询问和珅，据称，金简、伊龄阿曾有札信，系徵瑞自行具奏等语。（朱批：竟成笑话）朕令伊三人会同照料，自应无分彼此，前次旨传谕徵瑞者，因徵瑞带同英吉利贡使尚在途次，今徵瑞早已到京，与金简、伊龄阿同在一处，自应会衔速奏，何得拘泥推诿，而徵瑞亦复因循未奏，均属非是。金简、伊龄阿、徵瑞俱著传旨申饬。至该国匠役在圆明园上紧安装，此数日内派出西洋人及首领太监等留心学习，自必得有领会，此项天文地理大表装成后，将来能否拆卸挪移，及其余物件高宽丈尺仍著金简等（朱批：莫又不列伊龄阿、徵瑞名，奈何糊涂至此）遵照昨降谕旨，逐一开具尺寸清单，一并迅速具奏，勿再迟延干咎。将此各谕令知之。钦此。"遵旨寄信前来。

七月二十四日廷寄

大学士伯和字寄吏部尚书金、工部侍郎伊、传谕长芦盐政徵瑞。

乾隆五十八年七月二十四日，奉上谕："徵瑞奏，询之英吉利贡使称，船内众人不服水土，无庸在浙等候，可先令回本国。徵瑞思夷船无先回之理，现尚未据该贡使送到覆信，应否敕下浙江抚臣，令管船夷官即在定海县停泊，静候同回等语。所奏糊涂已极，竟是该盐政无福，风致识见如此昏愦。该国船内人众，因不服水土，贡使欲令先回本国，自应听其自便。徵瑞何得为之代出主见，以船只无先回之理。试思夷船之内，所留官员兵役及舵水人等尚不下六七百人，在浙久驻，供销应浩繁，伊既情愿先回，岂不所省实多。徵瑞何计不及此。所有不令先回一节，若该盐政已向贡使告知，更属不成事体。著传谕徵瑞，将曾否告知之处，据实覆奏，勿稍隐饰干咎。如未向告知，尚属徵瑞之幸。著即将贡使送到覆信迅速具奏，以便饬交长麟，传知该国管船夷官，听其先回本国。又据奏，照料贡使等由京前赴热河，贡使等自应住宿民房，其贡件可否于行宫朝房内安放，以昭慎重等语。所奏尤属拘泥，贡件既在行宫朝房安放，其贡使等何必又令住宿民房。沿途行宫如膳房、军机值房等处，皆可住宿。贡使即或住房不敷，即阿哥所亦属空闲，尽即与之居住。原不妨告知贡使。以此系每年巡幸时随侍太监人等棲止之地，不必以系阿哥所住之屋向其告知，贡使与贡品同在一处，岂不更有照应乎。至徵瑞护送英吉利国贡使，自天津至京，途次系伊一人照料，是以前此降旨，传谕徵瑞伊自当一人出名覆奏。今徵瑞早已到京，与金简、伊龄阿同在一处。朕又节次降旨，令三人会同商酌，自应连衔具奏。何以此折仅系徵瑞一人列名单奏，实属拘泥糊涂，可鄙可笑。况金简、伊龄阿系内务府大臣，徵瑞是其属员，同在一处办事，何得稍分彼此。或徵瑞因此次英吉利国贡使系朕特派伊照料，竟以钦差自居，遂尔目无金简、伊龄阿二人，是以不与会衔，或金简、伊龄阿因徵瑞系内务府司员，不屑与之连衔。二者必居一。于此此等卑鄙之见，实属内务府下贱习气，真不值一噱也。再，该国匠役既在圆明园上紧安装，此数日内派出西洋人及首领太监等留心学习，自必得有领会。此项天文地理表及其余七件，正大光明殿虽尽敷陈设有余，但将来亦须拆卸移动，安能常贮大殿，若安装后不能拆卸，岂不竟成弃物。乃徵瑞此折仍未将该国匠役如何装饰及西洋人并首领太监在旁观看，是否得其安装方法大概情形，逐一奏明。岂徵瑞之意，以此事非伊承办，欲待金简、伊龄阿二人另行具奏乎？殊为不解，金简、伊龄阿、徵瑞均著传旨严行申饬，并令伊三人即将指出各情节，迅速于明日详细覆奏，毋得含混迟延，致干咎戾。再贡品内天球、地球二种，现在乾清宫、宁寿宫、奉三无私等处俱有陈设之天球、地球，较该国所进，作法是否相仿，抑或有高低不同之处，并著金简等一并覆奏。将此由五百里各传知之。钦此。"遵旨寄信前来。

七月二十五日廷寄

大学士伯和字寄吏部尚书金、工部侍郎伊、传谕长芦盐政徵瑞。

乾隆五十八年七月二十五日，奉上谕："昨徵瑞奏，英吉利贡使不令先回各节，已严行申饬矣。降谕后，朕反复思维，竟不解其何故。该贡使等航海远来献赆祝嘏，固应加之体恤，其在浙停留船只，如该贡使自愿等候，自不必强令先回。今该贡使因船内人众不服水土，欲令先回本国，自可听其自便，何必转相阻止。试思，贡船之内所留官员兵役舵水人等不下六七百人，供应浩繁，其船只先回所省实多。乃徵瑞计不及此，转为之代出主见，以船只无先回之理，实不知是何肺肠，可谓糊涂已极。若未向该贡使告知，尚属徵瑞之幸，如已经告知，今徵瑞接奉此旨，又恐茫无主意。莫若令金简、伊龄阿、徵瑞三人同向贡使传知，以徵瑞不令尔到浙贡船回国一节，业已奏闻，大皇帝以徵瑞所言不合，加以严饬。尔等既因船内人众不服水土，自应先回本国，不必在浙停泊久候。此系汝晓事，所言甚好。大皇帝闻之，甚以为当。如是明白谕知，并令该贡使即将令贡船回国覆信写就，交与金简等转奏，以便由驿饬交长麟转给，遵照先行回国。再，此项该国船内官员兵役人等如前已俱到京城居住，以见人数众多，不令先行回国，尚属有因。今贡船业已到浙，而于沿海荒僻地方，多人久驻，滋縻供应，即有数万人，亦与京师无涉。徵瑞此举实令人索解不得。若徵瑞已经告知贡使，接奉此旨又欲掩饰前非捏称尚未告知，欺饰之罪更不可逭。徵瑞谅亦（不）敢自踏重戾也。至昨奏到之折，系徵瑞一人出名单奏，殊不可解。前据金简等奏，贡使到圆明园后所有应行留京贡品，金简、伊龄阿照料，既在正大光明殿安装陈设，徵瑞即带同贡使于二十日进城居住，将运送热河贡件开箱检点，再行照料前来等语。是该盐政之意，已将正大光明殿安装各物交与金简、伊龄阿专办，与伊无涉。如此，则昨日将安装各件绘图进呈自应听金简、伊龄阿出名，或三人同奏，何以又系徵瑞一人独奏，更不可解。英吉利贡使在天津起旱，是以派徵瑞就近照料前来热河，此事不拘何人可以交与办理，前此不令梁肯堂同来者，缘总督职分较大，若令该督伴送前来，恐长该使臣矜骄之气。乃徵瑞因该贡使自天津起旱，途次系伊一人经理，遂自谓莫大之功，竟如福康安平定廓尔喀之劳绩懋著者。然遂尔志得意满，以钦差自居，目无金简、伊龄阿，不与会衔，想徵瑞竟属无福承受朕恩，以致昏愦颠倒于如此。而金简、伊龄阿亦以徵瑞承办此事不日可冀仰邀恩擢，与之比肩，心怀猜妒，从旁观望，不置一词。金简身任尚书、伊龄阿身任侍郎，均为卿贰，乃尚不脱内务府下贱不堪恶习，实属可鄙、可笑、可恨。再，该国匠役在圆明园上紧安装，此数日派出西洋人及首领太监等留心学习，究竟能否领会，装成后能否拆卸挪移，节经降旨垂询，伊三人亦应据实速奏，何以始终默无一言。金简、伊龄阿、徵瑞再传旨严行申饬。仍著遵照昨降谕，迅速覆奏，毋再含混迟延，致干咎戾。将此由六百里加紧谕令知之。钦此。"遵旨寄信前来。

七月二十五日军机处致金简等函

本月午刻偏报到来，得接手书，备悉一切，覆奏折当即呈递，尚未发下。至折内所称，现在景福宫陈设仪器较之该国所造天球、地球做法，更为细致一节。当奉谕旨"令将景福宫陈设之仪器，于该贡使未到之先送至热河。钦此。"特此专札附报寄达，祈大人即将此项仪器取出，扎缚包裹停当，专差妥人，务于该使臣到热河两三日之前，先行送到，万勿迟误，为要。此覆，并候日祺不一。和珅顿具。七月二十五日。

七月二十五日军机处奏片

查数日内惟二十三日奉有申饬金简等谕旨，并令将天文地理大表装成后，将来能否拆卸挪移，及在京西洋人等是否得其安装方法，逐一迅速具奏。系由二十三日本报发往，计明日可以随本报覆奏。谨奏。七月二十五日。

七月二十六日军机处奏片

臣等将译出西洋字须给英吉利国王敕谕，交索德超等阅看。据称，所译字样，均属相符。谨一并恭呈御览。谨奏。七月二十六日。

七月二十七日廷寄

大学士伯和字寄浙江巡抚长。

乾隆五十八年七月二十七日，奉上谕："前据吉庆奏，英吉利夷官呈出转寄伊贡使西洋字书信一封，其通事禀称，系询问贡使船只到定海后，是否在该处停泊静候贡使同回，仰或先行回国，等语。当即将书信给该贡使收阅，兹据金简等奏，遵将该夷官信交给贡使阅看。据该贡使称，船内众人不服水土，无庸在浙等候，可令先回本国，以免羁留守候。并呈出西洋字覆信一封，恳请转发，等语。著即将贡使呈出覆信发交长麟，转给该夷官收明遵照先行回国毋庸等候贡使同回。将此由五百里谕令知之。并著将该夷官等接信后，于何日放洋开行回国之处，迅速覆奏。钦此。"遵旨寄信前来。

大学士伯和字寄浙江巡抚长。

乾隆五十八年八月初二日，奉上谕："据长麟奏，筹办英吉利贡船回至定海照料一切事宜，已于折内批示。前因英吉昨国原来船只未能久泊天津，恳请先回浙江宁波地方湾泊，并请指给空地暂行栖息，是以谕令长麟查照妥办。旋据该夷官札商，贡使以船内众人不服水土，到定海后，拟先回本国，以免羁留守候。业已准其所请，

1433

并将该贡使呈出覆信发交长麟，转给该夷官收藏明遵照先行回国，不必等候贡使。是该夷船到定海后，自可即日放洋旋回本国，无须在定海耽延。即使暂时休息，为日有限，无须多为筹备。长麟拟令在岑港地方暂行停泊，自可如此办理。该船应需口分米石牛羊等物，业据梁肯堂在天津赏给，浙江省亦无庸再为筹办矣。至长麟所奏，该夷官到定海后，应否准其采买物件，等语。该国此次航海远来，倾心向化，回船之便欲于该处购买物件，自可准行，但此后不得援以为例。至商僧等设计勾引，密约商串私来潜往贸易交通等事，最为可恶。该抚派妥道员等前往留心密办，使不致交涉滋弊。所办甚是。如有此等弊端，只须严惩一、二，奸僧等自无可施其伎俩也。将此谕令知之。钦此。"

八月初三日军机处致金简等函

启者：本日面奉谕旨："此次来热河之西洋人索德超、巴茂正等于送来之景福宫仪器仍不能谙悉转动之法，著传谕金简即于现在派出观看学习英吉利装修天文地理大表之西洋人内，择其已能领会谙悉修理钟表，通达天文者，即派一人，迅速前来热河，毋致迟误。钦此。"特此奉闻，祈即行遵照办理，务令于初十日赴到热河方妥。顺候近祺。八月初三日。

八月初五日廷寄

大学士伯和字寄山东、江南、江西、广东各督抚。

乾隆五十八年八月初五日，奉上谕："现在，英吉利国原来船只已回到浙江定海，即由该处放洋，先回本国。将来该正副贡使应由水路至广东，再附该国贸易船回其本国。此次该使臣等前来热河，于礼节多未谙悉。朕心深为不惬。伊等前此进京时，经过沿途各地方官款接供给，未免过于优待，以致该贡使等妄自骄矜。将来伊等回国，应令由内河水路前抵江南，即由长江至梅岭起旱，再由水路前往广东陆路,夹宿供顿,俱可照例预备。其经过水程地方,该督抚等只应饬令州县照常供应。虽所需口分等项自不应致有短缺,但只须照例应付,不得踵事增华,徒滋烦费。此等无知外夷,亦不值加以优礼。至沿途经过程站所营汛墩台,务须修理完整,兵弁一律严肃,以壮观瞻而昭威重。除就近传知梁肯堂外,将此各传谕知之。钦此。"遵旨寄信前来。

八月初六日（廷寄）

大学士伯和字寄留京王大臣。

乾隆五十八年八月初六日,奉上谕:"此次英吉利国使臣到京,原欲照乾隆十八年之例,令其瞻仰景胜,观看伎剧。并因其航海来朝,道路较远,欲比上次更国恩视。今该使臣到热河后,迁延装病观望,许多不知礼节。昨令军机大臣传见来使,该正使捏病不到,上令副使前来,并呈出一纸,语涉无知,当经和珅等面加驳斥,词严义正,深得大臣之体。现令演习仪节,尚在托病迟延,似此妄自骄矜,朕意深为不惬。已令减其供给,所有格外赏赐,此间不复颁给。京中伎剧,亦不必预备。俟照例筵宴,过万寿节后,即令该使臣等回京。伊等到京后,著留京王大臣在中左门之东值房收拾三间传见,王大臣等应照行在军机大臣传见之礼,按次正坐,使臣进见时,亦不必起立,止须预备机凳,令其旁坐。所有该国贡物,业经装好,按设自可毋庸移动。其发去应赏该国王物件,即于是日陈设午门外,王大臣等当面传旨,赏给令其下人,并差人送至伊等寓所,仍著徵瑞照看。其正使臣求进贡件,已谕知徵瑞,不必收接代奏。俟其在寓收拾一二日,妥为照料,赍发起身。该使臣等,仍令徵瑞伴送至山东,交代接替,亦不必令在京伺候回銮接驾。朕于外夷入觐,如果诚心恭顺,必加以恩待,用示怀柔。若稍涉骄矜,则是伊无福承受恩典,亦即减其接代之礼,以示体制。此驾驭外藩之道宜然。阿桂素有识见,其意以为何如也。将此谕令知之。钦此。"遵旨寄信前来。

八月初七日廷寄

大学士伯和字寄留京王大臣。

乾隆五十八年八月初七日，奉上谕："昨因英吉利国使臣不谙礼节，是以拟于万寿节后即令回京，所有应赏物件谕令留京王大臣于传见后，在午门外颁赏。今该使臣等经军机大臣传谕训戒，颇知悔惧。本日正副使前来先行谒见军机大臣，礼节极为恭顺。伊等航海远来，因初到天朝，未谙体制，不得不稍加裁仰。今既诚心效顺，一遵天朝法度，自应仍加恩视，以遂其远道瞻觐之诚。该使臣祝庆先行回京时，王大臣等毋庸传见，仍令在馆舍住宿。所有京中各处前拟令其瞻仰处所及筵宴赏赉事宜，俱俟回銮后再行降旨遵行。将此再行传知留京王大臣，并谕金简、伊龄阿知之。钦此。"遵旨寄信前来。

八月初八日军机处奏片

查英吉利国贡使于初十日恭与万树园筵宴，除正副使应行加赏之件，业经臣等酌拟开单呈览外，所有该副贡使之子及总兵官等八名，今既令其一并入宴，臣等谨分别酌拟加赏物件开单进呈，恭候钦定后，即于初十日筵宴一同颁赏。至例赏物件，拟俟回銮后，在圆明园赏饭日再行颁赏。谨奏。八月初八日。

拟赏副贡使之子物件单

拟于万树园赏副贡使子多马斯当东

龙缎一疋　妆缎一疋　锦一疋　漳绒一疋　羽绉一疋　素缎一疋　花缎二疋　小卷八丝缎一疋　绫一疋　纺缎二疋　瓷器八件　十锦扇十柄　普洱茶四团　六安茶四瓶　茶膏一匣　冰糖一匣　雕漆盘一件　大荷包一对　小荷包四个

总兵官本生通事娄门以上二名

闪缎各一疋　粧缎各一疋　倭缎各一疋　蓝缎各一疋　绫各一疋　瓷碗各二件　瓷盘各二件　十锦扇各十柄　普洱茶各二团　六安茶各二瓶　茶膏各一匣　哈蜜瓜干各一匣　大荷包各一对　小荷包各二个

副总兵官吧尔施、代笔文带、医生吧郎、管兵官额鲁、听事官白龄伊登勒、管船官吗庚哆嘶以上七名

闪缎各一疋　粧缎各一疋　蓝缎各一疋　瓷碗各二件　瓷盘各二件　扇各一匣　普洱各二团　大荷包各一对　小荷包各两个

译出英吉利国表文

英吉利国王热沃尔日敬奏中国大皇帝万万岁。热沃尔日第三世，蒙天主恩，英吉利国大红毛及佛郎西依拜尔吧雅国王海主，恭惟大皇帝万万岁，应该坐殿万万年。本国知道中国地方甚大，管的百姓甚多，大皇帝的心里长把天下的事情、各处的人民时时照管。不但中国地方，连外国的地方都要保护他。他们又都心里悦报，内外安宁。各国所有各样学问、各样技艺，大皇帝恩典都照管他们，叫他们尽心出力，又能长进生发变通精妙。本国早有心要差人来，皆因本境周围地方俱不平安，耽搁多时，如今把四面的仇敌都平服了，本境平安，造了多少大船，差了多少明白的人，漂洋到各处，并不是要想添自己的国土，自己的国土也够了。也不是为贪图买卖便宜，但为著要见识普天下各地方有多少处，各处事情物件可以彼此通融，别国的好处我们能得著。我们的好处，别国也能得著。恐各处地方我们有知道不全的，也有全不知道的，从前的想头要知道，如今蒙天主的恩，可办成了。要把各处的禽兽、草木、土物各件，都要知道。要把四方十界的物件，各国互相交易，大家都得便宜。是以长想著要将各国的风俗礼法明白了。如今闻得各处惟有中国大皇帝管

的地方一切风俗礼法比别处更高，至精至妙，实在是头一处，各处也都赞美心服的。故此越发想念著来向化输诚。此时不但大西洋都平安，就是小西洋红毛邻国的人没有理同本国打仗，也都平复了。如今本国与各处全都平安了。所以趁此时候，得与中国大皇帝进献表贡，盼望得些好处。从前本国的许多人到中国海口来做买卖，两下的人都能得好处。但两下往来，各处都有规矩，自然各守法度，惟愿我的人到各处去安分守规矩，不叫他们生事，但人心不一样，如没有一个人严严管束他们，就恐不能保其不生事，故此求与中国永远平安和好，必得派一我国的人带我的权柄住在中国地方，以便弹压。我们来的人有不是，罚他们；有委曲，亦可护他们。这样办法，可保诸事平安。我如今为这些缘故，特差一个人到中国来照管这些事情。要得一妥当明白的人，又有才学，又有权柄，又要到得大皇帝跟前对答上来的，故此我所派的热沃尔日吗哩格德呢公哩萨诺吧哝是本国王的亲戚，忠信良善，议国事的大臣，身上带的两个恩典的凭据，从许多博学人里挑出来。一个大博学的人，他从前办过多少大事，又到俄罗斯国出过差，又管过多少地方办事，又到过小西洋本噶拉等处属国地方料理过事情，这就是此次派的正贡使。到大皇帝驾前办事，因他能办差使，表文上有本国的印信为凭，所以叫他将表文呈进在大皇帝驾前说话，如自己说话一般。如今求大皇帝见他，即同见我，与他说话即同与我说话一样。施恩典看待他，我又恐正贡使到那里或有别的缘故，所以又派一副贡使，临时替他也。与正贡使一样，热沃尔日吗沃纳多当东这也是个体面人，他的博学会办事与正贡使一样的，故此从前派他在海岛平服过许多的事情，又到小西洋痕都斯坦国与那第博苏渥尔当王讲和过事，因他能办这些事，能出力，故此派他同去，预备著好替正贡使办事。再求大皇帝也与正贡使一样恩待他。如今我国知道大皇帝圣功威德公正仁爱的好处，故恳准将所差的人在北京城切近观光沐浴教化，以便回国时奉扬德政，化道本国众人。至所差的人如大皇帝用他的学问巧思，要他办些事，做些精巧技艺，只管委他。或在内地办不出来，还好寄信来在大西洋各地方采办得出来的。我本国的人，或是在中国管的地方住著。或是来做买卖，若是他果能安分小心，求大皇帝加恩，他们都好仗著鸿福承受厚恩。他们若得了不是，即该处治。若并无不是，自然常受大皇帝的恩典。贡使起身已详细嘱咐他，在大皇帝前小心敬慎，方显得一片诚心，能得大皇帝喜欢，下怀亦得喜欢。惟有祷求全善天主保护大皇帝长享太平之福，庇佑英吉利国永远平安受福。天主降生一千七百九十二年。英吉利国王热沃尔日三十二年。

八月十四日军机处奏片

臣等遵旨将朱批长麟折，交英吉利国正副使臣等阅看，并将折内所奏缘由，及各省所办事件，每日具折奏到，皆我大皇帝亲加批示，俾各省遵循办理。令通事详悉告知该贡使等俱各喜溢于色，并据通事述称，正副使等知回抵浙江船只已停泊岑港地方，给与宽敞房屋避风休息，又赏给牛羊、白面、茶叶等项，俾食用俱各充裕。此实大皇帝逾格天恩，体恤我等远人无微不至，不特我等莫不感激，将来我国王闻知，亦必深感鸿慈无有纪极。又据称，中国地方广大，管理事件繁多，大皇帝万寿已逾八旬，诸事一一躬亲披览，昼夜勤劳，我等海外诸国实万分莫及。我等素闻大皇帝统御万国，福寿康宁。如今幸得目觌办理庶务，实在心悦诚服。等语。谨奏。八月十四日。

八月十六日军机处奏片

据禀，吗庚哆嘶求令回珠山管船一事，应谕知该贡使，现在奏明奉旨，以该使臣欲令吗庚哆嘶回至珠山，并无要事，不过为照管船只。伊等船上现有留船官役人等甚多，自可在彼照料管束，又何必为此一事，令吗庚哆嘶回去。况为他一人，又须派人水陆伴送，将来又仍须伴送回京，徒劳往返，竟可不必。至该使臣求买茶叶等物一事，自属可行。但此等物件，亦毋庸该夷官自行购买，只须将伊等需买茶叶等件开具清单，写一信字呈明大人们，由驿递去，不过数日，可到浙江，即可令浙江巡抚将伊信字交给船上夷官，其需买物件，亦即令浙江巡抚派人同该夷官照单购买。公平交易不令吃亏。买得后，即可随船带去。其应上税课，并可传知该处免其纳税。又据禀，西洋人安纳、拉弥额特二名求令吗庚哆嘶带至京城一款，安纳等二名学习天文，要到京城当差，自可准行。但该使等既令附船随行在天津时，自应即将此情节禀明伴送官员，转回中堂大人们奏准，即可令安纳在天津进京。伊等彼时既并不禀明，致令随船回至浙江省，今又徒劳跋涉，殊属无谓。今安纳等进京，亦不必用该国人带领，只须令该贡使等写一信字呈出，一并由驿交给浙江巡抚，传知安纳等，并询问安纳等如愿由浙江进京，即可由浙江巡抚派员伴送来京。如愿至广东澳门由广东总督派员送京，亦从其便。至所禀该使等如有书使求广东速行寄到，伊等有信寄回，亦求即寄广东附买卖船寄回该国一节。伊等万里远涉，记念家室来往书信欲求早到，自应准其所请。饬知广东，如有该国寄到之信，即行寄京转交。该使等现有要寄书字，即可呈出，为彼递至广东即附买卖船转寄该国，亦属可行。此谕。八月十六日。

八月十七日军机处奏片

据徵瑞将臣等遵旨传谕之语告知英吉利贡使，据该贡使称：我等因船只先回浙江，将琐细事件冒昧禀恳，蒙中堂大人们为我转奏，又蒙大皇帝格外体恤，准我购买茶叶等物，并免纳税，我等实在感激无地。至茶叶一项，我们船上有一专管之人，止须求大皇帝传谕浙江该管大人，准令购买，他就自能料理，便是恩典。我们可以不必寄信与他，至我们禀求准令吗庚哆嘶回至船上一事，因吗庚哆嘶前此也求瞻觐大皇帝，是以带同前来。伊系专管船只之官，如今若不令前去，船上官役等无人弹压，难以回国。是以恳求大皇帝施恩，准令吗庚哆嘶同一西洋人通事，前去，实在感激不尽。其附船同行之西洋人安纳、拉弥额特二名，原系到京当差，大皇帝既准其来京，只须传知伊二人，遵照前来，我们亦不必寄信与他，等语。臣等查该贡使登札各语，尚知体制，所求吗庚哆嘶回船一节，臣等细思其事，虽尚无关紧要，但恐该贡使尚有别样事件，恳求无餍。现拟传知该贡使，以伊等即日进京，此事不妨到京后再议等语。容俟到京后，臣等再行酌量驳斥。谨奏。八月十六日。

八月十七日廷寄

大学士伯和字寄升任两广总督、浙江巡抚长。

乾隆五十八年八月十七日，奉上谕："前因英吉利贡使呈出覆信，令其原船先行回国。业将原信发交长麟，转给该夷官遵照。兹该贡使又禀称，伊等带有夷官吗庚哆嘶一名，因该夷官亦求一同瞻觐，是以带同前来。但伊系专管船只之官，若不令其回至船上，恐官役等无人弹压，欲求令吗庚哆嘶同一西洋人作为通事前往珠山，并欲在浙购买茶叶等物。伊船上有一专管买办之人，恳求传知，准令购买，伊自能料理，等语。吗庚哆嘶虽据该贡使禀称系专管船只夷官，但船上官役人等甚多，尽可照料管理，况该国船只自天津开行至浙江，吗庚哆并未同往，其船只已安行抵浙，岂有自浙回其本国，又必须吗庚哆嘶一人前往弹压之理。所禀并非实情，且亦不值为吗庚哆嘶一人又复派员沿途伴送，致劳烦费，实不可行。此时若准其所请，恐该贡使等恳求无餍，现因该使即日回京，著传谕长麟，前此该贡使寄给该夷官覆信内，若并未提及欲令吗庚哆嘶回船弹压之事，伊在船之人并未言及此事，固属甚善，即著长麟于船只到齐后，作为己意，传知该夷官等。以伊等船只业经奉旨准令回国，并有尔贡使覆信，伊等即应遵照办理，克日开船，并将其船只开行日期，迅速驰奏。俟奏到后，即可谕知该贡使等船只业已开行，已属无及，吗庚哆嘶应不必再行赴浙，该贡使等更无可溃恳。若其覆信内提及欲令等候吗庚哆嘶回船，再行开行之事，该夷官等或禀请在船等侯，长麟即当明白晓谕，以伊等船只业经奉旨准令先行回国，不便久泊，贡使等在京宴赏，尚须时日，亦并无此话，不必等候，且汝之正使已有信令汝等先行回国，何必在此等候。长麟即勒令刻日放洋，仍即将开行日期迅速具奏，以便晓谕该贡使等知悉。此等夷官不知体制，或不无藉词延缓等事，长麟务须词严义正明白谕知，令其凛遵无违，克期开船，毋任在彼逗留。若该夷官等再四恳求，必欲等候吗庚哆嘶到船，方可开行，即著长麟迅速驰奏。计奏到时，该贡使等在京宴赏各事宜亦经完竣，竟当饬令该贡使等即由京前往浙省回其原船，与该夷官等一同回国，无须绕道广东，更为简捷。至该贡使求在浙省购买茶叶等物，自可准行，并著长麟传知该夷官，速行购买，以便料理起身。仍饬地方官传知各铺户，令其公平交易，毋致苛刻，并将所买茶叶等物，已经奉旨加恩免其纳税之处，谕知该夷官，令其倍加感激。再据该贡使禀称，有附船同行之西洋人安纳、拉弥额特二名，系欲来京当差，现在船上，等语。安纳等二名既系情愿住京当差之人，并着长麟传知伊二人，如仍由粤赴京，即听其前赴澳门，由广东督抚伴送来京。如欲就近由浙江来京，即交长麟派人遇便送京。将此由六百里加紧传谕知之，并着将该夷船只于何日到齐，订期放洋回国之处，迅速六百里驰奏。钦此。"遵旨寄信前来。

八月十七日军机处奏片

遵查，京城内外库存高丽布疋等件为数甚多，谨将英吉利国贡船留存官役、兵丁、水手等分别酌拟赏件开单呈览。查，此次该国跟随赴京之夷官兵役等每名赏给绸缎、绫布疋数较多。现在留船官役等，臣等谨亦酌量加拟颁赏，夷官每名各色布共八疋、兵丁每名各四疋。是否有当恭候训示。臣等遵于回銮后，照单备办。于赏饭之日，摆盘交该贡使等赍回颁给。谨奏。

拟赏英吉利贡船官役物件单

拟赏英吉利国贡船留存官役兵丁水手物件清单

管船官噶尔莫哆嘶底百它罗罗百尔哆以上五名，每人拟赏回子花布各二匹、高丽布各二疋、兼丝葛各二疋、波罗麻各二疋。

兵役水手共六百十五名，每人拟赏高丽布各一疋、回子白布各一疋、小增城葛各一疋、波罗麻各一疋。

八月十七日军机处给徵瑞札

办理军机处为札知事。

现在奉谕旨："英吉利使臣在圆明园正大光明殿赏饭一事，该盐政曾否向正副使及通事提过？如已向其说过，不必撒谎，据实说出，自当仍旧赏饭以示诚信。若未经向其说及则赏饭一事可行可止另候谕旨遵行"，等因。特此札知。即将曾否向贡使告知之处，务即星速禀覆，以便于明早召见时转奏。若实未说过，亦不必再提及也。此札。右札长芦政徵瑞。准此。八月十七日。

八月十七日军机处奏片

查，寄信长麟令将英吉利贡使呈出覆信，发交该夷官遵照先行回国。谕旨于七月二十七日由五百里发去，计本月初三、四日可以接奉。由杭州省城至定海珠山，计程约尚有五百里。长麟传谕后，覆奏之折，约计二十日亦可奏到。谨奏。八月十七日。

八月十八日军机处致阿桂等函

启者。本日面奉谕旨："向来回銮时，伊龄阿在两间房接驾，阿桂、稽璜、金简及顺天府仓场等，向在瑶亭接驾。但现在英吉利使臣回京前，派金简、伊龄阿会同徵瑞照料，伊等此次竟可不必远来，只须在南石漕接驾。至阿桂等接驾之日，正值二十三忌辰，既不便补褂蟒袍，又未便行衣，著俱在密云接驾。所有向至瑶亭接驾之顺天府尹、仓场侍郎等，俱著传知，一体皆在密云候迎。钦此。"特此布达，希即转传遵照。顺候近祉，不一。八月十八日。

八月十八日军机处给徵瑞札

札者。本日面奉谕旨："英吉利国正副贡使有自备贡件，前经谕令，不必呈进。但闻该国王于此次在京陈设及赍赴热河贡件外，尚有几件贡物，若该使臣等候回銮后再为收拾呈递。未免耽延时日。但国王贡件，非使臣可比，自应准其呈递。所有此项贡品，与其俟回銮后另行呈览，徒滋延宕，莫若令徵瑞在途次商之该贡使等，于二十三日到京后，即将此项贡器收拾妥当，送至正大光明殿，与前项仪器等件一体摆设，俟二十六日到圆明园后，即可一同预备呈览。徵瑞等到京较早二三日，尽可赶紧检点，著将此谕知徵瑞转告该使臣等遵照办理。至该贡使等，原拟于回銮后在圆明园正大光明殿赏饭一次，今已谕知军机大臣，停止赏饭。将来该使臣在大东门接驾后，即可令其回至城内居住数日，择期在太和门领敕颁赏，是该使臣代伊国王递表进贡之事，俱已完竣。而颁赐国王及赏给使臣之件，亦经节次给发，该臣等亦更无余事耽延，不过令其料理行李、收装赏件，数日后即可于九月初五日以前起程回国。著寄知徵瑞，务将该国王未进贡件，迅速遵旨预备，于二十六日一同呈览。毋得又分一次，以致该使臣等在京延迟多日，又生枝节也。"特此札知。该盐政接奉此信，务将其余贡件是否赶紧修饰，可以无误二十六日一同呈览之处，迅速呈覆，以便具奏。此札。右札。长芦盐政徵瑞。八月十八日。

八月十九日廷寄

大学士伯和字寄升任两广总督浙江巡抚长、调任浙江巡抚吉、广东巡抚郭。

乾隆五十八年八月十九日，奉上谕："现在译出英吉利国表文内，有恳请派人留京居住一节。虽以照料买卖学习教化为辞，但伊等贸易远在澳门，即留人在京，岂能照料数千里外。至于天朝礼法，与该国风俗迥不相同，即使留人观习，伊亦岂能效法。且向来西洋人惟有情愿来当差者方准留京，遵用天朝服饰，安置堂内，永远不准回国。今伊等既不能如此办理，异言异服，逗留京城，既非天朝体制，于该国亦殊属无谓。或其心怀窥测，其事断不可行。但该国王具表陈恳，非若使臣等处行禀请之事，可以面加驳斥，已颁给敕书，明白谕驳。此次该国航海远来，念其尚为恭顺，是以诸加体恤。今该贡使到后，多有陈乞，属为烦渎。看来，此等外夷究属无知，今又不准其留人在京，该国王奉到敕谕后，或因不遂所欲，心怀觖望，恃其险远，藉词生事，亦未可定。虽该国远隔重洋，历都越国，断不敢妄生衅隙。但或于澳门地方串通勾结欲滋事端，不可不预为之防。长麟到广东后，务宜不动声色，随时留心。虽该贡使目睹天朝体制森严，四夷畏服，断无意外之虞，设该国无知妄行，或于澳门小有滋扰，该处贸易之西洋人等，多系西洋别国之人，并非该国所属，想未必皆与彼一心，临时当先安顿在彼贸易之西洋别国人等，使其各安生业，不致为所勾结，则英吉昨即有诡谋，亦断不能施其伎俩。但此不过为先事防范，预行指示。长麟惟当存之于心，不可略有宣露，稍涉张皇，转致夷人疑虑。至郭世勋在巡抚任内有年，近又兼署督篆，办理诸务均属妥协。长麟到任后，不可以新授总督多有更张诸事，惟当与郭世勋和衷商确，绥靖海洋，方为不负委任。至外省遇有外藩经过之事，照料接待往往不能适中，或因朕令稍加恩视，该督抚等即踵事增华，过于优厚，以致漫无节制，长其骄恣，或令稍加裁抑，即过于减损，又失怀柔之道。非过即不及。节经降旨训谕，此等外夷向化来庭，朕惟视其来意，伊若恭顺驯谨，则即量予加恩，伊若有不谙体制之处，亦即绳以礼法。该督抚等总当酌量事体轻重，照料得宜，方为妥善。此次英吉利贡使回国，如其船只尚在珠山等候，贡使等应由京赴浙上船开行。若其船只业已先回，则该贡使等须由长江，亦当由浙江起旱，前赴广东澳门附买卖便船回国。是该贡使行走两路，不出浙江、广东地方。长麟于该贡使经过时所有饭食等事，自应照例供给，俾无乏缺。至于礼貌一切，总宜自存体统，示以威重。伊等如妄有干请，即当词严义正，严加驳斥，不可过事有容以致启其冒渎无厌也。将此五百里传谕令长麟，并谕吉庆、郭世勋知之。钦此。"遵旨寄信前来。

八月二十日军机处奏片

顷接徵瑞来禀，据称，英吉利国王留京未进贡件一事，于十九日早间，向该使臣闲谈，告以尔国王未进贡件到京后，应即赶紧收拾一体陈设，恭候大皇帝二十六日回銮呈览，以昭恭敬。该使臣情愿遵照办理，并欲再行赶进一站，于二十一日进城，多腾出一日，以便安装宽舒，不误二十六日呈览。现因该使臣自欲赶紧，遂顺其所愿，于十九日已住瑶亭，二十一日到京，等语。谨奏。八月二十日。

八月二十日军机处给徵瑞札

办理军机处为札知事。本日接来禀，当即转奏，面奉谕旨："该国王未进贡件，业据使臣等遵照赶紧收拾一体陈设，并情愿赶进一站，以便安装不误，甚为妥协。至该贡使到京后，略为休息，并收拾赏赐物件，自须逗留数日。现拟于二十九日在太和门颁给敕书，赏赐该贡使祗领后，再将赏件收装。不过三四日，亦可摒挡完竣。九月初五日内，拟即令其起身回国。但该贡使等在途曾否向徵瑞说及伊等到京后拟于何时起程，或另有别事，尚须忱搁。如伊未说及，徵瑞曾否将伊等到京后不过打点数日，即行收拾起启程之处，向其说过，或并未言及。著传谕徵瑞，如伊曾向该贡使谈及，而该贡使等并无久留京城之意，不过略为忧搁，即遵照收拾起身，固属其善，若未向其说过，徵瑞于闲谈中，应向彼说及。现在瞻觐事竣，即日到京，数日内，大皇帝即当颁赐敕书，并颁赏国王及尔等物件，尔等只领讫，奉差之事已毕。节次赏赐物件甚多，自应即部署收拾，以便于初五日内择吉起程归国。若迟延时日，恐天气寒冷，河路冰冻难行，尔等在途诸多未便，看该贡使等如何回答。如其意主料以为然，别无他说，则到京后，即可如期赉发遣归。倘该贡使以国王表内，尚有恳请留人在京之事，伊等未敢全行回国，向徵瑞陈述。徵瑞竟当明白告知，尔等此意，我已代尔回明中堂大人，我们中堂大人意即以为不可，尔国王恳请留人在京之事，译出表文内，即有此一节，已奉有大皇帝敕书，详晰谕示。我虽未见敕书，曾经中堂大人向我说过，大皇帝亦以向来外藩从无久住天朝之例，惟西洋各国人情愿来京当差者，准其留京，令遵用天朝服饰，安置堂内，永远不准回国。尔等既不如此，若云照料买卖，则尔等贸易远在澳门，岂能在京照料？若云学习教化，天朝礼法制度，与尔国风俗迥不相同，即学习亦不能效法，是留人在京，既与天朝体制不合，亦与尔国无益，尔言语不通，服饰殊制，抛家室常住京城，亦岂尔等所愿？即于天朝欲派人在尔国常住，亦岂尔国所能遵行。是此事断不可行。想尔国王接奉敕书后，必能领悉，即日颁发敕书，并不实封，尔等亦均可阅看，自可毋庸渎请。若尔等以尔国王具表陈请之事，未敢擅自归国，则断无可虑。现在尔等系奉大皇帝谕旨，经中堂大人们遵旨传谕，令尔等起程回国，不必迟延，并非尔等自行擅便。尔等惟当敬谨遵行，将来回国后，即以此意告知尔国王，亦必无尔等不是也。如此明白晓示，想伊待仍致前言，如何回答，即行详晰速行禀覆，务于二十二日两间房午前覆到，另候定夺，毋得迟误。"等因。特此札知。即行遵照办理，迅速依期禀覆。此札。八月二十日。

八月二十二日军机处给徵瑞札

札者。本日接到来禀，当经转奏，奉谕旨："据徵瑞禀称，该贡使情愿并站行走，赶紧装齐贡物，恭候二十六日呈览。今又据徵瑞禀称，复向该贡使闲谈，到京后即当部署收拾起程回国。该贡使颜色似有不悦，即称身子受乏，迁延不进，等语。该贡使性多疑虑，反覆不常，此时若再将留人住京断断不可各情节向该贡使提及，恐该贡使复生疑虑，讬病迁延，或不肯收拾贡物，又推故不领敕书，皆未可定。徵瑞此时总宜行所无事，竟可不必再向该贡使提及前说，计二十六日到京，将贡物全行呈览，二十九日颁给敕书赏赐后，尚有几日可代为收装部署，俟诸事停妥，至初五日期即勒令起身，无虑其藉词迁延，再生枝节也。徵瑞现带该使臣等进京，其在途行走光景，及到京后有何言语，仍徵瑞著随时呈报军机大臣转奏，等因。钦此。"特此札知，即行遵照。此札。八月二十二日。

八月二十二日军机处奏片

顷接徵瑞覆到禀函。据称，伊于十九日接前次臣等所给之札，向该贡使将赶紧装齐贡物，恭候二十六日回銮时一并呈览之语，告知，该贡使欣然乐从。情愿并站行走，及二十日住密云。又向该贡使闲谈说及天气渐冷，即日河路冰冻，尔等到京后，即当部署收拾择日起程归国等语。该贡使并不回答，颜色似有不悦，即称身子受乏，明日不能赶路，本日迁延不即早行。看其光景，反覆不常，是以顷奉到答开传谕之语，未便即向彼宣示，现拟催令二十二日进城，迅速安装贡件，于二十六日呈览后，再将留人住京，断断不可，各情节明白晓示，看其如何答，实缘该贡使性多疑虑，易生枝节，不得不逐渐诱掖办理。等语。谨奏。八月二十二日。

八月二十五日廷寄

大学士伯和字寄山东、江南、浙江各督抚。

乾隆五十八年八月二十五日，奉上谕："现在，英吉利贡使瞻觐事竣，拟于九月初三日即令起身，在通州坐船，由水路前赴浙江，仍坐原船开洋回国。所有经过水程地方，前已降旨，令地方官祇须照常供应，不可过于丰厚。著再传谕沿途督抚，将来该贡使等经过时，该督抚等只须派令道将护送，不必亲自接见。其水程应需供给及口分等项，俱照例应付，俾无缺乏，不可假以礼貌。倘该贡使有藉词逗留等事，应饬令护送官员严词拒绝，催令按程前进，毋任迁延，并著各该督抚将接待供给及督率催趱各事宜，开写传单，行知沿途照料及伴送官员，一体遵照办理。除就近谕知梁肯堂外，将此各传谕知之。钦此。"遵旨寄信前来。

八月二十七日军机处奏片

据长麟咨称：英吉利国夷船五只，俱已回浙江。前发往西洋书信，当即给与收明。该夷官呈出覆信二封，求寄至京中，给与贡使等语。理合将原书进呈，俟发下后，再交徵瑞转给贡使收阅。谨奏。八月二十七日。

八月二十七日廷寄

大学士公阿、大学士伯和字寄两广总督长，广东巡抚郭，江苏、安徽、江西各巡抚。

乾隆五十八年八月二十七日，奉上谕："长麟奏英吉利夷船五只，已先后到浙江定海停泊。据该夷官称，俱要先行回国，广东澳门地方常有该国船只来往，甚为便易。将来贡使到粤后，可以附船回国，等语。该国船只既已开洋先回，其贡使等自当令其由水程，取道长江，前赴广东到澳门，附船回国。所有经过省分，前已降旨，令地方官只须照常供销应，不可过于丰厚，并毋任该贡使等途次藉词逗留。著再传谕沿途各叔抚，务遵前旨妥办。至该国夷船五只，即日自浙开行，经过粤东洋面时，如遇顺风，即听其先行回国，不必复令等候。设管船夷官有托故耽延之处，即当词严义正向其晓谕，饬令开行，勿任逗留。再，此次英吉利国表文内恳请派人留京居住一节，其事断不可行，已颁给敕书，明白谕驳。此等外夷，究属无知。今不准所请，未免心存觖望。广东澳门地方，西洋各国俱有人在彼贸易，此内即有英吉利之人，现在不便因该国妄有陈乞，遽尔禁其贸易，特恐该贡使因不遂所欲，与西洋各处夷商勾串齐行，小有煽惑，不可不预为之防。再，著传谕长麟于到任后，会同郭世勋务宜不动声色，密为留心察看，如无勾结情弊，固属甚善。但既有英吉利所请不准之事，总当随时留心，先事防范，亦不可略有宣露，致涉张皇，或万一有其事，总以安抚别国商人，不令与彼合为妥。然此不过过虑，想无其事也。长麟现在尚未抵粤，并著郭世勋一体遵照妥协办理。将此谕令知之。钦此。"

八月二十六日廷寄

大学士公阿、大学习伯和，字寄两广总督长、广东巡抚郭、传谕粤海关监督苏楞额。

乾隆五十八年八月二十八日奉上谕："昨因英吉利国表文内，恳请派人留京一节，未准所请，恐其心存觖望，已传谕长麟等留心防范。今又思英吉利在西洋诸国中较为强悍，且向在海洋有劫掠西洋各国商船之事，是以附近西洋一带夷人畏其恣横。今不准其留人在京，该国王奉到敕谕后，或因不遂所欲，藉词生事，亦未可定。虽该贡使目睹天朝体制森严，四夷畏服，且该处远隔重洋，历都越国，断不敢妄生衅隙。但澳门地方，英吉利船只居其大半，设该国无知妄行，或于澳门夷商内勾通煽惑齐行滋事。亦不可不预为之防。在西洋各国，赴天朝贸易，畏服声教，由来已久，未必肯为附从。第恐英吉昨素习桀骜，船多人众，别夷商等不免被其恫喝。吉庆业于二十一日起程赴浙，山东距浙江甚近，九月初十日内即可抵任。长麟接奉此旨后，即委员将巡抚关防迎赴嘉兴一带，交吉庆接收。长麟即赴粤东新任，以便与郭世勋恪遵节次谕旨，随时留心，密为查察。朕又思，英吉利国贡使，欲由广东回国之意，必以此次向天朝进贡大皇帝十分优待,并妄称许令总理西洋各国贸易之事,向各夷商等夸大其词,欲思从中抽分税银,以为渔利之计。西洋各国夷商本素畏英吉利强横,而该国在澳门贸易较多,今又假天朝声势,捏造谕旨,诓诱夷商,均未可定。长麟到粤,总在该贡使之先,务须会同郭世勋、苏楞额先向西洋别国各夷商详晰晓谕,以英吉利入贡天朝,极为恭顺,但该贡使到京后,有欲驻京经管贸易之事,俱经驳斥。现在伊等由广东回国,恐有假捏大皇帝圣旨,欲向尔等总理贸易,抽分税银等事,断不可信其谎言,转于尔等有损无益。此次英吉利贡使到京祝嘏事毕,大皇帝不过照常赏赉,即令回国。其恳求留人在京照管买卖之处,已不准行。特先为谕知尔等,以免将来为其所愚。如此明白晓谕,各夷商行头目,必心怀感激,且其与英吉利是否和睦情形,亦可知其大概,即行迅速覆奏。再,闻澳门有西洋尼僧在彼焚修,各夷商俱极信奉,遇事听其指挥剖断,未知英吉利夷人是否信奉。如此尼僧向不与英吉利一气交结,可将以上晓谕夷商各情节亦使之闻之,令其暗中作主。若此夷尼系与英吉利通同一气者,即不必告知,恐转有泄漏。总之,此事与其事至而后图维,不若先时而加防范,俾该夷使不得行其贪利狡谋,方为妥协。该督等务宜遵照节次谕旨,不动声色,随时留心查察,不可稍事张皇。不过朕思虑所及,预为指示,以期有备无患,想亦必无其事。万一该国有煽惑情弊,该督等总当安抚别国商人,使其各安生业,不令与英吉利勾合。仍一而据实速奏,候朕裁夺。再,该使臣入贡时,沿途海口曾经降旨,饬令该督抚转饬各营,凡排列队伍,以壮观瞻。今该使臣到粤回国时,并著该督等即饬各标营所有墩台、营汛及旗帜、器械,务宜鲜明整肃,俾该夷人等见天朝兵威壮盛,不敢稍萌轻忽。并禁止洋行别国夷商与彼往来,致有勾结之事。将此转谕长麟,并谕郭世勋、苏楞额知之。以六百里加紧发去,仍六百里加紧回奏。朕为此事甚萦念也。钦此。"遵旨寄信前来。

八月二十八日廷寄

大学士公阿、大学士伯和，字寄两广总督长。

乾隆五十八年八月二十八日，奉上谕："昨据长麟奏，英吉利国船先到浙江者三只，八月十一日，提臣王彚等询之，船内夷官称，若再宽停数日，则病人俱可就痊，那时即便开行回国。其小夷船二只，系在天津，随后开行，亦于十一日驶至浙江。船内夷人禀称，我们暂停四五日，修理船上器具，就要开行，不与前来三船同走。并将所寄贡使书信二封，一并咨送军机处进呈。等语。当交军机大臣，将书信二封，发交该贡使阅看。据称，书信内系言到浙夷船只，先令四只开行回国，其一只暂留珠山地方，等候管船夷官马庚多斯到后，方可开放，等因。与长麟所奏不符。该国船只既欲暂留一只等候夷官马庚多斯，何以长麟折内又称五船俱要先回，似已变更行开放。况暂停数日，即便开行之语，系八月十一日该夷官面向提镇等告称，而长麟此折系十八日拜发，相距已将一旬，长麟发折时该国船只究竟曾否启椗，并未详细声叙。自因该国船只停泊定海地方，长麟未经亲往查看，仅据提镇道府等到船询问之词覆奏。该提镇道府俱不通晓红毛言语，任听通事人等装点支饰，率行咨禀。虽京中贡使之言，亦难尽信。但所称暂留一船等候夷官一节，长麟并未查明，遂据提镇道府等所询之词，遽行入告，所奏殊未明晰。著传旨申饬。仍著长麟据实查明，该夷船五只究竟曾否全开，抑尚留一只在彼等候之处，即行六百里迅速覆奏。至管船夷官马庚多斯，前已有旨，谕知长麟，断无因该夷官一人派员沿途伴送赴浙之理。如此旨到时，该国船只业经全开则已，如尚留一只在浙逗留，长麟务即严行晓谕该船夷人，以尔等患病准令在宁波地方医治，系属天朝格外恩施，优加体恤，今病已痊好，且贡使来信已令尔等先行回国，岂容讬故耽延。如此辞严义正，饬令速行开放旋国。想长麟以本省大员，声势较大，饬令开船，该夷人等亦不敢稍有违拗也。将此由六百里加紧谕令知之。仍将该国船只于何日全行开放，及该督折由夷船开放数目因何与贡使所称不符之处，速行六百里加紧覆奏。钦此。"遵旨寄信前来。

敕谕

奉天承运皇帝敕谕英吉利国王：朕光宅四海，统御万邦，远至迩安，泽既覃夫中外，薄来厚往，恩尤遍于怀柔。喜兹恭顺之忱，式贲宠绥之命。尔英吉利世居西澥，地隔重瀛，名不隶于职方，事罕徵乎史册。因向风而慕义，始献赘以趋廷。谓前者八旬未预延鳌之庆，今值万寿来伸祝嘏之诚。荐陈备列，夫多仪利，涉远逾乎万里，是谓一心以向日；敢云惟德之动天，朕既召见使臣，俾遂觐扬之愿，偕兹藩服同沾谦赏之荣。轸念勤劬，按日优颁饩廪，远虞匮乏，计年宽给餼粮。爰逮使还，聿彰宣告。所有锡赉珍绮，具如常仪。加赐彩缎、罗绮、文玩、器具诸珍，王其祗受。于戏，曰"寿富"、曰"康宁"，朕惟自强勉不息，有民人，有社稷，王宜敬事，永无愆其悉。不宝远物之怀，永副同底太平之化。故兹敕谕，毋替钦承。

八月二十八日军机处奏片

谨将颁给英吉利国敕书呈览，俟发下后，填写九月初三吉日。遵旨，于明日颁发。其赏单内开列各件字数较多，现在赶紧翻译缮写，随后再行补给。谨奏。八月二十八日。

八月三十日军机处奏片

谨将颁给英吉利国敕书呈览，俟发下后，填写九月初三吉日。遵旨于明日颁发。其赏单内开列各件字数较多，现在赶紧翻译缮写，随后再行补给。谨奏。八月三十日。

八月三十日军机处奏片

臣等谨拟写敕谕，进呈。发下后，即翻译清文，遵旨不再呈览，以便赶紧缮写。谨奏。八月三十日。

乾隆五十八年八月三十日，内阁奉上谕："现在英吉利国贡使瞻觐事竣，于九月初三日即令起程，由内河水路前赴广东澳门附该国贸易船只放洋回国。已派遣侍郎松筠沿途照料，所有经过各省，须专派大员管领兵弁接替护送。直隶省著派庆成、山东省著派富成、东南省著派王柄、江西省著派王集、广东省著派托尔欢。各该员务须迎至入境交界处所，协同妥为管束。钦此。"

八月三十日廷寄

大学士公阿、大学士伯和，字寄直隶、山东、江南、江西、广东各督抚。

乾隆五十八年八月三十日，奉上谕："现在英吉利国贡使瞻觐事竣，于九月初三日起程，由内河水路行走，赴广东澳门附该国贸易便船回国，已派松筠沿途照料，其经过各省接替护送之提镇大员，已派庆成、富成、王柄、王集、托尔欢矣。此次该使臣等赍到该国王表文，并递呈禀，有越分妄请施恩之事，颁给敕谕，明白详晰驳斥。此等外夷，本属无知，今不准其所请，未免心怀觖望，虽经过省分见天朝体制森严断不敢妄滋事端，但所欲不遂，沿途或观望逗留，别生枝节，亦未可定。此次派出松筠及接护各提镇大员，原为催趱弹压，俾贡使等知所畏慑，趱程前进，所有经过省分营汛墩台，自应预备整肃。倘松筠等有稍需兵力弹压之处，即应听檄调遣，俾资应用。若呼应不灵，致有掣肘，惟该督抚是问。将此各传谕知之。钦此。"

八月三十日军机处奏片

查，寄信长麟：英吉利到浙船只，即令开行，毋任逗留谕旨系八月十七日由六百里加紧发往，约二十六日可以接奉，该抚遵旨转饬后，由六百里覆奏，约于九月初一二间可以奏到。谨奏。八月三十日。

（录自故宫博物院编《掌故丛编》1928年印行）

附录

一、因缘际遇话山庄[①]

将多年来有关避暑山庄和外八庙的文稿结集出版，这是在许多友人提示、鼓励下形成的想法。有些在文物部门工作的友人，闲谈中说起，我的一些文章，对于避暑山庄和外八庙的整修开放，曾起到过很大的促进和推动作用。现在，国家又拨巨款对避暑山庄和外八庙进行大规模保护维修，改革开放形势很好，发展很快，研究工作也取得了很大成绩，正在进一步深入，很想把那些文章找来参考。近些年的好找，但有些是三四十年前的，很难找；也有几位友人茶余饭后谈天说地，对岁月的流失感慨万千（这大概是许多老年人的通病），都说应该进行人生总结了。谈到这里，有些惭愧。几十年来，只做了两件事：一是促成避暑山庄和外八庙的整修、开放（这是承德改革、开放的引擎）；二是编纂了总计近3亿字的西藏和新疆的相关文献史料。当然，为了维持全家生活，也要做其他一些事。但，能够向家庭、向师友、向社会"报账"的，主要就是这两项，且都与避暑山庄和外八庙密切相关，所以整理一下有关文稿也是应该的。

也许上帝让我来到人间，就是为了干这两件事吧。它使我耗尽

[①] 本文系《清朝塞外皇都——避暑山庄与外八庙研究》代序，学苑出版社2013年版。

了毕生心血，尝尽了人生苦辣酸甜，领略了世间风雨波澜，我想这是命中注定吧！因为天老爷安排我属马，早在一百多年前，一生坎坷、命运多舛的刘鹗就预先给我算过命，并在《老残游记·自序》中清清楚楚写下来："马与牛，终岁勤苦，食不过刍秣，与鞭策相终始，可谓辛苦矣"，"而际遇之顺逆不与焉"。吃草受鞭打，是命运中注定，而际遇顺逆，则取决于时与会（"时与会"是乾隆皇帝在一篇文章中说的。用现代语言来解释，大概就是时势与机遇，也即社会环境与个人因缘际遇——所谓时来运转，命该如此之类）。我一生的荣辱沉浮、际遇顺逆，似乎都与避暑山庄密切关联，这大概就是佛家所说的"因缘"吧。

先从结缘谈起。

1961年11月，我从河北文化学院图书博物馆系毕业，分配到承德市。当时已是初冬，从平原（校址在保定市）来到塞外，穿上所有御寒棉衣，都要缩脖子抱紧双肩，第一次感受到了什么是"寒风刺骨"的滋味。偶尔闲步街头，看到的是临街商店大门紧闭（后来了解到，是因为风大，不便开门），行人屈指可数。经常听到的顺口溜是"一条马路一座楼，一个警察一个猴"。所谓一条马路，是说作为主要街道的南营子大街有一条窄窄的柏油马路，这条唯一的马路是承德市区别于农村的地标；地委招待处一座楼，则是这座塞外山城的唯一标志性现代建筑；作为市区中心的火神庙，时常可见一个值班交警，这是全市唯一可见的警察；避暑山庄月色江声半岛的东部戒得堂遗址上，建有一个小动物园，铁笼里禁闭一只无精打采的小猴，是全园的主要景观。这些，都令我和一起来工作的同学心中产生了一种被流放的感觉，自嘲被幽禁于十万大山之中。

工作单位名"避暑山庄博物馆"（即避暑山庄正宫区），是一个有7重宫院、7名馆员的宫廷博物馆，门票5分。当时，我是一个熬过半年多才满20周岁的青年，食欲旺盛，每月粮食定量27斤，肚中空虚，走路只能像老翁慢步挪动。为了糊弄经常咕咕乱叫的肚子，每人在院子里都种了点玉米、西红柿等，这不仅不影响观览，还能增加一点生活情趣。因为每天的观众和看馆人员差不多，过于寂寞。后来听说家庭条件好、社会关系硬的同学，差不多都分配到省直机关或比较富裕的中原城市，偶尔谈到这些，我们几个同时报到的同学更加重了对命运的感叹。但我并不感觉难过，也没有怨言。因为，当时因难以填饱肚皮而浮肿、病倒的很多。要设法维持生命，不能多想乱动，更不能谈什么理想、事业；再说，总算有"皇粮"可吃，比起农村很多吃不上饭的人要好多了，这叫做"比上不足，比下有余"；此外，就家庭和个人条件而言，难与人比，这样安排，已经很不错了，也算是青少年时代奋力追求的梦想实现了——

我生在农村，兄弟姐妹6人，家中太穷，全靠父母在生产合作社（人民公社前身）劳动挣点口粮，养几只鸡，用鸡蛋换油盐酱醋补贴家用。一直念到小学3年级，我们男孩春、夏都是穿小短裤上课。记得3年级末，老师要求每人买本《学生小字典》，只需5角钱，家中实在交不出，我哭闹了两三天，把家长惹火了，要我退学。也许是命吧，我在行别营区（当时县下设区）全区小学生会考中，以1分之差名列第二（我村小学第一名），获奖一盒铅笔、两个练习本。班主任当然很高兴，听说我要退学，跑到家中好几趟做说服工作，并答应让我跳级，直接升入5年级，算是奖励，也为家庭减轻1年学费负担，同时，安排我和另外两个同学合买一个字典，轮流看。问题总算解决了。因为这是关系我命运转折的一件大事，所以虽然过去了60多年，还能清楚地记得，经常怀念那位白白胖胖的女老师。同时，自己也设法挣点钱，减轻家庭负担。没有别的办法，主要是拣"知了（蝉）皮"（可入药，中药名为"蝉蜕"）换钱。有两种办法：一是用马尾丝拴个活套，捆在树枝做成的长竿上，套爬在树上的"知了"；还一种办法是雨天从地下拣或挖活的幼蝉，去肉把皮晒干。好在当时农村树多、水池多（蝉性喜湿，雨后池边特多）。每个暑假拣的"知了皮"一般能卖一两元，运气好的话，可卖三四元。很多同学都是靠这种办法解决课本、铅笔和练习本的费用（当时不收学杂费）。这样总算坚持读完了小学。

考上河间中学（曾名河北三中，全省重点中学之一），学费又成了难题。学校规定，学生每月伙食费8元，我因家庭困难，学校每月补助5元。个人应当交纳的3元，又成了家庭最大难题。好在天无绝人之路。当时还允许一些人做小生意，爷爷驾着木轮手推车赶集串村卖布。每到星期日，我都到集市为爷爷看货车，挣几角钱，如果生意好，有时能给1元多（当时，爷爷孙辈、我的堂兄弟10余人，都很穷，如果不用这种方式，而是公开为我交纳学费，就容易闹矛盾）。也许是命中注定吧，读到初三，爷爷腿脚受风寒不能赶集串村了，我的3元伙食费也就没有了来源。所以，继续念高中根本不可能了。大概又是命运安排吧，大跃进的1958年，教育也是大跃进，各种中专、大专如雨后春笋，蓬勃兴起，只要报考，就能录取。我选择了管吃住、免学费、学制又短的河北文化学院（招生简章规定学制2年，入学后改为3年）。这样，既减免了家庭负担，也想自己早些毕业，挣点钱养活自己。入学时正是大跃进的热潮，所以半年多的"课程"是大炼钢铁。热潮变冷之后，是盖校舍（因为学校是大跃进产物，校舍严重缺乏）。大约过了一年多，到了1960年，社会上的"低指标、瓜菜代"开始侵入学校，已经没力气盖楼了，就到处寻找能吃的树叶、野菜。当时昼思夜想的是尽快离开学校，走上社会。

——正是有了这些因缘，当拿到第一个月32元工资的时候，激动了好几天。莫名其妙的流放感，也就渐渐淡化了。后来我想，这大概就是所谓的缘分吧！假如家庭和个人条件好一点，避暑山庄的工作环境优越一点，假如……那，我和避暑山庄也就无缘了。我的人生道路，大概是另外一个样子，我的人生履历就要改写。

1964年春，我的人生道路出现了大转折——应征服兵役（按古代文人的说法，就是"投笔从戎"了）。征兵领队军官多次找我面谈（这是应征者极为难得的礼遇）表示，你的条件很好，入伍后很快就会被提拔为军官，比你现在的工资高多了（最低的军官是少尉，月薪62元，比我当时转正后38元的工资差不多快高出1倍了），而且家庭也会受到照顾。虽然避暑山庄是那样的冷漠萧疏，但真的要离开它（或许一辈子再不能见到它），却"别是一般滋味在心头"，甚至到军营以后的半年左右，还不时会梦到那里的宫殿和往事（人与人，人与物，人与事，都会日久生情——这也是佛家所说的因缘吧）。军营里的许多老领导，对我确实很照顾，甚至偏爱，也想帮我尽快解决提干（军官）问题。但多次政审调查，都说我来到人世之前即已离家出走的一位伯父在台湾，因而提干也就成了镜花水月。苦闷彷徨中，命运之神暗中指引我读到杜甫小诗："天时人事日相催，冬去阳生春又来。"这位诗圣似乎早在千多年以前就预知我的心事，谶语释怀。"心有灵犀一点通"。既然冬去春来、人事代谢是上天安排，万事不由人，何必自寻烦恼。1968年秋，我脱却军装换便装。当时，复员转业人员最向往的部门是党政、财政、税务、粮食等"油水"大的部门。当然，这需要有过硬的社会关系，而这正是我所缺。所以，离开将近5年，我又回到了避暑山庄。冥冥之中的命运之神，牢牢掌握着我的人生轨迹，不许偏离半步。

  复员后有长时间休假，到单位上班差不多就是1968年岁末了。那时，"文革"大规模的武斗和打派仗似乎转入了低潮，人们都感觉累了，厌倦了。我没有参加过单位打派仗，日子过得倒很闲适。这样过了三四年，文化好像开始复苏。国家文物主管部门——国务院图博口（国家文物局前身。为行文方便，以下统称"国家文物局"）的领导和专家、由"五·七"干校返城的学者、教授等，陆陆续续来到避暑山庄和外八庙参观。年富力强而又闲得难受的我（经过几年恶斗的社会，虽然还没有醒来，但已筋疲力尽，近于瘫痪地喘息着，人心茫然，无所事事——这大概是物极必反的规律；年轻人不怕累只怕闲，这是另一个普遍规律），陪同参观，自然是一种乐事，耳濡目染，不知不觉中，我可以把避暑山庄和外八庙与清朝历史联系起来，与康熙、乾隆皇帝联系起来，年轻人的好奇心、求知欲被激活，我开始从资料室找来一些旧书（谢天谢地，博物馆属国家保护单位，没遭受"破四旧"摧残），反复阅读。至今仍然记得的是《东华录》（节本）、《圣武记》（残本），还有日本人稻叶君山的《清朝全史》。为了消磨时间，开始记笔记、抄书。

读的多了，抄的多了，自然而然地形成了一些想法。1974年春天，我把读书笔记整理成万余字的长文，斗胆寄给了复刊不久的《文物》杂志。出乎意料，它竟然引起了国家文物局领导的高度重视。王冶秋局长，以及沈竹、陈滋德、谢辰生、罗哲文等领导和专家都给予高度关注。文物出版社（《文物》月刊主办单位）的社长高履芳、总编金冲及和副总编杨瑾等还对这篇稿子进行了专门研究，并指定专人审改，以《我国统一多民族国家巩固和发展的历史见证》为题，很快以笔名（黎工）在《文物》（1974年第12期）发表。

在这过程中，承德市的领导袁振、翟向东，以及市文物局局长白坪和许许多多的领导、同事都给予了大力支持，没有他们的指导和帮助，我个人不可能有什么作为的。无奈由于篇幅所限，难以一一致谢。

我在文中首次提出的，避暑山庄和外八庙"是我国统一多民族国家巩固和发展的历史见证"、"清代第二政治中心"的基本观点，得到领导机关和学术界的认同。国家文物局以此作为历史理论根据，与河北省革委会，联合上报国务院批准（国务院的批复认同上述基本论点），启动了避暑山庄和外八庙整修规划，承德市成立了全国第一个地（市）级文物局，负责具体贯彻落实。这对于我，当然是极大的鼓励与鞭策。之后，又一鼓作气，接连在报刊发了十几篇文章（遗憾的是有些没有找到，所以未能编入这部文集）。这使我逐步认识到，只有从中华民族发展进步的大历史角度，才能正确揭示避暑山庄和外八庙的政治历史价值。在以1840年鸦片战争为开始的、西方侵略势力大规模入侵前夜,清朝彻底统一全国,奠定了近代中国版图,这在中华民族发展史上,具有重要的、划时代的里程碑意义。外八庙是清朝统一新疆、西藏的纪功碑,也是其民族宗教政策的"昭示碑"。从艺术角度来说,避暑山庄是用"移天缩地入君怀"的造园手法,摹写秀丽的江南水乡和壮美的塞北草原、森林,使之化为园林胜景。而其外围的外八庙,则是浓墨重彩的围屏,拱卫着大江南北美好江山,两者交相辉映,相得益彰,宛如天造地设镶嵌在神州大地上的"万里江山一统图"。总之,避暑山庄和外八庙是我国统一多民族国家巩固和发展的历史见证,也是清朝大一统①的壮丽历史画卷。避暑山庄和外八庙就这样注入了我的灵魂深处。

  但是,却也因此招来一场无妄之灾。其实,早在两千多年前的哲人老子、庄子等就警示人们:祸福相倚、祸福同门。只是我等俗人,未能参透天机,难免遭难。1977年,神州大地迎来了"文革"十年动乱结束后的第一个春天。但,春风不度古北关,承德仍旧风雪交加倒春寒——搞全市性的"揭批袁(振)翟(向东)运动"(后正式平反、公开道歉)。罪名之一就是搞"封资修",并大搞诛连。我发表的几篇文章,被改制成"吹捧康熙、乾隆等帝王将相"、"宣扬封、资、修,为封建统治阶级歌功颂德"两顶高帽,遭受公开批判,并因此失去了108天人身自由(好心人提醒我:你少不更事,鼓吹避暑山庄外八庙整修、开放,触犯了山神土地的既得利益,以后不要再干这种傻事)。好在公道自在人心。承德的父老乡亲有着宽广仁厚的胸怀,许多在台上口念批判稿的人,台下无人处跟我长时间握手,以深情、炽热的目光热情鼓励。还有很多同志,不畏风险,帮我解决了不少生活困难。对此,我至今铭记于心。以此之故,虽

---

  ① 《公羊传·隐公元年》:"何言乎王正月?大一统也。"陈立义疏引《汉书·王阳传》:"春秋所以大一统者,六合同风,九州共贯也。"义为天下诸侯统一于周天子。后世因称封建王朝统一全国为"大一统"。

遭此难，我仍将承德作为第二故乡，反而加深了对避暑山庄的感情。（后来，1981年，市委、市政府正式颁发文件给我平反，并颁发荣誉证书，褒奖我对保护和宣传避暑山庄和外八庙、促进承德改革开放作出的突出贡献。虽然公平正义姗姗来迟，但毕竟说明了社会的文明进步。）

1978年，恢复高考，招收"文革"后第一批研究生。经过反复考虑，为改变一下工作、生活环境，征得家庭同意，我决定报考中国人民大学清史研究所研究生班。也许是听说过我的遭遇，知识分子油然而生的同病相怜心理吧，戴逸、罗明老师录取了我（这也是我与避暑山庄因缘演变的一种结果，如果我不是因避暑山庄而学习清史，当然也不会与清史所结缘）。这件事，在小小的山城承德还曾经引起了小小的轰动。清史所各位老师温文尔雅，人际关系良好，学风严谨，使我受益终生。当时我和爱人的工资，合计70多元，一家5口，两地生活，由于孩子太小，我每个月必须回承德家中买煤、买柴、买粮（这些生活必需品，当时都是限量的，必须按月购买），来回火车票要花去十几元，这是一笔相当沉重的负担。再加上孩子的学费和我在京生活费等必不可少的开支，生活有时到了难以为继的地步（有一次，我曾经怀揣2角钱坚持一个多星期）。曾经好几次产生退学的想法。如果不是各位老师的大力支持、帮助，我无论如何是坚持不到毕业的。1981年，研究生毕业，留京工作，这是决定后半生的重大转折。真的要离开工作、生活了近20年的避暑山庄，实在流连难舍，但又不得不听从命运之神的安排，五味杂陈，两位古人诗句悄然涌上心头："黯然销魂者，唯别而已矣。"（江淹：《别赋》）；"别绪静悄悄，牵愁暗入心。"（韩偓：《别绪》）个中滋味确实难以言说。于是，写诗三首在《承德群众报》发表（见附录），表达惜别之情，也权代告别辞。

毕业留京，在国家文物局机关文山会海中讨生活（这大概也是因为我有关避暑山庄文章结的缘）。"长安米贵"，自古皆然。从山沟里钻出来的青年，孤身闯京城要拼尽全力，苦苦挣扎。只要能站住脚，能生存，什么都干。为此，没完没了地开会、处理繁杂政务。

苍天不负苦命人。全家迁京得以团聚，完成了对家庭应负的基本责任。期间虽然也发表过一些学术论文、出版了《避暑山庄的造园艺术》、《清政府与喇嘛教》、《清代前期西部边政史论》、《清代四大活佛》等几部书，但这和我处理过的会议文件和各种公文相比较，只不过是几块河卵石和一座山头的对比。

也许是命运之神见我奔波劳苦太可怜，冥冥之中又对我做了另外安排。临近耳顺之年，望见工作码头之时，由于书生气十足，不懂官场潜规则，不同意某权贵强行占用我单位办公用地盖经营大楼。为保护国家财产，无意中阻挡了人的财路，因而遭到宵小暗算，被以"莫须有"的罪名用权杖打翻在地，并遭到黑恶势力的威胁恐吓，意欲致于死地。好在苍天有眼，公道自在人心。况且毕竟世上好人多，许多不畏强权的正义人士，勇施援手，救我于劫难（他们的名字我将铭记终生）。在这人生的又一个转折关头，四顾茫然时，与避暑山庄和外八庙的不解之缘，暗中指引"柳暗花明又一村"。

由于多年研究清代最大的皇家喇嘛庙群——外八庙，我对清代西藏问题有了基本了解，所以转到中国藏学研究中心专门从事研究。从此，摆脱俗务，一身轻松，避开官场、市场的喧闹，专心致志在故纸堆里挖掘久被尘封的历史，与古人做笔谈。我真心诚意感谢命运之神的厚爱，使我找到了"人生桃花源"。与避暑山庄和外八庙的因缘转化为激情，康熙、乾隆似乎也在暗中助力，五六年间，在中国藏学出版社总编的岗位上，主编了《现代中国藏学文库》等一系列丛书（退休后主编易人），同时，也发表了一批藏学研究论文。其中，《驻藏大臣政治地位和职权的历史考察》一文，被美国柯尔比科学文化信息中心评选为世纪优秀论文，在国际互联网的信息网站作介绍。又出版藏学著作两种，总计近200万字：《清朝治藏典章研究》（114万余字）、《清代治藏要论》（38万字）。这样，觉得把浪费了多年的时间又找了回来，聊可以此自我安慰。

离开工作岗位之后，可以自由支配时间了，我将从避暑山庄工作时就开始搜集、几十年来积累的有关清代新疆和西藏的史料进行了整理，出版了几套边疆民族史料：《清朝治藏法规汇编》、《中国西藏及甘青川滇藏区方志汇编》、《民国藏事史料汇编》、《唐宋元明清藏事史料汇编》，这四种，共同组成《中国藏学汉文历史文献集成》，总计约2亿字，被学术界誉为一个专题史料库，新华社多次发通稿，向国内外介绍，几十家国内外媒体和报刊都有评价，谬加赞誉。另外，还整理主编了《清代治理新疆方略汇编》、《关帝文化集成》、《清朝安边治国民族立法文献汇编》、《中国古代吏治文化文献集成》等几部史料集，合计也近亿字。许多报刊、媒体都作了评介，产生了一定的社会影响，引起了社会各界的广泛注意。这些，都是避暑山庄和外八庙历史紧密关联的。虽然经历事兴谤随的种种波折磨难，毕竟苍天不负苦心人，差可聊以自慰。

当我考虑好友建议，拟将有关避暑山庄和外八庙的文章结集出版时，犹豫了很长时间：这些文稿时间跨度30余年，文风很不一致。有的重在分析论述，有的旨在考证，立意各有不同，集在一起，有些类似拼盘，更重要的是，这些文稿写作和编辑加工时，不可避免地受当时社会思潮的影响，留下时代的烙印。所以用现在的观点重新审视，有些稚嫩或隔代之感。这些，当然是读者可以理解的，但我总觉得有些不安。原拟重新改写一遍，但深感力不从心。正在为难之时，有的学者建议说：没有那种必要，原汁原味真面目示人，远比化妆美容更能赢得读者青睐，这和做人是同样道理。我觉得这是应该接受的忠告，又考虑到我生活道路的每次重大转折、荣辱沉浮，以及所有的学术论著，都与避暑山庄和外八庙有关，此中因缘不可思议（至于际遇顺逆，世人评说，在所不计），于是接受了这个建议。

好在命运之神，又在冥冥之中给予了帮助：幼子双智获得历史学博士学位之后，有时间帮助我对文稿进行整理、校补，减轻了我的大量事务性劳动；他撰写的几篇关于乾隆和藏传佛教的文章，事涉避暑山庄和外八庙，可补我之缺，故附于相关篇目之后；有关西藏和新疆的藏事史料汇编，以及关帝和古代吏治文化文献汇编，都是我们共同主编的。本书收录的有关文章也是两人合写的（目录篇名后注明"合撰"）。另外，找到了十来篇读史随笔，也与避暑山庄有些关系，故附于书末。这也是因缘——因避暑山庄而结缘。

附此说明的是，学苑出版社社长兼总编孟白先生、责编洪文雄先生十余年来大力支持与帮助——策划选题、指点迷津、筹措经费，雕琢文稿，倾注了大量心血。字以亿计、册以百计的《中国藏学汉文历史文献集成》得以面世，并走出国门，他们是幕后推手。这将永远留在历史的记忆中。

不少人出书喜欢请名家作序，以为镀金，借以提高身价。这不符合我的性格，于是拉拉杂杂写了这些话，权代序言。

附：承德风景三题

棒槌山

又名"磬槌峰"，冠于承德市东群山之巅。郦道元《水经注》名其为"石梃"，称"孤石云举，临崖危峻，高可百余仞。"

云为衣裳霞作衫，孤石危耸万山巅。

狂风暴雨经多少，不媚不折拄蓝天。

热河泉

在避暑山庄内,平流汩汩,清澈可鉴,为热河源之一。每当寒冬早晨,热气蒸腾,蔚为奇观。

汩汩平流不求闻,但将温暖济世人。

冰天雪地显德色,独争塞外一片春。

武烈河

热河又名"武烈河",始见于《水经注》,发源于塞外群山之间,于承德市东南注入滦河,东流入海。

细流淙琤穿万山,涓滴不弃成巨川。

百阻千折不回头,东奔大海化波澜。

(原载《承德群众报》1981年8月13日)

二、张羽新学术简历

张羽新，男，汉族，1942年6月生，河北省河间县人。原任中国藏学出版社总编辑兼《中国藏学》（汉文）主编、研究员（教授）。政府特殊津贴享受者。受聘国务院发展研究中心民族发展研究所名誉所长。

简历与主要学术成就

1981年毕业于中国人民大学清史研究生班，获历史学硕士学位。历任国家文物局人事处处长、文化部古文献研究室副主任、中国文物研究所副所长。长期从事文物部门研究和科研管理工作，在清史研究、文物和古建园林、民族宗教、藏学等许多领域都有很高的造诣和丰硕的科研成果，建树颇多，自成一家之言。出版学术著作11种，约计300余万字；主编各类学术丛书10余种，总计近3亿字。

学术专著（11种，约计300余万字）

《清政府与喇嘛教》（西藏人民出版社1988年出版）；

《清代喇嘛教碑文辑注》（天津古籍出版社1987年出版）；

《清代四大活佛》（中国人民大学出版社1989年出版，台湾云龙出版社1991年再版）；

《避暑山庄的造园艺术》（文物出版社1991年出版）；

《清代前期西部边政史论》（黑龙江教育出版社1995年出版）；

《清代治藏典章研究》（中国藏学出版社2002年出版）；

《清代治藏要论》（中国藏学出版社2004年出版）；

《玉泉寺》（民主与建设出版社2002年出版）；

《历史的见证》（五洲传播出版社2001年出版）；

《承德行宫园林巡礼》（河北教育出版社 2006 年出版）；

《后宫那些事》（文物出版社 2008 年出版）；

主编各类学术丛书（10 余种，总计近 3 亿多字）

《和平解放五十周年纪念文集》（主编，中国藏学出版社，2001年出版）；

《中国佛寺宝典》（主编，中国藏学出版社 2002 年出版）；

《现代中国藏学文库》（主编，中国藏学出版社 2002 年开始陆续出版多卷本。本人退休后主编易人）；

《西藏七百年》（主编，五洲传播出版社 2001 年出版）；

《清代治藏法规全编》（主编，学苑出版社 2002 年出版）；

《中国西藏及甘青川滇藏区方志汇编》（张羽新、张双智主编，学苑出版社 2004 年出版）；

《民国藏事史料汇编》（张羽新、张双智主编，学苑出版社 2005 年出版）；

《唐宋元明清藏事史料汇编》（张羽新、张双智主编，学苑出版社 2009 年出版）；

《清朝治理新疆方略汇编》（张羽新、张双智主编，学苑出版社 2006 年出版）；

《清朝安边治国民族立法文献汇编》（张羽新主编、张双智副主编，中国民族摄影艺术出版社，2009 年出版）；

《关帝文献集成》（张羽新、张双智主编，线装书局 2009 年出版）；

《中国古代史治义化文献集成》（张羽新、张双智主编，北京燕山出版社 2012 年出版）。

另有清史和园林古建论文数十篇，百余万字。其 30 余年前发表的《我国统一多民族国家巩固和发展的历史见证——避暑山庄和外八庙》等一系列论文，在史学界和文物界产生过重要影响，成为国家大规模整修避暑山庄和外八庙的理论依据。《避暑山庄的造园艺术》是一部独具特色的学术专著，凝集了作者多年研究清代皇家园林和宫殿建筑的科研成果，是避暑山庄和外八庙整修的重要参考资料。《清代前期西部边政史论》、《清代治藏典章研究》、《清代治藏要论》等学术专著，在清史界、藏学界、民族宗教学界都受到广泛好评，受到学术界的重视。《清政府与喇嘛教》是一部独具特色的学术专著，全面、系统地论述了清朝喇嘛教政策产生的历史背景、主要内容，及其对历史发展的影响，学术界20世纪90年代评论认为，"是近年来有关喇嘛教研究的一部代表作"。《驻藏大臣政治地位和职权的历史考察》一文，2000年被美国柯尔比科学文化信息中心评选为世纪优秀学术论文，获选进入国际互联网的全球信息网作世界性介绍。

其花费一二十年心血编纂的《清代治藏法规全编》等4部大型藏学史料汇编，集中国藏学汉文历史文献大成，填补了学术空白，总计2亿多字，精装200册，堪称鸿篇巨制。新华社多次发通稿介绍，十余家专业报刊给予高度评价。国内外学术界引起了极大反响，获得广泛好评。其他，如《清朝治理新疆方略汇编》、《清代安边治国民族立法文献汇编》、《关帝文化集成》、《中国古代吏治文化文献集成》等，每种都在2000万字以上。多家报刊评介，在学术界产生了重要影响。

香港版大型国际文化交流系列《世界名人录》、《世界优秀专家人才名典》，以及《世界华人文学艺术界名人录》、《中外名人辞典》、《二十一世纪人才库》、《中国专家人名大辞典》、《中国当代历史学学者辞典》、《中国当代人才大典》、《中华魂·中国百业领导英才大典》、《当代中国人的佛教研究·人物篇》（台湾商鼎文化出版社1993年版）等均有专条介绍。

（《世界名人录》第2卷，〈香港〉世界人物出版社、中国国际交流出版社2013年版，并参见1999年版第6卷及以后各版。）